U0552183

人力资源和社会保障政策法规解读及案例讲解

项国 ◎ 主编

立信会计出版社
LIXIN ACCOUNTING PUBLISHING HOUSE

图书在版编目（CIP）数据

人力资源和社会保障政策法规解读及案例讲解 / 项国主编. -- 上海：立信会计出版社，2025.1. -- ISBN 978-7-5429-7774-8

Ⅰ. F249.20；D922.5

中国国家版本馆 CIP 数据核字第 2024CK5124 号

责任编辑　蔡伟莉

人力资源和社会保障政策法规解读及案例讲解
RENLI ZIYUAN HE SHEHUI BAOZHANG ZHENGCE FAGUI JIEDU JI ANLI JIANGJIE

出版发行	立信会计出版社				
地　　址	上海市中山西路 2230 号		邮政编码	200235	
电　　话	（021）64411389		传　　真	（021）64411325	
网　　址	www.lixinaph.com		电子邮箱	lixinaph2019@126.com	
网上书店	http://lixin.jd.com			http://lxkjcbs.tmall.com	
经　　销	各地新华书店				

印　　刷	三河市中晟雅豪印务有限公司
开　　本	787 毫米 × 1092 毫米　1/16
印　　张	55.75
字　　数	1572 千字
版　　次	2025 年 1 月第 1 版
印　　次	2025 年 1 月第 1 次
书　　号	ISBN 978-7-5429-7774-8/F
定　　价	398.00 元

如有印订差错，请与本社联系调换

前言

"十四五"时期是我国全面建成小康社会、实现第一个百年奋斗目标之后,乘势而上开启全面建设社会主义现代化国家新征程、向第二个百年奋斗目标进军的第一个五年。"十四五"期间,人力资源和社会保障部千方百计稳定就业、维护和谐劳动关系、提升公共服务能力,完善保障措施,努力实现规划确定的各项目标任务,深化推进人力资源和社会保障事业持续健康发展。

人力资源和社会保障事业是促进经济社会发展的重要力量,是改善民生、提升民生福祉的重要领域,是政府提高公共服务水平的重要渠道。新形势下人力资源和社会保障事业面临诸多机遇和挑战,认清新形势、新任务,落实新部署、新要求,对于推动人力资源和社会保障事业高质量发展具有重要意义。

党的二十大报告明确提出"增进民生福祉,提高人民生活品质",集中彰显了"以人民为中心"的思想,对保障和改善民生提出了新要求、作出了新部署,关注民生、科学发展、构建和谐社会已成为当今社会发展的主题。民生是保障,是社会稳定的基石,人才是关键,是社会经济发展的动力,而经济社会发展的最终目的又是人的全面发展和社会的和谐稳定。因此,民生保障和人才发展是相辅相成、互为支撑。

政府在劳动管理方面加大了立法的力度,制定了一系列法律法规。《中华人民共和国民法典》自2021年1月1日起施行,同时,《中华人民共和国婚姻法》《中华人民共和国继承法》《中华人民共和国民法通则》《中华人民共和国收养法》《中华人民共和国担保法》《中华人民共和国合同法》《中华人民共和国物权法》《中华人民共和国侵权责任法》《中华人民共和国民法总则》废止。《中华人民共和国民法典》可以维护人民权益、化解社会矛盾、促进社会和谐稳定的能力和水平。《中华人民共和国劳动法》《中华人民共和国劳动合同法》《中华人民共和国劳动争议调解仲裁法》《中华人民共和国就业促进法》《职工带薪年休假条例》《中华人民共和国劳动合同法实施条例》《中华人民共和国社会保险法》《女职工劳

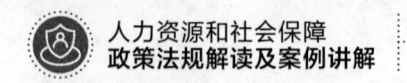

动保护特别规定》等，构成了较为健全的劳动法律体系格局，内容结构更为充分，程序保障更为规范。

对于法律框架调整下的用人单位和劳动者而言，劳动立法更为强调保障劳动者的合法权益和正当程序，这也意味着：

第一，用人单位在劳动法律背景下需要承担更多的法律责任。这种责任不仅体现在实体法上严格的加强责任制度，而且还体现在程序法上举证义务分担的倒置处理。所以说，《中华人民共和国劳动合同法》等法律法规的出台对传统劳动关系规制原则的变革是空前巨大的，尤其对企业而言，《中华人民共和国劳动合同法》等法律法规更是给包括人力资源管理在内的企业经营带来了非常重大的挑战。

第二，劳动者有了维权的法律依据。为了更好地宣传劳动保护法律法规，指导用人单位正确地执行国家法律规定，增强劳动者的法律意识，维护劳动关系双方的合法权益，我们组织了一些法律方面的专家、学者、一线工作的劳动法专职律师、社会保障实务专家和资深人力资源专家根据实战要求对劳动法领域的常用的法律、行政法规、部门规章、司法解释按照实践中的常见节点分门别类地进行了系统编写，以期涵盖人力资源管理和劳动争议处理各个环节要注意的问题，力争使本书成为一部全面的、实用的人力资源和社会保障政策法规工具书。

本书全面梳理人力资源管理法律法规政策，对人力资源法律法规适用的关键问题进行解读，收录了最新的人力资源案例并进行案例分析，力图有效帮助人力资源从业者解决实际工作中遇到的法律法规问题。本书希望集权威性、专业性、可读性、指导性、资料性为一体，成为各级人力资源社会保障部门（基层劳动保障服务机构）工作人员、党政领导、工会干部、企事业单位人力资源管理工作者的速查手册，成为广大劳动者学习劳动保障法律法规，维护劳动关系双方合法权益的良师益友。

本书由英国莱斯特大学经济学博士项国主编，北京市康达律师事务所律师、中国政法大学法律硕士徐涛，北京市康达律师事务所高级合伙人、资深律师侯其锋，中国人民大学人力资源管理硕士、资深人力资源专家乔继玉等参与编写。同时，参考了一些国内权威机构对法律法规解读的书籍，也参考了国家和各个省份人力资源和社会保障网站的一些资料，尤其是各网站的案例，在此一并表示感谢。

目录

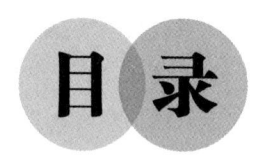

第一部分 人力资源和社会保障政策法规

第一章 有关劳动关系的法律法规 ... 2
- 中华人民共和国劳动法 ... 2
- 中华人民共和国劳动合同法 ... 10
- 中华人民共和国劳动合同法实施条例 ... 20
- 集体合同规定 ... 23
- 劳务派遣暂行规定 ... 29
- 劳务派遣行政许可实施办法 ... 32
- 事业单位人事管理条例 ... 36
- 中华人民共和国工会法 ... 39
- 人力资源社会保障部关于发布劳动合同示范文本的说明 ... 45
- 人力资源社会保障部对十三届全国人大二次会议第6979号建议的答复 ... 53
- 电子劳动合同订立指引 ... 54
- 新就业形态劳动者休息和劳动报酬权益保障指引 ... 56
- 新就业形态劳动者劳动规则公示指引 ... 57
- 新就业形态劳动者权益维护服务指南 ... 58

第二章 有关社会保险的法律法规 ... 60
- 中华人民共和国社会保险法 ... 60
- 实施《中华人民共和国社会保险法》若干规定 ... 69
- 工伤保险条例 ... 72
- 失业保险条例 ... 80
- 企业职工生育保险试行办法 ... 83
- 社会保险费征缴暂行条例 ... 84

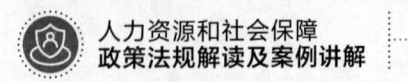

部分行业企业工伤保险费缴纳办法 ... 86
社会保险基金先行支付暂行办法 ... 87
社会保险基金行政监督办法 ... 89
社会保险基金监督举报工作管理办法 ... 94
工伤保险辅助器具配置管理办法 ... 98
失业保险金申领发放办法 ... 101
香港澳门台湾居民在内地（大陆）参加社会保险暂行办法 ... 104
在中国境内就业的外国人参加社会保险暂行办法 ... 106
非法用工单位伤亡人员一次性赔偿办法 ... 108
工伤认定办法 ... 109
因工死亡职工供养亲属范围规定 ... 111
工伤职工劳动能力鉴定管理办法 ... 112
关于失业保险支持企业稳定就业岗位的通知 ... 115
关于进一步做好建筑业工伤保险工作的意见 ... 117
关于公布失业保险金网上申领平台的通知 ... 120
关于实施中国—塞尔维亚社会保障协定的通知 ... 122
人力资源社会保障部对十三届全国人大二次会议第6160号建议的答复 ... 123
个人养老金实施办法 ... 125
关于阶段性降低失业保险、工伤保险费率有关问题的通知 ... 129

第三章 有关工作时间与节假日的法律法规 ... 130

职工带薪年休假条例 ... 130
企业职工带薪年休假实施办法 ... 131
全国年节及纪念日放假办法 ... 132
国务院关于职工工作时间的规定 ... 133
国家机关、事业单位贯彻《国务院关于职工工作时间的规定》的实施办法 ... 134
关于职工全年月平均工作时间和工资折算问题的通知 ... 135
机关事业单位职业年金办法 ... 135
国务院关于机关事业单位工作人员养老保险制度改革的决定 ... 137
机关事业单位工作人员带薪年休假实施办法 ... 140
全国人民代表大会常务委员会关于实施渐进式延迟法定退休年龄的决定 ... 141

第四章 有关薪酬的法律法规 ... 150

最低工资规定 ... 150
保障农民工工资支付条例 ... 152
企业年金办法 ... 159
企业年金基金管理办法 ... 162

人力资源社会保障部办公厅关于印发《技能人才薪酬分配指引》的通知 172
人力资源社会保障部办公厅关于国有企业新设企业或机构增人增资有关政策规定意见的函 178

第五章 有关劳动保护的法律法规 180

女职工劳动保护特别规定 180
禁止使用童工规定 182
中华人民共和国未成年人保护法 184
未成年工特殊保护规定 197
中华人民共和国职业病防治法 199
劳动保障监察条例 210
关于实施《劳动保障监察条例》若干规定 214
重大劳动保障违法行为社会公布办法 219
中华人民共和国劳动争议调解仲裁法 220
企业劳动争议协商调解规定 225
关于进一步加强劳动人事争议调解仲裁完善多元处理机制的意见 228
事业单位公开招聘违纪违规行为处理规定 232
关于加强新就业形态劳动纠纷一站式调解工作的通知 235

第六章 有关就业管理的法律法规 237

中华人民共和国就业促进法 237
就业服务与就业管理规定 242
人才市场管理规定 251
人力资源市场暂行条例 255
人力资源和社会保障部关于进一步完善就业失业登记管理办法的通知 259
外国人在中国就业管理规定 260
人力资源社会保障部关于香港澳门台湾居民在内地（大陆）就业有关事项的通知 264
残疾人就业条例 265
外商投资职业介绍机构设立管理暂行规定 267
外商投资人才中介机构管理暂行规定 268
关于做好《网络招聘服务管理规定》贯彻实施工作的通知 271
关于做好农民工返岗复工"点对点"服务保障工作的通知 273
关于做好就业岗位信息归集和服务工作的通知 274

第七章 有关人才建设的法律法规 276

专业技术人员继续教育规定 276
职称评审管理暂行规定 279
人力资源社会保障部办公厅关于支持企业大力开展技能人才评价工作的通知 282

人力资源社会保障部办公厅关于大力开展以工代训工作的通知 284

人力资源社会保障部办公厅关于2024年度专业技术人员职业资格考试工作计划及有关
　事项的通知 285

人力资源社会保障部关于实施职业技能提升行动创业培训"马兰花计划"的通知 288

人力资源社会保障部　财政部关于充分发挥职业技能提升行动专账资金效能　扎实推进
　职业技能提升行动的通知 290

专业技术人员资格考试违纪违规行为处理规定 292

公务员考试录用违纪违规行为处理办法 295

公务员录用违规违纪行为处理办法 297

第二部分　重要法律法规解读

第一章　《劳动法》解读 302

制定《劳动法》的重要意义 302

有关总则条款的解读 302

有关促进就业条款的解读 306

有关劳动合同和集体合同条款的解读 309

有关工作时间和休息休假条款的解读 319

有关工资条款的解读 322

有关劳动安全卫生条款的解读 325

有关女职工和未成年工特殊保护条款的解读 326

有关职业培训条款的解读 329

有关社会保险和福利条款的解读 330

有关劳动争议条款的解读 332

有关监督检查条款的解读 334

有关法律责任条款的解读 335

有关附则条款的解读 341

第二章　《劳动合同法》解读 342

《劳动合同法》的立法背景 342

《劳动合同法》的亮点 342

有关总则条款的解读 345

有关劳动合同的订立条款的解读 349

有关劳动合同的履行和变更条款的解读 363

有关劳动合同的解除和终止条款的解读 370

有关集体合同条款的解读 383

有关劳务派遣条款的解读 389

有关非全日制用工条款的解读 393
有关监督检查条款的解读 395
有关法律责任条款的解读 402
有关附则条款的解读 415

第三章 《社会保险法》解读 417

《社会保险法》的立法背景 417
有关用人单位和个人权利义务条款的解读 417
有关监督管理职责条款的解读 418
有关基本养老保险条款的解读 420
有关基本医疗保险条款的解读 425
有关工伤保险条款的解读 429
有关失业保险条款的解读 437
有关生育保险条款的解读 441
有关社会保险费征缴条款的解读 443
有关社会保险基金条款的解读 447
有关社会保险经办条款的解读 451
有关社会保险监督条款的解读 454
有关法律责任条款的解读 459
有关附则条款的解读 464

第四章 《劳动争议调解仲裁法》解读 466

有关总则条款的解读 466
有关调解条款的解读 471
有关仲裁一般规定条款的解读 475
有关仲裁申请和受理条款的解读 482
有关仲裁开庭和裁决条款的解读 487
有关附则条款的解读 506

第三部分 用人单位人力资源管理知识问答

第一章 劳动关系管理 508

哪些单位属于《劳动合同法》的适用范围？ 508
用人单位订立哪些规章制度必须要与职工协商？ 508
用人单位建立和完善劳动规章制度应遵循什么程序？ 508
用人单位的规章制度必须公示才有效吗？ 509
用人单位不得招聘哪些人员？ 509

用人单位在新职工到岗后1个月内签订劳动合同可以吗? 509
用人单位自用工之日起超过1年仍未与劳动者签订劳动合同怎么办? 509
大学应届毕业生提前签订劳动合同,劳动关系从何时起算? 510
用人单位在劳动关系建立后是否需建立职工名册? 510
用人单位招工时有权要求劳动者告知哪些内容? 510
用人单位在招工时应向劳动者告知哪些情况? 510
用人单位在招聘新员工时,应当保留哪些记录,以证明用人单位履行了告知义务? ... 511
用人单位招用劳动者能否要求劳动者提供担保或收取财物、扣押证件? 511
劳动合同不规范有什么后果? 512
规范的劳动合同应具备哪些条款? 512
用人单位提供的劳动合同文本未载明《劳动合同法》规定的劳动合同必备条款有什么
　法律后果? 513
劳动合同中有关劳动报酬的规定有哪些? 514
用人单位可以与劳动者协商约定哪些条款? 514
用人单位可否与劳动者约定服务期及违约金? 514
劳动法律法规对于竞业限制有何规定? 514
如何在劳动合同中约定违约责任? 515
劳动合同中哪些事项可以约定违约金? 515
约定专项培训违约金应当注意哪些问题? 515
如何约定培训费赔偿办法和规避风险? 515
竞业限制适用于哪些人? 516
竞业限制的期限有限制吗? 516
竞业限制的补偿有什么限制? 516
保密费等同于竞业限制的经济补偿吗? 516
竞业限制协议是否等同于保密协议? 517
竞业禁止协议的竞业限制范围如何确定? 517
约定竞业限制违约金应注意哪些问题? 518
劳动者拒不签收竞业限制补偿金怎么办? 518
如何规避招用尚未解除劳动合同的劳动者的风险? 518
什么样的劳动合同属于无效合同? 518
如果没有依法及时与劳动者订立书面合同,用人单位需承担哪些法律后果? 519
参加岗前培训能否认定是建立劳动关系? 520
什么情况下,用人单位应当与劳动者订立无固定期限劳动合同? 520
"第三次签合同即可签无固定期限合同"的规定是否限制用人单位的自主权? 520
用人单位不给员工劳动合同文本,有何责任和后果? 521
试用期的期限有什么限定? 521

如何约定试用期？ 521
试用期怎样合法地解聘员工？ 522
试用期能无理由辞掉员工吗？ 522
如何证明劳动者在试用期内不符合录用条件？ 522
试用期内可否辞退生病员工？ 523
可不可以试用合格再签订劳动合同？ 523
职工在原单位转岗或续约时，单位可以再次约定试用期吗？试用期是独立于劳动合同
　　期限之外的吗？ 523
对试用期内不符合录用条件的，试用期满后能否辞退？ 524
劳动者试用期内患病，医疗期超过试用期，能否解除劳动合同？ 524
劳动者拒签劳动合同怎么办？ 524
学历造假所签劳动合同有效吗？ 524
集体合同和劳动合同，哪个效力更高？ 525
集体合同必须经过集体协商才能签订吗？ 525
集体合同中的劳动报酬和劳动条件有最低标准吗？ 525
工会可以代表职工签订集体合同吗？ 525
如何签订集体合同？ 526
集体合同出现争议如何解决？ 526
劳动报酬、劳动条件等合同条款约定不明确引起争议时如何采取补救措施？ 526
哪些情况下可以订立无固定期限合同？哪些情况下应当订立无固定期限合同？ 526
当用人单位规章制度规定与劳动合同约定出现冲突时，规定与约定哪个更具法律效力？ 527
连续两次订立固定期限劳动合同，劳动者不符合被辞退的条件，合同期满时，劳动者提出
　　续签合同的要求，用人单位就必须与之订立无固定期限的合同吗？ 527
单位合并或者分立，能否继续履行劳动合同？ 527
用人单位规定"末位淘汰"合法吗？ 528
用人单位与劳动者协商一致，可否解除劳动合同？ 528
劳动者提前通知用人单位是否可以解除劳动合同？ 528
哪些情形下，劳动者可以随时解除劳动合同？ 528
哪些情形下，用人单位可以随时解除劳动合同？ 529
用人单位在何种情况下不得解除劳动合同？ 529
用人单位在何种情况下可以解除劳动合同？ 529
哪些情形下，用人单位提前30日以书面形式通知劳动者本人或者额外支付劳动者1个月
　　工资后，可以解除劳动合同？ 530
劳动者在劳动合同期内失踪了，企业可以与之解除劳动合同吗？ 530
劳动者受公安机关拘留处罚，用人单位是否可以解除劳动合同？ 531
劳动者被判刑，单位可以解除劳动合同吗？ 531

劳动者不能完成工作定额，单位炒人要给经济补偿吗？ ………………………… 531
劳动者"兼职"，单位可以解除劳动合同吗？ ………………………………… 532
劳动者提供虚假资料，用人单位可以解除劳动合同吗？ ……………………… 532
女职工在孕期严重违纪，单位可以解除劳动合同吗？ ………………………… 532
哪些情况下，用人单位可以裁减人员？ ………………………………………… 532
用人单位通过怎样的程序才能实施经济性裁员？ ……………………………… 533
裁减人员时，应当优先留用哪些人员？ ………………………………………… 533
企业重整裁员，单位需支付经济补偿吗？ ……………………………………… 533
用人单位对富余人员、放长假的职工、长期被借用的人员、请长病假的职工，非在岗期间
　　是否应与其签订劳动合同？ ………………………………………………… 533
处分一个职工是否有法定程序和时间限制，不按法定程序处分职工和超过法定时间处分
　　职工是否有效？ ……………………………………………………………… 533
劳动者不能胜任工作被辞退，单位给补偿吗？ ………………………………… 534
医疗期满被辞退，单位除给经济补偿外，还给医疗补助费吗？ ……………… 534
客观情况发生重大变化双方不能协商变更，单位解除劳动合同给补偿吗？ … 534
哪些情形下，用人单位应向劳动者加付赔偿金？ ……………………………… 534
用人单位招用与其他用人单位尚未解除或者终止劳动合同的劳动者，应承担什么法律
　　责任？ ………………………………………………………………………… 535
什么时候用人单位需要向劳动者支付两倍赔偿金？ …………………………… 535
什么时候用人单位需要向劳动者每月支付两倍工资？ ………………………… 535
用人单位违法解除或终止劳动合同的，应当承担什么法律责任？ …………… 535
劳动合同终止，用人单位是否需要支付经济补偿？ …………………………… 536
哪些情形下，用人单位解除劳动合同应当向劳动者支付经济补偿？ ………… 536
解除或终止劳动合同的经济补偿按什么标准支付？ …………………………… 536
劳动者病愈后不能工作，单位解除劳动合同给补偿吗？ ……………………… 537
用人单位解除劳动合同应当事先通知工会吗？ ………………………………… 537
劳动合同解除或者终止后，用人单位应当履行什么义务？ …………………… 537
什么情况下，劳动合同终止？ …………………………………………………… 538
劳动者患职业病、因工负伤可不可以终止劳动合同？ ………………………… 538
用人单位单方终止劳动合同有何限制性规定？ ………………………………… 538
用人单位可以随意变更工作岗位和地点吗？ …………………………………… 538
补签劳动合同也得支付双倍工资吗？ …………………………………………… 539
劳动者学历造假被辞，用人单位是否需要支付经济补偿？ …………………… 539
用人单位对已经解除或者终止的劳动合同文本应至少保存几年？ …………… 540
劳务派遣合同最低签多少年？ …………………………………………………… 540
劳务派遣协议应当约定什么内容？ ……………………………………………… 540

用工单位应当对被派遣劳动者履行什么义务？ 540

谁该为被派遣劳动者缴纳各项社会保险？ 540

劳务派遣单位克扣用工单位付给被派遣劳动者的工资合法吗？ 541

劳务派遣单位转包劳动者合法吗？ 541

何种情形下用工单位可以将劳动者退回劳务派遣单位？ 541

用工单位能开除所接收的被派遣劳动者吗？ 542

用人单位招用了与其他用人单位尚未解除或者终止劳动合同的劳动者，给其他单位造成损害怎么办？ 542

第二章 用人单位社保问题解答 543

我国现阶段社会保险的内容有哪些？ 543

企业为什么必须参保？ 543

如何申领社保登记证？ 544

哪些情形不能补交养老保险费？ 544

社保部门每月何时正常托收社保费？ 544

企业当月账上金额不足造成社保费托收不成功应怎么办？ 544

学生在实习期间能否参加社会保险？ 545

年满多少周岁才可以参加社会保险？ 545

企业成立后应在多少日内办理参保手续？ 545

什么时候为职工办理社会保险参保？ 545

人员流动性大的岗位怎么参保？ 545

不参保有哪些风险？ 545

发现漏缴社保费，能补缴吗？ 546

职工在单位工作期间应参保未参保，应该如何办理社保费补缴？ 546

职工养老保险缴满15年后还需要继续参保吗？ 546

港澳台居民在本地工作，如何办理参保手续？ 546

外国人从总部外派来本地工作，劳动合同和工资都是在境外签署和发放的，该类人员需要办理参保手续吗？ 547

参保人达到法定退休年龄后养老保险累计缴费年限未满15年，可以延长缴费吗？ 547

职工有何种情形的，应当认定为工伤？ 547

职工有何种情形的，可视同工伤？ 547

职工有何种情形的，不得认定为工伤或者视同工伤？ 548

申请工伤认定的时限是怎样规定的？ 548

职工应当在哪里治疗工伤？ 548

工伤职工住院是否可以在医院直接结算？ 548

工伤职工如果需要转往市外就医，该如何处理？ 549

工伤职工的停工留薪期有多长？ ······ 549
职工停工留薪期内的工资福利待遇如何？ ······ 549
工伤职工就诊费用如何报销？ ······ 549
工伤职工住院期间需要护理，该如何处理？ ······ 549
职工发生工伤，经治疗医疗终结期满（伤情相对稳定）后存在残疾、影响劳动能力的，
　　应当怎么办？ ······ 549
工伤职工安装辅助器具的费用由谁支付？ ······ 550
住院治疗的伙食费、经批准转往外地治疗所需往返交通、食宿费用按什么标准支付？ ······ 550
劳动功能障碍分为多少个伤残等级？ ······ 550
生活自理障碍等级根据什么条件确定？ ······ 550
一次性伤残补助金的标准是如何规定的？ ······ 550
伤残津贴的标准是如何规定的？ ······ 551
伤残职工的工作如何安排？ ······ 551
职工因工死亡的待遇标准是如何规定的？ ······ 551
职工因工外出期间发生事故或者在抢险救灾中下落不明的，如何处理？ ······ 551
定期领取工伤保险待遇的人员须何时认证，方可继续领取待遇？ ······ 551
职工有哪些情形的，停止享受工伤保险待遇？ ······ 552
什么是工伤康复？ ······ 552
如何进行工伤康复？ ······ 552
工伤康复待遇包括哪些？ ······ 552
领取工伤康复待遇如何办理？ ······ 552
工伤职工如果需要康复治疗，该如何处理？ ······ 552
什么是职业病？ ······ 553
职业病是不是工伤？ ······ 553
职业病如何申报工伤？ ······ 553
职业病被认定工伤后享受什么待遇？ ······ 553
职工生育保险的参保对象有哪些？ ······ 553
哪些情形可以享受生育津贴？ ······ 553
产假津贴的支付期限是多长？ ······ 554
计生津贴的支付期限是多长？ ······ 554
生育津贴如何计算？ ······ 554
用人单位上年度职工月平均缴费工资如何计算？ ······ 554
用人单位无上年度月平均缴费工资的，生育津贴计发的基数如何确定？ ······ 554
生育保险基金支付生育津贴后，用人单位还需发放产假工资吗？ ······ 554
用人单位申请工伤认定需提供哪些材料？ ······ 555
发生工伤事故后，用人单位申请工伤认定时效有何规定？ ······ 555

用人单位申报工伤医疗待遇时应注意哪些事项？ 555
上下班途中哪些情形属工伤？ 555
劳动保障行政部门受理工伤认定申请之日起多久作出工伤认定决定？ 556
工伤事故调查过程中，申请人、用人单位及有关部门应承担什么义务和责任？ 556
工伤可在哪些医疗机构治疗？ 556
工伤治疗费用如何支付？ 556
医疗保险是否可以不参加？ 556
综合医疗保险费划入个人账户的比例是多少？ 556
医疗保险待遇的起止时间是怎么规定的？ 557
参保人医保个人账户用完后超额的门诊医疗费用如何报销？ 557

第三章　工资报酬管理 558

用人单位应该如何支付劳动者工资？ 558
用人单位制定工资支付制度有什么规定？ 559
工资至少多长时间支付一次？ 559
加班工资的支付周期有什么规定？ 559
工资支付日有何规定？ 559
用人单位因故不能在约定的工资支付日支付工资的可以延期多久？ 559
职工离职后，其工资应当在何时结清？ 559
新入职职工的工资从哪天开始算起？职工离职时工资应计算到哪天？ 560
如何确定单位职工的工资性收入？ 560
用人单位支付的哪些费用不属于工资范畴？ 560
用人单位在确定试用期工资时有何限制性规定？ 561
劳动合同履行地与用人单位注册地不一致，工资怎么定？ 561
用人单位无故克扣和拖欠工资有什么后果？ 561
经济补偿的月工资包含哪些范围？ 561
特殊情况下如何向职工支付工资？ 562
哪些情况下，用人单位可以合法扣减职工工资？ 562
如何确定职工事假、探亲假、婚丧假期间的工资待遇？ 562
劳动者被刑事拘留期间是否支付工资、福利待遇？ 563
单位可否延时支付工资？ 563
停工期间，职工工资应如何支付？ 563
职工法定休假日的工资如何支付？ 563
职工加班工资怎么算？ 563
如何确定加班费的计算基数？ 564
可不可以用补休代替加班费？ 564

· 11 ·

未经批准自愿加班能索要加班费吗？ 564
职工最低工资标准内能包含加班费吗？ 565
非全日制用工如何支付劳动报酬？ 565
职工依法享受年休假期间，其工资如何支付？ 565
用人单位如何支付职工应休未休年休假天数的工资报酬？ 565
用人单位与职工解除或终止劳动合同的，应休未休年休假天数和工资报酬应如何计算？ 566
职工请事假期间，用人单位是否要支付其工资？ 566
怎样计算职工的病假工资？ 566
怎样确定病假工资的基数？ 567
怎样确定病假工资的计算系数？ 567
病假工资的计算公式是怎样的？ 567
如何确定病假天数？ 568
职工病假和事假期间的工资支付有何不同？ 568
用人单位依法破产、解散或者被撤销进行清算时，拖欠职工的工资应如何支付？ 568
用人单位可以依法从职工工资中代扣代缴哪些费用？ 568
用人单位可以从职工工资中扣减哪些费用？ 568
用人单位从职工工资中扣减赔偿费用和经济处罚有什么限制？ 569
用人单位为合伙形式的，合伙人拖欠职工工资有责任吗？ 569
承包方拖欠职工工资，发包方有责任吗？ 569
实行标准工时制的职工，其加班工资应如何计算？ 569
实行综合计算工时工作制的职工，其加班工资应该如何计算？ 569
怎样将月工资折算为日、小时工资？ 569
实行计件工资制的职工如何计算加班工资？ 570
劳动者生病休假工资可以克扣吗？ 570
用人单位向试用期劳动者支付工资的下限是多少？ 570
用人单位克扣或无故拖欠劳动者工资会受到什么处罚？ 570
用人单位在哪些情况下拖欠工资不属"无故拖欠"？ 571

第四章　工作时间、休息、休假管理 572

我国现行的基本工时制度有哪几种？ 572
哪些工种和岗位可以实行不定时工作制？ 572
是否可以约定仅在出差时实行不定时工作制？ 572
不定时工作制职工是否可以不来公司上班？ 572
不定时工作制职工怎么考勤？ 572
实行不定时工作制必须申报审批吗？ 573
哪些工种岗位可以实行综合计算工时工作制？ 573

用人单位延长工作时间有哪些限制性规定？ 573
在哪些情况下可以任意延长工作时间而不受限制？ 573
我国法定放假的节日、纪念日有哪些？ 574
法定休假日如适逢公休日的，如何安排？ 574
职工享受带薪年休假，应符合哪些条件？ 574
如何核算职工的带薪年休假天数？ 575
如何安排职工休年休假？ 575
年休假是否只能安排在正常工作日？ 575
试用期内是否享受年休假？ 575
非全日制职工是否享受年休假？ 576
职工新进用人单位，当年度应休年休假天数如何计算？ 576
当年度在不同用人单位工作是否可以重复享受年休假？ 576
职工严重违反单位规章制度，被用人单位解除劳动合同是否享受年休假？ 576
如何认定"职工因本人原因且书面提出不休年休假"？ 576
如果职工休完了所有年休假后辞职，公司是否有权扣除其多休的年休假工资？ 577
未满整年辞职需要向员工补偿休假工资吗？ 577
如果用人单位辞退职工时，该职工1天年休假还没有休，用人单位应如何折算工资？ 577
劳动法律法规对丧假有何规定？ 577
职工医疗期有何规定？ 578
职工医疗期有哪些特殊规定？ 578

第五章　女职工和未成年工特殊劳动保护管理 579

哪些单位的女职工适用于《女职工劳动保护特别规定》？ 579
哪些劳动不能安排给女职工？ 579
哪些劳动不能安排给怀孕女职工？ 579
女职工进行产前检查的时间是否算作工作时间？ 580
产假天数有何规定？ 580
女职工哺乳时间有何规定？ 580
女职工怀孕流产假期有何规定？ 580
单位能否安排孕期、哺乳期的女职工加班加点？ 581
侵害妇女劳动保护的权益的单位和人会受到什么处罚？ 581
如何确定女职工有计划外生育事实？ 581
女职工非婚生育，用人单位该怎么办？ 581
用人单位违反女职工劳动保护规定的行为会受到哪些行政处罚？ 582
用人单位在女职工受到性骚扰时未及时处理有什么责任？ 582
什么叫未成年工？ 582

未成年工禁忌从事的劳动范围有哪些？ 582
哪些工作，用人单位不能安排未成年工去做？ 583
在什么时候应安排未成年工进行健康检查？ 583
用人单位是否可以使用童工？ 584
用人单位非法招用童工的，应承担什么法律责任？ 584
用人单位如何为未成年工在劳动安全卫生方面予以特殊保护？ 584
用人单位招收使用未成年工要登记吗？ 584

第六章　劳动争议防范与处理 585

劳动争议对企业有何影响？ 585
怎样运用劳动合同防范劳动争议？ 585
怎样用集体合同来防范劳动争议？ 585
怎样运用职工名册来防范劳动争议？ 586
怎样用劳动合同签收单来防范劳动争议？ 586
怎样用职位告知书来防范劳动争议？ 586
入职登记表可以防范劳动争议吗？ 587
签订劳动合同通知书可以防范劳动争议吗？ 587
劳动合同变更协议书可以防范劳动争议吗？ 587
解除、终止劳动合同通知书可以防范劳动争议吗？ 587
解除、终止劳动合同的证明可以防范劳动争议吗？ 588
加班申请书可以防范劳动争议吗？ 588
劳动合同续签意向书可以防范劳动争议吗？ 588
保密协议可以防范劳动争议吗？ 589
竞业禁止合同可以防范劳动争议吗？ 589
竞业禁止合同有哪些内容？ 589
为什么会产生解雇纠纷？ 590
《劳动法》对解雇（辞退）不当有何规定？ 590
企业怎样防范解雇（辞退）纠纷？ 590
什么情况下可以开除员工？ 591
哪些开除容易引发争议？ 591
《劳动法》对开除不当有什么规定？ 591
企业如何防范开除争议？ 591
辞工和自动离职争议的主要表现是什么？ 591
怎样预防辞工和自动离职争议？ 592
为什么产生加班争议？ 592
企业如何防范加班争议？ 592

劳动争议的仲裁时效延长，用人单位应该怎么办？ 593
用人单位如何规避劳动争议中不能提供证据的责任？ 593
如何打破"一裁终局"对用人单位的不公平规定？ 593
用人单位如何预防和面对潜在或已经出现的劳动争议？ 594
什么情况下，用人单位可以对追索劳动报酬等裁决申请撤销？ 594
在哪些情形下仲裁员应当回避？ 594

第四部分　劳动者维权知识问答

第一章　劳动就业（合同） 596

保障劳动合同的法律法规有哪些？ 596
给私人干活受《劳动法》保护吗？ 596
用人单位不与劳动者签订劳动合同有什么赔偿？ 596
用人单位不与劳动者签订劳动合同有什么赔偿？ 597
劳动合同可以采取口头形式吗？ 597
劳动者在签订合同前可否要求用人单位告知其工作内容等情况？ 597
签订劳动合同前，劳动者需要了解哪些规章制度？ 597
劳动者是否有义务如实告知用人单位自己的有关情况？ 597
签订劳动合同要遵循什么原则？ 597
什么样的劳动合同不可以签订？ 598
可以签订口头劳动合同吗？ 598
劳动合同应有哪些内容？ 598
劳动者与用人单位可协商约定哪些条款？ 598
"工伤自理"条款是否有效？ 598
劳动合同期限是怎么规定的？ 599
什么情况下劳动者可以随时解除劳动合同，无须提前通知用人单位？ 599
什么情况下可以要求签订无固定期限劳动合同？ 599
什么情况下劳动者可以与用人单位解除劳动合同？ 599
用人单位跟劳动者不签订劳动合同怎么办？ 600
工作超过一年，用人单位不与劳动者签订劳动合同怎么办？ 600
用人单位一年多未与劳动者签订劳动合同，劳动者是否可以要求用人单位赔偿？ 601
如何查询自己所在用人单位是否签订集体合同？ 601
用人单位以临时工为由让劳动者走人怎么办？ 601
就业协议等同于劳动合同吗？ 601
实习生没有劳动报酬，有依据吗？ 601
应聘递交的作品被采用，有报酬吗？ 602

关于试用期的期限有哪些规定? 602
试用期的长短不可以任意延长? 602
哪些情况不得约定试用期? 602
《劳动合同法》对试用期劳动者工资有何规定? 603
用人单位只签一年劳动合同,试用期三个月可以吗? 603
试用期是否包含在劳动合同期限内? 603
用人单位违反试用期规定要负哪些法律责任? 603
试用期内用人单位可以随意解除劳动合同吗? 603
试用期内劳动者可以随时辞职吗? 604
试用期超出规定,如何处理? 604
用人单位说试用期内有权随时辞退员工,有法律依据吗? 604
劳动者生病期间用人单位可以解除劳动合同吗? 604
一般情形下劳动者解除劳动合同的程序是什么? 605
劳动者在劳动合同期内不辞而别应承担什么责任? 606
劳动者行使辞职自由权时,如何保留证据? 606
劳动者与用人单位签订劳动合同时,应注意哪些问题? 606
劳动合同中的生死条款有法律效力吗? 606
劳动合同订立和变更后,劳动者有权获得一份吗? 607
用人单位不给劳动者劳动合同文本怎么办? 607
用人单位未与劳动者签订劳动合同,双方是否存在事实劳动关系?事实劳动关系是否
　适用《劳动法》? 607
与用人单位签订劳动合同是否一定要约定试用期?口头约定的试用期是否有效? 607
用人单位违法解除劳动合同的主要表现有哪些? 608
用人单位变更名称、法定代表人是否影响劳动合同的履行? 608
用人单位发生合并或者分立等情况,原劳动合同是否继续有效? 608
用人单位更换了法定代表人,原法定代表人签字的劳动合同还有效吗? 608
用人单位改了名字后要与劳动者解除劳动合同怎么办? 609
用人单位改名字,劳动合同是否要重签? 609
竞业限制条款在什么情况下对劳动者没有约束力? 609
竞业限制的期限最长几年? 609
是否所有的劳动者都要签订竞业限制协议? 610
劳动者有权主张竞业限制的经济补偿吗? 610
用人单位未支付经济补偿,竞业限制协议对劳动者有约束力吗? 610
用人单位违法解除劳动合同,竞业限制协议对劳动者有约束力吗? 610
劳动者违反竞业限制义务,要承担哪些不利后果? 610
客观情况发生重大变化双方不能协商变更,用人单位解除合同给补偿吗? 611

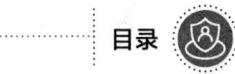

哪些情况属于劳动合同订立时所依据的客观情况发生重大变化？ 611
用人单位放假或停工，劳动者能否解除劳动合同？ 611
用人单位违反劳动合同规定如何赔偿？ 611
劳动者在解除劳动合同的时候，如果给用人单位造成了损失，是否应当承担赔偿责任？
如果要承担，如何承担？ 612
劳动者在什么情况下要向用人单位支付违约金？ 612
劳动者违反服务期约定要支付违约金吗？ 612
劳动合同解除或终止后，劳动者应当履行什么义务？ 612
用人单位不签收辞职申请书怎么办？ 613
劳动合同的无效由谁来确认？ 613
劳动合同确认无效，劳动报酬如何确定？ 613
劳动合同认定无效后有何法律后果？ 613
劳动报酬约定不明怎么办？ 613
支付令申请书向谁提交？ 614
支付令多长时间能"送达"欠薪单位？ 614
欠薪单位收到支付令后提出书面异议怎么办？ 614
如果欠薪单位收到支付令既不提出书面异议又不履行怎么办？ 614
支付令失效后劳动者可以直接起诉到法院吗？ 614
劳动者行使辞职自由权时，如何保留证据？ 615
被强迫劳动，劳动者可以立即解除劳动合同吗？ 615
用人单位拖欠工资，劳动者可以辞职吗？ 615
用人单位不缴社保，劳动者可以辞职吗？ 615
用人单位规章制度损害劳动者权益，劳动者可以辞职吗？ 615
用人单位欺诈导致合同无效，劳动者可以辞职吗？ 616
劳动合同到期用人单位不续签，需支付经济补偿吗？ 616
用人单位破产或倒闭，需支付经济补偿吗？ 616
用人单位向劳动者支付经济补偿的标准是什么？ 616
劳动者在何种情形下不能被列为裁员对象？ 617
被裁减人员有哪些权利？ 617
劳动者申请仲裁或打官司，工会能帮忙吗？ 617
企业有违法行为，工会可以干预吗？ 617
被派遣劳动者权益受损时由谁承担责任？ 618
何种情形下被派遣劳动者可以解除劳动合同？ 618
被派遣劳动者与用工单位的劳动者同工同酬吗？ 618
被派遣劳动者有权参加工会吗？ 618
针对假派遣现象，劳动者如何保护自己？ 618

"小时工"可以兼职吗? ... 619
"小时工"订立口头协议行吗? ... 619
"小时工"有试用期吗? ... 619
"小时工"的工伤保险由谁缴费? ... 619
"小时工"加班有加班费吗? ... 619
"小时工"工作期间,出了意外事故怎么办? ... 620
"小时工"劳动报酬结算,支付周期最长是多少天? ... 620
用人单位侵害劳动者人身权益应承担什么责任? ... 620
用人单位解除劳动合同不出具书面证明行吗? ... 620
劳动者在没有经营资格的用人单位付出劳动怎么办? ... 621

第二章　社保缴纳 ... 622

企业没有给员工办理养老保险,如何追讨? ... 622
职工可以自愿不参保吗? ... 622
参保员工拥有多个电脑号如何处理? ... 622
如何更改参保的身份证号码或姓名? ... 622
养老保险缴满15年就可以退休? ... 623
养老保险缴费满15年就不用再缴纳? ... 623
退休了就能领取养老金? ... 623
到达退休年龄时,职工养老保险缴费不满15年怎么办? ... 623
如何办理职工基本养老保险的转移接续? ... 623
职工基本养老保险转移的时候,基金会跟着人走吗? ... 624
异地转移接续后,到了退休年龄,去哪里领取养老金待遇呢? ... 624
特殊工种人员办理提前退休对年龄是如何规定的? ... 625
退休人员指纹验证有何规定? ... 625
退休人员基本养老保险待遇如何调整? ... 625
申请办理退休时需提交哪些资料? ... 625
办理病退(退职)的程序是怎样的? ... 625
医保断缴会清零吗? ... 626
失业就可以领失业险吗? ... 626
哪些社会保险关系可以转移接续? ... 626
哪些人可以办理基本养老保险关系转移接续? ... 626
退休后,可否将养老保险关系转到待遇领取地以外的统筹地区? ... 626
基本养老保险关系转移办理流程是如何设置的? ... 626
申请办理基本养老保险关系转入手续需提供哪些材料? ... 627
什么是临时基本养老保险缴费账户? ... 627

哪些人员养老保险转移接续不受年龄限制？..627
如何确定参保人员的待遇领取地？..627
如何处理参保人的多重养老保险关系？..628
如何处理重复领取基本养老金问题？..628
办理转移接续时怎样处理参保人员基本养老保险欠费问题？..................................628
职工医疗保险关系接续后的缴费年限和待遇如何规定？..628
参保人具备哪些条件，退休后可享受现行的职工医疗保险待遇？..........................628
如何确定参保人退休后的职工医疗保险待遇享受地？..628
职工医疗保险关系转移接续时个人账户如何处理？..629
办理转移接续手续期间的医疗待遇如何享受？..629
哪些人可以办理失业保险关系转移接续？..629
失业保险关系转移办理流程是如何设置的？..629
申请办理失业保险关系转入手续须提供哪些材料？..629
外省户籍的参保人在本市社保已经累计缴费达15年，现已达到法定退休年龄，可在本市
　　领取养老金吗？手续如何办理？..630
申报的缴费工资提高了，养老金会不会提高？..630
什么是法定退休年龄？..630
本市户籍的被保险人达到法定退休年龄时，因缴费年限达不到政策规定的怎么办？..........631
什么是养老保险实际缴费年限？..631
养老保险视同缴费年限包括哪些？..631
按月享受养老待遇的人员如何办理资格认证？..631
养老金资格认证有效期是多久？如未能按时认证将有怎样的后果？......................632
非退休人员死亡，死亡待遇如何计发？..632
离退休人员死亡待遇是如何计发的？..632
外来劳务人员如何处理辞退返回原籍时养老保险关系？..632
退休前加入他国国籍同时丧失中国国籍的被保险人，应如何处理其养老保险关系？..........632
失业保险待遇包括哪些？..633
参保人领取失业保险金需要符合什么条件？..633
参保人领取失业保险金需要提供什么材料？..633
失业人员领取失业保险金期间是否参加医疗保险？..633
失业保险金标准如何？..634
领取失业保险金的人员如何办理按月领取登记手续？..634
失业人员在领取失业金期间死亡的，死亡待遇如何计发？......................................634
在本市参加失业保险的市外省内户籍人员，如想回户籍地领取失业金如何办理？..........634
在市外参加失业保险的本市户籍人员，如想回本市领取失业保险待遇如何办理？..........634
哪些情况不能领取失业保险待遇了？..635

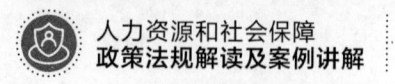

认定失业保险视同缴费应符合什么条件？ 635
非因本人意愿中断就业包括哪几种情形？ 635
职业病算工伤吗？ 635
在岗阶段患职业病怎么处理？ 636
离职或退休、退职前患职业病怎么处理？ 636
离岗或退休后患职业病怎么处理？ 636
职业病职工还享有哪些权益？ 637
因工外出，为何工伤认定不一样？ 637
哪些费用由工伤保险基金支付？ 638
什么情况工伤保险基金可先行支付？ 638
如何办理劳动能力鉴定？ 638
工伤员工停工留薪期内享受何种工资福利待遇？ 639
工伤员工安装或配置辅助器具时应注意哪些事项？ 639
对劳动能力鉴定结论不服，如何办理复审鉴定？ 639
男职工也有生育险吗？ 639
生育险如何报销？ 639
少报社保缴费工资有啥影响？ 640
职工医保个人账户的支付范围是怎样规定的？ 640
哪些人属于门诊统筹的保障对象？ 640
参保人社保年度内可以随意变更选定的门诊统筹定点机构吗？ 640
参保人下一社保年度需重新选定门诊统筹定点机构的，应如何办理？ 641
选定了门诊统筹定点机构的参保人转诊或急诊所发生的医疗费用如何支付？ ... 641
参保人门诊统筹缴费后社保年度内停保的，其门诊统筹待遇可否继续享受？ ... 641
参保人如何办理住院手续？ 641
职工医保参保人市内住院医疗费用的报销比例是多少？ 641
大病医保参保人市内住院医疗费用的报销比例是多少？ 641
职工医保住院费用有最高支付限额吗？ 642
市外转诊手续办理有何规定？ 642
市外转诊门诊费用如何报销？ 642
市外转诊住院费用如何报销？ 642
职工医保和大病医保的参保人未办转诊手续去市外就医，医疗费用报销比例是多少？ 642
参保职工什么时候开始可以享受生育保险待遇？什么时候停止享受待遇？ 643
参保职工享受待遇时连续参保时间不足12个月的，可以享受生育保险待遇吗？如果可以，
    如何享受？ 643
参保职工未就业配偶可以享受生育保险待遇吗？享受待遇的条件是什么？享受的标准
    是多少？ 643

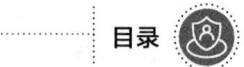

失业人员可以享受生育保险待遇吗？享受待遇的条件是什么？享受的标准是多少？ 643
哪些医疗费用是不纳入生育保险基金支付范围的？ 643
参保职工怀孕后，享受孕产待遇有哪些就医规定？ 644
参保职工享受计生费用待遇就医方面有哪些规定？ 644
参保职工在市内非生育协议机构发生的医疗费用如何处理？ 644
参保职工选择在市外生育的，生育医疗费用如何报销？需不需要办理市外就医手续？ 644
参保职工的哪些费用需要拿到经办机构报销？ 644
参保职工到经办机构报销孕产费用，需要提供哪些资料？ 645
参保职工到经办机构申请产假津贴，需不需要提供符合计划生育政策的证明？ 645
参保职工到经办机构申请计生津贴需要提供哪些资料？ 645
参保职工申领其未就业配偶的孕产费用待遇时，需要提供哪些资料？ 645
生育保险待遇有没有支付期限？ 646

第三章　工资报酬 647

劳动者的哪些收入不属于工资范围？ 647
劳动合同中劳动报酬和劳动条件等标准可否低于集体合同的标准？ 647
工资支付有什么时间要求？ 647
工资应以什么形式支付？ 647
从用人单位取得工资条合法吗？ 648
用人单位可否克扣或者无故拖欠劳动者工资？ 648
职工离职后，能否享受支付周期未满的工资？ 648
职工离职后，工资应在何时结清？ 648
哪些休假日，用人单位应当支付劳动者工资？ 648
职工请事假期间，是否可要求用人单位支付工资？ 649
不是职工的过错造成停工，用人单位应付停工期间工资吗？ 649
劳动者在派遣期间，劳务派遣单位是否还需要向劳动者支付劳动报酬？ 649
用人单位不支付劳动者的劳动报酬怎么办？ 649
用人单位拖欠工资，劳动者应如何处理？ 650
用人单位拖欠或者未足额支付劳动报酬的，劳动者可否向人民法院申请支付令？ ... 650
年休假工资如何计算？ 650
职工书面要求不享受年休假的工资标准是多少？ 651
职工领不到工资，业余时间打工被开除合法吗？ 651
职工事假、探亲假、婚丧假期间工资待遇如何？ 652
延长工作时间的工资报酬如何支付？ 652
领取了失业救济金还能够再获得经济补偿吗？ 652
劳动争议中加班工资到底由谁举证？ 652

用人单位违反最低工资标准如何补偿? ……………………………………… 653
用人单位拖欠工资,职工去哪里维权? …………………………………… 653
拖欠工资的补发数额与补偿标准如何确定? ……………………………… 653
哪种情况不属于无故拖欠工资? …………………………………………… 653
用人单位拖欠产假工资怎么办? …………………………………………… 653
对于拖欠工资如何举证? …………………………………………………… 654
解决用人单位拖欠工资的方法有哪些? …………………………………… 654

第四章　工作时间、休息、休假 …………………………………………… 655

我国法律法规规定职工享有哪些带薪假期? ……………………………… 655
劳动者可以享受的法定放假的节日、纪念日有哪些? …………………… 655
劳动者的法定工作时间是多少个小时? …………………………………… 656
用人单位通常有哪些借口来延长劳动者的工作时间? …………………… 656
劳动者可以享受多少天带薪年休假? ……………………………………… 656
年休假的工作年限如何确认、计算? ……………………………………… 657
享受年休假的时间如何确定? ……………………………………………… 657
职工享受年休假的条件是累计工作1年以上,如果职工的累计工作只有12个月是否享受
　年休假? ………………………………………………………………… 658
怎样计算自己的年休假天数? ……………………………………………… 658
在什么情况下,职工不能享受当年的年休假? …………………………… 658
用人单位不给年休假,劳动者可否解除劳动合同并获经济补偿? ……… 658
职工有哪些途径去解决年休假纠纷? ……………………………………… 659
非因本人原因被安排至新单位,应如何计算劳动者工作年限? ………… 659
是否要在一个单位工作1年以上才能享受年休假? ……………………… 659
年度结束时有未休年假怎么处理? ………………………………………… 659
请过病假能否再休年假? …………………………………………………… 659
离职时有未休年假怎么处理? ……………………………………………… 660
职工主动辞职,是否享受未休年休假工资? ……………………………… 660
职工可以享受多长的病假? ………………………………………………… 660
试用期内患病能否享受医疗期? …………………………………………… 661
女职工可以享受多长时间的产假? ………………………………………… 661
职工有权拒绝加班享受休假吗? …………………………………………… 661
休息日被培训,算不算加班? ……………………………………………… 661
实行轮班工作制的劳动者休假日轮班,单位应支付三倍工资吗? ……… 662
休了探亲假还能再休年假吗? ……………………………………………… 662
领养子女可以休产假吗? …………………………………………………… 662

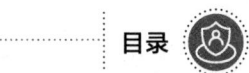

第五章　工伤与工伤认定 ... 663

劳动者在什么情况下才能被认定为工伤？ ... 663
哪些情况会被视为工伤？ ... 663
什么情况下，劳动者不会被认定为工伤？ ... 663
劳动者因工受伤后该怎么做？ ... 664
什么时候要去进行工伤认定？ ... 664
可以到哪里去办理工伤认定？ ... 664
工伤鉴定费用由谁出？ ... 665
劳动者怎样去申请工伤鉴定？ ... 665
如果所在单位不同意伤者进行工伤鉴定怎么办？ ... 665
申请工伤认定应准备什么材料？ ... 665
如果工伤认定资料准备不齐怎么办？ ... 665
谁可以申请劳动能力鉴定？ ... 666
劳动能力鉴定是按照怎样的程序展开的？ ... 666
劳动功能障碍程度分为几级，都包括哪些内容？ ... 666
生活自理障碍程度分为几个等级，都包括哪些内容？ ... 667
职工对劳动能力鉴定委员会作出的鉴定结论不服的，应该怎么办？ ... 667
如何进行劳动能力首次鉴定（伤残等级、医疗终结期、辅助器具安装、生活自理障碍
　　程度）？ ... 667
如何进行工伤劳动能力复查鉴定？ ... 668
如何进行伤病因果关系确定？ ... 668
如何进行医疗终结期延长鉴定？ ... 668
旧伤复发需要就医的鉴定程序？ ... 669
未定残的工伤劳动者可以享受哪些待遇？ ... 669
伤残等级划分的依据标准是什么？ ... 670
哪些情况可以认定为一级工伤或职业病？ ... 671
哪种情况可认定为二级工伤或职业病？ ... 672
哪种情况可认定为三级工伤或职业病？ ... 673
哪种情况可认定为四级工伤或职业病？ ... 674
哪种情况可认定为五级工伤或职业病？ ... 676
哪种情况可认定为六级工伤或职业病？ ... 677
哪种情况可认定为七级工伤或职业病？ ... 679
哪种情况可认定为八级工伤或职业病？ ... 681
哪种情况可认定为九级工伤或职业病？ ... 683
哪种情况可认定为十级工伤或职业病？ ... 684
工伤职工被鉴定为一至四级伤残的，可以享受何种工伤保险待遇？ ... 685

工伤职工被鉴定为五至六级伤残的，可以享受何种工伤保险待遇？ 686
工伤职工被鉴定为七至十级伤残的，可以享受哪些一次性的赔偿？ 686
工伤定残等级不同待遇有何区别？ 686
劳动者因工伤死亡了怎么办？ 687
职工因工外出期间发生事故或者在抢险救灾中下落不明怎么领取抚恤金？ 687
工伤职工在什么情况下停止享受工伤保险待遇？ 687
职工工伤医疗终结被鉴定工伤残疾等级后，须安装假肢、矫形器等康复器具应由谁承担
　该项费用？ 687
工伤职工可配置的辅助器具主要有哪些种类？ 688
工伤职工怎样获得假肢、矫形器等辅助器具？ 688
职工非因工死亡后，多长时间内应到社保机构办理待遇补偿手续？ 688
职工因工死亡，其近亲属可以享受哪些待遇？ 688
伤残职工在停工留薪期内因工伤导致死亡的，其近亲属可以享受哪些待遇？ 688
职工的供养亲属包括哪些人？ 689
因工死亡职工供养亲属申请领取抚恤金的条件有哪些？ 689
在见义勇为、抢险救灾等维护国家利益、公共利益活动中受到伤害的，能否视同为
　工伤？ 689
职工因工负伤或者患职业病进行治疗如何就医？ 690
工伤职工的医疗待遇是怎样规定的？ 690
工伤停工留薪期的期限有多长？ 690
工伤停工留薪期内，劳动者可以享受哪些待遇？ 691
工伤停工留薪期内，劳动者可以享受哪些生活护理费？ 691
职工工伤死亡，其直系亲属可以享受丧葬补助金吗？ 691
职工工伤死亡，其供养亲属可以领取抚恤金吗？ 691
关于一次性工亡补助金法律是怎么规定的？ 692
如何申请是否旧伤复发的鉴定？ 692
工作中因个人身体原因突发疾病是否属于工伤？ 692
未签订劳动合同的职工因工死亡能否要求经济补偿？ 693
在工作期间因工受伤，受害人能否同时主张工伤赔偿和人身损害赔偿？ 693
在工伤期间又遇医疗事故，职工可否同时请求工伤、医疗事故赔偿？ 693
职工在工作中因违章作业所受的伤是否属于工伤？ 693
工伤职工因单位拖延时间治疗而导致死亡，死者家属应如何维权？ 693
原劳动合同到期，工伤者能否要求续签劳动合同？ 694
因公司拖欠行为，职工上班期间受到公司债权人的殴打致伤，是否属于工伤？ ... 694
公司被兼并后，新公司不承认原公司职工的工伤待遇，职工如何维权？ 694
因工伤不能工作期间，工资及福利待遇应如何计算？ 694

农民工受雇在建筑工地上施工，受伤出院后发现后遗症能否要求赔偿？ ·················· 694
雇工在工作中受到人身伤害可以要求雇主承担哪些赔偿责任？ ·························· 694
转包人所雇工人因工致伤，总承包人是否应承担责任？ ································· 695
因工外出期间突发疾病，丧失劳动能力是否属于工伤？ ································· 695
工伤事故损害赔偿包括哪些项目？计算标准和方法如何确定？ ························ 695
雇主未领取营业执照而雇用工人，发生伤亡事故，是属于工伤还是属于一般的人身损害，是适
　　用《劳动法》、社保条例确定赔偿标准还是适用其他损害赔偿方面的法律法规处理？ ····· 695
工伤职工可否对工伤赔偿协议反悔？ ·· 696
在什么情况下，工伤职工不能继续享受工伤保险待遇？ ································· 696
对劳动部门不作出工伤认定或者认定不是工伤的，人民法院能否直接作出工伤事故的
　　认定？ ·· 697
工伤认定中用人单位不认为是工伤，职工认为是工伤，由谁承担举证责任？ ········ 697
工伤职工已经确定伤残等级后，与用人单位之间的劳动关系如何处理？ ············· 697
工伤职工工伤复发确需治疗的，享受哪些工伤保险待遇？ ······························ 698
职工被借调期间受到工伤事故伤害的，工伤保险责任由谁承担？ ····················· 698
劳务派遣工伤由谁承担责任？ ·· 699
工伤纠纷的解决途径有哪些？ ·· 699
对工伤认定不服如何寻求救济？ ··· 699
提前上班出事故属工伤吗？ ··· 699
岗前培训受伤害可以认定为工伤吗？ ··· 700
未签订劳动合同，怎么申请工伤认定？ ·· 700
《工伤保险条例》是什么时间开始施行的？ ··· 700
《工伤保险条例》的覆盖范围是什么？ ·· 700
用人单位缴纳工伤保险费的标准是什么？ ··· 700
用人单位职工发生伤害事故，何时提出工伤认定申请？向何部门提出？ ············ 700
个人或者其直系亲属是否可以提出工伤认定申请？ ····································· 701
个人或者其直系亲属提出工伤认定申请是否有时间要求？ ····························· 701
职工受到事故伤害，谁承担举证责任？ ·· 701
劳动保障行政部门受理职工工伤认定申请后，什么时间作出认定的决定？ ········· 701
工伤职工何时进行劳动能力鉴定？ ·· 701
工伤职工应在哪里就医？ ··· 701
工伤职工治疗非工伤引发的疾病，应享受什么待遇？ ··································· 701
工伤职工因生活、工作需要可以配置辅助康复器具吗？ ································ 701
工伤职工与用人单位发生工伤待遇方面的争议如何处理？ ····························· 702
工伤职工如对劳动保障行政部门作出工伤认定结论不服的应如何对待？ ············ 702
用人单位未按《工伤保险条例》规定参加工伤保险，如何处理？ ····················· 702

无营业执照或者未经依法登记、备案的单位以及被依法吊销营业执照或者撤销登记、
　　备案的单位的职工受到事故伤害或者患职业病的，如何处理？ 702
用人单位使用童工造成伤害的如何处理？ 702
《工伤保险条例》规定工伤职工与用人单位解除或者终止劳动合同时，可以享受哪些工伤
　　保险待遇？ 702
供养亲属是多人的如何领取供养亲属抚恤金？ 703
供养亲属享受的条件是什么？ 703
工伤职工已经过劳动能力鉴定，评定过伤残等级，个人认为伤情发展如何处理？ 703
职工因工伤残被鉴定为七至十级的，用人单位是否能终止劳动合同？ 703
职工个人申请工伤认定时，劳动关系未确定如何办理？ 703
交通事故逃逸的如何办理工伤认定手续？ 703
已领取了一次性工伤医疗补助金和伤残就业补助金的人员，旧伤复发能否申请劳动能力
　　复查鉴定？ 704
复转军人因战、因工负伤致残，在用人单位旧伤复发怎么办？ 704

第六章 女职工权益保护 705

保护女职工权益的法律法规有哪些？ 705
劳动法规对妇女在就业方面有哪些保护措施？ 705
劳动法规对女职工在工种和工作岗位方面有哪些保护措施？ 705
劳动法规对女职工在怀孕期间有哪些保护措施？ 705
劳动法规对女职工在哺乳期间有哪些保护措施？ 706
女职工月经期间禁止从事哪些劳动？ 706
已婚待孕的女职工不宜从事的劳动有哪些？ 706
怀孕女职工可以拒绝从事的劳动有哪些？ 706
怀孕的女职工有权拒绝夜班劳动吗？ 706
合同到期，用人单位赶走孕妇合法吗？ 707
女职工怀孕后遭遇流产可休多少天假？ 707
女职工违反计划生育政策的，能享受什么生育待遇？ 707
上班时间进行产前检查应算事假吗？ 707
单位可否安排处于怀孕期、哺乳期内的女员工加班或加点？ 707
女职工在"三期"内，用人单位能否单方面解除劳动合同？ 708
妇女劳动保护的权益受到侵犯时怎么办？ 708
降低女职工生育期间工资违法吗？ 708
女职工上班遭遇"性骚扰"，单位有错要赔偿吗？ 708
未参加生育险女职工流产或生育费用由谁支付？ 708

第五部分　人力资源管理法律文书范本

第一章　劳动争议防范必备法律文件 ... 710

 用人单位职工名册 ... 710
 劳动合同签收单 ... 710
 职工劳动合同签收备案表 ... 711
 职工告知书 ... 711
 签订劳动合同通知书 ... 712
 续订劳动合同通知书 ... 713
 不签订无固定期限劳动合同确认书 ... 713
 解除劳动合同证明书 ... 714
 保密和竞业禁止协议 ... 714
 劳动合同变更协议书 ... 717
 关于解除劳动合同的通知（适用于在试用期间被证明不符合录用条件的情况）... 717
 关于解除劳动合同的通知（适用于严重违反劳动纪律或者企业规章制度的情况）... 718
 关于解除劳动合同的通知（适用于严重失职，营私舞弊，对企业利益造成重大损害的情况）... 719
 关于解除劳动合同的通知（适用于被依法追究刑事责任的情况）... 720
 关于暂时停止劳动合同的履行的通知（适用于涉嫌违法犯罪被有关机关收容审查、拘留或逮捕的情况）... 721
 关于解除劳动合同的通知（适用于医疗期满后，不能从事原工作的情况）... 722
 关于解除劳动合同的通知（适用于不能胜任工作，经过培训或者调整工作岗位，仍不能胜任工作的情况）... 723
 关于解除劳动合同的通知（适用于客观情况发生重大变化，致使原劳动合同无法履行，经与当事人协商不能就变更劳动合同达成协议的情况）... 724
 关于解除劳动合同的通知（适用于企业濒临破产进行法定整顿期间或者生产经营状况发生严重困难，确需裁减人员的情况）... 725
 关于终止劳动合同的通知（适用于劳动合同期满，公司不续签或因公司降低劳动合同约定条件，职工拒绝续签劳动合同而终止的情况）... 726
 关于终止劳动合同的通知（适用于劳动合同期满，因公司维持或提高劳动合同约定条件，职工拒绝续签劳动合同而终止的情况）... 727
 关于终止劳动合同的通知（适用于职工退休、退职的情况）... 728
 关于终止劳动合同的通知（适用于企业依法宣告破产的情况）... 729
 关于终止劳动合同的通知（适用于企业被吊销营业执照、责令关闭、解散或者被撤销的情况）... 730

关于终止劳动合同的通知（适用于职工患职业病、因工负伤，被确认为部分丧失劳动能力的情况） 731

关于终止劳动合同的通知（适用于职工患职业病或者因工负伤，被确认为大部分丧失劳动能力的，经与劳动合同当事人协商一致的情况） 732

第二章　企业年金管理文书 733

（××单位）企业年金方案范本 733

职工参加企业年金申请表 739

职工暂停（恢复）企业年金缴费申请表 740

第六部分　以案说法

第一章　劳动关系 742

劳动关系的建立，关键在"管"？ 742
如何区分劳动关系和劳务关系？ 743
劳动者到法定退休年龄后继续在原单位工作，是否应认定为劳动关系？ 744
劳动关系认定起纠纷员工权益如何保障？ 745
公司兼并中的劳动关系怎么解决？ 746
用人单位能否在开具解除劳动合同证明时设置前提条件？ 747
用人单位与劳动者签订承揽合同后原劳动关系是否自动解除？ 748
用人单位降低续订劳动合同的约定条件，劳动者不同意续订，能否获得经济补偿？ 749
电子证据能否证明劳动者的违纪事实？ 750
入职培训期间是否存在劳动关系？ 751
如此"实习"是否属于建立劳动关系？ 752
未做离岗前职业健康检查，用工单位可否将劳动者退回派遣单位？ 753
合同期满公司未续签职工辞职不补偿？ 754
公司实行"末位淘汰"解除劳动合同，合法吗？ 754
劳动合同期满终止后发现已怀孕，劳动关系能否续延？ 755
单位能否对职工进行罚款？ 756
劳动者违反服务期约定，应当如何支付违约金？ 757
劳动合同中约定了保密义务就不能跳槽了吗？ 758
职工辞职后发现怀孕，能否要求继续履行劳动合同？ 758
选择性条款真的能随意选择吗？ 759
单位能否以客观情况发生重大变化为由解雇试用期职工吗？ 760
试用期包含在劳动合同期限之内吗？ 761
怀孕等于不胜任工作吗？ 761
双方有约定，就一定是非全日制用工吗？ 762

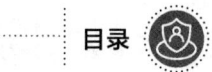

单位"任性"调岗，职工只能忍气吞声吗？ 763
职工学历造假，单位能否据此解除劳动合同？ 764
劳动合同的终止条件能否由双方约定？ 765
工作地点约定为"全国"，单位就能随意调整工作地点吗？ 766
单位在试用期间能任意解除劳动合同吗？ 767
试用期能否延长，谁说了算？ 767
公司不给职工劳动合同文本合法吗？ 768
单位能否对哺乳期职工实施经济性裁员？ 769
单位被合并，原劳动合同还有效吗？ 770
医疗期内，劳动合同可以期满终止吗？ 770
上班路上被车撞，企业要解除合同合法吗？ 771
二次合同之后的是与非？ 772
大学生存在劳动关系与否？ 773
并不是一纸空谈的服务期？ 774
一纸辞呈，两种理解？ 775
要工作就得交培训费，这合理吗？ 776
劳动合同先于服务期期满的如何处理？ 776
哪些情形下签订的劳动合同是无效的劳动合同？ 777
兼职工作可以约定试用期吗？ 778
用人单位能否因劳动者拒绝加班而将其辞退？ 778
以完成一定工作任务为期限的劳动合同，可以约定试用期吗？ 779
新职工培训期长，用人单位能将试用期设为一年吗？ 780
解除劳动合同时劳动者是否要向用人单位赔偿培训费？ 780
劳动者提前解除劳动合同是否应承担经济赔偿金？ 781
应聘时隐瞒生育状况单位能否解除合同？ 782
职工可否拒绝接受冒险作业？ 782
劳动关系还是劳务关系关键看什么？ 783

第二章　工作时间、休假 785

某科技公司违法延长工作时间被行政处罚？ 785
职工休年休假是否必须自己申请？ 785
带薪年休假可否跨年休？ 786
未休法定年休假与"年资特别假"该如何给予补偿？ 787
带薪休假不能"一刀切"？ 787
严重违纪的劳动者是否还有休假权？ 788
劳动者未申请休年休假，不等同于放弃年休假补偿？ 788

职工有病假单却不履行请假手续，用人单位可按旷工处理？ 789
用人单位组织劳动者周末开会，是否应当支付加班费？ 790
探亲假没有了，我们还有年休假？ 791
非全日制用工是否存在加班问题？ 791
年休假可否"转账休"？ 792
劳动者应该享有的休假权利，你都知道吗？ 793
妻子产假后想休探亲假遭拒，合法吗？ 794
工厂赶订单要求工人每天加班4小时，合法吗？ 794
小店招未成年人送货是否违法？ 795
平时老请假，年休假要泡汤？ 796
工资按件计算就没有加班费吗？ 797
公司奖励旅游却没了年休假？ 798
休探亲假，单位要把我开除？ 799
合同扣钱约束人无效？ 799
年休假能否在辞职前申请？ 800
开会或培训占用职工周末时间需要支付加班费吗？ 801
用人单位变相延长劳动时间是否合法？ 802
非全日制用工也每天都要工作吗？ 803
无固定期限劳动合同的连续工作时间从何时起算？ 803
职工这样请病假我们应该怎么办？ 804

第三章 社会保险 806

单位不配合，社会保险费怎么核定？ 806
应该谁来承担补缴的社会保险费？ 806
社保不是你想不交就不交？ 807
用人单位未足额缴纳社会保险费导致社保待遇降低的差额损失由谁来承担？ 808
在单位内上厕所滑倒摔伤是否为工伤？ 809
职工自愿弃缴社保后，能否以此主张被迫解除？ 809
退休返聘人员因工负伤是否算工伤？ 810
派遣职工受伤如何申请工伤？ 811
医疗终结与否是否影响工伤认定？ 812
连续失业，失业保险金可以领多久？ 812
职工因工多处受伤的，伤残等级如何评定？ 813
伤人犯罪后工伤保险待遇被终止合法吗？ 813
单位每月应缴的社保费能直接支付给职工吗？ 814
下班途中发生交通事故算工伤吗？ 815

· 30 ·

工地干活被砸伤，一年后还能申请工伤认定吗？ 815
层层转包，在工地干活受伤该谁负责？ 816
在单位洗澡摔伤算工伤吗？ 816
在未依法登记的单位工作，发生工伤怎么办？ 817
因被欠薪辞职，能否享受失业保险金？ 818
60岁职工养老保险未缴满15年，可以领退休金吗？ 819
失业金申领期间身亡，其家人能否领抚恤金？ 819
妻子没工作可以用老公的生育险吗？ 820
车间劝架被打伤算工伤吗？ 820
有商业保险可以不参加基本养老保险吗？ 821
失业期间患病，医保还能用吗？ 822
未婚生育不能休产假，不能报销生育费用吗？ 822
非工伤的病休等于无工资的待业吗？ 823
职工外出学习在休息时间受伤是工伤吗？ 824
合同约定因自身过失导致工伤，劳动者需自己负责是否有效？ 824
来不及到定点医疗机构就医，治疗费用能否报销？ 825
单位没有给职工参加基本医疗保险，职工患病的医疗费如何支付？ 825
单位用工不缴生育保险，生育保险待遇须自担？ 826
医疗期满病没治好遭解聘怎么办？ 826

第四章　工资、报酬　828

外地职工因政府采取紧急措施不能按期返岗，企业可以不发工资吗？ 828
专业技术培训费用是否应当包含培训期间的工资？ 828
未办理工作交接，用人单位能否拒绝向离职员工支付工资？ 829
职工违章操作造成工伤，用人单位扣减停工留薪期工资是否合法？ 830
用人单位资金链断裂拖欠劳动者工资，应当如何调解？ 830
最低工资是指所有报酬加一起吗？ 831
拿着公司欠工资的欠条，劳动者怎么讨薪？ 832
劳务派遣人员不能同工同酬合法吗？ 833
试用期职工与正式职工不能同工同酬合法吗？ 834
劳动合同约定"无底薪+高提成"是否就不存在最低工资标准？ 835
"劳动报酬"一词，究竟蕴涵多少干货？ 836
用人单位可以随时解除非全日制劳动合同且无须支付经济补偿吗？ 837
推行"弹性工作时间"也得支付加班费？ 838
经济补偿按合同履行地标准执行？ 838
脱产学习人员工资基数如何确定？ 839

生育津贴和产假工资可否兼得？ ……………………………………… 840
清明小长假加班，加班费如何计算？ ……………………………… 841
未签劳动合同受工伤，停工期内有工资吗？ ……………………… 841
单位拖欠工资，职工能否主张加付赔偿金？ ……………………… 842
职工加班未经审批，能否主张加班费？ …………………………… 843
隐形加班，该如何认定？ …………………………………………… 843
解除劳动关系还能拿到当年的年终奖吗？ ………………………… 844
用人单位能够减发绩效工资吗？ …………………………………… 845
年关岁末你的工资到手了吗？ ……………………………………… 846
"年终奖"发不发、怎么发，谁说了算？ …………………………… 847
年终奖发放前，员工离职能否获得年终奖？ ……………………… 847
劳动者给单位造成损失，如何赔偿？ ……………………………… 848
被借调后工资被降档，合法吗？ …………………………………… 849
试用期内零工资合法吗？ …………………………………………… 850
违法约定的试用期已经履行，劳动者有权主张赔偿金吗？ ……… 850
试用期辞职，能要求经济补偿吗？ ………………………………… 851
单位以实物抵充工资的行为是否合法？ …………………………… 852
在职考取研究生后辞职要支付违约金吗？ ………………………… 852
劳动者主动拒签劳动合同能否要求双倍工资补偿？ ……………… 853
春节假期上班，加班费如何计算？ ………………………………… 854
教学机构放假期间应否支付劳动者工资？ ………………………… 855
加班费多少老板定标准合法吗？ …………………………………… 855

第一部分

人力资源和社会保障政策法规

第一章　有关劳动关系的法律法规

中华人民共和国劳动法

（1994年7月5日第八届全国人民代表大会常务委员会第八次会议通过　根据2009年8月27日第十一届全国人民代表大会常务委员会第十次会议《关于修改部分法律的决定》第一次修正　根据2018年12月29日第十三届全国人民代表大会常务委员会第七次会议《关于修改〈中华人民共和国劳动法〉等七部法律的决定》第二次修正）

目录

第一章　总则

第二章　促进就业

第三章　劳动合同和集体合同

第四章　工作时间和休息休假

第五章　工资

第六章　劳动安全卫生

第七章　女职工和未成年工特殊保护

第八章　职业培训

第九章　社会保险和福利

第十章　劳动争议

第十一章　监督检查

第十二章　法律责任

第十三章　附则

第一章　总则

第一条　为了保护劳动者的合法权益，调整劳动关系，建立和维护适应社会主义市场经济的劳动制度，促进经济发展和社会进步，根据宪法，制定本法。

第二条　在中华人民共和国境内的企业、个体经济组织（以下统称用人单位）和与之形成劳动关系的劳动者，适用本法。

国家机关、事业组织、社会团体和与之建立劳动合同关系的劳动者，依照本法执行。

第三条　劳动者享有平等就业和选择职业的权利、取得劳动报酬的权利、休息休假的权利、获得劳动安全卫生保护的权利、接受职业技能培训的权利、享受社会保险和福利的权利、提请劳动争议处理的权利以及法律规定的其他劳动权利。

劳动者应当完成劳动任务，提高职业技能，执行劳动安全卫生规程，遵守劳动纪律和职业道德。

第四条 用人单位应当依法建立和完善规章制度，保障劳动者享有劳动权利和履行劳动义务。

第五条 国家采取各种措施，促进劳动就业，发展职业教育，制定劳动标准，调节社会收入，完善社会保险，协调劳动关系，逐步提高劳动者的生活水平。

第六条 国家提倡劳动者参加社会义务劳动，开展劳动竞赛和合理化建议活动，鼓励和保护劳动者进行科学研究、技术革新和发明创造，表彰和奖励劳动模范和先进工作者。

第七条 劳动者有权依法参加和组织工会。

工会代表和维护劳动者的合法权益，依法独立自主地开展活动。

第八条 劳动者依照法律规定，通过职工大会、职工代表大会或者其他形式，参与民主管理或者就保护劳动者合法权益与用人单位进行平等协商。

第九条 国务院劳动行政部门主管全国劳动工作。

县级以上地方人民政府劳动行政部门主管本行政区域内的劳动工作。

第二章 促进就业

第十条 国家通过促进经济和社会发展，创造就业条件，扩大就业机会。

国家鼓励企业、事业组织、社会团体在法律、行政法规规定的范围内兴办产业或者拓展经营，增加就业。

国家支持劳动者自愿组织起来就业和从事个体经营实现就业。

第十一条 地方各级人民政府应当采取措施，发展多种类型的职业介绍机构，提供就业服务。

第十二条 劳动者就业，不因民族、种族、性别、宗教信仰不同而受歧视。

第十三条 妇女享有与男子平等的就业权利。在录用职工时，除国家规定的不适合妇女的工种或者岗位外，不得以性别为由拒绝录用妇女或者提高对妇女的录用标准。

第十四条 残疾人、少数民族人员、退出现役的军人的就业，法律、法规有特别规定的，从其规定。

第十五条 禁止用人单位招用未满十六周岁的未成年人。

文艺、体育和特种工艺单位招用未满十六周岁的未成年人，必须遵守国家有关规定，并保障其接受义务教育的权利。

第三章 劳动合同和集体合同

第十六条 劳动合同是劳动者与用人单位确立劳动关系、明确双方权利和义务的协议。

建立劳动关系应当订立劳动合同。

第十七条 订立和变更劳动合同，应当遵循平等自愿、协商一致的原则，不得违反法律、行政法规的规定。

劳动合同依法订立即具有法律约束力，当事人必须履行劳动合同规定的义务。

第十八条 下列劳动合同无效：

（一）违反法律、行政法规的劳动合同；

（二）采取欺诈、威胁等手段订立的劳动合同。

无效的劳动合同，从订立的时候起，就没有法律约束力。确认劳动合同部分无效的，如果不影响其余部分的效力，其余部分仍然有效。

劳动合同的无效，由劳动争议仲裁委员会或者人民法院确认。

第十九条 劳动合同应当以书面形式订立，并具备以下条款：

（一）劳动合同期限；

（二）工作内容；

（三）劳动保护和劳动条件；

（四）劳动报酬；

（五）劳动纪律；

（六）劳动合同终止的条件；

（七）违反劳动合同的责任。

劳动合同除前款规定的必备条款外，当事人可以协商约定其他内容。

第二十条 劳动合同的期限分为有固定期限、无固定期限和以完成一定的工作为期限。

劳动者在同一用人单位连续工作满十年以上，当事人双方同意续延劳动合同的，如果劳动者提出订立无固定期限的劳动合同，应当订立无固定期限的劳动合同。

第二十一条 劳动合同可以约定试用期。试用期最长不得超过六个月。

第二十二条 劳动合同当事人可以在劳动合同中约定保守用人单位商业秘密的有关事项。

第二十三条 劳动合同期满或者当事人约定的劳动合同终止条件出现，劳动合同即行终止。

第二十四条 经劳动合同当事人协商一致，劳动合同可以解除。

第二十五条 劳动者有下列情形之一的，用人单位可以解除劳动合同：

（一）在试用期间被证明不符合录用条件的；

（二）严重违反劳动纪律或者用人单位规章制度的；

（三）严重失职，营私舞弊，对用人单位利益造成重大损害的；

（四）被依法追究刑事责任的。

第二十六条 有下列情形之一的，用人单位可以解除劳动合同，但是应当提前三十日以书面形式通知劳动者本人：

（一）劳动者患病或者非因工负伤，医疗期满后，不能从事原工作也不能从事由用人单位另行安排的工作的；

（二）劳动者不能胜任工作，经过培训或者调整工作岗位，仍不能胜任工作的；

（三）劳动合同订立时所依据的客观情况发生重大变化，致使原劳动合同无法履行，经当事人协商不能就变更劳动合同达成协议的。

第二十七条 用人单位濒临破产进行法定整顿期间或者生产经营状况发生严重困难，确需裁减人员的，应当提前三十日向工会或者全体职工说明情况，听取工会或者职工的意见，经向劳动行政部门报告后，可以裁减人员。

用人单位依据本条规定裁减人员，在六个月内录用人员的，应当优先录用被裁减的人员。

第二十八条 用人单位依据本法第二十四条、第二十六条、第二十七条的规定解除劳动合同的，应当依照国家有关规定给予经济补偿。

第二十九条 劳动者有下列情形之一的，用人单位不得依据本法第二十六条、第二十七条的规定解除劳动合同：

（一）患职业病或者因工负伤并被确认丧失或者部分丧失劳动能力的；

（二）患病或者负伤，在规定的医疗期内的；

（三）女职工在孕期、产期、哺乳期内的；

（四）法律、行政法规规定的其他情形。

第三十条 用人单位解除劳动合同，工会认为不适当的，有权提出意见。如果用人单位违反法律、法规或者劳动合同，工会有权要求重新处理；劳动者申请仲裁或者提起诉讼的，工会应当依法给予支持和帮助。

第三十一条 劳动者解除劳动合同，应当提前三十日以书面形式通知用人单位。

第三十二条 有下列情形之一的，劳动者可以随时通知用人单位解除劳动合同：
（一）在试用期内的；
（二）用人单位以暴力、威胁或者非法限制人身自由的手段强迫劳动的；
（三）用人单位未按照劳动合同约定支付劳动报酬或者提供劳动条件的。

第三十三条 企业职工一方与企业可以就劳动报酬、工作时间、休息休假、劳动安全卫生、保险福利等事项，签订集体合同。集体合同草案应当提交职工代表大会或者全体职工讨论通过。

集体合同由工会代表职工与企业签订；没有建立工会的企业，由职工推举的代表与企业签订。

第三十四条 集体合同签订后应当报送劳动行政部门；劳动行政部门自收到集体合同文本之日起十五日内未提出异议的，集体合同即行生效。

第三十五条 依法签订的集体合同对企业和企业全体职工具有约束力。职工个人与企业订立的劳动合同中劳动条件和劳动报酬等标准不得低于集体合同的规定。

第四章 工作时间和休息休假

第三十六条 国家实行劳动者每日工作时间不超过八小时、平均每周工作时间不超过四十四小时的工时制度。

第三十七条 对实行计件工作的劳动者，用人单位应当根据本法第三十六条规定的工时制度合理确定其劳动定额和计件报酬标准。

第三十八条 用人单位应当保证劳动者每周至少休息一日。

第三十九条 企业因生产特点不能实行本法第三十六条、第三十八条规定的，经劳动行政部门批准，可以实行其他工作和休息办法。

第四十条 用人单位在下列节日期间应当依法安排劳动者休假：
（一）元旦；
（二）春节；
（三）国际劳动节；
（四）国庆节；
（五）法律、法规规定的其他休假节日。

第四十一条 用人单位由于生产经营需要，经与工会和劳动者协商后可以延长工作时间，一般每日不得超过一小时；因特殊原因需要延长工作时间的，在保障劳动者身体健康的条件下延长工作时间每日不得超过三小时，但是每月不得超过三十六小时。

第四十二条 有下列情形之一的，延长工作时间不受本法第四十一条规定的限制：
（一）发生自然灾害、事故或者因其他原因，威胁劳动者生命健康和财产安全，需要紧急处理的；
（二）生产设备、交通运输线路、公共设施发生故障，影响生产和公众利益，必须及时抢修的；
（三）法律、行政法规规定的其他情形。

第四十三条 用人单位不得违反本法规定延长劳动者的工作时间。

第四十四条 有下列情形之一的，用人单位应当按照下列标准支付高于劳动者正常工作时间工资的工资报酬：
（一）安排劳动者延长工作时间的，支付不低于工资的百分之一百五十的工资报酬；
（二）休息日安排劳动者工作又不能安排补休的，支付不低于工资的百分之二百的工资报酬；
（三）法定休假日安排劳动者工作的，支付不低于工资的百分之三百的工资报酬。

第四十五条 国家实行带薪年休假制度。

劳动者连续工作一年以上的，享受带薪年休假。具体办法由国务院规定。

第五章　工资

第四十六条　工资分配应当遵循按劳分配原则，实行同工同酬。

工资水平在经济发展的基础上逐步提高。国家对工资总量实行宏观调控。

第四十七条　用人单位根据本单位的生产经营特点和经济效益，依法自主确定本单位的工资分配方式和工资水平。

第四十八条　国家实行最低工资保障制度。最低工资的具体标准由省、自治区、直辖市人民政府规定，报国务院备案。

用人单位支付劳动者的工资不得低于当地最低工资标准。

第四十九条　确定和调整最低工资标准应当综合参考下列因素：

（一）劳动者本人及平均赡养人口的最低生活费用；

（二）社会平均工资水平；

（三）劳动生产率；

（四）就业状况；

（五）地区之间经济发展水平的差异。

第五十条　工资应当以货币形式按月支付给劳动者本人。不得克扣或者无故拖欠劳动者的工资。

第五十一条　劳动者在法定休假日和婚丧假期间以及依法参加社会活动期间，用人单位应当依法支付工资。

第六章　劳动安全卫生

第五十二条　用人单位必须建立、健全劳动安全卫生制度，严格执行国家劳动安全卫生规程和标准，对劳动者进行劳动安全卫生教育，防止劳动过程中的事故，减少职业危害。

第五十三条　劳动安全卫生设施必须符合国家规定的标准。

新建、改建、扩建工程的劳动安全卫生设施必须与主体工程同时设计、同时施工、同时投入生产和使用。

第五十四条　用人单位必须为劳动者提供符合国家规定的劳动安全卫生条件和必要的劳动防护用品，对从事有职业危害作业的劳动者应当定期进行健康检查。

第五十五条　从事特种作业的劳动者必须经过专门培训并取得特种作业资格。

第五十六条　劳动者在劳动过程中必须严格遵守安全操作规程。

劳动者对用人单位管理人员违章指挥、强令冒险作业，有权拒绝执行；对危害生命安全和身体健康的行为，有权提出批评、检举和控告。

第五十七条　国家建立伤亡事故和职业病统计报告和处理制度。县级以上各级人民政府劳动行政部门、有关部门和用人单位应当依法对劳动者在劳动过程中发生的伤亡事故和劳动者的职业病状况，进行统计、报告和处理。

第七章　女职工和未成年工特殊保护

第五十八条　国家对女职工和未成年工实行特殊劳动保护。

未成年工是指年满十六周岁未满十八周岁的劳动者。

第五十九条　禁止安排女职工从事矿山井下、国家规定的第四级体力劳动强度的劳动和其他禁忌从事的劳动。

第六十条　不得安排女职工在经期从事高处、低温、冷水作业和国家规定的第三级体力劳动强度的劳动。

第六十一条 不得安排女职工在怀孕期间从事国家规定的第三级体力劳动强度的劳动和孕期禁忌从事的劳动。对怀孕七个月以上的女职工，不得安排其延长工作时间和夜班劳动。

第六十二条 女职工生育享受不少于九十天的产假。

第六十三条 不得安排女职工在哺乳未满一周岁的婴儿期间从事国家规定的第三级体力劳动强度的劳动和哺乳期禁忌从事的其他劳动，不得安排其延长工作时间和夜班劳动。

第六十四条 不得安排未成年工从事矿山井下、有毒有害、国家规定的第四级体力劳动强度的劳动和其他禁忌从事的劳动。

第六十五条 用人单位应当对未成年工定期进行健康检查。

第八章 职业培训

第六十六条 国家通过各种途径，采取各种措施，发展职业培训事业，开发劳动者的职业技能，提高劳动者素质，增强劳动者的就业能力和工作能力。

第六十七条 各级人民政府应当把发展职业培训纳入社会经济发展的规划，鼓励和支持有条件的企业、事业组织、社会团体和个人进行各种形式的职业培训。

第六十八条 用人单位应当建立职业培训制度，按国家规定提取和使用职业培训经费，根据本单位实际，有计划地对劳动者进行职业培训。

从事技术工种的劳动者，上岗前必须经过培训。

第六十九条 国家确定职业分类，对规定的职业制定职业技能标准，实行职业资格证书制度，由经备案的考核鉴定机构负责对劳动者实施职业技能考核鉴定。

第九章 社会保险和福利

第七十条 国家发展社会保险事业，建立社会保险制度，设立社会保险基金，使劳动者在年老、患病、工伤、失业、生育等情况下获得帮助和补偿。

第七十一条 社会保险水平应当与社会经济发展水平和社会承受能力相适应。

第七十二条 社会保险基金按照保险类型确定资金来源，逐步实行社会统筹。用人单位和劳动者必须依法参加社会保险，缴纳社会保险费。

第七十三条 劳动者在下列情形下，依法享受社会保险待遇：

（一）退休；

（二）患病、负伤；

（三）因工伤残或者患职业病；

（四）失业；

（五）生育。

劳动者死亡后，其遗属依法享受遗属津贴。

劳动者享受社会保险待遇的条件和标准由法律、法规规定。

劳动者享受的社会保险金必须按时足额支付。

第七十四条 社会保险基金经办机构依照法律规定收支、管理和运营社会保险基金，并负有使社会保险基金保值增值的责任。

社会保险基金监督机构依照法律规定，对社会保险基金的收支、管理和运营实施监督。

社会保险基金经办机构和社会保险基金监督机构的设立和职能由法律规定。

任何组织和个人不得挪用社会保险基金。

第七十五条 国家鼓励用人单位根据本单位实际情况为劳动者建立补充保险。

国家提倡劳动者个人进行储蓄性保险。

第七十六条　国家发展社会福利事业，兴建公共福利设施，为劳动者休息、休养和疗养提供条件。用人单位应当创造条件，改善集体福利，提高劳动者的福利待遇。

第十章　劳动争议

第七十七条　用人单位与劳动者发生劳动争议，当事人可以依法申请调解、仲裁、提起诉讼，也可以协商解决。

调解原则适用于仲裁和诉讼程序。

第七十八条　解决劳动争议，应当根据合法、公正、及时处理的原则，依法维护劳动争议当事人的合法权益。

第七十九条　劳动争议发生后，当事人可以向本单位劳动争议调解委员会申请调解；调解不成，当事人一方要求仲裁的，可以向劳动争议仲裁委员会申请仲裁。当事人一方也可以直接向劳动争议仲裁委员会申请仲裁。对仲裁裁决不服的，可以向人民法院提起诉讼。

第八十条　在用人单位内，可以设立劳动争议调解委员会。劳动争议调解委员会由职工代表、用人单位代表和工会代表组成。劳动争议调解委员会主任由工会代表担任。

劳动争议经调解达成协议的，当事人应当履行。

第八十一条　劳动争议仲裁委员会由劳动行政部门代表、同级工会代表、用人单位方面的代表组成。劳动争议仲裁委员会主任由劳动行政部门代表担任。

第八十二条　提出仲裁要求的一方应当自劳动争议发生之日起六十日内向劳动争议仲裁委员会提出书面申请。仲裁裁决一般应在收到仲裁申请的六十日内作出。对仲裁裁决无异议的，当事人必须履行。

第八十三条　劳动争议当事人对仲裁裁决不服的，可以自收到仲裁裁决书之日起十五日内向人民法院提起诉讼。一方当事人在法定期限内不起诉又不履行仲裁裁决的，另一方当事人可以申请人民法院强制执行。

第八十四条　因签订集体合同发生争议，当事人协商解决不成的，当地人民政府劳动行政部门可以组织有关各方协调处理。

因履行集体合同发生争议，当事人协商解决不成的，可以向劳动争议仲裁委员会申请仲裁；对仲裁裁决不服的，可以自收到仲裁裁决书之日起十五日内向人民法院提起诉讼。

第十一章　监督检查

第八十五条　县级以上各级人民政府劳动行政部门依法对用人单位遵守劳动法律、法规的情况进行监督检查，对违反劳动法律、法规的行为有权制止，并责令改正。

第八十六条　县级以上各级人民政府劳动行政部门监督检查人员执行公务，有权进入用人单位了解执行劳动法律、法规的情况，查阅必要的资料，并对劳动场所进行检查。

县级以上各级人民政府劳动行政部门监督检查人员执行公务，必须出示证件，秉公执法并遵守有关规定。

第八十七条　县级以上各级人民政府有关部门在各自职责范围内，对用人单位遵守劳动法律、法规的情况进行监督。

第八十八条　各级工会依法维护劳动者的合法权益，对用人单位遵守劳动法律、法规的情况进行监督。

任何组织和个人对于违反劳动法律、法规的行为有权检举和控告。

第十二章　法律责任

第八十九条　用人单位制定的劳动规章制度违反法律、法规规定的，由劳动行政部门给予警告，责令改正；对劳动者造成损害的，应当承担赔偿责任。

第九十条 用人单位违反本法规定，延长劳动者工作时间的，由劳动行政部门给予警告，责令改正，并可以处以罚款。

第九十一条 用人单位有下列侵害劳动者合法权益情形之一的，由劳动行政部门责令支付劳动者的工资报酬、经济补偿，并可以责令支付赔偿金：

（一）克扣或者无故拖欠劳动者工资的；
（二）拒不支付劳动者延长工作时间工资报酬的；
（三）低于当地最低工资标准支付劳动者工资的；
（四）解除劳动合同后，未依照本法规定给予劳动者经济补偿的。

第九十二条 用人单位的劳动安全设施和劳动卫生条件不符合国家规定或者未向劳动者提供必要的劳动防护用品和劳动保护设施的，由劳动行政部门或者有关部门责令改正，可以处以罚款；情节严重的，提请县级以上人民政府决定责令停产整顿；对事故隐患不采取措施，致使发生重大事故，造成劳动者生命和财产损失的，对责任人员依照刑法有关规定追究刑事责任。

第九十三条 用人单位强令劳动者违章冒险作业，发生重大伤亡事故，造成严重后果的，对责任人员依法追究刑事责任。

第九十四条 用人单位非法招用未满十六周岁的未成年人的，由劳动行政部门责令改正，处以罚款；情节严重的，由市场监督管理部门吊销营业执照。

第九十五条 用人单位违反本法对女职工和未成年工的保护规定，侵害其合法权益的，由劳动行政部门责令改正，处以罚款；对女职工或者未成年工造成损害的，应当承担赔偿责任。

第九十六条 用人单位有下列行为之一，由公安机关对责任人员处以十五日以下拘留、罚款或者警告；构成犯罪的，对责任人员依法追究刑事责任：

（一）以暴力、威胁或者非法限制人身自由的手段强迫劳动的；
（二）侮辱、体罚、殴打、非法搜查和拘禁劳动者的。

第九十七条 由于用人单位的原因订立的无效合同，对劳动者造成损害的，应当承担赔偿责任。

第九十八条 用人单位违反本法规定的条件解除劳动合同或者故意拖延不订立劳动合同的，由劳动行政部门责令改正；对劳动者造成损害的，应当承担赔偿责任。

第九十九条 用人单位招用尚未解除劳动合同的劳动者，对原用人单位造成经济损失的，该用人单位应当依法承担连带赔偿责任。

第一百条 用人单位无故不缴纳社会保险费的，由劳动行政部门责令其限期缴纳；逾期不缴的，可以加收滞纳金。

第一百零一条 用人单位无理阻挠劳动行政部门、有关部门及其工作人员行使监督检查权，打击报复举报人员的，由劳动行政部门或者有关部门处以罚款；构成犯罪的，对责任人员依法追究刑事责任。

第一百零二条 劳动者违反本法规定的条件解除劳动合同或者违反劳动合同中约定的保密事项，对用人单位造成经济损失的，应当依法承担赔偿责任。

第一百零三条 劳动行政部门或者有关部门的工作人员滥用职权、玩忽职守、徇私舞弊，构成犯罪的，依法追究刑事责任；不构成犯罪的，给予行政处分。

第一百零四条 国家工作人员和社会保险基金经办机构的工作人员挪用社会保险基金，构成犯罪的，依法追究刑事责任。

第一百零五条 违反本法规定侵害劳动者合法权益，其他法律、行政法规已规定处罚的，依照该法律、行政法规的规定处罚。

第十三章 附则

第一百零六条 省、自治区、直辖市人民政府根据本法和本地区的实际情况，规定劳动合同制度的实施步骤，报国务院备案。

第一百零七条 本法自1995年1月1日起施行。

中华人民共和国劳动合同法

（2007年6月29日第十届全国人民代表大会常务委员会第二十八次会议通过 根据2012年12月28日第十一届全国人民代表大会常务委员会第三十次会议《关于修改〈中华人民共和国劳动合同法〉的决定》修正）

目录

第一章 总则
第二章 劳动合同的订立
第三章 劳动合同的履行和变更
第四章 劳动合同的解除和终止
第五章 特别规定
 第一节 集体合同
 第二节 劳务派遣
 第三节 非全日制用工
第六章 监督检查
第七章 法律责任
第八章 附则

第一章 总则

第一条 为了完善劳动合同制度，明确劳动合同双方当事人的权利和义务，保护劳动者的合法权益，构建和发展和谐稳定的劳动关系，制定本法。

第二条 中华人民共和国境内的企业、个体经济组织、民办非企业单位等组织（以下称用人单位）与劳动者建立劳动关系，订立、履行、变更、解除或者终止劳动合同，适用本法。

国家机关、事业单位、社会团体和与其建立劳动关系的劳动者，订立、履行、变更、解除或者终止劳动合同，依照本法执行。

第三条 订立劳动合同，应当遵循合法、公平、平等自愿、协商一致、诚实信用的原则。

依法订立的劳动合同具有约束力，用人单位与劳动者应当履行劳动合同约定的义务。

第四条 用人单位应当依法建立和完善劳动规章制度，保障劳动者享有劳动权利、履行劳动义务。

用人单位在制定、修改或者决定有关劳动报酬、工作时间、休息休假、劳动安全卫生、保险福利、职工培训、劳动纪律以及劳动定额管理等直接涉及劳动者切身利益的规章制度或者重大事项时，应当经职工代表大会或者全体职工讨论，提出方案和意见，与工会或者职工代表平等协商确定。

在规章制度和重大事项决定实施过程中，工会或者职工认为不适当的，有权向用人单位提出，通过协商予以修改完善。

用人单位应当将直接涉及劳动者切身利益的规章制度和重大事项决定公示，或者告知劳动者。

第五条 县级以上人民政府劳动行政部门会同工会和企业方面代表,建立健全协调劳动关系三方机制,共同研究解决有关劳动关系的重大问题。

第六条 工会应当帮助、指导劳动者与用人单位依法订立和履行劳动合同,并与用人单位建立集体协商机制,维护劳动者的合法权益。

第二章 劳动合同的订立

第七条 用人单位自用工之日起即与劳动者建立劳动关系。用人单位应当建立职工名册备查。

第八条 用人单位招用劳动者时,应当如实告知劳动者工作内容、工作条件、工作地点、职业危害、安全生产状况、劳动报酬,以及劳动者要求了解的其他情况;用人单位有权了解劳动者与劳动合同直接相关的基本情况,劳动者应当如实说明。

第九条 用人单位招用劳动者,不得扣押劳动者的居民身份证和其他证件,不得要求劳动者提供担保或者以其他名义向劳动者收取财物。

第十条 建立劳动关系,应当订立书面劳动合同。

已建立劳动关系,未同时订立书面劳动合同的,应当自用工之日起一个月内订立书面劳动合同。

用人单位与劳动者在用工前订立劳动合同的,劳动关系自用工之日起建立。

第十一条 用人单位未在用工的同时订立书面劳动合同,与劳动者约定的劳动报酬不明确的,新招用的劳动者的劳动报酬按照集体合同规定的标准执行;没有集体合同或者集体合同未规定的,实行同工同酬。

第十二条 劳动合同分为固定期限劳动合同、无固定期限劳动合同和以完成一定工作任务为期限的劳动合同。

第十三条 固定期限劳动合同,是指用人单位与劳动者约定合同终止时间的劳动合同。

用人单位与劳动者协商一致,可以订立固定期限劳动合同。

第十四条 无固定期限劳动合同,是指用人单位与劳动者约定无确定终止时间的劳动合同。

用人单位与劳动者协商一致,可以订立无固定期限劳动合同。有下列情形之一,劳动者提出或者同意续订、订立劳动合同的,除劳动者提出订立固定期限劳动合同外,应当订立无固定期限劳动合同:

(一)劳动者在该用人单位连续工作满十年的;

(二)用人单位初次实行劳动合同制度或者国有企业改制重新订立劳动合同时,劳动者在该用人单位连续工作满十年且距法定退休年龄不足十年的;

(三)连续订立二次固定期限劳动合同,且劳动者没有本法第三十九条和第四十条第一项、第二项规定的情形,续订劳动合同的。

用人单位自用工之日起满一年不与劳动者订立书面劳动合同的,视为用人单位与劳动者已订立无固定期限劳动合同。

第十五条 以完成一定工作任务为期限的劳动合同,是指用人单位与劳动者约定以某项工作的完成为合同期限的劳动合同。

用人单位与劳动者协商一致,可以订立以完成一定工作任务为期限的劳动合同。

第十六条 劳动合同由用人单位与劳动者协商一致,并经用人单位与劳动者在劳动合同文本上签字或者盖章生效。

劳动合同文本由用人单位和劳动者各执一份。

第十七条 劳动合同应当具备以下条款:

(一)用人单位的名称、住所和法定代表人或者主要负责人;

（二）劳动者的姓名、住址和居民身份证或者其他有效身份证件号码；

（三）劳动合同期限；

（四）工作内容和工作地点；

（五）工作时间和休息休假；

（六）劳动报酬；

（七）社会保险；

（八）劳动保护、劳动条件和职业危害防护；

（九）法律、法规规定应当纳入劳动合同的其他事项。

劳动合同除前款规定的必备条款外，用人单位与劳动者可以约定试用期、培训、保守秘密、补充保险和福利待遇等其他事项。

第十八条 劳动合同对劳动报酬和劳动条件等标准约定不明确，引发争议的，用人单位与劳动者可以重新协商；协商不成的，适用集体合同规定；没有集体合同或者集体合同未规定劳动报酬的，实行同工同酬；没有集体合同或者集体合同未规定劳动条件等标准的，适用国家有关规定。

第十九条 劳动合同期限三个月以上不满一年的，试用期不得超过一个月；劳动合同期限一年以上不满三年的，试用期不得超过二个月；三年以上固定期限和无固定期限的劳动合同，试用期不得超过六个月。

同一用人单位与同一劳动者只能约定一次试用期。

以完成一定工作任务为期限的劳动合同或者劳动合同期限不满三个月的，不得约定试用期。

试用期包含在劳动合同期限内。劳动合同仅约定试用期的，试用期不成立，该期限为劳动合同期限。

第二十条 劳动者在试用期的工资不得低于本单位相同岗位最低档工资或者劳动合同约定工资的百分之八十，并不得低于用人单位所在地的最低工资标准。

第二十一条 在试用期中，除劳动者有本法第三十九条和第四十条第一项、第二项规定的情形外，用人单位不得解除劳动合同。用人单位在试用期解除劳动合同的，应当向劳动者说明理由。

第二十二条 用人单位为劳动者提供专项培训费用，对其进行专业技术培训的，可以与该劳动者订立协议，约定服务期。

劳动者违反服务期约定的，应当按照约定向用人单位支付违约金。违约金的数额不得超过用人单位提供的培训费用。用人单位要求劳动者支付的违约金不得超过服务期尚未履行部分所应分摊的培训费用。

用人单位与劳动者约定服务期的，不影响按照正常的工资调整机制提高劳动者在服务期期间的劳动报酬。

第二十三条 用人单位与劳动者可以在劳动合同中约定保守用人单位的商业秘密和与知识产权相关的保密事项。

对负有保密义务的劳动者，用人单位可以在劳动合同或者保密协议中与劳动者约定竞业限制条款，并约定在解除或者终止劳动合同后，在竞业限制期限内按月给予劳动者经济补偿。劳动者违反竞业限制约定的，应当按照约定向用人单位支付违约金。

第二十四条 竞业限制的人员限于用人单位的高级管理人员、高级技术人员和其他负有保密义务的人员。竞业限制的范围、地域、期限由用人单位与劳动者约定，竞业限制的约定不得违反法律、法规的规定。

在解除或者终止劳动合同后，前款规定的人员到与本单位生产或者经营同类产品、从事同类业务的有竞争关系的其他用人单位，或者自己开业生产或者经营同类产品、从事同类业务的竞业限制期限，不得超过二年。

第二十五条 除本法第二十二条和第二十三条规定的情形外，用人单位不得与劳动者约定由劳动者承担违约金。

第二十六条 下列劳动合同无效或者部分无效：

（一）以欺诈、胁迫的手段或者乘人之危，使对方在违背真实意思的情况下订立或者变更劳动合同的；

（二）用人单位免除自己的法定责任、排除劳动者权利的；

（三）违反法律、行政法规强制性规定的。

对劳动合同的无效或者部分无效有争议的，由劳动争议仲裁机构或者人民法院确认。

第二十七条 劳动合同部分无效，不影响其他部分效力的，其他部分仍然有效。

第二十八条 劳动合同被确认无效，劳动者已付出劳动的，用人单位应当向劳动者支付劳动报酬。劳动报酬的数额，参照本单位相同或者相近岗位劳动者的劳动报酬确定。

第三章 劳动合同的履行和变更

第二十九条 用人单位与劳动者应当按照劳动合同的约定，全面履行各自的义务。

第三十条 用人单位应当按照劳动合同约定和国家规定，向劳动者及时足额支付劳动报酬。

用人单位拖欠或者未足额支付劳动报酬的，劳动者可以依法向当地人民法院申请支付令，人民法院应当依法发出支付令。

第三十一条 用人单位应当严格执行劳动定额标准，不得强迫或者变相强迫劳动者加班。用人单位安排加班的，应当按照国家有关规定向劳动者支付加班费。

第三十二条 劳动者拒绝用人单位管理人员违章指挥、强令冒险作业的，不视为违反劳动合同。

劳动者对危害生命安全和身体健康的劳动条件，有权对用人单位提出批评、检举和控告。

第三十三条 用人单位变更名称、法定代表人、主要负责人或者投资人等事项，不影响劳动合同的履行。

第三十四条 用人单位发生合并或者分立等情况，原劳动合同继续有效，劳动合同由承继其权利和义务的用人单位继续履行。

第三十五条 用人单位与劳动者协商一致，可以变更劳动合同约定的内容。变更劳动合同，应当采用书面形式。

变更后的劳动合同文本由用人单位和劳动者各执一份。

第四章 劳动合同的解除和终止

第三十六条 用人单位与劳动者协商一致，可以解除劳动合同。

第三十七条 劳动者提前三十日以书面形式通知用人单位，可以解除劳动合同。劳动者在试用期内提前三日通知用人单位，可以解除劳动合同。

第三十八条 用人单位有下列情形之一的，劳动者可以解除劳动合同：

（一）未按照劳动合同约定提供劳动保护或者劳动条件的；

（二）未及时足额支付劳动报酬的；

（三）未依法为劳动者缴纳社会保险费的；

（四）用人单位的规章制度违反法律、法规的规定，损害劳动者权益的；

（五）因本法第二十六条第一款规定的情形致使劳动合同无效的；

（六）法律、行政法规规定劳动者可以解除劳动合同的其他情形。

用人单位以暴力、威胁或者非法限制人身自由的手段强迫劳动者劳动的，或者用人单位违章指挥、强令冒险作业危及劳动者人身安全的，劳动者可以立即解除劳动合同，不需事先告知用人单位。

第三十九条　劳动者有下列情形之一的，用人单位可以解除劳动合同：

（一）在试用期间被证明不符合录用条件的；

（二）严重违反用人单位的规章制度的；

（三）严重失职，营私舞弊，给用人单位造成重大损害的；

（四）劳动者同时与其他用人单位建立劳动关系，对完成本单位的工作任务造成严重影响，或者经用人单位提出，拒不改正的；

（五）因本法第二十六条第一款第一项规定的情形致使劳动合同无效的；

（六）被依法追究刑事责任的。

第四十条　有下列情形之一的，用人单位提前三十日以书面形式通知劳动者本人或者额外支付劳动者一个月工资后，可以解除劳动合同：

（一）劳动者患病或者非因工负伤，在规定的医疗期满后不能从事原工作，也不能从事由用人单位另行安排的工作的；

（二）劳动者不能胜任工作，经过培训或者调整工作岗位，仍不能胜任工作的；

（三）劳动合同订立时所依据的客观情况发生重大变化，致使劳动合同无法履行，经用人单位与劳动者协商，未能就变更劳动合同内容达成协议的。

第四十一条　有下列情形之一，需要裁减人员二十人以上或者裁减不足二十人但占企业职工总数百分之十以上的，用人单位提前三十日向工会或者全体职工说明情况，听取工会或者职工的意见后，裁减人员方案经向劳动行政部门报告，可以裁减人员：

（一）依照企业破产法规定进行重整的；

（二）生产经营发生严重困难的；

（三）企业转产、重大技术革新或者经营方式调整，经变更劳动合同后，仍需裁减人员的；

（四）其他因劳动合同订立时所依据的客观经济情况发生重大变化，致使劳动合同无法履行的。

裁减人员时，应当优先留用下列人员：

（一）与本单位订立较长期限的固定期限劳动合同的；

（二）与本单位订立无固定期限劳动合同的；

（三）家庭无其他就业人员，有需要扶养的老人或者未成年人的。

用人单位依照本条第一款规定裁减人员，在六个月内重新招用人员的，应当通知被裁减的人员，并在同等条件下优先招用被裁减的人员。

第四十二条　劳动者有下列情形之一的，用人单位不得依照本法第四十条、第四十一条的规定解除劳动合同：

（一）从事接触职业病危害作业的劳动者未进行离岗前职业健康检查，或者疑似职业病病人在诊断或者医学观察期间的；

（二）在本单位患职业病或者因工负伤并被确认丧失或者部分丧失劳动能力的；

（三）患病或者非因工负伤，在规定的医疗期内的；

（四）女职工在孕期、产期、哺乳期的；

（五）在本单位连续工作满十五年，且距法定退休年龄不足五年的；

（六）法律、行政法规规定的其他情形。

第四十三条　用人单位单方解除劳动合同，应当事先将理由通知工会。用人单位违反法律、行政法规规定或者劳动合同约定的，工会有权要求用人单位纠正。用人单位应当研究工会的意见，并将处理结果书面通知工会。

第四十四条　有下列情形之一的，劳动合同终止：

（一）劳动合同期满的；

（二）劳动者开始依法享受基本养老保险待遇的；

（三）劳动者死亡，或者被人民法院宣告死亡或者宣告失踪的；

（四）用人单位被依法宣告破产的；

（五）用人单位被吊销营业执照、责令关闭、撤销或者用人单位决定提前解散的；

（六）法律、行政法规规定的其他情形。

第四十五条　劳动合同期满，有本法第四十二条规定情形之一的，劳动合同应当续延至相应的情形消失时终止。但是，本法第四十二条第二项规定丧失或者部分丧失劳动能力劳动者的劳动合同的终止，按照国家有关工伤保险的规定执行。

第四十六条　有下列情形之一的，用人单位应当向劳动者支付经济补偿：

（一）劳动者依照本法第三十八条规定解除劳动合同的；

（二）用人单位依照本法第三十六条规定向劳动者提出解除劳动合同并与劳动者协商一致解除劳动合同的；

（三）用人单位依照本法第四十条规定解除劳动合同的；

（四）用人单位依照本法第四十一条第一款规定解除劳动合同的；

（五）除用人单位维持或者提高劳动合同约定条件续订劳动合同，劳动者不同意续订的情形外，依照本法第四十四条第一项规定终止固定期限劳动合同的；

（六）依照本法第四十四条第四项、第五项规定终止劳动合同的；

（七）法律、行政法规规定的其他情形。

第四十七条　经济补偿按劳动者在本单位工作的年限，每满一年支付一个月工资的标准向劳动者支付。六个月以上不满一年的，按一年计算；不满六个月的，向劳动者支付半个月工资的经济补偿。

劳动者月工资高于用人单位所在直辖市、设区的市级人民政府公布的本地区上年度职工月平均工资三倍的，向其支付经济补偿的标准按职工月平均工资三倍的数额支付，向其支付经济补偿的年限最高不超过十二年。

本条所称月工资是指劳动者在劳动合同解除或者终止前十二个月的平均工资。

第四十八条　用人单位违反本法规定解除或者终止劳动合同，劳动者要求继续履行劳动合同的，用人单位应当继续履行；劳动者不要求继续履行劳动合同或者劳动合同已经不能继续履行的，用人单位应当依照本法第八十七条规定支付赔偿金。

第四十九条　国家采取措施，建立健全劳动者社会保险关系跨地区转移接续制度。

第五十条　用人单位应当在解除或者终止劳动合同时出具解除或者终止劳动合同的证明，并在十五日内为劳动者办理档案和社会保险关系转移手续。

劳动者应当按照双方约定，办理工作交接。用人单位依照本法有关规定应当向劳动者支付经济补偿的，在办结工作交接时支付。

用人单位对已经解除或者终止的劳动合同的文本，至少保存二年备查。

第五章　特别规定

第一节　集体合同

第五十一条　企业职工一方与用人单位通过平等协商，可以就劳动报酬、工作时间、休息休假、劳动安全卫生、保险福利等事项订立集体合同。集体合同草案应当提交职工代表大会或者全体职工讨论通过。

集体合同由工会代表企业职工一方与用人单位订立；尚未建立工会的用人单位，由上级工会指导劳动者推举的代表与用人单位订立。

第五十二条 企业职工一方与用人单位可以订立劳动安全卫生、女职工权益保护、工资调整机制等专项集体合同。

第五十三条 在县级以下区域内，建筑业、采矿业、餐饮服务业等行业可以由工会与企业方面代表订立行业性集体合同，或者订立区域性集体合同。

第五十四条 集体合同订立后，应当报送劳动行政部门；劳动行政部门自收到集体合同文本之日起十五日内未提出异议的，集体合同即行生效。

依法订立的集体合同对用人单位和劳动者具有约束力。行业性、区域性集体合同对当地本行业、本区域的用人单位和劳动者具有约束力。

第五十五条 集体合同中劳动报酬和劳动条件等标准不得低于当地人民政府规定的最低标准；用人单位与劳动者订立的劳动合同中劳动报酬和劳动条件等标准不得低于集体合同规定的标准。

第五十六条 用人单位违反集体合同，侵犯职工劳动权益的，工会可以依法要求用人单位承担责任；因履行集体合同发生争议，经协商解决不成的，工会可以依法申请仲裁、提起诉讼。

第二节 劳务派遣

第五十七条 经营劳务派遣业务应当具备下列条件：

（一）注册资本不得少于人民币二百万元；

（二）有与开展业务相适应的固定的经营场所和设施；

（三）有符合法律、行政法规规定的劳务派遣管理制度；

（四）法律、行政法规规定的其他条件。

经营劳务派遣业务，应当向劳动行政部门依法申请行政许可；经许可的，依法办理相应的公司登记。未经许可，任何单位和个人不得经营劳务派遣业务。

第五十八条 劳务派遣单位是本法所称用人单位，应当履行用人单位对劳动者的义务。劳务派遣单位与被派遣劳动者订立的劳动合同，除应当载明本法第十七条规定的事项外，还应当载明被派遣劳动者的用工单位以及派遣期限、工作岗位等情况。

劳务派遣单位应当与被派遣劳动者订立二年以上的固定期限劳动合同，按月支付劳动报酬；被派遣劳动者在无工作期间，劳务派遣单位应当按照所在地人民政府规定的最低工资标准，向其按月支付报酬。

第五十九条 劳务派遣单位派遣劳动者应当与接受以劳务派遣形式用工的单位（以下称用工单位）订立劳务派遣协议。劳务派遣协议应当约定派遣岗位和人员数量、派遣期限、劳动报酬和社会保险费的数额与支付方式以及违反协议的责任。

用工单位应当根据工作岗位的实际需要与劳务派遣单位确定派遣期限，不得将连续用工期限分割订立数个短期劳务派遣协议。

第六十条 劳务派遣单位应当将劳务派遣协议的内容告知被派遣劳动者。

劳务派遣单位不得克扣用工单位按照劳务派遣协议支付给被派遣劳动者的劳动报酬。

劳务派遣单位和用工单位不得向被派遣劳动者收取费用。

第六十一条 劳务派遣单位跨地区派遣劳动者的，被派遣劳动者享有的劳动报酬和劳动条件，按照用工单位所在地的标准执行。

第六十二条 用工单位应当履行下列义务：

（一）执行国家劳动标准，提供相应的劳动条件和劳动保护；

（二）告知被派遣劳动者的工作要求和劳动报酬；

（三）支付加班费、绩效奖金，提供与工作岗位相关的福利待遇；

（四）对在岗被派遣劳动者进行工作岗位所必需的培训；

（五）连续用工的，实行正常的工资调整机制。

用工单位不得将被派遣劳动者再派遣到其他用人单位。

第六十三条 被派遣劳动者享有与用工单位的劳动者同工同酬的权利。用工单位应当按照同工同酬原则，对被派遣劳动者与本单位同类岗位的劳动者实行相同的劳动报酬分配办法。用工单位无同类岗位劳动者的，参照用工单位所在地相同或者相近岗位劳动者的劳动报酬确定。

劳务派遣单位与被派遣劳动者订立的劳动合同和与用工单位订立的劳务派遣协议，载明或者约定的向被派遣劳动者支付的劳动报酬应当符合前款规定。

第六十四条 被派遣劳动者有权在劳务派遣单位或者用工单位依法参加或者组织工会，维护自身的合法权益。

第六十五条 被派遣劳动者可以依照本法第三十六条、第三十八条的规定与劳务派遣单位解除劳动合同。

被派遣劳动者有本法第三十九条和第四十条第一项、第二项规定情形的，用工单位可以将劳动者退回劳务派遣单位，劳务派遣单位依照本法有关规定，可以与劳动者解除劳动合同。

第六十六条 劳动合同用工是我国的企业基本用工形式。劳务派遣用工是补充形式，只能在临时性、辅助性或者替代性的工作岗位上实施。

前款规定的临时性工作岗位是指存续时间不超过六个月的岗位；辅助性工作岗位是指为主营业务岗位提供服务的非主营业务岗位；替代性工作岗位是指用工单位的劳动者因脱产学习、休假等原因无法工作的一定期间内，可以由其他劳动者替代工作的岗位。

用工单位应当严格控制劳务派遣用工数量，不得超过其用工总量的一定比例，具体比例由国务院劳动行政部门规定。

第六十七条 用人单位不得设立劳务派遣单位向本单位或者所属单位派遣劳动者。

第三节 非全日制用工

第六十八条 非全日制用工，是指以小时计酬为主，劳动者在同一用人单位一般平均每日工作时间不超过四小时，每周工作时间累计不超过二十四小时的用工形式。

第六十九条 非全日制用工双方当事人可以订立口头协议。

从事非全日制用工的劳动者可以与一个或者一个以上用人单位订立劳动合同；但是，后订立的劳动合同不得影响先订立的劳动合同的履行。

第七十条 非全日制用工双方当事人不得约定试用期。

第七十一条 非全日制用工双方当事人任何一方都可以随时通知对方终止用工。终止用工，用人单位不向劳动者支付经济补偿。

第七十二条 非全日制用工小时计酬标准不得低于用人单位所在地人民政府规定的最低小时工资标准。

非全日制用工劳动报酬结算支付周期最长不得超过十五日。

第六章 监督检查

第七十三条 国务院劳动行政部门负责全国劳动合同制度实施的监督管理。

县级以上地方人民政府劳动行政部门负责本行政区域内劳动合同制度实施的监督管理。

县级以上各级人民政府劳动行政部门在劳动合同制度实施的监督管理工作中，应当听取工会、企业方面代表以及有关行业主管部门的意见。

第七十四条 县级以上地方人民政府劳动行政部门依法对下列实施劳动合同制度的情况进行监督检查：

（一）用人单位制定直接涉及劳动者切身利益的规章制度及其执行的情况；

（二）用人单位与劳动者订立和解除劳动合同的情况；

（三）劳务派遣单位和用工单位遵守劳务派遣有关规定的情况；

（四）用人单位遵守国家关于劳动者工作时间和休息休假规定的情况；

（五）用人单位支付劳动合同约定的劳动报酬和执行最低工资标准的情况；

（六）用人单位参加各项社会保险和缴纳社会保险费的情况；

（七）法律、法规规定的其他劳动监察事项。

第七十五条 县级以上地方人民政府劳动行政部门实施监督检查时，有权查阅与劳动合同、集体合同有关的材料，有权对劳动场所进行实地检查，用人单位和劳动者都应当如实提供有关情况和材料。

劳动行政部门的工作人员进行监督检查，应当出示证件，依法行使职权，文明执法。

第七十六条 县级以上人民政府建设、卫生、安全生产监督管理等有关主管部门在各自职责范围内，对用人单位执行劳动合同制度的情况进行监督管理。

第七十七条 劳动者合法权益受到侵害的，有权要求有关部门依法处理，或者依法申请仲裁、提起诉讼。

第七十八条 工会依法维护劳动者的合法权益，对用人单位履行劳动合同、集体合同的情况进行监督。用人单位违反劳动法律、法规和劳动合同、集体合同的，工会有权提出意见或者要求纠正；劳动者申请仲裁、提起诉讼的，工会依法给予支持和帮助。

第七十九条 任何组织或者个人对违反本法的行为都有权举报，县级以上人民政府劳动行政部门应当及时核实、处理，并对举报有功人员给予奖励。

第七章 法律责任

第八十条 用人单位直接涉及劳动者切身利益的规章制度违反法律、法规规定的，由劳动行政部门责令改正，给予警告；给劳动者造成损害的，应当承担赔偿责任。

第八十一条 用人单位提供的劳动合同文本未载明本法规定的劳动合同必备条款或者用人单位未将劳动合同文本交付劳动者的，由劳动行政部门责令改正；给劳动者造成损害的，应当承担赔偿责任。

第八十二条 用人单位自用工之日起超过一个月不满一年未与劳动者订立书面劳动合同的，应当向劳动者每月支付二倍的工资。

用人单位违反本法规定不与劳动者订立无固定期限劳动合同的，自应当订立无固定期限劳动合同之日起向劳动者每月支付二倍的工资。

第八十三条 用人单位违反本法规定与劳动者约定试用期的，由劳动行政部门责令改正；违法约定的试用期已经履行的，由用人单位以劳动者试用期满月工资为标准，按已经履行的超过法定试用期的期间向劳动者支付赔偿金。

第八十四条 用人单位违反本法规定，扣押劳动者居民身份证等证件的，由劳动行政部门责令限期退还劳动者本人，并依照有关法律规定给予处罚。

用人单位违反本法规定，以担保或者其他名义向劳动者收取财物的，由劳动行政部门责令限期退还劳动者本人，并以每人五百元以上二千元以下的标准处以罚款；给劳动者造成损害的，应当承担赔偿责任。

劳动者依法解除或者终止劳动合同，用人单位扣押劳动者档案或者其他物品的，依照前款规定处罚。

第八十五条 用人单位有下列情形之一的，由劳动行政部门责令限期支付劳动报酬、加班费或者经济补偿；劳动报酬低于当地最低工资标准的，应当支付其差额部分；逾期不支付的，责令用人单位按应付金额百分之五十以上百分之一百以下的标准向劳动者加付赔偿金：

（一）未按照劳动合同的约定或者国家规定及时足额支付劳动者劳动报酬的；

（二）低于当地最低工资标准支付劳动者工资的；

（三）安排加班不支付加班费的；

（四）解除或者终止劳动合同，未依照本法规定向劳动者支付经济补偿的。

第八十六条　劳动合同依照本法第二十六条规定被确认无效，给对方造成损害的，有过错的一方应当承担赔偿责任。

第八十七条　用人单位违反本法规定解除或者终止劳动合同的，应当依照本法第四十七条规定的经济补偿标准的二倍向劳动者支付赔偿金。

第八十八条　用人单位有下列情形之一的，依法给予行政处罚；构成犯罪的，依法追究刑事责任；给劳动者造成损害的，应当承担赔偿责任：

（一）以暴力、威胁或者非法限制人身自由的手段强迫劳动的；

（二）违章指挥或者强令冒险作业危及劳动者人身安全的；

（三）侮辱、体罚、殴打、非法搜查或者拘禁劳动者的；

（四）劳动条件恶劣、环境污染严重，给劳动者身心健康造成严重损害的。

第八十九条　用人单位违反本法规定未向劳动者出具解除或者终止劳动合同的书面证明，由劳动行政部门责令改正；给劳动者造成损害的，应当承担赔偿责任。

第九十条　劳动者违反本法规定解除劳动合同，或者违反劳动合同中约定的保密义务或者竞业限制，给用人单位造成损失的，应当承担赔偿责任。

第九十一条　用人单位招用与其他用人单位尚未解除或者终止劳动合同的劳动者，给其他用人单位造成损失的，应当承担连带赔偿责任。

第九十二条　违反本法规定，未经许可，擅自经营劳务派遣业务的，由劳动行政部门责令停止违法行为，没收违法所得，并处违法所得一倍以上五倍以下的罚款；没有违法所得的，可以处五万元以下的罚款。

劳务派遣单位、用工单位违反本法有关劳务派遣规定的，由劳动行政部门责令限期改正；逾期不改正的，以每人五千元以上一万元以下的标准处以罚款，对劳务派遣单位，吊销其劳务派遣业务经营许可证。用工单位给被派遣劳动者造成损害的，劳务派遣单位与用工单位承担连带赔偿责任。

第九十三条　对不具备合法经营资格的用人单位的违法犯罪行为，依法追究法律责任；劳动者已经付出劳动的，该单位或者其出资人应当依照本法有关规定向劳动者支付劳动报酬、经济补偿、赔偿金；给劳动者造成损害的，应当承担赔偿责任。

第九十四条　个人承包经营违反本法规定招用劳动者，给劳动者造成损害的，发包的组织与个人承包经营者承担连带赔偿责任。

第九十五条　劳动行政部门和其他有关主管部门及其工作人员玩忽职守、不履行法定职责，或者违法行使职权，给劳动者或者用人单位造成损害的，应当承担赔偿责任；对直接负责的主管人员和其他直接责任人员，依法给予行政处分；构成犯罪的，依法追究刑事责任。

第八章　附则

第九十六条　事业单位与实行聘用制的工作人员订立、履行、变更、解除或者终止劳动合同，法律、行政法规或者国务院另有规定的，依照其规定；未作规定的，依照本法有关规定执行。

第九十七条　本法施行前已依法订立且在本法施行之日存续的劳动合同，继续履行；本法第十四条第二款第三项规定连续订立固定期限劳动合同的次数，自本法施行后续订固定期限劳动合同时开始计算。

本法施行前已建立劳动关系，尚未订立书面劳动合同的，应当自本法施行之日起一个月内订立。

本法施行之日存续的劳动合同在本法施行后解除或者终止，依照本法第四十六条规定应当支付经济补偿的，经济补偿年限自本法施行之日起计算；本法施行前按照当时有关规定，用人单位应当向劳动者支付经济补偿的，按照当时有关规定执行。

第九十八条 本法自2008年1月1日起施行。

中华人民共和国劳动合同法实施条例

（2008年9月3日国务院第25次常务会议通过 2008年9月18日中华人民共和国国务院令第535号公布 自公布之日起施行）

第一章 总则

第一条 为了贯彻实施《中华人民共和国劳动合同法》（以下简称劳动合同法），制定本条例。

第二条 各级人民政府和县级以上人民政府劳动行政等有关部门以及工会等组织，应当采取措施，推动劳动合同法的贯彻实施，促进劳动关系的和谐。

第三条 依法成立的会计师事务所、律师事务所等合伙组织和基金会，属于劳动合同法规定的用人单位。

第二章 劳动合同的订立

第四条 劳动合同法规定的用人单位设立的分支机构，依法取得营业执照或者登记证书的，可以作为用人单位与劳动者订立劳动合同；未依法取得营业执照或者登记证书的，受用人单位委托可以与劳动者订立劳动合同。

第五条 自用工之日起一个月内，经用人单位书面通知后，劳动者不与用人单位订立书面劳动合同的，用人单位应当书面通知劳动者终止劳动关系，无需向劳动者支付经济补偿，但是应当依法向劳动者支付其实际工作时间的劳动报酬。

第六条 用人单位自用工之日起超过一个月不满一年未与劳动者订立书面劳动合同的，应当依照劳动合同法第八十二条的规定向劳动者每月支付两倍的工资，并与劳动者补订书面劳动合同；劳动者不与用人单位订立书面劳动合同的，用人单位应当书面通知劳动者终止劳动关系，并依照劳动合同法第四十七条的规定支付经济补偿。

前款规定的用人单位向劳动者每月支付两倍工资的起算时间为用工之日起满一个月的次日，截止时间为补订书面劳动合同的前一日。

第七条 用人单位自用工之日起满一年未与劳动者订立书面劳动合同的，自用工之日起满一个月的次日至满一年的前一日应当依照劳动合同法第八十二条的规定向劳动者每月支付两倍的工资，并视为自用工之日起满一年的当日已经与劳动者订立无固定期限劳动合同，应当立即与劳动者补订书面劳动合同。

第八条 劳动合同法第七条规定的职工名册，应当包括劳动者姓名、性别、公民身份号码、户籍地址及现住址、联系方式、用工形式、用工起始时间、劳动合同期限等内容。

第九条 劳动合同法第十四条第二款规定的连续工作满10年的起始时间，应当自用人单位用工之日起计算，包括劳动合同法施行前的工作年限。

第十条　劳动者非因本人原因从原用人单位被安排到新用人单位工作的，劳动者在原用人单位的工作年限合并计算为新用人单位的工作年限。原用人单位已经向劳动者支付经济补偿的，新用人单位在依法解除、终止劳动合同计算支付经济补偿的工作年限时，不再计算劳动者在原用人单位的工作年限。

第十一条　除劳动者与用人单位协商一致的情形外，劳动者依照劳动合同法第十四条第二款的规定，提出订立无固定期限劳动合同的，用人单位应当与其订立无固定期限劳动合同。对劳动合同的内容，双方应当按照合法、公平、平等自愿、协商一致、诚实信用的原则协商确定；对协商不一致的内容，依照劳动合同法第十八条的规定执行。

第十二条　地方各级人民政府及县级以上地方人民政府有关部门为安置就业困难人员提供的给予岗位补贴和社会保险补贴的公益性岗位，其劳动合同不适用劳动合同法有关无固定期限劳动合同的规定以及支付经济补偿的规定。

第十三条　用人单位与劳动者不得在劳动合同法第四十四条规定的劳动合同终止情形之外约定其他的劳动合同终止条件。

第十四条　劳动合同履行地与用人单位注册地不一致的，有关劳动者的最低工资标准、劳动保护、劳动条件、职业危害防护和本地区上年度职工月平均工资标准等事项，按照劳动合同履行地的有关规定执行；用人单位注册地的有关标准高于劳动合同履行地的有关标准，且用人单位与劳动者约定按照用人单位注册地的有关规定执行的，从其约定。

第十五条　劳动者在试用期的工资不得低于本单位相同岗位最低档工资的80%或者不得低于劳动合同约定工资的80%，并不得低于用人单位所在地的最低工资标准。

第十六条　劳动合同法第二十二条第二款规定的培训费用，包括用人单位为了对劳动者进行专业技术培训而支付的有凭证的培训费用、培训期间的差旅费用以及因培训产生的用于该劳动者的其他直接费用。

第十七条　劳动合同期满，但是用人单位与劳动者依照劳动合同法第二十二条的规定约定的服务期尚未到期的，劳动合同应当续延至服务期满；双方另有约定的，从其约定。

第三章　劳动合同的解除和终止

第十八条　有下列情形之一的，依照劳动合同法规定的条件、程序，劳动者可以与用人单位解除固定期限劳动合同、无固定期限劳动合同或者以完成一定工作任务为期限的劳动合同：

（一）劳动者与用人单位协商一致的；

（二）劳动者提前30日以书面形式通知用人单位的；

（三）劳动者在试用期内提前3日通知用人单位的；

（四）用人单位未按照劳动合同约定提供劳动保护或者劳动条件的；

（五）用人单位未及时足额支付劳动报酬的；

（六）用人单位未依法为劳动者缴纳社会保险费的；

（七）用人单位的规章制度违反法律、法规的规定，损害劳动者权益的；

（八）用人单位以欺诈、胁迫的手段或者乘人之危，使劳动者在违背真实意思的情况下订立或者变更劳动合同的；

（九）用人单位在劳动合同中免除自己的法定责任、排除劳动者权利的；

（十）用人单位违反法律、行政法规强制性规定的；

（十一）用人单位以暴力、威胁或者非法限制人身自由的手段强迫劳动者劳动的；

（十二）用人单位违章指挥、强令冒险作业危及劳动者人身安全的；

（十三）法律、行政法规规定劳动者可以解除劳动合同的其他情形。

第十九条 有下列情形之一的，依照劳动合同法规定的条件、程序，用人单位可以与劳动者解除固定期限劳动合同、无固定期限劳动合同或者以完成一定工作任务为期限的劳动合同：

（一）用人单位与劳动者协商一致的；

（二）劳动者在试用期间被证明不符合录用条件的；

（三）劳动者严重违反用人单位的规章制度的；

（四）劳动者严重失职，营私舞弊，给用人单位造成重大损害的；

（五）劳动者同时与其他用人单位建立劳动关系，对完成本单位的工作任务造成严重影响，或者经用人单位提出，拒不改正的；

（六）劳动者以欺诈、胁迫的手段或者乘人之危，使用人单位在违背真实意思的情况下订立或者变更劳动合同的；

（七）劳动者被依法追究刑事责任的；

（八）劳动者患病或者非因工负伤，在规定的医疗期满后不能从事原工作，也不能从事由用人单位另行安排的工作的；

（九）劳动者不能胜任工作，经过培训或者调整工作岗位，仍不能胜任工作的；

（十）劳动合同订立时所依据的客观情况发生重大变化，致使劳动合同无法履行，经用人单位与劳动者协商，未能就变更劳动合同内容达成协议的；

（十一）用人单位依照企业破产法规定进行重整的；

（十二）用人单位生产经营发生严重困难的；

（十三）企业转产、重大技术革新或者经营方式调整，经变更劳动合同后，仍需裁减人员的；

（十四）其他因劳动合同订立时所依据的客观经济情况发生重大变化，致使劳动合同无法履行的。

第二十条 用人单位依照劳动合同法第四十条的规定，选择额外支付劳动者一个月工资解除劳动合同的，其额外支付的工资应当按照该劳动者上一个月的工资标准确定。

第二十一条 劳动者达到法定退休年龄的，劳动合同终止。

第二十二条 以完成一定工作任务为期限的劳动合同因任务完成而终止的，用人单位应当依照劳动合同法第四十七条的规定向劳动者支付经济补偿。

第二十三条 用人单位依法终止工伤职工的劳动合同的，除依照劳动合同法第四十七条的规定支付经济补偿外，还应当依照国家有关工伤保险的规定支付一次性工伤医疗补助金和伤残就业补助金。

第二十四条 用人单位出具的解除、终止劳动合同的证明，应当写明劳动合同期限、解除或者终止劳动合同的日期、工作岗位、在本单位的工作年限。

第二十五条 用人单位违反劳动合同法的规定解除或者终止劳动合同，依照劳动合同法第八十七条的规定支付了赔偿金的，不再支付经济补偿。赔偿金的计算年限自用工之日起计算。

第二十六条 用人单位与劳动者约定了服务期，劳动者依照劳动合同法第三十八条的规定解除劳动合同的，不属于违反服务期的约定，用人单位不得要求劳动者支付违约金。

有下列情形之一，用人单位与劳动者解除约定服务期的劳动合同的，劳动者应当按照劳动合同的约定向用人单位支付违约金：

（一）劳动者严重违反用人单位的规章制度的；

（二）劳动者严重失职，营私舞弊，给用人单位造成重大损害的；

（三）劳动者同时与其他用人单位建立劳动关系，对完成本单位的工作任务造成严重影响，或者经用人单位提出，拒不改正的；

（四）劳动者以欺诈、胁迫的手段或者乘人之危，使用人单位在违背真实意思的情况下订立或者变更劳动合同的；

（五）劳动者被依法追究刑事责任的。

第二十七条 劳动合同法第四十七条规定的经济补偿的月工资按照劳动者应得工资计算，包括计时工资或者计件工资以及奖金、津贴和补贴等货币性收入。劳动者在劳动合同解除或者终止前12个月的平均工资低于当地最低工资标准的，按照当地最低工资标准计算。劳动者工作不满12个月的，按照实际工作的月数计算平均工资。

第四章 劳务派遣特别规定

第二十八条 用人单位或者其所属单位出资或者合伙设立的劳务派遣单位，向本单位或者所属单位派遣劳动者的，属于劳动合同法第六十七条规定的不得设立的劳务派遣单位。

第二十九条 用工单位应当履行劳动合同法第六十二条规定的义务，维护被派遣劳动者的合法权益。

第三十条 劳务派遣单位不得以非全日制用工形式招用被派遣劳动者。

第三十一条 劳务派遣单位或者被派遣劳动者依法解除、终止劳动合同的经济补偿，依照劳动合同法第四十六条、第四十七条的规定执行。

第三十二条 劳务派遣单位违法解除或者终止被派遣劳动者的劳动合同的，依照劳动合同法第四十八条的规定执行。

第五章 法律责任

第三十三条 用人单位违反劳动合同法有关建立职工名册规定的，由劳动行政部门责令限期改正；逾期不改正的，由劳动行政部门处2 000元以上2万元以下的罚款。

第三十四条 用人单位依照劳动合同法的规定应当向劳动者每月支付两倍的工资或者应当向劳动者支付赔偿金而未支付的，劳动行政部门应当责令用人单位支付。

第三十五条 用工单位违反劳动合同法和本条例有关劳务派遣规定的，由劳动行政部门和其他有关主管部门责令改正；情节严重的，以每位被派遣劳动者1 000元以上5 000元以下的标准处以罚款；给被派遣劳动者造成损害的，劳务派遣单位和用工单位承担连带赔偿责任。

第六章 附则

第三十六条 对违反劳动合同法和本条例的行为的投诉、举报，县级以上地方人民政府劳动行政部门依照《劳动保障监察条例》的规定处理。

第三十七条 劳动者与用人单位因订立、履行、变更、解除或者终止劳动合同发生争议的，依照《中华人民共和国劳动争议调解仲裁法》的规定处理。

第三十八条 本条例自公布之日起施行。

集体合同规定

（2004年1月20日劳动保障部令第22号公布 自2004年5月1日起施行）

第一章 总则

第一条 为规范集体协商和签订集体合同行为，依法维护劳动者和用人单位的合法权益，根据

《中华人民共和国劳动法》和《中华人民共和国工会法》，制定本规定。

第二条 中华人民共和国境内的企业和实行企业化管理的事业单位（以下统称用人单位）与本单位职工之间进行集体协商，签订集体合同，适用本规定。

第三条 本规定所称集体合同，是指用人单位与本单位职工根据法律、法规、规章的规定，就劳动报酬、工作时间、休息休假、劳动安全卫生、职业培训、保险福利等事项，通过集体协商签订的书面协议；所称专项集体合同，是指用人单位与本单位职工根据法律、法规、规章的规定，就集体协商的某项内容签订的专项书面协议。

第四条 用人单位与本单位职工签订集体合同或专项集体合同，以及确定相关事宜，应当采取集体协商的方式。集体协商主要采取协商会议的形式。

第五条 进行集体协商，签订集体合同或专项集体合同，应当遵循下列原则：

（一）遵守法律、法规、规章及国家有关规定；

（二）相互尊重，平等协商；

（三）诚实守信，公平合作；

（四）兼顾双方合法权益；

（五）不得采取过激行为。

第六条 符合本规定的集体合同或专项集体合同，对用人单位和本单位的全体职工具有法律约束力。

用人单位与职工个人签订的劳动合同约定的劳动条件和劳动报酬等标准，不得低于集体合同或专项集体合同的规定。

第七条 县级以上劳动保障行政部门对本行政区域内用人单位与本单位职工开展集体协商、签订、履行集体合同的情况进行监督，并负责审查集体合同或专项集体合同。

第二章 集体协商内容

第八条 集体协商双方可以就下列多项或某项内容进行集体协商，签订集体合同或专项集体合同：

（一）劳动报酬；

（二）工作时间；

（三）休息休假；

（四）劳动安全与卫生；

（五）补充保险和福利；

（六）女职工和未成年工特殊保护；

（七）职业技能培训；

（八）劳动合同管理；

（九）奖惩；

（十）裁员；

（十一）集体合同期限；

（十二）变更、解除集体合同的程序；

（十三）履行集体合同发生争议时的协商处理办法；

（十四）违反集体合同的责任；

（十五）双方认为应当协商的其他内容。

第九条 劳动报酬主要包括：

（一）用人单位工资水平、工资分配制度、工资标准和工资分配形式；

(二) 工资支付办法；

(三) 加班、加点工资及津贴、补贴标准和奖金分配办法；

(四) 工资调整办法；

(五) 试用期及病、事假等期间的工资待遇；

(六) 特殊情况下职工工资（生活费）支付办法；

(七) 其他劳动报酬分配办法。

第十条 工作时间主要包括：

(一) 工时制度；

(二) 加班加点办法；

(三) 特殊工种的工作时间；

(四) 劳动定额标准。

第十一条 休息休假主要包括：

(一) 日休息时间、周休息日安排、年休假办法；

(二) 不能实行标准工时职工的休息休假；

(三) 其他假期。

第十二条 劳动安全卫生主要包括：

(一) 劳动安全卫生责任制；

(二) 劳动条件和安全技术措施；

(三) 安全操作规程；

(四) 劳保用品发放标准；

(五) 定期健康检查和职业健康体检。

第十三条 补充保险和福利主要包括：

(一) 补充保险的种类、范围；

(二) 基本福利制度和福利设施；

(三) 医疗期延长及其待遇；

(四) 职工亲属福利制度。

第十四条 女职工和未成年工的特殊保护主要包括：

(一) 女职工和未成年工禁忌从事的劳动；

(二) 女职工的经期、孕期、产期和哺乳期的劳动保护；

(三) 女职工、未成年工定期健康检查；

(四) 未成年工的使用和登记制度。

第十五条 职业技能培训主要包括：

(一) 职业技能培训项目规划及年度计划；

(二) 职业技能培训费用的提取和使用；

(三) 保障和改善职业技能培训的措施。

第十六条 劳动合同管理主要包括：

(一) 劳动合同签订时间；

(二) 确定劳动合同期限的条件；

(三) 劳动合同变更、解除、续订的一般原则及无固定期限劳动合同的终止条件；

(四) 试用期的条件和期限。

第十七条 奖惩主要包括：

（一）劳动纪律；

（二）考核奖惩制度；

（三）奖惩程序。

第十八条 裁员主要包括：

（一）裁员的方案；

（二）裁员的程序；

（三）裁员的实施办法和补偿标准。

第三章 集体协商代表

第十九条 本规定所称集体协商代表（以下统称协商代表），是指按照法定程序产生并有代表本方利益进行集体协商的人员。

集体协商双方的代表人数应当对等，每方至少3人，并各确定1名首席代表。

第二十条 职工一方的协商代表由本单位工会选派。未建立工会的，由本单位职工民主推荐，并经本单位半数以上职工同意。

职工一方的首席代表由本单位工会主席担任。工会主席可以书面委托其他协商代表代理首席代表。工会主席空缺的，首席代表由工会主要负责人担任。未建立工会的，职工一方的首席代表从协商代表中民主推举产生。

第二十一条 用人单位一方的协商代表，由用人单位法定代表人指派，首席代表由单位法定代表人担任或由其书面委托的其他管理人员担任。

第二十二条 协商代表履行职责的期限由被代表方确定。

第二十三条 集体协商双方首席代表可以书面委托本单位以外的专业人员作为本方协商代表。委托人数不得超过本方代表的三分之一。

首席代表不得由非本单位人员代理。

第二十四条 用人单位协商代表与职工协商代表不得相互兼任。

第二十五条 协商代表应履行下列职责：

（一）参加集体协商；

（二）接受本方人员质询，及时向本方人员公布协商情况并征求意见；

（三）提供与集体协商有关的情况和资料；

（四）代表本方参加集体协商争议的处理；

（五）监督集体合同或专项集体合同的履行；

（六）法律、法规和规章规定的其他职责。

第二十六条 协商代表应当维护本单位正常的生产、工作秩序，不得采取威胁、收买、欺骗等行为。

协商代表应当保守在集体协商过程中知悉的用人单位的商业秘密。

第二十七条 企业内部的协商代表参加集体协商视为提供了正常劳动。

第二十八条 职工一方协商代表在其履行协商代表职责期间劳动合同期满的，劳动合同期限自动延长至完成履行协商代表职责之时，除出现下列情形之一的，用人单位不得与其解劳动合同：

（一）严重违反劳动纪律或用人单位依法制定的规章制度的；

（二）严重失职、营私舞弊，对用人单位利益造成重大损害的；

（三）被依法追究刑事责任的。

职工一方协商代表履行协商代表职责期间，用人单位无正当理由不得调整其工作岗位。

第二十九条 职工一方协商代表就本规定第二十七条、第二十八条的规定与用人单位发生争议的，可以向当地劳动争议仲裁委员会申请仲裁。

第三十条 工会可以更换职工一方协商代表；未建立工会的，经本单位半数以上职工同意可以更换职工一方协商代表。

用人单位法定代表人可以更换用人单位一方协商代表。

第三十一条 协商代表因更换、辞任或遇有不可抗力等情形造成空缺的，应在空缺之日起15日内按照本规定产生新的代表。

第四章 集体协商程序

第三十二条 集体协商任何一方均可就签订集体合同或专项集体合同以及相关事宜，以书面形式向对方提出进行集体协商的要求。

一方提出进行集体协商要求的，另一方应当在收到集体协商要求之日起20日内以书面形式给以回应，无正当理由不得拒绝进行集体协商。

第三十三条 协商代表在协商前应进行下列准备工作：

（一）熟悉与集体协商内容有关的法律、法规、规章和制度；

（二）了解与集体协商内容有关的情况和资料，收集用人单位和职工对协商意向所持的意见；

（三）拟定集体协商议题，集体协商议题可由提出协商一方起草，也可由双方指派代表共同起草；

（四）确定集体协商的时间、地点等事项；

（五）共同确定一名非协商代表担任集体协商记录员。记录员应保持中立、公正，并为集体协商双方保密。

第三十四条 集体协商会议由双方首席代表轮流主持，并按下列程序进行：

（一）宣布议程和会议纪律；

（二）一方首席代表提出协商的具体内容和要求，另一方首席代表就对方的要求作出回应；

（三）协商双方就商谈事项发表各自意见，开展充分讨论；

（四）双方首席代表归纳意见。达成一致的，应当形成集体合同草案或专项集体合同草案，由双方首席代表签字。

第三十五条 集体协商未达成一致意见或出现事先未预料的问题时，经双方协商，可以中止协商。中止期限及下次协商时间、地点、内容由双方自定。

第五章 集体合同的订立、变更、解除和终止

第三十六条 经双方协商代表协商一致的集体合同草案或专项集体合同草案应当提交职工代表大会或者全体职工讨论。

职工代表大会或者全体职工讨论集体合同草案或专项集体合同草案，应当有三分之二以上职工代表或者职工出席，且须经全体职工代表半数以上或者全体职工半数以上同意，集体合同草案或专项集体合同草案方获通过。

第三十七条 集体合同草案或专项集体合同草案经职工代表大会或者职工大会通过后，由集体协商双方首席代表签字。

第三十八条 集体合同或专项集体合同期限一般为1至3年，期满或双方约定的终止条件出现，即行终止。

集体合同或专项集体合同期满前3个月内，任何一方均可向对方提出重新签订或续订的要求。

第三十九条 双方协商代表协商一致，可以变更或解除集体合同或专项集体合同。

第四十条 有下列情形之一的,可以变更或解除集体合同或专项集体合同:

(一) 用人单位因被兼并、解散、破产等原因,致使集体合同或专项集体合同无法履行的;

(二) 因不可抗力等原因致使集体合同或专项集体合同无法履行或部分无法履行的;

(三) 集体合同或专项集体合同约定的变更或解除条件出现的;

(四) 法律、法规、规章规定的其他情形。

第四十一条 变更或解除集体合同或专项集体合同适用本规定的集体协商程序。

第六章 集体合同审查

第四十二条 集体合同或专项集体合同签订或变更后,应当自双方首席代表签字之日起10日内,由用人单位一方将文本一式三份报送劳动保障行政部门审查。

劳动保障行政部门对报送的集体合同或专项集体合同应当办理登记手续。

第四十三条 集体合同或专项集体合同审查实行属地管辖,具体管辖范围由省级劳动保障行政部门规定。

中央管辖的企业以及跨省、自治区、直辖市的用人单位的集体合同应当报送劳动保障部或劳动保障部指定的省级劳动保障行政部门。

第四十四条 劳动保障行政部门应当对报送的集体合同或专项集体合同的下列事项进行合法性审查:

(一) 集体协商双方的主体资格是否符合法律、法规和规章规定;

(二) 集体协商程序是否违反法律、法规、规章规定;

(三) 集体合同或专项集体合同内容是否与国家规定相抵触。

第四十五条 劳动保障行政部门对集体合同或专项集体合同有异议的,应当自收到文本之日起15日内将《审查意见书》送达双方协商代表。《审查意见书》应当载明以下内容:

(一) 集体合同或专项集体合同当事人双方的名称、地址;

(二) 劳动保障行政部门收到集体合同或专项集体合同的时间;

(三) 审查意见;

(四) 作出审查意见的时间。

《审查意见书》应当加盖劳动保障行政部门印章。

第四十六条 用人单位与本单位职工就劳动保障行政部门提出异议的事项经集体协商重新签订集体合同或专项集体合同的,用人单位一方应当根据本规定第四十二条的规定将文本报送劳动保障行政部门审查。

第四十七条 劳动保障行政部门自收到文本之日起15日内未提出异议的,集体合同或专项集体合同即行生效。

第四十八条 生效的集体合同或专项集体合同,应当自其生效之日起由协商代表及时以适当的形式向本方全体人员公布。

第七章 集体协商争议的协调处理

第四十九条 集体协商过程中发生争议,双方当事人不能协商解决的,当事人一方或双方可以书面向劳动保障行政部门提出协调处理申请;未提出申请的,劳动保障行政部门认为必要时也可以进行协调处理。

第五十条 劳动保障行政部门应当组织同级工会和企业组织等三方面的人员,共同协调处理集体协商争议。

第五十一条 集体协商争议处理实行属地管辖,具体管辖范围由省级劳动保障行政部门规定。

中央管辖的企业以及跨省、自治区、直辖市用人单位因集体协商发生的争议，由劳动保障部指定的省级劳动保障行政部门组织同级工会和企业组织等三方面的人员协调处理，必要时，劳动保障部也可以组织有关方面协调处理。

第五十二条　协调处理集体协商争议，应当自受理协调处理申请之日起30日内结束协调处理工作。期满未结束的，可以适当延长协调期限，但延长期限不得超过15日。

第五十三条　协调处理集体协商争议应当按照以下程序进行：

（一）受理协调处理申请；

（二）调查了解争议的情况；

（三）研究制定协调处理争议的方案；

（四）对争议进行协调处理；

（五）制作《协调处理协议书》。

第五十四条　《协调处理协议书》应当载明协调处理申请、争议的事实和协调结果，双方当事人就某些协商事项不能达成一致的，应将继续协商的有关事项予以载明。《协调处理协议书》由集体协商争议协调处理人员和争议双方首席代表签字盖章后生效。争议双方均应遵守生效后的《协调处理协议书》。

第八章　附则

第五十五条　因履行集体合同发生的争议，当事人协商解决不成的，可以依法向劳动争议仲裁委员会申请仲裁。

第五十六条　用人单位无正当理由拒绝工会或职工代表提出的集体协商要求的，按照《工会法》及有关法律、法规的规定处理。

第五十七条　本规定于2004年5月1日起实施。原劳动部1994年12月5日颁布的《集体合同规定》同时废止。

劳务派遣暂行规定

（2014年1月24日人力资源社会保障部令第22号公布　自2014年3月1日起施行）

第一章　总则

第一条　为规范劳务派遣，维护劳动者的合法权益，促进劳动关系和谐稳定，依据《中华人民共和国劳动合同法》（以下简称劳动合同法）和《中华人民共和国劳动合同法实施条例》（以下简称劳动合同法实施条例）等法律、行政法规，制定本规定。

第二条　劳务派遣单位经营劳务派遣业务，企业（以下称用工单位）使用被派遣劳动者，适用本规定。

依法成立的会计师事务所、律师事务所等合伙组织和基金会以及民办非企业单位等组织使用被派遣劳动者，依照本规定执行。

第二章　用工范围和用工比例

第三条　用工单位只能在临时性、辅助性或者替代性的工作岗位上使用被派遣劳动者。

前款规定的临时性工作岗位是指存续时间不超过6个月的岗位；辅助性工作岗位是指为主营业

务岗位提供服务的非主营业务岗位；替代性工作岗位是指用工单位的劳动者因脱产学习、休假等原因无法工作的一定期间内，可以由其他劳动者替代工作的岗位。

用工单位决定使用被派遣劳动者的辅助性岗位，应当经职工代表大会或者全体职工讨论，提出方案和意见，与工会或职工代表平等协商确定，并在用工单位内公示。

第四条 用工单位应当严格控制劳务派遣用工数量，使用的被派遣劳动者数量不得超过其用工总量的10%。

前款所称用工总量是指用工单位订立劳动合同人数与使用的被派遣劳动者人数之和。

计算劳务派遣用工比例的用工单位是指依照劳动合同法和劳动合同法实施条例可以与劳动者订立劳动合同的用人单位。

第三章 劳动合同、劳务派遣协议的订立和履行

第五条 劳务派遣单位应当依法与被派遣劳动者订立2年以上的固定期限书面劳动合同。

第六条 劳务派遣单位可以依法与被派遣劳动者约定试用期。劳务派遣单位与同一被派遣劳动者只能约定一次试用期。

第七条 劳务派遣协议应当载明下列内容：

（一）派遣的工作岗位名称和岗位性质；

（二）工作地点；

（三）派遣人员数量和派遣期限；

（四）按照同工同酬原则确定的劳动报酬数额和支付方式；

（五）社会保险费的数额和支付方式；

（六）工作时间和休息休假事项；

（七）被派遣劳动者工伤、生育或者患病期间的相关待遇；

（八）劳动安全卫生以及培训事项；

（九）经济补偿等费用；

（十）劳务派遣协议期限；

（十一）劳务派遣服务费的支付方式和标准；

（十二）违反劳务派遣协议的责任；

（十三）法律、法规、规章规定应当纳入劳务派遣协议的其他事项。

第八条 劳务派遣单位应当对被派遣劳动者履行下列义务：

（一）如实告知被派遣劳动者劳动合同法第八条规定的事项、应遵守的规章制度以及劳务派遣协议的内容；

（二）建立培训制度，对被派遣劳动者进行上岗知识、安全教育培训；

（三）按照国家规定和劳务派遣协议约定，依法支付被派遣劳动者的劳动报酬和相关待遇；

（四）按照国家规定和劳务派遣协议约定，依法为被派遣劳动者缴纳社会保险费，并办理社会保险相关手续；

（五）督促用工单位依法为被派遣劳动者提供劳动保护和劳动安全卫生条件；

（六）依法出具解除或者终止劳动合同的证明；

（七）协助处理被派遣劳动者与用工单位的纠纷；

（八）法律、法规和规章规定的其他事项。

第九条 用工单位应当按照劳动合同法第六十二条规定，向被派遣劳动者提供与工作岗位相关的福利待遇，不得歧视被派遣劳动者。

第十条　被派遣劳动者在用工单位因工作遭受事故伤害的，劳务派遣单位应当依法申请工伤认定，用工单位应当协助工伤认定的调查核实工作。劳务派遣单位承担工伤保险责任，但可以与用工单位约定补偿办法。

被派遣劳动者在申请进行职业病诊断、鉴定时，用工单位应当负责处理职业病诊断、鉴定事宜，并如实提供职业病诊断、鉴定所需的劳动者职业史和职业危害接触史、工作场所职业病危害因素检测结果等资料，劳务派遣单位应当提供被派遣劳动者职业病诊断、鉴定所需的其他材料。

第十一条　劳务派遣单位行政许可有效期未延续或者《劳务派遣经营许可证》被撤销、吊销的，已经与被派遣劳动者依法订立的劳动合同应当履行至期限届满。双方经协商一致，可以解除劳动合同。

第十二条　有下列情形之一的，用工单位可以将被派遣劳动者退回劳务派遣单位：

（一）用工单位有劳动合同法第四十条第三项、第四十一条规定情形的；

（二）用工单位被依法宣告破产、吊销营业执照、责令关闭、撤销、决定提前解散或者经营期限届满不再继续经营的；

（三）劳务派遣协议期满终止的。

被派遣劳动者退回后在无工作期间，劳务派遣单位应当按照不低于所在地人民政府规定的最低工资标准，向其按月支付报酬。

第十三条　被派遣劳动者有劳动合同法第四十二条规定情形的，在派遣期限届满前，用工单位不得依据本规定第十二条第一款第一项规定将被派遣劳动者退回劳务派遣单位；派遣期限届满的，应当延续至相应情形消失时方可退回。

第四章　劳动合同的解除和终止

第十四条　被派遣劳动者提前30日以书面形式通知劳务派遣单位，可以解除劳动合同。被派遣劳动者在试用期内提前3日通知劳务派遣单位，可以解除劳动合同。劳务派遣单位应当将被派遣劳动者通知解除劳动合同的情况及时告知用工单位。

第十五条　被派遣劳动者因本规定第十二条规定被用工单位退回，劳务派遣单位重新派遣时维持或者提高劳动合同约定条件，被派遣劳动者不同意的，劳务派遣单位可以解除劳动合同。

被派遣劳动者因本规定第十二条规定被用工单位退回，劳务派遣单位重新派遣时降低劳动合同约定条件，被派遣劳动者不同意的，劳务派遣单位不得解除劳动合同。但被派遣劳动者提出解除劳动合同的除外。

第十六条　劳务派遣单位被依法宣告破产、吊销营业执照、责令关闭、撤销、决定提前解散或者经营期限届满不再继续经营的，劳动合同终止。用工单位应当与劳务派遣单位协商妥善安置被派遣劳动者。

第十七条　劳务派遣单位因劳动合同法第四十六条或者本规定第十五条、第十六条规定的情形，与被派遣劳动者解除或者终止劳动合同的，应当依法向被派遣劳动者支付经济补偿。

第五章　跨地区劳务派遣的社会保险

第十八条　劳务派遣单位跨地区派遣劳动者的，应当在用工单位所在地为被派遣劳动者参加社会保险，按照用工单位所在地的规定缴纳社会保险费，被派遣劳动者按照国家规定享受社会保险待遇。

第十九条　劳务派遣单位在用工单位所在地设立分支机构的，由分支机构为被派遣劳动者办理参保手续，缴纳社会保险费。

劳务派遣单位未在用工单位所在地设立分支机构的，由用工单位代劳务派遣单位为被派遣劳动者办理参保手续，缴纳社会保险费。

第六章　法律责任

第二十条　劳务派遣单位、用工单位违反劳动合同法和劳动合同法实施条例有关劳务派遣规定的，按照劳动合同法第九十二条规定执行。

第二十一条　劳务派遣单位违反本规定解除或者终止被派遣劳动者劳动合同的，按照劳动合同法第四十八条、第八十七条规定执行。

第二十二条　用工单位违反本规定第三条第三款规定的，由人力资源社会保障行政部门责令改正，给予警告；给被派遣劳动者造成损害的，依法承担赔偿责任。

第二十三条　劳务派遣单位违反本规定第六条规定的，按照劳动合同法第八十三条规定执行。

第二十四条　用工单位违反本规定退回被派遣劳动者的，按照劳动合同法第九十二条第二款规定执行。

第七章　附则

第二十五条　外国企业常驻代表机构和外国金融机构驻华代表机构等使用被派遣劳动者的，以及船员用人单位以劳务派遣形式使用国际远洋海员的，不受临时性、辅助性、替代性岗位和劳务派遣用工比例的限制。

第二十六条　用人单位将本单位劳动者派往境外工作或者派往家庭、自然人处提供劳动的，不属于本规定所称劳务派遣。

第二十七条　用人单位以承揽、外包等名义，按劳务派遣用工形式使用劳动者的，按照本规定处理。

第二十八条　用工单位在本规定施行前使用被派遣劳动者数量超过其用工总量10%的，应当制定调整用工方案，于本规定施行之日起2年内降至规定比例。但是，《全国人民代表大会常务委员会关于修改〈中华人民共和国劳动合同法〉的决定》公布前已依法订立的劳动合同和劳务派遣协议期限届满日期在本规定施行之日起2年后的，可以依法继续履行至期限届满。

用工单位应当将制定的调整用工方案报当地人力资源社会保障行政部门备案。

用工单位未将本规定施行前使用的被派遣劳动者数量降至符合规定比例之前，不得新用被派遣劳动者。

第二十九条　本规定自2014年3月1日起施行。

劳务派遣行政许可实施办法

（2013年6月20日人力资源社会保障部令第19号公布　自2013年7月1日起施行）

第一章　总则

第一条　为了规范劳务派遣，根据《中华人民共和国劳动合同法》《中华人民共和国行政许可法》等法律，制定本办法。

第二条　劳务派遣行政许可的申请受理、审查批准以及相关的监督检查等，适用本办法。

第三条　人力资源社会保障部负责对全国的劳务派遣行政许可工作进行监督指导。

县级以上地方人力资源社会保障行政部门按照省、自治区、直辖市人力资源社会保障行政部门确定的许可管辖分工，负责实施本行政区域内劳务派遣行政许可工作以及相关的监督检查。

第四条 人力资源社会保障行政部门实施劳务派遣行政许可，应当遵循权责统一、公开公正、优质高效的原则。

第五条 人力资源社会保障行政部门应当在本行政机关办公场所、网站上公布劳务派遣行政许可的依据、程序、期限、条件和需要提交的全部材料目录以及监督电话，并在本行政机关网站和至少一种全地区性报纸上向社会公布获得许可的劳务派遣单位名单及其许可变更、延续、撤销、吊销、注销等情况。

第二章　劳务派遣行政许可

第六条 经营劳务派遣业务，应当向所在地有许可管辖权的人力资源社会保障行政部门（以下称许可机关）依法申请行政许可。

未经许可，任何单位和个人不得经营劳务派遣业务。

第七条 申请经营劳务派遣业务应当具备下列条件：

（一）注册资本不得少于人民币200万元；

（二）有与开展业务相适应的固定的经营场所和设施；

（三）有符合法律、行政法规规定的劳务派遣管理制度；

（四）法律、行政法规规定的其他条件。

第八条 申请经营劳务派遣业务的，申请人应当向许可机关提交下列材料：

（一）劳务派遣经营许可申请书；

（二）营业执照或者《企业名称预先核准通知书》；

（三）公司章程以及验资机构出具的验资报告或者财务审计报告；

（四）经营场所的使用证明以及与开展业务相适应的办公设施设备、信息管理系统等清单；

（五）法定代表人的身份证明；

（六）劳务派遣管理制度，包括劳动合同、劳动报酬、社会保险、工作时间、休息休假、劳动纪律等与劳动者切身利益相关的规章制度文本；拟与用工单位签订的劳务派遣协议样本。

第九条 许可机关收到申请材料后，应当根据下列情况分别作出处理：

（一）申请材料存在可以当场更正的错误的，应当允许申请人当场更正；

（二）申请材料不齐全或者不符合法定形式的，应当当场或者在5个工作日内一次告知申请人需要补正的全部内容，逾期不告知的，自收到申请材料之日起即为受理；

（三）申请材料齐全、符合法定形式，或者申请人按照要求提交了全部补正申请材料的，应当受理行政许可申请。

第十条 许可机关对申请人提出的申请决定受理的，应当出具《受理决定书》；决定不予受理的，应当出具《不予受理决定书》，说明不予受理的理由，并告知申请人享有依法申请行政复议或者提起行政诉讼的权利。

第十一条 许可机关决定受理申请的，应当对申请人提交的申请材料进行审查。根据法定条件和程序，需要对申请材料的实质内容进行核实的，许可机关应当指派2名以上工作人员进行核查。

第十二条 许可机关应当自受理之日起20个工作日内作出是否准予行政许可的决定。20个工作日内不能作出决定的，经本行政机关负责人批准，可以延长10个工作日，并应当将延长期限的理由告知申请人。

第十三条 申请人的申请符合法定条件的，许可机关应当依法作出准予行政许可的书面决定，并自作出决定之日起5个工作日内通知申请人领取《劳务派遣经营许可证》。

申请人的申请不符合法定条件的，许可机关应当依法作出不予行政许可的书面决定，说明不予行政许可的理由，并告知申请人享有依法申请行政复议或者提起行政诉讼的权利。

第十四条　《劳务派遣经营许可证》应当载明单位名称、住所、法定代表人、注册资本、许可经营事项、有效期限、编号、发证机关以及发证日期等事项。《劳务派遣经营许可证》分为正本、副本。正本、副本具有同等法律效力。

《劳务派遣经营许可证》有效期为3年。

《劳务派遣经营许可证》由人力资源社会保障部统一制定样式，由各省、自治区、直辖市人力资源社会保障行政部门负责印制、免费发放和管理。

第十五条　劳务派遣单位取得《劳务派遣经营许可证》后，应当妥善保管，不得涂改、倒卖、出租、出借或者以其他形式非法转让。

第十六条　劳务派遣单位名称、住所、法定代表人或者注册资本等改变的，应当向许可机关提出变更申请。符合法定条件的，许可机关应当自收到变更申请之日起10个工作日内依法办理变更手续，并换发新的《劳务派遣经营许可证》或者在原《劳务派遣经营许可证》上予以注明；不符合法定条件的，许可机关应当自收到变更申请之日起10个工作日内作出不予变更的书面决定，并说明理由。

第十七条　劳务派遣单位分立、合并后继续存续，其名称、住所、法定代表人或者注册资本等改变的，应当按照本办法第十六条规定执行。

劳务派遣单位分立、合并后设立新公司的，应当按照本办法重新申请劳务派遣行政许可。

第十八条　劳务派遣单位需要延续行政许可有效期的，应当在有效期届满60日前向许可机关提出延续行政许可的书面申请，并提交3年以来的基本经营情况；劳务派遣单位逾期提出延续行政许可的书面申请的，按照新申请经营劳务派遣行政许可办理。

第十九条　许可机关应当根据劳务派遣单位的延续申请，在该行政许可有效期届满前作出是否准予延续的决定；逾期未作决定的，视为准予延续。

准予延续行政许可的，应当换发新的《劳务派遣经营许可证》。

第二十条　劳务派遣单位有下列情形之一的，许可机关应当自收到延续申请之日起10个工作日内作出不予延续书面决定，并说明理由：

（一）逾期不提交劳务派遣经营情况报告或者提交虚假劳务派遣经营情况报告，经责令改正，拒不改正的；

（二）违反劳动保障法律法规，在一个行政许可期限内受到2次以上行政处罚的。

第二十一条　劳务派遣单位设立子公司经营劳务派遣业务的，应当由子公司向所在地许可机关申请行政许可；劳务派遣单位设立分公司经营劳务派遣业务的，应当书面报告许可机关，并由分公司向所在地人力资源社会保障行政部门备案。

第三章　监督检查

第二十二条　劳务派遣单位应当于每年3月31日前向许可机关提交上一年度劳务派遣经营情况报告，如实报告下列事项：

（一）经营情况以及上年度财务审计报告；

（二）被派遣劳动者人数以及订立劳动合同、参加工会的情况；

（三）向被派遣劳动者支付劳动报酬的情况；

（四）被派遣劳动者参加社会保险、缴纳社会保险费的情况；

（五）被派遣劳动者派往的用工单位、派遣数量、派遣期限、用工岗位的情况；

（六）与用工单位订立的劳务派遣协议情况以及用工单位履行法定义务的情况；

（七）设立子公司、分公司等情况。

劳务派遣单位设立的子公司或者分公司，应当向办理许可或者备案手续的人力资源社会保障行政部门提交上一年度劳务派遣经营情况报告。

第二十三条　许可机关应当对劳务派遣单位提交的年度经营情况报告进行核验，依法对劳务派遣单位进行监督，并将核验结果和监督情况载入企业信用记录。

第二十四条　有下列情形之一的，许可机关或者其上级行政机关，可以撤销劳务派遣行政许可：

（一）许可机关工作人员滥用职权、玩忽职守，给不符合条件的申请人发放《劳务派遣经营许可证》的；

（二）超越法定职权发放《劳务派遣经营许可证》的；

（三）违反法定程序发放《劳务派遣经营许可证》的；

（四）依法可以撤销行政许可的其他情形。

第二十五条　申请人隐瞒真实情况或者提交虚假材料申请行政许可的，许可机关不予受理、不予行政许可。

劳务派遣单位以欺骗、贿赂等不正当手段和隐瞒真实情况或者提交虚假材料取得行政许可的，许可机关应当予以撤销。被撤销行政许可的劳务派遣单位在1年内不得再次申请劳务派遣行政许可。

第二十六条　有下列情形之一的，许可机关应当依法办理劳务派遣行政许可注销手续：

（一）《劳务派遣经营许可证》有效期届满，劳务派遣单位未申请延续的，或者延续申请未被批准的；

（二）劳务派遣单位依法终止的；

（三）劳务派遣行政许可依法被撤销，或者《劳务派遣经营许可证》依法被吊销的；

（四）法律、法规规定的应当注销行政许可的其他情形。

第二十七条　劳务派遣单位向许可机关申请注销劳务派遣行政许可的，应当提交已经依法处理与被派遣劳动者的劳动关系及其社会保险权益等材料，许可机关应当在核实有关情况后办理注销手续。

第二十八条　当事人对许可机关作出的有关劳务派遣行政许可的行政决定不服的，可以依法申请行政复议或者提起行政诉讼。

第二十九条　任何组织和个人有权对实施劳务派遣行政许可中的违法违规行为进行举报，人力资源社会保障行政部门应当及时核实、处理。

第四章　法律责任

第三十条　人力资源社会保障行政部门有下列情形之一的，由其上级行政机关或者监察机关责令改正，对直接负责的主管人员和其他直接责任人员依法给予处分；构成犯罪的，依法追究刑事责任：

（一）向不符合法定条件的申请人发放《劳务派遣经营许可证》，或者超越法定职权发放《劳务派遣经营许可证》的；

（二）对符合法定条件的申请人不予行政许可或者不在法定期限内作出准予行政许可决定的；

（三）在办理行政许可、实施监督检查工作中，玩忽职守、徇私舞弊，索取或者收受他人财物或者谋取其他利益的；

（四）不依法履行监督职责或者监督不力，造成严重后果的。

许可机关违法实施行政许可，给当事人的合法权益造成损害的，应当依照国家赔偿法的规定给予赔偿。

第三十一条　任何单位和个人违反《中华人民共和国劳动合同法》的规定，未经许可，擅自经营劳务派遣业务的，由人力资源社会保障行政部门责令停止违法行为，没收违法所得，并处违法所得1倍以上5倍以下的罚款；没有违法所得的，可以处5万元以下的罚款。

第三十二条 劳务派遣单位违反《中华人民共和国劳动合同法》有关劳务派遣规定的，由人力资源社会保障行政部门责令限期改正；逾期不改正的，以每人5000元以上1万元以下的标准处以罚款，并吊销其《劳务派遣经营许可证》。

第三十三条 劳务派遣单位有下列情形之一的，由人力资源社会保障行政部门处1万元以下的罚款；情节严重的，处1万元以上3万元以下的罚款：

（一）涂改、倒卖、出租、出借《劳务派遣经营许可证》，或者以其他形式非法转让《劳务派遣经营许可证》的；

（二）隐瞒真实情况或者提交虚假材料取得劳务派遣行政许可的；

（三）以欺骗、贿赂等不正当手段取得劳务派遣行政许可的。

第五章　附则

第三十四条 劳务派遣单位在2012年12月28日至2013年6月30日之间订立的劳动合同和劳务派遣协议，2013年7月1日后应当按照《全国人大常委会关于修改〈中华人民共和国劳动合同法〉的决定》执行。

本办法施行前经营劳务派遣业务的单位，应当按照本办法取得劳务派遣行政许可后，方可经营新的劳务派遣业务；本办法施行后未取得劳务派遣行政许可的，不得经营新的劳务派遣业务。

第三十五条 本办法自2013年7月1日起施行。

事业单位人事管理条例

（2014年2月26日国务院第40次常务会议通过　2014年4月25日中华人民共和国国务院令第652号公布　自2014年7月1日起施行）

第一章　总则

第一条 为了规范事业单位的人事管理，保障事业单位工作人员的合法权益，建设高素质的事业单位工作人员队伍，促进公共服务发展，制定本条例。

第二条 事业单位人事管理，坚持党管干部、党管人才原则，全面准确贯彻民主、公开、竞争、择优方针。

国家对事业单位工作人员实行分级分类管理。

第三条 中央事业单位人事综合管理部门负责全国事业单位人事综合管理工作。

县级以上地方各级事业单位人事综合管理部门负责本辖区事业单位人事综合管理工作。

事业单位主管部门具体负责所属事业单位人事管理工作。

第四条 事业单位应当建立健全人事管理制度。

事业单位制定或者修改人事管理制度，应当通过职工代表大会或者其他形式听取工作人员意见。

第二章　岗位设置

第五条 国家建立事业单位岗位管理制度，明确岗位类别和等级。

第六条 事业单位根据职责任务和工作需要，按照国家有关规定设置岗位。

岗位应当具有明确的名称、职责任务、工作标准和任职条件。

第七条　事业单位拟订岗位设置方案，应当报人事综合管理部门备案。

第三章　公开招聘和竞聘上岗

第八条　事业单位新聘用工作人员，应当面向社会公开招聘。但是，国家政策性安置、按照人事管理权限由上级任命、涉密岗位等人员除外。

第九条　事业单位公开招聘工作人员按照下列程序进行：

（一）制定公开招聘方案；

（二）公布招聘岗位、资格条件等招聘信息；

（三）审查应聘人员资格条件；

（四）考试、考察；

（五）体检；

（六）公示拟聘人员名单；

（七）订立聘用合同，办理聘用手续。

第十条　事业单位内部产生岗位人选，需要竞聘上岗的，按照下列程序进行：

（一）制定竞聘上岗方案；

（二）在本单位公布竞聘岗位、资格条件、聘期等信息；

（三）审查竞聘人员资格条件；

（四）考评；

（五）在本单位公示拟聘人员名单；

（六）办理聘任手续。

第十一条　事业单位工作人员可以按照国家有关规定进行交流。

第四章　聘用合同

第十二条　事业单位与工作人员订立的聘用合同，期限一般不低于3年。

第十三条　初次就业的工作人员与事业单位订立的聘用合同期限3年以上的，试用期为12个月。

第十四条　事业单位工作人员在本单位连续工作满10年且距法定退休年龄不足10年，提出订立聘用至退休的合同的，事业单位应当与其订立聘用至退休的合同。

第十五条　事业单位工作人员连续旷工超过15个工作日，或者1年内累计旷工超过30个工作日的，事业单位可以解除聘用合同。

第十六条　事业单位工作人员年度考核不合格且不同意调整工作岗位，或者连续两年年度考核不合格的，事业单位提前30日书面通知，可以解除聘用合同。

第十七条　事业单位工作人员提前30日书面通知事业单位，可以解除聘用合同。但是，双方对解除聘用合同另有约定的除外。

第十八条　事业单位工作人员受到开除处分的，解除聘用合同。

第十九条　自聘用合同依法解除、终止之日起，事业单位与被解除、终止聘用合同人员的人事关系终止。

第五章　考核和培训

第二十条　事业单位应当根据聘用合同规定的岗位职责任务，全面考核工作人员的表现，重点考核工作绩效。考核应当听取服务对象的意见和评价。

第二十一条　考核分为平时考核、年度考核和聘期考核。

年度考核的结果可以分为优秀、合格、基本合格和不合格等档次，聘期考核的结果可以分为合格和不合格等档次。

第二十二条 考核结果作为调整事业单位工作人员岗位、工资以及续订聘用合同的依据。

第二十三条 事业单位应当根据不同岗位的要求，编制工作人员培训计划，对工作人员进行分级分类培训。

工作人员应当按照所在单位的要求，参加岗前培训、在岗培训、转岗培训和为完成特定任务的专项培训。

第二十四条 培训经费按照国家有关规定列支。

第六章 奖励和处分

第二十五条 事业单位工作人员或者集体有下列情形之一的，给予奖励：

（一）长期服务基层，爱岗敬业，表现突出的；

（二）在执行国家重要任务、应对重大突发事件中表现突出的；

（三）在工作中有重大发明创造、技术革新的；

（四）在培养人才、传播先进文化中作出突出贡献的；

（五）有其他突出贡献的。

第二十六条 奖励坚持精神奖励与物质奖励相结合、以精神奖励为主的原则。

第二十七条 奖励分为嘉奖、记功、记大功、授予荣誉称号。

第二十八条 事业单位工作人员有下列行为之一的，给予处分：

（一）损害国家声誉和利益的；

（二）失职渎职的；

（三）利用工作之便谋取不正当利益的；

（四）挥霍、浪费国家资财的；

（五）严重违反职业道德、社会公德的；

（六）其他严重违反纪律的。

第二十九条 处分分为警告、记过、降低岗位等级或者撤职、开除。

受处分的期间为：警告，6个月；记过，12个月；降低岗位等级或者撤职，24个月。

第三十条 给予工作人员处分，应当事实清楚、证据确凿、定性准确、处理恰当、程序合法、手续完备。

第三十一条 工作人员受开除以外的处分，在受处分期间没有再发生违纪行为的，处分期满后，由处分决定单位解除处分并以书面形式通知本人。

第七章 工资福利和社会保险

第三十二条 国家建立激励与约束相结合的事业单位工资制度。

事业单位工作人员工资包括基本工资、绩效工资和津贴补贴。

事业单位工资分配应当结合不同行业事业单位特点，体现岗位职责、工作业绩、实际贡献等因素。

第三十三条 国家建立事业单位工作人员工资的正常增长机制。

事业单位工作人员的工资水平应当与国民经济发展相协调、与社会进步相适应。

第三十四条 事业单位工作人员享受国家规定的福利待遇。

事业单位执行国家规定的工时制度和休假制度。

第三十五条 事业单位及其工作人员依法参加社会保险，工作人员依法享受社会保险待遇。

第三十六条 事业单位工作人员符合国家规定退休条件的，应当退休。

第八章　人事争议处理

第三十七条　事业单位工作人员与所在单位发生人事争议的，依照《中华人民共和国劳动争议调解仲裁法》等有关规定处理。

第三十八条　事业单位工作人员对涉及本人的考核结果、处分决定等不服的，可以按照国家有关规定申请复核、提出申诉。

第三十九条　负有事业单位聘用、考核、奖励、处分、人事争议处理等职责的人员履行职责，有下列情形之一的，应当回避：

（一）与本人有利害关系的；

（二）与本人近亲属有利害关系的；

（三）其他可能影响公正履行职责的。

第四十条　对事业单位人事管理工作中的违法违纪行为，任何单位或者个人可以向事业单位人事综合管理部门、主管部门或者监察机关投诉、举报，有关部门和机关应当及时调查处理。

第九章　法律责任

第四十一条　事业单位违反本条例规定的，由县级以上事业单位人事综合管理部门或者主管部门责令限期改正；逾期不改正的，对直接负责的主管人员和其他直接责任人员依法给予处分。

第四十二条　对事业单位工作人员的人事处理违反本条例规定给当事人造成名誉损害的，应当赔礼道歉、恢复名誉、消除影响；造成经济损失的，依法给予赔偿。

第四十三条　事业单位人事综合管理部门和主管部门的工作人员在事业单位人事管理工作中滥用职权、玩忽职守、徇私舞弊的，依法给予处分；构成犯罪的，依法追究刑事责任。

第十章　附则

第四十四条　本条例自2014年7月1日起施行。

中华人民共和国工会法

（1992年4月3日第七届全国人民代表大会第五次会议通过　根据2001年10月27日第九届全国人民代表大会常务委员会第二十四次会议《关于修改〈中华人民共和国工会法〉的决定》修正）

目录

第一章　总则

第二章　工会组织

第三章　工会的权利和义务

第四章　基层工会组织

第五章　工会的经费和财产

第六章　法律责任

第七章　附则

第一章　总则

第一条　为保障工会在国家政治、经济和社会生活中的地位，确定工会的权利与义务，发挥工会在社会主义现代化建设事业中的作用，根据宪法，制定本法。

第二条 工会是中国共产党领导的职工自愿结合的工人阶级群众组织，是中国共产党联系职工群众的桥梁和纽带。

中华全国总工会及其各工会组织代表职工的利益，依法维护职工的合法权益。

第三条 在中国境内的企业、事业单位、机关、社会组织（以下统称用人单位）中以工资收入为主要生活来源的劳动者，不分民族、种族、性别、职业、宗教信仰、教育程度，都有依法参加和组织工会的权利。任何组织和个人不得阻挠和限制。

工会适应企业组织形式、职工队伍结构、劳动关系、就业形态等方面的发展变化，依法维护劳动者参加和组织工会的权利。

第四条 工会必须遵守和维护宪法，以宪法为根本的活动准则，以经济建设为中心，坚持社会主义道路，坚持人民民主专政，坚持中国共产党的领导，坚持马克思列宁主义、毛泽东思想、邓小平理论、"三个代表"重要思想、科学发展观、习近平新时代中国特色社会主义思想，坚持改革开放，保持和增强政治性、先进性、群众性，依照工会章程独立自主地开展工作。

工会会员全国代表大会制定或者修改《中国工会章程》，章程不得与宪法和法律相抵触。

国家保护工会的合法权益不受侵犯。

第五条 工会组织和教育职工依照宪法和法律的规定行使民主权利，发挥国家主人翁的作用，通过各种途径和形式，参与管理国家事务、管理经济和文化事业、管理社会事务；协助人民政府开展工作，维护工人阶级领导的、以工农联盟为基础的人民民主专政的社会主义国家政权。

第六条 维护职工合法权益、竭诚服务职工群众是工会的基本职责。工会在维护全国人民总体利益的同时，代表和维护职工的合法权益。

工会通过平等协商和集体合同制度等，推动健全劳动关系协调机制，维护职工劳动权益，构建和谐劳动关系。

工会依照法律规定通过职工代表大会或者其他形式，组织职工参与本单位的民主选举、民主协商、民主决策、民主管理和民主监督。

工会建立联系广泛、服务职工的工会工作体系，密切联系职工，听取和反映职工的意见和要求，关心职工的生活，帮助职工解决困难，全心全意为职工服务。

第七条 工会动员和组织职工积极参加经济建设，努力完成生产任务和工作任务。教育职工不断提高思想道德、技术业务和科学文化素质，建设有理想、有道德、有文化、有纪律的职工队伍。

第八条 工会推动产业工人队伍建设改革，提高产业工人队伍整体素质，发挥产业工人骨干作用，维护产业工人合法权益，保障产业工人主人翁地位，造就一支有理想守信念、懂技术会创新、敢担当讲奉献的宏大产业工人队伍。

第九条 中华全国总工会根据独立、平等、互相尊重、互不干涉内部事务的原则，加强同各国工会组织的友好合作关系。

第二章　工会组织

第十条 工会各级组织按照民主集中制原则建立。

各级工会委员会由会员大会或者会员代表大会民主选举产生。企业主要负责人的近亲属不得作为本企业基层工会委员会成员的人选。

各级工会委员会向同级会员大会或者会员代表大会负责并报告工作，接受其监督。

工会会员大会或者会员代表大会有权撤换或者罢免其所选举的代表或者工会委员会组成人员。

上级工会组织领导下级工会组织。

第十一条 用人单位有会员二十五人以上的,应当建立基层工会委员会;不足二十五人的,可以单独建立基层工会委员会,也可以由两个以上单位的会员联合建立基层工会委员会,也可以选举组织员一人,组织会员开展活动。女职工人数较多的,可以建立工会女职工委员会,在同级工会领导下开展工作;女职工人数较少的,可以在工会委员会中设女职工委员。

企业职工较多的乡镇、城市街道,可以建立基层工会的联合会。

县级以上地方建立地方各级总工会。

同一行业或者性质相近的几个行业,可以根据需要建立全国的或者地方的产业工会。

全国建立统一的中华全国总工会。

第十二条 基层工会、地方各级总工会、全国或者地方产业工会组织的建立,必须报上一级工会批准。

上级工会可以派员帮助和指导企业职工组建工会,任何单位和个人不得阻挠。

第十三条 任何组织和个人不得随意撤销、合并工会组织。

基层工会所在的用人单位终止或者被撤销,该工会组织相应撤销,并报告上一级工会。

依前款规定被撤销的工会,其会员的会籍可以继续保留,具体管理办法由中华全国总工会制定。

第十四条 职工二百人以上的企业、事业单位、社会组织的工会,可以设专职工会主席。工会专职工作人员的人数由工会与企业、事业单位、社会组织协商确定。

第十五条 中华全国总工会、地方总工会、产业工会具有社会团体法人资格。

基层工会组织具备民法典规定的法人条件的,依法取得社会团体法人资格。

第十六条 基层工会委员会每届任期三年或者五年。各级地方总工会委员会和产业工会委员会每届任期五年。

第十七条 基层工会委员会定期召开会员大会或者会员代表大会,讨论决定工会工作的重大问题。经基层工会委员会或者三分之一以上的工会会员提议,可以临时召开会员大会或者会员代表大会。

第十八条 工会主席、副主席任期未满时,不得随意调动其工作。因工作需要调动时,应当征得本级工会委员会和上一级工会的同意。

罢免工会主席、副主席必须召开会员大会或者会员代表大会讨论,非经会员大会全体会员或者会员代表大会全体代表过半数通过,不得罢免。

第十九条 基层工会专职主席、副主席或者委员自任职之日起,其劳动合同期限自动延长,延长期限相当于其任职期间;非专职主席、副主席或者委员自任职之日起,其尚未履行的劳动合同期限短于任期的,劳动合同期限自动延长至任期期满。但是,任职期间个人严重过失或者达到法定退休年龄的除外。

第三章 工会的权利和义务

第二十条 企业、事业单位、社会组织违反职工代表大会制度和其他民主管理制度,工会有权要求纠正,保障职工依法行使民主管理的权利。

法律、法规规定应当提交职工大会或者职工代表大会审议、通过、决定的事项,企业、事业单位、社会组织应当依法办理。

第二十一条 工会帮助、指导职工与企业、实行企业化管理的事业单位、社会组织签订劳动合同。

工会代表职工与企业、实行企业化管理的事业单位、社会组织进行平等协商,依法签订集体合同。集体合同草案应当提交职工代表大会或者全体职工讨论通过。

工会签订集体合同,上级工会应当给予支持和帮助。

企业、事业单位、社会组织违反集体合同,侵犯职工劳动权益的,工会可以依法要求企业、事业单位、社会组织予以改正并承担责任；因履行集体合同发生争议，经协商解决不成的，工会可以向劳动争议仲裁机构申请仲裁，仲裁机构不予受理或者对仲裁裁决不服的，可以向人民法院提起诉讼。

第二十二条　企业、事业单位、社会组织处分职工，工会认为不适当的，有权提出意见。

用人单位单方面解除职工劳动合同时，应当事先将理由通知工会，工会认为用人单位违反法律、法规和有关合同，要求重新研究处理时，用人单位应当研究工会的意见，并将处理结果书面通知工会。

职工认为用人单位侵犯其劳动权益而申请劳动争议仲裁或者向人民法院提起诉讼的，工会应当给予支持和帮助。

第二十三条　企业、事业单位、社会组织违反劳动法律法规规定，有下列侵犯职工劳动权益情形，工会应当代表职工与企业、事业单位、社会组织交涉，要求企业、事业单位、社会组织采取措施予以改正；企业、事业单位、社会组织应当予以研究处理，并向工会作出答复；企业、事业单位、社会组织拒不改正的，工会可以提请当地人民政府依法作出处理：

（一）克扣、拖欠职工工资的；
（二）不提供劳动安全卫生条件的；
（三）随意延长劳动时间的；
（四）侵犯女职工和未成年工特殊权益的；
（五）其他严重侵犯职工劳动权益的。

第二十四条　工会依照国家规定对新建、扩建企业和技术改造工程中的劳动条件和安全卫生设施与主体工程同时设计、同时施工、同时投产使用进行监督。对工会提出的意见，企业或者主管部门应当认真处理，并将处理结果书面通知工会。

第二十五条　工会发现企业违章指挥、强令工人冒险作业，或者生产过程中发现明显重大事故隐患和职业危害，有权提出解决的建议，企业应当及时研究答复；发现危及职工生命安全的情况时，工会有权向企业建议组织职工撤离危险现场，企业必须及时作出处理决定。

第二十六条　工会有权对企业、事业单位、社会组织侵犯职工合法权益的问题进行调查，有关单位应当予以协助。

第二十七条　职工因工伤亡事故和其他严重危害职工健康问题的调查处理，必须有工会参加。工会应当向有关部门提出处理意见，并有权要求追究直接负责的主管人员和有关责任人员的责任。对工会提出的意见，应当及时研究，给予答复。

第二十八条　企业、事业单位、社会组织发生停工、怠工事件，工会应当代表职工同企业、事业单位、社会组织或者有关方面协商，反映职工的意见和要求并提出解决意见。对于职工的合理要求，企业、事业单位、社会组织应当予以解决。工会协助企业、事业单位、社会组织做好工作，尽快恢复生产、工作秩序。

第二十九条　工会参加企业的劳动争议调解工作。

地方劳动争议仲裁组织应当有同级工会代表参加。

第三十条　县级以上各级总工会依法为所属工会和职工提供法律援助等法律服务。

第三十一条　工会协助用人单位办好职工集体福利事业，做好工资、劳动安全卫生和社会保险工作。

第三十二条　工会会同用人单位加强对职工的思想政治引领，教育职工以国家主人翁态度对待劳动，爱护国家和单位的财产；组织职工开展群众性的合理化建议、技术革新、劳动和技能竞赛活动，进行业余文化技术学习和职工培训，参加职业教育和文化体育活动，推进职业安全健康教育和劳动保护工作。

第三十三条 根据政府委托，工会与有关部门共同做好劳动模范和先进生产（工作）者的评选、表彰、培养和管理工作。

第三十四条 国家机关在组织起草或者修改直接涉及职工切身利益的法律、法规、规章时，应当听取工会意见。

县级以上各级人民政府制定国民经济和社会发展计划，对涉及职工利益的重大问题，应当听取同级工会的意见。

县级以上各级人民政府及其有关部门研究制定劳动就业、工资、劳动安全卫生、社会保险等涉及职工切身利益的政策、措施时，应当吸收同级工会参加研究，听取工会意见。

第三十五条 县级以上地方各级人民政府可以召开会议或者采取适当方式，向同级工会通报政府的重要的工作部署和与工会工作有关的行政措施，研究解决工会反映的职工群众的意见和要求。

各级人民政府劳动行政部门应当会同同级工会和企业方面代表，建立劳动关系三方协商机制，共同研究解决劳动关系方面的重大问题。

第四章 基层工会组织

第三十六条 国有企业职工代表大会是企业实行民主管理的基本形式，是职工行使民主管理权力的机构，依照法律规定行使职权。

国有企业的工会委员会是职工代表大会的工作机构，负责职工代表大会的日常工作，检查、督促职工代表大会决议的执行。

第三十七条 集体企业的工会委员会，应当支持和组织职工参加民主管理和民主监督，维护职工选举和罢免管理人员、决定经营管理的重大问题的权力。

第三十八条 本法第三十六条、第三十七条规定以外的其他企业、事业单位的工会委员会，依照法律规定组织职工采取与企业、事业单位相适应的形式，参与企业、事业单位民主管理。

第三十九条 企业、事业单位、社会组织研究经营管理和发展的重大问题应当听取工会的意见；召开会议讨论有关工资、福利、劳动安全卫生、工作时间、休息休假、女职工保护和社会保险等涉及职工切身利益的问题，必须有工会代表参加。

企业、事业单位、社会组织应当支持工会依法开展工作，工会应当支持企业、事业单位、社会组织依法行使经营管理权。

第四十条 公司的董事会、监事会中职工代表的产生，依照公司法有关规定执行。

第四十一条 基层工会委员会召开会议或者组织职工活动，应当在生产或者工作时间以外进行，需要占用生产或者工作时间的，应当事先征得企业、事业单位、社会组织的同意。

基层工会的非专职委员占用生产或者工作时间参加会议或者从事工会工作，每月不超过三个工作日，其工资照发，其他待遇不受影响。

第四十二条 用人单位工会委员会的专职工作人员的工资、奖励、补贴，由所在单位支付。社会保险和其他福利待遇等，享受本单位职工同等待遇。

第五章 工会的经费和财产

第四十三条 工会经费的来源：

（一）工会会员缴纳的会费；

（二）建立工会组织的用人单位按每月全部职工工资总额的百分之二向工会拨缴的经费；

（三）工会所属的企业、事业单位上缴的收入；

（四）人民政府的补助；

（五）其他收入。

前款第二项规定的企业、事业单位、社会组织拨缴的经费在税前列支。

工会经费主要用于为职工服务和工会活动。经费使用的具体办法由中华全国总工会制定。

第四十四条 企业、事业单位、社会组织无正当理由拖延或者拒不拨缴工会经费，基层工会或者上级工会可以向当地人民法院申请支付令；拒不执行支付令的，工会可以依法申请人民法院强制执行。

第四十五条 工会应当根据经费独立原则，建立预算、决算和经费审查监督制度。

各级工会建立经费审查委员会。

各级工会经费收支情况应当由同级工会经费审查委员会审查，并且定期向会员大会或者会员代表大会报告，接受监督。工会会员大会或者会员代表大会有权对经费使用情况提出意见。

工会经费的使用应当依法接受国家的监督。

第四十六条 各级人民政府和用人单位应当为工会办公和开展活动，提供必要的设施和活动场所等物质条件。

第四十七条 工会的财产、经费和国家拨给工会使用的不动产，任何组织和个人不得侵占、挪用和任意调拨。

第四十八条 工会所属的为职工服务的企业、事业单位，其隶属关系不得随意改变。

第四十九条 县级以上各级工会的离休、退休人员的待遇，与国家机关工作人员同等对待。

第六章 法律责任

第五十条 工会对违反本法规定侵犯其合法权益的，有权提请人民政府或者有关部门予以处理，或者向人民法院提起诉讼。

第五十一条 违反本法第三条、第十二条规定，阻挠职工依法参加和组织工会或者阻挠上级工会帮助、指导职工筹建工会的，由劳动行政部门责令其改正；拒不改正的，由劳动行政部门提请县级以上人民政府处理；以暴力、威胁等手段阻挠造成严重后果，构成犯罪的，依法追究刑事责任。

第五十二条 违反本法规定，对依法履行职责的工会工作人员无正当理由调动工作岗位，进行打击报复的，由劳动行政部门责令改正、恢复原工作；造成损失的，给予赔偿。

对依法履行职责的工会工作人员进行侮辱、诽谤或者进行人身伤害，构成犯罪的，依法追究刑事责任；尚未构成犯罪的，由公安机关依照治安管理处罚法的规定处罚。

第五十三条 违反本法规定，有下列情形之一的，由劳动行政部门责令恢复其工作，并补发被解除劳动合同期间应得的报酬，或者责令给予本人年收入二倍的赔偿：

（一）职工因参加工会活动而被解除劳动合同的；

（二）工会工作人员因履行本法规定的职责而被解除劳动合同的。

第五十四条 违反本法规定，有下列情形之一的，由县级以上人民政府责令改正，依法处理：

（一）妨碍工会组织职工通过职工代表大会和其他形式依法行使民主权利的；

（二）非法撤销、合并工会组织的；

（三）妨碍工会参加职工因工伤亡事故以及其他侵犯职工合法权益问题的调查处理的；

（四）无正当理由拒绝进行平等协商的。

第五十五条 违反本法第四十七条规定，侵占工会经费和财产拒不返还的，工会可以向人民法院提起诉讼，要求返还，并赔偿损失。

第五十六条 工会工作人员违反本法规定，损害职工或者工会权益的，由同级工会或者上级工会责令改正，或者予以处分；情节严重的，依照《中国工会章程》予以罢免；造成损失的，应当承担赔偿责任；构成犯罪的，依法追究刑事责任。

第七章　附则

第五十七条　中华全国总工会会同有关国家机关制定机关工会实施本法的具体办法。

第五十八条　本法自公布之日起施行。1950年6月29日中央人民政府颁布的《中华人民共和国工会法》同时废止。

人力资源社会保障部关于发布劳动合同示范文本的说明

为更好地为用人单位和劳动者签订劳动合同提供指导服务，人力资源社会保障部在"不忘初心、牢记使命"主题教育中，将编制发布劳动合同示范文本作为"为群众办实事"的一项具体措施。现将根据《中华人民共和国劳动合同法》等法律法规和政策规定编制的《劳动合同（通用）》和《劳动合同（劳务派遣）》示范文本予以公布，供用人单位和劳动者签订劳动合同时参考。

附件：1.劳动合同（通用）
　　　2.劳动合同（劳务派遣）

人力资源社会保障部
2019年11月25日

附件1：

劳动合同（通用）

甲方（用人单位）：＿＿＿＿＿＿＿＿＿＿＿＿
乙方（劳动者）：＿＿＿＿＿＿＿＿＿＿＿＿
签订日期：＿＿＿＿年＿＿＿月＿＿＿日

注意事项

一、本合同文本供用人单位与建立劳动关系的劳动者签订劳动合同时使用。

二、用人单位应当与招用的劳动者自用工之日起一个月内依法订立书面劳动合同，并就劳动合同的内容协商一致。

三、用人单位应当如实告知劳动者工作内容、工作条件、工作地点、职业危害、安全生产状况、劳动报酬以及劳动者要求了解的其他情况；用人单位有权了解劳动者与劳动合同直接相关的基本情况，劳动者应当如实说明。

四、依法签订的劳动合同具有法律效力，双方应按照劳动合同的约定全面履行各自的义务。

五、劳动合同应使用蓝、黑钢笔或签字笔填写，字迹清楚，文字简练、准确，不得涂改。确需涂改的，双方应在涂改处签字或盖章确认。

六、签订劳动合同，用人单位应加盖公章，法定代表人（主要负责人）或委托代理人签字或盖章；劳动者应本人签字，不得由他人代签。劳动合同由双方各执一份，交劳动者的不得由用人单位代为保管。

甲方（用人单位）：_____
统一社会信用代码：_____
法定代表人（主要负责人）或委托代理人：_____
注册地：_____
经营地：_____
联系电话：_____

乙方（劳动者）：_____
居民身份证号码：_____
（或其他有效证件名称_____证件号：_____）
户籍地址：_____
经常居住地（通讯地址）：_____
联系电话：_____

根据《中华人民共和国劳动法》《中华人民共和国劳动合同法》等法律法规政策规定，甲乙双方遵循合法、公平、平等自愿、协商一致、诚实信用的原则订立本合同。

一、劳动合同期限

第一条 甲乙双方自用工之日起建立劳动关系，双方约定按下列第_____种方式确定劳动合同期限：

1.固定期限：自_____年____月____日起至_____年____月____日止，其中，试用期从用工之日起至_____年____月____日止。

2.无固定期限：自_____年____月____日起至依法解除、终止劳动合同时止，其中，试用期从用工之日起至_____年____月____日止。

3.以完成一定工作任务为期限：自_____年____月____日起至工作任务完成时止。甲方应当以书面形式通知乙方工作任务完成。

二、工作内容和工作地点

第二条 乙方工作岗位是_____，岗位职责为_____。乙方的工作地点为_____。

乙方应爱岗敬业、诚实守信，保守甲方商业秘密，遵守甲方依法制定的劳动规章制度，认真履行岗位职责，按时保质完成工作任务。乙方违反劳动纪律，甲方可依据依法制定的劳动规章制度给予相应处理。

三、工作时间和休息休假

第三条 根据乙方工作岗位的特点，甲方安排乙方执行以下第____种工时制度：

1.标准工时工作制。每日工作时间不超过8小时，每周工作时间不超过40小时。由于生产经营需要，经依法协商后可以延长工作时间，一般每日不得超过1小时，特殊原因每日不得超过3小时，每月不得超过36小时。甲方不得强迫或者变相强迫乙方加班加点。

2.依法实行以____为周期的综合计算工时工作制。综合计算周期内的总实际工作时间不应超过总法定标准工作时间。甲方应采取适当方式保障乙方的休息休假权利。

3.依法实行不定时工作制。甲方应采取适当方式保障乙方的休息休假权利。

第四条 甲方安排乙方加班的，应依法安排补休或支付加班工资。

第五条　乙方依法享有法定节假日、带薪年休假、婚丧假、产假等假期。

四、劳动报酬

第六条　甲方采用以下第____种方式向乙方以货币形式支付工资，于每月日前足额支付：

1. 月工资_____元。
2. 计件工资。计件单价为_____，甲方应合理制定劳动定额，保证乙方在提供正常劳动情况下，获得合理的劳动报酬。
3. 基本工资和绩效工资相结合的工资分配办法，乙方月基本工资_____元，绩效工资计发办法为_____。
4. 双方约定的其他方式_____。

第七条　乙方在试用期期间的工资计发标准为_____或_____元。

第八条　甲方应合理调整乙方的工资待遇。乙方从甲方获得的工资依法承担的个人所得税由甲方从其工资中代扣代缴。

五、社会保险和福利待遇

第九条　甲乙双方依法参加社会保险，甲方为乙方办理有关社会保险手续，并承担相应社会保险义务，乙方应当缴纳的社会保险费由甲方从乙方的工资中代扣代缴。

第十条　甲方依法执行国家有关福利待遇的规定。

第十一条　乙方因工负伤或患职业病的待遇按国家有关规定执行。乙方患病或非因工负伤的，有关待遇按国家有关规定和甲方依法制定的有关规章制度执行。

六、职业培训和劳动保护

第十二条　甲方应对乙方进行工作岗位所必需的培训。乙方应主动学习，积极参加甲方组织的培训，提高职业技能。

第十三条　甲方应当严格执行劳动安全卫生相关法律法规规定，落实国家关于女职工、未成年工的特殊保护规定，建立健全劳动安全卫生制度，对乙方进行劳动安全卫生教育和操作规程培训，为乙方提供必要的安全防护设施和劳动保护用品，努力改善劳动条件，减少职业危害。乙方从事接触职业病危害作业的，甲方应依法告知乙方工作过程中可能产生的职业病危害及其后果，提供职业病防护措施，在乙方上岗前、在岗期间和离岗时对乙方进行职业健康检查。

第十四条　乙方应当严格遵守安全操作规程，不违章作业。乙方对甲方管理人员违章指挥、强令冒险作业，有权拒绝执行。

七、劳动合同的变更、解除、终止

第十五条　甲乙双方应当依法变更劳动合同，并采取书面形式。

第十六条　甲乙双方解除或终止本合同，应当按照法律法规规定执行。

第十七条　甲乙双方解除终止本合同的，乙方应当配合甲方办理工作交接手续。甲方依法应向乙方支付经济补偿的，在办结工作交接时支付。

第十八条　甲方应当在解除或终止本合同时，为乙方出具解除或者终止劳动合同的证明，并在十五日内为乙方办理档案和社会保险关系转移手续。

八、双方约定事项

第十九条　乙方工作涉及甲方商业秘密和与知识产权相关的保密事项的，甲方可以与乙方依法协商约定保守商业秘密或竞业限制的事项，并签订保守商业秘密协议或竞业限制协议。

第二十条　甲方出资对乙方进行专业技术培训，要求与乙方约定服务期的，应当征得乙方同意，并签订协议，明确双方权利义务。

第二十一条 双方约定的其他事项：_____。

九、劳动争议处理

第二十二条 甲乙双方因本合同发生劳动争议时，可以按照法律法规的规定，进行协商、申请调解或仲裁。对仲裁裁决不服的，可以依法向有管辖权的人民法院提起诉讼。

十、其他

第二十三条 本合同中记载的乙方联系电话、通讯地址为劳动合同期内通知相关事项和送达书面文书的联系方式、送达地址。如发生变化，乙方应当及时告知甲方。

第二十四条 双方确认：均已详细阅读并理解本合同内容,清楚各自的权利、义务。本合同未尽事宜，按照有关法律法规和政策规定执行。

第二十五条 本合同双方各执一份，自双方签字（盖章）之日起生效，双方应严格遵照执行。

甲方（盖章）　　　　　　　　　　　　乙方（签字）

法定代表人（主要负责人）

或委托代理人（签字或盖章）

_____年___月___日　　　　　　　　　　_____年___月___日

附1：

续订劳动合同

经甲乙双方协商同意，续订本合同。

一、甲乙双方按以下第____种方式确定续订合同期限：

1.固定期限：自_____年____月____日起至_____年____月____日止。

2.无固定期限：自_____年____月____日起至依法解除或终止劳动合同时止。

二、双方就有关事项约定如下：

1._____；

2._____；

3._____。

三、除以上约定事项外，其他事项仍按照双方于_____年____月____日签订的劳动合同中的约定继续履行。

甲方（盖章）　　　　　　　　　　　　乙方（签字）

法定代表人（主要负责人）

或委托代理人（签字或盖章）

_____年___月___日　　　　　　　　　　_____年___月___日

附2：

变更劳动合同

一、经甲乙双方协商同意，自_____年____月____日起，对本合同作如下变更：

1. _____；
2. _____；
3. _____。

二、除以上约定事项外，其他事项仍按照双方于_____年____月____日签订的劳动合同中的约定继续履行。

甲方（盖章）　　　　　　　　　　　　　乙方（签字）

法定代表人（主要负责人）

或委托代理人（签字或盖章）

_____年____月____日　　　　　　　　　_____年____月____日

附件2：

劳动合同（劳务派遣）

甲方（劳务派遣单位）：_____

乙方（劳动者）：_____

签订日期：_____年_____月_____日

注意事项

一、本合同文本供劳务派遣单位与被派遣劳动者签订劳动合同时使用。

二、劳务派遣单位应当向劳动者出具依法取得的《劳务派遣经营许可证》。

三、劳务派遣单位不得与被派遣劳动者签订以完成一定任务为期限的劳动合同，不得以非全日制用工形式招用被派遣劳动者。

四、劳务派遣单位应当将其与用工单位签订的劳务派遣协议内容告知劳动者。劳务派遣单位不得向被派遣劳动者收取费用。

五、劳动合同应使用蓝、黑钢笔或签字笔填写，字迹清楚，文字简练、准确，不得涂改。确需涂改的，双方应在涂改处签字或盖章确认。

六、签订劳动合同，劳务派遣单位应加盖公章，法定代表人（主要负责人）或委托代理人应签字或盖章；被派遣劳动者应本人签字，不得由他人代签。劳动合同交由劳动者的，劳务派遣单位、用工单位不得代为保管。

甲方（劳务派遣单位）：_____
统一社会信用代码：_____
劳务派遣许可证编号：_____
法定代表人（主要负责人）或委托代理人：_____
注册地：_____
经营地：_____
联系电话：_____

乙方（劳动者）：_____
居民身份证号码：_____
（或其他有效证件名称_____证件号：_____）
户籍地址：_____
经常居住地（通讯地址）：_____
联系电话：_____

根据《中华人民共和国劳动法》《中华人民共和国劳动合同法》等法律法规政策规定,甲乙双方遵循合法、公平、平等自愿、协商一致、诚实信用的原则订立本合同。

一、劳动合同期限

第一条 甲乙双方约定按下列第____种方式确定劳动合同期限：

1.二年以上固定期限合同：自_____年____月____日起至_____年____月____日止。其中，试用期从用工之日起至_____年____月____日止。

2.无固定期限的劳动合同：自_____年____月____日起至依法解除或终止劳动合同止。其中，试用期从用工之日起至_____年____月____日止。

试用期至多约定一次。

二、工作内容和工作地点

第二条 乙方同意由甲方派遣到_____（用工单位名称）工作，用工单位注册地_____，用工单位法定代表人或主要负责人_____。派遣期限为_____，从_____年____月____日起至_____年____月____日止。乙方的工作地点为_____。

第三条 乙方同意在用工单位_____岗位工作，属于临时性/辅助性/替代性工作岗位，岗位职责为_____。

第四条 乙方同意服从甲方和用工单位的管理，遵守甲方和用工单位依法制定的劳动规章制度，按照用工单位安排的工作内容及要求履行劳动义务，按时完成规定的工作数量，达到相应的质量要求。

三、工作时间和休息休假

第五条 乙方同意根据用工单位工作岗位执行下列第____种工时制度：

1.标准工时工作制，每日工作时间不超过8小时，平均每周工作时间不超过40小时，每周至少休息1天。

2.依法实行以_____为周期的综合计算工时工作制。

3.依法实行不定时工作制。

第六条 甲方应当要求用工单位严格遵守关于工作时间的法律规定，保证乙方的休息权利与身心健康,确因工作需要安排乙方加班加点的,经依法协商后可以延长工作时间,并依法安排乙方补休或支付加班工资。

第七条 乙方依法享有法定节假日、带薪年休假、婚丧假、产假等假期。

四、劳动报酬和福利待遇

第八条 经甲方与用工单位商定,甲方采用以下第____种方式向乙方以货币形式支付工资,于每月____日前足额支付:

1. 月工资_____元。
2. 计件工资。计件单价为_____。
3. 基本工资和绩效工资相结合的工资分配办法,乙方月基本工资_____元,绩效工资计发办法为_____。
4. 约定的其他方式。

第九条 乙方在试用期期间的工资计发标准为_____或_____元。

第十条 甲方不得克扣用工单位按照劳务派遣协议支付给被派遣劳动者的劳动报酬。乙方从甲方获得的工资依法承担的个人所得税由甲方从其工资中代扣代缴。

第十一条 甲方未能安排乙方工作或者被用工单位退回期间,甲方应按照不低于甲方所在地最低工资标准按月向乙方支付报酬。

第十二条 甲方应当要求用工单位对乙方实行与用工单位同类岗位的劳动者相同的劳动报酬分配办法,向乙方提供与工作岗位相关的福利待遇。用工单位无同类岗位劳动者的,参照用工单位所在地相同或者相近岗位劳动者的劳动报酬确定。

第十三条 甲方应当要求用工单位合理确定乙方的劳动定额。用工单位连续用工的,甲方应当要求用工单位对乙方实行正常的工资调整机制。

五、社会保险

第十四条 甲乙双方依法在用工单位所在地参加社会保险。甲方应当按月将缴纳社会保险费的情况告知乙方,并为乙方依法享受社会保险待遇提供帮助。

第十五条 如乙方发生工伤事故,甲方应当会同用工单位及时救治,并在规定时间内,向人力资源社会保障行政部门提出工伤认定申请,为乙方依法办理劳动能力鉴定,并为其享受工伤待遇履行必要的义务。甲方未按规定提出工伤认定申请的,乙方或者其近亲属、工会组织在事故伤害发生之日或者乙方被诊断、鉴定为职业病之日起1年内,可以直接向甲方所在地人力资源社会保障行政部门提请工伤认定申请。

六、职业培训和劳动保护

第十六条 甲方应当为乙方提供必需的职业能力培训,在乙方劳务派遣期间,督促用工单位对乙方进行工作岗位所必需的培训。乙方应主动学习,积极参加甲方和用工单位组织的培训,提高职业技能。

第十七条 甲方应当为乙方提供符合国家规定的劳动安全卫生条件和必要的劳动保护用品,落实国家有关女职工、未成年工的特殊保护规定,并在乙方劳务派遣期间督促用工单位执行国家劳动标准,提供相应的劳动条件和劳动保护。

第十八条 甲方如派遣乙方到可能产生职业危害的岗位,应当事先告知乙方。甲方应督促用工单位依法告知乙方工作过程中可能产生的职业病危害及其后果,对乙方进行劳动安全卫生教育和培训,提供必要的职业危害防护措施和待遇,预防劳动过程中的事故,减少职业危害,为劳动者建立职业健康监护档案,在乙方上岗前、派遣期间、离岗时对乙方进行职业健康检查。

第十九条 乙方应当严格遵守安全操作规程,不违章作业。乙方对用工单位管理人员违章指挥、强令冒险作业，有权拒绝执行。

七、劳动合同的变更、解除和终止

第二十条　甲乙双方应当依法变更劳动合同，并采取书面形式。

第二十一条　因乙方派遣期满或出现其他法定情形被用工单位退回甲方的，甲方可以对其重新派遣，对符合法律法规规定情形的，甲方可以依法与乙方解除劳动合同。乙方同意重新派遣的，双方应当协商派遣单位、派遣期限、工作地点、工作岗位、工作时间和劳动报酬等内容，并以书面形式变更合同相关内容；乙方不同意重新派遣的，依照法律法规有关规定执行。

第二十二条　甲乙双方解除或终止本合同，应当按照法律法规规定执行。甲方应在解除或者终止本合同时，为乙方出具解除或者终止劳动合同的证明，并在十五日内为乙方办理档案和社会保险关系转移手续。

第二十三条　甲乙双方解除终止本合同的，乙方应当配合甲方办理工作交接手续。甲方依法应向乙方支付经济补偿的，在办结工作交接时支付。

八、劳动争议处理

第二十四条　甲乙双方因本合同发生劳动争议时，可以按照法律法规的规定，进行协商、申请调解或仲裁。对仲裁裁决不服的，可以依法向有管辖权的人民法院提起诉讼。

第二十五条　用工单位给乙方造成损害的，甲方和用工单位承担连带赔偿责任。

九、其他

第二十六条　本合同中记载的乙方联系电话、通讯地址为劳动合同期内通知相关事项和送达书面文书的联系方式、送达地址。如发生变化，乙方应当及时告知甲方。

第二十七条　双方确认：均已详细阅读并理解本合同内容，清楚各自的权利、义务。本合同未尽事宜，按照有关法律法规和政策规定执行。

第二十八条　本劳动合同一式（　　）份，双方至少各执一份，自签字（盖章）之日起生效，双方应严格遵照执行。

甲方（盖章）　　　　　　　　　　　乙方（签字）
法定代表人（主要负责人）
或委托代理人（签字或盖章）
＿＿＿＿＿年＿＿＿月＿＿＿日　　　　　　　＿＿＿＿＿年＿＿＿月＿＿＿日

附1

续订劳动合同

经甲乙双方协商同意，续订本合同。

一、甲乙双方按以下第____种方式确定续订合同期限：

1.固定期限：自_____年____月____日起至_____年____月____日止。

2.无固定期限：自_____年____月____日起至依法解除或终止劳动合同时止。

二、双方就有关事项约定如下：
1._____；
2._____；
3._____。

三、除以上约定事项外，其他事项仍按照双方于_____年____月____日签订的劳动合同中的约定继续履行。

甲方（盖章）　　　　　　　　　　　　乙方（签字）
法定代表人（主要负责人）
或委托代理人（签字或盖章）

_____年____月____日　　　　　　　　_____年____月____日

附2

变更劳动合同

一、经甲乙双方协商同意，自_____年____月____日起，对本合同作如下变更：
1. _____；
2. _____；
3. _____。

二、除以上约定事项外，其他事项仍按照双方于_____年____月____日签订的劳动合同中的约定继续履行。

甲方（盖章）　　　　　　　　　　　　乙方（签字）
法定代表人（主要负责人）
或委托代理人（签字或盖章）

_____年____月____日　　　　　　　　_____年____月____日

人力资源社会保障部对十三届全国人大二次会议第6979号建议的答复

（人社建字〔2019〕37号）

您提出的关于撤销《中华人民共和国劳动合同法实施条例》第二十一条的建议收悉，现答复如下：

劳动合同法实施条例第二十一条的规定，主要考虑是：劳动者达到法定退休年龄，不再符合劳动法律法规规定的主体资格，即不具备建立劳动关系的条件，劳动合同自然终止。加之，2008年劳动合同法施行后，大量用人单位反映，劳动者已达到法定退休年龄而未享受基本养老保险待遇的情况很复杂。有的是用人单位依法为劳动者缴纳了社会保险费，但由于劳动者累计缴费年限达不到规定年限，达到退休年龄时不能享受基本养老保险待遇。也有部分农民工因种种原因不愿意参加社会保险，而无法享受基本养老保险待遇的情况。还存在个别用人单位的高级管理人员即便达到法定退休年龄，也不办理退休手续，领取基本养老保险待遇。如果用人单位不能与已达到法定退休年龄而未享受基本养老保险待遇的劳动者终止劳动合同，用人单位可能将不得不一直与该劳动者保持劳动关系，直到劳动者死亡或用人单位注销。这对用人单位有失公平。

为此，根据劳动合同法第四十四条第六项关于有"法律、行政法规规定的其他情形"劳动合同终止的授权，2008年9月公布施行的劳动合同法实施条例第二十一条明确，劳动者达到法定退休年龄的，劳动合同终止。对超过法定退休年龄的劳动者，愿意继续工作的，用人单位与劳动者的关系可以按劳务关系处理，依据民事法律关系调整双方的权利义务。

但由于我国劳动法律法规对劳动者权益的保障是建立在劳动关系的基础上，司法实践中，为保障超龄劳动者的权益，特别是妥善解决职业伤害问题，导致了对超过法定退休年龄但未享受基本养老保险待遇的劳动者与用人单位之间的法律关系认定不一致的问题。江苏、广东等地从保护劳动者权益角度出发，结合本地实际，区别不同情况在劳动争议仲裁和司法实践中对超龄劳动者基本劳动权益保护如工作时间、最低工资、劳动保护等进行了一定探索。我部也在积极与最高人民法院交换意见，拟对此问题加强裁审衔接。为了更好地保障超龄劳动者的权益，尽可能避免裁审衔接不畅问题，我部《关于执行〈工伤保险条例〉若干问题的意见（二）》明确，符合一定情形的超龄劳动者，由用人单位承担工伤保险责任，但未明确超龄劳动者和用人单位存在劳动关系。

下一步，我们将加强对此问题的研究，适时向立法机关提出完善劳动合同法律制度的建议，以更好地保障超龄劳动者的合法权益。同时，我部将按照十三届全国人大常委会立法规划的要求，对已纳入第三类需要继续研究论证的"基本劳动标准"立法项目开展深入研究论证，积极推动尽早出台《劳动基准法》，为难以纳入现行劳动保障法律法规调整的劳动者的基本劳动权益保障提供法律依据。

感谢您对人力资源和社会保障工作的理解和支持。

中华人民共和国人力资源社会保障部
2019年7月24日

电子劳动合同订立指引

（人社厅发〔2021〕54号发布）

第一章 总则

第一条 本指引所指电子劳动合同，是指用人单位与劳动者按照《中华人民共和国劳动合同法》《中华人民共和国民法典》《中华人民共和国电子签名法》等法律法规规定，经协商一致，以可视为书面形式的数据电文为载体，使用可靠的电子签名订立的劳动合同。

第二条 依法订立的电子劳动合同具有法律效力，用人单位与劳动者应当按照电子劳动合同的约定，全面履行各自的义务。

第二章 电子劳动合同的订立

第三条 用人单位与劳动者订立电子劳动合同的，要通过电子劳动合同订立平台订立。

第四条 电子劳动合同订立平台要通过有效的现代信息技术手段提供劳动合同订立、调取、储存、应用等服务，具备身份认证、电子签名、意愿确认、数据安全防护等能力，确保电子劳动合同信息的订立、生成、传递、储存等符合法律法规规定，满足真实、完整、准确、不可篡改和可追溯等要求。

第五条 鼓励用人单位和劳动者使用政府发布的劳动合同示范文本订立电子劳动合同。劳动合同未载明《中华人民共和国劳动合同法》规定的劳动合同必备条款或内容违反法律法规规定的，用人单位依法承担相应的法律责任。

第六条 双方同意订立电子劳动合同的，用人单位要在订立电子劳动合同前，明确告知劳动者订立电子劳动合同的流程、操作方法、注意事项和查看、下载完整的劳动合同文本的途径，并不得向劳动者收取费用。

第七条 用人单位和劳动者要确保向电子劳动合同订立平台提交的身份信息真实、完整、准确。电子劳动合同订立平台要通过数字证书、联网信息核验、生物特征识别验证、手机短信息验证码等技术手段，真实反映订立人身份和签署意愿，并记录和保存验证确认过程。具备条件的，可使用电子社保卡开展实人实名认证。

第八条 用人单位和劳动者要使用符合《中华人民共和国电子签名法》要求、依法设立的电子认证服务机构颁发的数字证书和密钥，进行电子签名。

第九条 电子劳动合同经用人单位和劳动者签署可靠的电子签名后生效，并应附带可信时间戳。

第十条 电子劳动合同订立后，用人单位要以手机短信、微信、电子邮件或者APP信息提示等方式通知劳动者电子劳动合同已订立完成。

第三章 电子劳动合同的调取、储存、应用

第十一条 用人单位要提示劳动者及时下载和保存电子劳动合同文本，告知劳动者查看、下载电子劳动合同的方法，并提供必要的指导和帮助。

第十二条 用人单位要确保劳动者可以使用常用设备随时查看、下载、打印电子劳动合同的完整内容，不得向劳动者收取费用。

第十三条 劳动者需要电子劳动合同纸质文本的，用人单位要至少免费提供一份，并通过盖章等方式证明与数据电文原件一致。

第十四条 电子劳动合同的储存期限要符合《中华人民共和国劳动合同法》关于劳动合同保存期限的规定。

第十五条 鼓励用人单位和劳动者优先选用人力资源社会保障部门等政府部门建设的电子劳动合同订立平台（以下简称政府平台）。用人单位和劳动者未通过政府平台订立电子劳动合同的，要按照当地人力资源社会保障部门公布的数据格式和标准，提交满足电子政务要求的电子劳动合同数据，便捷办理就业创业、劳动用工备案、社会保险、人事人才、职业培训等业务。非政府平台的电子劳动合同订立平台要支持用人单位和劳动者及时提交相关数据。

第十六条 电子劳动合同订立平台要留存订立和管理电子劳动合同全过程证据，包括身份认证、签署意愿、电子签名等，保证电子证据链的完整性，确保相关信息可查询、可调用，为用人单位、劳动者以及法律法规授权机构查询和提取电子数据提供便利。

第四章 信息保护和安全

第十七条 电子劳动合同信息的管理、调取和应用要符合《中华人民共和国网络安全法》《互联网信息服务管理办法》等法律法规，不得侵害信息主体合法权益。

第十八条 电子劳动合同订立平台及其所依赖的服务环境，要按照《信息安全等级保护管理办法》第三级的相关要求实施网络安全等级保护，确保平台稳定运行，提供连续服务，防止所收集或使用的身份信息、合同内容信息、日志信息泄漏、篡改、丢失。

第十九条 电子劳动合同订立平台要建立健全电子劳动合同信息保护制度，不得非法收集、使用、加工、传输、提供、公开电子劳动合同信息。未经信息主体同意或者法律法规授权，电子劳动合同订立平台不得向他人非法提供电子劳动合同查阅、调取等服务。

第五章　附则

第二十条　本指引中主要用语的含义：

（一）数据电文，是指以电子、光学、磁或者类似手段生成、发送、接收或者储存的信息。

（二）可视为书面形式的数据电文，是指能够有形地表现所载内容，并可以随时调取查用的数据电文。

（三）电子签名，是指数据电文中以电子形式所含、所附用于识别签名人身份并表明签名人认可其中内容的数据。

（四）可靠的电子签名，是指同时符合下列条件的电子签名：

1. 电子签名制作数据用于电子签名时，属于电子签名人专有；
2. 签署时电子签名制作数据仅由电子签名人控制；
3. 签署后对电子签名的任何改动能够被发现；
4. 签署后对数据电文内容和形式的任何改动能够被发现。

（五）可信时间戳，是指权威机构使用数字签名技术产生的能够证明所签名的原始文件在签名时间之前已经存在的数据。

第二十一条　本指引未尽事宜，按照有关法律法规和政策规定执行。

新就业形态劳动者休息和劳动报酬权益保障指引

（人社厅发〔2023〕50号印发）

第一章　总则

第一条　为支持和规范发展新就业形态，维护新就业形态劳动者休息和劳动报酬权益，根据国家有关法律法规和政策，制定本指引。

第二条　本指引所称新就业形态劳动者，主要指线上接受互联网平台发布的配送、出行、运输、家政服务等工作任务，按照平台要求提供平台网约服务，通过劳动获取劳动报酬的劳动者。本指引所称企业是指平台企业和平台用工合作企业。

第二章　工作时间和休息

第三条　企业要制定完善新就业形态劳动者休息办法，科学确定劳动者工作量和劳动强度，确保劳动者获得必要休息时间，防止劳动者过度劳动，保障劳动者身体健康。

第四条　新就业形态劳动者每日工作时间包括当日累计接单时间和适当考虑劳动者必要的在线等单、服务准备、生理需求等因素确定的宽放时间。企业明确要求新就业形态劳动者在线时间或在指定时间前往指定场所接受常规管理的，企业要求的在线时间和线下接受常规管理时间计入工作时间。

接单时间是指劳动者自执行订单任务时起至完成任务时止的全部时间。劳动者同一时间接两个及以上订单，接单时间不重复计算。劳动者因作业性质和特点，在接单时间内执行订单任务期间可获得连续较长休息时间的，该休息时间可不计入工作时间。

宽放时间由企业与工会或新就业形态劳动者代表结合行业实际，平等协商合理确定。

第五条　企业与工会或新就业形态劳动者代表要根据法律法规精神和行业管理规定，结合行业特点和企业实际，平等协商合理确定新就业形态劳动者连续最长接单时间和每日最长工作时间。劳动者达到连续最长接单时间和每日最长工作时间的，系统应推送休息提示，并停止推送订单一定时间。若劳动者当时正在执行订单任务过程中，从该订单任务完成后开始计算停止推送订单时长。

第六条 企业要建立新就业形态劳动者工作时间、接单时间台账，确保劳动者可通过应用程序自主查询本人工作时间、接单时间等完整记录。

第三章　劳动报酬

第七条 企业与工会或新就业形态劳动者代表结合行业特点和企业实际，平等协商制定新就业形态劳动者劳动报酬规则，明确劳动定额标准、抽成比例、计件单价、劳动报酬支付周期、考核办法等，确保新就业形态劳动者提供劳动获得合理劳动报酬。

第八条 不完全符合确立劳动关系情形但企业对劳动者进行劳动管理的新就业形态劳动者，适用劳动者实际工作地人民政府规定的小时最低工资标准。

第九条 新就业形态劳动者在法定节假日工作的，企业应向劳动者支付高于正常工作时间劳动报酬的合理报酬。

第十条 企业要以货币形式将劳动报酬支付给新就业形态劳动者本人，不得以实物及有价证券替代货币支付。

第十一条 企业应按时足额支付新就业形态劳动者劳动报酬，不得克扣或无故拖欠。企业支付劳动报酬时，应向劳动者提供本人的劳动报酬清单。

第十二条 平台企业要对用工合作企业按时足额发放新就业形态劳动者劳动报酬等情况进行监督。

第四章　附则

第十三条 符合确立劳动关系情形的新就业形态劳动者，休息和适用最低工资标准等按照《中华人民共和国劳动法》《最低工资规定》等法律法规规章执行。

第十四条 个人依托互联网平台完全自主开展经营活动的，不适用本指引。

新就业形态劳动者劳动规则公示指引

（人社厅发〔2023〕50号印发）

第一条 为引导平台企业依法合规制定和修订新就业形态劳动者劳动规则，保障新就业形态劳动者知情权和参与权，根据国家有关法律法规和政策，制定本指引。

第二条 本指引所称新就业形态劳动者，主要指线上接受互联网平台发布的配送、出行、运输、家政服务等工作任务，按照平台要求提供平台网约服务，通过劳动获取劳动报酬的劳动者。本指引所称企业是指平台企业和平台用工合作企业。

第三条 本指引所称劳动规则是指平台企业组织新就业形态劳动者提供网约服务，进行工作调度和劳动管理时所依据的规章制度、格式合同条款和算法规则等。

第四条 平台企业制定或修订平台劳动规则要遵循合法规范、公平公正、透明可释、科学合理、诚实信用的原则，依法履行民主程序。

第五条 平台企业要向依托平台就业的新就业形态劳动者公开订单分配、报酬及支付、工作时间和休息、职业健康与安全、服务规范等与劳动者基本权益直接相关的规章制度、格式合同条款、算法规则及其运行机制等。包括并不限于：

（一）新就业形态劳动者进入、退出平台规则；

（二）平台订单分配规则，包括订单分配的基本原则、订单优先分配或差别性分配规则等；

（三）报酬规则，包括计件单价及确定因素，抽成比例及确定因素，报酬构成及支付周期、支付方式等；

（四）工作时间和休息规则，包括任务完成时限要求及其确定依据和主要影响因素等，为防止疲劳对每日（或周/月）累计最长工作时间、停止推送订单休息等限制性规定；

（五）奖惩规则，包括服务要求和规范，考核制度，奖励和惩戒的情形、方式、标准，劳动者的申诉渠道和企业处理申诉的程序、结果反馈方式等；

（六）其他直接涉及劳动者切身利益的规则。

第六条 平台企业制定或修订直接涉及新就业形态劳动者权益的劳动规则，要提前通过应用程序弹窗等显著方式向劳动者公开征求意见，充分听取工会或劳动者代表的意见建议，将采纳情况告知劳动者。确定实施前，至少提前七日向劳动者予以公示。

第七条 平台企业拟调整经营方式或制定、修订劳动规则对新就业形态劳动者权益有重大影响的，了解或应当了解平台用工合作企业涉及新就业形态劳动者权益的重大制度规则调整的，要开展风险评估，并提前七日向服务所在地人力资源社会保障行政部门和相关主管部门报告，听取意见建议。

第八条 平台企业要在应用程序等显著位置，以清晰易懂的语言，真实、准确地持续公示有关内容，确保新就业形态劳动者能够随时方便查看完整内容，并提供反馈有关意见建议的渠道。

新就业形态劳动者权益维护服务指南

（人社厅发〔2023〕50号印发）

第一章 总则

第一条 为健全新就业形态劳动者权益维护机制，畅通维权渠道，及时、便捷、高质量化解涉新就业形态劳动纠纷，切实维护好新就业形态劳动者权益，促进平台经济持续健康发展，制定本指南。

第二条 政府行政部门、法院、工会、企业代表组织、平台企业等要不断探索创新适合新就业形态特点的劳动者维权服务方式，改进和优化对新就业形态劳动者的维权服务。

第三条 新就业形态劳动者维护自身权益时应当依法合理表达诉求，不得采取违法和过激形式。

第二章 企业内部劳动纠纷化解机制

第四条 平台企业要建立健全与新就业形态劳动者的常态化沟通机制和新就业形态劳动者申诉机制，畅通线上和线下沟通渠道。

第五条 新就业形态劳动者可向平台企业反映对平台劳动规则的意见建议或其他合理诉求，平台企业要认真听取并作出回应。

第六条 新就业形态劳动者认为平台用工合作企业侵犯其合法权益的，可向平台企业投诉。平台企业要积极核查，协调处理。情况属实的，要督促用工合作企业及时整改。

第七条 新就业形态劳动者对报酬计算、服务时长、服务费用扣减、奖惩、平台用工合作企业管理服务等有异议的，或遭遇职场欺凌、骚扰的，可向平台企业反映或申诉，平台企业要在承诺时间内予以回应并公正处理。

第八条 新就业形态劳动者认为自身劳动权益受到侵害时，可优先与企业协商解决，也可请工会或第三方组织共同与企业协商解决。

第九条 鼓励平台企业成立由工会代表、新就业形态劳动者代表和企业代表参加的企业内部劳动纠纷调解委员会，提供涉新就业形态劳动者劳动纠纷调解服务。新就业形态劳动者认为自身劳动权益受到侵害时，可向企业劳动纠纷调解委员会提出。调解委员会应当及时核实情况，协调企业进行整改或者向劳动者做出说明。

第三章 工会权益维护服务

第十条 新就业形态劳动者有权加入工会。工会组织要积极吸收新就业形态劳动者入会。

第十一条 工会组织要及时帮助新就业形态劳动者解决生活和工作中遇到的困难。新就业形态劳动者在生活和工作中遇到困难，可向所在工会组织或当地工会组织请求予以支持和帮助。

第十二条 工会组织要对平台企业、平台用工合作企业履行用工责任情况进行监督。平台企业、平台用工合作企业违反新就业形态劳动者权益保障相关法律法规政策，工会组织要提出意见或者要求纠正。新就业形态劳动者可向工会组织反映对企业劳动管理的意见建议。工会组织要收集新就业形态劳动者意见，并及时向企业反馈。对工会提出的意见和收集的新就业形态劳动者的意见建议，企业要及时研究，给予答复。

第十三条 工会组织要推动平台企业建立常态化的沟通协商机制，代表或组织新就业形态劳动者就涉及劳动者切身利益的事项与平台企业沟通、协商，订立集体合同或协议。新就业形态劳动者有权参与工会与企业组织的恳谈会、集体协商等活动，平台企业、平台用工合作企业应提供便利条件。

第十四条 新就业形态劳动者认为平台企业、平台用工合作企业侵犯自身劳动权益申请劳动争议仲裁或者向人民法院提起诉讼的，可向工会组织申请法律援助等服务。

第十五条 新就业形态劳动者可就近在工会组织等建立的服务站点申请协调解决权益维护问题。

第四章 相关部门机构权益维护服务

第十六条 新就业形态劳动者与企业发生纠纷，可向人民调解委员会和各级各类专业性劳动争议调解组织申请调解。经调解达成的调解协议，具有法律约束力，当事人应按照约定履行。符合条件的，可向人民法院申请司法确认或向劳动争议仲裁机构申请置换。

第十七条 发生争议后调解不成或当事人不愿调解，符合劳动争议受案范围的，新就业形态劳动者可向实际工作地的劳动争议仲裁机构申请劳动争议仲裁。不符合劳动争议受案范围的，新就业形态劳动者可向人民法院起诉，人民法院应当依法受理。

第十八条 符合劳动保障监察职权范围的事项，新就业形态劳动者可向人力资源社会保障行政部门举报投诉。各地人力资源社会保障行政部门应当畅通举报投诉渠道，及时受理新就业形态劳动者的举报投诉，依法维护劳动者合法权益。

第十九条 新就业形态劳动者可依法向法律援助机构申请法律援助。鼓励法律援助机构在新就业形态劳动者集中工作地或休息地设立法律援助站或者联络点，就近提供法律援助服务，开设新就业形态劳动者法律援助"绿色通道"，提供便捷高效服务。

第二十条 各地要积极构建新就业形态劳动纠纷多元调解机制，加强劳动人事争议调解与人民调解、行政调解、司法调解协调联动。

鼓励有条件的地方探索创新新就业形态劳动纠纷调处机制，联通法院、人社、司法行政、工会、企业代表组织等各类争议处理资源，建立"一站式"的新就业形态争议调处机构。

鼓励新就业形态劳动者比较集中的市、区以及有条件的县和乡镇、街道，联合相关资源力量，组建集咨询疏导、争议调解、劳动仲裁、法律援助、专业审判于一体的新就业形态劳动用工争议多元化解中心。

第二十一条 新就业形态劳动者生活困难需要救助的，可向有关部门申请救助。

第五章 附则

第二十二条 涉新就业形态商事纠纷不适用本指南。

第二章 有关社会保险的法律法规

中华人民共和国社会保险法

（2010年10月28日第十一届全国人民代表大会常务委员会第十七次会议通过 根据2018年12月29日第十三届全国人民代表大会常务委员会第七次会议《关于修改〈中华人民共和国社会保险法〉的决定》修正）

第一章 总则

第一条 为了规范社会保险关系，维护公民参加社会保险和享受社会保险待遇的合法权益，使公民共享发展成果，促进社会和谐稳定，根据宪法，制定本法。

第二条 国家建立基本养老保险、基本医疗保险、工伤保险、失业保险、生育保险等社会保险制度，保障公民在年老、疾病、工伤、失业、生育等情况下依法从国家和社会获得物质帮助的权利。

第三条 社会保险制度坚持广覆盖、保基本、多层次、可持续的方针，社会保险水平应当与经济社会发展水平相适应。

第四条 中华人民共和国境内的用人单位和个人依法缴纳社会保险费，有权查询缴费记录、个人权益记录，要求社会保险经办机构提供社会保险咨询等相关服务。

个人依法享受社会保险待遇，有权监督本单位为其缴费情况。

第五条 县级以上人民政府将社会保险事业纳入国民经济和社会发展规划。

国家多渠道筹集社会保险资金。县级以上人民政府对社会保险事业给予必要的经费支持。

国家通过税收优惠政策支持社会保险事业。

第六条 国家对社会保险基金实行严格监管。

国务院和省、自治区、直辖市人民政府建立健全社会保险基金监督管理制度，保障社会保险基金安全、有效运行。

县级以上人民政府采取措施，鼓励和支持社会各方面参与社会保险基金的监督。

第七条 国务院社会保险行政部门负责全国的社会保险管理工作，国务院其他有关部门在各自的职责范围内负责有关的社会保险工作。

县级以上地方人民政府社会保险行政部门负责本行政区域的社会保险管理工作，县级以上地方人民政府其他有关部门在各自的职责范围内负责有关的社会保险工作。

第八条 社会保险经办机构提供社会保险服务，负责社会保险登记、个人权益记录、社会保险待遇支付等工作。

第九条 工会依法维护职工的合法权益，有权参与社会保险重大事项的研究，参加社会保险监督委员会，对与职工社会保险权益有关的事项进行监督。

第二章 基本养老保险

第十条 职工应当参加基本养老保险，由用人单位和职工共同缴纳基本养老保险费。

无雇工的个体工商户、未在用人单位参加基本养老保险的非全日制从业人员以及其他灵活就业人员可以参加基本养老保险，由个人缴纳基本养老保险费。

公务员和参照公务员法管理的工作人员养老保险的办法由国务院规定。

第十一条 基本养老保险实行社会统筹与个人账户相结合。

基本养老保险基金由用人单位和个人缴费以及政府补贴等组成。

第十二条 用人单位应当按照国家规定的本单位职工工资总额的比例缴纳基本养老保险费，记入基本养老保险统筹基金。

职工应当按照国家规定的本人工资的比例缴纳基本养老保险费，记入个人账户。

无雇工的个体工商户、未在用人单位参加基本养老保险的非全日制从业人员以及其他灵活就业人员参加基本养老保险的，应当按照国家规定缴纳基本养老保险费，分别记入基本养老保险统筹基金和个人账户。

第十三条 国有企业、事业单位职工参加基本养老保险前，视同缴费年限期间应当缴纳的基本养老保险费由政府承担。

基本养老保险基金出现支付不足时，政府给予补贴。

第十四条 个人账户不得提前支取，记账利率不得低于银行定期存款利率，免征利息税。个人死亡的，个人账户余额可以继承。

第十五条 基本养老金由统筹养老金和个人账户养老金组成。

基本养老金根据个人累计缴费年限、缴费工资、当地职工平均工资、个人账户金额、城镇人口平均预期寿命等因素确定。

第十六条 参加基本养老保险的个人，达到法定退休年龄时累计缴费满十五年的，按月领取基本养老金。

参加基本养老保险的个人，达到法定退休年龄时累计缴费不足十五年的，可以缴费至满十五年，按月领取基本养老金；也可以转入新型农村社会养老保险或者城镇居民社会养老保险，按照国务院规定享受相应的养老保险待遇。

第十七条 参加基本养老保险的个人，因病或者非因工死亡的，其遗属可以领取丧葬补助金和抚恤金；在未达到法定退休年龄时因病或者非因工致残完全丧失劳动能力的，可以领取病残津贴。所需资金从基本养老保险基金中支付。

第十八条 国家建立基本养老金正常调整机制。根据职工平均工资增长、物价上涨情况，适时提高基本养老保险待遇水平。

第十九条 个人跨统筹地区就业的，其基本养老保险关系随本人转移，缴费年限累计计算。个人达到法定退休年龄时，基本养老金分段计算、统一支付。具体办法由国务院规定。

第二十条 国家建立和完善新型农村社会养老保险制度。

新型农村社会养老保险实行个人缴费、集体补助和政府补贴相结合。

第二十一条 新型农村社会养老保险待遇由基础养老金和个人账户养老金组成。

参加新型农村社会养老保险的农村居民，符合国家规定条件的，按月领取新型农村社会养老保险待遇。

第二十二条 国家建立和完善城镇居民社会养老保险制度。

省、自治区、直辖市人民政府根据实际情况，可以将城镇居民社会养老保险和新型农村社会养老保险合并实施。

第三章 基本医疗保险

第二十三条 职工应当参加职工基本医疗保险，由用人单位和职工按照国家规定共同缴纳基本医疗保险费。

无雇工的个体工商户、未在用人单位参加职工基本医疗保险的非全日制从业人员以及其他灵活就业人员可以参加职工基本医疗保险，由个人按照国家规定缴纳基本医疗保险费。

第二十四条 国家建立和完善新型农村合作医疗制度。

新型农村合作医疗的管理办法，由国务院规定。

第二十五条 国家建立和完善城镇居民基本医疗保险制度。

城镇居民基本医疗保险实行个人缴费和政府补贴相结合。

享受最低生活保障的人、丧失劳动能力的残疾人、低收入家庭六十周岁以上的老年人和未成年人等所需个人缴费部分，由政府给予补贴。

第二十六条 职工基本医疗保险、新型农村合作医疗和城镇居民基本医疗保险的待遇标准按照国家规定执行。

第二十七条 参加职工基本医疗保险的个人，达到法定退休年龄时累计缴费达到国家规定年限的，退休后不再缴纳基本医疗保险费，按照国家规定享受基本医疗保险待遇；未达到国家规定年限的，可以缴费至国家规定年限。

第二十八条 符合基本医疗保险药品目录、诊疗项目、医疗服务设施标准以及急诊、抢救的医疗费用，按照国家规定从基本医疗保险基金中支付。

第二十九条 参保人员医疗费用中应当由基本医疗保险基金支付的部分，由社会保险经办机构与医疗机构、药品经营单位直接结算。

社会保险行政部门和卫生行政部门应当建立异地就医医疗费用结算制度，方便参保人员享受基本医疗保险待遇。

第三十条 下列医疗费用不纳入基本医疗保险基金支付范围：

（一）应当从工伤保险基金中支付的；

（二）应当由第三人负担的；

（三）应当由公共卫生负担的；

（四）在境外就医的。

医疗费用依法应当由第三人负担，第三人不支付或者无法确定第三人的，由基本医疗保险基金先行支付。基本医疗保险基金先行支付后，有权向第三人追偿。

第三十一条 社会保险经办机构根据管理服务的需要，可以与医疗机构、药品经营单位签订服务协议，规范医疗服务行为。

医疗机构应当为参保人员提供合理、必要的医疗服务。

第三十二条 个人跨统筹地区就业的，其基本医疗保险关系随本人转移，缴费年限累计计算。

第四章 工伤保险

第三十三条 职工应当参加工伤保险，由用人单位缴纳工伤保险费，职工不缴纳工伤保险费。

第三十四条 国家根据不同行业的工伤风险程度确定行业的差别费率，并根据使用工伤保险基金、工伤发生率等情况在每个行业内确定费率档次。行业差别费率和行业内费率档次由国务院社会保险行政部门制定，报国务院批准后公布施行。

社会保险经办机构根据用人单位使用工伤保险基金、工伤发生率和所属行业费率档次等情况，确定用人单位缴费费率。

第三十五条 用人单位应当按照本单位职工工资总额，根据社会保险经办机构确定的费率缴纳工伤保险费。

第三十六条 职工因工作原因受到事故伤害或者患职业病，且经工伤认定的，享受工伤保险待遇；其中，经劳动能力鉴定丧失劳动能力的，享受伤残待遇。

工伤认定和劳动能力鉴定应当简捷、方便。

第三十七条 职工因下列情形之一导致本人在工作中伤亡的，不认定为工伤：

（一）故意犯罪；

（二）醉酒或者吸毒；

（三）自残或者自杀；

（四）法律、行政法规规定的其他情形。

第三十八条 因工伤发生的下列费用，按照国家规定从工伤保险基金中支付：

（一）治疗工伤的医疗费用和康复费用；

（二）住院伙食补助费；

（三）到统筹地区以外就医的交通食宿费；

（四）安装配置伤残辅助器具所需费用；

（五）生活不能自理的，经劳动能力鉴定委员会确认的生活护理费；

（六）一次性伤残补助金和一至四级伤残职工按月领取的伤残津贴；

（七）终止或者解除劳动合同时，应当享受的一次性医疗补助金；

（八）因工死亡的，其遗属领取的丧葬补助金、供养亲属抚恤金和因工死亡补助金；

（九）劳动能力鉴定费。

第三十九条 因工伤发生的下列费用，按照国家规定由用人单位支付：

（一）治疗工伤期间的工资福利；

（二）五级、六级伤残职工按月领取的伤残津贴；

（三）终止或者解除劳动合同时，应当享受的一次性伤残就业补助金。

第四十条 工伤职工符合领取基本养老金条件的，停发伤残津贴，享受基本养老保险待遇。基本养老保险待遇低于伤残津贴的，从工伤保险基金中补足差额。

第四十一条 职工所在用人单位未依法缴纳工伤保险费，发生工伤事故的，由用人单位支付工伤保险待遇。用人单位不支付的，从工伤保险基金中先行支付。

从工伤保险基金中先行支付的工伤保险待遇应当由用人单位偿还。用人单位不偿还的，社会保险经办机构可以依照本法第六十三条的规定追偿。

第四十二条 由于第三人的原因造成工伤，第三人不支付工伤医疗费用或者无法确定第三人的，由工伤保险基金先行支付。工伤保险基金先行支付后，有权向第三人追偿。

第四十三条 工伤职工有下列情形之一的，停止享受工伤保险待遇：

（一）丧失享受待遇条件的；

（二）拒不接受劳动能力鉴定的；

（三）拒绝治疗的。

第五章 失业保险

第四十四条 职工应当参加失业保险，由用人单位和职工按照国家规定共同缴纳失业保险费。

第四十五条 失业人员符合下列条件的，从失业保险基金中领取失业保险金：

（一）失业前用人单位和本人已经缴纳失业保险费满一年的；

（二）非因本人意愿中断就业的；

（三）已经进行失业登记，并有求职要求的。

第四十六条　失业人员失业前用人单位和本人累计缴费满一年不足五年的，领取失业保险金的期限最长为十二个月；累计缴费满五年不足十年的，领取失业保险金的期限最长为十八个月；累计缴费十年以上的，领取失业保险金的期限最长为二十四个月。重新就业后，再次失业的，缴费时间重新计算，领取失业保险金的期限与前次失业应当领取而尚未领取的失业保险金的期限合并计算，最长不超过二十四个月。

第四十七条　失业保险金的标准，由省、自治区、直辖市人民政府确定，不得低于城市居民最低生活保障标准。

第四十八条　失业人员在领取失业保险金期间，参加职工基本医疗保险，享受基本医疗保险待遇。

失业人员应当缴纳的基本医疗保险费从失业保险基金中支付，个人不缴纳基本医疗保险费。

第四十九条　失业人员在领取失业保险金期间死亡的，参照当地对在职职工死亡的规定，向其遗属发给一次性丧葬补助金和抚恤金。所需资金从失业保险基金中支付。

个人死亡同时符合领取基本养老保险丧葬补助金、工伤保险丧葬补助金和失业保险丧葬补助金条件的，其遗属只能选择领取其中的一项。

第五十条　用人单位应当及时为失业人员出具终止或者解除劳动关系的证明，并将失业人员的名单自终止或者解除劳动关系之日起十五日内告知社会保险经办机构。

失业人员应当持本单位为其出具的终止或者解除劳动关系的证明，及时到指定的公共就业服务机构办理失业登记。

失业人员凭失业登记证明和个人身份证明，到社会保险经办机构办理领取失业保险金的手续。失业保险金领取期限自办理失业登记之日起计算。

第五十一条　失业人员在领取失业保险金期间有下列情形之一的，停止领取失业保险金，并同时停止享受其他失业保险待遇：

（一）重新就业的；

（二）应征服兵役的；

（三）移居境外的；

（四）享受基本养老保险待遇的；

（五）无正当理由，拒不接受当地人民政府指定部门或者机构介绍的适当工作或者提供的培训的。

第五十二条　职工跨统筹地区就业的，其失业保险关系随本人转移，缴费年限累计计算。

第六章　生育保险

第五十三条　职工应当参加生育保险，由用人单位按照国家规定缴纳生育保险费，职工不缴纳生育保险费。

第五十四条　用人单位已经缴纳生育保险费的，其职工享受生育保险待遇；职工未就业配偶按照国家规定享受生育医疗费用待遇。所需资金从生育保险基金中支付。

生育保险待遇包括生育医疗费用和生育津贴。

第五十五条　生育医疗费用包括下列各项：

（一）生育的医疗费用；

（二）计划生育的医疗费用；

（三）法律、法规规定的其他项目费用。

第五十六条　职工有下列情形之一的，可以按照国家规定享受生育津贴：

（一）女职工生育享受产假；
（二）享受计划生育手术休假；
（三）法律、法规规定的其他情形。

生育津贴按照职工所在用人单位上年度职工月平均工资计发。

第七章　社会保险费征缴

第五十七条　用人单位应当自成立之日起三十日内凭营业执照、登记证书或者单位印章，向当地社会保险经办机构申请办理社会保险登记。社会保险经办机构应当自收到申请之日起十五日内予以审核，发给社会保险登记证件。

用人单位的社会保险登记事项发生变更或者用人单位依法终止的，应当自变更或者终止之日起三十日内，到社会保险经办机构办理变更或者注销社会保险登记。

市场监督管理部门、民政部门和机构编制管理机关应当及时向社会保险经办机构通报用人单位的成立、终止情况，公安机关应当及时向社会保险经办机构通报个人的出生、死亡以及户口登记、迁移、注销等情况。

第五十八条　用人单位应当自用工之日起三十日内为其职工向社会保险经办机构申请办理社会保险登记。未办理社会保险登记的，由社会保险经办机构核定其应当缴纳的社会保险费。

自愿参加社会保险的无雇工的个体工商户、未在用人单位参加社会保险的非全日制从业人员以及其他灵活就业人员，应当向社会保险经办机构申请办理社会保险登记。

国家建立全国统一的个人社会保障号码。个人社会保障号码为公民身份号码。

第五十九条　县级以上人民政府加强社会保险费的征收工作。

社会保险费实行统一征收，实施步骤和具体办法由国务院规定。

第六十条　用人单位应当自行申报、按时足额缴纳社会保险费，非因不可抗力等法定事由不得缓缴、减免。职工应当缴纳的社会保险费由用人单位代扣代缴，用人单位应当按月将缴纳社会保险费的明细情况告知本人。

无雇工的个体工商户、未在用人单位参加社会保险的非全日制从业人员以及其他灵活就业人员，可以直接向社会保险费征收机构缴纳社会保险费。

第六十一条　社会保险费征收机构应当依法按时足额征收社会保险费，并将缴费情况定期告知用人单位和个人。

第六十二条　用人单位未按规定申报应当缴纳的社会保险费数额的，按照该单位上月缴费额的百分之一百一十确定应当缴纳数额；缴费单位补办申报手续后，由社会保险费征收机构按照规定结算。

第六十三条　用人单位未按时足额缴纳社会保险费的，由社会保险费征收机构责令其限期缴纳或者补足。

用人单位逾期仍未缴纳或者补足社会保险费的，社会保险费征收机构可以向银行和其他金融机构查询其存款账户；并可以申请县级以上有关行政部门作出划拨社会保险费的决定，书面通知其开户银行或者其他金融机构划拨社会保险费。用人单位账户余额少于应当缴纳的社会保险费的，社会保险费征收机构可以要求该用人单位提供担保，签订延期缴费协议。

用人单位未足额缴纳社会保险费且未提供担保的，社会保险费征收机构可以申请人民法院扣押、查封、拍卖其价值相当于应当缴纳社会保险费的财产，以拍卖所得抵缴社会保险费。

第八章　社会保险基金

第六十四条　社会保险基金包括基本养老保险基金、基本医疗保险基金、工伤保险基金、失业保险基金和生育保险基金。除基本医疗保险基金与生育保险基金合并建账及核算外，其他各项社会保险基金按照社会保险险种分别建账，分账核算。社会保险基金执行国家统一的会计制度。

社会保险基金专款专用，任何组织和个人不得侵占或者挪用。

基本养老保险基金逐步实行全国统筹，其他社会保险基金逐步实行省级统筹，具体时间、步骤由国务院规定。

第六十五条　社会保险基金通过预算实现收支平衡。

县级以上人民政府在社会保险基金出现支付不足时，给予补贴。

第六十六条　社会保险基金按照统筹层次设立预算。除基本医疗保险基金与生育保险基金预算合并编制外，其他社会保险基金预算按照社会保险项目分别编制。

第六十七条　社会保险基金预算、决算草案的编制、审核和批准，依照法律和国务院规定执行。

第六十八条　社会保险基金存入财政专户，具体管理办法由国务院规定。

第六十九条　社会保险基金在保证安全的前提下，按照国务院规定投资运营实现保值增值。

社会保险基金不得违规投资运营，不得用于平衡其他政府预算，不得用于兴建、改建办公场所和支付人员经费、运行费用、管理费用，或者违反法律、行政法规规定挪作其他用途。

第七十条　社会保险经办机构应当定期向社会公布参加社会保险情况以及社会保险基金的收入、支出、结余和收益情况。

第七十一条　国家设立全国社会保障基金，由中央财政预算拨款以及国务院批准的其他方式筹集的资金构成，用于社会保障支出的补充、调剂。全国社会保障基金由全国社会保障基金管理运营机构负责管理运营，在保证安全的前提下实现保值增值。

全国社会保障基金应当定期向社会公布收支、管理和投资运营的情况。国务院财政部门、社会保险行政部门、审计机关对全国社会保障基金的收支、管理和投资运营情况实施监督。

第九章　社会保险经办

第七十二条　统筹地区设立社会保险经办机构。社会保险经办机构根据工作需要，经所在地的社会保险行政部门和机构编制管理机关批准，可以在本统筹地区设立分支机构和服务网点。

社会保险经办机构的人员经费和经办社会保险发生的基本运行费用、管理费用，由同级财政按照国家规定予以保障。

第七十三条　社会保险经办机构应当建立健全业务、财务、安全和风险管理制度。

社会保险经办机构应当按时足额支付社会保险待遇。

第七十四条　社会保险经办机构通过业务经办、统计、调查获取社会保险工作所需的数据，有关单位和个人应当及时、如实提供。

社会保险经办机构应当及时为用人单位建立档案，完整、准确地记录参加社会保险的人员、缴费等社会保险数据，妥善保管登记、申报的原始凭证和支付结算的会计凭证。

社会保险经办机构应当及时、完整、准确地记录参加社会保险的个人缴费和用人单位为其缴费，以及享受社会保险待遇等个人权益记录，定期将个人权益记录单免费寄送本人。

用人单位和个人可以免费向社会保险经办机构查询、核对其缴费和享受社会保险待遇记录，要求社会保险经办机构提供社会保险咨询等相关服务。

第七十五条　全国社会保险信息系统按照国家统一规划，由县级以上人民政府按照分级负责的原则共同建设。

第十章　社会保险监督

第七十六条　各级人民代表大会常务委员会听取和审议本级人民政府对社会保险基金的收支、管理、投资运营以及监督检查情况的专项工作报告，组织对本法实施情况的执法检查等，依法行使监督职权。

　　第七十七条　县级以上人民政府社会保险行政部门应当加强对用人单位和个人遵守社会保险法律、法规情况的监督检查。

　　社会保险行政部门实施监督检查时，被检查的用人单位和个人应当如实提供与社会保险有关的资料，不得拒绝检查或者谎报、瞒报。

　　第七十八条　财政部门、审计机关按照各自职责，对社会保险基金的收支、管理和投资运营情况实施监督。

　　第七十九条　社会保险行政部门对社会保险基金的收支、管理和投资运营情况进行监督检查，发现存在问题的，应当提出整改建议，依法作出处理决定或者向有关行政部门提出处理建议。社会保险基金检查结果应当定期向社会公布。

　　社会保险行政部门对社会保险基金实施监督检查，有权采取下列措施：

　　（一）查阅、记录、复制与社会保险基金收支、管理和投资运营相关的资料，对可能被转移、隐匿或者灭失的资料予以封存；

　　（二）询问与调查事项有关的单位和个人，要求其对与调查事项有关的问题作出说明、提供有关证明材料；

　　（三）对隐匿、转移、侵占、挪用社会保险基金的行为予以制止并责令改正。

　　第八十条　统筹地区人民政府成立由用人单位代表、参保人员代表，以及工会代表、专家等组成的社会保险监督委员会，掌握、分析社会保险基金的收支、管理和投资运营情况，对社会保险工作提出咨询意见和建议，实施社会监督。

　　社会保险经办机构应当定期向社会保险监督委员会汇报社会保险基金的收支、管理和投资运营情况。社会保险监督委员会可以聘请会计师事务所对社会保险基金的收支、管理和投资运营情况进行年度审计和专项审计。审计结果应当向社会公开。

　　社会保险监督委员会发现社会保险基金收支、管理和投资运营中存在问题的，有权提出改正建议；对社会保险经办机构及其工作人员的违法行为，有权向有关部门提出依法处理建议。

　　第八十一条　社会保险行政部门和其他有关行政部门、社会保险经办机构、社会保险费征收机构及其工作人员，应当依法为用人单位和个人的信息保密，不得以任何形式泄露。

　　第八十二条　任何组织或者个人有权对违反社会保险法律、法规的行为进行举报、投诉。

　　社会保险行政部门、卫生行政部门、社会保险经办机构、社会保险费征收机构和财政部门、审计机关对属于本部门、本机构职责范围的举报、投诉，应当依法处理；对不属于本部门、本机构职责范围的，应当书面通知并移交有权处理的部门、机构处理。有权处理的部门、机构应当及时处理，不得推诿。

　　第八十三条　用人单位或者个人认为社会保险费征收机构的行为侵害自己合法权益的，可以依法申请行政复议或者提起行政诉讼。

　　用人单位或者个人对社会保险经办机构不依法办理社会保险登记、核定社会保险费、支付社会保险待遇、办理社会保险转移接续手续或者侵害其他社会保险权益的行为，可以依法申请行政复议或者提起行政诉讼。

　　个人与所在用人单位发生社会保险争议的，可以依法申请调解、仲裁，提起诉讼。用人单位侵害个人社会保险权益的，个人也可以要求社会保险行政部门或者社会保险费征收机构依法处理。

第十一章　法律责任

　　第八十四条　用人单位不办理社会保险登记的，由社会保险行政部门责令限期改正；逾期不改正的,对用人单位处应缴社会保险费数额一倍以上三倍以下的罚款,对其直接负责的主管人员和其他直接责任人员处五百元以上三千元以下的罚款。

第八十五条 用人单位拒不出具终止或者解除劳动关系证明的,依照《中华人民共和国劳动合同法》的规定处理。

第八十六条 用人单位未按时足额缴纳社会保险费的,由社会保险费征收机构责令限期缴纳或者补足,并自欠缴之日起,按日加收万分之五的滞纳金;逾期仍不缴纳的,由有关行政部门处欠缴数额一倍以上三倍以下的罚款。

第八十七条 社会保险经办机构以及医疗机构、药品经营单位等社会保险服务机构以欺诈、伪造证明材料或者其他手段骗取社会保险基金支出的,由社会保险行政部门责令退回骗取的社会保险金,处骗取金额二倍以上五倍以下的罚款;属于社会保险服务机构的,解除服务协议;直接负责的主管人员和其他直接责任人员有执业资格的,依法吊销其执业资格。

第八十八条 以欺诈、伪造证明材料或者其他手段骗取社会保险待遇的,由社会保险行政部门责令退回骗取的社会保险金,处骗取金额二倍以上五倍以下的罚款。

第八十九条 社会保险经办机构及其工作人员有下列行为之一的,由社会保险行政部门责令改正;给社会保险基金、用人单位或者个人造成损失的,依法承担赔偿责任;对直接负责的主管人员和其他直接责任人员依法给予处分:

(一)未履行社会保险法定职责的;

(二)未将社会保险基金存入财政专户的;

(三)克扣或者拒不按时支付社会保险待遇的;

(四)丢失或者篡改缴费记录、享受社会保险待遇记录等社会保险数据、个人权益记录的;

(五)有违反社会保险法律、法规的其他行为的。

第九十条 社会保险费征收机构擅自更改社会保险费缴费基数、费率,导致少收或者多收社会保险费的,由有关行政部门责令其追缴应当缴纳的社会保险费或者退还不应当缴纳的社会保险费;对直接负责的主管人员和其他直接责任人员依法给予处分。

第九十一条 违反本法规定,隐匿、转移、侵占、挪用社会保险基金或者违规投资运营的,由社会保险行政部门、财政部门、审计机关责令追回;有违法所得的,没收违法所得;对直接负责的主管人员和其他直接责任人员依法给予处分。

第九十二条 社会保险行政部门和其他有关行政部门、社会保险经办机构、社会保险费征收机构及其工作人员泄露用人单位和个人信息的,对直接负责的主管人员和其他直接责任人员依法给予处分;给用人单位或者个人造成损失的,应当承担赔偿责任。

第九十三条 国家工作人员在社会保险管理、监督工作中滥用职权、玩忽职守、徇私舞弊的,依法给予处分。

第九十四条 违反本法规定,构成犯罪的,依法追究刑事责任。

第十二章 附则

第九十五条 进城务工的农村居民依照本法规定参加社会保险。

第九十六条 征收农村集体所有的土地,应当足额安排被征地农民的社会保险费,按照国务院规定将被征地农民纳入相应的社会保险制度。

第九十七条 外国人在中国境内就业的,参照本法规定参加社会保险。

第九十八条 本法自2011年7月1日起施行。

实施《中华人民共和国社会保险法》若干规定

(2011年6月29日人力资源和社会保障部令第13号公布)

为了实施《中华人民共和国社会保险法》(以下简称社会保险法),制定以下规定。

第一章 关于基本养老保险

第一条 社会保险法第十五条规定的统筹养老金,按照国务院规定的基础养老金计发办法计发。

第二条 参加职工基本养老保险的个人达到法定退休年龄时,累计缴费不足十五年的,可以延长缴费至满十五年。社会保险法实施前参保、延长缴费五年后仍不足十五年的,可以一次性缴费至满十五年。

第三条 参加职工基本养老保险的个人达到法定退休年龄后,累计缴费不足十五年(含依照第二条规定延长缴费)的,可以申请转入户籍所在地新型农村社会养老保险或者城镇居民社会养老保险,享受相应的养老保险待遇。

参加职工基本养老保险的个人达到法定退休年龄后,累计缴费不足十五年(含依照第二条规定延长缴费),且未转入新型农村社会养老保险或者城镇居民社会养老保险的,个人可以书面申请终止职工基本养老保险关系。社会保险经办机构收到申请后,应当书面告知其转入新型农村社会养老保险或者城镇居民社会养老保险的权利以及终止职工基本养老保险关系的后果,经本人书面确认后,终止其职工基本养老保险关系,并将个人账户储存额一次性支付给本人。

第四条 参加职工基本养老保险的个人跨省流动就业,达到法定退休年龄时累计缴费不足十五年的,按照《国务院办公厅关于转发人力资源社会保障部财政部城镇企业职工基本养老保险关系转移接续暂行办法的通知》(国办发〔2009〕66号)有关待遇领取地的规定确定继续缴费地后,按照此规定第二条办理。

第五条 参加职工基本养老保险的个人跨省流动就业,符合按月领取基本养老金条件时,基本养老金分段计算、统一支付的具体办法,按照《国务院办公厅关于转发人力资源社会保障部财政部城镇企业职工基本养老保险关系转移接续暂行办法的通知》(国办发〔2009〕66号)执行。

第六条 职工基本养老保险个人账户不得提前支取。个人在达到法定的领取基本养老金条件前离境定居的,其个人账户予以保留,达到法定领取条件时,按照国家规定享受相应的养老保险待遇。其中,丧失中华人民共和国国籍的,可以在其离境时或者离境后书面申请终止职工基本养老保险关系。社会保险经办机构收到申请后,应当书面告知其保留个人账户的权利以及终止职工基本养老保险关系的后果,经本人书面确认后,终止其职工基本养老保险关系,并将个人账户储存额一次性支付给本人。

参加职工基本养老保险的个人死亡后,其个人账户中的余额可以全部依法继承。

第二章 关于基本医疗保险

第七条 社会保险法第二十七条规定的退休人员享受基本医疗保险待遇的缴费年限按照各地规定执行。

参加职工基本医疗保险的个人,基本医疗保险关系转移接续时,基本医疗保险缴费年限累计计算。

第八条 参保人员在协议医疗机构发生的医疗费用，符合基本医疗保险药品目录、诊疗项目、医疗服务设施标准的，按照国家规定从基本医疗保险基金中支付。

参保人员确需急诊、抢救的，可以在非协议医疗机构就医；因抢救必须使用的药品可以适当放宽范围。参保人员急诊、抢救的医疗服务具体管理办法由统筹地区根据当地实际情况制定。

第三章 关于工伤保险

第九条 职工（包括非全日制从业人员）在两个或者两个以上用人单位同时就业的，各用人单位应当分别为职工缴纳工伤保险费。职工发生工伤，由职工受到伤害时工作的单位依法承担工伤保险责任。

第十条 社会保险法第三十七条第二项中的醉酒标准，按照《车辆驾驶人员血液、呼气酒精含量阈值与检验》（GB 19522—2004）执行。公安机关交通管理部门、医疗机构等有关单位依法出具的检测结论、诊断证明等材料，可以作为认定醉酒的依据。

第十一条 社会保险法第三十八条第八项中的因工死亡补助金是指《工伤保险条例》第三十九条的一次性工亡补助金，标准为工伤发生时上一年度全国城镇居民人均可支配收入的20倍。

上一年度全国城镇居民人均可支配收入以国家统计局公布的数据为准。

第十二条 社会保险法第三十九条第一项治疗工伤期间的工资福利，按照《工伤保险条例》第三十三条有关职工在停工留薪期内应当享受的工资福利和护理等待遇的规定执行。

第四章 关于失业保险

第十三条 失业人员符合社会保险法第四十五条规定条件的，可以申请领取失业保险金并享受其他失业保险待遇。其中，非因本人意愿中断就业包括下列情形：

（一）依照劳动合同法第四十四条第一项、第四项、第五项规定终止劳动合同的；

（二）由用人单位依照劳动合同法第三十九条、第四十条、第四十一条规定解除劳动合同的；

（三）用人单位依照劳动合同法第三十六条规定向劳动者提出解除劳动合同并与劳动者协商一致解除劳动合同的；

（四）由用人单位提出解除聘用合同或者被用人单位辞退、除名、开除的；

（五）劳动者本人依照劳动合同法第三十八条规定解除劳动合同的；

（六）法律、法规、规章规定的其他情形。

第十四条 失业人员领取失业保险金后重新就业的，再次失业时，缴费时间重新计算。失业人员因当期不符合失业保险金领取条件的，原有缴费时间予以保留，重新就业并参保的，缴费时间累计计算。

第十五条 失业人员在领取失业保险金期间，应当积极求职，接受职业介绍和职业培训。失业人员接受职业介绍、职业培训的补贴由失业保险基金按照规定支付。

第五章 关于基金管理和经办服务

第十六条 社会保险基金预算、决算草案的编制、审核和批准，依照《国务院关于试行社会保险基金预算的意见》（国发〔2010〕2号）的规定执行。

第十七条 社会保险经办机构应当每年至少一次将参保人员个人权益记录单通过邮寄方式寄送本人。同时，社会保险经办机构可以通过手机短信或者电子邮件等方式向参保人员发送个人权益记录。

第十八条 社会保险行政部门、社会保险经办机构及其工作人员应当依法为用人单位和个人的信息保密，不得违法向他人泄露下列信息：

（一）涉及用人单位商业秘密或者公开后可能损害用人单位合法利益的信息；

（二）涉及个人权益的信息。

第六章 关于法律责任

第十九条 用人单位在终止或者解除劳动合同时拒不向职工出具终止或者解除劳动关系证明，导致职工无法享受社会保险待遇的，用人单位应当依法承担赔偿责任。

第二十条 职工应当缴纳的社会保险费由用人单位代扣代缴。用人单位未依法代扣代缴的，由社会保险费征收机构责令用人单位限期代缴，并自欠缴之日起向用人单位按日加收万分之五的滞纳金。用人单位不得要求职工承担滞纳金。

第二十一条 用人单位因不可抗力造成生产经营出现严重困难的，经省级人民政府社会保险行政部门批准后，可以暂缓缴纳一定期限的社会保险费，期限一般不超过一年。暂缓缴费期间，免收滞纳金。到期后，用人单位应当缴纳相应的社会保险费。

第二十二条 用人单位按照社会保险法第六十三条的规定，提供担保并与社会保险费征收机构签订缓缴协议的，免收缓缴期间的滞纳金。

第二十三条 用人单位按照此规定第二十一条、第二十二条缓缴社会保险费期间，不影响其职工依法享受社会保险待遇。

第二十四条 用人单位未按月将缴纳社会保险费的明细情况告知职工本人的，由社会保险行政部门责令改正；逾期不改的，按照《劳动保障监察条例》第三十条的规定处理。

第二十五条 医疗机构、药品经营单位等社会保险服务机构以欺诈、伪造证明材料或者其他手段骗取社会保险基金支出的，由社会保险行政部门责令退回骗取的社会保险金，处骗取金额二倍以上五倍以下的罚款。对与社会保险经办机构签订服务协议的医疗机构、药品经营单位，由社会保险经办机构按照协议追究责任，情节严重的，可以解除与其签订的服务协议。对有执业资格的直接负责的主管人员和其他直接责任人员，由社会保险行政部门建议授予其执业资格的有关主管部门依法吊销其执业资格。

第二十六条 社会保险经办机构、社会保险费征收机构、社会保险基金投资运营机构、开设社会保险基金专户的机构和专户管理银行及其工作人员有下列违法情形的，由社会保险行政部门按照社会保险法第九十一条的规定查处：

（一）将应征和已征的社会保险基金，采取隐藏、非法放置等手段，未按规定征缴、入账的；

（二）违规将社会保险基金转入社会保险基金专户以外的账户的；

（三）侵吞社会保险基金的；

（四）将各项社会保险基金互相挤占或者其他社会保障基金挤占社会保险基金的；

（五）将社会保险基金用于平衡财政预算，兴建、改建办公场所和支付人员经费、运行费用、管理费用的；

（六）违反国家规定的投资运营政策的。

第七章 其他

第二十七条 职工与所在用人单位发生社会保险争议的，可以依照《中华人民共和国劳动争议调解仲裁法》《劳动人事争议仲裁办案规则》的规定，申请调解、仲裁，提起诉讼。

职工认为用人单位有未按时足额为其缴纳社会保险费等侵害其社会保险权益行为的，也可以要求社会保险行政部门或者社会保险费征收机构依法处理。社会保险行政部门或者社会保险费征收机构应当按照社会保险法和《劳动保障监察条例》等相关规定处理。在处理过程中，用人单位对双方的劳动关系提出异议的，社会保险行政部门应当依法查明相关事实后继续处理。

第二十八条 在社会保险经办机构征收社会保险费的地区，社会保险行政部门应当依法履行社会保险法第六十三条所规定的有关行政部门的职责。

第二十九条 2011年7月1日后对用人单位未按时足额缴纳社会保险费的处理，按照社会保险法和此规定执行；对2011年7月1日前发生的用人单位未按时足额缴纳社会保险费的行为，按照国家和地方人民政府的有关规定执行。

第三十条 此规定2011年7月1日施行。

工伤保险条例

（2003年4月27日中华人民共和国国务院令第375号公布 根据2010年12月20日《国务院关于修改〈工伤保险条例〉的决定》修订）

第一章 总则

第一条 为了保障因工作遭受事故伤害或者患职业病的职工获得医疗救治和经济补偿，促进工伤预防和职业康复，分散用人单位的工伤风险，制定本条例。

第二条 中华人民共和国境内的企业、事业单位、社会团体、民办非企业单位、基金会、律师事务所、会计师事务所等组织和有雇工的个体工商户（以下称用人单位）应当依照本条例规定参加工伤保险，为本单位全部职工或者雇工（以下称职工）缴纳工伤保险费。

中华人民共和国境内的企业、事业单位、社会团体、民办非企业单位、基金会、律师事务所、会计师事务所等组织的职工和个体工商户的雇工，均有依照本条例的规定享受工伤保险待遇的权利。

第三条 工伤保险费的征缴按照《社会保险费征缴暂行条例》关于基本养老保险费、基本医疗保险费、失业保险费的征缴规定执行。

第四条 用人单位应当将参加工伤保险的有关情况在本单位内公示。

用人单位和职工应当遵守有关安全生产和职业病防治的法律法规，执行安全卫生规程和标准，预防工伤事故发生，避免和减少职业病危害。

职工发生工伤时，用人单位应当采取措施使工伤职工得到及时救治。

第五条 国务院社会保险行政部门负责全国的工伤保险工作。

县级以上地方各级人民政府社会保险行政部门负责本行政区域内的工伤保险工作。

社会保险行政部门按照国务院有关规定设立的社会保险经办机构（以下称经办机构）具体承办工伤保险事务。

第六条 社会保险行政部门等部门制定工伤保险的政策、标准，应当征求工会组织、用人单位代表的意见。

第二章 工伤保险基金

第七条 工伤保险基金由用人单位缴纳的工伤保险费、工伤保险基金的利息和依法纳入工伤保险基金的其他资金构成。

第八条 工伤保险费根据以支定收、收支平衡的原则，确定费率。

国家根据不同行业的工伤风险程度确定行业的差别费率，并根据工伤保险费使用、工伤发生率等情况在每个行业内确定若干费率档次。行业差别费率及行业内费率档次由国务院社会保险行政部门制定，报国务院批准后公布施行。

统筹地区经办机构根据用人单位工伤保险费使用、工伤发生率等情况，适用所属行业内相应的费率档次确定单位缴费费率。

第九条 国务院社会保险行政部门应当定期了解全国各统筹地区工伤保险基金收支情况，及时提出调整行业差别费率及行业内费率档次的方案，报国务院批准后公布施行。

第十条 用人单位应当按时缴纳工伤保险费。职工个人不缴纳工伤保险费。

用人单位缴纳工伤保险费的数额为本单位职工工资总额乘以单位缴费费率之积。

对难以按照工资总额缴纳工伤保险费的行业，其缴纳工伤保险费的具体方式，由国务院社会保险行政部门规定。

第十一条 工伤保险基金逐步实行省级统筹。

跨地区、生产流动性较大的行业，可以采取相对集中的方式异地参加统筹地区的工伤保险。具体办法由国务院社会保险行政部门会同有关行业的主管部门制定。

第十二条 工伤保险基金存入社会保障基金财政专户，用于本条例规定的工伤保险待遇，劳动能力鉴定，工伤预防的宣传、培训等费用，以及法律、法规规定的用于工伤保险的其他费用的支付。

工伤预防费用的提取比例、使用和管理的具体办法，由国务院社会保险行政部门会同国务院财政、卫生行政、安全生产监督管理等部门规定。

任何单位或者个人不得将工伤保险基金用于投资运营、兴建或者改建办公场所、发放奖金，或者挪作其他用途。

第十三条 工伤保险基金应当留有一定比例的储备金，用于统筹地区重大事故的工伤保险待遇支付；储备金不足支付的，由统筹地区的人民政府垫付。储备金占基金总额的具体比例和储备金的使用办法，由省、自治区、直辖市人民政府规定。

第三章 工伤认定

第十四条 职工有下列情形之一的，应当认定为工伤：

（一）在工作时间和工作场所内，因工作原因受到事故伤害的；

（二）工作时间前后在工作场所内，从事与工作有关的预备性或者收尾性工作受到事故伤害的；

（三）在工作时间和工作场所内，因履行工作职责受到暴力等意外伤害的；

（四）患职业病的；

（五）因工外出期间，由于工作原因受到伤害或者发生事故下落不明的；

（六）在上下班途中，受到非本人主要责任的交通事故或者城市轨道交通、客运轮渡、火车事故伤害的；

（七）法律、行政法规规定应当认定为工伤的其他情形。

第十五条 职工有下列情形之一的，视同工伤：

（一）在工作时间和工作岗位，突发疾病死亡或者在48小时之内经抢救无效死亡的；

（二）在抢险救灾等维护国家利益、公共利益活动中受到伤害的；

（三）职工原在军队服役，因战、因公负伤致残，已取得革命伤残军人证，到用人单位后旧伤复发的。

职工有前款第（一）项、第（二）项情形的，按照本条例的有关规定享受工伤保险待遇；职工有前款第（三）项情形的，按照本条例的有关规定享受除一次性伤残补助金以外的工伤保险待遇。

第十六条 职工符合本条例第十四条、第十五条的规定，但是有下列情形之一的，不得认定为工伤或者视同工伤：

（一）故意犯罪的；

（二）醉酒或者吸毒的；

（三）自残或者自杀的。

第十七条　职工发生事故伤害或者按照职业病防治法规定被诊断、鉴定为职业病，所在单位应当自事故伤害发生之日或者被诊断、鉴定为职业病之日起30日内，向统筹地区社会保险行政部门提出工伤认定申请。遇有特殊情况，经报社会保险行政部门同意，申请时限可以适当延长。

用人单位未按前款规定提出工伤认定申请的，工伤职工或者其近亲属、工会组织在事故伤害发生之日或者被诊断、鉴定为职业病之日起1年内，可以直接向用人单位所在地统筹地区社会保险行政部门提出工伤认定申请。

按照本条第一款规定应当由省级社会保险行政部门进行工伤认定的事项，根据属地原则由用人单位所在地的设区的市级社会保险行政部门办理。

用人单位未在本条第一款规定的时限内提交工伤认定申请，在此期间发生符合本条例规定的工伤待遇等有关费用由该用人单位负担。

第十八条　提出工伤认定申请应当提交下列材料：

（一）工伤认定申请表；

（二）与用人单位存在劳动关系（包括事实劳动关系）的证明材料；

（三）医疗诊断证明或者职业病诊断证明书（或者职业病诊断鉴定书）。

工伤认定申请表应当包括事故发生的时间、地点、原因以及职工伤害程度等基本情况。

工伤认定申请人提供材料不完整的，社会保险行政部门应当一次性书面告知工伤认定申请人需要补正的全部材料。申请人按照书面告知要求补正材料后，社会保险行政部门应当受理。

第十九条　社会保险行政部门受理工伤认定申请后，根据审核需要可以对事故伤害进行调查核实，用人单位、职工、工会组织、医疗机构以及有关部门应当予以协助。职业病诊断和诊断争议的鉴定，依照职业病防治法的有关规定执行。对依法取得职业病诊断证明书或者职业病诊断鉴定书的，社会保险行政部门不再进行调查核实。

职工或者其近亲属认为是工伤，用人单位不认为是工伤的，由用人单位承担举证责任。

第二十条　社会保险行政部门应当自受理工伤认定申请之日起60日内作出工伤认定的决定，并书面通知申请工伤认定的职工或者其近亲属和该职工所在单位。

社会保险行政部门对受理的事实清楚、权利义务明确的工伤认定申请，应当在15日内作出工伤认定的决定。

作出工伤认定决定需要以司法机关或者有关行政主管部门的结论为依据的，在司法机关或者有关行政主管部门尚未作出结论期间，作出工伤认定决定的时限中止。

社会保险行政部门工作人员与工伤认定申请人有利害关系的，应当回避。

第四章　劳动能力鉴定

第二十一条　职工发生工伤，经治疗伤情相对稳定后存在残疾、影响劳动能力的，应当进行劳动能力鉴定。

第二十二条　劳动能力鉴定是指劳动功能障碍程度和生活自理障碍程度的等级鉴定。

劳动功能障碍分为十个伤残等级，最重的为一级，最轻的为十级。

生活自理障碍分为三个等级：生活完全不能自理、生活大部分不能自理和生活部分不能自理。

劳动能力鉴定标准由国务院社会保险行政部门会同国务院卫生行政部门等部门制定。

第二十三条 劳动能力鉴定由用人单位、工伤职工或者其近亲属向设区的市级劳动能力鉴定委员会提出申请，并提供工伤认定决定和职工工伤医疗的有关资料。

第二十四条 省、自治区、直辖市劳动能力鉴定委员会和设区的市级劳动能力鉴定委员会分别由省、自治区、直辖市和设区的市级社会保险行政部门、卫生行政部门、工会组织、经办机构代表以及用人单位代表组成。

劳动能力鉴定委员会建立医疗卫生专家库。列入专家库的医疗卫生专业技术人员应当具备下列条件：

（一）具有医疗卫生高级专业技术职务任职资格；

（二）掌握劳动能力鉴定的相关知识；

（三）具有良好的职业品德。

第二十五条 设区的市级劳动能力鉴定委员会收到劳动能力鉴定申请后，应当从其建立的医疗卫生专家库中随机抽取3名或者5名相关专家组成专家组，由专家组提出鉴定意见。设区的市级劳动能力鉴定委员会根据专家组的鉴定意见作出工伤职工劳动能力鉴定结论；必要时，可以委托具备资格的医疗机构协助进行有关的诊断。

设区的市级劳动能力鉴定委员会应当自收到劳动能力鉴定申请之日起60日内作出劳动能力鉴定结论，必要时，作出劳动能力鉴定结论的期限可以延长30日。劳动能力鉴定结论应当及时送达申请鉴定的单位和个人。

第二十六条 申请鉴定的单位或者个人对设区的市级劳动能力鉴定委员会作出的鉴定结论不服的，可以在收到该鉴定结论之日起15日内向省、自治区、直辖市劳动能力鉴定委员会提出再次鉴定申请。省、自治区、直辖市劳动能力鉴定委员会作出的劳动能力鉴定结论为最终结论。

第二十七条 劳动能力鉴定工作应当客观、公正。劳动能力鉴定委员会组成人员或者参加鉴定的专家与当事人有利害关系的，应当回避。

第二十八条 自劳动能力鉴定结论作出之日起1年后，工伤职工或者其近亲属、所在单位或者经办机构认为伤残情况发生变化的，可以申请劳动能力复查鉴定。

第二十九条 劳动能力鉴定委员会依照本条例第二十六条和第二十八条的规定进行再次鉴定和复查鉴定的期限，依照本条例第二十五条第二款的规定执行。

第五章 工伤保险待遇

第三十条 职工因工作遭受事故伤害或者患职业病进行治疗，享受工伤医疗待遇。

职工治疗工伤应当在签订服务协议的医疗机构就医，情况紧急时可以先到就近的医疗机构急救。

治疗工伤所需费用符合工伤保险诊疗项目目录、工伤保险药品目录、工伤保险住院服务标准的，从工伤保险基金支付。工伤保险诊疗项目目录、工伤保险药品目录、工伤保险住院服务标准，由国务院社会保险行政部门会同国务院卫生行政部门、食品药品监督管理部门等部门规定。

职工住院治疗工伤的伙食补助费，以及经医疗机构出具证明，报经办机构同意，工伤职工到统筹地区以外就医所需的交通、食宿费用从工伤保险基金支付，基金支付的具体标准由统筹地区人民政府规定。

工伤职工治疗非工伤引发的疾病，不享受工伤医疗待遇，按照基本医疗保险办法处理。

工伤职工到签订服务协议的医疗机构进行工伤康复的费用，符合规定的，从工伤保险基金支付。

第三十一条 社会保险行政部门作出认定为工伤的决定后发生行政复议、行政诉讼的，行政复议和行政诉讼期间不停止支付工伤职工治疗工伤的医疗费用。

第三十二条 工伤职工因日常生活或者就业需要，经劳动能力鉴定委员会确认，可以安装假肢、矫形器、假眼、假牙和配置轮椅等辅助器具，所需费用按照国家规定的标准从工伤保险基金支付。

第三十三条 职工因工作遭受事故伤害或者患职业病需要暂停工作接受工伤医疗的，在停工留薪期内，原工资福利待遇不变，由所在单位按月支付。

停工留薪期一般不超过12个月。伤情严重或者情况特殊，经设区的市级劳动能力鉴定委员会确认，可以适当延长，但延长不得超过12个月。工伤职工评定伤残等级后，停发原待遇，按照本章的有关规定享受伤残待遇。工伤职工在停工留薪期满后仍需治疗的，继续享受工伤医疗待遇。

生活不能自理的工伤职工在停工留薪期需要护理的，由所在单位负责。

第三十四条 工伤职工已经评定伤残等级并经劳动能力鉴定委员会确认需要生活护理的，从工伤保险基金按月支付生活护理费。

生活护理费按照生活完全不能自理、生活大部分不能自理或者生活部分不能自理3个不同等级支付，其标准分别为统筹地区上年度职工月平均工资的50%、40%或者30%。

第三十五条 职工因工致残被鉴定为一级至四级伤残的，保留劳动关系，退出工作岗位，享受以下待遇：

（一）从工伤保险基金按伤残等级支付一次性伤残补助金，标准为：一级伤残为27个月的本人工资，二级伤残为25个月的本人工资，三级伤残为23个月的本人工资，四级伤残为21个月的本人工资；

（二）从工伤保险基金按月支付伤残津贴，标准为：一级伤残为本人工资的90%，二级伤残为本人工资的85%，三级伤残为本人工资的80%，四级伤残为本人工资的75%。伤残津贴实际金额低于当地最低工资标准的，由工伤保险基金补足差额；

（三）工伤职工达到退休年龄并办理退休手续后，停发伤残津贴，按照国家有关规定享受基本养老保险待遇。基本养老保险待遇低于伤残津贴的，由工伤保险基金补足差额。

职工因工致残被鉴定为一级至四级伤残的，由用人单位和职工个人以伤残津贴为基数，缴纳基本医疗保险费。

第三十六条 职工因工致残被鉴定为五级、六级伤残的，享受以下待遇：

（一）从工伤保险基金按伤残等级支付一次性伤残补助金，标准为：五级伤残为18个月的本人工资，六级伤残为16个月的本人工资；

（二）保留与用人单位的劳动关系，由用人单位安排适当工作。难以安排工作的，由用人单位按月发给伤残津贴，标准为：五级伤残为本人工资的70%，六级伤残为本人工资的60%，并由用人单位按照规定为其缴纳应缴纳的各项社会保险费。伤残津贴实际金额低于当地最低工资标准的，由用人单位补足差额。

经工伤职工本人提出，该职工可以与用人单位解除或者终止劳动关系，由工伤保险基金支付一次性工伤医疗补助金，由用人单位支付一次性伤残就业补助金。一次性工伤医疗补助金和一次性伤残就业补助金的具体标准由省、自治区、直辖市人民政府规定。

第三十七条 职工因工致残被鉴定为七级至十级伤残的，享受以下待遇：

（一）从工伤保险基金按伤残等级支付一次性伤残补助金，标准为：七级伤残为13个月的本人工资，八级伤残为11个月的本人工资，九级伤残为9个月的本人工资，十级伤残为7个月的本人工资；

（二）劳动、聘用合同期满终止，或者职工本人提出解除劳动、聘用合同的，由工伤保险基金支付一次性工伤医疗补助金，由用人单位支付一次性伤残就业补助金。一次性工伤医疗补助金和一次性伤残就业补助金的具体标准由省、自治区、直辖市人民政府规定。

第三十八条 工伤职工工伤复发，确认需要治疗的，享受本条例第三十条、第三十二条和第三十三条规定的工伤待遇。

第三十九条　职工因工死亡，其近亲属按照下列规定从工伤保险基金领取丧葬补助金、供养亲属抚恤金和一次性工亡补助金：

（一）丧葬补助金为6个月的统筹地区上年度职工月平均工资；

（二）供养亲属抚恤金按照职工本人工资的一定比例发给由因工死亡职工生前提供主要生活来源、无劳动能力的亲属。标准为：配偶每月40%，其他亲属每人每月30%，孤寡老人或者孤儿每人每月在上述标准的基础上增加10%。核定的各供养亲属的抚恤金之和不应高于因工死亡职工生前的工资。供养亲属的具体范围由国务院社会保险行政部门规定；

（三）一次性工亡补助金标准为上一年度全国城镇居民人均可支配收入的20倍。

伤残职工在停工留薪期内因工伤导致死亡的，其近亲属享受本条第一款规定的待遇。

一级至四级伤残职工在停工留薪期满后死亡的，其近亲属可以享受本条第一款第（一）项、第（二）项规定的待遇。

第四十条　伤残津贴、供养亲属抚恤金、生活护理费由统筹地区社会保险行政部门根据职工平均工资和生活费用变化等情况适时调整。调整办法由省、自治区、直辖市人民政府规定。

第四十一条　职工因工外出期间发生事故或者在抢险救灾中下落不明的，从事故发生当月起3个月内照发工资，从第4个月起停发工资，由工伤保险基金向其供养亲属按月支付供养亲属抚恤金。生活有困难的，可以预支一次性工亡补助金的50%。职工被人民法院宣告死亡的，按照本条例第三十九条职工因工死亡的规定处理。

第四十二条　工伤职工有下列情形之一的，停止享受工伤保险待遇：

（一）丧失享受待遇条件的；

（二）拒不接受劳动能力鉴定的；

（三）拒绝治疗的。

第四十三条　用人单位分立、合并、转让的，承继单位应当承担原用人单位的工伤保险责任；原用人单位已经参加工伤保险的，承继单位应当到当地经办机构办理工伤保险变更登记。

用人单位实行承包经营的，工伤保险责任由职工劳动关系所在单位承担。

职工被借调期间受到工伤事故伤害的，由原用人单位承担工伤保险责任，但原用人单位与借调单位可以约定补偿办法。

企业破产的，在破产清算时依法拨付应当由单位支付的工伤保险待遇费用。

第四十四条　职工被派遣出境工作，依据前往国家或者地区的法律应当参加当地工伤保险的，参加当地工伤保险，其国内工伤保险关系中止；不能参加当地工伤保险的，其国内工伤保险关系不中止。

第四十五条　职工再次发生工伤，根据规定应当享受伤残津贴的，按照新认定的伤残等级享受伤残津贴待遇。

第六章　监督管理

第四十六条　经办机构具体承办工伤保险事务，履行下列职责：

（一）根据省、自治区、直辖市人民政府规定，征收工伤保险费；

（二）核查用人单位的工资总额和职工人数，办理工伤保险登记，并负责保存用人单位缴费和职工享受工伤保险待遇情况的记录；

（三）进行工伤保险的调查、统计；

（四）按照规定管理工伤保险基金的支出；

（五）按照规定核定工伤保险待遇；

（六）为工伤职工或者其近亲属免费提供咨询服务。

第四十七条　经办机构与医疗机构、辅助器具配置机构在平等协商的基础上签订服务协议，并公布签订服务协议的医疗机构、辅助器具配置机构的名单。具体办法由国务院社会保险行政部门分别会同国务院卫生行政部门、民政部门等部门制定。

第四十八条　经办机构按照协议和国家有关目录、标准对工伤职工医疗费用、康复费用、辅助器具费用的使用情况进行核查，并按时足额结算费用。

第四十九条　经办机构应当定期公布工伤保险基金的收支情况，及时向社会保险行政部门提出调整费率的建议。

第五十条　社会保险行政部门、经办机构应当定期听取工伤职工、医疗机构、辅助器具配置机构以及社会各界对改进工伤保险工作的意见。

第五十一条　社会保险行政部门依法对工伤保险费的征缴和工伤保险基金的支付情况进行监督检查。

财政部门和审计机关依法对工伤保险基金的收支、管理情况进行监督。

第五十二条　任何组织和个人对有关工伤保险的违法行为，有权举报。社会保险行政部门对举报应当及时调查，按照规定处理，并为举报人保密。

第五十三条　工会组织依法维护工伤职工的合法权益，对用人单位的工伤保险工作实行监督。

第五十四条　职工与用人单位发生工伤待遇方面的争议，按照处理劳动争议的有关规定处理。

第五十五条　有下列情形之一的，有关单位或者个人可以依法申请行政复议，也可以依法向人民法院提起行政诉讼：

（一）申请工伤认定的职工或者其近亲属、该职工所在单位对工伤认定申请不予受理的决定不服的；

（二）申请工伤认定的职工或者其近亲属、该职工所在单位对工伤认定结论不服的；

（三）用人单位对经办机构确定的单位缴费费率不服的；

（四）签订服务协议的医疗机构、辅助器具配置机构认为经办机构未履行有关协议或者规定的；

（五）工伤职工或者其近亲属对经办机构核定的工伤保险待遇有异议的。

第七章　法律责任

第五十六条　单位或者个人违反本条例第十二条规定挪用工伤保险基金，构成犯罪的，依法追究刑事责任；尚不构成犯罪的，依法给予处分或者纪律处分。被挪用的基金由社会保险行政部门追回，并入工伤保险基金；没收的违法所得依法上缴国库。

第五十七条　社会保险行政部门工作人员有下列情形之一的，依法给予处分；情节严重，构成犯罪的，依法追究刑事责任：

（一）无正当理由不受理工伤认定申请，或者弄虚作假将不符合工伤条件的人员认定为工伤职工的；

（二）未妥善保管申请工伤认定的证据材料，致使有关证据灭失的；

（三）收受当事人财物的。

第五十八条　经办机构有下列行为之一的，由社会保险行政部门责令改正，对直接负责的主管人员和其他责任人员依法给予纪律处分；情节严重，构成犯罪的，依法追究刑事责任；造成当事人经济损失的，由经办机构依法承担赔偿责任：

（一）未按规定保存用人单位缴费和职工享受工伤保险待遇情况记录的；

（二）不按规定核定工伤保险待遇的；

（三）收受当事人财物的。

第五十九条 医疗机构、辅助器具配置机构不按服务协议提供服务的，经办机构可以解除服务协议。

经办机构不按时足额结算费用的，由社会保险行政部门责令改正；医疗机构、辅助器具配置机构可以解除服务协议。

第六十条 用人单位、工伤职工或者其近亲属骗取工伤保险待遇，医疗机构、辅助器具配置机构骗取工伤保险基金支出的，由社会保险行政部门责令退还，处骗取金额2倍以上5倍以下的罚款；情节严重，构成犯罪的，依法追究刑事责任。

第六十一条 从事劳动能力鉴定的组织或者个人有下列情形之一的，由社会保险行政部门责令改正，处2 000元以上1万元以下的罚款；情节严重，构成犯罪的，依法追究刑事责任：

（一）提供虚假鉴定意见的；

（二）提供虚假诊断证明的；

（三）收受当事人财物的。

第六十二条 用人单位依照本条例规定应当参加工伤保险而未参加的，由社会保险行政部门责令限期参加，补缴应当缴纳的工伤保险费，并自欠缴之日起，按日加收万分之五的滞纳金，逾期仍不缴纳的，处欠缴数额1倍以上3倍以下的罚款。

依照本条例规定应当参加工伤保险而未参加工伤保险的用人单位职工发生工伤的，由该用人单位按照本条例规定的工伤保险待遇项目和标准支付费用。

用人单位参加工伤保险并补缴应当缴纳的工伤保险费、滞纳金后，由工伤保险基金和用人单位依照本条例的规定支付新发生的费用。

第六十三条 用人单位违反本条例第十九条的规定，拒不协助社会保险行政部门对事故进行调查核实的，由社会保险行政部门责令改正，处2 000元以上2万元以下的罚款。

第八章 附则

第六十四条 本条例所称工资总额，是指用人单位直接支付给本单位全部职工的劳动报酬总额。

本条例所称本人工资，是指工伤职工因工作遭受事故伤害或者患职业病前12个月平均月缴费工资。本人工资高于统筹地区职工平均工资300%的，按照统筹地区职工平均工资的300%计算；本人工资低于统筹地区职工平均工资60%的，按照统筹地区职工平均工资的60%计算。

第六十五条 公务员和参照公务员法管理的事业单位、社会团体的工作人员因工作遭受事故伤害或者患职业病的，由所在单位支付费用。具体办法由国务院社会保险行政部门会同国务院财政部门规定。

第六十六条 无营业执照或者未经依法登记、备案的单位以及被依法吊销营业执照或者撤销登记、备案的单位的职工受到事故伤害或者患职业病的，由该单位向伤残职工或者死亡职工的近亲属给予一次性赔偿，赔偿标准不得低于本条例规定的工伤保险待遇；用人单位不得使用童工，用人单位使用童工造成童工伤残、死亡的，由该单位向童工或者童工的近亲属给予一次性赔偿，赔偿标准不得低于本条例规定的工伤保险待遇。具体办法由国务院社会保险行政部门规定。

前款规定的伤残职工或者死亡职工的近亲属就赔偿数额与单位发生争议的，以及前款规定的童工或者童工的近亲属就赔偿数额与单位发生争议的，按照处理劳动争议的有关规定处理。

第六十七条 本条例自2004年1月1日起施行。本条例施行前已受到事故伤害或者患职业病的职工尚未完成工伤认定的，按照本条例的规定执行。

失业保险条例

（1998年12月26日国务院第11次常务会议通过　1999年1月22日国务院令第258号发布　自发布之日起施行）

第一章　总则

第一条　为了保障失业人员失业期间的基本生活，促进其再就业，制定本条例。

第二条　城镇企业事业单位、城镇企业事业单位职工依照本条例的规定，缴纳失业保险费。

城镇企业事业单位失业人员依照本条例的规定，享受失业保险待遇。

本条所称城镇企业，是指国有企业、城镇集体企业、外商投资企业、城镇私营企业以及其他城镇企业。

第三条　国务院劳动保障行政部门主管全国的失业保险工作。县级以上地方各级人民政府劳动保障行政部门主管本行政区域内的失业保险工作。劳动保障行政部门按照国务院规定设立的经办失业保险业务的社会保险经办机构依照本条例的规定，具体承办失业保险工作。

第四条　失业保险费按照国家有关规定征缴。

第二章　失业保险基金

第五条　失业保险基金由下列各项构成：

（一）城镇企业事业单位、城镇企业事业单位职工缴纳的失业保险费；

（二）失业保险基金的利息；

（三）财政补贴；

（四）依法纳入失业保险基金的其他资金。

第六条　城镇企业事业单位按照本单位工资总额的百分之二缴纳失业保险费。城镇企业事业单位职工按照本人工资的百分之一缴纳失业保险费。城镇企业事业单位招用的农民合同制工人本人不缴纳失业保险费。

第七条　失业保险基金在直辖市和设区的市实行全市统筹；其他地区的统筹层次由省、自治区人民政府规定。

第八条　省、自治区可以建立失业保险调剂金。

失业保险调剂金以统筹地区依法应当征收的失业保险费为基数，按照省、自治区人民政府规定的比例筹集。统筹地区的失业保险基金不敷使用时，由失业保险调剂金调剂、地方财政补贴。

失业保险调剂金的筹集、调剂使用以及地方财政补贴的具体办法，由省、自治区人民政府规定。

第九条　省、自治区、直辖市人民政府根据本行政区域失业人员数量和失业保险基金数额，报经国务院批准，可以适当调整本行政区域失业保险费的费率。

第十条　失业保险基金用于下列支出：

（一）失业保险金；

（二）领取失业保险金期间的医疗补助金；

（三）领取失业保险金期间死亡的失业人员的丧葬补助金和其供养的配偶、直系亲属的抚恤金；

（四）领取失业保险金期间接受职业培训、职业介绍的补贴，补贴的办法和标准由省、自治区、直辖市人民政府规定。

（五）国务院规定或者批准的与失业保险有关的其他费用。

第十一条 失业保险基金必须存入财政部门在国有商业银行开设的社会保障基金财政专户，实行收支两条线管理，由财政部门依法进行监督。

存入银行和按照国家规定购买国债的失业保险基金，分别按照城乡居民同期存款利率和国债利息计息。失业保险基金的利息并入失业保险基金。

失业保险基金专款专用，不得挪作他用，不得用于平衡财政收支。

第十二条 失业保险基金收支的预算、决算，由统筹地区社会保险经办机构编制，经同级劳动保障行政部门复核、同级财政部门审核，报同级人民政府审批。

第十三条 失业保险基金的财务制度和会计制度按照国家有关规定执行。

第三章 失业保险待遇

第十四条 具备下列条件的失业人员，可以领取失业保险金：

（一）按照规定参加失业保险，所在单位和本人已按照规定履行缴费义务满1年的；

（二）非因本人意愿中断就业的；

（三）已办理失业登记，并有求职要求的。

失业人员在领取失业保险金期间，按照规定同时享受其他失业保险待遇。

第十五条 失业人员在领取失业保险金期间有下列情形之一的，停止领取失业保险金，并同时停止享受其他失业保险待遇：

（一）重新就业的；

（二）应征服兵役的；

（三）移居境外的；

（四）享受基本养老保险待遇的；

（五）被判刑收监执行或者被劳动教养的；

（六）无正当理由，拒不接受当地人民政府指定的部门或者机构介绍的工作的；

（七）有法律、行政法规规定的其他情形的。

第十六条 城镇企业事业单位应当及时为失业人员出具终止或者解除劳动关系的证明，告知其按照规定享受失业保险待遇的权利，并将失业人员的名单自终止或者解除劳动关系之日起7日内报社会保险经办机构备案。

城镇企业事业单位职工失业后，应当持本单位为其出具的终止或者解除劳动关系的证明，及时到指定的社会保险经办机构办理失业登记。失业保险金自办理失业登记之日起计算。

失业保险金由社会保险经办机构按月发放。社会保险经办机构为失业人员开具领取失业保险金的单证，失业人员凭单证到指定银行领取失业保险金。

第十七条 失业人员失业前所在单位和本人按照规定累计缴费时间满1年不足5年的，领取失业保险金的期限最长为12个月；累计缴费时间满5年不足10年的，领取失业保险金的期限最长为18个月；累计缴费时间10年以上的，领取失业保险金的期限最长为24个月。重新就业后，再次失业的，缴费时间重新计算。再次失业领取失业保险金的期限可以与前次失业应领取而尚未领取的失业保险金的期限合并计算，但是最长不得超过24个月。

第十八条 失业保险金的标准，按照低于当地最低工资标准、高于城市居民最低生活保障标准的水平，由省、自治区、直辖市人民政府确定。

第十九条 失业人员在领取失业保险金期间患病就医的，可以按照规定向社会保险经办机构申请领取医疗补助金。医疗补助金的标准由省、自治区、直辖市人民政府规定。

第二十条 失业人员在领取失业保险金期间死亡的，参照当地对在职职工的规定，对其家属一次性发给丧葬补助金和抚恤金。

第二十一条 单位招用的农民合同制工人连续工作满1年，本单位并已缴纳失业保险费，劳动合同期满未续订或者提前解除劳动合同的，由社会保险经办机构根据其工作时间长短，对其支付一次性生活补助金。补助的办法和标准由省、自治区、直辖市人民政府规定。

第二十二条 城镇企业事业单位成建制跨统筹地区转移，失业人员跨统筹地区流动的，失业保险关系随之转迁。

第二十三条 失业人员符合城市居民最低生活保障条件的，按照规定享受城市居民最低生活保障待遇。

第四章 管理和监督

第二十四条 劳动保障行政部门管理失业保险工作，履行下列职责：

（一）贯彻实施失业保险法律、法规；

（二）指导社会保险经办机构的工作；

（三）对失业保险费的征收和失业保险待遇的支付进行监督检查。

第二十五条 社会保险经办机构具体承办失业保险工作，履行下列职责：

（一）负责失业人员的登记、调查、统计；

（二）按照规定负责失业保险基金的管理；

（三）按照规定核定失业保险待遇，开具失业人员在指定银行领取失业保险金和其他补助金的单证；

（四）拨付失业人员职业培训、职业介绍补贴费用；

（五）为失业人员提供免费咨询服务；

（六）国家规定由其履行的其他职责。

第二十六条 财政部门和审计部门依法对失业保险基金的收支、管理情况进行监督。

第二十七条 社会保险经办机构所需经费列入预算，由财政拨付。

第五章 罚则

第二十八条 不符合享受失业保险待遇条件，骗取失业保险金和其他失业保险待遇的，由社会保险经办机构责令退还；情节严重的，由劳动保障行政部门处骗取金额1倍以上3倍以下的罚款。

第二十九条 社会保险经办机构工作人员违反规定向失业人员开具领取失业保险金或者享受其他失业保险待遇单证，致使失业保险基金损失的，由劳动保障行政部门责令追回；情节严重的，依法给予行政处分。

第三十条 劳动保障行政部门和社会保险经办机构的工作人员滥用职权、徇私舞弊、玩忽职守，造成失业保险基金损失的，由劳动保障行政部门追回损失的失业保险基金；构成犯罪的，依法追究刑事责任；尚不构成犯罪的，依法给予行政处分。

第三十一条 任何单位、个人挪用失业保险基金的，追回挪用的失业保险基金；有违法所得的，没收违法所得，并入失业保险基金；构成犯罪的，依法追究刑事责任；尚不构成犯罪的，对直接负责的主管人员和其他直接责任人员依法给予行政处分。

第六章 附则

第三十二条 省、自治区、直辖市人民政府根据当地实际情况，可以决定本条例适用于本行政区域内的社会团体及其专职人员、民办非企业单位及其职工、有雇工的城镇个体工商户及其雇工。

第三十三条 本条例自发布之日起施行。1993年4月12日国务院发布的《国有企业职工待业保险规定》同时废止。

企业职工生育保险试行办法

(1994年12月14日劳部发〔1994〕504号发布)

　　第一条　为了维护企业女职工的合法权益,保障她们在生育期间得到必要的经济补偿和医疗保健,均衡企业间生育保险费用的负担,根据有关法律、法规的规定,制定本办法。

　　第二条　本办法适用于城镇企业及其职工。

　　第三条　生育保险按属地原则组织。生育保险费用实行社会统筹。

　　第四条　生育保险根据"以支定收,收支基本平衡"的原则筹集资金,由企业按照其工资总额的一定比例向社会保险经办机构缴纳生育保险费,建立生育保险基金。生育保险费的提取比例由当地人民政府根据计划内生育人数和生育津贴、生育医疗费等项费用确定,并可根据费用支出情况适时调整,但最高不得超过工资总额的百分之一。企业缴纳的生育保险费作为期间费用处理,列入企业管理费用。

　　职工个人不缴纳生育保险费。

　　第五条　女职工生育按照法律、法规的规定享受产假。产假期间的生育津贴按照本企业上年度职工月平均工资计发,由生育保险基金支付。

　　第六条　女职工生育的检查费、接生费、手术费、住院费和药费由生育保险基金支付。超出规定的医疗服务费和药费(含自费药品和营养药品的药费)由职工个人负担。

　　女职工生育出院后,因生育引起疾病的医疗费,由生育保险基金支付;其他疾病的医疗费,按照医疗保险待遇的规定办理。女职工产假期满后,因病需要休息治疗的,按照有关病假待遇和医疗保险待遇规定办理。

　　第七条　女职工生育或流产后,由本人或所在企业持当地计划生育部门签发的计划生育证明,婴儿出生、死亡或流产证明,到当地社会保险经办机构办理手续,领取生育津贴和报销生育医疗费。

　　第八条　生育保险基金由劳动部门所属的社会保险经办机构负责收缴、支付和管理。

　　生育保险基金应存入社会保险经办机构在银行开设的生育保险基金专户。银行应按照城乡居民个人储蓄同期存款利率计息,所得利息转入生育保险基金。

　　第九条　社会保险经办机构可从生育保险基金中提取管理费,用于本机构经办生育保险工作所需的人员经费、办公费及其他业务经费。管理费标准,各地根据社会保险经办机构人员设置情况,由劳动部门提出,经财政部门核定后,报当地人民政府批准。管理费提取比例最高不得超过生育保险基金的百分之二。

　　生育保险基金及管理费不征税、费。

　　第十条　生育保险基金的筹集和使用,实行财务预、决算制度,由社会保险经办机构作出年度报告,并接受同级财政、审计监督。

　　第十一条　市(县)社会保险监督机构定期监督生育保险基金管理工作。

　　第十二条　企业必须按期缴纳生育保险费。对逾期不缴纳的,按日加收千分之二的滞纳金。滞纳金转入生育保险基金。滞纳金计入营业外支出,纳税时进行调整。

　　第十三条　企业虚报、冒领生育津贴或生育医疗费的,社会保险经办机构应追回全部虚报、冒领金额,并由劳动行政部门给予处罚。

　　企业欠付或拒付职工生育津贴、生育医疗费的,由劳动行政部门责令企业限期支付;对职工造成损害的,企业应承担赔偿责任。

第十四条 劳动行政部门或社会保险经办机构的工作人员滥用职权、玩忽职守、徇私舞弊,贪污、挪用生育保险基金,构成犯罪的,依法追究刑事责任;不构成犯罪的,给予行政处分。

第十五条 省、自治区、直辖市人民政府劳动行政部门可以按照本办法的规定,结合本地区实际情况制定实施办法。

第十六条 本办法自1995年1月1日起试行。

社会保险费征缴暂行条例

(1999年1月22日中华人民共和国国务院令第259号发布 根据2019年3月24日《国务院关于修改部分行政法规的决定》第一次修订)

第一章 总则

第一条 为了加强和规范社会保险费征缴工作,保障社会保险金的发放,制定本条例。

第二条 基本养老保险费、基本医疗保险费、失业保险费(以下统称社会保险费)的征收、缴纳,适用本条例。

本条例所称缴费单位、缴费个人,是指依照有关法律、行政法规和国务院的规定,应当缴纳社会保险费的单位和个人。

第三条 基本养老保险费的征缴范围:国有企业、城镇集体企业、外商投资企业、城镇私营企业和其他城镇企业及其职工,实行企业化管理的事业单位及其职工。

基本医疗保险费的征缴范围:国有企业、城镇集体企业、外商投资企业、城镇私营企业和其他城镇企业及其职工,国家机关及其工作人员,事业单位及其职工,民办非企业单位及其职工,社会团体及其专职人员。

失业保险费的征缴范围:国有企业、城镇集体企业、外商投资企业、城镇私营企业和其他城镇企业及其职工,事业单位及其职工。

省、自治区、直辖市人民政府根据当地实际情况,可以规定将城镇个体工商户纳入基本养老保险、基本医疗保险的范围,并可以规定将社会团体及其专职人员、民办非企业单位及其职工以及有雇工的城镇个体工商户及其雇工纳入失业保险的范围。

社会保险费的费基、费率依照有关法律、行政法规和国务院的规定执行。

第四条 缴费单位、缴费个人应当按时足额缴纳社会保险费。

征缴的社会保险费纳入社会保险基金,专款专用,任何单位和个人不得挪用。

第五条 国务院劳动保障行政部门负责全国的社会保险费征缴管理和监督检查工作。县级以上地方各级人民政府劳动保障行政部门负责本行政区域内的社会保险费征缴管理和监督检查工作。

第六条 社会保险费实行三项社会保险费集中、统一征收。社会保险费的征收机构由省、自治区、直辖市人民政府规定,可以由税务机关征收,也可以由劳动保障行政部门按照国务院规定设立的社会保险经办机构(以下简称社会保险经办机构)征收。

第二章 征缴管理

第七条 缴费单位必须向当地社会保险经办机构办理社会保险登记,参加社会保险。

登记事项包括:单位名称、住所、经营地点、单位类型、法定代表人或者负责人、开户银行账号以及国务院劳动保障行政部门规定的其他事项。

第八条 企业在办理登记注册时，同步办理社会保险登记。

前款规定以外的缴费单位应当自成立之日起30日内，向当地社会保险经办机构申请办理社会保险登记。

第九条 缴费单位的社会保险登记事项发生变更或者缴费单位依法终止的，应当自变更或者终止之日起30日内，到社会保险经办机构办理变更或者注销社会保险登记手续。

第十条 缴费单位必须按月向社会保险经办机构申报应缴纳的社会保险费数额，经社会保险经办机构核定后，在规定的期限内缴纳社会保险费。

缴费单位不按规定申报应缴纳的社会保险费数额的，由社会保险经办机构暂按该单位上月缴费数额的百分之一百一十确定应缴数额；没有上月缴费数额的，由社会保险经办机构暂按该单位的经营状况、职工人数等有关情况确定应缴数额。缴费单位补办申报手续并按核定数额缴纳社会保险费后，由社会保险经办机构按照规定结算。

第十一条 省、自治区、直辖市人民政府规定由税务机关征收社会保险费的，社会保险经办机构应当及时向税务机关提供缴费单位社会保险登记、变更登记、注销登记以及缴费申报的情况。

第十二条 缴费单位和缴费个人应当以货币形式全额缴纳社会保险费。

缴费个人应当缴纳的社会保险费，由所在单位从其本人工资中代扣代缴。

社会保险费不得减免。

第十三条 缴费单位未按规定缴纳和代扣代缴社会保险费的，由劳动保障行政部门或者税务机关责令限期缴纳；逾期仍不缴纳的，除补缴欠缴数额外，从欠缴之日起，按日加收千分之二的滞纳金。滞纳金并入社会保险基金。

第十四条 征收的社会保险费存入财政部门在国有商业银行开设的社会保障基金财政专户。

社会保险基金按照不同险种的统筹范围，分别建立基本养老保险基金、基本医疗保险基金、失业保险基金。各项社会保险基金分别单独核算。

社会保险基金不计征税、费。

第十五条 省、自治区、直辖市人民政府规定由税务机关征收社会保险费的，税务机关应当及时向社会保险经办机构提供缴费单位和缴费个人的缴费情况；社会保险经办机构应当将有关情况汇总，报劳动保障行政部门。

第十六条 社会保险经办机构应当建立缴费记录，其中基本养老保险、基本医疗保险并应当按照规定记录个人账户。社会保险经办机构负责保存缴费记录，并保证其完整、安全。社会保险经办机构应当至少每年向缴费个人发送一次基本养老保险、基本医疗保险个人账户通知单。

缴费单位、缴费个人有权按照规定查询缴费记录。

第三章　监督检查

第十七条 缴费单位应当每年向本单位职工公布本单位全年社会保险费缴纳情况，接受职工监督。

社会保险经办机构应当定期向社会公告社会保险费征收情况，接受社会监督。

第十八条 按照省、自治区、直辖市人民政府关于社会保险费征缴机构的规定，劳动保障行政部门或者税务机关依法对单位缴费情况进行检查时，被检查的单位应当提供与缴纳社会保险费有关的用人情况、工资表、财务报表等资料，如实反映情况，不得拒绝检查，不得谎报、瞒报。劳动保障行政部门或者税务机关可以记录、录音、录像、照相和复制有关资料；但是，应当为缴费单位保密。

劳动保障行政部门、税务机关的工作人员在行使前款所列职权时，应当出示执行公务证件。

第十九条 劳动保障行政部门或者税务机关调查社会保险费征缴违法案件时，有关部门、单位应当给予支持、协助。

第二十条　社会保险经办机构受劳动保障行政部门的委托，可以进行与社会保险费征缴有关的检查、调查工作。

第二十一条　任何组织和个人对有关社会保险费征缴的违法行为，有权举报。劳动保障行政部门或者税务机关对举报应当及时调查，按照规定处理，并为举报人保密。

第二十二条　社会保险基金实行收支两条线管理，由财政部门依法进行监督。

审计部门依法对社会保险基金的收支情况进行监督。

第四章　罚则

第二十三条　缴费单位未按照规定办理社会保险登记、变更登记或者注销登记，或者未按照规定申报应缴纳的社会保险费数额的，由劳动保障行政部门责令限期改正；情节严重的，对直接负责的主管人员和其他直接责任人员可以处1 000元以上5 000元以下的罚款；情节特别严重的，对直接负责的主管人员和其他直接责任人员可以处5 000元以上10 000元以下的罚款。

第二十四条　缴费单位违反有关财务、会计、统计的法律、行政法规和国家有关规定，伪造、变造、故意毁灭有关账册、材料，或者不设账册，致使社会保险费缴费基数无法确定的，除依照有关法律、行政法规的规定给予行政处罚、纪律处分、刑事处罚外，依照本条例第十条的规定征缴；迟延缴纳的，由劳动保障行政部门或者税务机关依照第十三条的规定决定加收滞纳金，并对直接负责的主管人员和其他直接责任人员处5 000元以上20 000元以下的罚款。

第二十五条　缴费单位和缴费个人对劳动保障行政部门或者税务机关的处罚决定不服的，可以依法申请复议；对复议决定不服的，可以依法提起诉讼。

第二十六条　缴费单位逾期拒不缴纳社会保险费、滞纳金的，由劳动保障行政部门或者税务机关申请人民法院依法强制征缴。

第二十七条　劳动保障行政部门、社会保险经办机构或者税务机关的工作人员滥用职权、徇私舞弊、玩忽职守，致使社会保险费流失的，由劳动保障行政部门或者税务机关追回流失的社会保险费；构成犯罪的，依法追究刑事责任；尚不构成犯罪的，依法给予行政处分。

第二十八条　任何单位、个人挪用社会保险基金的，追回被挪用的社会保险基金；有违法所得的，没收违法所得，并入社会保险基金；构成犯罪的，依法追究刑事责任；尚不构成犯罪的，对直接负责的主管人员和其他直接责任人员依法给予行政处分。

第五章　附则

第二十九条　省、自治区、直辖市人民政府根据本地实际情况，可以决定本条例适用于本行政区域内工伤保险费和生育保险费的征收、缴纳。

第三十条　税务机关、社会保险经办机构征收社会保险费，不得从社会保险基金中提取任何费用，所需经费列入预算，由财政拨付。

第三十一条　本条例自发布之日起施行。

部分行业企业工伤保险费缴纳办法

（2010年12月31日人力资源和社会保障部令第10号公布）

第一条　根据《工伤保险条例》第十条第三款的授权，制定本办法。

第二条　本办法所称的部分行业企业是指建筑、服务、矿山等行业中难以直接按照工资总额计算缴纳工伤保险费的建筑施工企业、小型服务企业、小型矿山企业等。

前款所称小型服务企业、小型矿山企业的划分标准可以参照《中小企业标准暂行规定》（国经贸中小企〔2003〕143号）执行。

第三条　建筑施工企业可以实行以建筑施工项目为单位，按照项目工程总造价的一定比例，计算缴纳工伤保险费。

第四条　商贸、餐饮、住宿、美容美发、洗浴以及文体娱乐等小型服务业企业以及有雇工的个体工商户，可以按照营业面积的大小核定应参保人数，按照所在统筹地区上一年度职工月平均工资的一定比例和相应的费率，计算缴纳工伤保险费；也可以按照营业额的一定比例计算缴纳工伤保险费。

第五条　小型矿山企业可以按照总产量、吨矿工资含量和相应的费率计算缴纳工伤保险费。

第六条　本办法中所列部分行业企业工伤保险费缴纳的具体计算办法，由省级社会保险行政部门根据本地区实际情况确定。

第七条　本办法自2011年1月1日起施行。

社会保险基金先行支付暂行办法

（2011年6月29日人力资源和社会保障部令第15号公布　根据2018年12月14日《人力资源社会保障部关于修改部分规章的决定》修订）

第一条　为了维护公民的社会保险合法权益，规范社会保险基金先行支付管理，根据《中华人民共和国社会保险法》（以下简称社会保险法）和《工伤保险条例》，制定本办法。

第二条　参加基本医疗保险的职工或者居民（以下简称个人）由于第三人的侵权行为造成伤病的，其医疗费用应当由第三人按照确定的责任大小依法承担。超过第三人责任部分的医疗费用，由基本医疗保险基金按照国家规定支付。

前款规定中应当由第三人支付的医疗费用，第三人不支付或者无法确定第三人的，在医疗费用结算时，个人可以向参保地社会保险经办机构书面申请基本医疗保险基金先行支付，并告知造成其伤病的原因和第三人不支付医疗费用或者无法确定第三人的情况。

第三条　社会保险经办机构接到个人根据第二条规定提出的申请后，经审核确定其参加基本医疗保险的，应当按照统筹地区基本医疗保险基金支付的规定先行支付相应部分的医疗费用。

第四条　个人由于第三人的侵权行为造成伤病被认定为工伤，第三人不支付工伤医疗费用或者无法确定第三人的，个人或者其近亲属可以向社会保险经办机构书面申请工伤保险基金先行支付，并告知第三人不支付或者无法确定第三人的情况。

第五条　社会保险经办机构接到个人根据第四条规定提出的申请后，应当审查个人获得基本医疗保险基金先行支付和其所在单位缴纳工伤保险费等情况，并按照下列情形分别处理：

（一）对于个人所在用人单位已经依法缴纳工伤保险费，且在认定工伤之前基本医疗保险基金有先行支付的，社会保险经办机构应当按照工伤保险有关规定，用工伤保险基金先行支付超出基本医疗保险基金先行支付部分的医疗费用，并向基本医疗保险基金退还先行支付的费用；

（二）对于个人所在用人单位已经依法缴纳工伤保险费，在认定工伤之前基本医疗保险基金无先行支付的，社会保险经办机构应当用工伤保险基金先行支付工伤医疗费用；

（三）对于个人所在用人单位未依法缴纳工伤保险费，且在认定工伤之前基本医疗保险基金有先行支付的，社会保险经办机构应当在3个工作日内向用人单位发出书面催告通知，要求用人单位在5个工作日内依法支付超出基本医疗保险基金先行支付部分的医疗费用，并向基本医疗保险基金偿还先行支付的医疗费用。用人单位在规定时间内不支付其余部分医疗费用的，社会保险经办机构应当用工伤保险基金先行支付；

（四）对于个人所在用人单位未依法缴纳工伤保险费，在认定工伤之前基本医疗保险基金无先行支付的，社会保险经办机构应当在3个工作日向用人单位发出书面催告通知，要求用人单位在5个工作日内依法支付全部工伤医疗费用；用人单位在规定时间内不支付的，社会保险经办机构应当用工伤保险基金先行支付。

第六条　职工所在用人单位未依法缴纳工伤保险费，发生工伤事故的，用人单位应当采取措施及时救治，并按照规定的工伤保险待遇项目和标准支付费用。

职工被认定为工伤后，有下列情形之一的，职工或者其近亲属可以持工伤认定决定书和有关材料向社会保险经办机构书面申请先行支付工伤保险待遇：

（一）用人单位被依法吊销营业执照或者撤销登记、备案的；

（二）用人单位拒绝支付全部或者部分费用的；

（三）依法经仲裁、诉讼后仍不能获得工伤保险待遇，法院出具中止执行文书的；

（四）职工认为用人单位不支付的其他情形。

第七条　社会保险经办机构收到职工或者其近亲属根据第六条规定提出的申请后，应当在3个工作日内向用人单位发出书面催告通知，要求其在5个工作日内予以核实并依法支付工伤保险待遇，告知其如在规定期限内不按时足额支付的，工伤保险基金在按照规定先行支付后，取得要求其偿还的权利。

第八条　用人单位未按照第七条规定按时足额支付的，社会保险经办机构应当按照社会保险法和《工伤保险条例》的规定，先行支付工伤保险待遇项目中应当由工伤保险基金支付的项目。

第九条　个人或者其近亲属提出先行支付医疗费用、工伤医疗费用或者工伤保险待遇申请，社会保险经办机构经审核不符合先行支付条件的，应当在收到申请后5个工作日内作出不予先行支付的决定，并书面通知申请人。

第十条　个人申请先行支付医疗费用、工伤医疗费用或者工伤保险待遇的，应当提交所有医疗诊断、鉴定等费用的原始票据等证据。社会保险经办机构应当留存所有原始票据等证据，要求申请人在先行支付凭据上签字确认，凭原始票据等证据先行支付医疗费用、工伤医疗费用或者工伤保险待遇。

个人因向第三人或者用人单位请求赔偿需要医疗费用、工伤医疗费用或者工伤保险待遇的原始票据等证据的，可以向社会保险经办机构索取复印件，并将第三人或者用人单位赔偿情况及时告知社会保险经办机构。

第十一条　个人已经从第三人或者用人单位处获得医疗费用、工伤医疗费用或者工伤保险待遇的，应当主动将先行支付金额中应当由第三人承担的部分或者工伤保险基金先行支付的工伤保险待遇退还给基本医疗保险基金或者工伤保险基金，社会保险经办机构不再向第三人或者用人单位追偿。

个人拒不退还的，社会保险经办机构可以从以后支付的相关待遇中扣减其应当退还的数额，或者向人民法院提起诉讼。

第十二条　社会保险经办机构按照本办法第三条规定先行支付医疗费用或者按照第五条第一项、第二项规定先行支付工伤医疗费用后，有关部门确定了第三人责任的，应当要求第三人按照确定的责任大小依法偿还先行支付数额中的相应部分。第三人逾期不偿还的，社会保险经办机构应当依法向人民法院提起诉讼。

第十三条 社会保险经办机构按照本办法第五条第三项、第四项和第六条、第七条、第八条的规定先行支付工伤保险待遇后，应当责令用人单位在10日内偿还。

用人单位逾期不偿还的，社会保险经办机构可以按照社会保险法第六十三条的规定，向银行和其他金融机构查询其存款账户，申请县级以上社会保险行政部门作出划拨应偿还款项的决定，并书面通知用人单位开户银行或者其他金融机构划拨其应当偿还的数额。

用人单位账户余额少于应当偿还数额的，社会保险经办机构可以要求其提供担保，签订延期还款协议。

用人单位未按时足额偿还且未提供担保的，社会保险经办机构可以申请人民法院扣押、查封、拍卖其价值相当于应当偿还数额的财产，以拍卖所得偿还所欠数额。

第十四条 社会保险经办机构向用人单位追偿工伤保险待遇发生的合理费用以及用人单位逾期偿还部分的利息损失等，应当由用人单位承担。

第十五条 用人单位不支付依法应当由其支付的工伤保险待遇项目的，职工可以依法申请仲裁、提起诉讼。

第十六条 个人隐瞒已经从第三人或者用人单位处获得医疗费用、工伤医疗费用或者工伤保险待遇，向社会保险经办机构申请并获得社会保险基金先行支付的，按照社会保险法第八十八条的规定处理。

第十七条 用人单位对社会保险经办机构作出先行支付的追偿决定不服或者对社会保险行政部门作出的划拨决定不服的，可以依法申请行政复议或者提起行政诉讼。

个人或者其近亲属对社会保险经办机构作出不予先行支付的决定不服或者对先行支付的数额不服的，可以依法申请行政复议或者提起行政诉讼。

第十八条 本办法自2011年7月1日起施行。

社会保险基金行政监督办法

（2022年2月9日人力资源社会保障部令第48号公布 自2022年3月18日起施行）

第一章 总则

第一条 为了保障社会保险基金安全，规范和加强社会保险基金行政监督，根据《中华人民共和国社会保险法》和有关法律法规，制定本办法。

第二条 本办法所称社会保险基金行政监督，是指人力资源社会保障行政部门对基本养老保险基金、工伤保险基金、失业保险基金等人力资源社会保障部门管理的社会保险基金收支、管理情况进行的监督。

第三条 社会保险基金行政监督应当遵循合法、客观、公正、效率的原则。

第四条 人力资源社会保障部主管全国社会保险基金行政监督工作。县级以上地方各级人力资源社会保障行政部门负责本行政区域内的社会保险基金行政监督工作。

人力资源社会保障行政部门对下级人力资源社会保障行政部门管辖范围内的重大监督事项，可以直接进行监督。

第五条 人力资源社会保障行政部门应当加强社会保险基金行政监督队伍建设，保证工作所需经费，保障监督工作独立性。

第六条 社会保险基金行政监督工作人员应当忠于职守、清正廉洁、秉公执法、保守秘密。

社会保险基金行政监督工作人员依法履行监督职责受法律保护，失职追责、尽职免责。

社会保险基金行政监督工作人员应当具备与履行职责相适应的专业能力，依规取得行政执法证件，并定期参加培训。

第七条 人力资源社会保障行政部门负责社会保险基金监督的机构具体实施社会保险基金行政监督工作。人力资源社会保障部门负责社会保险政策、经办、信息化综合管理等机构，依据职责协同做好社会保险基金行政监督工作。

第八条 人力资源社会保障行政部门应当加强与公安、民政、司法行政、财政、卫生健康、人民银行、审计、税务、医疗保障等部门的协同配合，加强信息共享、分析，加大协同查处力度，共同维护社会保险基金安全。

第九条 人力资源社会保障行政部门应当畅通社会监督渠道，鼓励和支持社会各方参与社会保险基金监督。

任何组织或者个人有权对涉及社会保险基金的违法违规行为进行举报。

第二章 监督职责

第十条 人力资源社会保障行政部门依法履行下列社会保险基金行政监督职责：

（一）检查社会保险基金收支、管理情况；

（二）受理有关社会保险基金违法违规行为的举报；

（三）依法查处社会保险基金违法违规问题；

（四）宣传社会保险基金监督法律、法规、规章和政策；

（五）法律、法规规定的其他事项。

第十一条 人力资源社会保障行政部门对社会保险经办机构的下列事项实施监督：

（一）执行社会保险基金收支、管理的有关法律、法规、规章和政策的情况；

（二）社会保险基金预算执行及决算情况；

（三）社会保险基金收入户、支出户等银行账户开立、使用和管理情况；

（四）社会保险待遇审核和基金支付情况；

（五）社会保险服务协议订立、变更、履行、解除或者终止情况；

（六）社会保险基金收支、管理内部控制情况；

（七）法律、法规规定的其他事项。

第十二条 人力资源社会保障行政部门对社会保险服务机构的下列事项实施监督：

（一）遵守社会保险相关法律、法规、规章和政策的情况；

（二）社会保险基金管理使用情况；

（三）社会保险基金管理使用内部控制情况；

（四）社会保险服务协议履行情况；

（五）法律、法规规定的其他事项。

第十三条 人力资源社会保障行政部门对与社会保险基金收支、管理直接相关单位的下列事项实施监督：

（一）提前退休审批情况；

（二）工伤认定（职业伤害确认）情况；

（三）劳动能力鉴定情况；

（四）法律、法规规定的其他事项。

第三章 监督权限

第十四条 人力资源社会保障行政部门有权要求被监督单位提供与监督事项有关的资料,包括但不限于与社会保险基金收支、管理相关的文件、财务资料、业务资料、审计报告、会议纪要等。

被监督单位应当全面、完整提供实施监督所需资料,说明情况,并对所提供资料真实性、完整性作出书面承诺。

第十五条 人力资源社会保障行政部门有权查阅、记录、复制被监督单位与社会保险基金有关的会计凭证、会计账簿、财务会计报告、业务档案,以及其他与社会保险基金收支、管理有关的数据、资料,有权查询被监督单位社会保险信息系统的用户管理、权限控制、数据管理等情况。

第十六条 人力资源社会保障行政部门有权询问与监督事项有关的单位和个人,要求其对与监督事项有关的问题作出说明、提供有关佐证。

第十七条 人力资源社会保障行政部门应当充分利用信息化技术手段查找问题,加强社会保险基金监管信息系统应用。

第十八条 信息化综合管理机构应当根据监督工作需要,向社会保险基金行政监督工作人员开放社会保险经办系统等信息系统的查询权限,提供有关信息数据。

第十九条 人力资源社会保障行政部门有权对隐匿、伪造、变造或者故意销毁会计凭证、会计账簿、财务会计报告以及其他与社会保险基金收支、管理有关资料的行为予以制止并责令改正;有权对可能被转移、隐匿或者灭失的资料予以封存。

第二十条 人力资源社会保障行政部门有权对隐匿、转移、侵占、挪用社会保险基金的行为予以制止并责令改正。

第四章 监督实施

第二十一条 社会保险基金行政监督的检查方式包括现场检查和非现场检查。人力资源社会保障行政部门应当制定年度检查计划,明确检查范围和重点。

被监督单位应当配合人力资源社会保障行政部门的工作,并提供必要的工作条件。

第二十二条 人力资源社会保障行政部门实施现场检查,依照下列程序进行:

(一)根据年度检查计划和工作需要确定检查项目及检查内容,制定检查方案,并在实施检查3个工作日前通知被监督单位;提前通知可能影响检查结果的,可以现场下达检查通知;

(二)检查被监督单位社会保险基金相关凭证账簿,查阅与监督事项有关的文件、资料、档案、数据,向被监督单位和有关个人调查取证,听取被监督单位有关社会保险基金收支、管理使用情况的汇报;

(三)根据检查结果,形成检查报告,并送被监督单位征求意见。被监督单位如有异议,应当在接到检查报告10个工作日内提出书面意见。逾期未提出书面意见的,视同无异议。

第二十三条 人力资源社会保障行政部门实施非现场检查,依照下列程序进行:

(一)根据检查计划及工作需要,确定非现场检查目的及检查内容,通知被监督单位按照规定的范围、格式及时限报送数据、资料;或者从信息系统提取社会保险基金管理使用相关数据;

(二)审核被监督单位报送和提取的数据、资料,数据、资料不符合要求的,被监督单位应当补报或者重新报送;

(三)比对分析数据、资料,对发现的疑点问题要求被监督单位核查说明;对存在的重大问题,实施现场核实;评估社会保险基金收支、管理状况及存在的问题,形成检查报告。

对报送和提取的数据、资料,人力资源社会保障行政部门应当做好存储和使用管理,保证数据安全。

第二十四条　人力资源社会保障行政部门对监督发现的问题，采取以下处理措施：

（一）对社会保险基金收支、管理存在问题的，依法提出整改意见，采取约谈、函询、通报等手段督促整改；

（二）对依法应当由有关主管机关处理的，向有关主管机关提出处理建议。

人力资源社会保障行政部门有权对被监督单位的整改情况进行检查。

第二十五条　人力资源社会保障行政部门对通过社会保险基金行政监督检查发现、上级部门交办、举报、媒体曝光、社会保险经办机构移送等渠道获取的违法违规线索，应当查处，进行调查并依法作出行政处理、处罚决定。

人力资源社会保障行政部门作出行政处理、处罚决定前，应当听取当事人陈述、申辩；作出行政处理、处罚决定，应当告知当事人依法享有申请行政复议或者提起行政诉讼的权利。

第二十六条　社会保险基金行政监督的检查和查处应当由两名及以上工作人员共同进行，出示行政执法证件。

社会保险基金行政监督工作人员不得利用职务便利牟取不正当利益，不得从事影响客观履行基金监督职责的工作。

社会保险基金行政监督工作人员与被监督单位、个人或者事项存在利害关系的，应当回避。

第二十七条　人力资源社会保障行政部门可以聘请会计师事务所等第三方机构对社会保险基金的收支、管理情况进行审计，聘请专业人员协助开展检查。

被聘请机构和人员不得复制涉及参保个人的明细数据，不得未经授权复制统计数据和财务数据，不得将工作中获取、知悉的被监督单位资料或者相关信息用于社会保险基金监督管理以外的其他用途，不得泄露相关个人信息和商业秘密。

第二十八条　人力资源社会保障行政部门应当建立社会保险基金要情报告制度。

地方人力资源社会保障行政部门应当依规、按时、完整、准确向上级人力资源社会保障行政部门报告社会保险基金要情。

社会保险经办机构应当及时向本级人力资源社会保障行政部门报告社会保险基金要情。

本办法所称社会保险基金要情是指贪污挪用、欺诈骗取等侵害社会保险基金的情况。

第五章　法律责任

第二十九条　社会保险经办机构及其工作人员有下列行为之一的，由人力资源社会保障行政部门责令改正；对直接负责的主管人员和其他直接责任人员依法给予处分；法律法规另有规定的，从其规定：

（一）未履行社会保险法定职责的；

（二）未将社会保险基金存入财政专户的；

（三）克扣或者拒不按时支付社会保险待遇的；

（四）丢失或者篡改缴费记录、享受社会保险待遇记录等社会保险数据、个人权益记录的；

（五）违反社会保险经办内部控制制度的；

（六）其他违反社会保险法律、法规的行为。

第三十条　社会保险经办机构及其工作人员隐匿、转移、侵占、挪用社会保险基金的，按照《中华人民共和国社会保险法》第九十一条的规定处理。

第三十一条　社会保险服务机构有下列行为之一，以欺诈、伪造证明材料或者其他手段骗取社会保险基金支出的，按照《中华人民共和国社会保险法》第八十七条的规定处理：

（一）工伤保险协议医疗机构、工伤康复协议机构、工伤保险辅助器具配置协议机构、工伤预防项目实施单位等通过提供虚假证明材料及相关报销票据等手段，骗取工伤保险基金支出的；

（二）培训机构通过提供虚假培训材料等手段，骗取失业保险培训补贴的；

（三）其他以欺诈、伪造证明材料等手段骗取社会保险基金支出的行为。

第三十二条　用人单位、个人有下列行为之一，以欺诈、伪造证明材料或者其他手段骗取社会保险待遇的，按照《中华人民共和国社会保险法》第八十八条的规定处理：

（一）通过虚构个人信息、劳动关系，使用伪造、变造或者盗用他人可用于证明身份的证件，提供虚假证明材料等手段虚构社会保险参保条件、违规补缴，骗取社会保险待遇的；

（二）通过虚假待遇资格认证等方式，骗取社会保险待遇的；

（三）通过伪造或者变造个人档案、劳动能力鉴定结论等手段违规办理退休，违规增加视同缴费年限，骗取基本养老保险待遇的；

（四）通过谎报工伤事故、伪造或者变造证明材料等进行工伤认定或者劳动能力鉴定，或者提供虚假工伤认定结论、劳动能力鉴定结论，骗取工伤保险待遇的；

（五）通过伪造或者变造就医资料、票据等，或者冒用工伤人员身份就医、配置辅助器具，骗取工伤保险待遇的；

（六）其他以欺诈、伪造证明材料等手段骗取社会保险待遇的。

第三十三条　人力资源社会保障行政部门工作人员弄虚作假将不符合条件的人员认定为工伤职工或者批准提前退休，给社会保险基金造成损失的，依法给予处分。

从事劳动能力鉴定的组织或者个人提供虚假鉴定意见、诊断证明，给社会保险基金造成损失的，按照《工伤保险条例》第六十一条的规定处理。

第三十四条　被监督单位有下列行为之一的，由人力资源社会保障行政部门责令改正；拒不改正的，可以通报批评，给予警告；依法对直接负责的主管人员和其他责任人员给予处分：

（一）拒绝、阻挠社会保险基金行政监督工作人员进行监督的；

（二）拒绝、拖延提供与监督事项有关资料的；

（三）隐匿、伪造、变造或者故意销毁会计凭证、会计账簿、财务会计报告以及其他与社会保险基金收支、管理有关资料的。

第三十五条　报复陷害社会保险基金行政监督工作人员的，依法给予处分。

第三十六条　人力资源社会保障行政部门、社会保险经办机构违反本办法第二十八条的规定，对发现的社会保险基金要情隐瞒不报、谎报或者拖延不报的，按照有关规定追究相关人员责任。

第三十七条　人力资源社会保障行政部门负责人、社会保险基金行政监督工作人员违反本办法规定或者有其他滥用职权、徇私舞弊、玩忽职守行为的，依法给予处分。

第三十八条　人力资源社会保障行政部门、社会保险经办机构、会计师事务所等被聘请的第三方机构及其工作人员泄露、篡改、毁损、非法向他人提供个人信息、商业秘密的，对直接负责的主管人员和其他直接责任人员依法给予处分；违反其他法律、行政法规的，由有关主管部门依法处理。

第三十九条　违反本办法规定，构成违反治安管理行为的，依法给予治安管理处罚；构成犯罪的，依法追究刑事责任。

第六章　附则

第四十条　本办法所称的社会保险服务机构，包括工伤保险协议医疗机构、工伤康复协议机构、工伤保险辅助器具配置协议机构、工伤预防项目实施单位、享受失业保险培训补贴的培训机构、承办社会保险经办业务的商业保险机构等。

对乡镇（街道）事务所（中心、站）等承担社会保险经办服务工作的机构的监督，参照对社会保险经办机构监督相关规定执行。

第四十一条 基本养老保险基金委托投资运营监管另行规定。

第四十二条 本办法自2022年3月18日起施行。原劳动和社会保障部《社会保险基金行政监督办法》（劳动和社会保障部令第12号）同时废止。

社会保险基金监督举报工作管理办法

（2023年1月17日人力资源社会保障部令第49号公布　自2023年5月1日起施行）

第一章　总则

第一条 为了规范社会保险基金监督举报管理工作，切实保障社会保险基金安全，根据《中华人民共和国社会保险法》和有关法律、行政法规，制定本办法。

第二条 人力资源社会保障行政部门开展社会保险基金监督举报的受理、办理等管理工作，适用本办法。

本办法所称社会保险基金是指基本养老保险基金、工伤保险基金、失业保险基金等人力资源社会保障部门管理的社会保险基金。

第三条 人力资源社会保障部主管全国社会保险基金监督举报管理工作。县级以上地方人力资源社会保障行政部门负责本行政区域内的社会保险基金监督举报管理工作。

人力资源社会保障行政部门负责社会保险基金监督的机构具体承担社会保险基金监督举报综合管理工作。人力资源社会保障部门负责社会保险政策、经办、信息化综合管理等的机构，依据职责协同做好社会保险基金监督举报管理工作。

第四条 人力资源社会保障行政部门要加强与公安、民政、司法行政、财政、卫生健康、人民银行、审计、税务等部门和人民法院、纪检监察等机关的协同配合，做好社会保险基金监督举报管理工作，共同保障社会保险基金安全。

第五条 社会保险基金监督举报管理工作应当坚持依法、公正、高效、便民的原则。

第二章　举报范围

第六条 本办法所称社会保险基金监督举报（以下简称举报），是指任何组织或者个人向人力资源社会保障行政部门反映机构、单位、个人涉嫌欺诈骗取、套取或者挪用贪占社会保险基金情形的行为。

依照本办法，举报涉嫌欺诈骗取、套取或者挪用贪占社会保险基金情形的任何组织或者个人是举报人；被举报的机构、单位、个人是被举报人。

第七条 参保单位、个人、中介机构涉嫌有下列情形之一的，任何组织或者个人可以依照本办法举报：

（一）以提供虚假证明材料等手段虚构社会保险参保条件、违规补缴的；

（二）伪造、变造有关证件、档案、材料，骗取社会保险基金的；

（三）组织或者协助他人以伪造、变造档案、材料等手段骗取参保补缴、提前退休资格或者违规申领社会保险待遇的；

（四）个人丧失社会保险待遇享受资格后，本人或者相关受益人不按规定履行告知义务、隐瞒事实违规享受社会保险待遇的；

（五）其他欺诈骗取、套取或者挪用贪占社会保险基金的情形。

第八条 社会保险服务机构及其工作人员涉嫌有下列情形之一的，任何组织或者个人可以依照本办法举报：

（一）工伤保险协议医疗机构、工伤康复协议机构、工伤保险辅助器具配置协议机构、工伤预防项目实施单位、职业伤害保障委托承办机构及其工作人员以伪造、变造或者提供虚假证明材料及相关报销票据、冒名顶替等手段骗取或者协助、配合他人骗取社会保险基金的；

（二）享受失业保险培训补贴的培训机构及其工作人员以伪造、变造、提供虚假培训记录等手段骗取或者协助、配合他人骗取社会保险基金的；

（三）其他欺诈骗取、套取或者挪用贪占社会保险基金的情形。

第九条 社会保险经办机构及其工作人员涉嫌有下列情形之一的，任何组织或者个人可以依照本办法举报：

（一）隐匿、转移、侵占、挪用、截留社会保险基金的；

（二）违规审核、审批社会保险申报材料，违规办理参保、补缴、关系转移、待遇核定、待遇资格认证等，违规发放社会保险待遇的；

（三）伪造或者篡改缴费记录、享受社会保险待遇记录等社会保险数据、个人权益记录的；

（四）其他欺诈骗取、套取或者挪用贪占社会保险基金的情形。

第十条 与社会保险基金收支、管理直接相关单位及其工作人员涉嫌有下列情形之一的，任何组织或者个人可以依照本办法举报：

（一）人力资源社会保障行政部门及其工作人员违规出具行政执法文书、违规进行工伤认定、违规办理提前退休，侵害社会保险基金的；

（二）劳动能力鉴定委员会及其工作人员违规进行劳动能力鉴定，侵害社会保险基金的；

（三）劳动人事争议仲裁机构及其工作人员违规出具仲裁文书，侵害社会保险基金的；

（四）信息化综合管理机构及其工作人员伪造或者篡改缴费记录、享受社会保险待遇记录等社会保险数据、个人权益记录的；

（五）其他欺诈骗取、套取或者挪用贪占社会保险基金的情形。

第十一条 依法应当通过劳动人事争议处理、劳动保障监察投诉、行政争议处理、劳动能力再次鉴定、信访等途径解决或者以举报形式进行咨询、政府信息公开申请等活动的，不适用本办法。人力资源社会保障行政部门应当告知举报人依法依规通过相关途径解决。

人力资源社会保障行政部门收到属于财政部门、社会保险费征收机构等部门、机构职责的举报事项，应当依法书面通知并移交有权处理的部门、机构处理。

第三章 接收和受理

第十二条 人力资源社会保障行政部门通过12333或者其他服务电话、传真、信函、网络、现场等渠道接收举报事项。

人力资源社会保障行政部门应当向社会公布接收举报事项的电话号码、传真号码、通信地址、邮政编码、网络举报途径、接待场所和时间等渠道信息，并在其举报接待场所或者网站公布与举报有关的法律、法规、规章、举报范围和受理、办理程序等有关事项。

第十三条 举报人举报应当提供被举报人的名称（姓名）和涉嫌欺诈骗取、套取或者挪用贪占社会保险基金的有效线索；尽可能提供被举报人地址（住所）、统一社会信用代码（公民身份号码）、法定代表人信息和其他相关佐证材料。

提倡举报人提供书面举报材料。

第十四条 举报人进行举报，应当遵守法律、法规、规章等规定，不得捏造、歪曲事实，不得诬告陷害他人。

第十五条 举报人可以实名举报或者匿名举报。提倡实名举报。

现场实名举报的，举报人应当提供居民身份证或者营业执照等有效证件的原件和真实有效的联系方式。

以电话、传真、来信、网络等形式实名举报的，举报人应当提供居民身份证或者营业执照等有效证件的复印件和真实有效的联系方式。

举报人未采取本条第二款、第三款的形式举报的，视为匿名举报。

第十六条 现场举报应当到人力资源社会保障行政部门设立的接待场所；多人现场提出相同举报事项的，应当推选代表，代表人数不超过5人。

第十七条 接收现场口头举报，应当准确记录举报事项，交举报人确认。经征得举报人同意后可以录音、录像。实名举报的，由举报人签名或者盖章；匿名举报的，应当记录在案。

接收电话举报，应当细心接听、询问清楚、准确记录，经告知举报人后可以录音。

接收传真、来信、网络等形式举报，应当保持举报材料的完整。

对内容不详的实名举报，应当及时联系举报人补充相关材料。

第十八条 人力资源社会保障行政部门应当加强举报事项接收转交管理工作。

第十九条 举报涉及重大问题或者紧急事项的，具体承担社会保险基金监督举报综合管理工作的机构应当立即向本部门负责人报告，并依法采取必要措施。

第二十条 举报按照"属地管理、分级负责、谁主管、谁负责"的原则确定管辖。

必要时，上级人力资源社会保障行政部门可以受理下级人力资源社会保障行政部门管辖的举报事项，也可以向下级人力资源社会保障行政部门交办、督办举报事项。

两个及两个以上同级人力资源社会保障行政部门都有管辖权限的，由最先受理的人力资源社会保障行政部门管辖。对管辖发生争议的，应当自发生争议之日起5个工作日内协商解决；协商不成的，报请共同的上一级人力资源社会保障行政部门，共同的上一级人力资源社会保障行政部门应当自收到之日起5个工作日内指定管辖。

第二十一条 人力资源社会保障行政部门接收到举报事项后，应当在5个工作日内进行审查，有下列情形之一的，不予受理：

（一）不符合本办法第七条、第八条、第九条或者第十条规定的；

（二）无法确定被举报人，或者不能提供欺诈骗取、套取或者挪用贪占社会保险基金行为有效线索的；

（三）对已经办结的同一举报事项再次举报，没有提供新的有效线索的。

对符合本办法第七条、第八条、第九条或者第十条的规定但本部门不具备管辖权限的举报事项，应当移送到有管辖权限的人力资源社会保障行政部门，并告知实名举报人移送去向。

除前两款规定外，举报事项自人力资源社会保障行政部门接收之日起即为受理。

第二十二条 人力资源社会保障行政部门应当自接收举报事项之日起10个工作日内，将受理（不予受理）决定通过纸质通知或者电子邮件、短信等形式告知有告知要求的实名举报人。

第四章 办理

第二十三条 受理举报事项后，人力资源社会保障行政部门办理举报事项以及作出行政处理、行政处罚决定的，应当按照《社会保险基金行政监督办法》等有关规定和本章的规定执行。

已经受理尚未办结的举报事项，再次举报的，可以合并办理；再次举报并提供新的有效线索的，办理期限自确定合并办理之日起重新计算。

第二十四条　人力资源社会保障行政部门在办理举报事项中涉及异地调查的，可以向当地人力资源社会保障行政部门提出协助请求。协助事项属于被请求部门职责范围内的，应当依法予以协助。

第二十五条　办理举报事项涉及其他部门职责的，人力资源社会保障行政部门可以会同相关部门共同办理。

第二十六条　下级人力资源社会保障行政部门对上级人力资源社会保障行政部门交办、移送的举报事项，应当按照规定时限或者上级人力资源社会保障行政部门督办要求办理，并书面报告调查处理意见、办理结果。

第二十七条　符合下列情形之一的，经人力资源社会保障行政部门批准，举报事项予以办结：

（一）经办理发现问题，依法作出行政处理、行政处罚决定的；依法应当由其他部门、机构处理，向有关部门、机构提出处理建议，或者移交有关部门、机构处理的；

（二）经办理未发现欺诈骗取、套取或者挪用贪占社会保险基金情形的；

（三）其他依法应当予以办结的情形。

人力资源社会保障行政部门应当自受理举报事项之日起60个工作日内办结举报事项；情况复杂的，经人力资源社会保障行政部门负责人批准，可以适当延长，但延长期限不得超过30个工作日。

第二十八条　符合下列情形之一的，经人力资源社会保障行政部门批准，可以中止对举报事项的办理：

（一）举报涉及法律、法规、规章或者政策适用问题，需要有权机关作出解释或者确认的；

（二）因被举报人或者有关人员下落不明等，无法继续办理的；

（三）因被举报的机构、单位终止，尚未确定权利义务承受人，无法继续办理的；

（四）因自然灾害等不可抗力原因，无法继续办理的；

（五）因案情重大、疑难复杂或者危害后果特别严重，确需提请上级主管部门研究决定的；

（六）其他依法应当中止办理的情形。

中止情形消除后，应当恢复对举报事项的办理。办理期限自中止情形消除之日起继续计算。

第二十九条　上级人力资源社会保障行政部门发现下级人力资源社会保障行政部门对举报事项的办理确有错误的，应当责成下级人力资源社会保障行政部门重新办理，必要时可以直接办理。

第三十条　实名举报人可以要求答复举报事项的办理结果，人力资源社会保障行政部门可以视具体情况采取口头或者书面形式答复实名举报人，答复不得泄露国家秘密、商业秘密和个人隐私。口头答复应当做好书面记录。

第五章　归档和报告

第三十一条　人力资源社会保障行政部门应当严格管理举报材料，逐件登记接收举报事项的举报人、被举报人、主要内容、受理和办理等基本情况。

第三十二条　举报材料的保管和整理，应当按照档案管理的有关规定执行。

省级人力资源社会保障行政部门应当完善举报信息系统，实行信息化管理。

第三十三条　县级以上地方人力资源社会保障行政部门应当建立社会保险基金监督举报管理年度报告制度。

省级人力资源社会保障行政部门应当于每年1月31日前，向人力资源社会保障部报告上一年度社会保险基金监督举报管理情况。

第六章　保障措施

第三十四条　举报人的合法权益依法受到保护。任何单位和个人不得以任何借口阻拦、压制或者打击报复举报人。

第三十五条 人力资源社会保障行政部门工作人员与举报事项、举报人、被举报人有直接利害关系或者其他关系，可能影响公正办理的，应当回避。

举报人有正当理由并且有证据证明人力资源社会保障行政部门工作人员应当回避的，可以提出回避申请，由人力资源社会保障行政部门决定。申请人力资源社会保障行政部门负责人回避的，由上级人力资源社会保障行政部门决定。

第三十六条 人力资源社会保障行政部门应当建立健全工作责任制，严格遵守以下保密规定：

（一）举报事项的接收、受理、登记及办理，应当依照国家有关法律、行政法规等规定严格保密，不得私自摘抄、复制、扣压、销毁举报材料；

（二）严禁泄露举报人的姓名、身份、单位、地址、联系方式等信息，严禁将举报情况透漏给被举报人或者与举报工作无关的人员；

（三）办理举报时不得出示举报信原件或者复印件，不得暴露举报人的有关信息，对匿名的举报书信及材料，除特殊情况外，不得鉴定笔迹；

（四）开展宣传报道，未经举报人书面同意，不得公开举报人的姓名、身份、单位、地址、联系方式等信息。

第三十七条 举报事项经查证属实，为社会保险基金挽回或者减少重大损失的，应当按照规定对实名举报人予以奖励。

第三十八条 人力资源社会保障行政部门应当配备专门人员，提供必要的办公条件等，保障举报管理工作顺利进行。

第七章 法律责任

第三十九条 受理、办理举报事项的工作人员及其负责人有下列情形之一的，由人力资源社会保障行政部门责令改正；造成严重后果的，依法依规予以处理：

（一）对于应当受理、办理的举报事项未及时受理、办理或者未在规定期限内办结举报事项的；

（二）将举报人的举报材料或者有关情况透漏给被举报人或者与举报工作无关的人员的；

（三）对涉及重大问题或者紧急事项的举报隐瞒、谎报、缓报，或者未依法及时采取必要措施的；

（四）未妥善保管举报材料，造成举报材料损毁或者丢失的；

（五）其他违法违规的情形。

第四十条 举报人捏造、歪曲事实，诬告陷害他人的，依法承担法律责任。

第八章 附则

第四十一条 本办法自2023年5月1日起施行。原劳动和社会保障部《社会保险基金监督举报工作管理办法》（劳动和社会保障部令第11号）同时废止。

工伤保险辅助器具配置管理办法

（2016年2月16日人力资源和社会保障部、民政部、国家卫生和计划生育委员会令第27号公布 根据2018年12月14日《人力资源社会保障部关于修改部分规章的决定》修订）

第一章 总则

第一条 为了规范工伤保险辅助器具配置管理，维护工伤职工的合法权益，根据《工伤保险条例》，制定本办法。

第二条 工伤职工因日常生活或者就业需要，经劳动能力鉴定委员会确认，配置假肢、矫形器、假眼、假牙和轮椅等辅助器具的，适用本办法。

第三条 人力资源社会保障行政部门负责工伤保险辅助器具配置的监督管理工作。民政、卫生计生等行政部门在各自职责范围内负责工伤保险辅助器具配置的有关监督管理工作。

社会保险经办机构（以下称经办机构）负责对申请承担工伤保险辅助器具配置服务的辅助器具装配机构和医疗机构（以下称工伤保险辅助器具配置机构）进行协议管理，并按照规定核付配置费用。

第四条 设区的市级（含直辖市的市辖区、县）劳动能力鉴定委员会（以下称劳动能力鉴定委员会）负责工伤保险辅助器具配置的确认工作。

第五条 省、自治区、直辖市人力资源社会保障行政部门负责制定工伤保险辅助器具配置机构评估确定办法。

经办机构按照评估确定办法，与工伤保险辅助器具配置机构签订服务协议，并向社会公布签订服务协议的工伤保险辅助器具配置机构（以下称协议机构）名单。

第六条 人力资源社会保障部根据社会经济发展水平、工伤职工日常生活和就业需要等，组织制定国家工伤保险辅助器具配置目录，确定配置项目、适用范围、最低使用年限等内容，并适时调整。

省、自治区、直辖市人力资源社会保障行政部门可以结合本地区实际，在国家目录确定的配置项目基础上，制定省级工伤保险辅助器具配置目录，适当增加辅助器具配置项目，并确定本地区辅助器具配置最高支付限额等具体标准。

第二章 确认与配置程序

第七条 工伤职工认为需要配置辅助器具的，可以向劳动能力鉴定委员会提出辅助器具配置确认申请，并提交下列材料：

（一）居民身份证或者社会保障卡等有效身份证明原件；

（二）有效的诊断证明、按照医疗机构病历管理有关规定复印或者复制的检查、检验报告等完整病历材料。

工伤职工本人因身体等原因无法提出申请的，可由其近亲属或者用人单位代为申请。

第八条 劳动能力鉴定委员会收到辅助器具配置确认申请后，应当及时审核；材料不完整的，应当自收到申请之日起5个工作日内一次性书面告知申请人需要补正的全部材料；材料完整的，应当在收到申请之日起60日内作出确认结论。伤情复杂、涉及医疗卫生专业较多的，作出确认结论的期限可以延长30日。

第九条 劳动能力鉴定委员会专家库应当配备辅助器具配置专家，从事辅助器具配置确认工作。

劳动能力鉴定委员会应当根据配置确认申请材料，从专家库中随机抽取3名或者5名专家组成专家组，对工伤职工本人进行现场配置确认。专家组中至少包括1名辅助器具配置专家、2名与工伤职工伤情相关的专家。

第十条 专家组根据工伤职工伤情，依据工伤保险辅助器具配置目录有关规定，提出是否予以配置的确认意见。专家意见不一致时，按照少数服从多数的原则确定专家组的意见。

劳动能力鉴定委员会根据专家组确认意见作出配置辅助器具确认结论。其中，确认予以配置的，应当载明确认配置的理由、依据和辅助器具名称等信息；确认不予配置的，应当说明不予配置的理由。

第十一条 劳动能力鉴定委员会应当自作出确认结论之日起20日内将确认结论送达工伤职工及其用人单位，并抄送经办机构。

第十二条 工伤职工收到予以配置的确认结论后，及时向经办机构进行登记，经办机构向工伤

职工出具配置费用核付通知单,并告知下列事项:

(一)工伤职工应当到协议机构进行配置;

(二)确认配置的辅助器具最高支付限额和最低使用年限;

(三)工伤职工配置辅助器具超目录或者超出限额部分的费用,工伤保险基金不予支付。

第十三条 工伤职工可以持配置费用核付通知单,选择协议机构配置辅助器具。

协议机构应当根据与经办机构签订的服务协议,为工伤职工提供配置服务,并如实记录工伤职工信息、配置器具产品信息、最高支付限额、最低使用年限以及实际配置费用等配置服务事项。

前款规定的配置服务记录经工伤职工签字后,分别由工伤职工和协议机构留存。

第十四条 协议机构或者工伤职工与经办机构结算配置费用时,应当出具配置服务记录。经办机构核查后,应当按照工伤保险辅助器具配置目录有关规定及时支付费用。

第十五条 工伤职工配置辅助器具的费用包括安装、维修、训练等费用,按照规定由工伤保险基金支付。

经经办机构同意,工伤职工到统筹地区以外的协议机构配置辅助器具发生的交通、食宿费用,可以按照统筹地区人力资源社会保障行政部门的规定,由工伤保险基金支付。

第十六条 辅助器具达到规定的最低使用年限的,工伤职工可以按照统筹地区人力资源社会保障行政部门的规定申请更换。

工伤职工因伤情发生变化,需要更换主要部件或者配置新的辅助器具的,经向劳动能力鉴定委员会重新提出确认申请并经确认后,由工伤保险基金支付配置费用。

第三章 管理与监督

第十七条 辅助器具配置专家应当具备下列条件之一:

(一)具有医疗卫生中高级专业技术职务任职资格;

(二)具有假肢师或者矫形器师职业资格;

(三)从事辅助器具配置专业技术工作5年以上。

辅助器具配置专家应当具有良好的职业品德。

第十八条 工伤保险辅助器具配置机构的具体条件,由省、自治区、直辖市人力资源社会保障行政部门会同民政、卫生计生行政部门规定。

第十九条 经办机构与工伤保险辅助器具配置机构签订的服务协议,应当包括下列内容:

(一)经办机构与协议机构名称、法定代表人或者主要负责人等基本信息;

(二)服务协议期限;

(三)配置服务内容;

(四)配置费用结算;

(五)配置管理要求;

(六)违约责任及争议处理;

(七)法律、法规规定应当纳入服务协议的其他事项。

第二十条 配置的辅助器具应当符合相关国家标准或者行业标准。统一规格的产品或者材料等辅助器具在装配前应当由国家授权的产品质量检测机构出具质量检测报告,标注生产厂家、产品品牌、型号、材料、功能、出品日期、使用期和保修期等事项。

第二十一条 协议机构应当建立工伤职工配置服务档案,并至少保存至服务期限结束之日起两年。经办机构可以对配置服务档案进行抽查,并作为结算配置费用的依据之一。

第二十二条 经办机构应当建立辅助器具配置工作回访制度,对辅助器具装配的质量和服务进行跟踪检查,并将检查结果作为对协议机构的评价依据。

第二十三条 工伤保险辅助器具配置机构违反国家规定的辅助器具配置管理服务标准,侵害工伤职工合法权益的,由民政、卫生计生行政部门在各自监管职责范围内依法处理。

第二十四条 有下列情形之一的,经办机构不予支付配置费用:

(一)未经劳动能力鉴定委员会确认,自行配置辅助器具的;

(二)在非协议机构配置辅助器具的;

(三)配置辅助器具超目录或者超出限额部分的;

(四)违反规定更换辅助器具的。

第二十五条 工伤职工或者其近亲属认为经办机构未依法支付辅助器具配置费用,或者协议机构认为经办机构未履行有关协议的,可以依法申请行政复议或者提起行政诉讼。

第四章 法律责任

第二十六条 经办机构在协议机构管理和核付配置费用过程中收受当事人财物的,由人力资源社会保障行政部门责令改正,对直接负责的主管人员和其他直接责任人员依法给予处分;情节严重,构成犯罪的,依法追究刑事责任。

第二十七条 从事工伤保险辅助器具配置确认工作的组织或者个人有下列情形之一的,由人力资源社会保障行政部门责令改正,处2 000元以上1万元以下的罚款;情节严重,构成犯罪的,依法追究刑事责任:

(一)提供虚假确认意见的;

(二)提供虚假诊断证明或者病历的;

(三)收受当事人财物的。

第二十八条 协议机构不按照服务协议提供服务的,经办机构可以解除服务协议,并按照服务协议追究相应责任。

经办机构不按时足额结算配置费用的,由人力资源社会保障行政部门责令改正;协议机构可以解除服务协议。

第二十九条 用人单位、工伤职工或者其近亲属骗取工伤保险待遇,辅助器具装配机构、医疗机构骗取工伤保险基金支出的,按照《工伤保险条例》第六十条的规定,由人力资源社会保障行政部门责令退还,处骗取金额2倍以上5倍以下的罚款;情节严重,构成犯罪的,依法追究刑事责任。

第五章 附则

第三十条 用人单位未依法参加工伤保险,工伤职工需要配置辅助器具的,按照本办法的相关规定执行,并由用人单位支付配置费用。

第三十一条 本办法自2016年4月1日起施行。

失业保险金申领发放办法

(2000年10月26日劳动和社会保障部令第8号公布 根据2018年12月14日《人力资源社会保障部关于修改部分规章的决定》第一次修订 根据2019年12月9日《人力资源社会保障部关于修改部分规章的决定》第二次修订)

第一章 总则

第一条 第一条为保证失业人员及时获得失业保险金及其他失业保险待遇,根据《失业保险条例》（以下简称《条例》），制定本办法。

第二条 参加失业保险的城镇企业事业单位职工以及按照省级人民政府规定参加失业保险的其他单位人员失业后（以下统称失业人员），申请领取失业保险金、享受其他失业保险待遇适用本办法；按照规定应参加而尚未参加失业保险的不适用本办法。

第三条 劳动保障行政部门设立的经办失业保险业务的社会保险经办机构（以下简称经办机构）按照本办法规定受理失业人员领取失业保险金的申请，审核确认领取资格，核定领取失业保险金、享受其他失业保险待遇的期限及标准，负责发放失业保险金并提供其他失业保险待遇。

第二章 失业保险金申领

第四条 失业人员符合《条例》第十四条规定条件的，可以申请领取失业保险金，享受其他失业保险待遇。其中，非因本人意愿中断就业的是指下列人员：

（一）终止劳动合同的；

（二）被用人单位解除劳动合同的；

（三）被用人单位开除、除名和辞退的；

（四）根据《中华人民共和国劳动法》第三十二条第二、三项与用人单位解除劳动合同的；

（五）法律、行政法规另有规定的。

第五条 失业人员失业前所在单位，应将失业人员的名单自终止或者解除劳动合同之日起7日内报受理其失业保险业务的经办机构备案，并按要求提供终止或解除劳动合同证明等有关材料。

第六条 失业人员应在终止或者解除劳动合同之日起60日内到受理其单位失业保险业务的经办机构申领失业保险金。

第七条 失业人员申领失业保险金应填写《失业保险金申领表》，并出示下列证明材料：

（一）本人身份证明；

（二）所在单位出具的终止或者解除劳动合同的证明；

（三）失业登记；

（四）省级劳动保障行政部门规定的其他材料。

第八条 失业人员领取失业保险金，应由本人按月到经办机构领取，同时应向经办机构如实说明求职和接受职业指导、职业培训情况。

第九条 失业人员在领取失业保险金期间患病就医的，可以按照规定向经办机构申请领取医疗补助金。

第十条 失业人员在领取失业保险金期间死亡的，其家属可持失业人员死亡证明、领取人身份证明、与失业人员的关系证明，按规定向经办机构领取一次性丧葬补助金和其供养配偶、直系亲属的抚恤金。失业人员当月尚未领取的失业保险金可由其家属一并领取。

第十一条 失业人员在领取失业保险金期间，应积极求职，接受职业指导和职业培训。失业人员在领取失业保险金期间求职时，可以按规定享受就业服务减免费用等优惠政策。

第十二条 失业人员在领取失业保险金期间或期满后，符合享受当地城市居民最低生活保障条件的，可以按照规定申请享受城市居民最低生活保障待遇。

第十三条 失业人员在领取失业保险金期间，发生《条例》第十五条规定情形之一的，不得继续领取失业保险金和享受其他失业保险待遇。

第三章 失业保险金发放

第十四条 经办机构自受理失业人员领取失业保险金申请之日起10日内，对申领者的资格进行审核认定，并将结果及有关事项告知本人。经审核合格者，从其办理失业登记之日起计发失业保险金。

第十五条 经办机构根据失业人员累计缴费时间核定其领取失业保险金的期限。失业人员累计缴费时间按照下列原则确定：

（一）实行个人缴纳失业保险费前，按国家规定计算的工龄视同缴费时间，与《条例》发布后缴纳失业保险费的时间合并计算。

（二）失业人员在领取失业保险金期间重新就业后再次失业的，缴费时间重新计算，其领取失业保险金的期限可以与前次失业应领取而尚未领取的失业保险金的期限合并计算，但是最长不得超过24个月。失业人员在领取失业保险金期间重新就业后不满一年再次失业的，可以继续申领其前次失业应领取而尚未领取的失业保险金。

第十六条 失业保险金以及医疗补助金、丧葬补助金、抚恤金、职业培训和职业介绍补贴等失业保险待遇的标准按照各省、自治区、直辖市人民政府的有关规定执行。

第十七条 失业保险金应按月发放，由经办机构开具单证，失业人员凭单证到指定银行领取。

第十八条 对领取失业保险金期限即将届满的失业人员，经办机构应提前一个月告知本人。

失业人员在领取失业保险金期间，发生《条例》第十五条规定情形之一的，经办机构有权即行停止其失业保险金发放，并同时停止其享受其他失业保险待遇。

第十九条 经办机构应当通过准备书面资料、开设服务窗口、设立咨询电话等方式，为失业人员、用人单位和社会公众提供咨询服务。

第二十条 经办机构应按规定负责失业保险金申领、发放的统计工作。

第四章 失业保险关系转迁

第二十一条 对失业人员失业前所在单位与本人户籍不在同一统筹地区的，其失业保险金的发放和其他失业保险待遇的提供由两地劳动保障行政部门进行协商，明确具体办法。协商未能取得一致的，由上一级劳动保障行政部门确定。

第二十二条 失业人员失业保险关系跨省、自治区、直辖市转迁的，失业保险费用应随失业保险关系相应划转。需划转的失业保险费用包括失业保险金、医疗补助金和职业培训、职业介绍补贴。其中，医疗补助金和职业培训、职业介绍补贴按失业人员应享受的失业保险金总额的一半计算。

第二十三条 失业人员失业保险关系在省、自治区范围内跨统筹地区转迁，失业保险费用的处理由省级劳动保障行政部门规定。

第二十四条 失业人员跨统筹地区转移的，凭失业保险关系迁出地经办机构出具的证明材料到迁入地经办机构领取失业保险金。

第五章 附则

第二十五条 经办机构发现不符合条件，或以涂改、伪造有关材料等非法手段骗取失业保险金和其他失业保险待遇的，应责令其退还；对情节严重的，经办机构可以提请劳动保障行政部门对其进行处罚。

第二十六条 经办机构工作人员违反本办法规定的，由经办机构或主管该经办机构的劳动保障行政部门责令其改正；情节严重的，依法给予行政处分；给失业人员造成损失的，依法赔偿。

第二十七条 失业人员因享受失业保险待遇与经办机构发生争议的，可以向主管该经办机构的劳动保障行政部门申请行政复议。

第二十八条 符合《条例》规定的劳动合同期满未续订或者提前解除劳动合同的农民合同制工人申领一次性生活补助，按各省、自治区、直辖市办法执行。

第二十九条 《失业保险金申领表》的样式，由劳动和社会保障部统一制定。

第三十条 本办法自二〇〇一年一月一日起施行。

香港澳门台湾居民在内地（大陆）参加社会保险暂行办法

（2019年11月29日人力资源社会保障部令第41号公布 自2020年1月1日起施行）

第一条 为了维护在内地（大陆）就业、居住和就读的香港特别行政区、澳门特别行政区居民中的中国公民和台湾地区居民（以下简称港澳台居民）依法参加社会保险和享受社会保险待遇的合法权益，加强社会保险管理，根据《中华人民共和国社会保险法》（以下简称社会保险法）等规定，制定本办法。

第二条 在内地（大陆）依法注册或者登记的企业、事业单位、社会组织、有雇工的个体经济组织等用人单位（以下统称用人单位）依法聘用、招用的港澳台居民，应当依法参加职工基本养老保险、职工基本医疗保险、工伤保险、失业保险和生育保险，由用人单位和本人按照规定缴纳社会保险费。

在内地（大陆）依法从事个体工商经营的港澳台居民，可以按照注册地有关规定参加职工基本养老保险和职工基本医疗保险；在内地（大陆）灵活就业且办理港澳台居民居住证的港澳台居民，可以按照居住地有关规定参加职工基本养老保险和职工基本医疗保险。

在内地（大陆）居住且办理港澳台居民居住证的未就业港澳台居民，可以在居住地按照规定参加城乡居民基本养老保险和城乡居民基本医疗保险。

在内地（大陆）就读的港澳台大学生，与内地（大陆）大学生执行同等医疗保障政策，按规定参加高等教育机构所在地城乡居民基本医疗保险。

第三条 用人单位依法聘用、招用港澳台居民的，应当持港澳台居民有效证件，以及劳动合同、聘用合同等证明材料，为其办理社会保险登记。在内地（大陆）依法从事个体工商经营和灵活就业的港澳台居民，按照注册地（居住地）有关规定办理社会保险登记。

已经办理港澳台居民居住证且符合在内地（大陆）参加城乡居民基本养老保险和城乡居民基本医疗保险条件的港澳台居民，持港澳台居民居住证在居住地办理社会保险登记。

第四条 港澳台居民办理社会保险的各项业务流程与内地（大陆）居民一致。社会保险经办机构或者社会保障卡管理机构应当为港澳台居民建立社会保障号码，并发放社会保障卡。

港澳台居民在办理居住证时取得的公民身份号码作为其社会保障号码；没有公民身份号码的港澳居民的社会保障号码，由社会保险经办机构或者社会保障卡管理机构按照国家统一规定编制。

第五条 参加社会保险的港澳台居民，依法享受社会保险待遇。

第六条 参加职工基本养老保险的港澳台居民达到法定退休年龄时，累计缴费不足15年的，可以延长缴费至满15年。社会保险法实施前参保、延长缴费5年后仍不足15年的，可以一次性缴费至满15年。

参加城乡居民基本养老保险的港澳台居民，符合领取待遇条件的，在居住地按照有关规定领取城乡居民基本养老保险待遇。达到待遇领取年龄时，累计缴费不足15年的，可以按照有关规定延长缴费或者补缴。

参加职工基本医疗保险的港澳台居民，达到法定退休年龄时累计缴费达到国家规定年限的，退休后不再缴纳基本医疗保险费，按照国家规定享受基本医疗保险待遇；未达到国家规定年限的，可以缴费至国家规定年限。退休人员享受基本医疗保险待遇的缴费年限按照各地规定执行。

参加城乡居民基本医疗保险的港澳台居民按照与所在统筹地区城乡居民同等标准缴费，并享受同等的基本医疗保险待遇。

参加基本医疗保险的港澳台居民，在境外就医所发生的医疗费用不纳入基本医疗保险基金支付范围。

第七条 港澳台居民在达到规定的领取养老金条件前离开内地（大陆）的，其社会保险个人账户予以保留，再次来内地（大陆）就业、居住并继续缴费的，缴费年限累计计算；经本人书面申请终止社会保险关系的，可以将其社会保险个人账户储存额一次性支付给本人。

已获得香港、澳门、台湾居民身份的原内地（大陆）居民，离开内地（大陆）时选择保留社会保险关系的，返回内地（大陆）就业、居住并继续参保时，原缴费年限合并计算；离开内地（大陆）时已经选择终止社会保险关系的，原缴费年限不再合并计算，可以将其社会保险个人账户储存额一次性支付给本人。

第八条 参加社会保险的港澳台居民在内地（大陆）跨统筹地区流动办理社会保险关系转移时，按照国家有关规定执行。港澳台居民参加企业职工基本养老保险的，不适用建立临时基本养老保险缴费账户的相关规定。已经领取养老保险待遇的，不再办理基本养老保险关系转移接续手续。已经享受退休人员医疗保险待遇的，不再办理基本医疗保险关系转移接续手续。

参加职工基本养老保险的港澳台居民跨省流动就业的，应当转移基本养老保险关系。达到待遇领取条件时，在其基本养老保险关系所在地累计缴费年限满10年的，在该地办理待遇领取手续；在其基本养老保险关系所在地累计缴费年限不满10年的，将其基本养老保险关系转回上一个缴费年限满10年的参保地办理待遇领取手续；在各参保地累计缴费年限均不满10年的，由其缴费年限最长的参保地负责归集基本养老保险关系及相应资金，办理待遇领取手续，并支付基本养老保险待遇；如有多个缴费年限相同的最长参保地，则由其最后一个缴费年限最长的参保地负责归集基本养老保险关系及相应资金，办理待遇领取手续，并支付基本养老保险待遇。

参加职工基本养老保险的港澳台居民跨省流动就业，达到法定退休年龄时累计缴费不足15年的，按照本条第二款有关待遇领取地的规定确定继续缴费地后，按照本办法第六条第一款办理。

第九条 按月领取基本养老保险、工伤保险待遇的港澳台居民，应当按照社会保险经办机构的规定，办理领取待遇资格认证。

按月领取基本养老保险、工伤保险、失业保险待遇的港澳台居民丧失领取资格条件后，本人或者其亲属应当于1个月内向社会保险经办机构如实报告情况。因未主动报告而多领取的待遇应当及时退还社会保险经办机构。

第十条 各级财政对在内地（大陆）参加城乡居民基本养老保险和城乡居民基本医疗保险（港澳台大学生除外）的港澳台居民，按照与所在统筹地区城乡居民相同的标准给予补助。

各级财政对港澳台大学生参加城乡居民基本医疗保险补助政策按照有关规定执行。

第十一条 已在香港、澳门、台湾参加当地社会保险，并继续保留社会保险关系的港澳台居民，可以持相关授权机构出具的证明，不在内地（大陆）参加基本养老保险和失业保险。

第十二条 内地（大陆）与香港、澳门、台湾有关机构就社会保险事宜作出具体安排的，按照相关规定办理。

第十三条 社会保险行政部门或者社会保险费征收机构应当按照社会保险法的规定，对港澳台居民参加社会保险的情况进行监督检查。用人单位未依法为聘用、招用的港澳台居民办理社会保险登记或者未依法为其缴纳社会保险费的，按照社会保险法等法律、行政法规和有关规章的规定处理。

第十四条 办法所称"港澳台居民有效证件",指港澳居民来往内地通行证、港澳台居民居住证。

第十五条 本办法自2020年1月1日起施行。

在中国境内就业的外国人参加社会保险暂行办法

(2011年9月21日人力资源和社会保障部令第16号公布 自2011年10月15日起施行)

第一条 为了维护在中国境内就业的外国人依法参加社会保险和享受社会保险待遇的合法权益,加强社会保险管理,根据《中华人民共和国社会保险法》(以下简称社会保险法),制定本办法。

第二条 在中国境内就业的外国人,是指依法获得《外国人就业证》《外国专家证》《外国常驻记者证》等就业证件和外国人居留证件,以及持有《外国人永久居留证》,在中国境内合法就业的非中国国籍的人员。

第三条 在中国境内依法注册或者登记的企业、事业单位、社会团体、民办非企业单位、基金会、律师事务所、会计师事务所等组织(以下称用人单位)依法招用的外国人,应当依法参加职工基本养老保险、职工基本医疗保险、工伤保险、失业保险和生育保险,由用人单位和本人按照规定缴纳社会保险费。

与境外雇主订立雇用合同后,被派遣到在中国境内注册或者登记的分支机构、代表机构(以下称境内工作单位)工作的外国人,应当依法参加职工基本养老保险、职工基本医疗保险、工伤保险、失业保险和生育保险,由境内工作单位和本人按照规定缴纳社会保险费。

第四条 用人单位招用外国人的,应当自办理就业证件之日起30日内为其办理社会保险登记。

受境外雇主派遣到境内工作单位工作的外国人,应当由境内工作单位按照前款规定为其办理社会保险登记。

依法办理外国人就业证件的机构,应当及时将外国人来华就业的相关信息通报当地社会保险经办机构。社会保险经办机构应当定期向相关机构查询外国人办理就业证件的情况。

第五条 参加社会保险的外国人,符合条件的,依法享受社会保险待遇。

在达到规定的领取养老金年龄前离境的,其社会保险个人账户予以保留,再次来中国就业的,缴费年限累计计算;经本人书面申请终止社会保险关系的,也可以将其社会保险个人账户储存额一次性支付给本人。

第六条 外国人死亡的,其社会保险个人账户余额可以依法继承。

第七条 在中国境外享受按月领取社会保险待遇的外国人,应当至少每年向负责支付其待遇的社会保险经办机构提供一次由中国驻外使、领馆出具的生存证明,或者由居住国有关机构公证、认证并经中国驻外使、领馆认证的生存证明。

外国人合法入境的,可以到社会保险经办机构自行证明其生存状况,不再提供前款规定的生存证明。

第八条 依法参加社会保险的外国人与用人单位或者境内工作单位因社会保险发生争议的,可以依法申请调解、仲裁、提起诉讼。用人单位或者境内工作单位侵害其社会保险权益的,外国人也可以要求社会保险行政部门或者社会保险费征收机构依法处理。

第九条 具有与中国签订社会保险双边或者多边协议国家国籍的人员在中国境内就业的,其参加社会保险的办法按照协议规定办理。

第十条 社会保险经办机构应当根据《外国人社会保障号码编制规则》，为外国人建立社会保障号码，并发放中华人民共和国社会保障卡。

第十一条 社会保险行政部门应当按照社会保险法的规定，对外国人参加社会保险的情况进行监督检查。用人单位或者境内工作单位未依法为招用的外国人办理社会保险登记或者未依法为其缴纳社会保险费的，按照社会保险法、《劳动保障监察条例》等法律、行政法规和有关规章的规定处理。

用人单位招用未依法办理就业证件或者持有《外国人永久居留证》的外国人的，按照《外国人在中国就业管理规定》处理。

第十二条 本办法自2011年10月15日起施行。

附件：外国人社会保障号码编制规则

附件：

外国人社会保障号码编制规则

外国人参加中国社会保险，其社会保障号码由外国人所在国家或地区代码、有效证件号码组成。外国人有效证件为护照或《外国人永久居留证》。所在国家或地区代码和有效证件号码之间预留一位。其表现形式为：

XXX	X	XXXXXXXXXXXXX
（国家或地区代码）	（预留位）	（有效证件号码）

1. 外国人所在国家或地区代码按"ISO3166-1-2006"国家及其地区的名称代码的第一部分国家代码规定的3位英文字母表示，如德国为DEU，丹麦DNK。遇国际标准升级时，人力资源和社会保障部统一确定代码升级时间。

取得在中国永久居留资格的外国人所在国家或地区代码与其所持《外国人永久居留证》号码中第1-3位的国家或地区代码一致（也为三位）。

2. 预留位1位，默认情况为0，在特殊情况时，可填写数字为1至9。

3. 编制使用外国人有效护照号码，应包含全部英文字母和阿拉伯数字，不包括其中的"."、"-"等特殊字符。编制使用《外国人永久居留证》号码，为该证件号码中第4—15位号码。

（1）以在我国某用人单位工作的持护照号G01234—56的德籍人员为例，其社会保障号码为：DEU0G0123456

国家或地区代码	预留位	有效护照号码
DEU	0	G0123456

（2）以在我国某用人单位工作的持《外国人永久居留证》号DNK324578912056的丹麦籍人员为例，其社会保障号码为：DNK0324578912056

国家或地区代码	预留位	《外国人永久居留证》号码
DNK	0	324578912056

4.数据库对外国人社会保障号码预留18位长度（其中有效护照号码最多为14位）。编制号码不足18位的，不需要补足位数。

5.外国人社会保障号码在中国唯一且终身不变。其证件号码发生改变时，以初次参保登记时的社会保障号码作为唯一标识，社会保险经办机构应对参保人员的证件类型、证件号码变更情况进行相应的记录。

非法用工单位伤亡人员一次性赔偿办法

（2010年12月31日人力资源社会保障部令第9号公布　自2011年1月1日起施行）

第一条　根据《工伤保险条例》第六十六条第一款的授权，制定本办法。

第二条　本办法所称非法用工单位伤亡人员，是指无营业执照或者未经依法登记、备案的单位以及被依法吊销营业执照或者撤销登记、备案的单位受到事故伤害或者患职业病的职工，或者用人单位使用童工造成的伤残、死亡童工。

前款所列单位必须按照本办法的规定向伤残职工或者死亡职工的近亲属、伤残童工或者死亡童工的近亲属给予一次性赔偿。

第三条　一次性赔偿包括受到事故伤害或者患职业病的职工或童工在治疗期间的费用和一次性赔偿金。一次性赔偿金数额应当在受到事故伤害或者患职业病的职工或童工死亡或者经劳动能力鉴定后确定。

劳动能力鉴定按照属地原则由单位所在地设区的市级劳动能力鉴定委员会办理。劳动能力鉴定费用由伤亡职工或童工所在单位支付。

第四条　职工或童工受到事故伤害或者患职业病，在劳动能力鉴定之前进行治疗期间的生活费按照统筹地区上年度职工月平均工资标准确定，医疗费、护理费、住院期间的伙食补助费以及所需的交通费等费用按照《工伤保险条例》规定的标准和范围确定，并全部由伤残职工或童工所在单位支付。

第五条　一次性赔偿金按照以下标准支付：

一级伤残的为赔偿基数的16倍，二级伤残的为赔偿基数的14倍，三级伤残的为赔偿基数的12倍，四级伤残的为赔偿基数的10倍，五级伤残的为赔偿基数的8倍，六级伤残的为赔偿基数的6倍，七级伤残的为赔偿基数的4倍，八级伤残的为赔偿基数的3倍，九级伤残的为赔偿基数的2倍，十级伤残的为赔偿基数的1倍。

前款所称赔偿基数，是指单位所在工伤保险统筹地区上年度职工年平均工资。

第六条　受到事故伤害或者患职业病造成死亡的，按照上一年度全国城镇居民人均可支配收入的20倍支付一次性赔偿金，并按照上一年度全国城镇居民人均可支配收入的10倍一次性支付丧葬补助等其他赔偿金。

第七条　单位拒不支付一次性赔偿的，伤残职工或者死亡职工的近亲属、伤残童工或者死亡童工的近亲属可以向人力资源和社会保障行政部门举报。经查证属实的，人力资源和社会保障行政部门应当责令该单位限期改正。

第八条　伤残职工或者死亡职工的近亲属、伤残童工或者死亡童工的近亲属就赔偿数额与单位发生争议的，按照劳动争议处理的有关规定处理。

第九条　本办法自2011年1月1日起施行。劳动和社会保障部2003年9月23日颁布的《非法用工单位伤亡人员一次性赔偿办法》同时废止。

工伤认定办法

(2010年12月31日人力资源社会保障部令第8号公布　自2011年1月1日起施行)

第一条　为规范工伤认定程序，依法进行工伤认定，维护当事人的合法权益，根据《工伤保险条例》的有关规定，制定本办法。

第二条　社会保险行政部门进行工伤认定按照本办法执行。

第三条　工伤认定应当客观公正、简捷方便，认定程序应当向社会公开。

第四条　职工发生事故伤害或者按照职业病防治法规定被诊断、鉴定为职业病，所在单位应当自事故伤害发生之日或者被诊断、鉴定为职业病之日起30日内，向统筹地区社会保险行政部门提出工伤认定申请。遇有特殊情况，经报社会保险行政部门同意，申请时限可以适当延长。

按照前款规定应当向省级社会保险行政部门提出工伤认定申请的，根据属地原则应当向用人单位所在地设区的市级社会保险行政部门提出。

第五条　用人单位未在规定的时限内提出工伤认定申请的，受伤害职工或者其近亲属、工会组织在事故伤害发生之日或者被诊断、鉴定为职业病之日起1年内，可以直接按照本办法第四条规定提出工伤认定申请。

第六条　提出工伤认定申请应当填写《工伤认定申请表》，并提交下列材料：

(一) 劳动、聘用合同文本复印件或者与用人单位存在劳动关系（包括事实劳动关系）、人事关系的其他证明材料；

(二) 医疗机构出具的受伤后诊断证明书或者职业病诊断证明书(或者职业病诊断鉴定书)。

第七条　工伤认定申请人提交的申请材料符合要求，属于社会保险行政部门管辖范围且在受理时限内的，社会保险行政部门应当受理。

第八条　社会保险行政部门收到工伤认定申请后，应当在15日内对申请人提交的材料进行审核，材料完整的，作出受理或者不予受理的决定；材料不完整的，应当以书面形式一次性告知申请人需要补正的全部材料。社会保险行政部门收到申请人提交的全部补正材料后，应当在15日内作出受理或者不予受理的决定。

社会保险行政部门决定受理的，应当出具《工伤认定申请受理决定书》；决定不予受理的，应当出具《工伤认定申请不予受理决定书》。

第九条　社会保险行政部门受理工伤认定申请后，可以根据需要对申请人提供的证据进行调查核实。

第十条　社会保险行政部门进行调查核实，应当由两名以上工作人员共同进行，并出示执行公务的证件。

第十一条　社会保险行政部门工作人员在工伤认定中，可以进行以下调查核实工作：

(一) 根据工作需要，进入有关单位和事故现场；

(二) 依法查阅与工伤认定有关的资料，询问有关人员并作出调查笔录；

(三) 记录、录音、录像和复制与工伤认定有关的资料。调查核实工作的证据收集参照行政诉讼证据收集的有关规定执行。

第十二条 社会保险行政部门工作人员进行调查核实时，有关单位和个人应当予以协助。用人单位、工会组织、医疗机构以及有关部门应当负责安排相关人员配合工作，据实提供情况和证明材料。

第十三条 社会保险行政部门在进行工伤认定时，对申请人提供的符合国家有关规定的职业病诊断证明书或者职业病诊断鉴定书，不再进行调查核实。职业病诊断证明书或者职业病诊断鉴定书不符合国家规定的要求和格式的，社会保险行政部门可以要求出具证据部门重新提供。

第十四条 社会保险行政部门受理工伤认定申请后，可以根据工作需要，委托其他统筹地区的社会保险行政部门或者相关部门进行调查核实。

第十五条 社会保险行政部门工作人员进行调查核实时，应当履行下列义务：

（一）保守有关单位商业秘密以及个人隐私；

（二）为提供情况的有关人员保密。

第十六条 社会保险行政部门工作人员与工伤认定申请人有利害关系的，应当回避。

第十七条 职工或者其近亲属认为是工伤，用人单位不认为是工伤的，由该用人单位承担举证责任。用人单位拒不举证的，社会保险行政部门可以根据受伤害职工提供的证据或者调查取得的证据，依法作出工伤认定决定。

第十八条 社会保险行政部门应当自受理工伤认定申请之日起60日内作出工伤认定决定，出具《认定工伤决定书》或者《不予认定工伤决定书》。

第十九条 《认定工伤决定书》应当载明下列事项：

（一）用人单位全称；

（二）职工的姓名、性别、年龄、职业、身份证号码；

（三）受伤害部位、事故时间和诊断时间或职业病名称、受伤害经过和核实情况、医疗救治的基本情况和诊断结论；

（四）认定工伤或者视同工伤的依据；

（五）不服认定决定申请行政复议或者提起行政诉讼的部门和时限；

（六）作出认定工伤或者视同工伤决定的时间。

《不予认定工伤决定书》应当载明下列事项：

（一）用人单位全称；

（二）职工的姓名、性别、年龄、职业、身份证号码；

（三）不予认定工伤或者不视同工伤的依据；

（四）不服认定决定申请行政复议或者提起行政诉讼的部门和时限；

（五）作出不予认定工伤或者不视同工伤决定的时间。

《认定工伤决定书》和《不予认定工伤决定书》应当加盖社会保险行政部门工伤认定专用印章。

第二十条 社会保险行政部门受理工伤认定申请后，作出工伤认定决定需要以司法机关或者有关行政主管部门的结论为依据的，在司法机关或者有关行政主管部门尚未作出结论期间，作出工伤认定决定的时限中止，并书面通知申请人。

第二十一条 社会保险行政部门对于事实清楚、权利义务明确的工伤认定申请，应当自受理工伤认定申请之日起15日内作出工伤认定决定。

第二十二条 社会保险行政部门应当自工伤认定决定作出之日起20日内，将《认定工伤决定书》或者《不予认定工伤决定书》送达受伤害职工（或者其近亲属）和用人单位，并抄送社会保险经办机构。

《认定工伤决定书》和《不予认定工伤决定书》的送达参照民事法律有关送达的规定执行。

第二十三条　职工或者其近亲属、用人单位对不予受理决定不服或者对工伤认定决定不服的，可以依法申请行政复议或者提起行政诉讼。

第二十四条　工伤认定结束后，社会保险行政部门应当将工伤认定的有关资料保存50年。

第二十五条　用人单位拒不协助社会保险行政部门对事故伤害进行调查核实的，由社会保险行政部门责令改正，处2 000元以上2万元以下的罚款。

第二十六条　本办法中的《工伤认定申请表》《工伤认定申请受理决定书》《工伤认定申请不予受理决定书》《认定工伤决定书》《不予认定工伤决定书》的样式由国务院社会保险行政部门统一制定。

第二十七条　本办法自2011年1月1日起施行。劳动和社会保障部2003年9月23日颁布的《工伤认定办法》同时废止。

因工死亡职工供养亲属范围规定

（2003年9月23日中华人民共和国劳动和社会保障部令第18号颁布　自2004年1月1日起施行）

第一条　为明确因工死亡职工供养亲属范围，根据《工伤保险条例》第三十七条第一款第二项的授权，制定本规定。

第二条　本规定所称因工死亡职工供养亲属，是指该职工的配偶、子女、父母、祖父母、外祖父母、孙子女、外孙子女、兄弟姐妹。

本规定所称子女，包括婚生子女、非婚生子女、养子女和有抚养关系的继子女，其中，婚生子女、非婚生子女包括遗腹子女；

本规定所称父母，包括生父母、养父母和有抚养关系的继父母；

本规定所称兄弟姐妹，包括同父母的兄弟姐妹、同父异母或者同母异父的兄弟姐妹、养兄弟姐妹、有抚养关系的继兄弟姐妹。

第三条　上条规定的人员，依靠因工死亡职工生前提供主要生活来源，并有下列情形之一的，可按规定申请供养亲属抚恤金：

（一）完全丧失劳动能力的；

（二）工亡职工配偶男年满60周岁、女年满55周岁的；

（三）工亡职工父母男年满60周岁、女年满55周岁的；

（四）工亡职工子女未满18周岁的；

（五）工亡职工父母均已死亡，其祖父、外祖父年满60周岁，祖母、外祖母年满55周岁的；

（六）工亡职工子女已经死亡或完全丧失劳动能力，其孙子女、外孙子女未满18周岁的；

（七）工亡职工父母均已死亡或完全丧失劳动能力，其兄弟姐妹未满18周岁的。

第四条　领取抚恤金人员有下列情形之一的，停止享受抚恤金待遇：

（一）年满18周岁且未完全丧失劳动能力的；

（二）就业或参军的；

（三）工亡职工配偶再婚的；

（四）被他人或组织收养的；

（五）死亡的。

第五条 领取抚恤金的人员，在被判刑收监执行期间，停止享受抚恤金待遇。刑满释放仍符合领取抚恤金资格的，按规定的标准享受抚恤金。

第六条 因工死亡职工供养亲属享受抚恤金待遇的资格，由统筹地区社会保险经办机构核定。

因工死亡职工供养亲属的劳动能力鉴定，由因工死亡职工生前单位所在地设区的市级劳动能力鉴定委员会负责。

第七条 本办法自2004年1月1日起施行。

工伤职工劳动能力鉴定管理办法

（2014年2月20日人力资源和社会保障部、国家卫生和计划生育委员会令第21号公布　根据2018年12月14日《人力资源社会保障部关于修改部分规章的决定》修订）

第一章　总则

第一条 为了加强劳动能力鉴定管理，规范劳动能力鉴定程序，根据《中华人民共和国社会保险法》《中华人民共和国职业病防治法》和《工伤保险条例》，制定本办法。

第二条 劳动能力鉴定委员会依据《劳动能力鉴定职工工伤与职业病致残等级》国家标准，对工伤职工劳动功能障碍程度和生活自理障碍程度组织进行技术性等级鉴定，适用本办法。

第三条 省、自治区、直辖市劳动能力鉴定委员会和设区的市级（含直辖市的市辖区、县，下同）劳动能力鉴定委员会分别由省、自治区、直辖市和设区的市级人力资源社会保障行政部门、卫生计生行政部门、工会组织、用人单位代表以及社会保险经办机构代表组成。

承担劳动能力鉴定委员会日常工作的机构，其设置方式由各地根据实际情况决定。

第四条 劳动能力鉴定委员会履行下列职责：

（一）选聘医疗卫生专家，组建医疗卫生专家库，对专家进行培训和管理；

（二）组织劳动能力鉴定；

（三）根据专家组的鉴定意见作出劳动能力鉴定结论；

（四）建立完整的鉴定数据库，保管鉴定工作档案50年；

（五）法律、法规、规章规定的其他职责。

第五条 设区的市级劳动能力鉴定委员会负责本辖区内的劳动能力初次鉴定、复查鉴定。

省、自治区、直辖市劳动能力鉴定委员会负责对初次鉴定或者复查鉴定结论不服提出的再次鉴定。

第六条 劳动能力鉴定相关政策、工作制度和业务流程应当向社会公开。

第二章　鉴定程序

第七条 职工发生工伤，经治疗伤情相对稳定后存在残疾、影响劳动能力的，或者停工留薪期满（含劳动能力鉴定委员会确认的延长期限），工伤职工或者其用人单位应当及时向设区的市级劳动能力鉴定委员会提出劳动能力鉴定申请。

第八条 申请劳动能力鉴定应当填写劳动能力鉴定申请表，并提交下列材料：

（一）有效的诊断证明、按照医疗机构病历管理有关规定复印或者复制的检查、检验报告等完整病历材料；

（二）工伤职工的居民身份证或者社会保障卡等其他有效身份证明原件。

第九条　劳动能力鉴定委员会收到劳动能力鉴定申请后，应当及时对申请人提交的材料进行审核；申请人提供材料不完整的，劳动能力鉴定委员会应当自收到劳动能力鉴定申请之日起5个工作日内一次性书面告知申请人需要补正的全部材料。

申请人提供材料完整的，劳动能力鉴定委员会应当及时组织鉴定，并在收到劳动能力鉴定申请之日起60日内作出劳动能力鉴定结论。伤情复杂、涉及医疗卫生专业较多的，作出劳动能力鉴定结论的期限可以延长30日。

第十条　劳动能力鉴定委员会应当视伤情程度等从医疗卫生专家库中随机抽取3名或者5名与工伤职工伤情相关科别的专家组成专家组进行鉴定。

第十一条　劳动能力鉴定委员会应当提前通知工伤职工进行鉴定的时间、地点以及应当携带的材料。工伤职工应当按照通知的时间、地点参加现场鉴定。对行动不便的工伤职工，劳动能力鉴定委员会可以组织专家上门进行劳动能力鉴定。组织劳动能力鉴定的工作人员应当对工伤职工的身份进行核实。

工伤职工因故不能按时参加鉴定的，经劳动能力鉴定委员会同意，可以调整现场鉴定的时间，作出劳动能力鉴定结论的期限相应顺延。

第十二条　因鉴定工作需要，专家组提出应当进行有关检查和诊断的，劳动能力鉴定委员会可以委托具备资格的医疗机构协助进行有关的检查和诊断。

第十三条　专家组根据工伤职工伤情，结合医疗诊断情况，依据《劳动能力鉴定职工工伤与职业病致残等级》国家标准提出鉴定意见。参加鉴定的专家都应当签署意见并签名。

专家意见不一致时，按照少数服从多数的原则确定专家组的鉴定意见。

第十四条　劳动能力鉴定委员会根据专家组的鉴定意见作出劳动能力鉴定结论。劳动能力鉴定结论书应当载明下列事项：

（一）工伤职工及其用人单位的基本信息；

（二）伤情介绍，包括伤残部位、器官功能障碍程度、诊断情况等；

（三）作出鉴定的依据；

（四）鉴定结论。

第十五条　劳动能力鉴定委员会应当自作出鉴定结论之日起20日内将劳动能力鉴定结论及时送达工伤职工及其用人单位，并抄送社会保险经办机构。

第十六条　工伤职工或者其用人单位对初次鉴定结论不服的，可以在收到该鉴定结论之日起15日内向省、自治区、直辖市劳动能力鉴定委员会申请再次鉴定。

申请再次鉴定，应当提供劳动能力鉴定申请表，以及工伤职工的居民身份证或者社会保障卡等有效身份证明原件。

省、自治区、直辖市劳动能力鉴定委员会作出的劳动能力鉴定结论为最终结论。

第十七条　自劳动能力鉴定结论作出之日起1年后，工伤职工、用人单位或者社会保险经办机构认为伤残情况发生变化的，可以向设区的市级劳动能力鉴定委员会申请劳动能力复查鉴定。

对复查鉴定结论不服的，可以按照本办法第十六条规定申请再次鉴定。

第十八条　工伤职工本人因身体等原因无法提出劳动能力初次鉴定、复查鉴定、再次鉴定申请的，可由其近亲属代为提出。

第十九条　再次鉴定和复查鉴定的程序、期限等按照本办法第九条至第十五条的规定执行。

第三章 监督管理

第二十条 劳动能力鉴定委员会应当每3年对专家库进行一次调整和补充，实行动态管理。确有需要的，可以根据实际情况适时调整。

第二十一条 劳动能力鉴定委员会选聘医疗卫生专家，聘期一般为3年，可以连续聘任。

聘任的专家应当具备下列条件：

（一）具有医疗卫生高级专业技术职务任职资格；

（二）掌握劳动能力鉴定的相关知识；

（三）具有良好的职业品德。

第二十二条 参加劳动能力鉴定的专家应当按照规定的时间、地点进行现场鉴定，严格执行劳动能力鉴定政策和标准，客观、公正地提出鉴定意见。

第二十三条 用人单位、工伤职工或者其近亲属应当如实提供鉴定需要的材料，遵守劳动能力鉴定相关规定，按照要求配合劳动能力鉴定工作。

工伤职工有下列情形之一的，当次鉴定终止：

（一）无正当理由不参加现场鉴定的；

（二）拒不参加劳动能力鉴定委员会安排的检查和诊断的。

第二十四条 医疗机构及其医务人员应当如实出具与劳动能力鉴定有关的各项诊断证明和病历材料。

第二十五条 劳动能力鉴定委员会组成人员、劳动能力鉴定工作人员以及参加鉴定的专家与当事人有利害关系的，应当回避。

第二十六条 任何组织或者个人有权对劳动能力鉴定中的违法行为进行举报、投诉。

第四章 法律责任

第二十七条 劳动能力鉴定委员会和承担劳动能力鉴定委员会日常工作的机构及其工作人员在从事或者组织劳动能力鉴定时，有下列行为之一的，由人力资源社会保障行政部门或者有关部门责令改正，对直接负责的主管人员和其他直接责任人员依法给予相应处分；构成犯罪的，依法追究刑事责任：

（一）未及时审核并书面告知申请人需要补正的全部材料的；

（二）未在规定期限内作出劳动能力鉴定结论的；

（三）未按照规定及时送达劳动能力鉴定结论的；

（四）未按照规定随机抽取相关科别专家进行鉴定的；

（五）擅自篡改劳动能力鉴定委员会作出的鉴定结论的；

（六）利用职务之便非法收受当事人财物的；

（七）有违反法律法规和本办法的其他行为的。

第二十八条 从事劳动能力鉴定的专家有下列行为之一的，劳动能力鉴定委员会应当予以解聘；情节严重的，由卫生计生行政部门依法处理：

（一）提供虚假鉴定意见的；

（二）利用职务之便非法收受当事人财物的；

（三）无正当理由不履行职责的；

（四）有违反法律法规和本办法的其他行为的。

第二十九条 参与工伤救治、检查、诊断等活动的医疗机构及其医务人员有下列情形之一的，由卫生计生行政部门依法处理：

（一）提供与病情不符的虚假诊断证明的；

（二）篡改、伪造、隐匿、销毁病历材料的；

（三）无正当理由不履行职责的。

第三十条 以欺诈、伪造证明材料或者其他手段骗取鉴定结论、领取工伤保险待遇的，按照《中华人民共和国社会保险法》第八十八条的规定，由人力资源社会保障行政部门责令退回骗取的社会保险金，处骗取金额2倍以上5倍以下的罚款。

第五章　附则

第三十一条 未参加工伤保险的公务员和参照公务员法管理的事业单位、社会团体工作人员因工（公）致残的劳动能力鉴定，参照本办法执行。

第三十二条 本办法中的劳动能力鉴定申请表、初次（复查）鉴定结论书、再次鉴定结论书、劳动能力鉴定材料收讫补正告知书等文书基本样式由人力资源社会保障部制定。

第三十三条 本办法自2014年4月1日起施行。

关于失业保险支持企业稳定就业岗位的通知

（人社部发〔2019〕23号）

各省、自治区、直辖市及新疆生产建设兵团人力资源社会保障厅（局）、财政厅（局）、发展改革委、工业和信息化主管部门：

按照中央关于稳就业的部署要求，贯彻落实《国务院关于做好当前和今后一个时期促进就业工作的若干意见》（国发〔2018〕39号），充分发挥失业保险支持企业稳定就业岗位的作用，加大援企稳岗力度，维护就业局势总体稳定，现就有关事项通知如下：

一、加大稳岗支持力度

对不裁员或少裁员的参保企业，可返还其上年度实际缴纳失业保险的50%（以下简称"企业稳岗返还"）。2019年1月1日至12月31日，对面临暂时性生产经营困难且恢复有望、坚持不裁员少裁员的参保企业，返还标准可按6个月的当地月人均失业保险和参保职工人数确定，或按6个月的企业及其职工应缴纳社会保险费50%的标准确定（以下简称"经营困难且恢复有望企业稳岗返还"）。上述两项政策实施的基本条件、资金使用、审核认定等按下列规定执行：

（一）失业保险统筹地区实施稳岗返还应同时具备以下条件：实施企业稳岗返还的统筹地区上年失业保险基金滚存结余应具备12个月以上支付能力，实施经营困难且恢复有望企业稳岗返还的统筹地区上年失业保险基金滚存结余应具备24个月以上支付能力；失业保险基金使用管理规范。

（二）申请稳岗返还的企业应同时具备以下条件：生产经营活动符合国家及所在区域产业结构调整和环保政策；参加失业保险足额缴纳失业保险费12个月以上；上年末裁员或裁员率低于统筹地区城镇登记失业率。申请经营困难且恢复有望企业稳岗返还的，还需符合当地人力资源社会保障部门会同财政等相关部门的认定标准，并提供与工会组织协商制定的稳定就业岗位措施。

（三）返还标准。企业稳岗返还标准，可按该及其职工上年度实际缴纳失业保险费的50%确定，对去产能企业，各省（区、市）可按规定提高标准。经营困难且恢复有望企业稳岗返还标准，各省（区、市）可结合失业保险基金结余情况，明确本省（区、市）返还标准是按6个月的当地月人均失业保险金和参保职工人数确定，还是按6个月的企业及其职工上年度应缴纳社会保险费50%的标准确定。

（四）审核认定。企业稳岗返还的审核认定由各地人力资源社会保障部门负责。经营困难且恢复有望企业稳岗返还的审核认定，由各地人力资源社会保障部门会同财政等相关部门制定认定标准和审核办法，建立会审机制并组织实施。对拟给予返还的企业名单和资金数额应当向社会公示，不少于5个工作日，并及时做好享受稳岗返还企业实名制信息登记工作。

（五）资金使用。激励企业承担稳定就业的社会责任，稳岗返还资金主要用于职工生活补助、缴纳社会保险费、转岗培训、技能提升等稳定就业岗位相关支出。返还资金由失业保险基金列支，其中，企业稳岗返还资金从失业保险基金"稳岗补贴"科目支出，以营困难且恢复有望企业稳岗返还资金从"其他支出"科目中列支。稳岗返还资金一次性发放，同一企业同一年度只能享受其中一项。

（六）适当放宽裁员率标准。在计算企业裁员率时，各地可按上年度参保职工减少人数或领取失业保险金人数与上年度参保职工人数比较确定。基金结余规模较大的地区可根据本地实际放宽裁员率标准，对上年度裁员率高于统筹地区城镇登记失业率但低于全国城镇登记失业率的参保企业，可以适用返还政策，提高政策受益率。

二、放宽技术技能提升补贴申领条件

2019年1月1日至2020年12月31日，将现行技能提升补贴政策申领条件由企业在职职工累计缴纳失业保险费36个月及以上放宽至累计缴纳失业保险费12个月及以上。参保职工当年取得职业资格证书或职业技能等级证书，并且证书信息可在人力资源社会保障部职业技能鉴定中心、人事考试中心等全国联网查询系统上查询到的，可在取证之日起12个月内到本人失业保险参保地经办机构申领技术技能提升补贴，补贴标准和审核发放办法由各地按现行技能提升补贴政策根据本地实际制定。

三、加大对深度贫困地区的倾斜支持力度

各地要深入落实《人力资源社会保障部财政部关于使用失业保险基金支持脱贫攻坚的通知》（人社部发〔2018〕35号）要求，对"三区三州"等深度贫困地区的失业保险参保企业，将企业稳岗返还标准提高到该企业及其职工上年度实际缴纳失业保险费总额的60%，并按规定将吸纳建档立卡贫困人员就业并签订劳动合同的事业单位纳入稳岗返还和技能提升补贴政策范围。加大对深度贫困地区支持力度，充分考虑当地实际情况和客观困难，采取超常规举措，切实落实各项倾斜性政策。

四、发放价格临时补贴

各地要继续落实《关于进一步完善社会救助和保障标准与物价上涨挂钩联动机制的通知》（发改价格规〔2016〕1835号），达到启动条件时，及时对领取失业保险金人员发放价格临时补贴，确保困难群众基本生活水平不因物价上涨降低。

五、优化经办服务

各地要以规范、安全、便捷为原则，提高失业保险经办服务质量和效率。在审核返还时，要充分利用人力资源社会保障部门已掌握的企业和职工参保信息、领取失业保险金信息时先审核，减少证明材料，减少企业跑腿次数。不得设定集中申报期，企业只要在年度内申报，经办机构都要及时受理；要优化申述流程，强化信息共享，进一步缩短办理时限，从企业申报到审核通过最长得超过3个月。要加强对企业使用稳岗返还资金的指导，引导企业更多地用于职工培训，提升就业技能，增强就业稳定性。各地可结合基金结余情况，研究欠费企业补缴后享受稳岗返还的办法，使更多企业受益。大力推广在线办事，直辖市、计划单列市、省会城市要尽快实现稳岗返还、技能提升补贴事项的网上办理，加快释放政策红利。

六、防范基金风险

各地要密切关注失业保险基金支出情况，按月监测基金运行状况，加强情况预判和适时调控，确保基金收支平衡和安全可持续。建立健全资金审核、公示、拨付等监督机制，加强内部监管，严

防廉政风险。畅通渠道，严格公示，主动接受社会监督。各地要制定审核工作规程，对经营困难且恢复有望企业稳岗返还涉及资金较大的，报请统筹地区人民政府审议。加强技防人防，充分利用信息化手段验证资格条件，减少自由裁量权，防范内外勾结。严防骗取套取，对骗取或套取稳岗返还等资金造成失业保险基金损失的，要依法严肃追究行政责任和刑事责任。

七、工作要求

失业保险支持企业稳定就业岗位，是落实中央稳就业方针的重要举措。各级人力资源社会保障部门要高度重视，按照积极稳妥、突出重点、严格审核的原则，精心组织，加力增效，会同相关部门各司其职，协同配合，有力有序推动政策落实。要及时跟踪了解使用失业保险基金支持企业稳定就业岗位特别是支持深度贫困地区脱贫攻坚的政策效果。加大精准扶持力度，突出原符合产业发展方向、长期吸纳就业人数较多企业的政策支持，对技术落后、没有市场前景、生产恢复无望的"僵尸企业"以及严重失信企业，不宜返还失业保险费。加大宣传力度，结合失业保险援企稳岗"护航行动"、职工技能提升"展翅行动"，失业保险惠企政策进民企和进厂房进工地进矿区等专项活动，主动宣传解读政策；采取短信推送方式，提示符合条件的参保企业和职工及时申领；积极宣传受益企业和职工稳定就业岗位的实际成效，多渠道扩大政策知晓度。各省级人力资源社会保障部门要在本通知下发1个月内，制定经营困难且恢复有望企业的认定标准和审核办法，要重点关注基金支付能力相对较弱的统筹地区，发挥省级调剂金作用，尽可能让符合条件的企业、职工、失业人员都能享受政策支持。各地要按月上报政策实施和基金结余情况，在执行中遇到的重大问题及时向人力资源社会保障部、财政部报告。

人力资源社会保障部
财政部
国家发展改革委
工业和信息化部
2019年3月11日

关于进一步做好建筑业工伤保险工作的意见

（人社部发〔2014〕103号）

各省、自治区、直辖市及新疆生产建设兵团人力资源社会保障厅（局）、住房城乡建设厅（委、局）、安全生产监督管理局、总工会：

改革开放以来，我国建筑业蓬勃发展，建筑业职工队伍不断发展壮大，为经济社会发展和人民安居乐业做出了重大贡献。建筑业属于工伤风险较高行业，又是农民工集中的行业。为维护建筑业职工特别是农民工的工伤保障权益，国家先后出台了一系列法律法规和政策，各地区、各有关部门积极采取措施，加强建筑施工安全生产制度建设和监督检查，大力推进建筑施工企业依法参加工伤保险，使建筑业职工工伤权益保障工作不断得到加强。但目前仍存在部分建筑施工企业安全管理制度不落实、工伤保险参保覆盖率低、一线建筑工人特别是农民工工伤维权能力弱、工伤待遇落实难等问题。

为贯彻落实党中央、国务院关于切实保障和改善民生的要求，依据社会保险法、建筑法、安全生产法、职业病防治法和《工伤保险条例》等法律法规规定，现就进一步做好建筑业工伤保险工作、切实维护建筑业职工工伤保障权益提出以下意见：

一、完善符合建筑业特点的工伤保险参保政策，大力扩展建筑企业工伤保险参保覆盖面。建筑施工企业应依法参加工伤保险。针对建筑行业的特点，建筑施工企业对相对固定的职工，应按用人单位参加工伤保险；对不能按用人单位参保、建筑项目使用的建筑业职工特别是农民工，按项目参加工伤保险。房屋建筑和市政基础设施工程实行以建设项目为单位参加工伤保险的，可在各项社会保险中优先办理参加工伤保险手续。建设单位在办理施工许可手续时，应当提交建设项目工伤保险参保证明，作为保证工程安全施工的具体措施之一；安全施工措施未落实的项目，各地住房城乡建设主管部门不予核发施工许可证。

二、完善工伤保险费计缴方式。按用人单位参保的建筑施工企业应以工资总额为基数依法缴纳工伤保险费。以建设项目为单位参保的，可以按照项目工程总造价的一定比例计算缴纳工伤保险费。

三、科学确定工伤保险费率。各地区人力资源社会保障部门应参照本地区建筑企业行业基准费率，按照以支定收、收支平衡原则，商住房城乡建设主管部门合理确定建设项目工伤保险缴费比例。要充分运用工伤保险浮动费率机制，根据各建筑企业工伤事故发生率、工伤保险基金使用等情况适时适当调整费率，促进企业加强安全生产，预防和减少工伤事故。

四、确保工伤保险费用来源。建设单位要在工程概算中将工伤保险费用单独列支，作为不可竞争费，不参与竞标，并在项目开工前由施工总承包单位一次性代缴本项目工伤保险费，覆盖项目使用的所有职工，包括专业承包单位、劳务分包单位使用的农民工。

五、健全工伤认定所涉及劳动关系确认机制。建筑施工企业应依法与其职工签订劳动合同，加强施工现场劳务用工管理。施工总承包单位应当在工程项目施工期内督促专业承包单位、劳务分包单位建立职工花名册、考勤记录、工资发放表等台账，对项目施工期内全部施工人员实行动态实名制管理。施工人员发生工伤后，以劳动合同为基础确认劳动关系。对未签订劳动合同的，由人力资源社会保障部门参照工资支付凭证或记录、工作证、招工登记表、考勤记录及其他劳动者证言等证据，确认事实劳动关系。相关方面应积极提供有关证据；按规定应由用人单位负举证责任而用人单位不提供的，应当承担不利后果。

六、规范和简化工伤认定和劳动能力鉴定程序。职工发生工伤事故，应当由其所在用人单位在30日内提出工伤认定申请，施工总承包单位应当密切配合并提供参保证明等相关材料。用人单位未在规定时限内提出工伤认定申请的，职工本人或其近亲属、工会组织可以在1年内提出工伤认定申请，经社会保险行政部门调查确认工伤的，在此期间发生的工伤待遇等有关费用由其所在用人单位负担。各地社会保险行政部门和劳动能力鉴定机构要优化流程，简化手续，缩短认定、鉴定时间。对于事实清楚、权利义务关系明确的工伤认定申请，应当自受理工伤认定申请之日起15日内作出工伤认定决定。探索建立工伤认定和劳动能力鉴定相关材料网上申报、审核和送达办法，提高工作效率。

七、完善工伤保险待遇支付政策。对认定为工伤的建筑业职工，各级社会保险经办机构和用人单位应依法按时足额支付各项工伤保险待遇。对在参保项目施工期间发生工伤、项目竣工时尚未完成工伤认定或劳动能力鉴定的建筑业职工，其所在用人单位要继续保证其医疗救治和停工期间的法定待遇，待完成工伤认定及劳动能力鉴定后，依法享受参保职工的各项工伤保险待遇；其中应由用人单位支付的待遇，工伤职工所在用人单位要按时足额支付，也可根据其意愿一次性支付。针对建筑业工资收入分配的特点，对相关工伤保险待遇中难以按本人工资作为计发基数的，可以参照统筹地区上年度职工平均工资作为计发基数。

八、落实工伤保险先行支付政策。未参加工伤保险的建设项目，职工发生工伤事故，依法由职工所在用人单位支付工伤保险待遇，施工总承包单位、建设单位承担连带责任；用人单位和承担连带责任的施工总承包单位、建设单位不支付的，由工伤保险基金先行支付，用人单位和承担连带责任的施工总承包单位、建设单位应当偿还；不偿还的，由社会保险经办机构依法追偿。

九、建立健全工伤赔偿连带责任追究机制。建设单位、施工总承包单位或具有用工主体资格的分包单位将工程（业务）发包给不具备用工主体资格的组织或个人，该组织或个人招用的劳动者发生工伤的，发包单位与不具备用工主体资格的组织或个人承担连带赔偿责任。

十、加强工伤保险政策宣传和培训。施工总承包单位应当按照项目所在地人力资源社会保障部门统一规定的式样，制作项目参加工伤保险情况公示牌，在施工现场显著位置予以公示，并安排有关工伤预防及工伤保险政策讲解的培训课程，保障广大建筑业职工特别是农民工的知情权，增强其依法维权意识。各地人力资源社会保障部门要会同有关部门加大工伤保险政策宣传力度，让广大职工知晓其依法享有的工伤保险权益及相关办事流程。开展工伤预防试点的地区可以从工伤保险基金提取一定比例用于工伤预防，各地人力资源社会保障部门应会同住房城乡建设部门积极开展建筑业工伤预防的宣传和培训工作，并将建筑业职工特别是农民工作为宣传和培训的重点对象。建立健全政府部门、行业协会、建筑施工企业等多层次的培训体系，不断提升建筑业职工的安全生产意识、工伤维权意识和岗位技能水平，从源头上控制和减少安全事故。

十一、严肃查处谎报瞒报事故的行为。发生生产安全事故时，建筑施工企业现场有关人员和企业负责人要严格依照《生产安全事故报告和调查处理条例》等规定，及时、如实向安全监管、住房城乡建设和其他负有监管职责的部门报告，并做好工伤保险相关工作。事故报告后出现新情况的，要及时补报。对谎报、瞒报事故和迟报、漏报的有关单位和人员，要严格依法查处。

十二、积极发挥工会组织在职工工伤维权工作中的作用。各级工会要加强基层组织建设，通过项目工会、托管工会、联合工会等多种形式，努力将建筑施工一线职工纳入工会组织，为其提供维权依托。提升基层工会组织在职工工伤维权方面的业务能力和服务水平。具备条件的企业工会要设立工伤保障专员，学习掌握工伤保险政策，介入工伤事故处理的全过程，了解工伤职工需求，跟踪工伤待遇支付进程，监督工伤职工各项权益落实情况。

十三、齐抓共管合力维护建筑工人工伤权益。人力资源社会保障部门要积极会同相关部门，把大力推进建筑施工企业参加工伤保险作为当前扩大社会保险覆盖面的重要任务和重点工作领域，对各类建筑施工企业和建设项目进行摸底排查，力争尽快实现全面覆盖。各地人力资源社会保障、住房城乡建设、安全监管等部门要认真履行各自职能，对违法施工、非法转包、违法用工、不参加工伤保险等违法行为依法予以查处，进一步规范建筑市场秩序，保障建筑业职工工伤保险权益。人力资源社会保障、住房城乡建设、安全监管等部门和总工会要定期组织开展建筑业职工工伤维权工作情况的联合督查。有关部门和工会组织要建立部门间信息共享机制，及时沟通项目开工、项目用工、参加工伤保险、安全生产监管等信息，实现建筑业职工参保等信息互联互通，为维护建筑业职工工伤权益提供有效保障。

交通运输、铁路、水利等相关行业职工工伤权益保障工作可参照本文件规定执行。

各地人力资源社会保障、住房城乡建设、安全监管等部门和工会组织要依据国家法律法规和本文件精神，结合本地实际制定具体实施方案，定期召开有关部门协调工作会议，共同研究解决有关难点重点问题，合力做好建筑业职工工伤保险权益保障工作。

人力资源社会保障部
住房城乡建设部
安全监管总局
全国总工会
2014年12月29日

关于公布失业保险金网上申领平台的通知

(人社厅发〔2020〕9号)

各省、自治区、直辖市及新疆生产建设兵团人力资源社会保障厅(局):

为深入贯彻落实习近平总书记关于新型冠状病毒感染肺炎疫情的重要指示精神,切实做好疫情防控期间失业人员的基本生活保障,确保失业保险待遇按时足额发放,同时,减少现场经办防范交叉感染,有效维护群众身体健康,现就有关事项通知如下:

一、已实现失业保险金网上申领的直辖市、省会城市、计划单列市网上经办平台网址、APP、二维码或公众号,将在人社部官网、官方公众号、国家社会保险公共服务平台及"掌上12333"APP向社会公布,请各地切实保障网上申领渠道畅通。

二、各省、自治区要主动将辖区内已实现失业保险金网上申领的地(市、州、盟)的网上经办平台网址、APP、二维码或公众号,通过人社部门官网、官方公众号、APP等渠道向社会公布。在上述渠道的显著位置,同时公布本地区失业保险金网上申领流程和办事指南,并通过发送短信、微信等方式将相关信息主动推送给参保企业和参保人员。

三、对目前暂不具备网上申领条件的经办机构,可通过电话申请或邮寄材料等方式,尽可能实行失业保险金不见面申领,要及时公布办理电话和邮寄地址。对确需到现场办理的,可采用告知承诺的方式,精简材料,优化流程,缩短办理时间,降低交叉感染风险。

四、各省、自治区要指导、督促、帮助未实现网上申领的地(市、州、盟)抓紧优化和调整经办信息系统,结合全国统一社会保险公共服务平台建设,结合社会保障卡功能的拓展,尽快实现网上经办,方便群众足不出户办理业务。

附件:各直辖市、省会城市、计划单列市失业保险金网上申领平台

人力资源社会保障部办公厅
2020年2月3日

附件:

各直辖市、省会城市、计划单列市失业保险金网上申领平台

城市	失业保险金网上申领平台
直辖市:	
北京	北京市人力资源和社会保障局官方网站公共服务平台"就业超市"(http://fuwu.rsj.beijing.gov.cn/jycy/jycs/index.html)、北京市人力资源和社会保障局微信公众号"北京人社"
天津	"天津人力社保"APP
上海	"上海人社"APP
重庆	"重庆掌上12333"APP

续表

城市	失业保险金网上申领平台
省会城市：	
石家庄	"河北人社手机"APP
太原	"民生山西"APP
呼和浩特	呼和浩特人力资源和社会保障局网上服务大厅 http://106.74.0.244:8082/personlogin/或呼和浩特12333APP
沈阳	"盛京好办事"APP
长春	长春市社会保险公共服务平台https://www.ccshbx.org.cn或长春社会保险微信公众号
哈尔滨	哈尔滨政务服务网（http://zwfw.harbin.gov.cn）或哈尔滨智慧人社APP（仅支持安卓系统）
南京	"我的南京"APP
杭州	浙江政务服务网（网址：www.zjzwfw.gov.cn）或浙里办APP
合肥	支付宝城市服务
福州	"榕e社保卡"APP
南昌	南昌社会保障网上大厅http://218.204.132.4:8006/uaa/personlogin
济南	济南市社会保险事业中心网站http://jnsi.jnhrss.jinan.gov.cn
郑州	河南省社会保障网上服务平台http://222.143.34.121/portal/#/home
武汉	支付宝城市服务或湖北政务服务网http://zwfw.hubei.gov.cn/s/index.html
长沙	长沙市12333服务平台www.cs12333.com
广州	广州市人力资源和社会保险局官方网站www.hrssgz.gov.cn
南宁	"南宁智慧人社"APP
海口	海南政务服务网https://wssp.hainan.gov.cn/
成都	成都市人力资源和社会保障局成都市就业网上经办系统 https://es.cdhrss.chengdu.gov.cn:5788/cdwtqt/login.jsp
贵阳	"贵阳市人社通"APP（仅支持安卓系统）
昆明	"就业彩云南"公众号
拉萨	西藏公共就业服务网上大厅htt://www.xzrlzysc.cn/
西安	西安市人力资源和社会保障局政务服务网http://1.85.18.182:8615
兰州	甘肃人力资源和社会保障网上办事大厅www.rst.gansu.gov.cn:8080
西宁	青海人社通手机app或青海人社官方网站http://rst.qinghai.gov.cn/qhrst/indes/
银川	"我的宁夏"APP
乌鲁木齐	"新疆智慧人社手机"APP（仅支持安卓系统）
计划单列市：	
大连	大连市人力资源和社会保障网上办事大厅http://bsdt.dlyun.work/personal.jsp
青岛	"青岛人社"APP或"青岛Ai人社"公众号，青岛就业网http://jy.qingdao.gov.cn/pages/wsjb/jingban.html
宁波	浙江政务服务网（网址：www.zjzwfw.gov.cn）或"浙里办"APP
厦门	厦门市人力资源和社会保障局官网（网址：http://hrss.xm.gov.cn/）
深圳	"i深圳"APP、"粤省事""深圳人社""深圳社保"公众号或广东政务服务网https://sipub.sz.gov.cn/hspms/

关于实施中国—塞尔维亚社会保障协定的通知

(人社厅发〔2021〕5号)

各省、自治区、直辖市及新疆生产建设兵团人力资源社会保障厅（局）：

为有效解决中国、塞尔维亚两国在对方国工作的人员双重缴纳社会保险费问题，两国于2018年6月8日正式签署了《中华人民共和国政府和塞尔维亚共和国政府社会保障协定》（以下简称《协定》）。为保证《协定》顺利实施，我部与塞尔维亚共和国劳动、就业、退伍军人和社会事务部于2020年1月6日签署了《关于实施中华人民共和国政府和塞尔维亚共和国政府社会保障协定的行政协议》（以下简称《行政协议》）。双方商定，《协定》和《行政协议》于2021年2月1日正式生效。为确保《协定》和《行政协议》的贯彻执行，现就有关问题通知如下：

一、《协定》主要内容

（一）互免险种范围。

中国为职工基本养老保险、失业保险；塞尔维亚为强制养老和残疾保险、失业保险。

（二）中方适用免除在塞尔维亚缴纳相关社会保险费的人员。

1. 派遣人员。指受雇于在中国领土上有经营场所的雇主，依其雇佣关系被该雇主派往塞尔维亚领土上为其工作的人员。

2. 在航空器上受雇人员。指受雇的企业总部在中国领土上，在其航空器上工作的管理人员或机组成员。

3. 外交和领事机构人员。指《维也纳外交关系公约》和《维也纳领事关系公约》中定义的相关人员。

4. 公务员和同等对待人员。指中国派遣到塞尔维亚领土上工作的公务员及按照中国法律规定同等对待的人员。

5. 例外。中塞两国主管机关可根据特定人员或人群的情况，同意对《协定》第六条、第七条、第八条和第十条作例外处理，条件是所涉及人员受中塞两国任一国法律规定管辖。

（三）塞尔维亚适用免除在华缴纳相关社会保险费的人员。

塞尔维亚适用免除在华缴纳社会保险费的人员与中方适用人员的条件类同。

（四）派遣人员免除缴纳社会保险费的期限。

派遣人员首次申请免除缴费期限最长为60个日历月。如派遣期超过60个日历月，经中塞两国主管机关同意，可予以延长24个日历月。

（五）主管机关、经办机构。

1. 主管机关：中国为人力资源社会保障部；塞尔维亚为劳动、就业、退伍军人和社会事务部。

2. 经办机构：中国为人力资源社会保障部社会保险事业管理中心或人力资源社会保障部指定的其他机构；塞尔维亚为共和国养老和残疾保险基金会（负责待遇输出）、共和国医疗保险基金会（负责出具法律适用证明）。

二、依据《协定》免除缴纳相关社会保险费的管理办法

（一）中方在塞尔维亚人员办理免缴相关社会保险费《法律适用证明》的管理办法。

已在中国国内按规定参加了职工基本养老保险和失业保险，并按时足额缴纳保险费的人员，按照以下程序办理申请免除在塞尔维亚缴纳相关社会保险费。

1.个人申请人访问"国家社会保险公共服务平台"首页,实名注册用户信息。网址:http://si.12333.gov.cn。个人申请人登录国家平台,选择"境外免缴申请"服务,在线填写本人详细申请信息,保存并提交申请。

2.派遣人员国内派出单位可申请注册单位用户,为本单位派出人员填写申请信息,保存并提交申请。

3.部社保中心后台审核申请信息。符合条件的,于7个工作日内出具《法律适用证明》并邮寄给申请人。不符合条件的,说明理由。需要补充材料的,予以告知。

4.部社保中心也受理申请人通过邮寄纸质申请材料方式提交的申请,审核通过后,出具《法律适用证明》。线下办理流程可在部门户网站查阅"中塞社会保障协定法律适用证明办事指南(线下版)"。

5.申请人向塞尔维亚经办机构提交《法律适用证明》,申请免除缴纳相应的社会保险费。

(二)塞尔维亚在华人员免除缴纳相关社会保险费的管理办法。

1.塞尔维亚在华人员向参保所在地社会保险经办机构提交由塞尔维亚经办机构出具的《法律适用证明》,其参保所在地社会保险经办机构审核原件,留存复印件备案。核准信息后,依据其《法律适用证明》上规定的期限免除其相关社会保险缴费义务。

2.凡不能提交《法律适用证明》的塞尔维亚在华人员,各地社会保险经办机构应按《中华人民共和国社会保险法》和《在中国境内就业的外国人参加社会保险暂行办法》(人力资源社会保障部令第16号)的规定,督促其参加中国的社会保险。

3.除《协定》规定的免缴职工基本养老保险和失业保险外,塞尔维亚在华人员应按社会保险法和人力资源社会保障部令第16号的规定,参加中国其他社会保险险种。

以上规定自《协定》生效之日起开始执行。各级人力资源社会保障部门要高度重视此项工作,积极稳妥推动贯彻落实。各地社会保险经办机构应按照《关于做好双边社会保障协定参保证明网上经办有关事项的通知》(人社险中心函〔2019〕32号)要求,做好宣传解释工作,推动网上办理。同时,要保证线上线下经办模式平稳过渡,最大程度方便群众办事。各地要本着如实、便捷的原则及时办理核准和免缴有关手续。在审核时要认真核对相关信息,防止欠费和虚假现象发生。各地在执行中如发现问题,请及时向我部报告。

人力资源社会保障部办公厅
2021年1月21日

人力资源社会保障部对十三届全国人大二次会议第6160号建议的答复

(人社建字〔2019〕16号)

您提出的关于加快出台企业退休人员继续务工社会保险政策的建议收悉,现答复如下:

一、关于协调企业为退休后继续务工人员缴纳工伤保险费的建议

工伤保险是为保障因工作遭受事故伤害或者患职业病的职工获得医疗救治和经济补偿,促进工伤预防和职业康复,分散用人单位的工伤风险而建立的社会保障制度。我国现行工伤保险保障制度是建立在劳动关系基础上的。2010年9月《最高人民法院关于审理劳动争议案件适用法律若干问题的解释(三)》(法释〔2010〕12号)第七条规定,用人单位与其招用的已经依法享受养老保险待遇或领取退休金的人员发生用工争议,向人民法院提起诉讼的,人民法院应当按劳务关系处理。因此已经达到法定退休年龄并依法领取养老保险待遇或退休金的劳动者目前无法参加工伤保险。

近年来，企业退休人员继续务工的现象普遍存在。为更好地保障这些人的工伤保险权益，2016年我部印发了《关于执行〈工伤保险条例〉若干问题的意见（二）》（人社部发〔2016〕29号），对达到或超过法定退休年龄人员参加工伤保险作了明确规定：一是达到或超过法定退休年龄，但未办理退休手续或者未依法享受城镇职工基本养老保险待遇，继续在原用人单位工作期间受到事故伤害或患职业病的，用人单位依法承担工伤保险责任。二是用人单位招用已经达到、超过法定退休年龄或已经领取城镇职工基本养老保险待遇的人员，在用工期间因工作原因受到事故伤害或者患职业病的，如招用单位已按项目参保等方式为其缴纳工伤保险费的，应适用《工伤保险条例》。这一方面明确了用人单位应当承担的工伤保险责任，另一方面也充分考虑了部分行业按项目参加工伤保险的实际，有利于更好地保障超过法定退休年龄人员的工伤保险权益。

您在建议中提到，超过退休年龄人员继续务工的情况在制造业和建筑业尤为明显。2014年，人力资源社会保障部、住房城乡建设部、安全监管总局、全国总工会四部门印发《关于进一步做好建筑业工伤保险工作的意见》（人社部发〔2014〕103号），作出了"工伤优先，项目参保，概算提取，一次参保，全员覆盖"的制度设计。2018年年初，人力资源社会保障部会同交通运输部、水利部等六部门联合印发《关于铁路、公路、水运、水利、能源、机场工程建设项目参加工伤保险工作的通知》（人社部发〔2018〕3号），将在各类工程建设项目中流动就业的超龄农民工纳入工伤保险保障，有效保障了工程建设领域退休后继续务工人员的工伤保险权益。

为回应广大用人单位和劳动者扩大工伤保险制度覆盖范围的诉求，部分省市出台了超过法定退休年龄人员参加工伤保险的指导意见。例如，2018年7月，浙江省人社厅等3部门联合出台了《关于试行职业技工等学校学生在实习期间和已超过法定退休年龄人员在继续就业期间参加工伤保险工作的指导意见》（浙人社发〔2018〕85号），在浙江省内推进试行超过法定退休年龄人员参加工伤保险工作，将未享受机关事业单位或城镇职工基本养老保险待遇，男性不超过65周岁，女性不超过60周岁的超龄就业人员纳入试行参保范围。目前，浙江省多个地市开展了超过法定退休年龄人员试行参保工作。

下一步，我们将进一步指导地方贯彻落实《关于执行〈工伤保险条例〉若干问题的意见（二）》（人社部发〔2016〕29号）。同时，根据已开展超过法定退休年龄人员参保地市试行情况，加强政策研究，完善工伤保险制度，逐步探索扩大工伤保险制度覆盖范围，让工伤保险惠及更多人群，化解用人单位的工伤风险，切实保障劳动者权益，促进社会和谐稳定。

二、关于政府出台养老金补助方案的建议

我国企业职工基本养老保险制度遵循权利与义务相对应的原则。参保人员在劳动年龄段履行缴费义务，达到法定退休年龄且缴费年限达到国家规定的最低年限的，即可按月领取基本养老金。目前国家规定的最低年限为15年。参保人员达到法定退休年龄时，累计缴费年限不足15年的，可以在以下3个途径中选择其一处理自己的养老待遇：一是可以延长缴费至满15年，然后按月领取基本养老金；二是可以申请转入户籍所在地城乡居民社会养老保险，享受相应的养老保险待遇；三是个人可以书面申请终止职工基本养老保险关系。对没有参加企业职工基本养老保险，或参保后达不到按月领取基本养老金条件的人员，不宜采取出台养老金补助方案的办法解决其养老问题。

下一步，我们将加强企业职工基本养老保险政策的宣传以及对地方工作的指导，采取措施努力实现"应保尽保"，鼓励参保人员履行缴费义务，切实保障他们的养老权益。

感谢您对人力资源和社会保障工作的理解和支持。

中华人民共和国人力资源社会保障部
2019年7月8日

个人养老金实施办法

(2022年11月4日人社部发〔2022〕70号印发)

第一章 总则

第一条 为贯彻落实《国务院办公厅关于推动个人养老金发展的意见》（国办发〔2022〕7号），加强个人养老金业务管理，规范个人养老金运作流程，制定本实施办法。

第二条 个人养老金是指政府政策支持、个人自愿参加、市场化运营、实现养老保险补充功能的制度。个人养老金实行个人账户制，缴费完全由参加人个人承担，自主选择购买符合规定的储蓄存款、理财产品、商业养老保险、公募基金等金融产品（以下统称个人养老金产品），实行完全积累，按照国家有关规定享受税收优惠政策。

第三条 本实施办法适用于个人养老金的参加人、人力资源社会保障部组织建设的个人养老金信息管理服务平台（以下简称信息平台）、金融行业平台、参与金融机构和相关政府部门等。

个人养老金的参加人应当是在中国境内参加城镇职工基本养老保险或者城乡居民基本养老保险的劳动者。金融行业平台为金融监管部门组织建设的业务信息平台。参与金融机构包括经中国银行保险监督管理委员会确定开办个人养老金资金账户业务的商业银行（以下简称商业银行），以及经金融监管部门确定的个人养老金产品发行机构和销售机构。

第四条 信息平台对接商业银行和金融行业平台，以及相关政府部门，为个人养老金实施、参与部门职责内监管和政府宏观指导提供支持。

信息平台通过国家社会保险公共服务平台、全国人力资源和社会保障政务服务平台、电子社保卡、掌上12333APP等全国统一线上服务入口或者商业银行等渠道，为参加人提供个人养老金服务，支持参加人开立个人养老金账户，查询个人养老金资金账户缴费额度、个人资产信息和个人养老金产品等信息，根据参加人需要提供涉税凭证。

第五条 各参与部门根据职责，对个人养老金的实施情况、参与金融机构和个人养老金产品等进行监管。各地区要加强领导、周密部署、广泛宣传，稳妥有序推动个人养老金发展。

第二章 参加流程

第六条 参加人参加个人养老金，应当通过全国统一线上服务入口或者商业银行渠道，在信息平台开立个人养老金账户；其他个人养老金产品销售机构可以通过商业银行渠道，协助参加人在信息平台在线开立个人养老金账户。

个人养老金账户用于登记和管理个人身份信息，并与基本养老保险关系关联，记录个人养老金缴费、投资、领取、抵扣和缴纳个人所得税等信息，是参加人参加个人养老金、享受税收优惠政策的基础。

第七条 参加人可以选择一家商业银行开立或者指定本人唯一的个人养老金资金账户，也可以通过其他符合规定的个人养老金产品销售机构指定。

个人养老金资金账户作为特殊专用资金账户，参照个人人民币银行结算账户项下Ⅱ类户进行管理。个人养老金资金账户与个人养老金账户绑定，为参加人提供资金缴存、缴费额度登记、个人养老金产品投资、个人养老金支付、个人所得税税款支付、资金与相关权益信息查询等服务。

第八条 参加人每年缴纳个人养老金额度上限为12000元，参加人每年缴费不得超过该缴费额度上限。人力资源社会保障部、财政部根据经济社会发展水平、多层次养老保险体系发展情况等因素适时调整缴费额度上限。

第九条 参加人可以按月、分次或者按年度缴费，缴费额度按自然年度累计，次年重新计算。

第十条 参加人自主决定个人养老金资金账户的投资计划，包括个人养老金产品的投资品种、投资金额等。

第十一条 参加人可以在不同商业银行之间变更其个人养老金资金账户。参加人办理个人养老金资金账户变更时，应向原商业银行提出，经信息平台确认后，在新商业银行开立新的个人养老金资金账户。

参加人在个人养老金资金账户变更后，信息平台向原商业银行提供新的个人养老金资金账户及开户行信息，向新商业银行提供参加人当年剩余缴费额度信息。参与金融机构按照参加人的要求和相关业务规则，为参加人办理原账户内资金划转及所持有个人养老金产品转移等手续。

第十二条 个人养老金资金账户封闭运行，参加人达到以下任一条件的，可以按月、分次或者一次性领取个人养老金。

（一）达到领取基本养老金年龄；

（二）完全丧失劳动能力；

（三）出国（境）定居；

（四）国家规定的其他情形。

第十三条 参加人已领取基本养老金的，可以向商业银行提出领取个人养老金。商业银行受理后，应通过信息平台核验参加人的领取资格，获取参加人本人社会保障卡银行账户，按照参加人选定的领取方式，完成个人所得税代扣后，将资金划转至参加人本人社会保障卡银行账户。

参加人符合完全丧失劳动能力、出国（境）定居或者国家规定的其他情形等领取个人养老金条件的，可以凭劳动能力鉴定结论书、出国（境）定居证明等向商业银行提出。商业银行审核并报送信息平台核验备案后，为参加人办理领取手续。

第十四条 鼓励参加人长期领取个人养老金。

参加人按月领取时，可以按照基本养老保险确定的计发月数逐月领取，也可以按照自己选定的领取月数逐月领取，领完为止；或者按照自己确定的固定额度逐月领取，领完为止。

参加人选分次领取的，应选定领取期限，明确领取次数或方式，领完为止。

第十五条 参加人身故的，其个人养老金资金账户内的资产可以继承。

参加人出国（境）定居、身故等原因社会保障卡被注销的，商业银行将参加人个人养老金资金账户内的资金转至其本人或者继承人指定的资金账户。

第十六条 参加人完成个人养老金资金账户内资金（资产）转移，或者账户内的资金（资产）领取完毕的，商业银行注销该资金账户。

第三章 信息报送和管理

第十七条 信息平台对个人养老金账户及业务数据实施统一集中管理，与基本养老保险信息、社会保障卡信息关联，支持制度实施监控、决策支持等。

第十八条 商业银行应及时将个人养老金资金账户相关信息报送至信息平台。具体包括：

（一）个人基本信息。包括个人身份信息、个人养老金资金账户信息等；

（二）相关产品投资信息。包括产品交易信息、资产信息；

（三）资金信息。包括缴费信息、资金划转信息、相关资产转移信息、领取信息、缴纳个人所得税信息、资金余额信息等。

第十九条　商业银行根据业务流程和信息的时效性需要，按照实时核验、定时批量两类时效与信息平台进行交互，其中：

（一）商业银行在办理个人养老金资金账户开立、变更、注销和资金领取等业务时，实时核验参加人基本养老保险参保状态、个人养老金账户和资金账户唯一性，并报送有关信息；

（二）商业银行在办理完个人养老金资金账户开立、缴费、资金领取，以及提供与个人养老金产品交易相关的资金划转等服务后，定时批量报送相关信息。

第二十条　金融行业平台应及时将以下数据报送至信息平台。

（一）个人养老金产品发行机构、销售机构的基本信息；

（二）个人养老金产品的基本信息；

（三）参加人投资相关个人养老金产品的交易信息、资产信息数据等。

第二十一条　信息平台应当及时向商业银行和金融行业平台提供技术规范，确保对接顺畅。

推进信息平台与相关部门共享信息，为规范制度实施、实施业务监管、优化服务体验提供支持。

第四章　个人养老金资金账户管理

第二十二条　商业银行应完成与信息平台、金融行业平台的系统对接，经验收合格后办理个人养老金业务。

第二十三条　商业银行可以通过本机构柜面或者电子渠道，为参加人开立个人养老金资金账户。

商业银行为参加人开立个人养老金资金账户，应当通过信息平台完成个人养老金账户核验。

商业银行也可以核对参加人提供的由社会保险经办机构出具的基本养老保险参保证明或者个人权益记录单等相关材料，报经信息平台开立个人养老金账户后，为参加人开立个人养老金资金账户，并与个人养老金账户绑定。

第二十四条　参加人开立个人养老金资金账户时，应当按照金融监管部门要求向商业银行提供有效身份证件等材料。

商业银行为参加人开立个人养老金资金账户，应当严格遵守相关规定。

第二十五条　个人养老金资金账户应支持参加人通过商业银行结算账户、非银行支付机构、现金等途径缴费。商业银行应为参加人、个人养老金产品销售机构等提供与个人养老金产品交易相关的资金划转服务。

第二十六条　商业银行应实时登记个人养老金资金账户的缴费额度，对于超出当年缴费额度上限的，应予以提示，并不予受理。

第二十七条　商业银行应根据相关个人养老金产品交易结果，记录参加人交易产品信息。

第二十八条　商业银行应为参加人个人养老金资金账户提供变更服务，并协助做好新旧账户衔接和旧账户注销。原商业银行、新商业银行应通过信息平台完成账户核验、账户变更、资产转移、信息报送等工作。

第二十九条　商业银行应当区别处理转移资金，转移资金中的本年度缴费额度累计计算。

第三十条　个人养老金资金账户当日发生缴存业务的，商业银行不应为其办理账户变更手续。办理资金账户变更业务期间，原个人养老金资金账户不允许办理缴存、投资以及支取等业务。

第三十一条　商业银行开展个人养老金资金账户业务，应当公平对待符合规定的个人养老金产品发行机构和销售机构。

第三十二条　商业银行应保存个人养老金资金账户全部信息自账户注销日起至少十五年。

第五章　个人养老金机构与产品管理

第三十三条　个人养老金产品及其发行、销售机构由相关金融监管部门确定。个人养老金产品及其发行机构信息应当在信息平台和金融行业平台同日发布。

第三十四条　个人养老金产品应当具备运作安全、成熟稳定、标的规范、侧重长期保值等基本特征。

第三十五条　商业银行、个人养老金产品发行机构和销售机构应根据有关规定，建立健全业务管理制度，包括但不限于个人养老金资金账户服务、产品管理、销售管理、合作机构管理、信息披露等。商业银行发现个人养老金实施中存在违规行为、相关风险或者其他问题的，应及时向监管部门报告并依规采取措施。

第三十六条　个人养老金产品交易所涉及的资金往来，除另有规定外必须从个人养老金资金账户发起，并返回个人养老金资金账户。

第三十七条　个人养老金产品发行、销售机构应为参加人提供便利的购买、赎回等服务，在符合监管规则及产品合同的前提下，支持参加人进行产品转换。

第三十八条　个人养老金资金账户内未进行投资的资金按照商业银行与个人约定的存款利率及计息方式计算利息。

第三十九条　个人养老金产品销售机构要以"销售适当性"为原则，依法了解参加人的风险偏好、风险认知能力和风险承受能力，做好风险提示，不得主动向参加人推介超出其风险承受能力的个人养老金产品。

第六章　信息披露

第四十条　人力资源社会保障部、财政部汇总并披露个人养老金实施情况，包括但不限于参加人数、资金积累和领取、个人养老金产品的投资运作数据等情况。

第四十一条　信息披露应当以保护参加人利益为根本出发点，保证所披露信息的真实性、准确性、完整性，不得有虚假记载、误导性陈述和重大遗漏。

第七章　监督管理

第四十二条　人力资源社会保障部、财政部根据职责对个人养老金的账户设置、缴费额度、领取条件、税收优惠等制定具体政策并进行运行监管。税务部门依法对个人养老金实施税收征管。

第四十三条　人力资源社会保障部对信息平台的日常运行履行监管职责，规范信息平台与商业银行、金融行业平台、有关政府部门之间的信息交互流程。

第四十四条　人力资源社会保障部、财政部、税务部门在履行日常监管职责时，可依法采取以下措施：

（一）查询、记录、复制与被调查事项有关的个人养老金业务的各类合同等业务资料；

（二）询问与调查事项有关的机构和个人，要求其对有关问题做出说明、提供有关证明材料；

（三）其他法律法规和国家规定的措施。

第四十五条　中国银行保险监督管理委员会、中国证券监督管理委员会根据职责，分别制定配套政策，明确参与金融机构的名单、业务流程、个人养老金产品条件、监管信息报送等要求，规范银行保险机构个人养老金业务和个人养老金投资公募基金业务，对参与金融机构发行、销售个人养老金产品等经营活动依法履行监管职责，督促参与金融机构优化产品和服务，做好产品风险提示，加强投资者教育。

参与金融机构违反本实施办法的，中国银行保险监督管理委员会、中国证券监督管理委员会依法依规采取措施。

第四十六条　中国银行保险监督管理委员会、中国证券监督管理委员会对金融行业平台有关个人养老金业务的日常运营履行监管职责。

第四十七条 各参与部门要加强沟通，通过线上线下等多种途径，及时了解社会各方面对个人养老金的意见建议，处理个人养老金实施过程中的咨询投诉。

第四十八条 各参与机构应当积极配合检查，如实提供有关资料，不得拒绝、阻挠或者逃避检查，不得谎报、隐匿或者销毁相关证据材料。

第四十九条 参与机构违反本实施办法规定或者相关法律法规的，人力资源社会保障部、财政部、税务部门按照职责依法依规采取措施。

第八章 附则

第五十条 中国银行保险监督管理委员会、人力资源社会保障部会同相关部门做好个人税收递延型商业养老保险试点与个人养老金的衔接。

第五十一条 本实施办法自印发之日起施行。

第五十二条 人力资源社会保障部、财政部、国家税务总局、中国银行保险监督管理委员会、中国证券监督管理委员会根据职责负责本实施办法的解释。

关于阶段性降低失业保险、工伤保险费率有关问题的通知

（人社部发〔2023〕19号）

各省、自治区、直辖市及新疆生产建设兵团人力资源社会保障厅（局）、财政（财务）厅（局），国家税务总局各省、自治区、直辖市和计划单列市税务局：

为进一步减轻企业负担，增强企业活力，促进就业稳定，经国务院同意，现就阶段性降低失业保险、工伤保险费率有关问题通知如下：

一、自2023年5月1日起，继续实施阶段性降低失业保险费率至1%的政策，实施期限延长至2024年底。在省（区、市）行政区域内，单位及个人的费率应当统一，个人费率不得超过单位费率。

二、自2023年5月1日起，按照《国务院办公厅关于印发降低社会保险费率综合方案的通知》（国办发〔2019〕13号）有关实施条件，继续实施阶段性降低工伤保险费率政策，实施期限延长至2024年底。

三、各地要加强失业保险、工伤保险基金运行分析，平衡好降费率与保发放之间的关系，既要确保降费率政策落实，也要确保待遇按时足额发放，确保制度运行安全平稳可持续。

四、各地要继续按照国家有关规定进一步规范缴费比例、缴费基数等相关政策，不得自行出台降低缴费基数、减免社会保险费等减少基金收入的政策。

五、各地人力资源社会保障、税务部门要按规定开展降费核算工作，并按月及时上报有关情况。

阶段性降低失业保险、工伤保险费率政策性强，社会关注度高。各地要把思想和行动统一到党中央、国务院决策部署上来，加强组织领导，精心组织实施。各地贯彻落实本通知情况以及执行中遇到的问题，请及时向人力资源社会保障部、财政部、国家税务总局报告。

人力资源社会保障部　财政部　国家税务总局
2023年3月29日

第三章　有关工作时间与节假日的法律法规

职工带薪年休假条例

（2007年12月7日国务院第198次常务会议通过　2007年12月14日中华人民共和国国务院令第514号公布　自2008年1月1日起施行）

第一条　为了维护职工休息休假权利，调动职工工作积极性，根据劳动法和公务员法，制定本条例。

第二条　机关、团体、企业、事业单位、民办非企业单位、有雇工的个体工商户等单位的职工连续工作1年以上的，享受带薪年休假（以下简称年休假）。单位应当保证职工享受年休假。职工在年休假期间享受与正常工作期间相同的工资收入。

第三条　职工累计工作已满1年不满10年的，年休假5天；已满10年不满20年的，年休假10天；已满20年的，年休假15天。

国家法定休假日、休息日不计入年休假的假期。

第四条　职工有下列情形之一的，不享受当年的年休假：

（一）职工依法享受寒暑假，其休假天数多于年休假天数的；

（二）职工请事假累计20天以上且单位按照规定不扣工资的；

（三）累计工作满1年不满10年的职工，请病假累计2个月以上的；

（四）累计工作满10年不满20年的职工，请病假累计3个月以上的；

（五）累计工作满20年以上的职工，请病假累计4个月以上的。

第五条　单位根据生产、工作的具体情况，并考虑职工本人意愿，统筹安排职工年休假。

年休假在1个年度内可以集中安排，也可以分段安排，一般不跨年度安排。单位因生产、工作特点确有必要跨年度安排职工年休假的，可以跨1个年度安排。

单位确因工作需要不能安排职工休年休假的，经职工本人同意，可以不安排职工休年休假。对职工应休未休的年休假天数，单位应当按照该职工日工资收入的300%支付年休假工资报酬。

第六条　县级以上地方人民政府人事部门、劳动保障部门应当依据职权对单位执行本条例的情况主动进行监督检查。

工会组织依法维护职工的年休假权利。

第七条　单位不安排职工休年休假又不依照本条例规定给予年休假工资报酬的，由县级以上地方人民政府人事部门或者劳动保障部门依据职权责令限期改正；对逾期不改正的，除责令该单位支付年休假工资报酬外，单位还应当按照年休假工资报酬的数额向职工加付赔偿金；对拒不支付年休假工资报酬、赔偿金的，属于公务员和参照公务员法管理的人员所在单位的，对直接负责的主管人员以及其他直接责任人员依法给予处分；属于其他单位的，由劳动保障部门、人事部门或者职工申请人民法院强制执行。

第八条 职工与单位因年休假发生的争议，依照国家有关法律、行政法规的规定处理。

第九条 国务院人事部门、国务院劳动保障部门依据职权，分别制定本条例的实施办法。

第十条 本条例自2008年1月1日起施行。

企业职工带薪年休假实施办法

（2008年9月18日人力资源社会保障部令第1号公布 自公布之日起施行）

第一条 为了实施《职工带薪年休假条例》（以下简称条例），制定本实施办法。

第二条 中华人民共和国境内的企业、民办非企业单位、有雇工的个体工商户等单位（以下称用人单位）和与其建立劳动关系的职工，适用本办法。

第三条 职工连续工作满12个月以上的，享受带薪年休假（以下简称年休假）。

第四条 年休假天数根据职工累计工作时间确定。职工在同一或者不同用人单位工作期间，以及依照法律、行政法规或者国务院规定视同工作期间，应当计为累计工作时间。

第五条 职工新进用人单位且符合本办法第三条规定的，当年度年休假天数，按照在本单位剩余日历天数折算确定，折算后不足1整天的部分不享受年休假。

前款规定的折算方法为：（当年度在本单位剩余日历天数÷365天）×职工本人全年应当享受的年休假天数。

第六条 职工依法享受的探亲假、婚丧假、产假等国家规定的假期以及因工伤停工留薪期间不计入年休假假期。

第七条 职工享受寒暑假天数多于其年休假天数的，不享受当年的年休假。确因工作需要，职工享受的寒暑假天数少于其年休假天数的，用人单位应当安排补足年休假天数。

第八条 职工已享受当年的年休假，年度内又出现条例第四条第（二）、（三）、（四）、（五）项规定情形之一的，不享受下一年度的年休假。

第九条 用人单位根据生产、工作的具体情况，并考虑职工本人意愿，统筹安排年休假。用人单位确因工作需要不能安排职工年休假或者跨1个年度安排年休假的，应征得职工本人同意。

第十条 用人单位经职工同意不安排年休假或者安排职工年休假天数少于应休年休假天数，应当在本年度内对职工应休未休年休假天数，按照其日工资收入的300%支付未休年休假工资报酬，其中包含用人单位支付职工正常工作期间的工资收入。

用人单位安排职工休年休假，但是职工因本人原因且书面提出不休年休假的，用人单位可以只支付其正常工作期间的工资收入。

第十一条 计算未休年休假工资报酬的日工资收入按照职工本人的月工资除以月计薪天数（21.75天）进行折算。

前款所称月工资是指职工在用人单位支付其未休年休假工资报酬前12个月剔除加班工资后的月平均工资。在本用人单位工作时间不满12个月的，按实际月份计算月平均工资。

职工在年休假期间享受与正常工作期间相同的工资收入。实行计件工资、提成工资或者其他绩效工资制的职工，日工资收入的计发办法按照本条第一款、第二款的规定执行。

第十二条 用人单位与职工解除或者终止劳动合同时，当年度未安排职工休满应休年休假的，

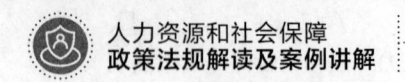

应当按照职工当年已工作时间折算应休未休年休假天数并支付未休年休假工资报酬,但折算后不足1整天的部分不支付未休年休假工资报酬。

前款规定的折算方法为:(当年度在本单位已过日历天数÷365天)×职工本人全年应当享受的年休假天数-当年度已安排年休假天数。

用人单位当年已安排职工年休假的,多于折算应休年休假的天数不再扣回。

第十三条 劳动合同、集体合同约定的或者用人单位规章制度规定的年休假天数、未休年休假工资报酬高于法定标准的,用人单位应当按照有关约定或者规定执行。

第十四条 劳务派遣单位的职工符合本办法第三条规定条件的,享受年休假。

被派遣职工在劳动合同期限内无工作期间由劳务派遣单位依法支付劳动报酬的天数多于其全年应当享受的年休假天数的,不享受当年的年休假;少于其全年应当享受的年休假天数的,劳务派遣单位、用工单位应当协商安排补足被派遣职工年休假天数。

第十五条 县级以上地方人民政府劳动行政部门应当依法监督检查用人单位执行条例及本办法的情况。

用人单位不安排职工休年休假又不依照条例及本办法规定支付未休年休假工资报酬的,由县级以上地方人民政府劳动行政部门依据职权责令限期改正;对逾期不改正的,除责令该用人单位支付未休年休假工资报酬外,用人单位还应当按照未休年休假工资报酬的数额向职工加付赔偿金;对拒不执行支付未休年休假工资报酬、赔偿金行政处理决定的,由劳动行政部门申请人民法院强制执行。

第十六条 职工与用人单位因年休假发生劳动争议的,依照劳动争议处理的规定处理。

第十七条 除法律、行政法规或者国务院另有规定外,机关、事业单位、社会团体和与其建立劳动关系的职工,依照本办法执行。

船员的年休假按《中华人民共和国船员条例》执行。

第十八条 本办法中的"年度"是指公历年度。

第十九条 本办法自发布之日起施行。

全国年节及纪念日放假办法

(1949年12月23日政务院发布 根据1999年9月18日《国务院关于修改〈全国年节及纪念日放假办法〉的决定》第一次修订 根据2007年12月14日《国务院关于修改〈全国年节及纪念日放假办法〉的决定》第二次修订 根据2013年12月11日《国务院关于修改〈全国年节及纪念日放假办法〉的决定》第三次修订 自2014年1月1日起施行)

第一条 为统一全国年节及纪念日的假期,制定本办法。

第二条 全体公民放假的节日:

(一)新年,放假1天(1月1日);

(二)春节,放假3天(农历正月初一、初二、初三);

(三)清明节,放假1天(农历清明当日);

(四)劳动节,放假1天(5月1日);

(五)端午节,放假1天(农历端午当日);

（六）中秋节，放假1天（农历中秋当日）；

（七）国庆节，放假3天（10月1日、2日、3日）。

第三条　部分公民放假的节日及纪念日：

（一）妇女节（3月8日），妇女放假半天；

（二）青年节（5月4日），14周岁以上的青年放假半天；

（三）儿童节（6月1日），不满14周岁的少年儿童放假1天；

（四）中国人民解放军建军纪念日（8月1日），现役军人放假半天。

第四条　少数民族习惯的节日，由各少数民族聚居地区的地方人民政府，按照各该民族习惯，规定放假日期。

第五条　二七纪念日、五卅纪念日、七七抗战纪念日、九三抗战胜利纪念日、九一八纪念日、教师节、护士节、记者节、植树节等其他节日、纪念日，均不放假。

第六条　全体公民放假的假日，如果适逢星期六、星期日，应当在工作日补假。部分公民放假的假日，如果适逢星期六、星期日，则不补假。

第七条　本办法自公布之日起施行。

国务院关于职工工作时间的规定

（1994年2月3日中华人民共和国国务院令第146号发布　根据1995年3月25日《国务院关于修改〈国务院关于职工工作时间的规定〉的决定》修订）

第一条　为了合理安排职工的工作和休息时间，维护职工的休息权利，调动职工的积极性，促进社会主义现代化建设事业的发展，根据宪法有关规定，制定本规定。

第二条　本规定适用于在中华人民共和国境内的国家机关、社会团体、企业事业单位以及其他组织的职工。

第三条　职工每日工作8小时、每周工作40小时。

第四条　在特殊条件下从事劳动和有特殊情况，需要适当缩短工作时间的，按照国家有关规定执行。

第五条　因工作性质或者生产特点的限制，不能实行每日工作8小时、每周工作40小时标准工时制度的，按照国家有关规定，可以实行其他工作和休息办法。

第六条　任何单位和个人不得擅自延长职工工作时间。因特殊情况和紧急任务确需延长工作时间的，按照国家有关规定执行。

第七条　国家机关、事业单位实行统一的工作时间，星期六和星期日为周休息日。

企业和不能实行前款规定的统一工作时间的事业单位，可以根据实际情况灵活安排周休息日。

第八条　本规定由劳动部、人事部负责解释；实施办法由劳动部、人事部制定。

第九条　本规定自1995年5月1日起施行。1995年5月1日施行有困难的企业、事业单位，可以适当延期；但是，事业单位最迟应当自1996年1月1日起施行，企业最迟应当自1997年5月1日起施行。

国家机关、事业单位贯彻
《国务院关于职工工作时间的规定》的实施办法

(1995年3月26日人薪发〔1995〕32号公布 自1995年5月1日起施行)

第一条 根据《国务院关于职工工作时间的规定》(以下简称《规定》),制定本办法。

第二条 本办法适用于中华人民共和国境内的企业的职工和个体经济组织的劳动者(以下统称职工)。

第三条 职工每日工作8小时、每周工作40小时。实行这一工时制度,应保证完成生产和工作任务,不减少职工的收入。

第四条 在特殊条件下从事劳动和有特殊情况,需要在每周工作40小时的基础上再适当缩短工作时间的,应在保证完成生产和工作任务的前提下,根据《中华人民共和国劳动法》第三十六条的规定,由企业根据实际情况决定。

第五条 因工作性质或生产特点的限制,不能实行每日工作8小时、每周工作40小时标准工时制度的,可以实行不定时工作制或综合计算工时工作制等其他工作和休息办法,并按照劳动部《关于企业实行不定时工作制和综合计算工时工作制的审批办法》执行。

第六条 任何单位和个人不得擅自延长职工工作时间。企业由于生产经营需要而延长职工工作时间的,应按《中华人民共和国劳动法》第四十一条的规定执行。

第七条 有下列特殊情形和紧急任务之一的,延长工作时间不受本办法第六条规定的限制:

(一)发生自然灾害、事故或者因其他原因,使人民的安全健康和国家资财遭到严重威胁,需要紧急处理的;

(二)生产设备、交通运输线路、公共设施发生故障,影响生产和公众利益,必须及时抢修的;

(三)必须利用法定节日或公休假日的停产期间进行设备检修、保养的;

(四)为完成国防紧急任务,或者完成上级在国家计划外安排的其他紧急生产任务,以及商业、供销企业在旺季完成收购、运输、加工农副产品紧急任务的。

第八条 根据本办法第六条、第七条延长工作时间的,企业应当按照《中华人民共和国劳动法》第四十四条的规定,给职工支付工资报酬或安排补休。

第九条 企业根据所在地的供电、供水和交通等实际情况,经与工会和职工协商后,可以灵活安排周休息日。

第十条 县级以上各级人民政府劳动行政部门对《规定》实施的情况进行监督检查。

第十一条 各省、自治区、直辖市人民政府劳动行政部门和国务院行业主管部门应根据《规定》和本办法及本地区、本行业的实际情况制定实施步骤,并报劳动部备案。

第十二条 本办法与《规定》同时实施。从1995年5月1日起施行每周40小时工时制度有困难的企业,可以延期实行,但最迟应当于1997年5月1日起施行。在本办法施行前劳动部、人事部于1994年2月8日共同颁发的《〈国务院关于职工工作时间的规定〉的实施办法》继续有效。

关于职工全年月平均工作时间和工资折算问题的通知

(劳社部发〔2008〕3号)

各省、自治区、直辖市劳动和社会保障厅（局）：

根据《全国年节及纪念日放假办法》（国务院令第513号）的规定，全体公民的节日假期由原来的10天增设为11天。据此，职工全年月平均制度工作天数和工资折算办法分别调整如下：

一、制度工作时间的计算

年工作日：365天－104天（休息日）－11天（法定节假日）＝250天

季工作日：250天÷4季＝62.5天/季

月工作日：250天÷12月＝20.83天/月

工作小时数的计算：以月、季、年的工作日乘以每日的8小时。

二、日工资、小时工资的折算

按照《劳动法》第五十一条的规定，法定节假日用人单位应当依法支付工资，即折算日工资、小时工资时不剔除国家规定的11天法定节假日。据此，日工资、小时工资的折算为：

日工资：月工资收入÷月计薪天数

小时工资：月工资收入÷（月计薪天数×8小时）

月计薪天数＝（365天－104天）÷12月＝21.75天

三、2000年3月17日劳动保障部发布的《关于职工全年月平均工作时间和工资折算问题的通知》（劳社部发〔2000〕8号）同时废止。

劳动和社会保障部
二〇〇八年一月三日

机关事业单位职业年金办法

(2015年5月27日国办发〔2015〕18号印发)

第一条 为建立多层次养老保险体系，保障机关事业单位工作人员退休后的生活水平，促进人力资源合理流动，根据《国务院关于机关事业单位工作人员养老保险制度改革的决定》（国发〔2015〕2号）等相关规定，制定本办法。

第二条 本办法所称职业年金，是指机关事业单位及其工作人员在参加机关事业单位基本养老保险的基础上，建立的补充养老保险制度。

第三条 本办法适用的单位和工作人员范围与参加机关事业单位基本养老保险的范围一致。

第四条 职业年金所需费用由单位和工作人员个人共同承担。单位缴纳职业年金费用的比例为本单位工资总额的8%，个人缴费比例为本人缴费工资的4%，由单位代扣。单位和个人缴费基数与机关事业单位工作人员基本养老保险缴费基数一致。

根据经济社会发展状况，国家适时调整单位和个人职业年金缴费的比例。

第五条 职业年金基金由下列各项组成：

（一）单位缴费；

（二）个人缴费；

（三）职业年金基金投资运营收益；

（四）国家规定的其他收入。

第六条 职业年金基金采用个人账户方式管理。个人缴费实行实账积累。对财政全额供款的单位，单位缴费根据单位提供的信息采取记账方式，每年按照国家统一公布的记账利率计算利息，工作人员退休前，本人职业年金账户的累计储存额由同级财政拨付资金记实；对非财政全额供款的单位，单位缴费实行实账积累。实账积累形成的职业年金基金，实行市场化投资运营，按实际收益计息。

职业年金基金投资管理应当遵循谨慎、分散风险的原则，保证职业年金基金的安全性、收益性和流动性。职业年金基金的具体投资管理办法由人力资源社会保障部、财政部会同有关部门另行制定。

第七条 单位缴费按照个人缴费基数的8%计入本人职业年金个人账户；个人缴费直接计入本人职业年金个人账户。

职业年金基金投资运营收益，按规定计入职业年金个人账户。

第八条 工作人员变动工作单位时，职业年金个人账户资金可以随同转移。工作人员升学、参军、失业期间或新就业单位没有实行职业年金或企业年金制度的，其职业年金个人账户由原管理机构继续管理运营。新就业单位已建立职业年金或企业年金制度的，原职业年金个人账户资金随同转移。

第九条 符合下列条件之一的可以领取职业年金：

（一）工作人员在达到国家规定的退休条件并依法办理退休手续后，由本人选择按月领取职业年金待遇的方式。可一次性用于购买商业养老保险产品，依据保险契约领取待遇并享受相应的继承权；可选择按照本人退休时对应的计发月数计发职业年金月待遇标准，发完为止，同时职业年金个人账户余额享有继承权。本人选择任一领取方式后不再更改。

（二）出国（境）定居人员的职业年金个人账户资金，可根据本人要求一次性支付给本人。

（三）工作人员在职期间死亡的，其职业年金个人账户余额可以继承。

未达到上述职业年金领取条件之一的，不得从个人账户中提前提取资金。

第十条 职业年金有关税收政策，按照国家有关法律法规和政策的相关规定执行。

第十一条 职业年金的经办管理工作，由各级社会保险经办机构负责。

第十二条 职业年金基金应当委托具有资格的投资运营机构作为投资管理人，负责职业年金基金的投资运营；应当选择具有资格的商业银行作为托管人，负责托管职业年金基金。委托关系确定后，应当签订书面合同。

第十三条 职业年金基金必须与投资管理人和托管人的自有资产或其他资产分开管理，保证职业年金财产独立性，不得挪作其他用途。

第十四条 县级以上各级人民政府人力资源社会保障行政部门、财政部门负责对本办法的执行情况进行监督检查。对违反本办法规定的，由人力资源社会保障行政部门和财政部门予以警告，责令改正。

第十五条 因执行本办法发生争议的，工作人员可按照国家有关法律、法规提请仲裁或者申诉。

第十六条　本办法自2014年10月1日起实施。已有规定与本办法不一致的，按照本办法执行。

第十七条　本办法由人力资源社会保障部、财政部负责解释。

国务院关于机关事业单位工作人员养老保险制度改革的决定

（国发〔2015〕2号）

各省、自治区、直辖市人民政府，国务院各部委、各直属机构：

按照党的十八大和十八届三中、四中全会精神，根据《中华人民共和国社会保险法》等相关规定，为统筹城乡社会保障体系建设，建立更加公平、可持续的养老保险制度，国务院决定改革机关事业单位工作人员养老保险制度。

一、改革的目标和基本原则。以邓小平理论、"三个代表"重要思想、科学发展观为指导，深入贯彻党的十八大、十八届三中、四中全会精神和党中央、国务院决策部署，坚持全覆盖、保基本、多层次、可持续方针，以增强公平性、适应流动性、保证可持续性为重点，改革现行机关事业单位工作人员退休保障制度，逐步建立独立于机关事业单位之外、资金来源多渠道、保障方式多层次、管理服务社会化的养老保险体系。改革应遵循以下基本原则：

（一）公平与效率相结合。既体现国民收入再分配更加注重公平的要求，又体现工作人员之间贡献大小差别，建立待遇与缴费挂钩机制，多缴多得、长缴多得，提高单位和职工参保缴费的积极性。

（二）权利与义务相对应。机关事业单位工作人员要按照国家规定切实履行缴费义务，享受相应的养老保险待遇，形成责任共担、统筹互济的养老保险筹资和分配机制。

（三）保障水平与经济发展水平相适应。立足社会主义初级阶段基本国情，合理确定基本养老保险筹资和待遇水平，切实保障退休人员基本生活，促进基本养老保险制度可持续发展。

（四）改革前与改革后待遇水平相衔接。立足增量改革，实现平稳过渡。对改革前已退休人员，保持现有待遇并参加今后的待遇调整；对改革后参加工作的人员，通过建立新机制，实现待遇的合理衔接；对改革前参加工作、改革后退休的人员，通过实行过渡性措施，保持待遇水平不降低。

（五）解决突出矛盾与保证可持续发展相促进。统筹规划、合理安排、量力而行，准确把握改革的节奏和力度，先行解决目前城镇职工基本养老保险制度不统一的突出矛盾，再结合养老保险顶层设计，坚持精算平衡，逐步完善相关制度和政策。

二、改革的范围。本决定适用于按照公务员法管理的单位、参照公务员法管理的机关（单位）、事业单位及其编制内的工作人员。

三、实行社会统筹与个人账户相结合的基本养老保险制度。基本养老保险费由单位和个人共同负担。单位缴纳基本养老保险费（以下简称单位缴费）的比例为本单位工资总额的20%，个人缴纳基本养老保险费（以下简称个人缴费）的比例为本人缴费工资的8%，由单位代扣。按本人缴费工资8%的数额建立基本养老保险个人账户，全部由个人缴费形成。个人工资超过当地上年度在岗职工平均工资300%以上的部分，不计入个人缴费工资基数；低于当地上年度在岗职工平均工资60%的，按当地在岗职工平均工资的60%计算个人缴费工资基数。

个人账户储存额只用于工作人员养老，不得提前支取，每年按照国家统一公布的记账利率计算利息，免征利息税。参保人员死亡的，个人账户余额可以依法继承。

四、改革基本养老金计发办法。本决定实施后参加工作、个人缴费年限累计满15年的人员,退休后按月发给基本养老金。基本养老金由基础养老金和个人账户养老金组成。退休时的基础养老金月标准以当地上年度在岗职工月平均工资和本人指数化月平均缴费工资的平均值为基数,缴费每满1年发给1%。个人账户养老金月标准为个人账户储存额除以计发月数,计发月数根据本人退休时城镇人口平均预期寿命、本人退休年龄、利息等因素确定(详见附件)。

本决定实施前参加工作、实施后退休且缴费年限(含视同缴费年限,下同)累计满15年的人员,按照合理衔接、平稳过渡的原则,在发给基础养老金和个人账户养老金的基础上,再依据视同缴费年限长短发给过渡性养老金。具体办法由人力资源社会保障部会同有关部门制定并指导实施。

本决定实施后达到退休年龄但个人缴费年限累计不满15年的人员,其基本养老保险关系处理和基本养老金计发比照《实施〈中华人民共和国社会保险法〉若干规定》(人力资源社会保障部令第13号)执行。

本决定实施前已经退休的人员,继续按照国家规定的原待遇标准发放基本养老金,同时执行基本养老金调整办法。

机关事业单位离休人员仍按照国家统一规定发给离休费,并调整相关待遇。

五、建立基本养老金正常调整机制。根据职工工资增长和物价变动等情况,统筹安排机关事业单位和企业退休人员的基本养老金调整,逐步建立兼顾各类人员的养老保险待遇正常调整机制,分享经济社会发展成果,保障退休人员基本生活。

六、加强基金管理和监督。建立健全基本养老保险基金省级统筹;暂不具备条件的,可先实行省级基金调剂制度,明确各级人民政府征收、管理和支付的责任。机关事业单位基本养老保险基金单独建账,与企业职工基本养老保险基金分别管理使用。基金实行严格的预算管理,纳入社会保障基金财政专户,实行收支两条线管理,专款专用。依法加强基金监管,确保基金安全。

七、做好养老保险关系转移接续工作。参保人员在同一统筹范围内的机关事业单位之间流动,只转移养老保险关系,不转移基金。参保人员跨统筹范围流动或在机关事业单位与企业之间流动,在转移养老保险关系的同时,基本养老保险个人账户储存额随同转移,并以本人改革后各年度实际缴费工资为基数,按12%的总和转移基金,参保缴费不足1年的,按实际缴费月数计算转移基金。转移后基本养老保险缴费年限(含视同缴费年限)、个人账户储存额累计计算。

八、建立职业年金制度。机关事业单位在参加基本养老保险的基础上,应当为其工作人员建立职业年金。单位按本单位工资总额的8%缴费,个人按本人缴费工资的4%缴费。工作人员退休后,按月领取职业年金待遇。职业年金的具体办法由人力资源社会保障部、财政部制定。

九、建立健全确保养老金发放的筹资机制。机关事业单位及其工作人员应按规定及时足额缴纳养老保险费。各级社会保险征缴机构应切实加强基金征缴,做到应收尽收。各级政府应积极调整和优化财政支出结构,加大社会保障资金投入,确保基本养老金按时足额发放,同时为建立职业年金制度提供相应的经费保障,确保机关事业单位养老保险制度改革平稳推进。

十、逐步实行社会化管理服务。提高机关事业单位社会保险社会化管理服务水平,普遍发放全国统一的社会保障卡,实行基本养老金社会化发放。加强街道、社区人力资源社会保障工作平台建设,加快老年服务设施和服务网络建设,为退休人员提供方便快捷的服务。

十一、提高社会保险经办管理水平。各地要根据机关事业单位工作人员养老保险制度改革的实际需要,加强社会保险经办机构能力建设,适当充实工作人员,提供必要的经费和服务设施。人力资源社会保障部负责在京中央国家机关及所属事业单位基本养老保险的管理工作,同时集中受托管理其职业年金基金。中央国家机关所属京外单位的基本养老保险实行属地化管理。社会保险经办机构应做好机关事业单位养老保险参保登记、缴费申报、关系转移、待遇核定和支付等工作。要按照国家统一制定的业务经办流程和信息管理系统建设要求,建立健全管理制度,由省级统一集中管理数据资源,实现规范化、信息化和专业化管理,不断提高工作效率和服务质量。

十二、加强组织领导。改革机关事业单位工作人员养老保险制度,直接关系广大机关事业单位工作人员的切身利益,是一项涉及面广、政策性强的工作。各地区、各部门要充分认识改革工作的重大意义,切实加强领导,精心组织实施,向机关事业单位工作人员和社会各界准确解读改革的目标和政策,正确引导舆论,确保此项改革顺利进行。各地区、各部门要按照本决定制定具体的实施意见和办法,报人力资源社会保障部、财政部备案后实施。人力资源社会保障部要会同有关部门制定贯彻本决定的实施意见,加强对改革工作的协调和指导,及时研究解决改革中遇到的问题,确保本决定的贯彻实施。

本决定自2014年10月1日起实施,已有规定与本决定不一致的,按照本决定执行。

附件:个人账户养老金计发月数表

国务院

2015年1月3日

附件:

个人账户养老金计发月数表

退休年龄	计发月数	退休年龄	计发月数
40	233	56	164
41	230	57	158
42	226	58	152
43	223	59	145
44	220	60	139
45	216	61	132
46	212	62	125
47	207	63	117
48	204	64	109
49	199	65	101
50	195	66	93
51	190	67	84
52	185	68	75
53	180	69	65
54	175	70	56
55	170		

机关事业单位工作人员带薪年休假实施办法

（2008年3月29日中华人民共和国人事部令第9号公布　自公布之日起施行）

第一条　为了规范机关、事业单位实施带薪年休假（以下简称年休假）制度，根据《职工带薪年休假条例》（以下简称《条例》）及国家有关规定，制定本办法。

第二条　《条例》第二条中所称"连续工作"的时间和第三条、第四条中所称"累计工作"的时间，机关、事业单位工作人员（以下简称工作人员）均按工作年限计算。

工作人员工作年限满1年、满10年、满20年后，从下月起享受相应的年休假天数。

第三条　国家规定的探亲假、婚丧假、产假的假期，不计入年休假的假期。

第四条　工作人员已享受当年的年休假，年内又出现《条例》第四条第（二）、（三）、（四）、（五）项规定的情形之一的，不享受下一年的年休假。

第五条　依法应享受寒暑假的工作人员，因工作需要未休寒暑假的，所在单位应当安排其休年休假；因工作需要休寒暑假天数少于年休假天数的，所在单位应当安排补足其年休假天数。

第六条　工作人员因承担野外地质勘查、野外测绘、远洋科学考察、极地科学考察以及其他特殊工作任务，所在单位不能在本年度安排其休年休假的，可以跨1个年度安排。

第七条　机关、事业单位因工作需要不安排工作人员休年休假，应当征求工作人员本人的意见。

机关、事业单位应当根据工作人员应休未休的年休假天数，对其支付年休假工资报酬。年休假工资报酬的支付标准是：每应休未休1天，按照本人应休年休假当年日工资收入的300%支付，其中包含工作人员正常工作期间的工资收入。

工作人员年休假工资报酬中，除正常工作期间工资收入外，其余部分应当由所在单位在下一年第一季度一次性支付，所需经费按现行经费渠道解决。实行工资统发的单位，应当纳入工资统发。

第八条　工作人员应休年休假当年日工资收入的计算办法是：本人全年工资收入除以全年计薪天数（261天）。

机关工作人员的全年工资收入，为本人全年应发的基本工资、国家规定的津贴补贴、年终一次性奖金之和；事业单位工作人员的全年工资收入，为本人全年应发的基本工资、国家规定的津贴补贴、绩效工资之和。其中，国家规定的津贴补贴不含根据住房、用车等制度改革向工作人员直接发放的货币补贴。

第九条　机关、事业单位已安排年休假，工作人员未休且有下列情形之一的，只享受正常工作期间的工资收入：

（一）因个人原因不休年休假的；

（二）请事假累计已超过本人应休年休假天数，但不足20天的。

第十条　机关、事业单位根据工作的具体情况，并考虑工作人员本人意愿，统筹安排，保证工作人员享受年休假。机关、事业单位应当加强年休假管理，严格考勤制度。

县级以上地方人民政府人事行政部门应当依据职权，主动对机关、事业单位执行年休假的情况进行监督检查。

第十一条　机关、事业单位不安排工作人员休年休假又不按本办法规定支付年休假工资报酬的，由县级以上地方人民政府人事行政部门责令限期改正。对逾期不改正的，除责令该单位支付年休假工资报酬外，单位还应当按照年休假工资报酬的数额向工作人员加付赔偿金。

对拒不支付年休假工资报酬、赔偿金的，属于机关和参照公务员法管理的事业单位的，应当按照干部管理权限，对直接负责的主管人员以及其他直接责任人员依法给予处分，并责令支付；属于其他事业单位的，应当按照干部管理权限，对直接负责的主管人员以及其他直接责任人员依法给予处分，并由同级人事行政部门或工作人员本人申请人民法院强制执行。

第十二条 工作人员与所在单位因年休假发生的争议，依照国家有关公务员申诉控告和人事争议处理的规定处理。

第十三条 驻外使领馆工作人员、驻港澳地区内派人员以及机关、事业单位驻外非外交人员的年休假，按照《条例》和本办法的规定执行。

按照国家规定经批准执行机关、事业单位工资收入分配制度的其他单位工作人员的年休假，参照《条例》和本办法的规定执行。

第十四条 本办法自发布之日起施行。

全国人民代表大会常务委员会关于实施渐进式延迟法定退休年龄的决定

(2024年9月13日第十四届全国人民代表大会常务委员会第十一次会议通过)

为了深入贯彻落实党中央关于渐进式延迟法定退休年龄的决策部署，适应我国人口发展新形势，充分开发利用人力资源，根据宪法，第十四届全国人民代表大会常务委员会第十一次会议决定：

一、同步启动延迟男、女职工的法定退休年龄，用十五年时间，逐步将男职工的法定退休年龄从原六十周岁延迟至六十三周岁，将女职工的法定退休年龄从原五十周岁、五十五周岁分别延迟至五十五周岁、五十八周岁。

二、实施渐进式延迟法定退休年龄坚持小步调整、弹性实施、分类推进、统筹兼顾的原则。

三、各级人民政府应当积极应对人口老龄化，鼓励和支持劳动者就业创业，切实保障劳动者权益，协调推进养老托育等相关工作。

四、批准《国务院关于渐进式延迟法定退休年龄的办法》。国务院根据实际需要，可以对落实本办法进行补充和细化。

五、本决定自2025年1月1日起施行。第五届全国人民代表大会常务委员会第二次会议批准的《国务院关于安置老弱病残干部的暂行办法》和《国务院关于工人退休、退职的暂行办法》中有关退休年龄的规定不再施行。

国务院关于渐进式延迟法定退休年龄的办法

坚持以习近平新时代中国特色社会主义思想为指导，深入贯彻党的二十大和二十届二中、三中全会精神，综合考虑我国人均预期寿命、健康水平、人口结构、国民受教育程度、劳动力供给等因素，按照小步调整、弹性实施、分类推进、统筹兼顾的原则，实施渐进式延迟法定退休年龄。为了做好这项工作，特制定本办法。

第一条　从2025年1月1日起，男职工和原法定退休年龄为五十五周岁的女职工，法定退休年龄每四个月延迟一个月，分别逐步延迟至六十三周岁和五十八周岁；原法定退休年龄为五十周岁的女职工，法定退休年龄每二个月延迟一个月，逐步延迟至五十五周岁。国家另有规定的，从其规定。

第二条　从2030年1月1日起，将职工按月领取基本养老金最低缴费年限由十五年逐步提高至二十年，每年提高六个月。职工达到法定退休年龄但不满最低缴费年限的，可以按照规定通过延长缴费或者一次性缴费的办法达到最低缴费年限，按月领取基本养老金。

第三条　职工达到最低缴费年限，可以自愿选择弹性提前退休，提前时间最长不超过三年，且退休年龄不得低于女职工五十周岁、五十五周岁及男职工六十周岁的原法定退休年龄。职工达到法定退休年龄，所在单位与职工协商一致的，可以弹性延迟退休，延迟时间最长不超过三年。国家另有规定的，从其规定。实施中不得违背职工意愿，违法强制或者变相强制职工选择退休年龄。

第四条　国家健全养老保险激励机制。鼓励职工长缴多得、多缴多得、晚退多得。基础养老金计发比例与个人累计缴费年限挂钩，基础养老金计发基数与个人实际缴费挂钩，个人账户养老金根据个人退休年龄、个人账户储存额等因素确定。

第五条　国家实施就业优先战略，促进高质量充分就业。完善就业公共服务体系，健全终身职业技能培训制度。支持青年人就业创业，强化大龄劳动者就业岗位开发，完善困难人员就业援助制度。加强对就业年龄歧视的防范和治理，激励用人单位吸纳更多大龄劳动者就业。

第六条　用人单位招用超过法定退休年龄的劳动者，应当保障劳动者获得劳动报酬、休息休假、劳动安全卫生、工伤保障等基本权益。

国家加强灵活就业和新就业形态劳动者权益保障。

国家完善带薪年休假制度。

第七条　对领取失业保险金且距法定退休年龄不足一年的人员，领取失业保险金年限延长至法定退休年龄，在实施渐进式延迟法定退休年龄期间，由失业保险基金按照规定为其缴纳养老保险费。

第八条　国家规范完善特殊工种等提前退休政策。从事井下、高空、高温、特别繁重体力劳动等国家规定的特殊工种，以及在高海拔地区工作的职工，符合条件的可以申请提前退休。

第九条　国家建立居家社区机构相协调、医养康养相结合的养老服务体系，大力发展普惠托育服务体系。

附件：
1.男职工延迟法定退休年龄对照表
2.原法定退休年龄五十五周岁的女职工延迟法定退休年龄对照表
3.原法定退休年龄五十周岁的女职工延迟法定退休年龄对照表
4.提高最低缴费年限情况表

附件1：

男职工延迟法定退休年龄对照表

延迟法定退休年龄每4个月延迟1个月				延迟法定退休年龄每4个月延迟1个月			
出生时间	改革后法定退休年龄	改革后退休时间	延迟月数	出生时间	改革后法定退休年龄	改革后退休时间	延迟月数
1965年1月	60岁1个月	2025年2月	1	1967年9月	60岁9个月	2028年6月	9
1965年2月		2025年3月		1967年10月		2028年7月	
1965年3月		2025年4月		1967年11月		2028年8月	
1965年4月		2025年5月		1967年12月		2028年9月	
1965年5月	60岁2个月	2025年7月	2	1968年1月	60岁10个月	2028年11月	10
1965年6月		2025年8月		1968年2月		2028年12月	
1965年7月		2025年9月		1968年3月		2029年1月	
1965年8月		2025年10月		1968年4月		2029年2月	
1965年9月	60岁3个月	2025年12月	3	1968年5月	60岁11个月	2029年4月	11
1965年10月		2026年1月		1968年6月		2029年5月	
1965年11月		2026年2月		1968年7月		2029年6月	
1965年12月		2026年3月		1968年8月		2029年7月	
1966年1月	60岁4个月	2026年5月	4	1968年9月	61岁	2029年9月	12
1966年2月		2026年6月		1968年10月		2029年10月	
1966年3月		2026年7月		1968年11月		2029年11月	
1966年4月		2026年8月		1968年12月		2029年12月	
1966年5月	60岁5个月	2026年10月	5	1969年1月	61岁1个月	2030年2月	13
1966年6月		2026年11月		1969年2月		2030年3月	
1966年7月		2026年12月		1969年3月		2030年4月	
1966年8月		2027年1月		1969年4月		2030年5月	
1966年9月	60岁6个月	2027年3月	6	1969年5月	61岁2个月	2030年7月	14
1966年10月		2027年4月		1969年6月		2030年8月	
1966年11月		2027年5月		1969年7月		2030年9月	
1966年12月		2027年6月		1969年8月		2030年10月	
1967年1月	60岁7个月	2027年8月	7	1969年9月	61岁3个月	2030年12月	15
1967年2月		2027年9月		1969年10月		2031年1月	
1967年3月		2027年10月		1969年11月		2031年2月	
1967年4月		2027年11月		1969年12月		2031年3月	
1967年5月	60岁8个月	2028年1月	8	1970年1月	61岁4个月	2031年5月	16
1967年6月		2028年2月		1970年2月		2031年6月	
1967年7月		2028年3月		1970年3月		2031年7月	
1967年8月		2028年4月		1970年4月		2031年8月	

续表

延迟法定退休年龄每4个月延迟1个月				延迟法定退休年龄每4个月延迟1个月			
出生时间	改革后法定退休年龄	改革后退休时间	延迟月数	出生时间	改革后法定退休年龄	改革后退休时间	延迟月数
1970年5月	61岁5个月	2031年10月	17	1973年5月	62岁2个月	2035年7月	26
1970年6月		2031年11月		1973年6月		2035年8月	
1970年7月		2031年12月		1973年7月		2035年9月	
1970年8月		2032年1月		1973年8月		2035年10月	
1970年9月	61岁6个月	2032年3月	18	1973年9月	62岁3个月	2035年12月	27
1970年10月		2032年4月		1973年10月		2036年1月	
1970年11月		2032年5月		1973年11月		2036年2月	
1970年12月		2032年6月		1973年12月		2036年3月	
1971年1月	61岁7个月	2032年8月	19	1974年1月	62岁4个月	2036年5月	28
1971年2月		2032年9月		1974年2月		2036年6月	
1971年3月		2032年10月		1974年3月		2036年7月	
1971年4月		2032年11月		1974年4月		2036年8月	
1971年5月	61岁8个月	2033年1月	20	1974年5月	62岁5个月	2036年10月	29
1971年6月		2033年2月		1974年6月		2036年11月	
1971年7月		2033年3月		1974年7月		2036年12月	
1971年8月		2033年4月		1974年8月		2037年1月	
1971年9月	61岁9个月	2033年6月	21	1974年9月	62岁6个月	2037年3月	30
1971年10月		2033年7月		1974年10月		2037年4月	
1971年11月		2033年8月		1974年11月		2037年5月	
1971年12月		2033年9月		1974年12月		2037年6月	
1972年1月	61岁10个月	2033年11月	22	1975年1月	62岁7个月	2037年8月	31
1972年2月		2033年12月		1975年2月		2037年9月	
1972年3月		2034年1月		1975年3月		2037年10月	
1972年4月		2034年2月		1975年4月		2037年11月	
1972年5月	61岁11个月	2034年4月	23	1975年5月	62岁8个月	2038年1月	32
1972年6月		2034年5月		1975年6月		2038年2月	
1972年7月		2034年6月		1975年7月		2038年3月	
1972年8月		2034年7月		1975年8月		2038年4月	
1972年9月	62岁	2034年9月	24	1975年9月	62岁9个月	2038年6月	33
1972年10月		2034年10月		1975年10月		2038年7月	
1972年11月		2034年11月		1975年11月		2038年8月	
1972年12月		2034年12月		1975年12月		2038年9月	
1973年1月	62岁1个月	2035年2月	25	1976年1月	62岁10个月	2038年11月	34
1973年2月		2035年3月		1976年2月		2038年12月	
1973年3月		2035年4月		1976年3月		2039年1月	
1973年4月		2035年5月		1976年4月		2039年2月	

续表

延迟法定退休年龄每4个月延迟1个月				延迟法定退休年龄每4个月延迟1个月			
出生时间	改革后法定退休年龄	改革后退休时间	延迟月数	出生时间	改革后法定退休年龄	改革后退休时间	延迟月数
1976年5月	62岁11个月	2039年4月	35	1976年9月	63岁	2039年9月	36
1976年6月		2039年5月		1976年10月		2039年10月	
1976年7月		2039年6月		1976年11月		2039年11月	
1976年8月		2039年7月		1976年12月		2039年12月	

附件2：

原法定退休年龄五十五周岁的女职工延迟法定退休年龄对照表

延迟法定退休年龄每4个月延迟1个月				延迟法定退休年龄每4个月延迟1个月			
出生时间	改革后法定退休年龄	改革后退休时间	延迟月数	出生时间	改革后法定退休年龄	改革后退休时间	延迟月数
1970年1月	55岁1个月	2025年2月	1	1972年1月	55岁7个月	2027年8月	7
1970年2月		2025年3月		1972年2月		2027年9月	
1970年3月		2025年4月		1972年3月		2027年10月	
1970年4月		2025年5月		1972年4月		2027年11月	
1970年5月	55岁2个月	2025年7月	2	1972年5月	55岁8个月	2028年1月	8
1970年6月		2025年8月		1972年6月		2028年2月	
1970年7月		2025年9月		1972年7月		2028年3月	
1970年8月		2025年10月		1972年8月		2028年4月	
1970年9月	55岁3个月	2025年12月	3	1972年9月	55岁9个月	2028年6月	9
1970年10月		2026年1月		1972年10月		2028年7月	
1970年11月		2026年2月		1972年11月		2028年8月	
1970年12月		2026年3月		1972年12月		2028年9月	
1971年1月	55岁4个月	2026年5月	4	1973年1月	55岁10个月	2028年11月	10
1971年2月		2026年6月		1973年2月		2028年12月	
1971年3月		2026年7月		1973年3月		2029年1月	
1971年4月		2026年8月		1973年4月		2029年2月	
1971年5月	55岁5个月	2026年10月	5	1973年5月	55岁11个月	2029年4月	11
1971年6月		2026年11月		1973年6月		2029年5月	
1971年7月		2026年12月		1973年7月		2029年6月	
1971年8月		2027年1月		1973年8月		2029年7月	
1971年9月	55岁6个月	2027年3月	6	1973年9月	56岁	2029年9月	12
1971年10月		2027年4月		1973年10月		2029年10月	
1971年11月		2027年5月		1973年11月		2029年11月	
1971年12月		2027年6月		1973年12月		2029年12月	

续表

延迟法定退休年龄每4个月延迟1个月				延迟法定退休年龄每4个月延迟1个月			
出生时间	改革后法定退休年龄	改革后退休时间	延迟月数	出生时间	改革后法定退休年龄	改革后退休时间	延迟月数
1974年1月	56岁1个月	2030年2月	13	1977年1月	56岁10个月	2033年11月	22
1974年2月		2030年3月		1977年2月		2033年12月	
1974年3月		2030年4月		1977年3月		2034年1月	
1974年4月		2030年5月		1977年4月		2034年2月	
1974年5月	56岁2个月	2030年7月	14	1977年5月	56岁11个月	2034年4月	23
1974年6月		2030年8月		1977年6月		2034年5月	
1974年7月		2030年9月		1977年7月		2034年6月	
1974年8月		2030年10月		1977年8月		2034年7月	
1974年9月	56岁3个月	2030年12月	15	1977年9月	57岁	2034年9月	24
1974年10月		2031年1月		1977年10月		2034年10月	
1974年11月		2031年2月		1977年11月		2034年11月	
1974年12月		2031年3月		1977年12月		2034年12月	
1975年1月	56岁4个月	2031年5月	16	1978年1月	57岁1个月	2035年2月	25
1975年2月		2031年6月		1978年2月		2035年3月	
1975年3月		2031年7月		1978年3月		2035年4月	
1975年4月		2031年8月		1978年4月		2035年5月	
1975年5月	56岁5个月	2031年10月	17	1978年5月	57岁2个月	2035年7月	26
1975年6月		2031年11月		1978年6月		2035年8月	
1975年7月		2031年12月		1978年7月		2035年9月	
1975年8月		2032年1月		1978年8月		2035年10月	
1975年9月	56岁6个月	2032年3月	18	1978年9月	57岁3个月	2035年12月	27
1975年10月		2032年4月		1978年10月		2036年1月	
1975年11月		2032年5月		1978年11月		2036年2月	
1975年12月		2032年6月		1978年12月		2036年3月	
1976年1月	56岁7个月	2032年8月	19	1979年1月	57岁4个月	2036年5月	28
1976年2月		2032年9月		1979年2月		2036年6月	
1976年3月		2032年10月		1979年3月		2036年7月	
1976年4月		2032年11月		1979年4月		2036年8月	
1976年5月	56岁8个月	2033年1月	20	1979年5月	57岁5个月	2036年10月	29
1976年6月		2033年2月		1979年6月		2036年11月	
1976年7月		2033年3月		1979年7月		2036年12月	
1976年8月		2033年4月		1979年8月		2037年1月	
1976年9月	56岁9个月	2033年6月	21	1979年9月	57岁6个月	2037年3月	30
1976年10月		2033年7月		1979年10月		2037年4月	
1976年11月		2033年8月		1979年11月		2037年5月	
1976年12月		2033年9月		1979年12月		2037年6月	

续表

延迟法定退休年龄每4个月延迟1个月				延迟法定退休年龄每4个月延迟1个月			
出生时间	改革后法定退休年龄	改革后退休时间	延迟月数	出生时间	改革后法定退休年龄	改革后退休时间	延迟月数
1980年1月	57岁7个月	2037年8月	31	1981年1月	57岁10个月	2038年11月	34
1980年2月		2037年9月		1981年2月		2038年12月	
1980年3月		2037年10月		1981年3月		2039年1月	
1980年4月		2037年11月		1981年4月		2039年2月	
1980年5月	57岁8个月	2038年1月	32	1981年5月	57岁11个月	2039年4月	35
1980年6月		2038年2月		1981年6月		2039年5月	
1980年7月		2038年3月		1981年7月		2039年6月	
1980年8月		2038年4月		1981年8月		2039年7月	
1980年9月	57岁9个月	2038年6月	33	1981年9月	58岁	2039年9月	36
1980年10月		2038年7月		1981年10月		2039年10月	
1980年11月		2038年8月		1981年11月		2039年11月	
1980年12月		2038年9月		1981年12月		2039年12月	

附件3：

原法定退休年龄五十周岁的女职工延迟法定退休年龄对照表

延迟法定退休年龄每2个月延迟1个月				延迟法定退休年龄每2个月延迟1个月			
出生时间	改革后法定退休年龄	改革后退休时间	延迟月数	出生时间	改革后法定退休年龄	改革后退休时间	延迟月数
1975年1月	50岁1个月	2025年2月	1	1976年3月	50岁8个月	2026年11月	8
1975年2月		2025年3月		1976年4月		2026年12月	
1975年3月	50岁2个月	2025年5月	2	1976年5月	50岁9个月	2027年2月	9
1975年4月		2025年6月		1976年6月		2027年3月	
1975年5月	50岁3个月	2025年8月	3	1976年7月	50岁10个月	2027年5月	10
1975年6月		2025年9月		1976年8月		2027年6月	
1975年7月	50岁4个月	2025年11月	4	1976年9月	50岁11个月	2027年8月	11
1975年8月		2025年12月		1976年10月		2027年9月	
1975年9月	50岁5个月	2026年2月	5	1976年11月	51岁	2027年11月	12
1975年10月		2026年3月		1976年12月		2027年12月	
1975年11月	50岁6个月	2026年5月	6	1977年1月	51岁1个月	2028年2月	13
1975年12月		2026年6月		1977年2月		2028年3月	
1976年1月	50岁7个月	2026年8月	7	1977年3月	51岁2个月	2028年5月	14
1976年2月		2026年9月		1977年4月		2028年6月	

续表

延迟法定退休年龄每2个月延迟1个月				延迟法定退休年龄每2个月延迟1个月			
出生时间	改革后法定退休年龄	改革后退休时间	延迟月数	出生时间	改革后法定退休年龄	改革后退休时间	延迟月数
1977年5月	51岁3个月	2028年8月	15	1980年3月	52岁8个月	2032年11月	32
1977年6月		2028年9月		1980年4月		2032年12月	
1977年7月	51岁4个月	2028年11月	16	1980年5月	52岁9个月	2033年2月	33
1977年8月		2028年12月		1980年6月		2033年3月	
1977年9月	51岁5个月	2029年2月	17	1980年7月	52岁10个月	2033年5月	34
1977年10月		2029年3月		1980年8月		2033年6月	
1977年11月	51岁6个月	2029年5月	18	1980年9月	52岁11个月	2033年8月	35
1977年12月		2029年6月		1980年10月		2033年9月	
1978年1月	51岁7个月	2029年8月	19	1980年11月	53岁	2033年11月	36
1978年2月		2029年9月		1980年12月		2033年12月	
1978年3月	51岁8个月	2029年11月	20	1981年1月	53岁1个月	2034年2月	37
1978年4月		2029年12月		1981年2月		2034年3月	
1978年5月	51岁9个月	2030年2月	21	1981年3月	53岁2个月	2034年5月	38
1978年6月		2030年3月		1981年4月		2034年6月	
1978年7月	51岁10个月	2030年5月	22	1981年5月	53岁3个月	2034年8月	39
1978年8月		2030年6月		1981年6月		2034年9月	
1978年9月	51岁11个月	2030年8月	23	1981年7月	53岁4个月	2034年11月	40
1978年10月		2030年9月		1981年8月		2034年12月	
1978年11月	52岁	2030年11月	24	1981年9月	53岁5个月	2035年2月	41
1978年12月		2030年12月		1981年10月		2035年3月	
1979年1月	52岁1个月	2031年2月	25	1981年11月	53岁6个月	2035年5月	42
1979年2月		2031年3月		1981年12月		2035年6月	
1979年3月	52岁2个月	2031年5月	26	1982年1月	53岁7个月	2035年8月	43
1979年4月		2031年6月		1982年2月		2035年9月	
1979年5月	52岁3个月	2031年8月	27	1982年3月	53岁8个月	2035年11月	44
1979年6月		2031年9月		1982年4月		2035年12月	
1979年7月	52岁4个月	2031年11月	28	1982年5月	53岁9个月	2036年2月	45
1979年8月		2031年12月		1982年6月		2036年3月	
1979年9月	52岁5个月	2032年2月	29	1982年7月	53岁10个月	2036年5月	46
1979年10月		2032年3月		1982年8月		2036年6月	
1979年11月	52岁6个月	2032年5月	30	1982年9月	53岁11个月	2036年8月	47
1979年12月		2032年6月		1982年10月		2036年9月	
1980年1月	52岁7个月	2032年8月	31	1982年11月	54岁	2036年11月	48
1980年2月		2032年9月		1982年12月		2036年12月	

续表

延迟法定退休年龄每2个月延迟1个月				延迟法定退休年龄每2个月延迟1个月			
出生时间	改革后法定退休年龄	改革后退休时间	延迟月数	出生时间	改革后法定退休年龄	改革后退休时间	延迟月数
1983年1月	54岁1个月	2037年2月	49	1984年1月	54岁7个月	2038年8月	55
1983年2月		2037年3月		1984年2月		2038年9月	
1983年3月	54岁2个月	2037年5月	50	1984年3月	54岁8个月	2038年11月	56
1983年4月		2037年6月		1984年4月		2038年12月	
1983年5月	54岁3个月	2037年8月	51	1984年5月	54岁9个月	2039年2月	57
1983年6月		2037年9月		1984年6月		2039年3月	
1983年7月	54岁4个月	2037年11月	52	1984年7月	54岁10个月	2039年5月	58
1983年8月		2037年12月		1984年8月		2039年6月	
1983年9月	54岁5个月	2038年2月	53	1984年9月	54岁11个月	2039年8月	59
1983年10月		2038年3月		1984年10月		2039年9月	
1983年11月	54岁6个月	2038年5月	54	1984年11月	55岁	2039年11月	60
1983年12月		2038年6月		1984年12月		2039年12月	

附件4：

提高最低缴费年限情况表

年份	当年最低缴费年限
2025年	15年
2026年	15年
2027年	15年
2028年	15年
2029年	15年
2030年	15年+6个月
2031年	16年
2032年	16年+6个月
2033年	17年
2034年	17年+6个月
2035年	18年
2036年	18年+6个月
2037年	19年
2038年	19年+6个月
2039年	20年

第四章 有关薪酬的法律法规

最低工资规定

(2004年1月20日劳动保障部令第21号公布 自2004年3月1日起施行)

第一条 为了维护劳动者取得劳动报酬的合法权益，保障劳动者个人及其家庭成员的基本生活，根据劳动法和国务院有关规定，制定本规定。

第二条 本规定适用于在中华人民共和国境内的企业、民办非企业单位、有雇工的个体工商户（以下统称用人单位）和与之形成劳动关系的劳动者。

国家机关、事业单位、社会团体和与之建立劳动合同关系的劳动者，依照本规定执行。

第三条 本规定所称最低工资标准，是指劳动者在法定工作时间或依法签订的劳动合同约定的工作时间内提供了正常劳动的前提下，用人单位依法应支付的最低劳动报酬。

本规定所称正常劳动，是指劳动者按依法签订的劳动合同约定，在法定工作时间或劳动合同约定的工作时间内从事的劳动。劳动者依法享受带薪年休假、探亲假、婚丧假、生育（产）假、节育手术假等国家规定的假期间，以及法定工作时间内依法参加社会活动期间，视为提供了正常劳动。

第四条 县级以上地方人民政府劳动保障行政部门负责对本行政区域内用人单位执行本规定情况进行监督检查。

各级工会组织依法对本规定执行情况进行监督，发现用人单位支付劳动者工资违反本规定的，有权要求当地劳动保障行政部门处理。

第五条 最低工资标准一般采取月最低工资标准和小时最低工资标准的形式。月最低工资标准适用于全日制就业劳动者，小时最低工资标准适用于非全日制就业劳动者。

第六条 确定和调整月最低工资标准，应参考当地就业者及其赡养人口的最低生活费用、城镇居民消费价格指数、职工个人缴纳的社会保险费和住房公积金、职工平均工资、经济发展水平、就业状况等因素。

确定和调整小时最低工资标准，应在颁布的月最低工资标准的基础上，考虑单位应缴纳的基本养老保险费和基本医疗保险费因素，同时还应适当考虑非全日制劳动者在工作稳定性、劳动条件和劳动强度、福利等方面与全日制就业人员之间的差异。

月最低工资标准和小时最低工资标准具体测算方法见附件。

第七条 省、自治区、直辖市范围内的不同行政区域可以有不同的最低工资标准。

第八条 最低工资标准的确定和调整方案，由省、自治区、直辖市人民政府劳动保障行政部门会同同级工会、企业联合会/企业家协会研究拟订，并将拟订的方案报送劳动保障部。方案内容包括最低工资确定和调整的依据、适用范围、拟订标准和说明。劳动保障部在收到拟订方案后，应征求全国总工会、中国企业联合会/企业家协会的意见。

劳动保障部对方案可以提出修订意见，若在方案收到后14日内未提出修订意见的，视为同意。

第九条 省、自治区、直辖市劳动保障行政部门应将本地区最低工资标准方案报省、自治区、直辖市人民政府批准，并在批准后7日内在当地政府公报上和至少一种全地区性报纸上发布。省、自治区、直辖市劳动保障行政部门应在发布后10日内将最低工资标准报劳动保障部。

第十条 最低工资标准发布实施后，如本规定第六条所规定的相关因素发生变化，应当适时调整。最低工资标准每两年至少调整一次。

第十一条 用人单位应在最低工资标准发布后10日内将该标准向本单位全体劳动者公示。

第十二条 在劳动者提供正常劳动的情况下，用人单位应支付给劳动者的工资在剔除下列各项以后，不得低于当地最低工资标准：

（一）延长工作时间工资；

（二）中班、夜班、高温、低温、井下、有毒有害等特殊工作环境、条件下的津贴；

（三）法律、法规和国家规定的劳动者福利待遇等。

实行计件工资或提成工资等工资形式的用人单位，在科学合理的劳动定额基础上，其支付劳动者的工资不得低于相应的最低工资标准。

劳动者由于本人原因造成在法定工作时间内或依法签订的劳动合同约定的工作时间内未提供正常劳动的，不适用于本条规定。

第十三条 用人单位违反本规定第十一条规定的，由劳动保障行政部门责令其限期改正；违反本规定第十二条规定的，由劳动保障行政部门责令其限期补发所欠劳动者工资，并可责令其按所欠工资的1至5倍支付劳动者赔偿金。

第十四条 劳动者与用人单位之间就执行最低工资标准发生争议，按劳动争议处理有关规定处理。

第十五条 本规定自2004年3月1日起实施。1993年11月24日原劳动部发布的《企业最低工资规定》同时废止。

附件：最低工资标准测算方法

附件：

最低工资标准测算方法

一、确定最低工资标准应考虑的因素

确定最低工资标准一般考虑城镇居民生活费用支出、职工个人缴纳社会保险费、住房公积金、职工平均工资、失业率、经济发展水平等因素。可用公式表示为：

$$M = f(C、S、A、U、E、a)$$

M——最低工资标准；

C——城镇居民人均生活费用；

S——职工个人缴纳社会保险费、住房公积金；

A——职工平均工资；

U——失业率；

E——经济发展水平；

a——调整因素。

二、确定最低工资标准的通用方法

1. 比重法即根据城镇居民家计调查资料，确定一定比例的最低人均收入户为贫困户，统计出贫困户的人均生活费用支出水平，乘以每一就业者的赡养系数，再加上一个调整数。

2. 恩格尔系数法即根据国家营养学会提供的年度标准食物谱及标准食物摄取量，结合标准食物的市场价格，计算出最低食物支出标准，除以恩格尔系数，得出最低生活费用标准，再乘以每一就业者的赡养系数，再加上一个调整数。

以上方法计算出月最低工资标准后，再考虑职工个人缴纳社会保险费、住房公积金、职工平均工资水平、社会救济金和失业保险金标准、就业状况、经济发展水平等进行必要的修正。

举例：某地区最低收入组人均每月生活费支出为210元，每一就业者赡养系数为1.87，最低食物费用为127元，恩格尔系数为0.604，平均工资为900元。

1. 按比重法计算得出该地区月最低工资标准为：

$$月最低工资标准 = 210 \times 1.87 + a = 393 + a（元） \quad (1)$$

2. 按恩格尔系数法计算得出该地区月最低工资标准为：

$$月最低工资标准 = 127 \div 0.604 \times 1.87 + a = 393 + a（元） \quad (2)$$

公式（1）与（2）中a的调整因素主要考虑当地个人缴纳养老、失业、医疗保险费和住房公积金等费用。

另，按照国际上一般月最低工资标准相当于月平均工资的40%～60%，则该地区月最低工资标准范围应为360～540元。

$$小时最低工资标准 = [（月最低工资标准 \div 20.92 \div 8）\times (1+单位应当缴纳的基本养老保险费、基本医疗保险费比例之和)] \times (1+浮动系数)$$

浮动系数的确定主要考虑非全日制就业劳动者工作稳定性、劳动条件和劳动强度、福利等方面与全日制就业人员之间的差异。

各地可参照以上测算办法，根据当地实际情况合理确定月、小时最低工资标准。

保障农民工工资支付条例

（2019年12月4日国务院第73次常务会议通过　2019年12月30日中华人民共和国国务院令第724号公布　自2020年5月1日起施行）

第一章　总则

第一条　为了规范农民工工资支付行为，保障农民工按时足额获得工资，根据《中华人民共和国劳动法》及有关法律规定，制定本条例。

第二条　保障农民工工资支付，适用本条例。

本条例所称农民工，是指为用人单位提供劳动的农村居民。

本条例所称工资，是指农民工为用人单位提供劳动后应当获得的劳动报酬。

第三条　农民工有按时足额获得工资的权利。任何单位和个人不得拖欠农民工工资。

农民工应当遵守劳动纪律和职业道德，执行劳动安全卫生规程，完成劳动任务。

第四条 县级以上地方人民政府对本行政区域内保障农民工工资支付工作负责，建立保障农民工工资支付工作协调机制，加强监管能力建设，健全保障农民工工资支付工作目标责任制，并纳入对本级人民政府有关部门和下级人民政府进行考核和监督的内容。

乡镇人民政府、街道办事处应当加强对拖欠农民工工资矛盾的排查和调处工作，防范和化解矛盾，及时调解纠纷。

第五条 保障农民工工资支付，应当坚持市场主体负责、政府依法监管、社会协同监督，按照源头治理、预防为主、防治结合、标本兼治的要求，依法根治拖欠农民工工资问题。

第六条 用人单位实行农民工劳动用工实名制管理，与招用的农民工书面约定或者通过依法制定的规章制度规定工资支付标准、支付时间、支付方式等内容。

第七条 人力资源社会保障行政部门负责保障农民工工资支付工作的组织协调、管理指导和农民工工资支付情况的监督检查，查处有关拖欠农民工工资案件。

住房城乡建设、交通运输、水利等相关行业工程建设主管部门按照职责履行行业监管责任，督办因违法发包、转包、违法分包、挂靠、拖欠工程款等导致的拖欠农民工工资案件。

发展改革等部门按照职责负责政府投资项目的审批管理，依法审查政府投资项目的资金来源和筹措方式，按规定及时安排政府投资，加强社会信用体系建设，组织对拖欠农民工工资失信联合惩戒对象依法依规予以限制和惩戒。

财政部门负责政府投资资金的预算管理，根据经批准的预算按规定及时足额拨付政府投资资金。

公安机关负责及时受理、侦办涉嫌拒不支付劳动报酬刑事案件，依法处置因农民工工资拖欠引发的社会治安案件。

司法行政、自然资源、人民银行、审计、国有资产管理、税务、市场监管、金融监管等部门，按照职责做好与保障农民工工资支付相关的工作。

第八条 工会、共产主义青年团、妇女联合会、残疾人联合会等组织按照职责依法维护农民工获得工资的权利。

第九条 新闻媒体应当开展保障农民工工资支付法律法规政策的公益宣传和先进典型的报道，依法加强对拖欠农民工工资违法行为的舆论监督，引导用人单位增强依法用工、按时足额支付工资的法律意识，引导农民工依法维权。

第十条 被拖欠工资的农民工有权依法投诉，或者申请劳动争议调解仲裁和提起诉讼。

任何单位和个人对拖欠农民工工资的行为，有权向人力资源社会保障行政部门或者其他有关部门举报。

人力资源社会保障行政部门和其他有关部门应当公开举报投诉电话、网站等渠道，依法接受对拖欠农民工工资行为的举报、投诉。对于举报、投诉的处理实行首问负责制，属于本部门受理的，应当依法及时处理；不属于本部门受理的，应当及时转送相关部门，相关部门应当依法及时处理，并将处理结果告知举报、投诉人。

第二章 工资支付形式与周期

第十一条 农民工工资应当以货币形式，通过银行转账或者现金支付给农民工本人，不得以实物或者有价证券等其他形式替代。

第十二条 用人单位应当按照与农民工书面约定或者依法制定的规章制度规定的工资支付周期和具体支付日期足额支付工资。

第十三条 实行月、周、日、小时工资制的，按照月、周、日、小时为周期支付工资；实行计件工资制的，工资支付周期由双方依法约定。

第十四条 用人单位与农民工书面约定或者依法制定的规章制度规定的具体支付日期，可以在农民工提供劳动的当期或者次期。具体支付日期遇法定节假日或者休息日的，应当在法定节假日或者休息日前支付。

用人单位因不可抗力未能在支付日期支付工资的，应当在不可抗力消除后及时支付。

第十五条 用人单位应当按照工资支付周期编制书面工资支付台账，并至少保存3年。

书面工资支付台账应当包括用人单位名称、支付周期、支付日期、支付对象姓名、身份证号码、联系方式、工作时间、应发工资项目及数额、代扣、代缴、扣除项目和数额、实发工资数额、银行代发工资凭证或者农民工签字等内容。

用人单位向农民工支付工资时，应当提供农民工本人的工资清单。

第三章　工资清偿

第十六条 用人单位拖欠农民工工资的，应当依法予以清偿。

第十七条 不具备合法经营资格的单位招用农民工，农民工已经付出劳动而未获得工资的，依照有关法律规定执行。

第十八条 用工单位使用个人、不具备合法经营资格的单位或者未依法取得劳务派遣许可证的单位派遣的农民工，拖欠农民工工资的，由用工单位清偿，并可以依法进行追偿。

第十九条 用人单位将工作任务发包给个人或者不具备合法经营资格的单位，导致拖欠所招用农民工工资的，依照有关法律规定执行。

用人单位允许个人、不具备合法经营资格或者未取得相应资质的单位以用人单位的名义对外经营，导致拖欠所招用农民工工资的，由用人单位清偿，并可以依法进行追偿。

第二十条 合伙企业、个人独资企业、个体经济组织等用人单位拖欠农民工工资的，应当依法予以清偿；不清偿的，由出资人依法清偿。

第二十一条 用人单位合并或者分立时，应当在实施合并或者分立前依法清偿拖欠的农民工工资；经与农民工书面协商一致的，可以由合并或者分立后承继其权利和义务的用人单位清偿。

第二十二条 用人单位被依法吊销营业执照或者登记证书、被责令关闭、被撤销或者依法解散的，应当在申请注销登记前依法清偿拖欠的农民工工资。

未依据前款规定清偿农民工工资的用人单位主要出资人，应当在注册新用人单位前清偿拖欠的农民工工资。

第四章　工程建设领域特别规定

第二十三条 建设单位应当有满足施工所需要的资金安排。没有满足施工所需要的资金安排的，工程建设项目不得开工建设；依法需要办理施工许可证的，相关行业工程建设主管部门不予颁发施工许可证。

政府投资项目所需资金，应当按照国家有关规定落实到位，不得由施工单位垫资建设。

第二十四条 建设单位应当向施工单位提供工程款支付担保。

建设单位与施工总承包单位依法订立书面工程施工合同，应当约定工程款计量周期、工程款进度结算办法以及人工费用拨付周期，并按照保障农民工工资按时足额支付的要求约定人工费用。人工费用拨付周期不得超过1个月。

建设单位与施工总承包单位应当将工程施工合同保存备查。

第二十五条 施工总承包单位与分包单位依法订立书面分包合同，应当约定工程款计量周期、工程款进度结算办法。

第二十六条 施工总承包单位应当按照有关规定开设农民工工资专用账户，专项用于支付该工程建设项目农民工工资。

开设、使用农民工工资专用账户有关资料应当由施工总承包单位妥善保存备查。

第二十七条 金融机构应当优化农民工工资专用账户开设服务流程，做好农民工工资专用账户的日常管理工作；发现资金未按约定拨付等情况的，及时通知施工总承包单位，由施工总承包单位报告人力资源社会保障行政部门和相关行业工程建设主管部门，并纳入欠薪预警系统。

工程完工且未拖欠农民工工资的，施工总承包单位公示30日后，可以申请注销农民工工资专用账户，账户内余额归施工总承包单位所有。

第二十八条 施工总承包单位或者分包单位应当依法与所招用的农民工订立劳动合同并进行用工实名登记，具备条件的行业应当通过相应的管理服务信息平台进行用工实名登记、管理。未与施工总承包单位或者分包单位订立劳动合同并进行用工实名登记的人员，不得进入项目现场施工。

施工总承包单位应当在工程项目部配备劳资专管员，对分包单位劳动用工实施监督管理，掌握施工现场用工、考勤、工资支付等情况，审核分包单位编制的农民工工资支付表，分包单位应当予以配合。

施工总承包单位、分包单位应当建立用工管理台账，并保存至工程完工且工资全部结清后至少3年。

第二十九条 建设单位应当按照合同约定及时拨付工程款，并将人工费用及时足额拨付至农民工工资专用账户，加强对施工总承包单位按时足额支付农民工工资的监督。

因建设单位未按照合同约定及时拨付工程款导致农民工工资拖欠的，建设单位应当以未结清的工程款为限先行垫付被拖欠的农民工工资。

建设单位应当以项目为单位建立保障农民工工资支付协调机制和工资拖欠预防机制，督促施工总承包单位加强劳动用工管理，妥善处理与农民工工资支付相关的矛盾纠纷。发生农民工集体讨薪事件的，建设单位应当会同施工总承包单位及时处理，并向项目所在地人力资源社会保障行政部门和相关行业工程建设主管部门报告有关情况。

第三十条 分包单位对所招用农民工的实名制管理和工资支付负直接责任。

施工总承包单位对分包单位劳动用工和工资发放等情况进行监督。

分包单位拖欠农民工工资的，由施工总承包单位先行清偿，再依法进行追偿。

工程建设项目转包，拖欠农民工工资的，由施工总承包单位先行清偿，再依法进行追偿。

第三十一条 工程建设领域推行分包单位农民工工资委托施工总承包单位代发制度。

分包单位应当按月考核农民工工作量并编制工资支付表，经农民工本人签字确认后，与当月工程进度等情况一并交施工总承包单位。

施工总承包单位根据分包单位编制的工资支付表，通过农民工工资专用账户直接将工资支付到农民工本人的银行账户，并向分包单位提供代发工资凭证。

用于支付农民工工资的银行账户所绑定的农民工本人社会保障卡或者银行卡，用人单位或者其他人员不得以任何理由扣押或者变相扣押。

第三十二条 施工总承包单位应当按照有关规定存储工资保证金，专项用于支付为所承包工程提供劳动的农民工被拖欠的工资。

工资保证金实行差异化存储办法，对一定时期内未发生工资拖欠的单位实行减免措施，对发生工资拖欠的单位适当提高存储比例。工资保证金可以用金融机构保函替代。

工资保证金的存储比例、存储形式、减免措施等具体办法，由国务院人力资源社会保障行政部门会同有关部门制定。

第三十三条 除法律另有规定外，农民工工资专用账户资金和工资保证金不得因支付为本项目提供劳动的农民工工资之外的原因被查封、冻结或者划拨。

第三十四条　施工总承包单位应当在施工现场醒目位置设立维权信息告示牌，明示下列事项：

（一）建设单位、施工总承包单位及所在项目部、分包单位、相关行业工程建设主管部门、劳资专管员等基本信息；

（二）当地最低工资标准、工资支付日期等基本信息；

（三）相关行业工程建设主管部门和劳动保障监察投诉举报电话、劳动争议调解仲裁申请渠道、法律援助申请渠道、公共法律服务热线等信息。

第三十五条　建设单位与施工总承包单位或者承包单位与分包单位因工程数量、质量、造价等产生争议的，建设单位不得因争议不按照本条例第二十四条的规定拨付工程款中的人工费用，施工总承包单位也不得因争议不按照规定代发工资。

第三十六条　建设单位或者施工总承包单位将建设工程发包或者分包给个人或者不具备合法经营资格的单位，导致拖欠农民工工资的，由建设单位或者施工总承包单位清偿。

施工单位允许其他单位和个人以施工单位的名义对外承揽建设工程，导致拖欠农民工工资的，由施工单位清偿。

第三十七条　工程建设项目违反国土空间规划、工程建设等法律法规，导致拖欠农民工工资的，由建设单位清偿。

第五章　监督检查

第三十八条　县级以上地方人民政府应当建立农民工工资支付监控预警平台，实现人力资源社会保障、发展改革、司法行政、财政、住房城乡建设、交通运输、水利等部门的工程项目审批、资金落实、施工许可、劳动用工、工资支付等信息及时共享。

人力资源社会保障行政部门根据水电燃气供应、物业管理、信贷、税收等反映企业生产经营相关指标的变化情况，及时监控和预警工资支付隐患并做好防范工作，市场监管、金融监管、税务等部门应当予以配合。

第三十九条　人力资源社会保障行政部门、相关行业工程建设主管部门和其他有关部门应当按照职责，加强对用人单位与农民工签订劳动合同、工资支付以及工程建设项目实行农民工实名制管理、农民工工资专用账户管理、施工总承包单位代发工资、工资保证金存储、维权信息公示等情况的监督检查，预防和减少拖欠农民工工资行为的发生。

第四十条　人力资源社会保障行政部门在查处拖欠农民工工资案件时，需要依法查询相关单位金融账户和相关当事人拥有房产、车辆等情况的，应当经设区的市级以上地方人民政府人力资源社会保障行政部门负责人批准，有关金融机构和登记部门应当予以配合。

第四十一条　人力资源社会保障行政部门在查处拖欠农民工工资案件时，发生用人单位拒不配合调查、清偿责任主体及相关当事人无法联系等情形的，可以请求公安机关和其他有关部门协助处理。

人力资源社会保障行政部门发现拖欠农民工工资的违法行为涉嫌构成拒不支付劳动报酬罪的，应当按照有关规定及时移送公安机关审查并作出决定。

第四十二条　人力资源社会保障行政部门作出责令支付被拖欠的农民工工资的决定，相关单位不支付的，可以依法申请人民法院强制执行。

第四十三条　相关行业工程建设主管部门应当依法规范本领域建设市场秩序，对违法发包、转包、违法分包、挂靠等行为进行查处，并对导致拖欠农民工工资的违法行为及时予以制止、纠正。

第四十四条　财政部门、审计机关和相关行业工程建设主管部门按照职责，依法对政府投资项目建设单位按照工程施工合同约定向农民工工资专用账户拨付资金情况进行监督。

第四十五条 司法行政部门和法律援助机构应当将农民工列为法律援助的重点对象，并依法为请求支付工资的农民工提供便捷的法律援助。

公共法律服务相关机构应当积极参与相关诉讼、咨询、调解等活动，帮助解决拖欠农民工工资问题。

第四十六条 人力资源社会保障行政部门、相关行业工程建设主管部门和其他有关部门应当按照"谁执法谁普法"普法责任制的要求，通过以案释法等多种形式，加大对保障农民工工资支付相关法律法规的普及宣传。

第四十七条 人力资源社会保障行政部门应当建立用人单位及相关责任人劳动保障守法诚信档案，对用人单位开展守法诚信等级评价。

用人单位有严重拖欠农民工工资违法行为的，由人力资源社会保障行政部门向社会公布，必要时可以通过召开新闻发布会等形式向媒体公开曝光。

第四十八条 用人单位拖欠农民工工资，情节严重或者造成严重不良社会影响的，有关部门应当将该用人单位及其法定代表人或者主要负责人、直接负责的主管人员和其他直接责任人员列入拖欠农民工工资失信联合惩戒对象名单，在政府资金支持、政府采购、招投标、融资贷款、市场准入、税收优惠、评优评先、交通出行等方面依法依规予以限制。

拖欠农民工工资需要列入失信联合惩戒名单的具体情形，由国务院人力资源社会保障行政部门规定。

第四十九条 建设单位未依法提供工程款支付担保或者政府投资项目拖欠工程款，导致拖欠农民工工资的，县级以上地方人民政府应当限制其新建项目，并记入信用记录，纳入国家信用信息系统进行公示。

第五十条 农民工与用人单位就拖欠工资存在争议，用人单位应当提供依法由其保存的劳动合同、职工名册、工资支付台账和清单等材料；不提供的，依法承担不利后果。

第五十一条 工会依法维护农民工工资权益，对用人单位工资支付情况进行监督；发现拖欠农民工工资的，可以要求用人单位改正，拒不改正的，可以请求人力资源社会保障行政部门和其他有关部门依法处理。

第五十二条 单位或者个人编造虚假事实或者采取非法手段讨要农民工工资，或者以拖欠农民工工资为名讨要工程款的，依法予以处理。

第六章 法律责任

第五十三条 违反本条例规定拖欠农民工工资的，依照有关法律规定执行。

第五十四条 有下列情形之一的，由人力资源社会保障行政部门责令限期改正；逾期不改正的，对单位处2万元以上5万元以下的罚款，对法定代表人或者主要负责人、直接负责的主管人员和其他直接责任人员处1万元以上3万元以下的罚款：

（一）以实物、有价证券等形式代替货币支付农民工工资；

（二）未编制工资支付台账并依法保存，或者未向农民工提供工资清单；

（三）扣押或者变相扣押用于支付农民工工资的银行账户所绑定的农民工本人社会保障卡或者银行卡。

第五十五条 有下列情形之一的，由人力资源社会保障行政部门、相关行业工程建设主管部门按照职责责令限期改正；逾期不改正的，责令项目停工，并处5万元以上10万元以下的罚款；情节严重的，给予施工单位限制承接新工程、降低资质等级、吊销资质证书等处罚：

（一）施工总承包单位未按规定开设或者使用农民工工资专用账户；

（二）施工总承包单位未按规定存储工资保证金或者未提供金融机构保函；

（三）施工总承包单位、分包单位未实行劳动用工实名制管理。

第五十六条 有下列情形之一的，由人力资源社会保障行政部门、相关行业工程建设主管部门按照职责责令限期改正；逾期不改正的，处5万元以上10万元以下的罚款：

（一）分包单位未按月考核农民工工作量、编制工资支付表并经农民工本人签字确认；

（二）施工总承包单位未对分包单位劳动用工实施监督管理；

（三）分包单位未配合施工总承包单位对其劳动用工进行监督管理；

（四）施工总承包单位未实行施工现场维权信息公示制度。

第五十七条 有下列情形之一的，由人力资源社会保障行政部门、相关行业工程建设主管部门按照职责责令限期改正；逾期不改正的，责令项目停工，并处5万元以上10万元以下的罚款：

（一）建设单位未依法提供工程款支付担保；

（二）建设单位未按约定及时足额向农民工工资专用账户拨付工程款中的人工费用；

（三）建设单位或者施工总承包单位拒不提供或者无法提供工程施工合同、农民工工资专用账户有关资料。

第五十八条 不依法配合人力资源社会保障行政部门查询相关单位金融账户的，由金融监管部门责令改正；拒不改正的，处2万元以上5万元以下的罚款。

第五十九条 政府投资项目政府投资资金不到位拖欠农民工工资的，由人力资源社会保障行政部门报本级人民政府批准，责令限期足额拨付所拖欠的资金；逾期不拨付的，由上一级人民政府人力资源社会保障行政部门约谈直接责任部门和相关监管部门负责人，必要时进行通报，约谈地方人民政府负责人。情节严重的，对地方人民政府及其有关部门负责人、直接负责的主管人员和其他直接责任人员依法依规给予处分。

第六十条 政府投资项目建设单位未经批准立项建设、擅自扩大建设规模、擅自增加投资概算、未及时拨付工程款等导致拖欠农民工工资的，除依法承担责任外，由人力资源社会保障行政部门、其他有关部门按照职责约谈建设单位负责人，并作为其业绩考核、薪酬分配、评优评先、职务晋升等的重要依据。

第六十一条 对于建设资金不到位、违法违规开工建设的社会投资工程建设项目拖欠农民工工资的，由人力资源社会保障行政部门、其他有关部门按照职责依法对建设单位进行处罚；对建设单位负责人依法依规给予处分。相关部门工作人员未依法履行职责的，由有关机关依法依规给予处分。

第六十二条 县级以上地方人民政府人力资源社会保障、发展改革、财政、公安等部门和相关行业工程建设主管部门工作人员，在履行农民工工资支付监督管理职责过程中滥用职权、玩忽职守、徇私舞弊的，依法依规给予处分；构成犯罪的，依法追究刑事责任。

第七章 附则

第六十三条 用人单位一时难以支付拖欠的农民工工资或者拖欠农民工工资逃匿的，县级以上地方人民政府可以动用应急周转金，先行垫付用人单位拖欠的农民工部分工资或者基本生活费。对已经垫付的应急周转金，应当依法向拖欠农民工工资的用人单位进行追偿。

第六十四条 本条例自2020年5月1日起施行。

企业年金办法

（2017年12月18日人力资源社会保障部令第36号公布　自2018年2月1日起施行）

第一章　总则

第一条　为建立多层次的养老保险制度，推动企业年金发展，更好地保障职工退休后的生活，根据《中华人民共和国劳动法》《中华人民共和国劳动合同法》《中华人民共和国社会保险法》《中华人民共和国信托法》和国务院有关规定，制定本办法。

第二条　本办法所称企业年金，是指企业及其职工在依法参加基本养老保险的基础上，自主建立的补充养老保险制度。国家鼓励企业建立企业年金。建立企业年金，应当按照本办法执行。

第三条　企业年金所需费用由企业和职工个人共同缴纳。企业年金基金实行完全积累，为每个参加企业年金的职工建立个人账户，按照国家有关规定投资运营。企业年金基金投资运营收益并入企业年金基金。

第四条　企业年金有关税收和财务管理，按照国家有关规定执行。

第五条　企业和职工建立企业年金，应当确定企业年金受托人，由企业代表委托人与受托人签订受托管理合同。受托人可以是符合国家规定的法人受托机构，也可以是企业按照国家有关规定成立的企业年金理事会。

第二章　企业年金方案的订立、变更和终止

第六条　企业和职工建立企业年金，应当依法参加基本养老保险并履行缴费义务，企业具有相应的经济负担能力。

第七条　建立企业年金，企业应当与职工一方通过集体协商确定，并制定企业年金方案。企业年金方案应当提交职工代表大会或者全体职工讨论通过。

第八条　企业年金方案应当包括以下内容：

（一）参加人员；

（二）资金筹集与分配的比例和办法；

（三）账户管理；

（四）权益归属；

（五）基金管理；

（六）待遇计发和支付方式；

（七）方案的变更和终止；

（八）组织管理和监督方式；

（九）双方约定的其他事项。

企业年金方案适用于企业试用期满的职工。

第九条　企业应当将企业年金方案报送所在地县级以上人民政府人力资源社会保障行政部门。

中央所属企业的企业年金方案报送人力资源社会保障部。

跨省企业的企业年金方案报送其总部所在地省级人民政府人力资源社会保障行政部门。

省内跨地区企业的企业年金方案报送其总部所在地设区的市级以上人民政府人力资源社会保障行政部门。

第十条　人力资源社会保障行政部门自收到企业年金方案文本之日起15日内未提出异议的，企业年金方案即行生效。

第十一条　企业与职工一方可以根据本企业情况，按照国家政策规定，经协商一致，变更企业年金方案。变更后的企业年金方案应当经职工代表大会或者全体职工讨论通过，并重新报送人力资源社会保障行政部门。

第十二条　有下列情形之一的，企业年金方案终止：

（一）企业因依法解散、被依法撤销或者被依法宣告破产等原因，致使企业年金方案无法履行的；

（二）因不可抗力等原因致使企业年金方案无法履行的；

（三）企业年金方案约定的其他终止条件出现的。

第十三条　企业应当在企业年金方案变更或者终止后10日内报告人力资源社会保障行政部门，并通知受托人。企业应当在企业年金方案终止后，按国家有关规定对企业年金基金进行清算，并按照本办法第四章相关规定处理。

第三章　企业年金基金筹集

第十四条　企业年金基金由下列各项组成：

（一）企业缴费；

（二）职工个人缴费；

（三）企业年金基金投资运营收益。

第十五条　企业缴费每年不超过本企业职工工资总额的8%。企业和职工个人缴费合计不超过本企业职工工资总额的12%。具体所需费用，由企业和职工一方协商确定。

职工个人缴费由企业从职工个人工资中代扣代缴。

第十六条　实行企业年金后，企业如遇到经营亏损、重组并购等当期不能继续缴费的情况，经与职工一方协商，可以中止缴费。不能继续缴费的情况消失后，企业和职工恢复缴费，并可以根据本企业实际情况，按照中止缴费时的企业年金方案予以补缴。补缴的年限和金额不得超过实际中止缴费的年限和金额。

第四章　账户管理

第十七条　企业缴费应当按照企业年金方案确定的比例和办法计入职工企业年金个人账户，职工个人缴费计入本人企业年金个人账户。

第十八条　企业应当合理确定本单位当期缴费计入职工企业年金个人账户的最高额与平均额的差距。企业当期缴费计入职工企业年金个人账户的最高额与平均额不得超过5倍。

第十九条　职工企业年金个人账户中个人缴费及其投资收益自始归属于职工个人。

职工企业年金个人账户中企业缴费及其投资收益，企业可以与职工一方约定其自始归属于职工个人，也可以约定随着职工在本企业工作年限的增加逐步归属于职工个人，完全归属于职工个人的期限最长不超过8年。

第二十条　有下列情形之一的，职工企业年金个人账户中企业缴费及其投资收益完全归属于职工个人：

（一）职工达到法定退休年龄、完全丧失劳动能力或者死亡的；

（二）有本办法第十二条规定的企业年金方案终止情形之一的；

（三）非因职工过错企业解除劳动合同的，或者因企业违反法律规定职工解除劳动合同的；

（四）劳动合同期满，由于企业原因不再续订劳动合同的；

（五）企业年金方案约定的其他情形。

第二十一条 企业年金暂时未分配至职工企业年金个人账户的企业缴费及其投资收益，以及职工企业年金个人账户中未归属于职工个人的企业缴费及其投资收益，计入企业年金企业账户。

企业年金企业账户中的企业缴费及其投资收益应当按照企业年金方案确定的比例和办法计入职工企业年金个人账户。

第二十二条 职工变动工作单位时，新就业单位已经建立企业年金或者职业年金的，原企业年金个人账户权益应当随同转入新就业单位企业年金或者职业年金。

职工新就业单位没有建立企业年金或者职业年金的，或者职工升学、参军、失业期间，原企业年金个人账户可以暂时由原管理机构继续管理，也可以由法人受托机构发起的集合计划设置的保留账户暂时管理；原受托人是企业年金理事会的，由企业与职工协商选择法人受托机构管理。

第二十三条 企业年金方案终止后，职工原企业年金个人账户由法人受托机构发起的集合计划设置的保留账户暂时管理；原受托人是企业年金理事会的，由企业与职工一方协商选择法人受托机构管理。

第五章 企业年金待遇

第二十四条 符合下列条件之一的，可以领取企业年金：

（一）职工在达到国家规定的退休年龄或者完全丧失劳动能力时，可以从本人企业年金个人账户中按月、分次或者一次性领取企业年金，也可以将本人企业年金个人账户资金全部或者部分购买商业养老保险产品，依据保险合同领取待遇并享受相应的继承权；

（二）出国（境）定居人员的企业年金个人账户资金，可以根据本人要求一次性支付给本人；

（三）职工或者退休人员死亡后，其企业年金个人账户余额可以继承。

第二十五条 未达到上述企业年金领取条件之一的，不得从企业年金个人账户中提前提取资金。

第六章 管理监督

第二十六条 企业成立企业年金理事会作为受托人的，企业年金理事会应当由企业和职工代表组成，也可以聘请企业以外的专业人员参加，其中职工代表应不少于三分之一。

企业年金理事会除管理本企业的企业年金事务之外，不得从事其他任何形式的营业性活动。

第二十七条 受托人应当委托具有企业年金管理资格的账户管理人、投资管理人和托管人，负责企业年金基金的账户管理、投资运营和托管。

第二十八条 企业年金基金应当与委托人、受托人、账户管理人、投资管理人、托管人和其他为企业年金基金管理提供服务的自然人、法人或者其他组织的自有资产或者其他资产分开管理，不得挪作其他用途。

企业年金基金管理应当执行国家有关规定。

第二十九条 县级以上人民政府人力资源社会保障行政部门负责对本办法的执行情况进行监督检查。对违反本办法的，由人力资源社会保障行政部门予以警告，责令改正。

第三十条 因订立或者履行企业年金方案发生争议的，按照国家有关集体合同的规定执行。

因履行企业年金基金管理合同发生争议的，当事人可以依法申请仲裁或者提起诉讼。

第七章 附则

第三十一条 参加企业职工基本养老保险的其他用人单位及其职工建立补充养老保险的，参照

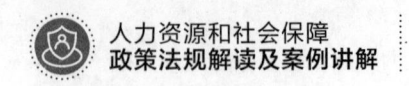

本办法执行。

第三十二条 本办法自2018年2月1日起施行。原劳动和社会保障部2004年1月6日发布的《企业年金试行办法》同时废止。

本办法施行之日已经生效的企业年金方案，与本办法规定不一致的，应当在本办法施行之日起1年内变更。

企业年金基金管理办法

（2011年2月12日人力资源社会保障部、银监会、证监会、保监会令第11号公布 根据2015年4月30日《人力资源社会保障部关于修改部分规章的决定》修订）

第一章 总则

第一条 为维护企业年金各方当事人的合法权益，规范企业年金基金管理，根据劳动法、信托法、合同法、证券投资基金法等法律和国务院有关规定，制定本办法。

第二条 企业年金基金的受托管理、账户管理、托管、投资管理以及监督管理适用本办法。

本办法所称企业年金基金，是指根据依法制定的企业年金计划筹集的资金及其投资运营收益形成的企业补充养老保险基金。

第三条 建立企业年金计划的企业及其职工作为委托人，与企业年金理事会或者法人受托机构（以下简称受托人）签订受托管理合同。

受托人与企业年金基金账户管理机构（以下简称账户管理人）、企业年金基金托管机构（以下简称托管人）和企业年金基金投资管理机构（以下简称投资管理人）分别签订委托管理合同。

第四条 受托人应当将受托管理合同和委托管理合同报人力资源社会保障行政部门备案。

第五条 一个企业年金计划应当仅有一个受托人、一个账户管理人和一个托管人，可以根据资产规模大小选择适量的投资管理人。

第六条 同一企业年金计划中，受托人与托管人、托管人与投资管理人不得为同一人；建立企业年金计划的企业成立企业年金理事会作为受托人的，该企业与托管人不得为同一人；受托人与托管人、托管人与投资管理人、投资管理人与其他投资管理人的总经理和企业年金从业人员，不得相互兼任。

同一企业年金计划中，法人受托机构具备账户管理或者投资管理业务资格的，可以兼任账户管理人或者投资管理人。

第七条 法人受托机构兼任投资管理人时，应当建立风险控制制度，确保各项业务管理之间的独立性；设立独立的受托业务和投资业务部门，办公区域、运营管理流程和业务制度应当严格分离；直接负责的高级管理人员、受托业务和投资业务部门的工作人员不得相互兼任。

同一企业年金计划中，法人受托机构对待各投资管理人应当执行统一的标准和流程，体现公开、公平、公正原则。

第八条 企业年金基金缴费必须归集到受托财产托管账户，并在45日内划入投资资产托管账户。企业年金基金财产独立于委托人、受托人、账户管理人、托管人、投资管理人和其他为企业年金基金管理提供服务的自然人、法人或者其他组织的固有财产及其管理的其他财产。

企业年金基金财产的管理、运用或者其他情形取得的财产和收益，应当归入基金财产。

第九条　委托人、受托人、账户管理人、托管人、投资管理人和其他为企业年金基金管理提供服务的自然人、法人或者其他组织，因依法解散、被依法撤销或者被依法宣告破产等原因进行终止清算的，企业年金基金财产不属于其清算财产。

第十条　企业年金基金财产的债权，不得与委托人、受托人、账户管理人、托管人、投资管理人和其他为企业年金基金管理提供服务的自然人、法人或者其他组织固有财产的债务相互抵销。不同企业年金计划的企业年金基金的债权债务，不得相互抵销。

第十一条　非因企业年金基金财产本身承担的债务，不得对基金财产强制执行。

第十二条　受托人、账户管理人、托管人、投资管理人和其他为企业年金基金管理提供服务的自然人、法人或者其他组织必须恪尽职守，履行诚实、信用、谨慎、勤勉的义务。

第十三条　人力资源社会保障部负责制定企业年金基金管理的有关政策。人力资源社会保障行政部门对企业年金基金管理进行监管。

第二章　受托人

第十四条　本办法所称受托人，是指受托管理企业年金基金的符合国家规定的养老金管理公司等法人受托机构（以下简称法人受托机构）或者企业年金理事会。

第十五条　建立企业年金计划的企业，应当通过职工大会或者职工代表大会讨论确定，选择法人受托机构作为受托人，或者成立企业年金理事会作为受托人。

第十六条　企业年金理事会由企业代表和职工代表等人员组成，也可以聘请企业以外的专业人员参加，其中职工代表不少于三分之一。理事会应当配备一定数量的专职工作人员。

第十七条　企业年金理事会中的职工代表和企业以外的专业人员由职工大会、职工代表大会或者其他形式民主选举产生。企业代表由企业方聘任。

理事任期由企业年金理事会章程规定，但每届任期不得超过三年。理事任期届满，连选可以连任。

第十八条　企业年金理事会理事应当具备下列条件：

（一）具有完全民事行为能力；

（二）诚实守信，无犯罪记录；

（三）具有从事法律、金融、会计、社会保障或者其他履行企业年金理事会理事职责所必需的专业知识；

（四）具有决策能力；

（五）无个人所负数额较大的债务到期未清偿情形。

第十九条　企业年金理事会依法独立管理本企业的企业年金基金事务，不受企业方的干预，不得从事任何形式的营业性活动，不得从企业年金基金财产中提取管理费用。

第二十条　企业年金理事会会议，应当由理事本人出席；理事因故不能出席，可以书面委托其他理事代为出席，委托书中应当载明授权范围。

理事会作出决议，应当经全体理事三分之二以上通过。理事会应当对会议所议事项的决定形成会议记录，出席会议的理事应当在会议记录上签名。

第二十一条　理事应当对企业年金理事会的决议承担责任。理事会的决议违反法律、行政法规、本办法规定或者理事会章程，致使企业年金基金财产遭受损失的，理事应当承担赔偿责任。但经证明在表决时曾表明异议并记载于会议记录的，该理事可以免除责任。

企业年金理事会对外签订合同，应当由全体理事签字。

第二十二条　法人受托机构应当具备下列条件：

（一）经国家金融监管部门批准，在中国境内注册的独立法人；

（二）具有完善的法人治理结构；

（三）取得企业年金基金从业资格的专职人员达到规定人数；

（四）具有符合要求的营业场所、安全防范设施和与企业年金基金受托管理业务有关的其他设施；

（五）具有完善的内部稽核监控制度和风险控制制度；

（六）近3年没有重大违法违规行为；

（七）国家规定的其他条件。

第二十三条　受托人应当履行下列职责：

（一）选择、监督、更换账户管理人、托管人、投资管理人；

（二）制定企业年金基金战略资产配置策略；

（三）根据合同对企业年金基金管理进行监督；

（四）根据合同收取企业和职工缴费，向受益人支付企业年金待遇，并在合同中约定具体的履行方式；

（五）接受委托人查询，定期向委托人提交企业年金基金管理和财务会计报告。发生重大事件时，及时向委托人和有关监管部门报告；定期向有关监管部门提交开展企业年金基金受托管理业务情况的报告；

（六）按照国家规定保存与企业年金基金管理有关的记录自合同终止之日起至少15年；

（七）国家规定和合同约定的其他职责。

第二十四条　本办法所称受益人，是指参加企业年金计划并享有受益权的企业职工。

第二十五条　有下列情形之一的，法人受托机构职责终止：

（一）违反与委托人合同约定的；

（二）利用企业年金基金财产为其谋取利益，或者为他人谋取不正当利益的；

（三）依法解散、被依法撤销、被依法宣告破产或者被依法接管的；

（四）被依法取消企业年金基金受托管理业务资格的；

（五）委托人有证据认为更换受托人符合受益人利益的；

（六）有关监管部门有充分理由和依据认为更换受托人符合受益人利益的；

（七）国家规定和合同约定的其他情形。

企业年金理事会有前款第（二）项规定情形的，企业年金理事会职责终止，由委托人选择法人受托机构担任受托人。企业年金理事会有第（一）、（三）至（七）项规定情形之一的，应当按照国家规定重新组成，或者由委托人选择法人受托机构担任受托人。

第二十六条　受托人职责终止的，委托人应当在45日内委任新的受托人。

受托人职责终止的，应当妥善保管企业年金基金受托管理资料，在45日内办理完毕受托管理业务移交手续，新受托人应当接收并行使相应职责。

第三章　账户管理人

第二十七条　本办法所称账户管理人，是指接受受托人委托管理企业年金基金账户的专业机构。

第二十八条　账户管理人应当具备下列条件：

（一）经国家有关部门批准，在中国境内注册的独立法人；

（二）具有完善的法人治理结构；

（三）取得企业年金基金从业资格的专职人员达到规定人数；

（四）具有相应的企业年金基金账户信息管理系统；

（五）具有符合要求的营业场所、安全防范设施和与企业年金基金账户管理业务有关的其他设施；

（六）具有完善的内部稽核监控制度和风险控制制度；

（七）近3年没有重大违法违规行为；

（八）国家规定的其他条件。

第二十九条 账户管理人应当履行下列职责：

（一）建立企业年金基金企业账户和个人账户；

（二）记录企业、职工缴费以及企业年金基金投资收益；

（三）定期与托管人核对缴费数据以及企业年金基金账户财产变化状况，及时将核对结果提交受托人；

（四）计算企业年金待遇；

（五）向企业和受益人提供企业年金基金企业账户和个人账户信息查询服务；向受益人提供年度权益报告；

（六）定期向受托人提交账户管理数据等信息以及企业年金基金账户管理报告；定期向有关监管部门提交开展企业年金基金账户管理业务情况的报告；

（七）按照国家规定保存企业年金基金账户管理档案自合同终止之日起至少15年；

（八）国家规定和合同约定的其他职责。

第三十条 有下列情形之一的，账户管理人职责终止：

（一）违反与受托人合同约定的；

（二）利用企业年金基金财产为其谋取利益，或者为他人谋取不正当利益的；

（三）依法解散、被依法撤销、被依法宣告破产或者被依法接管的；

（四）被依法取消企业年金基金账户管理业务资格的；

（五）受托人有证据认为更换账户管理人符合受益人利益的；

（六）有关监管部门有充分理由和依据认为更换账户管理人符合受益人利益的；

（七）国家规定和合同约定的其他情形。

第三十一条 账户管理人职责终止的，受托人应当在45日内确定新的账户管理人。

账户管理人职责终止的，应当妥善保管企业年金基金账户管理资料，在45日内办理完毕账户管理业务移交手续，新账户管理人应当接收并行使相应职责。

第四章　托管人

第三十二条 本办法所称托管人，是指接受受托人委托保管企业年金基金财产的商业银行。

第三十三条 托管人应当具备下列条件：

（一）经国家金融监管部门批准，在中国境内注册的独立法人；

（二）具有完善的法人治理结构；

（三）设有专门的资产托管部门；

（四）取得企业年金基金从业资格的专职人员达到规定人数；

（五）具有保管企业年金基金财产的条件；

（六）具有安全高效的清算、交割系统；

（七）具有符合要求的营业场所、安全防范设施和与企业年金基金托管业务有关的其他设施；

（八）具有完善的内部稽核监控制度和风险控制制度；

（九）近3年没有重大违法违规行为；

（十）国家规定的其他条件。

第三十四条 托管人应当履行下列职责：

（一）安全保管企业年金基金财产；

（二）以企业年金基金名义开设基金财产的资金账户和证券账户等；

（三）对所托管的不同企业年金基金财产分别设置账户，确保基金财产的完整和独立；

（四）根据受托人指令，向投资管理人分配企业年金基金财产；

（五）及时办理清算、交割事宜；

（六）负责企业年金基金会计核算和估值，复核、审查和确认投资管理人计算的基金财产净值；

（七）根据受托人指令，向受益人发放企业年金待遇；

（八）定期与账户管理人、投资管理人核对有关数据；

（九）按照规定监督投资管理人的投资运作，并定期向受托人报告投资监督情况；

（十）定期向受托人提交企业年金基金托管和财务会计报告；定期向有关监管部门提交开展企业年金基金托管业务情况的报告；

（十一）按照国家规定保存企业年金基金托管业务活动记录、账册、报表和其他相关资料自合同终止之日起至少15年；

（十二）国家规定和合同约定的其他职责。

第三十五条 托管人发现投资管理人依据交易程序尚未成立的投资指令违反法律、行政法规、其他有关规定或者合同约定的，应当拒绝执行，立即通知投资管理人，并及时向受托人和有关监管部门报告。

托管人发现投资管理人依据交易程序已经成立的投资指令违反法律、行政法规、其他有关规定或者合同约定的，应当立即通知投资管理人，并及时向受托人和有关监管部门报告。

第三十六条 有下列情形之一的，托管人职责终止：

（一）违反与受托人合同约定的；

（二）利用企业年金基金财产为其谋取利益，或者为他人谋取不正当利益的；

（三）依法解散、被依法撤销、被依法宣告破产或者被依法接管的；

（四）被依法取消企业年金基金托管业务资格的；

（五）受托人有证据认为更换托管人符合受益人利益的；

（六）有关监管部门有充分理由和依据认为更换托管人符合受益人利益的；

（七）国家规定和合同约定的其他情形。

第三十七条 托管人职责终止的，受托人应当在45日内确定新的托管人。

托管人职责终止的，应当妥善保管企业年金基金托管资料，在45日内办理完毕托管业务移交手续，新托管人应当接收并行使相应职责。

第三十八条 禁止托管人有下列行为：

（一）托管的企业年金基金财产与其固有财产混合管理；

（二）托管的企业年金基金财产与托管的其他财产混合管理；

（三）托管的不同企业年金计划、不同企业年金投资组合的企业年金基金财产混合管理；

（四）侵占、挪用托管的企业年金基金财产；

（五）国家规定和合同约定禁止的其他行为。

第五章 投资管理人

第三十九条 本办法所称投资管理人，是指接受受托人委托投资管理企业年金基金财产的专业机构。

第四十条 投资管理人应当具备下列条件：

（一）经国家金融监管部门批准，在中国境内注册，具有受托投资管理、基金管理或者资产管理资格的独立法人；

（二）具有完善的法人治理结构；

（三）取得企业年金基金从业资格的专职人员达到规定人数；

（四）具有符合要求的营业场所、安全防范设施和与企业年金基金投资管理业务有关的其他设施；

（五）具有完善的内部稽核监控制度和风险控制制度；

（六）近3年没有重大违法违规行为；

（七）国家规定的其他条件。

第四十一条 投资管理人应当履行下列职责：

（一）对企业年金基金财产进行投资；

（二）及时与托管人核对企业年金基金会计核算和估值结果；

（三）建立企业年金基金投资管理风险准备金；

（四）定期向受托人提交企业年金基金投资管理报告；定期向有关监管部门提交开展企业年金基金投资管理业务情况的报告；

（五）根据国家规定保存企业年金基金财产会计凭证、会计账簿、年度财务会计报告和投资记录自合同终止之日起至少15年；

（六）国家规定和合同约定的其他职责。

第四十二条 有下列情形之一的，投资管理人应当及时向受托人报告：

（一）企业年金基金单位净值大幅度波动的；

（二）可能使企业年金基金财产受到重大影响的有关事项；

（三）国家规定和合同约定的其他情形。

第四十三条 有下列情形之一的，投资管理人职责终止：

（一）违反与受托人合同约定的；

（二）利用企业年金基金财产为其谋取利益，或者为他人谋取不正当利益的；

（三）依法解散、被依法撤销、被依法宣告破产或者被依法接管的；

（四）被依法取消企业年金基金投资管理业务资格的；

（五）受托人有证据认为更换投资管理人符合受益人利益的；

（六）有关监管部门有充分理由和依据认为更换投资管理人符合受益人利益的；

（七）国家规定和合同约定的其他情形。

第四十四条 投资管理人职责终止的，受托人应当在45日内确定新的投资管理人。

投资管理人职责终止的，应当妥善保管企业年金基金投资管理资料，在45日内办理完毕投资管理业务移交手续，新投资管理人应当接收并行使相应职责。

第四十五条 禁止投资管理人有下列行为：

（一）将其固有财产或者他人财产混同于企业年金基金财产；

（二）不公平对待企业年金基金财产与其管理的其他财产；

（三）不公平对待其管理的不同企业年金基金财产；

（四）侵占、挪用企业年金基金财产；

（五）承诺、变相承诺保本或者保证收益；

（六）利用所管理的其他资产为企业年金计划委托人、受益人或者相关管理人谋取不正当利益；

（七）国家规定和合同约定禁止的其他行为。

第六章 基金投资

第四十六条 企业年金基金投资管理应当遵循谨慎、分散风险的原则，充分考虑企业年金基金财产的安全性、收益性和流动性，实行专业化管理。

第四十七条 企业年金基金财产限于境内投资，投资范围包括银行存款、国债、中央银行票据、债券回购、万能保险产品、投资连结保险产品、证券投资基金、股票，以及信用等级在投资级以上的金融债、企业（公司）债、可转换债（含分离交易可转换债）、短期融资券和中期票据等金融产品。

第四十八条 每个投资组合的企业年金基金财产应当由一个投资管理人管理，企业年金基金财产以投资组合为单位按照公允价值计算应当符合下列规定：

（一）投资银行活期存款、中央银行票据、债券回购等流动性产品以及货币市场基金的比例，不得低于投资组合企业年金基金财产净值的5%；清算备付金、证券清算款以及一级市场证券申购资金视为流动性资产；投资债券正回购的比例不得高于投资组合企业年金基金财产净值的40%。

（二）投资银行定期存款、协议存款、国债、金融债、企业（公司）债、短期融资券、中期票据、万能保险产品等固定收益类产品以及可转换债（含分离交易可转换债）、债券基金、投资连结保险产品（股票投资比例不高于30%）的比例，不得高于投资组合企业年金基金财产净值的95%。

（三）投资股票等权益类产品以及股票基金、混合基金、投资连结保险产品（股票投资比例高于或者等于30%）的比例，不得高于投资组合企业年金基金财产净值的30%。其中，企业年金基金不得直接投资于权证，但因投资股票、分离交易可转换债等投资品种而衍生获得的权证，应当在权证上市交易之日起10个交易日内卖出。

第四十九条 根据金融市场变化和投资运作情况，人力资源社会保障部会同中国银监会、中国证监会和中国保监会，适时对投资范围和比例进行调整。

第五十条 单个投资组合的企业年金基金财产，投资于一家企业所发行的股票，单期发行的同一品种短期融资券、中期票据、金融债、企业（公司）债、可转换债（含分离交易可转换债），单只证券投资基金，单个万能保险产品或者投资连结保险产品，分别不得超过该企业上述证券发行量、该基金份额或者该保险产品资产管理规模的5%；按照公允价值计算，也不得超过该投资组合企业年金基金财产净值的10%。

单个投资组合的企业年金基金财产，投资于经备案的符合第四十八条投资比例规定的单只养老金产品，不得超过该投资组合企业年金基金财产净值的30%，不受上述10%规定的限制。

第五十一条 投资管理人管理的企业年金基金财产投资于自己管理的金融产品须经受托人同意。

第五十二条 因证券市场波动、上市公司合并、基金规模变动等投资管理人之外的因素致使企业年金基金投资不符合本办法第四十八条、第五十条规定的比例或者合同约定的投资比例的，投资管理人应当在可上市交易之日起10个交易日内调整完毕。

第五十三条 企业年金基金证券交易以现货和国务院规定的其他方式进行，不得用于向他人贷款和提供担保。

投资管理人不得从事使企业年金基金财产承担无限责任的投资。

第七章 收益分配及费用

第五十四条 账户管理人应当采用份额计量方式进行账户管理，根据企业年金基金单位净值，按周或者按日足额记入企业年金基金企业账户和个人账户。

第五十五条 受托人年度提取的管理费不高于受托管理企业年金基金财产净值的0.2%。

第五十六条 账户管理人的管理费按照每户每月不超过5元人民币的限额，由建立企业年金计划的企业另行缴纳。

保留账户和退休人员账户的账户管理费可以按照合同约定由受益人自行承担,从受益人个人账户中扣除。

第五十七条 托管人年度提取的管理费不高于托管企业年金基金财产净值的0.2%。

第五十八条 投资管理人年度提取的管理费不高于投资管理企业年金基金财产净值的1.2%。

第五十九条 根据企业年金基金管理情况,人力资源社会保障部会同中国银监会、中国证监会和中国保监会,适时对有关管理费进行调整。

第六十条 投资管理人从当期收取的管理费中,提取20%作为企业年金基金投资管理风险准备金,专项用于弥补合同终止时所管理投资组合的企业年金基金当期委托投资资产的投资亏损。

第六十一条 当合同终止时,如所管理投资组合的企业年金基金财产净值低于当期委托投资资产的,投资管理人应当用风险准备金弥补该时点的当期委托投资资产亏损,直至该投资组合风险准备金弥补完毕;如所管理投资组合的企业年金基金当期委托投资资产没有发生投资亏损或者风险准备金弥补后有剩余的,风险准备金划归投资管理人所有。

第六十二条 企业年金基金投资管理风险准备金应当存放于投资管理人在托管人处开立的专用存款账户,余额达到投资管理人所管理投资组合基金财产净值的10%时可以不再提取。托管人不得对投资管理风险准备金账户收取费用。

第六十三条 风险准备金由投资管理人进行管理,可以投资于银行存款、国债等高流动性、低风险金融产品。风险准备金产生的投资收益,应当纳入风险准备金管理。

第八章 计划管理和信息披露

第六十四条 企业年金单一计划指受托人将单个委托人交付的企业年金基金,单独进行受托管理的企业年金计划。

企业年金集合计划指同一受托人将多个委托人交付的企业年金基金,集中进行受托管理的企业年金计划。

第六十五条 法人受托机构设立集合计划,应当制定集合计划受托管理合同,为每个集合计划确定账户管理人、托管人各一名,投资管理人至少三名;并分别与其签订委托管理合同。

集合计划受托人应当将制定的集合计划受托管理合同、签订的委托管理合同以及该集合计划的投资组合说明书报人力资源社会保障部备案。

第六十六条 一个企业年金方案的委托人只能建立一个企业年金单一计划或者参加一个企业年金集合计划。委托人加入集合计划满3年后,方可根据受托管理合同规定选择退出集合计划。

第六十七条 发生下列情形之一的,企业年金单一计划变更:

(一)企业年金计划受托人、账户管理人、托管人或者投资管理人变更;

(二)企业年金基金管理合同主要内容变更;

(三)企业年金计划名称变更;

(四)国家规定的其他情形。

发生前款规定情形时,受托人应当将相关企业年金基金管理合同重新报人力资源社会保障行政部门备案。

第六十八条 企业年金单一计划终止时,受托人应当组织清算组对企业年金基金财产进行清算。清算费用从企业年金基金财产中扣除。

清算组由企业代表、职工代表、受托人、账户管理人、托管人、投资管理人以及由受托人聘请的会计师事务所、律师事务所等组成。

清算组应当自清算工作完成后3个月内，向人力资源社会保障行政部门和受益人提交经会计师事务所审计以及律师事务所出具法律意见书的清算报告。

人力资源社会保障行政部门应当注销该企业年金计划。

第六十九条　受益人工作单位发生变化，新工作单位已经建立企业年金计划的，其企业年金个人账户权益应当转入新工作单位的企业年金计划管理。新工作单位没有建立企业年金计划的，其企业年金个人账户权益可以在原法人受托机构发起的集合计划设置的保留账户统一管理；原受托人是企业年金理事会的，由企业与职工协商选择法人受托机构管理。

第七十条　企业年金单一计划终止时，受益人企业年金个人账户权益应当转入原法人受托机构发起的集合计划设置的保留账户统一管理；原受托人是企业年金理事会的，由企业与职工协商选择法人受托机构管理。

第七十一条　发生以下情形之一的，受托人应当聘请会计师事务所对企业年金计划进行审计。审计费用从企业年金基金财产中扣除。

（一）企业年金计划连续运作满三个会计年度时；

（二）企业年金计划管理人职责终止时；

（三）国家规定的其他情形。

账户管理人、托管人、投资管理人应当自上述情况发生之日起配合会计师事务所对企业年金计划进行审计。受托人应当自上述情况发生之日起的50日内向委托人以及人力资源社会保障行政部门提交审计报告。

第七十二条　受托人应当在每季度结束后30日内向委托人提交企业年金基金管理季度报告；并应当在年度结束后60日内向委托人提交企业年金基金管理和财务会计年度报告。

第七十三条　账户管理人应当在每季度结束后15日内向受托人提交企业年金基金账户管理季度报告；并应当在年度结束后45日内向受托人提交企业年金基金账户管理年度报告。

第七十四条　托管人应当在每季度结束后15日内向受托人提交企业年金基金托管和财务会计季度报告；并应当在年度结束后45日内向受托人提交企业年金基金托管和财务会计年度报告。

第七十五条　投资管理人应当在每季度结束后15日内向受托人提交经托管人确认财务管理数据的企业年金基金投资组合季度报告；并应当在年度结束后45日内向受托人提交经托管人确认财务管理数据的企业年金基金投资管理年度报告。

第七十六条　法人受托机构、账户管理人、托管人和投资管理人发生下列情形之一的，应当及时向人力资源社会保障部报告；账户管理人、托管人和投资管理人应当同时抄报受托人。

（一）减资、合并、分立、依法解散、被依法撤销、决定申请破产或者被申请破产的；

（二）涉及重大诉讼或者仲裁的；

（三）董事长、总经理、直接负责企业年金业务的高级管理人员发生变动的；

（四）国家规定的其他情形。

第七十七条　受托人、账户管理人、托管人和投资管理人应当按照规定报告企业年金基金管理情况，并对所报告内容的真实性、完整性负责。

第九章　监督检查

第七十八条　法人受托机构、账户管理人、托管人、投资管理人开展企业年金基金管理相关业务，应当向人力资源社会保障部提出申请。法人受托机构、账户管理人、投资管理人向人力资源社会保障部提出申请前应当先经其业务监管部门同意，托管人向人力资源社会保障部提出申请前应当先向其业务监管部门备案。

第七十九条　人力资源社会保障部收到法人受托机构、账户管理人、托管人、投资管理人的申请后，应当组织专家评审委员会，按照规定进行审慎评审。经评审符合条件的，由人力资源社会保障部会同有关部门确认公告；经评审不符合条件的，应当书面通知申请人。

专家评审委员会由有关部门代表和社会专业人士组成。每次参加评审的专家应当从专家评审委员会中随机抽取产生。

第八十条　受托人、账户管理人、托管人、投资管理人开展企业年金基金管理相关业务，应当接受人力资源社会保障行政部门的监管。

法人受托机构、账户管理人、托管人和投资管理人的业务监管部门按照各自职责对其经营活动进行监督。

第八十一条　人力资源社会保障部依法履行监督管理职责，可以采取以下措施：

（一）查询、记录、复制与被调查事项有关的企业年金基金管理合同、财务会计报告等资料；

（二）询问与调查事项有关的单位和个人，要求其对有关问题做出说明、提供有关证明材料；

（三）国家规定的其他措施。

委托人、受托人、账户管理人、托管人、投资管理人和其他为企业年金基金管理提供服务的自然人、法人或者其他组织，应当积极配合检查，如实提供有关资料，不得拒绝、阻挠或者逃避检查，不得谎报、隐匿或者销毁相关证据材料。

第八十二条　人力资源社会保障部依法进行调查或者检查时，应当至少由两人共同进行，并出示证件，承担下列义务：

（一）依法履行职责，秉公执法，不得利用职务之便谋取私利；

（二）保守在调查或者检查时知悉的商业秘密；

（三）为举报人员保密。

第八十三条　法人受托机构、中央企业集团公司成立的企业年金理事会、账户管理人、托管人、投资管理人违反本办法规定或者企业年金基金管理费、信息披露相关规定的，由人力资源社会保障部责令改正。其他企业（包括中央企业子公司）成立的企业年金理事会，违反本办法规定或者企业年金基金管理费、信息披露相关规定的，由管理合同备案所在地的省、自治区、直辖市或者计划单列市人力资源社会保障行政部门责令改正。

第八十四条　受托人、账户管理人、托管人、投资管理人发生违法违规行为可能影响企业年金基金财产安全的，或者经责令改正而不改正的，由人力资源社会保障部暂停其接收新的企业年金基金管理业务。给企业年金基金财产或者受益人利益造成损害的，依法承担赔偿责任；构成犯罪的，依法追究刑事责任。

第八十五条　人力资源社会保障部将法人受托机构、账户管理人、托管人、投资管理人违法行为、处理结果以及改正情况予以记录，同时抄送业务监管部门。在企业年金基金管理资格有效期内，有三次以上违法记录或一次以上经责令改正而不改正的，在其资格到期之后5年内，不再受理其开展企业年金基金管理业务的申请。

第八十六条　会计师事务所和律师事务所提供企业年金中介服务应当严格遵守相关职业准则和行业规范。

第十章　附则

第八十七条　企业年金基金管理，国务院另有规定的，从其规定。

第八十八条　本办法自2011年5月1日起施行。劳动和社会保障部、中国银行业监督管理委员会、中国证券监督管理委员会、中国保险监督管理委员会于2004年2月23日发布的《企业年金基金

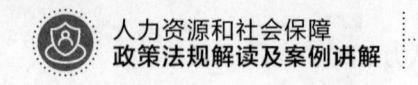

管理试行办法》（劳动保障部令第23号）同时废止。

人力资源社会保障部办公厅关于印发《技能人才薪酬分配指引》的通知

(人社厅发〔2021〕7号)

各省、自治区、直辖市及新疆生产建设兵团人力资源社会保障厅（局）：

  为更好服务中国制造、中国创造，深入实施人才强国、创新驱动发展战略，推动企业建立健全符合技能人才特点的工资分配制度，激励广大青年走技能成才、技能报国之路，我部组织编写了《技能人才薪酬分配指引》，现印发给你们，供指导企业时参考。

  各地区要高度重视提高技能人才工资待遇，加强对企业工资分配的指导和服务，抓好宣传培训，推广典型经验，结合本地实际，加强示范引领，推动培养造就一支高素质技能人才队伍。

人力资源社会保障部办公厅
2021年1月26日

技能人才薪酬分配指引

第一章　总则

  第一条　为健全技能人才培养、使用、评价、激励制度，推动企业建立多职级的技能人才职业发展通道，建立以体现技能价值为导向的技能人才薪酬分配制度，大力提高技能人才职业荣誉感和经济待遇，不断发展壮大技能人才队伍，为中国制造和中国创造提供重要人才支撑，结合企业薪酬分配理论实践和技能人才特点，特制定本指引。

  第二条　本指引旨在为企业提供技能人才薪酬分配可供参考的方式方法。企业可结合实际，借鉴本指引，不断建立健全适应本企业发展需要的技能人才薪酬分配体系。

  第三条　本指引所称技能人才，是指在生产或服务一线从事技能操作的人员。

  第四条　技能人才薪酬分配应遵循以下原则：

  （一）坚持按劳分配和按要素贡献参与分配。体现多劳者多得、技高者多得的价值分配导向，合理评价技能要素贡献。

  （二）坚持职业发展设计与薪酬分配相配套。充分考虑企业的组织架构、职位体系、定岗定编、岗位评价、薪酬分配、绩效管理等相互联系、相互制约的实际，使技能人才薪酬分配与职业发展通道相衔接。

  （三）坚持统筹处理好工资分配关系。参考岗位测评结果、市场标杆岗位的薪酬价位，综合考虑企业内部操作技能、专业技术和经营管理等类别实际，统筹确定技能操作岗位和企业内部其他类别岗位之间薪酬分配关系。

第二章　技能人才职业发展通道设计

  第五条　本指引所称技能人才职业发展通道，是在企业岗位体系的基础上，形成横向按工作性质、内容等划分不同技能序列，纵向按技能人才专业知识、技术技能、资历经验、工作业绩等因素划分层级的有机系统，既体现技能人才个人能力，又反映岗位差别。

第六条 技能人才职业发展通道一般应与企业的经营管理类、专业技术类职业发展通道并行设置，层级互相对照。企业可根据发展需要，贯通工程技术领域操作技能与工程技术序列融合发展的路径，并逐步拓宽贯通领域，扩大贯通规模。对制造业的技能人才，可以设置基本生产技能操作、辅助生产技能操作等细分类别，纵向设置多个职级（详见附表1）。其他行业企业可结合实际参照设置。

纵向成长通道一般应基于不同类别岗位的重要程度、复杂程度等因素，并考虑不同类别岗位人员的职业发展规律作出差别化安排。纵向成长通道具体层级设置数量可根据企业发展战略、主体业务、员工队伍状况等实际进行调整。

企业内部不同类别之间对应关系，技能操作类的正常成长通道最高可与部门正职/分厂厂长/分支机构正职等中层正职相当，高精尖的高技能领军人才可与企业高层管理岗相当。对企业技能操作中的基本生产技能操作工种、辅助生产技能操作工种和熟练服务工种等，一般应设置差别化成长通道。同时，在满足任职资格条件基础上，不同职业发展通道可以相互贯通。

第七条 为实现职业发展通道有效运转，需定责权，即对具体职位在工作职责、管理权限等方面作出统一规范和界定。定责权，主要是解决好职业发展通道和企业内部管理岗位之间的关系问题，总的原则是以事定责、按责配权，实现权责利的统一。职责权限的划分根据相关业务流程，通过编制岗位说明书等方式进行明确，并结合实际动态调整。

处于高职级的技能人才对本领域业务工作负有组织制订（修订）标准、指导落实、监控、审查、结果判定等职责和权限；同时，需承担本业务领域难度较大、创新性的工作任务，并负有编制培训教材、培训授课、平时指导等培训指导职责。

第八条 职业发展通道有效运转需定数量，即根据企业战略和相应的人力资源规划，参考企业所在业务领域专业细分结果，结合企业对各职位的需求以及人员结构情况，制定各职级的职数标准和比例结构。

设置职位数量的规则，一般采取两头放开、中间择优的方式安排。高层职级一般按资格条件管理，不设具体职位数量，成熟一个聘任一个，宁缺毋滥；基层职级一般不设职数，符合条件即可正常晋升；中间层级可按照细分专业数量设置职数，也可以按照一定比例进行安排。

第九条 职业发展通道有效运转需定资格，即根据履行职位职责的要求，对职位任职人员所应具备的学历、资历、能力、经验、业绩等多维度任职条件作出统一规范和界定。职位任职资格标准可将经人社部门公布的技能人才评价机构评价的职业技能等级作为重要参考，并明确相互间对应关系。

结合人才成长规律，职业发展通道一般可按三个阶段设置，形成全职业周期的成长发展通道。新进技能人才在第一个十年中，每2至3年晋升一个职级，在基层岗位职位上正常成长；第二个十年中，在中间层级岗位职位上择优晋升发展；第三个十年中，在高层级岗位职位上逐步成长为专家权威。同时，对具有特殊技能和突出贡献的高技能人才应有破格晋升的制度安排。

随着新生代劳动者成长预期的变化，以及不同类型企业的技能操作难度有差异，对技能人才的成长年限安排以及相应的任职资格标准可有所不同。

第十条 职业发展通道有效运转需定考评，即明确各类人员进入所在职级通道的考评办法，根据考评结果组织聘任，实现能上能下。

第十一条 职业发展通道有效运转需定待遇，即对进入职业发展通道的技能人才，可对新职级职位按照岗位进行管理，职位职级变化时执行岗变薪变规则。各职级人员聘任到位后，按相应岗位工资标准执行，根据绩效考核结果发放绩效工资。

第十二条 职业发展通道有效运转需动态管理，即对职位职数标准、任职人员配置以及职位体系框架的动态管理。

其中，职位职级聘任应有任期规定，高职级职位的任期可比低职级长。任期期满重新进行评聘。在职位职数规定范围内，对任期评聘成绩优秀并达到上一职级任职资格的可予以晋升，考评合格的可保留原职级，考评不合格的可降低职级。

第三章 技能人才薪酬分配制度设计
第一节 工资结构设计

第十三条 按照为岗位付酬、为能力付酬、为绩效付酬的付酬因素，技能人才工资结构可由体现岗位价值的岗位工资单元、体现能力差别的能力工资单元和体现绩效贡献的绩效工资单元等组成。

第十四条 为稳定职工队伍，保障职工基本生活，企业可结合实际增加设置体现保障基本生活的基础工资单元和体现员工历史贡献积累的年功工资单元。

第十五条 在各工资单元功能不重复体现的原则下，为补偿技能人才在特定环境或承担特定任务的额外付出，可设置相应的津贴单元，包括体现夜班工作条件下额外劳动付出的夜班津贴、体现高温噪音污染等艰苦环境条件下额外劳动付出的作业环境津贴、体现技能人才技能水平的技能津贴、体现技能人才班组长额外劳动付出的班组长津贴、体现技能人才师傅带徒弟额外劳动付出的带徒津贴等。根据需要，还可设置鼓励多学技能、向复合型人才发展的多能津贴或通岗津贴等。

第十六条 企业根据需要可以合并、减少或增加相关工资单元。例如，能力工资单元可以采用设置技能人才特殊岗位津贴的形式体现，也可以采用将职级通道直接纳入岗位工资单元进行体现；年功工资单元可在岗位工资单元中设置一岗多薪、一岗多档，岗级体现不同岗位的价值度，档次用于体现同一岗位上不同员工的岗位任职时间、业绩贡献、年度正常增长等因素。

第二节 岗位工资单元设计

第十七条 岗位工资等级应以岗位评价结果为基础。岗位评价是实现不同岗位之间价值可比、体现企业薪酬分配内部公平的重要基础工作。

岗位评价一般有四种方法：一是排序法，将企业全部岗位视为一个系列，根据各个岗位对组织的贡献度和作用度不同，对岗位次序进行排列的一种方法，一般适用于工作性质单一、岗位较少的企业。二是分类套级法，将企业全部岗位分为若干系列、每个系列分为若干级别，分类别对岗位次序进行排列的一种方法。三是因素比较法，事先确定测评要素和若干主要岗位（或称标杆岗位），将每一个主要岗位的每个影响因素分别加以排序或评价。其他岗位按影响因素与已测评标杆岗位各因素测评结果分别进行比较，进而确定岗位的价值等级。四是要素计分法，根据预先规定的衡量标准，对岗位的主要影响因素逐一进行评比、估量，由此得出各个岗位的量值。

第十八条 企业采用要素计分法对技能操作类岗位进行岗位评价，通常考虑岗位对上岗人员技能水平要求的高低，岗位工作量及质量责任的轻重，体力或脑力劳动强度的大小和岗位工作条件的好差等进行评价。在此基础上，要遵循战略导向原则，从突出企业关键重要岗位的角度选择评价要素，确定评价要素权重。

第十九条 企业在评价要素的选择、评价权重的设置、评价过程的组织等方面应贯彻公正、公开原则，得到员工认可。第一步是初评，企业内各二级单位评价确定本单位内部技能操作岗位纵向岗位关系；第二步进行复测，在各单位初评结果中筛选出标杆岗位，选取熟悉技能操作类岗位职责情况、公信力高的岗位评价代表进行复测，确定不同单位之间技能操作类岗位的等级关系。

第二十条 岗位工资可采取一岗一薪、岗变薪变，也可采取一岗多薪、宽带薪酬形式。一岗多薪、宽带薪酬指的是在每个岗位等级内设多个工资档次，以体现同岗级人员不同能力、资历和不同业绩贡献的差别。一岗多薪、宽带薪酬既能体现员工的岗位价值，又能体现员工的能力素质，还可以兼顾到员工薪资的正常晋升，这一做法在实践中被较多企业选择。

实行一岗多薪、宽带薪酬的企业，技能人才可通过晋档实现工资正常增长。其中，档次晋升调整可与技能人才年度绩效考核结果挂钩，合格及以上的技能人才每年可在本岗级上晋升1档，少部分优秀的可晋升2档，个别贡献突出的还可以奖励更多晋档，极少数表现不合格的可不晋升或降档。

第二十一条 岗位工资采用一岗多薪、宽带薪酬，具体晋档条件有三种表现形式。一是条件规定形式，即明确晋档应当达到的规定条件。晋档条件有一个以上的，各条件要素需有互补性规定。针对技能操作类岗位，可设置学历与工作年限的互补条件，较长工作年限可在一定程度上弥补学历的不足。二是综合系数表现形式，即按各个晋档要素之间相对关系，将晋档条件转换为系数分数。综合系数表现形式直接实现了各个晋档要素的综合互补。晋档综合系数的确定首先依据不同职级岗位任职资格的要求来确定起步档次的条件。其次，需要将各个条件之间的相对价值进行比较，确定系数标准值，实现各个条件之间的平衡互补。三是特殊贡献表现形式。可将技能人才参加一定层级技能大赛获奖情况、技术攻关和创新等贡献情况，作为晋档或跨档条件。

第二十二条 岗位工资标准的设计，一般参考以下三个因素：一是岗位价值度评估分数。企业可参考技能操作类岗位价值度评估分数之间的倍数关系，确定不同技能操作岗位工资标准之间差别。二是人力资源市场价位情况。企业可参考人力资源市场类似岗位工资价位的绝对水平，确定技能操作类岗位工资标准；或参考市场上相应典型岗位的薪酬比例关系，优化调整相应技能操作类岗位工资标准。三是企业内部标杆技能操作类岗位之间的历史分配关系。企业可结合市场工资价位，重新评估内部技能操作岗位间的分配关系，如果体现岗位价值度的工资标准与市场比差距过小，可以调整优化，适当拉开差距。

第二十三条 岗位工资标准的设计，一般按以下步骤进行：一是首先确定内部关键点岗位（最高岗位、最低岗位、主体标杆岗位等）工资标准之间的比例关系。二是按照一定规律确定每个关键点之间不同层级的岗位工资标准关系，一般可以用等差数列关系确定（差别相对较小），也可以用等比数列确定（差别相对较大）。三是结合技能操作类内部层级因素适当调整。跨职级的差距可适当拉大，同一职级内部差距可适当缩小。经过验证，模拟测算调整，通过比较工资标准高低是否与预先设定的目标一致，最终确定岗位工资标准。

第二十四条 岗位工资标准的表现形式，一般有两种：一是以工资水平绝对值的形式表现；二是以岗位工资系数值（或薪点数）的形式表现。对不同的工资单元可以采用不同的工资标准表现形式。对于效益波动比较大的企业，岗位工资、绩效工资可采取具体的系数或薪点标准。基数值或薪点值可结合企业效益情况、工资总额承受能力、市场价位变动情况等相应确定。

第三节 绩效工资单元设计

第二十五条 绩效工资单元是体现员工实际业绩差别的工资单元，根据绩效考核结果浮动发放，对发挥工资的激励功能具有重要作用。企业可按照绩效工资总量考核发放、授权二次分配、加强监控指导的管理原则，建立绩效工资与企业效益情况（影响工资总额变动）、本部门绩效考核结果（影响本部门绩效工资额度变动）、本人绩效考核结果（影响本人实际绩效所得）联动的分配机制。年度绩效考核除影响绩效工资外，还可与岗位调整、培训、职级升降挂钩。

第二十六条 绩效考核周期的确定需综合考虑行业特点、岗位特征、考评可操作性等因素。技能人才绩效显现时间相对于管理人员、专业技术人员一般较短，可按月为主计发绩效工资。

第二十七条 绩效考核可根据技能人才的工作性质和岗位特征，采取分类考核办法。例如，主要以个人计件计酬的岗位，可以按月设立基础任务量，超过基础任务量部分可分档设立不同计件单价，根据任务完成情况核定绩效工资。

对于以班组、车间为单元集体作业的基本生产技能岗位人员，可参照上述办法将团队绩效工资总额分配到班组、车间，再由班组长、车间主任根据规定程序，按照个人工作量和个人绩效进行合理分配。

对于辅助生产技能岗位人员，可依据其支持服务的基本生产技能岗位人员月绩效工资平均值的一定比例（比如70%至95%），作为人均绩效工资分配额度，以此为基础计算辅助生产技能岗位人员绩效工资总量，再按照绩效工资系数、组织和个人绩效考核的结果进行分配。

第四节 专项津贴单元设计

第二十八条 专项津贴是对特殊条件下的额外劳动付出的补偿。针对技能人才的劳动特点，制造型企业可结合实际需求，可设置夜班津贴、作业环境津贴、技能津贴、班组长津贴、师带徒津贴等。

第二十九条 夜班津贴是对劳动者在夜晚工作额外付出的补偿，主要适用于基本生产技能岗位人员。夜班劳动对于劳动者的体力、精力、心理压力等带来较大影响。实践中，部分"四班三运转"岗位人员的月度夜班津贴水平一般占月度应发工资收入的15%至20%。企业可结合职工薪酬收入水平、当地经济社会发展实际，合理确定夜班津贴的标准水平。

第三十条 作业环境津贴是对劳动者在井下、高空、高温、低温、物理粉尘辐射、化工有毒有害等环境下作业额外付出的补偿，主要适用于技能操作类人员。企业可结合实际，根据作业环境的艰苦程度划分出不同档次，设置差别化的作业环境津贴。

第三十一条 技能等级除作为职业发展通道的晋升条件外，考虑到高技能人才整体仍然短缺的实际，企业可以设置技能津贴，对于取得高级工、技师、高级技师，并在相关技能操作类岗位工作的技能人才，发放一定额度的技能津贴，鼓励技能人才学技术、长本领。取得相应技能等级资质的技能人才，聘任到较高技能操作职级上，除适用技能津贴外，还可同时执行相应发展通道职级的工资标准。技能津贴可同样适用于"双师"（工程师、技师）型技能人才。

第三十二条 班组一般是企业管理的最基层单元，班组长在基础管理、分配任务、考勤考绩等方面均有较多的付出。对于非专职脱产人员担任班组长的，可设置班组长津贴。班组长津贴标准可采取两种方式进行安排：一是按照班组管理幅度，按照具体人数确定适用津贴标准。可在基本标准基础上，每增加1名技能人才，相应增加津贴标准。二是按照班组类别和难度大小，设置不同的档次标准。但对于班组长工资待遇已在岗位工资等级或者档次体现的，可不再重复设置班组长津贴。

第三十三条 师带徒津贴是对师傅培养培训徒弟额外劳动付出的补偿。对于签订带徒协议、明确师傅徒弟权利义务的，可向师傅支付一定额度带徒津贴。协议期满根据考核结果可另行给予奖励。徒弟在技能大赛等获奖的，也可额外对师傅进行奖励，建立徒弟成才、师傅受益的联动机制。企业通过推行"传帮带""师带徒""老带新"等多种措施，不仅可以促进整体生产效率的提升，而且能够帮助企业在长期内形成较为稳定的技能人才梯队，积蓄技能人才资源。师带徒，通过企业实践培训提高，针对性强，效果好，应大力推行。

第三十四条 津贴设置应坚持不重复体现原则。本节所提到的夜班津贴、作业环境津贴、技能津贴、班组长津贴、师带徒津贴等各类津贴，如在岗位评价要素或者职级成长通道任职资格条件中已有充分体现的，应本着不重复的原则不再单独设置。

第五节 技能人才与其他人才工资分配关系设计

第三十五条 企业可参考岗位测评结果确定技能人才岗位和其他类别岗位之间薪酬分配关系。如果不同类别岗位测评采用的要素和参评专家不同，则测评分数之间的相互关系不宜简单对应，应选择不同系列的典型岗位进行跨类别岗位测评以确定对应关系。

第三十六条 企业可参考市场标杆岗位之间的薪酬分配关系确定对应关系。如将市场上某技能操作岗位与某管理岗位等薪酬水平的对应关系，作为确定不同类别岗位分配关系的参考。同时，标杆岗位中市场招聘的薪酬价位，可以作为确定技能操作岗位和其他类别岗位起点薪酬分配关系的参考。

第三十七条　技能人才特别是高技能人才，其人力资本是个人努力和长期操作经验的累积结果，在薪酬标准上应体现其人力资本及技能要素贡献。对掌握关键操作技能、代表专业技能较高水平、能够组织技改攻关项目的，其薪酬水平可达到工程技术类人员的较高薪酬水平，或者相当于中层管理岗位薪酬水平，行业佼佼者薪酬待遇可与工程技术类高层级专家级别和企业高层管理岗的薪酬水平相当。

第四章　高技能领军人才薪酬待遇制度设计

第三十八条　高技能领军人才包括获得全国劳动模范、全国五一劳动奖章、中华技能大奖、全国技术能手等荣誉以及享受省级以上政府特殊津贴的人员，或各省（自治区、直辖市）政府认定的"高精尖缺"高技能人才。高技能领军人才是技能人才队伍中的关键少数，应提高其薪酬待遇，鼓励参照高级管理人员标准落实经济待遇。

第三十九条　年薪制是以年度为单位，依据生产经营规模和经营业绩，确定并支付薪酬的分配方式。年薪制一般适用于公司经营班子成员以及承担财务损益责任的分子公司负责人。

高技能领军人才可探索实行年薪制，应把握以下三个方面：一是合理界定适用范围。年薪制适用范围较小，一般适用于承担经营风险、业绩显现周期较长且需建立有效激励约束机制的人员。高技能领军人才具有稀缺性，贡献价值度高，可将其纳入年薪制适用范围。二是明确薪酬结构。一般由基本年薪和绩效年薪为主的薪酬构成，基本年薪占比相对较小、按月发放，绩效年薪占比相对较大、按年发放，体现业绩导向。三是建立相应的激励和约束机制。高技能领军人才应建立体现高技能领军人才特点、体现短期和长期贡献的业绩考核办法，如将关键任务攻关、技能人才队伍培养等作为年度或任期绩效考核目标，业绩考核结果与薪酬挂钩，实现业绩升、薪酬升、业绩降、薪酬降，体现责任、风险和利益的统一。

第四十条　协议薪酬制是企业和劳动者双方协商谈判确定薪酬的分配方式，主要适用于人力资源市场稀缺的核心关键岗位人才或企业重点吸引和留用的紧缺急需人才。

企业要处理好薪酬内部公平性和外部竞争性的平衡。在此基础上，对高技能领军人才实行协议薪酬，应把握以下三个方面：一是合理确定适用范围。一般而言，协议薪酬主要适用于面向社会公开招聘实行市场化管理的高技能领军人才。二是实行任期聘任制。实行协议薪酬制的高技能领军人才，可按任期聘任，按合同规定条件予以续聘或解聘。三是事先约定绩效考核要求。对实行协议薪酬制的高技能领军人才，既协商薪酬也应协商绩效要求，应签订《绩效目标责任书》，确定考评周期内的绩效目标和激励约束规则。同时，实行协议薪酬制人员，薪酬待遇按协议约定执行，一般不再适用企业主体薪酬制度中的岗位工资、绩效奖金、津补贴等分配方式。

第四十一条　专项特殊奖励是对作出重大贡献的部门和个人的专项奖励。

实行专项特殊奖励，应把握以下三个方面：一是专项特殊奖励不仅适用于高技能领军人才，也适用于包括技能人才在内的所有员工。二是对在正常绩效激励中未体现的特殊贡献，均可适用特殊奖励。其中，包括为企业生产效率提高、工作任务完成、新品试制、技改攻关等做出的巨大贡献，或为社会作出突出贡献，或为企业取得重大社会荣誉等（比如技能大赛获得名次）。三是专项特殊奖励属于非常规激励。为避免滥发或不发，应制定较为规范的企业内部专项特殊奖励管理办法。

第四十二条　结合实际探索对技能人才特别是高技能领军人才实行股权激励（包括业绩股票、股票期权、虚拟股票、股票增值权、限制性股票、员工持股等形式）、超额利润分享、项目跟投、项目分红或岗位分红等中长期激励方式。中长期激励应符合国家相关规定。

第四十三条　超额利润分享以超过企业目标利润的部分作为基数，科学合理地设计提取规则，主要适用于企业中的关键核心人才。

应把握以下三个方面：一是将技能人才特别是高技能领军人才纳入实施范围，引导企业构建"目标一致、责任共担、成果共享"的发展共同体。二是明确激励总量的确定规则。激励总量可以本年度超目标净利润增量（或减亏额）为基数，按一定比例计提，并与企业综合绩效系数挂钩调节。其中，净利润目标一般可分为基本目标、激励目标和挑战目标，计提比例可根据净利润实际达成情况按不同比例分段提取。三是明确激励额度分配办法。员工个人激励额度一般可依据激励对象的岗位系数和个人绩效考核结果系数综合确定。其中，个人岗位系数应体现所在岗位职位的正常激励水平，个人绩效考核结果系数应根据实际绩效设置，既关注岗位职位，也关注实际贡献。

第四十四条 岗位分红以企业经营收益为标的，主要适用于对企业重要岗位人员实施激励。对高技能领军人才实施岗位分红的，企业应建立规范的内部财务管理制度和员工绩效考核评价制度，评估高技能领军人才在企业的重要性和贡献，明确实施岗位分红的企业业绩和个人业绩条件。同时，处理好岗位分红所得与薪酬所得的关系，合理确定分红标准。

第五章 附则

第四十五条 各地人力资源社会保障部门应结合本地实际，加强宣传培训，可分行业或分职业类别进一步细化相关内容，发布典型案例，强化示范引领。创新企业工资宏观调控指导方式，推动企业建立健全技能人才薪酬分配体系，不断提高对本地区企业技能人才薪酬分配的指导实效。

人力资源社会保障部办公厅关于国有企业新设企业或机构增人增资有关政策规定意见的函

（人社厅函〔2022〕119号）

各省、自治区、直辖市及新疆生产建设兵团人力资源社会保障厅（局），党中央有关部门办公厅（室），国务院有关部委、直属机构办公厅（室），全国人大常委会办公厅、全国政协办公厅秘书局，国家监委、最高人民法院、最高人民检察院办公厅，有关民主党派中央办公厅（室），有关人民团体办公厅（室）：

为进一步贯彻落实《国务院关于改革国有企业工资决定机制的意见》（国发〔2018〕16号），明确关于新设企业或机构等情况可以合理增加工资总额的有关规定，现提出如下意见：

一、国有资本发起设立国有一级企业或者国有企业新设立并取得营业执照的子公司、分公司、分支机构的，可以按照新设企业或机构合理增加工资总额。有关新设企业或机构应积极落实聚焦主业等要求。关闭、划出企业或机构应当按照相同原则，根据减少人员上年度实发工资相应核减工资总额。

二、根据新设企业或机构新增人员数量（不含企业集团内部调整至新设企业或机构的现有人员），统筹考虑离退休人员等自然减员因素，参考企业现有职工平均工资水平、市场薪酬价位等因素，合理确定应当增加的工资总额。

三、新设企业或机构核定增人增资期限自取得营业执照当月起计算，原则上为12个月。确因特殊原因长期未开展经营的，经履行出资人职责机构（或其他企业主管部门，下同）同意，期限可自开始经营当月起计算。根据企业特点、生产经营及效益状况等，期满后仍难以通过工资效益联动机制满足企业设立初期增人增资需要的，经履行出资人职责机构同意可适当延长期限，但最长不得超过36个月。

四、新设企业或机构在实行增人增资政策期间，已实现一定营收、盈利的，集团公司按照工资效益联动机制编制企业整体工资总额时，应在核算企业整体经济效益中合理剔除新设企业或机构产生的效益，按同口径计算经济效益增减幅度。关闭、划出企业或机构按照相同原则处理。

五、除国家有明确规定外，企业不得在按照工资效益联动机制确定的工资总额外，以新增内设机构或部门、新扩建项目、招聘人员、引进人才、人员晋级晋职、设立津补贴和奖励等各种名义额外核增或单列工资总额。

人力资源社会保障部办公厅
2022年7月29日

第五章 有关劳动保护的法律法规

女职工劳动保护特别规定

（2012年4月18日国务院第200次常务会议通过 2012年4月28日中华人民共和国国务院令第619号公布 自公布之日起施行）

第一条 为了减少和解决女职工在劳动中因生理特点造成的特殊困难，保护女职工健康，制定本规定。

第二条 中华人民共和国境内的国家机关、企业、事业单位、社会团体、个体经济组织以及其他社会组织等用人单位及其女职工，适用本规定。

第三条 用人单位应当加强女职工劳动保护，采取措施改善女职工劳动安全卫生条件，对女职工进行劳动安全卫生知识培训。

第四条 用人单位应当遵守女职工禁忌从事的劳动范围的规定。用人单位应当将本单位属于女职工禁忌从事的劳动范围的岗位书面告知女职工。

女职工禁忌从事的劳动范围由本规定附录列示。国务院安全生产监督管理部门会同国务院人力资源社会保障行政部门、国务院卫生行政部门根据经济社会发展情况，对女职工禁忌从事的劳动范围进行调整。

第五条 用人单位不得因女职工怀孕、生育、哺乳降低其工资、予以辞退、与其解除劳动或者聘用合同。

第六条 女职工在孕期不能适应原劳动的，用人单位应当根据医疗机构的证明，予以减轻劳动量或者安排其他能够适应的劳动。

对怀孕7个月以上的女职工，用人单位不得延长劳动时间或者安排夜班劳动，并应当在劳动时间内安排一定的休息时间。

怀孕女职工在劳动时间内进行产前检查，所需时间计入劳动时间。

第七条 女职工生育享受98天产假，其中产前可以休假15天；难产的，增加产假15天；生育多胞胎的，每多生育1个婴儿，增加产假15天。

女职工怀孕未满4个月流产的，享受15天产假；怀孕满4个月流产的，享受42天产假。

第八条 女职工产假期间的生育津贴，对已经参加生育保险的，按照用人单位上年度职工月平均工资的标准由生育保险基金支付；对未参加生育保险的，按照女职工产假前工资的标准由用人单位支付。

女职工生育或者流产的医疗费用，按照生育保险规定的项目和标准，对已经参加生育保险的，由生育保险基金支付；对未参加生育保险的，由用人单位支付。

第九条 对哺乳未满1周岁婴儿的女职工，用人单位不得延长劳动时间或者安排夜班劳动。

用人单位应当在每天的劳动时间内为哺乳期女职工安排1小时哺乳时间；女职工生育多胞胎

的,每多哺乳1个婴儿每天增加1小时哺乳时间。

第十条　女职工比较多的用人单位应当根据女职工的需要,建立女职工卫生室、孕妇休息室、哺乳室等设施,妥善解决女职工在生理卫生、哺乳方面的困难。

第十一条　在劳动场所,用人单位应当预防和制止对女职工的性骚扰。

第十二条　县级以上人民政府人力资源社会保障行政部门、安全生产监督管理部门按照各自职责负责对用人单位遵守本规定的情况进行监督检查。

工会、妇女组织依法对用人单位遵守本规定的情况进行监督。

第十三条　用人单位违反本规定第六条第二款、第七条、第九条第一款规定的,由县级以上人民政府人力资源社会保障行政部门责令限期改正,按照受侵害女职工每人1 000元以上5 000元以下的标准计算,处以罚款。

用人单位违反本规定附录第一条、第二条规定的,由县级以上人民政府安全生产监督管理部门责令限期改正,按照受侵害女职工每人1 000元以上5 000元以下的标准计算,处以罚款。用人单位违反本规定附录第三条、第四条规定的,由县级以上人民政府安全生产监督管理部门责令限期治理,处5万元以上30万元以下的罚款;情节严重的,责令停止有关作业,或者提请有关人民政府按照国务院规定的权限责令关闭。

第十四条　用人单位违反本规定,侵害女职工合法权益的,女职工可以依法投诉、举报、申诉,依法向劳动人事争议调解仲裁机构申请调解仲裁,对仲裁裁决不服的,依法向人民法院提起诉讼。

第十五条　用人单位违反本规定,侵害女职工合法权益,造成女职工损害的,依法给予赔偿;用人单位及其直接负责的主管人员和其他直接责任人员构成犯罪的,依法追究刑事责任。

第十六条　本规定自公布之日起施行。1988年7月21日国务院发布的《女职工劳动保护特别规定》同时废止。

附录:

女职工禁忌从事的劳动范围

一、女职工禁忌从事的劳动范围:

(一)矿山井下作业;

(二)体力劳动强度分级标准中规定的第四级体力劳动强度的作业;

(三)每小时负重6次以上、每次负重超过20公斤的作业,或者间断负重、每次负重超过25公斤的作业。

二、女职工在经期禁忌从事的劳动范围:

(一)冷水作业分级标准中规定的第二级、第三级、第四级冷水作业;

(二)低温作业分级标准中规定的第二级、第三级、第四级低温作业;

(三)体力劳动强度分级标准中规定的第三级、第四级体力劳动强度的作业;

(四)高处作业分级标准中规定的第三级、第四级高处作业。

三、女职工在孕期禁忌从事的劳动范围:

(一)作业场所空气中铅及其化合物、汞及其化合物、苯、镉、铍、砷、氰化物、氮氧化物、一氧化碳、二硫化碳、氯、己内酰胺、氯丁二烯、氯乙烯、环氧乙烷、苯胺、甲醛等有毒物质浓度超过国家职业卫生标准的作业;

(二)从事抗癌药物、己烯雌酚生产,接触麻醉剂气体等的作业;

（三）非密封源放射性物质的操作，核事故与放射事故的应急处置；

（四）高处作业分级标准中规定的高处作业；

（五）冷水作业分级标准中规定的冷水作业；

（六）低温作业分级标准中规定的低温作业；

（七）高温作业分级标准中规定的第三级、第四级的作业；

（八）噪声作业分级标准中规定的第三级、第四级的作业；

（九）体力劳动强度分级标准中规定的第三级、第四级体力劳动强度的作业；

（十）在密闭空间、高压室作业或者潜水作业，伴有强烈振动的作业，或者需要频繁弯腰、攀高、下蹲的作业。

四、女职工在哺乳期禁忌从事的劳动范围：

（一）孕期禁忌从事的劳动范围的第一项、第三项、第九项；

（二）作业场所空气中锰、氟、溴、甲醇、有机磷化合物、有机氯化合物等有毒物质浓度超过国家职业卫生标准的作业。

禁止使用童工规定

（2002年9月18日国务院第63次常务会议通过　2002年10月1日中华人民共和国国务院令第364号公布　自2002年12月1日起施行）

第一条　为保护未成年人的身心健康，促进义务教育制度的实施，维护未成年人的合法权益，根据宪法和劳动法、未成年人保护法，制定本规定。

第二条　国家机关、社会团体、企业事业单位、民办非企业单位或者个体工商户（以下统称用人单位）均不得招用不满16周岁的未成年人（招用不满16周岁的未成年人，以下统称使用童工）。

禁止任何单位或者个人为不满16周岁的未成年人介绍就业。

禁止不满16周岁的未成年人开业从事个体经营活动。

第三条　不满16周岁的未成年人的父母或者其他监护人应当保护其身心健康，保障其接受义务教育的权利，不得允许其被用人单位非法招用。

不满16周岁的未成年人的父母或者其他监护人允许其被用人单位非法招用的，所在地的乡（镇）人民政府、城市街道办事处以及村民委员会、居民委员会应当给予批评教育。

第四条　用人单位招用人员时，必须核查被招用人员的身份证；对不满16周岁的未成年人，一律不得录用。用人单位录用人员的录用登记、核查材料应当妥善保管。

第五条　县级以上各级人民政府劳动保障行政部门负责本规定执行情况的监督检查。

县级以上各级人民政府公安、工商行政管理、教育、卫生等行政部门在各自职责范围内对本规定的执行情况进行监督检查，并对劳动保障行政部门的监督检查给予配合。

工会、共青团、妇联等群众组织应当依法维护未成年人的合法权益。

任何单位或者个人发现使用童工的，均有权向县级以上人民政府劳动保障行政部门举报。

第六条　用人单位使用童工的，由劳动保障行政部门按照每使用一名童工每月处5 000元罚款的标准给予处罚；在使用有毒物品的作业场所使用童工的，按照《使用有毒物品作业场所劳动保护条例》规定的罚款幅度，或者按照每使用一名童工每月处5 000元罚款的标准，从重处罚。劳动保障行政部门并应当责令用人单位限期将童工送回原居住地交其父母或者其他监护人，所需交通和食宿费用全部由用人单位承担。

用人单位经劳动保障行政部门依照前款规定责令限期改正，逾期仍不将童工送交其父母或其他监护人的，从责令限期改正之日起，由劳动保障行政部门按照每使用一名童工每月处1万元罚款的标准处罚，并由市场监督管理部门吊销其营业执照或者由民政部门撤销民办非企业单位登记；用人单位是国家机关、事业单位的，由有关单位依法对直接负责的主管人员和其他直接责任人员给予降级或者撤职的行政处分或者纪律处分。

第七条 单位或者个人为不满16周岁的未成年人介绍就业的，由劳动保障行政部门按照每介绍一人处5 000元罚款的标准给予处罚；职业中介机构为不满16周岁的未成年人介绍就业的，并由劳动保障行政部门吊销其职业介绍许可证。

第八条 用人单位未按照本规定第四条的规定保存录用登记材料，或者伪造录用登记材料的，由劳动保障行政部门处1万元的罚款。

第九条 无营业执照、被依法吊销营业执照的单位以及未依法登记、备案的单位使用童工或者介绍童工就业的，依照本规定第六条、第七条、第八条规定的标准加一倍罚款，该非法单位由有关的行政主管部门予以取缔。

第十条 童工患病或者受伤的，用人单位应当负责送到医疗机构治疗，并负担治疗期间的全部医疗和生活费用。

童工伤残或者死亡的，用人单位由市场监督管理部门吊销营业执照或者由民政部门撤销民办非企业单位登记；用人单位是国家机关、事业单位的，由有关单位依法对直接负责的主管人员和其他直接责任人员给予降级或者撤职的行政处分或者纪律处分；用人单位还应当一次性地对伤残的童工、死亡童工的直系亲属给予赔偿，赔偿金额按照国家工伤保险的有关规定计算。

第十一条 拐骗童工，强迫童工劳动，使用童工从事高空、井下、放射性、高毒、易燃易爆以及国家规定的第四级体力劳动强度的劳动，使用不满14周岁的童工，或者造成童工死亡或者严重伤残的，依照刑法关于拐卖儿童罪、强迫劳动罪或者其他罪的规定，依法追究刑事责任。

第十二条 国家行政机关工作人员有下列行为之一的，依法给予记大过或者降级的行政处分；情节严重的，依法给予撤职或者开除的行政处分；构成犯罪的，依照刑法关于滥用职权罪、玩忽职守罪或者其他罪的规定，依法追究刑事责任：

（一）劳动保障等有关部门工作人员在禁止使用童工的监督检查工作中发现使用童工的情况，不予制止、纠正、查处的；

（二）公安机关的人民警察违反规定发放身份证或者在身份证上登录虚假出生年月的；

（三）市场监督管理部门工作人员发现申请人是不满16周岁的未成年人，仍然为其从事个体经营发放营业执照的。

第十三条 文艺、体育单位经未成年人的父母或者其他监护人同意，可以招用不满16周岁的专业文艺工作者、运动员。用人单位应当保障被招用的不满16周岁的未成年人的身心健康，保障其接受义务教育的权利。文艺、体育单位招用不满16周岁的专业文艺工作者、运动员的办法，由国务院劳动保障行政部门会同国务院文化、体育行政部门制定。

学校、其他教育机构以及职业培训机构按照国家有关规定组织不满16周岁的未成年人进行不影响其人身安全和身心健康的教育实践劳动、职业技能培训劳动，不属于使用童工。

第十四条 本规定自2002年12月1日起施行。1991年4月15日国务院发布的《禁止使用童工规定》同时废止。

中华人民共和国未成年人保护法

（1991年9月4日第七届全国人民代表大会常务委员会第二十一次会议通过　2006年12月29日第十届全国人民代表大会常务委员会第二十五次会议第一次修订　根据2012年10月26日第十一届全国人民代表大会常务委员会第二十九次会议《关于修改〈中华人民共和国未成年人保护法〉的决定》修正　2020年10月17日第十三届全国人民代表大会常务委员会第二十二次会议第二次修订）

第一章　总则

第一条　为了保护未成年人身心健康，保障未成年人合法权益，促进未成年人德智体美劳全面发展，培养有理想、有道德、有文化、有纪律的社会主义建设者和接班人，培养担当民族复兴大任的时代新人，根据宪法，制定本法。

第二条　本法所称未成年人是指未满十八周岁的公民。

第三条　国家保障未成年人的生存权、发展权、受保护权、参与权等权利。

未成年人依法平等地享有各项权利，不因本人及其父母或者其他监护人的民族、种族、性别、户籍、职业、宗教信仰、教育程度、家庭状况、身心健康状况等受到歧视。

第四条　保护未成年人，应当坚持最有利于未成年人的原则。处理涉及未成年人事项，应当符合下列要求：

（一）给予未成年人特殊、优先保护；

（二）尊重未成年人人格尊严；

（三）保护未成年人隐私权和个人信息；

（四）适应未成年人身心健康发展的规律和特点；

（五）听取未成年人的意见；

（六）保护与教育相结合。

第五条　国家、社会、学校和家庭应当对未成年人进行理想教育、道德教育、科学教育、文化教育、法治教育、国家安全教育、健康教育、劳动教育，加强爱国主义、集体主义和中国特色社会主义的教育，培养爱祖国、爱人民、爱劳动、爱科学、爱社会主义的公德，抵制资本主义、封建主义和其他腐朽思想的侵蚀，引导未成年人树立和践行社会主义核心价值观。

第六条　保护未成年人，是国家机关、武装力量、政党、人民团体、企业事业单位、社会组织、城乡基层群众性自治组织、未成年人的监护人以及其他成年人的共同责任。

国家、社会、学校和家庭应当教育和帮助未成年人维护自身合法权益，增强自我保护的意识和能力。

第七条　未成年人的父母或者其他监护人依法对未成年人承担监护职责。

国家采取措施指导、支持、帮助和监督未成年人的父母或者其他监护人履行监护职责。

第八条　县级以上人民政府应当将未成年人保护工作纳入国民经济和社会发展规划，相关经费纳入本级政府预算。

第九条　县级以上人民政府应当建立未成年人保护工作协调机制，统筹、协调、督促和指导有关部门在各自职责范围内做好未成年人保护工作。协调机制具体工作由县级以上人民政府民政部门承担，省级人民政府也可以根据本地实际情况确定由其他有关部门承担。

第十条　共产主义青年团、妇女联合会、工会、残疾人联合会、关心下一代工作委员会、青年联合会、学生联合会、少年先锋队以及其他人民团体、有关社会组织，应当协助各级人民政府及其有关部门、人民检察院、人民法院做好未成年人保护工作，维护未成年人合法权益。

第十一条　任何组织或者个人发现不利于未成年人身心健康或者侵犯未成年人合法权益的情形，都有权劝阻、制止或者向公安、民政、教育等有关部门提出检举、控告。

国家机关、居民委员会、村民委员会、密切接触未成年人的单位及其工作人员，在工作中发现未成年人身心健康受到侵害、疑似受到侵害或者面临其他危险情形的，应当立即向公安、民政、教育等有关部门报告。

有关部门接到涉及未成年人的检举、控告或者报告，应当依法及时受理、处置，并以适当方式将处理结果告知相关单位和人员。

第十二条　国家鼓励和支持未成年人保护方面的科学研究，建设相关学科、设置相关专业，加强人才培养。

第十三条　国家建立健全未成年人统计调查制度，开展未成年人健康、受教育等状况的统计、调查和分析，发布未成年人保护的有关信息。

第十四条　国家对保护未成年人有显著成绩的组织和个人给予表彰和奖励。

第二章　家庭保护

第十五条　未成年人的父母或者其他监护人应当学习家庭教育知识，接受家庭教育指导，创造良好、和睦、文明的家庭环境。

共同生活的其他成年家庭成员应当协助未成年人的父母或者其他监护人抚养、教育和保护未成年人。

第十六条　未成年人的父母或者其他监护人应当履行下列监护职责：

（一）为未成年人提供生活、健康、安全等方面的保障；

（二）关注未成年人的生理、心理状况和情感需求；

（三）教育和引导未成年人遵纪守法、勤俭节约，养成良好的思想品德和行为习惯；

（四）对未成年人进行安全教育，提高未成年人的自我保护意识和能力；

（五）尊重未成年人受教育的权利，保障适龄未成年人依法接受并完成义务教育；

（六）保障未成年人休息、娱乐和体育锻炼的时间，引导未成年人进行有益身心健康的活动；

（七）妥善管理和保护未成年人的财产；

（八）依法代理未成年人实施民事法律行为；

（九）预防和制止未成年人的不良行为和违法犯罪行为，并进行合理管教；

（十）其他应当履行的监护职责。

第十七条　未成年人的父母或者其他监护人不得实施下列行为：

（一）虐待、遗弃、非法送养未成年人或者对未成年人实施家庭暴力；

（二）放任、教唆或者利用未成年人实施违法犯罪行为；

（三）放任、唆使未成年人参与邪教、迷信活动或者接受恐怖主义、分裂主义、极端主义等侵害；

（四）放任、唆使未成年人吸烟（含电子烟，下同）、饮酒、赌博、流浪乞讨或者欺凌他人；

（五）放任或者迫使应当接受义务教育的未成年人失学、辍学；

（六）放任未成年人沉迷网络，接触危害或者可能影响其身心健康的图书、报刊、电影、广播电视节目、音像制品、电子出版物和网络信息等；

（七）放任未成年人进入营业性娱乐场所、酒吧、互联网上网服务营业场所等不适宜未成年活动的场所；

（八）允许或者迫使未成年人从事国家规定以外的劳动；

（九）允许、迫使未成年人结婚或者为未成年人订立婚约；

（十）违法处分、侵吞未成年人的财产或者利用未成年人牟取不正当利益；

（十一）其他侵犯未成年人身心健康、财产权益或者不依法履行未成年人保护义务的行为。

第十八条　未成年人的父母或者其他监护人应当为未成年人提供安全的家庭生活环境，及时排除引发触电、烫伤、跌落等伤害的安全隐患；采取配备儿童安全座椅、教育未成年人遵守交通规则等措施，防止未成年人受到交通事故的伤害；提高户外安全保护意识，避免未成年人发生溺水、动物伤害等事故。

第十九条　未成年人的父母或者其他监护人应当根据未成年人的年龄和智力发展状况，在作出与未成年人权益有关的决定前，听取未成年人的意见，充分考虑其真实意愿。

第二十条　未成年人的父母或者其他监护人发现未成年人身心健康受到侵害、疑似受到侵害或者其他合法权益受到侵犯的，应当及时了解情况并采取保护措施；情况严重的，应当立即向公安、民政、教育等部门报告。

第二十一条　未成年人的父母或者其他监护人不得使未满八周岁或者由于身体、心理原因需要特别照顾的未成年人处于无人看护状态，或者将其交由无民事行为能力、限制民事行为能力、患有严重传染性疾病或者其他不适宜的人员临时照护。

未成年人的父母或者其他监护人不得使未满十六周岁的未成年人脱离监护单独生活。

第二十二条　未成年人的父母或者其他监护人因外出务工等原因在一定期限内不能完全履行监护职责的，应当委托具有照护能力的完全民事行为能力人代为照护；无正当理由的，不得委托他人代为照护。

未成年人的父母或者其他监护人在确定被委托人时，应当综合考虑其道德品质、家庭状况、身心健康状况、与未成年人生活情感上的联系等情况，并听取有表达意愿能力未成年人的意见。

具有下列情形之一的，不得作为被委托人：

（一）曾实施性侵害、虐待、遗弃、拐卖、暴力伤害等违法犯罪行为；

（二）有吸毒、酗酒、赌博等恶习；

（三）曾拒不履行或者长期怠于履行监护、照护职责；

（四）其他不适宜担任被委托人的情形。

第二十三条　未成年人的父母或者其他监护人应当及时将委托照护情况书面告知未成年人所在学校、幼儿园和实际居住地的居民委员会、村民委员会，加强和未成年人所在学校、幼儿园的沟通；与未成年人、被委托人至少每周联系和交流一次，了解未成年人的生活、学习、心理等情况，并给予未成年人亲情关爱。

未成年人的父母或者其他监护人接到被委托人、居民委员会、村民委员会、学校、幼儿园等关于未成年人心理、行为异常的通知后，应当及时采取干预措施。

第二十四条　未成年人的父母离婚时，应当妥善处理未成年子女的抚养、教育、探望、财产等事宜，听取有表达意愿能力未成年人的意见。不得以抢夺、藏匿未成年子女等方式争夺抚养权。

未成年人的父母离婚后，不直接抚养未成年子女的一方应当依照协议、人民法院判决或者调解确定的时间和方式，在不影响未成年人学习、生活的情况下探望未成年子女，直接抚养的一方应当配合，但被人民法院依法中止探望权的除外。

第三章　学校保护

第二十五条 学校应当全面贯彻国家教育方针，坚持立德树人，实施素质教育，提高教育质量，注重培养未成年学生认知能力、合作能力、创新能力和实践能力，促进未成年学生全面发展。

学校应当建立未成年学生保护工作制度，健全学生行为规范，培养未成年学生遵纪守法的良好行为习惯。

第二十六条 幼儿园应当做好保育、教育工作，遵循幼儿身心发展规律，实施启蒙教育，促进幼儿在体质、智力、品德等方面和谐发展。

第二十七条 学校、幼儿园的教职员工应当尊重未成年人人格尊严，不得对未成年人实施体罚、变相体罚或者其他侮辱人格尊严的行为。

第二十八条 学校应当保障未成年学生受教育的权利，不得违反国家规定开除、变相开除未成年学生。

学校应当对尚未完成义务教育的辍学未成年学生进行登记并劝返复学；劝返无效的，应当及时向教育行政部门书面报告。

第二十九条 学校应当关心、爱护未成年学生，不得因家庭、身体、心理、学习能力等情况歧视学生。对家庭困难、身心有障碍的学生，应当提供关爱；对行为异常、学习有困难的学生，应当耐心帮助。

学校应当配合政府有关部门建立留守未成年学生、困境未成年学生的信息档案，开展关爱帮扶工作。

第三十条 学校应当根据未成年学生身心发展特点，进行社会生活指导、心理健康辅导、青春期教育和生命教育。

第三十一条 学校应当组织未成年学生参加与其年龄相适应的日常生活劳动、生产劳动和服务性劳动，帮助未成年学生掌握必要的劳动知识和技能，养成良好的劳动习惯。

第三十二条 学校、幼儿园应当开展勤俭节约、反对浪费、珍惜粮食、文明饮食等宣传教育活动，帮助未成年人树立浪费可耻、节约为荣的意识，养成文明健康、绿色环保的生活习惯。

第三十三条 学校应当与未成年学生的父母或者其他监护人互相配合，合理安排未成年学生的学习时间，保障其休息、娱乐和体育锻炼的时间。

学校不得占用国家法定节假日、休息日及寒暑假期，组织义务教育阶段的未成年学生集体补课，加重其学习负担。

幼儿园、校外培训机构不得对学龄前未成年人进行小学课程教育。

第三十四条 学校、幼儿园应当提供必要的卫生保健条件，协助卫生健康部门做好在校、在园未成年人的卫生保健工作。

第三十五条 学校、幼儿园应当建立安全管理制度，对未成年人进行安全教育，完善安保设施、配备安保人员，保障未成年人在校、在园期间的人身和财产安全。

学校、幼儿园不得在危及未成年人人身安全、身心健康的校舍和其他设施、场所中进行教育教学活动。

学校、幼儿园安排未成年人参加文化娱乐、社会实践等集体活动，应当保护未成年人的身心健康，防止发生人身伤害事故。

第三十六条 使用校车的学校、幼儿园应当建立健全校车安全管理制度，配备安全管理人员，定期对校车进行安全检查，对校车驾驶人进行安全教育，并向未成年人讲解校车安全乘坐知识，培养未成年人校车安全事故应急处理技能。

第三十七条　学校、幼儿园应当根据需要，制定应对自然灾害、事故灾难、公共卫生事件等突发事件和意外伤害的预案，配备相应设施并定期进行必要的演练。

未成年人在校内、园内或者本校、本园组织的校外、园外活动中发生人身伤害事故的，学校、幼儿园应当立即救护，妥善处理，及时通知未成年人的父母或者其他监护人，并向有关部门报告。

第三十八条　学校、幼儿园不得安排未成年人参加商业性活动，不得向未成年人及其父母或者其他监护人推销或者要求其购买指定的商品和服务。

学校、幼儿园不得与校外培训机构合作为未成年人提供有偿课程辅导。

第三十九条　学校应当建立学生欺凌防控工作制度，对教职员工、学生等开展防治学生欺凌的教育和培训。

学校对学生欺凌行为应当立即制止，通知实施欺凌和被欺凌未成年学生的父母或者其他监护人参与欺凌行为的认定和处理；对相关未成年学生及时给予心理辅导、教育和引导；对相关未成年学生的父母或者其他监护人给予必要的家庭教育指导。

对实施欺凌的未成年学生，学校应当根据欺凌行为的性质和程度，依法加强管教。对严重的欺凌行为，学校不得隐瞒，应当及时向公安机关、教育行政部门报告，并配合相关部门依法处理。

第四十条　学校、幼儿园应当建立预防性侵害、性骚扰未成年人工作制度。对性侵害、性骚扰未成年人等违法犯罪行为，学校、幼儿园不得隐瞒，应当及时向公安机关、教育行政部门报告，并配合相关部门依法处理。

学校、幼儿园应当对未成年人开展适合其年龄的性教育，提高未成年人防范性侵害、性骚扰的自我保护意识和能力。对遭受性侵害、性骚扰的未成年人，学校、幼儿园应当及时采取相关的保护措施。

第四十一条　婴幼儿照护服务机构、早期教育服务机构、校外培训机构、校外托管机构等应当参照本章有关规定，根据不同年龄阶段未成年人的成长特点和规律，做好未成年人保护工作。

第四章　社会保护

第四十二条　全社会应当树立关心、爱护未成年人的良好风尚。

国家鼓励、支持和引导人民团体、企业事业单位、社会组织以及其他组织和个人，开展有利于未成年人健康成长的社会活动和服务。

第四十三条　居民委员会、村民委员会应当设置专人专岗负责未成年人保护工作，协助政府有关部门宣传未成年人保护方面的法律法规，指导、帮助和监督未成年人的父母或者其他监护人依法履行监护职责，建立留守未成年人、困境未成年人的信息档案并给予关爱帮扶。

居民委员会、村民委员会应当协助政府有关部门监督未成年人委托照护情况，发现被委托人缺乏照护能力、怠于履行照护职责等情况，应当及时向政府有关部门报告，并告知未成年人的父母或者其他监护人，帮助、督促被委托人履行照护职责。

第四十四条　爱国主义教育基地、图书馆、青少年宫、儿童活动中心、儿童之家应当对未成年人免费开放；博物馆、纪念馆、科技馆、展览馆、美术馆、文化馆、社区公益性互联网上网服务场所以及影剧院、体育场馆、动物园、植物园、公园等场所，应当按照有关规定对未成年人免费或者优惠开放。

国家鼓励爱国主义教育基地、博物馆、科技馆、美术馆等公共场馆开设未成年人专场，为未成年人提供有针对性的服务。

国家鼓励国家机关、企业事业单位、部队等开发自身教育资源，设立未成年人开放日，为未成年人主题教育、社会实践、职业体验等提供支持。

国家鼓励科研机构和科技类社会组织对未成年人开展科学普及活动。

第四十五条 城市公共交通以及公路、铁路、水路、航空客运等应当按照有关规定对未成年人实施免费或者优惠票价。

第四十六条 国家鼓励大型公共场所、公共交通工具、旅游景区景点等设置母婴室、婴儿护理台以及方便幼儿使用的坐便器、洗手台等卫生设施，为未成年人提供便利。

第四十七条 任何组织或者个人不得违反有关规定，限制未成年人应当享有的照顾或者优惠。

第四十八条 国家鼓励创作、出版、制作和传播有利于未成年人健康成长的图书、报刊、电影、广播电视节目、舞台艺术作品、音像制品、电子出版物和网络信息等。

第四十九条 新闻媒体应当加强未成年人保护方面的宣传，对侵犯未成年人合法权益的行为进行舆论监督。新闻媒体采访报道涉及未成年人事件应当客观、审慎和适度，不得侵犯未成年人的名誉、隐私和其他合法权益。

第五十条 禁止制作、复制、出版、发布、传播含有宣扬淫秽、色情、暴力、邪教、迷信、赌博、引诱自杀、恐怖主义、分裂主义、极端主义等危害未成年人身心健康内容的图书、报刊、电影、广播电视节目、舞台艺术作品、音像制品、电子出版物和网络信息等。

第五十一条 任何组织或者个人出版、发布、传播的图书、报刊、电影、广播电视节目、舞台艺术作品、音像制品、电子出版物或者网络信息，包含可能影响未成年人身心健康内容的，应当以显著方式作出提示。

第五十二条 禁止制作、复制、发布、传播或者持有有关未成年人的淫秽色情物品和网络信息。

第五十三条 任何组织或者个人不得刊登、播放、张贴或者散发含有危害未成年人身心健康内容的广告；不得在学校、幼儿园播放、张贴或者散发商业广告；不得利用校服、教材等发布或者变相发布商业广告。

第五十四条 禁止拐卖、绑架、虐待、非法收养未成年人，禁止对未成年人实施性侵害、性骚扰。

禁止胁迫、引诱、教唆未成年人参加黑社会性质组织或者从事违法犯罪活动。

禁止胁迫、诱骗、利用未成年人乞讨。

第五十五条 生产、销售用于未成年人的食品、药品、玩具、用具和游戏游艺设备、游乐设施等，应当符合国家或者行业标准，不得危害未成年人的人身安全和身心健康。上述产品的生产者应当在显著位置标明注意事项，未标明注意事项的不得销售。

第五十六条 未成年人集中活动的公共场所应当符合国家或者行业安全标准，并采取相应安全保护措施。对可能存在安全风险的设施，应当定期进行维护，在显著位置设置安全警示标志并标明适龄范围和注意事项；必要时应当安排专门人员看管。

大型的商场、超市、医院、图书馆、博物馆、科技馆、游乐场、车站、码头、机场、旅游景区景点等场所运营单位应当设置搜寻走失未成年人的安全警报系统。场所运营单位接到求助后，应当立即启动安全警报系统，组织人员进行搜寻并向公安机关报告。

公共场所发生突发事件时，应当优先救护未成年人。

第五十七条 旅馆、宾馆、酒店等住宿经营者接待未成年人入住，或者接待未成年人和成年人共同入住时，应当询问父母或者其他监护人的联系方式、入住人员的身份关系等有关情况；发现有违法犯罪嫌疑的，应当立即向公安机关报告，并及时联系未成年人的父母或者其他监护人。

第五十八条 学校、幼儿园周边不得设置营业性娱乐场所、酒吧、互联网上网服务营业场所等不适宜未成年人活动的场所。营业性歌舞娱乐场所、酒吧、互联网上网服务营业场所等不适宜未成年人活动场所的经营者，不得允许未成年人进入；游艺娱乐场所设置的电子游戏设备，除国家法定节假日外，不得向未成年人提供。经营者应当在显著位置设置未成年人禁入、限入标志；对难以判明是否是未成年人的，应当要求其出示身份证件。

第五十九条 学校、幼儿园周边不得设置烟、酒、彩票销售网点。禁止向未成年人销售烟、酒、彩票或者兑付彩票奖金。烟、酒和彩票经营者应当在显著位置设置不向未成年人销售烟、酒或者彩票的标志；对难以判明是否是未成年人的，应当要求其出示身份证件。

任何人不得在学校、幼儿园和其他未成年人集中活动的公共场所吸烟、饮酒。

第六十条 禁止向未成年人提供、销售管制刀具或者其他可能致人严重伤害的器具等物品。经营者难以判明购买者是否是未成年人的，应当要求其出示身份证件。

第六十一条 任何组织或者个人不得招用未满十六周岁未成年人，国家另有规定的除外。

营业性娱乐场所、酒吧、互联网上网服务营业场所等不适宜未成年人活动的场所不得招用已满十六周岁的未成年人。

招用已满十六周岁未成年人的单位和个人应当执行国家在工种、劳动时间、劳动强度和保护措施等方面的规定，不得安排其从事过重、有毒、有害等危害未成年人身心健康的劳动或者危险作业。

任何组织或者个人不得组织未成年人进行危害其身心健康的表演等活动。经未成年人的父母或者其他监护人同意，未成年人参与演出、节目制作等活动，活动组织方应当根据国家有关规定，保障未成年人合法权益。

第六十二条 密切接触未成年人的单位招聘工作人员时，应当向公安机关、人民检察院查询应聘者是否具有性侵害、虐待、拐卖、暴力伤害等违法犯罪记录；发现其具有前述行为记录的，不得录用。

密切接触未成年人的单位应当每年定期对工作人员是否具有上述违法犯罪记录进行查询。通过查询或者其他方式发现其工作人员具有上述行为的，应当及时解聘。

第六十三条 任何组织或者个人不得隐匿、毁弃、非法删除未成年人的信件、日记、电子邮件或者其他网络通讯内容。

除下列情形外，任何组织或者个人不得开拆、查阅未成年人的信件、日记、电子邮件或者其他网络通讯内容：

（一）无民事行为能力未成年人的父母或者其他监护人代未成年人开拆、查阅；

（二）因国家安全或者追查刑事犯罪依法进行检查；

（三）紧急情况下为了保护未成年人本人的人身安全。

第五章 网络保护

第六十四条 国家、社会、学校和家庭应当加强未成年人网络素养宣传教育，培养和提高未成年人的网络素养，增强未成年人科学、文明、安全、合理使用网络的意识和能力，保障未成年人在网络空间的合法权益。

第六十五条 国家鼓励和支持有利于未成年人健康成长的网络内容的创作与传播，鼓励和支持专门以未成年人为服务对象、适合未成年人身心健康特点的网络技术、产品、服务的研发、生产和使用。

第六十六条 网信部门及其他有关部门应当加强对未成年人网络保护工作的监督检查，依法惩处利用网络从事危害未成年人身心健康的活动，为未成年人提供安全、健康的网络环境。

第六十七条 网信部门会同公安、文化和旅游、新闻出版、电影、广播电视等部门根据保护不同年龄阶段未成年人的需要，确定可能影响未成年人身心健康网络信息的种类、范围和判断标准。

第六十八条 新闻出版、教育、卫生健康、文化和旅游、网信等部门应当定期开展预防未成年人沉迷网络的宣传教育，监督网络产品和服务提供者履行预防未成年人沉迷网络的义务，指导家庭、学校、社会组织互相配合，采取科学、合理的方式对未成年人沉迷网络进行预防和干预。

任何组织或者个人不得以侵害未成年人身心健康的方式对未成年人沉迷网络进行干预。

第六十九条 学校、社区、图书馆、文化馆、青少年宫等场所为未成年人提供的互联网上网服务设施，应当安装未成年人网络保护软件或者采取其他安全保护技术措施。

智能终端产品的制造者、销售者应当在产品上安装未成年人网络保护软件，或者以显著方式告知用户未成年人网络保护软件的安装渠道和方法。

第七十条 学校应当合理使用网络开展教学活动。未经学校允许，未成年学生不得将手机等智能终端产品带入课堂，带入学校的应当统一管理。

学校发现未成年学生沉迷网络的，应当及时告知其父母或者其他监护人，共同对未成年学生进行教育和引导，帮助其恢复正常的学习生活。

第七十一条 未成年人的父母或者其他监护人应当提高网络素养，规范自身使用网络的行为，加强对未成年人使用网络行为的引导和监督。

未成年人的父母或者其他监护人应当通过在智能终端产品上安装未成年人网络保护软件、选择适合未成年人的服务模式和管理功能等方式，避免未成年人接触危害或者可能影响其身心健康的网络信息，合理安排未成年人使用网络的时间，有效预防未成年人沉迷网络。

第七十二条 信息处理者通过网络处理未成年人个人信息的，应当遵循合法、正当和必要的原则。处理不满十四周岁未成年人个人信息的，应当征得未成年人的父母或者其他监护人同意，但法律、行政法规另有规定的除外。

未成年人、父母或者其他监护人要求信息处理者更正、删除未成年人个人信息的，信息处理者应当及时采取措施予以更正、删除，但法律、行政法规另有规定的除外。

第七十三条 网络服务提供者发现未成年人通过网络发布私密信息的，应当及时提示，并采取必要的保护措施。

第七十四条 网络产品和服务提供者不得向未成年人提供诱导其沉迷的产品和服务。

网络游戏、网络直播、网络音视频、网络社交等网络服务提供者应当针对未成年人使用其服务设置相应的时间管理、权限管理、消费管理等功能。

以未成年人为服务对象的在线教育网络产品和服务，不得插入网络游戏链接，不得推送广告等与教学无关的信息。

第七十五条 网络游戏经依法审批后方可运营。

国家建立统一的未成年人网络游戏电子身份认证系统。网络游戏服务提供者应当要求未成年人以真实身份信息注册并登录网络游戏。

网络游戏服务提供者应当按照国家有关规定和标准，对游戏产品进行分类，作出适龄提示，并采取技术措施，不得让未成年人接触不适宜的游戏或者游戏功能。

网络游戏服务提供者不得在每日二十二时至次日八时向未成年人提供网络游戏服务。

第七十六条 网络直播服务提供者不得为未满十六周岁的未成年人提供网络直播发布者账号注册服务；为年满十六周岁的未成年人提供网络直播发布者账号注册服务时，应当对其身份信息进行认证，并征得其父母或者其他监护人同意。

第七十七条 任何组织或者个人不得通过网络以文字、图片、音视频等形式，对未成年人实施侮辱、诽谤、威胁或者恶意损害形象等网络欺凌行为。

遭受网络欺凌的未成年人及其父母或者其他监护人有权通知网络服务提供者采取删除、屏蔽、断开链接等措施。网络服务提供者接到通知后，应当及时采取必要的措施制止网络欺凌行为，防止信息扩散。

第七十八条 网络产品和服务提供者应当建立便捷、合理、有效的投诉和举报渠道，公开投诉、举报方式等信息，及时受理并处理涉及未成年人的投诉、举报。

第七十九条 任何组织或者个人发现网络产品、服务含有危害未成年人身心健康的信息，有权向网络产品和服务提供者或者网信、公安等部门投诉、举报。

第八十条 网络服务提供者发现用户发布、传播可能影响未成年人身心健康的信息且未作显著提示的，应当作出提示或者通知用户予以提示；未作出提示的，不得传输相关信息。

网络服务提供者发现用户发布、传播含有危害未成年人身心健康内容的信息的，应当立即停止传输相关信息，采取删除、屏蔽、断开链接等处置措施，保存有关记录，并向网信、公安等部门报告。

网络服务提供者发现用户利用其网络服务对未成年人实施违法犯罪行为的，应当立即停止向该用户提供网络服务，保存有关记录，并向公安机关报告。

第六章 政府保护

第八十一条 县级以上人民政府承担未成年人保护协调机制具体工作的职能部门应当明确相关内设机构或者专门人员，负责承担未成年人保护工作。

乡镇人民政府和街道办事处应当设立未成年人保护工作站或者指定专门人员，及时办理未成年人相关事务；支持、指导居民委员会、村民委员会设立专人专岗，做好未成年人保护工作。

第八十二条 各级人民政府应当将家庭教育指导服务纳入城乡公共服务体系，开展家庭教育知识宣传，鼓励和支持有关人民团体、企业事业单位、社会组织开展家庭教育指导服务。

第八十三条 各级人民政府应当保障未成年人受教育的权利，并采取措施保障留守未成年人、困境未成年人、残疾未成年人接受义务教育。

对尚未完成义务教育的辍学未成年学生，教育行政部门应当责令父母或者其他监护人将其送入学校接受义务教育。

第八十四条 各级人民政府应当发展托育、学前教育事业，办好婴幼儿照护服务机构、幼儿园，支持社会力量依法兴办母婴室、婴幼儿照护服务机构、幼儿园。

县级以上地方人民政府及其有关部门应当培养和培训婴幼儿照护服务机构、幼儿园的保教人员，提高其职业道德素质和业务能力。

第八十五条 各级人民政府应当发展职业教育，保障未成年人接受职业教育或者职业技能培训，鼓励和支持人民团体、企业事业单位、社会组织为未成年人提供职业技能培训服务。

第八十六条 各级人民政府应当保障具有接受普通教育能力、能适应校园生活的残疾未成年人就近在普通学校、幼儿园接受教育；保障不具有接受普通教育能力的残疾未成年人在特殊教育学校、幼儿园接受学前教育、义务教育和职业教育。

各级人民政府应当保障特殊教育学校、幼儿园的办学、办园条件，鼓励和支持社会力量举办特殊教育学校、幼儿园。

第八十七条 地方人民政府及其有关部门应当保障校园安全，监督、指导学校、幼儿园等单位落实校园安全责任，建立突发事件的报告、处置和协调机制。

第八十八条 公安机关和其他有关部门应当依法维护校园周边的治安和交通秩序，设置监控设备和交通安全设施，预防和制止侵害未成年人的违法犯罪行为。

第八十九条 地方人民政府应当建立和改善适合未成年人的活动场所和设施，支持公益性未成年人活动场所和设施的建设和运行，鼓励社会力量兴办适合未成年人的活动场所和设施，并加强管理。

地方人民政府应当采取措施，鼓励和支持学校在国家法定节假日、休息日及寒暑假期将文化体育设施对未成年人免费或者优惠开放。

地方人民政府应当采取措施，防止任何组织或者个人侵占、破坏学校、幼儿园、婴幼儿照护服务机构等未成年人活动场所的场地、房屋和设施。

第九十条　各级人民政府及其有关部门应当对未成年人进行卫生保健和营养指导，提供卫生保健服务。

卫生健康部门应当依法对未成年人的疫苗预防接种进行规范，防治未成年人常见病、多发病，加强传染病防治和监督管理，做好伤害预防和干预，指导和监督学校、幼儿园、婴幼儿照护服务机构开展卫生保健工作。

教育行政部门应当加强未成年人的心理健康教育，建立未成年人心理问题的早期发现和及时干预机制。卫生健康部门应当做好未成年人心理治疗、心理危机干预以及精神障碍早期识别和诊断治疗等工作。

第九十一条　各级人民政府及其有关部门对困境未成年人实施分类保障，采取措施满足其生活、教育、安全、医疗康复、住房等方面的基本需要。

第九十二条　具有下列情形之一的，民政部门应当依法对未成年人进行临时监护：

（一）未成年人流浪乞讨或者身份不明，暂时查找不到父母或者其他监护人；

（二）监护人下落不明且无其他人可以担任监护人；

（三）监护人因自身客观原因或者因发生自然灾害、事故灾难、公共卫生事件等突发事件不能履行监护职责，导致未成年人监护缺失；

（四）监护人拒绝或者怠于履行监护职责，导致未成年人处于无人照料的状态；

（五）监护人教唆、利用未成年人实施违法犯罪行为，未成年人需要被带离安置；

（六）未成年人遭受监护人严重伤害或者面临人身安全威胁，需要被紧急安置；

（七）法律规定的其他情形。

第九十三条　对临时监护的未成年人，民政部门可以采取委托亲属抚养、家庭寄养等方式进行安置，也可以交由未成年人救助保护机构或者儿童福利机构进行收留、抚养。

临时监护期间，经民政部门评估，监护人重新具备履行监护职责条件的，民政部门可以将未成年人送回监护人抚养。

第九十四条　具有下列情形之一的，民政部门应当依法对未成年人进行长期监护：

（一）查找不到未成年人的父母或者其他监护人；

（二）监护人死亡或者被宣告死亡且无其他人可以担任监护人；

（三）监护人丧失监护能力且无其他人可以担任监护人；

（四）人民法院判决撤销监护人资格并指定由民政部门担任监护人；

（五）法律规定的其他情形。

第九十五条　民政部门进行收养评估后，可以依法将其长期监护的未成年人交由符合条件的申请人收养。收养关系成立后，民政部门与未成年人的监护关系终止。

第九十六条　民政部门承担临时监护或者长期监护职责的，财政、教育、卫生健康、公安等部门应当根据各自职责予以配合。

县级以上人民政府及其民政部门应当根据需要设立未成年人救助保护机构、儿童福利机构，负责收留、抚养由民政部门监护的未成年人。

第九十七条　县级以上人民政府应当开通全国统一的未成年人保护热线，及时受理、转介侵犯未成年人合法权益的投诉、举报；鼓励和支持人民团体、企业事业单位、社会组织参与建设未成年人保护服务平台、服务热线、服务站点，提供未成年人保护方面的咨询、帮助。

第九十八条 国家建立性侵害、虐待、拐卖、暴力伤害等违法犯罪人员信息查询系统，向密切接触未成年人的单位提供免费查询服务。

第九十九条 地方人民政府应当培育、引导和规范有关社会组织、社会工作者参与未成年人保护工作，开展家庭教育指导服务，为未成年人的心理辅导、康复救助、监护及收养评估等提供专业服务。

第七章 司法保护

第一百条 公安机关、人民检察院、人民法院和司法行政部门应当依法履行职责，保障未成年人合法权益。

第一百零一条 公安机关、人民检察院、人民法院和司法行政部门应当确定专门机构或者指定专门人员，负责办理涉及未成年人案件。办理涉及未成年人案件的人员应当经过专门培训，熟悉未成年人身心特点。专门机构或者专门人员中，应当有女性工作人员。

公安机关、人民检察院、人民法院和司法行政部门应当对上述机构和人员实行与未成年人保护工作相适应的评价考核标准。

第一百零二条 公安机关、人民检察院、人民法院和司法行政部门办理涉及未成年人案件，应当考虑未成年人身心特点和健康成长的需要，使用未成年人能够理解的语言和表达方式，听取未成年人的意见。

第一百零三条 公安机关、人民检察院、人民法院、司法行政部门以及其他组织和个人不得披露有关案件中未成年人的姓名、影像、住所、就读学校以及其他可能识别出其身份的信息，但查找失踪、被拐卖未成年人等情形除外。

第一百零四条 对需要法律援助或者司法救助的未成年人，法律援助机构或者公安机关、人民检察院、人民法院和司法行政部门应当给予帮助，依法为其提供法律援助或者司法救助。

法律援助机构应当指派熟悉未成年人身心特点的律师为未成年人提供法律援助服务。

法律援助机构和律师协会应当对办理未成年人法律援助案件的律师进行指导和培训。

第一百零五条 人民检察院通过行使检察权，对涉及未成年人的诉讼活动等依法进行监督。

第一百零六条 未成年人合法权益受到侵犯，相关组织和个人未代为提起诉讼的，人民检察院可以督促、支持其提起诉讼；涉及公共利益的，人民检察院有权提起公益诉讼。

第一百零七条 人民法院审理继承案件，应当依法保护未成年人的继承权和受遗赠权。

人民法院审理离婚案件，涉及未成年子女抚养问题的，应当尊重已满八周岁未成年子女的真实意愿，根据双方具体情况，按照最有利于未成年子女的原则依法处理。

第一百零八条 未成年人的父母或者其他监护人不依法履行监护职责或者严重侵犯被监护的未成年人合法权益的，人民法院可以根据有关人员或者单位的申请，依法作出人身安全保护令或者撤销监护人资格。

被撤销监护人资格的父母或者其他监护人应当依法继续负担抚养费用。

第一百零九条 人民法院审理离婚、抚养、收养、监护、探望等案件涉及未成年人的，可以自行或者委托社会组织对未成年人的相关情况进行社会调查。

第一百一十条 公安机关、人民检察院、人民法院讯问未成年犯罪嫌疑人、被告人，询问未成年被害人、证人，应当依法通知其法定代理人或者其成年亲属、所在学校的代表等合适成年人到场，并采取适当方式，在适当场所进行，保障未成年人的名誉权、隐私权和其他合法权益。

人民法院开庭审理涉及未成年人案件，未成年被害人、证人一般不出庭作证；必须出庭的，应当采取保护其隐私的技术手段和心理干预等保护措施。

第一百一十一条 公安机关、人民检察院、人民法院应当与其他有关政府部门、人民团体、社会组织互相配合，对遭受性侵害或者暴力伤害的未成年被害人及其家庭实施必要的心理干预、经济救助、法律援助、转学安置等保护措施。

第一百一十二条 公安机关、人民检察院、人民法院办理未成年人遭受性侵害或者暴力伤害案件，在询问未成年被害人、证人时，应当采取同步录音录像等措施，尽量一次完成；未成年被害人、证人是女性的，应当由女性工作人员进行。

第一百一十三条 对违法犯罪的未成年人，实行教育、感化、挽救的方针，坚持教育为主、惩罚为辅的原则。

对违法犯罪的未成年人依法处罚后，在升学、就业等方面不得歧视。

第一百一十四条 公安机关、人民检察院、人民法院和司法行政部门发现有关单位未尽到未成年人教育、管理、救助、看护等保护职责的，应当向该单位提出建议。被建议单位应当在一个月内作出书面回复。

第一百一十五条 公安机关、人民检察院、人民法院和司法行政部门应当结合实际，根据涉及未成年人案件的特点，开展未成年人法治宣传教育工作。

第一百一十六条 国家鼓励和支持社会组织、社会工作者参与涉及未成年人案件中未成年人的心理干预、法律援助、社会调查、社会观护、教育矫治、社区矫正等工作。

第八章 法律责任

第一百一十七条 违反本法第十一条第二款规定，未履行报告义务造成严重后果的，由上级主管部门或者所在单位对直接负责的主管人员和其他直接责任人员依法给予处分。

第一百一十八条 未成年人的父母或者其他监护人不依法履行监护职责或者侵犯未成年人合法权益的，由其居住地的居民委员会、村民委员会予以劝诫、制止；情节严重的，居民委员会、村民委员会应当及时向公安机关报告。

公安机关接到报告或者公安机关、人民检察院、人民法院在办理案件过程中发现未成年人的父母或者其他监护人存在上述情形的，应当予以训诫，并可以责令其接受家庭教育指导。

第一百一十九条 学校、幼儿园、婴幼儿照护服务等机构及其教职员工违反本法第二十七条、第二十八条、第三十九条规定的，由公安、教育、卫生健康、市场监督管理等部门按照职责分工责令改正；拒不改正或者情节严重的，对直接负责的主管人员和其他直接责任人员依法给予处分。

第一百二十条 违反本法第四十四条、第四十五条、第四十七条规定，未给予未成年人免费或者优惠待遇的，由市场监督管理、文化和旅游、交通运输等部门按照职责分工责令限期改正，给予警告；拒不改正的，处一万元以上十万元以下罚款。

第一百二十一条 违反本法第五十条、第五十一条规定的，由新闻出版、广播电视、电影、网信等部门按照职责分工责令限期改正，给予警告，没收违法所得，可以并处十万元以下罚款；拒不改正或者情节严重的，责令暂停相关业务、停产停业或者吊销营业执照、吊销相关许可证，违法所得一百万元以上的，并处违法所得一倍以上十倍以下的罚款，没有违法所得或者违法所得不足一百万元的，并处十万元以上一百万元以下罚款。

第一百二十二条 场所运营单位违反本法第五十六条第二款规定、住宿经营者违反本法第五十七条规定的，由市场监督管理、应急管理、公安等部门按照职责分工责令限期改正，给予警告；拒不改正或者造成严重后果的，责令停业整顿或者吊销营业执照、吊销相关许可证，并处一万元以上十万元以下罚款。

第一百二十三条　相关经营者违反本法第五十八条、第五十九条第一款、第六十条规定的，由文化和旅游、市场监督管理、烟草专卖、公安等部门按照职责分工责令限期改正，给予警告，没收违法所得，可以并处五万元以下罚款；拒不改正或者情节严重的，责令停业整顿或者吊销营业执照、吊销相关许可证，可以并处五万元以上五十万元以下罚款。

第一百二十四条　违反本法第五十九条第二款规定，在学校、幼儿园和其他未成年人集中活动的公共场所吸烟、饮酒的，由卫生健康、教育、市场监督管理等部门按照职责分工责令改正，给予警告，可以并处五百元以下罚款；场所管理者未及时制止的，由卫生健康、教育、市场监督管理等部门按照职责分工给予警告，并处一万元以下罚款。

第一百二十五条　违反本法第六十一条规定的，由文化和旅游、人力资源和社会保障、市场监督管理等部门按照职责分工责令限期改正，给予警告，没收违法所得，可以并处十万元以下罚款；拒不改正或者情节严重的，责令停产停业或者吊销营业执照、吊销相关许可证，并处十万元以上一百万元以下罚款。

第一百二十六条　密切接触未成年人的单位违反本法第六十二条规定，未履行查询义务，或者招用、继续聘用具有相关违法犯罪记录人员的，由教育、人力资源和社会保障、市场监督管理等部门按照职责分工责令限期改正，给予警告，并处五万元以下罚款；拒不改正或者造成严重后果的，责令停业整顿或者吊销营业执照、吊销相关许可证，并处五万元以上五十万元以下罚款，对直接负责的主管人员和其他直接责任人员依法给予处分。

第一百二十七条　信息处理者违反本法第七十二条规定，或者网络产品和服务提供者违反本法第七十三条、第七十四条、第七十五条、第七十六条、第七十七条、第八十条规定的，由公安、网信、电信、新闻出版、广播电视、文化和旅游等有关部门按照职责分工责令改正，给予警告，没收违法所得，违法所得一百万元以上的，并处违法所得一倍以上十倍以下罚款，没有违法所得或者违法所得不足一百万元的，并处十万元以上一百万元以下罚款，对直接负责的主管人员和其他责任人员处一万元以上十万元以下罚款；拒不改正或者情节严重的，并可以责令暂停相关业务、停业整顿、关闭网站、吊销营业执照或者吊销相关许可证。

第一百二十八条　国家机关工作人员玩忽职守、滥用职权、徇私舞弊，损害未成年人合法权益的，依法给予处分。

第一百二十九条　违反本法规定，侵犯未成年人合法权益，造成人身、财产或者其他损害的，依法承担民事责任。

违反本法规定，构成违反治安管理行为的，依法给予治安管理处罚；构成犯罪的，依法追究刑事责任。

第九章　附则

第一百三十条　本法中下列用语的含义：

（一）密切接触未成年人的单位，是指学校、幼儿园等教育机构；校外培训机构；未成年人救助保护机构、儿童福利机构等未成年人安置、救助机构；婴幼儿照护服务机构、早期教育服务机构；校外托管、临时看护机构；家政服务机构；为未成年人提供医疗服务的医疗机构；其他对未成年人负有教育、培训、监护、救助、看护、医疗等职责的企业事业单位、社会组织等。

（二）学校，是指普通中小学、特殊教育学校、中等职业学校、专门学校。

（三）学生欺凌，是指发生在学生之间，一方蓄意或者恶意通过肢体、语言及网络等手段实施欺压、侮辱，造成另一方人身伤害、财产损失或者精神损害的行为。

第一百三十一条　对中国境内未满十八周岁的外国人、无国籍人，依照本法有关规定予以保护。

第一百三十二条　本法自2021年6月1日起施行。

未成年工特殊保护规定

（1994年12月9日劳部发〔1994〕498号公布　自1995年1月1日起施行）

第一条　为维护未成年工的合法权益，保护其在生产劳动中的健康，根据《中华人民共和国劳动法》的有关规定，制定本规定。

第二条　未成年工是指年满十六周岁，未满十八周岁的劳动者。

未成年工的特殊保护是针对未成年工处于生长发育期的特点，以及接受义务教育的需要，采取的特殊劳动保护措施。

第三条　用人单位不得安排未成年工从事以下范围的劳动：

（一）《生产性粉尘作业危害程度分级》国家标准中第一级以上的接尘作业；

（二）《有毒作业分级》国家标准中第一级以上的有毒作业；

（三）《高处作业分级》国家标准中第二级以上的高处作业；

（四）《冷水作业分级》国家标准中第二级以上的冷水作业；

（五）《高温作业分级》国家标准中第三级以上的高温作业；

（六）《低温作业分级》国家标准中第三级以上的低温作业；

（七）《体力劳动强度分级》国家标准中第四级体力劳动强度的作业；

（八）矿山井下及矿山地面采石作业；

（九）森林业中的伐木、流放及守林作业；

（十）工作场所接触放射性物质的作业；

（十一）有易燃易爆、化学性烧伤和热烧伤等危险性大的作业；

（十二）地质勘探和资源勘探的野外作业；

（十三）潜水、涵洞、涵道作业和海拔三千米以上的高原作业（不包括世居高原者）；

（十四）连续负重每小时在六次以上并每次超过二十公斤，间断负重每次超过二十五公斤的作业；

（十五）使用凿岩机、捣固机、气镐、气铲、铆钉机、电锤的作业；

（十六）工作中需要长时间保持低头、弯腰、上举、下蹲等强迫体位和动作频率每分钟在于五十次的流水线作业；

（十七）锅炉司炉。

第四条　未成年工患有某种疾病或具有某些生理缺陷（非残疾型）时，用人单位不得安排其从事以下范围的劳动：

（一）《高处作业分级》国家标准中第一级以上的高处作业；

（二）《低温作业分级》国家标准中第二级以上的低温作业；

（三）《高温作业分级》国家标准中第二级以上的高温作业；

（四）《体力劳动强度分级》国家标准中第三级以上体力劳动强度的作业；

（五）接触铅、苯、汞、甲醛、二硫化碳等易引起过敏反应的作业。

第五条　患有某种疾病或具有某些生理缺陷（非残疾型）的未成年工，是指有以下一种或一种以上情况者：

（一）心血管系统

1. 先天性心脏病；

2. 克山病；

3. 收缩期或舒张期二级以上心脏杂音。

（二）呼吸系统

1. 中度以上气管炎或支气管哮喘；

2. 呼吸音明显减弱；

3. 各类结核病；

4. 体弱儿，呼吸道反复感染者。

（三）消化系统

1. 各类肝炎；

2. 肝、脾肿大；

3. 胃、十二指肠溃疡；

4. 各种消化道疝。

（四）泌尿系统

1. 急、慢性肾炎；

2. 泌尿系感染。

（五）内分泌系统

1. 甲状腺功能亢进；

2. 中度以上糖尿病。

（六）精神神经系统

1. 智力明显低下；

2. 精神忧郁或狂暴。

（七）肌肉、骨骼运动系统

1. 身高和体重低于同龄人标准；

2. 一个及一个以上肢体存在明显功能障碍；

3. 躯干四分之一以上部位活动受限，包括强直或不能旋转。

（八）其他

1. 结核性胸膜炎；

2. 各类重度关节炎；

3. 血吸虫病；

4. 严重贫血，其血色素每升低于九十五克（<9.5g/dl）。

第六条 用人单位应按下列要求对未成年工定期进行健康检查：

（一）安排工作岗位之前；

（二）工作满一年；

（三）年满十八周岁，距前一次的体检时间已超过半年。

第七条 未成年工的健康检查，应按本规定所附《未成年工健康检查表》列出的项目进行。

第八条 用人单位应根据未成年工的健康检查结果安排其从事适合的劳动，对不能胜任原劳动岗位的，应根据医务部门的证明，予以减轻劳动量或安排其他劳动。

第九条 对未成年工的使用和特殊保护实行登记制度。

（一）用人单位招收使用未成年工，除符合一般用工要求外，还须向所在地的县级以上劳动行政部门办理登记。劳动行政部门根据《未成年工健康检查表》《未成年工登记表》，核发《未成年工登记证》。

（二）各级劳动行政部门须按本规定第三、四、五、七条的有关规定，审核体检情况和拟安排的劳动范围。

（三）未成年工须持《未成年工登记证》上岗。

（四）《未成年工登记证》由国务院劳动行政部门统一印制。

第十条 未成年工上岗前用人单位应对其进行有关的职业安全卫生教育、培训；未成年工体检和登记，由用人单位统一办理和承担费用。

第十一条 县级以上劳动行政部门对用人单位执行本规定的情况进行监督检查，对违反本规定的行为依照有关法规进行处罚。

各级工会组织对本规定的执行情况进行监督。

第十二条 省、自治区、直辖市劳动行政部门可以根据本规定制定实施办法。

第十三条 本规定自一九九五年一月一日起施行。

中华人民共和国职业病防治法

（2001年10月27日第九届全国人民代表大会常务委员会第二十四次会议通过 根据2011年12月31日第十一届全国人民代表大会常务委员会第二十四次会议《关于修改〈中华人民共和国职业病防治法〉的决定》第一次修正 根据2016年7月2日第十二届全国人民代表大会常务委员会第二十一次会议《关于修改〈中华人民共和国节约能源法〉等六部法律的决定》第二次修正 根据2017年11月4日第十二届全国人民代表大会常务委员会第三十次会议《关于修改〈中华人民共和国会计法〉等十一部法律的决定》第三次修正 根据2018年12月29日第十三届全国人民代表大会常务委员会第七次会议《关于修改〈中华人民共和国劳动法〉等七部法律的决定》第四次修正）

第一章 总则

第一条 为了预防、控制和消除职业病危害，防治职业病，保护劳动者健康及其相关权益，促进经济社会发展，根据宪法，制定本法。

第二条 本法适用于中华人民共和国领域内的职业病防治活动。

本法所称职业病，是指企业、事业单位和个体经济组织等用人单位的劳动者在职业活动中，因接触粉尘、放射性物质和其他有毒、有害因素而引起的疾病。

职业病的分类和目录由国务院卫生行政部门会同国务院劳动保障行政部门制定、调整并公布。

第三条 职业病防治工作坚持预防为主、防治结合的方针，建立用人单位负责、行政机关监管、行业自律、职工参与和社会监督的机制，实行分类管理、综合治理。

第四条 劳动者依法享有职业卫生保护的权利。

用人单位应当为劳动者创造符合国家职业卫生标准和卫生要求的工作环境和条件，并采取措施保障劳动者获得职业卫生保护。

工会组织依法对职业病防治工作进行监督，维护劳动者的合法权益。用人单位制定或者修改有关职业病防治的规章制度，应当听取工会组织的意见。

第五条 用人单位应当建立、健全职业病防治责任制，加强对职业病防治的管理，提高职业病防治水平，对本单位产生的职业病危害承担责任。

第六条 用人单位的主要负责人对本单位的职业病防治工作全面负责。

第七条 用人单位必须依法参加工伤保险。

国务院和县级以上地方人民政府劳动保障行政部门应当加强对工伤保险的监督管理，确保劳动者依法享受工伤保险待遇。

第八条 国家鼓励和支持研制、开发、推广、应用有利于职业病防治和保护劳动者健康的新技术、新工艺、新设备、新材料，加强对职业病的机理和发生规律的基础研究，提高职业病防治科学技术水平；积极采用有效的职业病防治技术、工艺、设备、材料；限制使用或者淘汰职业病危害严重的技术、工艺、设备、材料。

国家鼓励和支持职业病医疗康复机构的建设。

第九条 国家实行职业卫生监督制度。

国务院卫生行政部门、劳动保障行政部门依照本法和国务院确定的职责，负责全国职业病防治的监督管理工作。国务院有关部门在各自的职责范围内负责职业病防治的有关监督管理工作。

县级以上地方人民政府卫生行政部门、劳动保障行政部门依据各自职责，负责本行政区域内职业病防治的监督管理工作。县级以上地方人民政府有关部门在各自的职责范围内负责职业病防治的有关监督管理工作。

县级以上人民政府卫生行政部门、劳动保障行政部门（以下统称职业卫生监督管理部门）应当加强沟通，密切配合，按照各自职责分工，依法行使职权，承担责任。

第十条 国务院和县级以上地方人民政府应当制定职业病防治规划，将其纳入国民经济和社会发展计划，并组织实施。

县级以上地方人民政府统一负责、领导、组织、协调本行政区域的职业病防治工作，建立健全职业病防治工作体制、机制，统一领导、指挥职业卫生突发事件应对工作；加强职业病防治能力建设和服务体系建设，完善、落实职业病防治工作责任制。

乡、民族乡、镇的人民政府应当认真执行本法，支持职业卫生监督管理部门依法履行职责。

第十一条 县级以上人民政府职业卫生监督管理部门应当加强对职业病防治的宣传教育，普及职业病防治的知识，增强用人单位的职业病防治观念，提高劳动者的职业健康意识、自我保护意识和行使职业卫生保护权利的能力。

第十二条 有关防治职业病的国家职业卫生标准，由国务院卫生行政部门组织制定并公布。

国务院卫生行政部门应当组织开展重点职业病监测和专项调查，对职业健康风险进行评估，为制定职业卫生标准和职业病防治政策提供科学依据。

县级以上地方人民政府卫生行政部门应当定期对本行政区域的职业病防治情况进行统计和调查分析。

第十三条 任何单位和个人有权对违反本法的行为进行检举和控告。有关部门收到相关的检举和控告后，应当及时处理。

对防治职业病成绩显著的单位和个人，给予奖励。

第二章 前期预防

第十四条 用人单位应当依照法律、法规要求，严格遵守国家职业卫生标准，落实职业病预防措施，从源头上控制和消除职业病危害。

第十五条 产生职业病危害的用人单位的设立除应当符合法律、行政法规规定的设立条件外，其工作场所还应当符合下列职业卫生要求：

（一）职业病危害因素的强度或者浓度符合国家职业卫生标准；
（二）有与职业病危害防护相适应的设施；
（三）生产布局合理，符合有害与无害作业分开的原则；
（四）有配套的更衣间、洗浴间、孕妇休息间等卫生设施；
（五）设备、工具、用具等设施符合保护劳动者生理、心理健康的要求；
（六）法律、行政法规和国务院卫生行政部门关于保护劳动者健康的其他要求。

第十六条 国家建立职业病危害项目申报制度。

用人单位工作场所存在职业病目录所列职业病的危害因素的，应当及时、如实向所在地卫生行政部门申报危害项目，接受监督。

职业病危害因素分类目录由国务院卫生行政部门制定、调整并公布。职业病危害项目申报的具体办法由国务院卫生行政部门制定。

第十七条 新建、扩建、改建建设项目和技术改造、技术引进项目（以下统称建设项目）可能产生职业病危害的，建设单位在可行性论证阶段应当进行职业病危害预评价。

医疗机构建设项目可能产生放射性职业病危害的，建设单位应当向卫生行政部门提交放射性职业病危害预评价报告。卫生行政部门应当自收到预评价报告之日起三十日内，作出审核决定并书面通知建设单位。未提交预评价报告或者预评价报告未经卫生行政部门审核同意的，不得开工建设。

职业病危害预评价报告应当对建设项目可能产生的职业病危害因素及其对工作场所和劳动者健康的影响作出评价，确定危害类别和职业病防护措施。

建设项目职业病危害分类管理办法由国务院卫生行政部门制定。

第十八条 建设项目的职业病防护设施所需费用应当纳入建设项目工程预算，并与主体工程同时设计，同时施工，同时投入生产和使用。

建设项目的职业病防护设施设计应当符合国家职业卫生标准和卫生要求；其中，医疗机构放射性职业病危害严重的建设项目的防护设施设计，应当经卫生行政部门审查同意后，方可施工。

建设项目在竣工验收前，建设单位应当进行职业病危害控制效果评价。

医疗机构可能产生放射性职业病危害的建设项目竣工验收时，其放射性职业病防护设施经卫生行政部门验收合格后，方可投入使用；其他建设项目的职业病防护设施应当由建设单位负责依法组织验收，验收合格后，方可投入生产和使用。卫生行政部门应当加强对建设单位组织的验收活动和验收结果的监督核查。

第十九条 国家对从事放射性、高毒、高危粉尘等作业实行特殊管理。具体管理办法由国务院制定。

第三章 劳动过程中的防护与管理

第二十条 用人单位应当采取下列职业病防治管理措施：
（一）设置或者指定职业卫生管理机构或者组织，配备专职或者兼职的职业卫生管理人员，负责本单位的职业病防治工作；
（二）制定职业病防治计划和实施方案；
（三）建立、健全职业卫生管理制度和操作规程；
（四）建立、健全职业卫生档案和劳动者健康监护档案；
（五）建立、健全工作场所职业病危害因素监测及评价制度；
（六）建立、健全职业病危害事故应急救援预案。

第二十一条 用人单位应当保障职业病防治所需的资金投入，不得挤占、挪用，并对因资金投入不足导致的后果承担责任。

第二十二条　用人单位必须采用有效的职业病防护设施，并为劳动者提供个人使用的职业病防护用品。

用人单位为劳动者个人提供的职业病防护用品必须符合防治职业病的要求；不符合要求的，不得使用。

第二十三条　用人单位应当优先采用有利于防治职业病和保护劳动者健康的新技术、新工艺、新设备、新材料，逐步替代职业病危害严重的技术、工艺、设备、材料。

第二十四条　产生职业病危害的用人单位，应当在醒目位置设置公告栏，公布有关职业病防治的规章制度、操作规程、职业病危害事故应急救援措施和工作场所职业病危害因素检测结果。

对产生严重职业病危害的作业岗位，应当在其醒目位置，设置警示标识和中文警示说明。警示说明应当载明产生职业病危害的种类、后果、预防以及应急救治措施等内容。

第二十五条　对可能发生急性职业损伤的有毒、有害工作场所，用人单位应当设置报警装置，配置现场急救用品、冲洗设备、应急撤离通道和必要的泄险区。

对放射工作场所和放射性同位素的运输、贮存，用人单位必须配置防护设备和报警装置，保证接触放射线的工作人员佩戴个人剂量计。

对职业病防护设备、应急救援设施和个人使用的职业病防护用品，用人单位应当进行经常性的维护、检修，定期检测其性能和效果，确保其处于正常状态，不得擅自拆除或者停止使用。

第二十六条　用人单位应当实施由专人负责的职业病危害因素日常监测，并确保监测系统处于正常运行状态。

用人单位应当按照国务院卫生行政部门的规定，定期对工作场所进行职业病危害因素检测、评价。检测、评价结果存入用人单位职业卫生档案，定期向所在地卫生行政部门报告并向劳动者公布。

职业病危害因素检测、评价由依法设立的取得国务院卫生行政部门或者设区的市级以上地方人民政府卫生行政部门按照职责分工给予资质认可的职业卫生技术服务机构进行。职业卫生技术服务机构所作检测、评价应当客观、真实。

发现工作场所职业病危害因素不符合国家职业卫生标准和卫生要求时，用人单位应当立即采取相应治理措施，仍然达不到国家职业卫生标准和卫生要求的，必须停止存在职业病危害因素的作业；职业病危害因素经治理后，符合国家职业卫生标准和卫生要求的，方可重新作业。

第二十七条　职业卫生技术服务机构依法从事职业病危害因素检测、评价工作，接受卫生行政部门的监督检查。卫生行政部门应当依法履行监督职责。

第二十八条　向用人单位提供可能产生职业病危害的设备的，应当提供中文说明书，并在设备的醒目位置设置警示标识和中文警示说明。警示说明应当载明设备性能、可能产生的职业病危害、安全操作和维护注意事项、职业病防护以及应急救治措施等内容。

第二十九条　向用人单位提供可能产生职业病危害的化学品、放射性同位素和含有放射性物质的材料的，应当提供中文说明书。说明书应当载明产品特性、主要成分、存在的有害因素、可能产生的危害后果、安全使用注意事项、职业病防护以及应急救治措施等内容。产品包装应当有醒目的警示标识和中文警示说明。贮存上述材料的场所应当在规定的部位设置危险物品标识或者放射性警示标识。

国内首次使用或者首次进口与职业病危害有关的化学材料，使用单位或者进口单位按照国家规定经国务院有关部门批准后，应当向国务院卫生行政部门报送该化学材料的毒性鉴定以及经有关部门登记注册或者批准进口的文件等资料。

进口放射性同位素、射线装置和含有放射性物质的物品的，按照国家有关规定办理。

第三十条 任何单位和个人不得生产、经营、进口和使用国家明令禁止使用的可能产生职业病危害的设备或者材料。

第三十一条 任何单位和个人不得将产生职业病危害的作业转移给不具备职业病防护条件的单位和个人。不具备职业病防护条件的单位和个人不得接受产生职业病危害的作业。

第三十二条 用人单位对采用的技术、工艺、设备、材料，应当知悉其产生的职业病危害，对有职业病危害的技术、工艺、设备、材料隐瞒其危害而采用的，对所造成的职业病危害后果承担责任。

第三十三条 用人单位与劳动者订立劳动合同（含聘用合同，下同）时，应当将工作过程中可能产生的职业病危害及其后果、职业病防护措施和待遇等如实告知劳动者，并在劳动合同中写明，不得隐瞒或者欺骗。

劳动者在已订立劳动合同期间因工作岗位或者工作内容变更，从事与所订立劳动合同中未告知的存在职业病危害的作业时，用人单位应当依照前款规定，向劳动者履行如实告知的义务，并协商变更原劳动合同相关条款。

用人单位违反前两款规定的，劳动者有权拒绝从事存在职业病危害的作业，用人单位不得因此解除与劳动者所订立的劳动合同。

第三十四条 用人单位的主要负责人和职业卫生管理人员应当接受职业卫生培训，遵守职业病防治法律、法规，依法组织本单位的职业病防治工作。

用人单位应当对劳动者进行上岗前的职业卫生培训和在岗期间的定期职业卫生培训，普及职业卫生知识，督促劳动者遵守职业病防治法律、法规、规章和操作规程，指导劳动者正确使用职业病防护设备和个人使用的职业病防护用品。

劳动者应当学习和掌握相关的职业卫生知识，增强职业病防范意识，遵守职业病防治法律、法规、规章和操作规程，正确使用、维护职业病防护设备和个人使用的职业病防护用品，发现职业病危害事故隐患应当及时报告。

劳动者不履行前款规定义务的，用人单位应当对其进行教育。

第三十五条 对从事接触职业病危害的作业的劳动者，用人单位应当按照国务院卫生行政部门的规定组织上岗前、在岗期间和离岗时的职业健康检查，并将检查结果书面告知劳动者。职业健康检查费用由用人单位承担。

用人单位不得安排未经上岗前职业健康检查的劳动者从事接触职业病危害的作业；不得安排有职业禁忌的劳动者从事其所禁忌的作业；对在职业健康检查中发现有与所从事的职业相关的健康损害的劳动者，应当调离原工作岗位，并妥善安置；对未进行离岗前职业健康检查的劳动者不得解除或者终止与其订立的劳动合同。

职业健康检查应当由取得《医疗机构执业许可证》的医疗卫生机构承担。卫生行政部门应当加强对职业健康检查工作的规范管理，具体管理办法由国务院卫生行政部门制定。

第三十六条 用人单位应当为劳动者建立职业健康监护档案，并按照规定的期限妥善保存。

职业健康监护档案应当包括劳动者的职业史、职业病危害接触史、职业健康检查结果和职业病诊疗等有关个人健康资料。

劳动者离开用人单位时，有权索取本人职业健康监护档案复印件，用人单位应当如实、无偿提供，并在所提供的复印件上签章。

第三十七条 发生或者可能发生急性职业病危害事故时，用人单位应当立即采取应急救援和控制措施，并及时报告所在地卫生行政部门和有关部门。卫生行政部门接到报告后，应当及时会同有关部门组织调查处理；必要时，可以采取临时控制措施。卫生行政部门应当组织做好医疗救治工作。

对遭受或者可能遭受急性职业病危害的劳动者，用人单位应当及时组织救治、进行健康检查和医学观察，所需费用由用人单位承担。

第三十八条 用人单位不得安排未成年工从事接触职业病危害的作业；不得安排孕期、哺乳期的女职工从事对本人和胎儿、婴儿有危害的作业。

第三十九条 劳动者享有下列职业卫生保护权利：

（一）获得职业卫生教育、培训；

（二）获得职业健康检查、职业病诊疗、康复等职业病防治服务；

（三）了解工作场所产生或者可能产生的职业病危害因素、危害后果和应当采取的职业病防护措施；

（四）要求用人单位提供符合防治职业病要求的职业病防护设施和个人使用的职业病防护用品，改善工作条件；

（五）对违反职业病防治法律、法规以及危及生命健康的行为提出批评、检举和控告；

（六）拒绝违章指挥和强令进行没有职业病防护措施的作业；

（七）参与用人单位职业卫生工作的民主管理，对职业病防治工作提出意见和建议。

用人单位应当保障劳动者行使前款所列权利。因劳动者依法行使正当权利而降低其工资、福利等待遇或者解除、终止与其订立的劳动合同的，其行为无效。

第四十条 工会组织应当督促并协助用人单位开展职业卫生宣传教育和培训，有权对用人单位的职业病防治工作提出意见和建议，依法代表劳动者与用人单位签订劳动安全卫生专项集体合同，与用人单位就劳动者反映的有关职业病防治的问题进行协调并督促解决。

工会组织对用人单位违反职业病防治法律、法规，侵犯劳动者合法权益的行为，有权要求纠正；产生严重职业病危害时，有权要求采取防护措施，或者向政府有关部门建议采取强制性措施；发生职业病危害事故时，有权参与事故调查处理；发现危及劳动者生命健康的情形时，有权向用人单位建议组织劳动者撤离危险现场，用人单位应当立即作出处理。

第四十一条 用人单位按照职业病防治要求，用于预防和治理职业病危害、工作场所卫生检测、健康监护和职业卫生培训等费用，按照国家有关规定，在生产成本中据实列支。

第四十二条 职业卫生监督管理部门应当按照职责分工，加强对用人单位落实职业病防护管理措施情况的监督检查，依法行使职权，承担责任。

第四章 职业病诊断与职业病病人保障

第四十三条 职业病诊断应当由取得《医疗机构执业许可证》的医疗卫生机构承担。卫生行政部门应当加强对职业病诊断工作的规范管理，具体管理办法由国务院卫生行政部门制定。

承担职业病诊断的医疗卫生机构还应当具备下列条件：

（一）具有与开展职业病诊断相适应的医疗卫生技术人员；

（二）具有与开展职业病诊断相适应的仪器、设备；

（三）具有健全的职业病诊断质量管理制度。

承担职业病诊断的医疗卫生机构不得拒绝劳动者进行职业病诊断的要求。

第四十四条 劳动者可以在用人单位所在地、本人户籍所在地或者经常居住地依法承担职业病诊断的医疗卫生机构进行职业病诊断。

第四十五条 职业病诊断标准和职业病诊断、鉴定办法由国务院卫生行政部门制定。职业病伤残等级的鉴定办法由国务院劳动保障行政部门会同国务院卫生行政部门制定。

第四十六条 职业病诊断，应当综合分析下列因素：

（一）病人的职业史；

（二）职业病危害接触史和工作场所职业病危害因素情况；

（三）临床表现以及辅助检查结果等。

没有证据否定职业病危害因素与病人临床表现之间的必然联系的，应当诊断为职业病。

职业病诊断证明书应当由参与诊断的取得职业病诊断资格的执业医师签署，并经承担职业病诊断的医疗卫生机构审核盖章。

第四十七条 用人单位应当如实提供职业病诊断、鉴定所需的劳动者职业史和职业病危害接触史、工作场所职业病危害因素检测结果等资料；卫生行政部门应当监督检查和督促用人单位提供上述资料；劳动者和有关机构也应当提供与职业病诊断、鉴定有关的资料。

职业病诊断、鉴定机构需要了解工作场所职业病危害因素情况时，可以对工作场所进行现场调查，也可以向卫生行政部门提出，卫生行政部门应当在十日内组织现场调查。用人单位不得拒绝、阻挠。

第四十八条 职业病诊断、鉴定过程中，用人单位不提供工作场所职业病危害因素检测结果等资料的，诊断、鉴定机构应当结合劳动者的临床表现、辅助检查结果和劳动者的职业史、职业病危害接触史，并参考劳动者的自述、卫生行政部门提供的日常监督检查信息等，作出职业病诊断、鉴定结论。

劳动者对用人单位提供的工作场所职业病危害因素检测结果等资料有异议，或者因劳动者的用人单位解散、破产，无用人单位提供上述资料的，诊断、鉴定机构应当提请卫生行政部门进行调查，卫生行政部门应当自接到申请之日起三十日内对存在异议的资料或者工作场所职业病危害因素情况作出判定；有关部门应当配合。

第四十九条 职业病诊断、鉴定过程中，在确认劳动者职业史、职业病危害接触史时，当事人对劳动关系、工种、工作岗位或者在岗时间有争议的，可以向当地的劳动人事争议仲裁委员会申请仲裁；接到申请的劳动人事争议仲裁委员会应当受理，并在三十日内作出裁决。

当事人在仲裁过程中对自己提出的主张，有责任提供证据。劳动者无法提供由用人单位掌握管理的与仲裁主张有关的证据的，仲裁庭应当要求用人单位在指定期限内提供；用人单位在指定期限内不提供的，应当承担不利后果。

劳动者对仲裁裁决不服的，可以依法向人民法院提起诉讼。

用人单位对仲裁裁决不服的，可以在职业病诊断、鉴定程序结束之日起十五日内依法向人民法院提起诉讼；诉讼期间，劳动者的治疗费用按照职业病待遇规定的途径支付。

第五十条 用人单位和医疗卫生机构发现职业病病人或者疑似职业病病人时，应当及时向所在地卫生行政部门报告。确诊为职业病的，用人单位还应当向所在地劳动保障行政部门报告。接到报告的部门应当依法作出处理。

第五十一条 县级以上地方人民政府卫生行政部门负责本行政区域内的职业病统计报告的管理工作，并按照规定上报。

第五十二条 当事人对职业病诊断有异议的，可以向作出诊断的医疗卫生机构所在地地方人民政府卫生行政部门申请鉴定。

职业病诊断争议由设区的市级以上地方人民政府卫生行政部门根据当事人的申请，组织职业病诊断鉴定委员会进行鉴定。

当事人对设区的市级职业病诊断鉴定委员会的鉴定结论不服的，可以向省、自治区、直辖市人民政府卫生行政部门申请再鉴定。

第五十三条 职业病诊断鉴定委员会由相关专业的专家组成。

省、自治区、直辖市人民政府卫生行政部门应当设立相关的专家库，需要对职业病争议作出诊断鉴定时，由当事人或者当事人委托有关卫生行政部门从专家库中以随机抽取的方式确定参加诊断鉴定委员会的专家。

职业病诊断鉴定委员会应当按照国务院卫生行政部门颁布的职业病诊断标准和职业病诊断、鉴定办法进行职业病诊断鉴定，向当事人出具职业病诊断鉴定书。职业病诊断、鉴定费用由用人单位承担。

第五十四条 职业病诊断鉴定委员会组成人员应当遵守职业道德，客观、公正地进行诊断鉴定，并承担相应的责任。职业病诊断鉴定委员会组成人员不得私下接触当事人，不得收受当事人的财物或者其他好处，与当事人有利害关系的，应当回避。

人民法院受理有关案件需要进行职业病鉴定时，应当从省、自治区、直辖市人民政府卫生行政部门依法设立的相关的专家库中选取参加鉴定的专家。

第五十五条 医疗卫生机构发现疑似职业病病人时，应当告知劳动者本人并及时通知用人单位。

用人单位应当及时安排对疑似职业病病人进行诊断；在疑似职业病病人诊断或者医学观察期间，不得解除或者终止与其订立的劳动合同。

疑似职业病病人在诊断、医学观察期间的费用，由用人单位承担。

第五十六条 用人单位应当保障职业病病人依法享受国家规定的职业病待遇。

用人单位应当按照国家有关规定，安排职业病病人进行治疗、康复和定期检查。

用人单位对不适宜继续从事原工作的职业病病人，应当调离原岗位，并妥善安置。

用人单位对从事接触职业病危害的作业的劳动者，应当给予适当岗位津贴。

第五十七条 职业病病人的诊疗、康复费用，伤残以及丧失劳动能力的职业病病人的社会保障，按照国家有关工伤保险的规定执行。

第五十八条 职业病病人除依法享有工伤保险外，依照有关民事法律，尚有获得赔偿的权利的，有权向用人单位提出赔偿要求。

第五十九条 劳动者被诊断患有职业病，但用人单位没有依法参加工伤保险的，其医疗和生活保障由该用人单位承担。

第六十条 职业病病人变动工作单位，其依法享有的待遇不变。

用人单位在发生分立、合并、解散、破产等情形时，应当对从事接触职业病危害的作业的劳动者进行健康检查，并按照国家有关规定妥善安置职业病病人。

第六十一条 用人单位已经不存在或者无法确认劳动关系的职业病病人，可以向地方人民政府医疗保障、民政部门申请医疗救助和生活等方面的救助。

地方各级人民政府应当根据本地区的实际情况，采取其他措施，使前款规定的职业病病人获得医疗救治。

第五章 监督检查

第六十二条 县级以上人民政府职业卫生监督管理部门依照职业病防治法律、法规、国家职业卫生标准和卫生要求，依据职责划分，对职业病防治工作进行监督检查。

第六十三条 卫生行政部门履行监督检查职责时，有权采取下列措施：

（一）进入被检查单位和职业病危害现场，了解情况，调查取证；

（二）查阅或者复制与违反职业病防治法律、法规的行为有关的资料和采集样品；

（三）责令违反职业病防治法律、法规的单位和个人停止违法行为。

第六十四条 发生职业病危害事故或者有证据证明危害状态可能导致职业病危害事故发生时，卫生行政部门可以采取下列临时控制措施：

（一）责令暂停导致职业病危害事故的作业；

（二）封存造成职业病危害事故或者可能导致职业病危害事故发生的材料和设备；

（三）组织控制职业病危害事故现场。

在职业病危害事故或者危害状态得到有效控制后，卫生行政部门应当及时解除控制措施。

第六十五条 职业卫生监督执法人员依法执行职务时，应当出示监督执法证件。

职业卫生监督执法人员应当忠于职守，秉公执法，严格遵守执法规范；涉及用人单位的秘密的，应当为其保密。

第六十六条 职业卫生监督执法人员依法执行职务时，被检查单位应当接受检查并予以支持配合，不得拒绝和阻碍。

第六十七条 卫生行政部门及其职业卫生监督执法人员履行职责时，不得有下列行为：

（一）对不符合法定条件的，发给建设项目有关证明文件、资质证明文件或者予以批准；

（二）对已经取得有关证明文件的，不履行监督检查职责；

（三）发现用人单位存在职业病危害的，可能造成职业病危害事故，不及时依法采取控制措施；

（四）其他违反本法的行为。

第六十八条 职业卫生监督执法人员应当依法经过资格认定。

职业卫生监督管理部门应当加强队伍建设，提高职业卫生监督执法人员的政治、业务素质，依照本法和其他有关法律、法规的规定，建立、健全内部监督制度，对其工作人员执行法律、法规和遵守纪律的情况，进行监督检查。

第六章 法律责任

第六十九条 建设单位违反本法规定，有下列行为之一的，由卫生行政部门给予警告，责令限期改正，逾期不改正的，处十万元以上五十万元以下的罚款；情节严重的，责令停止产生职业病危害的作业，或者提请有关人民政府按照国务院规定的权限责令停建、关闭：

（一）未按照规定进行职业病危害预评价的；

（二）医疗机构可能产生放射性职业病危害的建设项目未按照规定提交放射性职业病危害预评价报告，或者放射性职业病危害预评价报告未经卫生行政部门审核同意，开工建设的；

（三）建设项目的职业病防护设施未按照规定与主体工程同时设计、同时施工、同时投入生产和使用的；

（四）建设项目的职业病防护设施设计不符合国家职业卫生标准和卫生要求，或者医疗机构放射性职业病危害严重的建设项目的防护设施设计未经卫生行政部门审查同意擅自施工的；

（五）未按照规定对职业病防护设施进行职业病危害控制效果评价的；

（六）建设项目竣工投入生产和使用前，职业病防护设施未按照规定验收合格的。

第七十条 违反本法规定，有下列行为之一的，由卫生行政部门给予警告，责令限期改正；逾期不改正的，处十万元以下的罚款：

（一）工作场所职业病危害因素检测、评价结果没有存档、上报、公布的；

（二）未采取本法第二十条规定的职业病防治管理措施的；

（三）未按照规定公布有关职业病防治的规章制度、操作规程、职业病危害事故应急救援措施的；

（四）未按照规定组织劳动者进行职业卫生培训，或者未对劳动者个人职业病防护采取指导、督促措施的；

（五）国内首次使用或者首次进口与职业病危害有关的化学材料，未按照规定报送毒性鉴定资料以及经有关部门登记注册或者批准进口的文件的。

第七十一条　用人单位违反本法规定，有下列行为之一的，由卫生行政部门责令限期改正，给予警告，可以并处五万元以上十万元以下的罚款：

（一）未按照规定及时、如实向卫生行政部门申报产生职业病危害的项目的；

（二）未实施由专人负责的职业病危害因素日常监测，或者监测系统不能正常监测的；

（三）订立或者变更劳动合同时，未告知劳动者职业病危害真实情况的；

（四）未按照规定组织职业健康检查、建立职业健康监护档案或者未将检查结果书面告知劳动者的；

（五）未依照本法规定在劳动者离开用人单位时提供职业健康监护档案复印件的。

第七十二条　用人单位违反本法规定，有下列行为之一的，由卫生行政部门给予警告，责令限期改正，逾期不改正的，处五万元以上二十万元以下的罚款；情节严重的，责令停止产生职业病危害的作业，或者提请有关人民政府按照国务院规定的权限责令关闭：

（一）工作场所职业病危害因素的强度或者浓度超过国家职业卫生标准的；

（二）未提供职业病防护设施和个人使用的职业病防护用品，或者提供的职业病防护设施和个人使用的职业病防护用品不符合国家职业卫生标准和卫生要求的；

（三）对职业病防护设备、应急救援设施和个人使用的职业病防护用品未按照规定进行维护、检修、检测，或者不能保持正常运行、使用状态的；

（四）未按照规定对工作场所职业病危害因素进行检测、评价的；

（五）工作场所职业病危害因素经治理仍然达不到国家职业卫生标准和卫生要求时，未停止存在职业病危害因素的作业的；

（六）未按照规定安排职业病病人、疑似职业病病人进行诊治的；

（七）发生或者可能发生急性职业病危害事故时，未立即采取应急救援和控制措施或者未按照规定及时报告的；

（八）未按照规定在产生严重职业病危害的作业岗位醒目位置设置警示标识和中文警示说明的；

（九）拒绝职业卫生监督管理部门监督检查的；

（十）隐瞒、伪造、篡改、毁损职业健康监护档案、工作场所职业病危害因素检测评价结果等相关资料，或者拒不提供职业病诊断、鉴定所需资料的；

（十一）未按照规定承担职业病诊断、鉴定费用和职业病病人的医疗、生活保障费用的。

第七十三条　向用人单位提供可能产生职业病危害的设备、材料，未按照规定提供中文说明书或者设置警示标识和中文警示说明的，由卫生行政部门责令限期改正，给予警告，并处五万元以上二十万元以下的罚款。

第七十四条　用人单位和医疗卫生机构未按照规定报告职业病、疑似职业病的，由有关主管部门依据职责分工责令限期改正，给予警告，可以并处一万元以下的罚款；弄虚作假的，并处二万元以上五万元以下的罚款；对直接负责的主管人员和其他直接责任人员，可以依法给予降级或者撤职的处分。

第七十五条　违反本法规定，有下列情形之一的，由卫生行政部门责令限期治理，并处五万元以上三十万元以下的罚款；情节严重的，责令停止产生职业病危害的作业，或者提请有关人民政府按照国务院规定的权限责令关闭：

（一）隐瞒技术、工艺、设备、材料所产生的职业病危害而采用的；

（二）隐瞒本单位职业卫生真实情况的；

（三）可能发生急性职业损伤的有毒、有害工作场所、放射工作场所或者放射性同位素的运输、贮存不符合本法第二十五条规定的；

（四）使用国家明令禁止使用的可能产生职业病危害的设备或者材料的；

（五）将产生职业病危害的作业转移给没有职业病防护条件的单位和个人，或者没有职业病防护条件的单位和个人接受产生职业病危害的作业的；

（六）擅自拆除、停止使用职业病防护设备或者应急救援设施的；

（七）安排未经职业健康检查的劳动者、有职业禁忌的劳动者、未成年工或者孕期、哺乳期女职工从事接触职业病危害的作业或者禁忌作业的；

（八）违章指挥和强令劳动者进行没有职业病防护措施的作业的。

第七十六条　生产、经营或者进口国家明令禁止使用的可能产生职业病危害的设备或者材料的，依照有关法律、行政法规的规定给予处罚。

第七十七条　用人单位违反本法规定，已经对劳动者生命健康造成严重损害的，由卫生行政部门责令停止产生职业病危害的作业，或者提请有关人民政府按照国务院规定的权限责令关闭，并处十万元以上五十万元以下的罚款。

第七十八条　用人单位违反本法规定，造成重大职业病危害事故或者其他严重后果，构成犯罪的，对直接负责的主管人员和其他直接责任人员，依法追究刑事责任。

第七十九条　未取得职业卫生技术服务资质认可擅自从事职业卫生技术服务的，由卫生行政部门责令立即停止违法行为，没收违法所得；违法所得五千元以上的，并处违法所得二倍以上十倍以下的罚款；没有违法所得或者违法所得不足五千元的，并处五千元以上五万元以下的罚款；情节严重的，对直接负责的主管人员和其他直接责任人员，依法给予降级、撤职或者开除的处分。

第八十条　从事职业卫生技术服务的机构和承担职业病诊断的医疗卫生机构违反本法规定，有下列行为之一的，由卫生行政部门责令立即停止违法行为，给予警告，没收违法所得；违法所得五千元以上的，并处违法所得二倍以上五倍以下的罚款；没有违法所得或者违法所得不足五千元的，并处五千元以上二万元以下的罚款；情节严重的，由原认可或者登记机关取消其相应的资格；对直接负责的主管人员和其他直接责任人员，依法给予降级、撤职或者开除的处分；构成犯罪的，依法追究刑事责任：

（一）超出资质认可或者诊疗项目登记范围从事职业卫生技术服务或者职业病诊断的；

（二）不按照本法规定履行法定职责的；

（三）出具虚假证明文件的。

第八十一条　职业病诊断鉴定委员会组成人员收受职业病诊断争议当事人的财物或者其他好处的，给予警告，没收收受的财物，可以并处三千元以上五万元以下的罚款，取消其担任职业病诊断鉴定委员会组成人员的资格，并从省、自治区、直辖市人民政府卫生行政部门设立的专家库中予以除名。

第八十二条　卫生行政部门不按照规定报告职业病和职业病危害事故的，由上一级行政部门责令改正，通报批评，给予警告；虚报、瞒报的，对单位负责人、直接负责的主管人员和其他直接责任人员依法给予降级、撤职或者开除的处分。

第八十三条　县级以上地方人民政府在职业病防治工作中未依照本法履行职责，本行政区域出现重大职业病危害事故、造成严重社会影响的，依法对直接负责的主管人员和其他直接责任人员给予记大过直至开除的处分。

县级以上人民政府职业卫生监督管理部门不履行本法规定的职责，滥用职权、玩忽职守、徇私舞弊，依法对直接负责的主管人员和其他直接责任人员给予记大过或者降级的处分；造成职业病危害事故或者其他严重后果的,依法给予撤职或者开除的处分。

第八十四条 违反本法规定,构成犯罪的,依法追究刑事责任。

第七章 附则

第八十五条 本法下列用语的含义:

职业病危害,是指对从事职业活动的劳动者可能导致职业病的各种危害。职业病危害因素包括:职业活动中存在的各种有害的化学、物理、生物因素以及在作业过程中产生的其他职业有害因素。

职业禁忌,是指劳动者从事特定职业或者接触特定职业病危害因素时,比一般职业人群更易于遭受职业病危害和罹患职业病或者可能导致原有自身疾病病情加重,或者在从事作业过程中诱发可能导致对他人生命健康构成危险的疾病的个人特殊生理或者病理状态。

第八十六条 本法第二条规定的用人单位以外的单位,产生职业病危害的,其职业病防治活动可以参照本法执行。

劳务派遣用工单位应当履行本法规定的用人单位的义务。

中国人民解放军参照执行本法的办法,由国务院、中央军事委员会制定。

第八十七条 对医疗机构放射性职业病危害控制的监督管理,由卫生行政部门依照本法的规定实施。

第八十八条 本法自2002年5月1日起施行。

劳动保障监察条例

(2004年10月26日国务院第68次常务会议通过 2004年11月1日中华人民共和国国务院令第423号公布 自2004年12月1日起施行)

第一章 总则

第一条 为了贯彻实施劳动和社会保障(以下称劳动保障)法律、法规和规章,规范劳动保障监察工作,维护劳动者的合法权益,根据劳动法和有关法律,制定本条例。

第二条 对企业和个体工商户(以下称用人单位)进行劳动保障监察,适用本条例。

对职业介绍机构、职业技能培训机构和职业技能考核鉴定机构进行劳动保障监察,依照本条例执行。

第三条 国务院劳动保障行政部门主管全国的劳动保障监察工作。县级以上地方各级人民政府劳动保障行政部门主管本行政区域内的劳动保障监察工作。

县级以上各级人民政府有关部门根据各自职责,支持、协助劳动保障行政部门的劳动保障监察工作。

第四条 县级、设区的市级人民政府劳动保障行政部门可以委托符合监察执法条件的组织实施劳动保障监察。

劳动保障行政部门和受委托实施劳动保障监察的组织中的劳动保障监察员应当经过相应的考核或者考试录用。

劳动保障监察证件由国务院劳动保障行政部门监制。

第五条 县级以上地方各级人民政府应当加强劳动保障监察工作。劳动保障监察所需经费列入本级财政预算。

第六条 用人单位应当遵守劳动保障法律、法规和规章,接受并配合劳动保障监察。

第七条 各级工会依法维护劳动者的合法权益,对用人单位遵守劳动保障法律、法规和规章的情况进行监督。

劳动保障行政部门在劳动保障监察工作中应当注意听取工会组织的意见和建议。

第八条 劳动保障监察遵循公正、公开、高效、便民的原则。

实施劳动保障监察,坚持教育与处罚相结合,接受社会监督。

第九条 任何组织或者个人对违反劳动保障法律、法规或者规章的行为,有权向劳动保障行政部门举报。

劳动者认为用人单位侵犯其劳动保障合法权益的,有权向劳动保障行政部门投诉。

劳动保障行政部门应当为举报人保密;对举报属实,为查处重大违反劳动保障法律、法规或者规章的行为提供主要线索和证据的举报人,给予奖励。

第二章 劳动保障监察职责

第十条 劳动保障行政部门实施劳动保障监察,履行下列职责:

(一)宣传劳动保障法律、法规和规章,督促用人单位贯彻执行;

(二)检查用人单位遵守劳动保障法律、法规和规章的情况;

(三)受理对违反劳动保障法律、法规或者规章的行为的举报、投诉;

(四)依法纠正和查处违反劳动保障法律、法规或者规章的行为。

第十一条 劳动保障行政部门对下列事项实施劳动保障监察:

(一)用人单位制定内部劳动保障规章制度的情况;

(二)用人单位与劳动者订立劳动合同的情况;

(三)用人单位遵守禁止使用童工规定的情况;

(四)用人单位遵守女职工和未成年工特殊劳动保护规定的情况;

(五)用人单位遵守工作时间和休息休假规定的情况;

(六)用人单位支付劳动者工资和执行最低工资标准的情况;

(七)用人单位参加各项社会保险和缴纳社会保险费的情况;

(八)职业介绍机构、职业技能培训机构和职业技能考核鉴定机构遵守国家有关职业介绍、职业技能培训和职业技能考核鉴定的规定的情况;

(九)法律、法规规定的其他劳动保障监察事项。

第十二条 劳动保障监察员依法履行劳动保障监察职责,受法律保护。

劳动保障监察员应当忠于职守,秉公执法,勤政廉洁,保守秘密。

任何组织或者个人对劳动保障监察员的违法违纪行为,有权向劳动保障行政部门或者有关机关检举、控告。

第三章 劳动保障监察的实施

第十三条 对用人单位的劳动保障监察,由用人单位用工所在地的县级或者设区的市级劳动保障行政部门管辖。

上级劳动保障行政部门根据工作需要,可以调查处理下级劳动保障行政部门管辖的案件。劳动保障行政部门对劳动保障监察管辖发生争议的,报请共同的上一级劳动保障行政部门指定管辖。

省、自治区、直辖市人民政府可以对劳动保障监察的管辖制定具体办法。

第十四条 劳动保障监察以日常巡视检查、审查用人单位按照要求报送的书面材料以及接受举报投诉等形式进行。

劳动保障行政部门认为用人单位有违反劳动保障法律、法规或者规章的行为,需要进行调查处理的,应当及时立案。

劳动保障行政部门或者受委托实施劳动保障监察的组织应当设立举报、投诉信箱和电话。

对因违反劳动保障法律、法规或者规章的行为引起的群体性事件,劳动保障行政部门应当根据应急预案,迅速会同有关部门处理。

第十五条　劳动保障行政部门实施劳动保障监察,有权采取下列调查、检查措施:

(一)进入用人单位的劳动场所进行检查;

(二)就调查、检查事项询问有关人员;

(三)要求用人单位提供与调查、检查事项相关的文件资料,并作出解释和说明,必要时可以发出调查询问书;

(四)采取记录、录音、录像、照相或者复制等方式收集有关情况和资料;

(五)委托会计师事务所对用人单位工资支付、缴纳社会保险费的情况进行审计;

(六)法律、法规规定可以由劳动保障行政部门采取的其他调查、检查措施。

劳动保障行政部门对事实清楚、证据确凿,可以当场处理的违反劳动保障法律、法规或者规章的行为有权当场予以纠正。

第十六条　劳动保障监察员进行调查、检查,不得少于2人,并应当佩戴劳动保障监察标志、出示劳动保障监察证件。

劳动保障监察员办理的劳动保障监察事项与本人或者其近亲属有直接利害关系的,应当回避。

第十七条　劳动保障行政部门对违反劳动保障法律、法规或者规章的行为的调查,应当自立案之日起60个工作日内完成;对情况复杂的,经劳动保障行政部门负责人批准,可以延长30个工作日。

第十八条　劳动保障行政部门对违反劳动保障法律、法规或者规章的行为,根据调查、检查的结果,作出以下处理:

(一)对依法应当受到行政处罚的,依法作出行政处罚决定;

(二)对应当改正未改正的,依法责令改正或者作出相应的行政处理决定;

(三)对情节轻微且已改正的,撤销立案。

发现违法案件不属于劳动保障监察事项的,应当及时移送有关部门处理;涉嫌犯罪的,应当依法移送司法机关。

第十九条　劳动保障行政部门对违反劳动保障法律、法规或者规章的行为作出行政处罚或者行政处理决定前,应当听取用人单位的陈述、申辩;作出行政处罚或者行政处理决定,应当告知用人单位依法享有申请行政复议或者提起行政诉讼的权利。

第二十条　违反劳动保障法律、法规或者规章的行为在2年内未被劳动保障行政部门发现,也未被举报、投诉的,劳动保障行政部门不再查处。

前款规定的期限,自违反劳动保障法律、法规或者规章的行为发生之日起计算;违反劳动保障法律、法规或者规章的行为有连续或者继续状态的,自行为终了之日起计算。

第二十一条　用人单位违反劳动保障法律、法规或者规章,对劳动者造成损害的,依法承担赔偿责任。劳动者与用人单位就赔偿发生争议的,依照国家有关劳动争议处理的规定处理。

对应当通过劳动争议处理程序解决的事项或者已经按照劳动争议处理程序申请调解、仲裁或者已经提起诉讼的事项,劳动保障行政部门应当告知投诉人依照劳动争议处理或者诉讼的程序办理。

第二十二条　劳动保障行政部门应当建立用人单位劳动保障守法诚信档案。用人单位有重大违反劳动保障法律、法规或者规章的行为的,由有关的劳动保障行政部门向社会公布。

第四章 法律责任

第二十三条 用人单位有下列行为之一的,由劳动保障行政部门责令改正,按照受侵害的劳动者每人1 000元以上5 000元以下的标准计算,处以罚款:

(一)安排女职工从事矿山井下劳动、国家规定的第四级体力劳动强度的劳动或者其他禁忌从事的劳动的;

(二)安排女职工在经期从事高处、低温、冷水作业或者国家规定的第三级体力劳动强度的劳动的;

(三)安排女职工在怀孕期间从事国家规定的第三级体力劳动强度的劳动或者孕期禁忌从事的劳动的;

(四)安排怀孕7个月以上的女职工夜班劳动或者延长其工作时间的;

(五)女职工生育享受产假少于90天的;

(六)安排女职工在哺乳未满1周岁的婴儿期间从事国家规定的第三级体力劳动强度的劳动或者哺乳期禁忌从事的其他劳动,以及延长其工作时间或者安排其夜班劳动的;

(七)安排未成年工从事矿山井下、有毒有害、国家规定的第四级体力劳动强度的劳动或者其他禁忌从事的劳动的;

(八)未对未成年工定期进行健康检查的。

第二十四条 用人单位与劳动者建立劳动关系不依法订立劳动合同的,由劳动保障行政部门责令改正。

第二十五条 用人单位违反劳动保障法律、法规或者规章延长劳动者工作时间的,由劳动保障行政部门给予警告,责令限期改正,并可以按照受侵害的劳动者每人100元以上500元以下的标准计算,处以罚款。

第二十六条 用人单位有下列行为之一的,由劳动保障行政部门分别责令限期支付劳动者的工资报酬、劳动者工资低于当地最低工资标准的差额或者解除劳动合同的经济补偿;逾期不支付的,责令用人单位按照应付金额50%以上1倍以下的标准计算,向劳动者加付赔偿金:

(一)克扣或者无故拖欠劳动者工资报酬的;

(二)支付劳动者的工资低于当地最低工资标准的;

(三)解除劳动合同未依法给予劳动者经济补偿的。

第二十七条 用人单位向社会保险经办机构申报应缴纳的社会保险费数额时,瞒报工资总额或者职工人数的,由劳动保障行政部门责令改正,并处瞒报工资数额1倍以上3倍以下的罚款。

骗取社会保险待遇或者骗取社会保险基金支出的,由劳动保障行政部门责令退还,并处骗取金额1倍以上3倍以下的罚款;构成犯罪的,依法追究刑事责任。

第二十八条 职业介绍机构、职业技能培训机构或者职业技能考核鉴定机构违反国家有关职业介绍、职业技能培训或者职业技能考核鉴定的规定的,由劳动保障行政部门责令改正,没收违法所得,并处1万元以上5万元以下的罚款;情节严重的,吊销许可证。

未经劳动保障行政部门许可,从事职业介绍、职业技能培训或者职业技能考核鉴定的组织或者个人,由劳动保障行政部门、市场监督管理部门依照国家有关无照经营查处取缔的规定查处取缔。

第二十九条 用人单位违反《中华人民共和国工会法》,有下列行为之一的,由劳动保障行政部门责令改正:

(一)阻挠劳动者依法参加和组织工会,或者阻挠上级工会帮助、指导劳动者筹建工会的;

(二)无正当理由调动依法履行职责的工会工作人员的工作岗位,进行打击报复的;

(三)劳动者因参加工会活动而被解除劳动合同的;

（四）工会工作人员因依法履行职责被解除劳动合同的。

第三十条 有下列行为之一的，由劳动保障行政部门责令改正；对有第（一）项、第（二）项或者第（三）项规定的行为的，处2000元以上2万元以下的罚款：

（一）无理抗拒、阻挠劳动保障行政部门依照本条例的规定实施劳动保障监察的；

（二）不按照劳动保障行政部门的要求报送书面材料，隐瞒事实真相，出具伪证或者隐匿、毁灭证据的；

（三）经劳动保障行政部门责令改正拒不改正，或者拒不履行劳动保障行政部门的行政处理决定的；

（四）打击报复举报人、投诉人的。

违反前款规定，构成违反治安管理行为的，由公安机关依法给予治安管理处罚；构成犯罪的，依法追究刑事责任。

第三十一条 劳动保障监察员滥用职权、玩忽职守、徇私舞弊或者泄露在履行职责过程中知悉的商业秘密的，依法给予行政处分；构成犯罪的，依法追究刑事责任。

劳动保障行政部门和劳动保障监察员违法行使职权，侵犯用人单位或者劳动者的合法权益的，依法承担赔偿责任。

第三十二条 属于本条例规定的劳动保障监察事项，法律、其他行政法规对处罚另有规定的，从其规定。

第五章 附则

第三十三条 对无营业执照或者已被依法吊销营业执照，有劳动用工行为的，由劳动保障行政部门依照本条例实施劳动保障监察，并及时通报市场监督管理部门予以查处取缔。

第三十四条 国家机关、事业单位、社会团体执行劳动保障法律、法规和规章的情况，由劳动保障行政部门根据其职责，依照本条例实施劳动保障监察。

第三十五条 劳动安全卫生的监督检查，由卫生部门、安全生产监督管理部门、特种设备安全监督管理部门等有关部门依照有关法律、行政法规的规定执行。

第三十六条 本条例自2004年12月1日起施行。

关于实施《劳动保障监察条例》若干规定

（2004年12月31日劳动保障部令第25号公布 自2005年2月1日起施行 根据2022年1月7日《人力资源社会保障部关于修改部分规章的决定》第一次修订）

第一章 总则

第一条 为了实施《劳动保障监察条例》，规范劳动保障监察行为，制定本规定。

第二条 劳动保障行政部门及所属劳动保障监察机构对企业和个体工商户（以下称用人单位）遵守劳动保障法律、法规和规章（以下简称劳动保障法律）的情况进行监察，适用本规定；对职业介绍机构、职业技能培训机构和职业技能考核鉴定机构进行劳动保障监察，依照本规定执行；对国家机关、事业单位、社会团体执行劳动保障法律情况进行劳动保障监察，根据劳动保障行政部门的职责，依照本规定执行。

第三条 劳动保障监察遵循公正、公开、高效、便民的原则。

实施劳动保障行政处罚坚持以事实为依据，以法律为准绳，坚持教育与处罚相结合，接受社会监督。

第四条 劳动保障监察实行回避制度。

第五条 县级以上劳动保障行政部门设立的劳动保障监察行政机构和劳动保障行政部门依法委托实施劳动保障监察的组织（以下统称劳动保障监察机构）具体负责劳动保障监察管理工作。

第二章 一般规定

第六条 劳动保障行政部门对用人单位及其劳动场所的日常巡视检查，应当制定年度计划和中长期规划，确定重点检查范围，并按照现场检查的规定进行。

第七条 劳动保障行政部门对用人单位按照要求报送的有关遵守劳动保障法律情况的书面材料应进行审查，并对审查中发现的问题及时予以纠正和查处。

第八条 劳动保障行政部门可以针对劳动保障法律实施中存在的重点问题集中组织专项检查活动，必要时，可以联合有关部门或组织共同进行。

第九条 劳动保障行政部门应当设立举报、投诉信箱，公开举报、投诉电话，依法查处举报和投诉反映的违反劳动保障法律的行为。

第三章 受理与立案

第十条 任何组织或个人对违反劳动保障法律的行为，有权向劳动保障行政部门举报。

第十一条 劳动保障行政部门对举报人反映的违反劳动保障法律的行为应当依法予以查处，并为举报人保密；对举报属实，为查处重大违反劳动保障法律的行为提供主要线索和证据的举报人，给予奖励。

第十二条 劳动者对用人单位违反劳动保障法律、侵犯其合法权益的行为，有权向劳动保障行政部门投诉。对因同一事由引起的集体投诉，投诉人可推荐代表投诉。

第十三条 投诉应当由投诉人向劳动保障行政部门递交投诉文书。书写投诉文书确有困难的，可以口头投诉，由劳动保障监察机构进行笔录，并由投诉人签字。

第十四条 投诉文书应当载明下列事项：

（一）投诉人的姓名、性别、年龄、职业、工作单位、住所和联系方式，被投诉用人单位的名称、住所、法定代表人或者主要负责人的姓名、职务；

（二）劳动保障合法权益受到侵害的事实和投诉请求事项。

第十五条 有下列情形之一的投诉，劳动保障行政部门应当告知投诉人依照劳动争议处理或者诉讼程序办理：

（一）应当通过劳动争议处理程序解决的；

（二）已经按照劳动争议处理程序申请调解、仲裁的；

（三）已经提起劳动争议诉讼的。

第十六条 下列因用人单位违反劳动保障法律行为对劳动者造成损害，劳动者与用人单位就赔偿发生争议的，依照国家有关劳动争议处理的规定处理：

（一）因用人单位制定的劳动规章制度违反法律、法规规定，对劳动者造成损害的；

（二）因用人单位违反对女职工和未成年工的保护规定，对女职工和未成年工造成损害的；

（三）因用人单位原因订立无效合同，对劳动者造成损害的；

（四）因用人单位违法解除劳动合同或者故意拖延不订立劳动合同，对劳动者造成损害的；

（五）法律、法规和规章规定的其他因用人单位违反劳动保障法律的行为，对劳动者造成损害的。

第十七条 劳动者或者用人单位与社会保险经办机构发生的社会保险行政争议，按照《社会保险行政争议处理办法》处理。

第十八条 对符合下列条件的投诉，劳动保障行政部门应当在接到投诉之日起 5 个工作日内依法受理，并于受理之日立案查处：

（一）违反劳动保障法律的行为发生在两年内的；

（二）有明确的被投诉用人单位，且投诉人的合法权益受到侵害是被投诉用人单位违反劳动保障法律的行为所造成的；

（三）属于劳动保障监察职权范围并由受理投诉的劳动保障行政部门管辖的。

对不符合第一款第（一）项规定的投诉，劳动保障行政部门应当在接到投诉之日起 5 个工作日内决定不予受理，并书面通知投诉人。

对不符合第一款第（二）项规定的投诉，劳动保障监察机构应当告知投诉人补正投诉材料。

对不符合第一款第（三）项规定的投诉，即对不属于劳动保障监察职权范围的投诉，劳动保障监察机构应当告诉投诉人；对属于劳动保障监察职权范围但不属于受理投诉的劳动保障行政部门管辖的投诉，应当告知投诉人向有关劳动保障行政部门提出。

第十九条 劳动保障行政部门通过日常巡视检查、书面审查、举报等发现用人单位有违反劳动保障法律的行为，需要进行调查处理的，应当及时立案查处。

立案应当填写立案审批表，报劳动保障监察机构负责人审查批准。劳动保障监察机构负责人批准之日即为立案之日。

第四章 调查与检查

第二十条 劳动保障监察员进行调查、检查不得少于两人。

劳动保障监察机构应指定其中 1 名为主办劳动保障监察员。

第二十一条 劳动保障监察员对用人单位遵守劳动保障法律情况进行监察时，应当遵循以下规定：

（一）进入用人单位时，应佩戴劳动保障监察执法标志，出示劳动保障监察证件，并说明身份；

（二）就调查事项制作笔录，应由劳动保障监察员和被调查人（或其委托代理人）签名或盖章。被调查人拒不签名、盖章的，应注明拒签情况。

第二十二条 劳动保障监察员进行调查、检查时，承担下列义务：

（一）依法履行职责，秉公执法；

（二）保守在履行职责过程中获知的商业秘密；

（三）为举报人保密。

第二十三条 劳动保障监察员在实施劳动保障监察时，有下列情形之一的，应当回避：

（一）本人是用人单位法定代表人或主要负责人的近亲属的；

（二）本人或其近亲属与承办查处的案件事项有直接利害关系的；

（三）因其他原因可能影响案件公正处理的。

第二十四条 当事人认为劳动保障监察员符合本规定第二十三条规定应当回避的，有权向劳动保障行政部门申请，要求其回避。当事人申请劳动保障监察员回避，应当采用书面形式。

第二十五条 劳动保障行政部门应当在收到回避申请之日起 3 个工作日内依法审查，并由劳动保障行政部门负责人作出回避决定。决定作出前，不停止实施劳动保障监察。回避决定应当告知申请人。

第二十六条 劳动保障行政部门实施劳动保障监察，有权采取下列措施：

（一）进入用人单位的劳动场所进行检查；

（二）就调查、检查事项询问有关人员；

（三）要求用人单位提供与调查、检查事项相关的文件资料，必要时可以发出调查询问书；

（四）采取记录、录音、录像、照像和复制等方式收集有关的情况和资料；

（五）对事实确凿、可以当场处理的违反劳动保障法律、法规或规章的行为当场予以纠正；

（六）可以委托注册会计师事务所对用人单位工资支付、缴纳社会保险费的情况进行审计；

（七）法律、法规规定可以由劳动保障行政部门采取的其他调查、检查措施。

第二十七条　劳动保障行政部门调查、检查时，有下列情形之一的可以采取证据登记保存措施：

（一）当事人可能对证据采取伪造、变造、毁灭行为的；

（二）当事人采取措施不当可能导致证据灭失的；

（三）不采取证据登记保存措施以后难以取得的；

（四）其他可能导致证据灭失的情形的。

第二十八条　采取证据登记保存措施应当按照下列程序进行：

（一）劳动保障监察机构根据本规定第二十七条的规定，提出证据登记保存申请，报劳动保障行政部门负责人批准；

（二）劳动保障监察员将证据登记保存通知书及证据登记清单交付当事人，由当事人签收。当事人拒不签名或者盖章的，由劳动保障监察员注明情况；

（三）采取证据登记保存措施后，劳动保障行政部门应当在7日内及时作出处理决定，期限届满后应当解除证据登记保存措施。

在证据登记保存期内，当事人或者有关人员不得销毁或者转移证据；劳动保障监察机构及劳动保障监察员可以随时调取证据。

第二十九条　劳动保障行政部门在实施劳动保障监察中涉及异地调查取证的，可以委托当地劳动保障行政部门协助调查。受委托方的协助调查应在双方商定的时间内完成。

第三十条　劳动保障行政部门对违反劳动保障法律的行为的调查，应当自立案之日起60个工作日内完成；情况复杂的，经劳动保障行政部门负责人批准，可以延长30个工作日。

第五章　案件处理

第三十一条　对用人单位存在的违反劳动保障法律的行为事实确凿并有法定处罚（处理）依据的，可以当场作出限期整改指令或依法当场作出行政处罚决定。

当场作出限期整改指令或行政处罚决定的，劳动保障监察员应当填写预定格式、编有号码的限期整改指令书或行政处罚决定书，当场交付当事人。

第三十二条　当场处以警告或罚款处罚的，应当按照下列程序进行：

（一）口头告知当事人违法行为的基本事实、拟作出的行政处罚、依据及其依法享有的权利；

（二）听取当事人的陈述和申辩；

（三）填写预定格式的处罚决定书；

（四）当场处罚决定书应当由劳动保障监察员签名或者盖章；

（五）将处罚决定书当场交付当事人，由当事人签收。

劳动保障监察员应当在两日内将当场限期整改指令和行政处罚决定书存档联交所属劳动保障行政部门存档。

第三十三条　对不能当场作出处理的违法案件，劳动保障监察员经调查取证，应当提出初步处理建议，并填写案件处理报批表。

案件处理报批表应写明被处理单位名称、案由、违反劳动保障法律行为事实、被处理单位的陈述、处理依据、建议处理意见。

第三十四条　对违反劳动保障法律的行为作出行政处罚或者行政处理决定前，应当告知用人单位，听取其陈述和申辩；法律、法规规定应当依法听证的，应当告知用人单位有权依法要求举行听证；用人单位要求听证的，劳动保障行政部门应当组织听证。

第三十五条　劳动保障行政部门对违反劳动保障法律的行为，根据调查、检查的结果，作出以下处理：

（一）对依法应当受到行政处罚的，依法作出行政处罚决定；

（二）对应当改正未改正的，依法责令改正或者作出相应的行政处理决定；

（三）对情节轻微，且已改正的，撤销立案。

经调查、检查，劳动保障行政部门认定违法事实不能成立的，也应当撤销立案。

发现违法案件不属于劳动保障监察事项的，应当及时移送有关部门处理；涉嫌犯罪的，应当依法移送司法机关。

第三十六条　劳动保障监察行政处罚（处理）决定书应载明下列事项：

（一）被处罚（处理）单位名称、法定代表人、单位地址；

（二）劳动保障行政部门认定的违法事实和主要证据；

（三）劳动保障行政处罚（处理）的种类和依据；

（四）处罚（处理）决定的履行方式和期限；

（五）不服行政处罚（处理）决定，申请行政复议或者提起行政诉讼的途径和期限；

（六）作出处罚（处理）决定的行政机关名称和作出处罚（处理）决定的日期。

劳动保障行政处罚（处理）决定书应当加盖劳动保障行政部门印章。

第三十七条　劳动保障行政部门立案调查完成，应在15个工作日内作出行政处罚（行政处理或者责令改正）或者撤销立案决定；特殊情况，经劳动保障行政部门负责人批准可以延长。

第三十八条　劳动保障监察限期整改指令书、劳动保障行政处理决定书、劳动保障行政处罚决定书应当在宣告后当场交付当事人；当事人不在场的，劳动保障行政部门应当在7日内依照《中华人民共和国民事诉讼法》的有关规定，将劳动保障监察限期整改指令书、劳动保障行政处理决定书、劳动保障行政处罚决定书送达当事人。

第三十九条　作出行政处罚、行政处理决定的劳动保障行政部门发现决定不适当的，应当予以纠正并及时告知当事人。

第四十条　劳动保障监察案件结案后应建立档案。档案资料应当至少保存3年。

第四十一条　劳动保障行政处理或处罚决定依法作出后，当事人应当在决定规定的期限内予以履行。

第四十二条　当事人对劳动保障行政处理或行政处罚决定不服申请行政复议或者提起行政诉讼的，行政处理或行政处罚决定不停止执行。法律另有规定的除外。

第四十三条　当事人确有经济困难，需要延期或者分期缴纳罚款的，经当事人申请和劳动保障行政部门批准，可以暂缓或者分期缴纳。

第四十四条　当事人对劳动保障行政部门作出的行政处罚决定、责令支付劳动者工资报酬、赔偿金或者征缴社会保险费等行政处理决定逾期不履行的，劳动保障行政部门可以申请人民法院强制执行，或者依法强制执行。

第四十五条　除依法当场收缴的罚款外，作出罚款决定的劳动保障行政部门及其劳动保障监察员不得自行收缴罚款。当事人应当自收到行政处罚决定书之日起15日内，到指定银行缴纳罚款。

第四十六条　地方各级劳动保障行政部门应当按照劳动保障部有关规定对承办的案件进行统计

并填表上报。

地方各级劳动保障行政部门制作的行政处罚决定书，应当在10个工作日内报送上一级劳动保障行政部门备案。

第六章 附则

第四十七条 对无营业执照或者已被依法吊销营业执照，有劳动用工行为的，由劳动保障行政部门依照本规定实施劳动保障监察。

第四十八条 本规定自2005年2月1日起施行。原《劳动监察规定》（劳部发〔1993〕167号）、《劳动监察程序规定》（劳部发〔1995〕457号）、《处理举报劳动违法行为规定》（劳动部令第5号，1996年12月17日）同时废止。

重大劳动保障违法行为社会公布办法

（2016年9月1日人力资源社会保障部令第29号公布 自2017年1月1日起施行）

第一条 为加强对重大劳动保障违法行为的惩戒，强化社会舆论监督，促进用人单位遵守劳动保障法律、法规和规章，根据《劳动保障监察条例》《企业信息公示暂行条例》等有关规定，制定本办法。

第二条 人力资源社会保障行政部门依法向社会公布用人单位重大劳动保障违法行为，适用本办法。

第三条 人力资源社会保障行政部门向社会公布重大劳动保障违法行为，应当遵循依法依规、公平公正、客观真实的原则。

第四条 人力资源社会保障部负责指导监督全国重大劳动保障违法行为社会公布工作，并向社会公布在全国有重大影响的劳动保障违法行为。

省、自治区、直辖市人力资源社会保障行政部门负责指导监督本行政区域重大劳动保障违法行为社会公布工作，并向社会公布在本行政区域有重大影响的劳动保障违法行为。

地市级、县级人力资源社会保障行政部门依据行政执法管辖权限，负责本辖区的重大劳动保障违法行为社会公布工作。

第五条 人力资源社会保障行政部门对下列已经依法查处并作出处理决定的重大劳动保障违法行为，应当向社会公布：

（一）克扣、无故拖欠劳动者劳动报酬，数额较大的；拒不支付劳动报酬，依法移送司法机关追究刑事责任的；

（二）不依法参加社会保险或者不依法缴纳社会保险费，情节严重的；

（三）违反工作时间和休息休假规定，情节严重的；

（四）违反女职工和未成年工特殊劳动保护规定，情节严重的；

（五）违反禁止使用童工规定的；

（六）因劳动保障违法行为造成严重不良社会影响的；

（七）其他重大劳动保障违法行为。

第六条 向社会公布重大劳动保障违法行为，应当列明下列事项：

（一）违法主体全称、统一社会信用代码（或者注册号）及地址；

（二）法定代表人或者负责人姓名；

（三）主要违法事实；

（四）相关处理情况。

涉及国家秘密、商业秘密以及个人隐私的信息不得公布。

第七条 重大劳动保障违法行为应当在人力资源社会保障行政部门门户网站公布，并在本行政区域主要报刊、电视等媒体予以公布。

第八条 地市级、县级人力资源社会保障行政部门对本辖区发生的重大劳动保障违法行为每季度向社会公布一次。

人力资源社会保障部和省级人力资源社会保障行政部门每半年向社会公布一次重大劳动保障违法行为。

根据工作需要，对重大劳动保障违法行为可随时公布。

第九条 县级以上地方人力资源社会保障行政部门在向社会公布重大劳动保障违法行为之前，应当将公布的信息报告上一级人力资源社会保障行政部门。

第十条 人力资源社会保障行政部门应当将重大劳动保障违法行为及其社会公布情况记入用人单位劳动保障守法诚信档案，纳入人力资源社会保障信用体系，并与其他部门和社会组织依法依规实施信息共享和联合惩戒。

第十一条 用人单位对社会公布内容有异议的，由负责查处的人力资源社会保障行政部门自收到申请之日起15个工作日内予以复核和处理，并通知用人单位。

重大劳动保障违法行为处理决定被依法变更或者撤销的，负责查处的人力资源社会保障行政部门应当自变更或者撤销之日起10个工作日内，对社会公布内容予以更正。

第十二条 人力资源社会保障行政部门工作人员在重大劳动保障违法行为社会公布中滥用职权、玩忽职守、徇私舞弊的，依法予以处理。

第十三条 本办法自2017年1月1日起施行。

中华人民共和国劳动争议调解仲裁法

（2007年12月29日第十届全国人民代表大会常务委员会第三十一次会议通过）

目 录

第一章 总则

第二章 调解

第三章 仲裁

　　第一节 一般规定

　　第二节 申请和受理

　　第三节 开庭和裁决

第四章 附则

第一章 总则

第一条 为了公正及时解决劳动争议，保护当事人合法权益，促进劳动关系和谐稳定，制定本法。

第二条 中华人民共和国境内的用人单位与劳动者发生的下列劳动争议，适用本法：

（一）因确认劳动关系发生的争议；
（二）因订立、履行、变更、解除和终止劳动合同发生的争议；
（三）因除名、辞退和辞职、离职发生的争议；
（四）因工作时间、休息休假、社会保险、福利、培训以及劳动保护发生的争议；
（五）因劳动报酬、工伤医疗费、经济补偿或者赔偿金等发生的争议；
（六）法律、法规规定的其他劳动争议。

第三条 解决劳动争议，应当根据事实，遵循合法、公正、及时、着重调解的原则，依法保护当事人的合法权益。

第四条 发生劳动争议，劳动者可以与用人单位协商，也可以请工会或者第三方共同与用人单位协商，达成和解协议。

第五条 发生劳动争议，当事人不愿协商、协商不成或者达成和解协议后不履行的，可以向调解组织申请调解；不愿调解、调解不成或者达成调解协议后不履行的，可以向劳动争议仲裁委员会申请仲裁；对仲裁裁决不服的，除本法另有规定的外，可以向人民法院提起诉讼。

第六条 发生劳动争议，当事人对自己提出的主张，有责任提供证据。与争议事项有关的证据属于用人单位掌握管理的，用人单位应当提供；用人单位不提供的，应当承担不利后果。

第七条 发生劳动争议的劳动者一方在十人以上，并有共同请求的，可以推举代表参加调解、仲裁或者诉讼活动。

第八条 县级以上人民政府劳动行政部门会同工会和企业方面代表建立协调劳动关系三方机制，共同研究解决劳动争议的重大问题。

第九条 用人单位违反国家规定，拖欠或者未足额支付劳动报酬，或者拖欠工伤医疗费、经济补偿或者赔偿金的，劳动者可以向劳动行政部门投诉，劳动行政部门应当依法处理。

第二章 调解

第十条 发生劳动争议，当事人可以到下列调解组织申请调解：
（一）企业劳动争议调解委员会；
（二）依法设立的基层人民调解组织；
（三）在乡镇、街道设立的具有劳动争议调解职能的组织。

企业劳动争议调解委员会由职工代表和企业代表组成。职工代表由工会成员担任或者由全体职工推举产生，企业代表由企业负责人指定。企业劳动争议调解委员会主任由工会成员或者双方推举的人员担任。

第十一条 劳动争议调解组织的调解员应当由公道正派、联系群众、热心调解工作，并具有一定法律知识、政策水平和文化水平的成年公民担任。

第十二条 当事人申请劳动争议调解可以书面申请，也可以口头申请。口头申请的，调解组织应当当场记录申请人基本情况、申请调解的争议事项、理由和时间。

第十三条 调解劳动争议，应当充分听取双方当事人对事实和理由的陈述，耐心疏导，帮助其达成协议。

第十四条 经调解达成协议的，应当制作调解协议书。

调解协议书由双方当事人签名或者盖章，经调解员签名并加盖调解组织印章后生效，对双方当事人具有约束力，当事人应当履行。

自劳动争议调解组织收到调解申请之日起十五日内未达成调解协议的，当事人可以依法申请仲裁。

第十五条 达成调解协议后，一方当事人在协议约定期限内不履行调解协议的，另一方当事人可以依法申请仲裁。

第十六条 因支付拖欠劳动报酬、工伤医疗费、经济补偿或者赔偿金事项达成调解协议，用人单位在协议约定期限内不履行的，劳动者可以持调解协议书依法向人民法院申请支付令。人民法院应当依法发出支付令。

第三章 仲裁

第一节 一般规定

第十七条 劳动争议仲裁委员会按照统筹规划、合理布局和适应实际需要的原则设立。省、自治区人民政府可以决定在市、县设立；直辖市人民政府可以决定在区、县设立。直辖市、设区的市也可以设立一个或者若干个劳动争议仲裁委员会。劳动争议仲裁委员会不按行政区划层层设立。

第十八条 国务院劳动行政部门依照本法有关规定制定仲裁规则。省、自治区、直辖市人民政府劳动行政部门对本行政区域的劳动争议仲裁工作进行指导。

第十九条 劳动争议仲裁委员会由劳动行政部门代表、工会代表和企业方面代表组成。劳动争议仲裁委员会组成人员应当是单数。

劳动争议仲裁委员会依法履行下列职责：

（一）聘任、解聘专职或者兼职仲裁员；

（二）受理劳动争议案件；

（三）讨论重大或者疑难的劳动争议案件；

（四）对仲裁活动进行监督。

劳动争议仲裁委员会下设办事机构，负责办理劳动争议仲裁委员会的日常工作。

第二十条 劳动争议仲裁委员会应当设仲裁员名册。

仲裁员应当公道正派并符合下列条件之一：

（一）曾任审判员的；

（二）从事法律研究、教学工作并具有中级以上职称的；

（三）具有法律知识、从事人力资源管理或者工会等专业工作满五年的；

（四）律师执业满三年的。

第二十一条 劳动争议仲裁委员会负责管辖本区域内发生的劳动争议。

劳动争议由劳动合同履行地或者用人单位所在地的劳动争议仲裁委员会管辖。双方当事人分别向劳动合同履行地和用人单位所在地的劳动争议仲裁委员会申请仲裁的，由劳动合同履行地的劳动争议仲裁委员会管辖。

第二十二条 发生劳动争议的劳动者和用人单位为劳动争议仲裁案件的双方当事人。

劳务派遣单位或者用工单位与劳动者发生劳动争议的，劳务派遣单位和用工单位为共同当事人。

第二十三条 与劳动争议案件的处理结果有利害关系的第三人，可以申请参加仲裁活动或者由劳动争议仲裁委员会通知其参加仲裁活动。

第二十四条 当事人可以委托代理人参加仲裁活动。委托他人参加仲裁活动，应当向劳动争议仲裁委员会提交有委托人签名或者盖章的委托书，委托书应当载明委托事项和权限。

第二十五条 丧失或者部分丧失民事行为能力的劳动者，由其法定代理人代为参加仲裁活动；无法定代理人的，由劳动争议仲裁委员会为其指定代理人。劳动者死亡的，由其近亲属或者代理人参加仲裁活动。

第二十六条 劳动争议仲裁公开进行，但当事人协议不公开进行或者涉及国家秘密、商业秘密和个人隐私的除外。

第二节　申请和受理

第二十七条　劳动争议申请仲裁的时效期间为一年。仲裁时效期间从当事人知道或者应当知道其权利被侵害之日起计算。

前款规定的仲裁时效，因当事人一方向对方当事人主张权利，或者向有关部门请求权利救济，或者对方当事人同意履行义务而中断。从中断时起，仲裁时效期间重新计算。

因不可抗力或者有其他正当理由，当事人不能在本条第一款规定的仲裁时效期间申请仲裁的，仲裁时效中止。从中止时效的原因消除之日起，仲裁时效期间继续计算。

劳动关系存续期间因拖欠劳动报酬发生争议的，劳动者申请仲裁不受本条第一款规定的仲裁时效期间的限制；但是，劳动关系终止的，应当自劳动关系终止之日起一年内提出。

第二十八条　申请人申请仲裁应当提交书面仲裁申请，并按照被申请人人数提交副本。

仲裁申请书应当载明下列事项：

（一）劳动者的姓名、性别、年龄、职业、工作单位和住所，用人单位的名称、住所和法定代表人或者主要负责人的姓名、职务；

（二）仲裁请求和所根据的事实、理由；

（三）证据和证据来源、证人姓名和住所。

书写仲裁申请确有困难的，可以口头申请，由劳动争议仲裁委员会记入笔录，并告知对方当事人。

第二十九条　劳动争议仲裁委员会收到仲裁申请之日起五日内，认为符合受理条件的，应当受理，并通知申请人；认为不符合受理条件的，应当书面通知申请人不予受理，并说明理由。对劳动争议仲裁委员会不予受理或者逾期未作出决定的，申请人可以就该劳动争议事项向人民法院提起诉讼。

第三十条　劳动争议仲裁委员会受理仲裁申请后，应当在五日内将仲裁申请书副本送达被申请人。

被申请人收到仲裁申请书副本后，应当在十日内向劳动争议仲裁委员会提交答辩书。劳动争议仲裁委员会收到答辩书后，应当在五日内将答辩书副本送达申请人。被申请人未提交答辩书的，不影响仲裁程序的进行。

第三节　开庭和裁决

第三十一条　劳动争议仲裁委员会裁决劳动争议案件实行仲裁庭制。仲裁庭由三名仲裁员组成，设首席仲裁员。简单劳动争议案件可以由一名仲裁员独任仲裁。

第三十二条　劳动争议仲裁委员会应当在受理仲裁申请之日起五日内将仲裁庭的组成情况书面通知当事人。

第三十三条　仲裁员有下列情形之一，应当回避，当事人也有权以口头或者书面方式提出回避申请：

（一）是本案当事人或者当事人、代理人的近亲属的；

（二）与本案有利害关系的；

（三）与本案当事人、代理人有其他关系，可能影响公正裁决的；

（四）私自会见当事人、代理人，或者接受当事人、代理人的请客送礼的。

劳动争议仲裁委员会对回避申请应当及时作出决定，并以口头或者书面方式通知当事人。

第三十四条　仲裁员有本法第三十三条第四项规定情形，或者有索贿受贿、徇私舞弊、枉法裁决行为的，应当依法承担法律责任。劳动争议仲裁委员会应当将其解聘。

第三十五条　仲裁庭应当在开庭五日前，将开庭日期、地点书面通知双方当事人。当事人有正当理由的，可以在开庭三日前请求延期开庭。是否延期，由劳动争议仲裁委员会决定。

第三十六条　申请人收到书面通知，无正当理由拒不到庭或者未经仲裁庭同意中途退庭的，可以视为撤回仲裁申请。

被申请人收到书面通知，无正当理由拒不到庭或者未经仲裁庭同意中途退庭的，可以缺席裁决。

第三十七条 仲裁庭对专门性问题认为需要鉴定的，可以交由当事人约定的鉴定机构鉴定；当事人没有约定或者无法达成约定的，由仲裁庭指定的鉴定机构鉴定。

根据当事人的请求或者仲裁庭的要求，鉴定机构应当派鉴定人参加开庭。当事人经仲裁庭许可，可以向鉴定人提问。

第三十八条 当事人在仲裁过程中有权进行质证和辩论。质证和辩论终结时，首席仲裁员或者独任仲裁员应当征询当事人的最后意见。

第三十九条 当事人提供的证据经查证属实的，仲裁庭应当将其作为认定事实的根据。

劳动者无法提供由用人单位掌握管理的与仲裁请求有关的证据，仲裁庭可以要求用人单位在指定期限内提供。用人单位在指定期限内不提供的，应当承担不利后果。

第四十条 仲裁庭应当将开庭情况记入笔录。当事人和其他仲裁参加人认为对自己陈述的记录有遗漏或者差错的，有权申请补正。如果不予补正，应当记录该申请。

笔录由仲裁员、记录人员、当事人和其他仲裁参加人签名或者盖章。

第四十一条 当事人申请劳动争议仲裁后，可以自行和解。达成和解协议的，可以撤回仲裁申请。

第四十二条 仲裁庭在作出裁决前，应当先行调解。

调解达成协议的，仲裁庭应当制作调解书。

调解书应当写明仲裁请求和当事人协议的结果。调解书由仲裁员签名，加盖劳动争议仲裁委员会印章，送达双方当事人。调解书经双方当事人签收后，发生法律效力。

调解不成或者调解书送达前，一方当事人反悔的，仲裁庭应当及时作出裁决。

第四十三条 仲裁庭裁决劳动争议案件，应当自劳动争议仲裁委员会受理仲裁申请之日起四十五日内结束。案情复杂需要延期的，经劳动争议仲裁委员会主任批准，可以延期并书面通知当事人，但是延长期限不得超过十五日。逾期未作出仲裁裁决的，当事人可以就该劳动争议事项向人民法院提起诉讼。

仲裁庭裁决劳动争议案件时，其中一部分事实已经清楚，可以就该部分先行裁决。

第四十四条 仲裁庭对追索劳动报酬、工伤医疗费、经济补偿或者赔偿金的案件，根据当事人的申请，可以裁决先予执行，移送人民法院执行。

仲裁庭裁决先予执行的，应当符合下列条件：

（一）当事人之间权利义务关系明确；

（二）不先予执行将严重影响申请人的生活。

劳动者申请先予执行的，可以不提供担保。

第四十五条 裁决应当按照多数仲裁员的意见作出，少数仲裁员的不同意见应当记入笔录。仲裁庭不能形成多数意见时，裁决应当按照首席仲裁员的意见作出。

第四十六条 裁决书应当载明仲裁请求、争议事实、裁决理由、裁决结果和裁决日期。裁决书由仲裁员签名，加盖劳动争议仲裁委员会印章。对裁决持不同意见的仲裁员，可以签名，也可以不签名。

第四十七条 下列劳动争议，除本法另有规定的外，仲裁裁决为终局裁决，裁决书自作出之日起发生法律效力：

（一）追索劳动报酬、工伤医疗费、经济补偿或者赔偿金，不超过当地月最低工资标准十二个月金额的争议；

（二）因执行国家的劳动标准在工作时间、休息休假、社会保险等方面发生的争议。

第四十八条 劳动者对本法第四十七条规定的仲裁裁决不服的，可以自收到仲裁裁决书之日起十五日内向人民法院提起诉讼。

第四十九条 用人单位有证据证明本法第四十七条规定的仲裁裁决有下列情形之一,可以自收到仲裁裁决书之日起三十日内向劳动争议仲裁委员会所在地的中级人民法院申请撤销裁决:

(一)适用法律、法规确有错误的;

(二)劳动争议仲裁委员会无管辖权的;

(三)违反法定程序的;

(四)裁决所根据的证据是伪造的;

(五)对方当事人隐瞒了足以影响公正裁决的证据的;

(六)仲裁员在仲裁该案时有索贿受贿、徇私舞弊、枉法裁决行为的。

人民法院经组成合议庭审查核实裁决有前款规定情形之一的,应当裁定撤销。

仲裁裁决被人民法院裁定撤销的,当事人可以自收到裁定书之日起十五日内就该劳动争议事项向人民法院提起诉讼。

第五十条 当事人对本法第四十七条规定以外的其他劳动争议案件的仲裁裁决不服的,可以自收到仲裁裁决书之日起十五日内向人民法院提起诉讼;期满不起诉的,裁决书发生法律效力。

第五十一条 当事人对发生法律效力的调解书、裁决书,应当依照规定的期限履行。一方当事人逾期不履行的,另一方当事人可以依照民事诉讼法的有关规定向人民法院申请执行。受理申请的人民法院应当依法执行。

第四章 附则

第五十二条 事业单位实行聘用制的工作人员与本单位发生劳动争议的,依照本法执行;法律、行政法规或者国务院另有规定的,依照其规定。

第五十三条 劳动争议仲裁不收费。劳动争议仲裁委员会的经费由财政予以保障。

第五十四条 本法自2008年5月1日起施行。

企业劳动争议协商调解规定

(2011年11月30日人力资源和社会保障部第76次部务会审议通过 2011年12月5日人力资源和社会保障部令第17号公布 自2012年1月1日起施行)

第一章 总则

第一条 为规范企业劳动争议协商、调解行为,促进劳动关系和谐稳定,根据《中华人民共和国劳动争议调解仲裁法》,制定本规定。

第二条 企业劳动争议协商、调解,适用本规定。

第三条 企业应当依法执行职工大会、职工代表大会、厂务公开等民主管理制度,建立集体协商、集体合同制度,维护劳动关系和谐稳定。

第四条 企业应当建立劳资双方沟通对话机制,畅通劳动者利益诉求表达渠道。

劳动者认为企业在履行劳动合同、集体合同,执行劳动保障法律、法规和企业劳动规章制度等方面存在问题的,可以向企业劳动争议调解委员会(以下简称调解委员会)提出。调解委员会应当及时核实情况,协调企业进行整改或者向劳动者做出说明。

劳动者也可以通过调解委员会向企业提出其他合理诉求。调解委员会应当及时向企业转达,并向劳动者反馈情况。

第五条 企业应当加强对劳动者的人文关怀，关心劳动者的诉求，关注劳动者的心理健康，引导劳动者理性维权，预防劳动争议发生。

第六条 协商、调解劳动争议，应当根据事实和有关法律法规的规定，遵循平等、自愿、合法、公正、及时的原则。

第七条 人力资源和社会保障行政部门应当指导企业开展劳动争议预防调解工作，具体履行下列职责：

（一）指导企业遵守劳动保障法律、法规和政策；

（二）督促企业建立劳动争议预防预警机制；

（三）协调工会、企业代表组织建立企业重大集体性劳动争议应急调解协调机制，共同推动企业劳动争议预防调解工作；

（四）检查辖区内调解委员会的组织建设、制度建设和队伍建设情况。

第二章 协商

第八条 发生劳动争议，一方当事人可以通过与另一方当事人约见、面谈等方式协商解决。

第九条 劳动者可以要求所在企业工会参与或者协助其与企业进行协商。工会也可以主动参与劳动争议的协商处理，维护劳动者合法权益。

劳动者可以委托其他组织或者个人作为其代表进行协商。

第十条 一方当事人提出协商要求后，另一方当事人应当积极做出口头或者书面回应。5日内不做出回应的，视为不愿协商。

协商的期限由当事人书面约定，在约定的期限内没有达成一致的，视为协商不成。当事人可以书面约定延长期限。

第十一条 协商达成一致，应当签订书面和解协议。和解协议对双方当事人具有约束力，当事人应当履行。

经仲裁庭审查，和解协议程序和内容合法有效的，仲裁庭可以将其作为证据使用。但是，当事人为达成和解的目的作出妥协所涉及的对争议事实的认可，不得在其后的仲裁中作为对其不利的证据。

第十二条 发生劳动争议，当事人不愿协商、协商不成或者达成和解协议后，一方当事人在约定的期限内不履行和解协议的，可以依法向调解委员会或者乡镇、街道劳动就业社会保障服务所（中心）等其他依法设立的调解组织申请调解，也可以依法向劳动人事争议仲裁委员会（以下简称仲裁委员会）申请仲裁。

第三章 调解

第十三条 大中型企业应当依法设立调解委员会，并配备专职或者兼职工作人员。

有分公司、分店、分厂的企业，可以根据需要在分支机构设立调解委员会。总部调解委员会指导分支机构调解委员会开展劳动争议预防调解工作。

调解委员会可以根据需要在车间、工段、班组设立调解小组。

第十四条 小微型企业可以设立调解委员会，也可以由劳动者和企业共同推举人员，开展调解工作。

第十五条 调解委员会由劳动者代表和企业代表组成，人数由双方协商确定，双方人数应当对等。劳动者代表由工会委员会成员担任或者由全体劳动者推举产生，企业代表由企业负责人指定。调解委员会主任由工会委员会成员或者双方推举的人员担任。

第十六条 调解委员会履行下列职责：

（一）宣传劳动保障法律、法规和政策；

（二）对本企业发生的劳动争议进行调解；

（三）监督和解协议、调解协议的履行；

（四）聘任、解聘和管理调解员；

（五）参与协调履行劳动合同、集体合同、执行企业劳动规章制度等方面出现的问题；

（六）参与研究涉及劳动者切身利益的重大方案；

（七）协助企业建立劳动争议预防预警机制。

第十七条 调解员履行下列职责：

（一）关注本企业劳动关系状况，及时向调解委员会报告；

（二）接受调解委员会指派，调解劳动争议案件；

（三）监督和解协议、调解协议的履行；

（四）完成调解委员会交办的其他工作。

第十八条 调解员应当公道正派、联系群众、热心调解工作，具有一定劳动保障法律政策知识和沟通协调能力。调解员由调解委员会聘任的本企业工作人员担任，调解委员会成员均为调解员。

第十九条 调解员的聘期至少为1年，可以续聘。调解员不能履行调解职责时，调解委员会应当及时调整。

第二十条 调解员依法履行调解职责，需要占用生产或者工作时间的，企业应当予以支持，并按照正常出勤对待。

第二十一条 发生劳动争议，当事人可以口头或者书面形式向调解委员会提出调解申请。

申请内容应当包括申请人基本情况、调解请求、事实与理由。

口头申请的，调解委员会应当当场记录。

第二十二条 调解委员会接到调解申请后，对属于劳动争议受理范围且双方当事人同意调解的，应当在3个工作日内受理。对不属于劳动争议受理范围或者一方当事人不同意调解的，应当做好记录，并书面通知申请人。

第二十三条 发生劳动争议，当事人没有提出调解申请，调解委员会可以在征得双方当事人同意后主动调解。

第二十四条 调解委员会调解劳动争议一般不公开进行。但是，双方当事人要求公开调解的除外。

第二十五条 调解委员会根据案件情况指定调解员或者调解小组进行调解，在征得当事人同意后，也可以邀请有关单位和个人协助调解。

调解员应当全面听取双方当事人的陈述，采取灵活多样的方式方法，开展耐心、细致的说服疏导工作，帮助当事人自愿达成调解协议。

第二十六条 经调解达成调解协议的，由调解委员会制作调解协议书。调解协议书应当写明双方当事人基本情况、调解请求事项、调解的结果和协议履行期限、履行方式等。

调解协议书由双方当事人签名或者盖章，经调解员签名并加盖调解委员会印章后生效。

调解协议书一式三份，双方当事人和调解委员会各执一份。

第二十七条 生效的调解协议对双方当事人具有约束力，当事人应当履行。

双方当事人可以自调解协议生效之日起15日内共同向仲裁委员会提出仲裁审查申请。仲裁委员会受理后，应当对调解协议进行审查，并根据《劳动人事争议仲裁办案规则》第五十四条规定，对程序和内容合法有效的调解协议，出具调解书。

第二十八条 双方当事人未按前条规定提出仲裁审查申请，一方当事人在约定的期限内不履行调解协议的，另一方当事人可以依法申请仲裁。

仲裁委员会受理仲裁申请后，应当对调解协议进行审查，调解协议合法有效且不损害公共利益或者第三人合法利益的,在没有新证据出现的情况下,仲裁委员会可以依据调解协议作出仲裁裁决。

第二十九条 调解委员会调解劳动争议,应当自受理调解申请之日起15日内结束。但是,双方当事人同意延期的可以延长。

在前款规定期限内未达成调解协议的,视为调解不成。

第三十条 当事人不愿调解、调解不成或者达成调解协议后,一方当事人在约定的期限内不履行调解协议的,调解委员会应当做好记录,由双方当事人签名或者盖章,并书面告知当事人可以向仲裁委员会申请仲裁。

第三十一条 有下列情形之一的,按照《劳动人事争议仲裁办案规则》第十条的规定属于仲裁时效中断,从中断时起,仲裁时效期间重新计算:

(一)一方当事人提出协商要求后,另一方当事人不同意协商或者在5日内不做出回应的;

(二)在约定的协商期限内,一方或者双方当事人不同意继续协商的;

(三)在约定的协商期限内未达成一致的;

(四)达成和解协议后,一方或者双方当事人在约定的期限内不履行和解协议的;

(五)一方当事人提出调解申请后,另一方当事人不同意调解的;

(六)调解委员会受理调解申请后,在第二十九条规定的期限内一方或者双方当事人不同意调解的;

(七)在第二十九条规定的期限内未达成调解协议的;

(八)达成调解协议后,一方当事人在约定期限内不履行调解协议的。

第三十二条 调解委员会应当建立健全调解登记、调解记录、督促履行、档案管理、业务培训、统计报告、工作考评等制度。

第三十三条 企业应当支持调解委员会开展调解工作,提供办公场所,保障工作经费。

第三十四条 企业未按照本规定成立调解委员会,劳动争议或者群体性事件频发,影响劳动关系和谐,造成重大社会影响的,由县级以上人力资源和社会保障行政部门予以通报;违反法律法规规定的,依法予以处理。

第三十五条 调解员在调解过程中存在严重失职或者违法违纪行为,侵害当事人合法权益的,调解委员会应当予以解聘。

第四章 附则

第三十六条 民办非企业单位、社会团体开展劳动争议协商、调解工作参照本规定执行。

第三十七条 本规定自2012年1月1日起施行。

关于进一步加强劳动人事争议调解仲裁完善多元处理机制的意见

(人社部发〔2017〕26号)

各省、自治区、直辖市人力资源社会保障厅(局)、综治办、高级人民法院、司法厅(局)、财政厅(局)、总工会、工商业联合会、企业联合会/企业家协会,新疆生产建设兵团人力资源社会保障局、综治办、新疆维吾尔自治区高级人民法院生产建设兵团分院、司法局、财务局、工会、工商业联合会、企业联合会/企业家协会:

劳动人事争议调解仲裁是劳动人事关系矛盾纠纷多元化解机制的重要组成部分。当前,我国正处于经济社会转型时期,劳动关系矛盾处于凸显期和多发期,劳动人事争议案件逐年增多。通过协商、调解、仲裁、诉讼等方式依法有效处理劳动人事争议,对于促进社会公平正义、维护劳动人事关系和谐与社会稳定具有重要意义。根据中共中央办公厅、国务院办公厅《关于完善矛盾纠纷多元化解机制的意见》,现就进一步加强劳动人事争议调解仲裁完善多元处理机制,提出如下意见。

一、总体要求

(一)指导思想。全面贯彻党的十八大和十八届三中、四中、五中、六中全会精神,以邓小平理论、"三个代表"重要思想、科学发展观为指导,深入贯彻习近平总书记系列重要讲话精神,主动适应经济发展新常态,积极落实加强和创新社会治理新要求,探索新时期预防化解劳动人事关系矛盾纠纷的规律,不断提高调解仲裁规范化、标准化、专业化、信息化水平,推动健全中国特色劳动人事争议处理制度,完善劳动人事争议多元处理机制,切实维护劳动人事关系和谐与社会稳定,为全面建成小康社会做出更大贡献。

(二)基本原则。

1.坚持协调联动、多方参与。在党委领导、政府主导、综治协调下,积极发挥人力资源社会保障部门牵头作用,鼓励各有关部门和单位发挥职能作用,引导社会力量积极参与,合力化解劳动人事关系矛盾纠纷。

2.坚持源头治理、注重调解。贯彻"预防为主、基层为主、调解为主"工作方针,充分发挥协商、调解在劳动人事争议处理中的基础性作用,最大限度地把矛盾纠纷解决在基层和萌芽状态。

3.坚持依法处理、维护公平。完善劳动人事争议调解制度和仲裁准司法制度,发挥司法的引领、推动和保障作用,运用法治思维和法治方式处理劳动人事争议,切实维护用人单位和劳动者的合法权益。

4.坚持服务为先、高效便捷。以提高劳动人事争议处理质效为目标,把服务理念贯穿争议处理全过程,为用人单位和劳动者提供优质服务。

5.坚持立足国情、改革创新。及时总结实践经验,借鉴国外有益做法,加强制度创新,不断完善劳动人事争议多元处理机制。

(三)主要目标。到2020年,劳动人事争议协商解决机制逐步完善,调解基础性作用充分发挥,仲裁制度优势显著增强,司法保障作用进一步加强,协商、调解、仲裁、诉讼相互协调、有序衔接的劳动人事争议多元处理格局更加健全,劳动人事争议处理工作服务社会能力明显提高。

二、健全劳动人事争议预防协商解决机制

(四)指导用人单位加强劳动人事争议源头预防。加大法律法规政策宣传力度,推动用人单位全面实行劳动合同或者聘用合同制度,完善民主管理制度,推行集体协商和集体合同制度,保障职工对用人单位重大决策和重大事项的知情权、参与权、表达权、监督权,加强对职工的人文关怀。指导企业与职工建立多种方式的对话沟通机制,完善劳动争议预警机制,特别是在分流安置职工等涉及劳动关系重大调整时,广泛听取职工意见,依法保障职工合法权益。探索建立符合事业单位和社会团体工作人员、聘任制公务员和军队文职人员管理特点的单位内部人事争议预防机制。切实发挥企业事业单位法律顾问、公司律师在预防化解劳动人事争议方面的作用。推行劳动人事争议仲裁建议书、司法建议书制度,促进用人单位有效预防化解矛盾纠纷。

(五)引导支持用人单位与职工通过协商解决劳动人事争议。推动建立劳动人事争议协商解决机制,鼓励和引导争议双方当事人在平等自愿基础上协商解决纠纷。指导用人单位完善协商规则,建立内部申诉和协商回应制度。加大工会参与协商力度。鼓励社会组织和专家接受当事人申请或委托,为其解决纠纷予以协调、提供帮助。探索开展协商咨询服务工作,督促履行和解协议。

三、完善专业性劳动人事争议调解机制

(六)建立健全多层次劳动人事争议调解组织网络。推进县(市、区)调解组织建设,加强乡镇（街道）劳动就业社会保障服务所（中心）调解组织建设。在乡镇（街道）综治中心设置劳动人事争议调解窗口，由当地劳动就业社会保障服务所（中心）调解组织负责其日常工作。积极推动企业劳动争议调解委员会建设，指导推动建立行业性、区域性调解组织，重点在争议多发的制造、餐饮、建筑、商贸服务以及民营高科技等行业和开发区、工业园区等区域建立调解组织。加强事业单位及其主管部门调解组织建设，重点推动教育、科技、文化、卫生等事业单位及其主管部门建立由人事部门代表、职工代表、工会代表、法律顾问等组成的调解组织。加强专业性劳动人事争议调解与仲裁调解、人民调解、司法调解的联动，逐步实现程序衔接、资源整合和信息共享。同时，充分发挥人民调解组织在调解劳动争议方面的作用，在劳动争议多发的乡镇（街道），人民调解委员会可设立专门的服务窗口，及时受理并调解劳动争议。各级人力资源社会保障部门要加强统筹协调，指导推动劳动人事争议调解工作，建立专业性调解组织和调解员名册制度，加强工作情况通报和人员培训。

（七）加强劳动人事争议调解规范化建设。进一步规范调解组织工作职责、工作程序和调解员行为。建立健全调解受理登记、调解处理、告知引导、回访反馈、档案管理、统计报告、工作考评等制度。建立健全集体劳动争议应急调解机制，发生集体劳动争议时，人力资源社会保障部门要会同工会、企业代表组织及时介入，第一时间进行调解，调解不成的及时引导当事人进入仲裁程序。

（八）鼓励支持社会力量参与调解。引导劳动人事争议当事人主动选择、自愿接受调解服务。通过政府购买服务等方式，鼓励和支持法学专家、律师以及退休的法官、检察官、劳动人事争议调解员仲裁员等社会力量参与劳动人事争议调解工作，有条件的可设立调解工作室。发挥社区工作者、平安志愿者、劳动关系协调员、劳动保障监察网格管理员预防化解劳动人事争议的作用。鼓励支持社会组织开展劳动人事争议调解工作。

四、创新劳动人事争议仲裁机制

（九）完善仲裁办案制度。建立仲裁办案基本制度目录清单，指导各地完善仲裁制度体系。创新仲裁调解制度，可在仲裁院设立调解庭开展调解工作。依法细化终局裁决规定，提高终局裁决比例。建立健全证据制度，制定体现劳动人事争议处理特点的仲裁证据规则。建立仲裁委员会仲裁办案监督制度，提高仲裁办案纠错能力。推行劳动人事争议仲裁委员会三方仲裁员组庭处理集体劳动争议制度。实行"阳光仲裁"，逐步实行仲裁裁决书网上公开，接受社会监督。推进法律援助参与劳动人事争议仲裁，在案件多发高发地区的仲裁机构设立法律援助窗口，依法为符合条件的农民工、工伤职工等群体提供法律援助服务。

（十）简化优化仲裁具体办案程序。实施案件分类处理，简化优化立案、庭审、调解、送达等具体程序，提高仲裁案件处理质量和效率。规范简易仲裁程序，灵活快捷处理小额简单争议案件。建立健全集体劳动争议快速仲裁特别程序，通过先行调解、优先受理、经与被申请人协商同意缩短或取消答辩期、就近就地开庭等方式，实现快调、快审、快结。深化仲裁庭审方式改革，推广以加强案前引导、优化庭审程序、简化裁决文书为核心内容的要式办案，提高案件裁决效率。推进派驻仲裁庭、巡回仲裁庭和流动仲裁庭建设，为当事人提供便捷服务。

（十一）加强仲裁办案管理和指导。建立仲裁案件管理标准体系，制定办案程序公正评价标准、办案质量效率评价标准和办案人员工作绩效考核标准。建立仲裁办案指导制度，统一仲裁办案适用标准，重点加强对新兴行业劳动争议、集体劳动争议等重大疑难案件处理工作的指导。加强案例指导，综合运用案例汇编、案例研讨会、庭审观摩等方式，发挥典型案例在统一处理标准、规范自由裁量权等方面的作用。统一仲裁文书格式。建立区域劳动人事争议处理交流协作机制。

五、完善调解、仲裁、诉讼衔接机制

（十二）加强调解与仲裁的衔接。调解组织对调解不成的争议案件，要及时引导当事人进入仲裁程序；定期向仲裁机构通报工作情况，共同研究有关问题；邀请仲裁机构参与调处重大疑难争议案件。仲裁机构要加强对辖区内调解组织的业务指导，建立仲裁员定点联系调解组织制度，落实调解建议书、委托调解、调解协议仲裁审查确认等制度，开展调解员业务培训。在争议案件多发高发地区，仲裁机构可在调解组织设立派驻仲裁庭。

（十三）加强调解与诉讼的衔接。调解组织要主动接受人民法院的指导，协助人民法院调处劳动人事争议。健全劳动人事争议特邀调解制度，吸纳符合条件的调解组织或调解员成为特邀调解组织或特邀调解员，接受人民法院委派或委托开展调解工作。鼓励和支持调解组织在诉讼服务中心等部门设立调解工作室。依法落实调解协议司法确认制度。

（十四）加强仲裁与诉讼的衔接。建立仲裁与诉讼有效衔接的新规则、新制度，实现裁审衔接机制长效化、受理范围一致化、审理标准统一化。各级仲裁机构和同级人民法院要加强沟通联系，建立定期联席会议、案件信息交流、联合业务培训等制度。有条件的地区，人民法院可在仲裁机构设立派驻法庭。

六、强化基础保障机制

（十五）加强调解仲裁队伍建设。乡镇（街道）劳动就业社会保障服务所（中心）调解组织要根据实际需要配备专职调解员，通过政府购买服务、调剂事业编制等方式，拓展调解员来源渠道。企业劳动争议调解委员会要配备一定数量的专兼职调解员，鼓励企业人力资源、法务、工会部门工作人员参与调解工作。仲裁机构要及时充实专职仲裁员队伍，并配备相应的仲裁办案辅助人员；注重从工会、企业代表组织以及其他社会组织中聘用兼职仲裁员，积极吸纳律师、专家学者等担任兼职仲裁员。持续开展调解员仲裁员分级分类培训，加强思想道德教育、职业道德教育和业务能力培训。探索远程在线培训、建立集中实训基地等培训新模式，培训重心向基层倾斜。鼓励地方先行先试，探索建立仲裁员激励约束和职业保障机制，拓展职业发展空间。健全风险防控机制，推进行风建设。培育和弘扬调解仲裁文化，大力宣传先进调解仲裁机构和优秀调解员仲裁员。

（十六）加快推进调解仲裁工作信息化建设。树立"互联网+"理念，利用现代化信息技术手段提高劳动人事争议处理效能。依托金保二期工程，建立调解仲裁办案信息系统、人员信息系统、监测管理信息系统，在实现人力资源社会保障系统内部信息互联互通的基础上，逐步实现调解仲裁信息与综治、人民法院等信息系统的互联互通。建立在线服务平台，整合调解、仲裁和诉讼资源，逐步开展在线调解、在线仲裁、电子送达等，实现线上、线下服务对接，提供"一站式"争议处理服务。

（十七）依法保障调解仲裁经费需要。按照《中华人民共和国劳动争议调解仲裁法》等有关规定，将仲裁工作所需经费列入同级财政预算予以保障，为开展仲裁活动提供支撑。对采取政府购买服务方式开展劳动人事争议处理工作的，要加强购买服务资金的预算管理。

（十八）改善调解仲裁服务条件。按照国家"十三五"规划纲要"基本公共服务项目清单"要求，不断改善调解仲裁服务条件。加强调解组织基础建设，确保调解有基本工作场所、有基本工作设施。加强仲裁机构标准化建设。仲裁员、记录人员在仲裁活动中应着正装，佩戴仲裁胸徽。

七、加强组织领导

（十九）健全劳动人事争议多元处理工作格局。积极推动将劳动人事争议处理工作纳入当地党委、政府重要议事日程，采取有力措施抓实抓好。综治组织要做好调查研究、组织协调、督导检查、考评、推动等工作，进一步把完善劳动人事争议多元处理机制作为综治工作（平安建设）考评的重要内容，严格落实社会治安综合治理领导责任制。人力资源社会保障部门要发挥在劳动人事争议处理中的主导作用，承担牵头职责，制定完善规章政策，会同有关部门统筹推进劳动人事争议调解仲裁组织建设、制度建设和队伍建设。人民法院要发挥司法在劳动人事争议处理中的引领、推动和保障作用，加强诉讼与调解、仲裁的有机衔接，依法及时有效审理劳动人事争议案件。司法行政部门要指导人民调解组织积极开展劳动争议调解工作，加强对人民调解员的劳动法律法规政策和调解方法技巧培训，组织推动律师做好法律援助和社会化调解工作。工会、企业代表组织要发挥代表作用，引导支持企业守法诚信经营、履行社会责任，依法设立劳动争议调解委员会，建立健全用人单位内部争议解决机制，教育引导职工依法理性维权。各有关部门要建立完善形势研判、信息沟通、联合会商、协调配合制度，形成各负其责、齐抓共管、互动有力、运转高效的联动机制。要充分发挥综治中心优势，有效整合工作资源，优化劳动人事争议多元处理机制。

（二十）强化责任落实，营造良好环境。各地要在当地党委、政府的领导下，进一步做好劳动人事争议调解仲裁工作，不断完善劳动人事争议多元处理机制。人力资源社会保障部门要会同有关部门制定切实可行的实施方案，明确任务、明确措施、明确责任、明确要求，并对本意见落实情况进行督促检查。充分运用传统媒体和现代传媒，加强劳动人事争议处理工作的宣传，营造良好舆论氛围。

人力资源社会保障部
中央综治办
最高人民法院
司法部
财政部
中华全国总工会
中华全国工商业联合会
中国企业联合会/中国企业家协会
2017年3月21日

事业单位公开招聘违纪违规行为处理规定

（2017年10月9日人力资源社会保障部令第35号公布　自2018年1月1日起施行）

第一章　总则

第一条　为加强事业单位公开招聘工作管理，规范公开招聘违纪违规行为的认定与处理，保证招聘工作公开、公平、公正，根据《事业单位人事管理条例》等有关规定，制定本规定。

第二条　事业单位公开招聘中违纪违规行为的认定与处理，适用本规定。

第三条　认定与处理公开招聘违纪违规行为，应当事实清楚、证据确凿、程序规范、适用规定准确。

第四条　中央事业单位人事综合管理部门负责全国事业单位公开招聘工作的综合管理与监督。

各级事业单位人事综合管理部门、事业单位主管部门、招聘单位按照事业单位公开招聘管理权限，依据本规定对公开招聘违纪违规行为进行认定与处理。

第二章　应聘人员违纪违规行为处理

第五条　应聘人员在报名过程中有下列违纪违规行为之一的，取消其本次应聘资格：

（一）伪造、涂改证件、证明等报名材料，或者以其他不正当手段获取应聘资格的；

（二）提供的涉及报考资格的申请材料或者信息不实，且影响报名审核结果的；

（三）其他应当取消其本次应聘资格的违纪违规行为。

第六条 应聘人员在考试过程中有下列违纪违规行为之一的，给予其当次该科目考试成绩无效的处理：

（一）携带规定以外的物品进入考场且未按要求放在指定位置，经提醒仍不改正的；

（二）未在规定座位参加考试，或者未经考试工作人员允许擅自离开座位或者考场，经提醒仍不改正的；

（三）经提醒仍不按规定填写、填涂本人信息的；

（四）在试卷、答题纸、答题卡规定以外位置标注本人信息或者其他特殊标记的；

（五）在考试开始信号发出前答题，或者在考试结束信号发出后继续答题，经提醒仍不停止的；

（六）将试卷、答题卡、答题纸带出考场，或者故意损坏试卷、答题卡、答题纸及考试相关设施设备的；

（七）其他应当给予当次该科目考试成绩无效处理的违纪违规行为。

第七条 应聘人员在考试过程中有下列严重违纪违规行为之一的，给予其当次全部科目考试成绩无效的处理，并将其违纪违规行为记入事业单位公开招聘应聘人员诚信档案库，记录期限为五年：

（一）抄袭、协助他人抄袭的；

（二）互相传递试卷、答题纸、答题卡、草稿纸等的；

（三）持伪造证件参加考试的；

（四）使用禁止带入考场的通讯工具、规定以外的电子用品的；

（五）本人离开考场后，在本场考试结束前，传播考试试题及答案的；

（六）其他应当给予当次全部科目考试成绩无效处理并记入事业单位公开招聘应聘人员诚信档案库的严重违纪违规行为。

第八条 应聘人员有下列特别严重违纪违规行为之一的，给予其当次全部科目考试成绩无效的处理，并将其违纪违规行为记入事业单位公开招聘应聘人员诚信档案库，长期记录：

（一）串通作弊或者参与有组织作弊的；

（二）代替他人或者让他人代替自己参加考试的；

（三）其他应当给予当次全部科目考试成绩无效处理并记入事业单位公开招聘应聘人员诚信档案库的特别严重的违纪违规行为。

第九条 应聘人员应当自觉维护招聘工作秩序，服从工作人员管理，有下列行为之一的，终止其继续参加考试，并责令离开现场；情节严重的，按照本规定第七条、第八条的规定处理；违反《中华人民共和国治安管理处罚法》的，交由公安机关依法处理；构成犯罪的，依法追究刑事责任：

（一）故意扰乱考点、考场以及其他招聘工作场所秩序的；

（二）拒绝、妨碍工作人员履行管理职责的；

（三）威胁、侮辱、诽谤、诬陷工作人员或者其他应聘人员的；

（四）其他扰乱招聘工作秩序的违纪违规行为。

第十条 在阅卷过程中发现应聘人员之间同一科目作答内容雷同，并经阅卷专家组确认的，给予其当次该科目考试成绩无效的处理。作答内容雷同的具体认定方法和标准，由中央事业单位人事综合管理部门确定。

应聘人员之间同一科目作答内容雷同，并有其他相关证据证明其违纪违规行为成立的，视具体情形按照本规定第七条、第八条处理。

第十一条 应聘人员在体检过程中弄虚作假或者隐瞒影响聘用的疾病、病史的，给予其不予聘用的处理。有请他人顶替体检以及交换、替换化验样本等严重违纪违规行为的，给予其不予聘用的处理，并将其违纪违规行为记入事业单位公开招聘应聘人员诚信档案库，记录期限为五年。

第十二条　应聘人员在考察过程中提供虚假材料、隐瞒事实真相或者有其他妨碍考察工作的行为，干扰、影响考察单位客观公正作出考察结论的，给予其不予聘用的处理；情节严重、影响恶劣的，将其违纪违规行为记入事业单位公开招聘应聘人员诚信档案库，记录期限为五年。

第十三条　应聘人员聘用后被查明有本规定所列违纪违规行为的，由招聘单位与其解除聘用合同、予以清退，其中符合第七条、第八条、第十一条、第十二条违纪违规行为的，记入事业单位公开招聘应聘人员诚信档案库。

第十四条　事业单位公开招聘应聘人员诚信档案库由中央事业单位人事综合管理部门统一建立，纳入全国信用信息共享平台，向招聘单位及社会提供查询，相关记录作为事业单位聘用人员的重要参考，管理办法另行制定。

第三章　招聘单位和招聘工作人员违纪违规行为处理

第十五条　招聘单位在公开招聘中有下列行为之一的，事业单位主管部门或者事业单位人事综合管理部门应当责令限期改正；逾期不改正的，对直接负责的主管人员和其他直接责任人员依法给予处分：

（一）未按规定权限和程序核准（备案）招聘方案，擅自组织公开招聘的；

（二）设置与岗位无关的指向性或者限制性条件的；

（三）未按规定发布招聘公告的；

（四）招聘公告发布后，擅自变更招聘程序、岗位条件、招聘人数、考试考察方式等的；

（五）未按招聘条件进行资格审查的；

（六）未按规定组织体检的；

（七）未按规定公示拟聘用人员名单的；

（八）其他应当责令改正的违纪违规行为。

第十六条　招聘工作人员有下列行为之一的，由相关部门给予处分，并停止其继续参加当年及下一年度招聘工作：

（一）擅自提前考试开始时间、推迟考试结束时间及缩短考试时间的；

（二）擅自为应聘人员调换考场或者座位的；

（三）未准确记录考场情况及违纪违规行为，并造成一定影响的；

（四）未执行回避制度的；

（五）其他一般违纪违规行为。

第十七条　招聘工作人员有下列行为之一的，由相关部门给予处分，并将其调离招聘工作岗位，不得再从事招聘工作；构成犯罪的，依法追究刑事责任：

（一）指使、纵容他人作弊，或者在考试、考察、体检过程中参与作弊的；

（二）在保密期限内，泄露考试试题、面试评分要素等应当保密的信息的；

（三）擅自更改考试评分标准或者不按评分标准进行评卷的；

（四）监管不严，导致考场出现大面积作弊现象的；

（五）玩忽职守，造成不良影响的；

（六）其他严重违纪违规行为。

第四章　处理程序

第十八条　应聘人员的违纪违规行为被当场发现的，招聘工作人员应当予以制止。对于被认定为违纪违规的，要收集、保存相应证据材料，如实记录违纪违规事实和现场处理情况，当场告知应聘人员记录内容，并要求本人签字；对于拒绝签字或者恶意损坏证据材料的，由两名招聘工作人员如实记录其拒签或者恶意损坏证据材料的情况。违纪违规记录经考点负责人签字认定后，报送组织实施公开招聘的部门。

第十九条　对应聘人员违纪违规行为作出处理决定前，应当告知应聘人员拟作出的处理决定及相关事实、理由和依据，并告知应聘人员依法享有陈述和申辩的权利。作出处理决定的部门对应聘人员提出的事实、理由和证据，应当进行复核。

对应聘人员违纪违规行为作出处理决定的，应当制作公开招聘违纪违规行为处理决定书，依法送达被处理的应聘人员。

第二十条　应聘人员对处理决定不服的，可以依法申请行政复议或者提起行政诉讼。

第二十一条　参与公开招聘的工作人员对因违纪违规行为受到处分不服的，可以依法申请复核或者提出申诉。

第五章　附则

第二十二条　本规定自2018年1月1日起施行。

关于加强新就业形态劳动纠纷一站式调解工作的通知

（人社厅发〔2024〕4号）

各省、自治区、直辖市人力资源社会保障厅（局）、高级人民法院、司法厅（局）、总工会、工商联、企业联合会/企业家协会，新疆生产建设兵团人力资源社会保障局、新疆维吾尔自治区高级人民法院生产建设兵团分院、司法局、总工会、工商联、企业联合会/企业家协会：

为深入贯彻落实党的二十大报告关于"完善劳动关系协商协调机制，完善劳动者权益保障制度，加强灵活就业和新就业形态劳动者权益保障"部署要求，着力维护新就业形态劳动者劳动保障权益，现就加强新就业形态劳动纠纷一站式调解（以下简称一站式调解）工作通知如下：

一、充分认识做好新就业形态劳动纠纷调解工作的重要性。近年来，平台经济迅速发展，新就业形态劳动者数量大幅增加，新就业形态劳动纠纷随之增多，新就业形态劳动者维权难、多头跑问题凸显。各地要深入学习贯彻习近平总书记关于"坚持和发展新时代'枫桥经验'""坚持把非诉讼纠纷解决机制挺在前面""抓前端、治未病"等重要指示批示精神，认真践行以人民为中心的发展思想，充分发挥协商调解在矛盾纠纷预防化解和诉源治理中的基础性作用，立足预防、立足调解、立足法治、立足基层，进一步强化多部门协同合作，实现各类调解衔接联动，推动新就业形态劳动纠纷一体化解，服务平台经济规范健康持续发展，维护劳动关系和谐与社会稳定。

二、探索构建一站式调解工作新模式。平台经济活跃、新就业形态劳动纠纷较多地区的人力资源社会保障部门、人民法院、司法行政部门、工会、工商联、企业联合会等单位应当加强合作，充分发挥劳动争议调解、人民调解、司法调解特点优势，积极探索打造"人社牵头、部门协同、行业参与"的工作格局，构建新就业形态劳动纠纷一站式多元联合调解工作模式，在劳动人事争议仲裁院调解中心或者根据实际在相关调解组织增加联合调解职能，有条件的可设立一站式调解中心，做好各类调解衔接联动工作，合力化解新就业形态劳动纠纷。

三、规范有序开展一站式调解工作。根据《中华人民共和国劳动争议调解仲裁法》《中华人民共和国民事诉讼法》及《关于维护新就业形态劳动者劳动保障权益的指导意见》（人社部发〔2021〕56号）等法律政策，受理新就业形态劳动者与平台企业和用工合作企业（以下简称企业）之间因劳动报酬、奖惩、休息、职业伤害等劳动纠纷提出的调解申请，并根据法律法规政策规定及争议事实，遵循平等、自愿、合法、公正、及时原则，注重服务平台经济规范健康持续发展与保护劳动者合法权益并重，帮助当事人在互谅互让的基础上自愿达成调解协议，促进矛盾纠纷实质化解。

四、优化完善一站式调解流程。接到现场调解申请，应当指导申请人写明基本情况、请求事项和事实理由并签字确认；接到通过网络等渠道发来的调解申请，应当及时审核申请内容、材料是否清晰完整并告知当事人。对属于受理范围且双方当事人同意调解的，应当尽快完成受理。对不属于受理范围或者一方当事人不同意调解的，应当做好记录，并口头或者书面通知申请人。调解应当自受理之日起15日内结束，但双方当事人同意延期的可以延长，延长期限最长不超过15日。发生涉及人数较多或者疑难复杂、社会影响力大的劳动纠纷，应当及时报告相关部门，安排骨干调解员迅速介入，积极开展协商调解，并配合相关职能部门和行业主管部门做好联合约谈、现场处置等工作，推动重大集体劳动纠纷稳妥化解。

五、促进调解协议履行和调解与仲裁、诉讼衔接。经调解达成调解协议的，由一站式调解中心或者开展联合调解工作的调解组织制作调解协议书。建立调解协议自动履行激励机制，引导当事人自动履行调解协议。不能立即履行，依照法律规定可以申请仲裁审查或者司法确认的，引导当事人依法提出申请。对不属于联合调解受理范围、一方当事人不同意调解或者未能调解成功的新就业形态劳动纠纷，要依法引导当事人向有管辖权的仲裁机构申请仲裁或者向人民法院提起诉讼。

六、创新推进线上线下融合调解。充分利用人力资源社会保障部门、人民法院、司法行政部门、工会、工商联、企业联合会等单位在线调解平台，做好劳动纠纷"总对总"在线诉调对接，对符合在线调解条件的劳动纠纷开展全流程在线调解活动，包括提交调解申请、音视频调解、司法确认、法律咨询等，为新就业形态劳动者提供优质、低成本的多元解纷服务。

七、切实加强组织领导。人力资源社会保障部门、人民法院、司法行政部门、工会、工商联、企业联合会等单位要密切协作，强化组织保障，设立一站式调解中心的，由设立单位安排人员派驻、轮驻，也可吸收其他调解组织调解员、劳动争议仲裁员、劳动保障法律监督员和律师、专家学者等社会力量开展工作。积极争取交通运输、应急管理、市场监管等职能部门和行业主管部门支持，共同建立健全维护新就业形态劳动者合法权益联动工作机制。人力资源社会保障部门发挥牵头作用，做好组织协调、办案指导等工作，提供协助协商、就业帮扶等服务；人民法院根据需要设置人民法院巡回审判点（窗口）等，会同有关部门进一步畅通调解、仲裁与诉讼、执行衔接渠道，积极履行指导调解的法定职能；司法行政部门通过在一站式调解中心派驻人民调解工作室、引导激励律师参与公益法律服务等方式，做好一站式调解工作；工会、工商联和企联组织选派工作人员或者推荐行业领域专业人员积极参与一站式调解工作。相关职能部门、行业主管部门规范企业经营行为，做好综合监督工作。各单位共同加强宣传，及时总结推广经验做法，营造良好社会氛围。

人力资源社会保障部办公厅
最高人民法院办公厅
司法部办公厅
全国总工会办公厅
全国工商联办公厅
中国企联办公室
2024年1月19日

第六章　有关就业管理的法律法规

中华人民共和国就业促进法

（2007年8月30日第十届全国人民代表大会常务委员会第二十九次会议通过　根据2015年4月24日第十二届全国人民代表大会常务委员会第十四次会议《关于修改〈中华人民共和国电力法〉等六部法律的决定》修正）

目录

第一章　总则
第二章　政策支持
第三章　公平就业
第四章　就业服务和管理
第五章　职业教育和培训
第六章　就业援助
第七章　监督检查
第八章　法律责任
第九章　附则

第一章　总则

第一条　为了促进就业，促进经济发展与扩大就业相协调，促进社会和谐稳定，制定本法。

第二条　国家把扩大就业放在经济社会发展的突出位置，实施积极的就业政策，坚持劳动者自主择业、市场调节就业、政府促进就业的方针，多渠道扩大就业。

第三条　劳动者依法享有平等就业和自主择业的权利。

劳动者就业，不因民族、种族、性别、宗教信仰等不同而受歧视。

第四条　县级以上人民政府把扩大就业作为经济和社会发展的重要目标，纳入国民经济和社会发展规划，并制定促进就业的中长期规划和年度工作计划。

第五条　县级以上人民政府通过发展经济和调整产业结构、规范人力资源市场、完善就业服务、加强职业教育和培训、提供就业援助等措施，创造就业条件，扩大就业。

第六条　国务院建立全国促进就业工作协调机制，研究就业工作中的重大问题，协调推动全国的促进就业工作。国务院劳动行政部门具体负责全国的促进就业工作。

省、自治区、直辖市人民政府根据促进就业工作的需要，建立促进就业工作协调机制，协调解决本行政区域就业工作中的重大问题。

县级以上人民政府有关部门按照各自的职责分工，共同做好促进就业工作。

第七条　国家倡导劳动者树立正确的择业观念，提高就业能力和创业能力；鼓励劳动者自主创

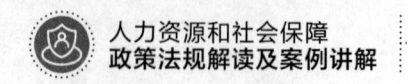

业、自谋职业。

各级人民政府和有关部门应当简化程序，提高效率，为劳动者自主创业、自谋职业提供便利。

第八条 用人单位依法享有自主用人的权利。

用人单位应当依照本法以及其他法律、法规的规定，保障劳动者的合法权益。

第九条 工会、共产主义青年团、妇女联合会、残疾人联合会以及其他社会组织，协助人民政府开展促进就业工作，依法维护劳动者的劳动权利。

第十条 各级人民政府和有关部门对在促进就业工作中作出显著成绩的单位和个人，给予表彰和奖励。

第二章 政策支持

第十一条 县级以上人民政府应当把扩大就业作为重要职责，统筹协调产业政策与就业政策。

第十二条 国家鼓励各类企业在法律、法规规定的范围内，通过兴办产业或者拓展经营，增加就业岗位。

国家鼓励发展劳动密集型产业、服务业，扶持中小企业，多渠道、多方式增加就业岗位。

国家鼓励、支持、引导非公有制经济发展，扩大就业，增加就业岗位。

第十三条 国家发展国内外贸易和国际经济合作，拓宽就业渠道。

第十四条 县级以上人民政府在安排政府投资和确定重大建设项目时，应当发挥投资和重大建设项目带动就业的作用，增加就业岗位。

第十五条 国家实行有利于促进就业的财政政策，加大资金投入，改善就业环境，扩大就业。

县级以上人民政府应当根据就业状况和就业工作目标，在财政预算中安排就业专项资金用于促进就业工作。

就业专项资金用于职业介绍、职业培训、公益性岗位、职业技能鉴定、特定就业政策和社会保险等的补贴，小额贷款担保基金和微利项目的小额担保贷款贴息，以及扶持公共就业服务等。就业专项资金的使用管理办法由国务院财政部门和劳动行政部门规定。

第十六条 国家建立健全失业保险制度，依法确保失业人员的基本生活，并促进其实现就业。

第十七条 国家鼓励企业增加就业岗位，扶持失业人员和残疾人就业，对下列企业、人员依法给予税收优惠：

（一）吸纳符合国家规定条件的失业人员达到规定要求的企业；

（二）失业人员创办的中小企业；

（三）安置残疾人员达到规定比例或者集中使用残疾人的企业；

（四）从事个体经营的符合国家规定条件的失业人员；

（五）从事个体经营的残疾人；

（六）国务院规定给予税收优惠的其他企业、人员。

第十八条 对本法第十七条第四项、第五项规定的人员，有关部门应当在经营场地等方面给予照顾，免除行政事业性收费。

第十九条 国家实行有利于促进就业的金融政策，增加中小企业的融资渠道；鼓励金融机构改进金融服务，加大对中小企业的信贷支持，并对自主创业人员在一定期限内给予小额信贷等扶持。

第二十条 国家实行城乡统筹的就业政策，建立健全城乡劳动者平等就业的制度，引导农业富余劳动力有序转移就业。

县级以上地方人民政府推进小城镇建设和加快县域经济发展，引导农业富余劳动力就地就近转移就业；在制定小城镇规划时，将本地区农业富余劳动力转移就业作为重要内容。

县级以上地方人民政府引导农业富余劳动力有序向城市异地转移就业；劳动力输出地和输入地人民政府应当互相配合，改善农村劳动者进城就业的环境和条件。

第二十一条 国家支持区域经济发展，鼓励区域协作，统筹协调不同地区就业的均衡增长。

国家支持民族地区发展经济，扩大就业。

第二十二条 各级人民政府统筹做好城镇新增劳动力就业、农业富余劳动力转移就业和失业人员就业工作。

第二十三条 各级人民政府采取措施，逐步完善和实施与非全日制用工等灵活就业相适应的劳动和社会保险政策，为灵活就业人员提供帮助和服务。

第二十四条 地方各级人民政府和有关部门应当加强对失业人员从事个体经营的指导，提供政策咨询、就业培训和开业指导等服务。

第三章 公平就业

第二十五条 各级人民政府创造公平就业的环境，消除就业歧视，制定政策并采取措施对就业困难人员给予扶持和援助。

第二十六条 用人单位招用人员、职业中介机构从事职业中介活动，应当向劳动者提供平等的就业机会和公平的就业条件，不得实施就业歧视。

第二十七条 国家保障妇女享有与男子平等的劳动权利。

用人单位招用人员，除国家规定的不适合妇女的工种或者岗位外，不得以性别为由拒绝录用妇女或者提高对妇女的录用标准。

用人单位录用女职工，不得在劳动合同中规定限制女职工结婚、生育的内容。

第二十八条 各民族劳动者享有平等的劳动权利。

用人单位招用人员，应当依法对少数民族劳动者给予适当照顾。

第二十九条 国家保障残疾人的劳动权利。

各级人民政府应当对残疾人就业统筹规划，为残疾人创造就业条件。

用人单位招用人员，不得歧视残疾人。

第三十条 用人单位招用人员，不得以是传染病病原携带者为由拒绝录用。但是，经医学鉴定传染病病原携带者在治愈前或者排除传染嫌疑前，不得从事法律、行政法规和国务院卫生行政部门规定禁止从事的易使传染病扩散的工作。

第三十一条 农村劳动者进城就业享有与城镇劳动者平等的劳动权利，不得对农村劳动者进城就业设置歧视性限制。

第四章 就业服务和管理

第三十二条 县级以上人民政府培育和完善统一开放、竞争有序的人力资源市场，为劳动者就业提供服务。

第三十三条 县级以上人民政府鼓励社会各方面依法开展就业服务活动，加强对公共就业服务和职业中介服务的指导和监督，逐步完善覆盖城乡的就业服务体系。

第三十四条 县级以上人民政府加强人力资源市场信息网络及相关设施建设，建立健全人力资源市场信息服务体系，完善市场信息发布制度。

第三十五条 县级以上人民政府建立健全公共就业服务体系，设立公共就业服务机构，为劳动者免费提供下列服务：

（一）就业政策法规咨询；

（二）职业供求信息、市场工资指导价位信息和职业培训信息发布；

（三）职业指导和职业介绍；

（四）对就业困难人员实施就业援助；

（五）办理就业登记、失业登记等事务；

（六）其他公共就业服务。

公共就业服务机构应当不断提高服务的质量和效率，不得从事经营性活动。

公共就业服务经费纳入同级财政预算。

第三十六条 县级以上地方人民政府对职业中介机构提供公益性就业服务的，按照规定给予补贴。

国家鼓励社会各界为公益性就业服务提供捐赠、资助。

第三十七条 地方各级人民政府和有关部门不得举办或者与他人联合举办经营性的职业中介机构。

地方各级人民政府和有关部门、公共就业服务机构举办的招聘会，不得向劳动者收取费用。

第三十八条 县级以上人民政府和有关部门加强对职业中介机构的管理，鼓励其提高服务质量，发挥其在促进就业中的作用。

第三十九条 从事职业中介活动，应当遵循合法、诚实信用、公平、公开的原则。

用人单位通过职业中介机构招用人员，应当如实向职业中介机构提供岗位需求信息。

禁止任何组织或者个人利用职业中介活动侵害劳动者的合法权益。

第四十条 设立职业中介机构应当具备下列条件：

（一）有明确的章程和管理制度；

（二）有开展业务必备的固定场所、办公设施和一定数额的开办资金；

（三）有一定数量具备相应职业资格的专职工作人员；

（四）法律、法规规定的其他条件。

设立职业中介机构应当在市场监督管理部门办理登记后，向劳动行政部门申请行政许可。

未经依法许可和登记的机构，不得从事职业中介活动。

国家对外商投资职业中介机构和向劳动者提供境外就业服务的职业中介机构另有规定的，依照其规定。

第四十一条 职业中介机构不得有下列行为：

（一）提供虚假就业信息；

（二）为无合法证照的用人单位提供职业中介服务；

（三）伪造、涂改、转让职业中介许可证；

（四）扣押劳动者的居民身份证和其他证件，或者向劳动者收取押金；

（五）其他违反法律、法规规定的行为。

第四十二条 县级以上人民政府建立失业预警制度，对可能出现的较大规模的失业，实施预防、调节和控制。

第四十三条 国家建立劳动力调查统计制度和就业登记、失业登记制度，开展劳动力资源和就业、失业状况调查统计，并公布调查统计结果。

统计部门和劳动行政部门进行劳动力调查统计和就业、失业登记时，用人单位和个人应当如实提供调查统计和登记所需要的情况。

第五章 职业教育和培训

第四十四条 国家依法发展职业教育，鼓励开展职业培训，促进劳动者提高职业技能，增强就业能力和创业能力。

第四十五条 县级以上人民政府根据经济社会发展和市场需求，制定并实施职业能力开发计划。

第四十六条 县级以上人民政府加强统筹协调，鼓励和支持各类职业院校、职业技能培训机构和用人单位依法开展就业前培训、在职培训、再就业培训和创业培训；鼓励劳动者参加各种形式的培训。

第四十七条 县级以上地方人民政府和有关部门根据市场需求和产业发展方向，鼓励、指导企业加强职业教育和培训。

职业院校、职业技能培训机构与企业应当密切联系，实行产教结合，为经济建设服务，培养实用人才和熟练劳动者。

企业应当按照国家有关规定提取职工教育经费，对劳动者进行职业技能培训和继续教育培训。

第四十八条 国家采取措施建立健全劳动预备制度，县级以上地方人民政府对有就业要求的初高中毕业生实行一定期限的职业教育和培训，使其取得相应的职业资格或者掌握一定的职业技能。

第四十九条 地方各级人民政府鼓励和支持开展就业培训，帮助失业人员提高职业技能，增强其就业能力和创业能力。失业人员参加就业培训的，按照有关规定享受政府培训补贴。

第五十条 地方各级人民政府采取有效措施，组织和引导进城就业的农村劳动者参加技能培训，鼓励各类培训机构为进城就业的农村劳动者提供技能培训，增强其就业能力和创业能力。

第五十一条 国家对从事涉及公共安全、人身健康、生命财产安全等特殊工种的劳动者，实行职业资格证书制度，具体办法由国务院规定。

第六章　就业援助

第五十二条 各级人民政府建立健全就业援助制度，采取税费减免、贷款贴息、社会保险补贴、岗位补贴等办法，通过公益性岗位安置等途径，对就业困难人员实行优先扶持和重点帮助。

就业困难人员是指因身体状况、技能水平、家庭因素、失去土地等原因难以实现就业，以及连续失业一定时间仍未能实现就业的人员。就业困难人员的具体范围，由省、自治区、直辖市人民政府根据本行政区域的实际情况规定。

第五十三条 政府投资开发的公益性岗位，应当优先安排符合岗位要求的就业困难人员。被安排在公益性岗位工作的，按照国家规定给予岗位补贴。

第五十四条 地方各级人民政府加强基层就业援助服务工作，对就业困难人员实施重点帮助，提供有针对性的就业服务和公益性岗位援助。

地方各级人民政府鼓励和支持社会各方面为就业困难人员提供技能培训、岗位信息等服务。

第五十五条 各级人民政府采取特别扶助措施，促进残疾人就业。

用人单位应当按照国家规定安排残疾人就业，具体办法由国务院规定。

第五十六条 县级以上地方人民政府采取多种就业形式，拓宽公益性岗位范围，开发就业岗位，确保城市有就业需求的家庭至少有一人实现就业。

法定劳动年龄内的家庭人员均处于失业状况的城市居民家庭，可以向住所地街道、社区公共就业服务机构申请就业援助。街道、社区公共就业服务机构经确认属实的，应当为该家庭中至少一人提供适当的就业岗位。

第五十七条 国家鼓励资源开采型城市和独立工矿区发展与市场需求相适应的产业，引导劳动者转移就业。

对因资源枯竭或者经济结构调整等原因造成就业困难人员集中的地区，上级人民政府应当给予必要的扶持和帮助。

第七章　监督检查

第五十八条 各级人民政府和有关部门应当建立促进就业的目标责任制度。县级以上人民政府按照促进就业目标责任制的要求，对所属的有关部门和下一级人民政府进行考核和监督。

第五十九条 审计机关、财政部门应当依法对就业专项资金的管理和使用情况进行监督检查。

第六十条 劳动行政部门应当对本法实施情况进行监督检查，建立举报制度，受理对违反本法行为的举报，并及时予以核实处理。

第八章 法律责任

第六十一条 违反本法规定，劳动行政等有关部门及其工作人员滥用职权、玩忽职守、徇私舞弊的，对直接负责的主管人员和其他直接责任人员依法给予处分。

第六十二条 违反本法规定，实施就业歧视的，劳动者可以向人民法院提起诉讼。

第六十三条 违反本法规定，地方各级人民政府和有关部门、公共就业服务机构举办经营性的职业中介机构，从事经营性职业中介活动，向劳动者收取费用的，由上级主管机关责令限期改正，将违法收取的费用退还劳动者，并对直接负责的主管人员和其他直接责任人员依法给予处分。

第六十四条 违反本法规定，未经许可和登记，擅自从事职业中介活动的，由劳动行政部门或者其他主管部门依法予以关闭；有违法所得的，没收违法所得，并处一万元以上五万元以下的罚款。

第六十五条 违反本法规定，职业中介机构提供虚假就业信息，为无合法证照的用人单位提供职业中介服务，伪造、涂改、转让职业中介许可证的，由劳动行政部门或者其他主管部门责令改正；有违法所得的，没收违法所得，并处一万元以上五万元以下的罚款；情节严重的，吊销职业中介许可证。

第六十六条 违反本法规定，职业中介机构扣押劳动者居民身份证等证件的，由劳动行政部门责令限期退还劳动者，并依照有关法律规定给予处罚。

违反本法规定，职业中介机构向劳动者收取押金的，由劳动行政部门责令限期退还劳动者，并以每人五百元以上二千元以下的标准处以罚款。

第六十七条 违反本法规定，企业未按照国家规定提取职工教育经费，或者挪用职工教育经费的，由劳动行政部门责令改正，并依法给予处罚。

第六十八条 违反本法规定，侵害劳动者合法权益，造成财产损失或者其他损害的，依法承担民事责任；构成犯罪的，依法追究刑事责任。

第九章 附则

第六十九条 本法自2008年1月1日起施行。

就业服务与就业管理规定

（2007年11月5日劳动和社会保障部令第28号公布 根据2014年12月23日《人力资源社会保障部关于修改〈就业服务与就业管理规定〉的决定》第一次修订 根据2015年4月30日《人力资源社会保障部关于修改部分规章的决定》第二次修订 根据2018年12月14日《人力资源社会保障部关于修改部分规章的决定》第三次修订 根据2022年1月7日《人力资源社会保障部关于修改部分规章的决定》第四次修订）

第一章 总则

第一条 为了加强就业服务和就业管理，培育和完善统一开放、竞争有序的人力资源市场，为劳动者就业和用人单位招用人员提供服务，根据就业促进法等法律、行政法规，制定本规定。

第二条 劳动者求职与就业，用人单位招用人员，劳动保障行政部门举办的公共就业服务机构和经劳动保障行政部门审批的职业中介机构从事就业服务活动，适用本规定。

本规定所称用人单位，是指在中华人民共和国境内的企业、个体经济组织、民办非企业单位等组织，以及招用与之建立劳动关系的劳动者的国家机关、事业单位、社会团体。

第三条 县级以上劳动保障行政部门依法开展本行政区域内的就业服务和就业管理工作。

第二章　求职与就业

第四条 劳动者依法享有平等就业的权利。劳动者就业，不因民族、种族、性别、宗教信仰等不同而受歧视。

第五条 农村劳动者进城就业享有与城镇劳动者平等的就业权利，不得对农村劳动者进城就业设置歧视性限制。

第六条 劳动者依法享有自主择业的权利。劳动者年满16周岁，有劳动能力且有就业愿望的，可凭本人身份证件，通过公共就业服务机构、职业中介机构介绍或直接联系用人单位等渠道求职。

第七条 劳动者求职时，应当如实向公共就业服务机构或职业中介机构、用人单位提供个人基本情况以及与应聘岗位直接相关的知识技能、工作经历、就业现状等情况，并出示相关证明。

第八条 劳动者应当树立正确的择业观念，提高就业能力和创业能力。

国家鼓励劳动者在就业前接受必要的职业教育或职业培训，鼓励城镇初高中毕业生在就业前参加劳动预备制培训。

国家鼓励劳动者自主创业、自谋职业。各级劳动保障行政部门应当会同有关部门，简化程序，提高效率，为劳动者自主创业、自谋职业提供便利和相应服务。

第三章　招用人员

第九条 用人单位依法享有自主用人的权利。用人单位招用人员，应当向劳动者提供平等的就业机会和公平的就业条件。

第十条 用人单位可以通过下列途径自主招用人员：

（一）委托公共就业服务机构或职业中介机构；

（二）参加职业招聘洽谈会；

（三）委托报纸、广播、电视、互联网站等大众传播媒介发布招聘信息；

（四）利用本企业场所、企业网站等自有途径发布招聘信息；

（五）其他合法途径。

第十一条 用人单位委托公共就业服务机构或职业中介机构招用人员，或者参加招聘洽谈会时，应当提供招用人员简章，并出示营业执照（副本）或者有关部门批准其设立的文件、经办人的身份证件和受用人单位委托的证明。

招用人员简章应当包括用人单位基本情况、招用人数、工作内容、招录条件、劳动报酬、福利待遇、社会保险等内容，以及法律、法规规定的其他内容。

第十二条 用人单位招用人员时，应当依法如实告知劳动者有关工作内容、工作条件、工作地点、职业危害、安全生产状况、劳动报酬以及劳动者要求了解的其他情况。

用人单位应当根据劳动者的要求，及时向其反馈是否录用的情况。

第十三条 用人单位应当对劳动者的个人资料予以保密。公开劳动者的个人资料信息和使用劳动者的技术、智力成果，须经劳动者本人书面同意。

第十四条 用人单位招用人员不得有下列行为：

（一）提供虚假招聘信息，发布虚假招聘广告；

（二）扣押被录用人员的居民身份证和其他证件；

（三）以担保或者其他名义向劳动者收取财物；

（四）招用未满16周岁的未成年人以及国家法律、行政法规规定不得招用的其他人员；

（五）招用无合法身份证件的人员；

（六）以招用人员为名牟取不正当利益或进行其他违法活动。

第十五条 用人单位不得以诋毁其他用人单位信誉、商业贿赂等不正当手段招聘人员。

第十六条 用人单位在招用人员时，除国家规定的不适合妇女从事的工种或者岗位外，不得以性别为由拒绝录用妇女或者提高对妇女的录用标准。

用人单位录用女职工，不得在劳动合同中规定限制女职工结婚、生育的内容。

第十七条 用人单位招用人员，应当依法对少数民族劳动者给予适当照顾。

第十八条 用人单位招用人员，不得歧视残疾人。

第十九条 用人单位招用人员，不得以是传染病病原携带者为由拒绝录用。但是，经医学鉴定传染病病原携带者在治愈前或者排除传染嫌疑前，不得从事法律、行政法规和国务院卫生行政部门规定禁止从事的易使传染病扩散的工作。

用人单位招用人员，除国家法律、行政法规和国务院卫生行政部门规定禁止乙肝病原携带者从事的工作外，不得强行将乙肝病毒血清学指标作为体检标准。

第二十条 用人单位发布的招用人员简章或招聘广告，不得包含歧视性内容。

第二十一条 用人单位招用从事涉及公共安全、人身健康、生命财产安全等特殊工种的劳动者，应当依法招用持相应工种职业资格证书的人员；招用未持相应工种职业资格证书人员的，须组织其在上岗前参加专门培训，使其取得职业资格证书后方可上岗。

第二十二条 用人单位招用台港澳人员后，应当按有关规定到当地劳动保障行政部门备案，并为其办理《台港澳人员就业证》。

第二十三条 用人单位招用外国人，应当在外国人入境前，按有关规定到当地劳动保障行政部门为其申请就业许可，经批准并获得《中华人民共和国外国人就业许可证书》后方可招用。

用人单位招用外国人的岗位必须是有特殊技能要求、国内暂无适当人选的岗位，并且不违反国家有关规定。

第四章　公共就业服务

第二十四条 县级以上劳动保障行政部门统筹管理本行政区域内的公共就业服务工作，根据政府制定的发展计划，建立健全覆盖城乡的公共就业服务体系。

公共就业服务机构根据政府确定的就业工作目标任务，制定就业服务计划，推动落实就业扶持政策，组织实施就业服务项目，为劳动者和用人单位提供就业服务，开展人力资源市场调查分析，并受劳动保障行政部门委托经办促进就业的相关事务。

第二十五条 公共就业服务机构应当免费为劳动者提供以下服务：

（一）就业政策法规咨询；

（二）职业供求信息、市场工资指导价位信息和职业培训信息发布；

（三）职业指导和职业介绍；

（四）对就业困难人员实施就业援助；

（五）办理就业登记、失业登记等事务；

（六）其他公共就业服务。

第二十六条 公共就业服务机构应当积极拓展服务功能，根据用人单位需求提供以下服务：

（一）招聘用人指导服务；

（二）代理招聘服务；

（三）跨地区人员招聘服务；

（四）企业人力资源管理咨询等专业性服务；

（五）劳动保障事务代理服务；

（六）为满足用人单位需求开发的其他就业服务项目。

第二十七条 公共就业服务机构应当加强职业指导工作，配备专（兼）职职业指导工作人员，向劳动者和用人单位提供职业指导服务。

公共就业服务机构应当为职业指导工作提供相应的设施和条件，推动职业指导工作的开展，加强对职业指导工作的宣传。

第二十八条 职业指导工作包括以下内容：

（一）向劳动者和用人单位提供国家有关劳动保障的法律法规和政策、人力资源市场状况咨询；

（二）帮助劳动者了解职业状况，掌握求职方法，确定择业方向，增强择业能力；

（三）向劳动者提出培训建议，为其提供职业培训相关信息；

（四）开展对劳动者个人职业素质和特点的测试，并对其职业能力进行评价；

（五）对妇女、残疾人、少数民族人员及退出现役的军人等就业群体提供专门的职业指导服务；

（六）对大中专学校、职业院校、技工学校学生的职业指导工作提供咨询和服务；

（七）对准备从事个体劳动或开办私营企业的劳动者提供创业咨询服务；

（八）为用人单位提供选择招聘方法、确定用人条件和标准等方面的招聘用人指导；

（九）为职业培训机构确立培训方向和专业设置等提供咨询参考。

第二十九条 公共就业服务机构在劳动保障行政部门的指导下，组织实施劳动力资源调查和就业、失业状况统计工作。

第三十条 公共就业服务机构应当针对特定就业群体的不同需求，制定并组织实施专项计划。

公共就业服务机构应当根据服务对象的特点，在一定时期内为不同类型的劳动者、就业困难对象或用人单位集中组织活动，开展专项服务。

公共就业服务机构受劳动保障行政部门委托，可以组织开展促进就业的专项工作。

第三十一条 县级以上公共就业服务机构建立综合性服务场所，集中为劳动者和用人单位提供一站式就业服务，并承担劳动保障行政部门安排的其他工作。

街道、乡镇、社区公共就业服务机构建立基层服务窗口，开展以就业援助为重点的公共就业服务，实施劳动力资源调查统计，并承担上级劳动保障行政部门安排的其他就业服务工作。

公共就业服务机构使用全国统一标识。

第三十二条 公共就业服务机构应当不断提高服务的质量和效率。

公共就业服务机构应当加强内部管理，完善服务功能，统一服务流程，按照国家制定的服务规范和标准，为劳动者和用人单位提供优质高效的就业服务。

公共就业服务机构应当加强工作人员的政策、业务和服务技能培训，组织职业指导人员、职业信息分析人员、劳动保障协理员等专业人员参加相应职业资格培训。

公共就业服务机构应当公开服务制度，主动接受社会监督。

第三十三条 县级以上劳动保障行政部门和公共就业服务机构应当按照劳动保障信息化建设的统一规划、标准和规范，建立完善人力资源市场信息网络及相关设施。

公共就业服务机构应当逐步实行信息化管理与服务，在城市内实现就业服务、失业保险、就业培训信息共享和公共就业服务全程信息化管理，并逐步实现与劳动工资信息、社会保险信息的互联互通和信息共享。

第三十四条 公共就业服务机构应当建立健全人力资源市场信息服务体系，完善职业供求信息、市场工资指导价位信息、职业培训信息、人力资源市场分析信息的发布制度，为劳动者求职择业、用人单位招用人员以及培训机构开展培训提供支持。

第三十五条 县级以上劳动保障行政部门应当按照信息化建设统一要求，逐步实现全国人力资源市场信息联网。其中，城市应当按照劳动保障数据中心建设的要求，实现网络和数据资源的集中和共享；省、自治区应当建立人力资源市场信息网省级监测中心，对辖区内人力资源市场信息进行监测；劳动保障部设立人力资源市场信息网全国监测中心，对全国人力资源市场信息进行监测和分析。

第三十六条 县级以上劳动保障行政部门应当对公共就业服务机构加强管理，定期对其完成各项任务情况进行绩效考核。

第三十七条 公共就业服务经费纳入同级财政预算。各级劳动保障行政部门和公共就业服务机构应当根据财政预算编制的规定，依法编制公共就业服务年度预算，报经同级财政部门审批后执行。

公共就业服务机构可以按照就业专项资金管理相关规定，依法申请公共就业服务专项扶持经费。

公共就业服务机构接受社会各界提供的捐赠和资助，按照国家有关法律法规管理和使用。

公共就业服务机构为用人单位提供的服务，应当规范管理，严格控制服务收费。确需收费的，具体项目由省级劳动保障行政部门会同相关部门规定。

第三十八条 公共就业服务机构不得从事经营性活动。

公共就业服务机构举办的招聘会，不得向劳动者收取费用。

第三十九条 各级残疾人联合会所属的残疾人就业服务机构是公共就业服务机构的组成部分，负责为残疾劳动者提供相关就业服务，并经劳动保障行政部门委托，承担残疾劳动者的就业登记、失业登记工作。

第五章　就业援助

第四十条 公共就业服务机构应当制定专门的就业援助计划，对就业援助对象实施优先扶持和重点帮助。

本规定所称就业援助对象包括就业困难人员和零就业家庭。就业困难对象是指因身体状况、技能水平、家庭因素、失去土地等原因难以实现就业，以及连续失业一定时间仍未能实现就业的人员。零就业家庭是指法定劳动年龄内的家庭人员均处于失业状况的城市居民家庭。

对援助对象的认定办法，由省级劳动保障行政部门依据当地人民政府规定的就业援助对象范围制定。

第四十一条 就业困难人员和零就业家庭可以向所在地街道、社区公共就业服务机构申请就业援助。经街道、社区公共就业服务机构确认属实的，纳入就业援助范围。

第四十二条 公共就业服务机构应当建立就业困难人员帮扶制度，通过落实各项就业扶持政策、提供就业岗位信息、组织技能培训等有针对性的就业服务和公益性岗位援助，对就业困难人员实施优先扶持和重点帮助。

在公益性岗位上安置的就业困难人员，按照国家规定给予岗位补贴。

第四十三条 公共就业服务机构应当建立零就业家庭即时岗位援助制度，通过拓宽公益性岗位范围，开发各类就业岗位等措施，及时向零就业家庭中的失业人员提供适当的就业岗位，确保零就业家庭至少有一人实现就业。

第四十四条 街道、社区公共就业服务机构应当对辖区内就业援助对象进行登记，建立专门台账，实行就业援助对象动态管理和援助责任制度，提供及时、有效的就业援助。

第六章 职业中介服务

第四十五条 县级以上劳动保障行政部门应当加强对职业中介机构的管理，鼓励其提高服务质量，发挥其在促进就业中的作用。

本规定所称职业中介机构，是指由法人、其他组织和公民个人举办，为用人单位招用人员和劳动者求职提供中介服务以及其他相关服务的经营性组织。

政府部门不得举办或者与他人联合举办经营性的职业中介机构。

第四十六条 从事职业中介活动，应当遵循合法、诚实信用、公平、公开的原则。

禁止任何组织或者个人利用职业中介活动侵害劳动者和用人单位的合法权益。

第四十七条 职业中介实行行政许可制度。设立职业中介机构或其他机构开展职业中介活动，须经劳动保障行政部门批准，并获得职业中介许可证。

未经依法许可和登记的机构，不得从事职业中介活动。

职业中介许可证由劳动保障部统一印制并免费发放。

第四十八条 设立职业中介机构应当具备下列条件：

（一）有明确的机构章程和管理制度；

（二）有开展业务必备的固定场所、办公设施和一定数额的开办资金；

（三）有一定数量具备相应职业资格的专职工作人员；

（四）法律、法规规定的其他条件。

第四十九条 设立职业中介机构，应当向当地县级以上劳动保障行政部门提出申请，提交下列文件：

（一）设立申请书；

（二）机构章程和管理制度草案；

（三）场所使用权证明；

（四）拟任负责人的基本情况、身份证明；

（五）具备相应职业资格的专职工作人员的相关证明；

（六）工商营业执照（副本）；

（七）法律、法规规定的其他文件。

第五十条 劳动保障行政部门接到设立职业中介机构的申请后，应当自受理申请之日起20日内审理完毕。对符合条件的，应当予以批准；不予批准的，应当说明理由。

劳动保障行政部门对经批准设立的职业中介机构实行年度审验。

职业中介机构的具体设立条件、审批和年度审验程序，由省级劳动保障行政部门统一规定。

第五十一条 职业中介机构变更名称、住所、法定代表人等或者终止的，应当按照设立许可程序办理变更或者注销登记手续。

设立分支机构的，应当在征得原审批机关的书面同意后，由拟设立分支机构所在地县级以上劳动保障行政部门审批。

第五十二条 职业中介机构可以从事下列业务：

（一）为劳动者介绍用人单位；

（二）为用人单位和居民家庭推荐劳动者；
（三）开展职业指导、人力资源管理咨询服务；
（四）收集和发布职业供求信息；
（五）根据国家有关规定从事互联网职业信息服务；
（六）组织职业招聘洽谈会；
（七）经劳动保障行政部门核准的其他服务项目。

第五十三条 职业中介机构应当在服务场所明示营业执照、职业中介许可证、服务项目、收费标准、监督机关名称和监督电话等，并接受劳动保障行政部门及其他有关部门的监督检查。

第五十四条 职业中介机构应当建立服务台账，记录服务对象、服务过程、服务结果和收费情况等，并接受劳动保障行政部门的监督检查。

第五十五条 职业中介机构提供职业中介服务不成功的，应当退还向劳动者收取的中介服务费。

第五十六条 职业中介机构租用场地举办大规模职业招聘洽谈会，应当制定相应的组织实施办法和安全保卫工作方案，并向批准其设立的机关报告。

职业中介机构应当对入场招聘用人单位的主体资格真实性和招用人员简章真实性进行核实。

第五十七条 职业中介机构为特定对象提供公益性就业服务的，可以按照规定给予补贴。可以给予补贴的公益性就业服务的范围、对象、服务效果和补贴办法，由省级劳动保障行政部门会同有关部门制定。

第五十八条 禁止职业中介机构有下列行为：
（一）提供虚假就业信息；
（二）发布的就业信息中包含歧视性内容；
（三）伪造、涂改、转让职业中介许可证；
（四）为无合法证照的用人单位提供职业中介服务；
（五）介绍未满16周岁的未成年人就业；
（六）为无合法身份证件的劳动者提供职业中介服务；
（七）介绍劳动者从事法律、法规禁止从事的职业；
（八）扣押劳动者的居民身份证和其他证件，或者向劳动者收取押金；
（九）以暴力、胁迫、欺诈等方式进行职业中介活动；
（十）超出核准的业务范围经营；
（十一）其他违反法律、法规规定的行为。

第五十九条 县级以上劳动保障行政部门应当依法对经审批设立的职业中介机构开展职业中介活动进行监督指导，定期组织对其服务信用和服务质量进行评估，并将评估结果向社会公布。

县级以上劳动保障行政部门应当指导职业中介机构开展工作人员培训，提高服务质量。

县级以上劳动保障行政部门对在诚信服务、优质服务和公益性服务等方面表现突出的职业中介机构和个人，报经同级人民政府批准后，给予表彰和奖励。

第六十条 设立外商投资职业中介机构以及职业中介机构从事境外就业中介服务的，按照有关规定执行。

第七章 就业与失业管理

第六十一条 劳动保障行政部门应当建立健全就业登记制度和失业登记制度，完善就业管理和失业管理。

公共就业服务机构负责就业登记与失业登记工作，建立专门台账，及时、准确地记录劳动者就业与失业变动情况，并做好相应统计工作。

就业登记和失业登记在各省、自治区、直辖市范围内实行统一的就业失业登记证（以下简称登记证），向劳动者免费发放，并注明可享受的相应扶持政策。

就业登记、失业登记的具体程序和登记证的样式，由省级劳动保障行政部门规定。

第六十二条　劳动者被用人单位招用的，由用人单位为劳动者办理就业登记。用人单位招用劳动者和与劳动者终止或者解除劳动关系，应当到当地公共就业服务机构备案，为劳动者办理就业登记手续。用人单位招用人员后，应当于录用之日起30日内办理登记手续；用人单位与职工终止或者解除劳动关系后，应当于15日内办理登记手续。

劳动者从事个体经营或灵活就业的，由本人在街道、乡镇公共就业服务机构办理就业登记。

就业登记的内容主要包括劳动者个人信息、就业类型、就业时间、就业单位以及订立、终止或者解除劳动合同情况等。就业登记的具体内容和所需材料由省级劳动保障行政部门规定。

公共就业服务机构应当对用人单位办理就业登记及相关手续设立专门服务窗口，简化程序，方便用人单位办理。

第六十三条　在法定劳动年龄内，有劳动能力，有就业要求，处于无业状态的城镇常住人员，可以到常住地的公共就业服务机构进行失业登记。

第六十四条　劳动者进行失业登记时，须持本人身份证件；有单位就业经历的，还须持与原单位终止、解除劳动关系或者解聘的证明。

登记失业人员凭登记证享受公共就业服务和就业扶持政策；其中符合条件的，按规定申领失业保险金。

登记失业人员应当定期向公共就业服务机构报告就业失业状况，积极求职，参加公共就业服务机构安排的就业培训。

第六十五条　失业登记的范围包括下列失业人员：

（一）年满16周岁，从各类学校毕业、肄业的；

（二）从企业、机关、事业单位等各类用人单位失业的；

（三）个体工商户业主或私营企业业主停业、破产停止经营的；

（四）承包土地被征用，符合当地规定条件的；

（五）军人退出现役且未纳入国家统一安置的；

（六）刑满释放、假释、监外执行的；

（七）各地确定的其他失业人员。

第六十六条　登记失业人员出现下列情形之一的，由公共就业服务机构注销其失业登记：

（一）被用人单位录用的；

（二）从事个体经营或创办企业，并领取工商营业执照的；

（三）已从事有稳定收入的劳动，并且月收入不低于当地最低工资标准的；

（四）已享受基本养老保险待遇的；

（五）完全丧失劳动能力的；

（六）入学、服兵役、移居境外的；

（七）被判刑收监执行的；

（八）终止就业要求或拒绝接受公共就业服务的；

（九）连续6个月未与公共就业服务机构联系的；

（十）已进行就业登记的其他人员或各地规定的其他情形。

第八章 罚则

第六十七条 用人单位违反本规定第十四条第（二）、（三）项规定的，按照劳动合同法第八十四条的规定予以处罚；用人单位违反第十四条第（四）项规定的，按照国家禁止使用童工和其他有关法律、法规的规定予以处罚。用人单位违反第十四条第（一）、（五）、（六）项规定的，由劳动保障行政部门责令改正，并可处以一千元以下的罚款；对当事人造成损害的，应当承担赔偿责任。

第六十八条 用人单位违反本规定第十九条第二款规定，在国家法律、行政法规和国务院卫生行政部门规定禁止乙肝病原携带者从事的工作岗位以外招用人员时，将乙肝病毒血清学指标作为体检标准的，由劳动保障行政部门责令改正，并可处以一千元以下的罚款；对当事人造成损害的，应当承担赔偿责任。

第六十九条 违反本规定第三十八条规定，公共就业服务机构从事经营性职业中介活动向劳动者收取费用的，由劳动保障行政部门责令限期改正，将违法收取的费用退还劳动者，并对直接负责的主管人员和其他直接责任人员依法给予处分。

第七十条 违反本规定第四十七条规定，未经许可和登记，擅自从事职业中介活动的，由劳动保障行政部门或者其他主管部门按照就业促进法第六十四条规定予以处罚。

第七十一条 职业中介机构违反本规定第五十三条规定，未明示职业中介许可证、监督电话的，由劳动保障行政部门责令改正，并可处以一千元以下的罚款；未明示收费标准的，提请价格主管部门依据国家有关规定处罚；未明示营业执照的，提请市场监督管理部门依据国家有关规定处罚。

第七十二条 职业中介机构违反本规定第五十四条规定，未建立服务台账，或虽建立服务台账但未记录服务对象、服务过程、服务结果和收费情况的，由劳动保障行政部门责令改正，并可处以一千元以下的罚款。

第七十三条 职业中介机构违反本规定第五十五条规定，在职业中介服务不成功后未向劳动者退还所收取的中介服务费的，由劳动保障行政部门责令改正，并可处以一千元以下的罚款。

第七十四条 职业中介机构违反本规定第五十八条第（一）、（三）、（四）、（八）项规定的，按照就业促进法第六十五条、第六十六条规定予以处罚。违反本规定第五十八条第（五）项规定的，按照国家禁止使用童工的规定予以处罚。违反本规定第五十八条其他各项规定的，由劳动保障行政部门责令改正，没有违法所得的，可处以一万元以下的罚款；有违法所得的，可处以不超过违法所得三倍的罚款，但最高不得超过三万元；情节严重的，提请工商部门依法吊销营业执照；对当事人造成损害的，应当承担赔偿责任。

第七十五条 用人单位违反本规定第六十二条规定，未及时为劳动者办理就业登记手续的，由劳动保障行政部门责令改正。

第九章 附则

第七十六条 本规定自2008年1月1日起施行。劳动部1994年10月27日颁布的《职业指导办法》、劳动保障部2000年12月8日颁布的《劳动力市场管理规定》同时废止。

人才市场管理规定

（2001年9月11日人事部、国家工商行政管理总局令第1号公布　根据2005年3月22日《人事部、国家工商行政管理总局关于修改〈人才市场管理规定〉的决定》第一次修订　根据2015年4月30日《人力资源社会保障部关于修改部分规章的决定》第二次修订　根据2019年12月9日《人力资源社会保障部关于修改部分规章的决定》第三次修订　根据2019年12月31日《人力资源社会保障部关于修改部分规章的决定》第四次修订）

第一章　总则

第一条　为了建立和完善机制健全、运行规范、服务周到、指导监督有力的人才市场体系，优化人才资源配置，规范人才市场活动，维护人才、用人单位和人才中介服务机构的合法权益，根据有关法律、法规，制定本规定。

第二条　本规定所称的人才市场管理，是指对人才中介服务机构从事人才中介服务、用人单位招聘和个人应聘以及与之相关活动的管理。

人才市场服务的对象是指各类用人单位和具有中专以上学历或取得专业技术资格的人员，以及其他从事专业技术或管理工作的人员。

第三条　人才市场活动应当遵守国家的法律、法规及政策规定，坚持公开、平等、竞争、择优的原则，实行单位自主用人，个人自主择业。

第四条　县级以上政府人事行政部门是人才市场的综合管理部门，县级以上市场监督管理部门在职责范围内依法监督管理人才市场。

第二章　人才中介服务机构

第五条　本规定所称人才中介服务机构是指为用人单位和人才提供中介服务及其他相关服务的专营或兼营的组织。

人才中介服务机构的设置应当符合经济和社会发展的需要，根据人才市场发展的要求，统筹规划，合理布局。

第六条　设立人才中介服务机构应具备下列条件：

（一）有与开展人才中介业务相适应的场所、设施；

（二）有5名以上大专以上学历、取得人才中介服务资格证书的专职工作人员；

（三）有健全可行的工作章程和制度；

（四）有独立承担民事责任的能力；

（五）具备相关法律、法规规定的其他条件。

第七条　设立人才中介服务机构，可以通过信函、电报、电传、传真、电子数据交换和电子邮件等方式向政府人事行政部门提出申请，并按本规定第六条的要求提交有关证明材料，但学历证明除外。其中设立固定人才交流场所的，须做专门的说明。

未经政府人事行政部门批准，不得设立人才中介服务机构。

第八条　设立人才中介服务机构应当依据管理权限由县级以上政府人事行政部门（以下简称审批机关）审批。

国务院各部委、直属机构及其直属在京事业单位和在京中央直管企业、全国性社团申请设立人才中介服务机构，由人事部审批。中央在地方所属单位申请设立人才中介服务机构，由所在地的省级政府人事行政部门审批。

人才中介服务机构设立分支机构的，应当在征得原审批机关的书面同意后，由分支机构所在地政府人事行政部门审批。

政府人事行政部门应当建立完善人才中介服务机构许可制度，并在行政机关网站公布审批程序、期限和需要提交的全部材料的目录，以及批准设立的人才中介服务机构的名录等信息。

第九条 审批机关应当在接到设立人才中介服务机构申请报告之日起二十日内审核完毕，二十日内不能作出决定的，经本行政机关负责人批准，可以延长十日，并应当将延长期限的理由告知申请人。

批准同意的，发给《人才中介服务许可证》（以下简称许可证），并应当在作出决定之日起十日内向申请人颁发、送达许可证，不同意的应当书面通知申请人，并说明理由。

第十条 互联网信息服务提供者专营或兼营人才信息网络中介服务的，必须申领许可证。

第十一条 人才中介服务机构可以从事下列业务：

（一）人才供求信息的收集、整理、储存、发布和咨询服务；

（二）人才信息网络服务；

（三）人才推荐；

（四）人才招聘；

（五）人才培训；

（六）人才测评；

（七）法规、规章规定的其他有关业务。

审批机关可以根据人才中介服务机构所在地区或行业的经济、社会发展需要以及人才中介服务机构自身的设备条件、人员和管理情况等，批准其开展一项或多项业务。

第十二条 人才中介服务机构应当依法开展经营业务活动，不得超越许可证核准的业务范围经营；不得采取不正当竞争手段从事中介活动；不得提供虚假信息或作虚假承诺。

第十三条 人才中介服务机构应当公开服务内容和工作程序，公布收费项目和标准。收费项目和标准，应当符合国家和省、自治区、直辖市的有关规定。

第十四条 审批机关负责对其批准成立的人才中介服务机构依法进行检查或抽查，并可以查阅或者要求其报送有关材料。人才中介服务机构应接受检查，并如实提供有关情况和材料。审批机关应公布检查结果。

第十五条 人才中介服务机构有改变名称、住所、经营范围、法定代表人以及停业、终止等情形的，应当按原审批程序办理变更或者注销登记手续。

第十六条 人才中介服务机构可以建立行业组织，协调行业内部活动，促进公平竞争，提高服务质量，规范职业道德，维护行业成员的合法权益。

第三章 人事代理

第十七条 人才中介服务机构可在规定业务范围内接受用人单位和个人委托，从事各类人事代理服务。

第十八条 开展以下人事代理业务必须经过政府人事行政部门的授权。

（一）流动人员人事档案管理；

（二）因私出国政审；

（三）在规定的范围内申报或组织评审专业技术职务任职资格；

（四）转正定级和工龄核定；

（五）大中专毕业生接收手续；

（六）其他需经授权的人事代理事项。

第十九条 人事代理方式可由单位集体委托代理，也可由个人委托代理；可多项委托代理，也可单项委托代理；可单位全员委托代理，也可部分人员委托代理。

第二十条 单位办理委托人事代理，须向代理机构提交有效证件以及委托书，确定委托代理项目。经代理机构审定后，由代理机构与委托单位签定人事代理合同书，明确双方的权利和义务，确立人事代理关系。

个人委托办理人事代理，根据委托者的不同情况，须向代理机构提交有关证件复印件以及与代理有关的证明材料。经代理机构审定后，由代理机构与个人签订人事代理合同书，确立人事代理关系。

第四章 招聘与应聘

第二十一条 人才中介服务机构举办人才交流会的，应当制定相应的组织实施办法、应急预案和安全保卫工作方案，并对参加人才交流会的招聘单位的主体资格真实性和招用人员简章真实性进行核实，对招聘中的各项活动进行管理。

第二十二条 用人单位可以通过委托人才中介服务机构、参加人才交流会、在公共媒体和互联网发布信息以及其他合法方式招聘人才。

第二十三条 用人单位公开招聘人才，应当出具有关部门批准其设立的文件或营业执照（副本），并如实公布拟聘用人员的数量、岗位和条件。

用人单位在招聘人才时，不得以民族、宗教信仰为由拒绝聘用或者提高聘用标准；除国家规定的不适合妇女工作的岗位外，不得以性别为由拒绝招聘妇女或提高对妇女的招聘条件。

第二十四条 用人单位招聘人才，不得以任何名义向应聘者收取费用，不得有欺诈行为或采取其他方式谋取非法利益。

第二十五条 人才中介服务机构通过各种形式、在各种媒体（含互联网）为用人单位发布人才招聘广告，不得超出许可业务范围。广告发布者不得为超出许可业务范围或无许可证的中介服务机构发布人才招聘广告。

第二十六条 用人单位不得招聘下列人员：

（一）正在承担国家、省重点工程、科研项目的技术和管理的主要人员，未经单位或主管部门同意的；

（二）由国家统一派出而又未满轮换年限的赴新疆、西藏工作的人员；

（三）正在从事涉及国家安全或重要机密工作的人员；

（四）有违法违纪嫌疑正在依法接受审查尚未结案的人员；

（五）法律、法规规定暂时不能流动的其他特殊岗位的人员。

第二十七条 人才应聘可以通过人才中介服务机构、人才信息网络、人才交流会或直接与用人单位联系等形式进行。应聘时出具的证件以及履历等相关材料，必须真实、有效。

第二十八条 应聘人才离开原单位，应当按照国家的有关政策规定，遵守与原单位签定的合同或协议，不得擅自离职。

通过辞职或调动方式离开原单位的，应当按照国家的有关辞职、调动的规定办理手续。

第二十九条 对于符合国家人才流动政策规定的应聘人才，所在单位应当及时办理有关手续，按照国家有关规定为应聘人才提供证明文件以及相关材料，不得在国家规定之外另行设置限制条件。

应聘人才凡经单位出资培训的，如个人与单位订有合同，培训费问题按合同规定办理；没有合同的，单位可以适当收取培训费，收取标准按培训后回单位服务的年限，按每年递减20%的比例计算。

第三十条　应聘人才在应聘时和离开原单位后，不得带走原单位的技术资料和设备器材等，不得侵犯原单位的知识产权、商业秘密及其他合法权益。

第三十一条　用人单位与应聘人才确定聘用关系后，应当在平等自愿、协商一致的基础上，依法签定聘用合同或劳动合同。

第五章　罚则

第三十二条　违反本规定，未经政府人事行政部门批准擅自设立人才中介服务机构或从事人才中介服务活动的，由县级以上政府人事行政部门责令停办，并处10 000元以下罚款；有违法所得的，可处以不超过违法所得3倍的罚款，但最高不得超过30 000元。

第三十三条　人才中介服务机构违反本规定，擅自扩大许可业务范围、不依法接受检查或提供虚假材料，不按规定办理许可证变更等手续的，由县级以上政府人事行政部门予以警告，可并处10 000元以下罚款；情节严重的，责令停业整顿，有违法所得的，没收违法所得，并可处以不超过违法所得3倍的罚款，但最高不得超过30 000元。

第三十四条　违反本规定，未经政府人事行政部门授权从事人事代理业务的，由县级以上政府人事行政部门责令立即停办，并处10 000元以下罚款；有违法所得的，可处以不超过违法所得3倍的罚款，但最高不得超过30 000元；情节严重的，并责令停业整顿。

第三十五条　人才中介服务机构违反本规定，超出许可业务范围接受代理业务的，由县级以上政府人事行政部门予以警告，限期改正，并处10 000元以下罚款。

第三十六条　用人单位违反本规定，以民族、性别、宗教信仰为由拒绝聘用或者提高聘用标准的，招聘不得招聘人员的，以及向应聘者收取费用或采取欺诈等手段谋取非法利益的，由县级以上政府人事行政部门责令改正；情节严重的，并处10 000元以下罚款。

第三十七条　个人违反本规定给原单位造成损失的，应当承担赔偿责任。

第三十八条　用人单位、人才中介服务机构、广告发布者发布虚假人才招聘广告的，由市场监督管理部门依照《广告法》第三十七条处罚。

人才中介服务机构超出许可业务范围发布广告、广告发布者为超出许可业务范围或无许可证的中介服务机构发布广告的，由市场监督管理部门处以10 000元以下罚款；有违法所得的，可处以不超过违法所得3倍的罚款，但最高不得超过30 000元。

第三十九条　人才中介活动违反工商行政管理规定的，由市场监督管理部门依照有关规定予以查处。

第六章　附则

第四十条　本规定由人事部、国家工商行政管理总局负责解释。

第四十一条　本规定自2001年10月1日起施行。1996年1月29日人事部发布的《人才市场管理暂行规定》（人发〔1996〕11号）同时废止。

人力资源市场暂行条例

（2018年5月2日国务院第7次常务会议通过 2018年6月29日中华人民共和国国务院令第700号公布 自2018年10月1日起施行）

第一章 总则

第一条 为了规范人力资源市场活动，促进人力资源合理流动和优化配置，促进就业创业，根据《中华人民共和国就业促进法》和有关法律，制定本条例。

第二条 在中华人民共和国境内通过人力资源市场求职、招聘和开展人力资源服务，适用本条例。

法律、行政法规和国务院规定对求职、招聘和开展人力资源服务另有规定的，从其规定。

第三条 通过人力资源市场求职、招聘和开展人力资源服务，应当遵循合法、公平、诚实信用的原则。

第四条 国务院人力资源社会保障行政部门负责全国人力资源市场的统筹规划和综合管理工作。

县级以上地方人民政府人力资源社会保障行政部门负责本行政区域人力资源市场的管理工作。

县级以上人民政府发展改革、教育、公安、财政、商务、税务、市场监督管理等有关部门在各自职责范围内做好人力资源市场的管理工作。

第五条 国家加强人力资源服务标准化建设，发挥人力资源服务标准在行业引导、服务规范、市场监管等方面的作用。

第六条 人力资源服务行业协会应当依照法律、法规、规章及其章程的规定，制定行业自律规范，推进行业诚信建设，提高服务质量，对会员的人力资源服务活动进行指导、监督，依法维护会员合法权益，反映会员诉求，促进行业公平竞争。

第二章 人力资源市场培育

第七条 国家建立统一开放、竞争有序的人力资源市场体系，发挥市场在人力资源配置中的决定性作用，健全人力资源开发机制，激发人力资源创新创造创业活力，促进人力资源市场繁荣发展。

第八条 国家建立政府宏观调控、市场公平竞争、单位自主用人、个人自主择业、人力资源服务机构诚信服务的人力资源流动配置机制，促进人力资源自由有序流动。

第九条 县级以上人民政府应当将人力资源市场建设纳入国民经济和社会发展规划，运用区域、产业、土地等政策，推进人力资源市场建设，发展专业性、行业性人力资源市场，鼓励并规范高端人力资源服务等业态发展，提高人力资源服务业发展水平。

国家鼓励社会力量参与人力资源市场建设。

第十条 县级以上人民政府建立覆盖城乡和各行业的人力资源市场供求信息系统，完善市场信息发布制度，为求职、招聘提供服务。

第十一条 国家引导和促进人力资源在机关、企业、事业单位、社会组织之间以及不同地区之间合理流动。任何地方和单位不得违反国家规定在户籍、地域、身份等方面设置限制人力资源流动的条件。

第十二条 人力资源社会保障行政部门应当加强人力资源市场监管，维护市场秩序，保障公平竞争。

第十三条　国家鼓励开展平等、互利的人力资源国际合作与交流，充分开发利用国际国内人力资源。

第三章　人力资源服务机构

第十四条　本条例所称人力资源服务机构，包括公共人力资源服务机构和经营性人力资源服务机构。

公共人力资源服务机构，是指县级以上人民政府设立的公共就业和人才服务机构。

经营性人力资源服务机构，是指依法设立的从事人力资源服务经营活动的机构。

第十五条　公共人力资源服务机构提供下列服务，不得收费：

（一）人力资源供求、市场工资指导价位、职业培训等信息发布；

（二）职业介绍、职业指导和创业开业指导；

（三）就业创业和人才政策法规咨询；

（四）对就业困难人员实施就业援助；

（五）办理就业登记、失业登记等事务；

（六）办理高等学校、中等职业学校、技工学校毕业生接收手续；

（七）流动人员人事档案管理；

（八）县级以上人民政府确定的其他服务。

第十六条　公共人力资源服务机构应当加强信息化建设，不断提高服务质量和效率。

公共人力资源服务经费纳入政府预算。人力资源社会保障行政部门应当依法加强公共人力资源服务经费管理。

第十七条　国家通过政府购买服务等方式支持经营性人力资源服务机构提供公益性人力资源服务。

第十八条　经营性人力资源服务机构从事职业中介活动的，应当依法向人力资源社会保障行政部门申请行政许可，取得人力资源服务许可证。

经营性人力资源服务机构开展人力资源供求信息的收集和发布、就业和创业指导、人力资源管理咨询、人力资源测评、人力资源培训、承接人力资源服务外包等人力资源服务业务的，应当自开展业务之日起15日内向人力资源社会保障行政部门备案。

经营性人力资源服务机构从事劳务派遣业务的，执行国家有关劳务派遣的规定。

第十九条　人力资源社会保障行政部门应当自收到经营性人力资源服务机构从事职业中介活动的申请之日起20日内依法作出行政许可决定。符合条件的，颁发人力资源服务许可证；不符合条件的，作出不予批准的书面决定并说明理由。

第二十条　经营性人力资源服务机构设立分支机构的，应当自工商登记办理完毕之日起15日内，书面报告分支机构所在地人力资源社会保障行政部门。

第二十一条　经营性人力资源服务机构变更名称、住所、法定代表人或者终止经营活动的，应当自工商变更登记或者注销登记办理完毕之日起15日内，书面报告人力资源社会保障行政部门。

第二十二条　人力资源社会保障行政部门应当及时向社会公布取得行政许可或者经过备案的经营性人力资源服务机构名单及其变更、延续等情况。

第四章　人力资源市场活动规范

第二十三条　个人求职，应当如实提供本人基本信息以及与应聘岗位相关的知识、技能、工作经历等情况。

第二十四条　用人单位发布或者向人力资源服务机构提供的单位基本情况、招聘人数、招聘条件、工作内容、工作地点、基本劳动报酬等招聘信息，应当真实、合法，不得含有民族、种族、性别、宗教信仰等方面的歧视性内容。

用人单位自主招用人员，需要建立劳动关系的，应当依法与劳动者订立劳动合同，并按照国家有关规定办理社会保险等相关手续。

第二十五条 人力资源流动，应当遵守法律、法规对服务期、从业限制、保密等方面的规定。

第二十六条 人力资源服务机构接受用人单位委托招聘人员，应当要求用人单位提供招聘简章、营业执照或者有关部门批准设立的文件、经办人的身份证件、用人单位的委托证明，并对所提供材料的真实性、合法性进行审查。

第二十七条 人力资源服务机构接受用人单位委托招聘人员或者开展其他人力资源服务，不得采取欺诈、暴力、胁迫或者其他不正当手段，不得以招聘为名牟取不正当利益，不得介绍单位或者个人从事违法活动。

第二十八条 人力资源服务机构举办现场招聘会，应当制定组织实施办法、应急预案和安全保卫工作方案，核实参加招聘会的招聘单位及其招聘简章的真实性、合法性，提前将招聘会信息向社会公布，并对招聘中的各项活动进行管理。

举办大型现场招聘会，应当符合《大型群众性活动安全管理条例》等法律法规的规定。

第二十九条 人力资源服务机构发布人力资源供求信息，应当建立健全信息发布审查和投诉处理机制，确保发布的信息真实、合法、有效。

人力资源服务机构在业务活动中收集用人单位和个人信息的，不得泄露或者违法使用所知悉的商业秘密和个人信息。

第三十条 经营性人力资源服务机构接受用人单位委托提供人力资源服务外包的，不得改变用人单位与个人的劳动关系，不得与用人单位串通侵害个人的合法权益。

第三十一条 人力资源服务机构通过互联网提供人力资源服务的，应当遵守本条例和国家有关网络安全、互联网信息服务管理的规定。

第三十二条 经营性人力资源服务机构应当在服务场所明示下列事项，并接受人力资源社会保障行政部门和市场监督管理、价格等主管部门的监督检查：

（一）营业执照；

（二）服务项目；

（三）收费标准；

（四）监督机关和监督电话。

从事职业中介活动的，还应当在服务场所明示人力资源服务许可证。

第三十三条 人力资源服务机构应当加强内部制度建设，健全财务管理制度，建立服务台账，如实记录服务对象、服务过程、服务结果等信息。服务台账应当保存2年以上。

第五章　监督管理

第三十四条 人力资源社会保障行政部门对经营性人力资源服务机构实施监督检查，可以采取下列措施：

（一）进入被检查单位进行检查；

（二）询问有关人员，查阅服务台账等服务信息档案；

（三）要求被检查单位提供与检查事项相关的文件资料，并作出解释和说明；

（四）采取记录、录音、录像、照相或者复制等方式收集有关情况和资料；

（五）法律、法规规定的其他措施。

人力资源社会保障行政部门实施监督检查时，监督检查人员不得少于2人，应当出示执法证件，并对被检查单位的商业秘密予以保密。

对人力资源社会保障行政部门依法进行的监督检查，被检查单位应当配合，如实提供相关资料和信息，不得隐瞒、拒绝、阻碍。

第三十五条　人力资源社会保障行政部门采取随机抽取检查对象、随机选派执法人员的方式实施监督检查。

监督检查的情况应当及时向社会公布。其中，行政处罚、监督检查结果可以通过国家企业信用信息公示系统或者其他系统向社会公示。

第三十六条　经营性人力资源服务机构应当在规定期限内，向人力资源社会保障行政部门提交经营情况年度报告。人力资源社会保障行政部门可以依法公示或者引导经营性人力资源服务机构依法公示年度报告的有关内容。

人力资源社会保障行政部门应当加强与市场监督管理等部门的信息共享。通过信息共享可以获取的信息，不得要求经营性人力资源服务机构重复提供。

第三十七条　人力资源社会保障行政部门应当加强人力资源市场诚信建设，把用人单位、个人和经营性人力资源服务机构的信用数据和失信情况等纳入市场诚信建设体系，建立守信激励和失信惩戒机制，实施信用分类监管。

第三十八条　人力资源社会保障行政部门应当按照国家有关规定，对公共人力资源服务机构进行监督管理。

第三十九条　在人力资源服务机构中，根据中国共产党章程及有关规定，建立党的组织并开展活动，加强对流动党员的教育监督和管理服务。人力资源服务机构应当为中国共产党组织的活动提供必要条件。

第四十条　人力资源社会保障行政部门应当畅通对用人单位和人力资源服务机构的举报投诉渠道，依法及时处理有关举报投诉。

第四十一条　公安机关应当依法查处人力资源市场的违法犯罪行为，人力资源社会保障行政部门予以配合。

第六章　法律责任

第四十二条　违反本条例第十八条第一款规定，未经许可擅自从事职业中介活动的，由人力资源社会保障行政部门予以关闭或者责令停止从事职业中介活动；有违法所得的，没收违法所得，并处1万元以上5万元以下的罚款。

违反本条例第十八条第二款规定，开展人力资源服务业务未备案，违反本条例第二十条、第二十一条规定，设立分支机构、办理变更或者注销登记未书面报告的，由人力资源社会保障行政部门责令改正；拒不改正的，处5 000元以上1万元以下的罚款。

第四十三条　违反本条例第二十四条、第二十七条、第二十八条、第二十九条、第三十条、第三十一条规定，发布的招聘信息不真实、不合法，未依法开展人力资源服务业务的，由人力资源社会保障行政部门责令改正；有违法所得的，没收违法所得；拒不改正的，处1万元以上5万元以下的罚款；情节严重的，吊销人力资源服务许可证；给个人造成损害的，依法承担民事责任。违反其他法律、行政法规的，由有关主管部门依法给予处罚。

第四十四条　未按照本条例第三十二条规定明示有关事项，未按照本条例第三十三条规定建立健全内部制度或者保存服务台账，未按照本条例第三十六条规定提交经营情况年度报告的，由人力资源社会保障行政部门责令改正；拒不改正的，处5 000元以上1万元以下的罚款。违反其他法律、行政法规的，由有关主管部门依法给予处罚。

第四十五条 公共人力资源服务机构违反本条例规定的，由上级主管机关责令改正；拒不改正的，对直接负责的主管人员和其他直接责任人员依法给予处分。

第四十六条 人力资源社会保障行政部门和有关主管部门及其工作人员有下列情形之一的，对直接负责的领导人员和其他直接责任人员依法给予处分：

（一）不依法作出行政许可决定；

（二）在办理行政许可或者备案、实施监督检查中，索取或者收受他人财物，或者谋取其他利益；

（三）不依法履行监督职责或者监督不力，造成严重后果；

（四）其他滥用职权、玩忽职守、徇私舞弊的情形。

第四十七条 违反本条例规定，构成违反治安管理行为的，依法给予治安管理处罚；构成犯罪的，依法追究刑事责任。

第七章 附则

第四十八条 本条例自2018年10月1日起施行。

人力资源和社会保障部关于进一步完善就业失业登记管理办法的通知

（人社部发〔2014〕97号）

各省、自治区、直辖市及新疆生产建设兵团人力资源社会保障厅（局）：

就业失业登记管理是掌握劳动者就业与失业状况的重要手段，是提供公共就业服务、落实就业扶持政策的基础工作。按照《国务院关于进一步推进户籍制度改革的意见》（国发〔2014〕25号）和《国务院关于进一步做好为农民工服务工作的意见》（国发〔2014〕40号）要求，为进一步完善就业失业登记管理办法，方便用人单位和劳动者办理就业失业登记，现就有关事项通知如下：

一、认真落实放宽失业登记条件的有关要求

各地要落实《人力资源社会保障部关于修改〈就业服务与就业管理规定〉的决定》（人力资源社会保障部令第23号）要求，允许法定劳动年龄内，有劳动能力，有就业要求，处于无业状态的城镇常住人员在常住地的公共就业和人才服务机构进行失业登记。对符合失业登记条件的人员，不得以人户分离、户籍不在本地或没有档案等为由不予受理。

各地要建立健全公共就业服务提供机制，保障城镇常住人员享有与本地户籍人员同等的劳动就业权利，并有针对性地为其免费提供就业政策法规咨询、职业指导、职业介绍等基本公共就业服务。对进行失业登记的城镇常住人员，要按规定落实职业培训补贴和职业技能鉴定补贴政策。在此基础上，各地要按照国务院推进户籍制度改革的部署，统筹考虑本地区综合承载能力和发展潜力，以连续居住年限和参加社会保险年限等为条件，保障其逐步享受与本地户籍人员同等的就业扶持政策。

二、做好就业失业登记证明更名发放工作

根据促进就业创业工作需要，将《就业失业登记证》更名为《就业创业证》。各地可新印制一批《就业创业证》先向有需求的毕业年度内高校毕业生发放。毕业年度内高校毕业生在校期间凭学生证向就业创业地（直辖市除外）公共就业和人才服务机构申领《就业创业证》，或委托所在高校就业指导中心向当地（直辖市除外）公共就业和人才服务机构代为其申领《就业创业证》；毕业年度内高校毕业生离校后直接向就业创业地（直辖市除外）公共就业和人才服务机构申领《就业创业证》。《就业创业证》的样式、栏目解释、填写办法、印制技术及发放管理等要求继续按照《关于印发就业失业登记证管理暂行办法的通知》（人社部发〔2010〕75号）执行（封面和内页第1页（暗码）的"就业失业登记证"字样变更为"就业创业证"）。

各地已发放的《就业失业登记证》继续有效，不再统一更换。有条件的地区，可以加快推进社会保障卡在就业领域的推广应用工作，以其加载的就业失业登记信息电子记录，逐步替代纸质的就业失业登记证明。

三、拓宽就业登记信息采集渠道

各地要结合本地实际，进一步改进和优化业务流程，建立就业登记与社会保险登记、劳动用工备案之间的业务协同和信息共享机制，做好相关信息的比对核验，不断创新和拓宽就业登记信息采集渠道。要巩固窗口单位改进作风专项行动成果，在"一站式"服务的基础上逐步向"一柜式"服务转变，实行"前台综合受理、后台分类处理"的工作模式。对用人单位为劳动者实名办理社会保险登记或劳动用工备案的，以及劳动者以个体工商户或灵活就业人员身份办理社会保险登记的，相关信息经确认后录入公共就业服务管理信息系统。

四、加强就业失业登记信息动态管理

各地要进一步加强街道（乡镇）、社区（行政村）基层劳动就业和社会保障工作平台建设，及时掌握辖区内劳动者的就业失业状态，运用信息化手段，做好对劳动者就业失业登记信息的动态管理。要按照《关于建立全国就业信息监测制度的通知》（人社部发〔2010〕86号）要求，建立健全就业失业登记信息采集录入质量管理制度，做好省（区、市）内就业失业登记信息的比对整理。我部将进一步完善全国就业信息监测系统的功能，开展就业失业登记信息跨地区核验工作，逐步实现同一劳动者相关信息的唯一性。要以实名制就业监测数据为基础，做好与就业失业统计报表数据的比对分析工作（为保持统计口径的一致性和可比性，对农村进城务工人员和其他非本地户籍人员进行失业登记的，在统计上继续按照现行制度执行），及时查找相同指标数据不一致的原因，并有针对性地予以解决，为加强人力资源管理、支持宏观决策奠定扎实基础。

各地要根据本地实际情况，按照"操作程序便捷高效、登记信息完整准确、数据标准统一规范"的要求，制定完善全省（区、市）范围内统一的就业失业登记操作办法。要以方便群众为原则，简化登记程序，取消重复和不必要的表格、单据等填写内容和证明材料，为用人单位和劳动者办理就业失业登记提供便利。工作中出现的新情况、新问题，要及时向我部报告。

人力资源社会保障部
2014年12月23日

外国人在中国就业管理规定

（1996年1月22日劳部发〔1996〕29号公布　根据2010年11月12日《关于废止和修改部分人力资源和社会保障规章的决定》第一次修订　根据2017年3月13日《人力资源社会保障部关于修改〈外国人在中国就业管理规定〉的决定》第二次修订）

第一章　总则

第一条　为加强外国人在中国就业的管理，根据有关法律、法规的规定，制定本规定。

第二条 本规定所称外国人，指依照《中华人民共和国国籍法》规定不具有中国国籍的人员。

本规定所称外国人在中国就业，指没有取得定居权的外国人在中国境内依法从事社会劳动并获取劳动报酬的行为。

第三条 本规定适用于在中国境内就业的外国人和聘用外国人的用人单位。

本规定不适用于外国驻华使、领馆和联合国驻华代表机构、其他国际组织中享有外交特权与豁免的人员。

第四条 各省、自治区、直辖市人民政府劳动行政部门及其授权的地市级劳动行政部门负责外国人在中国就业的管理。

第二章 就业许可

第五条 用人单位聘用外国人须为该外国人申请就业许可，经获准并取得《中华人民共和国外国人就业许可证书》（以下简称许可证书）后方可聘用。

第六条 用人单位聘用外国人从事的岗位应是有特殊需要，国内暂缺适当人选，且不违反国家有关规定的岗位。

用人单位不得聘用外国人从事营业性文艺演出，但符合本规定第九条第三项规定的人员除外。

第七条 外国人在中国就业须具备下列条件：

（一）年满18周岁，身体健康；

（二）具有从事其工作所必需的专业技能和相应的工作经历；

（三）无犯罪记录；

（四）有确定的聘用单位；

（五）持有有效护照或能代替护照的其他国际旅行证件（以下简称代替护照的证件）。

第八条 在中国就业的外国人应持Z字签证入境（有互免签证协议的，按协议办理），入境后取得《外国人就业证》（以下简称就业证）和外国人居留证件，方可在中国境内就业。

未取得居留证件的外国人（即持F、L、C、G字签证者）、在中国留学、实习的外国人及持职业签证外国人的随行家属不得在中国就业。特殊情况，应由用人单位按本规定规定的审批程序申领许可证书，被聘用的外国人凭许可证书到公安机关改变身份，办理就业证、居留证后方可就业。

外国驻中国使、领馆和联合国系统、其他国际组织驻中国代表机构人员的配偶在中国就业，应按《中华人民共和国外交部关于外国驻中国使领馆和联合国系统组织驻中国代表机构人员的配偶在中国任职的规定》执行，并按本条第二款规定的审批程序办理有关手续。

许可证书和就业证由劳动部统一制作。

第九条 凡符合下列条件之一的外国人可免办就业许可和就业证：

（一）由我政府直接出资聘请的外籍专业技术和管理人员，或由国家机关和事业单位出资聘请，具有本国或国际权威技术管理部门或行业协会确认的高级技术职称或特殊技能资格证书的外籍专业技术和管理人员，并持有外国专家局签发的《外国专家证》的外国人；

（二）持有《外国人在中华人民共和国从事海上石油作业工作准证》从事海上石油作业、不需登陆、有特殊技能的外籍劳务人员；

（三）经文化部批准持《临时营业演出许可证》进行营业性文艺演出的外国人。

第十条 凡符合下列条件之一的外国人可免办许可证书，入境后凭Z字签证及有关证明直接办理就业证：

（一）按照我国与外国政府间、国际组织间协议、协定，执行中外合作交流项目受聘来中国工作的外国人；

（二）外国企业常驻中国代表机构中的首席代表、代表。

第三章　申请与审批

第十一条　用人单位聘用外国人，须填写《聘用外国人就业申请表》（以下简称申请表），向其与劳动行政主管部门同级的行业主管部门（以下简称行业主管部门）提出申请，并提供下列有效文件：

（一）拟聘用的外国人履历证明；

（二）聘用意向书；

（三）拟聘用外国人原因的报告；

（四）拟聘用的外国人从事该项工作的资格证明；

（五）拟聘用的外国人健康状况证明；

（六）法律、法规规定的其他文件。

行业主管部门应按照本规定第六条、第七条及有关法律、法规的规定进行审批。

第十二条　经行业主管部门批准后，用人单位应持申请表到本单位所在地区的省、自治区、直辖市劳动行政部门或其授权的地市级劳动行政部门办理核准手续。省、自治区、直辖市劳动行政部门或授权的地市级劳动行政部门应指定专门机构（以下简称发证机关）具体负责签发许可证书工作。发证机关应根据行业主管部门的意见和劳动力市场的需求状况进行核准，并在核准后向用人单位签发许可证书。

第十三条　中央级用人单位、无行业主管部门的用人单位聘用外国人，可直接到劳动行政部门发证机关提出申请和办理就业许可手续。

外商投资企业聘雇外国人，无须行业主管部门审批，可凭合同、章程、批准证书、营业执照和本规定第十一条所规定的文件直接到劳动行政部门发证机关申领许可证书。

第十四条　获准来中国工作的外国人，应凭许可证书及本国有效护照或能代替护照的证件，到中国驻外使、领馆、处申请Z字签证。

凡符合第九条第二项规定的人员，应凭中国海洋石油总公司签发的通知函电申请Z字签证；凡符合第九条第三项规定的人员，应凭文化部的批件申请Z字签证。

凡符合本规定第十条第一款规定的人员，应凭合作交流项目书申请Z字签证；凡符合第十条第二项规定的人员，应凭市场监督管理部门的登记证明申请Z字签证。

第十五条　用人单位应在被聘用的外国人入境后十五日内，持许可证书、与被聘用的外国人签订的劳动合同及其有效护照或能代替护照的证件到原发证机关为外国人办理就业证，并填写《外国人就业登记表》。

就业证只在发证机关规定的区域内有效。

第十六条　已办理就业证的外国人，应在入境后三十日内，持就业证到公安机关申请办理居留证。居留证件的有效期限可根据就业证的有效期确定。

第四章　劳动管理

第十七条　用人单位与被聘用的外国人应依法订立劳动合同。劳动合同的期限最长不得超过五年。劳动合同期限届满即行终止，但按本规定第十九条的规定履行审批手续后可以续订。

第十八条　被聘用的外国人与用人单位签订的劳动合同期满时，其就业证即行失效。如需续订，该用人单位应在原合同期满前三十日内，向劳动行政部门提出延长聘用时间的申请，经批准并办理就业证延期手续。

第十九条　外国人被批准延长在中国就业期限或变更就业区域、单位后，应在十日内到当地公安机关办理居留证件延期或变更手续。

第二十条 被聘用的外国人与用人单位的劳动合同被解除后，该用人单位应及时报告劳动、公安部门，交还该外国人的就业证和居留证件，并到公安机关办理出境手续。

第二十一条 用人单位支付所聘用外国人的工资不得低于当地最低工资标准。

第二十二条 在中国就业的外国人的工作时间、休息休假、劳动安全卫生以及社会保险按国家有关规定执行。

第二十三条 外国人在中国就业的用人单位必须与其就业证所注明的单位相一致。

外国人在发证机关规定的区域内变更用人单位但仍从事原职业的，须经原发证机关批准，并办理就业证变更手续。

外国人离开发证机关规定的区域就业或在原规定的区域内变更用人单位且从事不同职业的，须重新办理就业许可手续。

第二十四条 因违反中国法律被中国公安机关取消居留资格的外国人，用人单位应解除劳动合同，劳动部门应吊销就业证。

第二十五条 用人单位与被聘用的外国人发生劳动争议，应按照《中华人民共和国劳动法》和《中华人民共和国劳动争议调解仲裁法》处理。

第二十六条 劳动行政部门对就业证实行年检。用人单位聘用外国人就业每满一年，应在期满前三十日内到劳动行政部门发证机关为被聘用的外国人办理就业证年检手续。逾期未办的，就业证自行失效。

外国人在中国就业期间遗失或损坏其就业证的，应立即到原发证机关办理挂失、补办或换证手续。

第五章 罚则

第二十七条 对违反本规定未申领就业证擅自就业的外国人和未办理许可证书擅自聘用外国人的用人单位，由公安机关按《中华人民共和国外国人入境出境管理法实施细则》第四十四条处理。

第二十八条 对拒绝劳动行政部门检查就业证、擅自变更用人单位、擅自更换职业、擅自延长就业期限的外国人，由劳动行政部门收回其就业证，并提请公安机关取消其居留资格。对需该机关遣送出境的，遣送费用由聘用单位或该外国人承担。

第二十九条 对伪造、涂改、冒用、转让、买卖就业证和许可证书的外国人和用人单位，由劳动行政部门收缴就业证和许可证书，没收其非法所得，并处以一万元以上十万元以下的罚款；情节严重构成犯罪的，移送司法机关依法追究刑事责任。

第三十条 发证机关或者有关部门的工作人员滥用职权、非法收费、徇私舞弊，构成犯罪的，依法追究刑事责任；不构成犯罪的，给予行政处分。

第六章 附则

第三十一条 中国的台湾和香港、澳门地区居民在内地就业按《台湾和香港、澳门居民在内地就业管理规定》执行。

第三十二条 外国人在中国的台湾和香港、澳门地区就业不适用本规定。

第三十三条 禁止个体经济组织和公民个人聘用外国人。

第三十四条 省、自治区、直辖市劳动行政部门可会同公安等部门依据本规定制定本地区的实施细则，并报劳动部、公安部、外交部、对外贸易经济合作部备案。

第三十五条 本规定由劳动部解释。

第三十六条 本规定自1996年5月1日起施行。原劳动人事部和公安部1987年10月5日颁发的《关于未取得居留证件的外国人和来中国留学的外国人在中国就业的若干规定》同时废止。

人力资源社会保障部关于香港澳门台湾居民在内地（大陆）就业有关事项的通知

（人社部发〔2018〕53号）

各省、自治区、直辖市人力资源社会保障厅（局）：

2018年7月28日，国务院印发《关于取消一批行政许可事项的决定》（国发〔2018〕28号），取消台港澳人员在内地就业许可。8月23日，人力资源社会保障部颁布《关于废止〈台湾香港澳门居民在内地就业管理规定〉的决定》（人力资源社会保障部令第37号），废止《台湾香港澳门居民在内地就业管理规定》（劳动和社会保障部令第26号）。为进一步做好港澳台人员在内地（大陆）就业有关工作，现就有关事项通知如下：

一、在内地（大陆）求职、就业的港澳台人员，可使用港澳台居民居住证、港澳居民来往内地通行证、台湾居民来往大陆通行证等有效身份证件办理人力资源社会保障各项业务，以工商营业执照、劳动合同（聘用合同）、工资支付凭证或社会保险缴费记录等作为其在内地（大陆）就业的证明材料。

二、各地要完善相关制度，将港澳台人员纳入当地就业创业管理服务体系，参照内地（大陆）劳动者对其进行就业登记和失业登记，加强就业失业统计监测，为有在内地（大陆）就业创业意愿的人员提供政策咨询、职业介绍、开业指导、创业孵化等服务。要在2018年12月31日前完成对公共就业创业服务系统的改造升级，支持港澳台人员使用港澳台居民居住证、港澳居民来往内地通行证、台湾居民来往大陆通行证等有效身份证件注册登录，提供求职招聘服务。

三、各地要加强工作部署和政策宣传，及时帮助辖区内用人单位和港澳台人员了解掌握相关政策规定，依法维护港澳台人员在内地（大陆）就业权益，为港澳台人员在内地（大陆）就业营造良好环境。

四、2018年7月28日起，港澳台人员在内地（大陆）就业不再需要办理《台港澳人员就业证》。8月23日起，各地不再受理《台港澳人员就业证》申请；对此前已受理申请但尚未发放证件的，及时告知用人单位无需再申请办理。2018年12月31日前，处于有效期内的《台港澳人员就业证》仍可同时作为港澳台人员在内地（大陆）就业证明材料；2019年1月1日起终止使用。

各地要按照本通知精神，抓紧清理相关法规、政策，做好各项工作衔接。工作中遇到的新情况、新问题，请及时报送我部。

人力资源社会保障部
2018年8月23日

残疾人就业条例

（2007年2月14日国务院第169次常务会议通过　2007年2月25日中华人民共和国国务院令第488号公布　自2007年5月1日起施行）

第一章　总则

第一条　为了促进残疾人就业，保障残疾人的劳动权利，根据《中华人民共和国残疾人保障法》和其他有关法律，制定本条例。

第二条　国家对残疾人就业实行集中就业与分散就业相结合的方针，促进残疾人就业。

县级以上人民政府应当将残疾人就业纳入国民经济和社会发展规划，并制定优惠政策和具体扶持保护措施，为残疾人就业创造条件。

第三条　机关、团体、企业、事业单位和民办非企业单位（以下统称用人单位）应当依照有关法律、本条例和其他有关行政法规的规定，履行扶持残疾人就业的责任和义务。

第四条　国家鼓励社会组织和个人通过多种渠道、多种形式，帮助、支持残疾人就业，鼓励残疾人通过应聘等多种形式就业。禁止在就业中歧视残疾人。

残疾人应当提高自身素质，增强就业能力。

第五条　各级人民政府应当加强对残疾人就业工作的统筹规划，综合协调。县级以上人民政府负责残疾人工作的机构，负责组织、协调、指导、督促有关部门做好残疾人就业工作。

县级以上人民政府劳动保障、民政等有关部门在各自的职责范围内，做好残疾人就业工作。

第六条　中国残疾人联合会及其地方组织依照法律、法规或者接受政府委托，负责残疾人就业工作的具体组织实施与监督。

工会、共产主义青年团、妇女联合会，应当在各自的工作范围内，做好残疾人就业工作。

第七条　各级人民政府对在残疾人就业工作中做出显著成绩的单位和个人，给予表彰和奖励。

第二章　用人单位的责任

第八条　用人单位应当按照一定比例安排残疾人就业，并为其提供适当的工种、岗位。

用人单位安排残疾人就业的比例不得低于本单位在职职工总数的1.5%。具体比例由省、自治区、直辖市人民政府根据本地区的实际情况规定。

用人单位跨地区招用残疾人的，应当计入所安排的残疾人职工人数之内。

第九条　用人单位安排残疾人就业达不到其所在地省、自治区、直辖市人民政府规定比例的，应当缴纳残疾人就业保障金。

第十条　政府和社会依法兴办的残疾人福利企业、盲人按摩机构和其他福利性单位（以下统称集中使用残疾人的用人单位），应当集中安排残疾人就业。

集中使用残疾人的用人单位的资格认定，按照国家有关规定执行。

第十一条　集中使用残疾人的用人单位中从事全日制工作的残疾人职工，应当占本单位在职职工总数的25%以上。

第十二条　用人单位招用残疾人职工，应当依法与其签订劳动合同或者服务协议。

第十三条　用人单位应当为残疾人职工提供适合其身体状况的劳动条件和劳动保护，不得在晋职、晋级、评定职称、报酬、社会保险、生活福利等方面歧视残疾人职工。

第十四条 用人单位应当根据本单位残疾人职工的实际情况，对残疾人职工进行上岗、在岗、转岗等培训。

第三章 保障措施

第十五条 县级以上人民政府应当采取措施，拓宽残疾人就业渠道，开发适合残疾人就业的公益性岗位，保障残疾人就业。

县级以上地方人民政府发展社区服务事业，应当优先考虑残疾人就业。

第十六条 依法征收的残疾人就业保障金应当纳入财政预算，专项用于残疾人职业培训以及为残疾人提供就业服务和就业援助，任何组织或者个人不得贪污、挪用、截留或者私分。残疾人就业保障金征收、使用、管理的具体办法，由国务院财政部门会同国务院有关部门规定。

财政部门和审计机关应当依法加强对残疾人就业保障金使用情况的监督检查。

第十七条 国家对集中使用残疾人的用人单位依法给予税收优惠，并在生产、经营、技术、资金、物资、场地使用等方面给予扶持。

第十八条 县级以上地方人民政府及其有关部门应当确定适合残疾人生产、经营的产品、项目，优先安排集中使用残疾人的用人单位生产或者经营，并根据集中使用残疾人的用人单位的生产特点确定某些产品由其专产。

政府采购，在同等条件下，应当优先购买集中使用残疾人的用人单位的产品或者服务。

第十九条 国家鼓励扶持残疾人自主择业、自主创业。对残疾人从事个体经营的，应当依法给予税收优惠，有关部门应当在经营场地等方面给予照顾，并按照规定免收管理类、登记类和证照类的行政事业性收费。

国家对自主择业、自主创业的残疾人在一定期限内给予小额信贷等扶持。

第二十条 地方各级人民政府应当多方面筹集资金，组织和扶持农村残疾人从事种植业、养殖业、手工业和其他形式的生产劳动。

有关部门对从事农业生产劳动的农村残疾人，应当在生产服务、技术指导、农用物资供应、农副产品收购和信贷等方面给予帮助。

第四章 就业服务

第二十一条 各级人民政府和有关部门应当为就业困难的残疾人提供有针对性的就业援助服务，鼓励和扶持职业培训机构为残疾人提供职业培训，并组织残疾人定期开展职业技能竞赛。

第二十二条 中国残疾人联合会及其地方组织所属的残疾人就业服务机构应当免费为残疾人就业提供下列服务：

（一）发布残疾人就业信息；

（二）组织开展残疾人职业培训；

（三）为残疾人提供职业心理咨询、职业适应评估、职业康复训练、求职定向指导、职业介绍等服务；

（四）为残疾人自主择业提供必要的帮助；

（五）为用人单位安排残疾人就业提供必要的支持。

国家鼓励其他就业服务机构为残疾人就业提供免费服务。

第二十三条 受劳动保障部门的委托，残疾人就业服务机构可以进行残疾人失业登记、残疾人就业与失业统计；经所在地劳动保障部门批准，残疾人就业服务机构还可以进行残疾人职业技能鉴定。

第二十四条　残疾人职工与用人单位发生争议的,当地法律援助机构应当依法为其提供法律援助,各级残疾人联合会应当给予支持和帮助。

第五章　法律责任

第二十五条　违反本条例规定,有关行政主管部门及其工作人员滥用职权、玩忽职守、徇私舞弊,构成犯罪的,依法追究刑事责任;尚不构成犯罪的,依法给予处分。

第二十六条　违反本条例规定,贪污、挪用、截留、私分残疾人就业保障金,构成犯罪的,依法追究刑事责任;尚不构成犯罪的,对有关责任单位、直接负责的主管人员和其他直接责任人员依法给予处分或者处罚。

第二十七条　违反本条例规定,用人单位未按照规定缴纳残疾人就业保障金的,由财政部门给予警告,责令限期缴纳;逾期仍不缴纳的,除补缴欠缴数额外,还应当自欠缴之日起,按日加收5‰的滞纳金。

第二十八条　违反本条例规定,用人单位弄虚作假,虚报安排残疾人就业人数,骗取集中使用残疾人的用人单位享受的税收优惠待遇的,由税务机关依法处理。

第六章　附则

第二十九条　本条例所称残疾人就业,是指符合法定就业年龄有就业要求的残疾人从事有报酬的劳动。

第三十条　本条例自2007年5月1日起施行。

外商投资职业介绍机构设立管理暂行规定

(2001年10月9日劳动和社会保障部、国家工商行政管理总局令第14号公布　根据2015年4月30日《人力资源社会保障部关于修改部分规章的决定》第一次修订　根据2019年12月31日《人力资源社会保障部关于修改部分规章的决定》第二次修订)

第一条　为规范外商投资职业介绍机构的设立,保障求职者和用人单位的合法权益,根据有关法律、法规,制定本规定。

第二条　本规定所称外商投资职业介绍机构,是指全部或者部分由外国投资者投资,依照中国法律在中国境内经登记、许可设立的职业介绍机构。

第三条　劳动保障行政部门、外经贸行政部门和市场监督管理部门在各自职权范围内负责外商投资职业介绍机构的审批、登记、管理和监督检查工作。

设立外商投资职业介绍机构应当到企业住所地国家工商行政管理总局授权的地方工商行政管理局进行登记注册后,由县级以上人民政府劳动保障行政部门(以下简称县级以上劳动保障行政部门)批准。

外国企业常驻中国代表机构和在中国成立的外国商会不得在中国从事职业介绍服务。

第四条　外商投资职业介绍机构应当依法开展经营活动,其依法开展的经营活动受中国法律保护。

第五条　外商投资职业介绍机构可以从事下列业务:

(一)为中外求职者和用人单位、居民家庭提供职业介绍服务;

(二)提供职业指导、咨询服务;

（三）收集和发布劳动力市场信息；

（四）举办职业招聘洽谈会；

（五）根据国家有关规定从事互联网职业信息服务；

（六）经县级以上劳动保障行政部门核准的其他服务项目。

外商投资职业介绍机构介绍中国公民出境就业和外国企业常驻中国代表机构聘用中方雇员按照国家有关规定执行。

第六条 拟设立的外商投资职业介绍机构应当具有一定数量具备职业介绍资格的专职工作人员，有明确的业务范围、机构章程、管理制度，有与开展业务相适应的固定场所、办公设施。

第七条 设立外商投资职业介绍机构，应当依法到拟设立企业住所所在地国家工商行政管理总局授权的地方工商行政管理局申请登记注册，领取营业执照。

第八条 外商投资职业介绍机构应当到县级以上劳动保障行政部门提出申请，并提交下列材料：

（一）设立申请书；

（二）机构章程和管理制度草案；

（三）拟任专职工作人员的简历和职业资格证明；

（四）住所使用证明；

（五）拟任负责人的基本情况、身份证明；

（六）工商营业执照（副本）；

（七）法律、法规规定的其他文件。

第九条 县级以上劳动保障行政部门应当在接到申请之日起20个工作日内审核完毕。批准同意的，发给职业介绍许可；不予批准的，应当通知申请者。

第十条 外商投资职业介绍机构设立分支机构，应当自工商登记办理完毕之日起15日内，书面报告劳动保障行政部门。

第十一条 外商投资职业介绍机构的管理适用《就业服务与就业管理规定》和外商投资企业的有关管理规定。

第十二条 香港特别行政区、澳门特别行政区投资者在内地以及台湾地区投资者在大陆投资设立职业介绍机构，参照本规定执行。法律法规另有规定的，依照其规定执行。

第十三条 本规定自2001年12月1日起施行。

外商投资人才中介机构管理暂行规定

（2003年9月4日人事部、商务部、国家工商行政管理总局令第2号公布　根据2005年5月24日《人事部、商务部、国家工商行政管理总局关于修改〈中外合资人才中介机构管理暂行规定〉的决定》第一次修订　根据2015年4月30日《人力资源社会保障部关于修改部分规章的决定》第二次修订　根据2019年12月31日《人力资源社会保障部关于修改部分规章的决定》第三次修订）

第一章　总则

第一条 为了加强对外商投资人才中介机构的管理，维护人才市场秩序，促进人才市场发展，根据有关法律、法规，制定本规定。

第二条 本规定所称外商投资人才中介机构，是指全部或者部分由外国投资者投资，依照中国法律在中国境内经登记、许可设立的人才中介机构。

第三条 外国企业常驻中国代表机构和在中国成立的商会等组织不得在中国境内从事人才中介服务。

第四条 外商投资人才中介机构必须遵守中华人民共和国法律、法规，不得损害中华人民共和国的社会公共利益和国家安全。

外商投资人才中介机构的正当经营活动和合法权益，受中华人民共和国法律保护。

第五条 县级以上人民政府人事行政部门、商务部门和市场监督管理部门依法按照职责分工负责本行政区域内外商投资人才中介机构的审批、登记、管理和监督工作。

第二章 设立与登记

第六条 申请设立外商投资人才中介机构，必须符合下列条件：

（一）有健全的组织机构；有熟悉人力资源管理业务的人员，其中必须有5名以上具有大专以上学历并取得人才中介服务资格证书的专职人员；

（二）有与其申请的业务相适应的固定场所、资金和办公设施；

（三）有健全可行的机构章程、管理制度、工作规则，有明确的业务范围；

（四）能够独立享有民事权利，承担民事责任；

（五）法律、法规规定的其他条件。

第七条 申请设立外商投资人才中介机构，应当由拟设立机构所在地的县级以上人民政府人事行政部门审批。

第八条 申请设立外商投资人才中介机构，可以通过信函、电报、电传、传真、电子数据交换和电子邮件等方式向县级以上人民政府人事行政部门提出申请。申请材料应包括以下内容：

（一）书面申请及可行性报告；

（二）管理制度草案与章程；

（三）工商营业执照（副本）；

（四）法律、法规和县级以上人民政府人事行政部门要求提供的其他材料。

上述所列的申请材料凡是用外文书写的，应当附有中文译本。

第九条 县级以上人民政府人事行政部门在接到设立外商投资人才中介机构的申请报告之日起20日内审核完毕，20日内不能作出决定的，经本行政机关负责人批准，可以延长10日，并应将延长期限的理由告知申请人。

批准同意的，发给《人才中介服务许可证》（以下简称许可证），并应当在作出决定之日起10日内向申请人颁发、送达许可证；不同意的应当书面通知申请人，并说明理由。

审批机关应在行政机关网站上公布审批程序、期限和需要提交的全部材料的目录，以及批准设立的外商投资人才中介机构的名录等信息。

第三章 经营范围与管理

第十条 县级以上人民政府人事行政部门根据外商投资人才中介机构的资金、人员和管理水平情况，在下列业务范围内，核准其开展一项或多项业务：

（一）人才供求信息的收集、整理、储存、发布和咨询服务；

（二）人才推荐；

（三）人才招聘；

（四）人才测评；

（五）人才培训；

（六）人才信息网络服务；

（七）法规、规章规定的其他有关业务。

第十一条　外商投资人才中介机构必须遵循自愿、公平、诚信的原则，遵守行业道德，在核准的业务范围内开展活动，不得采用不正当竞争手段。

第十二条　外商投资人才中介机构招聘人才出境，应当按照中国政府有关规定办理手续。其中，不得招聘下列人才出境：

（一）正在承担国家、省级重点工程、科研项目的技术和管理人员，未经单位或主管部门同意的；

（二）在职国家公务员；

（三）由国家统一派出而又未满轮换年限的支援西部开发的人员；

（四）在岗的涉密人员和离岗脱密期未满的涉密人员；

（五）有违法嫌疑正在依法接受审查尚未结案的人员；

（六）法律、法规规定暂时不能流动的其他特殊岗位的人员或者需经批准方可出境的人员。

第十三条　外商投资人才中介机构设立分支机构、变更机构名称、法定代表人和经营场所，应当自工商登记或者变更登记办理完毕之日起15日内，书面报告人事行政部门。

第十四条　县级以上人民政府人事行政部门依法指导、检查和监督外商投资人才中介机构的日常管理和业务开展情况。

县级以上人民政府人事行政部门对其批准成立的外商投资人才中介机构依法进行检查或抽查，并可以查阅或者要求其报送有关材料。外商投资人才中介机构应接受检查，并如实提供有关情况和材料。县级以上人民政府人事行政部门应将检查结果进行公布。

第四章　罚则

第十五条　外商投资人才中介机构不依法接受检查，不按规定办理许可证变更等手续，提供虚假信息或者采取其他手段欺骗用人单位和应聘人员的，县级以上人民政府人事行政部门予以警告，并可处以10 000元人民币以下罚款；情节严重的，有违法所得的，处以不超过违法所得3倍的罚款，但最高不得超过30 000元人民币。

第十六条　违反本规定，未经批准擅自设立外商投资人才中介机构的，超出核准登记的经营范围从事经营活动的，按照《公司登记管理条例》《无照经营查处取缔办法》和有关规定进行处罚。采用不正当竞争行为的，按照《反不正当竞争法》有关规定进行处罚。

第十七条　政府部门工作人员在审批和管理外商投资人才中介机构工作中，玩忽职守、徇私舞弊，侵犯单位、个人和合资各方合法权益的，按照管理权限，由有关部门给予行政处分；构成犯罪的，依法追究刑事责任。

第五章　附则

第十八条　香港特别行政区、澳门特别行政区、台湾地区投资者投资设立人才中介机构，参照本规定执行。法律法规另有规定的，依照其规定执行。

第十九条　外商投资人才中介机构在中国境内从事涉及外籍人员业务活动的，按照有关规定执行。

第二十条　本规定由人事部、商务部、国家工商行政管理总局负责解释。

第二十一条　本规定自2003年11月1日起施行。

关于做好《网络招聘服务管理规定》贯彻实施工作的通知

(人社厅函〔2021〕18号)

各省、自治区、直辖市及新疆生产建设兵团人力资源社会保障厅（局），各副省级市人力资源社会保障局：

《网络招聘服务管理规定》（以下简称《规定》）已于2020年12月18日以人社部令第44号公布，自2021年3月1日起施行。为做好《规定》贯彻实施工作，现就有关事项通知如下：

一、认真做好《规定》的学习宣传

网络招聘是劳动者求职和用人单位招聘的重要渠道。《规定》作为我国网络招聘服务领域第一部部门规章，贯彻《就业促进法》《人力资源市场暂行条例》等有关法律法规，对网络招聘服务的基本问题、基本内容、基本规范等作了规定，为人力资源服务机构从事网络招聘服务提供了基本依据。《规定》是健全人力资源市场法规体系、加强网络招聘服务管理、规范网络招聘服务的重要举措。《规定》的颁布实施，对于保障求职者和用人单位网络求职招聘合法权益，推进网络招聘服务健康发展，更好促进就业和人力资源合理流动配置具有重要意义。

各级人力资源社会保障部门要充分认识《规定》颁布施行的重要意义，准确把握《规定》的主要内容、网络招聘服务各项服务规范和监督管理措施，将其作为业务培训的重要内容，以人力资源市场管理人员和网络招聘服务机构从业人员为重点，开展集中培训和形式多样的线上线下培训。充分利用报刊杂志、广播电视、互联网等媒体，深入人力资源服务产业园区、人力资源服务机构和用人单位，有针对性开展宣传和政策解读，帮助求职者增强法律意识，知晓权益维护方式和渠道。坚持正确的舆论导向，准确把握宣传口径，密切关注舆情动态，及时回应社会关切，为《规定》的顺利施行营造良好氛围。

二、切实加强网络招聘服务监管

各级人力资源社会保障部门要全面贯彻实施《规定》，进一步创新监管方式，落实监管责任，加强对网络招聘服务的监督管理。

（一）加强网络招聘服务准入管理。迅速全面摸清辖区内网络招聘服务开展情况，建立网络招聘服务机构管理名册，做好市场监管基础工作。对经营性人力资源服务机构从事网络招聘服务，应当依法实施人力资源服务许可，按照深化"放管服"改革要求，简化优化审批流程，提高审批效率。实行人力资源服务许可告知承诺制的地区，要完善相关监管制度，健全监管机制，切实加强事中事后监管。

（二）强化网络招聘服务各方主体责任。指导网络招聘服务机构建立完备的网络招聘信息管理制度，依法对用人单位所提供材料的真实性、合法性进行审查，履行网络安全保护义务，健全用户信息保护制度。指导以平台方式从事网络招聘服务的机构制定平台服务协议和服务规则，依法核验、登记进入平台的人力资源服务机构，记录、保存平台上发布的招聘信息、服务信息。落实用人单位的主体责任，用人单位提供的招聘信息应当合法真实，不得含有歧视性等内容。倡导劳动者诚实求职，向用人单位和人力资源服务机构如实提供个人相关信息。

（三）加强网络招聘服务日常监管。落实"双随机、一公开"监督检查制度，完善相关配套制度和工作机制,对有不良信用记录、风险高的要加大抽查力度,对信用较好、风险较低的可适当减少抽查。开展网上市场巡查,建立健全风险预判预警机制,加强网络招聘服务风险监测防范,主动发现和识别违法违规线索,及时发现和纠正违规失信问题。对网络招聘服务机构发生严重违法违规情形的,可约谈其相关负责人,进行警示谈话、指出问题、责令整改纠正。健全完善年度报告公示制度,促进事中事后监管措施规范化、制度化、常态化。

(四)加大网络招聘违法行为查处力度。定期开展清理整顿人力资源市场秩序专项执法行动,会同有关主管部门对网络招聘服务实施专项整治,依法查处网络招聘服务各类违法违规行为,严厉打击提供虚假招聘信息、违规收取费用、未经许可擅自从事网络招聘服务等违法活动。畅通劳动保障监察等举报投诉渠道,多途径获取违法违规行为线索,及时查处违法违规行为并向社会公开查处结果。

(五)推进网络招聘服务诚信建设。加强网络招聘服务诚信体系建设,深入开展人力资源服务机构诚信创建活动,把用人单位、个人和经营性人力资源服务机构的信用数据和失信情况等纳入诚信建设体系。加强与有关部门的信息归集共享,建立健全部门间监管信息共享机制。健全信用分级分类管理制度,完善守信激励和失信惩戒机制,实施信用分类监管。对性质恶劣、情节严重、社会危害较大的网络招聘服务违法失信行为,依规向社会公布,并按照国家有关规定实施联合惩戒。

三、促进网络招聘服务规范发展

网络招聘具有覆盖面广、针对性强、时效性强等特点,尤为适应疫情防控常态化条件下匹配求职者和用人单位需求,提高人力资源市场供需对接效率。各级人力资源社会保障部门要积极采取措施,推动网络招聘服务健康发展。鼓励人力资源服务机构运用大数据、区块链等技术措施,提升网络招聘服务效能,促进人力资源合理流动和优化配置。大力支持经营性人力资源服务机构开展公益性网络招聘服务,及时发布人力资源市场供求信息,为求职者和用人单位提供精确对接服务。进一步提升公共人力资源服务机构网络招聘服务水平,优化公共服务提供方式,扩大公共人力资源服务供给。

四、加强组织领导

各级人力资源社会保障部门要切实加强组织领导,充分发挥人力资源市场管理、劳动保障监察等监管和执法机构作用,建立常态化的行政许可备案、日常监管与劳动保障监察执法情况的信息交换和反馈机制。加强与网信、工信、市场监管、公安等部门的协同配合,健全协同监管工作机制,形成网络招聘服务监管合力。推进人力资源市场管理信息化,鼓励运用大数据、云计算等现代信息技术推行远程监管、移动监管、预警防控等非现场监管,提升网络招聘服务监管精准化、智能化水平。以全面贯彻实施《规定》为契机,推进网络招聘服务监管能力建设,加快人力资源市场管理队伍建设,全面提升网络招聘服务监管水平。指导人力资源服务行业协会制定网络招聘服务有关行业自律规范,加强对会员单位的指导、监督,加强对行业从业人员的管理和培训,提升综合素质和服务能力。认真总结《规定》贯彻实施工作中好的经验和做法,及时反映《规定》执行过程中的问题和建议,推动网络招聘服务健康发展。

人力资源社会保障部办公厅
2021年1月29日

关于做好农民工返岗复工"点对点"服务保障工作的通知

(人社部明电〔2021〕4号)

各省、自治区、直辖市及新疆生产建设兵团人力资源社会保障厅（局）、公安厅（局）、交通运输厅（局、委）、卫生健康委、扶贫办（乡村振兴部门），民航各地区管理局，各铁路集团公司：

去年底以来，各地贯彻落实党中央、国务院决策部署，积极组织开展稳岗留工工作，合理有序引导群众就地过年，取得很好成效，但考虑到仍有大量农民工返乡，为做好春节后农民工返岗复工工作，对已有工作岗位和新确定工作岗位的拟外出务工农民工，根据需要组织开展对用工集中地区和重点企业"点对点"包车、专列、包机运输服务，支持成规模、成批次外出农民工安全有序返岗复工，重点保障脱贫劳动力、边缘易致贫人口外出和重点企业用工。现就有关事项通知如下：

一、**加强信息对接**。人力资源社会保障部门要广泛宣传农民工返岗"点对点"服务工作信息，通过线上线下结合的方式，掌握有意愿外出农民工信息，及时与交通运输部门对接。扶贫部门要摸排脱贫劳动力就业情况和务工出行需求，及时与人力资源社会保障部门对接。输入地人力资源社会保障部门要加大重点企业岗位需求摸排，做好人岗对接和用工服务。卫生健康等部门要提供返乡人员健康登记有关信息，配合开展出行人员信息比对。各地要持续开展"迎新春送温暖、稳岗留工"专项行动、春风行动等服务活动，加强脱贫人口、边缘易致贫人口就业帮扶。对返乡后未外出农民工较多的地区，人力资源社会保障部门要加大岗位归集投放力度，强化用工信息对接。

二、**做好行前服务**。输出地卫生健康等部门要主动对接输入地卫生健康等部门，了解输入地疫情防控要求，及时告知拟"点对点"出行农民工，并按照要求为农民工提供健康监测等服务，对确需提供核酸检测证明的农民工开辟"绿色通道"。卫生健康等部门要推动农民工健康信息省内、省际互认，实现"健康码"一码通用。交通运输部门根据农民工集中返岗需求，按照"一车一方案"的原则，制定农民工"点对点"运输方案，为目的地集中、具有一定规模需求的农民工提供"点对点"直达服务。

三、**组织返岗运输**。交通运输部门要统筹运输需求和运输能力，加强运力供给，对成规模、目的地集中的农民工出行，开展"点对点"直达运输。铁路部门要积极配合开通农民工返岗"点对点"包专列（车厢）出行，调配车体资源，提供便捷出行服务。民航部门要开辟绿色审批通道和机场快速通道，确保农民工返岗包机航班随时申请、及时起飞。交通运输、铁路、民航等部门要重点做好跨省出行的运力保障，督促运输企业严格落实《2021年综合运输春运疫情防控分类应对工作预案要点》《2021年春运期间客运场站和交通运输工具新冠肺炎疫情分区分级防控指南》。要加强城市和农村两端不同运输方式的衔接，做好道路客运班线和城市公交等与铁路班次、航班的运力接驳。各地公安部门要加大在火车站、汽车站等重点部位的巡逻防控力度，严管"点对点"包车通行秩序，严查超员载客、超速行驶、疲劳驾驶等严重违法行为。输出地、输入地交通运输、公安部门要加强协调对接，及时解决省际间车辆通行受阻等情况。

四、**做好抵达交接**。接收地要严格落实疫情防控有关要求，在当地人民政府的统一领导下，做好专车（专列、包机）抵达后的交接工作。要指导督促企业严格落实疫情防控主体责任，开展环境卫生整治和重点场所消毒，开展员工健康状况监测，配发口罩等防护用品，确保达到防疫要求、体温测量正常后方可上岗。输入地人力资源社会保障部门要做好人员信息登记、流向跟踪和就业服务，维护好农民工劳动保障权益。

五、加强组织领导。各地要认真落实党中央、国务院决策部署，在疫情防控工作领导小组领导下，结合本地实际，开展农民工返岗复工"点对点"服务保障工作。要进一步完善农民工返岗复工"点对点"服务协作机制，将扶贫、民航等部门纳入机制，成立工作专班，明确工作责任，加强工作衔接，形成工作合力。对省内出行的，省级"点对点"协作机制要发挥统筹协调作用，压实市县责任。对跨省出行的，省级"点对点"协作机制要加强省际工作衔接和沟通协作。各地要建立工作专报制度，动态掌握农民工返岗情况和"点对点"组织出行情况，及时汇总趟次、运送人次等有关数据和工作信息。加大典型经验和做法的宣传推广力度，营造良好的社会氛围。

人力资源社会保障部　公安部　交通运输部　国家卫生健康委
国家乡村振兴局　中国民航局　国家铁路集团
2021年2月24日

关于做好就业岗位信息归集和服务工作的通知

（人社厅发〔2020〕4号）

各省、自治区、直辖市及新疆生产建设兵团人力资源社会保障厅（局）：

为贯彻党中央、国务院关于稳就业的决策部署，落实《国务院关于进一步做好稳就业工作的意见》（国发〔2019〕28号）要求，进一步畅通用人单位招聘用工和劳动者求职就业的信息对接渠道，促进人力资源市场供需匹配，现就做好就业岗位信息归集和服务工作通知如下：

一、加大就业岗位信息归集力度

各地要加强对辖区内企业的招聘用工服务，通过窗口经办、上门服务、电话沟通、网络登记等多种渠道，定期了解企业用工情况和招聘计划，及时采集招聘岗位信息。要建立政府投资开发岗位信息对接机制，归集同级政府投资项目产生的岗位信息、各方面开发的公益性岗位信息，系统梳理政府购买基层公共管理和社会服务开发就业岗位、国有企事业单位公开招聘、中央和地方各类基层项目等信息，在人力资源社会保障部门网站公开发布。要加强与工会、工商联、企业联合会等社会团体和人力资源服务机构的合作，拓展岗位信息获取路径和渠道。

二、加强就业岗位信息动态管理

各地要加强对用人单位的用工指导，帮助用人单位根据市场供求状况科学制定和调整招聘计划，合理确定招聘条件，做好岗位需求特征描述等基础工作，提高招聘针对性。要规范岗位信息采集要求，加强信息审核，确保用人单位信息、招聘岗位基本情况、薪酬待遇等关键信息的真实、完整，防止虚假信息和设置性别、民族等歧视性内容。要健全就业岗位信息动态更新机制，跟踪用人单位招聘进度和劳动者求职应聘情况，及时剔除过期或失效信息，补充新归集的就业岗位信息。

三、拓宽就业岗位信息发布渠道

各地采集和归集的就业岗位信息要实现线下、线上同步发布。要在县级以上人力资源社会保障公共服务场所和街道（乡镇）、社区（村）基层服务平台实时发布。要根据不同群体的特点，依托服务大厅显示屏、电视、广播、社区宣传栏、海报等传统媒体发布岗位信息，并拓展手机APP、微信、微博等新兴媒体发布渠道，为劳动者获取信息提供便利。要通过定期或不定期专场招聘会、专项公共就业服务等活动载体发布。要建立健全就业岗位信息公开发布平台，市级以上公共就业服务机构和人才交流服务机构要在2020年3月底前实现就业岗位信息在线发布，并向省级集中；要加快省级就业岗位信息发布平台（以下简称省级平台）的建设和应用，2020年6月底前实现省内信息归集、发布，并向国家级集中。

我部将依托中国公共招聘网健全就业岗位信息的部级发布平台（以下简称部级平台），以省为单位加强联网实施和信息上报工作，实现全国就业岗位信息归集、发布。已建成省级平台并实现与中国公共招聘网联网的省份，按照原有渠道上报数据。未建成省级平台或尚未与中国公共招聘网联网的省份，部级平台将提供互联网接口或专网接口方式，实现就业岗位信息汇聚，具体要求详见《中国公共招聘网数据归集方案》（附件1）。各地可根据本地就业岗位信息汇集存储的情况，确定上传方式，于2020年6月前完成省级平台与部级平台的对接以及数据上报。

四、加强就业岗位信息服务应用

各地要为高校毕业生、登记失业人员等重点群体提供精准岗位信息推送服务。要根据岗位特点，组织开展行业性、专业性、针对性招聘活动。对受国际国内经济形势变化、重大政策调整和自然灾害影响，存在高失业风险的地区、行业和劳动者群体，开展专项帮扶，集中投放就业岗位信息。有条件的地区可根据本地经济社会发展需求和人力资源结构特点，组织辖区内岗位余缺调剂和省际间人力资源合作，推动形成区域性和省际间劳务协作工作机制。各地要密切关注就业岗位数量和结构变化，结合市场供求状况分析和失业动态监测情况，多维度开展重点区域、重点行业、重点企业岗位需求信息监测，为分析研判就业形势提供数据支持。

五、强化工作基础保障

各地要统筹加大对就业人才服务机构和街道（乡镇）、社区（村）基层服务平台服务场所、服务设施设备等投入力度，合理配备服务人员，建立常态化培训机制，提升工作人员信息归集和服务能力。要加快推进信息化建设和应用，健全就业岗位信息发布机制，推进数据向上集中。要积极协调发展改革、财政等部门，多渠道争取资金，提升服务保障能力。要运用好就业补助资金，支持人力资源市场信息网络系统建设及维护、公共就业服务机构开展招聘活动，加大对基层公共就业服务机构承担免费公共就业服务的补助，及向社会购买基本就业创业服务成果。

六、加强组织领导

各地要高度重视就业岗位信息归集和发布工作，将其作为稳定和扩大就业的重要措施，加强组织领导，落实责任单位和责任人，统筹做好本地区工作。要树立底线思维，稳妥防范和应对部分行业、企业可能出现的突发性失业风险和集中性规模裁员，实现对就业岗位信息的实时掌握和统筹应用。我部将定期对各地进行工作调度和情况通报，并将通报结果纳入就业工作表扬激励的评价因素。工作开展过程中遇到的新情况、新问题，要及时沟通报告。

附件：1.中国公共招聘网数据归集方案(略)
   2.责任单位和联系人信息表（略）

人力资源社会保障部办公厅
2020年1月13日

第七章 有关人才建设的法律法规

专业技术人员继续教育规定

(2015年8月3日人力资源社会保障部第70次部务会通过 2015年8月21日中华人民共和国人力资源和社会保障部令第25号公布 自2015年10月1日起施行)

第一章 总则

第一条 为了规范继续教育活动，保障专业技术人员权益，不断提高专业技术人员素质，根据有关法律法规和国务院规定，制定本规定。

第二条 国家机关、企业、事业单位以及社会团体等组织（以下称用人单位）的专业技术人员继续教育（以下称继续教育），适用本规定。

第三条 继续教育应当以经济社会发展和科技进步为导向，以能力建设为核心，突出针对性、实用性和前瞻性，坚持理论联系实际、按需施教、讲求实效、培养与使用相结合的原则。

第四条 用人单位应当保障专业技术人员参加继续教育的权利。

专业技术人员应当适应岗位需要和职业发展的要求，积极参加继续教育，完善知识结构、增强创新能力、提高专业水平。

第五条 继续教育实行政府、社会、用人单位和个人共同投入机制。

国家机关的专业技术人员参加继续教育所需经费应当按照国家有关规定予以保障。企业、事业单位等应当依照法律、行政法规和国家有关规定提取和使用职工教育经费，不断加大对专业技术人员继续教育经费的投入。

第六条 继续教育工作实行统筹规划、分级负责、分类指导的管理体制。

人力资源社会保障部负责对全国专业技术人员继续教育工作进行综合管理和统筹协调，制定继续教育政策，编制继续教育规划并组织实施。

县级以上地方人力资源社会保障行政部门负责对本地区专业技术人员继续教育工作进行综合管理和组织实施。

行业主管部门在各自职责范围内依法做好本行业继续教育的规划、管理和实施工作。

第二章 内容和方式

第七条 继续教育内容包括公需科目和专业科目。

公需科目包括专业技术人员应当普遍掌握的法律法规、理论政策、职业道德、技术信息等基本知识。专业科目包括专业技术人员从事专业工作应当掌握的新理论、新知识、新技术、新方法等专业知识。

第八条 专业技术人员参加继续教育的时间，每年累计应不少于90学时，其中，专业科目一般不少于总学时的三分之二。

专业技术人员通过下列方式参加继续教育的，计入本人当年继续教育学时：

（一）参加培训班、研修班或者进修班学习；

（二）参加相关的继续教育实践活动；

（三）参加远程教育；

（四）参加学术会议、学术讲座、学术访问等活动；

（五）符合规定的其他方式。

继续教育方式和学时的具体认定办法，由省、自治区、直辖市人力资源社会保障行政部门制定。

第九条 用人单位可以根据本规定，结合本单位发展战略和岗位要求，组织开展继续教育活动或者参加本行业组织的继续教育活动，为本单位专业技术人员参加继续教育提供便利。

第十条 专业技术人员根据岗位要求和职业发展需要，参加本单位组织的继续教育活动，也可以利用业余时间或者经用人单位同意利用工作时间，参加本单位组织之外的继续教育活动。

第十一条 专业技术人员按照有关法律法规规定从事有职业资格要求工作的，用人单位应当为其参加继续教育活动提供保障。

第十二条 专业技术人员经用人单位同意，脱产或者半脱产参加继续教育活动的，用人单位应当按照国家有关规定或者与劳动者的约定，支付工资、福利等待遇。

用人单位安排专业技术人员在工作时间之外参加继续教育活动的，双方应当约定费用分担方式和相关待遇。

第十三条 用人单位可以与生产、教学、科研等单位联合开展继续教育活动，建立生产、教学、科研以及项目、资金、人才相结合的继续教育模式。

第十四条 国家通过实施重大人才工程和继续教育项目、区域人才特殊培养项目、对口支援等方式，对重点领域、特殊区域和关键岗位的专业技术人员继续教育工作给予扶持。

第三章 组织管理和公共服务

第十五条 专业技术人员应当遵守有关学习纪律和管理制度，完成规定的继续教育学时。

专业技术人员承担全部或者大部继续教育费用的，用人单位不得指定继续教育机构。

第十六条 用人单位应当建立本单位专业技术人员继续教育与使用、晋升相衔接的激励机制，把专业技术人员参加继续教育情况作为专业技术人员考核评价、岗位聘用的重要依据。

专业技术人员参加继续教育情况应当作为聘任专业技术职务或者申报评定上一级资格的重要条件。有关法律法规规定专业技术人员参加继续教育作为职业资格登记或者注册的必要条件的，从其规定。

第十七条 用人单位应当建立继续教育登记管理制度，对专业技术人员参加继续教育的种类、内容、时间和考试考核结果等情况进行记录。

第十八条 依法成立的高等院校、科研院所、大型企业的培训机构等各类教育培训机构（以下称继续教育机构）可以面向专业技术人员提供继续教育服务。

继续教育机构应当具备与继续教育目的任务相适应的场所、设施、教材和人员，建立健全相应的组织机构和管理制度。

第十九条 继续教育机构应当认真实施继续教育教学计划，向社会公开继续教育的范围、内容、收费项目及标准等情况，建立教学档案，根据考试考核结果如实出具专业技术人员参加继续教育的证明。

继续教育机构可以充分利用现代信息技术开展远程教育，形成开放式的继续教育网络，为基层、一线专业技术人员更新知识结构、提高能力素质提供便捷高效的服务。

第二十条　继续教育机构应当按照专兼职结合的原则，聘请具有丰富实践经验、理论水平高的业务骨干和专家学者，建设继续教育师资队伍。

第二十一条　人力资源社会保障部按照国家有关规定遴选培训质量高、社会效益好、在继续教育方面起引领和示范作用的继续教育机构，建设国家级专业技术人员继续教育基地。

县级以上地方人力资源社会保障行政部门和有关行业主管部门可以结合实际，建设区域性、行业性专业技术人员继续教育基地。

第二十二条　人力资源社会保障行政部门会同有关行业主管部门和行业组织，建立健全继续教育公共服务体系，搭建继续教育公共信息综合服务平台，发布继续教育公需科目指南和专业科目指南。

人力资源社会保障行政部门会同有关行业主管部门和行业组织，根据专业技术人员不同岗位、类别和层次，加强课程和教材体系建设，推荐优秀课程和优秀教材，促进优质资源共享。

第二十三条　人力资源社会保障行政部门和有关行业主管部门直接举办继续教育活动的，应当突出公益性，不得收取费用。

人力资源社会保障行政部门和有关行业主管部门委托继续教育机构举办继续教育活动的，应当依法通过招标等方式选择，并与继续教育机构签订政府采购合同，明确双方权利和义务。

鼓励和支持企业、事业单位、行业组织等举办公益性继续教育活动。

第二十四条　人力资源社会保障行政部门应当建立继续教育统计制度，对继续教育人数、时间、经费等基本情况进行常规统计和随机统计，建立专业技术人员继续教育情况数据库。

第二十五条　人力资源社会保障行政部门或者其委托的第三方评估机构可以对继续教育效果实施评估，评估结果作为政府有关项目支持的重要参考。

第二十六条　人力资源社会保障行政部门应当依法对用人单位、继续教育机构执行本规定的情况进行监督检查。

第四章　法律责任

第二十七条　用人单位违反本规定第五条、第十一条、第十二条、第十五条第二款、第十六条、第十七条规定的，由人力资源社会保障行政部门或者有关行业主管部门责令改正；给专业技术人员造成损害的，依法承担赔偿责任。

第二十八条　专业技术人员违反本规定第八条第一款、第十五条第一款规定，无正当理由不参加继续教育或者在学习期间违反学习纪律和管理制度的，用人单位可视情节给予批评教育、不予报销或者要求退还学习费用。

第二十九条　继续教育机构违反本规定第十九条第一款规定的，由人力资源社会保障行政部门或者有关行业主管部门责令改正，给予警告。

第三十条　人力资源社会保障行政部门、有关行业主管部门及其工作人员，在继续教育管理工作中不认真履行职责或者徇私舞弊、滥用职权、玩忽职守的，由其上级主管部门或者监察机关责令改正，并按照管理权限对直接负责的主管人员和其他直接责任人员依法予以处理。

第五章　附则

第三十一条　本规定自2015年10月1日起施行。1995年11月1日原人事部发布的《全国专业技术人员继续教育暂行规定》（人核培发〔1995〕131号）同时废止。

职称评审管理暂行规定

(2019年7月1日人力资源社会保障部令第40号公布 自2019年9月1日起施行)

第一章 总则

第一条 为规范职称评审程序，加强职称评审管理，保证职称评审质量，根据有关法律法规和国务院规定，制定本规定。

第二条 职称评审是按照评审标准和程序，对专业技术人才品德、能力、业绩的评议和认定。职称评审结果是专业技术人才聘用、考核、晋升等的重要依据。

对企业、事业单位、社会团体、个体经济组织等（以下称用人单位）以及自由职业者开展专业技术人才职称评审工作，适用本规定。

第三条 职称评审坚持德才兼备、以德为先的原则，科学公正评价专业技术人才的职业道德、创新能力、业绩水平和实际贡献。

第四条 国务院人力资源社会保障行政部门负责全国的职称评审统筹规划和综合管理工作。县级以上地方各级人力资源社会保障行政部门负责本地区职称评审综合管理和组织实施工作。

行业主管部门在各自职责范围内负责本行业的职称评审管理和实施工作。

第五条 职称评审标准分为国家标准、地区标准和单位标准。

各职称系列国家标准由国务院人力资源社会保障行政部门会同行业主管部门制定。

地区标准由各地区人力资源社会保障行政部门会同行业主管部门依据国家标准，结合本地区实际制定。

单位标准由具有职称评审权的用人单位依据国家标准、地区标准，结合本单位实际制定。

地区标准、单位标准不得低于国家标准。

第二章 职称评审委员会

第六条 各地区、各部门以及用人单位等按照规定开展职称评审，应当申请组建职称评审委员会。

职称评审委员会负责评议、认定专业技术人才学术技术水平和专业能力，对组建单位负责，受组建单位监督。

职称评审委员会按照职称系列或者专业组建，不得跨系列组建综合性职称评审委员会。

第七条 职称评审委员会分为高级、中级、初级职称评审委员会。

申请组建高级职称评审委员会应当具备下列条件：

（一）拟评审的职称系列或者专业为职称评审委员会组建单位主体职称系列或者专业；

（二）拟评审的职称系列或者专业在行业内具有重要影响力，能够代表本领域的专业发展水平；

（三）具有一定数量的专业技术人才和符合条件的高级职称评审专家；

（四）具有开展高级职称评审的能力。

第八条 国家对职称评审委员会实行核准备案管理制度。职称评审委员会备案有效期不得超过3年，有效期届满应当重新核准备案。

国务院各部门、中央企业、全国性行业协会学会、人才交流服务机构等组建的高级职称评审委员会由国务院人力资源社会保障行政部门核准备案；各地区组建的高级职称评审委员会由省级人力资源社会保障行政部门核准备案；其他用人单位组建的高级职称评审委员会按照职称评审管理权限由省级以上人力资源社会保障行政部门核准备案。

申请组建中级、初级职称评审委员会的条件以及核准备案的具体办法,按照职称评审管理权限由国务院各部门、省级人力资源社会保障行政部门以及具有职称评审权的用人单位制定。

第九条 职称评审委员会组成人员应当是单数,根据工作需要设主任委员和副主任委员。按照职称系列组建的高级职称评审委员会评审专家不少于25人,按照专业组建的高级职称评审委员会评审专家不少于11人。各地区组建的高级职称评审委员会的人数,经省级人力资源社会保障行政部门同意,可以适当调整。

第十条 职称评审委员会的评审专家应当具备下列条件:

(一)遵守宪法和法律;

(二)具备良好的职业道德;

(三)具有本职称系列或者专业相应层级的职称;

(四)从事本领域专业技术工作;

(五)能够履行职称评审工作职责。

评审专家每届任期不得超过3年。

第十一条 各地区、各部门和用人单位可以按照职称系列或者专业建立职称评审委员会专家库,在职称评审委员会专家库内随机抽取规定数量的评审专家组成职称评审委员会。

职称评审委员会专家库参照本规定第八条进行核准备案,从专家库内抽取专家组成的职称评审委员会不再备案。

第十二条 职称评审委员会组建单位可以设立职称评审办事机构或者指定专门机构作为职称评审办事机构,由其负责职称评审的日常工作。

第三章 申报审核

第十三条 申报职称评审的人员(以下简称申报人)应当遵守宪法和法律,具备良好的职业道德,符合相应职称系列或者专业、相应级别职称评审规定的申报条件。

申报人应当为本单位在职的专业技术人才,离退休人员不得申报参加职称评审。

事业单位工作人员受到记过以上处分的,在受处分期间不得申报参加职称评审。

第十四条 申报人一般应当按照职称层级逐级申报职称评审。取得重大基础研究和前沿技术突破、解决重大工程技术难题,在经济社会各项事业发展中作出重大贡献的专业技术人才,可以直接申报高级职称评审。

对引进的海外高层次人才和急需紧缺人才,可以合理放宽资历、年限等条件限制。

对长期在艰苦边远地区和基层一线工作的专业技术人才,侧重考查其实际工作业绩,适当放宽学历和任职年限要求。

第十五条 申报人应当在规定期限内提交申报材料,对其申报材料的真实性负责。

凡是通过法定证照、书面告知承诺、政府部门内部核查或者部门间核查、网络核验等能够办理的,不得要求申报人额外提供证明材料。

第十六条 申报人所在工作单位应当对申报材料进行审核,并在单位内部进行公示,公示期不少于5个工作日,对经公示无异议的,按照职称评审管理权限逐级上报。

第十七条 非公有制经济组织的专业技术人才申报职称评审,可以由所在工作单位或者人事代理机构等履行审核、公示、推荐等程序。

自由职业者申报职称评审,可以由人事代理机构等履行审核、公示、推荐等程序。

第十八条 职称评审委员会组建单位按照申报条件对申报材料进行审核。

申报材料不符合规定条件的,职称评审委员会组建单位应当一次性告知申报人需要补正的全部内容。逾期未补正的，视为放弃申报。

第四章　组织评审

第十九条　职称评审委员会组建单位组织召开评审会议。评审会议由主任委员或者副主任委员主持，出席评审会议的专家人数应当不少于职称评审委员会人数的2/3。

第二十条　职称评审委员会经过评议，采取少数服从多数的原则，通过无记名投票表决，同意票数达到出席评审会议的评审专家总数2/3以上的即为评审通过。

未出席评审会议的评审专家不得委托他人投票或者补充投票。

第二十一条　根据评审工作需要，职称评审委员会可以按照学科或者专业组成若干评议组，每个评议组评审专家不少于3人，负责对申报人提出书面评议意见；也可以不设评议组，由职称评审委员会3名以上评审专家按照分工，提出评议意见。评议组或者分工负责评议的专家在评审会议上介绍评议情况，作为职称评审委员会评议表决的参考。

第二十二条　评审会议结束时，由主任委员或者主持评审会议的副主任委员宣布投票结果，并对评审结果签字确认，加盖职称评审委员会印章。

第二十三条　评审会议应当做好会议记录，内容包括出席评委、评审对象、评议意见、投票结果等内容，会议记录归档管理。

第二十四条　评审会议实行封闭管理，评审专家名单一般不对外公布。

评审专家和职称评审办事机构工作人员在评审工作保密期内不得对外泄露评审内容，不得私自接收评审材料，不得利用职务之便谋取不正当利益。

第二十五条　评审专家与评审工作有利害关系或者其他关系可能影响客观公正的，应当申请回避。职称评审办事机构发现上述情形的，应当通知评审专家回避。

第二十六条　职称评审委员会组建单位对评审结果进行公示，公示期不少于5个工作日。

公示期间，对通过举报投诉等方式发现的问题线索，由职称评审委员会组建单位调查核实。

经公示无异议的评审通过人员，按照规定由人力资源社会保障行政部门或者职称评审委员会组建单位确认。具有职称评审权的用人单位，其经公示无异议的评审通过人员，按照规定由职称评审委员会核准部门备案。

第二十七条　申报人对涉及本人的评审结果不服的，可以按照有关规定申请复查、进行投诉。

第二十八条　不具备职称评审委员会组建条件的地区和单位，可以委托经核准备案的职称评审委员会代为评审。具体办法按照职称评审管理权限由国务院各部门、省级人力资源社会保障行政部门制定。

第二十九条　专业技术人才跨区域、跨单位流动时，其职称按照职称评审管理权限重新评审或者确认，国家另有规定的除外。

第五章　评审服务

第三十条　职称评审委员会组建单位应当建立职称评价服务平台，提供便捷化服务。

第三十一条　职称评审委员会组建单位应当加强职称评审信息化建设，推广在线评审，逐步实现网上受理、网上办理、网上反馈。

第三十二条　人力资源社会保障行政部门建立职称评审信息化管理系统，统一数据标准，规范评审结果等数据采集。

第三十三条　人力资源社会保障行政部门在保障信息安全和个人隐私的前提下，逐步开放职称信息查询验证服务，积极探索实行职称评审电子证书。电子证书与纸质证书具有同等效力。

第六章　监督管理

第三十四条　人力资源社会保障行政部门和行业主管部门应当加强对职称评审工作的监督检查。

被检查的单位、相关机构和个人应当如实提供与职称评审有关的资料，不得拒绝检查或者谎报、瞒报。

第三十五条　人力资源社会保障行政部门和行业主管部门通过质询、约谈、现场观摩、查阅资料等形式，对各级职称评审委员会及其组建单位开展的评审工作进行抽查、巡查，依据有关问题线索进行倒查、复查。

第三十六条　人力资源社会保障行政部门和行业主管部门应当依法查处假冒职称评审、制作和销售假证等违法行为。

第三十七条　职称评审委员会组建单位应当依法执行物价、财政部门核准的收费标准，自觉接受监督和审计。

第七章　法律责任

第三十八条　违反本规定第八条规定，职称评审委员会未经核准备案、有效期届满未重新核准备案或者超越职称评审权限、擅自扩大职称评审范围的，人力资源社会保障行政部门对其职称评审权限或者超越权限和范围的职称评审行为不予认可；情节严重的，由人力资源社会保障行政部门取消职称评审委员会组建单位职称评审权，并依法追究相关人员的责任。

第三十九条　违反本规定第十三条、第十五条规定，申报人通过提供虚假材料、剽窃他人作品和学术成果或者通过其他不正当手段取得职称的，由人力资源社会保障行政部门或者职称评审委员会组建单位撤销其职称，并记入职称评审诚信档案库，纳入全国信用信息共享平台，记录期限为3年。

第四十条　违反本规定第十六条规定，申报人所在工作单位未依法履行审核职责的，由人力资源社会保障行政部门或者职称评审委员会组建单位对直接负责的主管人员和其他直接责任人员予以批评教育，并责令采取补救措施；情节严重的，依法追究相关人员责任。

违反本规定第十七条规定，非公有制经济组织或者人事代理机构等未依法履行审核职责的，按照前款规定处理。

第四十一条　违反本规定第十八条规定，职称评审委员会组建单位未依法履行审核职责的，由人力资源社会保障行政部门对其直接负责的主管人员和其他直接责任人员予以批评教育，并责令采取补救措施；情节严重的，取消其职称评审权，并依法追究相关人员责任。

第四十二条　评审专家违反本规定第二十四条、第二十五条规定的，由职称评审委员会组建单位取消其评审专家资格，通报批评并记入职称评审诚信档案库；构成犯罪的，依法追究刑事责任。

职称评审办事机构工作人员违反本规定第二十四条、第二十五条规定的，由职称评审委员会组建单位责令不得再从事职称评审工作，进行通报批评；构成犯罪的，依法追究刑事责任。

第八章　附则

第四十三条　涉密领域职称评审的具体办法，由相关部门和单位参照本规定另行制定。

第四十四条　本规定自2019年9月1日起施行。

人力资源社会保障部办公厅关于支持企业大力开展技能人才评价工作的通知

（人社厅发〔2020〕104号）

各省、自治区、直辖市及新疆生产建设兵团人力资源社会保障厅（局），国务院有关部委、直属机构人事劳动保障工作机构，有关行业组织、企业人事劳动保障工作机构：

为深入贯彻习近平总书记关于健全技能人才培养、使用、评价、激励制度的重要指示精神，深化技能人才评价制度改革，现就做好支持企业大力开展技能人才评价工作有关事项通知如下。

一、支持企业自主开展技能人才评价。按照党中央、国务院"放管服"改革要求，加快政府职能转变，充分发挥市场在资源配置中的决定性作用，激发市场主体活力，向用人主体放权，按照"谁用人、谁评价、谁发证、谁负责"的原则，支持各级各类企业自主开展技能人才评价工作，发放职业技能等级证书，推动建立以市场为导向、以企业等用人单位为主体、以职业技能等级认定为主要方式的技能人才评价制度。解决水平评价类技能人员职业资格退出国家职业资格目录后技能人才评价载体缺失、评价工作急需跟进等问题，不断优化政策，畅通技能人才发展通道，努力形成人人渴望成才、人人努力成才、人人皆可成才、人人尽展其才的良好局面。

二、企业自主确定评价范围。符合条件、经备案的企业可面向本企业职工（含劳务派遣、劳务外包等各类用工人员）组织开展职业技能水平评价工作，实施职业技能等级认定，并将人才评价与培养、使用、待遇有机结合。企业可结合生产经营主业，依据国家职业分类大典和新发布的职业（工种），自主确定评价职业（工种）范围。对职业分类大典未列入但企业生产经营中实际存在的技能岗位，可按照相邻相近原则对应到职业分类大典内职业（工种）实施评价。支持企业参与新职业开发工作，推动较为成熟的技能岗位纳入国家职业分类体系。

三、企业自主设置职业技能等级。企业可以国家职业技能标准设置的五级（初级工）、四级（中级工）、三级（高级工）、二级（技师）和一级（高级技师）为基础，自主设置职业技能岗位等级，形成具有自身特色的评价等级结构，建立技能人才成长通道。企业可设置学徒工、特级技师、首席技师等岗位等级，并明确其与国家职业技能标准相应技能等级之间的对应关系；企业还可在技能等级内细分层级。

四、依托企业开发评价标准规范。适应产业发展和技术变革需求，发挥企业技术优势开发职业技能标准或评价规范，建立科学合理、符合生产实际的评价标准体系。企业可根据相应的国家职业技能标准，结合企业工种（岗位）特殊要求，对职业功能、工作内容、技能要求和申报条件等进行适当调整，原则上不低于国家职业技能标准要求。无相应国家职业技能标准的，企业可参照《国家职业技能标准编制技术规程》，自主开发制定企业评价规范。支持较为成熟和影响较大的企业评价规范，按程序申报国家职业技能标准。

五、企业自主运用评价方法。建立以职业能力为导向、以工作业绩为重点、注重工匠精神和职业道德养成的技能人才评价体系。坚持把品德作为评价的首要内容，重点考察劳动者执行操作规程、进行安全生产、解决生产问题和完成工作任务的能力，并注重考核岗位工作绩效，强化生产服务结果、创新成果和实际贡献。要把技能人才评价工作融入日常生产经营活动过程中，灵活运用过程化考核、模块化考核和业绩评审、直接认定等多种方式。探索利用现代信息技术，创新技能评价方式。

六、积极开展职业技能竞赛评价。发挥以赛促训、以赛促评作用，将职业技能竞赛作为技能人才评价的重要方式之一，促进评价工作公开公平公正。鼓励企业按照国家职业技能标准和行业企业评价规范要求，大力开展职业技能竞赛、岗位练兵、技术比武等活动，并将竞赛结果与职业技能等级认定相衔接。支持企业职工参加各级各类职业技能竞赛，对在职业技能竞赛中取得优异成绩的人员，可按规定晋升相应职业技能等级。

七、贯通企业技能人才职业发展。适应人才融合发展趋势，建立职业技能等级认定与专业技术职称评审贯通机制，破除身份、学历、资历等障碍，搭建企业人才成长立交桥。落实在工程技术领域实现高技能人才与工程技术人才职业发展贯通的意见要求，逐步扩大贯通领域，能扩尽扩，能融尽融。

八、提升企业评价服务能力。加强企业评价基础能力建设，发挥已有职业技能鉴定技术优势和组织优势，依托设在企业的职业技能鉴定所站、高技能人才培训基地和技能大师工作室等组织开展评价工作。鼓励备案企业申请为社会培训评价组织，为其他中小企业和社会人员提供人才评价服务。深化产教融合、企校合作，支持企业为院校学生提供人才评价服务，引导院校科学合理设置专业和课程。

九、加强质量督导和服务保障工作。各级人力资源社会保障部门要按照属地原则，加强对本地区企业技能人才评价工作的指导服务和质量督导。要健全工作机制，优化服务流程，简化程序，采取上门服务、现场集中办理、网上申报、告知承诺、网络核验等方式，做好企业技能人才评价工作的备案、质量管理和技术支持服务工作。加强跨地区协作，企业所在地人力资源社会保障部门要加强与企业子公司所在地人力资源社会保障部门的沟通衔接，建立信息互通、结果互认机制。企业按规定颁发的职业技能等级证书，纳入各级人力资源社会保障部门建设的证书查询系统，向社会公开。人力资源社会保障部门要将取得职业技能等级证书的人员纳入人才统计范围，并按规定落实相应人才政策。

各地人力资源社会保障部门在工作中遇到的突出问题，请及时向我部反映。

人力资源社会保障部办公厅
2020年11月7日

人力资源社会保障部办公厅关于大力开展以工代训工作的通知

（人社厅明电〔2020〕29号）

各省、自治区、直辖市及新疆生产建设兵团人力资源社会保障厅（局）：

为贯彻《人力资源社会保障部财政部关于实施企业稳岗扩岗专项支持计划的通知》（人社部发〔2020〕30号，以下简称30号文件）精神，现就大力开展以工代训有关工作通知如下：

一、贯彻落实30号文件以工代训政策

30号文件拓宽了以工代训范围，明确了以工代训三项政策：加大对新吸纳劳动者企业的支持，加大对困难企业的支持，加大对重点行业的支持，并明确以工代训补贴政策受理期限截止到2020年12月31日。原有以工代训政策执行期限不变。

各地要大力开展以工代训，将以工代训作为今年职业技能提升行动的重要组成部分，加强组织领导和实施推动。要全力支持中小微企业吸纳就业困难人员等开展以工代训，支持受疫情影响出现生产经营暂时困难导致停工停业的中小微企业组织职工开展以工代训，支持外贸、住宿餐饮、文化旅游、交通运输、批发零售等行业的各类企业开展以工代训，确保完成今年职业技能提升行动的各项目标任务。

二、细化和完善以工代训政策措施

各地人社部门要按照30号文件要求，结合本地工作实际，细化以工代训各项政策，创新和完善职业技能提升行动政策体系，明确管理服务流程和补贴标准。6月15日前，省（区、市）人社部门要会同财政部门完成补贴标准制定工作，我部职业技能提升行动领导小组办公室将予以督导和通报。各地人社部门要将以工代训人员数、支持企业数和资金支出数等信息实施情况纳入职业技能提升行动月对账统计范围。

三、优化以工代训管理服务

各地要优化经办服务，做好做实以工代训各项服务管理工作，精简申领证明材料，推行"打包办"和"快速办"，建立补贴资金网上申领渠道，提高审核发放效率，推广"不见面"服务，努力实现补贴受理审核发放全程网办。各地要加强职业技能提升行动专账资金监管机制，加强监督检查，对违规使用、骗取套取资金的要依法依规严惩。

四、加紧做好职业技能提升行动相关工作

我部近期拟相继出台农民工稳就业职业技能培训计划、百万青年技能培训行动、职业技能提升行动"康养培训计划"等专项培训计划。各地可结合实际，抓紧组织实施，并根据当地党委、政府对疫情防控的决策部署，适时开展线下培训、技能等级认定和技能竞赛等各项工作。

人力资源社会保障部办公厅
2020年5月20日

人力资源社会保障部办公厅关于2024年度专业技术人员职业资格考试工作计划及有关事项的通知

（人社厅发〔2024〕1号）

各省、自治区、直辖市及新疆生产建设兵团人力资源社会保障厅（局），各副省级市人力资源社会保障局，中央和国家机关各部委、各直属机构人事部门，中央军委政治工作部干部局，有关行业协会、学会：

为做好专业技术人员职业资格考试规划和管理工作，便于广大专业技术人员参加职业资格考试，经商有关部门同意，现就2024年度专业技术人员职业资格考试工作计划及有关事项通知如下：

一、请按照《2024年度专业技术人员职业资格考试工作计划》（见附件）做好各项考试组织实施工作。证券期货基金业从业人员资格各次考试地点不同，精算师两次考试科目不同，具体安排以相关行业协会考试公告为准。如遇特殊情况需要变更考试日期的，将提前另行通知。

二、国家职业资格考试实行统一大纲、统一命题、统一组织，要引导符合条件的专业技术人员通过正规渠道报名，切勿轻信虚假宣传。积极推行考试报名证明事项告知承诺制，对虚假承诺行为和违纪违规行为加大惩处力度。国家未指定任何培训机构开展职业资格考试培训工作，对不法培训机构打着"保过"幌子，招摇撞骗或组织实施作弊的，要依法追究责任。

三、各地人力资源社会保障部门及相关行业主管部门要积极配合，密切合作，认真落实考试有关规章制度，加强考试安全管理，保障各项考试平稳顺利实施。

附件：2024年度专业技术人员职业资格考试工作计划

人力资源社会保障部办公厅
2024年1月12日

附件

2024 年度专业技术人员职业资格考试工作计划

序号	考试名称		考试日期
1	2024年上半年中小学教师资格考试（笔试）		3月9日
2	咨询工程师（投资）		4月13、14日
3	卫生（初级、中级）		4月13日、14日、20日、21日
4	护士执业资格		4月27日、28日
5	2024年上半年中小学教师资格考试（面试）		5月11日、12日
6	精算师		5月11日至15日
7	会计（高级）		5月18日
8	注册建筑师	一级	5月18日、19日、25日
		二级	5月18日、19日
9	监理工程师		
10	会计（初级）		5月18日至22日
11	演出经纪人员资格		5月25日
12	环境影响评价工程师		5月25日、26日
13	房地产经纪人协理、房地产经纪人		
14	计算机技术与软件（初级、中级、高级）		5月25日至28日
15	银行业专业人员职业资格（初级、中级）		6月1日、2日
16	注册计量师（一级、二级）		6月15日、16日
17	社会工作者职业资格（初级、中级、高级）		
18	机动车检测维修士、机动车检测维修工程师		
19	经济（高级）		6月16日
20	不动产登记代理人		6月22日、23日
21	专利代理师		7月6日、7日
22	拍卖师（纸笔作答）		
23	执业兽医		7月14日
24	注册会计师（专业阶段）		8月23日至25日
25	注册会计师（综合阶段）		8月24日
26	拍卖师（实际操作）		8月24日、25日
27	一级建造师		9月7日、8日
28	注册城乡规划师		
29	广播电视播音员、主持人资格		
30	资产评估师（珠宝）		
31	会计（中级）		9月7日至9日
32	2024年下半年中小学教师资格考试（笔试）		9月15日
33	资产评估师		9月15日、16日

续表

序号	考试名称			考试日期
34	出版（初级、中级）			9月21日
35	法律职业资格（客观题）			9月21日、22日
36	注册测绘师			
37	注册核安全工程师			
38	注册验船师			
39	设备监理师			
40	文物保护工程从业资格			
41	通信（初级、中级）			9月28日
42	审计（初级、中级、高级）			
43	一级造价工程师			10月19日、20日
44	执业药师（药学、中药学）			
45	精算师			10月19日至23日
46	法律职业资格（主观题）			10月20日
47	统计（初级、中级、高级）			
48	中级注册安全工程师			10月26日、27日
49	翻译专业资格（一、二、三级）			
50	房地产经纪人协理、房地产经纪人			
51	矿业权评估师			
52	公路水运工程助理试验检测师、试验检测师			
53	银行业专业人员职业资格（初级、中级）			
54	新闻记者职业资格			11月2日
55	税务师			
56	勘察设计注册工程师	注册土木工程师	岩土	11月2日、3日
			港口与航道工程	
			水利水电工程（5个专业）	
			道路工程	
		注册电气工程师（2个专业）		
		注册公用设备工程师（3个专业）		
		注册化工工程师		
		注册环保工程师		
		注册结构工程师	一级	
			二级	11月3日
57	一级注册消防工程师			11月9日、10日
58	房地产估价师			
59	计算机技术与软件（初级、中级、高级）			11月9日至12日
60	经济（初级、中级）			11月16日、17日

续表

序号	考试名称			考试日期
61	导游资格			11月23日
62	2024年下半年中小学教师资格考试（面试）			12月7日、8日
63	证券期货基金业从业人员资格	证券行业专业人员水平评价（统一）测试		6月1日、2日
		期货从业人员资格考试	全国统一考试	5月18日
			专场考试	7月6日、11月16日
		基金从业人员资格考试		5月12日、11月9日

人力资源社会保障部关于实施职业技能提升行动创业培训"马兰花计划"的通知

（人社部函〔2020〕109号）

各省、自治区、直辖市及新疆生产建设兵团人力资源社会保障厅（局）：

为深入贯彻落实《国务院办公厅关于印发职业技能提升行动方案（2019—2021年）的通知》（国办发〔2019〕24号）等文件精神，提升劳动者就业创业能力，促进劳动者成功创业、稳定和扩大就业，决定面向有创业意愿和培训需求的城乡各类劳动者实施创业培训"马兰花计划"（以下简称"马兰花计划"）。现就有关工作通知如下：

一、指导思想

以习近平新时代中国特色社会主义思想为指导，深入贯彻"六稳""六保"，认真落实职业技能提升行动部署要求，扎实推进脱贫攻坚的战略措施，按照政府激励引导、社会广泛参与、劳动者自主选择的原则，面向劳动者开展创业培训，提升劳动者就业创业能力，为加快推动大众创业、万众创新，促进就业倍增效应提供有力支撑。

二、工作目标

实施"马兰花计划"，健全并完善政府引导、社会参与、创业者自主选择的创业培训工作机制。创业培训机构突破5 000家，并结合高技能人才培训基地建设，发展一批更高水平、更具影响力的创业培训示范基地。培育一支覆盖各类培训课程的创业培训师资队伍，力争年培训量不低于8 000人，参照技能大师工作室做法，支持优秀创业培训师资等成立创业指导工作室。扩大创业培训规模，提升创业培训质量，2021年培训量不低于200万人次，力争年培训量逐年有所提高。

三、工作措施

（一）明确创业培训内容。针对不同的创业阶段有针对性地开展创业培训。准备创业和创业初期的人员可参加创业意识、创办企业、网络创业、创业（模拟）实训等培训课程，提升项目选择、市场评估、资金预测、创业计划等能力；已经成功创业的人员可参加改善企业和扩大企业的培训课程，健全管理体系，制定发展战略，抵御外部风险，稳定企业经营，扩大就业岗位。

（二）扩大创业培训群体范围。创业培训要面向有创业意愿和培训需求的城乡各类劳动者。重点对贫困家庭子女、贫困劳动力、城乡未继续升学初高中毕业生（以下简称"两后生"）、各类职业院校（含技工院校，下同）学生、高校学生、离校2年内未就业高校毕业生、农村转移就业劳动者、返乡入乡创业人员、乡村创业致富带头人、下岗失业人员、转岗职工、小微企业主、个体工商户、就业困难人员（含残疾人）、退役军人、即将刑满释放人员等开展创业培训。

（三）促进技能与创业创新结合。推动职业院校创业创新培训，将创业创新课程纳入教学计划，使有创业意愿和培训需求的学生都有机会参加创业创新培训。依托技能大师工作室等开展多种形式的创业创新活动，将学生在校期间开展的"试创业"实践活动纳入政策支持范围。依托各地创业培训师资培训计划，加速职业院校创业培训师资培养。

（四）完善创业培训资源建设。依托《创业培训标准（试行）》，开发适用于不同创业群体、不同创业阶段的创业培训课程和教材，构建创业培训课程库和案例库。完善灵活多样的培训模式，积极采取小班互动式教学，辅以创业实训、观摩游学、创业指导等。探索"互联网+创业培训"，有条件的地区可按照有关要求规范试点翻转课堂等线上学习与线下培训相融合的培训模式。加强网络创业培训技术平台的课程设置、教学管理和后续服务等功能建设。

（五）促进创业培训机构发展。加强创业培训机构规范管理，指导创业培训机构严格按照《创业培训标准（试行）》开展创业培训，强化培训效果评估和培训后续服务。广泛发动更多优势资源参与创业培训，支持符合条件的职业培训机构、就业创业培训（实训）中心、各类职业院校、高校、创业孵化基地、众创空间等实体开展创业培训。鼓励培训机构将培训服务"送上门"，为各类职业院校、高校、企业等机构组织提供培训课程、师资等创业培训优质资源。

（六）加强创业培训师资队伍建设。各地要进一步加强创业培训师资管理，完善进出、考评和激励机制。建立创业培训师资库，实现创业培训师资动态管理。制定长期师资培养计划，定期组织各类创业培训师资培训，并通过提高培训、研讨交流、教学观摩、讲师大赛等活动，提升创业培训师资培训指导能力。鼓励有条件的地区根据创业培训师资培训需求，探索创新市场化师资培训模式。持续组织"马兰花全国创业培训讲师大赛"，以赛促培训，以赛促交流，以赛促提高。

（七）完善创业培训质量监控体系。依托《创业培训标准（试行）》，完善创业培训质量监控和效果评估体系。利用大数据、区块链等技术，完善创业培训管理工作，加强创业培训信息化平台建设，做好创业培训日常管理、过程监督、培训考核、证书管理、效果评估、资金管理等一体化管理服务，实现培训机构全覆盖、培训人员全实名、培训资金全记录、培训过程可追溯、培训质量可监控。

（八）强化创业培训后续服务。加强创业培训与创业服务的有效衔接和统筹推进。依托人力资源社会保障部门公共创业服务机构，为参加培训的创业者提供开业指导、创业担保贷款、创业孵化、创业见习、企业咨询等服务，推动开展线上创业服务。吸纳创业培训师资、创业指导师、企业家、投资人等建立创业导师库，有条件的地区可结合本地实际，探索支持优秀创业导师成立工作室。

（九）推动创业培训助力脱贫致富。各地要加强对贫困地区、农村地区、边远地区的创业培训指导。结合乡村创业特点和培训需求，开发创业培训指导课程。加强贫困地区创业培训师资队伍和创业导师队伍建设。挖掘宣传返乡入乡人员、乡村创业致富带头人和扶贫创业培训师资的典型事迹。

四、工作要求

（十）加强实施管理。"马兰花计划"是职业技能提升行动的重要内容，各地要高度重视，建立工作机制，确保高质量完成任务。结合职业技能提升行动整体要求，强化督导管理，结合实际制定实施方案，明确目标，落实责任。对创业培训项目和创业培训机构实行目录清单管理，及时公布创业培训课程和创业培训机构目录。加强部门协作，协调解决"马兰花计划"中遇到的实际困难和问题。

（十一）落实资金保障。创业培训所需补贴从就业补助资金或职业技能提升行动专账资金中合理统筹安排。职业技能提升行动期间，优先使用职业技能提升行动专账资金。各地可结合实际提高培训补贴标准。有条件的地区可结合本地实际，对教学资源开发、线上创业培训、管理人员培训、管理平台开发等基础工作给予经费支持。各地要健全资金管理制度，明确监管主体，强化使用监管，保障使用安全，提高使用效益。

（十二）注重宣传引导。面向城乡各类劳动者加大创业培训政策宣传力度。结合职业技能提升行动，开展"马兰花计划"主题宣传活动。积极运用各种宣传媒介和平台，广泛宣传创业者、创业培训师资、创业培训机构、创业培训管理人员的典型事迹，发挥示范作用，交流工作经验，深入推动创业带动就业工作。

附件：马兰花创业培训项目介绍（略）

人力资源社会保障部
2020年11月4日

人力资源社会保障部 财政部关于充分发挥职业技能提升行动专账资金效能 扎实推进职业技能提升行动的通知

（人社部函〔2021〕14号）

各省、自治区、直辖市及新疆生产建设兵团人力资源社会保障厅（局），财政厅（局）：

为全面贯彻落实习近平总书记对技能人才工作的重要指示精神和党的十九届五中全会精神，进一步增强职业技能培训针对性和有效性，不断提高培训质量，培养壮大创新型、应用型、技能型人才队伍，现就充分发挥职业技能提升行动专账资金效能，扎实推进职业技能提升行动通知如下。

一、**合理确定调整培训补贴标准**。合理确定培训补贴标准是保证培训质量的重要因素之一。市（地）级以上（含市地，下同）人力资源社会保障部门、财政部门可结合培训工作实际，充分考虑培训课程开发、教材建设、师资培训、教学改革、实训设施设备升级改造等培训基础能力建设成本以及实训耗材、培训场租和培训时长等综合因素，科学合理确定职业培训补贴标准（含职业技能鉴定评价补贴、企业新型学徒制培训补贴，下同）。建立培训补贴标准动态评估调整机制，结合评估结果，适时调整补贴标准。2021年一季度内，各省级人力资源社会保障部门、财政部门牵头组织开展一次评估，对补贴标准进行合理调整。鼓励省级人力资源社会保障部门会同财政部门统一制定本省份不同地域和职业（工种）差异化的培训补贴标准，并加强工作指导落实。

二、**提高培训针对性**。各地要把援企稳岗作为提高培训针对性的重要举措，抓好以工代训扩就业稳就业工作，以工代训政策实施期限延至2021年12月。以工代训注重岗位工作训练，无需单独组织开展培训。企业申请以工代训补贴无需提供培训计划和发放培训合格证书。通过大数据比对可核实企业为职工发放工资等情况的，以工代训补贴发放可不再要求企业提供职工花名册、发放工资银行对账单。以工代训补贴不计入劳动者每年3次培训补贴范围。

三、**加大培训补贴资金直补企业工作力度**。强化企业培训主体作用，围绕制造强国、质量强国和实体经济发展，聚焦战略性新兴产业和先进制造业等领域，组织企业开展定向、定岗培训。对于企业直接组织职工培训并承担培训成本的，应将培训补贴资金按规定直补企业。企业（涉密企业除外）申请直补培训补贴资金时，需提供培训计划、学员签到表、培训视频类资料等材料，无需开具培训补贴发票。企业、院校和其他培训机构完成培训任务后申领获得的培训补贴资金，可在符合相关法律制度条件下自主开支使用。鼓励各地按规定探索开展项目制培训等多形式培训。具备培训资质的机构均可承担政府补贴性培训项目。

四、全面推行中国特色企业新型学徒制。适应现代企业发展和企业技术创新需要，面向各类企业全面推行企业新型学徒制，提高培训质量。完善企校双师带徒、工学交替培养等模式，创新开展"行校合作"，鼓励行业协会、跨企业培训中心等组织中小微企业开展学徒制培训，并按规定给予培训补贴。鼓励更多优秀的企业导师承担带徒任务，建立专职导师队伍。加大实施百万青年技能培训行动，把高校毕业生等青年培养成为适合企业发展和岗位需要的高技能人才。加强央地合作，各级人力资源社会保障部门要支持中央企业开展企业新型学徒制培训。

五、优先使用专账资金。优先使用专账资金开展政府补贴性培训项目，培训期间符合规定的生活费、交通费补贴可从专账资金支出。符合条件的个体工商户用工、民办非企业单位用工以及灵活就业人员按规定纳入职业技能提升行动职业培训补贴（含生活费、交通费）范围。深入推动实施"互联网+职业技能培训计划"、农民工稳就业职业技能培训计划、百万青年技能培训行动、康养职业技能培训计划、"马兰花"创业培训计划等专项培训行动，开展长江流域退捕渔民职业技能培训。

六、强化培训资金监管。各级人力资源社会保障部门、财政部门要强化培训资金监管，进一步做好补贴性培训实名制管理工作，建立覆盖专账资金使用管理全过程的监管体系，建立定期对账制度，做到账实相符、账表相符，加大风险防控和排查。对以虚假培训等套取、骗取资金的依法依纪严惩。

七、压实专账资金管理使用责任。各级人力资源社会保障部门、财政部门要切实履行专账资金管理使用责任，充分发挥专账资金使用效益。各地要认真贯彻落实放管服改革，进一步畅通专账资金支出渠道，提高资金拨付效率。要进一步简化培训补贴申领程序，提供网上办理或快速办理等便捷服务。各地不得以地域、户籍等为前提条件，限制劳动者参加培训并享受培训补贴。

八、加强经办服务工作。针对基层工作力量薄弱的实际，进一步健全政府购买服务机制。可引入第三方社会机构，承担开展各类培训机构审核、过程监管、补贴资金审核等工作，第三方社会机构的引入应严格按照政府购买服务相关要求开展。同级人力资源社会保障、财政部门要对引入的第三方社会机构建立严格、全面的监管和考评机制，定期组织工作效果评审。对于资金骗取等情况，按规定依法依规处理，对于发生问题的第三方机构，建立黑名单制度。鼓励有条件的地区，整合职业培训、技能鉴定、技工教研、公共实训等力量，壮大职业技能提升行动工作力量。

九、建立专账资金调剂使用和奖补机制。各地专账资金可结合实际工作需要，在省（区、市）内不同地区间进行调剂使用，适当向培训需求量大、培训任务重、培训工作好的地区倾斜，确保各项职业培训补贴政策落实落地。建立专账资金与培训工作绩效考核联动机制，提高资金使用效率。财政部、人力资源社会保障部将在分配中央就业补助资金时，充分考虑各省（区、市）专账资金使用执行情况。

人力资源社会保障部
财政部
2021年2月1日

专业技术人员资格考试违纪违规行为处理规定

(2017年2月16日人力资源社会保障部令第31号公布 自2017年4月1日起施行)

第一章 总则

第一条 为加强专业技术人员资格考试工作管理，保证考试的公平、公正，规范对违纪违规行为的认定与处理，维护应试人员和考试工作人员合法权益，根据有关法律、行政法规制定本规定。

第二条 专业技术人员资格考试中违纪违规行为的认定和处理，适用本规定。

第三条 本规定所称专业技术人员资格考试，是指由人力资源社会保障部或者由其会同有关行政部门确定，在全国范围内统一举行的准入类职业资格考试、水平评价类职业资格考试以及与职称相关的考试。

本规定所称应试人员，是指根据专业技术人员资格考试有关规定参加考试的人员。

本规定所称考试工作人员，是指参与考试管理和服务工作的人员，包括命（审）题（卷）、监考、主考、巡考、考试系统操作、评卷等人员和考试主管部门及考试机构的有关工作人员。

本规定所称考试主管部门，是指各级人力资源社会保障行政部门、有关行政主管部门以及依据法律、行政法规规定具有考试管理职能的行业协会或者学会等。

本规定所称考试机构，是指经政府及其有关部门批准的各级具有专业技术人员资格考试工作职能的单位。

第四条 认定与处理违纪违规行为，应当事实清楚、证据确凿、程序规范、适用规定准确。

第五条 人力资源社会保障部负责全国专业技术人员资格考试工作的综合管理与监督。

各级考试主管部门、考试机构或者有关部门按照考试管理权限依据本规定对应试人员、考试工作人员的违纪违规行为进行认定与处理。其中，造成重大社会影响的严重违纪违规行为，由省级考试主管部门会同省级考试机构或者由省级考试机构进行认定与处理，并将处理情况报告人力资源社会保障部和相应行业的考试主管部门。

第二章 应试人员违纪违规行为处理

第六条 应试人员在考试过程中有下列违纪违规行为之一的，给予其当次该科目考试成绩无效的处理：

（一）携带通信工具、规定以外的电子用品或者与考试内容相关的资料进入座位，经提醒仍不改正的；

（二）经提醒仍不按规定书写、填涂本人身份和考试信息的；

（三）在试卷、答题纸、答题卡规定以外位置标注本人信息或者其他特殊标记的；

（四）未在规定座位参加考试，或者未经考试工作人员允许擅自离开座位或者考场，经提醒仍不改正的；

（五）未用规定的纸、笔作答，或者试卷前后作答笔迹不一致的；

（六）在考试开始信号发出前答题，或者在考试结束信号发出后继续答题的；

（七）将试卷、答题卡、答题纸带出考场的；

（八）故意损坏试卷、答题纸、答题卡、电子化系统设施的；

（九）未按规定使用考试系统，经提醒仍不改正的；
（十）其他应当给予当次该科目考试成绩无效处理的违纪违规行为。

第七条 应试人员在考试过程中有下列严重违纪违规行为之一的，给予其当次全部科目考试成绩无效的处理，并将其违纪违规行为记入专业技术人员资格考试诚信档案库，记录期限为五年：

（一）抄袭、协助他人抄袭试题答案或者与考试内容相关资料的；
（二）互相传递试卷、答题纸、答题卡、草稿纸等的；
（三）持伪造证件参加考试的；
（四）本人离开考场后，在考试结束前，传播考试试题及答案的；
（五）使用禁止带入考场的通信工具、规定以外的电子用品的；
（六）其他应当给予当次全部科目考试成绩无效处理的严重违纪违规行为。

第八条 应试人员在考试过程中有下列特别严重违纪违规行为之一的，给予其当次全部科目考试成绩无效的处理，并将其违纪违规行为记入专业技术人员资格考试诚信档案库，长期记录：

（一）串通作弊或者参与有组织作弊的；
（二）代替他人或者让他人代替自己参加考试的；
（三）其他情节特别严重、影响恶劣的违纪违规行为。

第九条 应试人员应当自觉维护考试工作场所秩序，服从考试工作人员管理，有下列行为之一的，终止其继续参加考试，并责令离开考场；情节严重的，按照本规定第七条、第八条的规定处理；违反《中华人民共和国治安管理处罚法》等法律法规的，交由公安机关依法处理；构成犯罪的，依法追究刑事责任：

（一）故意扰乱考点、考场等考试工作场所秩序的；
（二）拒绝、妨碍考试工作人员履行管理职责的；
（三）威胁、侮辱、诽谤、诬陷工作人员或者其他应试人员的；
（四）其他扰乱考试管理秩序的行为。

第十条 应试人员有提供虚假证明材料或者以其他不正当手段取得相应资格证书或者成绩证明等严重违纪违规行为的，由证书签发机构宣布证书或者成绩证明无效，并按照本规定第七条处理。

第十一条 在阅卷过程中发现应试人员之间同一科目作答内容雷同，并经阅卷专家组确认的，由考试机构或者考试主管部门给予其当次该科目考试成绩无效的处理。作答内容雷同的具体认定方法和标准，由省级以上考试机构确定。

应试人员之间同一科目作答内容雷同，并有其他相关证据证明其违纪违规行为成立的，视具体情形按照本规定第七条、第八条处理。

第十二条 专业技术人员资格考试诚信档案库由人力资源社会保障部统一建立，管理办法另行制定。

考试诚信档案库纳入全国信用信息共享平台，向用人单位及社会提供查询，相关记录作为专业技术人员职业资格证书核发和注册、职称评定的重要参考。考试机构可以视情况向社会公布考试诚信档案库记录相关信息，并通知当事人所在单位。

第三章 考试工作人员违纪违规行为处理

第十三条 考试工作人员有下列情形之一的，停止其继续参加当年及下一年度考试工作，并由考试机构、考试主管部门或者建议有关部门给予处分：

（一）不严格掌握报名条件的；
（二）擅自提前考试开始时间、推迟考试结束时间及缩短考试时间的；
（三）擅自为应试人员调换考场或者座位的；

（四）提示或者暗示应试人员答卷的；

（五）未准确记录考场情况及违纪违规行为，并造成一定影响的；

（六）未认真履行职责，造成考场秩序混乱或者所负责考场出现雷同试卷的；

（七）未执行回避制度的；

（八）其他一般违纪违规行为。

第十四条 考试工作人员有下列情形之一的，由考试机构、考试主管部门或者建议有关部门将其调离考试工作岗位，不得再从事考试工作，并给予相应处分：

（一）因命（审）题（卷）发生错误，造成严重后果的；

（二）以不正当手段协助他人取得考试资格或者取得相应证书的；

（三）因失职造成应试人员未能如期参加考试，或者使考试工作遭受重大损失的；

（四）擅自将试卷、试题信息、答题纸、答题卡、草稿纸等带出考场或者传给他人的；

（五）故意损坏试卷、试题载体、答题纸、答题卡的；

（六）窃取、擅自更改、编造或者虚报考试数据、信息的；

（七）泄露考务实施工作中应当保密信息的；

（八）在评阅卷工作中，擅自更改评分标准或者不按评分标准进行评卷的；

（九）因评卷工作失职，造成卷面成绩错误，后果严重的；

（十）指使或者纵容他人作弊，或者参与考场内外串通作弊的；

（十一）监管不严，使考场出现大面积作弊现象的；

（十二）擅自拆启未开考试卷、试题载体、答题纸等或者考试后已密封的试卷、试题载体、答题纸、答题卡等的；

（十三）利用考试工作之便，以权谋私或者打击报复应试人员的；

（十四）其他严重违纪违规行为。

第十五条 考试工作人员违反《中华人民共和国保守国家秘密法》及有关规定，造成在保密期限内的考试试题、试卷及相关材料内容泄露、丢失的，由相关部门视情节轻重，分别给予责任人和有关负责人处分；构成犯罪的，依法追究刑事责任。

第四章 处理程序

第十六条 对应试人员违纪违规行为被当场发现的，考试工作人员应当予以制止。对于被认定为违纪违规的，要收集、保存相应证据材料，如实记录违纪违规事实和现场处理情况，当场告知其记录内容，并要求本人签字；对于拒绝签字或者恶意损坏证据材料的，由两名考试工作人员如实记录其拒签或者恶意损坏证据材料的情况。违纪违规记录经考点负责人签字认定后，报送考试机构或者考试主管部门。

第十七条 对应试人员违纪违规行为作出处理决定前，应当告知应试人员拟作出的处理决定及相关事实、理由和依据，并告知应试人员依法享有陈述和申辩的权利。作出处理决定的考试机构或者考试主管部门对应试人员提出的事实、理由和证据，应当进行复核。

对应试人员违纪违规行为作出处理决定的，由考试机构或者考试主管部门制作考试违纪违规行为处理决定书，依法送达被处理的应试人员。

第十八条 被处理的应试人员对处理决定不服的，可以依法申请行政复议或者提起行政诉讼。

第十九条 考试工作人员因违纪违规行为受到处分不服的，可以依法申请复核或者提出申诉。

第五章 附则

第二十条 本规定自2017年4月1日起施行。人力资源社会保障部2011年3月15日发布的《专业技术人员资格考试违纪违规行为处理规定》（人力资源和社会保障部令第12号）同时废止。

本规定施行前发生的违纪违规行为，在本规定施行后尚未作出处理决定的，按照本规定处理；在本规定施行前发生的行为按本规定属于违纪违规行为，但按原规定不属于违纪违规行为的，不得作为违纪违规行为处理。

公务员考试录用违纪违规行为处理办法

（2016年5月27日人力资源社会保障部第99次部务会议审议通过　2016年8月19日中华人民共和国人力资源和社会保障部令第30号公布　自2016年10月1日起施行）

第一条　为规范公务员考试录用违纪违规行为的认定与处理，严肃考试纪律，确保考试录用工作公平、公正，根据《中华人民共和国公务员法》等有关规定，制定本办法。

第二条　报考者和工作人员在公务员考试录用中违纪违规行为的认定与处理，适用本办法。

第三条　认定与处理违纪违规行为，应当事实清楚、证据确凿、程序规范、适用规定准确。

第四条　公务员主管部门、招录机关和考试机构及其他相关机构按照公务员考试录用法律法规等规定的职责权限，对报考者和工作人员违纪违规行为进行认定与处理。

第五条　报考者提供的涉及报考资格的申请材料或者信息不实的，由负责资格审查工作的招录机关或者公务员主管部门给予其取消本次报考资格的处理。

报考者有恶意注册报名信息，扰乱报名秩序或者伪造学历证明及其他有关材料骗取考试资格等严重违纪违规行为的，由中央一级招录机关或者设区的市级以上公务员主管部门给予其取消本次报考资格的处理，并记入公务员考试录用诚信档案库，记录期限为五年。

第六条　报考者在考试过程中有下列违纪违规行为之一的，由具体组织实施考试的考试机构、招录机关或者公务员主管部门给予其当次该科目（场次）考试成绩无效的处理：

（一）将规定以外的物品带入考场且未按要求放在指定位置，经提醒仍不改正的；

（二）未在指定座位参加考试，或者未经工作人员允许擅自离开座位或者考场，经提醒仍不改正的；

（三）经提醒仍不按规定填写（填涂）本人信息的；

（四）将试卷、答题纸、答题卡带出考场，或者故意损毁试卷、答题纸、答题卡的；

（五）在试卷、答题纸、答题卡规定以外位置标注本人信息或者其他特殊标记的；

（六）在考试开始信号发出前答题的，或者在考试结束信号发出后继续答题的；

（七）其他应给予当次该科目（场次）考试成绩无效处理的违纪违规行为。

第七条　报考者在考试过程中有下列严重违纪违规行为之一的，给予其取消本次考试资格的处理，并记入公务员考试录用诚信档案库，记录期限为五年：

（一）抄袭、协助抄袭的；

（二）持伪造证件参加考试的；

（三）使用禁止自带的通信设备或者具有计算、存储功能电子设备的；

（四）其他应给予取消本次考试资格处理的严重违纪违规行为。

报考中央机关及其直属机构公务员的，由中央公务员主管部门或者中央一级招录机关作出处理。报考地方各级机关公务员的，由省级公务员主管部门或者设区的市级公务员主管部门作出处理。

第八条 报考者在考试过程中有下列特别严重违纪违规行为之一的,由中央公务员主管部门或者省级公务员主管部门给予其取消本次考试资格的处理,并记入公务员考试录用诚信档案库,长期记录:

(一)串通作弊或者参与有组织作弊的;

(二)代替他人或者让他人代替自己参加考试的;

(三)其他情节特别严重、影响恶劣的违纪违规行为。

第九条 在阅卷过程中发现报考者之间同一科目作答内容雷同,并经阅卷专家组确认的,由具体组织实施考试的考试机构给予其该科目(场次)考试成绩无效的处理。省级以上考试机构确定作答内容雷同的具体方法和标准。

报考者之间同一科目作答内容雷同,并有其他相关证据证明其作弊行为成立的,视具体情形按照本办法第七条、第八条的规定处理。

第十条 报考者在体检过程中隐瞒影响录用的疾病或者病史的,由招录机关或者公务员主管部门给予其不予录用的处理。有串通工作人员作弊或者请他人顶替体检以及交换、替换化验样本等严重违纪违规行为的,由招录机关或者公务员主管部门给予其不予录用的处理,并由中央一级招录机关或者设区的市级以上公务员主管部门记入公务员考试录用诚信档案库,记录期限为五年。

第十一条 报考者在考察过程中有弄虚作假、隐瞒事实真相或者其他妨碍考察工作正常进行行为的,由负责组织考察的招录机关或者公务员主管部门给予其不予录用的处理。情节严重、影响恶劣的严重违纪违规行为,由中央一级招录机关或者设区的市级以上公务员主管部门记入公务员考试录用诚信档案库,记录期限为五年。

第十二条 报考者的违纪违规行为被当场发现的,工作人员应当予以制止或者终止其继续参加考试,并收集、保存相应证据材料,如实记录违纪违规事实和现场处理情况,由两名以上工作人员签字,报送负责组织考试录用的部门。

第十三条 对报考者违纪违规行为作出处理决定前,应当告知报考者拟作出的处理决定及相关事实、理由和依据,并告知报考者依法享有陈述和申辩的权利。作出处理决定的公务员主管部门、招录机关或者考试机构对报考者提出的事实、理由和证据,应当进行复核。

第十四条 对报考者违纪违规行为作出处理决定的,应当制作公务员考试录用违纪违规行为处理决定书,依法送达报考者。

第十五条 试用期间查明报考者有本办法所列违纪违规行为的,由中央一级招录机关或者设区的市级以上公务员主管部门取消录用并按照本办法的有关规定给予其相应的处理。

任职定级后查明有本办法所列违纪违规行为的,给予其辞退处理或者开除处分。

第十六条 报考者应当自觉维护考试录用工作秩序,服从工作人员管理,有下列行为之一的,责令离开考场;情节严重的,按照本办法第七条、第八条的规定处理;违反《中华人民共和国治安管理处罚法》的,交由公安机关依法处理;构成犯罪的,依法追究刑事责任:

(一)故意扰乱考点、考场等考试录用工作场所秩序的;

(二)拒绝、妨碍工作人员履行管理职责的;

(三)威胁、侮辱、诽谤、诬陷工作人员或者其他报考者的;

(四)其他扰乱考试录用管理秩序的行为。

第十七条 录用工作人员违反有关法律法规,或者有《公务员录用规定(试行)》第三十三条、第三十四条规定情形的,按照有关规定给予处分。其中,公务员组织、策划有组织作弊或者在有组织作弊中起主要作用的,给予开除处分。构成犯罪的,依法追究刑事责任。

第十八条 报考者对违纪违规行为处理决定不服的,可以依法申请行政复议或者提起行政诉讼。

录用工作人员因违纪违规行为受到处分不服的,可以依法申请复核或者提出申诉。

第十九条 参照公务员法管理的机关（单位）工作人员录用中违纪违规行为的认定与处理适用本办法。

第二十条 公务员考试录用诚信档案库的管理办法由中央公务员主管部门制定。

第二十一条 本办法自2016年10月1日起施行。2009年11月9日人力资源社会保障部公布的《公务员录用考试违纪违规行为处理办法（试行）》（人力资源和社会保障部令第4号）同时废止。

附件：公务员考试录用违纪违规行为处理决定书（样式）

公务员考试录用违纪违规行为处理决定书

（样式）

编号：＿＿＿＿＿＿

＿＿＿＿＿＿考生（身份证号＿＿＿＿＿＿＿＿＿＿＿＿）：
你在参加＿＿＿＿＿＿＿＿＿＿＿公务员考试录用中，在＿＿＿＿＿＿＿＿＿环节有＿＿＿＿＿＿＿＿＿＿＿＿＿＿违纪违规情形。根据《公务员考试录用违纪违规行为处理办法》第＿＿＿＿条第＿＿＿＿款第＿＿＿＿项的规定，给予＿＿＿＿＿＿处理。

如对处理决定不服，可自收到本处理决定书之日起60日内依法申请行政复议，或者自收到本处理决定书之日起六个月内依法提起行政诉讼。

（作出处理决定单位盖章）
＿＿＿年＿月＿日

公务员录用违规违纪行为处理办法

（2009年11月9日中共中央组织部、人力资源社会保障部制定 2016年9月6日中共中央组织部、人力资源社会保障部、国家公务员局修订 2021年8月25日中共中央组织部部务会会议修订 2021年9月18日中共中央组织部、人力资源社会保障部发布）

第一章 总则

第一条 为规范公务员录用违规违纪行为的认定与处理，维护公务员录用工作的公平公正，严把公务员队伍入口关，根据《中华人民共和国公务员法》和《公务员录用规定》等有关法律法规，制定本办法。

第二条 本办法适用于公务员录用中报考者和工作人员违规违纪行为的认定与处理。

第三条 公务员录用违规违纪行为的认定与处理，应当事实清楚、证据确凿、程序规范、适用规定准确。

第四条 公务员主管部门、招录机关和考试机构以及其他相关单位按照规定的职责权限，对违规违纪行为进行认定与处理。

第二章 报考者违规违纪行为处理

第五条 报考者提交的涉及报考资格的申请材料或者信息不实的，负责资格审查工作的招录机关或者公务员主管部门应当认定其报名无效，终止其录用程序；有恶意注册报名信息，扰乱报名秩序或者伪造、变造有关材料骗取报考资格等行为的，由设区的市级以上公务员主管部门给予其取消本次报考资格并五年内限制报考公务员的处理。

第六条 报考者在考试过程中有下列行为之一的，由具体组织实施考试的考试机构、招录机关或者公务员主管部门给予其所涉科目（场次）考试成绩为零分的处理：

（一）将规定以外的物品带入考场，经提醒仍未按要求放在指定位置的；

（二）参加考试时未按规定时间入场、离场的；

（三）未在指定座位参加考试，或者擅自离开座位、出入考场的；

（四）未按规定填写（填涂）、录入本人或者考试相关信息，以及在规定以外的位置标注本人信息或者其他特殊标记的；

（五）故意损坏本人试卷、答题卡（答题纸）等考场配发材料或者本人使用的考试机等设施设备的；

（六）在考试开始信号发出前答题的，或者在考试结束信号发出后继续答题的；

（七）其他情节较轻的违规违纪行为。

第七条 报考者在考试过程中有下列行为之一的，由设区的市级以上公务员主管部门给予其取消本次考试资格并五年内限制报考公务员的处理：

（一）抄袭他人答题信息或者协助他人抄袭答题信息的；

（二）查看、偷听违规带入考场与考试有关的文字、视听资料的；

（三）使用禁止携带的通讯设备或者具有计算、存储功能电子设备的；

（四）携带具有避开或者突破考场防范作弊的安全管理措施，获取、记录、传递、接收、存储考试试题、答案等功能的程序、工具，以及专门用于作弊的程序、工具（以下简称作弊器材）的；

（五）抢夺、故意损坏他人试卷、答题卡（答题纸）、草稿纸等考场配发材料或者他人使用的考试机等设施设备的；

（六）违反规定将试卷、答题卡（答题纸）等考场配发材料带出考场的；

（七）其他情节严重、影响恶劣的违规违纪行为。

第八条 报考者在考试过程中有下列行为之一的，由省级以上公务员主管部门给予其取消本次考试资格并终身限制报考公务员的处理：

（一）使用伪造、变造或者盗用他人的居民身份证、准考证以及其他证明材料参加考试的；

（二）3人以上串通作弊或者参与有组织作弊的；

（三）代替他人或者让他人代替自己参加考试的；

（四）使用本办法第七条第四项所列作弊器材的；

（五）非法侵入考试信息系统或者非法获取、删除、修改、增加系统数据的；

（六）其他情节特别严重、影响特别恶劣的违规违纪行为。

第九条 在阅卷过程中发现报考者之间同一科目作答内容雷同，并经阅卷专家组确认的，由具体组织实施考试的考试机构给予其该科目（场次）考试成绩为零分的处理，录用程序终止。作答内容雷同的认定方法和标准由省级以上考试机构确定。

报考者之间同一科目作答内容雷同，并有其他相关证据证明其作弊行为成立的，视具体情形按照本办法第七条、第八条的规定处理。

第十条 报考者有隐瞒影响录用的疾病或者病史以及其他妨碍体检工作正常进行的行为，情节较轻的，负责组织体检的招录机关或者公务员主管部门应当终止其录用程序；有交换、替换检验样本等情节严重、影响恶劣行为的，由设区的市级以上公务员主管部门给予其取消本次考试资格并五年内限制报考公务员的处理；有串通作弊、让他人顶替体检等情节特别严重、影响特别恶劣行为的，由省级以上公务员主管部门给予其取消本次考试资格并终身限制报考公务员的处理。

第十一条 报考者在考察、体能测评、心理素质测评等环节有弄虚作假、隐瞒事实真相以及其他妨碍相关工作正常进行的行为，情节较轻的，负责组织实施的招录机关或者公务员主管部门应当终止其录用程序；情节严重、影响恶劣的，由设区的市级以上公务员主管部门给予其取消本次考试资格并五年内限制报考公务员的处理；情节特别严重、影响特别恶劣的，由省级以上公务员主管部门给予其取消本次考试资格并终身限制报考公务员的处理。

第十二条 报考者应当自觉维护公务员录用工作秩序，有下列行为之一的，应当终止其录用程序；情节严重、影响恶劣的，由设区的市级以上公务员主管部门给予其取消本次考试资格并五年内限制报考公务员的处理；情节特别严重、影响特别恶劣的，由省级以上公务员主管部门给予其取消本次考试资格并终身限制报考公务员的处理：

（一）故意扰乱考点、考场等工作场所秩序的；
（二）拒绝、妨碍工作人员履行管理职责的；
（三）威胁、侮辱、诽谤、诬陷、殴打工作人员或者其他报考者的；
（四）通过搞利益输送或者利益交换，谋取考试资格、录用机会、经济利益以及其他不当利益的；
（五）购买本办法第七条第四项所列作弊器材的；
（六）其他扰乱公务员录用工作秩序的行为。

第十三条 报考者在公务员录用中有违规违纪行为，涉嫌违法犯罪的，移送有关国家机关依法处理。

报考者为国家公职人员的，应当将其违规违纪行为和处理结果通报所在单位。

第十四条 试用期间查明报考者有本办法所列违规违纪行为的，应当取消录用并按照本办法的有关规定给予其相应的处理。

任职定级后查明有本办法所列违规违纪行为的，按照有关规定给予其相应的处理。

第十五条 报考者有情节严重、影响恶劣或者情节特别严重、影响特别恶劣的违规违纪行为的，应当记入公务员录用诚信档案库，并按照有关规定进行信用信息共享等管理。

第三章 工作人员违规违纪行为处理

第十六条 有下列情形之一的，根据情节轻重，依规依纪依法追究负有责任的领导人员和直接责任人员责任；涉嫌违法犯罪的，移送有关国家机关依法处理：

（一）不按照规定的编制限额和职位要求进行录用的；
（二）不按照规定的任职资格条件和程序录用的；
（三）未经授权，擅自出台、变更录用政策，造成不良影响的；
（四）录用工作中徇私舞弊的；
（五）发生泄露试题、违反考场纪律以及其他影响公平、公正行为的。

第十七条 工作人员有下列情形之一的，根据情节轻重，依规依纪依法追究责任；涉嫌违法犯罪的，移送有关国家机关依法处理：

（一）泄露试题和其他录用秘密信息的；
（二）利用工作便利，伪造考试成绩或者其他录用工作有关资料的；
（三）利用工作便利，协助报考者作弊的；
（四）因工作失职，影响录用工作正常进行的；
（五）其他违反录用工作纪律的行为。

第四章 违规违纪行为处理程序

第十八条 报考者的违规违纪行为被当场发现的,工作人员应当予以制止,并收集、保存相应证据材料,如实记录违规违纪事实和现场处置情况,由2名以上工作人员签字,报送负责组织有关工作的公务员主管部门、招录机关或者考试机构。

第十九条 对报考者违规违纪行为作出处理决定前,应当告知报考者拟作出的处理决定以及相关事实、理由和依据,并告知报考者依法享有陈述和申辩的权利。作出处理决定的公务员主管部门、招录机关或者考试机构对报考者提出的事实、理由和证据,应当进行复核。

第二十条 对报考者违规违纪行为作出处理决定的,应当制作公务员录用违规违纪行为处理决定书,采取直接送达、委托送达、邮寄送达或者公告等方式送达。

对给予五年内限制报考公务员或者终身限制报考公务员处理的报考者,限制报考的日期自作出处理决定之日起计算。

第二十一条 报考者对违规违纪行为处理决定不服的,可以依法申请行政复议或者提起行政诉讼。

第二十二条 对工作人员违规违纪行为的处理,由相关单位按照职责权限和程序办理。

工作人员对违规违纪行为处理不服的,可以按照规定申请复核或者提出申诉等。

第五章 附则

第二十三条 报考者和工作人员以外的其他人员,有干扰公务员录用秩序等行为的,依据有关法律法规处理。

第二十四条 参照公务员法管理的机关(单位)中除工勤人员以外的工作人员录用中违规违纪行为的认定与处理,参照本办法执行。

第二十五条 本办法由中共中央组织部、人力资源社会保障部负责解释。

第二十六条 本办法自发布之日起施行。

附件:公务员录用违规违纪行为处理决定书(样式)

公务员录用违规违纪行为处理决定书
(样式)

编号:_____

_____考生(身份证号_____):

你在参加_____中,在_____环节有_____的违规违纪情形。根据《公务员录用违规违纪行为处理办法》第_____条第_____款第_____项的规定,给予处理。

如对处理决定不服,可自收到本处理决定书之日起60日内依法申请行政复议,或者自收到本处理决定书之日起6个月内依法提起行政诉讼。

(作出处理决定单位盖章)

____年__月__日

第二部分

重要法律法规解读

第一章 《劳动法》解读

制定《劳动法》的重要意义

（1）制定《劳动法》[①]是保护劳动者的合法权益的需要。近些年来，由于缺少比较完备的对劳动者合法权益加以保护的法律，在一些地方和企业，特别是在有些非公有制企业中，随意延长工时、克扣工资、拒绝提供必要的劳动保护，甚至侮辱和体罚工人的现象时有发生。

（2）制定《劳动法》是发展社会主义市场经济的需要。

（3）制定《劳动法》是贯彻《宪法》原则的需要。《宪法》是国家的根本法。我国1982年通过的《宪法》对劳动者的权利、义务以及对劳动者权益的保护都作出了原则性规定。比如，《宪法》第四十二条中规定："中华人民共和国公民有劳动的权利和义务。国家通过各种途径，创造劳动就业条件，加强劳动保护，改善劳动条件，并在发展生产的基础上，提高劳动报酬和福利待遇。……国家对就业前的公民进行必要的劳动就业训练。"第四十三条规定："中华人民共和国劳动者有休息的权利。国家发展劳动者休息和休养的设施，规定职工的工作时间和休假制度。"第四十四条规定："国家依照法律规定实行企业事业组织的职工和国家机关工作人员的退休制度。退休人员的生活受到国家和社会的保障。"第四十五条第一款规定："中华人民共和国公民在年老、疾病或者丧失劳动能力的情况下，有从国家和社会获得物质帮助的权利。国家发展为公民享受这些权利所需要的社会保险、社会救济和医疗卫生事业。"

（4）制定《劳动法》是统一我国劳动管理基本标准和规范的需要。

（5）制定《劳动法》是促进我国经济发展与国际惯例接轨的需要。

有关总则条款的解读

一、立法目的

本法第一条说明了《劳动法》的立法目的：为了保护劳动者的合法权益，调整劳动关系，建立和维护适应社会主义市场经济的劳动制度，促进经济发展和社会进步。

与本条相关联的法规有：《劳动合同法》第一条、《劳动部关于〈中华人民共和国劳动法〉若干条文的说明》第一条。

二、《劳动法》的调整范围

本法第二条确立了《劳动法》的适用范围。

[①] 注：为简化表述，本书中的法律法规名称使用简称，如《中华人民共和国劳动法》简称为《劳动法》。后文同此例，不再另行说明。

1. 《劳动法》调整两种劳动关系

《劳动法》调整的两种劳动关系是：

（1）企业、个体经济组织和劳动者形成的劳动关系。

（2）国家机关、事业组织、社会团体和劳动者之间通过建立劳动合同而形成的劳动关系。

2. 适用本条的注意事项

适用本条时有以下方面需要注意：

（1）只要劳动者和企业、个体经济组织之间存在事实上的劳动关系，不论是否订立了劳动合同，都可以适用本法。

（2）只有实行劳动合同制度的国家机关、事业组织、社会团体以及按照规定应当实行劳动合同制度的工勤人员和建立劳动合同关系的非工勤人员才适用本法。

（3）公务员和比照实行公务员制度的事业单位，如教师和社会团体的工作人员、农村劳动者、现役军人、家庭保姆和享有外交特权与豁免权的外国人，不适用本法。

3. 与本条有关联的法规

在应用本条时要注意与本条有关联的法规，具体包括：

（1）《劳动合同法》第二条、第九十六条。

（2）《劳动合同法实施条例》第三条。

（3）《劳动部关于〈中华人民共和国劳动法〉若干条文的说明》第二条。

（4）《劳动部关于贯彻执行〈中华人民共和国劳动法〉若干问题的意见》第一条至第五条。

（5）《最高人民法院关于审理劳动争议案件适用法律若干问题的解释》第五条。

三、劳动者的权利和义务

本法第三条对劳动者的权利和义务作出了规定。

1. 劳动者的权利

在劳动法律关系中，劳动者的权利主要包括：

（1）参加劳动。

（2）获取劳动报酬、休息。

（3）获得劳动安全卫生保护。

（4）享受社会保险、社会福利。

（5）接受职业培训。

（6）参加工会和职工民主管理。

（7）决定劳动法律关系的存续。

（8）保护合法权益不受侵犯等。

2. 劳动者的义务

劳动者的义务主要包括：

（1）承担劳动任务的义务。

（2）忠实的义务。

（3）因违反前两项义务所需承担的义务，如违纪处分、赔偿单位损失、违反劳动合同的违约责任等。

3.与劳动者的权利和义务相关的文件

劳动者的权利和义务散见在不同层次的规范性文件和合同文本中,其效力等级从高到低依次为:规范性文件→集体合同→内部劳动规则→劳动合同。

较高等级文件的内容可以成为较低等级文件的补充,即较高等级文件已有规定的,较低等级文件不必重复规定。较低等级文件不得与较高等级文件相抵触,但若不同等级文件就同一事项作出相异规定时,则以对劳动者更有利的那个等级文件为准,即"更有利原则"。

另外,与本条相关联的法规有《劳动部关于〈中华人民共和国劳动法〉若干条文的说明》第三条。

四、用人单位义务

本法第四条规定了用人单位的义务:应当依法建立和完善规章制度,保障劳动者享有劳动权利和履行劳动义务。

1.什么是规章制度

用人单位的规章制度是用人单位制定的组织劳动过程和进行劳动管理的规则和制度的总和。也称为内部劳动规则,是企业内部的"法律"。规章制度内容广泛,包括了用人单位经营管理的各个方面。

2.应制定哪些规章制度

根据1997年11月劳动部颁发的《劳动部关于对新开办用人单位实行劳动规章制度备案制度的通知》,规章制度主要包括:

（1）劳动合同管理。
（2）工资管理。
（3）社会保险福利待遇。
（4）工时休假。
（5）职工奖惩。
（6）其他劳动管理规定。

3.用人单位制定规章制度的要求

（1）用人单位制定规章制度,要严格执行国家法律、法规的规定,保障劳动者的劳动权利,督促劳动者履行劳动义务。

（2）制定规章制度应当体现权利与义务一致、奖励与惩罚结合,不得违反法律、法规的规定。否则,就会受到法律的制裁。《劳动合同法》第八十条规定:"用人单位直接涉及劳动者切身利益的规章制度违反法律、法规规定的,由劳动行政部门责令改正,给予警告;给劳动者造成损害的,应当承担赔偿责任。"

4.与本条有关的关联法规

在应用本条时,还要注意与本条相关联的法规,具体包括:

（1）《劳动合同法》第四条、第八条、第九条、第六十条、第六十二条。
（2）《劳动合同法实施条例》第十八条。
（3）《劳动部关于〈中华人民共和国劳动法〉若干条文的说明》第四条。
（4）《最高人民法院关于审理劳动争议案件适用法律若干问题的解释》第十九条。

五、国家措施

本法第五条就是为了促进劳动就业应采取的一些国家相应措施。

1. 应采取的国家措施

本条规定，国家应采取各种措施如发展职业教育，来促进劳动就业，同时要制定劳动标准，调节社会收入，完善社会保险，协调劳动关系，逐步提高劳动者的生活水平。

（1）发展职业教育。职业教育是指国家和用人单位为提高劳动者的就业能力和职业技能而采取的训练与教育措施，大多采取职业培训的方式。这方面比较重要的法律法规有《中华人民共和国职业教育法》等。

（2）制定劳动标准。劳动标准是指对劳动领域内的重复性事物、概念和行为进行规范，以定性形式（如文字描述）或者以定量形式（如数据、图表）所作出的统一规定。

劳动标准涉及工作时间、劳动报酬、劳动合同、集体合同、集体谈判、劳动安全卫生、劳动争议处理、劳动效率、女工和未成年工保护等许多方面。

（3）调节社会收入。调节社会收入是指国家通过宏观调控手段调节全社会收入总量以及不同地区、不同社会阶层之间的收入关系，从而使全社会个人收入总量在国民收入中保持合理的比重。

国家采取的主要措施是通过税收对全社会的工资总额进行调控，将得到的税金用于国家重点建设项目和社会公益事业的投资，为形成社会的基本公平创造条件，提高劳动者的生活水平。

（4）完善社会保险。我国已经建立社会保险制度——《社会保险法》，并先后颁布了关于养老、失业、医疗、工伤、生育等项保险标准，其水平也随着经济发展逐步提高。

（5）协调劳动关系，逐步提高劳动者的生活水平。

2. 与本条有关的关联法规

与本条有关的关联法规有《劳动合同法》第四条、《劳动合同法实施条例》第二条、《劳动部关于〈中华人民共和国劳动法〉若干条文的说明》第五条，在运用时要留意。

六、国家倡导和鼓励

本法第六条是有关国家倡导和鼓励方面的规定：国家提倡劳动者参加社会义务劳动，开展劳动竞赛和合理化建议活动，鼓励和保护劳动者进行科学研究、技术革新和发明创造，表彰和奖励劳动模范和先进工作者。

与本条相关联的法规有《劳动合同法》第四条、《劳动合同法实施条例》第二条、《劳动部关于〈中华人民共和国劳动法〉若干条文的说明》第五条。

七、参加和组织工会

本法第七条是关于劳动者参加和组织工会的规定。

1. 工会的适用范围

本条规定中所指的工会只能存在于中国境内的企业、事业单位、机关中。这里所讲的中国境内，不包括我国台湾地区、香港特别行政区和澳门特别行政区。上述三类地区的公民及外国人、无国籍人在中国境内长期居住，并在企业、事业单位、机关中长期任职且以工资收入为主要生活来源的，根据国民待遇原则，应允许这部分人加入中国工会。

2. 工会的主要职责

（1）对涉及职工切身利益的法律、法规、政策、措施的起草和修改提出意见。
（2）参加用人单位有关工资、福利、劳动安全卫生、社会保险等涉及职工利益的会议。
（3）代表职工与用人单位协商、交涉。

3. 劳动者参加工会的权利

按照《劳动法》和《工会法》的规定，劳动者参加和组织工会的权利是平等的，但必须符合法律规定的身份，即"以工资收入为主要生活来源的体力劳动者和脑力劳动者"。对于股票或其他投资收益超过其工资收入的职工，仍可以单位职工身份申请加入基层工会。

在运用本条时要注意与之有关联的法规，如《劳动合同法》第六条、第六十四条，《劳动部关于〈中华人民共和国劳动法〉若干条文的说明》第七条。

八、参与民主管理或协商

本法第八条是关于劳动者参与民主管理或协商的规定：劳动者依照法律规定，通过职工大会、职工代表大会或者其他形式，参与民主管理或者就保护劳动者合法权益与用人单位进行平等协商。

对本条充分的理解要参考相关联的法规，如《劳动合同法》第五条、《劳动部关于〈中华人民共和国劳动法〉若干条文的说明》第八条。

九、劳动工作管理部门

本法第九条规定了劳动工作的管理部门及职责。
（1）国务院劳动行政部门：主管全国劳动工作。
（2）县级以上地方人民政府劳动行政部门：主管本行政区域内的劳动工作。

与本条有关联的法规有《劳动合同法》第五条、《劳动部关于〈中华人民共和国劳动法〉若干条文的说明》第九条。

有关促进就业条款的解读

一、国家扶持就业

本法第十条对国家扶持就业作出了规定。
（1）国家通过促进经济和社会发展，创造就业条件，扩大就业机会。
（2）国家鼓励企业、事业组织、社会团体在法律、行政法规规定的范围内兴办产业或者拓展经营，增加就业。
（3）国家支持劳动者自愿组织起来就业和从事个体经营实现就业。

与本条有关联的法规包括《就业促进法》，《劳动合同法》第六十六、第六十七条，《劳动部关于〈中华人民共和国劳动法〉若干条文的说明》第十条。

二、发展职业介绍机构

本法第十一条就发展多种类型的职业介绍机构，提供就业服务。

1. 职业介绍机构的类型

职业介绍机构分为非营利性职业介绍机构和营利性职业介绍机构。其中，非营利性职业介绍机构包括公共职业介绍机构和其他非营利性职业介绍机构。

（1）公共职业介绍机构是指各级劳动保障行政部门举办，承担公共就业服务职能的公益性服务机构。公共职业介绍机构使用全国统一标识。

（2）其他非营利性职业介绍机构是指由劳动保障行政部门以外的其他政府部门、企事业单位、社会团体和其他社会力量举办，从事非营利性职业介绍活动的服务机构。

（3）营利性职业介绍机构是指由法人、其他组织和公民个人举办，从事营利性职业介绍活动的服务机构。

2. 公共职业介绍机构免费提供哪些服务

公共职业介绍机构应当免费提供以下服务：

（1）向求职者和用人单位提供劳动保障政策法规咨询服务。

（2）向失业人员和特殊服务对象提供职业指导和职业介绍。

（3）推荐需要培训的失业人员和特殊服务对象参加免费或部分免费的培训。

（4）在服务场所公开发布当地岗位空缺信息、职业供求分析信息、劳动力市场工资指导价位信息和职业培训信息。

（5）办理失业登记，就业登记，录用和终止、解除劳动关系备案等项事务。

（6）劳动保障行政部门指定的其他有关服务。

另外，《劳动部关于〈中华人民共和国劳动法〉若干条文的说明》第十一条也对此有规定。

三、平等就业

平等就业是指劳动者享有平等的就业权利和就业机会。即：一是劳动者享有平等的就业权利；二是劳动者享有平等的就业机会。本法第十二条就平等就业作出了规定：劳动者就业，不因民族、种族、性别、宗教信仰不同而受歧视。

四、男女平等就业

本法第十三条对男女平等就业问题作出了规定。

本条所规定的妇女在就业方面享有与男子同等的权利，是有前提条件的，即在照顾到妇女生理特点的基础上，确保妇女的平等就业权利得到实现。

依据本条的规定，用人单位在录用职工时，除国家规定的不适合妇女的工种或者岗位外，不得以性别为由拒绝录用妇女或者提高对妇女的录用标准。

1. 不适合妇女的工种或者工作岗位

不适合妇女的工种或者工作岗位，主要是指《女职工劳动特别保护规定》中附件规定。

2. 不得以性别为由拒绝录用

用人单位在其他工种和岗位的招工中，不得以性别为由拒绝录用妇女，也不得提高对妇女的录用标准和条件。否则，将构成对妇女的歧视，依法应当承担相应的法律责任。

五、特殊人员的就业

本法第十四条对一些特殊人员如残疾人、少数民族人员、退出现役的军人的就业作出了规定。

1. 残疾人

国家对残疾人就业的特殊规定主要体现在残疾人保障法，具体内容包括：

（1）国家和社会举办残疾人福利企业、工疗机构、按摩医疗机构和其他福利性企业事业组织，集中安排残疾人就业。

（2）机关、团体、企业事业组织、城乡集体经济组织，应当按一定比例安排残疾人就业，并为其选择适当的工种和岗位。政府有关部门鼓励、帮助残疾人自愿组织起来从业或者个体开业。

（3）政府有关部门下达职工招用、聘用指标时，应当确定一定数额用于残疾人。在职工的招用、聘用、转正、晋级、职称评定、劳动报酬、生活福利、劳动保险等方面，不得歧视残疾人。残疾职工所在单位，应当为残疾职工提供适应其特点的劳动条件和劳动保护。

2. 少数民族人员

对少数民族人员就业的特殊规定主要体现在民族区域自治法中，该法规定：

（1）民族自治地方的企业、事业单位在招收人员的时候，要优先招收少数民族人员，并且可以从农村和牧区少数民族人口中招收。

（2）上级国家机关隶属的在民族自治地方的企业事业单位，在招收人员的时候，应当优先招收当地少数民族人员。

3. 退役军人

退役军人就业的特殊规定体现在《兵役法》《退伍义务兵安置条例》以及《军人抚恤优待条例》中。按照《兵役法》的规定，义务兵退出现役后，按照"从哪里来、回哪里去"的原则，由原征集的县、自治县、市、市辖区的人民政府接收安置：

（1）家居农村的义务兵退出现役后，由乡、民族乡、镇的人民政府妥善安排他们的生产和生活。机关、团体、企业事业单位在农村招收员工时，在同等条件下，应当优先录用退伍军人。

（2）家居城镇的义务兵退出现役后，由县、自治县、市、市辖区的人民政府安排工作，也可以由上一级或者省、自治区、直辖市的人民政府在本地区内统筹安排。入伍前是机关、团体、企业事业单位职工的，允许复工、复职。

六、禁招未成年人和特殊行业用人相关规定

本法第十五条对于禁招未成年人和特殊行业的用人作出了规定。

按照2002年10月1日国务院重新颁布的《禁止使用童工规定》，国家机关、社会团体、企业事业单位、民办非企业单位或者个体工商户均不得招用不满16周岁的未成年人，禁止任何单位或者个人为不满16周岁未成年人介绍就业，禁止不满16周岁的未成年人开业从事个体经营活动。

适用本条第二款的例外规定时应注意，文艺、体育和特种工艺单位在招用未满16周岁的未成年人时，应当依照国家有关规定，履行审批手续，并保障其接受义务教育的权利。这里的有关规定主要指《禁止使用童工规定》和《未成年人保护法》。

有关劳动合同和集体合同条款的解读

一、劳动合同

本法第十六条是关于签订劳动合同、建立劳动关系的规定。

1. 受《劳动法》调整的劳动关系

用人单位招用劳动者但未签订书面劳动合同，若同时具备以下情形，则应认定双方劳动关系成立，受《劳动法》调整：

（1）用人单位和劳动者符合法律法规规定的主体资格。

（2）用人单位依法制定了劳动规章制度，劳动者受用人单位的管理，从事用人单位安排的有报酬的劳动。

（3）劳动者提供的劳动是用人单位业务的一部分。

2. 如何确定事实劳动关系

对事实劳动关系的确定可参考以下凭证：

（1）工资支付凭证（工资发放花名册）、社会保险费缴纳记录。

（2）用人单位发放的工作证、服务证等劳动者身份证明。

（3）劳动者应聘时填写的登记表、报名表等招用记录。

（4）考勤记录。

（5）其他劳动者证言等。上述第（1）（3）（4）项由用人单位负责举证。

二、劳动合同的订立和变更及其效力

本法第十七条就劳动合同的订立和变更及其效力作出了规定。

本条所指的"法律、行政法规"，既包括现行的法律、行政法规，也包括以后颁布实施的法律、行政法规；既包括劳动法律、法规，也包括民事、经济方面的法律、法规。劳动合同的订立不得违反法律、行政法规的规定，主要是指订立劳动合同的主体和劳动合同的内容都必须合法。

依法订立的劳动合同，如果在订立时某一条款依据的法律、法规在此后国家新颁布的法律、法规中作了修改，导致该部分内容与新出台的新法律、法规不一致时，该条款的内容并不违法，但是，要根据新的法律、法规作出相应的变更。

与此条款相关联的法规有《劳动合同法》第三条、第二十九条、第三十三条至第三十五条，《劳动部关于〈中华人民共和国劳动法〉若干条文的说明》第十七条，《劳动部关于贯彻执行〈中华人民共和国劳动法〉若干问题的意见》第六条至第五十条，可以参考。

三、无效劳动合同

本法第十八条对无效劳动合同作出了规定。

1. 哪些情形下属于无效劳动合同

本条中因违反法律、行政法规而导致劳动合同无效的情形，包括：

（1）劳动合同的主体不符合法律、法规的规定，如用人单位不具有法人资格或劳动者不满16周岁等。

（2）劳动合同内容违反法律、法规的规定，如工作时间超过国家规定，劳动报酬低于当地最低工资标准等。

除了本条规定中提到的欺诈、威胁之外，采取其他如恐吓、威逼等手段，使另一方当事人违背真实意思而签订的劳动合同也是无效合同。

依据本条第二款，对合同条款进行修改删除时需掌握一项基本原则：劳动合同的必备条款无效的，必须依法进行修改，不得删除；如果是次要条款，可以修改，也可以在双方当事人协商一致的情况下，对之进行删除。

2. 劳动合同无效的认定机构

与我国的劳动争议处理体制类似，劳动合同的无效，经劳动争议仲裁委员会仲裁裁决而未提起诉讼的，由劳动争议仲裁委员会认定；如果经劳动争议仲裁委员会仲裁后，当事人不服又提起诉讼的，由人民法院认定。即劳动争议仲裁委员会的裁决是当事人提起诉讼的前置程序。

四、劳动合同形式和条款

本法第十九条对劳动合同的形式和条款进行了规定。

1. 劳动合同的形式

劳动合同必须以书面形式签订。

2. 劳动合同的条款

劳动合同一般同时具备必备条款和约定条款。

（1）劳动合同的必备条款。

本条中所列举的七项是劳动合同的必备条款：

① 劳动合同期限。
② 工作内容。
③ 劳动保护和劳动条件。
④ 劳动报酬。
⑤ 劳动纪律。
⑥ 劳动合同终止的条件。
⑦ 违反劳动合同的责任。

其中的劳动报酬不仅仅是指工资，还应当包括奖金和津贴等。双方签订的劳动合同的条款，必须遵守法律、法规的规定，如劳动报酬不得低于当地规定的最低工资标准，必须以货币形式定期支付。劳动者依法享有的医疗、工伤、生育等保险待遇，也应当在劳动合同中的劳动报酬部分作出明确具体的规定。

（2）当事人可以协商约定的其他内容。

当事人双方可以通过协商约定条款的其他内容包括：劳动者的工作时间和休息、休假情况，劳动者除工资之外的其他劳动报酬，劳动合同解除后的处理措施，劳动合同发生纠纷的处理，社会保险待遇的规定及保守商业秘密等。

五、劳动合同的种类和期限

本法第二十条对劳动合同的种类和期限作出了规定。

1.劳动合同的期限分类

劳动合同的期限分为有固定期限、无固定期限和以完成一定的工作为期限。

劳动合同的期限分类

序号	分类	说明
1	有固定期限的劳动合同	指当事人双方约定的合同生效期间有一个时间段，在这个时间段内，劳动合同的条款具有法律约束力，超出这个时间段，劳动合同效力终止。有固定期限的劳动合同是劳动关系当事人订立劳动合同的主要方式
2	无固定期限的劳动合同	指不约定终止日期的劳动合同。用人单位和劳动者只要达成一致，无论初次就业的，还是由固定工转制的，都可以签订无固定期限的劳动合同，其效力可以一直延续到劳动者退休或者因意外事故丧失劳动能力时为止。需要注意的是，无固定期限的合同不得将劳动合同的法定解除条件约定为终止条件，以规避解除劳动合同时用人单位应当承担的支付给劳动者经济补偿的义务
3	以完成一定工作为期限的劳动合同	指当事人双方就完成某项工作达成协议，一旦这项工作完成，劳动合同即自行失效。这种合同一般都是短期合同

2.无固定期限的劳动合同订立的条件

本条第二款规定的"十年以上"是指劳动者与同一用人单位签订的劳动合同的期限不间断达到10年。

（1）在两个或者三个用人单位工作满10年以上，劳动者无权要求订立无固定期限的劳动合同。

（2）劳动者患病或非因工负伤，依法享有医疗期，计算"在同一用人单位连续工作"时间时，应把劳动者依法享有的医疗期时间计算在内。

在同时满足本条第二款所规定的两个条件的情况下，只要劳动者提出签订无固定期限劳动合同的，用人单位应当与其签订无固定期限的劳动合同。

与本条相关联的法规有《劳动合同法》第十二条至十五条、第五十八条，《劳动合同法实施条例》第九条至第十一条，《劳动部关于〈中华人民共和国劳动法〉若干条文的说明》第二十条，《劳动部关于贯彻执行〈中华人民共和国劳动法〉若干问题的意见》第二十条至二十二条，《最高人民法院关于审理劳动争议案件适用法律若干问题的解释（一）》第十六条。

六、试用期约定

本法第二十一条是对试用期约定作出规定。

1. 适用范围

本条中规定的试用期适用于初次就业和再次就业时改变劳动岗位或工种的劳动者。

2. 试用期期限

本条规定的6个月是试用期的上限，即不论什么工作岗位的试用期都不得超过6个月。不同行业、工种可以根据自身工作性质在此范围内对试用期作具体规定。根据《劳动部关于实行劳动合同制度若干问题的通知》的规定：

（1）劳动合同期限在6个月以下的，试用期不得超过15日。

（2）劳动合同期限在6个月以上1年以下的，试用期不得超过30日。

（3）劳动合同期限在1年以上2年以下的，试用期不得超过60日。

根据《劳动合同法》的规定：

（1）劳动合同期限3个月以上不满1年的，试用期不得超过1个月。

（2）劳动合同期限1年以上不满3年的，试用期不得超过2个月。

（3）3年以上固定期限和无固定期限的劳动合同，试用期不得超过6个月。

3. 对试用期的规定

（1）试用期应包括在劳动合同期限内。

（2）用人单位对工作岗位没有发生变化的同一劳动者只能使用一次试用期。

（3）试用期结束后，对符合要求、适应生产经营需要的，应当转为正式职工，享受正式职工的待遇；对试用期内不符合录用条件的劳动者，企业可以解除劳动合同；若超过试用期，则企业不能以试用期内不符合录用条件为由解除劳动合同。

4. 与本条有关联的法规

与本条有关联的法规有如下几种，在约定试用期的时候要注意：

（1）《劳动合同法》第十九条至第二十一条、第七十条、第八十三条。

（2）《劳动合同法实施条例》第十五条。

（3）《劳动部关于〈中华人民共和国劳动法〉若干条文的说明》第二十一条。

（4）《劳动部关于贯彻执行〈中华人民共和国劳动法〉若干问题的意见》第十八条、第十九条。

七、保守商业秘密事项约定

本法第二十二条是对保守商业秘密事项约定的规定。

1. 什么是商业秘密

商业秘密：指不为公众所知悉、能为用人单位带来经济利益、具有实用性并经用人单位采取保密措施的技术信息和经营信息。如设计、程序、产品配方、制作工艺、制作方法、管理诀窍、客户名单、货源情报、产销策略、招投标中的标底及标书内容等信息。

2. 如何约定

用人单位与掌握商业秘密的职工在劳动合同中约定保守商业秘密有关事项时，可以：

（1）约定在劳动合同终止前或该职工提出解除劳动合同后的一定时间内（不超过6个月），调整其工作岗位，变更劳动合同中相关内容。

（2）规定掌握商业秘密的职工在终止或解除劳动合同后的一定期限内（不超过3年），不得到生产同类产品或经营同类业务且有竞争关系的其他用人单位任职，也不得自己生产与原单位有竞争关系的同类产品或经营同类业务，但用人单位应当给予该职工一定数额的经济补偿。

3．与本条有关联的法规

与本条有关联的法规有：

（1）《劳动合同法》第二十三条至第二十五条。

（2）《劳动部关于〈中华人民共和国劳动法〉若干条文的说明》第二十二条。

（3）《违反〈劳动法〉有关劳动合同规定的赔偿办法》第五条、第六条。

八、合同终止的情形

本法第二十三条就合同终止的情形作出了规定。

1．合同终止的规定

（1）一般情况下，劳动合同应当规定生效时间和终止时间。没有规定生效时间的，当事人签字之日即视为该合同生效时间。

（2）劳动合同的终止时间则应当以劳动合同期限最后一日的24时为准。

（3）对于劳动合同的终止条件，实践中既可以采取列举的方式对具体情形作出规定，如用人单位或劳动者一方或双方丧失主体资格，合同履行中遇到不可抗力等；也可以对终止条件作出原则性规定，如劳动合同可以因法律规定的不可抗力和意外事件的出现而终止的原则条款。

2．与本条相关联的法规

与本条相关联的法规有：

（1）《劳动合同法》第四十二条、第四十四条、第四十五条、第七十一条。

（2）《劳动合同法实施条例》第十八条、第十九条、第二十一条。

（3）《最高人民法院关于审理劳动争议案件适用法律若干问题的解释（一）》第十六条。

九、约定合同解除

本法第二十四条对约定合同的解除作出了规定：经劳动合同当事人协商一致，劳动合同可以解除。

与本条有关联的法规有《劳动合同法》第三十六条、第三十七条、第五十条，《劳动部关于贯彻执行〈中华人民共和国劳动法〉若干问题的意见》第二十六条，具体请阅读《劳动合同法》的解读。

十、用人单位解除劳动合同事项

本法第二十五条就用人单位解除劳动合同的事项作出了规定。

1．用人单位可以解除劳动合同的情形

用人单位在四种情形下可以解除劳动合同，如下表所示：

用人单位解除劳动合同的情形

序号	情形	说明
1	法定解除	（1）解除劳动合同的行为必须有相应的法律规定。 （2）用人单位可以单方解除劳动合同而不必征求劳动者意见。 （3）用人单位可以根据自身情况决定是否解除符合条件的劳动者的劳动合同
2	严重违反劳动纪律	可根据有关法规认定，且该行为必须达到情节严重的程度。违反的劳动纪律必须符合国家法律法规的规定，与国家法律法规相冲突的规章制度不具有约束力
3	重大损害	由企业内部规章来规定，用人单位依据此条解除劳动合同时必须符合两个条件。 （1）劳动者的"失职""营私舞弊"必须是严重的。 （2）劳动者的行为必须对用人单位的利益造成了重大损害
4	被依法追究刑事责任	（1）被人民检察院免予起诉的。 （2）被人民法院判处刑罚的（包括主刑和附加刑）。 （3）被人民法院依据《刑法》第三十二条免予刑事处分的

2. 支付经济补偿金的问题

用人单位依据本条规定解除劳动者的劳动合同，可以不支付劳动者经济补偿金。

3. 与本条有关联的法规

与本条有关联的法规有：

（1）《劳动合同法》第二十六条、第三十九条、第六十九条。

（2）《劳动合同法实施条例》第十九条。

（3）《劳动部关于〈中华人民共和国劳动法〉若干条文的说明》第二十五条。

（4）《劳动部关于贯彻执行〈中华人民共和国劳动法〉若干问题的意见》第二十八条至第三十一、第三十九条。

十一、解除劳动合同提前通知

本法第二十六条就解除合同须提前通知的情形作出了规定。

1. 须提前通知才可以解除劳动合同的情形

本条规定，有下列情形之一的，用人单位可以解除劳动合同，但是应当提前30日以书面形式通知劳动者本人：

（1）劳动者患病或者非因工负伤，医疗期满后，不能从事原工作也不能从事由用人单位另行安排的工作的。

（2）劳动者不能胜任工作，经过培训或者调整工作岗位，仍不能胜任工作的。"不能胜任工作"，是指在用人单位已经为劳动者安排了工作岗位的前提下，劳动者不能按要求完成劳动合同中约定的任务或者同工种、同岗位人员的工作量。但用人单位不得故意提高定额标准，使劳动者无法完成。

（3）劳动合同订立时所依据的客观情况发生重大变化，致使原劳动合同无法履行，经当事人协商不能就变更劳动合同达成协议的。"客观情况发生重大变化"是指发生不可抗力或出现使劳动合同全部或部分条款无法履行的其他情况，如企业迁移、被兼并、企业资产转移等，并且排除劳动法第二十七条所列的客观情况。

2．补偿与赔偿

（1）用人单位依照本条的规定，解除与劳动者订立的劳动合同的，应当依照法律法规的规定给予劳动者一定的补偿。

（2）企业不得因职工擅自离职而对其在本单位的家属采取辞退等惩罚性措施。

（3）对未经企业同意、擅自离职的职工，视其对企业造成损失的大小，企业可责令其承担一定的经济赔偿。

3．与本条有关联的法规

以下法规与本条有关联，理解时要参考：

（1）《劳动合同法》第四十条。

（2）《劳动合同法实施条例》第十九条。

（3）《劳动部关于〈中华人民共和国劳动法〉若干条文的说明》第二十六条。

十二、用人单位裁员

本法第二十七条对用人单位裁员的要求作出了规定。

1．用人单位裁减人员必须符合的条件

本条规定用人单位裁减人员必须符合两个条件：

（1）用人单位濒临破产进行法定整顿期间。

法定整顿期间：指依据《企业破产法》和《民法典》进入破产程序后的整顿期间。用人单位濒临破产时，法律规定了一个不超过两年的整顿期间，在此期间，用人单位可以采取各种积极措施和办法，尽力避免破产。

（2）用人单位的生产经营状况发生严重困难。

对于判断是否达到"生产经营状况发生严重困难"的程度，法律并未给出统一标准，一般可以根据地方政府规定的困难企业标准来界定。

2．提前说明并报告

用人单位应当提前30日向工会或者全体职工说明情况，听取工会或者职工的意见，经向劳动行政部门报告后，可以裁减人员。

也就是说，法律规定用人单位在裁员时，应将涉及裁减人员的相关情况报告给劳动行政部门，这里只是报告，而并非需要获得行政部门的批准。

3．优先录用

用人单位依据本条规定裁减人员，在6个月内录用人员的，应当优先录用被裁减的人员。

4．与本条有关联的法规

对有关裁员方面的理解，要与以下相关联的法规联结起来：

（1）《劳动合同法》第四十一条。

（2）《劳动合同法实施条例》第十九条。

（3）《劳动部关于〈中华人民共和国劳动法〉若干条文的说明》第二十七条。

（4）《劳动部关于贯彻执行〈中华人民共和国劳动法〉若干问题的意见》第二十五条。

十三、经济补偿

本法第二十八条就解除劳动合同的经济补偿作出了规定。

1. 哪些情况需要给予经济补偿

用人单位依据本法第二十四条、第二十六条、第二十七条的规定解除劳动合同的,应当依照国家有关规定给予经济补偿。

2. 与本条有关联的法规

在执行本条规定时,要参考与本条有关联的法规:

(1)《劳动合同法》第四十六条、第四十七条、第五十条。

(2)《劳动合同法实施条例》第二十二条、第二十三条、第二十五条。

(3)《劳动部关于〈中华人民共和国劳动法〉若干条文的说明》第二十八条。

(4)《劳动部关于贯彻执行〈中华人民共和国劳动法〉若干问题的意见》第三十六条至第四十三条。

(5)《违反和解除劳动合同的经济补偿办法》。

(6)《违反〈劳动法〉有关劳动合同规定的赔偿办法》第一条至第三条。

(7)《最高人民法院关于审理劳动争议案件适用法律若干问题的解释(一)》第十五条。

十四、用人单位解除劳动合同的限制情形

本法第二十九条是对用人单位解除劳动合同的限制。

1. 不得解除劳动合同的限制情形

劳动者有下列情形之一的,用人单位不得依据本法第二十六条、第二十七条的规定解除劳动合同:

(1)患职业病或者因工负伤并被确认丧失或者部分丧失劳动能力的。

有关职业病种类和工伤认定标准的具体规定可参照卫生部、劳动保障部颁布的《职业病目录》和国务院《工伤保险条例》的规定。劳动者患职业病或因工负伤,经过劳动能力鉴定,必须达到被确认丧失或部分丧失劳动能力的程度,用人单位才不得解除劳动合同。如果仅是程度轻微,未达到丧失或者部分丧失劳动能力的程度,则用人单位可以依法解除劳动者的劳动合同。

(2)患病或者负伤,在规定的医疗期内的。

根据劳动部《企业职工患病或非因工负伤医疗期规定》的规定,企业职工因患病或非因工负伤,需要停止工作医疗时,根据本人实际参加工作年限和在本单位工作年限,给予3个月到24个月的医疗期。

(3)女职工在孕期、产期、哺乳期内的。

女职工在孕期、产期、哺乳期内违纪,按照有关规定和劳动合同应予解除劳动合同的,可以解除其劳动合同。此外,孕期、产期、哺乳期间的女职工在合同规定的试用期内发现不符合录用条件的,可以辞退或者解除劳动合同。

(4)法律、行政法规规定的其他情形。

这是一个兜底条款。

2. 与本条有关联的法规

要更好地了解本条规定,请参阅以下有关联的法规:

(1)《劳动合同法》第四十二条。

(2)《劳动合同法实施条例》第十九条。

(3)《劳动部关于〈中华人民共和国劳动法〉若干条文的说明》第二十九条。

(4)《劳动部关于贯彻执行〈中华人民共和国劳动法〉若干问题的意见》第三十四条、第三十五条。

十五、工会对用人单位解除劳动合同的职权

本法第三十条是对工会对用人单位解除劳动合同的职权的规定：

(1)用人单位解除劳动合同，工会认为不适当的，有权提出意见。

(2)如果用人单位违反法律、法规或者劳动合同，工会有权要求重新处理。

(3)劳动者申请仲裁或者提起诉讼的，工会应当依法给予支持和帮助。

另外，请参考《劳动合同法》第四十三条、《劳动部关于〈中华人民共和国劳动法〉若干条文的说明》第三十条，以便更好地理解。

十六、劳动者解除劳动合同的提前通知期限

本法第三十一条对劳动者解除劳动合同的提前通知期限作出了规定。

1.提前通知期限

劳动者解除劳动合同时，只要提前30日以书面形式通知用人单位即可，无须征得用人单位的同意。

(1)超过30日，劳动者向用人单位提出办理解除劳动合同的手续，用人单位也应予以办理。

(2)提前期不足30日，而劳动者要求用人单位解除劳动合同，用人单位可以不予办理。

当然，如果劳动者在解除劳动合同时，违反劳动合同有关约定而给用人单位造成经济损失的，应依据有关法律、法规、规章的规定和劳动合同的约定，由劳动者承担赔偿责任。如用人单位招收录用的费用、培训费用、对生产经营造成的直接经济损失等。

2.与本条有关联的法规

与本条有关联的法规有：

(1)《劳动合同法》第三十七条、第六十五条。

(2)《劳动合同法实施条例》第二十条。

(3)《劳动部关于〈中华人民共和国劳动法〉若干条文的说明》第三十一条。

(4)《劳动部关于贯彻执行〈中华人民共和国劳动法〉若干问题的意见》第三十二条、第三十三条。

(5)《最高人民法院关于审理劳动争议案件适用法律若干问题的解释（一）》第十五条。

十七、劳动者随时通知解除劳动合同情形

本法第三十二条对劳动者随时通知解除劳动合同的情形作出了规定。

1.劳动者随时通知解除劳动合同情形

有下表所列情形之一的，劳动者可以随时通知用人单位解除劳动合同：

劳动者随时通知解除合同情形

序号	情形	说明
1	在试用期内的	在试用期内，随时解除劳动合同实际上是双向的，即用人单位和劳动者在试用期内，都可以随时解除劳动合同，而无须征得对方同意。需要注意的是，劳动者在试用期内解除劳动合同，用人单位可以不支付经济补偿金，但应按照劳动者的实际工作天数支付工资
2	用人单位以暴力、威胁或者非法限制人身自由的手段强迫劳动的	"非法限制人身自由"是指采用拘留、禁闭或其他强制方法非法剥夺或限制他人按照自己的意志支配自己身体活动自由的行为。劳动者除了有随时解除劳动合同的权利外，还可以就用人单位的违法行为向有关部门举报，要求进行查处
3	用人单位未按照劳动合同约定支付劳动报酬或者提供劳动条件的	对于用人单位未按照劳动合同约定支付劳动报酬或者提供劳动条件的，劳动者在提出解除劳动合同的同时，有权要求用人单位按照其付出的劳动支付相应的报酬

2.与本条有关联的法规

与本条有关联的法规有：

（1）《劳动合同法》第三十八条。

（2）《劳动合同法实施条例》第十八条。

（3）《劳动部关于〈中华人民共和国劳动法〉若干条文的说明》第三十二条。

（4）《劳动部关于贯彻执行〈中华人民共和国劳动法〉若干问题的意见》第四十条。

十八、集体合同

本法第三十三条就集体合同作出了规定。

1.集体合同的内容

企业职工一方与企业可以就劳动报酬、工作时间、休息休假、劳动安全卫生、保险福利等事项，签订集体合同。

2.集体合同的签订程序

（1）集体合同草案应当提交职工代表大会或者全体职工讨论通过。

（2）集体合同由工会代表职工与企业签订；没有建立工会的企业，由职工推举的代表与企业签订。

3.与本条有关联的法规

在理解本条规定时，要关注以下劳动法规中对集体合同的规定：

（1）《集体合同规定》。

（2）《劳动合同法》第五十一条至五十三条。

（3）《劳动部关于〈中华人民共和国劳动法〉若干条文的说明》第三十三条。

（4）《劳动部关于贯彻执行〈中华人民共和国劳动法〉若干问题的意见》第五十一条、第五十二条。

十九、集体合同生效时间

本法第三十四条规定了集体合同生效时间：

（1）集体合同签订后应当报送劳动行政部门。

(2) 劳动行政部门自收到集体合同文本之日起15日内未提出异议的，集体合同即行生效。

具体请阅读《劳动合同法》第五十四条的解读。

二十、集体合同效力

本法第三十五条对集体合同的效力作出了规定。

根据本条规定，集体合同对企业和企业全体职工具有约束力，但这种约束力存在的前提是，该集体合同必须是依法签订的，即该合同的内容、签订程序和主体都必须合法。

与劳动合同相比，集体合同的效力高于劳动合同，集体合同所规定的一般是用人单位的最低劳动条件和劳动标准。劳动合同规定的劳动条件和劳动标准低于集体合同规定的条款无效，但若高于集体合同的规定，则不存在劳动合同失效的问题。

要对本条有更充分的了解，请阅读本书对《劳动合同法》第五十五条的解读，另外，还要参考《劳动部关于〈中华人民共和国劳动法〉若干条文的说明》第三十五条。

有关工作时间和休息休假条款的解读

一、国家工时制度

本法第三十六条确立了国家工时制度。

1．工时制度

工时制度，即工作时间制度，据现有情况，我国目前有三种工作时间制度，即标准工时制、综合计算工时制、不定时工时制。本法主要讲的是标准工时制度，另外《国务院关于职工工作时间的规定》第三条也有规定，工人每天工作的最长工时为8小时，周最长工时为40小时。并且根据《劳动法》第三十八条、第四十一条规定，标准工时制还有以下几点要求：

（1）用人单位应保证劳动者每周至少休息1日。

（2）因生产经营需要，经与工会和劳动者协商后可以延长工作时间，一般每天延长工作时间不得超过1小时。

（3）特殊原因每天延长工作时间不得超过3小时。

（4）每月延长工作时间不得超过36小时。

显然，根据标准工时制的规定，工作时间比较固定，且延长工作时间有明确严格的限制条件。

2．与本条有关联的法规

与本条有关联的法规有：

（1）《劳动合同法》第六十八条。

（2）《劳动部关于〈中华人民共和国劳动法〉若干条文的说明》第三十六条。

（3）《劳动部关于贯彻执行〈中华人民共和国劳动法〉若干问题的意见》第六十八条。

（4）《国务院关于职工工作时间的规定》。

二、报酬标准和劳动定额确定

本法第三十七条是关于计件工资制下报酬标准和劳动定额确定的规定。

计件工资是按照劳动者生产合格产品的数量和预先规定的计件单价计量和支付劳动报酬的一种工资形式。对实行计件工作的劳动者，用人单位应当根据本法第三十六条规定的工时制度合理确定其劳动定额和计件报酬标准。

另外，1994年劳动部印发的《工资支付暂行规定》第十三条规定，"实行计件工资的劳动者，在完成计件定额任务后，由用人单位安排延长工作时间的，应根据上述规定的原则，分别按照不低于其本人法定工作时间计件单价的150％、200％、300％支付其工资。"

三、休息日最低保障

本法第三十八条是关于休息日最低保障的规定，规定要求用人单位应当保证劳动者每周至少休息1日。

与本条款有关联的法规有《劳动部关于〈中华人民共和国劳动法〉若干条文的说明》第三十八条。

四、工休办法替代

本法第三十九条是对工休办法替代作出的规定。

本条中所指的其他工作和休息办法，主要有不定时工作制和综合计算工时工作制两种。

1. 不定时工作制

不定时工作制是指针对因生产特点、工作特殊需要或职责范围的关系，无法按标准工作时间衡量或需要机动作业的职工采用的一种工时制度。

不定时工作制的特点在于，当一日工作时间超过标准工作日时，超过部分不算加班加点，不发加班工资，而只是给予补假休息。

目前，我国对实行不定时工作时间制度的工种，尚无具体规定，由各地人民政府、企业主管部门自行规定。

实行不定时工作制需要由国务院行业、系统主管部门提出意见，并报国务院劳动、人事行政主管部门批准。

对于实行不定时工作制的劳动者，其工资由企业按照本单位的工资制度分配办法，根据劳动者的实际工作时间和完成劳动定额情况计发。对于符合带薪年休假条件的劳动者，企业可安排其享受带薪年休假。

2. 综合计算工时工作制

综合计算工时工作制是指分别以周、月、季、年等为周期，综合计算工作时间的一种工作时间制度。该工时制度的采用需要经过劳动行政部门的审批，企业应做到：

（1）企业实行综合计算工时工作制以及在实行综合计算工时工作中采取何种工作方式，一定要与工会和劳动者协商。

（2）对于第三级以上（含第三级）体力劳动强度的工作岗位，劳动者每日连续工作时间不得超过11小时，而且每周至少休息1天。经批准实行不定时工作制的职工，不受《劳动法》第四十一条规定的日延长工作时间标准和月延长工作时间标准的限制，但用人单位应采取集中工作、集中休息、轮休调休、弹性工作时间等适当的工作和休息方式。

五、法定假日

本法第四十条是对于法定假日的规定。在法定假日，用人单位应当依法安排劳动者休假。关于法定假日，2013年12月11日的《全国年节及纪念日放假办法》作了确定。

1. 全体公民放假的节日

（1）新年，放假1天（1月1日）。
（2）春节，放假3天（农历正月初一、初二、初三）。
（3）清明节，放假1天（农历清明当日）。
（4）劳动节，放假1天（5月1日）。
（5）端午节，放假1天（农历端午当日）。
（6）中秋节，放假1天（农历中秋当日）。
（7）国庆节，放假3天（10月1日、2日、3日）。

2. 部分公民放假的节日及纪念日

（1）妇女节（3月8日），妇女放假半天。
（2）青年节（5月4日），14周岁以上的青年放假半天。
（3）儿童节（6月1日），不满14周岁的少年儿童放假1天。
（4）中国人民解放军建军纪念日（8月1日），现役军人放假半天。

六、工作时间延长限制

本法第四十一条是对工作时间延长限制作出的规定。

（1）用人单位由于生产经营需要，经与工会和劳动者协商后可以延长工作时间，一般每日不得超过1小时。

（2）因特殊原因需要延长工作时间的，在保障劳动者身体健康的条件下延长工作时间每日不得超过3小时，但是每月不得超过36小时。

本条中所说的与工会和劳动者协商是对于用人单位延长工作时间的强制性规定，未经工会和劳动者同意，用人单位不得擅自延长工作时间。对于企业违法强迫劳动者延长工作时间的，劳动者有权拒绝。因此发生的争议，可以提请劳动争议处理机构予以处理。工会和劳动者也可以向劳动行政部门举报，由劳动行政部门进行查处。

对于采取综合计算工时工作制的用人单位，在综合计算周期内，某一具体日（或周）的实际工作时间可以超过8小时（或40小时），但综合计算周期内的总实际工作时间不应超过总法定标准工作时间，超过部分应视为延长工作时间并按《劳动法》第四十四条第一项的规定支付工资报酬，其中法定休假日安排劳动者工作的，按《劳动法》第四十四条第三项的规定支付工资报酬。而且，延长工作时间的小时数平均每月不得超过36小时。

七、延长工作时间限制的例外

本法第四十二条是关于延长工作时间限制的例外的规定，有下列情形之一的，延长工作时间不受本法第四十一条规定的限制：

（1）发生自然灾害、事故或者因其他原因，威胁劳动者生命健康和财产安全，需要紧急处理的。
（2）生产设备、交通运输线路、公共设施发生故障，影响生产和公众利益，必须及时抢修的。
（3）法律、行政法规规定的其他情形。

在发生本条所列举的情形时，用人单位可以不经过协商，而直接决定延长工作时间。

对于用人单位可以延长工作时间的特殊情形和紧急任务，《劳动部关于〈国务院关于职工工作时间的规定〉的实施办法》进一步作了规定：

（1）发生自然灾害、事故或者因其他原因，使人民的健康安全和国家财产遭到严重威胁，需要紧急处理的。

（2）生产设备、交通运输线路、公共设施发生故障，影响生产和公众利益，必须及时抢修的。

（3）必须利用法定节日或公休假日的停产期间进行设备检修、保养的。

（4）为完成国防紧急任务，或者完成上级在国家计划外安排的其他紧急任务，以及商业、供销企业在旺季完成收购、运输、加工农副产品紧急任务的。用人单位因特殊情形和紧急任务延长劳动者工作时间的，应当给予劳动者相应的补休。

八、禁止违法延长工作时间

本法第四十三条是关于禁止违法延长工作时间的规定：用人单位不得违反本法规定延长劳动者的工作时间。

关于对这一点的理解，请阅读本书对《劳动合同法》第三十一条的解读。

九、延长工作时间的报酬支付

本法第四十四条是关于延长工作时间的报酬支付的规定。

本条规定，有下列情形之一的，用人单位应当按照下列标准支付高于劳动者正常工作时间工资的工资报酬：

（1）安排劳动者延长工作时间的，支付不低于工资的150%的工资报酬。

（2）休息日安排劳动者工作又不能安排补休的，支付不低于工资的200%的工资报酬。

（3）法定休假日安排劳动者工作的，支付不低于工资的300%的工资报酬。

"劳动者正常工作时间工资"是指与劳动合同规定的劳动者本人所在工作岗位（职位）相对应的工资。工作日延长劳动者工作时间的，一般每日不得超过1小时，因特殊需要时，每日不得超过3小时。

"休息日"是指公休假日，即周六和周日；若劳动者的休息日采取轮休制，则以其轮休之日为休息日。需要注意的是，用人单位在休息日安排劳动者延长工作时间工作的，应首先安排补休，补休时间应等同于加班时间，不能补休时，才可支付不低于工资的200%的工资报酬。

"法定休假日"安排劳动者延长工作时间，一般不安排补休。

十、带薪年休假制度

本法第四十五条是对带薪年休假制度作出的规定。

关于带薪年休假制度，请阅读本书对《职工带薪年休假条例》的解读。

有关工资条款的解读

一、工资分配原则

本法第四十六条是确定了工资分配的原则：按劳分配，实行同工同酬。

对本条的正确理解请阅读本书对《劳动合同法》第六十三条的解读。

二、工资分配方式、水平确定

本法第四十七条是关于工资分配方式、水平确定的规定：用人单位根据本单位的生产经营特点和经济效益，依法自主确定本单位的工资分配方式和工资水平。

具体可阅读《劳动部关于〈中华人民共和国劳动法〉若干条文的说明》第四十七条予以进一步的理解。

三、最低工资保障

本法第四十八条是关于最低工资保障的规定。

1．什么是最低工资

最低工资是指国家以一定的立法程序规定的，劳动者在法定工作时间内提供了正常劳动的前提下，其所在企业应支付的最低劳动报酬。

2．最低工资保障制度的适用范围

最低工资保障制度适用于我国境内的所有企业，包括国有企业、集体企业、外商投资企业和私营企业等。

3．哪些待遇不能包含在最低工资标准里面

最低工资标准不包括：延长工作时间工资，中班、夜班、高温、低温、井下、有毒有害等特殊工作环境、条件下的津贴，法律、法规和国家规定的劳动者福利待遇等。即在劳动者提供了正常劳动的情况下，用人单位应支付给劳动者的工资，必须是剔除了上述各项工资、津贴和有关待遇以后的工资，不得低于当地最低工资标准。

如果用人单位违反规定，将应当予以剔除的各项工资、津贴和有关待遇计入最低工资标准的，由劳动保障行政部门责令其限期补发所欠劳动者工资，并可责令其按所欠工资的1～5倍支付劳动者赔偿金。

4．与本条有关联的法规

对于最低工资的理解，请阅读本书对《劳动合同法》第六十一条、第七十二条的解读，另外，还要结合以下关联法规：

（1）《劳动部关于〈中华人民共和国劳动法〉若干条文的说明》第四十八条。

（2）《劳动部关于贯彻执行〈中华人民共和国劳动法〉若干问题的意见》第五十四条、第五十六条至第五十九条。

（3）《违反〈中华人民共和国劳动法〉行政处罚办法》第六条。

（4）《违反和解除劳动合同的经济补偿办法》第四条。

（5）《最低工资规定》。

四、最低工资标准参考因素

本法第四十九条规定了最低工资标准的参考因素。各省市、地方政府在确定和调整最低工资标准应当综合参考下列因素：

（1）劳动者本人及平均赡养人口的最低生活费用。

（2）社会平均工资水平。

（3）劳动生产率。

(4) 就业状况。

(5) 地区之间经济发展水平的差异。

五、工资支付形式

本法第五十条就工资支付形式作出了规定。

工资应当以货币形式按月支付给劳动者本人。不得克扣或者无故拖欠劳动者的工资。

1. 以货币形式发放

根据《劳动法》的这一规定，工资应当以法定货币支付，不得以发放实物或有价证券等形式代替货币支付。

2. 按月支付

根据《劳动法》的这一规定，工资应当按月支付，不得克扣或无故拖欠。

对于一次性工作或某项具体工作的劳动者，用人单位应按照协议或合同规定在工作完成后支付工资，在劳动合同解除或终止时，用人单位应同时一次性付清劳动者工资。

3. 克扣

本条所称的"克扣"不包括下列情形：

(1) 用人单位代扣代缴的个人所得税。

(2) 用人单位代扣代缴的应由劳动者个人负担的各项社会保险费用。

(3) 法院判决、裁定中要求代扣的抚养费、赡养费。

(4) 法律、法规规定可以从劳动者工资中扣除的其他费用。

另外，克扣并不包括以下减发工资的情况：

(1) 国家的法律、法规中有明确规定的。

(2) 依法签订的劳动合同中有明确规定的。

(3) 用人单位依法制定并经职代会批准的厂规、厂纪中有明确规定的。

(4) 企业工资总额与经济效益相联系，经济效益下浮时，工资必须下浮的（但支付给劳动者工资不得低于当地的最低工资标准）。

(5) 因劳动者请事假等情形相应减发工资等。

因劳动者本人原因给用人单位造成经济损失的，用人单位可按照劳动合同的约定要求其赔偿经济损失。经济损失的赔偿，可从劳动者本人的工资中扣除，但每月扣除的部分不得超过劳动者当月工资的20%。若扣除后剩余工资部分低于当地月最低工资标准，则按最低工资标准支付。

4. 无故拖欠

本条所称的"无故拖欠"不包括以下情形：

(1) 用人单位遇到非人力所能抗拒的自然灾害、战争等原因，无法按时支付工资。

(2) 用人单位确因生产经营困难、资金周转受到影响，在征得本单位工会同意后，可暂时延期支付劳动者工资，延期时间的最长限制可由各省、自治区、直辖市劳动行政部门根据各地情况确定。

其他情况下拖欠工资均属无故拖欠。

六、法定休假日和婚丧假期间工资保障

本法第五十一条就法定休假日和婚丧假期间有工资保障作出了规定：劳动者在法定休假日和婚丧假期间以及依法参加社会活动期间，用人单位应当依法支付工资。

理解时可参阅《劳动部关于〈中华人民共和国劳动法〉若干条文的说明》第五十一条。

有关劳动安全卫生条款的解读

一、用人单位对劳动安全的职责

本法第五十二条是对用人单位对劳动安全的职责作出的规定：用人单位必须建立、健全劳动安全卫生制度，严格执行国家劳动安全卫生规程和标准，对劳动者进行劳动安全卫生教育，防止劳动过程中的事故，减少职业危害。

理解时请参阅与本条有关联的法规：《劳动部关于〈中华人民共和国劳动法〉若干条文的说明》第五十二条、《安全生产法》。

二、劳动安全卫生设施标准

本法第五十三条是对于劳动安全卫生设施标准作出的规定：

（1）劳动安全卫生设施必须符合国家规定的标准。

（2）新建、改建、扩建工程的劳动安全卫生设施必须与主体工程同时设计、同时施工、同时投入生产和使用。

理解时请参阅与本条有关联的法规：《劳动部关于〈中华人民共和国劳动法〉若干条文的说明》第五十三条。

三、劳动者劳动安全防护及健康保护

本法第五十四条是关于劳动者劳动安全防护及健康保护的规定：用人单位必须为劳动者提供符合国家规定的劳动安全卫生条件和必要的劳动防护用品，对从事有职业危害作业的劳动者应当定期进行健康检查。

四、特种作业资格

本法第五十五条是关于特种作业资格的规定。

1.特种作业的范围

本条中所指的特种作业的范围有十类，包括：

（1）电工作业。

（2）锅炉司炉。

（3）压力容器操作。

（4）起重机械作业。

（5）爆破作业。

（6）金属焊接（气割）作业。

（7）煤矿井下瓦斯检验。

（8）机动车辆驾驶。

（9）机动船舶驾驶、轮机操作。

（10）建筑登高架设作业。

2. 从事特种作业的人员应具备的条件

从事特种作业的人员应具备以下条件：

（1）年满18周岁以上，但从事爆破作业和煤矿井下瓦斯检验的人员，年龄不得低于20周岁。

（2）工作认真负责，身体健康，没有妨碍从事本种作业的疾病和生理缺陷。

（3）具有本种作业所需的文化程度和安全、专业技术知识及实践经验。

3. 用人单位对特种作业人员的招用与管理要求

（1）用人单位招用从事技术复杂以及涉及国家财产、人民生命安全和消费者利益工种（职业）的劳动者，必须从取得相应职业资格证书的人员中录用。

（2）对从事技术工种的学徒，用人单位应按照《工种分类目录》所规定的学徒期进行培训。

（3）对转岗从事技术工种的劳动者，用人单位应按照国家职业（技能）标准的要求进行培训，达到相应职业技能要求后再上岗。

（4）用人单位安排国家政策性安置人员从事技术工种工作的，应当先组织培训，达到相应工种（职业）技能要求后上岗。

（5）用人单位因特殊需要招用技术性较强，但当地培训机构尚未开展培训的技术工种人员，经劳动保障行政部门批准后，可先招收再培训，达到相应职业技能要求后再上岗。

（6）对特种作业资格考核的相关规定可参照《特种作业人员安全技术考核管理规则》。

五、劳动过程安全防护

本法第五十六条是关于劳动过程安全防护的规定：

（1）劳动者在劳动过程中必须严格遵守安全操作规程。

（2）劳动者对用人单位管理人员违章指挥、强令冒险作业，有权拒绝执行。

（3）劳动者对危害生命安全和身体健康的行为，有权提出批评、检举和控告。

对该条的深入理解请阅读本书对《劳动合同法》第三十二条的解读。

六、伤亡事故和职业病统计报告、处理制度

本法第五十七条是对伤亡事故和职业病统计报告、处理制度的规定：

（1）国家建立伤亡事故和职业病统计报告和处理制度。

（2）县级以上各级人民政府劳动行政部门、有关部门和用人单位应当依法对劳动者在劳动过程中发生的伤亡事故和劳动者的职业病状况，进行统计、报告和处理。

有关女职工和未成年工特殊保护条款的解读

一、女职工和未成年工特殊劳动保护

本法第五十八条是对女职工和未成年工特殊劳动保护的规定。

1. 对女职工和未成年工实行特殊劳动保护

我国对女职工的特殊劳动保护主要包括：

（1）国家保障妇女享有与男子平等的劳动权利。

（2）实行男女同工同酬。

（3）任何单位均应根据妇女的特点，依法保护妇女在工作和劳动时的安全和健康，不得安排不适合妇女从事的工作和劳动。用人单位应当按照国家有关规定，以自办或者联办的形式，逐步建立女职工卫生室、孕妇休息室、哺乳室、托儿所、幼儿园等设施，并妥善解决女职工在生理卫生、哺乳、照料婴儿等方面的困难。

（4）国家发展社会保险、社会救济和医疗卫生事业，为年老、疾病或者丧失劳动能力的妇女获得物质资助创造条件。

对此要有更深入的理解，请阅读本书对《女职工劳动保护特别规定》的解读。

2. 对未成年工的保护

未成年工是指年满16周岁未满18周岁的劳动者。

我国对未成年工的特殊保护有：

（1）任何组织和个人不得招用未满16周岁的未成年人，国家另有规定的除外。

（2）任何组织和个人依照国家有关规定招收已满16周岁未满18周岁的未成年人的，应当在工种、劳动时间、劳动强度和保护措施等方面执行国家有关规定，不得安排其从事过重、有毒、有害的劳动或者危险作业。

（3）未成年人已经接受完规定年限的义务教育不再升学的，政府有关部门和社会团体、企业事业组织应当根据实际情况，对他们进行职业技术培训，为他们创造劳动就业条件。

（4）对未成年工的使用和特殊保护实行登记制度。

（5）未成年工上岗前用人单位应对其进行有关的职业安全卫生教育、培训。

具体请阅读《中华人民共和国未成年人保护法》《未成年工特殊保护规定》。

二、女职工劳动强度限制

本法第五十九条是对女职工劳动强度限制的规定：禁止安排女职工从事矿山井下、国家规定的第四级体力劳动强度的劳动和其他禁忌从事的劳动。

根据《女职工劳动保护特别规定》的规定，女职工禁忌从事的劳动范围为：

（1）矿山井下作业。

（2）体力劳动强度分级标准中规定的第四级体力劳动强度的作业。

（3）每小时负重6次以上、每次负重超过20千克的作业，或者间断负重、每次负重超过25千克的作业。

三、女职工经期劳动强度限制

本法第六十条是对女职工经期的劳动强度限制作出的规定：不得安排女职工在经期从事高处、低温、冷水作业和国家规定的第三级体力劳动强度的劳动。

根据《女职工劳动保护特别规定》的规定，女职工在经期禁忌从事的劳动范围为：

（1）冷水作业分级标准中规定的第二级、第三级、第四级冷水作业。

（2）低温作业分级标准中规定的第二级、第三级、第四级低温作业。

（3）体力劳动强度分级标准中规定的第三级、第四级体力劳动强度的作业。

（4）高处作业分级标准中规定的第三级、第四级高处作业。

四、女职工孕期劳动强度限制

本法第六十一条是对女职工孕期劳动强度限制的规定：不得安排女职工在怀孕期间从事国家规

定的第三级体力劳动强度的劳动和孕期禁忌从事的劳动。对怀孕7个月以上的女职工，不得安排其延长工作时间和夜班劳动。

另外，《女职工劳动保护特别规定》规定了女职工在孕期禁忌从事的劳动范围：

（1）作业场所空气中铅及其化合物、汞及其化合物、苯、镉、铍、砷、氰化物、氮氧化物、一氧化碳、二硫化碳、氯、己内酰胺、氯丁二烯、氯乙烯、环氧乙烷、苯胺、甲醛等有毒物质浓度超过国家职业卫生标准的作业。

（2）从事抗癌药物、己烯雌酚生产，接触麻醉剂气体等的作业。

（3）非密封源放射性物质的操作，核事故与放射事故的应急处置。

（4）高处作业分级标准中规定的高处作业。

（5）冷水作业分级标准中规定的冷水作业。

（6）低温作业分级标准中规定的低温作业。

（7）高温作业分级标准中规定的第三级、第四级的作业。

（8）噪声作业分级标准中规定的第三级、第四级的作业。

（9）体力劳动强度分级标准中规定的第三级、第四级体力劳动强度的作业。

（10）在密闭空间、高压室作业或者潜水作业，伴有强烈振动的作业，或者需要频繁弯腰、攀高、下蹲的作业。

五、女职工产假

本法第六十二条对女职工的产假作出了规定：女职工生育享受不少于90天的产假。

另外，《女职工劳动保护特别规定》第七条对产假作出了调整：

（1）女职工生育享受98天产假，其中产前可以休假15天；难产的，增加产假15天；生育多胞胎的，每多生育1个婴儿，增加产假15天。

（2）女职工怀孕未满4个月流产的，享受15天产假；怀孕满4个月流产的，享受42天产假。

六、女职工哺乳期劳动保护

本法第六十三条对女职工在哺乳期的劳动保护作出了规定：用人单位不得安排女职工在哺乳未满一周岁的婴儿期间从事国家规定的第三级体力劳动强度的劳动和哺乳期禁忌从事的其他劳动，不得安排其延长工作时间和夜班劳动。

另外，《女职工劳动保护特别规定》规定了女职工在哺乳期禁忌从事的劳动范围：

（1）孕期禁忌从事的劳动范围的第一项、第三项、第九项。

（2）作业场所空气中锰、氟、溴、甲醇、有机磷化合物、有机氯化合物等有毒物质浓度超过国家职业卫生标准的作业。

七、对未成年工的劳动强度限制

本法第六十四条是对未成年工的劳动强度限制：用人单位不得安排未成年工从事矿山井下、有毒有害、国家规定的第四级体力劳动强度的劳动和其他禁忌从事的劳动。

1.未成年工不得从事的有毒有害劳动

未成年工不得从事的有毒有害劳动主要包括：

（1）《生产性粉尘作业危害程度分级》国家标准中第一级以上的接尘作业。

（2）《有毒作业分级》国家标准中第一级以上的有毒作业。

（3）工作场所接触放射性物质的作业。

（4）作业场所放射性物质超过《放射防护规定》中规定剂量的作业。

（5）有易燃易爆、化学性烧伤和热烧伤等危险性大的作业等。

2.什么是第四级体力劳动强度

第四级体力劳动强度即净劳动时间为370分钟。用人单位不得安排未成年工从事的这类工作，具体有：

（1）连续负重每小时在6次以上并每次超过20千克，间断负重每次超过25千克的作业。

（2）使用凿岩机、捣固机、气镐、气铲、铆钉机、电锤的作业。

（3）工作中需要长时间保持低头、弯腰、上举、下蹲等强迫体位和动作频率每分钟大于50次的流水线作业。

3.其他禁忌未成年工从事的劳动

其他禁忌未成年工从事的劳动有：

（1）《高处作业分级》国家标准中第二级以上的高处作业，即凡在坠落高度基准面5米以上（含5米）有可能坠落的高处进行的作业。

（2）《冷水作业分级》国家标准中第二级以上的冷水作业。

（3）《高温作业分级》国家标准中第三级以上的高温作业。

（4）《低温作业分级》国家标准中第三级以上的低温作业。

（5）森林业中的伐木、流放及守林作业。

（6）地质勘探和资源勘探的野外作业。

（7）潜水、涵洞、涵道作业和海拔3 000米以上的高原作业（不包括世居高原者）。

（8）锅炉司炉等。

八、未成年工健康检查

本法第六十五条是对未成年工健康检查作出的规定：用人单位应当对未成年工定期进行健康检查。

有关职业培训条款的解读

一、发展目标

本法第六十六条对职业培训的发展目标作出了规定：国家通过各种途径，采取各种措施，发展职业培训事业，开发劳动者的职业技能，提高劳动者素质，增强劳动者的就业能力和工作能力。

为了更好地理解本条款，请参阅《中华人民共和国职业教育法》的规定。

二、政府支持

本法第六十七条对职业培训方面的政府支持作出了规定：各级人民政府应当把发展职业培训纳入社会经济发展的规划，鼓励和支持有条件的企业、事业组织、社会团体和个人进行各种形式的职业培训。

三、职业培训

本法第六十八条是关于用人单位的职业培训的规定：用人单位应当建立职业培训制度，按照国

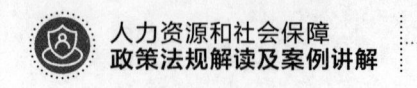

家规定提取和使用职业培训经费,根据本单位实际,有计划地对劳动者进行职业培训。

从事技术工种的劳动者,上岗前必须经过培训。

理解本条时请阅读《劳动合同法》第二十二条、《劳动合同法实施条例》第十六条。

四、职业技能资格

本法第六十九条是关于职业技能资格的规定:

(1) 国家确定职业分类,对规定的职业制定职业技能标准,实行职业资格证书制度。

(2) 由经过政府批准的考核鉴定机构负责对劳动者实施职业技能考核鉴定。

有关社会保险和福利条款的解读

一、社会保险和福利条款发展目标

本法第七十条确立了社会保险和福利条款的发展目标:国家发展社会保险事业,建立社会保险制度,设立社会保险基金,使劳动者在年老、患病、工伤、失业、生育等情况下获得帮助和补偿。

二、协调发展

本法第七十一条就社会保险水平的协调发展作出规定:社会保险水平应当与社会经济发展水平和社会承受能力相适应。

三、基金来源

本法第七十二条是关于基金来源的规定。

社会保险是一种由法律规定的强制保险。用人单位和劳动者都必须参加社会保险。本条中的"社会保险类型"是指需建立基金的养老、医疗、工伤、失业、生育五种社会保险,其基金来源因险种的不同也不尽相同。

我国社会保险费的征收、缴纳以及管理,主要通过《社会保险费征缴暂行条例》《社会保险登记管理办法》《社会保险费申报缴纳管理暂行办法》等法律法规加以规制。缴费单位、缴费个人应当按时足额缴纳社会保险费。征缴的社会保险费纳入社会保险基金,专款专用,任何单位和个人不得挪用。城镇集体企业已参加社会保险的离退休人员和下岗职工,按规定享受社会保险待遇;未参加社会保险而又停产多年的,其退休人员和下岗职工直接纳入城市居民最低生活保障范围,按规定享受最低生活保障待遇。

四、享受社保情形

本法第七十三条是有关享受社保情形的规定。

1. 社会保险待遇的范围

社会保险待遇:指养老、疾病、医疗、工伤、失业、生育和死亡等保险待遇。

2. 劳动者享受社会保险待遇的情形

劳动者在符合以下条件时,依法享受社会保险待遇:

(1) 退休。

(2)患病、负伤。
(3)因工伤残或者患职业病。
(4)失业。
(5)生育。

3. 享受规定

(1)劳动者死亡后，其遗属依法享受遗属津贴。
(2)劳动者享受社会保险待遇的条件和标准由法律、法规规定。
(3)劳动者享受的社会保险金必须按时足额支付。

具体请参阅本书对《中华人民共和国社会保险法》的解读。

五、社保基金管理

本法第七十四条是关于社保基金管理的规定。

1. 什么是社保基金

社会保险基金：指为了保障保险对象的社会保险待遇，按照国家法律、法规，由缴费单位和缴费个人分别按缴费基数的一定比例缴纳以及通过其他合法方式筹集的专项资金。它是国家在劳动者年老、患病、工伤、失业、生育等失去或暂时失去劳动能力的情况下，为保障和维持劳动者基本生活需要而筹集建立的资金。

2. 社保基金的运作

社会保险经办机构对社会保险基金的运作应确保社会保险基金远离风险，实现持续保值和增值。可以采取的方式有：

(1)购买国库券以及国家银行发行的债券。
(2)委托国家银行、国家信托投资公司放款。

各级社会保险管理机构不得经办放款业务，不得经商、办企业，也不得为各类经济活动作经济担保。

对于社会保险基金监督机构，本条只是作了原则性规定，其设立和具体职能在《社会保险法》未出台前，暂时依照现行劳动规章和其他规范性文件执行。

对本条中的"任何组织"应作广义理解，既包括党派，也包括了政府和政府部门，还包括了管理和经营社会保险基金的机构，以及其他各种类型的企业、事业单位和社会团体，等等。

需要注意的是，按照原劳动和社会保障部1999年颁布实施的《关于社会保险经办机构经费保障等问题的通知》中的规定，社会保险经办机构经费，包括人员经费、公用经费和专项经费，由同级财政部门根据人事（机构编制）部门核定的编制人数核拨。各级社会保险经办机构不得再从社会保险基金中提取或列支费用。

六、补充保险和个人储蓄性保险

本法第七十五条是关于补充保险和个人储蓄性保险的规定：
(1)国家鼓励用人单位根据本单位实际情况为劳动者建立补充保险。
(2)国家提倡劳动者个人进行储蓄性保险。

七、国家和用人单位的发展福利事业责任

本法第七十六条是关于国家和用人单位的发展福利事业的责任的规定：

（1）国家发展社会福利事业，兴建公共福利设施，为劳动者休息、休养和疗养提供条件。
（2）用人单位应当创造条件，改善集体福利，提高劳动者的福利待遇。

有关劳动争议条款的解读

一、劳动争议的处理方式

本法第七十七条是关于劳动争议处理方式的规定：
（1）用人单位与劳动者发生劳动争议，当事人可以依法申请调解、仲裁、提起诉讼，也可以协商解决。
（2）调解原则适用于仲裁和诉讼程序。

《劳动法》所调整的劳动争议范围是中华人民共和国境内的企业、个体经济组织和与之形成劳动关系的劳动者，以及国家机关、事业组织、社会团体和与之建立劳动合同关系的劳动者之间的劳动纠纷。实践中尚有一小部分劳动纠纷处于法律规定之外。

对于本条款的理解可以阅读本书对《劳动争议调解仲裁法》的解读。

二、解决争议的原则

本法第七十八条是对解决争议的原则作出的规定：解决劳动争议，应当根据合法、公正、及时处理的原则，依法维护劳动争议当事人的合法权益。

对于本条款的理解可以阅读本书对《劳动争议调解仲裁法》第三条的解读。

三、调解和仲裁

调解、仲裁和诉讼是劳动争议处理的三个程序，见下表。本法第七十九条对三个程序之间的衔接作了规定，明确了由上一个程序进入下一个程序的前提条件。

劳动争议处理的三个程序

序号	程序	定义	说明
1	调解	调解是指用人单位争议调解委员会对当事人之间发生的劳动争议进行调解的过程。它不包括劳动争议在仲裁或诉讼程序上的调解活动	调解程序是法定程序，但不是必经程序，当事人享有是否选择调解的自主决定权。当事人可以通过申请由本单位劳动争议调解委员会对争议进行调解，也可以直接向劳动争议仲裁委员会申请仲裁
2	仲裁	仲裁是指劳动争议仲裁委员会对当事人申请仲裁的劳动争议案件进行仲裁裁决的过程	(1)我国的劳动争议仲裁实行一裁终裁的体制。 (2)与调解程序不同，仲裁程序是劳动争议处理的法定必经程序，同时还是劳动争议案件提请人民法院审理的前置条件，只有在案件经过仲裁委员会仲裁之后，当事人对裁决不服时，才能向人民法院起诉，否则，人民法院不予受理
3	诉讼	诉讼是指人民法院对当事人提请审理的劳动争议案件进行审理并作出判决的过程	(1)当事人一方或双方对劳动争议仲裁裁决不服的，可以向人民法院起诉，要求人民法院进行审理。 (2)人民法院审理劳动争议案件适用的是民事诉讼程序，采取两审终审制。之后即使当事人对判决不服，也只能通过审判监督程序进行申诉，但申诉并不影响判决的执行

对于本条款的理解可以阅读本书对《劳动争议调解仲裁法》第五条的解读。

四、劳动争议调委会及调解协议

本法第八十条是对劳动争议调委会及调解协议的规定：
（1）在用人单位内，可以设立劳动争议调解委员会。
（2）劳动争议调解委员会由职工代表、用人单位代表和工会代表组成。
（3）劳动争议调解委员会主任由工会代表担任。
（4）劳动争议经调解达成协议的，当事人应当履行。

对于本条款的理解可以阅读本书对《劳动争议调解仲裁法》第十条至第十六条的解读。

五、仲裁委员会组成

本法第八十一条是对仲裁委员会组成的规定：
（1）劳动争议仲裁委员会由劳动行政部门代表、同级工会代表、用人单位方面的代表组成。
（2）劳动争议仲裁委员会主任由劳动行政部门代表担任。

对于本条款的理解可以阅读本书对《劳动争议调解仲裁法》第十七条至第二十条的解读。

六、仲裁期日

本法第八十二条是对仲裁期日的规定。

本条规定的劳动争议申请仲裁的时效期间为60日，但根据2007年12月29日公布的《劳动争议调解仲裁法》第二十七条的规定，劳动争议申请仲裁的时效期间已延长为一年，仲裁时效期间从当事人知道或者应当知道其权利被侵害之日起计算。这样规定有利于更好地保护劳动者的权益，维护劳动关系当事人寻找救济解决争议的权利。

同时，《劳动争议调解仲裁法》第二十七条还规定了仲裁时效的中断和中止。仲裁时效，因当事人一方向对方当事人主张权利，或者向有关部门请求权利救济，或者对方当事人同意履行义务而中断。从中断时起，仲裁时效期间重新计算。因不可抗力或者有其他正当理由，当事人不能在仲裁时效期间申请仲裁的，仲裁时效中止。从中止时效的原因消除之日起，仲裁时效期间继续计算。劳动关系存续期间因拖欠劳动报酬发生争议的，劳动者申请仲裁不受仲裁时效期间的限制；但是，劳动关系终止的，应当自劳动关系终止之日起1年内提出。

对于本条款的理解可以阅读本书对《劳动争议调解仲裁法》第二十七条至第四十七条的解读。

七、起诉和强制执行

本法第八十三条是关于起诉和强制执行的规定：
（1）劳动争议当事人对仲裁裁决不服的，可以自收到仲裁裁决书之日起15日内向人民法院提起诉讼。
（2）一方当事人在法定期限内不起诉又不履行仲裁裁决的，另一方当事人可以申请人民法院强制执行。

强制执行是指人民法院基于当事人的请求，依照法律规定的程序，运用国家强制力，强制对方当事人履行已经生效的仲裁调解协议书、裁决书及人民法院判决、裁定中所规定的义务的一种司法行为。

当事人向法院申请强制执行应在《民事诉讼法》规定的期限内以书面方式提出，应当向人民法院提交已经发生法律效力的仲裁裁决书，并在申请强制执行的申请书上明确申请强制执行的内容和要求、申请强制执行的原因和理由等。劳动争议仲裁委员会作出的生效的仲裁调解协议书、仲裁裁决书，由被执行人住所地或者被执行的财产所在地人民法院执行。人民法院作出的生效的判决、裁定，由第一审人民法院执行。

对于法院可以受理的劳动争议案件需要符合以下几个条件：

（1）起诉人必须是劳动争议的当事人，即发生争议案件的用人单位和劳动者。

（2）当事人必须是不服仲裁裁决而向人民法院起诉。

（3）当事人起诉必须有明确的被告和具体的诉讼请求。

（4）当事人起诉不得超过法律规定的诉讼时效。《劳动法》规定的提起劳动争议案件诉讼的时效为15日，即自当事人收到仲裁裁决书之日起15日内向人民法院起诉，人民法院才予受理，超过15日的期限，人民法院则不予受理。

（5）当事人起诉应当向有管辖权的人民法院提出。一般应向对案件作出仲裁裁决的仲裁委员会所在地的人民法院起诉。

对于本条款的理解可以阅读本书对《劳动争议调解仲裁法》第四十八条至第五十一条的解读。

八、集体合同争议处理

本法第八十四条是对集体合同争议处理的规定。

1. 集体合同的争议处理实行属地管辖

（1）签订集体合同的争议处理实行属地管辖，具体管辖范围由省级劳动保障行政部门规定。

（2）中央管辖的企业以及跨省、自治区、直辖市用人单位因签订集体合同发生的争议，由劳动保障部指定的省级劳动保障行政部门组织同级工会和企业组织等三方面的人员协调处理，必要时，劳动保障部也可以组织有关方面协调处理。协调处理签订集体合同争议，应当自受理协调处理申请之日起30日内结束协调处理工作。期满未结束的，可以适当延长协调期限，但延长期限不得超过15日。协调处理申请、争议的事实和协调结果应记入《协调处理协议书》，当事人就某些协商事项不能达成一致的，应将继续协商的有关事项予以载明。争议双方均应遵守生效后的《协调处理协议书》。

2. 申请仲裁和诉讼

（1）因履行集体合同发生的争议，当事人协商解决不成的，可以向劳动争议仲裁委员会申请仲裁。

（2）仲裁庭处理集体劳动争议，应当自组成仲裁庭之日起15日内结束。

（3）案情复杂需要延期的，经报仲裁委员会批准，可以适当延期，但是延长的期限不得超过15日。

（4）当事人对仲裁裁决不服的，可以自收到仲裁裁决书之日起15日内向人民法院提起诉讼。

对于本条款的理解可以阅读本书对《劳动合同法》第五十六条的解读。

有关监督检查条款的解读

一、劳动行政部门监督检查

本法第八十五条是对劳动行政部门监督检查工作作出的规定：

（1）县级以上各级人民政府劳动行政部门依法对用人单位遵守劳动法律、法规的情况进行监督检查。

（2）对违反劳动法律、法规的行为有权制止，并责令改正。

对于本条款的理解可以阅读本书对《劳动合同法》第七十三条、第七十四条的解读。

二、对劳动场所检查

本法第八十六条是对劳动场所检查的规定。

（1）县级以上各级人民政府劳动行政部门监督检查人员执行公务，有权进入用人单位了解执行劳动法律、法规的情况，查阅必要的资料，并对劳动场所进行检查。

（2）县级以上各级人民政府劳动行政部门监督检查人员执行公务，必须出示证件，秉公执法并遵守有关规定。

对于本条款的理解可以阅读本书对《劳动合同法》第七十五条的解读。

三、政府监督

本法第八十七条是关于政府监督的规定：县级以上各级人民政府有关部门在各自职责范围内，对用人单位遵守劳动法律、法规的情况进行监督。

对于本条款的理解可以阅读本书对《劳动合同法》第七十六条的解读。

四、工会监督和组织、个人检举控告

本法第八十八条是对工会监督和组织、个人检举控告的规定：

（1）各级工会依法维护劳动者的合法权益，对用人单位遵守劳动法律、法规的情况进行监督。

（2）任何组织和个人对于违反劳动法律、法规的行为有权检举和控告。

对于本条款的理解可以阅读本书对《劳动合同法》第七十七条、第七十八条、第七十九条的解读。

有关法律责任条款的解读

一、对劳动规章违法的处罚

本法第八十九条是关于对劳动规章违法的处罚规定：

（1）用人单位制定的劳动规章制度违反法律、法规规定的，由劳动行政部门给予警告，责令改正。

（2）对劳动者造成损害的，应当承担赔偿责任。

对于本条款的理解可以阅读本书对《劳动合同法》第八十条、第八十一条的解读。

二、对违法延长工作时间的处罚

本法第九十条是有关对违法延长工作时间处罚的规定：用人单位违反本条规定，延长劳动者工作时间的，由劳动行政部门给予警告，责令改正，并可以处以罚款。

本条所指"延长劳动者工作时间"主要是指用人单位在国家允许的标准工作时间和延长工作时间之外，再延长劳动者的工作时间。包括：

（1）用人单位因生产需要安排劳动者的工作时间，每日超出9小时，即超出标准工作时间8小时加允许延长工作时间1小时。

（2）用人单位因特殊原因需要延长工作时间的，每日超出11小时，即超出标准工作时间8小时加允许延长工作时间3小时。

（3）用人单位延长劳动者的工作时间每月累计超过36小时。

（4）实行其他工作时间制度的用人单位，按照上述标准折算后，超出上述规定的。

（5）用人单位未与工会和劳动者协商，强迫劳动者延长工作时间的。

需要指出的是，我国现行的工作时间制度为每日8小时，每周40小时，即劳动者每工作5天，即可享有2天的休息时间。如果用人单位占用劳动者的休息时间而不给予补休，视同用人单位延长了劳动者的工作时间，并应当包括在每月36小时的最高延长工作时间之内。

本条中所指的罚款可以按照受侵害劳动者每人100元以上500元以下的标准计算。

三、对用人单位侵权的处理

本法第九十一条是对用人单位侵权的处理规定。

1. 前三项侵权行为的赔偿

用人单位如果实施了本条规定的前三项侵权行为之一的，除了在规定时间内全额支付劳动者工资报酬或补足低于当地最低工资标准差额的同时，另外应支付相当于应支付部分25%的补偿金。

（1）克扣或者无故拖欠劳动者工资的。

（2）拒不支付劳动者延长工作时间工资报酬的。

（3）低于当地最低工资标准支付劳动者工资的。

2. 解除劳动合同后的补偿

用人单位解除劳动合同后，未按规定给予劳动者经济补偿的，除全额发给经济补偿金外，还须按该经济补偿金数额的50%支付额外经济补偿金。

对于本条款的理解可以阅读本书对《劳动合同法》第三十条、第八十五条的解读。

四、对用人单位违反劳保规定的处罚

本法第九十二条是有关用人单位违反劳保规定处罚的规定：

（1）用人单位的劳动安全设施和劳动卫生条件不符合国家规定或者未向劳动者提供必要的劳动防护用品和劳动保护设施的，由劳动行政部门或者有关部门责令改正，可以处以罚款。

（2）情节严重的，提请县级以上人民政府决定责令停产整顿。

（3）对事故隐不采取措施，致使发生重大事故，造成劳动者生命和财产损失，对责任人员比照《刑法》第一百八十七条的规定追究刑事责任。

五、对违章事故的处罚

本法第九十三条是有关违章事故处罚的规定。用人单位强令劳动者违章冒险作业，发生重大伤亡事故，造成严重后果的，对责任人员依法追究刑事责任。

1. 什么是违章冒险作业和重大伤亡事故

本条所指的违章冒险作业指的是由用人单位的生产经营者强令进行的，而不是劳动者自己从事的。重大伤亡事故，一般是指造成3至9人死亡，造成直接经济损失数额较大的事故。

2.处罚规定

本条中的事故责任人员需要根据其对发生重大事故应负责任的轻重具体来确定。一般情况下,包括主管责任人和直接责任人。责任人员的具体刑事责任可参照《刑法》的相关规定。针对事故的类型和责任人员的身份不同,量刑幅度包括:3年以下有期徒刑或者拘役;3年以上7年以下有期徒刑;5年以下有期徒刑或者拘役,并处罚金;5年以上10年以下有期徒刑,并处罚金。

六、对非法招用未成年工的处罚

本法第九十四条是有关非法招用未成年工处罚的规定:
(1)用人单位非法招用未满16周岁的未成年人的,由劳动行政部门责令改正,处以罚款。
(2)情节严重的,由市场监督管理部门吊销营业执照。

七、对侵害女职工和未成年工合法权益的处罚

本法第九十五条是有关侵害女职工和未成年工合法权益处罚的规定:
(1)用人单位违反本法对女职工和未成年工的保护规定,侵害其合法权益的,由劳动行政部门责令改正,处以罚款。
(2)对女职工或者未成年工造成损害的,应当承担赔偿责任。

八、对人身侵权的处罚

本法第九十六条是有关对人身侵权处罚的规定。

1.必须予以处罚的行为

用人单位有下列行为之一,由公安机关对责任人员处以15日以下拘留、罚款或者警告;构成犯罪的,对责任人员依法追究刑事责任:
(1)以暴力、威胁或者非法限制人身自由的手段强迫劳动的。
(2)侮辱、体罚、殴打、非法搜查和拘禁劳动者的。

威胁是指用人单位以某种对劳动者形成要挟的条件和手段,迫使劳动者接受用人单位所提要求和条件的行为;侮辱是指用人单位公然贬低劳动者人格,损害劳动者名誉的行为;非法搜查是指用人单位非法对劳动者的身体进行搜查的行为。

2.用人单位应负的法律责任

对劳动者人身权利的侵害,《劳动法》和相关法律规定了两种法律责任:
(1)行政责任。由公安机关根据本法和《治安管理处罚法》对责任人员处以15日以下拘留、罚款或者警告。
(2)刑事责任。用人单位对劳动者实施了本条所禁止的行为,且情节严重,构成犯罪的,人民法院应当依据《刑法》的规定追究其刑事责任:用人单位违反劳动管理法规,以限制人身自由的方法强迫职工劳动,情节严重的,对直接责任人员,处3年以下有期徒刑或者拘役,并处或者单处罚金。

对于本条款的理解可以阅读本书对《劳动合同法》第八十八条的解读。

九、无效合同损害责任

本法第九十七条是有关无效合同损害责任的规定:由于用人单位的原因订立的无效合同,对劳动者造成损害的,应当承担赔偿责任。

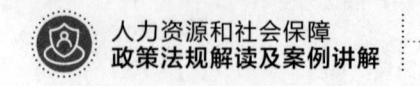

对于本条款的理解可以阅读本书对《劳动合同法》第八十六条的解读。

十、违法解除和拖延订立合同的责任

本法第九十八条是关于违法解除和拖延订立合同的责任的规定。针对用人单位违法解除劳动合同或故意拖延不订立劳动合同的，根据本条规定，有两种承担法律责任的形式：

1.行政责任

行政责任的责任形式是责令改正。即由劳动行政部门责令用人单位恢复与劳动者的劳动合同，或责令用人单位补签与劳动者应当订立的劳动合同。对劳动行政部门作出的决定，用人单位应当执行。

2.民事责任

民事责任的责任形式是赔偿。赔偿范围包括：

（1）造成劳动者工资收入损失的，除应支付应得工资给劳动者外，还要加付应得工资25%的赔偿费用。

（2）造成劳动者劳动保护待遇损失的，应按国家规定补足劳动者的保护津贴和用品。

（3）造成劳动者工伤、医疗待遇损失的，除按国家规定为劳动者提供工伤、医疗待遇外，还应支付相当于医疗费用25%的赔偿费用。

（4）造成女职工和未成年工身体健康损害的，除按国家规定提供治疗期间的医疗待遇外，还应支付相当于其医疗费用25%的赔偿费用。

（5）劳动合同约定的其他赔偿费用。

上述赔偿请求，可以通过申请劳动争议仲裁提出，也可以通过向人民法院提起诉讼提出。

对于本条款的理解可以阅读本书对《劳动合同法》第四十七条、第四十八条、第八十二条、第八十七条、第八十九条的解读。

十一、用人单位招用未解除合同者的损害赔偿

本法第九十九条是对用人单位招用未解除合同者的损害赔偿的规定。

1.适用情况

本条主要是针对实践中出现的劳动者未与用人单位解除劳动合同，却又与另一个用人单位订立劳动合同，给原用人单位造成损失的情况。

2.用人单位负连带赔偿责任的条件

认定用人单位承担招用未解除劳动合同的劳动者负连带赔偿责任应符合三个条件：

（1）存在招用的事实，而不论用人单位招用时的心态是故意还是过失。

（2）给原用人单位造成了能够计算的经济损失。

（3）原用人单位的经济损失与用人单位招用尚未解除劳动合同的劳动者有直接关系。

3.追偿损失的规定

（1）原用人单位可以向用人单位和劳动者中的任何一方请求赔偿部分或者全部损失，用人单位和劳动者中的任何一方也都有义务向原用人单位履行全部或者部分的赔偿义务。

（2）如果一方对原用人单位的全部损失赔偿之后，可以要求另一方承担其应当承担的原用人单位的损失赔偿部分。

(3) 根据《违反〈劳动法〉有关劳动合同规定的赔偿办法》规定，连带赔偿的份额应不低于对原用人单位造成经济损失总额的70%，赔偿的损失包括对生产、经营和工作造成的直接损失。

(4) 经济损失和因获取商业秘密给原用人单位造成的经济损失。赔偿因获取商业秘密给原用人单位造成的经济损失，按反不正当竞争法第二十条的规定执行。

对于本条款的理解可以阅读本书对《劳动合同法》第九十一条的解读。

十二、对不缴纳保险费行为的处理

本法第一百条是对不缴纳保险费行为的处理规定：

(1) 用人单位无故不缴纳社会保险费的，由劳动行政部门责令其限期缴纳。

(2) 逾期不缴的，可以加收滞纳金。

《违反〈中华人民共和国劳动法〉行政处罚办法》第十七条规定："用人单位无故不缴纳社会保险费的，应责令其限期缴纳；逾期不缴的，除责令其补交所欠款额外，可以按每日加收所欠款额2‰的滞纳金。滞纳金收入并入社会保险基金。"

十三、对妨碍检查公务行为的处罚

本法第一百零一条是对妨碍检查公务行为的处罚规定：

(1) 用人单位无理阻挠劳动行政部门、有关部门及其工作人员行使监督检查权，打击报复举报人员的，由劳动行政部门或者有关部门处以罚款。

(2) 构成犯罪的，对责任人员依法追究刑事责任。

与本条相关联的法规有《劳动部关于〈中华人民共和国劳动法〉若干条文的说明》第一百零一条、《劳动部关于贯彻执行〈中华人民共和国劳动法〉若干问题的意见》第九十二条、《违反〈中华人民共和国劳动法〉行政处罚办法》第十八条。

十四、劳动者违法解除合同和违反保密事项损害赔偿

本法第一百零二条是关于劳动者违法解除合同和违反保密事项损害赔偿的规定。

如果劳动者是在本法第三十一条和第三十二条规定之外的情况下解除劳动合同，并因此给用人单位造成了损失，则应当按本条规定承担赔偿责任。用人单位的此类损失应包括：

(1) 用人单位招收录用其所支付的费用。

(2) 用人单位为其支付的培训费用，双方另有约定的按约定办理。

(3) 对生产、经营和工作造成的直接经济损失。

(4) 劳动合同约定的其他赔偿费用。

用人单位应确定本单位的涉密人员范围。此类人员在调离、辞职或解除劳动合同时应接受保密教育，并应当经密级确定机关批准。未经批准擅自离职的，依法追究当事人和用人单位负责人的行政责任。情节严重，并造成国家利益重大损失的，依法追究刑事责任。劳动者违反劳动合同中的保密义务，并对用人单位造成经济损失的，应当承担违约责任，并按反不正当竞争法的有关规定支付用人单位赔偿费用。

对于本条款的理解可以阅读本书对《劳动合同法》第九十条的解读。

十五、渎职处罚

本法第一百零三条是关于对渎职处罚规定。

1. 渎职的表现

（1）滥用职权：指劳动行政部门或者有关部门的工作人员利用其国家工作人员的身份，随意超越其职责和法律法规授予的职权，从事损害国家利益和法律权威的违法行为。

（2）玩忽职守：指劳动行政部门或者有关部门的工作人员因工作漫不经心、疏忽大意、不履行职责，不遵守法律法规的规定，导致用人单位财产和国家利益遭受损失的行为。

（3）徇私舞弊：指劳动行政部门或者有关部门的工作人员为了私情私利，故意违反法律法规的规定，利用职权枉法处理的行为。

2. 渎职应负的法律责任

劳动行政部门或者有关部门的工作人员因为滥用职权、玩忽职守、徇私舞弊行为可能承担的责任包括行政责任和刑事责任。

（1）行政处分。包括警告、记过、记大过、降级、撤职、留用察看、开除。

（2）刑事责任。刑事责任包括：

①国家机关工作人员滥用职权或者玩忽职守，致使公共财产、国家和人民利益遭受重大损失的，处3年以下有期徒刑或者拘役；情节特别严重的，处3年以上7年以下有期徒刑。

②国家机关工作人员徇私舞弊，犯前款罪的，处5年以下有期徒刑或者拘役；情节特别严重的，处5年以上10年以下有期徒刑。

对于本条款的理解可以阅读本书对《劳动合同法》第九十五条的解读。

十六、对挪用社保基金行为的处罚

本法第一百零四条是关于对挪用社保基金行为的处罚规定。

1. 确定挪用社保基金的行为构成犯罪的条件

在判断国家工作人员和社会保险基金经办机构工作人员挪用社保基金的行为是否构成犯罪，并应承担刑事责任时，须符合以下条件：

（1）犯罪主体只能是国家工作人员和社会保险经办机构的工作人员。前者专指与挪用社会保险基金有直接关系的政府部门的人员。

（2）挪用社会保险基金的行为已经达到构成犯罪的数额。轻微挪用社会保险基金，不构成犯罪时，应当依照行政法规和规章的规定进行处理。

（3）犯罪人主观上必须是故意的。

2. 应负的法律责任

由于目前的《刑法》没有对国家工作人员和社会保险基金经办机构的工作人员挪用社会保险基金的行为进行专门刑罚规定，实践中可以参考《刑法》中对挪用公款罪的规定进行处理，即：

（1）国家工作人员利用职务上的便利，挪用公款归个人使用，进行非法活动的，或者挪用公款数额较大、进行营利活动的，或者挪用公款数额较大、超过3个月未还的，是挪用公款罪，处5年以下有期徒刑或者拘役。

（2）情节严重的，处5年以上有期徒刑。挪用公款数额巨大不退还的，处10年以上有期徒刑或者无期徒刑。

十七、处罚竞合处理

本法第一百零五条是关于处罚竞合处理的规定：违反本法规定侵害劳动者合法权益，其他法律、行政法规已规定处罚的,依照该法律、行政法规的规定处罚。

对于本条款的理解可以阅读本书对《劳动合同法》第八十四条、第九十二条至第九十四条的解读。

有关附则条款的解读

一、实施步骤的制定

本法第一百零六条是有关本法的实施步骤制定的规定:省、自治区、直辖市人民政府根据本法和本地区的实际情况,规定劳动合同制度的实施步骤,报国务院备案。

二、施行日期

本法第一百零七条确立了本法的施行日期:本法自1995年1月1日起施行。

第二章 《劳动合同法》解读

《劳动合同法》的立法背景

原有的劳动合同制度的确立是于1995年1月1日生效的《劳动法》为标志,对于破除传统计划经济体制下行政分配式的劳动用工制度,建立与社会主义市场经济体制相适应的用人单位与劳动者双向选择的劳动用工制度,实现劳动力自愿的市场配置,促进劳动关系和谐稳定,发挥了十分重要的作用。

随着市场主体和利益关系的多元化,原有的劳动合同制度在实施中也出现了一些新情况、新问题,已经不能完全适应新形势的要求。

《劳动合同法》的亮点

《劳动合同法》的实施对劳动者、用人单位产生的最大影响在于,加大了对劳动者的保护力度,加重了用人单位的违法成本。它有几大亮点:

一、《劳动合同法》适用事业单位

《劳动合同法》第二条规定:"中华人民共和国境内的企业、个体经济组织、民办非企业单位等组织(以下称用人单位)与劳动者建立劳动关系,订立、履行、变更、解除或者终止劳动合同,适用本法。"

国家机关、事业单位、社会团体和与其建立劳动关系的劳动者,订立、履行、变更、解除或者终止劳动合同,依照本法执行。

实践中事业单位人员的构成是由公务员或参照公务员管理的人员;实行聘用制的人员;一般劳动者。由公务员或参照公务员管理的人员不适用《劳动合同法》,一般劳动者适用《劳动合同法》,实行聘用制的人员部分适用。

《劳动合同法》第九十六条规定:"事业单位与实行聘用制的工作人员订立、履行、变更、解除或者终止劳动合同,法律、行政法规或者国务院另有规定的,依照其规定;未作规定的,依照本法有关规定执行。"将实行"聘任制的工作人员"交由"法律、行政法规以及国务院"来决定,部分适用于事业单位,扩大了调整范围。

二、签合同前用人单位须履行告知义务

为了充分保证劳动者知情权,《劳动合同法》第八条规定:"用人单位招用劳动者时,应当如实告知劳动者工作内容、工作条件、工作地点、职业危害、安全生产状况、劳动报酬,以及劳动者要求了解的其他情况;用人单位有权了解劳动者与劳动合同直接相关的基本情况,劳动者应当如实说明。"

三、不签劳动合同用人单位须按月付双薪

《劳动合同法》第十条规定建立劳动关系，应当订立书面劳动合同。

已建立劳动关系，未同时订立书面劳动合同的，应当自用工之日起1个月内订立书面劳动合同。

用人单位与劳动者在用工前订立劳动合同的，劳动关系自用工之日起建立。

违法成本：根据《劳动合同法》第八十二条的规定，用人单位自用工之日起超过1个月不满1年未与劳动者订立书面劳动合同的，应当向劳动者每月支付2倍的工资。用人单位违反《劳动合同法》规定不与劳动者订立无固定期限劳动合同的，自应当订立无固定期限劳动合同之日起向劳动者每月支付2倍的工资。

四、同一劳动者只能被"试用"一次

《劳动法》第二十一条规定："劳动合同可以约定试用期。试用期最长不得超过六个月。"按照《劳动法》规定，职工在试用期内达不到录用条件，用人单位可以随时解除劳动合同，并且不用支付经济补偿金。正是由于现行法律的疏漏，劳动者权益受到侵害无法得到保护。

《劳动合同法》对试用期主要限定了：试用期的期限，劳动合同期限3个月以上不满1年的，试用期不得超过1个月；劳动合同期限1年以上不满3年的，试用期不得超过2个月；3年以上固定期限和无固定期限的劳动合同，试用期不得超过6个月；试用期次数，同一用人单位与同一劳动者只能约定1次试用期；试用期的工资，不得低于本单位相同岗位最低档工资或者劳动合同约定工资的80%，并不得低于用人单位所在地的最低工资标准；试用期中，用人单位不得解除劳动合同的情形。

违法成本：根据《劳动合同法》第八十三条的规定，用人单位违反本法规定与劳动者约定试用期的，由劳动行政部门责令改正；违法约定的试用期已经履行的，由用人单位以劳动者试用期满月工资为标准，按已经履行的超过法定试用期的期间向劳动者支付赔偿金。

五、鼓励劳动合同无固定期限

按照《劳动法》第二十条的规定，双方签订无固定期限劳动合同必须具备3个条件：劳动者在同一用人单位连续工作满10年以上；双方同意续签劳动合同；劳动者提出要签无固定期限合同。

按现行劳动法律规定，只要用人单位不同意签订无固定期限劳动合同，劳动者就不能与用人单位签订无固定期限劳动合同，合同终止，用人单位也可不支付经济补偿金。而按《劳动合同法》规定，劳动者提出与用人单位签订无固定期限劳动合同，用人单位必须签订。《劳动合同法》明确规定，除劳动者提出订立固定期限劳动合同外，如果劳动者在该用人单位连续工作满10年的；用人单位初次实行劳动合同制度；国有企业改制重新订立劳动合同；劳动者在该用人单位连续工作满10年且距法定退休年龄不足10年的；连续订立2次固定期限劳动合同，且劳动者没有本法第三十九条和第四十条第一项、第二项规定的情形，续订劳动合同的，用人单位应当与劳动者订立无固定期限劳动合同。

六、制定劳动规章制度不再是用人单位一方说了算

《劳动合同法》第四条规定："用人单位在制定、修改或者决定有关劳动报酬、工作时间、休息休假、劳动安全卫生、保险福利、职工培训、劳动纪律以及劳动定额管理等直接涉及劳动者切身利益的规章制度或者重大事项时，应当经职工代表大会或者全体职工讨论，提出方案和意见，与工会或者职工代表平等协商确定。"

原劳动合同法征求意见稿中规定，"用人单位的规章制度直接涉及劳动者切身利益的，应当经工会、职工大会或者职工代表大会讨论通过。"此条内容外资企业表现非常强烈，他们认为这是与

现代企业制度背道而驰，股东（老板）作为公司的所有者，理当享有制定、实施有关规章制度的绝对权。"如果按照征求意见稿的规定，公司最高权力已转向他人之手。"甚至引发报界报道的美商会等资方"从中国撤资"的威胁论。最终通过的《劳动合同法》中已将"应当经……讨论通过"删去，用"平等协商确定"代替。

实践中有的用人单位的规章制度本身就是"霸王制度"，这种单方的规定很难保证员工的利益，因此，《劳动合同法》规定直接涉及劳动者切身利益的规章制度或者重大事项时，不再是用人单位一方说了算，这样更好地维护劳动者的合法权益。

违法成本：根据《劳动合同法》第八十条的规定，用人单位直接涉及劳动者切身利益的规章制度违反法律、法规规定的，由劳动行政部门责令改正，给予警告；给劳动者造成损害的，应当承担赔偿责任。

七、行政部门不作为须承担赔偿责任

针对目前劳动者维权成本较高的现状，该法规定：劳动行政部门和其他有关主管部门及其工作人员不履行法定职责，给劳动者造成损害的，应当承担赔偿责任；用人单位拖欠或者未足额支付劳动报酬的，劳动者可以依法向当地人民法院申请支付令，人民法院应当依法发出支付令。

八、明确了用人单位强迫劳动的四类情况

《劳动合同法》加重用人单位的违法成本还有以下5种类型：

（1）用人单位未将劳动合同文本交付劳动者的情形被纳入行政处罚范围，并辅之赔偿责任。

《劳动合同法》第八十一条规定："用人单位提供的劳动合同文本未载明本法规定的劳动合同必备条款或者用人单位未将劳动合同文本交付劳动者的，由劳动行政部门责令改正；给劳动者造成损害的，应当承担赔偿责任。"

（2）用人单位违反本法规定解除或者终止劳动合同的，应当依照本法第四十七条规定的经济补偿标准的三倍向劳动者支付赔偿金。

（3）明确用人单位强迫劳动等四类情形。

《劳动合同法》规定，用人单位有以下四类情形，将依法给予行政处罚；构成犯罪的，依法追究刑事责任；给劳动者造成损害的，应当承担赔偿责任。包括：

①以暴力、威胁或者非法限制人身自由的手段强迫劳动的。

②违章指挥或者强令冒险作业危及劳动者人身安全的。

③侮辱、体罚、殴打、非法搜查或者拘禁劳动者的。

④劳动条件恶劣、环境污染严重，给劳动者身心健康造成严重损害的。山西黑砖窑事件适用于该条法律。

（4）用人单位扣押劳动者居民身份证等证件将受处罚。

用人单位违反本法规定，以担保或者其他名义向劳动者收取财物的，由劳动行政部门责令限期退还劳动者本人，并以每人500元以上2 000元以下的标准处以罚款；给劳动者造成损害的，应当承担赔偿责任。

劳动者依法解除或者终止劳动合同，用人单位扣押劳动者档案或者其他物品的，依照前款规定处罚。

（5）用人单位有下列情形之一的，由劳动行政部门责令限期支付劳动报酬、加班费或者经济补偿；劳动报酬低于当地最低工资标准的，应当支付其差额部分；逾期不支付的，责令用人单位按应付金额50%以上100%以下的标准向劳动者加付赔偿金：

①未按照劳动合同的约定或者国家规定及时足额支付劳动者劳动报酬的。

②低于当地最低工资标准支付劳动者工资的。

③安排加班不支付加班费的。
④解除或者终止劳动合同，未依照本法规定向劳动者支付经济补偿的。

有关总则条款的解读

一、立法宗旨

本法第一条确定了《劳动合同法》的立法宗旨。立法宗旨也就是立法目的。本条规定的立法宗旨有三层意思：

（1）完善劳动合同制度，明确劳动合同双方当事人的权利和义务。
（2）保护劳动者的合法权益。
（3）构建和发展和谐稳定的劳动关系。

二、适用范围

本法第二条确定了《劳动合同法》的适用范围，如下表所示：

《劳动合同法》的适用范围

大类	组织类别	说明
企业、个体经济组织、民办非企业单位等组织	企业	是以营利为目的经济性组织，包括法人企业和非法人企业，是用人单位的主要组成部分，是本法的主要调整对象
	个体经济组织	是指雇工在7个人以下的个体工商户
	民办非企业单位	指企业事业单位、社会团体和其他社会力量以及公民个人利用非国有资产举办的，从事非营利性社会服务活动的组织。如民办学校、民办医院、民办图书馆、民办博物馆、民办科技馆等，目前民办非企业单位超过30万家
	其他	这三类组织以外的组织如会计师事务所、律师事务所等，它们的组织形式比较复杂，有的采取合伙制，有的采取合作制，它们不属于本条列举的任何一种组织形式，但他们招用助手、工勤人员等，也要签订劳动合同。因此，也需要适用本法
国家机关、事业单位和社会团体	国家机关	这里的国家机关包括国家权力机关、国家行政机关、司法机关、国家军事机关、政协等，其录用公务员和聘任制公务员，适用《公务员法》，不适用本法，国家机关招用工勤人员，需要签订劳动合同，就适用《劳动合同法》
	事业单位	（1）具有管理公共事务职能的组织，如证券监督管理委员会、保险监督管理委员会、银行业监督管理委员会等，其录用工作人员是参照《公务员法》进行管理，不适用本法。 （2）实行企业化管理的事业单位，这类事业单位与职工签订的是劳动合同，适用本条的规定。 （3）事业单位如医院、学校、科研机构等，有的劳动者与单位签订的是劳动合同，签订劳动合同的，就要按照本条的规定执行；有的劳动者与单位签订的是聘用合同，签订聘用合同的，就要按照本法第九十六条的规定，即法律、行政法规或者国务院另有规定的，就按照法律、行政法规或者国务院的规定执行；法律、行政法规和国务院未作规定的，也要按照本法执行
	社会团体	社会团体的情况也比较复杂，有的社会团体如党派团体，除工勤人员外，其工作人员是公务员，按照《公务员法》管理；有的社会团体如工会、共青团、妇联、工商联等人民团体和群众团体，文学艺术联合会、足球协会等文化艺术体育团体，法学会、医学会等学术研究团体，各种行业协会等社会经济团体，虽然《公务员法》没有明确规定参照，但实践中对列入国家编制序列的社会团体，除工勤人员外，其工作人员是比照《公务员法》进行管理的。除此以外的多数社会团体，如果作为用人单位与劳动者订立的是劳动合同，就按照本法进行调整

续表

大类	组织类别	说明
非全日制用工和劳务派遣工		在征求意见的过程中，有些意见建议将一些灵活用工纳入《劳动合同法》的调整范围。如非全日制用工、退休人员重新就业、非法用工、劳务派遣用工等。因此，除规范正常的劳动合同用工外，《劳动合同法》还对劳务派遣、非全日制用工作了规定，尽可能地扩大本法的调整范围。考虑到《劳动合同法》是规范用人单位与劳动者之间订立劳动合同的法律规范，对一些不规范的用工，本法不好调整。所以对家庭雇工、兼职人员、返聘的离退休人员等未作规定

三、合同订立的原则和效力

本法第三条规定了劳动合同订立的原则和劳动合同的效力。

1. 劳动合同订立的原则

劳动合同订立要遵循合法原则、公平原则、平等自愿、协商一致、诚实信用的原则，其具体要求如下表所示：

劳动合同订立的五大原则

序号	原则	说明
1	合法原则	（1）劳动合同的形式要合法，如除非全日制用工外，劳动合同需要以书面形式订立，这是本法对劳动合同形式的要求。如果是口头合同，当双方发生争议时，法律不承认其效力，用人单位要承担不签订书面合同的法律后果。 （2）劳动合同的内容要合法。本法第十七条规定了劳动合同的九项内容。有些内容，相关的法律、法规都有规定，用人单位和劳动者必须在法律规定的限度内作出具体规定，如关于劳动合同的期限，什么情况下应当订立固定期限，什么情况下应当订立无固定期限，应当符合本法的规定；关于工作时间，不得违反国家关于工作时间的规定；关于劳动报酬，不得低于当地最低工资标准；还有劳动保护，不得低于国家规定的劳动保护标准等。如果劳动合同的内容违法，劳动合同不仅不受法律保护，当事人还要承担相应的法律责任
2	公平原则	劳动合同的内容应当公平、合理。就是在符合法律规定的前提下，劳动合同双方公平、合理地确立双方的权利和义务。有些合同内容，相关劳动法律、法规往往只规定了一个最低标准，在此基础上双方自愿达成协议，就是合法的，但有时合法的未必公平、合理。如同一个岗位，两个资历、能力都相当的人，工资收入差别很大，或者能力强的收入比能力差的还低，就是不公平。再比如，用人单位提供少量的培训费用培训劳动者，却要求劳动者订立较长的服务期，而且在服务期内不提高劳动者的工资或者不按照正常工资调整机制提高工资。这些都不违反法律的强制性规定，但不合理、不公平。此外，还要注意的是用人单位不能滥用优势地位，迫使劳动者订立不公平的合同
3	平等自愿	（1）平等：劳动者和用人单位在订立劳动合同时在法律上地位是平等的，没有高低、从属之分，不存在命令和服从、管理和被管理关系。这里讲的平等，是法律上的平等，形式上的平等，在我国劳动力供大于求的形势下，多数劳动者和用人单位的地位实际上做不到平等。但用人单位不得用优势地位，在订立劳动合同时附加不平等的条件。 （2）自愿：指订立劳动合同完全是出于劳动者和用人单位双方的真实意志，是双方协商一致达成的，任何一方不得把自己的意志强加给另一方。自愿原则包括订不订立劳动合同由双方自愿，与谁签订劳动合同由双方自愿，合同的内容双方自愿约定等。根据自愿原则，任何单位和个人不得强迫劳动者订立劳动合同
4	协商一致	协商一致就是用人单位和劳动者要对合同的内容达成一致意见。在订立劳动合同时，用人单位和劳动者都要仔细研究合同的每项内容，进行充分的沟通和协商，解决分歧，达成一致意见
5	诚实信用	在订立劳动合同时要诚实，讲信用。如在订立劳动合同时，双方都不得有欺诈行为。根据本法第八条的规定，用人单位招用劳动者时，应当如实告知劳动者工作内容、工作条件、工作地点、职业危害、安全生产状况、劳动报酬，以及劳动者要求了解的其他情况；用人单位有权了解劳动者与劳动合同直接相关的基本情况，劳动者应当如实说明。双方都不得隐瞒真实情况

2. 劳动合同的效力

劳动合同的效力就是劳动合同对当事人的约束力。根据本条的规定，劳动合同依法订立即具有法律效力，用人单位与劳动者应当履行劳动合同约定的义务。劳动合同依法订立，就受法律保护。非依据法律规定或者征得对方同意，任何一方不得擅自变更或者解除劳动合同，否则就要承担法律责任。

劳动合同的生效时间，当事人可以在劳动合同中约定，没有约定的，应当自双方签字之日起生效。

四、用人单位规章制度

本法第四条就用人单位规章制度的建立作出了规定。

1. 用人单位应当依法建立和完善劳动规章制度

用人单位的规章制度，也称为内部劳动规则，是企业内部的"法律"。规章制度内容广泛，包括了用人单位经营管理的各个方面，如：劳动合同管理、工资管理、社会保险福利待遇、工时休假、职工奖惩，以及其他劳动管理规定。用人单位制定规章制度，要严格执行国家法律、法规的规定，保障劳动者的劳动权利，督促劳动者履行劳动义务。制定规章制度应当体现权利与义务一致、奖励与惩罚结合，不得违反法律、法规的规定。否则，就会受到法律的制裁。

2. 规章制度和重大事项的决定程序

规章制度的制定程序关键是要保证制定出来的规章制度内容具有民主性和科学性。规章制度的大多数内容与职工的权利密切相关，让广大职工参与规章制度的制定，可以有效地杜绝用人单位独断专行，防止用人单位利用规章制度侵犯劳动者的合法权益。

（1）平等协商的内容。

直接涉及劳动者切身利益的劳动报酬、工作时间、休息休假、劳动安全卫生、保险福利、职工培训、劳动纪律以及劳动定额管理等规章制度或者重大事项。规章制度如工作时间、休息休假、劳动安全卫生、劳动纪律以及劳动定额管理等，重大事项如劳动报酬、保险福利、职工培训等。

（2）具体制定程序。

根据本条的规定，制定规章制度或者决定重大事项，应当经职工代表大会或者全体职工讨论，提出方案和意见，与工会或者职工代表平等协商确定。所以，这个程序分为两个步骤：

①经职工代表大会或者全体职工讨论，提出方案和意见。

②与工会或者职工代表平等协商确定。

一般来说，企业建立了工会的，与企业工会协商确定；没有建立工会的，与职工代表协商确定。这种程序，可以说是"先民主，后集中"。

3. 规章制度的异议程序

用人单位的规章制度既要符合法律、法规的规定，也要合理，符合社会道德。本条规定在规章制度实施过程中，工会或者职工认为用人单位的规章制度不适当的，有权向用人单位提出，通过协商作出修改完善。

4. 规章制度的告知程序

直接涉及劳动者切身利益的规章制度应当公示，或者告知劳动者。关于告知的方式有很多种，如用告示栏张贴告示；把规章制度作为劳动合同的附件发给劳动者；向每个劳动者发放员工手册。无论哪种方式，只要让劳动者知道就可以。

五、关于劳动关系三方机制

本法第五条是关于劳动关系三方机制的规定。

1. 关于劳动关系三方机制

劳动关系三方协商机制，也称劳动关系三方原则。根据国际劳工组织《三方协商促进国际劳工标准公约》（1976年144号）规定，三方机制是指政府（通常以劳动部门为代表）、雇主和工人之间，就制定和实施经济和社会政策而进行的所有交往和活动。即由政府、雇主组织和工会通过一定的组织机构和运作机制共同处理所涉及劳动关系的问题，如劳动立法、经济与社会政策的制定、就业与劳动条件、工资水平、劳动标准、职业培训、社会保障、职业安全与卫生、劳动争议处理以及对产业行为的规范与防范等。我国于1990年批准了国际劳工组织通过的《三方协商促进贯彻国际劳工标准公约》。2001年10月27日新修正的《工会法》第三十四条对三方机制作了规定，即"各级人民政府劳动行政部门应当会同同级工会和企业方面代表，建立劳动关系三方协商机制，共同研究解决劳动关系方面的重大问题。"这是目前我国推行三方协商制度的主要法律依据。2001年8月，劳动和社会保障部、全国总工会、中国企业联合会联合宣布，国家将全面启动劳动关系三方（国家、企业、职工）协商机制，以协商的形式解决劳动关系中存在的各种问题。目前全国省级和市一级的三方机制已经基本建立。三方机制正逐步向县（市、区）和产业一级延伸，全国将建立多层次的社会层面的三方协调机制，三方机制，与劳动合同制度、集体合同制度一起构成了稳定、协调和规范劳动关系的机制。

2. 三方机制的组成

三方机制应当由三方组成，即由代表政府的劳动行政部门、代表职工的地方总工会和代表用人单位的企业代表组织（企业联合会、企业家协会、商会等）。三方协商机制，实际上是一种平等对话的机制。政府、企业组织和工会组织三方的职能不能替代，各有侧重和相互独立，相互没有隶属关系，切实代表基层组织和会员的利益。

政府、企业组织和工会组织三方的职能

序号	组成的三方	职能
1	政府代表	《工会法》中明确规定政府劳动行政部门是政府的代表
2	企业组织代表	民间的商会、个体经营者协会、青年企业家协会、女企业家协会等相继出现，作为企业方代表，它们都可以成为三方协商机制的一方。目前，在中央层面，还是由中国企业联合会作为企业方代表
3	职工代表	代表职工参加三方机制的是各级总工会

3. 三方机制要解决的问题

根据《工会法》和本法的规定，三方机制解决的是劳动关系方面的重大问题。如劳动就业、劳动报酬、社会保险、职业培训、劳动争议、劳动安全卫生、工作时间和休息休假、集体合同和劳动合同等。

六、工会在劳动合同中的作用

本法第六条确定了工会在劳动合同中的作用，其主要作用是：

（1）帮助、指导劳动者与用人单位依法订立和履行劳动合同。

（2）与用人单位建立集体协商机制。集体协商的内容包括职工的民主管理；签订集体合同和监督集体合同的履行；涉及职工权利的规章制度的制定、修改；企业职工的劳动报酬、工作时间和休息休假、保险福利、劳动安全卫生、女职工和未成年工的特殊保护、职工培训及职工文化体育生活；劳动争议的预防和处理以及双方认为需要协商的其他事项。

有关劳动合同的订立条款的解读

一、劳动关系的建立

本法第七条是关于用人单位与劳动者建立劳动关系的规定，具体规定了劳动关系的建立时间和建立职工名册备查两项内容。

1.劳动关系自用工之日起建立

自用人单位招用劳动者从事劳动合同约定的工作之日起，劳动关系即确立。双方可以就按照约定享受权利和履行义务，接受劳动法律、法规的约束。

2.用人单位应当建立职工名册

（1）对于与本单位建立劳动关系的劳动者，用人单位应当建立职工名册，以备劳动行政部门查看。

（2）职工名册一般包括劳动者的姓名、性别、民族、出生年月、文化程度、政治面貌、职务、级别等内容。

二、劳资双方的告知义务

本法第八条规定了用人单位与劳动者的如实告知义务。所谓如实告知义务，是指在用人单位招用劳动者时，用人单位与劳动者应将双方的基本情况，如实向对方说明的义务。告知应当以一种合理并且适当的方式进行，要求能够让对方及时知道和了解。

1.用人单位的告知义务

用人单位对劳动者的如实告知义务，体现在用人单位招用劳动者时，应当如实告知劳动者以下内容：

（1）工作内容。

（2）工作条件。

（3）工作地点。

（4）职业危害。

（5）安全生产状况。

（6）劳动报酬。

这些内容是法定的并且无条件的，无论劳动者是否提出知悉要求，用人单位都应当主动将上述情况如实向劳动者说明。

除此以外，对于劳动者要求了解的其他情况，如用人单位相关的规章制度，包括用人单位内部的各种劳动纪律、规定、考勤制度、休假制度、请假制度、处罚制度以及企业内已经签订的集体合同等，用人单位都应当进行详细的说明。

2.劳动者的告知义务

劳动者的告知义务是附条件的，只有在用人单位要求了解劳动者与劳动合同直接相关的基本情况时,劳动者才有如实说明的义务。劳动者与劳动合同直接相关的基本情况包括健康状况、知识技能、学历、职业资格、工作经历以及部分与工作有关的劳动者个人情况,如家庭住址、主要家庭成员构成等。

用人单位与劳动者双方都应当如实告知另一方真实的情况,不能欺骗。如果一方向另一方提供虚假信息,将有可能导致劳动合同的无效。如:劳动者向用人单位提供虚假学历证明;用人单位未如实告知工作岗位存在患职业病的可能等,都属于本法规定的采取欺诈的手段订立的劳动合同,该劳动合同无效。

三、禁止提供担保及扣押证件

本法第九条是关于用人单位不得要求劳动者提供担保或者向劳动者收取财物,不得扣押劳动者的证件的规定。

1.用人单位违法向劳动者收取财物的情况

用人单位违法向劳动者收取财物的情况主要有两种:

(1)建立劳动关系时收取风险抵押金等项费用,对不交者不与其建立劳动关系,对交者在建立劳动关系后又与其解除劳动关系且不退还风险抵押金等项费用。

(2)建立劳动关系后全员收取风险抵押金等项费用,对不交者予以开除、辞退或者下岗。

因此,无论是在建立劳动关系之前,还是在建立劳动关系之后,只要用人单位招用劳动者,即不得要求劳动者提供担保或以其他名义向劳动者收取财物。

2.用人单位向劳动者收取财物或者扣押劳动者证件的法律责任

劳动者有权拒绝用人单位以各种形式和名义向自己收取定金、保证金(物)或抵押金(物)。本法第八十四条也规定了向劳动者收取财物或者扣押劳动者证件的法律责任,即:

(1)用人单位违反本法规定,扣押劳动者居民身份证等证件的,由劳动行政部门责令限期退还劳动者本人;依照有关法律规定给予处罚。

(2)用人单位违反本法规定,以担保或者其他名义向劳动者收取财物的,由劳动行政部门责令限期退还劳动者本人,并以每人500元以上2000元以下的标准处以罚款;给劳动者造成损害的,应当承担赔偿责任。

四、订立书面劳动合同

本法第十条是关于订立书面劳动合同的规定。

1.订立劳动合同应当采用书面形式

劳动合同作为劳动关系双方当事人权利和义务的协议,也有书面形式和口头形式之分。

《劳动法》和本法明确规定,劳动合同应当以书面形式订立。用书面形式订立劳动合同严肃慎重、准确可靠、有据可查,一旦发生争议时,便于查清事实,分清是非,也有利于主管部门和劳动行政部门进行监督检查。另外,书面劳动合同能够加强合同当事人的责任感,促使合同所规定的各项义务能够全面履行。

2.未在建立劳动关系的同时订立书面劳动合同情况的处理

对于已经建立劳动关系,但没有同时订立书面劳动合同的情况,要求用人单位与劳动者应当自用工之日起1个月内订立书面劳动合同。

(1)根据本法规定,用人单位自用工之日起满1年不与劳动者订立书面劳动合同的,视为用人单位与劳动者已订立无固定期限劳动合同。

（2）用人单位未在用工的同时订立书面劳动合同，与劳动者约定的劳动报酬不明确的，新招用的劳动者的劳动报酬应当按照企业的或者行业的集体合同规定的标准执行；没有集体合同或者集体合同未作规定的，用人单位应当对劳动者实行同工同酬。

（3）用人单位自用工之日起超过1个月但不满1年未与劳动者订立书面劳动合同的，应当向劳动者支付二倍的月工资。

3. 先订立劳动合同后建立劳动关系的情况

在现实中也有一种情况，用人单位在招用劳动者进入工作岗位之前，先与劳动者订立了劳动合同。对于这种情况，其劳动关系从用工之日起建立，其劳动合同期限、劳动报酬、试用期、经济补偿金等，均从用工之日起计算。

五、约定不明时劳动报酬如何确定

本法第十一条就约定不明时劳动报酬应当如何确定的问题作出了规定。

在实践中，有很多用人单位与劳动者已经建立了劳动关系，但并未订立劳动合同。对劳动报酬的具体事项，包括劳动报酬的金额、支付方式、支付时间等，仅仅作了口头约定，或者约定的不明确，一旦发生争议，往往无据可查，无法确定。针对这种情况，本条作了相关规定。

根据本条规定，用人单位未在用工的同时订立书面劳动合同，与劳动者约定的劳动报酬不明确的，新招用的劳动者的劳动报酬按照集体合同规定的标准执行。

在劳动者的劳动报酬无法确定时，用人单位应当依据本单位与其相同岗位、付出相同劳动、取得相同业绩的劳动者的工资标准，向劳动者支付劳动报酬。

六、劳动合同期限

本法第十二条对劳动合同的期限作出了规定。

1. 什么是劳动合同的期限

劳动合同期限是指合同的有效时间，它一般始于合同的生效之日，终于合同的终止之时。

2. 劳动合同期限的分类

根据本条规定，劳动合同期限分为固定期限、无固定期限和以完成一定工作任务为期限三种。

（1）固定期限劳动合同，是指用人单位与劳动者约定合同终止时间的劳动合同。

（2）无固定期限劳动合同，是指用人单位与劳动者约定无确定终止时间的劳动合同。

（3）以完成一定工作任务为期限的劳动合同，是指用人单位与劳动者约定以某项工作的完成为合同期限的劳动合同。

3. 如何确定劳动合同期限

合理地确定劳动合同期限，对当事人双方来说，都是至关重要的。确定劳动合同期限除了坚持劳动合同订立的原则外，还要掌握这样两条原则：

（1）有利于企业发展生产的原则。订立劳动合同的期限首先必须从生产实际出发，根据企业生产和工作的需要来确定。

（2）兼顾当事人双方利益的原则。确定劳动合同期限时，不能只强调企业的生产工作需要，也应当兼顾劳动者个人利益，尊重劳动者个人意愿。

总之，当事人双方都应当处理好眼前利益和长远利益的关系，合理确定劳动合同的期限。

科学合理地确定劳动合同的期限,对于用人单位和劳动者的发展都有很大帮助。用人单位可以根据生产经营的长期规划和目标任务,对劳动力的使用进行科学预测,合理规划,使劳动合同期限能够长短并用,梯次配备,形成灵活多样的格局。劳动者可以根据自身的年龄、身体状况、专业技术水平、自身发展计划等因素,合理的选择适合自己的劳动合同期限。

七、固定期限劳动合同

本法第十三条是关于固定期限劳动合同的规定。

固定期限劳动合同,是指用人单位与劳动者约定合同终止时间的劳动合同。具体是指劳动合同双方当事人在劳动合同中明确规定了合同效力的起始和终止的时间。劳动合同期限届满,劳动关系即告终止。如果双方协商一致,还可以续订劳动合同,延长期限。固定期限的劳动合同可以是较短时间的,如半年、1年、2年,也可以是较长时间的,如5年、10年,甚至更长时间。不管时间长短,劳动合同的起始和终止日期都是固定的。具体期限由当事人双方根据工作需要和实际情况确定。

订立哪一种期限的劳动合同,应当由用人单位与劳动者双方共同协商确定。有的用人单位为了保持用工灵活性,愿意与劳动者签订短期的固定期限劳动合同。而有的劳动者为了能有一份稳定的职业和收入,更愿意与用人单位签订无固定期限劳动合同。无论双方的意愿如何,究竟签订哪一种类型的劳动合同,需要由双方协商一致后,作出一个共同的选择。只要用人单位与劳动者协商一致,没有采取胁迫、欺诈、隐瞒事实等非法手段,符合法律的有关规定,就可以订立固定期限劳动合同。

八、无固定期限劳动合同

本法第十四条是关于无固定期限劳动合同的规定。

1. 什么是无固定期限劳动合同

无固定期限劳动合同,是指用人单位与劳动者约定无确定终止时间的劳动合同。

这里所说的无确定终止时间,是指劳动合同没有一个确切的终止时间,劳动合同的期限长短不能确定,但并不是没有终止时间。只要没有出现法律规定的条件或者双方约定的条件,双方当事人就要继续履行劳动合同规定的义务。一旦出现了法律规定的情形,无固定期限劳动合同也同样能够解除。

2. 无固定期限劳动合同的好处

订立无固定期限的劳动合同,劳动者可以长期在一个单位或部门工作。这种合同适用于工作保密性强、技术复杂、工作又需要保持人员稳定的岗位。这种合同对于用人单位来说,有利于维护其经济利益,减少频繁更换关键岗位的关键人员而带来的损失。对于劳动者来说,也有利于实现长期稳定职业,钻研业务技术。

3. 无固定期限劳动合同的订立

订立无固定期限劳动合同有两种情形。

(1)用人单位与劳动者协商一致,可以订立无固定期限劳动合同。

根据本法规定,订立劳动合同应当遵循平等自愿、协商一致的原则。只要用人单位与劳动者协商一致,没有采取胁迫、欺诈、隐瞒事实等非法手段,符合法律的有关规定,就可以订立无固定期限劳动合同。

(2)在法律规定的情形出现时,劳动者提出或者同意续订劳动合同的,应当订立无固定期限劳动合同。

根据本条规定，只要出现了本条规定的三种情形，在劳动者主动提出续订劳动合同或者用人单位提出续订劳动合同且劳动者同意的情况下，就应当订立无固定期限劳动合同。这三种情形如下表所示：

应当订立无固定期限劳动合同的三种法律规定的情形

序号	法律规定的情形	说明
1	劳动者在该用人单位连续工作满10年	指劳动者与同一用人单位签订的劳动合同的期限不间断达到10年。如有的劳动者在用人单位工作5年后，离职到别的单位去工作了2年，然后又回到了这个用人单位工作5年。虽然累计时间达到了10年，但是劳动合同期限有所间断，不符合"在该用人单位连续工作满10年"的条件。劳动者工作时间不足10年的，即使提出订立无固定期限劳动合同，用人单位也有权不接受
2	用人单位初次实行劳动合同制度或者国有企业改制重新订立劳动合同时，劳动者在该用人单位连续工作满10年且距法定退休年龄不足10年	对于已在该用人单位连续工作满10年并且距法定退休年龄不足10年的劳动者，在订立劳动合同时，允许劳动者提出签订无固定期限劳动合同。如果一个劳动者已在该用人单位连续工作满10年，但距离法定退休年龄超过10年，则不属于本项规定的情形
3	连续订立二次固定期限劳动合同，且劳动者没有本法第三十九条和第四十条第一项、第二项规定的情形续订劳动合同	根据这一项规定，在劳动者没有本法第三十九条和第四十条第一项、第二项规定的用人单位可以解除劳动合同的情形下，如果用人单位与劳动者签订了一次固定期限劳动合同，在签订第二次固定期限劳动合同时，就意味着下一次必须签订无固定期限劳动合同。所以在第一次劳动合同期满，用人单位与劳动者准备订立第二次固定期限劳动合同时，应当作出慎重考虑

4. 如何解除无固定期限劳动合同

（1）协商解除。

无固定期限的劳动合同在履行过程中，任何一方由于某种原因希望或已提出解除劳动合同，另一方只要表示同意，双方达成一致意见，就可以依据本法第三十六条的规定解除劳动合同。

（2）依法解除。

当法律规定的可以解除劳动合同的条件出现，或当事人在合同中约定的可以解除劳动合同的条件出现，无固定期限的劳动合同就可以依法定条件或约定条件解除。如劳动者有本法第三十九条规定的情形之一出现时，用人单位就可以解除劳动合同。用人单位有本法第三十八条规定的情形之一时，劳动者就可以解除劳动合同。

由此可见，无固定期限合同并不是没有终止时间的"铁饭碗"，只要符合法律规定的条件，劳动者与用人单位都可以依法解除劳动合同。

5. 如何变更无固定期限劳动合同

无固定期限劳动合同和其他类型的合同一样，也适用《劳动法》与本法的协商变更原则。按照《劳动法》的规定，用人单位与劳动者协商一致，可以变更劳动合同约定的内容。除了劳动合同期限以外，双方当事人还可以就工作内容、劳动报酬、劳动条件和违反劳动合同的赔偿责任等方面协商，进行变更。在变更合同条款时，应当按照自愿、平等原则进行协商，不能采取胁迫、欺诈、隐瞒事实等非法手段，同时还必须注意变更后的内容不违法，否则，这种变更是无效的。

6. 关于视为无固定期限劳动合同

根据本条规定，用人单位自用工之日起满一年不与劳动者订立书面劳动合同的，视为用人单位与劳动者已订立无固定期限劳动合同。但需要注意的是，虽然已经视为用人单位与劳动者签订了无固定期限劳动合同，但并不代表用人单位已经与劳动者签订了劳动合同。实践中很多用人单位无视法律的规定，仍然不与劳动者订立劳动合同。对于这种情况，本法第八十二条第二款规定："用人单位违反本法规定不与劳动者订立无固定期限劳动合同的，自应当订立无固定期限劳动合同之日起向劳动者每月支付二倍的工资。"

九、以完成一定工作任务为期限的劳动合同

本法第十五条是关于以完成一定工作任务为期限的劳动合同的规定。

1．什么是以完成一定工作任务为期限的劳动合同

以完成一定工作任务为期限的劳动合同，是指用人单位与劳动者约定以某项工作的完成为合同期限的劳动合同。合同双方当事人在合同存续期间建立的是劳动关系，劳动者要加入用人单位集体，参加用人单位工会，遵守用人单位内部规章制度，享受工资福利、社会保险等待遇。

2．适用范围

一般在以下几种情况下，用人单位与劳动者可以签订以完成一定工作任务为期限的劳动合同：

（1）以完成单项工作任务为期限的劳动合同。

（2）以项目承包方式完成承包任务的劳动合同。

（3）因季节原因临时用工的劳动合同。

（4）其他双方约定的以完成一定工作任务为期限的劳动合同。

3．此类合同不得约定试用期

根据本法第十九条规定，以完成一定工作任务为期限的劳动合同或者劳动合同期限不满3个月的，不得约定试用期。只要劳动者按照劳动合同的要求完成了工作任务，就能说明劳动者胜任这份工作。

十、劳动合同的生效

本法第十六条对劳动合同的生效作出了规定。

1．什么是劳动合同生效

劳动合同的生效，是指具备有效要件的劳动合同按其意思表示的内容产生了法律效力。双方在劳动合同上签字或者盖章即代表劳动合同成立，但是劳动合同的成立并不代表着合同生效。如果双方当事人根据特定的需要，在劳动合同中对生效的期限或者条件作出特别约定的，那么当事人约定的期限或条件一旦成立，劳动合同即生效。

2．劳动合同生效的条件

一份劳动合同发生法律效力必须具备一些条件，这些条件包括：

（1）劳动合同的双方当事人必须具备法定的资格；行为能力是签订合同的任何一方必须有法律上认可的签订劳动合同的资格。通常，年满16周岁、精神正常的人是具有签订劳动合同的行为能力的。

（2）劳动合同的内容和形式必须合法，不得违反法律的强制性规定或者社会公共利益。

（3）劳动合同需由用人单位与劳动者协商一致订立。订立劳动合同的双方必须意思表示真实，任何一方采用欺诈、胁迫等手段与另一方签订的劳动合同是无效的。

3．劳动合同文本由用人单位和劳动者各执一份

本法规定，劳动合同文本由用人单位和劳动者各执一份。用人单位不得以种种理由拒绝将属于

劳动者本人的劳动合同归还劳动者，这种做法直接侵害了劳动者的合法权益，是不合法的。

4. 劳动合同的生效时间

《劳动部关于实行劳动合同制度若干问题的通知》第五条指出："劳动合同可以规定合同的生效时间。没有规定劳动合同生效时间的，当事人签字之日即视为该劳动合同生效时间。"在大多数情况下，劳动合同成立和生效是在同时的。

当事人签字或者盖章时间不一致的，以最后一方签字或者盖章的时间为准。如果有一方没有写签字时间，那么另一方写明的签字时间就是合同的生效时间。劳动合同当事人应当按照合同约定的起始时间履行劳动合同。

有时劳动合同约定的起始时间与实际履行的起始时间会不一致，这时则应按双方当事人实际履行劳动合同的起始时间确认。当事人对劳动合同的生效作出的其他约定，不得违背法律法规的规定。

5. 劳动合同的无效

劳动合同的无效有两点需要注意：

（1）劳动合同部分无效，不影响其他部分效力的，其他部分仍然有效。

（2）劳动合同的无效或者部分无效要由劳动争议仲裁机构或者人民法院确认。这一点常常被忽视。由于普通人对于无效原因的理解会发生偏差，法律将确认无效的权利限制为仲裁和诉讼，从而保障劳动合同双方当事人的合法权益。

十一、劳动合同的必备条款和约定条款

本法第十七条规定了劳动合同的必备条款以及用人单位与劳动者可以协商约定的事项。

1. 劳动合同的必备条款

劳动合同的必备条款是指法律规定的劳动合同必须具备的内容。在法律规定了必备条款的情况下，如果劳动合同缺少此类条款，劳动合同就不能成立。劳动合同的必备条款如下表所述：

劳动合同的必备条款

序号	必备条款	说明
1	用人单位的名称、住所和法定代表人或者主要负责人	明确劳动合同中用人单位一方的主体资格，确定劳动合同的当事人
2	劳动者的姓名、住址和居民身份证或者其他有效身份证件号码	明确劳动合同中劳动者一方的主体资格，确定劳动合同的当事人
3	劳动合同期限	即劳动合同的有效期限。劳动合同期限可分为固定期限、无固定期限和以完成一定工作任务为期限
4	工作内容	工作内容是指工作岗位和工作任务或职责。这一条款是劳动合同的核心条款之一，是建立劳动关系的极为重要的因素。劳动合同中的工作内容条款应当规定的明确具体，便于遵照执行
5	工作地点	工作地点是指劳动合同的履行地，是劳动者从事劳动合同中所规定的工作内容的地点，它关系到劳动者的工作环境、生活环境以及劳动者的就业选择，劳动者有权在与用人单位建立劳动关系时知悉自己的工作地点，所以这也是劳动合同中必不可少的内容

续表

序号	必备条款	说明
6	工作时间	工作时间是指劳动者在企业、事业、机关、团体等单位中，必须用来完成其所担负的工作任务的时间。一般由法律规定劳动者在一定时间内（工作日、工作周）应该完成的工作任务，以保证最有效地利用工作时间，不断地提高工作效率。这里的工作时间包括工作时间的长短、工作时间方式的确定，如是8小时工作制还是6小时工作制，是日班还是夜班，是标准工时还是实行不定时工作制，或者是综合计算工时制。在工作时间上的不同，对劳动者的就业选择、劳动报酬等均有影响，因此成为劳动合同不可缺少的内容
7	休息休假	休息休假是指企业、事业、机关、团体等单位的劳动者按规定不必进行工作，而自行支配的时间。休息休假的权利是每个国家的公民都应享受的权利。休息休假的具体时间根据劳动者的工作地点、工作种类、工作性质、工龄长短等各有不同，用人单位与劳动者在约定休息休假事项时应当遵守《劳动法》及相关法律法规的规定
8	劳动报酬	劳动报酬主要包括以下几个方面： （1）用人单位工资水平、工资分配制度、工资标准和工资分配形式。 （2）工资支付办法。 （3）加班、加点工资及津贴、补贴标准和奖金分配办法。 （4）工资调整办法。 （5）试用期及病、事假等期间的工资待遇。 （6）特殊情况下职工工资（生活费）支付办法。 （7）其他劳动报酬分配办法。劳动合同中有关劳动报酬条款的约定，要符合我国有关最低工资标准的规定
9	社会保险	社会保险一般包括医疗保险、养老保险、失业保险、工伤保险和生育保险。社会保险由国家强制实施，因此成为劳动合同不可缺少的内容
10	劳动保护	劳动保护是指用人单位为了防止劳动过程中的安全事故，采取各种措施来保障劳动者的生命安全和健康。在劳动生产过程中，存在着各种不安全、不卫生因素，如不采取措施加以保护，将会发生工伤事故。如矿井作业可能发生瓦斯爆炸、冒顶、片帮、水火灾害等事故；建筑施工可能发生高空坠落、物体打击和碰撞等。所有这些，都会危害劳动者的安全健康，妨碍工作的正常进行。国家为了保障劳动者的身体安全和生命健康，通过制定相应的法律和行政法规、规章，规定劳动保护，用人单位也应根据自身的具体情况，规定相应的劳动保护规则，以保证劳动者的健康和安全
11	劳动条件	劳动条件，主要是指用人单位为使劳动者顺利完成劳动合同约定的工作任务，为劳动者提供必要的物质和技术条件，如必要的劳动工具、机械设备、工作场地、劳动经费、辅助人员、技术资料、工具书以及其他一些必不可少的物质、技术条件和其他工作条件
12	职业危害防护	职业危害是指用人单位的劳动者在职业活动中，因接触职业性有害因素如粉尘、放射性物质和其他有毒、有害物质等而对生命健康所引起的危害。根据《职业病防治法》第三十三条的规定，用人单位与劳动者订立劳动合同时，应当将工作过程中可能产生的职业病危害及其后果、职业病防护措施和待遇等如实告知劳动者，并在劳动合同中写明，不得隐瞒或者欺骗

2.可以在劳动合同中约定的事项

对于某些事项，法律不作强制性规定，由当事人根据意愿选择是否在合同中约定，劳动合同缺乏这种条款不影响其效力。这种条款可以称之为可备条款。根据《劳动法》第十九条第二款规定，劳动合同除必备条款外，当事人可以协商约定其他内容。本条第二款规定："劳动合同除前款规定的必备条款外，用人单位与劳动者可以协商约定试用期、培训、保守秘密、补充保险和福利待遇等其他事项。"这里所规定的"试用期、培训、保守秘密、补充保险和福利待遇"都属于法定可备条款，如下表所述。

法定可备条款的项目及内容说明

序号	条款项目	说明
1	试用期	试用期是指对新录用的劳动者进行试用的期限。用人单位与劳动者可以在劳动合同中就试用期的期限和试用期期间的工资等事项作出约定，但不得违反本法有关试用期的规定。具体请见本法第十九条、第二十条、第二十一条
2	培训	企业应建立健全职工培训的规章制度，根据本单位的实际对职工进行在岗、转岗、晋升、转业培训，对新录用人员进行上岗前的培训，并保证培训经费和其他培训条件。职工应按照国家规定和企业安排参加培训，自觉遵守培训的各项规章制度，并履行培训合同规定的各项义务，服从单位工作安排，搞好本职工作
3	保守秘密	商业秘密是不为大众所知悉，能为权利人带来经济利益，具有实用性并经权利人采取保密措施的技术信息和经营信息。在激烈的市场竞争中，任何一个企业生产经营方面的商业秘密都十分重要。在市场经济条件下，企业用人和劳动者选择职业都有自主权，有的劳动者因工作需要，了解或掌握了本企业的技术信息或经营信息等资料，如果企业事先不向劳动者提出保守商业秘密、承担保密义务的要求，有的劳动者就有可能带着企业的商业秘密另谋职业，通过擅自泄露或使用原企业的商业秘密，以谋取更高的个人利益，如果没有事先约定，企业往往难以通过法律讨回公道，从而使企业遭受重大经济损失。因此，用人单位可以在合同中就保守商业秘密的具体内容、方式、时间等，与劳动者约定，防止自己的商业秘密被侵占或泄露
4	补充保险	补充保险是指除了国家基本保险以外，用人单位根据自己的实际情况为劳动者建立的一种保险，它用来满足劳动者高于基本保险需求的愿望，包括补充医疗保险、补充养老保险等。补充保险的建立依用人单位的经济承受能力而定，由用人单位自愿实行，国家不作强制的统一规定，只要求用人单位内部统一。用人单位必须在参加基本保险并按时足额缴纳基本保险费的前提下，才能实行补充保险
5	福利待遇	福利待遇包括住房补贴、通信补贴、交通补贴、子女教育经费等。不同的用人单位福利待遇也有所不同，福利待遇已成为劳动者就业选择的一个重要因素

社会生活千变万化，劳动合同种类和当事人的情况也非常复杂，法律只能对劳动合同的条款进行概括，无法穷尽劳动合同的所有内容，当事人也可以根据需要在法律规定的可备条款之外对有关条款作新的补充性约定。

十二、劳动报酬、劳动条件等标准约定不明确的规定

本法第十八条是关于劳动报酬和劳动条件等标准约定不明确的情况的规定。

1.事项约定不明的情况

用人单位与劳动者虽然订立了劳动合同，但其中关于劳动报酬和劳动条件的标准约定的不明确，会引发争议。事先约定不明的情况通常有：

（1）劳动报酬的约定不明。
（2）劳动条件的约定不明。
（3）劳动合同期限、工作内容、工作地点、社会保险等事项约定不明。

根据本法有关变更劳动合同的规定，用人单位与劳动者协商一致，可以变更劳动合同约定的内

容。在劳动报酬与劳动条件等标准约定不明确从而引发争议的情况下，用人单位与劳动者可以就这些不明确的事项重新进行协商，通过变更劳动合同，重新加以明确。用人单位与劳动者重新约定不明确事项的，应当采用书面形式。

2. 重新协商不成的情况

如果用人单位与劳动者无法达成一致，不能重新确定劳动报酬和劳动条件等标准，劳动合同中约定不明的事项，适用集体合同中约定的标准。企业职工一方与用人单位通过平等协商，就劳动报酬、工作时间、休息休假、劳动安全卫生、保险福利等事项订立了集体合同，依法订立的集体合同对用人单位和劳动者具有约束力。根据本法规定，集体合同中劳动条件和劳动报酬等标准不得低于当地人民政府规定的最低标准。对于约定不明确又协商不成的事项，用人单位与劳动者应当适用集体合同的规定。

3. 没有集体合同或集体合同未规定劳动报酬的情况

有的企业、行业、区域内并没有集体合同，或是虽然有集体合同但其中并没有关于劳动报酬的约定，在这种情况下，用人单位在确定劳动者报酬时应当遵循同工同酬的原则。《劳动法》第四十六条规定，工资分配应当遵循按劳分配原则，实行同工同酬。即用人单位应当依照同等岗位、付出等量劳动且取得相同劳动业绩的其他劳动者的劳动报酬标准，向劳动者支付劳动报酬。

4. 没有集体合同或集体合同未规定劳动条件等的情况

在没有集体合同或是集体合同没有约定劳动条件等标准的情况下，应当按照国家有关规定来确定相应事项的标准。

除了《劳动法》，还有很多其他法律、法规对劳动条件等事项作出了相关规定。如对于工作时间约定不明的情况，可以按照《国务院关于职工工作时间的规定》执行；对于职业危害防护约定不明的情况，可以适用《职业病防治法》《职业病范围和职业病患者处理办法的规定》中的有关规定。

十三、试用期的规定

本法第十九条对试用期作出了规定。

1. 限制性规定

在用工过程中，目前滥用试用期侵犯劳动者权益的现象比较普遍，《劳动合同法》针对滥用试用期、试用期过长问题作出了有针对性的规定。

（1）限定约定试用期的固定期限劳动合同最短期限并予以细化。

限定能够约定试用期的固定期限劳动合同的最短期限，并且在《劳动法》规定试用期最长不得超过6个月的基础上，根据劳动合同期限的长短，将试用期细化。具体规定是：

① 劳动合同期限在3个月以上的，可以约定试用期。也就是说，固定期限劳动合同能够约定试用期的最低起点是3个月。劳动合同期限3个月以上不满1年的，试用期不超过1个月。

② 劳动合同期限1年以上3年以下的，试用期不得超过2个月。

③ 3年以上固定期限和无固定期限的劳动合同，试用期不得超过6个月。

这是《劳动合同法》针对用人单位不分情况一律将试用期约定为6个月的具体措施。

（2）同一用人单位与同一劳动者只能约定一次试用期。

（3）为遏制用人单位短期用工现象，不是所有劳动合同都可约定试用期。以完成一定工作任务为期限的劳动合同或者劳动合同期限不满3个月的，不得约定试用期。

(4) 劳动合同仅约定试用期或者劳动合同期限与试用期相同的,试用期不成立,该期限为劳动合同期限。

2.与试用期有关的问题

在试用期问题上,需要强调以下几点:

(1) 试用期是一个约定的条款,如果双方没有事先约定,用人单位就不能以试用期为由解除劳动合同。

(2)《劳动合同法》限定了试用期的约定条件,劳动者在试用期间应当享有全部的劳动权利,这些权利包括取得劳动报酬的权利、休息休假的权利、获得劳动安全卫生保护的权利、接受职业技能培训的权利、享受社会保险和福利的权利、提请劳动争议处理的权利以及法律规定的其他劳动权利。还包括依照法律规定,通过职工大会、职工代表大会或者其他形式,参与民主管理或者就保护劳动者合法权益与用人单位进行平等协商的权利。不能因为试用期的身份而加以限制,与其他劳动者区别对待。

(3) 试用期包括在劳动合同期限内。也就是说,不管劳动合同双方当事人订立的是1年期限的劳动合同,还是3年、5年期限的劳动合同,如果约定了试用期,劳动合同期限的前一段期限(比如可能是3天、5天或者1个星期,可能是1个月或者2个月)是试用期,试用期是包括在整个劳动合同期限里。不管试用期之后是订立劳动合同还是不订立劳动合同,都不允许单独约定试用期。

(4)《劳动合同法》关于试用期的规定体现了劳动合同双方当事人权利义务的大体平等。如关于劳动合同的解除中规定,劳动者在试用期内可以通知用人单位解除劳动合同;劳动者在试用期期间被证明不符合录用条件的,用人单位也可以解除劳动合同。

(5) 有的用人单位为了规避法律,约定试岗、适应期、实习期,这些都是变相的试用期,其目的无非是为了将劳动者的待遇下调,方便解除劳动合同。为了保护劳动者的合法权益,应当明确这些情形按照试用期对待。

十四、试用期工资

本法第二十条是关于试用期工资的规定。对本条的理解,应把握以下几点:

(1) 劳动者和用人单位即劳动合同双方当事人在劳动合同里约定了试用期工资,而约定的试用期工资又高于本条规定的标准的,按约定执行。

(2) 约定试用期工资应当体现同工同酬的原则。

(3) 劳动者在试用期的工资,本条实际上规定了两个最低标准:其一,不得低于本单位同岗位最低档工资;其二,劳动合同约定工资的80%。这就存在着按哪一个标准执行的问题,正确的理解应当是条文里两者相比取其高。

(4) 劳动者在试用期的工资不得低于用人单位所在地的最低工资标准。

十五、试用期解除劳动合同的限制

本法第二十一条是关于试用期解除劳动合同限制的规定。

试用期用人单位随意解除劳动合同的现象严重。有些单位利用试用期解除劳动合同相对容易的情况,任意解除,走马观花式地更换试用人员。为遏制部分用人单位恶意使用试用期,《劳动合同法》作出了针对性规定,在试用期中,除有证据证明劳动者不符合录用条件外,用人单位不得解除劳动合同。用人单位在试用期解除劳动合同的,应当向劳动者说明理由。

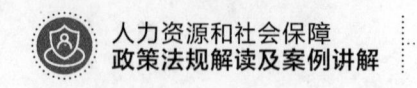

这意味着用人单位在试用期中,要解除与劳动者的劳动合同,必须有证据、有理由,证明劳动者哪些方面不符合录用条件,为什么不合格。如果用人单位恶意使用劳动者,不尽应尽的义务,劳动者诉诸法律时,用人单位要承担败诉的风险。

十六、提供专项培训的服务期约定

本法第二十二条就用人单位为劳动者提供专项培训费用而约定服务期的问题作出规定。

1.约定服务期的培训需具备的条件

可以与该劳动者订立协议,约定服务期的培训是有严格的条件的。

(1) 用人单位提供专项培训费用。

(2) 对劳动者进行的是专业技术培训。包括专业知识和职业技能。比如从国外引进一条生产线或一个项目,必须有能够操作的人,为此,把劳动者送到国外去培训,回来以后担任这项工作,这个培训就是本条所指的培训。

(3) 培训的形式,可以是脱产的、半脱产的,也可以是不脱产的。

2.违约金的约定

用人单位与劳动者要依法约定违约金,主要包含两层意思:

(1) 违约金是劳动合同双方当事人约定的结果。

劳动者违反服务期约定的,应当按照约定向用人单位支付违约金。体现了合同中的权利、义务对等原则,所谓"对等",是指享有权利,同时就应承担义务,而且,彼此的权利、义务是相应的。这要求当事人所取得财产、劳务或工作成果与其履行的义务大体相当。

(2) 用人单位与劳动者约定违约金时不得违法。

即约定违反服务期违约金的数额不得超过用人单位提供的培训费用。违约时,劳动者所支付的违约金不得超过服务期尚未履行部分所应分摊的培训费用。

关于违约金的数额,本条第二款中规定,违反服务期约定的违约金的数额不得超过用人单位提供的培训费用。违约时,劳动者所支付的违约金不得超过服务期尚未履行部分所应分摊的培训费用。体现了《劳动法》侧重于保护劳动者的立法宗旨。

3.关于服务期的年限

本条没有对服务期的年限做出具体规定。应当理解为服务期的长短可以由劳动合同双方当事人协议确定,但是,用人单位在与劳动者协议确定服务期年限时要遵守两点:

(1) 要体现公平合理的原则,不得滥用权利。

(2) 用人单位与劳动者约定的服务期较长的,用人单位应当按照工资调整机制提高劳动者在服务期间的劳动报酬。

十七、保密义务和竞业限制

本法第二十三条是关于劳动者的保密义务和竞业限制的规定。

本条规定,对负有保密义务的劳动者,用人单位可以在劳动合同或者保密协议中与劳动者约定竞业限制条款。在劳动合同解除后,不得使用或者披露信息的义务包含生产的秘密环节,以及足以构成商业秘密的其他信息。

要确定究竟哪些信息在劳动合同解除后,劳动者仍然负有不得披露和使用商业秘密的义务,必须考虑以下因素:

1. 劳动性质

如果劳动过程中要经常性地处理秘密文件，劳动者显然要承担比一般劳动者更多的忠诚义务。也就是说，除了信息类型的限制之外，劳动者的身份和职位也会影响到竞业限制条款的效力。如果劳动者在劳动过程中由于同客户的接触获知了客户相关的特别信息，用人单位自然可以合法地使用竞业限制条款禁止该劳动者在劳动合同终止后拉拢客户。这一原则非常普遍地适用于各种行业。

2. 信息本身的性质

即用人单位是否使劳动者意识到信息的保密性。虽然用人单位只是单方面声称某些信息是保密信息本身并不充分，但是用人单位对待这些信息的态度可以帮助确定信息的性质。

十八、竞业限制的范围

本法第二十四条是关于竞业限制的范围的规定。

竞业限制的实施客观上限制了劳动者的就业权，进而影响了劳动者的生存权，因此，其存在仅能以协议的方式确立。比如，竞业限制的范围、地域、期限由用人单位与劳动者约定。尽管用人单位因此支付一定的代价，但一般而言，该代价不能完全弥补劳动者因就业限制而遭受的损失。因此，为了保护劳动者的合法权益，在强调约定的同时对竞业限制进行了必要的限制：

1. 人员

竞业限制的人员限于用人单位的高级管理人员、高级技术人员和其他知悉用人单位商业秘密的人员。实际上限于知悉用人单位商业秘密和核心技术的人员，不可能面对每个劳动者，企业每人给一份经济补偿金也无力承受。

2. 竞业限制的范围

竞业限制的范围要界定清楚。由于竞业限制了劳动者的劳动权利，竞业限制一旦生效，劳动者要么改行要么赋闲在家，因此不能任意扩大竞业限制的范围。鉴于商业秘密的范围可大可小，如果任由用人单位来认定，难免有被扩大之虞。原则上，竞业限制的范围、地域应当以能够与用人单位形成实际竞争关系的地域为限。

3. 约定竞业限制必须是保护合法权益所必需

竞业限制的实施必须以正当利益的存在为前提。必须是保护合法权益所必需。首先是存在竞争关系，最重要的是不能夸大商业秘密的范围，劳动者承担义务的范围被无限制地扩展，损害劳动者的合法权益。

4. 竞业限制的期限

在解除或者终止劳动合同后，受竞业限制约束的劳动者到与本单位生产或者经营同类产品、业务的有竞争关系的其他用人单位，或者自己开业生产或者经营与本单位有竞争关系的同类产品、业务的期限不得超过2年。

十九、违约金

本法第二十五条是关于用人单位不得与劳动者约定由劳动者承担的违约金。

违约金，也称违约罚款，是指合同当事人约定在一方不履行合同时向另一方支付一定数额的货币。违约金可分为赔偿性违约金和惩罚性违约金。

除本法第二十二条和第二十三条规定的情形外，用人单位不得与劳动者约定由劳动者承担违约金。

二十、劳动合同的无效

本法第二十六条是关于劳动合同无效的规定。

无效的劳动合同是指由当事人签订成立而国家不予承认其法律效力的劳动合同。一般合同一旦依法成立,就具有法律约束力,但是无效合同即使成立,也不具有法律约束力,不发生履行效力。

1.导致劳动合同无效的原因

导致劳动合同无效有多方面的原因,如下表所示:

劳动合同无效的原因

序号	原因	表现形式
1	劳动合同因违反国家法律、行政法规的强制性规定而无效	(1)用人单位和劳动者中的一方或者双方不具备订立劳动合同的法定资格的,如签订劳动合同的劳动者一方必须是具有劳动权利能力和劳动行为能力的公民,企业与未满十六周岁的未成年人订立的劳动合同就是无效的劳动合同(国家另有规定的除外)。 (2)劳动合同因损害国家利益和社会公共利益而无效。《民法典》第一百八十五条确立了社会公共利益的原则,违反法律或者社会公共利益的民事行为无效
2	订立劳动合同因采取欺诈手段而无效	(1)在没有履行能力的情况下,签订合同。如根据《劳动法》的规定,从事特种作业的劳动者必须经过专门培训并取得特种作业资格。应聘的劳动者并没有这种资格,提供了假的资格证书。 (2)行为人负有义务向他方如实告知某种真实情况而故意不告知的
3	订立劳动合同因采取胁迫手段而无效	胁迫是指当事人以将要发生的损害或者以直接实施损害相威胁,一方迫使另一方处于恐怖或者其他被胁迫的状态而签订劳动合同,可能涉及生命、身体、财产、名誉、自由、健康等方面。
4	用人单位免除自己的法定责任、排除劳动者的权利的劳动合同无效	劳动合同简单化,法定条款缺失,仅规定劳动者的义务,有的甚至规定"生老病死都与企业无关""用人单位有权根据生产经营变化及劳动者的工作情况调整其工作岗位,劳动者必须服从单位的安排"等霸王条款

2.是否有效的判定机构

劳动合同是否有效,须由劳动争议仲裁机构或者人民法院确认,其他任何部门或者个人都无权认定无效劳动合同。

二十一、劳动合同的部分无效

本法第二十七条是关于劳动合同部分无效的规定。

无效的合同可分为部分无效合同和全部无效的合同。部分无效合同是指有些合同条款虽然违反法律规定,但并不影响其他条款效力的合同。有些劳动合同就内容看,不是全部无效,而是部分无效,即劳动合同中的某一部分条款不发生法律效力。

1.部分无效的意思

在部分无效的劳动合同中,无效条款如不影响其他部分的效力,其他部分仍然有效,对双方当事人有约束力。这包含两层意思:

(1)如果认定合同的某些条款无效,该部分内容与合同的其他内容相比较,应当是相对独立的,该部分与合同的其他部分具有可分性,也就是本条所说的,合同无效部分不影响其他部分的效力。如果部分无效的条款与其他条款具有不可分性,或者当事人约定某合同条款为合同成立生效的必要条款，那么该合同的部分无效就会导致整个合同的无效，而不能确认该部分无效时，另一部分合同内容又保持其效力。

（2）如果合同的目的是违法的，或者根据诚实信用和公平原则，剩余部分的合同内容的效力对当事人已没有任何意义或者不公平合理的，合同应全部确认为无效。

2.部分无效的劳动合同的表现

部分无效的劳动合同通常表现为，如未经批准不得辞职；加班不给加班费；工作受伤自己负责，等等。

3.是否有效的判定机构

劳动合同是否有效，由劳动争议仲裁机构或者人民法院确认，其他任何部门或者个人都无权认定无效劳动合同。

二十二、劳动合同无效后劳动报酬的支付

本法第二十八条是劳动合同无效后劳动报酬如何支付的规定。

1.劳动合同无效后劳动报酬支付的要求

为了适应劳动合同的特殊性，劳动合同被确认无效，劳动者已付出劳动的，用人单位应当向劳动者支付劳动报酬。包括无营业执照经营的单位被依法处理，该单位的劳动者已经付出劳动的，由被处理的单位或者其出资人向劳动者支付劳动报酬。用人单位与劳动者有恶意串通，损害国家利益、社会公共利益或者他人合法权益的情形除外。

2.劳动合同无效后劳动报酬的数额

劳动报酬的数额，参考用人单位同类岗位劳动者的劳动报酬确定；用人单位无同类岗位的，按照本单位职工平均工资确定。如果双方约定的报酬高于用人单位同岗位劳动者工资水平的，除当事人恶意串通侵害社会公共利益的情况外，劳动者已经付出劳动的，劳动报酬按照实际履行的内容确认。

有关劳动合同的履行和变更条款的解读

一、合同的全面履行

本法第二十九条是关于劳动合同要全面履行的规定：用人单位与劳动者应当按照劳动合同的约定，全面履行各自的义务。具体而言，劳动合同的协作履行要求双方应当做到：

（1）当事人双方首先应按照劳动合同的约定和劳动纪律的规定，履行自己应尽的义务，并为对方履行义务创造条件。

（2）当事人双方应互相关心，通过生产经营管理和民主管理，互相督促，发现问题及时协商解决。

（3）无论是用人单位还是劳动者遇到问题时，双方应在法律允许的范围内尽力给予对方帮助，协助对方尽快解决问题。

（4）劳动者违纪，用人单位应依法进行教育，帮助劳动者改正；用人单位违约，劳动者要及时发现问题，尽快协助纠正，并设法防止和减少损失。

（5）在履行过程中发生了劳动争议，当事人双方都应从大局出发，根据本法和《劳动法》等

法律法规的有关规定，结合实际情况，及时协商解决，从而建立起和谐稳定的劳动关系。

二、劳动报酬的支付

本法第三十条对用人单位支付劳动报酬的问题作出了规定。本条是对劳动者劳动报酬权利的保护。

1. 劳动报酬的组成部分

劳动报酬指劳动者为用人单位提供劳务而获得的各种报酬。用人单位在生产过程中支付给劳动者的全部报酬包括三部分：

（1）货币工资。用人单位以货币形式直接支付给劳动者的各种工资、奖金、津贴、补贴等，如下表所示。

货币工资的涵盖范围

序号	类别	说明
1	工资	根据国家统计局1990发布的《关于工资总额组成的规定》，一般包括计时工资、计件工资、奖金、津贴和补贴、延长工作时间的工资报酬以及特殊情况下支付的工资等。其中，计时工资是指按计时工资标准（包括地区生活费补贴）和工作时间支付给个人的劳动报酬。计件工资是指对已做工作按计件单价支付的劳动报酬
2	奖金	是指支付给劳动者的超额劳动报酬和增收节支的劳动报酬
3	津贴和补贴	是为了补偿劳动者特殊或者额外的劳动消耗和因其他特殊原因支付劳动者的津贴，以及为了保证劳动者工资水平不受物价变化影响支付给劳动者的各种补贴 （1）延长工作时间的劳动报酬是指劳动者在法定的标准工作时间之外超时劳动所获得的额外的劳动报酬，即加班费 （2）特殊情况下支付的工资主要包括根据国家法律、法规和政策规定，在病假、事假和一些特殊休假期间及停工学习、执行国家或者社会义务时支付的工资和附加工资、保留工资

（2）实物报酬。即用人单位以免费或低于成本价提供给劳动者的各种物品和服务等。

（3）社会保险。指用人单位为劳动者直接向政府和保险部门支付的失业、养老、人身、医疗、家庭财产等保险金。

2. 不属于工资范围的劳动收入

根据《劳动部关于贯彻执行〈中华人民共和国劳动法〉若干问题的意见》的规定，工资是劳动者劳动收入的主要组成部分。但劳动者的以下劳动收入不属于工资的范围：

（1）单位支付给劳动者个人的社会保险福利费用，如丧葬抚恤救济费、生活困难补助费、计划生育补贴等。

（2）劳动保护方面的费用，如用人单位支付给劳动者的工作服、解毒剂、清凉饮料费用等。

（3）按规定未列入工资总额的各种劳动报酬及其他劳动收入，如根据国家规定发放的创造发明奖、国家星火奖、自然科学奖、科学技术进步奖、合理化建议和技术改进奖、中华技能大奖等，以及稿费、讲课费、翻译费等。

3. 用人单位向劳动者发放劳动报酬需要遵守有关国家规定

结合各种灵活多变的用工形式，本法允许用人单位和劳动者双方在法律允许的范围内对劳动报酬的金额、支付时间、支付方式等进行平等协商，在劳动合同中约定一种对当事人而言更切合实际的劳动报酬制度。同时，用人单位向劳动者发放劳动报酬还要遵守国家有关规定，主要规定如下表：

用人单位向劳动者发放劳动报酬需要遵守的国家规定

序号	必须遵守的规定	说明
1	最低工资制度	(1)《劳动法》第四十八条规定了国家实行最低工资保障制度，用人单位支付劳动者的工资不得低于当地的最低工资标准。最低工资不包括延长工作时间的工资报酬，以货币形式支付的住房和用人单位支付的伙食补贴，中班、夜班、高温、低温、井下、有毒、有害等特殊工作环境和劳动条件下的津贴以及国家法律、法规、规章规定的社会保险福利待遇。 (2)在劳动合同中约定的劳动者在未完成劳动定额或者承包任务的情况下，用人单位可低于最低工资标准支付劳动者工资的条款不具有法律效力；劳动者与用人单位形成或者建立劳动关系后，试用、熟练、见习期内在法定工作时间内提供了正常劳动，其所在的用人单位应当支付其不低于最低工资标准的工资。当然，企业下岗待工人员，由企业依据当地政府的有关规定支付其生活费，生活费可以低于最低工资标准
2	工资应当以货币形式发放	《劳动法》第五十条明确规定了，工资应当以货币形式支付给劳动者。根据《劳动法》的这一规定，工资应当以法定货币支付，不得以发放实物或有价证券等形式代替货币支付
3	劳动者加班费	用人单位应当严格按照《劳动法》的有关规定支付劳动者加班费
4	特殊情况下，劳动者也应取得工资支付	(1)劳动者依法参加社会活动期间的工资支付。比如劳动者在法定工作时间内参加乡（镇）、区以上政府、党派、工会、共青团、妇联等组织召开的会议；依法行使选举权与被选举权；出席劳动模范、先进工作者大会等。 (2)非因劳动者原因停工期间的工资支付。非因劳动者原因造成用人单位停工、停产在一个工资支付周期内，用人单位应按劳动合同规定的标准支付劳动者工资。超过一个工资支付周期的，若劳动者提供了正常劳动，则支付劳动者的劳动报酬不得低于当地最低工资标准；若劳动者没有提供正常劳动，则按照国家有关规定办理。 (3)劳动者休假期间的工资支付。劳动者依法享受年休假期间，用人单位应按劳动合同规定的标准支付劳动者工资。 (4)劳动者在法定休假日的工资支付。法定休假日，用人单位应当支付劳动者工资。 (5)劳动者在享受探亲假期间的工资支付。劳动者在国家规定的探亲休假期内探亲的，用人单位应按劳动合同规定的标准支付劳动者工资。
4	特殊情况下，劳动者也应取得工资支付	(6)婚丧假期间的工资支付。婚丧假是指劳动者本人结婚假期或者直系亲属死亡的丧事假期。一般为1~3天，不在一地的，可根据路程远近给予路程假。在此期间工资照发。 (7)产假期间的工资支付。另外，为了鼓励计划生育，有关法律法规对产假期间的工资发放也作出了相应规定

4.用人单位应当及时支付劳动报酬

依照《劳动法》和其他有关规定，用人单位应当每月至少发放一次劳动报酬。

（1）实行月薪制的用人单位，工资必须按月发放。

（2）实行小时工资制、日工资制、周工资制的用人单位的工资也可以按小时、按日或者按周发放。

（3）超过用人单位与劳动者约定的支付工资的时间发放工资的即构成拖欠劳动者劳动报酬的违法行为，应当依照本法和其他有关法律法规承担一定的法律责任。

5.用人单位应当足额向劳动者支付劳动报酬

工资不得随意扣除，企业不得将扣发工资作为处理职工的一种处罚性手段。不支付或者未足额支付劳动报酬的，则构成《劳动法》"克扣"劳动者工资的行为，是依照本法和有关法律法规应给予处罚的行为。

6.用人单位拖欠或者未足额发放劳动报酬，劳动者的救济途径

本条第二款规定了用人单位拖欠或者未足额发放劳动报酬的，劳动者可以依法向当地人民法院申请支付令。

根据本法和《民事诉讼法》的有关规定，用人单位拖欠或者未足额发放劳动报酬的，劳动者与用人单位之间没有其他债务纠纷且支付令能够送达用人单位的，劳动者可以向有管辖权的基层人民法院申请支付令。

（1）劳动者在申请书中应当写明请求给付劳动报酬的金额和所根据的事实、证据。

（2）劳动者提出申请后，人民法院应当在5日内通知其是否受理。

（3）人民法院受理申请后，经审查劳动者提供的事实、证据，对工资债权债务关系明确、合法的，应当在受理之日起15日内向用人单位发出支付令。

（4）人民法院经审查认为劳动者的申请不成立的，可以裁定予以驳回。

（5）用人单位应当自收到支付令之日起15日内清偿债务，或者向人民法院提出书面异议。

（6）用人单位在前款规定的期间不提出异议又不履行支付令的，劳动者可以向人民法院申请强制执行。

（7）人民法院收到用人单位提出的书面异议后，应当裁定终结支付令这一督促程序，支付令自行失效，劳动者可以依据有关法律的规定提出调解、仲裁或者起诉。

三、加班

本法第三十一条是关于用人单位安排劳动者加班的限制规定。本条规定了三层意思：

1.用人单位不得强迫劳动者加班

为了保障公民的休息权，《劳动法》规定了完整的工作时间和休息休假制度，本条的规定，是对《劳动法》的工作时间和休息休假制度的补充。

目前，我国的工作时间和休息休假制度，主要体现在以下三个方面：

（1）实行劳动者8小时工作制。

（2）规定法定节假日、年休假和职工探亲假等休假制度。

（3）对加班进行限制性规定。

为了保障劳动者的休息权和身体健康，我国严格限制用人单位延长劳动者的工作时间，《劳动法》明确规定，用人单位不得违反《劳动法》的规定延长劳动者的工作时间。也就是说，一般情况下，用人单位不得随意安排劳动者加班。

用人单位安排劳动者加班，依据《劳动法》的规定，需要注意以下几个事项，具体如下表所示：

用人单位安排劳动者加班需注意的事项

序号	注意事项	说明
1	由于用人单位的生产经营需要，确实需要延长工作时间的	生产经营需要主要是指生产任务紧急，必须连续生产、运输或者经营的
2	必须与工会协商，经工会同意	用人单位决定安排劳动者加班的，应把安排加班的理由、涉及人数、时间长短等情况向工会说明，征得工会同意后，方可延长工作时间。如果工会不同意，不可以强令劳动者加班

续表

序号	注意事项	说明
3	必须与劳动者协商	用人单位决定安排劳动者加班的,应进一步与劳动者协商,因为加班需要占用劳动者的休息时间,只有在劳动者自愿的情况下才可以安排加班。如果劳动者不同意,也不可强令其加班。因为劳动者的休息权是法定的权利,任何人非依法定程序不可剥夺
4	用人单位安排加班的时间长度必须符合《劳动法》的限制性规定	根据《劳动法》的规定,用人单位安排劳动者加班应严格控制延长工作时间的限度,一般每日不得超过1小时;因特殊原因需要延长工作时间的,在保障劳动者身体健康的条件下延长工作时间每日不得超过3小时,但是每月不得超过36小时
5	不受上述条件的限制的加班	正常情况下,用人单位是不得随意要求员工加班的,但出现紧急事件,危害公共安全和公众利益的情况下,法律允许用人单位延长劳动者工作时间适当突破上述规定。根据《劳动法》和有关国家规定,只有在下列情形时,用人单位安排加班才不受上述条件的限制: (1)发生自然灾害、事故或者因其他原因,使人民生命安全健康和财产安全遭到严重威胁,需要紧急处理的。 (2)生产设备、交通运输线路、公共设施发生故障,影响生产和公众利益,必须及时抢修的。 (3)必须利用法定节假日或者公休日的停产期间进行设备检修、保养的。 (4)为完成国防紧急任务,或者完成国家在计划外安排的其他紧急生产任务,以及商业、供销企业在完成收购、运输、加工农副产品紧急任务的。 (5)法律、行政法规规定的其他情形

注:国家对加班人员也有一定的限制。根据《劳动法》和其他国家有关规定对女职工和未成年工特殊保护的规定,禁止用人单位安排未成年工、怀孕女工和哺乳未满12个月婴儿的女职工在正常工作日以外加班

2.用人单位不得变相强迫劳动者加班

实践中,用人单位变相强迫劳动者加班主要表现为用人单位通过制定不合理不科学的劳动定额标准,使得该单位大部分劳动者在8小时制的标准工作时间内不可能完成生产任务,而为了完成用人单位规定的工作任务,获得足以维持其基本生活的劳动报酬,劳动者不得不在标准工作时间之外延长工作时间,从而变相迫使劳动者加班。

制定科学合理的劳动定额标准对于维护劳动者合法权益极其重要。根据《劳动法》和有关行政法规的规定,对实行计件工作的劳动者,用人单位应当根据每日8小时、每周40小时标准工作时间合理确定其劳动定额和计件报酬标准。这就是说,计件工作的劳动者的劳动定额,应当是以多数劳动者在正常工作的情况下,能在每天工作8小时以内、每周工作40小时的法定工作时间以内完成的。超出这一标准,则应认定为不合理的劳动定额标准。

同时根据本法第四条的规定,用人单位在制定、修改或者决定劳动定额标准管理制度时,应当经职工代表大会或者全体职工讨论,提出方案和意见,与工会或者职工代表平等协商确定;在劳动定额标准实施过程中,工会或者职工认为用人单位的劳动定额标准不适当的,有权向用人单位提出,通过协商作出修改完善。

《劳动合同法》在本条中明确规定用人单位不得变相强迫劳动者加班。用人单位违反上述规定的,应当依据本法和劳动法律、法规的有关规定承担一定的法律责任。劳动者可以依据《劳动法》和本法的有关规定,要求用人单位补发其为了完成超过合理数量的劳动定额而加班工作的工资报酬。

3.用人单位安排劳动者加班的,应当支付其加班费

加班费是指劳动者按照用人单位生产和工作的需要在规定工作时间之外继续生产劳动或者工作

所获得的劳动报酬。

按照《劳动法》第四十四条的规定，支付加班费的具体标准是：在标准工作日内安排劳动者延长工作时间的，支付不低于工资的150%的工资报酬；休息日安排劳动者工作又不能安排补休的，支付不低于工资的200%的工资报酬；法定休假日安排劳动者工作的，支付不低于300%的工资报酬。

四、劳动安全卫生

本法第三十二条是关于劳动者在履行劳动合同过程中所享有的劳动安全卫生权利的进一步细化规定：

（1）根据本法、《劳动法》及其他有关法律、法规的规定，用人单位必须建立、健全劳动安全卫生制度，严格执行国家的劳动安全卫生规程和标准，规范化、科学化地安排生产作业，对劳动者进行劳动安全卫生教育，积极采取切实有效的劳动安全卫生措施，防止劳动过程中的事故，减少职业危害。

（2）用人单位如果没有达到国家规定的安全卫生技术标准要求，职工有权提出异议，并要求用人单位改正、改进。

（3）对于危害生命安全和身体健康的劳动条件，劳动者有权对用人单位提出批评，并可以向有关主管部门检举和控告。这里的有关主管部门主要为卫生部门、安全生产监督管理部门、特种设备安全监督管理部门等有关部门。

（4）用人单位不得因为劳动者行使了上述权利，就对劳动者进行打击报复，否则将依法承担法律责任。

五、用人单位发生名称等变更合同的履行

本法第三十三条对劳动合同依法订立后用人单位发生变化，劳动合同如何履行的问题进行了规定。

根据本条的规定，用人单位变更名称、法定代表人、主要负责人或者投资人等事项，不影响劳动合同的效力，劳动合同应当继续履行。

六、用人单位发生合并、分立等情况合同的效力

本法第三十四条就用人单位发生合并、分立等情况，劳动合同效力的情况作出了规定。

1.合并

用人单位的合并一般指两种情况：

（1）用人单位与其他法人或者组织联合成立一个新的法人或者其他组织承担被合并的用人单位的权利和义务。

（2）一个用人单位被撤销后，将其权利和义务一并转给另一个法人或者其他组织。

在以上两种情况下，原用人单位在合并后均不再存在。为了保护原用人单位劳动者的合法权益，本条规定，用人单位订立劳动合同后合并的，原劳动合同继续有效，由合并后的新的用人单位继续履行该劳动合同。

2.分立

用人单位发生分立是指，在订立劳动合同后，用人单位由一个法人或者其他组织分裂为两个或者两个以上的法人或者其他组织，即由一个用人单位分裂为两个或者两个以上用人单位。用人单位的分立分为两种情况：

(1) 原用人单位只是分出一部分财产设立了新的用人单位，原用人单位不因分出财产而终止。

(2) 原用人单位分解为两个以上的用人单位，原用人单位随之解体终止。

为了充分保护劳动者的权利，本条首先规定了用人单位发生分立的，原劳动合同继续履行，防止用人单位以分立后原用人单位不存在或者劳动者权利、义务已经转移到新的用人单位为由损害劳动者的合法权益。其次，根据本条的规定，用人单位分立后，劳动合同由继承其权利、义务的用人单位继续履行。

目前有的用人单位采用"金蝉脱壳"的办法逃避债务或者逃避对其劳动者的其他义务，即不转移债务，而只是把资金转移到新设立的法人或者其他组织，使原来的用人单位丧失承担对劳动者义务的能力而拒绝履行劳动合同或者对劳动者负责。根据本条的规定，只要新成立的用人单位继承了原用人单位的权利，就应当同时承担其用人单位的义务，继续履行原劳动合同和对劳动者负责。

七、合同的变更

本法第三十五条就劳动合同的变更作出了规定。

劳动合同的变更是在原合同的基础上对原劳动合同内容作部分修改、补充或者删减，而不是签订新的劳动合同。原劳动合同未变更的部分仍然有效，变更后的内容就取代了原合同的相关内容，新达成的变更协议条款与原合同中其他条款具有同等法律效力，对双方当事人都有约束力。

1. 劳动合同变更的缘由

根据本法第四十条第三款的规定，劳动合同订立时所依据的客观情况发生重大变化，致使劳动合同无法履行，经用人单位与劳动者协商，未能就变更劳动合同内容达成协议的，用人单位在提前30日以书面形式通知劳动者本人或者额外支付劳动者1个月工资后，可以解除劳动合同。由此可以确定，劳动合同订立时所依据的客观情况发生重大变化，是劳动合同变更的一个重要缘由。

所谓"劳动合同订立时所依据的客观情况发生重大变化"，主要是指如下表所示的几个方面：

劳动合同订立时依据的客观情况发生重大变化

序号	情况变化	说明
1	订立劳动合同所依据的法律、法规已经修改或者废止	劳动合同的签订和履行必须以不得违反法律、法规的规定为前提。如果合同签订时所依据的法律、法规发生修改或者废止，合同如果不变更，就可能出现与法律、法规不相符甚至是违反法律、法规的情况，导致合同因违法而无效。因此，根据法律、法规的变化而变更劳动合同的相关内容是必要而且是必须的
2	用人单位方面的原因：用人单位经上级主管部门批准或者根据市场变化决定转产、调整生产任务或者生产经营项目等	用人单位的生产经营不是一成不变的，而是根据上级主管部门批准或者根据市场变化可能会经常调整自己的经营策略和产品结构，这就不可避免地发生转产、调整生产任务或者生产经营项目情况。在这种情况下，有些工种、产品生产岗位就可能因此而撤销，或者为其他新的工种、岗位所替代，原劳动合同就可能因签订条件的改变而发生变更
3	劳动者方面的原因	如劳动者的身体健康状况发生变化、劳动能力部分丧失、所在岗位与其职业技能不相适应、职业技能提高了一定等级等，造成原劳动合同不能履行或者如果继续履行原合同规定的义务对劳动者明显不公平
4	客观方面的原因	（1）由于不可抗力的发生，使得原来合同的履行成为不可能或者失去意义。不可抗力是指当事人所不能预见、不能避免并不能克服的客观情况，如自然灾害、意外事故、战争等。 （2）由于物价大幅度上升等客观经济情况变化致使劳动合同的履行因花费太大代价而失去经济上的价值。这是民法的情势变更原则在劳动合同履行中的运用

2. 劳动合同变更时应注意的问题

变更劳动合同，应注意以下问题：

（1）必须在劳动合同依法订立之后，在合同没有履行或者尚未履行完毕之前的有效时间内进行。即劳动合同双方当事人已经存在劳动合同关系，如果劳动合同尚未订立或者是已经履行完毕则不存在劳动合同的变更问题。

（2）必须坚持平等自愿、协商一致的原则，即劳动合同的变更必须经用人单位和劳动者双方当事人的同意。

（3）必须合法，不得违反法律、法规的强制性规定。劳动合同变更也并非是任意的，用人单位和劳动者约定的变更内容必须符合国家法律、法规的相关规定。

（4）变更劳动合同必须采用书面形式。劳动合同双方当事人经协商后对劳动合同中的约定内容的变更达成一致意见时，必须达成变更劳动合同的书面协议，书面协议经用人单位和劳动者双方当事人签字盖章后生效。这一规定可以避免劳动合同双方当事人因劳动合同的变更问题而产生劳动争议。

（5）劳动合同的变更也要及时进行。提出变更劳动合同的主体可以是用人单位，也可以是劳动者，无论是哪一方要求变更劳动合同的，都应当及时向对方提出变更劳动合同的要求，说明变更劳动合同的理由、内容和条件等。如果应该变更的劳动合同内容没有及时变更，由于原订条款继续有效，往往使劳动合同不适应变化后的新情况，从而引起不必要的争议。当事人一方得知对方变更劳动合同的要求后，应在对方规定的合理期限内及时作出答复，不得对对方提出的变更劳动合同的要求置之不理。因为根据《劳动法》第二十六条和本法第四十条的规定，劳动合同订立时所依据的客观情况发生重大变化，致使劳动合同无法履行，如果用人单位经与劳动者协商，未能就变更劳动合同内容达成协议的，则可能导致用人单位可以单方解除劳动合同。

3. 变更后的劳动合同文本的执有

根据本条第二款的规定，变更后的劳动合同文本由用人单位和劳动者各执一份。

有关劳动合同的解除和终止条款的解读

一、协商解除劳动合同

本法第三十六条规定了协商解除劳动合同的情况。

劳动合同依法订立后，双方当事人必须履行合同义务，遵守合同的法律效力，任何一方不得因后悔或者难以履行而擅自解除劳动合同。但是，为了保障用人单位的用人自主权和劳动者劳动权的实现，本法规定在特定条件和程序下，用人单位与劳动者协商一致且不违背国家利益和社会公共利益的情况下，可以解除劳动合同，但必须符合以下几个条件：

（1）被解除的劳动合同是依法成立的有效的劳动合同。

（2）解除劳动合同的行为必须是在被解除的劳动合同依法订立生效之后、尚未全部履行之前进行。

（3）用人单位与劳动者均有权提出解除劳动合同的请求。

（4）在双方自愿、平等协商的基础上达成一致意见，可以不受劳动合同中约定的终止条件的限制。

协商解除劳动合同过程中，用人单位需要注意的是按照本法第四十六条第（二）项和《违反和解除劳动合同的经济补偿办法》的规定，如果用人单位提出解除劳动合同的，应依法向劳动者支付经济补偿金。

二、劳动者提前通知解除劳动合同

本法第三十七条对劳动者单方解除劳动合同的事项作出了规定。

《劳动法》第三十一条规定："劳动者解除劳动合同，应当提前三十日以书面形式通知用人单位。"本法对此项权利也作了规定。从而以立法的形式原则性规定了劳动者单方解除劳动合同的权利。

1.劳动者提前通知解除劳动合同的程序

劳动者在行使解除劳动合同权利的同时必须遵守法定的程序，主要体现在以下两个方面：

（1）遵守解除预告期。

劳动者在享有解除劳动合同自主权的同时，也应当遵守解除合同预告期，即应当提前30日通知用人单位才能有效，也就是说劳动者在书面通知用人单位后还应继续工作至少30日，这样便于用人单位及时安排人员接替其工作，保持劳动过程的连续性，确保正常的工作秩序，避免因解除劳动合同影响企业的生产经营活动，给用人单位造成不必要的损失。同时，这样也使劳动者解除劳动合同合法化。否则，将会构成违法解除劳动合同，而将可能承担赔偿责任。

（2）书面形式通知用人单位。

无论是劳动者还是用人单位在解除合同时，都必须以书面形式告知对方。因为这一时间的确定直接关系到解除预告期的起算时间，也关系到劳动者的工资等利益，所以必须采用慎重的方式来表达。

2.试用期内劳动者与用人单位解除劳动合同

本条对劳动者在试用期内与用人单位解除劳动合同做了规定。劳动者在试用期内，发现用人单位的实际情况与订立劳动合同时所介绍的实际情况不相符合，或者发现自己不适于从事该工种工作，以及存在其他不能履行劳动合同的情况，劳动者无须任何理由，可以通知用人单位予以解除劳动合同，但应提前3日通知用人单位，以便用人单位安排人员接替其工作。

如果劳动者违反法律法规规定的条件解除劳动合同，给用人单位造成经济损失的，还应当承担赔偿责任。劳动者提出解除劳动合同的，用人单位可以不支付经济补偿金。

三、劳动者解除劳动合同

本法第三十八条规定了因用人单位的过错劳动者可以解除劳动合同的情形。

特别解除权是劳动者无条件单方解除劳动合同的权利，是指如果出现了法定的事由，劳动者无需向用人单位预告就可通知用人单位解除劳动合同。这些事由主要如下表所示：

因用人单位的过错劳动者可以解除劳动合同的情形

序号	可以解除劳动合同的情形	说明
1	未按照劳动合同约定提供劳动保护或者劳动条件	本法第十七条规定劳动保护和劳动条件是劳动合同的必备条款，即提供劳动保护和劳动条件是用人单位应尽的义务，如果用人单位未按照国家规定的标准或劳动合同的规定提供劳动条件，致使劳动安全、劳动卫生条件恶劣，严重危害职工的身体健康，并得到国家劳动部门、卫生部门的确认，劳动者可以与用人单位解除劳动合同

续表

序号	可以解除劳动合同的情形	说明
2	未及时足额支付劳动报酬	支付劳动报酬，也是劳动合同所规定的必备条款，用人单位未按照劳动合同约定及时足额支付劳动报酬，就是违反劳动合同，也是对劳动者合法权益的侵犯，劳动者有权随时告知用人单位解除劳动合同
3	未依法为劳动者缴纳社会保险费	社会保险具有国家强制性，用人单位应当依照有关法律、法规的规定，负责缴纳各项社会保险费用，并负有代扣代缴本单位劳动者社会保险费的义务。因此，如果用人单位未依法为劳动者缴纳上述社会保险费，是对劳动者基本权利的侵害，劳动者可以与用人单位解除劳动合同
4	用人单位的规章制度违反法律、法规的规定，损害劳动者权益	用人单位的规章制度违反了法律、法规的规定，用人单位没有按法律规定制定规章制度，给劳动者的权益带来了损害的，劳动者可以与用人单位解除劳动合同
5	因本法第二十六条第一款规定的情形致使劳动合同无效	本法第二十六条规定了劳动合同无效或者部分无效的几种情况。无效的劳动合同从订立的时候起就没有法律约束力，劳动者可以不予履行，对已经履行的，给劳动者造成损害的，用人单位还应承担赔偿责任
6	法律、行政法规规定劳动者可以解除劳动合同的其他情形	（1）用人单位以暴力、威胁或者非法限制人身自由的手段强迫劳动者劳动的，如把劳动者非法拘禁在特定的场所，强迫其劳动，不让出来，是严重侵犯劳动者人身权利的行为，是非法的，劳动者有权随时解除劳动合同，而无须事先告知用人单位。 （2）用人单位违章指挥、强令冒险作业危及劳动者人身安全的，劳动者有权拒绝并撤离作业场所，并可以立即解除劳动合同

四、过失性辞退

本法第三十九条规定了因劳动者的过失而使用人单位可以单方解除劳动合同的情形。

本法在赋予劳动者单方解除劳动合同权的同时，也赋予用人单位对劳动合同的单方解除权，以保障用人单位的用工自主权，但为了防止用人单位滥用解除权，随意与劳动者解除劳动合同，立法上严格限定用人单位与劳动者解除劳动合同的条件，保护劳动者的劳动权。禁止用人单位随意或武断地与劳动者解除劳动合同。用人单位单方解除劳动合同主要有以下几种情形，如下表所示：

因劳动者的过失用人单位可以解除劳动合同的情形

序号	可以单方解除劳动合同的情形	适用的注意事项
1	在试用期间被证明不符合录用条件	（1）要求用人单位所规定的试用期期间符合法律规定。 （2）要在试用期间。 （3）对是否合格的认定。一般情况下应当以法律法规规定的基本录用条件和用人单位在招聘时规定的知识文化、技术水平、身体状况、思想品质等条件为准。 （4）对于劳动者在试用期间不符合录用条件的，用人单位必须提供有效的证明

续表

序号	可以单方解除劳动合同的情形	适用的注意事项
2	严重违反用人单位的规章制度	（1）规章制度的内容必须是符合法律、法规的规定，而且是通过民主程序公之于众。 （2）劳动者的行为客观存在，并且是属于"严重"违反用人单位的规章制度，何为"严重"，一般应根据劳动法规所规定的限度和用人单位内部的规章制度依此限度所规定的具体界限为准。如，违反操作规程，损坏生产、经营设备造成经济损失的，不服从用人单位正常工作调动，不服从用人单位的劳动人事管理，无理取闹、打架斗殴、散布谣言损害企业声誉等，给用人单位的正常生产经营秩序和管理秩序带来损害。 （3）用人单位对劳动者的处理是按照本单位规章制度规定的程序办理的，并符合相关法律法规规定
3	严重失职、营私舞弊，给用人单位造成重大损害	劳动者在履行劳动合同期间，没有按照岗位职责履行自己的义务，违反其忠于职守、维护和增用用人单位利益的义务，有未尽职责的严重过失行为或者利用职务之便谋取私利的故意行为，使用人单位有形财产、无形财产遭受重大损害，但不够刑罚处罚的程度。例如，因粗心大意、玩忽职守而造成事故；因工作不负责而经常产生废品、损坏工具设备、浪费原材料或能源等
4	劳动者"兼职"	（1）劳动者同时与其他用人单位建立劳动关系，对完成本单位的工作任务造成严重影响的。
4	劳动者"兼职"	（2）劳动者同时与其他用人单位建立劳动关系，经用人单位提出，拒不改正的。需注意的是，必须是给用人单位造成"严重"影响的，如果影响轻微，用人单位不能以此为由与劳动者解除劳动合同
5	因本法第二十六条第一款第一项规定的情形致使劳动合同无效	本法第二十六条第一项规定："以欺诈、胁迫的手段或者乘人之危，使对方在违背真实意思的情况下订立或者变更劳动合同的。"属于无效或部分无效劳动合同
6	被依法追究刑事责任	根据《劳动部关于贯彻执行〈中华人民共和国劳动法〉若干意见》第二十九条的规定，"被依法追究刑事责任"是指：被人民检察院免予起诉的、被人民法院判处刑罚的、被人民法院依据刑法第三十二条免予刑事处分的。劳动者被人民法院判处拘役、三年以下有期徒刑缓刑的，用人单位可以解除劳动合同

五、无过失性辞退

本法第四十条对无过失性辞退作出了规定。

无过失性辞退也就是说用人单位根据劳动合同履行中客观情况的变化而解除劳动合同。这里的客观情况既包括用人单位的，也有劳动者自身的原因。本条对因客观情况变化导致劳动合同解除规定了"提前通知"或"额外支付劳动者一个月工资"。目的在于对劳动者的保护，为劳动者寻找新的工作提供必要的时间保障。

用人单位因客观情况变化而解除劳动合同，主要包括以下几种情况，如下表所示：

用人单位因客观情况变化而解除劳动合同的情况

序号	客观情况变化的情形	适用的注意事项
1	劳动者患病或者非因工负伤，在规定的医疗期满后不能从事原工作，也不能从事由用人单位另行安排的工作	根据劳动部颁发的《企业职工患病或非因工负伤医疗期规定》第二条的规定，劳动者在医疗期满后，有义务进行劳动。如果劳动者由于身体健康原因不能胜任工作，用人单位有义务为其调动岗位，选择他力所能及的岗位工作。如果劳动者对用人单位重新安排的工作也无法完成，说明劳动者不能履行合同，用人单位需提前30日以书面形式通知其本人或额外支付劳动者1个月工资后，解除劳动合同。以便劳动者在心理上和时间上为重新就业做准备
2	劳动者不能胜任工作，经过培训或者调整工作岗位，仍不能胜任工作	"不能胜任工作"，是指不能按要求完成劳动合同中约定的任务或者同工种、同岗位人员的工作量。但用人单位不得故意提高定额标准，使劳动者无法完成。劳动者没有具备从事某项工作的能力，不能完成某一岗位的工作任务，这时用人单位可以对其进行职业培训，提高其职业技能，也可以把其调换到能够胜任的工作岗位上，这是用人单位负有的协助劳动者适应岗位的义务。如果单位尽了这些义务，劳动者仍然不能胜任工作，说明劳动者不具备在该单位的职业能力，单位可以在提前30日书面通知的前提下，解除与该劳动者的劳动合同
3	劳动合同订立时所依据的客观情况发生重大变化，致使劳动合同无法履行，经用人单位与劳动者协商，未能就变更劳动合同内容达成协议	这里的"客观情况"是指履行原劳动合同所必要的客观条件，因不可抗力或出现致使劳动合同全部或部分条款无法履行的其他情况，如自然条件、企业迁移、被兼并、企业资产转移等，使原劳动合同不能履行或不必要履行的情况。发生上述情况时，为了使劳动合同能够得到继续履行，必须根据变化后的客观情况，由双方当事人对合同进行变更的协商，直到达成一致意见，如果劳动者不同意变更劳动合同，原劳动合同所确立的劳动关系就没有存续的必要，在这种情况下，用人单位也只有解除劳动合同

此外根据本法的相关规定，用人单位因劳动者的非过失性原因而解除合同的还应当给予劳动者相应的经济补偿。

五、经济性裁员

本法第四十一条对经济性裁员作出了规定。

1. 经济性裁员的适用对象

经济性裁员只发生在企业中。《劳动合同法》第二条规定了适用范围，用人单位的范围比较广，包括各类企业、个体经济组织、民办非企业单位等组织。经济性裁员只能发生在企业中，只有企业才有可能进行经济性裁员。

2. 经济性裁员的人数限定

《劳动合同法》规定一次性裁减人员20人或者裁减不足20人但占企业职工总人数10%以上的，才是经济性裁员。

3. 进行经济性裁员必须满足法定条件

经济性裁员作为用人单位单方解除劳动合同的一种方式，必须满足法定条件，如下表所示。这些法定条件包括实体性条件和程序性条件，只有同时具备了实体性条件之一和全部的程序性条件，才是合法有效的经济性裁员。

经济性裁员必须满足的法定条件

序号	条件类别	细类情形	说明
1	实体性条件	依照《企业破产法》规定进行重整	《企业破产法》第二条规定："企业法人不能清偿到期债务，并且资产不足以清偿全部债务或者明显缺乏清偿能力的，依照本法规定清理债务。企业法人有前款规定情形，或者有明显丧失清偿能力可能的，可以依照本法规定进行重整。"在重整过程中，用人单位可根据实际经营情况，进行经济性裁员
		生产经营发生严重困难	在用人单位的生产经营发生严重困难时，应允许用人单位通过各种方式进行自救，而不是进一步陷入破产、关闭的绝境。在用人单位的生产经营发生严重困难时，裁减人员、缩减员工规模是一项较有效的缓解措施，从全局看，对用人单位的劳动者群体是有利的，但涉及特定劳动者的权益，应慎重处理。因此，《劳动合同法》在允许用人单位在生产经营发生困难时采取经济性裁员的措施，但同时要求用人单位要慎用该手段，"困难"两字前加了"严重"的限制
		企业转产、重大技术革新或者经营方式调整，经变更劳动合同后，仍需裁减人员	在企业生产经营过程中，企业为了寻求生存和更大发展，必然要进行结构调整和整体功能优化，这些方式包括企业转产、重大技术革新和经营方式调整。企业转产、重大技术革新或者经营方式调整并不必然导致用人单位进行经济性裁员，如企业转产的，从事原工作岗位的劳动者可以转到转产后的工作岗位。为了更好地保护劳动者合法权益，同时引导用人单位尽量不使用经济性裁员，劳动合同法要求企业转产、重大技术革新或者经营方式调整，只有在变更劳动合同后，仍需要裁减人员，才可进行经济性裁员
		其他因劳动合同订立时所依据的客观经济情况发生重大变化，致使劳动合同无法履行的	除了本条中列举的三类情形外，还有一些客观经济情况发生变化需要经济性裁员的情形，如有些企业为了防治污染进行搬迁需要经济性裁员的，也应允许用人单位进行经济性裁员。作为兜底条款，对本规定应作严格解释
2	程序性条件	提前向工会或者全体职工说明情况	（1）必须裁减人员20人以上或者裁减不足20人但占企业职工总数10%以上的。必须提前30日向工会或者全体职工说明情况，并听取工会或者职工的意见。 （2）听取职工意见可以有多种形式，如座谈会、设置意见箱、部门负责人收集意见等。如果是职工代表反映的，也是职工意见，因此听取职工意见不需要修改
		裁减人员方案向劳动行政部门报告	（1）用人单位经向工会或者全体职工说明情况，听取工会或者职工的意见，对原裁减人员方案进行必要修改后，形成正式的裁减人员方案。按照1994年《劳动部企业经济性裁减人员规定》（劳部发〔1994〕447号）第四条规定，裁减人员方案的内容包括：被裁减人员名单，裁减时间及实施步骤，符合法律、法规规定和集体合同约定的被裁减人员经济补偿办法。 （2）该裁减人员方案需向劳动行政部门报告，以使劳动行政部门了解裁减情况，必要时采取相应措施，防止出现意外情况，监督经济性裁员合法进行。这里的"报告"性质上属于事后告知，不是事前许可或者审批。当然，有的企业出于各种考虑，自愿提前与劳动行政部门报告协商，法律并不禁止
		进行经济性裁员必须遵循社会福利原则	（1）裁减人员时，应当优先留用下列人员。 ①与本单位订立较长期限的固定期限劳动合同的； ②与本单位订立无固定期限劳动合同的； ③家庭无其他就业人员，有需要扶养的老人或者未成年人的。 （2）三类优先留用的劳动者之间并没有谁优先的顺序，用人单位可以根据实际需要予以留用
		重新招用人员的，被裁减人员具有优先就业权	（1）用人单位有通知被裁减人员的义务，以使被裁减人员慎重考虑，及时行使优先就业权。 （2）如果被裁减人员各方面条件与其他劳动者的条件没有明显差距，用人单位应当优先招用被裁减的人员

六、解除劳动合同的限制

本法第四十二条是关于用人单位不得解除劳动合同的规定。

根据《劳动合同法》第三十九条、第四十条、第四十一条的规定，出现法定情形时，用人单位可以单方解除劳动合同。为保护一些特定群体劳动者的合法权益，《劳动合同法》第四十二条同时又规定在六类法定情形下，禁止用人单位根据《劳动合同法》第四十条、第四十一条的规定单方解除劳动合同，如下表所示。对用人单位不得解除劳动合同规定的理解需注意以下两个方面：

（1）本条禁止的是用人单位单方解除劳动合同，并不禁止劳动者与用人单位协商一致解除劳动合同。

（2）本条的前提是用人单位不得根据《劳动合同法》第四十条、第四十一条解除劳动合同，即使劳动者具备了本条规定的六种情形之一，用人单位仍可以根据《劳动合同法》第三十九条的规定解除。

不得解除劳动合同的六种情形

序号	不得解除劳动合同的情形	说明
1	从事接触职业病危害作业的劳动者未进行离岗前职业病健康检查，或者疑似职业病病人在诊断或者医学观察期间的	（1）根据《职业病防治法》第三十五条规定，对从事接触职业病危害作业的劳动者，用人单位应当按照国务院卫生行政部门的规定组织上岗前、在岗期间和离岗时的职业健康检查，并将检查结果如实告知劳动者。（2）对未进行离职前职业健康检查的劳动者不得解除或者终止与其订立的劳动合同。《职业病防治法》第五十五条第二款规定，用人单位在疑似职业病病人诊断或者医学观察期间，不得解除或终止与其订立的劳动合同
2	在本单位患职业病或者因工负伤并被确认丧失或者部分丧失劳动能力的	无论是职业病还是因工伤，都与用人单位有关工作条件、安全制度或者劳动保护制度不尽完善有关，发生职业病或者因工负伤，用人单位作为用工组织者和直接受益者理应承担相应责任。如果此时允许用人单位解除劳动合同，将会给劳动者的医疗、生活等带来困难，因此，《劳动合同法》规定在本单位患职业病或者因工负伤并被确认丧失或者部分丧失劳动能力的，不得解除劳动合同
3	患病或者非因工负伤，在规定的医疗期内的	根据《企业职工患病或非因工负伤医疗期规定》第七条规定，企业职工非因工致残和经医生或医疗机构认定患有难以治疗的疾病，医疗期满，应当由劳动鉴定委员会参照工伤与职业病致残程度鉴定标准进行劳动能力的鉴定。被鉴定为一至四级的，应当退出劳动岗位，解除劳动关系，并办理退休、退职手续，享受退休、退职待遇
4	女职工在孕期、产期、哺乳期的	《妇女权益保障法》第二十七条规定，任何单位不得因结婚、怀孕、产假、哺乳等情形，降低女职工的工资，辞退女职工，单方解除劳动（聘用）合同或者服务协议。但是，女职工要求终止劳动（聘用）合同或者服务协议的除外
5	在本单位连续工作满十五年，且距法定退休年龄不足五年的	《劳动合同法》加强了对老职工的保护，包括规定用人单位初次实行劳动合同制度或者国有企业改制重新订立劳动合同时，劳动者在该用人单位连续工作满10年且距法定退休年龄不足10年的，应订立无固定期限劳动合同；在本单位连续工作满15年，且距法定退休年龄不足五年的，用人单位不得根据《劳动合同法》第四十条、第四十一条的规定单方解除劳动合同
6	法律、行政法规规定的其他情形	考虑到有些法律、行政法规中也有不得解除劳动合同的规定，同时为了便于与以后颁布的法律相衔接，本条还规定了一个兜底条款，这有利于对劳动者的保护

七、工会在劳动合同解除中的监督作用

本法第四十三条对工会在用人单位解除劳动合同中发挥监督职责作出了规定。

1. 工会是什么样的组织

工会是维护劳动者合法权益的群众组织。《劳动合同法》第六条明确规定了工会在劳动合同的订立、履行过程中的功能，工会应当帮助、指导劳动者与用人单位依法订立和履行劳动合同，并与用人单位建立集体协商机制，维护劳动者的合法权益。

劳动法第三十条规定，用人单位解除劳动合同，工会认为不适当的，有权提出意见。如果用人单位违反法律、法规或者劳动合同，工会有权要求重新处理；劳动者申请仲裁或者提起诉讼的，工会应当依法给予支持和帮助。《劳动合同法》第四十三条基本上延续了《劳动法》第三十条和《工会法》第二十一条第二款的规定，只是从规范劳动合同的角度在文字上作了一些处理。

2. 工会的监督作用

（1）用人单位单方解除劳动合同，应当事先将理由通知工会。

《工会法》第二十一条第二款规定，企业单方面解除职工劳动合同时，应当事先将理由通知工会，工会认为企业违反法律、法规和有关合同，要求重新研究处理时，企业应当研究工会的意见，并将处理结果书面通知工会。

根据本条的规定，用人单位凡是要单方解除劳动合同的，都必须将解除理由通知工会。为了更好地保护工会的知情权，使工会能及时发挥法定职责，用人单位还必须事先提前将理由通知工会。

（2）用人单位违反法律、行政法规规定或者劳动合同约定的，工会有权要求用人单位纠正。

这里的法律、行政法规主要是指有关于劳动合同解除规定的法律、行政法规，如《劳动合同法》、《职业病防治法》等。如果工会认为用人单位单方解除劳动合同是违反了法律、行政法规规定或者劳动合同约定的，有权以书面形式正式提出不同意见，要求用人单位纠正错误的解除行为。这是工会的一项法定权利，任何组织和个人都不得剥夺和侵害。工会提出不同意见，有利于用人单位发现和纠正违法或者违反约定的单方解除劳动合同的行为，防止劳动争议的出现，因此，对用人单位而言，理应认真研究，慎重处理，并将处理结果以书面形式正式通知工会。

3. 工会权利的保障

为了更好地保护工会及工会成员履行职责，防止工会成员因为履行职责，提出纠正意见等原因受到用人单位的排挤甚至解除劳动合同，2003年，最高人民法院颁布了《最高人民法院关于在民事审判工作中适用〈中华人民共和国工会法〉若干问题的解释》，其中第六条规定："根据工会法第五十二条规定，人民法院审理涉及职工和工会工作人员因参加工会活动或者履行工会法规定的职责而被解除劳动合同的劳动争议案件，可以根据当事人的请求裁判用人单位恢复其工作，并补发被解除劳动合同期间应得的报酬；或者根据当事人的请求裁判用人单位给予本人年收入二倍的赔偿，并根据《劳动合同法》第四十六条、第四十七条规定给予解除劳动合同时的经济补偿金。"

八、劳动合同的终止

本法第四十四条是关于劳动合同终止的规定，有下表情形之一的，劳动合同终止：

劳动合同的终止情形

序号	终止情形	说明
1	劳动合同期满	这主要适用于固定期限劳动合同和以完成一定工作任务为期限的劳动合同两种情形。劳动合同期满，除依法续订劳动合同的和依法应延期的以外，劳动合同自然终止，双方权利义务结束。根据劳动保障部的规定，劳动合同的终止时间，应当以劳动合同期限最后一日的24时为准
2	劳动者已开始依法享受基本养老保险待遇	根据法律、行政法规的规定，我国劳动者开始依法享受基本养老保险待遇的条件大致有两个，一是劳动者已退休；二是个人缴费年限累计满15年或者个人缴费和视同缴费年限累计满15年。《劳动法》并没有规定劳动者退休，劳动合同终止。劳动者退休但并没有依法享受基本养老保险待遇的，其劳动合同是否终止？按照《劳动合同法》的规定，劳动者退休并不必然导致劳动合同终止，除非其他法律、行政法规另有规定
3	劳动者死亡，或者被人民法院宣告死亡或者宣告失踪	根据《民法典》第四十六条规定，公民有下列情形之一的，利害关系人可以向人民法院申请宣告其死亡：1.下落不明满4年的；2.因意外事故下落不明，从事故发生之日起满2年的。在民事领域中，公民死亡、被人民法院宣告失踪或宣告死亡的，将丧失民事权利能力和民事行为能力。在劳动领域中，公民死亡、被人民法院宣告失踪或者宣告死亡的，劳动合同签订一方主体资格消灭，客观上丧失劳动能力，之前签订的劳动合同因为缺乏一方主体而归于消灭，属于劳动合同终止的情形之一
4	用人单位被依法宣告破产	根据《企业破产法》的规定，用人单位一旦被依法宣告破产，就进入破产清算程序，用人单位的主体资格即归于消灭，因此用人单位一旦进入被依法宣告破产的阶段，意味着劳动合同一方主体资格必然消灭，劳动合同归于终止
5	用人单位被吊销营业执照、责令关闭、撤销或者用人单位决定提前解散	根据《公司法》的规定，公司解散是指已经成立的公司，因公司章程或者法定事由出现而停止公司的经营活动，并开始公司的清算，使公司法人资格消灭的法律行为。由于公司解散将会导致公司法人归于消灭，因此公司解散的情况下，劳动合同由于缺乏一方主体，而归于终止。考虑到与后面条文中有关经济补偿规定的衔接，因此本项仅规定用人单位被吊销营业执照、责令关闭、撤销或者用人单位决定提前解散的，劳动合同终止
6	法律、行政法规规定的其他情形	有关劳动终止的情形，除了《劳动合同法》规定的五种情形外，没有法律、行政法规作出规定。考虑到保持整个劳动合同终止制度的统一性和劳动合同终止并没有地方独特性等情况，《劳动合同法》并没有授权地方性法规创设劳动合同终止制度

九、劳动合同的逾期终止

本法第四十五条是关于劳动合同期满不得终止的规定。

《劳动合同法》第四十二条规定在五种情形下的劳动者，用人单位不得解除劳动合同。如果劳动者有《劳动合同法》第四十二条规定的五种情形的，劳动合同期满时，用人单位能否终止？本条对此作出了基本否定的回答，要求必须将劳动合同延续至相应情形消失时才能终止。

1.劳动合同期满不得终止的规定

（1）从事接触职业病危害作业的劳动者未进行离岗前职业健康检查，劳动合同期满的，必须等到进行了职业健康检查后，劳动合同才能终止。

（2）疑似职业病病人在诊断或者医学观察期间，劳动合同期满的，必须等到排除了职业病、确认了职业病或者医学观察期间结束，劳动合同才能终止。

（3）在本单位患职业病，劳动合同期满的，必须等到职业病治愈，劳动合同才能终止，如果职业病不能治愈，劳动合同就不能终止。

(4) 因工负伤并被确认丧失劳动能力，劳动合同期满的，必须等到劳动能力全部恢复，劳动合同才能终止，如果劳动能力不能全部恢复，劳动合同就不能终止。

(5) 患病或者非因工负伤在医疗期内，劳动合同期满的，必须等到医疗期满后才能终止劳动合同。女职工孕期、产期、哺乳期满后，劳动合同才可以终止。

(6) 在本单位连续工作满15年，且距法定退休年龄不足5年的，如果劳动合同期满，由于这种工作年限的情况不可能消失，因此就不能终止劳动合同。

2. 关于工伤的例外规定

本条对劳动者患职业病或者因工负伤并被确认部分丧失劳动能力的情形作了例外规定，在这种情形下，适用工伤保险条例的规定。工伤保险条例第三十六条、第三十七条规定：

（1）职工因工致残被鉴定为五级、六级伤残的，保留与用人单位的劳动关系，由用人单位安排适当工作。难以安排工作的，由用人单位按月发给伤残津贴，并由用人单位按照规定为其缴纳应缴纳的各项社会保险费。经工伤职工本人提出，该职工可以与用人单位解除或者终止劳动关系，由用人单位支付一次性工伤医疗补助金和伤残就业补助金。

（2）职工因工致残被鉴定为七级至十级伤残的，劳动合同期满终止，或者职工本人提出解除劳动合同的，由用人单位支付一次性工伤医疗补助金和伤残就业补助金。

十、经济补偿

本法第四十六条规定了用人单位必须支付经济补偿的情形。《劳动合同法》通过规定劳动合同终止，用人单位依法支付经济补偿，可以防止用人单位钻法律的空子，按照企业实际需求，签订劳动合同。经济补偿的范围如下表所示：

用人单位支付经济补偿的范围

序号	情形	说明
1	有《劳动合同法》第三十八条情形的	用人单位有违法、违约行为的，劳动者可以随时或者立即解除劳动合同，并有权取得经济补偿。用人单位的违约、违法行为有： (1) 用人单位未依照劳动合同约定提供劳动保护或者劳动条件的。 (2) 用人单位未及时足额支付劳动报酬的。 (3) 用人单位未依法为劳动者缴纳社会保险费的。
1	有《劳动合同法》第三十八条情形的	(4) 用人单位的规章制度违反法律、法规的规定，损害劳动者权益的。 (5) 用人单位有《劳动合同法》第二十六条中欺诈、胁迫或者乘人之危等行为致使劳动合同无效或者部分无效的。 (6) 法律、行政法规规定的其他情形。 (7) 用人单位以暴力、威胁或者非法限制人身自由的手段强迫劳动者劳动的。 (8) 用人单位违章指挥、强令冒险作业危及劳动者人身安全的
2	双方协商一致解除劳动合同，但是由用人单位提出解除协议的	与《劳动法》的规定比较，本项经济补偿范围有所缩小。《劳动法》第二十四条、第二十八条规定，用人单位与劳动者协商一致解除劳动合同的，用人单位应当依照国家有关规定给予经济补偿。在《劳动合同法》制定过程中，考虑到在有的情况下，劳动者主动跳槽，与用人单位协商解除劳动合同，此时劳动者一般不会失业，或者对失业早有准备，如果要求用人单位支付经济补偿不太合理，因此对协商解除情形下，给予经济补偿的条件作了一定限制

续表

序号	情形	说明
3	用人单位依照《劳动合同法》第四十条规定解除劳动合同的	《劳动合同法》第四十条规定，在劳动者有一定不足，用人单位没有过错，且作了一些补救措施，但劳动者仍不符合工作要求的情况下，允许用人单位解除劳动合同，但为平衡双方的权利义务，用人单位须支付经济补偿。本项经济补偿与《劳动法》的规定一致
4	用人单位依照《劳动合同法》第四十一条第一款规定解除劳动合同的	《劳动合同法》第四十一条规定的是经济性裁员。经济性裁员中，劳动者没有任何过错，用人单位也是迫于无奈，为了企业的发展和大部分劳动者的权益，解除一部分劳动者的劳动合同。为平衡双方的权利义务，经济性裁员中，用人单位应当支付经济补偿。本项经济补偿与《劳动法》的规定一致
5	除用人单位维持或者提高劳动合同约定条件续订劳动合同，劳动者不同意续订的情况外，依照《劳动合同法》第四十四条第一项规定终止固定期限劳动合同的	(1) 根据本项规定，劳动合同期满时，用人单位同意续订劳动合同，且维持或者提高劳动合同约定条件，劳动者不同意续订的，劳动合同终止，用人单位不支付经济补偿。 (2) 如果用人单位同意续订劳动合同，但降低劳动合同约定条件，劳动者不同意续订的，劳动合同终止，用人单位应当支付经济补偿。 (3) 如果用人单位不同意续订，无论劳动者是否同意续订，劳动合同终止，用人单位应当支付经济补偿
6	依照《劳动合同法》第四十四条第四项、第五项规定终止劳动合同的	(1)《劳动合同法》第四十四条第四项规定，用人单位被依法宣告破产的，劳动合同终止。第四十四条第五项规定，用人单位被吊销营业执照、责令关闭、撤销或者用人单位决定提前解散的，劳动合同终止。用人单位因为有违法行为而被吊销营业执照、责令关闭、撤销时，劳动者是无辜的，其权益应该受到保护。劳动合同终止时，用人单位应该支付经济补偿。较《劳动法》的规定，本项规定是增加的规定。 (2)《企业破产法》第一百一十三条规定，破产清偿顺序中第一项为破产人所欠职工的工资和医疗、伤残补助、抚恤费用，所欠的应当划入职工个人账户的基本养老保险、基本医疗保险费用，以及法律、行政法规规定应当支付给职工的补偿金
7	法律、行政法规规定的其他情形	有些法律、行政法规中有关于用人单位支付经济补偿的规定。如《国营企业实行劳动合同制度暂行规定》中规定，国营企业的老职工在劳动合同期满与企业终止劳动关系后可以领取相当于经济补偿的有关生活补助费。尽管《国营企业实行劳动合同制度暂行规定》于2001年被废止，但2001年之前参加工作的劳动者，在劳动合同终止后，仍可以领取工作之日起至2001年的生活补助费

十一、经济补偿的计算

在劳动合同解除或者终止，用人单位依法支付经济补偿时，就涉及如何计算经济补偿的问题。计算经济补偿的普遍模式是：工作年限×每工作一年应得的经济补偿。《劳动合同法》及有关国家规定对工作年限及经济补偿标准作了明确的规定。本法第四十七条对如何计算经济补偿作出了具体的规定。

1.计算经济补偿中的工作年限

（1）本条"在本单位工作的年限"的规定，不能理解为连续几个合同的最后一个合同期限，原则上应连续计算。

①劳动者在单位工作的年限，应从劳动者向该用人单位提供劳动之日起计算。

②如果由于各种原因，用人单位与劳动者未及时签订劳动合同的，不影响工作年限的计算。

③如果劳动者连续为同一用人单位提供劳动，但先后签订了几份劳动合同的，工作年限应从劳动者提供劳动之日起连续计算。如劳动者甲自2012年在某企业工作，期间劳动合同一年一签，一直工作到2015年。最后一份劳动合同期满后终止，用人单位依法支付经济补偿时，计算的工作年限应从2012年算起，共3年。

④如果劳动者为同一用人单位提供劳动多年，但间隔了一段时间，也先后签订了几份劳动合同，工作年限原则上应从劳动者提供劳动之日起连续计算，已经支付经济补偿的除外。

（2）根据劳动部1996年关于终止或解除劳动合同计发经济补偿金有关问题的请示的复函中规定，对于因用人单位的合并、兼并、合资、单位改变性质、法人改变名称等原因而改变工作单位的，其改制前的工作时间可以计算为"在本单位的工作年限"。

（3）根据《劳动合同法》第九十七条第三款的规定，在《劳动合同法》施行前签订，试行前解除或者终止的劳动合同，依照《劳动法》和原有关国家规定计算经济补偿。

（4）在《劳动合同法》施行前签订，试行后解除或者终止的劳动合同，依照《劳动合同法》第四十六条规定应当支付经济补偿的，经济补偿年限自本法施行之日起计算；本法施行前按照当时有关规定，用人单位应当向劳动者支付经济补偿的，按照当时有关规定执行。

2.经济补偿的计算标准

经济补偿的计算标准为：

（1）经济补偿按劳动者在本单位工作的年限，每满1年支付1个月工资的标准向劳动者支付。

（2）6个月以上不满1年的，按1年计算。

（3）不满6个月的，向劳动者支付0.5个月工资的经济补偿。

《劳动合同法》关于经济补偿的计算标准延续了我国以往的做法。根据《劳动法》第二十八条的授权，1994年12月3日，劳动部颁布了《违反和解除劳动合同的经济补偿办法》，规定了计算经济补偿时，每满1年发给相当于1个月工资的经济补偿金。工作时间不满1年的按1年的标准发给经济补偿金。《劳动合同法》增加了6个月以上不满1年的，按1年计算；不满6个月的，向劳动者支付0.5个月工资的经济补偿。

3.经济补偿的计算基数

计算经济补偿时，工作满1年支付1个月工资。月工资是指劳动者解除或者终止劳动合同前12个月的平均工资。

4.经济补偿的计算封顶

这是在经济补偿部分对高端劳动者作出的一定的限制。即从工作年限和月工资基数两个方面作了限制，规定劳动者月工资高于用人单位所在直辖市、市区的市级人民政府公布的上年度职工月平均工资的3倍的，用人单位向其支付经济补偿的标准按职工月平均工资3倍的数额支付，向其支付经济补偿的年限最高不超过12年。

5. 用人单位不支付经济补偿的法律责任

为督促用人单位及时支付经济补偿，《劳动合同法》第八十五条规定，解除或者终止劳动合同，未依照本法规定向劳动者支付经济补偿的，由劳动行政部门责令限期支付经济补偿，逾期不支付的，责令用人单位按应付金额50%以上100%以下的标准向劳动者加付赔偿金。

十二、违法解除或终止劳动合同的法律后果

为保护劳动者的合法权益，本法第四十八条对用人单位解除或者终止劳动合同作了明确的规定，这些规定都是强制性规定，用人单位不得违反，如果违反了，将承担相应的法律后果。

1. 违反本法规定的含义

在本条中的"违反本法规定"，是指违反《劳动合同法》第三十六条、第三十九条、第四十条、第四十一条、第四十二条、第四十四条、第四十五条等规定。具体情形包括：

（1）不符合法定条件用人单位单方解除的。
（2）解除时没有履行法定义务的。
（3）不符合法定条件用人单位终止的等。

2. 应承担的法律后果

（1）用人单位违反本法规定解除或者终止劳动合同的，首先要保护劳动者的合法劳动权益，使劳动关系"恢复原状"，不能让用人单位从违法行为中获益。

（2）考虑到实际情况，应尊重劳动者有关是否继续劳动合同的选择。因此，如果劳动者权衡利弊后，要求继续履行劳动合同的，用人单位应当继续履行劳动合同；如果劳动者认为继续履行劳动合同实际困难太大，不要求继续履行劳动合同的，劳动合同可以解除或者终止，同时用人单位应当依法支付赔偿金。关于赔偿金标准，《劳动合同法》第八十七条规定为经济补偿标准的2倍。

另外，在有的情况下，劳动合同客观上已经不能继续履行了，如原用人单位已经搬迁外地、原工作部门已经被撤销等，此时即使劳动者想继续劳动合同也无法继续，因此，在用人单位支付经济赔偿金后，劳动合同解除或者终止。

十三、社会保险关系跨地区转移接续

本法第四十九条是关于社会保险转移的规定。

实践中一些用人单位不替劳动者缴纳社会保险的统筹部分，其中原因有的是用人单位利用劳动者不了解国家法律法规的有关规定，逃避责任；有的是劳动者没有缴纳社会保险的积极性，主动要求用人单位将应缴的社会保险费直接发放。这些情形，不利于我国全面建立社会保险制度，不利于劳动者退休后的生活保障，同时有些用人单位和劳动者为规避缴纳社会保险不签书面劳动合同，所以，《劳动合同法》对此作出相应规定。

十四、劳动合同解除或者终止后双方的义务

本法第五十条就劳动合同解除或者终止后双方的义务作出了规定。

1. 用人单位的义务

（1）用人单位有出具解除或者终止劳动合同证明的义务。

在根据《劳动合同法》及有关法律、法规的规定，依法解除或者终止劳动合同时，用人单位都必须履行用人单位出具解除或者终止劳动合同证明的义务，这包括用人单位依法解除劳动合同、劳动者依法解除劳动合同、用人单位和劳动者依法终止劳动合同、在用人单位违法解除或者终止劳动合同后依法责令用人单位解除或者终止劳动合同等情形。

用人单位出具证明的时间是：在依法解除或者终止劳动合同的同时。

规定用人单位有出具解除或者终止劳动合同证明的义务，主要是考虑便于劳动者办理失业登记。

（2）用人单位有在15日内为劳动者办理档案和社会保险关系转移手续的义务。

在实践中，用人单位扣留劳动者档案，不明确告知劳动者社会保险缴纳情况比较普遍，因此《劳动合同法》作了专门规定：

①用人单位为劳动者办理档案和社会保险关系转移手续是用人单位的一项法定义务，用人单位必须依法履行。

②有关手续办理规定了时间限制，必须在依法解除或者终止劳动合同之日起15日内办理完毕。

③《劳动合同法》第八十四条第三款规定，劳动者依法解除或者终止劳动合同，用人单位扣押劳动者档案或者其他物品的，由劳动行政部门责令限期退还劳动者本人，按每一名劳动者500元以上2 000元以下的标准处以罚款；给劳动者造成损害的，用人单位应当承担赔偿责任。

（3）用人单位有在办理交接手续时向劳动者支付经济补偿的义务。

在劳动者办理交接手续的同时，用人单位应当及时支付经济补偿。

①劳动部《违反和解除劳动合同的经济补偿办法》第二条规定，对劳动者的经济补偿金，由用人单位一次性发给。

②如果用人单位不及时发给经济补偿的，《劳动合同法》第八十五条规定了法律责任：解除或者终止劳动合同，未依照本法规定向劳动者支付经济补偿的，由劳动行政部门责令限期支付经济补偿；逾期不支付的，责令用人单位按应付金额50%以上100%以下的标准向劳动者加付赔偿金。

（4）用人单位有对已经解除或者终止的劳动合同文本至少保存2年备查的义务。

2.劳动者的义务

劳动者有按照双方约定，遵循诚实信用的原则办理工作交接的义务。

劳动者在劳动合同解除或者终止时，不能一走了之，还必须履行相应的法律义务，即按照双方约定，遵循诚实信用的原则办理工作交接的义务。工作交接主要包括公司财产物品的返还、资料的交接等。

有关集体合同条款的解读

一、集体合同的订立和内容

本法第五十一条对于集体合同的内容和集体合同的订立方面作出了规定。

1.集体合同与劳动合同的区别

集体合同是指工会或职工代表代表全体职工与用人单位或其团体（即集体协商双方当事人）之间根据法律、法规的规定，就劳动报酬、工作时间、休息休假、劳动安全卫生、保险福利等事项，在平等协商一致的基础上签订的书面协议。

集体合同与劳动合同相比存在着明显不同，它们主要的区别如下表所示：

集体合同与劳动合同的区别

	集体合同	劳动合同
当事人不同	集体合同当事人为劳动者团体和用人单位或其团体，因此又称团体协约或团体合同	劳动合同当事人为单个劳动者和用人单位
目的不同	订立集体合同的主要目的，是为确立劳动关系设定具体标准，即在其效力范围内规范劳动关系	目的是确立劳动关系
内容不同	集体合同以集体劳动关系中全体劳动者的共同权利和义务为内容，可能涉及劳动关系的各个方面，也可能只涉及劳动关系的某个方面	劳动合同以单个劳动者的权利和义务为内容，一般包括劳动关系的各个方面
形式不同	集体合同一般为要式合同	劳动合同在有的国家为要式合同，在有的国家则为要式合同与非要式合同并存
效力不同	集体合同对签订合同的单个用人单位或用人单位所代表的全体用人单位，以及工会和工会所代表的全体劳动者，都有法律效力。并且，集体合同的效力一般高于劳动合同的效力	劳动合同对单个的用人单位和劳动者有法律效力

2.集体合同的内容

集体合同的具体内容，可能涉及劳动关系的各个方面，也可能只涉及劳动关系的某个方面。因此，企业职工一方与用人单位可以就劳动报酬、工作时间、休息休假、劳动安全卫生、保险福利等事项中的一项或者数项订立集体合同。

另外，除了本条点明的休息休假、劳动安全卫生、保险福利等事项以外，具体还可依据由劳动部颁发的《集体合同规定》（自2004年5月1日起施行）第八条规定："集体协商双方可以就下列多项或某项内容进行集体协商，签订集体合同或专项集体合同：一、劳动报酬；二、工作时间；三、休息休假；四、劳动安全与卫生；五、补充保险和福利；六、女职工和未成年工特殊保护；七、职业技能培训；八、劳动合同管理；九、奖惩；十、裁员；十一、集体合同期限；十二、变更、解除集体合同的程序；十三、履行集体合同发生争议时的协商处理办法；十四、违反集体合同的责任；十五、双方认为应当协商的其他内容。"

3.集体合同的订立

关于集体合同的订立，本条只作了几项原则性规定：

（1）规定了平等协商原则。集体合同双方当事人在签订协议的过程中，处于平等的法律地位，不考虑工会或者职工代表与企业之间在行政上的隶属关系。双方都可以平等地提出自己的主张和要求，本着合作的态度讨论和解决问题，任何一方都不得以任何方式压制或者威胁对方。

（2）规定了民主参与原则。集体合同草案应当提交职工代表大会或者全体职工讨论通过，这实际上是保留了《劳动法》第三十三条中的规定。

（3）规定了订立集体合同的双方主体。订立集体合同是一种法律行为，订立集体合同的主体、内容、程序以至于格式都必须符合国家法律、法规和政策的规定。在主体方面，根据《劳动法》的规定，订立集体合同的一方当事人必须是工会或者职工代表，另一方当事人必须是用人单位的行政方面。本法还规定，尚未建立工会的用人单位，由上级工会指导劳动者推举的代表与用人单位订立。也就是说，职工代表的推举需要接受上级工会的指导，不能随便某一群体的劳动者就推举出几个职工代表要求与用人单位订立集体合同。

除本条规定的三个方面以外，订立集体合同的具体程序和要求，例如怎样推举或指定协商代表，怎样依次经过协商、审议通过、签字、报送审查、公布等程序，可以参照自2004年5月1日起施行的《集体合同规定》。

二、专项集体合同

集体合同的具体内容，可能涉及劳动关系的各个方面，也可能只涉及劳动关系的某个方面。本法第五十二条是对订立劳动安全卫生、女职工权益保护、工资调整机制等专项集体合同作出了规定。

所谓专项集体合同，是指用人单位与劳动者根据法律、法规、规章的规定，就集体协商的某项内容签订的专项书面协议。

1. 劳动安全卫生

我国目前已有《劳动法》《工会法》《安全生产法》《职业病防治法》《消防法》《危险化学品安全管理条例》等劳动安全卫生法律法规及标准。依据有关规定，结合某行业、某企业实际订立劳动安全卫生专项协议，已经越来越受到人民群众的关注。例如在安全事故多发的采矿业，制定劳动安全卫生专项集体合同就非常必要。

2. 女职工权益保护

女职工权益保护专项集体合同，是用人单位与本单位女职工根据法律、法规、规章的规定，就女职工合法权益和特殊利益方面的内容通过集体协商签订的专项协议，它对用人单位和本单位的全体女职工具有法律约束力。企业可以工作实际情况制定女职工特殊权益保护专项集体合同，例如专项集体合同里规定企业与女职工建立劳动关系应当订立劳动合同，实行男女同工同酬；在企业工会委员会、职工民主管理和进修、培训、出国考察、挂职锻炼时企业必须安排一定比例的女职工参加；根据女职工的生理特点，对月经期、孕期、产期和哺乳期的女职工给予特殊保护；企业不得在孕期、产期、哺乳期，降低其基本工资或终止、解除其劳动合同；单位每年对女职工（含离退休女职工）进行一次妇科检查等。可以使女职工合法权益得到切实的维护和保障。

3. 工资调整机制

国家劳动和社会保障部正致力于使各类企业都建立工资集体协商制度，形成正常的工资增长机制。工资集体协商，是指职工代表与企业代表依法就企业内部工资分配制度、工资分配形式、工资收入水平进行平等协商，并在协商一致的基础上签订工资协议的一种制度安排。

三、行业性、区域性集体合同

本法第五十三条是关于建筑业、采矿业、餐饮服务业等行业订立行业性集体合同的规定。

1. 行业性集体合同

行业性集体合同主要是指在一定行业内，由行业性工会联合会与相应行业内各企业，就劳动报酬、工作时间、休息休假、劳动安全卫生、保险福利等事项进行平等协商，所签订的集体合同。

（1）行业性集体合同的优势。

行业性集体合同一般具有以下优势：

①同一领域的各企业具有行业共同性,在利润和职工工资水平、职业危害状况、劳动者素质等方面往往比较接近,可以就某一方面制定具体的、有针对性的共同标准,从而容易达成行业性集体合同。

②行业性集体合同能够更广泛地保护整个行业内的劳动者的合法权益,同时在和谐稳定劳动关系的基础上,行业整体素质也得到提升。

③协商订立行业性集体合同能够减少劳资谈判的社会成本,因此行业性集体合同有逐渐向越来越广大区域扩展的趋势。

(2) 行业性集体合同的适用范围。

本条规定里提到的,建筑业、采矿业、餐饮服务业等,行业特点都比较显著,决定了这些行业容易订立切实可行的行业性集体合同。例如建筑业、采矿业大量使用农民工,拖欠农民工工资或者造成人身危害的问题比较突出,就此工会出面签订行业性集体合同,对于约束建筑企业、保护农民工利益能够起到较好的作用。像餐饮服务业,劳动者工资报酬通常比较平均、比较低下,在这些方面签订行业性集体合同能够建立良好的工资调整机制、有效提高餐饮服务业劳动者的工资水平。

2.区域性集体合同

区域性集体合同是指在一定区域内(指镇、区、街道、村、行业),由区域性工会联合会与相应经济组织或区域内企业,就劳动报酬、工作时间、休息休假、劳动安全卫生、保险福利等事项进行平等协商,所签订的集体合同。

发展区域性集体合同制度,需要注意以下几点:

(1) 区域性集体合同是不适合在大范围大区域内推行的,由于企业性质差异、各行业劳动者需求不同等,在一个较大区域内协商签订集体合同往往比较困难,即使签订集体合同也往往因为缺少针对性而难以实施。

(2) 区域性集体合同的优势在于基层(镇、村、街道)较小的区域内,发挥好基层工会熟悉当地企业和劳动者的优势,就当地某些特殊情况、特殊需要订立区域性集体合同。

涉及本行业全体职工的切身利益,行业性区域性集体合同对当地本行业、本区域的用人单位和劳动者具有约束力。

四、集体合同的报送和生效

本法第五十四条是关于集体合同的生效及其法律效力方面的规定。本条第一款阐述了集体合同何时生效,同时涉及集体合同需要报送劳动行政部门审查的问题。第二款则规定了集体合同的法律效力,尤其是其对人效力。

1.集体合同何时生效

《劳动法》第三十四条规定:"集体合同签订后应当报送劳动行政部门;劳动行政部门自收到集体合同文本之日起十五日内未提出异议的,集体合同即行生效。"第一款的内容,实际上是保留了《劳动法》中原有的规定。该款规定在实践中可能产生两种后果:

(1) 劳动行政部门自收到集体合同文本之日起15日内未提出异议的,集体合同即行生效。

(2) 劳动行政部门自收到集体合同文本之日起15日内提出异议的,例如集体合同的约定内容违反法律法规的规定,或者集体合同的双方主体不合法等,集体合同不能即行生效。

2.劳动行政部门如何审查集体合同

参照《集体合同规定》第六章的内容,可以概括出以下几点:

（1）应当报送集体合同的时间规定。

《集体合同规定》中规定："集体合同或专项集体合同签订或变更后，应当自双方首席代表签字之日起10日内，由用人单位一方将文本一式三份报送劳动保障行政部门审查。""劳动保障行政部门对报送的集体合同或专项集体合同应当办理登记手续。"

（2）审查机关。

《集体合同规定》第四十三条规定："集体合同或专项集体合同审查实行属地管辖，具体管辖范围由省级劳动保障行政部门规定。""中央管辖的企业以及跨省、自治区、直辖市的用人单位的集体合同应当报送劳动保障部或劳动保障部指定的省级劳动保障行政部门。"

（3）审查事项。

《集体合同规定》第四十四条规定："劳动保障行政部门应当对报送的集体合同或专项集体合同的下列事项进行合法性审查：一、集体协商双方的主体资格是否符合法律、法规和规章规定；二、集体协商程序是否违反法律、法规、规章规定；三、集体合同或专项集体合同内容是否与国家规定相抵触。"

（4）劳动行政部门提出异议的。

《集体合同规定》第四十五条规定："劳动保障行政部门对集体合同或专项集体合同有异议的，应当自收到文本之日起15日内将《审查意见书》送达双方协商代表。《审查意见书》应当载明以下内容：一、集体合同或专项集体合同当事人双方的名称、地址；二、劳动保障行政部门收到集体合同或专项集体合同的时间；三、审查意见；四、作出审查意见的时间。《审查意见书》应当加盖劳动保障行政部门印章。"

（5）当事人应对劳动行政部门的异议。

《集体合同规定》第四十六条规定："用人单位与本单位职工就劳动保障行政部门提出异议的事项经集体协商重新签订集体合同或专项集体合同的，用人单位一方应当根据本规定第四十二条的规定将文本报送劳动保障行政部门审查。"

（6）劳动行政部门未提出异议的。

《集体合同规定》第四十七条规定："劳动保障行政部门自收到文本之日起15日内未提出异议的，集体合同或专项集体合同即行生效。"

3.集体合同的法律效力

本条第二款规定了集体合同的法律效力，尤其是对人效力。《劳动法》第三十五条中规定，依法签订的集体合同对企业和企业全体职工具有约束力，该款实际上是保留了《劳动法》中原有的规定。集体合同订立、生效后，对签订集体合同双方所代表的人员都具有约束力。任何一方不得擅自变更或解除集体合同。如果集体合同的当事人违反集体合同的规定，就要承担相应的法律责任。

（1）对于劳动者的效力。

对于劳动者来说，除集体合同有特别规定外，集体合同的全部内容适用于企业内部全体职工。即在一个企业内部，只要工会与企业签订了集体合同，工会就代表了全体职工，而不只是代表工会会员，对于非工会会员也适用。对其生效实施后被企业录用的职工而言，集体合同也是适用的。

（2）对于用人单位的效力。

对于用人单位来说，集体合同生效后则不因企业法人代表的变动而影响其效力。而且，对于存在区域性集体合同、行业集体合同的情况下，同一区域的所有劳动者和用人单位都要平等履行区域性集体合同，同一行业的所有劳动者和用人单位都要平等履行行业性集体合同，而不局限于约束协商谈判、签订该项集体合同的双方代表。依法订立的集体合同对用人单位和劳动者具有约束力，这体现出集体合同对人效力的普遍性。

五、集体合同中对劳动报酬、劳动条件等标准

本法第五十五条是关于劳动条件和劳动报酬等法定标准、劳动合同标准、集体合同标准三者效力关系的规定。

1. 最低工资标准

《劳动法》第四十八条规定："国家实行最低工资保障制度。最低工资的具体标准由省、自治区、直辖市人民政府规定。"

按照2004年1月20日劳动部颁布的《最低工资规定》，"社会平均工资法"是三种确定最低工资标准的通用方法之一。"社会平均工资法"也是按照国际上通用的方法，即月最低工资一般是月平均工资的40%~60%。目前我国没有任何一个省份达到了这个要求，而且各省份差别很大。另外，为逐步解决进城务工农民工资偏低问题，国务院要求各地从2006年起，要合理调整和严格执行最低工资制度，制定和推行最低小时工资标准。在提高最低工资标准方面，各省市都还有很大空间，这也引起了广泛的社会关注。随着各地人民政府规定的最低劳动条件和劳动报酬标准的提高，集体合同中劳动条件和劳动报酬标准也要相应提高，《劳动合同法》有必要对此加以规定。

2. 集体合同、劳动合同和法定最低标准的关系

本条包括两层含义、两个梯度：

（1）集体合同中的劳动条件和劳动报酬等标准不得低于当地人民政府规定的最低标准。

这里有两种情况：

①集体合同订立之初，劳动条件和劳动报酬标准等低于当地人民政府制定的最低标准的，在报送劳动行政部门审查的时候就会提出异议，从而无法生效。

②集体合同生效以后，当地人民政府制定的最低劳动条件和劳动报酬标准提高的，高于集体合同约定标准的，集体合同中的相关标准应当变更、予以提高，否则也确认为无效。低于最低工资标准向劳动者支付工资的，违反了《劳动法》和《劳动合同法》的规定，应当按照《劳动合同法》第八十五条的规定追究其法律责任。

（2）用人单位与劳动者订立的劳动合同中劳动条件和劳动报酬等标准不得低于集体合同规定的标准。

以上两点反映出集体合同与劳动合同以及劳动法律、法规的效力关系，即集体合同的法律效力高于劳动合同，劳动法律、法规的法律效力高于集体合同。

六、集体合同争议的处理

本法第五十六条是关于如何处理集体合同争议方面的规定。

1. 用人单位违反集体合同，侵犯职工劳动权益的

用人单位违反集体合同，侵犯职工劳动权益的情况多种多样，只要是集体合同有规定的，用人单位没有履行就构成了对职工劳动权益的侵犯。例如用人单位违反集体合同规定，侵犯职工休息、休假或者保险福利等约定权益的；违反女职工权益专项集体合同，侵犯女职工月经期、孕期、产期和哺乳期的女职工给予特殊保护等权益的，用人单位都需要承担法律责任。

2.工会在集体合同中所承担的责任

从法律上讲，工会与用人单位是集体合同的法律主体（当事人）。集体合同对企业所有劳动者（关系人）和用人单位、工会（当事人）都具有约束力。但其所承担责任的性质不同，当事人双方的义务具有不对等性。

对企业来说，集体合同规定的义务都是它必须履行的法定义务，如果不按照合同规定履行义务，企业就要承担法律责任。

而对工会组织或职工代表来说，集体合同规定的义务不具有法定性，只具有道义性。保证全体职工履行义务靠的是职工的觉悟、舆论的力量和企业行政方面在法律允许的范围内所采取的行政手段。如果个别职工或部分职工不按照集体合同的规定履行义务，工会组织或者职工代表无法承担法律责任，而只承担道义、政治责任。另外一种情况，工会组织及其所代表的全体职工都能够自觉履行集体合同规定的义务，在用人单位违反集体合同，侵犯职工劳动权益的时候，工会作为职工权益代表，作为与用人单位签订集体合同的法律主体，也可以依法要求用人单位承担责任；因履行集体合同发生争议，经协商解决不成的，工会还可以依法申请仲裁或者提起诉讼。

3.工会在处理集体合同争议方面的程序

（1）劳动者、工会和用人单位协商解决。根据本条规定，协商解决是处理履行集体合同争议的必用方式和必经程序。由工会出面代表劳动者与用人单位协商，可以避免单个劳动者的弱势地位，能够与用人单位更平等、更有效地进行协商。工会依法要求用人单位履行集体合同的，用人单位应当继续履行，并对之前违反集体合同的行为承担法律责任。

（2）协商解决不成的，工会可以代表全体职工，将履行集体合同的争议申请仲裁或者提起诉讼。

有关劳务派遣条款的解读

一、劳务派遣单位的设立

本法第五十七条是对劳务派遣企业设立的规定。修订后的第五十七条增加了劳务派遣行政许可的内容。

1.设立了经营劳务派遣业务行政许可

本条规定，经营劳务派遣业务，应当向劳动行政部门依法申请行政许可；经许可的，依法办理相应的公司登记。未经许可，任何单位和个人不得经营劳务派遣业务。

2.对经营劳务派遣业务的条件做出了详细规定

本条规定，经营劳务派遣业务应当具备下列条件：

（1）注册资本不得少于人民币200万元。
（2）有与开展业务相适应的固定的经营场所和设施。
（3）有符合法律、行政法规规定的劳务派遣管理制度。
（4）法律、行政法规规定的其他条件。

经营劳务派遣业务，应当向劳动行政部门依法申请行政许可；经许可的，依法办理相应的公司登记。未经许可，任何单位和个人不得经营劳务派遣业务。

二、劳务派遣双方的权利义务

本法第五十八条对于劳务派遣单位与被派遣劳动者在订立劳动合同方面的权利、义务作出了规定,主要包括三个方面的内容:

1.劳务派遣单位应当履行用人单位对劳动者的全部义务

劳务派遣单位是本法所称用人单位,必须承担用人单位的全部权利和义务。如派遣单位承担依法招用劳动者、签订劳动合同以及解除劳动合同时支付经济补偿金、支付工资、参加社会保险并依法缴费等义务;用人单位应依法承担安排劳动者休息休假、提供劳动保护、允许劳动者参加或组织工会等义务。

2.劳务派遣单位要与被派遣劳动者订立书面劳动合同

这一规定也就是再次明确了劳务派遣单位与劳动者之间形成劳动关系,劳动合同除了要有一般劳动合同的必备条款外,还要明确约定被派遣劳动者的用工单位以及派遣期限、工作岗位等情况。

3.劳务派遣单位与被派遣劳动者要订立二年以上的固定期限的劳动合同

劳动合同的期限本应当是由劳动合同双方约定。可以是固定期限的劳动合同,也可以是无固定期限的劳动合同,还可以是以完成一定工作为期限的劳动合同。就固定期限的劳动合同,也是双方约定期限。但是本法就劳务派遣中的劳动合同的期限作出了法定期限,即不得少于2年,可以多于2年。

三、劳务派遣协议

本法第五十九条对劳务派遣协议作出了规定。

1.派遣协议的内容

本条第一款规定,劳务派遣单位派遣劳动者应当与用工单位订立劳务派遣协议。此协议性质上应当属于民事合同。在该劳务派遣协议中,应当明确派遣岗位和人员数量、派遣期限、劳动报酬和社会保险费的数额与支付方式以及违反协议的责任等内容。

2.不得分割订立数个短期劳务派遣协议

本条第二款规定,用工单位应当根据工作岗位的实际需要与劳务派遣单位确定派遣期限,不得将连续用工期限分割订立数个短期劳务派遣协议。可见,在订立劳务派遣协议时,用工单位与劳务派遣单位应当遵循实际需要的原则来确定派遣期限。此外,将连续用工期限分割订立数个短期劳务派遣协议是不允许的。分割订立数个短期劳务派遣协议往往成为相关单位实践中躲避社会保险、正常的工资调整等的手段,这对劳动者合法劳动权益是一种侵害,对其进行禁止有利于保护劳动者合法劳动权益。

四、劳务派遣单位的义务

本法第六十条规定了劳务派遣单位的义务,即劳务派遣单位有义务将劳务派遣的内容告知被派遣劳动者。另外,还有对劳务派遣单位的禁止性规定,即劳务派遣单位不得克扣用工单位按照劳务派遣协议支付给被派遣劳动者的劳动报酬。劳务派遣单位和用工单位不得向被派遣劳动者收取费用。

五、跨地区劳务派遣者的劳动报酬、劳动条件

有些劳务派遣不仅在本行政区域内派遣,而且还跨地区进行,本法第六十一条就跨地区派遣劳

动者作出了规定。本条主要是为了防止克扣被派遣劳动者的劳动报酬、降低劳动条件。

（1）用人单位根据自身工作和发展需要，通过正规劳务派遣公司，派遣所需要的各类人员，这是一种新的用人方式，可跨地区、跨行业进行。用工单位与劳务派遣单位应签订劳务派遣协议。

（2）如果用工单位与劳务派遣单位是不同地区的，劳务派遣协议中劳动者的劳动报酬和劳动条件应当按照用工单位所在地的标准执行。如甲省劳务派遣工到乙地务工，乙地的劳动报酬标准可能比甲省高几百元，依照《劳动合同法》的规定，劳务派遣单位与用工单位就应当以乙地区的标准签订协议，并按乙地的标准支付被派遣劳动者的劳动报酬。

六、用工单位的义务

本法第六十二条明确规定了劳务派遣单位是用人单位，承担用人单位的责任。用工单位在劳务派遣中也是重要的一方，也应当承担相应的法律义务。

1. 用工单位的义务

本法第六十二条明确规定了用工单位的义务：

（1）执行国家劳动标准，提供相应的劳动条件和劳动保护。

（2）告知被派遣劳动者的工作要求和劳动报酬。

（3）支付加班费、绩效奖金，提供与工作岗位相关的福利待遇。

（4）对在岗被派遣劳动者进行工作岗位所必需的培训。

（5）连续用工的，实行正常的工资调整机制。

2. 用工单位不得将被派遣劳动者再派遣到其他用人单位

本条第二款是对禁止用工单位再派遣的规定。用工单位与派遣单位订立劳务派遣协议，双方应当按照该协议履行各自义务。在用工单位方面，应当按照劳务派遣协议的约定使用被派遣劳动者，不得将这些劳动者再派遣到其他用人单位，也就是说接受以劳务派遣形式用工的单位接受的被派遣劳动者必须用于本单位岗位。

七、被派遣劳动者同工同酬

本法第六十三条对同工同酬问题做出了明确规定：

（1）明确了同工同酬的具体方式。本条第一款规定，用工单位应当按照同工同酬原则，对被派遣劳动者与本单位同类岗位的劳动者实行相同的劳动报酬分配办法。

（2）对劳务派遣单位与被派遣劳动者、用工单位约定劳动报酬提出了具体要求。本条第二款规定，劳务派遣单位与被派遣劳动者订立的劳动合同和与用工单位订立的劳务派遣协议，载明或者约定的向被派遣劳动者支付的劳动报酬应当符合前款规定。

所谓同工同酬是指在相同岗位提供等量劳动取得同等业绩的劳动者应获得相同的劳动报酬。但是，相同的劳动报酬分配办法，绝不等于说相同岗位就拿同样的钱，劳动报酬只指工资，不包括保险福利。

八、被派遣劳动者参加或者组织工会

本法第六十四条是关于被派遣劳动者参加或者组织工会权利的规定。

实践中，由于劳务派遣的特点，导致被派遣劳动者难以参加工会，本条明确规定了被派遣劳动

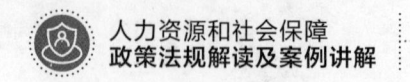

者参加或者组织工会的权利。适用时要注意作为工会会员，理论上应当只是一个单位的会员，如果在派遣单位参加了工会，就不一定在被派遣单位参加工会。

为了更好地解决被派遣劳动者加入工会的问题，全国总工会应当在《劳动合同法》实施后作出进一步的具体规定。同时工会也应当依据《工会法》的有关规定保障被派遣劳动者依法参加工会的权利。

九、劳务派遣各方解除劳动合同

本法第六十五条是关于派遣关系中劳动合同解除情形的规定，这有利于解决实践中劳务派遣中关于解除劳动合同的问题。

1.被派遣劳动者的劳动合同解除权

本条第一款规定了被派遣劳动者的劳动合同解除权。即劳动者可以依《劳动合同法》第三十六条、第三十八条的规定与劳务派遣单位解除劳动合同，或者由于劳务派遣单位与用工单位有违法行为的，可以与劳务派遣单位解除劳动合同。

本法第三十六条规定，用人单位与劳动者协商一致，可以解除劳动合同。

本法第三十八条规定，用人单位有下列情形之一的，劳动者可以解除劳动合同：（1）未按照劳动合同约定提供劳动保护和劳动条件的；（2）未及时足额支付劳动报酬的；（3）未依法为劳动者缴纳社会保险费的；（4）用人单位的规章制度违反法律、法规的规定，损害劳动者权益的；（5）因本法第二十六条第一款规定的情形致使劳动合同无效的；（6）法律、行政法规规定的其他情形。用人单位以暴力、威胁或者非法限制人身自由的手段强迫劳动者劳动的，或者用人单位违章指挥、强令冒险作业危及劳动者人身安全的，劳动者可以立即解除劳动合同，不需要事先告知用人单位。

2.用工单位的退回被派遣劳动者的权利

本条第二款规定，被派遣劳动者有本法第三十九条和第四十条第一项、第二项规定情形的，用工单位可以将劳动者退回派遣单位，劳务派遣单位依照本法有关规定，可以与劳动者解除劳动合同。可见，用工单位退回被派遣劳动者只能是因为劳动者不符合录用条件或者严重违纪违法，以及不胜任工作等情形。这样劳务派遣单位就可以依照《劳动法》的规定解除劳动合同。

十、劳务派遣的适用岗位

本法第六十六条对劳务派遣的适用岗位作出了规定，进一步明确了三性岗位。

1.劳务派遣用工形式的地位

本条第一款规定，劳动合同用工是我国企业的基本用工形式。劳务派遣用工是补充形式。

2.劳务派遣用工适用范围

本条第一款规定，劳务派遣用工是补充形式，只能在临时性、辅助性或者替代性的工作岗位上实施。

临时性工作岗位是指存续时间不超过六个月的岗位；辅助性工作岗位是指为主营业务岗位提供服务的非主营业务岗位；替代性工作岗位是指用工单位的劳动者因脱产学习、休假等原因无法工作的一定期间内，可以由其他劳动者替代工作的岗位。

3.劳务派遣用工数量

本条第三款规定，用工单位应当严格控制劳务派遣用工数量，不得超过其用工总量的一定比例，具体比例由国务院劳动行政部门规定。

十一、用人单位不得自设劳务派遣企业

本法第六十七条规定用人单位不得自设劳务派遣企业。

在当前的社会经济生活中，劳务派遣被许多企业广泛用于各种可能的岗位。有的企业为了降低用工成本，将一些原来的正式职工以改制名义，分流到本企业设立的劳务派遣公司，然后又以劳务派遣公司的名义派遣到原岗位。有的企业将内设的劳动管理机构又挂上一个劳务派遣公司的牌子，将招用的员工以劳务派遣公司的名义派遣到所属企业。将一个本来完整的劳动关系人为地分割开。

本条明确规定，用人单位不得设立劳务派遣单位向本单位或者所属单位派遣劳动者，就是力图解决上述问题。这里所说的所属单位可以理解为：一是母公司与子公司的关系，二是集团公司与下属公司的关系，三是具有关联性质的公司关系。这也是为了解决劳务派遣中出现的不正常的现象而作出的特别规定。

有关非全日制用工条款的解读

非全日制用工是与全日制用工相对的概念，在我国出现的时间不长，但作为灵活就业的一种重要方式，近年来呈现出较快增长趋势，《劳动合同法》针对非全日制用工的特点设专节作了相应的规定。

一、非全日制用工的概念

本法第六十八条对什么是非全日制用工作出了定义。本法是第一次用法律形式将非全日制用工确定。较其他国家对非全日制用工的定义，本法界定标准较严。

1.非全日制用工是一类特殊的用工形式

非全日制用工是相对于全日制用工的一类特殊的用工形式，其特殊性就在于"灵活性"，即与全日制用工相比，劳动关系相对宽松，具体包括：

（1）劳动合同形式不拘书面性，允许达成口头劳动合同。

（2）劳动关系存续时间不确定，合同双方均可随时解除劳动关系，不必提前通知，用人单位无须支付经济补偿。

（3）劳动关系双重性甚至多重性，允许同一劳动者同时存在两个或者两个以上的劳动关系。

非全日制用工中形成的是劳动合同关系，因此除了特别规定外，非全日制用工应遵循《劳动合同法》的一般原则和一般规定，《劳动法》中有关劳动安全保护、职业危害防护等保护性规定同样适用于非全日制用工。当然，针对非全日制用工的特殊性，有关部门可以根据实际情况，在《劳动合同法》的框架内，作进一步的规定。

2.非全日制用工的实质标准

非全日制用工的实质标准是：在同一用人单位平均每日工作时间不超过4小时，每周工作时间累计不超过24小时。

以工作时间的长短作为界定非全日制用工的标准是国际通行的做法，这里的工作时间应理解为劳动合同约定的工作时间，用人单位可以根据实际业务需要，偶尔要求劳动者进行加班，凡超出约

定工作时间以外的，用人单位应支付加班工资。为体现非全日制用工的特点，禁止用人单位长期要求劳动者加班。有关非全日制用工中加班的问题，可由有关部门作出具体规定。

3.非全日制用工中工资形式以小时计酬为主

所谓工资形式，是指工资分配所采取的具体方式，最基本的两种方式是计时工资和计件工资。计时工资是根据职工工资标准和工作时间来计算工资额的一种方式。计件工资是按照职工生产的合格产品数量或者完成的工作量，根据企业内部确定的计件工资单价，计算工资额的一种方式。计件工资主要适合一些生产型企业，在目标取向上与非全日制用工不一致，计件工资有利于提高劳动生产率，一般是在企业生产任务饱满的情况下实施的，而非全日制用工一般适用于服务行业，工作任务不平均的情形。因此，非全日制用工不实行计件工资。

计时工资一般有四种具体计算标准：小时工资制、日工资制、周工资制和月工资制。鉴于非全日制用工具有用工临时性、工作时间短且灵活等特点，无论是实行日工资制、周工资制还是月工资制都存在一些客观障碍，容易产生纠纷，因此非全日制用工中适合实行小时计酬方式。

二、非全日制用工劳动合同

本法第六十九条规定了非全日制用工的劳动合同订立的要求。

1.可以订立口头合同

本条规定，非全日制用工可以订立口头协议，也就是说，非全日制用工既可以订立书面协议，也可以订立口头协议。

2.劳动者可以与多个用人单位订立劳动合同

本条规定，从事非全日制用工的劳动者可以与一个或者一个以上的用人单位订立劳动合同，但是，订立一个以上劳动合同的，后订立的劳动合同不得影响先订立劳动合同的履行，不得侵害到先订立的劳动合同。

三、非全日制用工不得约定试用期

本法第七十条是关于非全日制用工不得约定试用期的规定。

《劳动合同法》第十七条规定，用人单位与劳动者可以协商约定试用期，将试用期作为劳动合同的约定条款，而不是必备条款。本条针对非全日制用工的特殊性，对《劳动合同法》第十七条作出了限制性的规定，明确禁止非全日制用工约定试用期，更好地维护了非全日制劳动者的权益。

四、非全日制用工的终止用工

本法第七十一条是关于非全日制用工终止用工的规定：非全日制用工的劳动者和用人单位任何一方都可以随时提出终止用工，终止用工应该通知另一方。通知可以采用书面形式，也可以采用口头通知的形式。任何一方提出终止用工都不用向对方支付经济补偿。

本条规定也是对非全日制用工不得约定试用期的一种救济性规定。对用人单位来说，不得约定试用期就不能以劳动者在试用期间被证明不符合录用条件而与劳动者解除劳动合同。有了可以随时通知劳动者终止用工的权利，用人单位就算没有试用期也可以同样解除与不符合录用条件的劳动者的劳动合同。同样，对劳动者而言，在试用期情况下可以随时通知用人单位解除劳动合同的权利也通过这一条规定得到了救济。另外，在建立劳动关系后，劳动者也不再需要按照本法第三十七条的规定提前30日以书面形式通知用人单位，而可以随时以书面或口头的形式提出终止用工。

五、非全日制用工劳动报酬

本法第七十二条是关于非全日制用工劳动报酬的规定。

1. 用工小时计酬标准

目前，我国一些地方针对非全日制用工形式灵活，劳动关系多元化，主要按小时计酬等特点，制定并实施了与之相适应的小时最低工资标准来保障非全日制劳动者的收入。

非全日制用工的用人单位应当按时足额支付非全日制劳动者的工资，用人单位支付非全日制劳动者的小时工资不得低于用人单位所在地人民政府规定的小时最低工资标准。

2. 报酬结算周期

本条规定非全日制用工劳动报酬结算周期最长不得超过15日。而2003年5月30日劳动保障部颁发的《劳动保障部关于非全日制用工若干问题的意见》则规定非全日制用工的工资支付可以以小时、日、周或月为单位结算。《劳动合同法》缩短了非全日制劳动结算的最长周期，不再允许以月为结算单位。

3. 小时最低工资标准的测算方法

按照《劳动保障部关于非全日制用工若干问题的意见》的规定，非全日制用工的小时最低工资标准由省、自治区、直辖市规定，并报劳动保障部备案。确定和调整小时最低工资标准应当综合参考以下因素：当地政府颁布的月最低工资标准；单位应缴纳的基本养老保险费和基本医疗保险费（当地政府颁布的月最低工资标准未包含个人缴纳社会保险费因素的，还应考虑个人应缴纳的社会保险费）；非全日制劳动者在工作稳定性、劳动条件和劳动强度、福利等方面与全日制就业人员之间的差异。小时最低工资标准的测算方法为：小时最低工资标准＝[（月最低工资标准÷20.92÷8）×（1＋单位应当缴纳的基本养老保险费和基本医疗保险费比例之和）]×（1＋浮动系数）。

有关监督检查条款的解读

一、劳动合同制度的监督管理体制

本法第七十三条是关于劳动行政部门监督管理的规定。劳动行政部门监督管理，是指国务院劳动行政部门和县级以上人民政府的劳动行政部门，以自己的名义，代表国家对劳动合同制度的实施进行监督管理的行政执法活动。劳动行政部门监督管理是一种专业性的行政执法，有着与其他部门和群众监督不同的作用，因此，它是《劳动合同法》监督检查体系中最主要的一种。

1. 劳动行政部门监督管理的特点

劳动行政部门监督管理具有以下三个特点：

（1）监督管理的主体是代表国家行使监督管理职权的劳动行政部门。

（2）劳动行政部门监督管理是一种执法行为。

（3）劳动行政部门监督管理是一种行政法律行为。这种监督管理的结果会导致一定的法律后果的产生,如对违法现象和不当行为采取制裁措施等。监督管理主体要对这种后果负法律责任。监督管理对象对监督管理处理不服,可以提起行政复议或行政诉讼。

2.劳动行政部门监督管理的分类

劳动行政部门监督管理按照主体的不同可以分为两类:

(1) 国务院劳动行政部门。国务院劳动行政部门监督管理是普遍管辖。

(2) 县级以上地方人民政府劳动行政部门。县级以上地方人民政府劳动行政部门监督管理是地域管辖;地方人民政府劳动行政部门监督管理不包括乡镇一级。

3.劳动行政部门监督管理的内容

劳动行政部门负责劳动合同制度实施的监督管理。监督的内容是对用人单位与劳动者建立劳动关系、订立、履行、变更、解除或者终止劳动合同的情况。具体说来,就是本法第七十四条列举的七项内容。

4.劳动行政部门的意见听取机制

劳动行政部门对劳动合同制度的实施情况进行监督管理的过程中涉及三个方面的关系:

(1) 与监督对象用人单位的关系。

(2) 与保护对象劳动者的关系。

(3) 与有关行业主管部门的工作关系。

厘清三个方面的关系有助于监督管理工作的顺利开展,因此有必要听取代表劳动者的工会、企业方面代表以及有关行业主管部门的意见。

二、劳动行政部门监督管理体制

本法第七十四条是关于县级以上地方人民政府劳动行政部门监督检查事项的规定。

1.劳动行政部门开展监督检查的方式

劳动行政部门开展监督检查的方式主要有三种,如下表所示:

劳动行政部门开展监督检查的方式

序号	开展监督检查的方式	目的或适用时机
1	经常性地进行监督检查	对用人单位执行劳动合同制度的情况进行检查,要坚持制度化、经常化、规范化,及时发现问题及时处理
2	集中力量,进行突击性的监督检查	当某一时期,企业等用人单位遵守和执行劳动合同制度普遍存在着严重问题,迫切需要解决这种问题的时候,可以组织力量进行突击性检查。这种做法声势大,威慑力强,便于及时解决问题
3	有针对性地对某些用人单位进行监督检查	用人单位发生了伤亡事故,或者有关组织、劳动者检举控告用人单位有违反劳动合同制度的行为,劳动行政部门应派人对该企业进行调查,明辨是非,及时恰当地作出处理

2.劳动监察事项

本法为了加强对劳动合同制度实施情况的监督检查,特别列举了如下劳动监察事项:

(1) 用人单位制定直接涉及劳动者切身利益的规章制度及其执行的情况。

(2) 用人单位与劳动者订立和解除劳动合同的情况。

（3）劳务派遣单位和用工单位遵守劳务派遣有关规定的情况。
（4）用人单位遵守国家关于劳动者工作时间和休息休假规定的情况。
（5）用人单位支付劳动合同约定的劳动报酬和执行最低工资标准的情况。
（6）用人单位参加各项社会保险和缴纳社会保险费的情况。
（7）法律、法规规定的其他劳动监察事项。

三、检查措施和文明执法

本法第七十五条是关于监督检查措施和文明执法的规定。

1.监督检查措施

本条规定了两种监督检查措施：
（1）书面检查。即有权查阅与劳动合同、集体合同有关的材料。
（2）劳动场所实地检查。

目前，我国在劳动执法领域实行劳动监察员制度。劳动监察员是县级以上各级人民政府劳动行政部门执行劳动监督检查公务的人员。县级以上各级人民政府劳动行政部门根据工作需要配备专职劳动监察员和兼职劳动监察员。专职劳动监察员是劳动行政部门专门从事劳动监察工作的人员，兼职劳动监察员是劳动行政部门非专门从事劳动监察工作的人员。根据《劳动保障监察条例》（国务院令第423号）的规定，劳动保障监察员依法履行劳动保障监察职责。劳动保障监察以日常巡视检查、审查用人单位按照要求报送的书面材料以及接受举报投诉等形式进行。

2.关于依法执法与文明执法

劳动行政部门的人员进行监督检查，应当依法执法，文明执法。
（1）依法执法。

根据《关于实施〈劳动保障监察条例〉若干规定》（劳动和社会保障部令第25号）的规定，劳动保障监察员进行调查、检查不得少于2人。劳动保障监察机构应指定其中1名为主办劳动保障监察员。劳动保障监察员对用人单位遵守劳动保障法律情况进行监察时，应当遵循以下规定：

①进入用人单位时，应佩戴劳动保障监察执法标志，出示劳动保障监察证件，并说明身份。

②就调查事项制作笔录，应由劳动保障监察员和被调查人（或其委托代理人）签名或盖章。被调查人拒不签名、盖章的，应注明拒签情况。

③劳动保障监察员进行调查、检查时，承担下列义务：
——依法履行职责，秉公执法。
——保守在履行职责过程中获知的商业秘密。
——为举报人保密。

④劳动保障监察员在实施劳动保障监察时，有下列情形之一的，应当回避：
——本人是用人单位法定代表人或主要负责人的近亲属的。
——本人或其近亲属与承办查处的案件事项有直接利害关系的。
——因其他原因可能影响案件公正处理的。

⑤劳动保障行政部门调查、检查时，有下列情形之一的可以采取证据登记保存措施：
——当事人可能对证据采取伪造、变造、毁灭行为的。
——当事人采取措施不当可能导致证据灭失的。
——不采取证据登记保存措施以后难以取得的。

——其他可能导致证据灭失的情形的。

(2) 文明执法。

文明执法是指执法人员执法时应遵守职业行为规范和社会行为规范。其中应以遵守的行为规范为主,兼顾作为社会人应遵守的社会行为规范。

文明执法包括的范围非常广泛,包括政治素养、仪表风纪、语言举止等各方面。

文明执法必须以依法执法为前提,文明执法能够在依法执法的基础上构建和谐的执法氛围。

四、有关主管部门的监督管理

本法第七十六条是关于县级以上人民政府建设、卫生、安全生产监督管理等有关主管部门的监督管理的规定。

行政部门监督管理的主体不仅包括劳动行政部门,还包括建设、卫生、安全生产监督管理等有关主管部门。他们各自的监督管理职责如下表所示:

序号	行政部门监督管理的主体	监督管理职责
1	县级以上人民政府建设部门	(1) 开展清查工作,严厉打击拖欠和克扣农民工工资行为。县级以上人民政府建设部门定期对建筑业企业工资支付情况进行监督检查。对查出拖欠和克扣工资的建筑业企业,责令其及时补发工资;不能立即补发的,制订清欠计划,限期补发。对恶意拖欠、克扣工资的企业,严格按国家有关规定进行处罚,并向社会公布有关企业名单。 (2) 加强对农民工劳动合同的管理,指导企业依法与农民工签订劳动合同。加强对建筑业企业招用农民工的管理,对签订劳动合同收取抵押金、风险金等违法行为,一经发现,要按有关规定严肃处理。对不依法与农民工签订劳动合同,或采取欺诈和威胁等手段订立劳动合同以及不按规定进行用工备案的企业,根据国家有关法律法规和政策严肃处理。 (3) 完善工作机制,疏通处理渠道。建设部门要建立健全解决拖欠农民工工资的工作机制,切实做到专人负责、申诉有门、处理及时、客观公正。要按照各自职责,认真负责地对侵犯农民工权益的违法行为进行处理,不得相互推诿。建立健全拖欠农民工工资举报制度,设立举报箱、开通举报电话,并设专人负责接待来访举报。信访机构要认真接待农民工因被拖欠工资等问题的上访,耐心细致地做好政策宣传解释工作。使用农民工较多的地区,县级以上人民政府建设部门与有关部门协商,成立法律援助工作站,开展法律咨询服务活动。 (4) 积极指导用人单位依法建立健全内部劳动合同管理制度
2	各级劳动保障部门	(1) 要会同建设等行业行政主管部门,要指定专职或兼职人员负责劳动合同管理工作,建立劳动合同管理台账,实行动态管理。 (2) 对履行劳动合同的情况,特别是工资支付、保险福利、加班加点等有关情况要有书面记录。 (3) 对终止解除劳动合同的农民工,用人单位应当结清工资,并出具终止解除劳动合同证明
3	县级以上人民政府卫生主管部门	对用人单位是否履行了告知义务、是否按照本法的规定订立劳动合同,以及全面履行职业危害防护义务等事项进行监督管理
4	县级以上人民政府安全生产监督管理主管部门	对用人单位是否履行了有关劳动者工作条件、安全生产状况等情况的告知义务、是否按照本法的规定订立劳动合同,以及全面履行安全生产义务等事项进行监督管理
5	县级以上地方人民政府劳动行政部门	负责本行政区域内劳动合同制度实施的监督管理

为了促进劳动合同制度的有效实施，县级以上人民政府各部门，包括建设、卫生、安全生产监督管理等有关主管部门都要在各自的职责范围内，对用人单位执行劳动合同制度的情况进行监督管理。例如，安全生产监督管理部门监督某些高危产业贯彻执行劳动合同，保障集体合同或者劳动合同中规定的劳动条件、职业病防护、劳动安全等标准的落实，能够更有针对性地维护从事高危险性工作劳动者的合法权益。县级以上人民政府劳动行政部门和县级以上人民政府建设、卫生、安全生产监督管理等有关主管部门应当互相配合，共同做好劳动合同制度的监督管理工作。

五、劳动者权利救济途径

本法第七十七条是关于劳动者权利救济途径的规定。本条规定比较人性化，突出体现了对劳动者权益受侵害情形予以法律救济的思想，在理解上应当注意包括以下三层含义：

1．劳动者的合法权益受到侵害的，包括各种各样的情形

与本法第七十四条相呼应，劳动行政部门对实施劳动合同制度进行监督检查的事项，往往就是劳动者的合法权益容易受侵害的地方。例如，用人单位制定规章制度的内容或者程序不合法，损害到劳动者的切身利益；用人单位不与劳动者订立书面劳动合同或者随意解除劳动合同；劳务派遣单位和用工单位规避有关劳务派遣的规定，向被派遣劳动者收取费用等；用人单位不遵守工作时间和休息休假的法律规定；用人单位违法向劳动者支付低于当地最低工资标准的劳动报酬；用人单位不为劳动者缴纳或者未及时足额缴纳社会保险的情况等。

只要是本法或者其他劳动法律、法规规定的劳动者的合法权益，都必须受到法律的保护。

2．"有关主管部门"不能推诿责任

本法第七十五条第一款规定："县级以上地方人民政府劳动行政部门实施监督检查时，有权查阅与劳动合同、集体合同有关的材料，有权对劳动场所进行实地检查，用人单位和劳动者都应当如实提供有关情况和材料。"第七十六条规定："县级以上人民政府建设、卫生、安全生产监督管理等有关主管部门在各自职责范围内，对用人单位执行劳动合同制度的情况进行监督管理。"

依据这两条规定，劳动、建设、卫生、安全生产监督管理等部门多多少少都承担着保护劳动者合法权益的责任，对于劳动者的维权要求应当依法处理，不能互相推诿，更不能将维权要求拒之门外。

3．多了两种救济途径

本条除了要求行政部门依法处理的规定之外，还规定了依法向仲裁机构申请仲裁或者向人民法院提起诉讼两种救济途径。这里所说的仲裁机构，是指依法设立的，经国家授权依法独立仲裁处理劳动争议案件的专门机构，一般是指劳动争议仲裁委员会。劳动争议仲裁委员会由劳动行政部门、同级工会和用人单位团体或代表用人单位方面的特定部门各自选派的代表组成。各级仲裁委员会相互间不存在行政隶属关系，各自独立仲裁本行政区域内发生的劳动争议案件。劳动者还可以直接向法院提起诉讼，由受理该劳动争议案件的人民法院的民事审判庭，依照《民事诉讼法》的有关规定进行处理。而且，依法申请仲裁不再是提起诉讼的必经程序，与本法第五十六条的立法指导思想是一致的，这对于《劳动法》第七十九条的规定是一个很大的突破。

六、工会维权及监督

本法第七十八条是关于工会依法维护劳动者的合法权益，对用人单位履行劳动合同、集体合同的情况进行监督的规定。

1. 工会劳动监督的职责

《中华全国总工会关于进一步推进劳动合同制度实施的通知》（总工发〔2005〕23号）中指出，要加强对劳动合同执行情况的监督检查。

（1）工会要将劳动合同执行情况作为工会劳动监督的重点，建立和完善监督检查机构和组织，积极开展监督检查工作，监督劳动合同双方认真履行劳动合同。要加强劳动关系协调机制各项制度间的有机衔接，劳动合同的标准不得低于集体合同的规定。注意发挥劳动合同在劳动争议调解、仲裁和诉讼中的作用，做到有法可依，依法办事。

（2）企业工会要加强与行政方的沟通和协调，督促认真履行劳动合同。对于企业未兑现劳动合同的行为，工会要依法要求行政方进行整改，或支持职工通过仲裁或诉讼方式解决。

（3）地方工会要加强与劳动保障部门的协调，推动开展劳动合同专项监察，在《劳动法》《工会法》执法检查和企业劳动年检中，要将劳动合同作为重要内容，监督企业认真签订和履行劳动合同。对不签订和不履行劳动合同的企业，工会要督促劳动保障部门责令改正，依法予以行政处罚。要积极推动各级人大开展《劳动法》的执法检查，促进劳动合同工作取得实效。

2. 保证工会监督权实现的制度

《企业工会工作条例（试行）》（总工发〔2006〕41号）和各地的工会工作条例中规定了两种制度保证工会监督权的实现，如下表所示：

保证工会监督权实现的制度

序号	保证制度	详细说明
1	建立劳动法律监督委员会，地方总工会及产业、乡镇（街道）工会应当设立工会劳动保障法律监督委员会	（1）职工人数较少的企业应设立工会劳动法律监督员，基层工会根据实际需要可以设立工会劳动保障法律监督委员会，对企业执行有关劳动报酬、劳动安全卫生、工作时间、休息休假、女职工和未成年工保护、保险福利等劳动法律法规情况进行群众监督。 （2）工会劳动保障法律监督委员会的成员为本级工会劳动保障法律监督员。 （3）镇、街道以上工会的劳动法律监督组织可以委派工会劳动法律监督员进入本辖区内的用人单位，履行监督、调查职责。 （4）工会劳动法律监督员应当具备以下条件：一是熟悉劳动法律、法规，具备一定的政策水平和工作能力；二是热心维护职工群众的合法权益；三是奉公守法，清正廉洁。工会劳动保障法律监督员由工会发给监督员证
2	建立劳动保护监督检查委员会，生产班组中设立工会小组劳动保护检查员	（1）建立完善工会监督检查、重大事故隐患和职业危害建档跟踪、群众举报等制度，建立工会劳动保护工作责任制。 （2）依法参加职工因工伤亡事故和其他严重危害职工健康问题的调查处理。协助与督促企业落实法律赋予工会与职工安全生产方面的知情权、参与权、监督权和紧急避险权。开展群众性安全生产活动

3. 用人单位违法时工会的处理方式

对于用人单位违反劳动法律、法规和劳动合同、集体合同的，工会有两种处理方式：

（1）有权提出意见或者要求重新处理。

（2）劳动者申请仲裁或者提起诉讼的，工会应依法给予支持和帮助。

七、举报违法行为

本法第七十九条是关于组织或者个人对于违反本法的行为有权举报的规定。

1. 什么是举报

举报是指任何组织和个人向有关单位申诉、控告或者检举违法行为的行为。举报是《宪法》和法律赋予公民的一项民主权利。《宪法》第四十一条规定:"中华人民共和国公民对于任何国家机关和国家工作人员,有提出批评和建议的权利;对于任何国家机关和国家工作人员的违法失职行为,有向有关国家机关提出申诉、控告或者检举的权利,但是不得捏造或者歪曲事实进行诬告陷害。对于公民的申诉、控告或者检举,有关国家机关必须查清事实,负责处理。任何人不得压制和打击报复。由于国家机关和国家工作人员侵犯公民权利而受到损失的人,有依照法律规定取得赔偿的权利。"

2. 举报的方式

举报可以是电话举报、信函举报、传真举报、网上举报,也可以当面举报、预约举报或者认为方便的其他形式进行举报。

3. 举报权利的内容

举报权利实际上是一种监督权利。举报权利的内容是多方面的,主要包括:

(1) 自愿举报。举报人可以举报,也可以不举报。是否行使举报权利由举报人自己决定,其他任何单位和个人都无权干涉,不能强制举报,也不能妨碍举报。

(2) 选择举报受理机关。举报人进行举报的时候,可以凭主观判断选择举报受理机构,不必受到举报机构级别和管辖分工的限制。

(3) 选择举报时间和举报方式。

(4) 有权决定是否实名举报。

(5) 获得保护。对于侵犯举报人合法权益的情况有权投诉,要求予以处理。

(6) 获得损害赔偿的权利。

(7) 获得必要奖励的权利。

4. 举报的作用

举报作为监督的有效形式。其作用主要包括下列几个方面:

(1) 方便群众对违纪、违法、犯罪等行为的监督,任何单位和个人都可以通过举报进行检举和控告,要求予以处理。

(2) 方便公民行使民主权利。有效监督国家机关和国家工作人员的活动。公民可以通过举报对党和国家机关、国家工作人员的行为提出批评和建议,反映一些社会热点问题和群众关心的问题。

(3) 专门机关通过举报可以获得大量的举报线索,有利于专门机关履行职责,尤其是监督职责。

(4) 将群众监督纳入法制轨道,有利于社会的稳定。

5. 举报的核实、处理

县级以上人民政府劳动行政部门应当及时核实、处理,并对举报有功人员给予奖励。奖励的对象必须是有功人员。

有关法律责任条款的解读

一、规章制度违法的法律责任

本法第八十条是关于用人单位制定的直接涉及劳动者切身利益的规章制度违反法律、法规规定的所应承担的法律责任的规定。

1.用人单位制定的直接涉及劳动者切身利益的规章制度违反法律、法规规定的

《劳动合同法》第四条规定明确了用人单位制定规章制度必须要遵守有关法律、法规的规定，否则就是违法的，这体现在实体和程序两个方面：

（1）在实体方面。用人单位制定的规章制度的内容必须要符合法律、法规的规定，包括劳动安全卫生、劳动纪律、职工培训、休息休假以及劳动定额管理等方面的规章制度的内容，必须遵守《劳动法》《职业病防治法》《劳动合同法》和其他相关的行政法规、地方性法规的规定，不得与之相抵触。

（2）在程序方面。用人单位制定的直接涉及劳动者切身利益的规章制度，如劳动报酬、工作时间、休息休假、劳动安全卫生、保险福利、职工培训、劳动纪律以及劳动定额管理等规章制度必须遵守法律规定的程序。

如果用人单位制定的规章制度违反了法定程序，如拒绝让职工代表大会讨论，拒绝与工会或者职工代表平等协商，不进行公示或者不告知劳动者等，则所制定的规章制度是违法和无效的。

2.用人单位制定违法的规章制度的法律责任

用人单位制定的直接涉及劳动者切身利益的规章制度违反法律、法规规定的，其法律后果是：

（1）这样的规章制度不对劳动者产生拘束力，劳动者可以不予遵守。

（2）劳动者一经发现用人单位制定的规章制度违反法律、法规规定的，要向当地的劳动行政部门进行投诉，由劳动行政部门对用人单位予以责令改正，并给予警告的行政处罚。

（3）如果违法的规章制度对劳动者造成损害的，用人单位应当承担赔偿责任。

二、缺乏必备条款、不提供劳动合同文本的法律责任

本法第八十一条是关于用人单位提供的劳动合同文本未载明《劳动合同法》规定的劳动合同必备条款或者用人单位未将劳动合同文本交付劳动者的法律责任的规定。

1.表现形式

（1）用人单位提供的劳动合同文本未载明《劳动合同法》规定的劳动合同必备条款。

《劳动合同法》第十七条第一款规定劳动合同应当具备的条款：

①用人单位的名称、住所和法定代表人或者主要负责人。

②劳动者的姓名、住址和居民身份证或者其他有效身份证件号码。

③劳动合同期限。

④工作内容和工作地点。

⑤工作时间和休息休假。

⑥劳动报酬。

⑦社会保险。
⑧劳动保护、劳动条件和职业危害防护。
⑨法律、法规规定应当纳入劳动合同的其他事项。
如果企业提供的合同范本不具备以上条款，则不合法。
（2）用人单位未将劳动合同文本交付劳动者。
《劳动合同法》第十六条第二款规定："劳动合同文本由用人单位和劳动者各执一份。"劳动合同应由用人单位与劳动者在劳动合同文本上签字或者盖章生效，并由双方各执一份。实践中，一些用人单位存在不将劳动合同文本交付劳动者的情况，以此限制劳动者的权利，这一行为属于违法行为，应当承担相应的法律责任。

2. 有关法律责任

如果用人单位提供的劳动合同文本没有《劳动合同法》第十七条第一款规定的一项或者几项必备内容，或者用人单位未将劳动合同文本交付劳动者的要依法承担相应的法律责任：包括由劳动行政部门责令改正；对劳动者造成损害的，用人单位应当承担赔偿责任。

劳动部于1995年5月制定了《违反〈劳动法〉有关劳动合同规定的赔偿办法》，该办法规定由于用人单位的原因订立无效的劳动合同，或订立部分无效劳动合同，对劳动者造成损害的，应按下列规定赔偿劳动者损失：

（1）造成劳动者工资收入损失的，按劳动者本人应得工资收入支付给劳动者，并加付应得工资收入25%的赔偿费用。

（2）造成劳动者劳动保护待遇损失的，应按国家规定补足劳动者的保护津贴和用品。

（3）造成劳动者工伤、医疗保险待遇损失的，除按国家规定为劳动者提供工伤、医疗待遇外，还应支付劳动者相当于医疗费用25%的赔偿费用。

（4）造成女职工和未成年工身体健康损害的，除按国家规定提供治疗期间的医疗待遇外，还应支付相当于其医疗费用25%的赔偿费用。

（5）劳动合同约定的其他赔偿费用。

对于上述规定中有关劳动者工资收入损失的赔偿，鉴于《劳动合同法》第八十五条对用人单位未依照劳动合同的约定或者未依照本法规定支付劳动者劳动报酬，或者低于当地最低工资标准支付劳动者工资的，或者安排加班不支付加班费，以及解除、终止劳动合同，未依照本法规定向劳动者支付经济补偿的，明确规定由劳动行政部门责令限期支付劳动报酬、加班费或者解除、终止劳动合同的经济补偿；劳动报酬低于当地最低工资标准的，应当支付其差额部分；逾期不支付的，责令用人单位按应付金额50%以上100%以下的标准向劳动者加付赔偿金。因此，在《劳动合同法》开始施行后，有关劳动者工资收入损失的赔偿应按《劳动合同法》的规定予以执行。

三、未订立书面劳动合同的法律责任

本法第八十二条对用人单位自用工之日起超过1个月但不满1年不与劳动者订立书面劳动合同，以及用人单位违反本法规定不与劳动者订立无固定期限劳动合同的法律责任作出了规定。

1. 未订立书面劳动合同的情况

未订立书面劳动合同的情况分两种情况：
（1）用人单位自用工之日起超过1个月但不满1年不与劳动者订立书面劳动合同。
《劳动合同法》第十条规定："建立劳动关系，应当订立书面劳动合同。已建立劳动关系，未同时订立书面劳动合同的，应当自用工之日起一个月内订立书面劳动合同。用人单位与劳动者在用工前订立劳动合同的，劳动关系自用工之日起建立。同时，《劳动合同法》第十四条第三款规定："用人单位自用工之日起满一年不与劳动者订立书面劳动合同的，视为用人单位与劳动者已订立无固定期限劳动合同。"根据上述规定，如果用人单位自用工之日起超过1个月但不满1年不与劳动者订立书面劳动合同的，就要承担相应的法律责任。这里包括三层含义：

①用人单位自用工之日起1个月内必须与劳动者订立劳动合同。

②劳动合同必须以书面形式订立，如果在1个月的时间内订立的是口头的劳动合同，则也是违法的，要依法承担法律责任。

③如果用人单位自用工之日起超过1年不与劳动者订立书面劳动合同的，视为用人单位与劳动者已订立无固定期限劳动合同，直接适用无固定期限劳动合同的有关规定。

（2）用人单位违反本法规定不与劳动者订立无固定期限劳动合同。

本条中"违反本法规定不与劳动者订立无固定期限劳动合同的"主要就是指用人单位违反本法第十四条第二款的规定，不与劳动者订立无固定期限劳动合同的行为，主要包括以下三种情形：

①续延劳动合同时，劳动者已在该用人单位连续工作满10年以上，劳动者提出或者同意续订劳动合同，用人单位拒绝签订无固定期限劳动合同。

②用人单位初次实行劳动合同制度或者国有企业改制重新订立劳动合同时，劳动者在该用人单位连续工作满10年且距法定退休年龄10年以内的，劳动者提出或者同意续订劳动合同，用人单位拒绝签订无固定期限劳动合同。

③连续签订2次固定期限劳动合同后续签的，劳动者提出或者同意续订劳动合同，而用人单位拒绝签订无固定期限劳动合同。

2.用人单位的法律责任

对于用人单位违反本法规定不与劳动者订立无固定期限劳动合同的，本条规定："自应当订立无固定期限劳动合同之日起向劳动者每月支付二倍的工资。"这里的"应当订立无固定期限劳动合同之日"应当理解为《劳动合同法》第十四条第二款、第三款规定的四种情形发生之时，具体包括：

（1）劳动者在同一用人单位连续工作满10年之日的次日。如某一劳动者2005年5月15日进入某一企业工作，到2015年5月15日已在该企业连续工作10年，如果该劳动者提出续订劳动合同，则2015年5月15日即为"应当订立无固定期限劳动合同之日"。

（2）劳动者在同一用人单位连续工作满10年且距法定退休年龄不足10年的情况下，用人单位初次实行劳动合同制度或者国有企业改制重新订立劳动合同的日子。如某一职工已在某一企业连续工作10年，此时他54岁，距60岁的退休年龄不足10年，在这种情况下，如果其所在的用人单位进行改制，确定于2015年8月6日重新与职工订立劳动合同，则这一天即为"应当订立无固定期限劳动合同之日"。

（3）劳动者与企业连续订立2次固定期限劳动合同，且该劳动者没有《劳动合同法》第三十九条规定的情形，在此情况下，双方续订劳动合同的日子即为"应当订立无固定期限劳动合同之日"。

（4）用人单位自用工之日起满1年不与劳动者订立书面劳动合同的，则满1年后的第一天为"应当订立无固定期限劳动合同之日"。如某一劳动者于2014年3月16日进入某一企业工作，到了2015年3月16日该企业还没有与该劳动者签订书面劳动合同，则视为企业与劳动者已经订立无固定期限的劳动合同，"应当订立无固定期限劳动合同之日"为工作满1年后的第一天，即2015年3月17日。

3. 追究赔偿责任的途径

对于用人单位自用工之日起超过1个月但不满1年不与劳动者订立书面合同的，以及违反本法规定不与劳动者签订无固定期限劳动合同的违法行为，劳动者可以通过以下途径追究用人单位的赔偿责任：

（1）向当地劳动行政部门进行举报。《劳动合同法》明确规定，县级以上地方人民政府劳动行政部门负责本行政区域内劳动合同制度实施的监督管理。同时，《劳动合同法》还明确规定，任何组织或者个人对于违反本法的行为都有权举报，县级以上人民政府劳动行政部门应当及时核实、处理。劳动者就用人单位违反《劳动合同法》的行为向劳动行政部门进行举报，劳动行政部门应当依法受理并立案查处。一经查实，劳动行政部门可以责令用人单位依法对劳动者予以赔偿。

（2）向劳动争议仲裁机构申请仲裁。劳动争议仲裁裁决书下达后，任何一方当事人不服，可在法定期限内向人民法院起诉，逾期不起诉将产生法律效力，当事人必须履行。对用人单位违反《劳动合同法》的行为，劳动者可以依法向劳动仲裁机构申请赔偿。

（3）向人民法院提起诉讼。向人民法院提起诉讼是劳动者依法享有的一项权利，是劳动者追究用人单位违反《劳动合同法》的赔偿责任、解决赔偿责任争议的一种重要方式，也是最终的方式。人民法院按照司法审判程序对案件进行审理、裁判和执行，保障劳动者的合法权益，包括获得法定赔偿的权利得以实现。

四、违法约定试用期的法律责任

本法第八十三条是关于用人单位违反《劳动合同法》规定与劳动者约定试用期的法律责任的规定。

1. 用人单位违反《劳动合同法》规定与劳动者约定的试用期无效的情形

用人单位违反《劳动合同法》规定与劳动者约定的试用期无效的情形包括：

（1）约定的试用期超过法律规定的最高时限。《劳动合同法》第十九条对不同期限、不同种类的劳动合同，规定了长短不同的试用期，如果用人单位与劳动者约定的试用期超过了法律规定的最长时限就是违法的。

（2）同一用人单位与同一劳动者约定了超过1次的试用期。

（3）以完成一定工作任务为期限的劳动合同或者劳动合同期限不满3个月的，约定了试用期的。

（4）劳动合同仅约定试用期或者劳动合同期限与试用期相同的。

2. 用人单位违反《劳动合同法》规定与劳动者约定试用期的法律责任

（1）根据本条的规定，用人单位违反《劳动合同法》规定与劳动者约定试用期的，由劳动行政部门责令改正，违法约定的试用期已经履行的，由用人单位以劳动者试用期满月工资为标准，按已经履行的超过法定试用期的期间向劳动者支付赔偿金。

（2）根据这一规定，用人单位违反本法规定，与劳动者所约定的试用期，如果还没有实际履行的，由劳动行政部门责令用人单位予以改正，使之符合本法的规定；如果无效的试用期约定已经实际履行，则由用人单位以劳动者试用期满月工资为标准，按已经履行的超过法定试用期的期间向劳动者支付赔偿金。

这里应当指出的是，对于违法约定的试用期，只要劳动者已经实际履行，用人单位要按照已经履行的超过法定试用期的期间向劳动者支付赔偿金，对于劳动者尚未履行的期间，则用人单位不需要支付赔偿金。

五、扣押劳动者身份证等证件的法律责任

本法第八十四条是关于用人单位扣押劳动者身份证等证件、要求劳动者提供担保、向劳动者收取财物以及扣押劳动者档案或者其他物品的法律责任的规定。

1.用人单位违反《劳动合同法》规定，扣押劳动者身份证等证件的法律责任

针对一些用人单位在招用人员时，违法扣押劳动者的身份证等行为，《劳动合同法》第九条明确规定："用人单位招用劳动者，不得扣押劳动者的居民身份证和其他证件，不得要求劳动者提供担保或者以其他名义向劳动者收取财物。"对用人单位违反这一规定，扣押劳动者身份证等证件的，要由劳动行政部门责令限期退还劳动者本人；同时，对此违法行为，要依照有关法律规定给予处罚。这里的"有关法律"主要指的是居民身份证法。

2.用人单位违反《劳动合同法》规定，要求劳动者提供担保、向劳动者收取财物的法律责任

《劳动合同法》第九条明确规定："用人单位招用劳动者，不得扣押劳动者的居民身份证和其他证件，不得要求劳动者提供担保或者以其他名义向劳动者收取财物。"对于用人单位违反这一规定要求劳动者提供担保、向劳动者收取财物的，依据本条第二款的规定，要由劳动行政部门责令限期将违法收取的财物退还劳动者本人，并按每一名劳动者500元以上2 000元以下的标准处以罚款；给劳动者造成损害的，用人单位应当承担赔偿责任。

六、未依法支付劳动报酬、经济补偿等的法律责任

本法第八十五条是关于用人单位未及时足额支付劳动者劳动报酬、低于当地最低工资标准支付劳动者工资、不支付加班费以及解除、终止劳动合同未支付经济补偿的法律责任的规定。

1.违法行为

用人单位未依法支付劳动报酬、经济补偿的情况有四种，如下表所示：

未依法支付劳动报酬、经济补偿的情况

序号	违法行为	法律说明
1	未依照劳动合同的约定或者国家规定及时足额支付劳动者劳动报酬	（1）用人单位未依照劳动合同的约定或者依照《劳动合同法》的规定按时支付劳动报酬的。如果用人单位与劳动者签订的劳动合同中规定，用人单位应当在每月的2日支付劳动者上月份的工资报酬，但用人单位没有履行这一约定，拖延不予支付的，则属于本条规定的违法行为。另外，对于非全日制劳动用工形式，《劳动合同法》第七十二条第二款规定："非全日制用工劳动报酬结算支付周期最长不得超过十五日。"如果用人单位违反了这一规定，超过15日给劳动者结算劳动报酬，则也属于本条规定的违法行为。 （2）用人单位未依照劳动合同的约定或者依照《劳动合同法》的规定足额支付劳动报酬的。《劳动合同法》明确规定，用人单位应当按照国家规定和劳动合同约定及时足额发放劳动报酬。如果用人单位与劳动者在劳动合同中约定工资为每月1 800元，但用人单位却只支付给劳动者1 500元，则属于未足额发放工资，是违法的。 （3）用人单位支付在试用期间的劳动者工资低于《劳动合同法》规定的。《劳动合同法》第二十条规定："劳动者在试用期的工资不得低于本单位同岗位最低档工资或者劳动合同约定工资的百分之八十，并不得低于用人单位所在地的最低工资标准。"用人单位违反这一规定支付工资的，也属于本条规定的违法行为。 （4）用人单位没有依法提高劳动者在服务期间的劳动报酬的。《劳动合同法》第二十二条第三款规定："用人单位与劳动者约定服务期的，不影响按照正常的工资调整机制提高劳动者在服务期间的劳动报酬。"用人单位违反这一规定，没有按照正常的工资调整机制提高劳动者在服务期间的劳动报酬，则属于违反本条规定的违法行为

续表

序号	违法行为	法律说明
2	低于当地最低工资标准支付劳动者工资	《劳动法》第四十八条明确规定:"国家实行最低工资保障制度。最低工资的具体标准由省、自治区、直辖市人民政府规定,报国务院备案。""用人单位支付劳动者的工资不得低于当地最低工资标准。"目前全国各省、自治区、直辖市都制定了本地的最低工资标准。如果用人单位与劳动者约定的月工资低于这一标准,则是违法的。即使双方已经签订了劳动合同,仍然因为违反了法律的强制性规定而无效。此外,对于非全日制用工的报酬,《劳动合同法》明确规定,非全日制用工小时计酬标准不得低于用人单位所在地人民政府规定的最低小时工资标准。如果用人单位向劳动者支付的小时工资低于所在地人民政府规定的最低小时工资标准,则也属于低于当地最低工资标准支付劳动者工资的违法行为
3	安排加班不支付加班费	《劳动法》第四十四条规定:"有下列情形之一的,用人单位应当按照下列标准支付高于劳动者正常工作时间工资的工资报酬:(一)安排劳动者延长工作时间的,支付不低于工资的百分之一百五十的工资报酬;(二)休息日安排劳动者工作又不能安排补休的,支付不低于工资的百分之二百的工资报酬;(三)法定休假日安排劳动者工作的,支付不低于工资的百分之三百的工资报酬。"如果用人单位安排劳动者加班,却不依据《劳动法》的上述规定支付加班工资的,属于违法行为,应当依法承担法律责任
4	解除或者终止劳动合同,未依照本法规定向劳动者支付经济补偿	《劳动合同法》第四十六条规定了用人单位应当向劳动者支付经济补偿的六种情形,包括劳动者因用人单位侵犯劳动者合法权益而解除劳动合同,劳动者因身体或者能力原因以及客观情况发生重大变化等导致劳动合同解除的,用人单位因依法破产重整而与劳动者解除劳动合同的,用人单位与劳动者协商一致解除劳动合同的,在用人单位维持或者提高劳动合同约定条件下,劳动者不同意续订劳动合同的,以及因用人单位破产、解散、被吊销营业执照或者责令关闭而导致的劳动合同终止等。对于发生上述情形的,用人单位应当依照《劳动合同法》第四十七条的规定,根据劳动者在单位工作的年限,按每满1年支付1个月工资的标准向劳动者支付经济补偿金。经济补偿金由用人单位一次性付给劳动者。如果用人单位没有依法向劳动者支付经济补偿金,则属于违法行为,应当依法承担法律责任

2.用人单位应负的法律责任

对于上表所述四类违法行为,本条明确规定了相应的法律责任:

(1)由劳动行政部门责令限期支付劳动报酬、加班费或者解除、终止劳动合同的经济补偿。

(2)劳动报酬低于当地最低工资标准的,应当支付其差额部分。

(3)逾期不支付的,责令用人单位按应付金额50%以上100%以下的标准向劳动者加付赔偿金。

七、订立无效劳动合同的法律责任

本法第八十六条是关于订立的劳动合同被确认无效所应承担的法律责任的规定。

1.订立的劳动合同依照《劳动合同法》第二十六条的规定被确认为无效的

《劳动合同法》第二十六条规定,下列劳动合同无效或者部分无效:

(1)以欺诈、胁迫的手段或者乘人之危,使对方在违背真实意思的情况下订立或者变更劳动合同的。

(2)用人单位免除自己的法律责任、排除劳动者权利的。

(3)违反法律、行政法规强制性规定的。

"对劳动合同的无效或者部分无效有争议的,由劳动争议仲裁机构或者人民法院确认。"

根据这一规定,如果劳动合同属于上述三种情形之一的,属于无效或者部分无效的劳动合同。

2. 无效劳动合同的法律后果

《劳动法》第十八条明确规定:"无效的劳动合同,从订立的时候起,就没有法律约束力。"因而,无效的劳动合同不受国家法律的承认和保护。对于劳动合同被确认无效的,其法律后果是:

(1) 根据《劳动合同法》的规定,劳动合同被确认无效,劳动者已付出劳动的,用人单位应当向劳动者支付劳动报酬。劳动报酬的数额,参考用人单位同类岗位劳动者的劳动报酬确定;用人单位无同类岗位的,按照本单位上年职工平均工资确定。

(2) 无效劳动合同是由劳动合同当事人一方或者双方的过错造成的。法律上的过错,是指法律关系主体在主观上有违法错误,包括故意违法和过失违法。过错可能是一方的,也可能是双方的,它是由当事人的主观原因造成的后果,因此,对于无效的劳动合同,在确认其无效的同时,如给对方造成损害的,有过错的一方应当承担赔偿责任,如下表所示:

过错的一方应当承担的赔偿责任

序号	过错方	赔偿责任
1	用人单位有过错	由于用人单位的原因订立无效的劳动合同,或订立部分无效劳动合同,对劳动者造成损害的,应按下列规定赔偿劳动者损失:(1)造成劳动者工资收入损失的,按劳动者本人应得工资收入支付给劳动者,并加付应得工资收入25%的赔偿费用;(2)造成劳动者劳动保护待遇损失的,应按国家规定补足劳动者的保护津贴和用品;(3)造成劳动者工伤、医疗保险待遇损失的,除按国家规定为劳动者提供工伤、医疗待遇外,还应支付劳动者相当于医疗费用25%的赔偿费用;(4)造成女职工和未成年工身体健康损害的,除按国家规定提供治疗期间的医疗待遇外,还应支付相当于其医疗费用25%的赔偿费用;(5)劳动合同约定的其他赔偿费用。对于上述规定中有关劳动者工资收入损失的赔偿,鉴于《劳动合同法》第八十四条有相关规定,应按《劳动合同法》的规定予以执行
2	劳动者有过错	对于因劳动者的过错而导致劳动合同无效,给用人单位造成损失的,劳动者应当按照《民法典》所确立的实际损失原则,承担赔偿责任,赔偿因其过错而对用人单位的生产、经营和工作造成的直接经济损失

八、违法解除或终止劳动合同的法律责任

本法第八十七条就用人单位违反本法规定解除或者终止劳动合同应当承担的法律责任作出了规定。

1. 用人单位违反本法规定解除或者终止劳动合同的行为类别

用人单位违反本法规定解除或者终止劳动合同的行为主要包括以下两种:

用人单位违反本法规定解除或者终止劳动合同的行为

序号	行为类别	说明
1	用人单位违反本法第四十二条的规定,在法律明确规定不得解除劳动合同的情形下解除劳动合同	为了保障处于特定情形下劳动者的权益,本法规定用人单位在下述情形下,不得以《劳动合同法》第四十条、第四十一条为由解除劳动合同,否则就应当按照本条的规定承担相应的法律责任。 (1)从事接触职业病危害作业的劳动者未进行离岗前职业健康检查,或者疑似职业病病人在诊断或者医学观察期间的。 (2)在本单位患职业病或者因工负伤并被确认丧失或者部分丧失劳动能力的。 (3)患病或者非因工负伤,在规定的医疗期内的。 (4)女职工在孕期、产期、哺乳期的。 (5)在本单位连续工作满15年,且距法定退休年龄不足5年的。 (6)法律、行政法规规定的其他情形

续表

序号	行为类别	说明
2	用人单位在解除劳动合同时，没有遵守法定的程序	《劳动合同法》第四十条规定："有下列情形之一的，用人单位在提前三十日以书面形式通知劳动者本人或者额外支付劳动者一个月工资后，可以解除劳动合同：（一）劳动者患病或者非因工负伤，在规定的医疗期满后不能从事原工作也不能从事由用人单位另行安排的工作的；（二）劳动者不能胜任工作，经过培训或者调整工作岗位，仍不能胜任工作的；（三）劳动合同订立时所依据的客观情况发生重大变化，致使劳动合同无法履行，经用人单位与劳动者协商，未能就变更劳动合同内容达成协议的。"在出现上述三种情形时，用人单位虽有权解除劳动合同，但应提前30日以书面形式通知劳动者本人或者额外支付劳动者1个月工资。如用人单位解除劳动合同时没有遵守法定程序，未提前30日以书面形式通知劳动者本人或者额外支付劳动者1个月工资的，仍属于本条规定的"用人单位违反本法规定解除或者终止劳动合同的"情况，应当按照本条的规定承担相应的法律责任

2．用人单位应当承担的法律责任

用人单位违反《劳动合同法》的规定解除或者终止劳动合同的，应当承担的法律责任是：依照《劳动合同法》第四十七条规定的经济补偿标准的2倍向劳动者支付赔偿金，即用人单位应当按照劳动者在该单位工作的年限，每满1年支付2个月工资的标准向劳动者支付。

（1）如果劳动者在该单位的工作年限不满1年的应按1年计算。

（2）如果劳动者在该单位工作年限超过12年的，用人单位向其支付经济补偿的年限最高仍不超过12年。

（3）如果劳动者月工资高于用人单位所在直辖市、设区的市上年度职工月平均工资3倍的，用人单位应当按照用人单位所在直辖市、设区的市上年度职工月平均工资6倍的数额支付。

还需要注意的是，这里所称的劳动者月工资是指劳动者在劳动合同解除或者终止前12个月的平均工资。

九、侵害劳动者人身权益的法律责任

本法第八十八条规定了用人单位侵害劳动者人身权益应当承担的法律责任。

1．用人单位侵害劳动者人身权益的违法行为

根据本条的规定，用人单位侵害劳动者人身权益的违法行为主要包括以下四种：

（1）以暴力、威胁或者非法限制人身自由的手段强迫劳动的。

在用人单位提供的劳动条件恶劣、不及时足额支付劳动者工资等情形下，劳动者有权随时解除劳动合同，拒绝为用人单位劳动。这时一些用人单位为追求经济利益，可能会采取暴力、威胁或者非法限制人身自由的手段强迫劳动者劳动。

（2）违章指挥或者强令冒险作业危及劳动者人身安全的。

（3）侮辱、体罚、殴打、非法搜查或者拘禁劳动者的。

（4）劳动条件恶劣、环境污染严重，对劳动者身心健康造成严重损害的。

2．用人单位应当承担的法律责任

用人单位的上述违法行为承担的法律责任主要包括刑事责任、行政责任、民事责任，如下表所示。

用人单位应当承担的法律责任

序号	责任类别	法律责任	具体说明
1	刑事责任	根据本条的规定，用人单位可能因违反《刑法》的下列条款构成犯罪，被依法追究相应的刑事责任	（1）《刑法》第一百三十四条："在生产、作业中违反有关安全管理的规定，因而发生重大伤亡事故或者造成其他严重后果的，处三年以下有期徒刑或者拘役；情节特别恶劣的，处三年以上七年以下有期徒刑。强令他人违章冒险作业，因而发生重大伤亡事故或者造成其他严重后果的，处五年以下有期徒刑或者拘役；情节特别恶劣的，处五年以上有期徒刑。" （2）《刑法》第一百三十五条："安全生产设施或者安全生产条件不符合国家规定，因而发生重大伤亡事故或者造成其他严重后果的，对直接负责的主管人员和其他直接责任人员，处三年以下有期徒刑或者拘役；情节特别恶劣的，处三年以上七年以下有期徒刑。" （3）《刑法》第二百三十二条："故意杀人的，处死刑、无期徒刑或者十年以上有期徒刑；情节较轻的，处三年以上十年以下有期徒刑。"第二百三十三条："过失致人死亡的，处三年以上七年以下有期徒刑；情节较轻的，处三年以下有期徒刑。本法另有规定的，依照规定。" （4）《刑法》第二百三十四条："故意伤害他人身体的，处三年以下有期徒刑、拘役或者管制。犯前款罪，致人重伤的，处三年以上十年以下有期徒刑；致人死亡或者以特别残忍手段致人重伤造成严重残疾的，处十年以上有期徒刑、无期徒刑或者死刑。本法另有规定的，依照规定。" （5）《刑法》第二百三十五条："过失伤害他人致人重伤的，处三年以下有期徒刑或者拘役。本法另有规定的，依照规定。" （6）《刑法》第二百三十八条："非法拘禁他人或者以其他方法非法剥夺他人人身自由的，处三年以下有期徒刑、拘役、管制或者剥夺政治权利。具有殴打、侮辱情节的，从重处罚。犯前款罪，致人重伤的，处三年以上十年以下有期徒刑；致人死亡的，处十年以上有期徒刑。使用暴力致人伤残、死亡的，依照本法第二百三十四条、第二百三十二条的规定定罪处罚。" （7）《刑法》第二百四十四条："用人单位违反劳动管理法规，以暴力、威胁或者限制人身自由的方法强迫职工劳动，处三年以下有期徒刑或者拘役；情节严重的，处三年以上十年以下有期徒刑，并处罚金。" （8）《刑法》第二百四十四条之一："违反劳动管理法规，雇用未满十六周岁的未成年人从事超强度体力劳动的，或者从事高空、井下作业的，或者在爆炸性、易燃性、放射性、毒害性等危险环境下从事劳动，情节严重的，对直接责任人员，处三年以下有期徒刑或者拘役，并处罚金；情节特别严重的，处三年以上七年以下有期徒刑，并处罚金。有前款行为，造成事故，又构成其他犯罪的，依照数罪并罚的规定处罚。" （9）《刑法》第二百四十五条："非法搜查他人身体、住宅，或者非法侵入他人住宅的，处三年以下有期徒刑或者拘役。" （10）《刑法》第二百四十六条："以暴力或者其他方法公然侮辱他人或者捏造事实诽谤他人，情节严重的，处三年以下有期徒刑、拘役、管制或者剥夺政治权利。前款罪，告诉的才处理，但是严重危害社会秩序和国家利益的除外。"

续表

序号	责任类别	法律责任	具体说明
2	行政责任	根据本条的规定，用人单位的行为可能因违反《治安管理处罚法》的下列规定而被依法给予相应的行政处罚	（1）《治安管理处罚法》第四十条规定："有下列行为之一的，处十日以上十五日以下拘留，并处五百元以上一千元以下罚款；情节较轻的，处五日以上十日以下拘留，并处二百元以上五百元以下罚款：……（二）以暴力、威胁或者其他手段强迫他人劳动的；（三）非法限制他人人身自由、非法侵入他人住宅或者非法搜查他人身体的。" （2）《治安管理处罚法》第四十二条："有下列行为之一的，处五日以下拘留或者五百元以下罚款；情节较重的，处五日以上十日以下拘留，可以并处五百元以下罚款：（一）写恐吓信或者以其他方法威胁他人人身安全的；（二）公然侮辱他人或者捏造事实诽谤他人的；（三）捏造事实诬告陷害他人，企图使他人受到刑事追究或者受到治安管理处罚的；（四）对证人及其近亲属进行威胁、侮辱、殴打或者打击报复的；（五）多次发送淫秽、侮辱、恐吓或者其他信息，干扰他人正常生活的；（六）偷窥、偷拍、窃听、散布他人隐私的。" （3）《治安管理处罚法》第四十三条："殴打他人的，或者故意伤害他人身体的，处五日以上十日以下拘留，并处二百元以上五百元以下罚款；情节较轻的，处五日以下拘留或者五百元以下罚款。有下列情形之一的，处十日以上十五日以下拘留，并处五百元以上一千元以下罚款：（一）结伙殴打、伤害他人的；（二）殴打、伤害残疾人、孕妇、不满十四周岁的人或者六十周岁以上的人的；（三）多次殴打、伤害他人或者一次殴打、伤害多人的。"
3	民事责任	用人单位的行为对劳动者造成损害的，用人单位应当承担赔偿责任	赔偿应是实际损失的赔偿，既包括对劳动者的直接损害，也包括间接损害；既包括对劳动者的物质损害，也包括精神损害

十、不出解除、终止书面证明的法律责任

本法第八十九条就用人单位违反本法规定未向劳动者出具解除或者终止劳动合同的书面证明应当承担的法律责任作出了规定。

对于用人单位不履行义务的法律责任，本法根据对劳动者是否造成损害予以区别规定。

（1）用人单位违反本法规定未向劳动者出具解除或者终止劳动合同的书面证明，未对劳动者造成损害的，应当由劳动行政部门责令改正，劳动行政部门应当要求用人单位在一定期限内向劳动者出具解除或者终止劳动合同的书面证明。

（2）用人单位违反本法规定未向劳动者出具解除或者终止劳动合同的书面证明的违法行为对劳动者造成损害的，用人单位应当承担赔偿责任。

十一、劳动者的赔偿责任

本法第九十条是关于劳动者违法、违约行为应当承担赔偿责任的规定。《劳动合同法》应对劳动合同双方的合法权益给予保护，劳动者应对其违法、违约行为承担赔偿责任。

1.劳动者赔偿责任的构成要件

根据本条的规定，劳动者赔偿责任的构成要件包括三点：

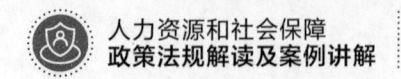

(1) 有违法行为或者违约行为，即存在劳动者违反本法规定解除劳动合同，或者违反劳动合同中约定的保密义务或者竞业限制的行为。

(2) 有损害事实，即劳动者的违法或者违约行为给用人单位造成损失。

(3) 损害事实与违法或者违约行为之间的因果关系，即劳动者违反本法规定解除劳动合同，或者违反劳动合同中约定的保密义务或者竞业限制的行为和用人单位的损失之间具有因果关系。

在认定劳动者赔偿责任时以上三者缺一不可。

2.劳动者的违法行为及赔偿责任

本法所规定的劳动者的违法行为主要包括以下两种：

劳动者的违法行为及赔偿责任

序号	违法行为		赔偿责任
1	劳动者违反本法规定解除劳动合同的行为	违反本法第三十七条、第三十八条是关于劳动者解除劳动合同的规定：一是劳动者应当提前30日通知用人单位解除劳动合同；二是劳动者应当采取书面形式告知用人单位解除劳动合同	劳动者违反本法规定解除劳动合同，对用人单位造成损失的，劳动者应赔偿用人单位下列损失： (1) 用人单位招录其所支付的费用； (2) 用人单位为其支付的培训费用，双方另有约定的按约定办理。 (3) 劳动合同约定的其他赔偿费用
2	劳动者违反劳动合同中约定的保密义务或者竞业限制的行为	本法第二十三条规定："用人单位与劳动者可以在劳动合同中约定保守用人单位的商业秘密和与知识产权相关的保密事项。"对负有保守用人单位商业秘密义务的劳动者，用人单位可以在劳动合同或者保密协议中与劳动者约定限制条款，与用人单位的高级管理人员，高级技术人员和其他知悉用人单位商业秘密的人员，就竞业限制的范围、地域、期限作出约定。在解除或者终止劳动合同后，用人单位按照约定竞业限制期限内按月给予劳动者经济补偿，而该劳动者不得到与本单位生产或者经营同类产品、业务的有竞争关系的其他用人单位，或者自己开业生产或者经营与本单位有竞争关系的同类产品、业务	劳动者违反保密义务或者竞业限制约定的，应当按照约定向用人单位支付违约金。劳动者违反劳动合同中约定的保密义务或者竞业限制，对用人单位造成损失的，还应当对用人单位的实际损失承担赔偿责任

十二、用人单位的连带赔偿责任

本法第九十一条规定了用人单位招用与其他用人单位尚未解除或者终止劳动合同的劳动者，给其他用人单位造成损失所应当承担的法律责任。

1.该项法律责任的构成要件

根据本条的规定，该项法律责任的构成要件，包括以下三点：

(1) 用人单位招用与其他用人单位尚未解除或者终止劳动合同的劳动者的行为，即用人单位招用劳动者时，该劳动者与其他用人单位仍存在劳动关系。

(2) 用人单位招用劳动者对其他用人单位造成损失。

(3) 用人单位招用劳动者的行为与其他用人单位的损失之间存在因果关系。

2. 用人单位应负的连带赔偿责任

根据本条的规定，其他用人单位既可以同时请求该用人单位和劳动者承担赔偿责任，也可任意选择该用人单位或劳动者先行承担赔偿责任。无论该用人单位是否存在过错，只要该用人单位存在招用与其他用人单位尚未解除或者终止劳动合同的劳动者的行为，且因该行为对其他用人单位造成损失的，该用人单位就应当对其损失承担连带赔偿责任，而不论该用人单位是否知道其招用的劳动者与其他用人单位尚未解除或者终止劳动合同。

十三、劳务派遣单位的法律责任

本法第九十二条规定了劳务派遣单位违反《劳动合同法》规定应当承担的法律责任。修订后对修订前增加了未经许可擅自经营劳务派遣业务等违法行为的处罚和加大处罚力度等规定：

1. 增加了对擅自经营劳务派遣业务的法律责任

本条规定，违反本法规定，未经许可，擅自经营劳务派遣业务的，由劳动行政部门责令停止违法行为，没收违法所得，并处违法所得1倍以上5倍以下的罚款；没有违法所得的，可以处50 000元以下的罚款。

2. 加大了对违法行为的处罚力度

本条规定，劳务派遣单位、用工单位违反本法有关劳务派遣规定的，由劳动行政部门责令限期改正；逾期不改正的，以每人5 000元以上10 000元以下的标准处以罚款，对劳务派遣单位，吊销其劳务派遣业务经营许可证。

3. 进一步明确了连带赔偿责任

本条规定，用工单位给被派遣劳动者造成损害的，劳务派遣单位与用工单位承担连带赔偿责任，这被认为是一个颠覆性的改变。

十四、无营业执照经营单位的法律责任

本法第九十三条是关于无营业执照经营的单位被依法处理后法律责任承担问题的规定。

无营业执照经营的单位不属于《劳动合同法》第二条规定的用人单位，根据《劳动合同法》第二十六条的规定，无营业执照经营的单位与劳动者订立的劳动合同因主体违反法律规定属于无效合同。但根据公平的原则，无营业执照经营的单位被依法处理的，该单位的劳动者已经付出劳动的，仍应获得相应的劳动报酬。

本法针对无营业执照经营单位被市场监督管理部门依法处理，特别是无营业执照经营单位被依法取缔后，劳动者的劳动报酬无人支付问题，明确规定无营业执照经营的单位被依法处理的，该单位的劳动者已经付出劳动的，由被处理的单位或者其出资人向劳动者支付劳动报酬、经济补偿、赔偿金。因此，即使无营业执照经营的单位被依法取缔，其出资人仍应支付劳动者的劳动报酬、经济补偿、赔偿金。被依法取缔的单位不能因其被取缔、不存在为由，拒绝支付。对被处理单位或者出资人拒绝支付的，劳动者可以其出资人为被告提起诉讼。

十五、个人承包经营者的连带赔偿责任

本法第九十四条规定了个人承包经营者损害劳动者利益的法律责任。

个人承包经营是指企业与个人承包经营者通过订立承包经营合同，将企业的全部或者部分经营管理权在一定期限内交给个人承包者，由个人承包者对企业进行经营管理。

个人承包经营期间因个人承包经营者违反法律规定而对劳动者造成的损害，个人承包经营者应对其违反法律的行为承担责任，对劳动者的损害承担赔偿责任。

同时，《劳动合同法》明确规定对于个人承包经营期间，个人承包经营者招用劳动者违反法律规定给劳动者造成损害的，应当由发包的组织与个人承包经营者承担连带赔偿责任。

也就是说，个人承包经营者招用劳动者违反本法规定给劳动者造成损害的，虽然是由于个人承包经营者的违法行为造成的，但发包组织仍应承担连带赔偿责任。同样，个人承包经营者也不能拒绝承担赔偿责任。

个人承包经营者招用劳动者时违反本法规定对劳动者造成的损害，劳动者既可以要求个人承包经营者全额或者部分赔偿，也可以要求发包的组织即个人承包经营者所承包的单位全额或者部分赔偿。诉讼中，劳动者既可以单独起诉发包组织或者个人承包经营者，也可以将发包组织或个人承包经营者列为共同被告。

十六、行政机关法律责任

本法第九十五条规定了行政机关及其工作人员玩忽职守、不履行法定职责或者违法行使职权所应当承担的法律责任。

1.行政违法行为

行政违法行为主要包括两种：

（1）单位和个人即行政相对人违反行政法规的行为。

（2）行政机关及其工作人员即行政主体执行职务时的轻微违法行为或者违反纪律的行为。

本条规定的行政违法行为是指行政机关及其工作人员的行政违法行为，主要包括玩忽职守，不履行法定职责和违法行使职权等情形。玩忽职守，不履行法定职责，是指行政机关或者被授权的组织及其工作人员不履行法律所赋予的职权，不承担相应的职责，构成违法失职行为，又称为行政不作为。实践中，表现为：

（1）明确拒绝履行。行政机关及其工作人员明确否认自己对该事项具有管辖权或处理权，明确拒绝采取相应的行政行为。

（2）无正当理由逾期仍不履行。即超过法定的期限仍不履行的。

（3）拖延履行法定职责，即行政机关在合理的履行时限内不予答复或未明确答复。

违法行使职权主要包括行政机关工作人员违法行使本人职务范围内的权力，以及超越其职权范围而实施有关行为两种情形。

2.行政不作为的法律责任

行政不作为的法律责任分为三类，如下表所示：

行政不作为的法律责任

序号	法律责任	说明
1	行政赔偿	劳动行政部门和其他有关主管部门及其工作人员的上述违法行为，侵犯用人单位或者劳动者合法权益造成损害的应承担赔偿责任。根据我国国家赔偿法的规定，对相对人合法权益造成的损害仅指物质损害与直接损害，而不包括精神损害与间接损害

续表

序号	法律责任	说明
2	行政处分	劳动行政部门和其他有关主管部门及其工作人员的上述违法行为尚未构成犯罪的，除侵犯用人单位或者劳动者合法权益造成损害的应承担赔偿责任外，对直接负责的主管人员及其他直接责任人员应依法给予行政处分。根据《公务员法》第五十六条、《行政机关公务员处分条例》第六条的规定，行政机关公务员处分的种类为：（一）警告；（二）记过；（三）记大过；（四）降级；（五）撤职；（六）开除。《行政机关公务员处分条例》第七条规定，行政机关公务员受处分的期间为：（一）警告，6个月；（二）记过，12个月；（三）记大过，18个月；（四）降级、撤职，24个月。这里需要注意的是，与刑事责任不同，行政处分的对象只可能是个人，单位不能成为行政处分的对象
3	刑事责任	劳动行政部门和其他有关主管部门及其工作人员的上述违法行为严重违法，触犯刑法的，应追究其刑事责任。《刑法》第三百九十七条是对国家机关工作人员滥用职权罪、玩忽职守罪及其处罚的规定。根据该条的规定，劳动行政部门和其他有关主管部门及其工作人员不履行法定职责或者违法行使职权，"致使公共财产、国家和人民利益遭受重大损失的，处三年以下有期徒刑或者拘役；情节特别严重的，处三年以上七年以下有期徒刑。本法另有规定的，依照规定。国家机关工作人员徇私舞弊，犯前款罪的，处五年以下有期徒刑或者拘役；情节特别严重的，处五年以上十年以下有期徒刑。本法另有规定的，依照规定。"

有关附则条款的解读

一、事业单位聘用制劳动合同的法律适用

本法第九十六条对事业单位聘用制的工作人员的劳动合同作出了规定。

1. 什么是事业单位

事业单位是具有中国特色的组织。所谓事业单位，是指为了社会公益目的，由国家机关举办或者其他组织利用国有资产举办的，从事教育、科技、文化、卫生等活动的社会服务组织。

国家对事业单位实行编制管理，按照编制核算拨款的数额。目前事业单位编制都是多年前核定的，编制基数多年不变，不能满足事业单位不断发展的需要。在编制满额的情况下，各事业单位只好大量扩充编外人员和其他人员，这样造成事业单位人员结构复杂，人事管理分割。事业单位人员结构，归纳起来分为三类：

第一类是编制内聘用人员。包括签订聘用合同的编制内聘用人员和无须签订聘用合同的编制内聘用人员。

第二类是编制外人员。包括档案内部管理的编外人员和档案外部管理的编外人员。编外人员一般实行企业化管理，与事业单位签订劳动合同。

第三类是劳务派遣人员。是通过劳务派遣形式招用的。

2. 事业单位人员如何适用本法

本法第二条关于《劳动合同法》的调整范围维持了《劳动法》第二条第二款的表述，另外在本条中规定："事业单位与实行聘用制的工作人员订立、履行、变更、解除或者终止劳动合同，法律、行政法规或者国务院另有规定的，依照其规定；未作规定的，依照本法有关规定执行。"对事业单位聘用制工作人员的劳动合同如何适用本法作出了特别规定。

二、过渡性条款

本法第九十七条是关于《劳动合同法》施行的过渡性条款的规定。

本条规定的《劳动合同法》施行的过渡安排，也就是回答《劳动合同法》哪些规定有溯及力，哪些规定没有溯及力。本条的规定就是要解决《劳动合同法》生效以后，现行的劳动合同该怎么办？相关的制度如何衔接。本条的规定有以下四层含义：

1. 本法施行后，正在履行的劳动合同怎么办

《劳动合同法》于2008年1月1日施行。按照法律一般不溯及既往的理论，本法施行前已依法订立且在本法施行之日存续的劳动合同，应当有效，应当继续履行。这样，不至于形成新法施行，劳动者都需要跟用人单位重新签订劳动合同的情况，避免劳动关系发生大的波动。

2. 本法第十四条第二款第三项规定连续订立固定期限劳动合同的次数如何计算

本法第十四条第二款第三项规定："连续订立二次固定期限劳动合同，且劳动者没有本法第三十九条和第四十条第一项、第二项规定的情形，续订劳动合同的。"劳动者提出或者同意续订合同的，应当订立无固定期限劳动合同。本法施行后，就要回答连续订立2次固定期限劳动合同。是从哪一次计算。根据本条的规定，本法第十四条第二款第三项规定连续订立固定期限劳动合同的次数，自本法施行后再次续订固定期限劳动合同时开始计算。即《劳动合同法》生效前订立、《劳动合同法》生效后仍在履行的劳动合同，不计算在连续订立的固定期限劳动合同的次数内。如一个劳动者与用人单位订立了一份2年期限的劳动合同，《劳动合同法》生效时刚履行完1年，还有1年的合同期限。如果这份合同到期，该劳动者还与用人单位订立一份固定期限的劳动合同，这份正在履行的劳动合同，不计算在连续订立的劳动合同次数内，也就是说连续订立是从新订立的劳动合同开始计算。

3. 本法施行前的事实劳动关系如何处理

目前劳动合同制度存在的一个突出问题就是用人单位不愿与劳动者签订书面劳动合同，劳动合同签订率低，发生劳动争议，处理起来没有合同依据，不利于保护劳动者的合法权益。针对这个问题，本法作了相应的规定。如本法第十条第二款规定："已建立劳动关系，未同时订立劳动合同的，应当自用工之日起一个月内订立书面劳动合同。"对超过1个月还不订立书面劳动合同的，第八十二条规定："用人单位自用工之日起超过一个月不满一年未与劳动者订立书面劳动合同的，应当向劳动者每月支付二倍的工资。"对于本法施行前已存在的事实劳动关系。根据本条的规定，尚未订立书面劳动合同的，应当自本法施行之日起1个月内订立。否则，也应当承担本法第八十二条的法律后果。

4. 经济补偿的年限如何计算

经济补偿是劳动合同解除或者终止后，用人单位对在本单位工作的劳动者给予的货币补偿。根据《劳动法》第二十八条的规定，用人单位解除劳动合同的，应当依据国家有关规定给予经济补偿。

三、劳动合同法施行时间

本法第九十八条确定了《劳动合同法》施行时间。本条规定："本法自2008年1月1日起施行。"这样，从本法通过到施行，大约有半年的宣传学习时间。《劳动合同法》是一部调整劳动关系的重要法律，它涉及千千万万劳动者的劳动权利的保护，关系到广大企业、事业单位、个体经济组织等用人单位的用工。可以说是一部全社会都关注的法律。需要有足够的时间让大家学习、了解。所以法律留了半年的宣传和学习时间。

第三章 《社会保险法》解读

《社会保险法》的立法背景

公民在年老、疾病、工伤、失业、生育等情况下依法从国家和社会获得物质帮助是一项宪法权利,社会保险是公民从国家和社会获得物质帮助最主要的一种途径。大力发展社会保险事业,是深入落实科学发展观、促进经济社会全面协调可持续发展的必然要求;是构建社会主义和谐社会、实现国家长治久安的重要保证;是健全社会主义市场经济体制、推进改革开放和现代化建设的重要任务;是党坚持立党为公,执政为民,实现和维护最广大人民的根本利益的执政理念的具体体现。

有关用人单位和个人权利义务条款的解读

本法第四条对用人单位和个人权利义务作出了明确的规定。

一、用人单位的权利义务

1. 权利

有权向社保经办机构查询、核对其缴费记录,要求社保经办机构提供社保咨询等相关服务。

2. 义务

(1)缴费义务,职工基本养老保险、职工基本医疗保险、失业保险的缴费义务由用人单位与职工共同承担,工伤保险、生育保险的缴费义务全部由用人单位承担。

(2)登记义务。

(3)申报和代扣代缴义务,用人单位应当自行申报、按时足额缴纳社会保险费,非因不可抗力等法定事由不得缓缴、减免,职工应缴纳的社会保险费由用人单位代扣代缴,用人单位应当按月将缴纳社会保险费的明细情况告知劳动者本人。

二、个人的权利义务

1. 权利

(1)依法享受社会保险待遇。

(2)监督本单位为其缴费情况。

(3)有权向社保经办机构查询、核对其缴费和享受社会保险待遇记录,要求社保经办机构提供社保咨询等相关服务。

2. 义务

（1）缴费义务。

（2）登记义务，自愿参加社会保险的无雇工的个体工商户、未在用人单位参加社会保险的非全日制从业人员以及其他灵活就业人员，应当向社保经办机构申办社会保险登记，失业人员应当持本单位为其出具的终止或解除劳动关系证明，及时到指定的公共就业服务机构办理失业登记。

3. 用人单位和个人的救济权利

（1）用人单位和个人有权对违反社会保险法律、法规的行为进行举报、投诉。

（2）用人单位或者个人认为社会保险费征收机构的行为侵害自己合法权益的，可以依法申请行政复议或者提起行政诉讼；对社会保险经办机构不依法办理社会保险登记、核定社会保险费、支付社会保险待遇、办理社会保险转移接续手续或者侵害其他社会保险权益的行为，可以依法申请行政复议或者提起行政诉讼。

（3）个人与所在用人单位发生社会保险争议的，可以依法申请调解、仲裁、提起诉讼；用人单位侵害个人社会保险权益的，个人也可以要求社会保险行政部门或者社会保险费征收机构依法处理。

有关监督管理职责条款的解读

本法第六条、第七条、第八条、第九条分别对社保基金监督部门及职责、社保行政管理职责分工、社保经办机构职责、工会在社会保险事业中的责任等作出了明确规定：

一、社保基金监督职能、责任部门及职责

本法第六条对社保基金监督职能、责任部门及职责作出了规定，如下表所示：

社保基金监督职能、责任部门及职责

序号	职能	监督部门	职责
1	人大监督	各级人大常委会	本法第七十六条规定，各级人大常委会听取和审议本级人民政府对社保基金的收支、管理、投资运营以及监督检查情况的专项工作报告，组织对本法实施情况的执法检查等，依法行使监督职权
2	行政监督	财政部门、审计机关	按照各自的职责，对社保基金的收支、管理和投资运营情况实施监督
		社会保险行政部门	对社保基金的收支、管理和投资运营情况进行监督检查，发现存在问题的，应当提出整改建议，依法作出处理决定或者向有关行政部门提出处理建议
		其他行政机关	对社保基金进行监督
3	社会监督	社会保险监督委员会	社会保险监督委员会由用人单位代表、参保人员代表，以及工会代表、专家等组成
		任何组织或者个人	有权对有关社保基金的违法行为进行举报、投诉

二、社保经办机构职责

本法第八条对社保经办机构职责作出了规定，如下表所示：

社保经办机构职责

序号	职责	说明
1	社会保险登记	用人单位应当自成立之日起30日内凭营业执照、登记证书或者单位印章，向当地社保经办机构申请办理社保登记，社保经办机构应当自收到申请之日起15日予以审核，发给社会保险登记证件。用人单位应当自用工之日起30日内为其职工向社保经办机构申办社保登记。未办社保登记的，由社保经办机构核定其应当缴纳的社会保险费
2	建档	为用人单位建立档案，完整、准确地记录参加社会保险的人员、缴费等社保数据，妥善保管登记、申报的原始凭证和支付结算的会计凭证
3	个人权益记录	应及时、完整、准确地记录参加社会保险的个人缴费和用人单位为其缴费的情况，以及享受社会保险待遇的个人权益记录，定期将个人权益记录单免费寄送个人
4	咨询服务	应免费为用人单位和个人提供社会保险咨询等相关服务
5	社保待遇支付	应按时足额支付社保待遇
6	公布和汇报社保基金情况	应定期向社会公布参加社会保险情况以及社保基金的收入、支出、结余和收益情况，定期向社会保险监督委员会汇报社保基金的收支、管理和投资运营情况
7	社会保险稽核	稽核是指社保经办机构依法对社会保险费缴纳情况和社会保险待遇领取情况进行的核查
8	受理举报、投诉	对于属于本机构职责范围的，应依法处理；对于职责范围以外的，应书面通知并移交有权处理的部门处理
9	加强内部管理	应建立健全业务、财务、安全和风险管理制度，完善社会保险信息系统

三、工会在社会保险事业中的责任

本法第九条对工会在社会保险事业中的责任作出了规定，如下表所示：

工会在社会保险事业中的责任

序号	职责	说明
1	参与社会保险重大事项的研究	（1）国家机关在组织起草或者修改直接涉及职工切身利益的有关社会保险的法律、法规、规章时，应当听取工会意见。 （2）县级以上各级政府制定国民经济和社会发展计划，对涉及职工利益的有关社会保险的重大问题，应当听取同级工会的意见。 （3）县级以上各级政府及其有关部门研究制定劳动就业、工资、劳动安全卫生、社会保险等涉及职工切身利益的政策、措施时，应当吸收同级工会参加研究，听取工会意见
2	参与社会保险的监督	（1）通过职工代表大会或者其他形式进行监督。 （2）监督劳动合同的履行。 （3）对侵犯职工社会保险合法权益的问题进行调查。 （4）法律救济协助

有关基本养老保险条款的解读

一、职工基本养老保险覆盖范围

本法第十条对职工基本养老保险覆盖范围作出了规定,如下表所示:

职工基本养老保险覆盖范围

序号	参保对象	说明
1	企业职工	企业职工是参加基本养老保险的主力,职工基本养老保险由国家、企业和个人共同负担筹集资金,采取社会统筹和个人账户相结合的基本模式
2	灵活就业人员	灵活就业人员是指以非全日制、临时性、季节性、弹性工作等灵活多样的形式实现就业的人员,包括无雇工的个体工商户、非全日制从业人员以及律师、会计师、自由撰稿人、演员等自由职业者等。灵活就业人员可以自愿参加职工基本养老保险,保险费也由个人全部承担
3	事业单位职工	事业单位有管理类、公益类、经营类等类型,事业单位工作人员实行退休养老制度,费用由国家或者单位负担,个人不缴费,养老金标准以个人工资为基数,按照工龄长短计发。目前,事业单位工作人员养老保险制度改革与事业单位分类改革在山西、浙江、广东、上海、重庆地区正在配套推行,现有承担行政职能的事业单位执行公务员的养老保险制度,从事生产经营的事业单位执行企业职工养老保险制度,公益性事业单位实行单独的事业单位养老保险制度,制度模式与企业职工养老保险一样
4	公务员和参照《公务员法》管理的工作人员	目前,我国公务员和参照《公务员法》管理的工作人员实行退休养老,费用由国家负担,个人不缴费,养老金标准以个人工资为基数,按工龄长短计发

二、基本养老保险的制度模式和筹资方式

本法第十一条对基本养老保险的制度模式和筹资方式作出了规定。

1.基本养老保险的制度模式

基本养老保险的制度模式分为三种,如下表所示:

基本养老保险的制度模式

序号	模式	说明
1	现收现付制	即基本养老保险费由雇主和雇员共同承担,保险费收入全部用于当期养老金的支付,以支定收,实现现收现付
2	积累制	即建立完全积累的个人账户,个人缴纳的养老保险费全部进入个人账户,资金用于投资取得收益,个人退休后养老金的多少取决于其个人账户的积累额
3	部分积累制	即现收现付制度和部分积累相结合,在现收现付基础上,建立个人账户,实行部分积累,我国目前采取该模式

2.我国基本养老保险的模式

我国实行社会统筹和个人账户相结合的模式。基本养老保险基金和待遇分为两部分:一部分是用人单位缴纳的基本养老保险费进入基本养老统筹基金,用于支付职工退休时社会统筹部分养老

金，统筹基金用于均衡用人单位的负担，实行现收现付，体现社会互助共济。另一部分是个人缴纳的基本养老保险费进入个人账户，用于负担退休后个人账户养老金的支付，体现个人责任。

3. 基本养老保险的筹资方式

我国基本养老保险基金主要由用人单位和个人缴费组成，此外国家和统筹地区政府也给予一定的补贴。

三、职工基本养老保险缴费基数和缴费比例

本法第十二条对职工基本养老保险缴费基数和缴费比例作出了规定，如下表所示：

职工基本养老保险缴费基数和缴费比例

序号	缴费人	缴费基数	缴费比例
1	用人单位	关于缴费基数，有的地方以企业工资总额为缴费基数，如辽宁、吉林、河南、浙江等多数省、市；有的地方以全部职工缴费工资之和为基数，如北京、天津、深圳等部分省、市	用人单位缴纳基本养老保险费的比例，一般不超过企业工资总额的20%，具体比例由省、自治区、直辖市人民政府确定。用人单位缴纳的社会保险费计入基本养老保险统筹基金，用于当期的基本养老保险待遇支付，实行现收现付
2	职工个人	缴费工资基数为本人上一年度月平均工资。月平均工资超过当地职工平均工资300%以上的部分，不计入个人缴费工资基数；低于当地职工平均工资60%的，按60%计入缴费工资基数	职工个人按照本人缴费工资基数的8%缴费，计入个人账户。职工个人缴纳的养老保险费全部计入个人账户，形成个人账户基金，用于退休后个人账户养老金的发放。目前，个人账户实际上是"空账"运行，每年按照一年期存款利率计算收益
3	灵活就业人员	灵活就业人员参加基本养老保险的缴费基数为当地上年度职工月平均工资	缴费比例为20%，其中8%计入个人账户

四、政府财政对社保基金进行补贴的规定

本法第十三条对政府财政对社保基金进行补贴作出了规定。

1. 视同缴费期间

视同缴费期间是指实行个人缴费制度前，职工在国有企业、事业单位工作的工龄。

2. 视同缴费年限期间基本养老保险费的负担

实行个人缴费制度前，职工的连续工龄可视同缴费。但由于视同缴费期间，作为用人单位的国有企业和事业单位并没有为职工缴纳社会保险费，职工个人也没有缴费，但职工退休时养老保险基金要支付统筹养老金、个人账户养老金，这部分费用属于转制成本应由政府承担。

3. 事业单位社会保险转制成本的负担

目前，事业单位养老保险制度正在改革，按照企业职工养老保险的制度模式建立事业单位养老保险制度，实行社会统筹和个人账户相结合，筹资方式为单位和个人缴费，基本养老金由基础养老金与个人账户养老金组成。原来由财政或者事业单位直接负担的退休职工退休金，变由基本养老保险基金支付，事业单位按照职工工资总额缴费，不足部分由财政兜底。如果做实个人账户，职工视同缴费期间个人账户的资金由财政补贴。

4. 基本养老保险基金出现支付不足时的政府责任

基本养老保险基金主要由用人单位和个人缴费形成，但在基金出现支付不足时，政府要承担兜底责任。

五、个人账户养老金

本法第十四条对个人账户养老金作出了明确的规定。

1.个人账户养老金不得提前支取

个人账户养老金是个人工作期间为退休后养老积蓄的资金,是基本养老保险待遇的重要组成部分,是国家强制提取的,退休前个人不得提前支取。

2.个人账户记账利率

个人账户养老金从缴费到退休后支取长达数十年,通货膨胀的风险无法避免。若个人账户养老金不能实现保值增值,通货膨胀会降低其购买力,造成个人账户资金的贬值。目前个人账户资金按照同期银行定期存款利率计息,但仍低于通货膨胀率,不能实现保值增值。

3.个人账户养老金余额可以继承

个人账户养老金具有强制储蓄性质,属于个人所有,个人死亡的(包括退休前和退休后),个人账户养老金余额可以继承。

六、基本养老金的组成

本法第十五条对基本养老金组成作出了规定,基本养老金由社会统筹养老金和个人账户养老金组成,如下表所示:

基本养老金的组成

序号	组成部分	说明
1	社会统筹养老金	社会统筹养老金是由用人单位缴费和财政补贴等构成的社会统筹基金,根据个人缴费年限、缴费工资、当地职工平均工资等因素确定。社会统筹养老金=(参保人员退休时当地上年度月平均工资+本人指数化月平均缴费工资)÷2×缴费年限×1%
2	个人账户养老金	个人账户养老金月标准为个人账户储存额除以计发月数,计发月数根据职工退休时个人账户金额、城镇人口平均预期寿命和本人退休年龄等因素确定

七、享受基本养老保险待遇条件

本法第十六条对享受基本养老保险待遇条件作出了规定:享受养老保险待遇必须达到法定退休年龄、累计最低缴费满15年,二者缺一不可。

1.法定退休年龄

(1)男职工退休年龄为年满60周岁,女干部为55周岁,女工人为50周岁。(注:根据《全国人民代表大会常务委员会关于实施渐进式延迟法定退休年龄的决定》的规定,自2025年1月1日起,同步启动延迟男、女职工的法定退休年龄,用15年时间,逐步将男职工的法定退休年龄从原60周岁延迟至63周岁,将女职工的法定退休年龄从原50周岁、55周岁分别延迟至55周岁、58周岁。)

(2)从事井下、高空、高温、特别繁重体力劳动或者其他有害身体健康的工作,男年满55周岁、女年满45周岁,连续工龄满10年的。

(3)男年满50周岁,女年满45周岁,连续工龄满10年,经医院证明,并经劳动鉴定委员会确认,完全丧失劳动能力的。

(4)因工致残,经医疗证明,并经劳动鉴定委员会确认,完全丧失劳动能力的。

2.最低缴费年限

缴费满15年是享受基本养老保险待遇的"门槛",但并不代表缴满15年就可以不缴费,只要职工与用人单位建立劳动关系,就应按规定缴费。职工达到法定退休年龄但缴费不足15年的,可以在缴费至满15年(一次性补缴或者继续缴费均可)后享受基本养老保险待遇;也可以采取转入新型农村社会养老保险或者城镇居民社会养老保险的办法,解决其养老保障问题。

八、因病或非因公致残、死亡时应享社保待遇

本法第十七条对于因病或非因公致残、死亡时应享社保待遇作出了明确规定,如下表所示:

因病或非因公致残、死亡时应享社保待遇

序号	情形	应享社保待遇
1	因病或非因工死亡	因病或非因工死亡的,其遗属可以领取丧葬补助金和遗属抚恤金。丧葬补助金和遗属抚恤金也是职工参保享受养老保险待遇的一部分
2	因病或非因工致残	在未达到法定退休年龄时因病或者非因工致残完全丧失劳动能力的,可以领取病残津贴

九、基本养老金调整机制

本法第十八条对基本养老金调整机制进行了规定,因为基本养老保险待遇不仅取决于参保人员的缴费基数和缴费年限,还取决于退休养老期间国家的经济发展水平。基本养老金标准应当随着经济发展逐步提高,让退休人员也能享受经济发展成果。基本养老金调整要参考两大因素:

(1)职工平均工资增长情况。

(2)物价上涨情况。

十、基本养老保险关系转移接续制度

本法第十九条规定了基本养老保险关系转移接续制度。

1.缴费年限累计计算

缴费年限对于参保人员享受权利至关重要,个人跨统筹地区就业的,其基本养老保险关系随本人转移,缴费年限应累计计算。

2.基本养老金分段计算、统一支付

由于各统筹地区收入水平差距较大,缴费基数差距也较大,如果不分段计算,可能导致不公平或者会导致劳动者选择收入较高的地区退休,所以,有必要实行分段计算。

所谓分段计算,是指参保人员以本人各年度缴费工资、缴费年限和待遇取得地对应的各年度在岗职工平均工资计算其基本养老保险金。为方便参保人员领取基本养老金,本法规定了统一支付原则,即无论参保人员在哪里退休,退休地社保经办机构应将各统筹地区的缴费年限和相应的养老保险待遇分段计算出来,将养老金统一支付给参保人员。

另外,2009年12月,人力资源和社会保障部和财政部联合出台了《城镇企业职工基本养老保险关系转移接续暂行办法》(办发〔2009〕66号)规定,参保人员跨省流动就业的,其基本养老保险关系应随同转移,参保人员达到基本养老保险待遇领取条件的,其在各地的参保缴费年限合并计算,个人账户储

存额（含本息）累计计算；未达到待遇领取年龄前，不得终止基本养老保险关系并办理退保手续。

十一、新型农村社会养老保险筹资方式

本法第二十条对新型农村社会养老保险筹资方式作出了规定：

2009年9月，国务院出台了《关于开展新型农村社会养老保险试点的指导意见》，引导农村居民普遍参保。新型农村社会养老保险与原来的农村养老保险最主要的区别就是筹资方式上增加了政府补贴。新型农村社会养老保险的筹资有三种方式，如下图所示：

- **个人缴费**：缴费标准目前设为每年100元、200元、300元、400元、500元5个档次，地方可以根据实际情况增设缴费档次
- **集体补助**：有条件的村集体应当对参保人缴费给予补助，补助标准由村民委员会召开村民会议民主确定，鼓励其他经济组织、社会公益组织、个人为参保人缴费提供资助
- **政府补贴**：政府对符合领取条件的参保人全额支付新农保基础养老金

新型农村社会养老保险的三种筹资方式

十二、新型农村社会养老保险待遇

本法第二十一条对新型农村社会养老保险待遇的组成及领取条件作出了明确的规定：

1.保险待遇的组成

保险待遇由基础养老金和个人账户养老金组成，如下表所示：

新型农村社会养老保险待遇的组成

序号	组成部分	说明
1	基础养老金	目前中央确定的基础养老金标准为每人每月55元，地方政府可以根据实际情况提高基础养老金标准
2	个人账户养老金	（1）个人缴费，集体补助及其他经济组织、社会公益组织、个人对参保人缴费的资助，地方政府对参保人的缴费补贴，全部计入个人账户。 （2）个人账户储存额参考央行一年期存款利率计息。 （3）个人账户养老金的月计发标准为个人账户全部储存额除以139，与现行城镇职工基本养老保险个人账户养老金计发系数相同。 （4）参保人死亡的，个人账户中的资金余额，除政府补贴外，可以依法继承；政府补贴余额用于继续支付其他参保人的养老金

2.养老金待遇领取条件

年满60周岁、未享受城镇职工基本养老保险待遇的农村有户籍的老年人，可以按月领取养老金。

新农保制度实施时，已年满60周岁、未享受城镇职工基本养老保险待遇的，不用缴费，可以按月领取基础养老金，但其符合参保条件的子女应当参保缴费；距领取年龄不足15年的，应按年缴费，也允许补缴，累计缴费不超过15年；距领取年龄超过15年的，应按年缴费，累计缴费不少于15年。

十三、城镇居民社会养老保险

本法第二十二条对城镇居民社会养老保险作出了规定：在制度模式上也是实行个人账户与基础养老金相结合，筹资方式实行个人缴费、集体补助与政府补贴相结合。目前城镇居民社会养老保险还不是一项成熟的社会保险制度，没有全国统一的制度安排。

有关基本医疗保险条款的解读

一、职工基本医疗保险覆盖范围和缴费

本法第二十三条是关于职工基本医疗保险覆盖范围和缴费的规定。

1．覆盖范围

城镇所有用人单位及其职工都要参加基本医疗保险，包括企业、机关、事业单位、社会团体、民办非企业单位及其职工。

2．筹资方式

（1）基本医疗保险费由用人单位和职工双方共同负担，用人单位缴费比例控制在职工工资总额的6%左右，职工缴费比例一般为本人工资收入的2%。

（2）职工个人缴纳的基本医疗保险费，全部计入个人账户；用人单位缴纳的基本医疗保险费分为两部分，一部分用于建立统筹基金，一部分划入个人账户。

3．灵活就业人员参保

无雇工的个体工商户、未在用人单位参加职工基本医疗保险的非全日制从业人员以及其他灵活就业人员根据自愿原则，可以参加职工基本医疗保险，由其个人缴纳基本医疗保险费。

二、国家建立和完善新型农村合作医疗制度

本法第二十四条对国家建立和完善新型农村合作医疗制度作出了规定：

（1）新型农村合作医疗制度是由政府组织、引导、支持，农民自愿参加，个人、集体和政府多方筹资，以大病统筹为主的农民医疗互助共济制度。

（2）农民以家庭为单位自愿参加新型农村合作医疗，按时足额缴纳合作医疗经费。

三、国家建立和完善城镇居民基本医疗保险制度

本法第二十五条对国家建立和完善城镇居民基本医疗保险制度作出了规定：

1．参保范围

城镇中不属于城镇职工基本医疗保险制度覆盖范围的中小学阶段的学生（包括职业高中、中专、技校学生）、少年儿童和其他非从业城镇居民都可自愿参加城镇居民基本医疗保险。

2．筹资方式

城镇居民基本医疗保险实行个人缴费和政府补贴相结合的筹资方式，以个人缴费为主，政府给予适

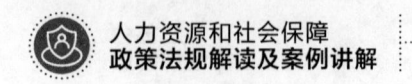

当补贴。对于享受最低生活保障或重度残疾的未成年人等参保所需的个人缴费部分，由政府给予补贴。

四、医疗保险待遇标准

本法第二十六条对医疗保险待遇标准作出了详细的规定，如下表所示：

医疗保险待遇标准

序号	医疗保险类别	待遇标准
1	职工基本医疗保险	（1）职工基本医疗保险的统筹基金和个人账户按照各自的支付范围，分别核算，不得互相挤占。 （2）个人账户，用于支付门诊费用、住院费用中个人自付部分以及在定点药店购物费用。 （3）统筹基金，用于支付住院医疗和部分门诊大病费用。 （4）统筹基金支付有起付标准和最高支付限额，起付标准原则上控制在当地职工年平均工资的10%左右，最高支付限额原则上控制在当地职工年平均工资的4倍左右。起付标准以下的医疗费用，从个人账户中支付或由个人自付；起付标准以上、最高支付限额以下的医疗费用，主要从统筹基金中支付
2	新型农村合作医疗	（1）主要补助参加合作医疗农民的大额医疗费用或者住院医疗费用。 （2）各县（市）根据筹资总额，结合当地实际，科学合理地确定农村合作医疗基金的支付范围、支付标准和额度
3	城镇居民基本医疗保险	（1）城镇居民基本医疗保险只建立统筹基金，不建立个人账户，基金主要用于住院医疗和部分门诊大病费用。 （2）基金支付比例原则上低于职工基本医疗保险，但高于新型农村合作医疗，一般可以达到50%～60%

五、参保职工退休后享受基本医疗保险待遇条件

本法第二十七条对参保职工退休后享受基本医疗保险待遇条件作出了规定：

1.缴费年限

参保职工达到退休年龄时累计缴费达到国家规定年限的，退休后仍可享受基本医疗保险待遇，但无需再继续缴纳基本医疗保险费。

2.补缴费用

参保职工退休时未达到国家规定的缴费年限的，可以缴费至国家规定的年限，补缴费用包括其实际缴费年限与国家规定的最低缴费年限相差的期间内，应当由用人单位和个人缴纳的全部医疗保险费用。

六、基本医疗保险基金支付制度

本法第二十八条就基本医疗保险基金支付制度作出了规定。

1.基本医疗保险药品目录

（1）纳入《药品目录》药品的条件

基本医疗保险用药范围通过制定《基本医疗保险药品目录》进行管理。纳入《药品目录》的药品，应是临床必需、安全有效、价格合理、使用方便、市场能够保证的药品，并具备下列条件之一：

①《中华人民共和国药典》（现行版）收载的药品。

②符合国家药品监督管理部门颁发标准的药品。

③国家药品监督管理部门批准正式进口的药品。

(2) 不能纳入基本医保用药范围的药品

以下药品不能纳入基本医保用药范围：

①主要起营养滋补作用的药品。

②部分可以入药的动物及动物脏器，干（水）果类。

③用中药材和中药饮片泡制的各类酒制剂。

③各类药品中的果味制剂、口服泡腾剂。

④血液制品、蛋白类制品（特殊适应症与急救、抢救除外）。

⑤社会保险行政部门规定基本医疗保险基金不予支付的其他药品。

2. 基本医疗保险诊疗项目

基本医疗保险诊疗项目应符合以下条件：

（1）临床诊疗必须安全有效、费用适宜。

（2）由物价部门制定了收费标准。

（3）定点医疗机构为参保人员提供的定点医疗服务范围内。

基本医疗保险支付部分费用的诊疗项目范围按照国家制定的《基本医疗保险诊疗项目范围》确定。在基本医疗保险支付部分费用诊疗项目目录以内的，先由参保人员按规定比例支付后，再按基本医疗保险的规定支付。

3. 基本医疗服务设施标准

基本医疗保险医疗服务设施是指由定点医疗机构提供的，参保人员在接受诊断、治疗和护理过程中必需的生活服务设施，主要包括住院床位费或门（急）诊留观床位费。基本医疗保险基金不予支付的生活服务项目和服务设施费用，主要包括：

（1）就（转）诊交通费、急救车费。

（2）空调费、电视费、电话费、婴儿保温箱费、食品保温箱费。

（3）陪护费、护工费、洗理费、门诊煎药费。

（4）膳食费。

（5）文娱活动费以及其他特需生活服务费用。

七、基本医疗保险费用结算制度

本法第二十九条对基本医疗保险费用结算制度作出了规定，其内容主要包括直接结算、异地就医结算。

1. 直接结算制度

直接结算是指参保人员医疗费用中应当由基本医疗保险基金支付的部分，由社保经办机构与医疗机构、药品经营单位直接结算。该制度的确立，改变了过去先由参保人支付全部医疗费用，然后再就其中应由医保基金支付的部分，到社保经办机构报销的做法，极大方便了参保人员。

2. 异地就医结算

异地就医，是指参加基本医疗保险的人员在自己所在的统筹地区以外的中国境内的其他地区就医的情况。本条明确要求社会保险行政部门和卫生行政部门应当建立异地就医医疗费用结算制度，方便参保人员享受基本医疗保险待遇。异地就医的原因并不完全一样，其结算办理手续也有不同：

（1）参保人员因当地医疗条件所限需异地转诊的，医疗费用结算按照参保地有关规定执行，参保地负责审核、报销医疗费用。有条件的地区可经地区间协商，订立协议，委托就医地审核。

(2) 参保人员短期出差、学习培训或度假等期间，在异地发生疾病并就地紧急诊治发生的医疗费用，一般由参保地按参保地规定报销。

(3) 异地长期居住的退休人员在居住地就医，常驻异地工作的人员在工作地就医，原则上执行参保地政策，参保地经办机构可采用邮寄报销、在参保人员较集中的地区设立代办点、委托就医地基本医疗保险经办机构代管报销等方式，改进服务，方便参保人员。

(4) 对经国家组织动员支援边疆等地建设，按国家有关规定办理退休手续后，已按户籍管理规定异地安置的参保退休人员，要探索与当地医疗保障体系相衔接的办法。

八、不在基本医疗保险基金支付范围内的医疗费用

本法第三十条对不在基本医疗保险基金支付范围内的医疗费用作出了规定。

1.不纳入基本医疗保险基金支付范围的医疗费用

不纳入基本医疗保险基金支付范围的医疗费用包括以下几个方面，如下表所示：

不在基本医疗保险基金支付范围内的医疗费用

序号	费用范围	说明
1	应当从工伤保险基金中支付的	工伤保险待遇大体可分为四类，即工伤医疗康复待遇、辅助器具配置待遇、伤残待遇和死亡待遇。在工伤医疗康复待遇中，治疗工伤所需的挂号费、医疗康复费、药费、住院费等费用符合工伤保险诊疗项目目录、工伤保险药品目录、工伤保险住院服务标准的，从工伤保险基金中支付，对于该部分费用，基本医疗保险基金不予支付
2	应当由第三人负担的	主要是指由于第三人侵权，导致参保人员的人身受到伤害而产生的医疗费用，前述医疗费用应由侵权人负担，基本医疗保险基金不予支付
3	应当由公共卫生负担的	公共卫生主要由政府提供，主要包括计划免疫、妇幼保健、应急救治、采供血以及传染病、慢性病、地方病的预防控制等。凡是现阶段基本公共卫生服务能向公众免费提供的项目，不作为基本医疗保险基金支付的范围
4	在境外就医的	公民因旅游、探亲、学习培训、从事商务活动等出境，其在境外就医产生的医疗费用，基本医疗保险基金不予支付，可以通过参加所在国的医疗保险或者购买商业保险的方式解决

2.基本医疗保险待遇与第三人侵权责任的衔接

因侵权人不支付参保人员的医疗费，或者因侵权人逃逸等无法确定侵权人是谁的，为了保证受害的参保人员能够获得及时的医疗救治，本法规定由基本医疗保险基金先行支付该参保人员的医疗费用。基本医疗保险基金先行支付后，医保经办机构取得代位追偿权，有权向侵权人追偿医疗费用。所谓的"第三人不支付"，既包括第三人有能力支付而拒不支付，也包括第三人没有能力或者暂时没有能力而不能支付或者不能立即支付的。

九、社保经办机构规范医疗服务行为

本法第三十一条对规范社保经办机构规范医疗服务行为作出了规定。

1.社保经办机构

社保经办机构包括定点医疗机构和定点药店，如下表所示：

社保经办机构的类别

序号	社保经办机构	说明
1	定点医疗机构	定点医疗机构是指经统筹地区社会保险行政部门审查，并经社保经办机构确定的，为基本医疗保险参保人员提供医疗服务的医疗机构。除急诊和急救外，参保人员在非选定的定点医疗机构就医产生的费用，基本医疗保险基金不予支付。参保人员在不同等级的定点医疗机构就医，个人负担医疗费用的比例可有所差别，以鼓励参保人员到基层定点医疗机构就医
2	定点药店	定点零售药店是指经统筹地区社会保险行政部门审查，并经社保经办机构确定的，为基本医疗保险参保人员提供处方外配服务的零售药店

2.服务协议

（1）社保经办机构可以与定点医疗机构、定点药店签订包括服务人群、服务范围、服务内容、服务质量、医疗费用（药费）结算办法、医疗费用支付标准以及医疗费用（药费）审核与控制等内容的协议，明确双方的责任、权利和义务。

（2）协议有效期一般为1年。

十、个人基本医疗保险关系转移接续制度

本法第三十二条规定了个人基本医疗保险关系转移接续制度。

2009年12月人保部、卫生部、财政部联合发布了《流动就业人员基本医疗保障关系转移接续暂行办法》，对城镇基本医疗保险参保人员跨统筹地区流动就业保险关系转移接续的相关问题作了规定，已经参加城镇基本医疗保险的参保人员跨统筹地区就业的，其医疗保险关系随同转移，由新就业地社保经办机构通知原就业地社保经办机构办理转移手续，参保人员不再享受原就业地基本医疗保险待遇，但缴费年限累计计算。

有关工伤保险条款的解读

一、工伤保险参保范围和缴费

本法第三十三条对工伤保险参保范围和缴费作出了规定：

1.参保范围

（1）企业，包括法人企业和非法人企业，是本法的主要调整对象。

（2）有雇工的个体工商户，即雇佣2～7名学徒或者帮工、在市场监督管理部门登记的自然人。

（3）事业单位、社会团体、基金会和民办非企业单位。

由于工伤保险实行雇主责任制，由用人单位单方缴费，个人不缴费，因此未将灵活就业人员纳入工伤保险的覆盖范围。

2.保险费承担主体

工伤保险实行用人单位单方缴费制度，用人单位为本单位职工缴纳工伤保险费，职工不缴纳工伤保险费，职工在受到工伤事故伤害时由工伤保险基金为其支付相应的工伤保险待遇。

二、工伤保险费率

本法第三十四条明确了工伤保险费率如何确定的问题。

1.行业差别费率

由于各行业在产业结构、生产类型、生产技术条件、管理水平等方面存在差异，表现出不同的职业伤害风险，为了体现保险费用公平负担，促使事故多的行业改进生产条件、提高生产技术、搞好安全生产，有必要实行差别费率制度。

按照《关于工伤保险费率问题的通知》，我国国民经济行业分为三类，分别确定不同的费率，平均缴费率原则上控制在职工工资总额的1%左右，如下表所示：

不同行业的基准费率

类别	风险大小及行业举例	基准费率
一类行业	属于风险较小行业，如金融保险、商业、餐饮业、邮电、广播等	0.5%左右
二类行业	中等风险行业，如农林水利、一般制造业	1%
三类行业	风险较大行业，如石油开采加工、矿山开采加工等	2%

2.行业内部浮动费率

在三类行业中：一类行业不浮动。二类和三类行业的用人单位可实行浮动费率，参考因素是用人单位工伤保险费使用、工伤发生率、职业病危害程度等因素，1～3年浮动一次。具体浮动办法是，在行业基准费率的基础上，可上下各浮动两档：

（1）上浮第一档为本行业基准费率的120%，第二档为150%。

（2）下浮第一档为本行业基准费率的80%，第二档为50%。

3.用人单位缴费费率的确定

由社保经办机构首先确定用人单位所属行业种类和基准费率，再根据用人单位使用工伤保险基金、工伤发生率的情况确定用人单位内部的浮动费率档次，计算得出用人单位的缴费费率。

工伤发生率是指用人单位在某一段时间内，本单位职工发生工伤事故或者职业病的比例。工伤发生率越高、工伤保险基金使用越多，用人单位缴费就越多。工伤发生率越低、工伤保险基金使用越少，用人单位缴费越少。

三、用人单位缴纳工伤保险费

本法第三十五条是关于用人单位缴纳工伤保险费的规定。用人单位按职工工资总额作为缴费基数，再根据社保机构确定的费率缴纳工伤保险费。

1.缴费基数

用人单位应当以本单位职工工资总额为缴费基数来缴纳工伤保险费。"本单位职工工资总额"，是指用人单位直接支付给本单位全部职工的劳动报酬总额，在这里需要注意以下两点：

（1）支付的对象是全部职工，包括农民工、临时工等建立了劳动关系的各种用工形式、用工期限的所有劳动者。

(2) 工资的构成是劳动报酬总额，包括计时工资、计件工资、奖金、津贴和补贴、加班加点工资以及特殊情况下支付的工资。

2.缴费费率

工伤保险缴费费率按照本法第三十四条的规定来确定。全国各行业工伤保险的费率幅度为0.5%～2.0%，原则上控制在1%左右。

四、职工享受的工伤保险待遇

本法第三十六条对职工享受的工伤保险待遇作出了规定。

1.享受工伤保险待遇的条件

职工享受工伤保险待遇要符合三大条件，如下表所示：

职工享受工伤保险待遇的条件

序号	条件	说明
1	工作原因	因工作原因受到事故伤害，是指职工为履行工作职责、完成工作任务而受到事故伤害，这是最为普遍的工伤情形。工作时间、工作地点和工作原因是工伤认定的三个基本要素，即"三工原则"
2	事故伤害	一般包括安全事故、意外事故以及自然灾害等各种形式的事故。如果职工在因工外出期间发生事故下落不明的情况，很难确定职工已死亡还是暂时失去联系，本着尽量维护职工权益的基本精神，这种情况也应认定为工伤
3	患职业病	职业病是指职工在职业活动中，因接触粉尘、放射性物质和其他有毒、有害物质等因素而引起的职业性疾病。职工经诊断或鉴定确患职业病，并经过工伤认定属于工伤或视同工伤的，可以享受工伤保险待遇

2.享受工伤保险待遇的程序

职工享受工伤保险待遇必须经过工伤认定和劳动能力鉴定。工伤认定和劳动能力鉴定应当简捷、方便，以便工伤职工及时就医，接受治疗，享受相应待遇。

（1）工伤认定。

工伤认定是指社会保险行政部门依据法律的授权，对职工因事故受到伤害或者患职业病的情形是否属于工伤或视同工伤给予定性的行政确认行为，是受到事故伤害或者患职业病的职工享受工伤保险待遇的前提。

工伤认定的结果包括认定为工伤、视同工伤、非工伤和不视同工伤。工伤认定的程序包括申请、受理、审核、调查核实、作出认定等，并有严格的时限规定。

（2）劳动能力鉴定。

职工发生工伤，经治疗伤情相对稳定后存在残疾，影响劳动能力的，应当进行劳动能力鉴定。劳动能力鉴定是职工享受伤残待遇的重要前提。

①工伤职工进行劳动能力鉴定的条件。

——应在经过治疗，伤情处于相对稳定的状态后进行。

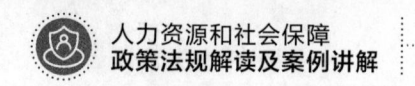

——必须存在残疾，主要表现在身体上的残疾。

——必须对工作、生活产生了直接的影响，伤残程度已经影响到职工本人的劳动能力。

②劳动能力鉴定的内容。

劳动能力鉴定包括劳动功能障碍程度和生活自理障碍程度的等级鉴定。其中，劳动功能障碍分为十个伤残等级；生活自理障碍分为三个等级，分别为生活完全不能自理、生活大部分不能自理和生活部分不能自理。

五、不认定为工伤的情形

本法第三十七条确定了不认定为工伤的情形。不认定为工伤的情形包括四个方面，如下表所述：

职工不认定为工伤的情形

序号	类别	说明
1	故意犯罪	故意犯罪是指明知自己的行为会发生危害社会的结果，并且希望或放任这种结果的发生，因而构成犯罪的情形。职工因故意犯罪遭受事故伤害，仅指因职工本人实施故意犯罪导致的伤害，不包括侵权第三人实施故意犯罪导致职工受到伤害的情形。 在工伤认定的过程中，犯罪职工的主观动机，也就是故意或者过失，对职工受伤性质的定性起着决定性作用。对于故意犯罪，将其排除在工伤保险制度之外，不予认定工伤、支付工伤保险待遇。对于职工究竟是故意犯罪还是过失犯罪，应当依据司法机关的判决来判断，而不是由工伤认定机构或是社会保险行政部门自行判断，否则将有越权定罪的嫌疑。 过失犯罪，即当事人应当预见自己的行为可能发生危害社会的结果，因为疏忽大意而没有预见，或者已经预见但轻信能够避免，以致发生不利后果。职工因自己过失犯罪遭受事故伤害，不应剥夺其基本的社会保险权利，仍应认定为工伤。举重以明轻，对于违反治安管理秩序，尚不构成犯罪的情形，更不应排除在工伤保险制度之外
2	醉酒或者吸毒	（1）醉酒。通过对行为人体内酒精含量的检测，如果发现行为人体内的酒精含量达到或超过一定标准，就应认定为醉酒，由于醉酒导致行为失去控制而引发的各种事故不能作为工伤处理。 （2）吸毒。现行《工伤保险条例》笼统地将"违反治安管理伤亡"的情形排除在工伤认定范围之外，没有特别指出吸毒行为，吸毒行为包含在"违反治安管理"的情形中。由于本法缩小了排除工伤认定的范围，删去了"违反治安管理"的情形，但吸毒仍应排除在工伤认定的范围之外
3	自残或者自杀	自残是指通过各种手段和方法伤害自己的身体，并造成伤害结果的行为，自残的最极端情况就是自杀。自残和自杀均与工作没有必然的因果联系，职工本人对自己的伤亡存在着主观故意，应当对伤亡自行承担后果，不应认定为工伤
4	法律、行政法规规定的其他情形	这是对不认定为工伤情形的兜底性规定，授权法律、行政法规可以对工伤认定的排除作出规定

六、工伤保险基金负担的工伤保险待遇

本法第三十八条就工伤保险基金负担的工伤保险待遇作出了明确的规定，现简述如下表所示：

工伤保险基金负担的工伤保险待遇

序号	大类	细类	说明
1	工伤医疗康复类待遇	治疗工伤的医疗费用和康复费用，包括治疗工伤所需的挂号费、医疗费、药费、住院费等费用和进行康复性治疗的费用	在这里应注意以下事项： （1）职工治疗工伤应当在签订服务协议的医疗机构就医，情况紧急时可以先到就近的医疗机构急救。 （2）治疗工伤的费用应符合工伤保险诊疗项目目录、工伤保险药品目录和工伤保险住院服务标准。 （3）工伤职工治疗非工伤引发的疾病，不享受工伤医疗待遇，按照基本医疗保险的相关规定处理
		住院伙食补助费和异地就医的交通食宿费	（1）职工治疗工伤需要住院的，由工伤保险基金按照规定发给住院伙食补助费。 （2）经医疗机构出具证明，报经办机构同意，工伤职工到统筹地区以外就医的，所需交通、食宿费由工伤保险基金负担
		护理费	（1）生活不能自理的，经劳动能力鉴定委员会确认的，生活护理费由工伤保险基金负担。 （2）生活护理费按照生活完全不能自理、生活大部分不能自理或者生活部分不能自理三个不同等级支付，其标准分别为统筹地区上年度职工月平均工资的50%、40%和30%
		劳动能力鉴定费	劳动能力鉴定是职工配置辅助器具、享受生活护理费、延长停工留薪期、享受伤残待遇等的重要前提和必经程序，因此产生的劳动能力鉴定费也由工伤保险基金负担。《工伤保险条例》没有明确规定劳动能力鉴定费的负担问题，各省规定也不尽相同
2	辅助器具配置待遇		工伤职工因日常生活或就业需要，经劳动能力鉴定委员会确认，可以安装矫形器、义肢、义眼、义齿和配置轮椅等辅助器具，所需费用按照国家规定的标准从工伤保险基金支付
3	伤残待遇	一次性医疗补助金	职工因工致残被鉴定为五级至十级伤残的，该职工与用人单位解除或者终止劳动关系后，由工伤保险基金支付一次性医疗补助金。按照现行《工伤保险条例》的规定，一次性医疗补助金由工伤职工所在用人单位支付，本法将一次性医疗补助金列入工伤保险基金的支付范围，进一步减轻用人单位的负担，增加了工伤保险制度对用人单位的吸引力
		一次性伤残补助金	（1）职工因工致残并经劳动能力鉴定委员会评定伤残等级的，按照伤残等级，从工伤保险基金中向职工支付一次性伤残补助金，其数额为规定月数的本人工资（指工伤职工因工作遭受事故伤害或者患职业病前12个月的平均月缴费工资），并且是一次性支付。 （2）按照最新政策，一次性伤残补助金根据伤残级别不同，分别为7～27个月的本人工资，一级伤残为27个月，二级伤残为25个月，三级伤残为23个月，四级伤残为21个月，五级伤残为18个月，六级伤残为16个月，七级伤残为13个月，八级为11个月，九级伤残为9个月，十级为7个月。前述标准高于《工伤保险条例》的规定，一级至四级伤残的高出3个月，五级、六级伤残的高出2个月，七至十级伤残的高出1个月
		伤残津贴	工伤保险基金需要负担一至四级伤残职工按月领取的伤残津贴，一至四级伤残又称为完全丧失劳动能力，对该类工伤职工，与用人单位保留劳动关系，退出工作岗位，由工伤保险基金按月支付伤残津贴，具体标准为：一级伤残为本人工资的90%，二级伤残为85%，三级伤残为80%，四级伤残为75%。伤残津贴实际数额低于当地最低工资标准的，由工伤保险基金补足差额

续表

序号	大类	细类	说明
4	死亡待遇	丧葬补助金	（1）职工因工死亡的，伤残职工在停工留薪期内因工导致死亡的，一至四级伤残职工在停工留薪期满后死亡的，其近亲属按照规定从工伤保险基金中领取丧葬补助金。丧葬补助金是安葬工亡职工、处理后事的必需费用。 （2）丧葬补助金按6个月的统筹地区上年度职工月平均工资的标准计发，计发对象是工亡职工的近亲属，一般包括：配偶、父母、子女、兄弟姐妹、祖父母、外祖父母、孙子女、外孙子女
		供养亲属抚恤金	（1）按照因工死亡职工生前本人工资的一定比例计发，计发对象是工亡职工生前提供主要生活来源的或无劳动能力的亲属。 （2）具体标准为：配偶每月员工本人工资的40%，其他亲属每人每月30%，孤寡老人或者孤儿每人每月在上述标准的基础上增加10%。核定的各供养亲属的抚恤金之和不应高于工亡职工生前的工资。 （3）该项待遇为长期待遇，一旦供养亲属具备、恢复能力或者死亡的，供养亲属抚恤金即停止发放
		因工死亡补助金	《工伤保险条例》规定，一次性工亡补助金标准为48个月至60个月的统筹地区上年度职工月平均工资。按照最新政策，因工死亡补助金的标准改为按照上一年度全国城镇居民人均可支配收入的20倍计发，发放对象为工亡职工的近亲属，当有数个近亲属时，对于工亡职工生前对其尽了较多照顾义务的近亲属，应当予以照顾

除此之外，还要特别注意以下两点：

（1）关于伤残津贴和养老保险的关系。

工伤职工达到退休年龄并办理退休手续后，符合领取基本养老保险待遇条件的，停发伤残津贴，按照国家有关规定享受基本养老保险待遇。基本养老保险待遇低于伤残津贴的，由工伤保险基金补足差额。关于伤残津贴和医疗保险的关系，职工因工致残被鉴定为一至四级伤残的，由用人单位和职工个人以伤残津贴为基数，继续缴纳基本医疗保险费。

（2）关于几种死亡待遇之间的关系。

关于几种死亡待遇之间的关系需明确以下事项：

①伤残职工在停工留薪期内因工伤导致死亡的，其近亲属仅享受丧葬补助金。

②一级至四级伤残职工在停工留薪期满后死亡的，其近亲属可以享受丧葬补助金、供养亲属抚恤金。

③职工死亡同时符合领取基本养老保险丧葬补助金、工伤保险丧葬补助金和失业保险丧葬补助金条件的，其遗属只能择一领取，不能同时享受。

七、由用人单位负担的工伤保险待遇

本法第三十九条是关于由用人单位负担的工伤保险待遇的规定。

1.工资福利

（1）职工因工作遭受事故伤害或者患职业病需要暂停工作接受工伤医疗的，在停工留薪期内，除享受工伤医疗待遇外，原工资福利待遇不变，由所在用人单位按月支付。

（2）停工留薪期应当根据伤情的具体情况来确定，一般不超过12个月。

（3）停工留薪期的长短，由已签订服务协议的治疗工伤的医疗机构提出意见，经劳动能力鉴定委员会确认。

(4) 伤情严重或者情况特殊需要延长治疗期限的，经设区的市级劳动能力鉴定委员会确认，可以适当延长，但延长不得超过12个月。

(5) 工伤职工评定伤残等级后，停发原有的工资待遇，按照有关规定享受伤残待遇。

2. 伤残津贴

该项工伤保险待遇仅针对五级、六级伤残职工。

(1) 五级、六级伤残，一般称为大部分丧失劳动能力，对于该类工伤职工，应保留其与用人单位的劳动关系，由用人单位安排适当工作。

(2) 难以安排工作的，由用人单位按月发给伤残津贴，具体标准为：五级伤残为本人工资的70%，六级伤残为本人工资的60%，并由用人单位按照规定为其缴纳各项社会保险费。

(3) 伤残津贴实际金额低于当地最低工资标准的，由用人单位补足差额。

3. 一次性伤残就业补助金

(1) 职工因工致残被鉴定为五级、六级伤残的，经工伤职工本人提出，该职工可以与用人单位解除或者终止劳动关系，由用人单位支付一次性伤残就业补助金。

(2) 职工因工致残被鉴定为七至十级伤残的，劳动合同期满终止，或者职工本人提出解除劳动合同的，由用人单位支付一次性伤残就业补助金。

八、伤残津贴和基本养老保险待遇衔接

本法第四十条对伤残津贴和基本养老保险待遇衔接的问题作出了规定。

伤残津贴与养老保险待遇的衔接，是对伤残等级为一至四级的工伤职工和五、六级伤残职工中用人单位难以为其安排工作的工伤职工而言的。从功能区分来说，工伤保险保障的是工伤职工退休前的生活，而养老保险则保障他们退休后的生活。

(1) 工伤职工被鉴定为一至四级伤残后，只需继续缴纳基本医疗保险费，不再缴纳基本养老保险费，故缴费年限一般较短，对于基本养老保险待遇低于伤残津贴的差额部分，由工伤保险基金补足。

(2) 对于五、六级伤残的工伤职工，用人单位应当为其继续缴纳社会保险费，工伤职工继续参加各项社会保险，其中也包括基本养老保险，因此，这部分工伤职工达到退休年龄后理应按照基本养老保险制度的规定，领取基本养老保险待遇，停发伤残津贴。由于该部分工伤职工以伤残津贴为缴费基数缴纳基本养老保险，缴费一般比较少，相应养老保险待遇就较低，若其退休后享受的基本养老保险待遇低于伤残津贴的，则由工伤保险基金补足差额。

九、用人单位未依法缴纳工伤保险费的，其职工发生工伤时如何支付待遇

本法第四十一条就用人单位未依法缴纳工伤保险费的，其职工发生工伤时如何支付待遇的情况作出明确的规定。

1. 用人单位支付工伤保险待遇的责任

职工发生工伤后，若因用人单位未参保导致不能从工伤保险基金中享受工伤保险待遇时，应由用人单位向其支付工伤保险待遇。

2. 工伤保险先行支付制度

工伤保险先行支付制度，是指在工伤事故发生后，用人单位拒不支付或者无力支付未参保职工

的工伤保险待遇时,由工伤保险基金先行支付,再由社保经办机构向用人单位追偿的制度。该制度是本法的亮点之一,最大限度保障了工伤职工的基本权益。

3. 工伤保险待遇的追偿

(1) 社保经办机构责令用人单位限期偿还工伤保险待遇,除需补缴欠缴数额外,自欠缴之日起,按日加收0.5‰的滞纳金。

(2) 逾期仍未偿还的,由有关行政部门处欠缴数额1倍以上3倍以下的罚款。

(3) 社保经办机构可以向银行和其他金融机构查询其存款账户,并可以申请县级以上有关行政部门作出划拨的决定或书面通知其开户银行或者其他金融机构划拨应偿还的工伤保险待遇。用人单位账户余额少于应偿数额的,社保经办机构可以要求该用人单位提供担保,签订延期偿还协议。用人单位不偿还且未提供担保的,社保经办机构可以申请人民法院扣押、查封其价值相当于应偿数额的财产,以拍卖所得抵缴工伤保险待遇。

十、民事侵权责任和工伤保险责任竞合

本法第四十二条对民事侵权责任和工伤保险责任竞合的情况作出了规定。

我国现行法律、行政法规对民事侵权责任和工伤保险责任的关系问题尚未作出明确规定。《最高人民法院关于审理人身损害赔偿案件适用法律若干问题的解释》规定,劳动者因工伤事故遭受人身伤害,向人民法院起诉请求用人单位承担民事赔偿责任的,可告知其按《工伤保险条例》的规定处理。因用人单位以外的第三人侵权造成劳动者人身伤害的,赔偿权利人请求第三人承担民事赔偿责任的,人民法院应予支持。前述规定可以理解为工伤保险待遇和民事侵权赔偿二者可兼得。

但对这一问题各地分歧比较大,本法对此尚未作出明确规定,工伤职工可以分别按照侵权责任法和社会保险法要求侵权赔偿和享受工伤待遇,但是,由于实际发生的医疗费用数额明确,且费用凭据只有一份,因此职工只能享受一份。因此,本法规定由于第三人原因造成工伤的,应当由第三人承担医疗费用,第三人不支付工伤医疗费用或者无法确定第三人的,由工伤保险基金先行支付。工伤保险基金先行支付后,有权向第三人追偿。其中,"第三人不支付"既包括拒不支付,也包括不能支付。

十一、停止享受工伤保险待遇的情形

本法第四十三条规定了停止享受工伤保险待遇的情形,具体包括三种,说明如下表所示:

停止享受工伤保险待遇的三种情形

序号	情形	说明
1	丧失享受待遇条件的	(1) 工伤职工在享受工伤保险待遇期间情况发生变化,不再具备享受工伤保险待遇的条件,如劳动能力得以完全恢复的、生活已能完全自理的、伤残等级有所变化的,即应当停止享受相应的工伤保险待遇。 (2) 工亡职工的亲属,在某些情形下,也会丧失享有关待遇的条件,如享受抚恤金的工亡职工的子女达到一定的年龄或就业的,受供养亲属死亡的,就会导致其丧失享受供养亲属抚恤金的待遇
2	拒不接受劳动能力鉴定的	如果工伤职工无正当理由,拒不接受劳动能力鉴定,一方面工伤保险待遇无法确定,另一方面也表明这些工伤职工并不愿意接受工伤保险制度提供的帮助,鉴于此,就不应再享受工伤保险待遇
3	拒绝治疗的	工伤职工有积极配合医疗救治的义务,若无正当理由拒绝治疗,就有悖于工伤保险促进职业康复的宗旨,拒绝治疗的不得再继续享受工伤保险待遇

有关失业保险条款的解读

一、失业保险参保范围和失业保险费负担

本法第四十四条是对失业保险参保范围和失业保险费负担作出的规定。

1. 失业保险的特点

（1）普遍性。参保单位不分行业、所有制性质，不分城镇职工还是农民工，所有参加失业保险的职工，在解除或终止劳动关系后，只要符合条件都有享受失业保险待遇的权利。

（2）强制性。失业保险是通过国家立法强制实施的，在失业保险制度覆盖范围内的单位及职工有参加失业保险并缴费的义务。

（3）互济性。失业保险基金主要面向社会筹集，由单位、个人共同负担，筹集的失业保险资金，全部并入失业保险基金，在统筹地区内统一调度使用以发挥互济功能。

2. 失业保险的参保范围

《失业保险条例》将城镇所有企业、事业单位及其职工都纳入了失业保险的范围，并且规定各省级人民政府可以确定社会团体及其专职人员、民办非企业单位及其职工、城镇有雇工的个体工商户及其雇工可否纳入失业保险范围。目前，公务员和参照《公务员法》管理的工作人员未纳入失业保险范围。

3. 失业保险费负担

城镇企业、事业单位按照本单位工资总额的2%缴纳失业保险费，职工按照本人工资的1%缴纳失业保险费。失业保险基金由下列各项构成：

（1）城镇企业事业单位及其职工缴纳的失业保险费。

（2）失业保险基金的利息。

（3）财政补贴。

（4）依法纳入失业保险基金的其他资金。

二、失业人员领取失业保险金的条件

本法第四十五条规定了失业人员领取失业保险金的条件。

1. 什么是失业人员

失业人员是指在劳动年龄内（16～60周岁）有劳动能力，目前无工作但正以某种方式在寻找工作的人员，包括就业转失业的人员和新生劳动力中未实现就业的人员。本法所指失业人员只限定为就业转失业的人员。

2. 失业保险基金

失业保险基金是国家通过立法建立的支付失业保险待遇的资金，主要用于保障失业人员基本生活的支出，包括：

（1）支付失业保险金。

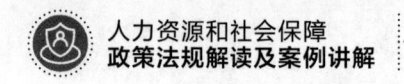

(2) 支付领取失业保险金期间的医疗补助金。
(3) 支付领取失业保险金期间死亡的失业人员的丧葬补助金和其供养的配偶、直系亲属的抚恤金等。

3. 失业保险金的领取条件

失业保险金是失业保险经办机构支付给失业人员，用以保障其基本生活的，从失业保险基金中提取的资金，是最主要的失业保险待遇。领取失业保险金必须具备以下条件：

(1) 失业前用人单位和本人已经按照规定缴纳失业保险费满1年的。

(2) 非因本人意愿中断就业，一般是指终止劳动合同的，被用人单位解除劳动合同的，被用人单位开除、除名和辞退的，以及因用人单位用工不当而依法与用人单位解除劳动合同的。

(3) 已进行失业登记，并有求职要求。失业登记是失业人员进入申领失业保险待遇程序的重要标志。失业人员享受失业保险待遇，还须有求职要求。在认定失业人员是否有求职要求时，一般以其是否在职业介绍机构登记求职，并参加再就业活动为衡量的标准。

4. 失业保险金的发放

失业保险金由社保经办机构按月发放，失业人员凭社保经办机构开具的单证到指定银行领取失业保险金。

三、领取失业保险金的期限

本法第四十六条规定了领取失业保险金的期限。

1. 领取期限

根据失业人员失业前用人单位和本人累计缴费期限，本条规定了三档领取失业保险金的期限，分别为12个月、18个月和24个月。这三档期限为最长期限，并非实际领取期限，实际期限根据失业人员的重新就业情况确定，可以少于或等于最长期限。

2. 累计缴费期限

累计计算缴费期限有利于促进劳动力的合理流动，促进用人单位和职工参加失业保险的积极性。

3. 再次失业情况下失业保险金的领取

职工失业后，按照规定领取失业保险金，在此期间，职工如果重新就业，则应停止领取失业保险金，并重新开始缴纳失业保险费，重新计算缴费时间。这样，失业人员实际领取失业保险金的期限有可能会少于可以领取的最长期限，即会存在一个剩余期限。如果职工重新就业后又再次失业，可以根据重新计算的缴费时间来领取失业保险金。

另外，如果再次失业人员还有前次失业期间剩余的领取失业保险金期限，则可根据本条规定，将再次失业后领取失业保险金的期限与前次应当领取而未领取的失业保险金期限合并计算，但合并后的期限最长也不能超过24个月。

四、失业保险金的标准

本法第四十七条规定了失业保险金的标准。

1. 确定失业保险金标准的原则

(1) 保障失业人员基本生活。
(2) 低于失业人员原来工资水平。

(3) 权利义务相统一。不同参保人员所缴纳的失业保险费是不同的，所以，失业保险金的标准也有一定的差别。

2. 失业保险金的标准由省级政府确定

目前，各省级人民政府大多采用以当地最低工资标准的百分比来确定失业保险金的具体数额。

3. 失业保险金不得低于城市居民最低生活保障标准

失业保险金的标准应低于当地最低工资标准，高于城市居民最低生活保障标准的水平。

五、失业人员享受基本医疗保险的待遇

本法第四十八条规定了失业人员享受基本医疗保险的待遇。

1. 失业人员享受基本医疗保险待遇

失业人员在领取失业保险金期间可以申领医疗补助金，但都不足以保障大病、重病。职工在就业期间，用人单位和本人已经缴纳了医疗保险费，因暂时失业就无法享受基本医疗保险待遇，不尽合理。本法对现行做法作了改变，将申领医疗补助金改为享受基本医疗保险待遇，这是本法的又一大亮点。

2. 失业人员的基本医疗保险由失业保险基金负担

失业人员的基本医疗保险费由失业保险基金支付，失业人员无须缴纳基本医疗保险费。失业保险基金所支付的基本医疗保险费包括个人应当缴纳的部分和用人单位应当缴纳的部分，统筹地区可以对缴费标准等作出具体规定。

六、失业人员在领取失业保险金期间死亡的失业保险待遇和待遇竞合处理

本法第四十九条对失业人员在领取失业保险金期间死亡的失业保险待遇和待遇竞合处理作出了规定。

1. 失业保险丧葬补助金和抚恤金

失业保险丧葬补助金是指失业人员在领取失业保险金期间死亡的，由失业保险基金支付给其遗属一定数额的，用以安排丧葬事宜的资金。抚恤金是指失业人员在领取失业保险金期间死亡的，由失业保险基金发给其亲属的费用。失业人员在领取失业保险金期间死亡的，按照当地对在职职工死亡的待遇规定，对其家属一次性发放丧葬补助金和抚恤金。

2. 丧葬补助金竞合

除失业保险规定了丧葬补助金外，基本养老保险、工伤保险也规定了丧葬补助金，如果死亡失业人员的遗属同时符合领取多个险种的丧葬补助金的条件时，只能自主选择一项保险基金的丧葬补助金。

七、领取失业保险金的程序

本法第五十条规定了领取失业保险金的程序。

1. 用人单位出具证明

《劳动合同法》第五十条规定，用人单位应当在解除或者终止劳动合同时出具解除或者终止劳动合同的证明，并在15日内为劳动者办理档案和社保关系转移手续。

2.失业人员办理失业登记

办理失业登记是领取失业保险金的重要条件,失业登记的主要内容有失业人员的个人情况,原就业情况,失业时间、原因等。办理失业登记后,失业人员可以享受以下待遇:

(1) 接受公共职业介绍机构提供的免费职业介绍、职业指导服务。

(2) 参加适应市场需求的职业培训并按规定减免培训费用。

(3) 按规定享受各项就业扶持政策。

(4) 符合失业保险金申领条件的,按规定申领失业保险金和其他的失业保险待遇。

3.办理领取失业保险金的手续

(1) 失业人员申领失业保险金应填写失业保险金申领表,并出示以下证明材料:

①本人身份证明。

②所在单位出具的终止或解除劳动合同证明。

③失业登记及求职证明。

④经办机构规定的其他材料。

(2) 经办机构受理失业人员领取失业保险金申请之后,应当及时对申领者的资格进行审核认定。

①对审核符合条件的,按规定计算申领者领取失业保险金的数额和期限,在失业保险金申领表上填写审核意见和核定金额,并建立失业保险金领取台账,同时将审核结果告知失业人员,发给领取失业保险待遇证件。

②对经审核不符合条件的,也应告知失业人员,并说明原因。

(3) 失业保险金按月发放,可以由经办机构开具单证,失业人员凭单证到指定银行领取。

八、停止领取失业保险待遇的情形

本法第五十一条规定了停止领取失业保险待遇的五种情形,简述如下表所示:

停止领取失业保险待遇的情形

序号	情形种类	情形描述
1	重新就业	重新就业后,失业人员的身份便转变为从业人员,不再属于失业保险的保障范围,不能再继续享受失业保险待遇
2	应征服兵役	失业人员在享受失业保险待遇期间,符合条件的,可以应征服兵役,根据有关军事法律、法规、条令享受服役和生活保障,应停止享受失业保险待遇
3	移居境外	失业人员移居境外,表明其在国内没有就业意愿,不符合领取失业保险待遇条件,而且其在国外是否就业不好证明,故应停止享受失业保险待遇
4	享受基本养老保险待遇	失业人员失业前参加基本养老保险并按规定缴费的,在其享受失业保险待遇期间,基本养老保险关系暂时中断,其缴费年限和个人账户可以存续,待重新就业后,应当接续基本养老保险关系。失业人员达到退休年龄时缴费满15年可以从享受失业保险直接过渡到享受基本养老保险,按其缴费年限享受养老保险待遇,应停止享受失业保险待遇
5	无正当理由,拒不接受当地人民政府指定部门或者机构介绍的适当工作或者提供的培训	失业人员在失业期间,应主动接受政府和社会提供的就业岗位和培训,实现尽快再就业。对无正当理由,拒不接受政府和社会提供的就业岗位和培训的,应停止其享受失业保险待遇。一般来讲,无正当理由拒绝介绍的工作应与失业人员的年龄、身体状况、受教育程度、工作经历、工作能力以及求职意愿基本相符的工作

与《失业保险条例》相比，本条不再规定"被判刑收监执行或者被劳动教养"的失业人员停止享受失业保险待遇，此为本法的一大亮点。

九、失业保险关系转移接续

本法第五十二条规定了如何进行失业保险关系转移接续。

1. 失业保险基金的统筹层次

失业保险基金的统筹层次是指失业保险基金在一定的行政区域内实行统一筹集、管理和使用的制度。目前，失业保险基金的统筹层次为直辖市和地市级。

2. 失业保险关系的转移接续

2002年，原劳动和社会保障部办公厅发布的《关于单位成建制跨统筹地区转移和职工在职期间跨统筹地区转换工作单位时失业保险关系转迁有关问题的通知》规定：

（1）城镇企业事业单位成建制跨统筹地区转移或职工在职期间跨统筹地区转换工作单位的，失业保险关系应随之转移。其中，跨省、自治区、直辖市的，其在转出前单位和职工个人缴纳的失业保险费不转移；在省、自治区内跨统筹地区的，是否转移失业保险费由省劳动保障行政部门确定。

（2）转出地失业保险经办机构应为转出单位或职工开具失业保险关系转移证明。

（3）转出单位或职工应在开具证明后60日内到转入地经办机构办理失业保险关系接续手续，并自在转出地停止缴纳失业保险费的当月起，按转入地经办机构核定的缴费基数缴纳失业保险费。

（4）转出前后的缴费时间合并计算。转入地经办机构应及时办理有关手续，并提供相应服务。

有关生育保险条款的解读

一、生育保险的参保范围和缴费

本法第五十三条规定了生育保险的参保范围和缴费的费率。

1. 生育保险的覆盖范围

目前，我国生育保险实行两种制度并存：

（1）2012年实行的《女职工劳动保护特别规定》，覆盖范围包括国家机关、企业、事业单位、社会团体、个体经济组织以及其他社会组织等用人单位及其女职工。

（2）生育保险社会统筹制度，其法律依据是《企业职工生育保险试行办法》，覆盖范围包括城镇企业及其职工，参加生育保险社会统筹的用人单位，应向当地社保经办机构缴纳生育保险费，职工个人不缴费。实践中，全国有15个省、自治区、直辖市规定将机关、事业单位、社会团体、民办非企业、个体工商户等单位纳入了生育保险的覆盖范围。

2. 生育保险费的缴纳

生育保险根据"以支定收，收支基本平衡"的原则筹集资金，由企业按照其工资总额的一定比例向社保经办机构缴纳生育保险费，建立生育保险基金。

（1）生育保险费的提取比例由当地政府根据计划内生育人数和生育津贴、生育医疗等项费用确定，并可根据费用支出情况适时调整，但最高不得超过工资总额的1%。

(2) 企业缴纳的生育保险费作为期间费用处理，列入企业管理费用。

二、生育保险的待遇

本法第五十四条就生育保险待遇方面的问题作出了规定。

1.享受生育保险待遇的范围

享受生育保险待遇的范围包括参保的职工以及参保职工的未就业配偶。

2.生育保险待遇的内容

生育保险待遇包括两个方面，如下表所示：

生育保险待遇的内容

序号	待遇类别	待遇的内容
1	生育医疗费用	包括女职工因怀孕、生育发生的检查费、接生费、手术费、住院费、药费和计划生育手术费
2	生育津贴	是指根据国家法律、法规规定对职业妇女因生育而离开工作岗位期间，给予的生活费用。在实行生育保险社会统筹的地区，由生育保险基金按本单位上年度职工月平均工资的标准支付，支付期限一般与产假期限相一致，不少于90天

三、生育医疗费项目

本法第五十五条就生育医疗费用项目作出了具体的规定。

1.生育医疗费的特点

(1) 生育保险待遇从生育之前的孕期即开始支付，事先保障和事后保障相结合。

(2) 医疗服务范围的确定性。生育保险的检查项目、治疗手段大都是基础性服务项目，医疗服务项目相对比较固定、费用也比较低廉。

(3) 生育保险医疗服务保障水平高于医疗保险，没有规定起付线和封顶线，门诊产前检查、住院分娩或者出现高危情况下的医疗费用均可由生育保险基金支付。

2.生育医疗费的项目

生育医疗费的项目包括下表所示的几个方面：

生育医疗费的项目

序号	项目类别	说明
1	生育的医疗费用	(1)女职工在妊娠期、分娩期、产褥期内，因生育所发生的检查费、接生费、手术费、住院费、药费等医疗费用，以及生育出院后因生育引起疾病的医疗费，均由生育保险基金支付。 (2)在生育期间超出规定的医疗服务费和药费(含自费药品和营养药品的药费)由职工个人负担
2	计划生育的医疗费用	这是指职工因实行计划生育需要，实施放置(取出)宫内节育器、流产术、引产术、绝育及复通手术所发生的医疗费用。对于职工在基本医疗保险定点医疗机构和经计划生育行政管理部门、劳动保障部门认可的计划生育服务机构实施计划生育手术的，其费用可以由相应的生育保险基金支付
3	其他	法律、法规规定的其他项目费用，此系兜底条款

四、享受生育津贴的情形

本法第五十六条规定了享受生育津贴的情形，包括生育津贴、产假津贴、计划生育手术休息津贴、其他津贴等方面，如下表所示：

享受生育津贴的情形

序号	津贴类别	说明
1	生育津贴	生育津贴是指国家法律法规规定对职业妇女因生育而离开工作岗位期间，给予的生活费用，用以保障女职工产假期间的基本生活需要。目前，我国生育津贴的支付方式和支付标准分两种情况： （1）在实行生育保险社会统筹的地区，由生育保险基金按本单位上年度职工月平均工资的标准支付，支付期限一般与产假期限相一致，期限不少于90天。 （2）在没有开展生育保险社会统筹的地区，生育津贴由本单位支付，标准为女职工生育之前的基本工资，期限一般不少于90天。本条规定生育津贴按照本企业上年度职工月平均工资计发
2	产假津贴	根据《女职工劳动保护特别规定》的规定： （1）女职工生育享受98天产假，其中产前可以休假15天；难产的，增加产假15天；生育多胞胎的，每多生育1个婴儿，增加产假15天。 （2）女职工怀孕未满4个月流产的，享受15天产假；怀孕满4个月流产的，享受42天产假
3	计划生育手术休假津贴	公民实行计划生育手术享受国家规定的休假，按照卫生部、国家计划生育委员会《关于转发〈节育手术常规〉的通知》和《劳动部关于女职工生育待遇若干问题的通知》的有关规定执行
4	其他津贴	比如有的地区规定女职工在生育后，给予男职工一定假期，以照顾生育后的妻子，假期工资照发

有关社会保险费征缴条款的解读

一、用人单位社会保险登记

本法第五十七条是关于用人单位社会保险登记的规定。

1.成立登记

（1）用人单位一经成立即应自成立之日起30日内凭营业执照（针对公司、非公司企业法人、个人独资企业、合伙企业和个体工商户等营利性组织）、登记证书（针对事业单位、社会团体、民办非企业单位等非营利组织）或者单位印章（针对党政机关、人民团体等依法不属于登记范围内的组织），向当地社保经办机构申请办理社会保险登记。

（2）社保经办机构应当自收到申请之日起15日内予以审核，符合要求的，予以登记，发给社保登记证件。社会保险登记事项主要包括：单位名称、住所或地址、单位类型、组织机构代码、法定代表人或者负责人、开户银行账号等与社会保险有关的事项。

2.变更登记

（1）用人单位的社会保险登记事项发生变更，应当自变更之日起30日内持社会保险登记证件到原先办理登记的社保经办机构办理变更登记。

（2）社保变更登记的内容涉及社会保险登记证件的内容，需更换社保登记证件的，社保经办

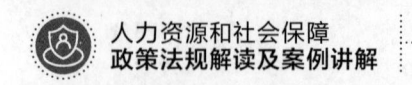

机构应当收回原登记证件，并按变更后的内容，重新核发社保登记证件。

3.注销登记

（1）用人单位发生解散、破产、撤销、合并以及其他情形依法终止时，应及时向原先办理登记的社保经办机构申请办理注销社保登记。

（2）办理注销登记时，应提交注销登记申请、法律文书或其他有关注销文件。

（3）在办理注销登记前，用人单位应当结清应缴纳的社会保险费、滞纳金、罚款。

4.相关部门的协助义务

（1）按照职责分工，市场监督管理部门、民政部门、机构编制管理机关分别掌握着企业、个体工商户等营利性组织，社会团体、民办非企业单位等非营利组织，党政机关、事业单位、人民团体等纳入编制管理的机构的成立、终止情况，前述单位应当及时向社保经办机构通报这些情况，可以防止用人单位不依法办理社保登记从而逃避社会保险费缴纳义务。

（2）公安机关负责户籍管理，掌握公民个人的出生、死亡以及户口登记、迁移、注销等情况，这些情况有助于社保经办机构在办理社保登记、征缴社会保险费、支付社保待遇等业务时核实有关个人信息，避免出现差错。

（3）有关部门切实履行通报义务，可以打破部门间的信息樊篱。

5.与之相关的一些法律规定

与用人单位社会保险登记相关的法律法规还有国务院《社会保险费征缴暂行条例》、原劳动部《社会保险登记管理暂行办法》。

二、个人社会保险登记

本法第五十八条对个人社会保险登记作出了规定。

1.职工由用人单位代为办理个人社会保险登记

用人单位应自用工之日起30日内为其职工向社保经办机构申请办理社会保险登记。用人单位未办理社保登记的，由社保经办机构核定其应当缴纳的社会保险费，这是本法的新规定，对此，《社会保险费征缴暂行条例》只规定了罚款。实践中，社保经办机构可以通过查阅用人单位职工名册、工资表等资料，获取该用人单位有关职工人数、工资总额等数据，核定其应当缴纳的社会保险费。

2.灵活就业人员自行办理个人社会保险登记

自愿参加社会保险的无雇工的个体工商户、未在用人单位参加社会保险的非全日制从业人员以及其他灵活就业人员，应当自行办理社会保险登记。

3.个人社会保障号

个人社会保障号即公民身份号码，亦即身份证号码，由18位数字组成，前6位为行政区域代码，第7位至第14位为出生日期码，第15位至第17位为顺序码，第18位为校验码。

三、社会保险费征收

本法第五十九条就社会保险费征收作出了规定。

《社会保险费征缴暂行条例》第六条规定，社会保险费实行集中、统一征收。社会保险费的征收机构由省、自治区、直辖市人民政府规定，可以由税务机关征收，也可以由社会保险经办机构征收。所谓统一征收是指在一个统筹地区内，由一个机构负责全部五项社会保险费的征收。

四、各参保主体如何缴纳社会保险费

本法第六十条解决了各参保主体如何缴纳社会保险费的问题。

1.用人单位缴费

（1）在每月规定日期前缴纳。

用人单位应当根据职工人数和缴费工资基数增减变化等情况，在每月规定日期前，向社会保险费征收机构报送社会保险费申报表、代扣代缴明细表以及其他有关资料。在完成自行申报后，用人单位应当按申报的数额按时足额缴纳社会保险费。

（2）社会保险费非因不可抗力等法定事由不得缓缴、减免。

所谓不可抗力是指自然灾害、战争、经济危机等用人单位不能避免和控制的造成用人单位无法按时足额缴纳社会保险费的客观因素。如果用人单位因为经营不善、管理混乱等自身原因导致无法按时足额缴纳社会保险费的，不得缓缴、减免。

2.职工缴费

职工个人应当缴纳的社会保险费由用人单位代扣代缴，用人单位应当按月将缴纳社会保险费的明细情况告知职工本人。代扣代缴是用人单位的法定义务，用人单位不得拒绝代扣代缴，也不得转由职工自行缴纳。同样，缴纳社会保险费也是职工的法定义务，职工不得拒绝用人单位依法代扣代缴社会保险费。

3.灵活就业人员缴费

灵活就业人员，可以直接向社会保险费征收机构缴纳社会保险费。灵活就业人员缴纳社会保险费应当按照国家规定的标准，根据自己的收入水平，量力而行，同样须具备连续性、长期性。

五、社会保险费征收机构义务

本法第六十一条规定了社会保险费征收机构的四大义务，如下表所述：

社会保险费征收机构的四大义务

序号	义务	说明
1	依法征收义务	征收机构的所有征收行为必须有法律、法规依据，并且按照法律、法规规定的原则、标准和程序进行，不得超越职权、多征、少征或者违反法定程序征收
2	按时征收义务	社会保险费的征收既不能提前，也不能拖延，而应在规定的时间内及时征收
3	足额征收义务	社会保险费的征收既不能超过应缴数额，也不能少于应缴数额，而应严格按照依法确定的应缴数额征收
4	告知义务	征收机构应当按照规定定期将缴费情况以书面形式告知用人单位和个人，不得拖延或者隐瞒情况。缴费单位和个人也有权按照规定查询缴费记录；社保经办机构征收社会保险费的，应当至少每年向缴费个人发送一次个人账户通知单，至少每半年向社会公告一次社会保险费征收情况，接受社会监督

六、用人单位未依法申报时社会保险费缴纳数额如何确定

本法第六十二条解决了用人单位未依法申报时社会保险费缴纳数额如何确定的问题。

（1）用人单位未按规定申报应当缴纳的社会保险费数额的，按照该单位上月缴费额的110%确定应缴数额。这一数额是在参照用人单位上月缴费额的基础上，适当考虑到社会保险费的增长确定的，是一个推定数额，可能高于用人单位实际应当缴纳的社会保险费数额，也可能低于实际应缴数额。按照《社会保险费征缴暂行条例》，没有上月缴费数额的，可暂按该单位的经营状况、职工人数等有关情况确定应缴数额。

（2）用人单位未按规定申报应缴数额的，社会保险费征收机构还应责令用人单位在指定期限补办申报手续。

（3）用人单位补办申报手续后，由社会保险费征收机构按照规定结算。

七、用人单位未按时足额缴纳社会保险费如何处理

本法第六十三条就用人单位未按时足额缴纳社会保险费如何处理作出了规定，通常处理办法包括五个方面，如下表所示：

用人单位未按时足额缴纳社会保险费的处理规定

序号	处理规定	说明
1	责令限期缴纳或者补足	用人单位未按时足额缴纳社会保险费的，社会保险费征收机构首先应当责令其限期缴纳或者补足。由用人单位自己改正违法行为，履行法定义务，是社会成本最小的处理方式。征收机构不能随意省略这一程序，剥夺用人单位自己改正的机会
2	查询存款账户	社会保险费征收机构责令用人单位限期缴纳或者补足，用人单位逾期仍未缴纳或者补足社会保险费的，征收机构可以向银行和其他金融机构查询用人单位的存款账户。对于社会保险费征收机构依法进行的查询，银行和其他金融机构应当予以配合，及时提供用人单位存款账户信息，不得拒绝、拖延
3	申请有关部门划拨社会保险费	经查询，用人单位在银行和其他金融机构的存款账户有余额的，社会保险费征收机构可以申请县级以上有关行政部门作出划拨社会保险费的决定，书面通知其开户银行或者其他金融机构划拨社会保险费。目前，只有税务机关、海关等有权采取划拨的强制执行方式。行使划拨权必须依法进行，首先由征收机构向县级以上有关行政部门提出申请，县级以上行政部门经审查认为符合条件的，作出划拨社会保险费的决定，并书面通知其开户银行或者其他金融机构划拨社会保险费
4	要求用人单位提供担保	经查询，用人单位在银行或其他金融机构的存款账户余额少于应缴社会保险费的，社会保险费征收机构可以就该账户余额申请县级以上有关行政部门作出划拨社会保险费的决定，并书面通知其开户银行或者其他金融机构划拨社会保险费。对剩余的社会保险费，征收机构可以要求该用人单位提供担保，签订延期缴费协议。用人单位在延期缴费协议规定的期限内未履行缴纳社会保险费义务的，征收机构可以根据延期缴费协议的规定，对用人单位用于担保的财产依法进行处置，以处置所得抵缴社会保险费
5	申请人民法院扣押、查封、拍卖	用人单位未足额缴纳社会保险费且未提供担保的，社会保险费征收机构可以申请人民法院启动强制执行程序。人民法院经审查认为符合条件的，可以作出扣押、查封决定，将用人单位相当于应缴社会保险费的财产予以扣押、查封，并可以将扣押、查封的财产依法进行拍卖，以拍卖所得抵缴社会保险费

有关社会保险基金条款的解读

一、社会保险基金类别、管理原则和统筹层次

本法第六十四条对社会保险基金类别、管理原则和统筹层次作出了明确的规定。

1.社会保险基金的类别

按照一个社会保险险种设立一个独立基金的原则，分别有基本养老保险基金、基本医疗保险基金、工伤保险基金、失业保险基金和生育保险基金。

2.社保基金的财务规则

社保基金的财务规则体现在三个方面，如下图所示：

分别建账、分账核算	各项社会保险在保险目的、覆盖人群、筹资模式、运行模式、支付项目等方面不尽相同，除基本医疗保险基金与生育保险基金合并建账及核算外，应彼此保持相对独立性，分别建立账户，分别设置会计科目和编制会计报表，原则上不允许各社保基金之间调剂使用。
执行统一的会计制度	社保基金关系到巨额资金，必须规范财务行为，执行统一的会计制度，规范基金收支行为，才能使社保基金的运行情况让人一目了然，更好地接受监督和检查，也能切实加强对社保基金的管理，维护参保人的合法权益。
专款专用	社保经办机构、社保行政主管部门乃至各级人民政府及其工作人员，都不得违反社保基金专款专用的基本原则。社保基金主要用于社会保险待遇支出，除了有关国家规定的支持项目外，一律不得支出。除了依照法律法规规定作一定的投资运行外，不得挪作他用，更不得侵占。

社保基金的三大财务规则

3.社保基金的统筹层次

社保基金的统筹层次越高，基金的规模和调剂使用的范围就越大。社保基金统筹层次低是我国社保制度存在的突出问题之一。目前，除基本养老保险基金多数地方做到省级统筹外，其他四项社保基金的统筹层次很多还处于县市一级，全国共有一万多个相对独立的社保基金，背离了社会共济的社保基本原则。

提高统筹层次，可以整合机构，发挥整体优势，降低运行成本。但提高统筹层次不是要实行一个待遇标准，在一个省内经济发展水平不同地区之间的待遇标准可以有所差异。提高社保基金的统筹层次存在客观障碍，最大的障碍来自财政分灶吃饭问题，一旦提高统筹层次，必然会上收基金收入，形成"富帮穷"，导致一些基金结余较多的地方会有抵触情绪。

二、社保基金收支平衡和政府补贴责任

本法第六十五条是关于社保基金收支平衡和政府补贴责任的规定。

1. 收支平衡

社保基金收入主要有：社会保险费缴纳、国家财政补助和基金收益。支出主要是社会保险待遇支出。社保经办机构的运行成本、管理成本由财政负担，不属于基金支出项目。为保证收支平衡目标的实现，应当通过预算手段，事先作出征缴计划、财政补助及其他资金来源计划，同时作出社会保险待遇支出计划及其他法定支出计划，使收支情况一目了然。

（1）收支平衡是指每项社保基金的收支平衡，进而实现整个社保基金的收支平衡。

（2）收支平衡主要是对实行现收现付制的社保基金提出的。我国职工基本医疗保险、工伤保险、失业保险和生育保险都实行现收现付制，当期收入用于当期支出，收支平衡是其应有之义。职工基本养老保险实行部分积累制，统筹部分实行现收现付，需要做到收支平衡，而个人账户部分实行积累制度，不用于当期支付，而是储蓄式积累，待参保人达到退休年龄后按月发放给参保人本人，个人账户的收支并非同步发生的，而是参保人年轻时缴费与年老时享受待遇之间的收支平衡。

2. 政府补贴

社会保险制度是国家建立并强制缴费的制度，应当由国家信用来担保社会保险制度的正常运行，社会保险基金一旦发生支付不足，出现支付缺口时，应当由财政予以补贴。财政兜底责任，应当主要由统筹地区政府财政承担。

三、社保基金按照统筹层次设立预算

本法第六十六条是关于社保基金按照统筹层次设立预算的规定。

1. 设立预算的意义

国家预算是关于政府收支的基本计划，国家预算的编制和确定需依照法定程序进行，具有强制性特点，一经有关机关批准，必须执行，非经法定程序，不得改变。将社保基金纳入国家预算管理体系，通过对社保基金筹集和使用实行预算管理，有利于加强对社保基金的管理和监督，有利于保证社保基金的安全，有利于提高社保基金的运行效益，有利于促进社会保险制度的可持续发展。

2. 按统筹地区编制预算

我国国家预算实行一级政府一级预算体制，分别设立中央、省、市、县、乡五级预算。由于各项社保基金的统筹层次不一，在不同行政区域内形成大大小小的基金，有的是县统筹，有的是地市统筹，有的是省内统筹，所以，社保基金的预算与财政预算层级不是一一对应的，而是由统筹地区设立社保基金预算，在预算中明确统筹地区内各级政府的责任。社保基金预算由统筹地区设立，体现了事权与财权的统一。

3. 按社会保险项目分别编制预算

各项社保基金按险种规范收支内容、标准和范围，分别编制预算。

（1）预算项目。

社保基金预算包括职工基本养老保险、职工基本医疗保险、工伤保险、失业保险、生育保险等，除基本医疗保险基金与生育保险基金预算合并编制外，并分别有相应的基金收入预算和基金支出预算项目。

(2) 编制预算应当考虑的因素。

编制预算应当考虑的因素，分收入预算和支出预算两个方面，不同方面要考虑的因素如下表所示：

编制预算应当考虑的因素

序号	预算类别	应当考虑的因素
1	收入预算	统筹地区上年度基金预算执行情况、本年度经济社会发展水平预测以及社会保险工作计划等因素，包括社会保险参保人数、缴费人数、缴费工资基数等
2	支出预算	统筹地区本年度享受社保待遇人数变动、近期社会发展状况、社会保险政策调整、社会保险待遇标准变动等

四、社保基金预算制定程序

本法第六十七条确定了社保基金预算的制定程序。在预算中，主要涉及预算草案和决算草案的编制、审核、批准等环节及相应权限，如下表所示：

社保基金预算的制定环节及相应权限

序号	环节	相应权限
1	编制	根据预算法的规定，预算草案是指未经法定程序审查和批准的政府年度收支计划，编制由具体实施收支计划的部门承担，主要是根据本部门或者本机构的实际情况，拟订本部门或者本机构的年度收支计划
2	审核	预算草案审核由本级政府财政部门承担，主要是依法对各部门预算初步草案进行审查和汇总，统一编制出本级政府的预算草案
3	批准	预算草案的批准主要由各级人大负责，使预算草案成为正式预算。决算草案是对本年度预算收支情况的最终反映，一般由财政部门负责编制本级政府决算草案，经本级人民政府审核后，报同级人大批准

依据国务院《关于试行社会保险基金预算的意见》的规定：

（1）统筹地区的社保基金预算草案由社保经办机构编制，在税务机关征收社会保险费的地区，由社保经办机构与税务机关编制。

（2）本级政府人力资源和社会保障部门作为主管部门，对各险种预算草案进行审核汇总，由财政部门负责审核。

（3）由财政部门和人力资源和社会保障部门联合报本级人民政府审批。

五、社保基金财政专户

本法第六十八条是关于社保基金财政专户的规定。

财政专户，是指各级财政部门在指定商业银行开设的，用于对预算外资金收支进行统一核算和集中管理的专门账户。

社保基金存入财政专户的具体做法是：

（1）实行由社保经办机构征收社会保险费的，可以在商业银行中开设收入户，并定期将收入户中征缴的社会保险费缴存财政专户，收入户只收不支，月末无余额。

（2）实行由税务机关征收社会保险费的，不在商业银行中设收入户，直接缴入国库，再由国库转入财政专户。

六、社保基金保值增值

本法第六十九条就社保基金保值增值作出了规定。

1. 按照国务院的规定投资运营

投资运营必然存在市场风险,为了保证基金安全,最大限度降低市场风险,国家对社保基金能够投资运营以及如何投资运营有一个发展的过程。目前,有关部门正在积极研究起草个人账户其他部分的投资运营管理办法,通过规范和建立投资运营机制,促进基金的保值增值。

2. 禁止性规定

(1) 不得违规投资运营。

国家对于投资运营的资金、运营方式、运营主体、投资渠道和结构等都有严格要求,为最大限度降低投资风险,必须严格按照国家规定通过稳健渠道投资运营,不得以任何形式违规投资运营。

(2) 不得用于平衡其他政府预算。

社保基金是专项资金,专款专用,单独核算,不能与财政资金混同。政府预算中有政府公共预算、政府性基金预算、国有资本经营预算以及社会保障基金预算,各级政府不得将社保基金用于平衡其他政府预算。

(3) 不得用于兴建办公场所和支付经办机构运营费用。

办公场所的修建应当符合国家规定标准,其资金来源应当是财政专项资金。经办社会保险有一定的费用支出,包括办公场所、人员经费、基本运行费用、管理费用等,为了保证基金的完整性和安全性,我国多个文件明确社保经办机构的运行费用和管理费用由财政承担。

(4) 不得违反法律、行政法规规定挪用其他用途。

七、社保基金信息公开

本法第七十条是关于社保基金信息公开的规定。

1. 信息公开的机构

社保基金信息公开主体是社保经办机构。《关于建立社会保险信息披露制度的指导意见》规定,各级劳动保障行政部门负责本地区社会保险信息披露工作的组织、指导和监督工作,负责审批本级所披露的社会保险信息,社保经办机构具体向社会披露。

2. 信息公开的内容

(1) 各项社会保险的参保单位数、参保人数、享受社会保险待遇的人数、享受社会保险待遇情况。

(2) 各项社保基金本年度收入、支出及累计结余情况。

(3) 统筹地区参保人员基本养老保险个人账户基金积累和记账利率。

(4) 统筹地区在岗职工平均工资、参保人员人均缴纳社会保险基数等。

3. 信息公开的时间和方式

对于参加各项社会保险以及基金收入、支出、结余和收益等基本情况,本条规定要作为一项制度定期公开,这是刚性要求。实践中,有的为一季度公开一次,有的是一年公开一次。对于公开的方式,本条未作明确规定,具体包括政府公报、政府网站、新闻发布会及报纸、杂志、广播、电视及咨询电话等。

八、全国社会保障基金

本法第七十一条是关于全国社会保障基金的规定。

1.基本情况

全国社会保障基金是由国家设立的主要用于应对人口老龄化高峰时期社会保障需要的专项资金。2000年8月,我国建立全国社会保障基金,同时设立全国社会保障基金理事会,负责管理运营全国社会保障基金。

2.全国社会保障基金的性质、资金来源和主要用途

(1) 全国社会保障基金定位于完善社会保障体系的战略储备性资金,主要用于应对老龄化高峰时期的社会保障缺口,用于社会保障支出的补充调剂,不用于解决社会保险一般收支平衡问题,也不是专门用于弥补社保基金支付缺口。

(2) 全国社会保障基金的资金来源主要是中央财政预算拨款和国务院批准的其他筹资方式。目前,国务院批准的其他筹资方式有:彩票公益金、国有股减持或者转持划入资金或股权资产。

3.全国社会保障基金的管理运营

全国社会保障基金理事会是全国社会保障基金的管理运营机构,受国务院委托,管理中央集中的社会保障基金。全国社会保障基金投资范围限于银行存款、购买国债和其他具有良好流动性的金融工具,这些金融工具有五类,包括固定收益资产、境内股票、境外股票、实业投资、现金及等价物,并明确了各自比例。

4.信息公开和加强监督

为了促进和规范基金的管理运营,自觉接受社会监督,全国社会保障基金应当定期向社会公布有关情况,理事会每年一次向社会公布基金的资产、收益、现金流量等财务状况。

有关社会保险经办条款的解读

一、社保经办机构的设置及经费保障

本法第七十二条对社保经办机构的设置及经费保障作出了规定。

1.社保经办机构的设置

我国对社会保险工作机构实行政事分开原则,社会保险行政部门主要负责社会保险有关法规、政策的制定;社保经办机构依据法律法规的授权和社会保险行政部门的委托,负责贯彻实施国家有关社会保险的法规、政策,承办具体业务管理服务工作。目前,我国的社保经办机构是人力资源和社会保障部门所属的全额拨款事业单位,分为中央、省、市、县四级。社保经办机构在各地区一般以"社会保险基金管理中心"的名目出现。社保经办机构的设立,由统筹地区根据工作需要设立,不按照行政区划层层设立。

2.社保经办机构的职能

社保经办机构是提供社会保险服务的机构,负责社会保险登记、参保人员权益记录、社会保险

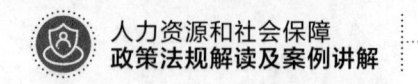

待遇支付、提供社会保险咨询服务等工作。此外，在一些省还承担社会保险费征收工作。

3.社保经办机构的经费保障

我国社保基金实行收支两条线管理，社保经办机构不得从社保基金中提取任何费用，所需经费列入财政预算拨付。

二、社保经办机构的管理制度和保险待遇支付职责

本法第七十三条规定了社保经办机构的管理制度和保险待遇支付的职责。

1.社保经办机构应建立健全管理制度

（1）建立健全业务管理制度。

1997年，劳动部印发了《社会保险业务管理程序》，这是第一个社会保险经办规程。之后，原劳动和社会保障部陆续颁布了《城镇职工基本医疗保险业务管理规定》《关于城镇居民基本医疗保险经办管理服务工作的意见》《基本养老保险经办业务规程（试行）》《工伤保险经办业务规程（试行）》等规定，社会保险业务管理制度日趋健全。

（2）建立健全财务管理制度。

1999年6月15日，财政部和原劳动和社会保障部联合下发了《社会保险基金财务制度》，对社保基金的基本财务制度作出了规定，如收支两条线、专款专用等制度。同年6月21日，财政部颁布了《社会保险基金会计制度》，规定社保基金的会计核算应当正确划分会计期间，分期结算账目和编制会计报表；采用收付实现制，会计记账采用借贷记账法；会计处理方法前后期应当一致，会计指标应当口径一致、不得随意变更；各社保基金应分别设置会计科目，编制会计报表。

（3）建立健全安全和风险管理制度。

2007年1月17日，原劳动和社会保障部颁布了《社会保险经办机构内部控制暂行办法》，所谓"内部控制"，是指各社保经办机构对系统内部职能部门及其工作人员从事社会保险管理服务工作及业务行为进行规范、监控和评价的方法、程序、措施的总称。内部控制由组织机构控制、业务运行控制、基金财务控制、信息系统控制等组成。"内部控制"的目标是在全系统内建立一个运作规范、管理科学、监控有效、考评严格的内部控制体系，对社会保险机构各项业务、各个环节进行全程监督，提高社会保险政策法规和各项规章制度的执行力，保证社保基金的安全完整，维护参保者的合法权益。

2.支付社保待遇的职责

社保待遇支出是指按规定支付给社会保险对象的基本养老保险待遇支出（包括基本养老金、医疗补助、丧葬补助金、抚恤金）、基本医疗保险待遇支出（包括按规定分别形成社会统筹医疗保险待遇支出和个人账户医疗保险待遇支出）、失业保险待遇支出（包括失业保险金、医疗补助金、丧葬补助金、抚恤金、职业培训和职业介绍补贴、国有企业下岗职工基本生活保障补助和其他费用）、工伤保险待遇支出（包括治疗工伤的医疗费用和康复费用等九项费用）和生育保险待遇支出（包括生育医疗费用和生育津贴）。

《社会保险基金财务制度》规定，不按时、按规定标准支付社保待遇的有关款项的，属于违纪或违法行为，个人对社保经办机构不支付社保待遇的行为，可以依法申请行政复议或提起行政诉讼。

三、社保经办机构获取社保数据、建立档案和权益记录

本法第七十四条是关于社保经办机构获取社保数据、建立档案和权益记录的规定。

1. 获取社保数据

（1）数据的内容。

社会保险工作数据包括社会保险登记情况、用人单位和参保人员缴费记录、参保人员享受待遇记录、社保基金的收支情况等。

（2）数据获取的手段。

社保数据是经办社会保险业务必需的基础情况，社保经办机构通过业务经办、统计、调查等手段，获取这些数据。当社保经办机构向有关单位和个人进行调查时，有关单位和个人应及时、如实提供。

2. 建立用人单位社保档案

社保经办机构对社会保险业务的原始资料以及办理过程中涉及的相关资料，按照档案管理规定，及时留存、归档、立卷、保管，由此建立的档案称为"社会保险业务档案"。社保档案包括社保经办机构在办理社会保险业务过程中，直接形成的具有保存和利用价值的专业性文字材料、电子文档、图表、声像等不同载体的历史记录。2009年7月23日，人力资源和社会保障部与国家档案局联合发布了《社会保险业务档案管理规定（试行）》对社保档案作出了更明确的规定。

3. 个人权益记录

参保人员个人权益记录是参保人员缴费和享受社保待遇的证明，社保经办机构应当及时、完整、正确地记录参加社会保险的个人缴费和用人单位为其缴费的情况，以及享受社保待遇等的个人权益，并定期将个人权益记录单免费寄送本人。

4. 查询、核对社保权益记录

对参保人员的权益进行记录并提供社会保险咨询服务是社保经办机构的服务内容之一，本条明确将权益记录和咨询服务定为社保经办机构的法定义务，同时也是用人单位和参保人员的法定权利。这里需要强调三点：

（1）用人单位和参保人员既有权查询权益记录，也有权核对权益记录。

（2）查询和核对是免费的，社保经办机构不得向用人单位和个人收取费用，相应的成本作为运行成本由财政负担。

（3）随时都可以查询和核对，只要在正常工作时间内、没有特殊情况的，均可以查询和核对。

四、社保信息系统建设

本法第七十五条是关于社保信息系统建设的规定。

1. 金保工程

中办发（2002）17号文件提出，我国有12个重点业务系统建设，其中包括劳动保障信息系统（金保工程）建设。金保工程是利用先进的信息技术，以中央—省—市三级网络为依托，支持劳动和社会保障业务经办、公共服务、基金监管和宏观决策等核心应用，覆盖全国的统一的劳动和社会保障电子政务工程。金保工程包括社会保险和劳动力市场两个子系统，由市、省、中央三层数据分布和管理结构组成，具备业务经办、公共服务、基金监管和宏观决策四大功能。

2. 全国社会保险信息系统

全国社会保险信息系统建设的目标是：完成城市社会保险信息系统建设，推进社会保险全国联网。具体分三个层次，如下表所示：

全国社会保险信息系统的三个层次

序号	层次	说明
1	城市网建设	即地级市建成统一的社保数据中心,建立标准统一的覆盖全部参保人员和参保单位的资源数据库,网络终端延伸到各个经办窗口和定点医疗机构、定点药店等相关服务机构,实现养老、医疗等各项社会保险主要业务的全程信息化
2	省级社保数据中心建设	即建立覆盖全省的养老保险资源数据库、各类社会保险统计监测数据库和各项社保基金管理数据库,对跨统筹地区领取社保待遇的人员要建立社会保险省内异地交换数据库,省级数据中心下联各城市数据中心
3	全国社保数据中心建设	即建立覆盖全国的统计监测数据库、社会保险跨省异地交换数据库,网络下联各省级数据中心,对各地社保基金进行监控,为宏观决策和异地信息交换提供支持

有关社会保险监督条款的解读

一、各级人大常委会实施社会保险监督

本法第七十六条对各级人大常委会实施社会保险监督的职责和方式作出了规定。

1.听取政府专项工作报告

听取政府专项工作报告是各级人大常委会行使监督权的一种重要方式,是各级人大常委会加强监督工作,实施经常性监督的有效途径。社保基金的收支、管理、投资运营以及监督检查情况的专项工作报告由政府负责人向本级人大常委会报告,也可以委托有关部门如社会保险行政部门负责人向本级人大常委会报告。

2.组织对本法实施情况的执法检查

对法律的实施情况进行执法检查是人大常委会的一项法定职权,执法检查由本级人大有关专门委员会或者常委会工作机构具体组织实施。

(1)常委会根据年度执法检查计划,组织执法检查组。执法检查组的组成人员,从本级人大常委会组成人员以及本级人大有关专门委员会组成人员中确定,并可要求本级人大代表参加。

(2)执法检查结束后,执法检查组应当及时提出执法检查报告,由委员长会议或者主任会议决定提请常委会审议。执法检查报告的内容主要有:

①对本法实施情况进行评价,提出执法中存在的问题和改进执法工作的建议。

②对本法提出修改完善的建议。

3.其他监督方式

除以上两种方式外,各级人大常委会还可以通过其他方式依法行使监督职权,如对有关社会保险的行政法规、地方性法规、自治条例和单行条例、规章进行备案审查,审议议案和报告时对有关社会保险的问题进行询问和质询等。

二、社保行政部门实施社会保险监督

本法第七十七条是关于社保行政部门实施社会保险监督的规定。

1.行政监督的特点

县级以上人民政府社会保险行政部门对用人单位和个人遵守社会保险法律、法规情况进行监督检查,属于行政监督,其特点包括:

(1) 监督的主体是享有行政监督权的国家行政机关或者法律、法规授权的组织。

(2) 监督的对象是作为相对方的公民、法人或者其他组织。

(3) 监督的内容是相对方遵守法律、法规、规章,执行决定、命令的情况。

(4) 监督的性质是一种依职权、单方的、相对独立的具体行政行为。

(5) 监督的目的是防止和纠正行政相对方的违法行为,保障法律、法规、规章的执行和行政目标的实现。

2.社会保险行政部门的监督

(1) 行政监督部门及范围。

国务院社会保险行政部门即人力资源和社会保障部对全国范围内用人单位和个人遵守社会保险法律、法规的情况进行监督检查。

县级以上地方政府社会保险行政部门对本行政区域内用人单位和个人遵守社会保险法律、法规的情况进行监督检查。

(2) 行政监督的依据。

行政监督的依据是社会保险法律、法规,除《中华人民共和国社会保险法》外,还包括《工伤保险条例》《失业保险条例》《社会保险费征缴暂行条例》等。

(3) 行政监督的内容。

行政监督的内容是监督用人单位和个人遵守社会保险法律、法规的情况,主要包括以下几个方面:

①职工是否依法参加社会保险。

②用人单位是否依法缴纳社会保险费。

③是否依法享受社会保险待遇。

3.被检查的用人单位和个人有配合义务

社会保险行政部门实施监督检查是行政执法行为,代表国家行使权力,被检查的用人单位和个人应当予以配合,不得以任何理由拒绝检查,应当按照要求如实提供与社会保险有关的资料,不得提供虚假资料,谎报或者隐瞒情况。

三、财政监督、审计监督

本法第七十八条是关于财政监督、审计监督的规定。

1.财政监督

财政部门对社保基金收支、管理和投资运营情况实施监督主要是指财政部门负责拟定社保基金的财务管理制度,组织实施对社保基金收支、管理和投资运营的财政监督,具体工作包括:

(1) 通过基金纳入财政专户,加强部门监督。社保基金存入财政专户,专款专用,任何地区、部门、单位和个人均不得挤占、挪用,也不得用于平衡财政预算。

(2) 通过制定财务制度,规范财务管理行为。依据《社会保险基金财务制度》的规定,基金财务管理的任务是认真贯彻执行国家有关法律、法规和方针、政策,依法筹集和使用基金;建立健全财务管理制度,努力做好基金的计划、控制、核算、分析和考核工作,并如实反映基金收支状况；严格遵守财经纪律，加强监督和检查，确保基金的安全。

（3）通过审核基金预算和决算等，进行财务监督。统筹地区社保基金预算草案编制汇总后，经财政部门审核后，由财政和人力资源社会保障部门联合报本级政府审批。各级财政部门对本级社保基金决算草案审核后发现有不符合法律、行政法规规定的，有权予以纠正。

2.审计监督

审计监督是指审计机关依法独立检查被审计单位的会计凭证、会计账簿、财务会计报告以及其他与财政收支、财务收支有关的资料和资产，监督财政收支、财务收支真实、合法和效益的行为，属于行政机关内部监督中的一种专门监督形式。

（1）审计机关对审计事项作出客观公正的评价，并提出审议报告。

（2）审计机关对社保基金的财务收支进行审计监督，即按照国家财务会计制度的规定，对社保基金实行会计核算的各项收入和支出进行审计。

四、社会保险行政部门对社保基金实行监督

本法第七十九条是关于社会保险行政部门对社保基金实行监督的规定。

1.监督内容

（1）对社保基金的收入情况进行监督，主要是监督社会保险费征收机构征收的保险费是否及时足额存入基金收入户，有无入账，搞体外循环或被挤占挪用的情况，收入户资金是否按规定及时足额转入财政专户等。

（2）对社保基金支出情况进行监督，主要是监督社保经办机构是否按规定的项目、范围和标准支出基金，有无多支、少支或不支，有无挪用支出户基金，以及有无骗取社会保险待遇行为等。

（3）对社保基金管理情况进行监督，主要是监督有无挤占挪用、动用基金的行为，是否按规定及时足额拨入支出户等。

（4）对社保基金投资运营情况进行监督，主要是监督社保基金除按规定预留必要的支付费用外，是否全部存入银行和购买国债，是否合理安排存期以追求收益最大化等。

2.监督检查措施

社会保险行政部门通过下列措施，对社保基金实施监督检查：

（1）查阅、记录、复制与社保基金收支、管理和投资运营相关的资料，发现有关资料可能被转移、隐匿或者灭失的，应当予以封存、保护。

（2）向与调查事项有关的单位和个人进行询问，要求其对与调查事项有关的问题作出说明、提供有关证明材料。

（3）对隐匿、转移、侵占、挪用社保基金的行为予以制止并责令改正。

3.被检查的单位和个人有配合义务

被监督的单位和个人应当配合社会保险行政部门的监督检查，对拒绝、阻挠监督人员进行监督，拒绝提供、拖延提供与监督事项有关资料，隐匿、伪造、变造、毁弃会计凭证、会计账簿、会计报表以及其他与社保基金管理有关资料，转移、隐匿社保基金资产的，由监督机构责令改正；拒不改正的，由监督机构建议被监督单位的行政主管部门对主要负责人和直接责任人给予行政处分；构成犯罪的，由司法机关依法追究刑事责任。

4. 监督方式

《社会保险基金行政监督办法》将社会保险基金监督方式区分为现场监督和非现场监督。

（1）现场监督是指社会保险行政部门对被监督单位社保基金管理情况实施的实地检查。

（2）非现场监督是对被监督单位报送的社保基金管理有关数据资料进行的检查、分析。

5. 问题处理

（1）社会保险行政部门对监督检查过程中发现被监督单位存在问题并需要改进的，应当提出整改建议，对属于其职权范围的，依法作出处理决定；不属于其职权范围的，向被监督单位的行政主管部门等有关行政部门提出处理建议。

（2）社会保险行政部门应当将社保基金检查结果定期向社会公布，保障公众的知情权，接受公众的监督。

五、社会保险监督委员会

本法第八十条是关于社会保险监督委员会的规定。

1. 社会保险监督委员会的组成

社会保险监督委员会由统筹地区人民政府成立，由用人单位代表、参保人员代表，以及工会代表、专家等组成，但不包括政府及其有关职能部门代表，这样有利于保障监督委员会的中立性和独立性，更好地发挥社会保险工作监督的职能。

2. 社会保险监督委员会的职责

社会保险监督委员会，其职能是对社会保险实施监督，属于社会监督，在具体职责上，与人大监督、行政监督不同，主要是掌握、分析社保基金的收支、管理和投资运营情况，对社会保险工作提出咨询意见和建议。

3. 社会保险监督委员会的监督方式

（1）定期听取社保经办机构对社保基金收支、管理和投资运营情况的汇报。

（2）聘请会计师事务所对社保基金的收支、管理和投资运营情况进行年度审计和专项审计。

4. 问题处理

社会保险监督委员会在监督过程中发现问题的，有权向有关部门、机构提出改正建议；对社保经办机构及其工作人员的违法行为，有权向有关部门提出依法处理建议。

六、信息保密

本法第八十一条是关于信息保密的规定。该条中的"其他有关行政部门"主要是指卫生行政部门、财政部门、审计机关等有可能在其工作中获取用人单位和个人信息的行政部门。

（1）社会保险行政部门和其他有关行政部门、社保经办机构、社会保险费征收机构及其工作人员违反本法规定泄露用人单位和个人信息的，依法给予处分。

（2）构成犯罪的，依法追究其刑事责任。构成犯罪的行为主要是指出售或者非法提供参保人员个人信息，情节严重的行为。

七、社会组织和个人举报、投诉

本法第八十二条是关于社会组织和个人举报、投诉的规定。对违法行为进行举报、投诉是受《宪法》保护的公民权利。社会组织和个人对违反社会保险法律、法规行为的举报、投诉是社会监督的重要内容，接受举报、投诉的单位应按如下情况分别作出处理：

（1）对属于本部门职责的，应当依法、及时处理，不得推诿。受理投诉后，应当对投诉进行调查核实，经调查确属不当的，应当在原公布范围内予以更正，并告知投诉人，经核实没有问题的，也应当告知投诉人；对举报进行处理，举报人要求答复本人所举报案件办理结果的，应当告知举报人处理结果。对涉及重大问题和紧急事项的举报，监督机构应当立即向有关领导报告，并在职责范围内依法采取必要措施。

（2）对不属于本部门、本机构职责范围的，应当书面通知并移交有权处理的部门、机构处理。有权处理的部门、机构在接到其他部门移交的投诉、举报后，应当受理，并立即进行处理，不得推诿。

八、社保权利救济途径

本法第八十三条是关于社保权利救济途径的规定。

1.关于社会保险费征收机构侵害用人单位或个人合法权益的救济途径

社会保险费征收机构侵害用人单位或者个人合法权益的情形，主要包括：违反社会保险法的规定，在缴费单位补办申报手续后，未按照规定结算的；违法扣押、查封、拍卖用人单位、个人财产的；对用人单位、个人的处罚决定违法，侵害了其合法权益等。用人单位或者个人认为社会保险费征收机构的行为侵害自己合法权益的，可以依法申请行政复议或者提起行政诉讼，简述如下表所示：

社会保险费征收机构侵害用人单位或个人合法权益的救济途径

序号	救济途径	说明
1	行政复议	如果对税务机构征收行为不服的，只能向上一级税务机关申请行政复议；如果是对社保经办机构征收行为不服的，社保经办机构作为政府工作部门依法设立的派出机构，用人单位或者个人可以向社会保险行政部门或者本级地方人民政府申请行政复议
2	行政诉讼	依据《行政诉讼法》的规定，用人单位或者个人直接向人民法院提起诉讼的，应当在知道作出具体行政行为之日起3个月内提出。对行政复议决定不服的，可以在收到复议决定书之日起15日内向人民法院提起诉讼；复议机关逾期不作决定的，申请人可以在复议期满之日起15日内向人民法院起诉

2.社保经办机构侵害用人单位或个人社会保险权益的救济途径

社保经办机构侵害个人社会保险权益的行为主要有以下几种：

（1）不依法办理社会保险登记，致使个人无法参加社会保险，影响个人享受社会保险待遇。

（2）不依法核定社会保险费。

（3）不依法支付社会保险待遇。

（4）不依法办理社会保险转移接续手续。

（5）侵害其他社会保险权益的行为。

个人对社保经办机构侵害自己社会保险权益的行为，可以依法申请行政复议或者提起行政诉讼。

3. 个人与所在用人单位发生社会保险争议的救济途径

司法实践中，有的法院认为用人单位不给个人缴纳社会保险费，违反的是行政法律规范，应当由劳动监察部门处理，不属于劳动争议，法院不予受理。这种观点是不正确的，用人单位不为职工入社保，既违反了行政法律规范，也违反了《劳动合同法》，属于劳动争议的一种，法院应当受理。所以，本法明确规定个人与所在用人单位发生社会保险争议的，可以依法申请调解、仲裁，提起诉讼。此外，个人还可以要求社会保险行政部门或者社会保险费征收机构依法处理。

有关法律责任条款的解读

一、用人单位未依法办理社保登记的法律责任

本法第八十四条规定了用人单位未依法办理社保登记的法律责任。社会保险登记是社会保险费征缴的前提，是整个社会保险制度得以建立的基础。用人单位不办理社会保险登记，职工无从参保，社会保险行政部门也无法进行监督。

1. 用人单位不办理社会保险登记的情况

用人单位不办理社会保险登记包括三种情况：

（1）用人单位成立后不办理社会保险登记。用人单位应当自成立之日起30日内申办社保登记，否则即属于违法。

（2）用人单位不及时变更或者注销登记。用人单位应自社保登记事项发生变更或者用人单位依法终止之日起30日内，办理变更或注销社保登记，否则即属违法。

（3）用人单位自用工之日起30日内不为职工办理社会保险登记。用人单位应自用工之日起30日内为其职工向社保经办机构申办社保登记，否则即属违法。

2. 用人单位未依法办理社保登记的法律责任

根据用人单位不办理社保登记违法行为情节的轻重，其应当承担如下法律责任：

（1）责令限期改正。责令改正不属于行政处罚，是一种补救性的行政责任，是对违法者消除违法状态、恢复合法状态的要求。

（2）罚款。经由社会保险行政部门责令限期改正、用人单位仍不办理社保登记的，由社会保险行政部门对用人单位处应缴社会保险费数额1倍以上3倍以下的罚款，对其直接负责的主管人员和其他直接责任人员处500元以上3 000元以下的罚款。

3. 罚款的注意事项

（1）罚款是最常见的一种行政处罚，是一种财产罚。

（2）给予罚款的主体是社会保险行政部门，而非社保经办机构。

（3）处罚的对象包括两类：一是用人单位，二是直接负责的主管人员和其他直接责任人员。

（4）关于处罚的数额，用人单位以应缴社会保险费为基数，个人则确定了处罚的上下限。

二、用人单位拒不出具终止或解除劳动关系证明的法律责任

本法第八十五条规定了用人单位拒不出具终止或解除劳动关系证明的法律责任。

终止或者解除劳动关系证明是失业人员领取失业保险待遇的条件之一。实践中，在解除或者终

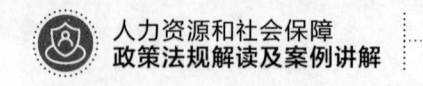

止劳动合同后，有的用人单位刁难劳动者，不开具有关解除或者终止劳动合同的证明，扣押劳动者档案，影响劳动者享受失业保险待遇。

《劳动合同法》第五十条第一款规定，用人单位应当在解除或者终止劳动合同时出具解除或者终止劳动合同的证明，并在15日内为劳动者办理档案和社会保险关系转移手续。第八十九条规定，用人单位违反本法规定未向劳动者出具解除或者终止劳动合同的书面证明，由劳动行政部门责令改正；给劳动者造成损害的，应当承担赔偿责任。这里的赔偿责任，主要是既不能领取失业保险待遇，也不能享受基本医疗保险待遇，还不能享受自主创业、再就业的税收优惠等的损失。

三、用人单位未按时足额缴纳社会保险费的法律责任

本法第八十六条规定了用人单位未按时足额缴纳社会保险费的法律责任。

实践中，有的用人单位社会保险法律意识淡薄，对社会保险的重要性认识不够，不愿承担缴费义务，甚至恶意欠费；还有一些没有生产能力、生产项目和效益收入的企业，因为没有缴费能力，只申报不缴费，这会影响社保基金的安全和有效运行，有可能间接损害参保人的合法权益，用人单位应对此承担法律责任。

用人单位未按时足额缴纳社会保险费的，由社会保险费征收机构责令限期缴纳或者补足，并自欠缴之日起，按日加收0.5‰的滞纳金；逾期仍不缴纳的，由有关行政部门处欠缴数额1倍以上3倍以下的罚款。有以下几点需要注意：

（1）责令限期缴纳或者补足的主体是社会保险费征收机构，给予罚款的主体是有关行政部门。如果是社保经办机构征收的，由于其是事业单位，没有行政处罚权，故应当由社会保险行政部门作出处罚决定。

（2）滞纳金属于间接强制执行，是一种敦促义务人履行义务的手段，其征收标准应当适度、合理，既不能太高，也不能太低。关于滞纳金的起算时间点，应当是自欠缴之日起即加收滞纳金。

（3）经责令限期缴纳或者补足，用人单位逾期仍不缴纳或者补足的，处以罚款。这里的"欠缴数额"是用人单位所欠的社会保险费金额，不包括滞纳金。

（4）本条的违法主体只有用人单位，不包括个人。

四、骗取社保基金支出的法律责任

本法第八十七条规定了骗取社保基金支出的法律责任。

1.骗取社保基金支出的情况

实践中，欺诈、伪造证明材料或者其他手段较多，以骗取医疗保险待遇为例，一般包括：

（1）允许非参保人以参保人名义就医的。
（2）允许使用医疗保险基金支付应当由参保人自付、自费的医疗费用的。
（3）允许使用医疗保险个人账户基金购买保健品、化妆品及其他用品的。
（4）提供虚假疾病诊断证明、病历、处方和医疗费票据等资料的。
（5）向参保人提供不必要的医疗服务和过度医疗服务的。
（6）转借医疗保险POS机（服务终端）给非定点单位使用或代非定点单位使用医疗保险个人账户基金进行结算等情况。

2.骗保人应负的法律责任

本条针对骗保的情形，规定了相应的法律责任，具体包括三个方面，如下表所示：

骗保人应负的法律责任

序号	应负的法律责任	说明
1	责令退回骗取的社会保险金，并处罚款	社会保险行政部门发现社保经办机构以及医疗机构、药品经营单位等社会保险服务机构骗取社保基金支出的，应当责令退回骗取的社会保险金，同时应处骗取金额二倍以上五倍以下的罚款。《劳动保障监察条例》《工伤保险条例》《失业保险条例》对骗取社保基金的法律责任均有规定，但罚款数额为骗取金额一倍以上三倍以下，本法实施之后，前述条例关于罚款幅度的规定即告失效
2	解除服务协议	社保经办机构根据管理服务的需要，可以与医疗机构、药品经营单位签订服务协议，规范医疗服务行为。对于骗取社保基金的医疗机构、药品经营单位，除了责令退回骗取的社会保险金并处罚款外，还应当由社保经办机构与其解除服务协议
3	吊销执业资格	吊销执业资格是一种资格罚，即剥夺行政相对人的行为能力，行政相对人被吊销执业资格后就不能从事某种特定行为。对于参与骗保的，直接负责的主管人员和其他直接责任人员是医师的，应当吊销其执业资格，由卫生行政部门吊销

五、骗取社保待遇的法律责任

本法第八十八条规定了骗取社保待遇的法律责任。

1.什么是骗取社保待遇

骗取社保待遇主要是个人不符合享受社保待遇的条件，以欺诈、伪造证明材料或者其他手段骗取社保待遇的行为。

2.骗取社保待遇的形式

实践中，以欺诈、伪造证明材料或者其他手段获取社保待遇有多种形式：

（1）在养老保险待遇的支付环节，有的伪造身份证明或冒用他人身份证明；有的伪造、变造档案年龄、特殊工种年限和病历等办理提前退休；有的伪造、变造人事档案，以增加视同缴费年限；有的伪造、变造用工关系、工资报表等证明材料补缴养老保险费；有的伪造、变造领取养老保险待遇证明文件等。

（2）在医疗保险的支付环节，有的将本人身份证明及社会保障卡转借他人就医；有的冒用他人身份证明或社会保障卡就医；有的伪造、变造病理、处方、疾病诊断证明和医疗费票据；有的伪造、变造劳动关系、工资报表等证明材料参加医疗保险或补缴医疗保险费。

3.骗取社会保险待遇的法律责任

骗取社会保险待遇的，由社会保险行政部门责令退回骗取的社会保险金，处骗取金额二倍以上五倍以下的罚款，罚款金额高于《劳动保障监察条例》《工伤保险条例》《失业保险条例》中的规定，加大了处罚力度。

六、社保经办机构及其工作人员违法行为的法律责任

本法第八十九条规定了社保经办机构及其工作人员违法行为的法律责任。

1.社保经办机构及其工作人员违法行为的种类

社保经办机构及其工作人员违法行为有如下表所示：

社保经办机构及其工作人员违法行为的种类

序号	行为种类	说明
1	未按照规定履行社会保险法定职责	《社会保险法》规定，社保经办机构通过业务经办、统计、调查获取社会保险工作所需的数据；及时为用人单位建立档案，完整、准确地记录参保人员、缴费等社保数据等。向用人单位免费提供查询、核对其缴费和享受社保待遇记录等服务，提供社保咨询服务，这些都是社保经办机构的法定职责，若社保经办机构及其工作人员未尽到前述职责，即构成违法，应承担相应的法律责任
2	未将社保基金存入财政专户	未按规定将社保基金存入财政专户，有可能导致截留私分，损害社保基金运行的安全性和完整性，应承担相应的责任
3	克扣或者拒不按时支付社保待遇	社保经办机构应当按时足额支付社保待遇，否则构成违法
4	丢失或者篡改缴费记录、享受社保待遇记录等社保数据、个人权益记录	缴费记录一般包括用人单位缴费登记、变更登记、注销登记以及缴费申报、缴费记录等。"丢失"可能出于过失，"篡改"则出于故意，因此这里既包括经办机构及其工作人员主观上出于故意导致的行为，也包括由于过失导致的行为
5	有违反社会保险法律、法规的其他行为	此为兜底条款，目的是弥补法律的不周延性

2.法律责任

（1）由社会保险行政部门责令改正。即未按照规定履行社会保险法定职责的，要求其履行法定职责；未按照规定将社保基金存入财政专户的，要求其存入财政专户，克扣或者拒不按时支付社保待遇的，要求其按时足额发放；丢失或篡改社保数据的，要求其恢复缴费记录原样或通过其他方式查明缴费记录、享受社保待遇的数据等。

（2）社保经办机构及其工作人员因违法行为给社保基金、用人单位或者个人造成损失的，依法承担赔偿责任。

（3）对直接负责的主管人员和其他直接责任人员依法给予处分。社保经办机构工作人员属于参照《公务员法》管理的工作人员，参照《公务员法》的规定给予处分，行政机关公务员处分的种类包括警告、记过、记大过、降级、撤职和开除。

（4）如果社保经办机构及其工作人员触犯了刑律，还应依法承担刑事责任，相关罪名包括滥用职权罪、玩忽职守罪、受贿罪等。

七、社会保险费征收机构的法律责任

本法第九十条规定了社会保险费征收机构的法律责任。

1.哪些属违法行为

社会保险费缴费基数和费率决定了社保基金的收入，反映了国家社会保险费负担水平，应当由国家作出规定，目前缴费基数和费率由国家做出原则规定，具体由统筹地区做出规定。社会保险费征收机构擅自更改社会保险费缴费基数、费率，导致少收，会损害社保基金的安全，多收则会加重用人单位的负担，都属违法行为。

2.应负的法律责任

（1）有关行政部门责令其追缴应当缴纳的社会保险费或者退还不应当缴纳的社会保险费。这里的"有关行政部门"是指社会保险行政部门或税务机关。

（2）对直接负责的主管人员和其他直接责任人员依法给予处分。

八、侵害社保基金或违规投资运营的法律责任

本法第九十一条规定了侵害社保基金或违规投资运营的法律责任。

1.侵害社保基金或违规投资运营的表现

社保基金在保证安全的前提下，按照国务院规定投资运营实现保值增值。社保基金不得违规投资运营，不得用于平衡其他政府预算，不得用于兴建、改建公共场所和支付人员经费、运行费用、管理费用，或者违反法律、行政法规规定挪作其他用途。

2.隐匿、转移、侵占、挪用社保基金或者违规投资运营的法律责任

（1）责令追回。责令追回的目的是使被侵害被违规投资运营的社保基金恢复到原来的状态。有权责令追回的主体是社会保险行政部门、财政部门和审计机关。

（2）没收违法所得，将违法投资运营所取得的收益归基金所有。

（3）对直接负责的主管人员和其他直接责任人员依法给予处分，构成犯罪的，依法追究刑事责任。

九、泄露用人单位和个人信息的行政责任

本法第九十二条规定了泄露用人单位和个人信息的行政责任。

1.用人单位和个人信息的保密责任

用人单位和个人信息事关用人单位的商业秘密和个人隐私，一旦泄露会影响企业经济利益和个人的正常生活。在社会保险登记、社会保险费征收和社会保险监督检查等过程中，社保经办机构、社会保险费征收机构、保险行政部门、卫生行政部门、审计部门等有关部门及其工作人员掌握了用人单位和个人的大量信息，前述机构和人员应依法承担保密责任，不得以任何形式泄露。

2.泄露信息的法律责任

（1）对直接负责的主管人员和其他直接责任人员依法给予处分。

（2）给用人单位或者个人造成损失的，应当承担赔偿责任。赔偿的前提是必须给用人单位或者个人造成损失，无损失则无赔偿。

（3）工作人员将本单位在履行职责或提供服务过程中获得的公民个人信息，出售或者非法提供给他人，情节严重的，处3年以下有期徒刑或者拘役，并处或者单处罚金。单位犯前两款罪的，对单位判处罚金，并对其直接负责的主管人员和其他直接责任人员，依照前述规定处罚。

十、国家工作人员滥用职权、玩忽职守、徇私舞弊的行政责任

本法第九十三条规定了国家工作人员滥用职权、玩忽职守、徇私舞弊的行政责任。

1.相关概念

（1）滥用职权。一般指违反法律规定的职责权限和程序，滥用、超越职权的行为，如社保经办机构的工作人员拒绝向符合条件的参保人员支付社保待遇。

（2）玩忽职守。指国家工作人员不履行法律所赋予的职权，构成违法失职的行为，如社保经办机构工作人员缺乏责任心，对工作马马虎虎，漫不经心，疏于管理，造成社保基金被挪用或者流失。

（3）徇私舞弊。指为了个人私利或亲友私情，不按照法律、法规规定办事，造成社保基金的流失。

（4）国家工作人员不仅包括社保部门的国家工作人员，还包括卫生部门、财政部门、审计机关等机关的国家工作人员。

2.应负的责任

国家工作人员在社会保险管理、监督工作中滥用职权、玩忽职守、徇私舞弊的，应当依照《公务员法》给予行政处分。需要注意的是，除了行政处分，构成犯罪的，还应当承担刑事责任。

十一、违反本法的刑事责任

本法第九十四条规定了违反本法的刑事责任的规定。

（1）本法第九十一条规定了挪用社保基金等违法行为的法律责任，情节严重的，涉嫌构成《刑法》第三百八十四条规定的挪用公款罪。

（2）本法第九十二条规定了泄露用人单位和个人信息等违法行为的法律责任，情节严重的，涉嫌构成《刑法》第二百五十三条规定的出售、非法提供公民个人信息罪。

（3）本法第九十三条规定了国家工作人员在社会保险管理、监督工作中滥用职权、玩忽职守、徇私舞弊的法律责任，情节严重的，涉嫌构成《刑法》第三百九十七条规定的滥用职权罪、玩忽职守罪、徇私枉法罪。

（4）本法第八十七条、第八十八条、第八十九条规定的违法行为，构成犯罪的，也要根据《刑法》有关规定追究刑事责任。

有关附则条款的解读

一、进城务工的农村居民参加社会保险

本法第九十五条对进城务工的农村居民参加社会保险作出了规定。

进城务工的农村居民是指与用人单位建立劳动关系的农村居民，即农民工。这些农村居民与城镇职工没有身份差别，应当与城镇职工一样参加社会保险，纳入与职工相关联的职工基本养老保险、职工基本医疗保险、工伤保险等社会保险制度中。

二、被征地农民的社会保险

本法第九十六条规定了被征地农民的社会保险。

被征地农民是指因征地影响当事人基本生活，大大降低当事人收入和生活来源的情形。国务院有关文件中曾规定是无地农民，即土地全部被征收的才是被征地农民。最近国务院文件中将被征地农民扩大为失去全部或者大部分土地的农业人口，具体对象由各地确定。

对于城市规划区内的被征地农民，有条件的地区，可将其纳入城镇职工养老、医疗、失业等社会保险参保范围，通过现行城镇职工社会保险体系解决。对城市规划区以外的被征地农民，凡已经建立农村社会养老保险制度、新型农村合作医疗制度和农村最低生活保障制度的地区，要按规定将其纳入相应的保障范围。

在征地过程中，依照法律规定支付土地补偿费和安置补助费，尚不能使被征地农民保持原有生活水平的，不足以支付因征地而无地农民社会保障费用的，省级人民政府应当批准增加安置补助费。

三、外国人参加我国社会保险

本法第九十七条对外国人参加我国社会保险作出了规定。

外国人在中国境内就业的，参照本法规定参加社会保险。所谓参照，是指原则依照本法执行，但允许有所变通。在没有变通规定时，外国人应当依照本法参加社会保险。在有权机关作出变通规定时，外国人参加社会保险按照变通规定执行，这些变通规定包括《社会保险费征缴暂行条例》、有关社会保险的双边协定，变通的内容包括是否需要参加社会保险以及参加哪几项社会保险。

所谓外国人，是指依照国籍法规定不具有中国国籍的人员，包括具有外国国籍人员和无国籍人员。

按照《外国人在中国就业管理规定》的规定，外国人在中国就业，是指没有取得定居权的外国人在中国境内依法从事社会劳动并获取劳动报酬的行为，包括在中国企业和外资企业及其子公司、办事机构就业的。我国台湾居民、香港和澳门居民属于中国公民，按照《社会保险费征缴暂行条例》的规定缴纳社会保险费，不适用本条规定。

四、社会保险法施行时间

本法第九十八条是关于社会保险法实施日期的规定。

第四章 《劳动争议调解仲裁法》解读

有关总则条款的解读

一、本法立法目的

本法第一条是关于本法立法目的的规定。根据本法第一条的规定，本法的立法目的有三层含义：

1.公正及时地解决劳动争议

劳动争议处理机构应当公正执法、依法保障双方当事人的合法权益，当事人在适用法律上一律平等，不得偏袒或者歧视任何一方；同时，劳动争议在处理时应注意及时处理，防止久拖不决。

2.保护当事人的合法权益

劳动关系的双方当事人为劳动者和用人单位，《劳动争议调解仲裁法》作为处理劳动争议的专门法，既保护劳动者的合法权益，也保护用人单位的合法权益。

3.促进劳动关系和谐稳定

劳动争议最根本的特点就在于其主体一方是劳动者，这一特点决定了劳动争议处理的重要性。劳动争议直接关系到劳动者基本生活的维持和工作权利的实现，也关系到其家庭的维持和稳定问题，因此，劳动争议是一个带有社会性的问题。必须解决现实中存在的突出问题：时效短、周期长、维权成本高、用人单位恶意延长劳动争议处理期限等。通过公正及时地处理劳动争议，维护劳动者的合法权益，使他们能够分享社会发展成果，有利于构建和谐稳定的劳动关系。

二、适用范围

本法第二条是关于本法适用范围的规定。本法适用于如下表所示劳动争议事项的处理：

本法的适用范围

序号	适用事项	说明
1	因确认劳动关系发生的争议	因确认劳动关系是否存在而产生的争议属于劳动争议，适用《劳动争议调解仲裁法》。在实践中，一些用人单位不与劳动者签订劳动合同，一旦发生纠纷，劳动者往往因为拿不出劳动合同这一确定劳动关系存在的凭证而难以维权。为了更好地维护劳动者的合法权益，《劳动争议调解仲裁法》将因确认劳动关系发生的争议纳入了劳动争议处理范围，劳动者可以就确认劳动关系是否存在这一事由，依法向劳动争议调解仲裁机构申请权利救济
2	因订立、履行、变更、解除和终止劳动合同发生的争议	用人单位与劳动者的劳动关系，涉及订立、履行、变更、解除和终止劳动合同的全过程。对于这一过程任何一个环节发生的争议，都可以适用《劳动争议调解仲裁法》来解决
3	因除名、辞退和辞职、离职发生的争议	这一类劳动争议是由于解除和终止劳动关系而引发的争议。因除名、辞退和辞职、离职发生的争议涉及解除和终止劳动关系，适用《劳动争议调解仲裁法》

续表

序号	适用事项	说明
4	因工作时间、休息休假、社会保险、福利、培训以及劳动保护发生的争议	（1）因工作时间、休息休假发生的争议，主要涉及用人单位规定的工作时间是否符合有关法律的规定，劳动者是否能够享受到国家的法定节假日和带薪年休假的权利等而引起的争议。 （2）因社会保险发生的劳动争议，主要涉及用人单位是否依照有关法律、法规的规定为劳动者缴纳养老、工伤、医疗、失业、生育等社会保险费用而引起的争议。 （3）因福利、培训发生的劳动争议，主要涉及用人单位与劳动者在订立的劳动合同中规定的有关福利待遇、培训等约定事项的履行而产生的争议。 （4）因劳动保护发生的劳动争议，主要涉及用人单位是否为劳动者提供符合法律规定的劳动安全卫生条件等标准而产生的争议
5	因劳动报酬、工伤医疗费、经济补偿或者赔偿金等发生的争议	这一项规定的内容涉及劳动者与用人单位因金钱给付问题而发生的劳动争议。这里主要谈一下"经济补偿"和"赔偿金"：经济补偿是指根据《劳动合同法》的规定，用人单位解除和终止劳动合同时，应给予劳动者的补偿；赔偿金是指根据《劳动合同法》的规定，用人单位应当向劳动者支付的赔偿金和劳动者应当向用人单位支付的赔偿金
6	法律、法规规定的其他劳动争议	这是一项兜底的规定。除了上述劳动争议事项外，法律、行政法规或者地方性法规规定的其他劳动争议，也要纳入《劳动争议调解仲裁法》的调整范围

三、劳动争议处理的原则

本法第三条规定了解决劳动争议应当遵循的原则：
（1）解决劳动争议必须根据事实，从实际出发。
（2）解决劳动争议必须以依法保护当事人的合法权益为归宿。
（3）解决劳动争议应当遵循合法、公正、及时的原则。
（4）解决劳动争议应当遵循着重调解的原则。

四、劳动争议当事人的协商和解

本法第四条是关于发生劳动争议，劳动者可以与用人单位进行协商和解的规定。

劳动争议的协商是解决劳动争议的一个环节。发生劳动争议后，由当事人双方进行协商和解，有利于使劳动争议在比较平和的气氛中得到解决，防止矛盾激化，促进劳动关系和谐稳定。

《劳动法》没有规定劳动争议的协商和解制度。国务院于1993年出台的《企业劳动争议处理条例》规定了劳动争议的协商和解问题，即劳动争议发生后，当事人应当协商解决。本法在《企业劳动争议处理条例》的基础上，进一步完善了这一制度，除了规定发生争议的双方当事人可以自行协商和解外，还增加了规定劳动者可以请工会或者第三方共同与用人单位进行协商，这里的"第三方"可以是本单位的人员，也可以是本单位以外的、双方都信任的人员。

协商和解成功后，当事人双方应当签订和解协议。这里应当指出的是，协商这一程序，完全是建立在双方自愿的基础上，任何一方，或者第三方都不得强迫另一方当事人进行协商。如果当事人不愿协商、协商不成或者达成和解协议后不履行的，另一方当事人仍然可以向劳动争议调解组织申请调解，或者向劳动争议仲裁机构申请仲裁。

五、劳动争议处理的基本程序

本法第五条确定了劳动争议处理的体制。

为了快速处理劳动争议，解决劳动争议处理周期过长的问题，《劳动争议调解仲裁法》对现行劳动争议处理的"一调一裁两审"体制进行了重大变革，实行对涉及金额不大的追索劳动报酬、经济补偿、养老金或者赔偿金的争议，以及因执行国家的劳动标准在工作时间、休息休假、社会保险等方面发生的争议一裁终局的制度，对这部分争议案件，劳动争议仲裁委员会的裁决为终局裁决，使劳动纠纷终止于仲裁环节，不再走完全过程，有效解决了周期长的问题，真正降低了劳动者的维权成本。

1. 申请调解

发生劳动争议，当事人不愿协商、协商不成或者达成和解协议后不履行的，可以向劳动调解组织申请调解。

（1）劳动调解组织。

劳动调解组织包括：

①企业劳动争议调解委员会。

②依法设立的基层人民调解组织。

③在乡镇、街道设立的具有劳动争议调解职能的组织。

（2）调解程序的自愿原则。

调解程序是一个自愿程序，当事人不愿调解的，可以直接向劳动争议仲裁委员会申请仲裁；如果自劳动争议调解组织收到调解申请之日起15日内没有达成调解协议，或者达成调解协议后在协议约定的期限内，一方当事人不履行的，另一方当事人可以向劳动争议仲裁委员会申请仲裁。

（3）调解是作出仲裁裁决前的必经程序。

《劳动争议调解仲裁法》为了强化重在调解的原则，把调解作为仲裁庭须做的一项工作，调解是作出仲裁裁决前的必经程序。

2. 申请仲裁

发生劳动争议，当事人不愿调解、调解不成或者达成调解协议后不履行的，可以向劳动仲裁委员会申请仲裁。

（1）仲裁的分类及区别。

仲裁主要分为对经济纠纷的经济仲裁和对劳动争议的劳动仲裁。劳动仲裁是指劳动争议仲裁机构对劳动争议当事人争议的事项，根据劳动方面的法律、法规、规章和政策等的规定，依法作出裁决，从而解决劳动争议的一项劳动法律制度。劳动仲裁不同于仲裁法规定的一般经济纠纷的仲裁，其不同点列于下表：

劳动仲裁与经济仲裁的区别

区别	劳动仲裁	经济仲裁
申请程序不同	劳动争议的仲裁，不要求当事人事先或事后达成仲裁协议，只要当事人一方提出申请，有关的仲裁机构即可受理	经济纠纷的仲裁，要求双方当事人在事先或事后达成仲裁协议，然后才能据此向仲裁机构提出仲裁申请
仲裁机构设置不同	劳动争议仲裁机构的设置，主要是在省、自治区的市、县或者直辖市的区、县设立	《仲裁法》规定的仲裁机构，主要在直辖市、省会城市及根据需要在其他设区的市设立
裁决的效力不同	劳动争议仲裁，当事人对裁决不服的，除《劳动争议调解仲裁法》规定的几类特殊劳动争议外，可以向人民法院起诉	《仲裁法》规定一般经济纠纷的仲裁，"实行一裁终局制度"，即仲裁裁决作出后，当事人就同一纠纷再申请仲裁或者向人民法院起诉的，仲裁委员会或者人民法院不予受理

由此可见，劳动争议的裁决一般不是终局的，法律规定仲裁这一程序，主要是考虑到这类纠纷的处理专业性较强，由一些熟悉这方面业务的人员来处理效果比较好，有利于快速、高效地解决纠纷，同时也在一定程度上减轻了法院的诉讼压力，节约了审判资源。

（2）仲裁与诉讼相比的优越性。

与诉讼相比，劳动仲裁法律制度具有一定的优越性，包括：

①快捷。快捷是指用仲裁的方法解决争议程序简便，用时较短。劳动争议需要快速处理，当事人一般都不愿意在纠纷处理上花费很长时间和很多精力，仲裁正好适应了这一要求。

②专业性强。参加仲裁的仲裁员是来自劳动和法律方面的专家，具有处理劳动争议的丰富经验，有利于提高仲裁办案质量。但是，仲裁裁决书发生法律效力后，当事人不履行仲裁裁决的，仲裁机构不能强制执行，只能由当事人申请人民法院强制执行。

3.向人民法院提起诉讼

如果当事人对劳动争议仲裁委员会的仲裁裁决不服的，除本法另有规定的外，当事人可以向人民法院提起诉讼。这里的"除本法另有规定的外"是指本法第四十七条规定的一裁终局的情形。

六、举证责任

本法第六条对当事人在劳动争议发生后的举证责任作出了规定。

1.谁主张，谁举证

当事人主张进行辩论不能空口无凭，而应提供证据加以证明。谁主张什么谁就应该证明什么，否则，提出的事实将有可能不被认定。劳动争议发生以后，调解、仲裁作为非诉讼程序，与诉讼活动一样首先应当查清事实真相，对于双方当事人主张的事实辨明真伪，才能进一步解决劳动争议，满足和保护当事人合理的利益主张。在劳动争议的调解、仲裁阶段，当事人应当像参加诉讼活动一样，积极举证，提供证据证明自己所主张的事实。

2.用人单位的特殊举证责任

本法在一定程度上规定了用人单位的举证责任倒置，但仅仅是涉及"与争议事项有关的证据属于用人单位掌握管理的"情况。这一规定是基于对当事人提供证据的可能性和现实性的考虑，是合理的也是必要的。因为事实上，劳动者和用人单位双方在劳动争议处理程序中处于不平等的地位，双方的维权能力不对称、不平衡。具体表现在：

（1）在劳动争议处理程序中，劳动者仍然是一个个人，通常情况下与掌握大量人力、物力和财力的作为组织体的用人单位相比是弱者，其在劳动争议处理程序中的对抗能力依然远不及用人单位。

（2）劳动者在劳动关系中的弱势地位、隶属地位常常使其在劳动争议处理程序中继续处于弱势地位，例如用人单位由于其在劳动关系中的管理者地位掌握着更多的信息，因而在劳动关系中具有比劳动者强得多的举证能力。

（3）劳动争议处理程序中的劳动者常常由于劳动关系尚未解除而仍然处于用人单位的管理之下，这时劳动者在劳动争议处理程序中的行为仍然直接受制于用人者，劳动者在维系其劳动关系的考量中，不可能与用人单位"奋力抗争"。

（4）有些与争议事项有关的证据是用人单位掌握管理的，例如人事档案、用工花名册，劳动者无法提供或者很难举证。在这种情况下仍然坚持"谁主张，谁举证"，对于劳动者来说就是有失公平的。

本法规定，这些由用人单位掌握管理的证据应当由用人单位提供。用人单位不提供的，这里的"不提供"是指用人单位主观上"不提供",而不是客观上的"不能提供"。那么,用人单位就必然因为自己不提供其应当提供的证据而承担不利的法律后果。这一举证责任原则,应当贯穿于调解、仲裁、诉讼的全过程。

七、劳动争议处理的代表人制度

本法第七条是关于推举代表参加调解、仲裁或者诉讼活动的规定。

《民事诉讼法》第五十六条规定,当事人一方人数众多的共同诉讼,可以由当事人推选代表人进行诉讼。《劳动争议调解仲裁法》对人数作出明确规定,"发生劳动争议的劳动者一方在十人以上,并有共同请求的,可以推举代表参加调解、仲裁或者诉讼活动。"

关于代表人的推选,本条规定10名以上的劳动者可以推举代表参加调解、仲裁或者诉讼活动,当事人必须推举他们之中的人做代表,而不能选当事人之外的人。

八、劳动争议处理的协调劳动关系三方机制

本法第八条是有关建立协调劳动关系三方机制的规定。

协商劳动关系三方机制是国际上许多市场经济国家的通行做法,实践证明这一机制能够缓解劳资矛盾、稳定劳动关系、维护企业和职工的合法权益,同时,对于促进经济发展和社会进步也能起到重要作用。

在我国,三方协商机制由代表政府的劳动行政部门、代表职工的工会组织和代表企业的某些企业代表组织组成。具体来说,处理劳动争议的三方协商机制中的"三方"是指下表中的三方:

我国三方协商机制中的"三方"

序号	三方	说明
1	政府代表	《工会法》和《劳动法》中都明确规定三方协商机制中的政府代表是劳动行政部门。一直以来,我国参加国际劳工大会的政府代表也是劳动行政部门。因此,处理劳动争议的三方协商机制中的政府代表理应由政府劳动行政部门担任
2	职工代表	由于三方机制是协商劳动关系方面的重大问题,例如处理劳动争议的重大共性问题,往往会超出具体企业的范围。在这种情况下,代表职工参加三方协商机制的是全国总工会和各级地方总工会
3	企业组织代表	由于我国经济体制改革的影响,企业的所有制形式和组织形式发生了巨大变化,代表企业的各种组织也有一个变化发展的过程。改革开放初期,我国经贸委代表企业组织。之后,全国各地建立了企业联合会(企业家协会),不过当时该组织代表的是国有企业。随着各类新建企业的迅猛发展,代表非公有制经济的各级工商联组织逐步完善,此外个体经营者协会、青年企业家协会、女企业家协会、民间的商会等纷纷成立,作为企业一方代表,它们都可以成为三方协商机制的一方。目前,在中央层面,中国企业联合会或者全国工商业联合会是企业方代表

九、劳动监察

本法第九条是关于用人单位有违反国家规定,拖欠或者未足额支付劳动报酬,或者拖欠工伤医疗费、经济补偿或者赔偿金的,劳动者可以向劳动行政部门进行投诉的规定。

1.劳动监察的部门及监察事项

《劳动合同法》明确规定,县级以上地方人民政府劳动行政部门负责本行政区域内劳动合同制

度实施的监督管理,对下列实施劳动合同制度的情况进行监督检查:
（1）用人单位制定直接涉及劳动者切身利益的规章制度及其执行的情况。
（2）用人单位与劳动者订立和解除劳动合同的情况。
（3）劳务派遣单位和用工单位遵守劳务派遣有关规定的情况。
（4）用人单位遵守国家关于劳动者工作时间和休息休假规定的情况。
（5）用人单位支付劳动合同约定的劳动报酬和执行最低工资标准的情况。
（6）用人单位参加各项社会保险和缴纳社会保险费的情况。
（7）法律、法规规定的其他劳动监察事项。

此外，2004年国务院颁布的《劳动保障监察条例》规定，劳动保障行政部门对下列事项实施劳动保障监察：
（1）用人单位制定内部劳动保障规章制度的情况。
（2）用人单位与劳动者订立劳动合同的情况。
（3）用人单位遵守禁止使用童工规定的情况。
（4）用人单位遵守女职工和未成年工特殊劳动保护规定的情况。
（5）用人单位遵守工作时间和休息休假规定的情况。
（6）用人单位支付劳动者工资和执行最低工资标准的情况。
（7）用人单位参加各项社会保险和缴纳社会保险费的情况。
（8）职业介绍机构、职业技能培训机构和职业技能考核鉴定机构遵守国家有关职业介绍、职业技能培训和职业技能考核鉴定的规定的情况。
（9）法律、法规规定的其他劳动保障监察事项。

2.劳动者的依法举报、投诉权

根据上述法律、法规的规定，对于用人单位有违反国家规定，拖欠或者未足额支付劳动报酬，或者拖欠工伤医疗费、经济补偿或者赔偿金的，劳动者均可以依法向劳动监察部门进行举报、投诉，由劳动监察部门在查清事实后依法处理。

这里应当指出的是，劳动争议调解组织、劳动争议仲裁委员会在受理劳动争议案件时，如果发现案件属于上述用人单位违反国家规定，拖欠或者未足额支付劳动报酬，拖欠工伤医疗费、经济补偿或者赔偿金的，可以建议劳动者直接向劳动行政部门进行投诉，由劳动监察部门进行处理，以节省劳动者维权的时间和成本，使劳动者能在一个相对短的时间内拿到被拖欠的劳动报酬、工伤医疗费、经济补偿或者赔偿金，从而解决其个人和家庭的生计等问题。但是如果劳动者对上述案件不愿意向劳动行政部门进行投诉，仍坚持走调解、仲裁等劳动争议处理程序的，劳动争议调解组织、劳动争议仲裁委员会应当依法予以受理，不能推诿。

有关调解条款的解读

一、调解组织

本法第十条确立了劳动争议的调解组织。本法规定的调解组织有：
（1）企业劳动争议调解委员会。

(2) 依法设立的基层人民调解组织。

(3) 在乡镇、街道设立的具有劳动争议调解职能的组织。

发生劳动争议时，当事人可以向本法规定的三类调解组织申请调解。企业有劳动争议调解委员会的，劳动者既可以向本企业调解委员会申请调解，也可以向其他调解组织申请调解。

二、担任调解员的条件

本法第十一条规定劳动争议调解组织的调解员应当由公道正派、联系群众、热心调解工作，并具有一定法律知识、政策水平和文化水平的成年公民担任。

三、调解申请

本法第十二条是关于申请劳动争议调解申请的形式的规定。根据本条规定，当事人申请调解既可以采取书面形式，也可以采取口头形式。

1. 书面申请

书面申请就是采取书写调解申请书的方式，提出调解申请。本法对调解申请书的内容没有作明确规定，实践中，调解申请书应当包括：

（1）申请人的姓名、住址和身份证号或者其他身份证件号码以及联系方式和被申请人名称、住所以及法定代表人或者主要负责人的姓名、职务等。

（2）发生争议的事实、申请人的主张和理由等。

2. 口头申请

调解是一种比较灵活的处理劳动争议的形式，法律不要求有严格的形式，因此，申请调解，也可以口头申请。

口头申请的，调解组织应当当场记录申请人基本情况、申请调解的争议事项、理由和时间。申请人基本情况包括申请人的姓名、住址和身份证号或者其他身份证件号码以及联系方式。此外，还应当记录被申请人名称、住所以及法定代表人或者主要负责人的姓名、职务等。由于调解程序有时限要求，根据本法第十四条第三款的规定，自劳动争议调解组织收到申请之日起15日内未达成调解协议的，当事人可以依法申请仲裁。因此，口头申请需要记录申请时间，作为调解组织收到调解申请的时间依据。

四、调解方式

本法第十三条确立了劳动争议的调解方式。调解劳动争议，就是要做劳动争议双方的思想工作，以事实为依据，根据法律、法规和政策，陈述利害，晓之以理，动之以情，帮助双方解决分歧，就争议事项达成共识。

五、调解协议

本法第十四条是关于调解协议书和调解协议效力的规定。

1. 制作调解协议书

调解协议书是劳动争议双方达成调解的书面证明，是一项重要的法律文书。本法只对调解协议书的形式作了规定，而对调解协议书的内容未作出明确规定，从实践上看，调解协议主要应当载明争议双方达成的权利和义务的内容、履行协议的期限等。

2.调解协议的效力

本条规定调解协议书由双方当事人签名或者盖章，经调解员签名并加盖调解组织印章后生效，对双方当事人具有约束力，当事人应当履行。

3.十五日内未达成调解协议的，当事人可以依法申请仲裁

调解不是解决劳动争议的必经程序，调解的目的是要用一种灵活、简便的机制，尽快解决劳动争议，因此，调解要讲究效率，要及时。为此本条规定：自劳动争议调解组织收到调解申请之日起15日内未达成调解协议的，当事人可以依法申请仲裁。也就是说，调解的期限是15日，在15日内未达成协议的视为调解不成，当事人任何一方都可以向劳动争议仲裁委员会申请仲裁。

六、申请仲裁

本法第十五条是关于当事人不履行调解协议，另一方可以申请仲裁的规定。

本条解决的是调解与仲裁之间如何衔接的问题。根据本法的规定，调解协议对双方当事人均有约束力，达成调解协议的双方都应当自觉履行，但调解协议的效力限于合同效力，不具有直接向人民法院申请强制执行的效力。因此，达成调解协议后，如果一方当事人不履行调解协议，劳动争议并没有得到解决，需要其他的争议解决机制发挥作用。根据本法的规定，仲裁是解决劳动争议的必经程序，如果一方当事人不履行调解协议，另一方当事人就可以依法申请仲裁，以便使劳动争议得以尽快解决。

另外，本法没有明确调解协议应当在什么时间内履行，当事人双方可以在调解协议中确定履行协议的期限，以此判断对方是否履行调解协议，从而确定申请仲裁的时间。

需要注意，达成调解协议后，一方当事人在协议约定期限内不履行调解协议的，当事人既可以以原劳动争议申请仲裁，也可以以调解协议申请仲裁。

七、支付令

本法第十六条是关于劳动者可以向人民法院申请支付令的规定。

1.什么是支付令

支付令是人民法院根据债权人的申请，督促债务人履行债务的程序，是《民事诉讼法》规定的一种法律制度。在解决劳动争议中引入支付令制度始于《劳动合同法》，该法第三十条第二款规定"用人单位拖欠或者未足额支付劳动报酬的，劳动者可以依法向当地人民法院申请支付令，人民法院应当依法发出支付令"。在劳动争议解决中引入支付令制度，主要考虑到两点：一是为了尽快解决劳动争议，保护劳动者的合法权益；二是为了解决调解协议的效力问题，强化调解的作用。

2.适用支付令的范围

本法规定申请支付令的依据是就拖欠劳动报酬、工伤医疗费、经济补偿或者赔偿金事项达成的调解协议。需要注意，根据《劳动合同法》第三十条第二款的规定，用人单位拖欠或者未足额支付劳动报酬的，劳动者可以依法向当地人民法院申请支付令，不一定需要事先达成调解协议。

3.申请支付令的程序

本法没有规定申请支付令的程序，只规定"人民法院应当依法发出支付令"，因此，可以理解

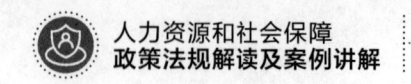

为劳动者申请支付令应当适用《民事诉讼法》的有关规定。根据《民事诉讼法》的规定，申请支付令的程序如下表所示：

申请支付令的程序

序号	程序	操作说明
1	向人民法院提交申请书	考虑到《民事诉讼法》第二百二十五条第二款的规定，劳动者向人民法院提交的申请书应当写明请求给付劳动报酬、工伤医疗费、经济补偿或者赔偿金的数额和所根据的事实、证据。由于劳动者申请支付令的前提是达成了调解协议，因此，劳动者一般只需要提供调解协议书即可
2	向有管辖权的基层人民法院申请	申请支付令的管辖法院的确定应当根据《民事诉讼法》有关管辖的规定。如《民事诉讼法》第二十四条规定："因合同纠纷提起的诉讼，由被告住所地或者合同履行地人民法院管辖。"调解协议具有合同的性质，因此，劳动者可以按照这一条确定申请支付令的管辖法院，选择用人单位所在地或者合同履行地基层人民法院管辖。如果两个以上人民法院都有管辖权的，可以根据《民事诉讼法》第三十六条的规定，劳动者可以向其中一个人民法院申请支付令，劳动者向两个以上有管辖权的法院申请支付令的，由最先受理的人民法院管辖
3	受理	《民事诉讼法》第二百二十六条规定："债权人提出申请后，人民法院应当在五日内通知债权人是否受理。"因此，劳动者提出申请后，人民法院应当在5日内通知劳动者是否受理。一般来说，申请支付令属于本法列举的因支付拖欠劳动报酬、工伤医疗费、经济补偿或者赔偿金事项达成调解协议范围的，法院都应当受理
4	审查和决定	《民事诉讼法》第二百二十七条第一款规定："人民法院受理申请后，经审查债权人提供的事实、证据，对债权债务关系明确、合法的，应当在受理之日起十五日内向债务人发出支付令；申请不成立的，裁定予以驳回。"在劳动争议中引入支付令制度，就是要简化程序，尽快解决劳动争议，实现劳动者的劳动债权。而且，劳动者申请支付令的依据是他与用人单位达成的调解协议，双方权利义务关系比较明确，因此，法院只要审查调解协议是否合法就可以了，一般只进行书面审查，不需要询问当事人和开庭审查。如果人民法院经过书面审查，认为调解协议合法的，应当在15日内向用人单位发出支付令；如果调解协议不合法的，就裁定予以驳回。比如，调解协议违反国家法律、法规的强制性规定，属于无效的，就不能发出支付令，应当驳回
5	清偿或者提出书面异议	《民事诉讼法》第二百二十七条第二款规定："债务人应当自收到支付令之日起十五日内清偿债务，或者向人民法院提出书面异议。"因此，支付令发出后，用人单位要么按照支付令的要求向劳动者支付拖欠劳动报酬、工伤医疗费、经济补偿或者赔偿金，要么提出书面异议
6	申请执行	《民事诉讼法》第二百二十七条第三款规定："债务人在前款规定的期间不提出异议又不履行支付令的，债权人可以向人民法院申请执行。"因此，用人单位在收到人民法院发出的支付令之日起15日内不提出书面异议，又不履行支付令的，劳动者可以向人民法院申请执行，人民法院应当按照《民事诉讼法》规定的执行程序强制执行

4.支付令失效后的处理

本法没有对支付令失效后如何处理作出明确规定，只规定人民法院应当依法发出支付令。那么，人民法院发出支付令，如果用人单位提出异议，支付令失效后，依照《民事诉讼法》的规定，劳动者可以直接向法院提出诉讼。当然，支付令失效后，劳动者也可以向劳动争议仲裁委员会申请仲裁，这样，就给了劳动者一个选择权，如果劳动者向法院申请支付令，当支付令失效后，劳动者选择向法院提起诉讼，那么也就放弃了劳动仲裁的救济方式。

有关仲裁一般规定条款的解读

一、劳动争议仲裁委员会设立

本法第十七条是对劳动争议仲裁委员会的设立作出的规定。

1.劳动争议仲裁委员会设立的原则

依据本条的规定，劳动争议仲裁委员会应当按照统筹规划、合理布局和适应实际需要的原则设立，不按行政区域层层设立，即劳动争议仲裁委员会的设立应根据本地劳动争议处理工作的实际需要，统筹规划劳动争议仲裁委员会的数目，进行合理布局，不按行政区划层层设立。劳动争议仲裁委员会的设立应本着精简、效率的原则，要有利于劳动者仲裁，有利于化解劳动纠纷、及时处理劳动争议。

2.劳动争议仲裁委员会如何设立

依据本条的规定，劳动争议仲裁委员会的设立主要注意以下几个问题：

（1）省、自治区人民政府可以决定在市、县设立。即省、自治区人民政府可以依据本法的规定，决定在本行政区域内的各市、县设立劳动争议仲裁委员会。这里的"市"包括设区的市和不设区的市。根据设立劳动争议仲裁委员会的原则，省级政府决定在市设立了劳动争议仲裁委员会后，就可以考虑不必在每个县都设立。本条还规定，设区的市可以不分别在每个市辖区和县都设立，而是在整个市的范围内设立一个或者若干个劳动争议仲裁委员会。

（2）直辖市人民政府可以决定在区、县设立。即北京、天津、上海和重庆四个直辖市的人民政府，可以决定在其所辖的区和县分别设立劳动争议仲裁委员会，也可以不分别在每个区和县设立，而是在整个市的范围内设立一个劳动争议仲裁委员会，或者将全市划分为若干个辖区，分别设立若干个劳动争议仲裁委员会。

（3）省级人民政府可以决定在各个县、市辖区和不设区的市、市辖区设立劳动争议仲裁委员会，也可以决定在设区的市设立一个劳动争议仲裁委员会，或者不按市辖区、县设立若干个劳动争议仲裁委员会。

总之，各个劳动争议仲裁委员会相互独立，辖区相互不重叠，但辖区总和要覆盖全部行政区划。

二、制定仲裁规则及指导劳动争议仲裁工作

本法规定了国务院劳动行政部门和省、自治区、直辖市人民政府劳动行政部门的职责，如下表所示：

国务院劳动行政部门和省、自治区、直辖市人民政府劳动行政部门的职责

序号	部门	职责
1	国务院劳动行政部门	负责劳动争议仲裁的仲裁规则的制定
2	省、自治区、直辖市人民政府劳动行政部门	对本行政区域的劳动争议仲裁工作进行指导

三、劳动争议仲裁委员会组成及职责

本法第十九条是关于劳动争议仲裁委员会的组成、职责和办事机构的规定。

1.劳动争议仲裁委员会的组成

本条第一款明确规定了劳动争议仲裁委员会由三方代表组成：劳动行政部门代表、工会代表和企业方面代表。劳动争议仲裁委员会的组成体现了劳动关系的三方原则。

劳动争议仲裁委员会的组成

序号	组成代表	说明
1	劳动行政部门代表	在我国，劳动行政部门代表政府主管全国的劳动和社会保障事务。为了维持劳动关系的和谐稳定，保障经济和社会的持续、健康发展，作为主管的劳动行政部门需要把握劳动关系的全局，协调各方面利益。本法明确其作为劳动争议仲裁委员会的一方代表，体现了政府在劳动争议处理中的主导作用
2	工会代表	工会代表作为工会一方的代表，代表了广大职工的利益，工会的参与有利于保护弱势一方劳动者的合法权益
3	企业方面代表	即雇主代表组织，在我国主要是指各种形式的企业联合组织，其中主要有中国企业联合会，但在有些地方则可能是各种形式的商会或者其他企业联合组织，如深圳的外商投资商会等。企业方面代表参与，有利于对相关法律、法规的充分理解和对当事人的说服、调解

劳动争议仲裁委员会由三方组成的好处是可以在争议处理时听取多方面的意见，并获得多方面的协调与支持，这对处理重大疑难案件尤为重要。

2.劳动争议仲裁委员会的人数

鉴于劳动争议仲裁委员会由三方代表组成，三方代表权利义务相同。仲裁委员会作决定时应当按照少数服从多数的原则进行，所以，劳动争议仲裁委员会的组成人数必须是单数。

3.劳动争议仲裁委员会的职责

劳动争议仲裁委员会的基本职责就是处理本辖区内的劳动争议案件，其裁决劳动争议案件实行仲裁庭制，由仲裁员独立仲裁。依据本条第二款的规定，劳动争议仲裁委员会主要还有以下几个方面的具体职责：

（1）聘任、解聘专职或者兼职仲裁员。

（2）受理劳动争议案件。

（3）讨论重大或者疑难的劳动争议案件。

（4）对仲裁活动进行监督。

4.劳动争议仲裁委员会的办事机构

劳动争议仲裁委员会下设的办事机构也是劳动争议仲裁机构的有机组成部分，负责办理劳动争议仲裁委员会的日常事务。劳动争议仲裁委员会虽然为常设机构，但其人员以兼职为主，不是常年集中固定办公，所以，需要设立一个专门的办事机构，为劳动争议仲裁委员会这一权力机构服务，负责日常接待、受理案件、准备仲裁的工作。

（1）劳动争议仲裁委员会的办事机构设在哪里。

本法规定，劳动争议仲裁委员会下设办事机构，负责办理劳动争议仲裁委员会的日常工作。

法律没有明确规定这一办事机构是否必须设在劳动行政部门内部，考虑到各地劳动仲裁工作的延续性，对于劳动争议比较多且已经正在改革尝试的地方，本法关于劳动争议仲裁委员会的设立和办事机构的规定，不会给它们造成法律上的障碍。

（2）劳动争议仲裁委员会的办事机构的职责。

根据目前的劳动争议仲裁委员会组织规则的规定，劳动争议仲裁委员会办事机构的主要职责是：

①承办处理劳动争议案件的日常工作。

②根据劳动争议仲裁委员会的授权，负责管理仲裁员，组织仲裁庭。

③管理仲裁委员会的文书。

④负责劳动争议及其处理方面的法律、法规及政策咨询。

⑤向劳动争议仲裁委员会汇报、请示工作。

⑥办理劳动争议仲裁委员会授权或交办的其他事项。

四、仲裁员名册及资格条件

本法第二十条是关于劳动争议仲裁员名册和仲裁员任职条件的规定。

1.仲裁员名册

本条第一款规定了劳动争议仲裁委员会应当设仲裁员名册。为了方便当事人选择仲裁员，劳动争议仲裁委员会应当将聘任的专职和兼职仲裁员制作名册。劳动争议仲裁委员会可以按照劳动、人事、工会等不同专业方向制作仲裁员名册。

2.仲裁员的任职条件

本条第二款规定了仲裁员的任职条件，主要包括道德素养和业务素质两方面。

（1）仲裁员的道德素养。

根据本款的规定，仲裁员应该公道正派。一般而言，法律规范一般不会对道德规范加以规定。但是对于劳动争议仲裁，仲裁员只有做到作风公道、正派、严谨、不偏不倚，才能保证仲裁裁决的质量。这是维护仲裁公信力的前提，也是人民法院据以确定仲裁裁决是否公正的前提。因此，本法对仲裁员道德素养提出明确要求。

仲裁员还应坚持原则、秉公执法、作风正派、勤政廉洁，拥护党的路线、方针、政策。

（2）仲裁员的业务素质。

仲裁员还要符合以下条件之一的专业素质：

①曾任审判员。

②从事法律研究、教学工作并具有中级以上职称。

③具有法律知识、从事人力资源管理或者工会等专业工作满5年。

④律师执业满3年的。

五、仲裁管辖

本法第二十一条是关于劳动争议仲裁管辖的规定。

我国的劳动争议仲裁实行的是特殊地域管辖，不实行级别管辖或者协定管辖。特殊地域管辖是指依照当事人之间的某一个特殊的联结点确定的管辖。

（1）以劳动合同履行地和用人单位所在地作为联结点确定劳动争议仲裁管辖，因此是特殊地域管辖。

(2) 不允许双方当事人协议选择劳动合同履行地或者用人单位所在地以外的其他劳动争议仲裁委员会进行管辖。

这不同于一般的民商事仲裁，民商事仲裁允许双方当事人依法选择劳动争议仲裁委员会进行仲裁。

本法在劳动争议仲裁委员会的设置上对以往的体制作了一些突破，主要表现在劳动争议仲裁委员会不按行政区划层层设立。劳动争议仲裁委员会设在同一层面的不同地域，相互之间是独立的，没有隶属关系，不存在上级仲裁委员会可以变更或者撤销下级仲裁委员会作出的仲裁裁决的问题。因此，劳动争议仲裁不实行级别管辖。在出现管辖权争议时，法律又明确规定由劳动合同履行地的劳动争议仲裁委员会管辖，这也基本避免了由上级主管部门指定管辖的情形。

另外，劳动争议的管辖还存在移送管辖情形。移送管辖即劳动争议仲裁委员会将已经受理的无管辖权的劳动争议案件移送给有管辖权的劳动争议仲裁委员会。劳动争议仲裁委员会发现受理的劳动争议案件不属于本仲裁委员会管辖时，应当移送有管辖权的劳动争议仲裁委员会。

六、仲裁案件当事人

本法第二十二条对劳动争议仲裁的当事人作出了规定。

1. 仲裁案件的当事人

本条第一款明确规定，发生劳动争议的劳动者和用人单位为劳动争议仲裁案件的双方当事人。这就是说在劳动争议仲裁案件中，当事人只能是发生劳动争议的劳动者和用人单位。

（1）用人单位是法人的，由其法定代表人参加劳动争议仲裁活动；用人单位是非法人组织的，应由其主要负责人参加劳动争议仲裁活动。

（2）在集体合同争议仲裁案件中，当事人劳动者一方由工会作为当事人，这属于特殊情形。

在仲裁程序中当事人则表现为劳动争议仲裁的申请人和被申请人。

仲裁程序中的当事人

类别	说明	主体资格确定
申请人	申请人是指以自己的名义，为了保护自己的权益，依法向劳动争议仲裁委员会提出申请，从而引起仲裁程序发生的人	在实践中，申请人的主体资格容易确定，在目前的劳动争议仲裁案件中，绝大多数申请人为劳动者。确认申请人的主体资格应以是否存在劳动关系为依据。只要劳动者与用人单位存在劳动关系（包括事实劳动关系），与用人单位发生劳动争议申请仲裁的就具有申请人的主体资格。劳动者丧失或者部分丧失民事行为能力的，由其法定代理人代其参加仲裁活动；无法定代理人的，由劳动争议仲裁委员会为其指定代理人。劳动者死亡的，由其近亲属或者代理人参加仲裁活动。而认定被申请人资格则比较复杂
被申请人	被申请人是指因申请人向劳动争议仲裁委员会申诉其侵害了申请人的合法权益，或者对这些权益发生了争议，而被劳动争议仲裁委员会通知应诉的人。申请人和被申请人可以是劳动者或者用人单位，他们都是劳动争议仲裁法律关系的主体	(1)用人单位发生变更的，应以变更后的用人单位作为被申请人。用人单位的变更会对劳动者的劳动权利和义务产生一定影响，但无论怎样变更都不应该导致劳动权利义务的消灭。用人单位与其他用人单位合并的，合并前发生的劳动争议，由合并后的用人单位作为当事人；用人单位分立为若干用人单位的，其分立前发生的劳动争议，由分立后承受其劳动权利和义务的实际用人单位为当事人。用人单位分立为若干单位后，对承受劳动权利义务的单位不明确的，分立后的单位均为当事人。 (2)用人单位终止的，应区分情况以用人单位的主管部门、开办单位或者依法成立的清算组作为被申请人。用人单位因依法撤销、解散、破产、歇业、被吊销营业执照等原因而终止的，直接关系到用人单位的存在及利害关系人的利益，特别是劳动者的利益。 (3)劳动者在其用人单位与其他平等主体之间的承包经营期间，与发包方和承包方双方或者一方发生劳动争议，发包方和承包方为劳动争议的共同当事人

2. 当事人申请劳动争议仲裁应当具备的条件

当事人申请劳动争议仲裁应当具备的条件有：

（1）申诉人必须是与申请仲裁的劳动争议有直接利害关系的劳动者或者用人单位。

（2）申请仲裁的争议必须是劳动争议。如果不是劳动争议，而是民事、经济纠纷，或者是劳动行政纠纷，劳动争议仲裁委员会将不予受理。

（3）申请仲裁的劳动争议必须是属于本法第二条规定的劳动争议仲裁的受案范围。

（4）当事人必须向有管辖权的劳动争议仲裁委员会申请仲裁。

（5）有明确的被申请人和具体的仲裁请求及事实依据。

（6）除非遇到不可抗力或者有其他正当理由，申请仲裁必须在本法规定的时效内提出等。

3. 劳务派遣单位或者用工单位与劳动者发生劳动争议的当事人

本条第二款明确规定了劳务派遣单位或者用工单位与劳动者发生劳动争议的，劳务派遣单位和用工单位为共同当事人。

七、仲裁案件第三人

本法第二十三条是关于劳动争议仲裁第三人的规定。

1. 什么是劳动争议仲裁案件第三人

劳动争议仲裁中的第三人是指与劳动争议案件的处理结果有法律上的利害关系，仲裁程序开始后参加进来以维护自己的合法权益的人。

第三人参加仲裁活动，既可以由自己主动申请参加，也可以由仲裁委员会通知其参加。广义上当事人应当包括第三人，显然本法采用了狭义的当事人概念，同时对劳动争议仲裁当事人和第三人制度作出规定。

2. 为什么要第三人参加

一般来说，劳动争议必须有双方当事人，申请人和被申请人，但在个别情况下，也可能出现第三人参加劳动争议仲裁活动。如劳动者在执行职务过程中受到第三方的侵害致伤或者死亡，侵权第三方与其案件的处理具有法律上的利害关系，涉及如何区分劳动者所在单位与侵权第三方的法律责任承担问题；再如，借用职工在借用单位发生工伤事故致残或者死亡，涉及原工作单位和借用单位对职工工伤待遇给付问题；以及工伤争议中涉及未成年子女抚养问题等。

上述情况中的侵权第三方、借用单位、未成年子女与案件的处理结果具有法律上的利害关系，应作为第三人参加仲裁活动。第三人参加仲裁活动对查明事实，及时公正处理案件有利。

3. 在第三人参加仲裁活动中应注意的问题

在第三人参加仲裁活动中应注意以下几个方面的问题：

（1）第三人与案件处理结果有法律上的利害关系是指实体权利义务上的关系。

（2）第三人参加仲裁活动有两种方式：第三人申请参加仲裁，或者由劳动争议仲裁委员会通知第三人参加仲裁。

（3）第三人参加仲裁的时间应是在劳动争议仲裁程序开始后且尚未作出仲裁裁决之前。

（4）凡是涉及第三人利害的劳动争议案件，第三人未参加仲裁的，仲裁裁决对其不发生法律

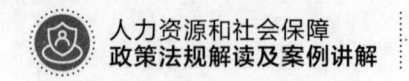

效力。

（5）参加仲裁活动的第三人，如对仲裁裁决其承担责任不服，可以依法向人民法院提起诉讼。

（6）在仲裁中，第三人的具体权利义务主要表现为：

①有权了解申请人申诉、被申请人答辩的事实和理由。

②有权要求查阅和复制案卷的有关材料，了解仲裁的进展情况。

③有权陈述自己的意见，并向劳动争议仲裁委员会递交自己对该争议的意见书。

④无权对案件的管辖权提出异议。

⑤无权放弃或者变更申请人或者被申请人的仲裁请求。

⑥不得撤回仲裁申请；等等。

另外，根据《劳动合同法》第九十一条的规定，"用人单位招用与其他用人单位尚未解除或者终止劳动合同的劳动者，给其他用人单位造成损失的，应当承担连带赔偿责任。"在这种情形下，原用人单位与劳动者因劳动争议申请劳动争议仲裁的，可以列新用人单位为第三人。

八、委托代理

本法第二十四条是对劳动争议委托仲裁代理行为作出了规定。

1.当事人享有委托权

本条规定，当事人可以委托代理人参加仲裁活动。参照《民事诉讼法》的规定以及劳动争议仲裁的理论，当事人的法定代理人同样可以委托代理人参加仲裁活动。如当事人因工伤丧失民事行为能力，由其父亲依法担任其法定代理人，在对其工伤赔偿进行的劳动争议仲裁中，其父亲（即其法定代理人）也可以委托代理人参加仲裁活动。

（1）可以作为仲裁代理人的人

当事人有权选择何人作为自己的代理人参加仲裁活动，但为了维护劳动争议仲裁权威，保障仲裁活动的顺利进行，参照《民事诉讼法》的有关规定，一些省市的有关规定中一般认为律师、当事人的近亲属、有关的社会团体或者所在单位推荐的人、有正当理由并经劳动争议仲裁委员会许可的其他公民，可以作为劳动争议仲裁代理人。无民事行为能力、限制民事行为能力或者可能损害被代理人利益的人，以及经劳动争议仲裁委员会认为审查无代理资格的人，不能作为劳动仲裁代理人。

（2）代理人必须得到当事人的委托授权

显然，可以受当事人委托代理其参加仲裁活动的人的范围非常广泛，包括当事人的近亲属、律师、社会团体推荐的人、当事人所在单位推荐的人、劳动仲裁委员会许可的其他公民。当事人可以根据自己的情况做出选择，但无论代理人为何人，都必须得到当事人的委托授权，方可代为参与仲裁活动。

2.应当向劳动争议仲裁委员会提交委托书

（1）当事人委托代理人参加仲裁活动的，应在委托代理人参加仲裁活动前将授权委托书送交劳动争议仲裁委员会，由劳动争议仲裁委员会对其代理人资格进行审查。经审查，不符合有关规定的，仲裁委员会有权取消其代理资格。

（2）当事人委托他人参加仲裁活动的授权委托书，应当有委托人的签名或者盖章。

3.委托书应当载明委托事项和权限

当事人必须向劳动争议仲裁委员会提交的授权委托书应当明确委托事项和权限。根据授权范围的不同，可以将劳动争议仲裁中的委托代理分为一般委托代理和特别委托代理。一般委托代理，是指代理人只能为被代理人代理一般仲裁行为。特别委托代理，是指代理人不仅可以为被代理人代理一般仲裁行为，而且还可以根据被代理人的特别授权，代为承认、放弃、变更仲裁请求，进行和解、调解等仲裁行为的代理。通常，我们所说的委托代理都是指一般委托代理，如果对代理人进行特别授权，应当对此作出特别且明确的说明。授权委托书无明确授权的，只写"委托某某代理仲裁"的，视为代理人无权代为承认、放弃、变更仲裁请求，进行和解、请求和接受调解，但可以进行除上述涉及实体权利处分以外的其他一切仲裁行为。

关于委托代理的终止，本法没有作出明确规定，一般认为，委托代理产生后，出现下列情形之一的，委托代理权即归于消失：

（1）仲裁程序终结。

（2）委托代理人死亡或者丧失行为能力。

（3）委托人解除委托或者代理人辞去委托。

九、法定代理和指定代理

本法第二十五条是关于法定代理和指定代理的规定。

1. 法定仲裁代理

（1）被代理人。

本条所指的被代理人是指虽为成年人但因疾病、伤害等情况丧失或者部分丧失民事行为能力的人。

（2）法定代理人。

本条所指的法定代理人是根据法律的规定行使代理权，代理当事人参加仲裁活动的人，本法没有对法定仲裁代理人的范围作出直接的规定。《民事诉讼法》第六十条规定："无诉讼行为能力人由他的监护人作为法定代理人代为诉讼。"一般认为，在劳动争议仲裁中，丧失或者部分丧失民事行为能力的劳动者的监护人是他的法定代理人。实践中，最常见的法定仲裁代理人主要有父母、配偶、成年的兄、姐等。

法定代理是法律为保护被代理人合法权益而设立的一项法律制度。对法定代理人来说，担任代理人既是法律赋予的民事权利，也是一项民事义务。法定代理人没有充分理由，不得拒绝代理。在仲裁程序中，法定代理人的代理权因下列情形之一而消失：

①被代理人恢复了行为能力。

②被代理人死亡。

③法定代理人死亡或者丧失行为能力。

④法定代理人失去对被代理人的亲权或者监护权。

2. 指定仲裁代理

指定仲裁代理是指根据劳动争议仲裁委员会的指定，而代理丧失或者部分丧失民事行为能力的劳动者参加仲裁活动的人。

根据本条的规定，劳动争议仲裁委员会指定代理人主要是由于丧失或者部分丧失民事行为能力的劳动者，本身在参加仲裁的能力上已经存在欠缺，如果又没有法定代理人代其参加仲裁，那么一方面在仲裁过程中，很可能出现一边倒的局面，劳动者的合法权益很难得到有效维护；另一方面，仲裁审理也很难顺利进行。所以，为保障仲裁的公正性，由劳动争议仲裁委员会为其指定代理人。参照《民法典》的规定，指定代理人主要是指丧失或者部分丧失民事行为能力的劳动者住所地的居

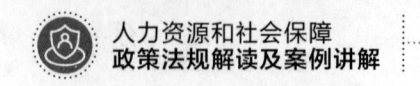

民委员会、村民委员会或者民政部门。这里需要注意的是，根据《民法典》的规定，其所在单位也可以作为监护人，在仲裁中作为该劳动者的法定代理人参加仲裁，但由于劳动争议仲裁的另一方当事人往往是其所在单位，根据禁止自己代理的规定，不能指定其为劳动争议仲裁的法定代理人。

3. 劳动者死亡的情形

劳动者死亡的，由其近亲属或者代理人参加仲裁活动。劳动者死亡后，若其生前所参加的劳动关系引发的劳动争议还未得到处理的，为保障劳动者及其家属的合法权益，由其近亲属或者代理人参加仲裁活动。这时，其近亲属或者代理人是仲裁案件的当事人。

十、仲裁公开

本法第二十六条是关于劳动争议仲裁公开的规定。

劳动争议仲裁公开进行，是指仲裁庭公开开庭审理。仲裁公开是劳动争议仲裁的一项重要制度。

但并不是所有的劳动争议仲裁案件都公开进行，一些特殊案件如公开进行，反而可能会不利于当事人权益的保护，带来消极的社会影响，甚至给国家利益、社会利益造成巨大损失。因此，本条规定双方当事人协议不公开，或者劳动争议涉及国家秘密、商业秘密和个人隐私的，不进行公开仲裁。

有关仲裁申请和受理条款的解读

一、仲裁时效

本法第二十七条就申请仲裁的时效期间作出了规定。

1. 仲裁时效为一年

关于仲裁时效的期间，现行的《劳动法》第八十二条规定："提出仲裁要求的一方应当自劳动争议发生之日起六十日内向劳动争议仲裁委员会提出书面申请。"而《民法典》规定的一般民事权利诉讼时效为3年。《劳动法》的这一时效规定区别于民事争议的诉讼时效期间，这是基于劳动争议案件的特殊性而作出的规定，旨在尽快地解决劳动争议。但在实际执行中，由于有些劳动争议案件的情况很复杂，劳动者难以在60日内申请仲裁，往往因为超过了仲裁时效而得不到法律保护。因此，本法参照了《民法典》关于民事权利的诉讼时效的规定，延长了申请仲裁的时效期间，将劳动争议仲裁的时效期间规定为1年。

2. 仲裁时效的计算

根据本条规定，仲裁时效期间从当事人知道或者应当知道其权利被侵害之日起计算。

仲裁时效的起算，以权利人的权利客观上受到了侵害且主观上已知晓权利被侵害的事实为构成要件。权利人主观上认为自己的权利受到了侵害，而事实上其权利并未受到侵害的，不能使仲裁时效期间开始计算。

3. 仲裁时效的中断

仲裁时效的中断，是指在仲裁时效进行期间，因发生法定事由致使已经经过的仲裁时效期间统归无效，待时效中断事由消除后，重新开始计算仲裁时效期间。

（1）仲裁时效中断的法定事由。

本条第二款规定"前款规定的仲裁时效，因当事人一方向对方当事人主张权利，或者向有关部门请求权利救济，或者对方当事人同意履行义务而中断"。因此，仲裁时效中断的法定事由有三种情形：

①向对方当事人主张权利。如劳动者向用人单位讨要被拖欠的工资或者经济补偿。

②向有关部门请求权利救济。如劳动者向劳动监察部门或者工会反映用人单位违法要求加班，请求保护休息权利；也可以指向劳动争议调解组织申请调解。

③对方当事人同意履行义务。如劳动者向用人单位讨要被拖欠的工资，用人单位答应支付。

需要注意的是，认定时效是否中断，需要由请求确认仲裁时效中断的一方当事人提供有上述三种情形之一的证据。因此，需要当事人有证据意识，注意保留和收集证据。

（2）仲裁时效中断的法律后果。

发生仲裁时效中断时，已经进行的仲裁时效期间统归无效，重新开始计算时效期间。本条第二款规定"从中断时起，仲裁时效期间重新计算"。这里的"中断时起"应理解为中断事由消除时起。如权利人申请调解的，经调解达不成协议的，应自调解不成之日起重新计算；如达成调解协议，自义务人应当履行义务的期限届满之日起计算等。

4.仲裁时效的中止

仲裁时效的中止，是指在仲裁时效进行中的某一阶段，因发生法定事由致使权利人不能行使请求权，暂停计算仲裁时效，待阻碍时效进行的事由消除后，继续进行仲裁时效期间的计算。

（1）仲裁时效中止的事由。

仲裁时效的中止是因权利人不能行使请求权才发生的，因而发生仲裁时效中止的事由应是阻碍权利人行使权利的客观事实、无法预知的客观障碍。本条第三款规定："因不可抗力或者有其他正当理由，当事人不能在本条第一款规定的仲裁时效期间申请仲裁的，仲裁时效中止。"根据《民法典》第一百八十条规定，这里的"不可抗力"是指不能预见、不能避免并且不能克服的客观情况，如发生特大自然灾害、地震等。这里的"其他正当理由"，是指除不可抗力外阻碍权利人行使请求权的客观事实。如权利人为无民事行为能力人或限制民事行为能力人而无法定代理人，或其法定代理人死亡或丧失民事行为能力等。

（2）仲裁时效中止的法律后果。

根据本条第三款规定："从中止时效的原因消除之日起，仲裁时效期间继续计算。"因此，在发生仲裁时效中止时，已经进行的诉讼时效仍然有效，仅仅是将时效中止的时间不计入仲裁时效期间，也就是将时效中止前后时效进行的时间合并计算仲裁时效期间。

5.劳动报酬争议仲裁的特别时效

本条规定申请劳动仲裁的一般时效为1年。但是，在有些情况下，1年的时效期间还不能保护劳动者的合法权益。如在有的行业，尤其是建筑业，拖欠工资问题比较突出，工人的劳动报酬很多到年底才结算，还有些劳动者为了维持劳动关系，在劳动关系存续期间对用人单位拖欠劳动报酬的行为不敢主张权利。如果都适用1年的仲裁期间，则不利于保护他们的合法权益。因此，本条第四款规定："劳动关系存续期间因拖欠劳动报酬发生争议的，劳动者申请仲裁不受本条第一款规定的仲裁时效期间的限制。"对于劳动者与用人单位的劳动关系已经终止的情况，则没有维系劳动关系这样的顾虑，因此，本条第四款作出了"劳动关系终止的，应当自劳动关系终止之日起1年内提出"的规定。

二、仲裁申请

本法第二十八条是关于仲裁申请书的规定。

1. 书面申请

根据本条规定，申请人提交书面仲裁申请，应按照被申请人人数递交相应份数的仲裁申请书副本，即与仲裁申请书内容相同的文本，是相对于递交劳动争议仲裁委员会的那份仲裁申请书而言的。劳动争议仲裁委员会保留一份为正本，送达被申请人的各份为副本。

2. 仲裁申请书的内容

申请人为争取劳动争议仲裁委员会受理本案并在仲裁中争取有利法律后果，应当认真书写仲裁申请。根据本条规定，仲裁申请书应当载明下列事项：

（1）劳动者的姓名、性别、年龄、职业、工作单位和住所，用人单位的名称、住所和法定代表人或者主要负责人的姓名、职务。

申请书应当按申请人、被申请人分别列明以上情况。申请人由法定代理人代为仲裁的，或者申请人委托律师或他人代为仲裁的，还应说明法定代理人或委托代理人的基本情况。代理人是律师的，只要写明其所属律师事务所的名称，而不需写明律师的基本情况。写明当事人的基本情况，有助于仲裁委员会审核、认定双方当事人的主体资格，便于仲裁委员会与当事人进行联络。

（2）仲裁请求和所根据的事实、理由。仲裁请求所根据的事实和理由包括：当事人之间纠纷形成的事实、双方当事人争执的焦点，请求的依据和理由及适用的法律等。这部分内容作为仲裁申请书的核心内容，所述事实理由应当实事求是，于法有据，简明概括。

（3）证据和证据来源、证人姓名和住所。

（4）其他。包括写明选定的申请仲裁的劳动争议仲裁委员会的全称，申请仲裁的时间，并在右下方写明申请人的姓名：申请人是法人或其他组织的，要写全称，并另行写明法定代表人或主要负责人的姓名、职务，加盖法人或其他组织的公章。此外，还应注明仲裁申请书副本的份数，以及提交证据的名称、份数，并将其按编号顺序附于仲裁申请书后。

3. 口头申请

申请人申请仲裁应当提交书面仲裁申请，但是根据本条第三款规定："书写仲裁申请确有困难的，可以口头申请，由劳动争议仲裁委员会记入笔录，并告知对方当事人。"根据该规定，申请仲裁有书面申请和口头申请两种方式，以书面申请为原则，口头申请为例外。

此处所说的"书写仲裁申请确有困难"，一般是指申请人本人因文化水平低或法律知识欠缺而造成的自行书写仲裁申请确有困难的情形，在这两种情形下，都可以进行口头申请。

以口头的方式提起仲裁申请，由劳动争议仲裁委员会记入笔录，笔录应由申请人签名或盖章，与书面仲裁申请具有同等效力。劳动争议仲裁委员会既可以将抄录的申请人口述笔录送给被申请人，也可以将申请人口述的主要内容口头告知被申请人。

三、仲裁申请的受理和不予受理

本法第二十九条是关于仲裁申请的受理与不受理的规定。

仲裁的受理是指劳动争议仲裁委员会对当事人的申请，经审查后认为符合受理条件，决定立案受理，从而引起仲裁程序开始的行为。仲裁程序的开始，是申请与受理二者的结合。

1. 审查和受理

劳动争议仲裁委员会受理当事人的仲裁申请后,应当对仲裁申请进行认真的审查。

(1) 审查事项。

本法没有明确受理条件,但根据相关条文和参考《民事诉讼法》的有关规定,劳动争议仲裁委员会可以从以下几个方面进行审查:

审查的事项说明

序号	审查事项	说明
1	是否属于劳动争议	(1)根据本法第二条的规定,中华人民共和国境内的用人单位与劳动者发生的下列劳动争议,适用本法: ①因确认劳动关系发生的争议; ②因订立、履行、变更、解除和终止劳动合同发生的争议; ③因除名、辞退和辞职、离职发生的争议; ④因工作时间、休息休假、社会保险、福利、培训以及劳动保护发生的争议; ⑤因劳动报酬、工伤医疗费、经济补偿或者赔偿金等发生的争议; ⑥法律、法规规定的其他劳动争议。 (2)劳动争议仲裁委员会只负责审理法定的劳动争议案件,如果双方争议的事项不属于上述规定的内容,不是劳动争议,则不属于劳动争议仲裁委员会的受案范围,劳动争议仲裁委员会应当不予受理
2	是否属于受理的劳动争议仲裁委员会管辖	本法第二十一条第二款规定:"劳动争议由劳动合同履行地或者用人单位所在地的劳动争议仲裁委员会管辖。双方当事人分别向劳动合同履行地和用人单位所在地的劳动争议仲裁委员会申请仲裁的,由劳动合同履行地的劳动争议仲裁委员会管辖。"因此,劳动争议仲裁委员会受理当事人的仲裁申请后,应当审查是否属于本仲裁委员会管辖。如果不属于本仲裁委员会管辖的,应当移送有管辖权的劳动争议仲裁委员会
3	申请人与申请仲裁的事项是否有直接利害关系	有直接利害关系是指申请人自己的劳动权利受到侵害或者与另一方当事人发生劳动争议。只有为保护自己的劳动权利而申请仲裁的申请人,才是合格的申请人
4	是否有明确的被申请人	申请人提出仲裁申请,应当明确被申请人是谁,也就是说与谁发生劳动争议
5	是否有具体的仲裁请求和事实、理由	仲裁请求是申请人想通过仲裁程序达到的目的,也就是向劳动争议仲裁委员会提出保护自己权利的具体内容。仲裁请求所根据的事实和理由包括:当事人之间纠纷形成的事实、双方当事人争执的焦点、请求的依据和理由及适用的法律等

(2) 受理期限规定。

劳动争议仲裁委员会经过审查,认为符合上述条件的,就应当在收到仲裁申请之日起5日内受理。

这里规定的"5日"劳动仲裁受理的期限较短,如果这期间内还包含双休日或者法定节假日,除去双休日或者法定节假日占用的时间,则劳动争议仲裁机构很难在一两天时间内完成劳动争议案件仲裁受理所必需的一些前期准备工作,这将给劳动争议处理工作造成被动局面。因此,本条"5日"是指工作日,不含法定节假日。

2. 不予受理

根据本条规定,劳动争议仲裁委员会认为不符合受理条件的,应当书面通知申请人不予受理,并说明理由,便于申请人寻求司法救济。如果劳动争议仲裁委员会不在规定的时间内作出受理决定或者出具不予受理通知书,拖延了时间,使劳动争议双方的权利义务关系处于不确定状态,不利于劳动争议案件的处理，损害了当事人的合法权益。因此，本条规定："对劳动仲裁委员会不予受理或者逾期未作出决定的，申请人可以就该劳动争议事项向人民法院提起诉讼。"根据这一规定，如果劳动争议仲裁委员会不予受理或者超过了5日没有向申请人出具不予受理通知书的，当事人即可以就劳动争议的内容向人民法院提起诉讼，进入诉讼程序，由人民法院审理劳动争议案件。应当注意的是，这样的规定也意味着如果劳动争议仲裁委员会既不受理，也不出具不予受理书面通知的，申请人可以直接向人民法院提起诉讼。

本法没有对不予受理或者逾期未作出是否受理决定的情况下，申请人向法院提起诉讼的期间作出规定。应当理解为提起诉讼的期间适用民事诉讼时效的规定。

四、仲裁申请送达与仲裁答辩书的提供

本法第三十条是关于受理后的仲裁准备工作的规定。

劳动争议仲裁委员会受理仲裁申请后，为了保证将来仲裁程序的顺利进行应当做好相应的准备工作。

1. 将仲裁申请书副本送达被申请人

（1）根据本条规定，劳动争议仲裁委员会受理仲裁申请后，应当在5日内将仲裁申请书副本送达被申请人。

（2）向被申请人送达申请书副本，目的在于使被申请人能了解申请人的仲裁请求和事实、理由，以便及时提出答辩，以维护自己的合法权益。

（3）如果申请人是口头申请仲裁的，劳动争议仲裁委员会也应在5日内将口述笔录的复制本送达被申请人，或者口头将申请人申请的内容通知被申请人。

（4）向被申请人送达仲裁申请书副本的期限从立案之次日起计算。

2. 被申请人提交答辩书

（1）根据本条第二款的规定，被申请人收到仲裁申请书副本后，应当在10日内向劳动争议仲裁委员会提交答辩书。

（2）被申请人的答辩应以书面的方式作出。被申请人应当给予仲裁答辩书以足够的重视。

（3）一份完整、规范的仲裁答辩书主要由以下部分组成：

①首部主要包括标题和当事人基本情况。

②案由。简要写明对何人提出的何仲裁案件进行答辩。

③答辩意见。该部分应对申请人的仲裁请求进行明确答复，清楚地表明自己的态度，写明自己对案件的主张和理由。一般先陈述事实，再提出自己的意见，或承认其请求，或反驳其请求，对仲裁请求的反驳，既可以从实体上，也可以从程序上进行反驳，重点是揭示对方法律行为的错误之处，对方陈述的事实和依据的证据中的不实之处；提出相反的证据，说明自己法律行为的合法性；列举有关法律规定，论证自己主张的正确性，以便请求劳动争议仲裁委员会通过仲裁予以法律保护。从程序上反驳主要是说明申请人不能提请仲裁，仲裁庭对案件没有管辖权等方面。

④反请求。若被申请人有反请求，要具体写明反请求的各项内容及其所依据的事实证据和理由。

⑤尾部。该部分应写明致送的劳动争议仲裁委员会的全称，在右下方写明答辩人的姓名，答辩人是法人或其他组织的，要写出其全称，并另行写出法定代表人或主要负责人的姓名、职务，如委托仲裁代理人，代理人也应签名、盖章，并注明年、月、日。在附项栏中写明附件的份数及名称并按顺序号装订在答辩书正文之后。

（4）提交答辩书是被申请人在仲裁中的一项权利，当事人可以提交答辩书，也可以不提交答

辩书。根据本条的规定，被申请人未提交答辩书的，不影响仲裁程序的进行。在实践中，被申请人不作答辩的现象比较普遍，被申请人未提交答辩书的，不影响劳动争议仲裁委员会对案件的审理，也不影响仲裁程序的进行，这是保证开庭审理顺利进行的必要规定。

3. 答辩书副本的送达

（1）劳动争议仲裁委员会收到答辩书后，应当在5日内将答辩书副本送达申请人。

（2）被申请人提出答辩书的期间自被申请人收到申请人的仲裁申请书副本之次日起计算。

有关仲裁开庭和裁决条款的解读

一、仲裁庭组成

本法第三十一条是关于劳动争议仲裁案件实行仲裁庭制的规定。

1. 仲裁庭制

大家都知道，法院受理案件后，并不是由整个法院来对每一个具体案件进行审理，而是由审判员组成审判庭来对案件进行具体审理。同样，对于劳动争议案件，也不是由仲裁委员会来对每一个案件进行具体的裁决，而是由临时组成的仲裁庭来对劳动争议案件进行裁决，这也就是所谓的仲裁庭制。

本法第十九条规定，"聘任、解聘专职或者兼职仲裁员""受理劳动争议案件"是劳动争议仲裁委员会的重要职责。根据上述规定，劳动争议仲裁委员会受理劳动争议案件后，根据案情的不同，在已聘任的仲裁员中选择1名或者3名组成临时性的仲裁庭，对该案件进行仲裁。仲裁庭不是仲裁委员会常设机构，而是用于对具体案件进行仲裁的临时性的办案组织形式。仲裁庭在仲裁委员会领导下处理劳动争议案件，实行一案一庭制。

2. 仲裁庭的组成

根据本条的规定，仲裁庭的组成有两种形式，一种是合议庭，另一种是独任庭。

（1）合议庭制。

合议庭是指仲裁庭由3名仲裁员组成，且3名仲裁员中设1名首席仲裁员。合议庭制是对劳动争议案件进行仲裁时经常采用的组织形式。

（2）独任庭制。

本条同时规定对一些简单案件也可以采用另一种组织形式，即独任庭制。独任庭制，是指由一名仲裁员组成仲裁庭对简单劳动争议案件进行仲裁。

由劳动争议仲裁的实践可以看出，独任制是一种比较迅速、便捷、经济的仲裁方式，对一些简单的劳动争议可以采用独任庭制，可以更为简便易行地解决纠纷。《劳动争议仲裁委员会办事规则》第十六条对简单案件界定为"事实清楚，案情简单，适用法律法规明确"的劳动争议案件。

二、书面通知仲裁庭组成情况

本法第三十二条是关于劳动仲裁委员会通知当事人仲裁庭组成情况的规定。

劳动争议仲裁庭的组成由劳动争议仲裁委员会决定。当事人对谁担任仲裁员并不知道，对仲裁员的情况也并不了解，为了便于当事人对仲裁员的监督，保证仲裁活动的公正性，在仲裁庭组成后,劳动争议仲裁委员会应当将仲裁庭组成情况及时通知双方当事人。虽然该案件的仲裁庭组成人员已经确定,但仲裁庭只是一个对该案件进行仲裁的临时组织,所以对当事人的通知仍然是以劳动争议仲裁委员会的名义发出。

1. 书面通知

劳动争议仲裁委员会应当将仲裁庭的组成情况书面通知双方当事人。这里的"书面"通知包括以电报、电传、传真、信件或任何其他以文字表述的通知形式。

2. 通知时间

劳动争议仲裁委员会应当在受理仲裁申请之日起5日内将仲裁庭的组成情况通知当事人。

三、仲裁员回避

本法第三十三条规定了仲裁员回避的情形。

回避制度是当事人监督仲裁庭成员的重要权利,也是保障仲裁程序公正的重要措施。规定回避制度主要是为了保证仲裁活动能够客观、公正地进行,保证案件得到正确的处理。我国的程序法对回避制度作出了详细的规定。

1. 仲裁员回避的方式

仲裁员回避的方式主要有两种:

(1) 自行回避。

自行回避是指仲裁庭成员知道自己具有应当回避的情形,自己向劳动争议仲裁委员会提出回避的申请,即主动说明情况,提出不参加案件的审理。

(2) 当事人提出回避。

当事人提出回避是指仲裁庭成员明知自己应当回避而不自行回避或者不知道、不认为自己具有应当回避的情形,因而没有自行回避的,仲裁案件的双方当事人,即劳动者和用人单位和他们的法定代理人有权向劳动争议仲裁委员会提出申请,要求他们回避。

申请回避是法律赋予当事人及其法定代理人的一项基本权利,办案人员在办理案件时首先要向当事人及其法定代理人宣告这一项权利,任何人都不能剥夺当事人及其代理人申请回避的权利。

2. 其他适用回避的人员

参照《民事诉讼法》《仲裁法》等法律有关回避的规定,回避应不仅适用于组成该案件仲裁庭的仲裁员,还应适用于劳动争议仲裁委员会的成员,包括书记员、鉴定人、勘验人,以及翻译人员。

3. 回避的情形

本条规定回避的情形如下表所示:

回避的情形说明

序号	回避的情形	说明
1	是本案的当事人或者当事人、代理人的近亲属的	这种情形主要指仲裁员本人是本案的当事人一方或当事人一方的代理人或者是他们的近亲属。如果办案人员是本承办案件的当事人或者当事人、代理人的近亲属,就有可能偏袒他的近亲属,使案件得不到公正解决,所以这样的办案人员,不能参与办理此案,应当回避

续表

序号	回避的情形	说明
2	与本案有利害关系的	与本案有利害关系是指审理本案的办案人员或者其近亲属与本案有某种利害关系，处理结果会涉及他们在法律上的利益。例如：王某为仲裁员，李某为申请人，张某为被申请人，李某要求张支付工伤医疗费，而李某又与承办此案的王某发生过矛盾，若此案由王某审理，王某就有可能不顾事实和法律，作出对李某不利的裁决，从而达到个人的目的。为了审判活动的公正进行，与本案有利害关系的王某就应当回避，而李某也有权要求其回避
3	与本案当事人、代理人有其他关系，可能影响公正仲裁的	"其他关系"主要指以下几种情况：是当事人的朋友、亲戚、同学、同事等，或者曾经与当事人有过恩怨、与当事人有借贷关系等。"可能影响公正仲裁的"是"与本案当事人、代理人有其他关系"而应当回避的必要条件，即只有在可能影响公正处理案件的情况下，才适用回避。如仲裁员是当事人的朋友，则要看这种关系是否影响案件的公正审理，来决定是否回避
4	私自会见当事人、代理人，或者接受当事人、代理人的请客送礼的	案件当事人及其代理人有证据证明办理此案的人员有上述行为，就有权要求他们回避，维护自己的合法权益

由上述四项规定可以看出，适用回避的情形虽然有很多种，但实质却是相同的，那就是使人对其裁决的公正性产生足够的怀疑。在这种情形下，为保障劳动争议仲裁的公信力，有必要规定仲裁员的回避，以避免对裁决公正性的不必要的怀疑。

4. 回避的决定程序

此外，本条还对回避的决定程序作出了规定。对于回避申请决定的形式包括以下三方面的内容：

（1）回避申请决定权。本条规定，劳动争议仲裁委员会对回避申请应当及时作出决定，也就是说劳动争议仲裁委员会有权对回避的申请进行审查并作出准许或不准许的决定。本法没有对仲裁员回避的具体决定程序加以规定，可以参照1993年颁布的《劳动争议仲裁委员会办案规则》规定："仲裁委员会主任的回避，由仲裁委员会决定；仲裁委员会其他成员、仲裁员和其他人员的回避由仲裁委员会主任决定。"

（2）决定回避申请作出的时间。本条规定"对回避申请应当及时作出决定"这里没有规定具体的时日。参照1993年颁布的《劳动争议仲裁委员会办案规则》第十九条的规定，仲裁委员会或仲裁委员会主任对回避申请应在7日内作出决定。劳动保障部门在制定新的仲裁规则时可以予以明确。

（3）关于通知的形式。本条规定以口头或者书面方式通知当事人。

四、仲裁员的法律责任

本法第三十四条对仲裁员的法律责任作出了规定。

1. 承担法律责任的情形

根据本条的规定，劳动争议案件仲裁员应当承担法律责任的情形主要包括：

（1）私自会见当事人、代理人。
（2）接受当事人、代理人的请客送礼。
（3）索贿受贿，徇私舞弊，枉法裁决。

以上行为不仅有损劳动仲裁的公正、公开性，侵害当事人的合法权益，而且直接损害劳动仲裁的权威，因此，本条明确规定，仲裁员有上述情形的，应当承担法律责任。

2.承担法律责任的形式

（1）刑事责任。

法律责任分为民事责任、刑事责任、行政责任。根据本法以及《刑法》《仲裁法》等有关法律的规定，目前，在我国劳动争议案件中仲裁员承担的法律责任主要是刑事责任。

刑事责任作为最严厉的法律责任，是仲裁责任的特殊情形。将刑事责任列入仲裁责任，在国际上也较为少见。2004年3月1日生效的日本仲裁法明确规定了仲裁员行贿、受贿以及向仲裁员行贿的犯罪及其相应的刑罚。我国2006年6月29日通过的《刑法修正案（六）》第二十条规定，在《刑法》第三百九十九条后增加一条，作为第三百九十九条之一："依法承担仲裁职责的人员，在仲裁活动中故意违背事实和法律作枉法裁决，情节严重的，处三年以下有期徒刑或者拘役；情节特别严重的，处三年以上七年以下有期徒刑。"依照该条的规定，枉法仲裁罪的构成要件包括以下几点：①枉法仲裁罪侵犯的客体是正常的仲裁活动和仲裁秩序以及仲裁当事人的合法权益，属于渎职罪的一种。②枉法仲裁罪的客观方面表现为故意违背事实和法律作出枉法裁决，情节严重。③枉法仲裁罪的主体是承担仲裁职责的人员，即仲裁员。需要注意的是本罪的主体是自然人，仲裁机构本身不是犯罪主体。④枉法仲裁罪的主观方面只能是故意，过失不能构成本罪。

（2）解聘。

本条还规定，仲裁员私自会见当事人、代理人，或者接受当事人、代理人的请客送礼的，或者有索贿受贿、徇私舞弊、枉法裁决行为的，应当将其解聘。

五、开庭通知与延期开庭

本法第三十五条是关于开庭日期的规定。

1.通知当事人开庭日期

仲裁庭应当在开庭5日前，将开庭日期、地点书面通知双方当事人。根据一案一庭的原则，此时针对该案件的仲裁庭已经成立，具体承担对案件的仲裁工作。仲裁庭成员应当认真审阅申诉、答辩材料，调查、收集证据，查明争议事实。遇有需要勘验或鉴定的问题，应交由法定部门勘验或鉴定；没有法定部门的，由劳动争议仲裁委员会委托有关部门勘验或鉴定。仲裁庭成员应当根据调查的事实，拟订处理方案，并根据法律对劳动争议仲裁案件仲裁期限的规定，合理确定开庭日期。在确定开庭日期后，仲裁庭应当在开庭5日前，将开庭日期、地点书面通知双方当事人。

关于通知的方式，本条明确规定为书面通知。

2.延期开庭

（1）延期开庭的提出人。

延期开庭由当事人提出请求后，由仲裁庭作出决定，这里的当事人指双方当事人，既可以是申请人，也可以是被申请人。

（2）延期开庭的请求提出日期。

延期开庭的请求应当在仲裁庭告知其开庭日期后且开庭3日前提出。

3.请求延期开庭应有正当的理由

本条规定当事人请求延期开庭的，应当有正当的理由，但本法并没有对正当的理由作出明确具体的规定。《民事诉讼法》第一百四十九条规定："有下列情形之一的，可以延期开庭审理：（一）必须到庭的当事人和其他诉讼参与人有正当理由没有到庭的；（二）当事人临时提出回避申请的；（三）需要通知新的证人到庭，调取新的证据，重新鉴定、勘验，或者需要补充调查的；（四）其他应当延期的情形。"参照上述规定，一般认为，正当理由主要包括以下几种情形：

（1）当事人由于不可抗力的事由或其他特殊情况不能到庭的，例如当事人患重大疾病或遭受其他身体伤害影响其行使权利的；劳动者所处环境存在紧急情形，如重大自然灾害、战争等对当事人出庭行使权利形成障碍的。

（2）当事人在仲裁审理中临时提出回避申请的。申请回避是当事人的一项重要权利，一般来说当事人应当在知道仲裁庭成员名单后，开庭前提出回避。但有时，可能当事人当时并不知道仲裁员存在应当回避的情形，或者当事人可以申请回避的情形，如仲裁员接受另一方当事人贿赂等，发生在仲裁审理过程中的，一般认为，当事人仍有权提出回避申请。这时，劳动争议仲裁委员会应当对当事人的回避申请进行审查，作出是否同意其回避申请的决定。

（3）需要调取新的证据进行重新鉴定、勘验的。实践中，劳动争议仲裁委员会应当参照有关法律法规的规定，结合实际情况，判断当事人的申请是否有正当理由。

4. 是否延期开庭的决定

当事人在法定期限内提出延期开庭的请求后，并不必然导致仲裁开庭延期进行，而是由劳动争议仲裁委员会根据对当事人的申请是否有正当理由的判断，作出是否同意延期开庭的决定。这里需要注意的是，是否延期开庭的决定由劳动争议仲裁委员会作出，而并非是该案件的仲裁庭。

六、视为撤回仲裁申请和缺席裁决

本法第三十六条是关于当事人无正当理由拒不到庭或者未经仲裁庭同意中途退庭如何处理的规定。

出庭参加仲裁开庭既是当事人的权利，也是当事人的义务。当事人应当根据仲裁庭通知的开庭日期、地点参加仲裁开庭审理。当事人不参加仲裁开庭审理的，应当根据其在仲裁案件中的地位，作出相应的处理，即对申请人可以视为撤回仲裁申请，对被申请人可以缺席裁决。

1. 视为撤回仲裁申请

《劳动争议仲裁委员会办案规则》第二十九条规定："仲裁庭作出裁决前，申诉人申请撤诉的，仲裁庭审查后决定其撤诉是否成立。仲裁决定须在七日内完成。"申诉人申请撤诉是申诉人的一种权利，是申诉人对其仲裁权利的积极处分；但行使该权利同时必须符合下列条件：

（1）必须是申诉人或经申诉人特别授权的代理人，以及有仲裁行为能力申诉人的法定代理人。

（2）必须是在劳动争议仲裁机构受理案件以后、仲裁调解或裁决之前。

（3）必须出自本人真实意愿并符合法律规定，不得侵犯对方当事人以及第三人的合法权益，不得规避法律。

符合上述条件，撤诉才能成立。仲裁庭同意撤诉的应制作仲裁决定书，送达双方当事人。

视为撤回仲裁申请，是指劳动争议仲裁的申请人虽然未主动提出撤回仲裁的申请，但是，申请人出现法律规定的情形用行为已经表明其不愿意继续进行仲裁的，可以按照申请人撤回仲裁申请处理，从而终结对劳动争议案件仲裁。

根据本条的规定，申请人收到书面通知，无正当理由拒不到庭或者未经仲裁庭同意中途退庭的，可以视为申请人撤回仲裁申请。按撤回仲裁申请处理与当事人撤回仲裁申请具有同等的法律效力。

这里需要注意的是，申请人收到的必须是书面的开庭通知，同时申请人不到庭并且无正当理由，或者申请人未经仲裁庭同意中途退庭的才可视为撤回仲裁申请。否则，可能会导致延期开庭，而不是视为撤回仲裁申请。

2.缺席裁决

相对于申请人无正当理由拒不到庭或者未经仲裁庭同意中途退庭视为撤回申请,对于被申请人无正当理由拒不到庭或者未经仲裁庭同意中途退庭,本条规定仲裁庭可以缺席裁决。缺席裁决,是指只有一方当事人到庭参与仲裁审理时,仲裁庭仅就到庭的一方当事人进行调查、审查核实证据,听取意见,并对未到庭一方当事人提供的书面资料进行审查后,即作出仲裁裁决的仲裁活动。

同样需要注意的是,被申请人必须是经仲裁庭书面通知,无正当理由不到庭或者未经仲裁庭许可中途退庭的,才可以进行缺席裁决,否则也可能会导致延期开庭。

七、鉴定

本法第三十七条是关于劳动争议仲裁中鉴定问题的规定。

1.为什么要鉴定

在诉讼及仲裁过程中,经常会遇到与案件有关的专门性问题,如文书的真伪、签名的真假、物品的价值、产品的质量、伤残的等级等,这些问题法官或者仲裁员无法运用自己的知识和经验来作出判断,必须由专业机构、专业人员运用专门知识、专业技能和职业经验进行鉴定。常见的鉴定包括医学鉴定、痕迹鉴定、文书鉴定、会计鉴定、产品质量鉴定、事故鉴定等。劳动争议仲裁案件经常涉及的鉴定包括劳动能力鉴定、职业病鉴定等。

2.鉴定的一般规定

本条就鉴定程序的启动、鉴定机构的确定、鉴定人参加开庭作了一般规定。

(1)鉴定程序的启动。根据本条规定,对专门性问题仲裁庭认为需要鉴定的,可以交由鉴定机构鉴定。这里包括两种情况:①当事人就有关问题向仲裁庭提出鉴定申请,仲裁庭认为需要鉴定的。②当事人没有就有关问题提出鉴定申请,但仲裁庭认为有关问题需要鉴定的。

这两种情况都可以导致鉴定程序的启动。当然,在进入仲裁程序前,当事人也可自行委托鉴定。

(2)鉴定机构的确定。根据本条规定,首先应当按照当事人的约定确定鉴定机构;当事人没有约定或者无法达成约定的,由仲裁庭指定鉴定机构,约定或者指定的鉴定机构应当是依法取得相应资格的鉴定机构。

(3)鉴定人参加开庭。根据本条规定,当事人请求或者仲裁庭要求鉴定人参加开庭的,鉴定机构应当派负责此次鉴定的鉴定人参加开庭。当事人经仲裁庭许可,可以向鉴定人提问。鉴定人是一种特殊的证人,在国外被称作专家证人,有义务出庭作证,回答当事人的提问。当事人可以向仲裁庭申请由一至二名具有专门知识的人员出庭对鉴定人进行询问。

3.申请鉴定的期限、申请重新鉴定的条件

本条对劳动争议仲裁中的鉴定只作了原则规定,没有规定申请鉴定的期限、申请重新鉴定的条件等内容。根据本法第十八条的规定,国务院劳动行政部门可以依照本法有关规定制定仲裁规则对此加以规定。仲裁规则没有规定的,可以参照适用《民事诉讼法》及其司法解释的相关规定。目前,根据《最高人民法院关于民事诉讼证据的若干规定》(以下简称《证据规定》),当事人申请鉴定,应当在举证期限内提出。鉴定结论有下列情形之一的,当事人可以申请重新鉴定:①鉴定机构或者鉴定人员不具备相关的鉴定资格的;②鉴定程序严重违法的;③鉴定结论明显依据不足的;④经过质证认定不能作为证据使用的其他情形。

对有缺陷的鉴定结论,可以通过补充鉴定、重新质证或者补充质证等方法解决的,不予重新鉴定。

一方当事人自行委托有关部门作出的鉴定结论，另一方当事人有证据足以反驳的，可以申请重新鉴定。

八、质证、辩论、陈述最后意见

本法第三十八条是关于劳动争议仲裁中质证和辩论问题的规定。

1.当事人在仲裁过程中有权进行质证

证据应当在法庭上出示，由当事人质证。未经质证的证据，不能作为认定案件事实的依据。质证是通过双方的互相质疑和自我辩护，审查证据的真实性、关联性和合法性，判断其证明力，去伪存真的过程。质证时，当事人应当围绕证据的真实性、关联性、合法性，针对证据证明力有无以及证明力大小进行质疑、说明与辩驳。

（1）质证的顺序。质证按下列顺序进行：①申请人出示证据，被申请人、第三人与申请人进行质证；②被申请人出示证据，申请人、第三人与被申请人进行质证；③第三人出示证据，申请人、被申请人与第三人进行质证。

（2）质证的要求：①案件有两个以上独立的请求的，当事人可以逐个出示证据进行质证；②仲裁庭应当将当事人的质证情况记入笔录，并由当事人核对后签名或者盖章。

（3）有关证人的规定：①证人应当出庭作证，接受当事人的质询；②证人因年迈体弱或者行动不便、特殊岗位确实无法离开、路途特别遥远交通不便、自然灾害等不可抗力或者其他特殊情况，确实不能出庭的，经仲裁庭许可，可以以出具书面证言等方式作证；③出庭作证的证人应当客观陈述其亲身感知的事实。证人作证时，不得使用猜测、推断或者评论性的语言；④仲裁庭应当告知证人如实作证的义务以及作伪证的法律后果；⑤不能正确表达意志的人，不能作为证人。待证事实与其年龄、智力状况或者精神健康状况相适应的无民事行为能力人和限制民事行为能力人，可以作为证人；⑥证人为聋哑人的，可以其他表达方式作证；⑦仲裁员和当事人可以对证人进行询问。证人不得旁听仲裁庭审理；询问证人时，其他证人不得在场。仲裁庭认为有必要的，可以让证人进行对质。

（4）有关鉴定人的规定：①鉴定人应当出庭接受当事人质询；②鉴定人确因特殊原因无法出庭的，经仲裁庭准许，可以书面答复当事人的质询。

（5）关于发问、询问的规定：①经仲裁庭许可，当事人可以向证人、鉴定人、勘验人发问。询问证人、鉴定人、勘验人不得使用威胁、侮辱及不适当引导证人的言语和方式；②当事人可以向仲裁庭申请由一至二名具有专门知识的人员出庭就案件的专门性问题进行说明；③仲裁员和当事人可以对出庭的具有专门知识的人员进行询问；④经仲裁庭准许，可以由当事人各自申请的具有专门知识的人员就案件中的问题进行对质。具有专门知识的人员可以对鉴定人进行询问。

（6）对书证、物证、视听资料进行质证的规定。对书证、物证、视听资料进行质证时，当事人有权要求出示证据的原件或者原物。但有下列情况之一的除外：①出示原件或者原物确有困难并经仲裁庭准许出示复制件或者复制品的；②原件或者原物已不存在，但有证据证明复制件、复制品与原件或原物一致的。

2.当事人在仲裁过程中有权进行辩论

事实愈辩愈明，法理愈辩愈清。通过双方当事人的辩论，仲裁庭可以进一步查清事实，确定定案的根据，正确适用法律，最终作出公正的裁决。

（1）辩论的顺序。辩论由双方当事人及其代理人依次进行。辩论的顺序，可参照《民事诉讼法》第一百四十四条规定的顺序，如下图所示：

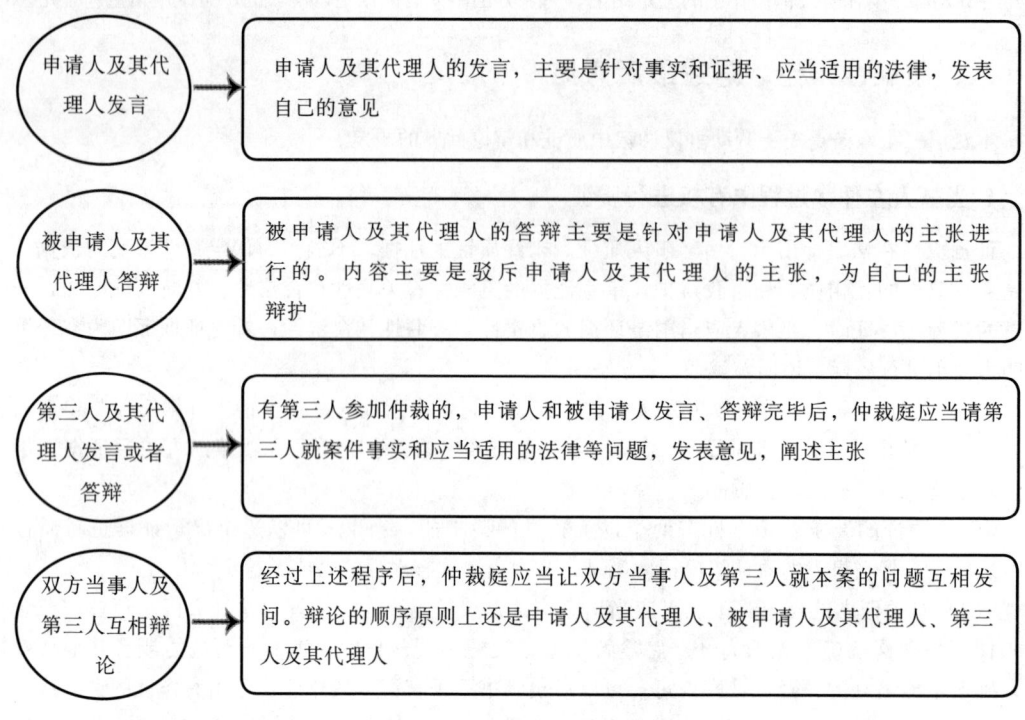

申请人及其代理人发言	→	申请人及其代理人的发言，主要是针对事实和证据、应当适用的法律，发表自己的意见
被申请人及其代理人答辩	→	被申请人及其代理人的答辩主要是针对申请人及其代理人的主张进行的。内容主要是驳斥申请人及其代理人的主张，为自己的主张辩护
第三人及其代理人发言或者答辩	→	有第三人参加仲裁的，申请人和被申请人发言、答辩完毕后，仲裁庭应当请第三人就案件事实和应当适用的法律等问题，发表意见，阐述主张
双方当事人及第三人互相辩论	→	经过上述程序后，仲裁庭应当让双方当事人及第三人就本案的问题互相发问。辩论的顺序原则上还是申请人及其代理人、被申请人及其代理人、第三人及其代理人

辩论的顺序

（2）辩论的要求：①第一轮辩论结束，首席仲裁员或者独任仲裁员应当询问当事人是否还有补充意见，当事人要求继续发言的，应当允许，但当事人不得重复第一轮的发言；②第一轮辩论结束后当事人要求继续辩论的，可以进行下一轮辩论，下一轮辩论不得重复上一轮的内容；③仲裁庭应当引导当事人围绕案件争议焦点进行辩论，必要时，仲裁庭可以限定当事人及其代理人发表意见的时间，仲裁庭应当保证双方平等地进行辩论；④在辩论过程中，仲裁员不得就双方争议的问题发表意见，不得与当事人辩论，当事人不得滥用辩论权利，无理狡辩，互相争吵，哄闹滋事；不得发表与争议焦点无关的意见，不得重复已经发表的意见。

3.质证和辩论终结时，应当征询当事人的最后意见

质证和辩论终结时，首席仲裁员或者独任仲裁员应当按照申请人、被申请人、第三人的顺序，征询他们各自的最后意见，以充分保证当事人发表意见的权利。

通常，质证是事实调查阶段的重要程序，辩论是在事实调查的基础上进行的。但是在实践中，二者并无严格界限。为缩短开庭时间，避免调查阶段和辩论阶段在一些问题上的重复，对一些争议问题较多的案件，可以将调查和辩论结合进行。如果在辩论过程中，发现新的事实需要进一步调查的，可以停止辩论，恢复调查，待事实查清后再进行辩论。

九、证据及举证责任

本法第三十九条是关于劳动争议仲裁中证据问题的规定。

1.查证属实的证据应当作为认定事实的根据

（1）什么是查证属实。证据是指证明主体提供的用来证明案件事实的材料。证据经查证属实的，才能作为仲裁庭认定事实的根据。所谓查证属实是指证据在仲裁庭的主持下，经当事人出示、对方质证和仲裁庭认证，认为证据具有真实性、关联性和合法性，如下表所示：

查证属实的证据的特点

序号	特点	说明
1	真实性	证据是证明待证事实的材料，证据又是客观存在的材料，而不是任何人主观臆造的产物。因此它必须是真实可靠的，否则以它为根据认定的案件事实就不可能是客观真实的
2	关联性	证据必须与案件事实有内在的联系。这种内在的联系表现在，证据应当能够证明本案的部分或全部事实。缺乏关联性的证据，不是本案的证据，对本案没有证明力
3	合法性	证据的合法性主要表现在证据的取得必须符合法律规定的程序，不能侵害他人的合法权益。以侵害他人合法权益或者违反法律禁止性规定的方法取得的证据，不能作为认定案件事实的依据

当事人提供的证据具有真实性、关联性和合法性的，仲裁庭应当将其作为认定事实的根据。仲裁员应当依照法定程序，全面、客观地审核证据，依据法律的规定，遵循仲裁员职业道德，运用逻辑推理和日常生活经验，对证据有无证明力和证明力大小独立进行判断，并公开判断的理由和结果。

（2）仲裁员对单一证据的审核认定。仲裁员对单一证据可以从下列方面进行审核认定：
①证据是否原件、原物，复印件、复制品与原件、原物是否相符。
②证据与本案事实是否相关。
③证据的形式、来源是否符合法律规定。
④证据的内容是否真实。
⑤证人或者提供证据的人，与当事人有无利害关系。

（3）仲裁员对案件的全部证据的综合审查判断。仲裁员对案件的全部证据，应当从各证据与案件事实的关联程度、各证据之间的联系等方面进行综合审查判断。

（4）不能单独作为认定案件事实依据的证据。下列证据不能单独作为认定案件事实的依据：
①未成年人所作的与其年龄和智力状况不相当的证言。
②与一方当事人或者其代理人有利害关系的证人出具的证言。
③存有疑点的视听资料。
④无法与原件、原物核对的复印件、复制品。
⑤无正当理由未出庭作证的证人证言。当事人对自己的主张，只有本人陈述而不能提出其他相关证据的，其主张不予支持。但对方当事人认可的除外。

（5）数个证据对同一事实的证明力大小的认定原则。双方当事人对同一事实分别举出相反的证明，但都没有足够的依据否定对方证据的，仲裁委员会应当结合案件情况，判断一方提供证据的证明力是否明显大于另一方提供证据的证明力，并对证明力较大的证据予以确认。数个证据对同一事实的证明力大小，可以依照下列原则认定：
①国家机关、社会团体依职权制作的公文书证的证明力一般大于其他书证。
②物证、档案、鉴定结论、勘验笔录或者经过公证、登记的书证，其证明力一般大于其他书证、视听资料和证人证言。
③原始证据的证明力一般大于传来证据。
④直接证据的证明力一般大于间接证据。
⑤证人提供的对与其有亲属或者其他密切关系的当事人有利的证言，其证明力一般小于其他证人证言。

因证据的证明力无法判断导致争议事实难以认定的，仲裁委员会应依据举证责任分配原则作出裁决。

2.劳动争议仲裁涉及的证据种类

劳动争议仲裁涉及的证据种类包括书证、物证、视听资料、证人证言、当事人陈述、鉴定结论、勘验笔录等,如下表所示:

劳动争议仲裁涉及的证据种类

序号	证据种类	说明
1	书证	书证是用文字、符号、图案等所表达的思想内容来证明案件事实的证据。如书信、文件、合同书、遗嘱、票据等。相对于其他证据种类,书证具有较强的证明力,在劳动争议仲裁中具有重要价值。在劳动争议仲裁中,劳动合同文本是证明劳动关系存在的最有力的证据
2	物证	物证是以物品的外形、结构、质量、数量等物理属性来证明案件事实的证据。在某些情况下,某些证据可能既是书证,又是物证。例如,手写的劳动合同书,如果用来证明劳动者与用人单位之间的权利义务关系,则是书证;如果用来证明书写者的书写习惯,则是物证
3	视听资料	视听资料是指用录音、录像、计算机存储等方法记录下来的有关案件事实的音像、数据资料。例如录音带、录像带等存储方法
4	证人证言	证人证言是指证人就其了解的案件事实以口头或者书面方式向仲裁庭所作的陈述。证人只能就其直接感知的客观事实如实陈述,证人主观的推测、评价,以及道听途说的事实,不具有证据效力。例如申请人同厂职工所作的申请人曾在该工厂工作的证言
5	当事人陈述	当事人陈述是指当事人就案件事实向仲裁庭所作的叙述和说明。由于当事人最了解案件事实,因此当事人陈述是查清案件事实的重要线索。同时,也由于当事人与案件事实之间具有直接利害关系,因此当事人陈述难免带有很强的倾向性、片面性甚至虚假性。因此,当事人陈述只有与其他证据结合起来,才能作为认定事实的根据
6	鉴定结论	鉴定结论是指鉴定主体根据仲裁庭或者当事人的申请,在对鉴定材料进行观察、比较、检验、鉴别等的基础上,对案件涉及的专门性问题进行分析、判断后作出的结论。劳动争议仲裁案件经常涉及的鉴定结论包括劳动能力鉴定结论、职业病鉴定结论等
7	勘验笔录	勘验笔录是指在仲裁庭的主持下,勘验人对案件发生的现场或者不便移动的物证采取勘察、检验、绘图、拍照等措施时所形成的实况记录。勘验是在仲裁庭的主持下和双方当事人的见证下进行的,能够比较真实地反映现场或者物证的客观情况,具有较强的证明力。制作勘验笔录是保全原始证据的重要手段

3.用人单位应当提供由其掌握管理的证据

目前,用人单位扣押劳动者的劳动合同书等本应由劳动者保管的文书的现象比较普遍,在劳动争议发生后用人单位往往拒不提供由其管理的对劳动者有利的关键证据,导致劳动者举证不能,无法维护自身的合法权益。针对这种情况,本条规定,劳动者无法提供由用人单位掌握管理的与仲裁请求有关的证据,仲裁庭可以要求用人单位在指定期限内提供;用人单位在指定期限内不提供的,应当承担不利后果。

另外,根据《证据规定》第六条的规定,在劳动争议案件中,因用人单位作出开除、除名、辞退、解除劳动合同、减少劳动报酬、计算劳动者工作年限等决定而发生劳动争议的,用人单位有责任提供证据;用人单位提供的证据不能证明所主张的事实的,可以推定劳动者的主张成立。

本条第二款的规定是总则第六条规定在仲裁程序中的具体化,适用时应结合第六条的规定理解。

十、仲裁庭审笔录

本法第四十条是关于劳动争议仲裁开庭笔录的规定。

1. 仲裁庭应当将开庭情况如实记入笔录

开庭笔录是开庭过程全部活动的反映，可以有效地固定证据，防止当事人事后对自己的言行不予承认，对当事人的言行也是一种约束。同时，开庭笔录是仲裁庭作出裁决的重要依据，也为以后的审判监督程序提供了原始资料。

（1）开庭笔录的要求。

①开庭笔录必须全面、准确、真实、清楚。记录人员必须忠实于庭审过程的实际情况，对仲裁员、当事人的言论，均应尽量记录原话，不得随意引申、发挥。

②开庭笔录的用语应使用规范语言，尽量不要使用方言俗语。

（2）开庭笔录的内容。

开庭笔录应当记明下列内容：

①案由。

②开庭时间、地点。

③仲裁员、记录人员姓名。

④当事人姓名、性别、年龄、民族、职业、住所、到庭情况。

⑤首席仲裁员或者独任仲裁员告知当事人的仲裁权利义务，以及是否申请仲裁员回避的情况。

⑥当事人陈述、证人作证、出示证据、宣读鉴定结论、宣读勘验笔录以及当事人互相质证的情况。

⑦当事人辩论的情况。

⑧当事人增加、变更、撤回仲裁请求的情况。

⑨先行调解的，应当记明调解的过程。

⑩当庭裁决的，应当记明裁决内容、当事人对裁决的声明。

⑪仲裁员、记录人员、当事人以及其他仲裁参加人的签名或者盖章，或者拒绝签名或者盖章的情况。

2. 当事人和其他仲裁参加人有权申请补正

（1）当事人以及其他仲裁参加人有权了解开庭笔录的内容，同时为了保证开庭笔录的准确性，开庭笔录应当当庭宣读，也可以告知当事人和其他仲裁参加人当庭或者在5日内阅读。

（2）当事人和其他仲裁参加人认为开庭笔录对自己陈述的记录有遗漏或者差错的，有权申请补正。经核实，如果仲裁庭认为确有遗漏或者差错，同意补正的，由记录人员将补正的内容和补正的经过记入笔录；如果仲裁庭认为没有遗漏或者差错，不同意补正的，由记录人员将申请的内容和不同意补正的理由记入笔录。

3. 开庭笔录应当由仲裁参加人签名或者盖章

开庭结束后，仲裁员、记录人员、当事人和其他仲裁参加人应当在开庭笔录上签名或者盖章。

（1）当事人和其他仲裁参加人核对开庭笔录后，认为有遗漏或者差错的，可以申请补正；如果仲裁庭不予补正，当事人和其他仲裁参加人拒绝签名或者盖章的，记录人员应当在开庭笔录中予以说明。

（2）当事人和其他仲裁参加人认为没有遗漏或者差错，或者虽有遗漏或者差错但已补正的，应当在开庭笔录上签名或者盖章。

十一、当事人自行和解

本法第四十一条是关于劳动争议仲裁中当事人自行和解的规定：当事人申请劳动争议仲裁后，可以自行和解。达成和解协议的，可以撤回仲裁申请。

十二、仲裁庭调解

本法第四十二条是关于在仲裁程序中进行调解的规定：仲裁庭在作出裁决前，应当先行调解。

与一般商事仲裁中当事人可以自愿选择调解不同，调解在劳动争议仲裁中是法定的、必需的，法律明确规定了"仲裁庭在作出裁决前，应当先行调解"。这体现了劳动争议仲裁自身的特点，以便方便、及时地解决劳动争议。

1. 调解程序

劳动争议仲裁案件中的调解程序一般如下：

（1）确定或者建议适当的调解方式。在调解程序中，仲裁员相互之间、仲裁员与当事人之间以及当事人双方之间可以协商适当的调解方式。调解可以通过书面或者面对面等方式进行。

（2）分清是非曲直。仲裁员应当查清案件事实，分清责任，听取当事人的陈述和申辩。

（3）提出建议方案。仲裁庭应当遵循客观、公平和公正的原则，提出解决争议的具体建议，供当事人参考或者接受。

（4）制作调解书或者恢复仲裁。调解成功、达成协议的，仲裁庭应当制作调解书。调解不成功的，仲裁庭应当及时宣布调解终结，迅速恢复仲裁程序，防止久调不决。

2. 调解书

（1）本法规定，调解达成协议的，仲裁庭应当制作调解书。

（2）与裁决书一经作出就发生法律效力不同，调解书不是作成后马上生效，而是要由双方当事人签收后才生效。也就是说，既不是一方当事人签收就对该方生效，也不是一方签收就对双方生效，而是只要一方未签收就对双方都无效，只有双方都签收，才对双方都有效。

（3）调解书应当写明仲裁请求和当事人协议的结果。

（4）调解书应当由仲裁员签名，并加盖劳动争议仲裁委员会的印章，送达双方当事人。

（5）调解不成或调解书送达前一方当事人反悔的，仲裁庭应及时作出裁决。这是因为达成调解协议的过程就是仲裁庭的审理过程，制作调解书时实际上审理已经完毕。所以当事人拒绝签收调解书时，仲裁庭没有必要再经过仲裁程序重复已经完成的审理，而只需直接裁决即可。

3. 调解程序终止的情形

一般情况下，调解程序在下列情形下终止：

（1）当事人达成调解协议，由仲裁庭制作调解书并送达双方当事人，经双方签署后，调解程序终止。

（2）一方或双方当事人明确表示拒绝调解的，调解程序终止。

（3）仲裁庭根据实际情况认为不宜调解，明确告知双方当事人。

第一种情况下的终止，标志着案件审理完毕；后两种情况下，调解程序终止后，审理活动自动转入仲裁程序。

十三、仲裁审理时限及先行裁决

本法第四十三条是关于仲裁庭裁决劳动争议案件审理期限和先行裁决的规定。

1. 审理期限

为了防止劳动争议仲裁委员会不立案、拖延立案，本法规定了仲裁庭审理劳动争议案件的期间为自劳动争议仲裁委员会受理仲裁申请之日起45日。而《企业劳动争议处理条例》第二十五条规定："仲裁委员会应当自收到申请书之日起7日内做出受理或者不予受理的决定。仲裁委员会决定受理的，应当自作出决定之日起7日内将申诉书的副本送达被诉人，并组成仲裁庭；决定不予受理的，应当说明理由……"同时，在第三十二条规定："仲裁庭处理劳动争议，应当自组成仲裁庭之日起60日内结束。案情复杂需要延期的，经报仲裁委员会批准，可以适当延期，但是延长的期限不得超过30日。"从以上的仲裁期限看，一般情况下，仲裁委员会自收到当事人的申请书之日起74天才可以结案，最长的审理期限为104天。与《企业劳动争议处理条例》相比，本法大大缩短了审理期限，更有利于及时保护劳动者的合法权益，有利于及时、快捷地解决劳动争议，防止推诿和久拖不决。

本法规定，仲裁庭逾期未作出仲裁裁决的，当事人可以向人民法院提起诉讼。"逾期"中的期限，可以根据是否需要延期区分为两种情况：对于案情不复杂、不需要延期的，这里的期限就是45日；对于案情复杂需要延期并经劳动争议仲裁委员会主任批准的，期限就是60日。

2. 先行裁决

先行裁决是在仲裁权行使过程中先行作出的，因此，在对争议事项作最后裁决时，也不得对在部分裁决中的事项再进行裁决。另外，先行裁决与最后裁决的内容不能相互矛盾，而应保持一致。先行裁决不同于中间裁决。中间裁决通常是指有关程序问题和证据问题的裁决，这些问题通常是通过程序命令或指令的形式加以处理，以确立当事人所遵循的程序，严格说来，这些程序命令或指令还不属裁决范畴，它不能等同于最后裁决，也不可能由法院宣布其是可执行的。但不管是中间裁决还是部分裁决，其效力是一样的。

十四、先予执行

本法第四十四条是关于先予执行的适用情形的规定。

1. 先予执行的着眼点

先予执行的着眼点是满足申请人的迫切需要。执行本应在仲裁裁决发生法律效力之后，先予执行是为了解决一部分当事人由于生活或生产的迫切需要，必须在裁决之前采取措施，以解燃眉之急。因为仲裁庭审理劳动争议案件，从受理到作出仲裁裁决，从裁决生效到当事人自动履行或强制执行需要一个过程。在这段时间里，个别劳动者可能因为经济困难，难以维持正常的生活或者生产经营活动，先予执行制度就是为了解决当事人的燃眉之急，在最终裁决前让被申请人先给付劳动者一定数额的款项或者财物，以维持原告正常的生活或者生产。

2. 仲裁庭裁决先予执行的条件

（1）当事人之间权利义务关系明确。

所谓当事人之间的权利义务关系明确，是指该案件的事实十分清楚，当事人之间的是非责任显而易见。

（2）不先予执行将严重影响申请人的生活。

不先予执行将严重影响申请人的生活，是指申请人是依靠被申请人履行义务而维持正常生活的，在仲裁庭作出裁决前，如果不裁定先予执行，申请人将难以维持正常的生活。

我国民事诉讼程序中有先予执行的规定。《民事诉讼法》第一百零九条规定："人民法院对下列案件，根据当事人的申请，可以裁定先予执行：（一）追索赡养费、扶养费、抚育费、抚恤金、医疗费用的；（二）追索劳动报酬的；（三）因情况紧急需要先予执行的。"民事诉讼程序设置先予执行制度的目的是考虑上述生活困难的当事人在期待权利保障过程中的救急性措施，其中追索劳动报酬案件被列入其中，可见先予执行制度在处理劳动争议程序中的必要性。劳动争议仲裁程序如同诉讼程序一样,在程序进行中,劳动者的生活已经处于非常困难的情况下,可以采取先予执行措施。先予执行措施带有强制性,只能由人民法院采取,但劳动争议仲裁程序作为独立的程序,如果没有该制度的保障,保障当事人合法权益的程序机制就是不完善的。仲裁庭不能直接采取先予执行措施,但仲裁庭可以裁决先予执行,移送人民法院执行。

本法所规定的先予执行,有以下几点需要注意:

(1)仅对特定类型案件可以申请先予执行。这些特定类型案件是指追索劳动报酬、工伤医疗费、经济补偿或者赔偿金的案件。其他类型的案件不适用先予执行。

(2)必须根据当事人的申请。只有当事人申请,仲裁庭才能作出先予执行的裁定。如果当事人不申请,仲裁庭不能主动作出先予执行的裁决。

3.劳动者申请先予执行的,可以不提供担保

为了更好地保护劳动者的权益,本法规定:"劳动者申请先予执行的,可以不提供担保。"一般来说,提供担保的目的,在于保护被申请人的合法权益,当因申请人申请错误使被申请人遭受损失时,对被申请人的赔偿有保障。在劳动争议仲裁案件中,劳动者生活一般面临暂时性困难,这时候再让劳动者提供担保无异于雪上加霜,考虑到实际情况,法律规定:"劳动者申请先予执行的,可以不提供担保。"

十五、作出裁决

本法第四十五条是关于仲裁如何裁决作出的规定。

根据本条规定,当仲裁员在仲裁劳动争议案件出现分歧时,应当按照如下方式进行裁决。

1.按多数仲裁员的意见作出裁决

所谓多数仲裁员的意见是指仲裁庭的3名仲裁员中至少应有2名必须互相赞成对方的意见。如果3名仲裁员各执己见则无法形成多数意见,也就无法按此种方式作出裁决。

2.按首席仲裁员的意见作出裁决

在仲裁实践中,3名仲裁员各执己见的情况屡有发生,因此当裁决不能形成多数意见时,则采用按首席仲裁员的意见作出裁决的方式进行。

首席仲裁员是合议庭的主持者,要负责整个仲裁庭的审理工作,但对于仲裁裁决的表决权,他与其他仲裁员是平等的,只有投票的权力,没有特权。在实践中,当无法形成多数意见时,首席仲裁员首先应当组织仲裁员重新对案件进行表决,以形成多数意见。当无法形成多数意见时,可按法律规定由首席仲裁员决定。另外,如果形成的多数意见是两名仲裁员的意见一致,首席仲裁员也应服从多数意见,不同意见应当记入笔录。

十六、裁决书

本法第四十六条是关于裁决书内容和要求的规定。

1.裁决书的内容

本条规定只列明了仲裁裁决书的主要内容,作为一份完整的仲裁裁决书,还应写明仲裁机构的名称和地址、裁决书的编号、双方当事人的基本情况、代理人的情况、仲裁庭组成情况、仲裁员姓名、审理过程等。

2.裁决书的要求

仲裁书由仲裁员签名,加盖劳动争议仲裁委员会的印章,这就意味着仲裁庭虽然是案件的具体

审理者，但裁决却不能以仲裁庭的名义作出，而是统一以劳动争议仲裁委员会的名义作出。但应注意的是，一旦有仲裁员不签名，仲裁庭就应在仲裁书中对这一情况作适当的说明，以此证明该仲裁员参加了审理工作。

十七、终局裁决

本法第四十七条是关于一裁终局的规定。

本法规定的劳动争议调解仲裁的基本模式是：

1．一调一裁两审制

本法第五条规定，发生劳动争议，当事人不愿协商、协商不成或者达成和解协议后不履行的，可以向调解组织申请调解；不愿调解、调解不成或者达成调解协议后不履行的，可以向劳动争议仲裁委员会申请仲裁；对仲裁裁决不服的，除本法另有规定的外，可以向人民法院提起诉讼。

2．一裁终局制

本法第五条规定的"除本法另有规定的外"的情形指的就是本条有关一裁终局的规定。

适用一裁终局的劳动争议仲裁案件有两类：一是小额仲裁案件，二是标准明确的仲裁案件。这两类案件在全部劳动争议案件总数中所占比例较大，也正因为如此，一裁终局可以解决多数劳动争议案件处理周期长的问题。

适用一裁终局的劳动争议仲裁案件

序号	类别		说明
1	小额仲裁案件	追索劳动报酬的案件	追索劳动报酬的案件
		追索工伤医疗费的案件	工伤医疗费是指职工因工负伤治疗，享受工伤医疗费。工伤医疗费是工伤保险待遇的一项，主要包括以下内容：①工伤职工治疗工伤或者职业病所需的挂号费、住院费、医疗费、药费、就医路费全额报销。②工伤职工需要住院治疗的，按照当地因公出差伙食补助标准的2/3发给住院伙食补助费；经批准转外地治疗的，所需交通、食宿费用按照本企业职工因公出差标准报销
		追索经济补偿的案件	（1）用人单位与劳动者可以在劳动合同中约定保守用人单位的商业秘密和与知识产权相关的保密事项。对负有保密义务的劳动者，用人单位可以在劳动合同或者保密协议中与劳动者约定竞业限制条款，并约定在解除或者终止劳动合同后，在竞业限制期限内按月给予劳动者经济补偿。 （2）有下列情形之一的，用人单位应当依照《劳动合同法》向劳动者支付经济补偿。 ①因用人单位过错，劳动者依照该法第三十八条规定解除劳动合同的。 ②用人单位依照该法第三十六条规定向劳动者提出解除劳动合同并与劳动者协商一致解除劳动合同的。 ③因劳动者患病、负伤、不能胜任工作等，用人单位依照该法第四十条规定解除劳动合同的。 ④因经济性裁员，用人单位依照该法第四十一条规定解除劳动合同的。 ⑤除用人单位维持或者提高劳动合同约定条件续订劳动合同，劳动者不同意续订的情形外，依照该法第四十四条第一项规定终止固定期限劳动合同的。 ⑥依照该法第四十四条第四项、第五项规定因企业破产、撤销、责令关闭等情形终止劳动合同的。 ⑦法律、行政法规规定的其他情形

续表

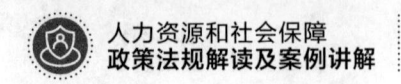

序号	类别	说明
1	小额仲裁案件	追索赔偿金的案件	根据《劳动合同法》的规定，赔偿金包括： （1）用人单位违反本法规定解除或者终止劳动合同，劳动者要求继续履行劳动合同的，用人单位应当继续履行；劳动者不要求继续履行劳动合同或者劳动合同已经不能继续履行的，用人单位应当依照本法第四十七条规定的经济补偿标准的2倍向劳动者支付赔偿金。 （2）用人单位违反本法规定与劳动者约定试用期的，由劳动行政部门责令改正；违法约定的试用期已经履行的，由用人单位以劳动者试用期满月工资为标准，按已经履行的超过法定试用期的期间向劳动者支付赔偿金。 （3）用人单位有下列情形之一的，由劳动行政部门责令限期支付劳动报酬、加班费或者经济补偿；劳动报酬低于当地最低工资标准的，应当支付其差额部分；逾期不支付的，责令用人单位按应付金额50%以上100%以下的标准向劳动者加付赔偿金： ①未按照劳动合同的约定或者国家规定及时足额支付劳动者劳动报酬的； ②低于当地最低工资标准支付劳动者工资的； ③安排加班不支付加班费的； ④解除或者终止劳动合同，未依照该法规定向劳动者支付经济补偿的
2	标准明确的仲裁案件	国家劳动标准是指国家对劳动领域内规律性出现的事物或行为进行规范，以定量或定性形式所作出的统一规定。国家劳动标准包括工作时间、休息休假、社会保险等方面

十八、劳动者提起诉讼

本法第四十八条是关于劳动者对一裁终局的仲裁裁决不服的，可以向法院提起诉讼的规定。

本条规定劳动者对本法第四十七条规定的仲裁裁决享有诉讼权。本条关于劳动者诉讼权的规定应注意以下几个方面：

（1）诉讼申请人只能是劳动者，用人单位不能直接提起诉讼。

（2）本条对劳动者提起诉讼没有法定条件的限制，只规定了劳动者对本法第四十七条规定的仲裁裁决不服的，就可以提起诉讼。劳动者对诉与不诉有选择权。劳动者认为仲裁裁决对其有利，可以选择仲裁生效；劳动者认为仲裁裁决对其不利，可以继续提起诉讼。

（3）本条规定的诉讼期间是自收到仲裁裁决书之日起15日内。

（4）劳动者期满不起诉的，视为放弃诉权，裁决书对劳动者发生法律效力。

十九、用人单位申请撤销终局裁决

本法第四十九条是关于用人单位可以向人民法院申请撤销仲裁裁决的规定。

一裁终局的裁决发生法律效力后，用人单位不得就同一争议事项再向劳动争议仲裁委员会申请仲裁或向法院起诉。为了保护用人单位的救济权利，本条规定用人单位可以向法院申请撤销仲裁裁决。

1. 申请撤销裁决的特点

申请撤销裁决有以下特点：

（1）撤销裁决的申请人是用人单位。劳动者的救济途径与用人单位不同，根据本法第四十八条的规定，劳动者的救济途径是对本法第四十七条规定的仲裁裁决不服的，可以向法院提起诉讼，而非申请撤销裁决；反之，用人单位只能申请撤销裁决，而不能直接提起诉讼。

（2）申请撤销的是已经生效的裁决。根据本法第四十七条规定，除本法另有规定的外，仲裁裁决为终局裁决，裁决书自作出之日起发生法律效力。

（3）申请撤销裁决，不影响用人单位对仲裁裁决的履行。法院作出撤销裁决之前，仲裁裁决仍然有效。

2. 申请撤销裁决的条件

申请撤销裁决的条件包括：

（1）必须有证据证明一裁终局的仲裁裁决有法定应予撤销情形之一的。

（2）应当在法定期间内提出申请。即自收到裁决书之日起30日内。

（3）应当向有管辖权的法院提出申请。即向劳动争议仲裁委员会所在地的中级人民法院申请撤销裁决。

3. 申请撤销仲裁裁决的情形

申请撤销仲裁裁决的情形如下表所示：

申请撤销仲裁裁决的情形

序号	适用情形	说明
1	适用法律法规确有错误的	（1）适用法律、行政法规、地方性法规错误的。这里并不包括法律法规以外的其他规范性文件。 （2）适用已失效或尚未生效的法律法规的。 （3）援引法条错误的。 （4）违反法律关于溯及力规定的
2	劳动争议仲裁委员会无管辖权的	本法第二十一条规定，劳动争议仲裁委员会负责管辖本区域内发生的劳动争议。劳动争议由劳动合同履行地或者用人单位所在地的劳动争议仲裁委员会管辖。双方当事人分别向劳动合同履行地或者用人单位所在地的劳动争议仲裁委员会申请仲裁的，由劳动合同履行地的劳动争议仲裁委员会管辖
3	违反法定程序的	（1）仲裁组织的组成不合法的。 （2）违反了有关回避规定的。 （3）违反了有关期间规定的。 （4）审理程序违法等
4	裁决所根据的证据是伪造的	伪造证据，是指制造虚假的证据，对证据内容进行篡改，使其与真实不符。如制造虚假的书证、物证、鉴定结论，等等
5	对方当事人隐瞒了足以影响公正裁决的证据的	足以影响公正裁决的证据包括证明案件基本事实的证据、证明主体之间权利义务关系的证据等
6	仲裁员在仲裁该案时有索贿受贿、徇私舞弊、枉法裁决行为的	受贿是指仲裁员利用职务上的便利，收受他人财物并为他人谋取利益的行为。索贿是受贿人以公开或暗示的方法，主动向行贿人索取贿赂，有的甚至是公然以要挟的方式，迫使当事人行贿；徇私舞弊是指仲裁员利用职务上的便利，为他人谋利；枉法裁决是指依法承担仲裁职责的人员，在仲裁活动中故意违背事实和法律作枉法裁决。具体而言包括以下三种情况： （1）对有确实、充分证据证明的事实不予以认定。 （2）对证据不确实、不充分的事实予以认定。 （3）伪造、毁灭证据。 根据本法第三十四条的规定，仲裁员有索贿受贿、徇私舞弊、枉法裁决行为的，应当依法承担法律责任。劳动争议仲裁委员会应当将其解聘

4. 法院对撤销仲裁裁决申请的处理和法律后果

人民法院经组成合议庭审查核实裁决有本条第一款规定情形之一的，应当裁定撤销。

仲裁裁决被人民法院裁定撤销的，当事人可以自收到裁定书之日起15日内就该劳动争议事项向人民法院提起诉讼。这里应当注意：

（1）当事人既包括用人单位，也包括劳动者。

(2) 仲裁裁决被人民法院裁定撤销的,仲裁裁决自始无效,当事人可以就同一劳动争议事项向法院起诉。

二十、不服仲裁裁决提起诉讼

本法第五十条是关于当事人可以对一裁终局以外的其他劳动争议仲裁案件的仲裁裁决不服,可以提起诉讼的规定。

1. 一裁终局以外的其他劳动争议

本法第四十七条规定了适用一裁终局的劳动争议的范围。一裁终局以外的其他劳动争议是指,除了本法第四十七条规定的劳动争议以外的其他的本法第二条规定的劳动争议。本法第二条规定了适用本法的劳动争议的范围:

(1) 因确认劳动关系发生的争议。
(2) 因订立、履行、变更、解除和终止劳动合同发生的争议。
(3) 因除名、辞退和辞职、离职发生的争议。
(4) 因工作时间、休息休假、社会保险、福利、培训以及劳动保护发生的争议。
(5) 因劳动报酬、工伤医疗费、经济补偿或者赔偿金等发生的争议。
(6) 法律、法规规定的其他劳动争议。

2. 一裁终局以外的其他劳动争议的处理模式

一裁终局以外的其他劳动争议的处理采用"一调一裁两审,仲裁前置"的模式。

(1) 对一裁终局以外的其他劳动争议,当事人不愿协商、协商不成或者达成和解协议后不履行的,可以向调解组织申请调解。
(2) 不愿调解、调解不成或者达成调解协议后不履行的,可以向劳动争议仲裁委员会申请仲裁。
(3) 对仲裁裁决不服的,可以向人民法院提起诉讼。

3. 仲裁裁决的效力

(1) 仲裁裁决作出后,并不立即发生法律效力;当事人对仲裁裁决不服的,可以自收到裁决书之日起15日内向人民法院提起诉讼;期满不起诉的,裁决书发生法律效力。

(2) 裁决书发生法律效力后的法律后果表现在两个方面:

①裁决书具有既判力。当事人不能就同一争议事项再向人民法院起诉,也不能再申请仲裁机构仲裁;

②裁决书具有执行力。当事人对发生法律效力的裁决书,应当依照规定的期限履行。一方当事人逾期不履行的,另一方当事人可以依照《民事诉讼法》的有关规定向人民法院申请执行。

二十一、生效调解书、裁决书的执行

本法第五十一条是关于当事人对发生法律效力的调解书、裁决书的履行和申请执行的规定。

1. 对发生法律效力的调解书、裁决书的履行

(1) 发生法律效力的调解书。本法第四十二条规定,仲裁庭在作出裁决前,应当先行调解。调解书由仲裁员签名,加盖劳动争议仲裁委员会印章,送达双方当事人。调解书经双方当事人签收后,发生法律效力。

(2) 发生法律效力的裁决书包括:

①根据本法第四十七条的规定,一裁终局的裁决,裁决书自作出之日起发生法律效力。

②本法第五十条规定,当事人对本法第四十七条规定以外的其他劳动争议案件的仲裁裁决不服的,可以自收到仲裁裁决书之日起15日内向人民法院提起诉讼;期满不起诉的,裁决书发生法律效力。

(3) 发生法律效力的调解书、裁决书具有执行力,当事人应当依照规定的期限履行。履行的基本原则是全面履行。

2. 向法院申请执行

一方当事人逾期不履行的，另一方当事人可以依照《民事诉讼法》的有关规定向人民法院申请执行。受理申请的人民法院应当依法执行。

根据《民事诉讼法》的规定，由法院执行的调解书、裁决书，由被执行人住所地或者被执行的财产所在地法院执行。

（1）裁定不予执行的情形：

被申请人提出证据证明仲裁裁决有下列情形之一的，经法院组成合议庭审查核实，裁定不予执行：

①裁决的事项不属于仲裁的范围或者仲裁机构无权仲裁的。

②仲裁庭的组成或者仲裁的程序违反法定程序的。

③认定事实的主要证据不足的。

④适用法律确有错误的。

⑤仲裁员在仲裁该案时有贪污受贿、徇私舞弊、枉法裁决行为的。

法院认定执行该裁决违背社会公共利益的，裁定不予执行。

（2）书面异议的提出与裁决。

当事人、利害关系人认为执行行为违反法律规定的，可以向负责执行的法院提出书面异议。当事人、利害关系人提出书面异议的，法院应当自收到书面异议之日起15日内审查，理由成立的，裁定撤销或者改正；理由不成立的，裁定驳回。当事人、利害关系人对裁定不服的，可以自裁定送达之日起10日内向上一级法院申请复议。

（3）执行的规定：

①法院自收到申请执行书之日起超过6个月未执行的，申请执行人可以向上一级法院申请执行。上一级法院经审查，可以责令原法院在一定期限内执行，也可以决定由本院执行或者指令其他法院执行。

②在执行中，双方当事人自行和解达成协议的，执行员应当将协议内容记入笔录，由双方当事人签名或者盖章。一方当事人不履行和解协议的，法院可以根据对方当事人的申请，恢复对原生效法律文书的执行。

③在执行中，被执行人向法院提供担保，并经申请执行人同意的，法院可以决定暂缓执行及暂缓执行的期限。被执行人逾期仍不履行的，法院有权执行被执行人的担保财产或者担保人的财产。

④执行完毕后，据已执行的判决、裁定和其他法律文书确有错误，被人民法院撤销的，对已被执行的财产，法院应当作出裁定，责令取得财产的人返还；拒不返还的，强制执行。

⑤申请执行的期间为2年。申请执行时效的中止、中断，适用法律有关诉讼时效中止、中断的规定。期间从法律文书规定履行期间的最后一日起计算；法律文书规定分期履行的，从规定的每次履行期间的最后一日起计算；法律文书未规定履行期间的，从法律文书生效之日起计算。

⑥执行员接到申请执行书或者移交执行书，应当向被执行人发出执行通知，责令其在指定的期间履行，逾期不履行的，强制执行。被执行人不履行法律文书确定的义务，并有可能隐匿、转移财产的，执行员可以立即采取强制执行措施。

（4）法院应当裁定中止执行的情形。

有下列情形之一的，法院应当裁定中止执行：

①申请人表示可以延期执行的。

②案外人对执行标的提出确有理由的异议的。

③作为一方当事人的公民死亡，需要等待继承人继承权利或者承担义务的。

④作为一方当事人的法人或者其他组织终止，尚未确定权利义务承受人的。

⑤法院认为应当中止执行的其他情形。中止的情形消失后，恢复执行。

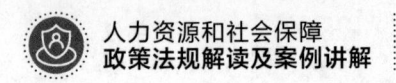

(5) 法院裁定终结执行的情形。

有下列情形之一的，法院裁定终结执行：

①申请人撤销申请的。

②据以执行的法律文书被撤销的。

③作为被执行人的公民死亡，无遗产可供执行，又无义务承担人的。

④作为被执行人的公民因生活困难无力偿还借款，无收入来源，又丧失劳动能力的。

⑤法院认为应当终结执行的其他情形。

有关附则条款的解读

一、事业单位劳动争议的处理

本法第五十二条是关于事业单位聘用制工作人员适用本法的规定。

1. 什么是事业单位

所谓事业单位，是指为了社会公益目的，由国家机关举办或者其他组织利用国有资产举办的，从事教育、科技、文化、卫生等活动的社会服务组织。国家通过编制管理实现对事业人员的配置和调控。

（1）事业单位的分类。

按照国家财政拨款的多少，可以将事业单位分为三种：全额拨款的事业单位、差额拨款的事业单位和自收自支的事业单位。我国事业单位数量众多，类型不一，队伍庞大。全国事业单位总计126万个，涉及教育、卫生、农业、文化、科研等多个领域。

（2）事业单位的编制管理。

国家对事业单位实行编制管理，按照编制核算拨款的数额。目前事业单位编制都是多年前核定的，编制基数多年不变，不能满足事业单位不断发展的需要。在编制满额的情况下，各事业单位只好大量扩充编外人员和其他人员，这样造成事业单位人员结构复杂，人事管理分割。

（3）事业单位人员结构。

事业单位人员结构归纳起来分为三类：

①编制内聘用人员，包括签订聘用合同的编制内聘用人员和无须签订聘用合同的编制内聘用人员。

②编制外人员，包括档案内部管理的编外人员和档案外部管理的编外人员，编外人员一般实行企业化管理，与事业单位签订劳动合同。

③劳务派遣人员，是通过劳务派遣形式招用的人员。

2. 事业单位人员如何适用本法

本条规定："事业单位实行聘用制的工作人员与本单位发生劳动争议的，依照本法执行；法律、行政法规或者国务院另有规定的，依照其规定。"

二、仲裁不收费

本法第五十三条是关于劳动争议仲裁不收费制度的规定：劳动争议仲裁不收费。劳动争议仲裁委员会的经费由财政予以保障。

三、本法生效时间

本法第五十四条规定了法律生效日期：本法自2008年5月1日起施行。

第三部分

用人单位人力资源管理知识问答

第一章　劳动关系管理

哪些单位属于《劳动合同法》的适用范围？

《劳动合同法》第二条规定："中华人民共和国境内的企业、个体经济组织、民办非企业单位等组织（以下称用人单位）与劳动者建立劳动关系，订立、履行、变更、解除或者终止劳动合同，适用本法。国家机关、事业单位、社会团体和与其建立劳动关系的劳动者，订立、履行、变更、解除或者终止劳动合同，依照本法执行。"

《劳动合同法实施条例》第三条规定："依法成立的会计师事务所、律师事务所等合伙组织和基金会，属于劳动合同法规定的用人单位。"

用人单位订立哪些规章制度必须要与职工协商？

《劳动合同法》第四条第二款规定："用人单位在制定、修改或者决定有关劳动报酬、工作时间、休息休假、劳动安全卫生、保险福利、职工培训、劳动纪律以及劳动定额管理等直接涉及劳动者切身利益的规章制度或者重大事项时，应当经职工代表大会或者全体职工讨论，提出方案和意见，与工会或者职工代表平等协商确定。"

《劳动合同法》第四条第三款规定："在规章制度和重大事项决定实施过程中，工会或者职工认为不适当的，有权向用人单位提出，通过协商予以修改完善。"

通过以上条款可以看出，《劳动合同法》特别规定了职工或者工会对用人单位规章制度提出异议的权利。较之《劳动法》的规定相比，不仅进一步明确和扩大了规章制度的范围，而且对规章制度的制定、修改、实施都作出了明确的规定。

用人单位建立和完善劳动规章制度应遵循什么程序？

根据《劳动合同法》第四条的规定，用人单位应当依法建立和完善劳动规章制度，保障劳动者享有劳动权利、履行劳动义务。

用人单位在制定、修改或者决定有关劳动报酬、工作时间、休息休假、劳动安全卫生、保险福利、职工培训、劳动纪律以及劳动定额管理等直接涉及劳动者切身利益的规章制度或者重大事项时，应当经职工代表大会或者全体职工讨论，提出方案和意见，与工会或者职工代表平等协商确定。

在规章制度和重大事项决定实施过程中，工会或者职工认为不适当的，有权向用人单位提出，通过协商予以修改完善。

用人单位应当将直接涉及劳动者切身利益的规章制度和重大事项决定公示，或者告知劳动者，并向劳动者提供书面文本。

用人单位的规章制度必须公示才有效吗？

《劳动合同法》第四条规定："用人单位应当将直接涉及劳动者切身利益的规章制度和重大事项决定公示，或者告知劳动者。"因此，今后凡是没有经过公示或告知劳动者的规章制度，就不具有规章制度应有的法律效力。

用人单位不得招聘哪些人员？

根据《人才市场管理规定》第二十六条的规定，用人单位不得招聘下列人员：
（1）正在承担国家、省重点工程、科研项目的技术和管理的主要人员，未经单位或主管部门同意的。
（2）由国家统一派出而又未满轮换年限的赴新疆、西藏工作的人员。
（3）正在从事涉及国家安全或重要机密工作的人员。
（4）有违法违纪嫌疑正在依法接受审查尚未结案的人员。
（5）法律、法规规定暂时不能流动的其他特殊岗位的人员。

用人单位在新职工到岗后1个月内签订劳动合同可以吗？

《劳动合同法》第十条规定："已建立劳动关系，未同时订立书面劳动合同的，应当自用工之日起一个月内订立书面劳动合同。"

上述条款强制性地规定：单位在建立劳动关系之日起最迟应在1个月内订立书面劳动合同。因此，这实际上是有限度地放宽了订立劳动合同的时间要求，规定已建立劳动关系，未同时订立书面劳动合同的，如果在自用工之日起1个月内订立了书面劳动合同，其行为不违法。但如果用人单位自用工之日起超过1个月不满1年未与劳动者订立书面劳动合同的，则应当向劳动者每月支付2倍的工资（《劳动合同法》第八十二条），这是对用人单位在自用工之日1个月内未订立书面劳动合同的处罚措施。

用人单位自用工之日起超过1年仍未与劳动者签订劳动合同怎么办？

针对不少用工单位不与劳动者订立劳动合同的问题，《劳动合同法》第八十二条规定，用人单位自用工之日起超过1个月不满1年未与劳动者订立书面劳动合同的，视为用人单位已与劳动者订立无固定期限劳动合同，并应在此前的11个月中向劳动者每月支付2倍的工资。这是对未在1年内与职工订立书面劳动合同的用人单位的严厉处罚措施。所以，用人单位在与劳动者建立劳动关系后，要按法律规定的要求来签订劳动合同。

大学应届毕业生提前签订劳动合同，劳动关系从何时起算？

根据《劳动合同法》第十条的规定，用人单位与劳动者在用工前订立劳动合同的，劳动关系自用工之日起建立。这种规定在一定程度上减少了现实生活中争议和纠纷的发生。比如，即将毕业的在校大学生毕业前与用人单位提前签订了劳动合同，其劳动关系也只能从其正式上班之日起计算。

用人单位在劳动关系建立后是否需建立职工名册？

用人单位在劳动关系建立后有必要建立职工名册。建立职工名册，对于用工管理、解决劳动争议、统计就业率和失业率等都有着很大帮助，同时也便于劳动行政部门行使劳动监察职责。

1. 法律依据

《劳动合同法》第七条规定："用人单位自用工之日起即与劳动者建立劳动关系。用人单位应当建立职工名册备查。"

2. 职工名册的内容

《劳动合同法实施条例》第八条规定："劳动合同法第七条规定的职工名册，应当包括劳动者姓名、性别、公民身份号码、户籍地址及现住址、联系方式、用工形式、用工起始时间、劳动合同期限等内容。"

3. 不建立职工名册的后果

《劳动合同法实施条例》第三十三条规定："用人单位违反劳动合同法有关建立职工名册规定的，由劳动行政部门责令限期改正；逾期不改正的，由劳动行政部门处2 000元以上2万元以下的罚款。"

用人单位招工时有权要求劳动者告知哪些内容？

用人单位有权在招聘时询问和了解应聘者的知识技能、工作经历、受教育情况、健康状况等，应聘者也应当如实告知。如果员工以欺诈的方式与用人单位订立了劳动合同，这份劳动合同仍有被宣告无效的可能。并且，如果因为员工的欺诈而给用人单位造成了损失，员工还应承担赔偿责任。

用人单位在招工时应向劳动者告知哪些情况？

《劳动合同法》第八条规定："用人单位招用劳动者时，应当如实告知劳动者工作内容、工作条件、工作地点、职业危害、安全生产状况、劳动报酬，以及劳动者要求了解的其他情况；用人单位有权了解劳动者与劳动合同直接相关的基本情况，劳动者应当如实说明。"

用人单位在招聘新员工时，应当保留哪些记录，以证明用人单位履行了告知义务？

用人单位的规章制度中没有关于招工录用程序的规定，或者只有一些象征性的原则性规定，很难在实际管理中发挥有益的作用，尤其是《劳动合同法》实施后，用人单位更应当认真考虑和制定本单位的员工录用程序，设计好录用过程中的相关表格和文书，并且严格执行。按照时间的顺序，至少可以从以下方面考虑：

（1）由于《劳动合同法》没有规定劳动者应当告知用人单位的具体内容，这就要求用人单位根据自己的需要，认真设计应聘者的求职简历要求和《入职登记表》，将用人单位认为有必要了解的情况明示出来。求职简历和《入职登记表》应当归入员工个人档案，妥善保管。

（2）在职位说明书、拟聘任通知书中，载明以下内容：工作内容；工作条件；工作地点；职业危害；安全生产状况；劳动报酬；劳动者要求了解的其他情况。当然，职业危害、安全生产状况等内容，也可以制作统一的安全生产方面的《说明书》，发放给拟聘用的劳动者，不过要做好签收记录。如果劳动合同中可以完全载明上述问题，也可以通过将上述内容约定在劳动合同中达到如实告知的目的。

其实，上述内容加上组织结构关系图、工作标准（目标）、绩效考核方法等相关内容，就可以构成一个完整的职位说明书，在劳动者入职前发放给劳动者，不但可以起到如实告知相关情况的作用，还是将来确认劳动者是否胜任工作、是否有失职行为、是否符合录用条件的重要依据，也是人力资源管理的一项基本工作。

（3）在如实告知上述内容后，实际用工前，与劳动者协商签订劳动合同，而不要实际用工后再订立劳动合同。

（4）要求劳动者在订立劳动合同前，或用工后一段时间内（一般为试用期内），提供能够证明简历或《入职登记表》内容属实的证书或文件，如身份证明、解除劳动合同证明、社会保险和人事档案关系、学历证书、体检证明等。

（5）一旦发现有与事实不符的情况，用人单位可以考虑按照试用期不符合录用条件解除劳动者，因弄虚作假而严重违纪解除劳动者，或者按照欺诈导致合同无效解除劳动者。

用人单位招用劳动者能否要求劳动者提供担保或收取财物、扣押证件？

在实践中，有些用人单位为防止劳动者在工作中给用人单位造成损失，不赔偿就不辞而别的情况，利用自己的强势地位，在招用劳动者时要求劳动者提供担保或者向劳动者收取风险抵押金的行为，是一种不合法的行为。

1．法律依据

《劳动合同法》第九条规定："用人单位招用劳动者，不得扣押劳动者的居民身份证和其他证件，不得要求劳动者提供担保或者以其他名义向劳动者收取财物。"

2．违反规定的处罚

《劳动合同法》第八十四条规定："用人单位违反本法规定，扣押劳动者居民身份证等证件的，由劳动行政部门责令限期退还劳动者本人，并依照有关法律规定给予处罚。用人单位违反本法规定，以担保或者其他名义向劳动者收取财物的，由劳动行政部门责令限期退还劳动者本人，并以每人五百元以上二千元以下的标准处以罚款；给劳动者造成损害的，应当承担赔偿责任。劳动者依法解除或者终止劳动合同，用人单位扣押劳动者档案或者其他物品的，依照前款规定处罚。"

劳动合同不规范有什么后果？

用人单位与劳动者签订书面劳动合同，是《劳动合同法》规定的强制性义务，违反该义务，要承担否定性评价，承担不利法律后果。用人单位与劳动者签订劳动合同不规范，在发生劳动争议时，不足以维护单位的合法权益，将陷入单位用工成本增加的风险中。

（1）用人单位虽然制定了劳动规章，但是在发生劳动争议时，单位劳动规章要作为审判依据，根据最高人民法院的司法解释，需具备完善的程序，如：订立程序合法，公示公告合法，内容合法，不得与法律法规违背。

（2）根据最高人民法院的司法解释，在劳动规章与劳动合同相冲突，劳动者请求适用劳动合同的，法院应当适用劳动合同，因此，用人单位建立健全劳动规章固然重要，但用人单位规范劳动合同，确实是用人单位避免用工风险的重中之重。

规范的劳动合同应具备哪些条款？

用人单位应根据《劳动合同法》《劳动法》及相关法律法规来制定本单位的劳动合同文本，确保具备合法的要件，同时用人单位应尽量将单位的劳动合同的漏洞控制在最小的范围内，以此降低劳动争议的风险。通常规范的劳动合同应具备以下的一些条款：

（1）合同类型与期限条款——劳务合同、完成一定成果的劳动合同等。
（2）工作岗位（工种）条款——可以约定适用用人单位择优竞岗的劳动规章。
（3）工作数量与质量条款——数量和质量条款，应注意不得加重劳动者的负担。
（4）工作时间条款。
（5）延长工作时间补偿条款。
（6）休息和休假条款。
（7）劳动安全卫生条款。
（8）职业病防治条款。
（9）教育和培训条款。
（10）拒绝权与批评、检举和控告条款。
（11）试用期工资条款。
（12）工资分配条款。
（13）工资支付保障条款。
（14）延长工时工资补偿条款。
（15）特殊情况下工资支付条款。
（16）休假期间的工资支付条款。
（17）社会保险条款。

（18）劳动者患病或非因工负伤的医疗待遇条款。
（19）劳动者工伤待遇条款。
（20）女劳动者特殊保护条款。
（21）社会福利条款。
（22）用人单位劳动规章制度条款。
（23）劳动者义务条款。
（24）违反劳动纪律条款。
（25）劳动合同的变更条款。
（26）劳动合同的约定解除条款。
（27）用人单位过失性解除劳动合同条款。
（28）用人单位非过失性解除劳动合同条款。
（29）经济性裁员条款。
（30）非过失性解除劳动合同与经济性裁员的限制条款。
（31）劳动者单方解除劳动合同条款。
（32）预告解除条款。
（33）劳动合同的终止与续订条款。
（34）用人单位解除劳动合同支付经济补偿金条款。
（35）劳动者违法解除劳动合同赔偿损失条款。
（36）竞业限制条款。
（37）违反劳动合同的责任。
（38）劳动合同争议的解决。
（39）其他。

用人单位提供的劳动合同文本未载明《劳动合同法》规定的劳动合同必备条款有什么法律后果？

《劳动合同法》第十七条第一款规定，劳动合同应当具备以下条款：
（1）用人单位的名称、住所和法定代表人或者主要负责人。
（2）劳动者的姓名、住址和居民身份证或者其他有效身份证件号码。
（3）劳动合同期限。
（4）工作内容和工作地点。
（5）工作时间和休息休假。
（6）劳动报酬。
（7）社会保险。
（8）劳动保护、劳动条件和职业危害防护。
（9）法律、法规规定应当纳入劳动合同的其他事项。
如果用人单位提供的劳动合同文本没有规定《劳动合同法》第十七条第一款规定的一项或者几项必备内容，或者用人单位未将劳动合同文本交付劳动者的，要依法承担相应的法律责任，包括：
（1）由劳动行政部门责令改正。
（2）对劳动者造成损害的，用人单位应当承担赔偿责任。

劳动合同中有关劳动报酬的规定有哪些？

劳动报酬是劳动者付出劳动后应该得到的回报。因此，劳动报酬是劳动合同中必不可少的内容。劳动报酬主要包括以下几个方面：

（1）用人单位工资水平、工资分配制度、工资标准和工资分配形式。
（2）工资支付办法。
（3）加班、加点工资及津贴、补贴标准和奖金分配办法。
（4）工资调整办法。
（5）试用期及病、事假等期间的工资待遇。
（6）特殊情况下职工工资（生活费）支付办法。
（7）其他劳动报酬分配办法。

劳动合同中有关劳动报酬条款的约定，要符合我国有关最低工资标准的规定。

用人单位可以与劳动者协商约定哪些条款？

根据《劳动法》第十九条第二款的规定，劳动合同除必备条款外，用人单位与劳动者可以协商约定以下条款：

（1）试用期。
（2）培训。
（3）保守商业秘密。
（4）补充保险。
（5）福利待遇等其他事项。

用人单位可否与劳动者约定服务期及违约金？

《劳动合同法》第二十二条第一款规定："用人单位为劳动者提供专项培训费用，对其进行专业技术培训的，可以与该劳动者订立协议，约定服务期。"第二十二条第二款规定："劳动者违反服务期约定的，应当按照约定向用人单位支付违约金。违约金的数额不得超过用人单位提供的培训费用。用人单位要求劳动者支付的违约金不得超过服务期尚未履行部分所应分摊的培训费用。"

《劳动合同法实施条例》第十六条规定："劳动合同法第二十二条第二款规定的培训费用，包括用人单位为了对劳动者进行专业技术培训而支付的有凭证的培训费用、培训期间的差旅费用以及因培训产生的用于该劳动者的其他直接费用。"

劳动法律法规对于竞业限制有何规定？

《劳动合同法》第二十三条第二款规定："对负有保密义务的劳动者，用人单位可以在劳动合同或者保密协议中与劳动者约定竞业限制条款，并约定在解除或者终止劳动合同后，在竞业限制期限内按月给予劳动者经济补偿。劳动者违反竞业限制约定的，应当按照约定向用人单位支付违约金。"

《劳动合同法》第二十四条规定："竞业限制的人员限于用人单位的高级管理人员、高级技术人员和其他负有保密义务的人员。竞业限制的范围、地域、期限由用人单位与劳动者约定，竞业限制的约定不得违反法律、法规的规定。在解除或者终止劳动合同后，前款规定的人员到与本单位生产或者经营同类产品、从事同类业务的有竞争关系的其他用人单位，或者自己开业生产或者经营同类产品、从事同类业务的竞业限制期限，不得超过二年。"

《劳动合同法》第九十条规定："劳动者违反本法规定解除劳动合同，或者违反劳动合同中约定的保密义务或者竞业限制，给用人单位造成损失的，应当承担赔偿责任。"

如何在劳动合同中约定违约责任？

在劳动合同中约定违约责任时，用人单位与劳动者要注意：
（1）符合有关规定，不能违反公平原则。
（2）国家没有对哪些方面可以约定违约责任作出规定，根据双方的需要进行协商。
（3）一般情况下，用人单位要求在劳动合同中约定责任比劳动者多，主要涉及培训费、商业秘密、竞业限制、岗位变化、工资、福利分房等。

劳动合同中哪些事项可以约定违约金？

只有专项培训和竞业限制两个事项可以约定违约金，保密事项不能约定违约责任。

约定专项培训违约金应当注意哪些问题？

用人单位在约定专项培训违约金时要分清一般职业培训和专项培训的区别，不要混淆，一般职业培训是用人单位的义务。服务期和违约金约定要明确具体。用人单位专项培训出资要有支付凭证，以便用人单位举证，没有支付凭证仲裁是不认可的。专项培训费用的内容包括直接和间接费用，直接费用是学费和资料费，间接费用是因培训支出的差旅费，培训期间的工资奖金津贴及培训用器材场地设备等固定资产折旧分摊费用。

劳动者违反服务期约定的，应当按照约定向用人单位支付违约金。违约金的数额不得超过用人单位提供的培训费用。用人单位要求劳动者支付的违约金不得超过服务期尚未履行部分所应分摊的培训费用。

如何约定培训费赔偿办法和规避风险？

（1）如果在试用期内，用人单位不得要求劳动者支付该项培训费用。
（2）如果试用期满在合同期内，则用人单位可以要求劳动者支付该项培训费用。
（3）约定服务期的，按服务期等分出资金额，以职工已履行的服务期限递减支付。
（4）没约定服务期的：一是按劳动合同期等分出资金额，以职工已履行的合同期限递减支付；二是没有约定合同期的，按5年服务期等分出资金额，以职工已履行的服务期限递减支付。

（5）双方对递减计算方式已有约定的，从其约定。如果合同期满，职工要求终止合同，则用人单位不得要求劳动者支付该项培训费用。

（6）如果是由用人单位出资（单位付清培训费）招用的职工，职工在合同期内（包括试用期）解除与用人单位的劳动合同，则该用人单位可向职工索赔。

竞业限制适用于哪些人？

根据《劳动合同法》第二十四条第一款的规定，竞业限制仅限于以下三种人员：
（1）高级管理人员。
（2）高级技术人员。
（3）其他负有保密义务的人员。

竞业限制的期限有限制吗？

根据《劳动合同法》第二十四条第二款的规定，竞业限制的期限不得超过2年。

竞业限制的补偿有什么限制？

用人单位需要向劳动者支付经济补偿，因此，竞业限制对于用人单位来说，不啻为一种昂贵的工具。根据《劳动合同法》第二十三条第二款的规定，在竞业限制期限内用人单位应当按月向劳动者支付经济补偿，具体补偿数额可以由双方协议约定。值得注意的是，关于具体数额我国目前尚无统一规定，只是部分省市对补偿标准作了规定。

保密费等同于竞业限制的经济补偿吗？

劳动者的保密义务和竞业限制义务有着很大的不同，主要体现在以下三个方面：

1．产生方式不同

保密是一种法定义务，不管当事人之间是否有明示的约定，劳动者在职期间和离职以后均承担保守商业秘密的义务；而劳动者的竞业限制义务则是一种约定义务，只是基于双方当事人之间的约定，无约定则无义务。

2．期限不同

保密义务的存在没有期限，只要商业秘密存在，义务人的保密义务就永远存在；而竞业限制则存在着一个期限。

3．费用的支付不同

保密可以支付保密费也可以不支付，竞业限制约定是对劳动者自由择业权的限制，用人单位应当就此给予劳动者相应的经济补偿。此外，保密费是劳动者在职期间发放，而竞业限制的经济补偿，则是在劳动者离职后发放。

竞业限制协议是否等同于保密协议？

保密协议和竞业限制协议是两个不同的法律概念。

1．保密协议

保密协议是指用人单位针对知悉企业商业秘密的劳动者签订的要求劳动者保守用人单位商业秘密的协议。保密协议应当以书面形式签订，一般应具备以下主要条款：

（1）保密的内容和范围。
（2）保密协议双方的权利和义务。
（3）保密协议的期限。
（4）违约责任。

在保密协议有效期限内，劳动者应严格遵守用人单位保密制度，防止泄露企业技术秘密，不得向他人泄露企业技术秘密，非经用人单位书面同意，不得使用该商业秘密进行生产与经营活动，不得利用商业秘密进行新的研究和开发。

2．竞业限制协议

竞业限制协议是指用人单位与劳动者约定在解除或者终止劳动合同后一定期限内，劳动者不得到与本单位生产或者经营同类产品、从事同类业务的有竞争关系的其他用人单位任职，或者自己开业生产或者经营同类产品的书面协议。竞业限制是保密的手段，通过订立竞业限制协议，可以减少和限制商业秘密被泄露的概率。保密是竞业限制的目的，订立竞业限制协议最终的目的是保护用人单位的合法权益。

3．保密协议和竞业限制协议的区别

保密协议和竞业限制协议有如下区别：

（1）保密义务一般是法律的直接规定或劳动合同的随附义务，不管用人单位与劳动者是否签订保密协议，劳动者均有义务保守商业秘密。而竞业限制是基于用人单位与劳动者的约定产生，没有约定的，无须承担竞业限制义务。

（2）保密义务要求保密者不得泄露商业秘密，侧重的是不能"说"，竞业限制义务要求劳动者不能到竞争单位任职或自营竞争业务，侧重的是不能"做"。

（3）保密义务劳动者承担的义务仅限于保密，并不限制劳动者的就业权，而竞业限制义务不仅仅限制劳动者泄密，还限制劳动者的就业，劳动者的负担重很多。

（4）保密义务一般期限较长，只要商业秘密存在，劳动者的保密义务就存在，而竞业限制期限较短，最长不超过2年。

竞业禁止协议的竞业限制范围如何确定？

《劳动合同法》第二十四条规定，竞业限制的范围、地域、期限，由用人单位与劳动者约定，但约定不得违反法律、法规的规定。

在我国，法定竞业禁止的业务是劳动者不得自营与所任职单位相同或类似的业务，也不得为他人经营与所任职单位相同或类似的业务。

作为约定竞业禁止，其限制范围也不能任意地扩大，一般应限制在该用人单位业务影响的区域或行业，且不能超出合理的范围，否则，必将会使劳动者的合法权益受到损害。

《劳动合同法》也规定了竞业限制的范围，应当以能够与用人单位形成实际竞争关系的地域为限。

约定竞业限制违约金应注意哪些问题？

对负有保密义务的劳动者，用人单位可以在劳动合同或者保密协议中与劳动者约定竞业限制条款，并约定在解除或者终止劳动合同后，在竞业限制期限内按月给予劳动者经济补偿。劳动者违反竞业限制约定的，应当按照约定向用人单位支付违约金。对于违约金的金额上限，用人单位可以根据情况与劳动者商定。

另外要注意，只有掌握了商业秘密的高管和关键人员才能签订竞业限制协议，因为竞业限制是柄双刃剑。用人单位在签订劳动合同中常见的问题是一般人员在劳动合同中也约定了竞业限制条款，只是没有约定经济补偿金。这种做法是非常危险的，没有约定补偿金的人员如果提起仲裁，则劳动争议仲裁委员会肯定会裁定企业按人员本人月平均工资的20%~50%的标准在离职后2年内逐月支付经济补偿金，这对用人单位来说是花了冤枉钱。

劳动者拒不签收竞业限制补偿金怎么办？

对于用人单位来说，如果放弃要求劳动者履行竞业限制义务，应当向劳动者明示，明示后劳动者无须履行竞业限制义务，用人单位可以不再支付经济补偿金；如果继续要求劳动者履行竞业限制义务，应当主动向劳动者支付合理的竞业限制补偿金，劳动者拒不签收的，用人单位可以向有关机关提存。

如何规避招用尚未解除劳动合同的劳动者的风险？

用人单位招用尚未解除劳动合同的劳动者对原用人单位造成经济损失的，除该劳动者承担直接赔偿责任外，该用人单位应当依法承担连带赔偿责任。其连带赔偿的数额不应低于对原用人单位造成经济损失的总额的70%，向原用人单位赔偿下列损失：对生产、经营和工作造成的直接损失；因获取商业秘密给原用人单位造成的经济损失。

用人单位规避这一类风险的办法有：要求转职工档案看内容记录；要求转社保关系；与职工签订合同时注意细节和诚实守信原则。

什么样的劳动合同属于无效合同？

《劳动法》第十八条第一款规定："下列劳动合同无效：（一）违反法律、行政法规的劳动合同；（二）采取欺诈、威胁等手段订立的劳动合同。"

因此，在以下两种情况下劳动合同可以被宣布为无效：

一是违反法律或行政法规。在大多数情况下，一份合同中可能只有一条是违反法律或行政法规的，即使这一条被确认为无效，也不影响整个劳动合同的继续履行，在这种情况下，一般会认定这份合同部分无效。例如，有这样一份劳动合同，它规定企业可以在职工的医疗期内解除合同。这显然违反了《劳动法》的规定，应当被认定无效，但是劳动合同仍然可以继续履行，因此这份合同的其他部分还是有效的。

二是采用欺诈或威胁手段。劳动合同是劳动者和用人单位之间完全自愿的约定，任何一方在订立过程中欺诈或威胁对方都会导致劳动合同的无效。其中"欺诈"是指：一方当事人故意告知对方当事人虚假的情况，或者故意隐瞒真实的情况，诱使对方当事人作出错误意思表示的行为；"威胁"是指以给公民及其亲友的生命健康、荣誉、名誉、财产等造成损害为要挟，迫使对方作出违背真实意思表示的行为。例如，一个只有小学文化而且没有任何管理经验的人，声称他是工商管理硕士，有5年管理经验，还出示了假证明。如果企业因此和他签订了劳动合同，那么企业可以主张劳动合同因欺诈而无效。当然，如果劳动者或用人单位想要引用这一条款主张劳动合同无效，必须能够给出充足的证据证明自己受到了欺诈或威胁。

如果没有依法及时与劳动者订立书面合同，用人单位需承担哪些法律后果？

《劳动合同法》第八十二条规定，用人单位自用工之日起超过1个月不满1年未与劳动者订立书面劳动合同的，应当向劳动者每月支付2倍的工资。用人单位违反本法规定不与劳动者订立无固定期限劳动合同的，自应当订立无固定期限劳动合同之日起向劳动者每月支付2倍的工资。

1．可能产生的法律后果

当明确了劳动关系已经建立的情况下，最迟1个月内必须签订书面的劳动合同，如果不依法订立劳动合同，可能会产生以下法律后果：

第一，用人单位支付双倍工资，并补签劳动合同。

这种后果在劳动法中通常表现为两种情形。第一种情形是：用人单位自用工之日起超过1个月不满1年未订立劳动合同的，自用工之日起满1个月的次日至补订立劳动合同的前一日，应向劳动者支付双倍工资。满1年仍未签订劳动合同的，至满1年的前一日，向劳动者支付双倍工资，即存在最长可能支付11个月的双倍工资的法律风险。自用工之日起满1年的当日，视为已经与劳动者订立无固定期限的劳动合同，应立即与劳动者补订书面劳动合同。第二种情形是：应自当订立无固定期限劳动合同而未订立之日起，向劳动者每月支付双倍工资，法律没有规定终止之日，但基于劳动仲裁时效1年的约束，实际上最长可能存在支付12个月的双倍工资的法律风险。

第二，用人单位承担行政责任。

用人单位故意拖延不订立劳动合同的，由劳动行政部门责令改正。《劳动合同法实施条例》规定，可以按每人500~1 000元对用人单位处以罚款。

第三，给劳动者造成损害的，用人单位还应当承担赔偿责任。

如果劳动合同未依法订立，是由劳动者借故不签导致的，用人单位应通知劳动者终止劳动关系。同时，应特别注意以下情形导致的法律后果：

第一，自用工之日起超过1个月不满1年未书面通知劳动者终止劳动关系的，用人单位应当根据劳动者的工作年限来计算并支付经济补偿金。

第二，如果自用工之日起满或者超过1年，无论双方谁的原因导致劳动合同未签订的，都视为已经订立了无固定期限的劳动合同，用人单位也无权再以劳动者不签订劳动合同为由终止劳动关系，而且，还将面临被追索11个月双倍工资的法律风险。

第三，劳动者以本人不愿意签订劳动合同的声明形式拒绝签订劳动合同的，用人单位仍然承担不依法签订劳动合同的法定责任。

2．操作的注意事项

用人单位在与员工确立用工关系以后应注意：

（1）用人单位与劳动者建立劳动关系时，一定要与之签订书面劳动合同。

（2）用人单位应及时行使终止劳动关系的权利，不然自用工之日起超过1个月不满1年未与劳动者订立书面劳动合同的，要向劳动者支付双倍的工资的赔偿责任。

（3）用人单位须注意《劳动合同法实施条例》中规定的用人单位补订劳动合同的条款，包括用工不满1年书面劳动合同的补订与用工满1年书面劳动合同的补订两种情况。

（4）在用工不满1年书面劳动合同的补订时，如果劳动者不与用人单位订立书面劳动合同，用人单位应当书面通知劳动者终止劳动关系，并依照《劳动合同法》第四十七条的规定支付经济补偿金。

参加岗前培训能否认定是建立劳动关系？

根据《劳动法》的规定，岗位培训既是劳动者的权利，也是用人单位的义务。岗前培训是用人单位指派劳动者参加的，即使劳动者没有提供正式的劳动，也视为劳动者提供了用工，培训第一天即是用工之日，即劳动关系建立之日。

什么情况下，用人单位应当与劳动者订立无固定期限劳动合同？

《劳动合同法》第十四条第二款规定："用人单位与劳动者协商一致，可以订立无固定期限劳动合同。有下列情形之一，劳动者提出或者同意续订、订立劳动合同的，除劳动者提出订立固定期限劳动合同外，应当订立无固定期限的劳动合同：（一）劳动者在该用人单位连续工作满十年的。（二）用人单位初次实行劳动合同制度或者国有企业改制重新订立劳动合同时，劳动者在该用人单位连续工作满十年且距法定退休年龄不足十年的。（三）连续订立二次固定期限劳动合同，且劳动者没有本法第三十九条和第四十条第一项、第二项规定的情形，续订劳动合同的。"

《劳动合同法实施条例》第七条规定："用人单位自用工之日起满一年未与劳动者订立书面劳动合同的，自用工之日起满一个月的次日至满一年的前一日应当依照劳动合同法第八十二条的规定向劳动者每月支付两倍的工资，并视为自用工之日起满一年的当日已经与劳动者订立无固定期限劳动合同，应当立即与劳动者补订书面劳动合同。"

"第三次签合同即可签无固定期限合同"的规定
是否限制用人单位的自主权？

根据《劳动合同法》第十四条规定，用人单位在与劳动者签订一次固定期限劳动合同后，再次签订固定期限的劳动合同时，就意味着下一次只要劳动者提出或者同意续订劳动合同，就必须签订无固定期限的劳动合同。

企业为了避免签订无固定期限的劳动合同，但又能同时保持用工的稳定性，防止因频繁更换劳动力而加大用工成本，就会延长每一次固定期限劳动合同的期限，从而解决了合同短期化的问题。

有人认为，这一项规定限制了用人单位的用工自主权。这种认识是错误的。因为劳动合同是由双方当事人协商一致订立的，劳动合同的期限长短、订立次数都由双方协商一致确定，选择什么样的劳动者的决定权仍掌握在企业手中。

无固定期劳动合同也不是"终身制"的，在法律规定的条件或是双方协商约定的条件出现时，用人单位可以解除劳动合同。

用人单位不给员工劳动合同文本，有何责任和后果？

用人单位为了管理的便利以及其他各种原因，往往不同意让员工持有一份劳动合同。有的担心员工丢失；有的担心员工拿合同找单位的麻烦；有的为了便于单位需要时修改合同内容；等等。但是无论哪一种原因，都是与现行法律规定相冲突的。《劳动合同法》第十六条第二款规定："劳动合同文本由用人单位和劳动者各执一份。"

没有将合同文本交给劳动者的后果有：

（1）在劳动保障部门指令下给劳动者一份。用人单位不给劳动合同文本的，劳动者可以向当地劳动保障部门举报，劳动保障部门了解情况后有权要求用人单位提供给员工一份。

（2）给劳动者造成损害的，企业要承担赔偿责任。

试用期的期限有什么限定？

试用期是指用人单位与劳动者相互了解、选择而约定的考察期。劳动合同当事人约定试用期的，试用期的期限应该符合下面的要求：

（1）签订6个月以下的劳动合同，试用期不得超过15日。

（2）签订6个月以上1年以下的劳动合同，试用期不得超过30日。

（3）签订1年以上2年以下的劳动合同，试用期不得超过60日。

（4）试用期最长不得超过6个月。

（5）试用期包括在劳动合同期限中。

应该注意的问题有：

（1）同一劳动者只能约定1次试用期。

（2）劳动者在试用期间的工资不得低于本单位同工种同岗位职工工作的80%，并不得低于当地最低工资标准。

（3）试用期内职工患病或非因工负伤，可以享受3个月的医疗期。

如何约定试用期？

（1）完善规章制度、加强管理、减少随意和违反法规解除试用期劳动关系的行为。

（2）规范劳动合同制度，做好劳动合同制度实施的管理工作（工资待遇、工作岗位等）。

（3）不是每一位职工都要约定试用期，如原固定工企业转制时，工作岗位没有变化，续订劳动合同者。

试用期怎样合法地解聘员工？

与解除正式劳动关系相比，试用期内的解除条件要稍低，但也并非随便就可让员工走人。

一般来说，用人单位在试用期通过考核不合格的方式解除劳动合同，需要满足四个法律要件：一是相关劳动合同等书面规则中须对录用条件进行约定或规定；二是有证据证明员工在试用期不符合录用条件；三是在员工试用期届满之前进行考核并作出解除通知；四是解除劳动合同通知书要在试用期届满之前交由员工签收或是公告。

因此，员工入职前，用人单位就应明确录用条件和岗位职责并进行公示。设定有效的录用条件，才能避免发生争议时既缺乏理由又缺乏证据。录用条件最好有书面文件，可以是招聘广告、岗位说明书，并最好在劳动合同中进行细化。

同时，要建立一套试用期的绩效评估制度，明确考核标准、考核方式及考核方法。制定的考核内容、评分原则及决定劳动者是否最终被录用的客观依据，应事先告知劳动者并让其签字认同。用人单位对试用期不符合录用条件的劳动者也要行使告知义务，绝不能暗箱操作。

试用期能无理由辞掉员工吗？

根据《劳动法》第三十二条的规定，在试用期内劳动者可以随时无条件解除合同，而对于用人单位来说，在试用期内单方解除劳动合同的前提是该劳动者不符合录用条件，否则该解约行为是不合法的。一旦劳动者提起申诉，用人单位须对解约理由承担举证责任。也就是说，在试用期内，劳动者可以随时解除劳动合同，但用人单位要解除劳动合同就得要依据法定条件，比如劳动者不符合录用条件、违法犯罪、不遵守用人单位的规章制度。否则，用人单位无故解除劳动合同的，应当依法向劳动者支付经济补偿金，经济补偿金的标准为劳动者工作每满1年，支付相当于1个月工资。

如何证明劳动者在试用期内不符合录用条件？

劳动者试用不合格，包括完全不具备录用条件和标准，部分不具备录用条件和标准两种。无论属于哪种情况，用人单位都必须提出合法有效的证明，否则就会因举证不能而无法与劳动者解除劳动关系。至于如何证明劳动者在试用期内不符合录用条件，用人单位应当注意做好以下几点：

（1）在发布的招聘简章、招聘信息中明确录用条件和标准。用人单位在广告上发布招聘信息时，除了注明对职位的一些基本要求（如年龄、职业技术、学历等）外，还应对所聘职位的具体录用条件、岗位职责进行详细描述，并在与劳动者订立劳动合同时再次以书面形式明确告知。

（2）对劳动者进行一定的背景调查。核查劳动者是否提供了虚假个人信息，是否违背诚实信用原则，是否隐瞒应当告知用人单位的重要信息，如被证实劳动者有此类不正当行为，用人单位可视其不符合录用条件。

(3)建立试用期的绩效评估制度，明确考核标准、考核方式及考核方法。用人单位制定的考核内容、评分原则及决定劳动者是否最终被录用的客观依据应当事先告知劳动者，并让其签字认同。

试用期内可否辞退生病员工？

《劳动法》第二十九条规定："劳动者有下列情形之一的，用人单位不得依据本法第二十六条、第二十七条的规定解除劳动合同：（一）患职业病或者因工负伤并被确认丧失或者部分丧失劳动能力的；（二）患病或者负伤，在规定的医疗期内的；（三）女职工在孕期、产假、哺乳期内的；（四）法律、行政法规规定的其他情形。"

但是，如果员工具有《劳动法》第二十五条所规定的情形，则是可以辞退的。《劳动法》第二十五条规定："劳动者有下列情形之一的，用人单位可以解除劳动合同：（一）在试用期间被证明不符合录用条件的；（二）严重违反劳动纪律或者用人单位规章制度的；（三）严重失职，营私舞弊，对用人单位利益造成重大损害的；（四）被依法追究刑事责任的。"

可不可以试用合格再签订劳动合同？

用人单位在员工试用合格后才与之签订劳动合同，这种行为是违法的。

依据我国现行的《劳动法》及相关法规、规章、政策性文件的有关规定，劳动合同是劳动者与用人单位确定劳动关系，明确双方权利和义务的协议；双方自建立劳动关系之日起，就应当订立劳动合同，"应当"在这里是"必须"的含义；同时又规定，用人单位与劳动者约定的试用期包括在劳动合同期限内。

目前，许多用人单位都有既然双方约定了试用期，就应在试用期满后再签订劳动合同的观点；这种观点是对劳动法的曲解。这种人为地将试用期与劳动合同割裂开来的做法，是不受法律保护的。用人单位故意拖延不订立劳动合同，给劳动者造成损害的，用人单位应当承担相应的法律责任。由此可见，订立劳动合同不是想订就订，想不订就不订，想什么时候订就什么时候订，而是只要与劳动者建立了劳动关系就应当依法订立劳动合同，否则将承担相应的法律责任。

职工在原单位转岗或续约时，单位可以再次约定试用期吗？试用期是独立于劳动合同期限之外的吗？

这种情况下单位不得再次约定试用期。试用期针对的对象是新录用的职工，对于非新录用的职工不得在劳动合同中约定试用期。试用期仅是劳动合同的任意性条款，双方当事人可以约定也可以不约定。

限制约定试用期的是：同一用人单位与同一劳动者只能约定一次试用期。如果用人单位与劳动者经协商变更工作岗位的，不可以再次约定试用期。因为用人单位对同一劳动者只能试用一次，而不论工作岗位是否变化。

试用期包含在劳动合同期限内。劳动合同仅约定试用期的，试用期不成立，该期限为劳动合同期限。

对试用期内不符合录用条件的，试用期满后能否辞退？

根据《劳动部办公厅〈关于如何确定试用期内不符合录用条件可以解除劳动合同的请示〉的复函》（劳部发〔1995〕16号）的规定，对试用期内不符合录用条件的劳动者，企业可以解除劳动合同；若超过试用期，则企业不能以试用期内不符合录用条件为由解除劳动合同。

劳动者试用期内患病，医疗期超过试用期，能否解除劳动合同？

劳动者在试用期内患病，享受的医疗期也是试用期内的，所以医疗期满时，时间虽然已超过试用期，若本人身体仍不符合录用条件，须解除，应按试用期内用人单位可以随时解除劳动合同，不需提前一个月通知对方等规定办理。

劳动者拒签劳动合同怎么办？

《劳动合同法实施条例》第二章第五条规定："自用工之日起一个月内，经用人单位书面通知后，劳动者不与用人单位订立书面劳动合同的，用人单位应当书面通知劳动者终止劳动关系，无需向劳动者支付经济补偿，但是应当依法向劳动者支付其实际工作时间的劳动报酬。"

对于用人单位来说，考虑到劳动争议案件中的举证责任分配，为了减少风险及增加工作量，用人单位在与劳动者建立劳动关系之日起1个月内应尽快安排与其签订劳动合同，发现有可能拒签合同情形的劳动者，在满1个月前应立即书面通知终止与其之间的劳动关系。如果已经满1个月的，也要立即书面通知终止劳动关系，但此时需要支付经济补偿金和双倍工资，对于这些没有诚信的劳动者来说他们在今后的工作中一般也会存在这样那样的问题，所以作为用人单位来说立即终止与他们之间的劳动关系虽然会损失一些招聘成本，但是可以避免支付双倍工资及经济补偿金以及减少以后可能出现的更多损失。

用人单位在按这一规定具体操作时需要注意一个细节，就是对于书面终止通知应注意通知送达证据的保存。用人单位在录用员工的时候便让员工在入职声明或员工简历中书面确认接收公司书面文件的送达地址，那么用人单位在终止劳动关系时可以通过快递方式（最好是EMS）邮寄通知并保存邮寄单，证明公司依法终止与拒签劳动合同劳动者之间的劳动关系，可以避免陷入违法解除合同的情形。

另外，用人单位最好向所在地劳动部门咨询如何处理，如果有用人单位咨询过的记录，将来该劳动者向劳动部门投诉时，也会减少一些后续麻烦。

学历造假所签劳动合同有效吗？

《劳动合同法》第二十六条第一款规定："下列劳动合同无效或者部分无效：（一）以欺诈、胁迫的手段或者乘人之危，使对方在违背真实意思的情况下订立或者变更劳动合同的；（二）用人单位免除自己的法定责任、排除劳动者权利的；（三）违反法律、行政法规强制性规定的。"

因此，伪造学历证书，证明自己符合用人单位的学历要求而签订的劳动合同因欺诈而无效，用人单位可以以合同无效为由要求该员工离开。

集体合同和劳动合同，哪个效力更高？

集体合同的法律效力高于劳动合同的法律效力，它是用人单位订立劳动合同的重要依据，劳动者个人与用人单位订立的劳动合同的条款的标准不得低于集体合同的规定，两者出现不一致时，应以集体合同规定的条款为准。如果劳动合同中没有规定，则用人单位与职工应当适用集体合同。

集体合同必须经过集体协商才能签订吗？

《劳动合同法》第五十一条规定，集体合同草案应当提交职工代表大会或者全体职工讨论通过。《工会法》第二十条也规定，法律、法规规定应当提交职工大会或者职工代表大会审议、通过、决定的事项，企业、事业单位、社会组织应当依法办理。因此，集体合同是通过集体协商的方式签订的。从职工一方来看，集体协商代表是通过民主程序产生，能够代表本单位全体职工就集体合同的内容做出意思表示。

基于上述特点和签订方式，集体合同的目的是为全体职工在劳动报酬、劳动条件和福利待遇等方面设置一道保障底线。

集体合同中的劳动报酬和劳动条件有最低标准吗？

《劳动合同法》第五十五条规定："集体合同中劳动报酬和劳动条件等标准不得低于当地人民政府规定的最低标准；用人单位与劳动者订立的劳动合同中劳动报酬和劳动条件等标准不得低于集体合同规定的标准。"

因此，在劳动者与用人单位之间的劳动关系存续期间，以上述两个"不得低于"的标准为原则，让用人单位和劳动者之间除了劳动合同的约束之外，通过法律强制性的规定，更进一步保障了劳动者在劳动报酬和劳动条件方面的基本权利。

工会可以代表职工签订集体合同吗？

集体合同与劳动合同的重要区别之一即为双方的签约主体不同：劳动合同是由劳动者本人与用工单位签订，而集体合同则是由职工代表与用人单位签订的。因此，集体合同是由工会或者职工代表与用人单位通过平等协商订立的，内容主要集中在劳动报酬、工作时间、休息休假、劳动安全卫生、保险福利等事项上。由此可知，工会可以代表职工签订集体合同。

对此，《工会法》也有类似规定：工会代表职工与企业以及实行企业化管理的事业单位进行平等协商，签订集体合同。工会签订集体合同，上级工会应当给予支持和帮助。

如何签订集体合同？

（1）用人单位职工一方与用人单位通过平等协商，拟定集体合同草案。
（2）集体合同草案提交职工代表大会或者全体职工讨论通过。
（3）将讨论通过的集体合同报送当地劳动行政部门。
（4）劳动行政部门自收到集体合同文本之日起15日内未提出异议的，集体合同即行生效。

由此可见，履行报批程序是集体合同生效的前提条件，生效后的集体合同具有普遍的约束力，即使新入职的员工也同样适用。

集体合同出现争议如何解决？

和劳动合同争议类似，在用人单位与劳动者之间如果因集体合同发生争议，除了双方可以协商解决以外，也同样可以通过劳动仲裁、诉讼等方式解决集体合同争议。

根据《劳动合同法》的规定，用人单位如违反集体合同，侵犯职工劳动权益，工会可以依法代表劳动者要求用人单位承担责任；集体合同争议经协商解决不成的，工会可以依法申请仲裁、提起诉讼。

关于这一点，《劳动法》第八十四条第二款作了详细的规定："因履行集体合同发生争议，当事人协商解决不成的，可以向劳动争议仲裁委员会申请仲裁；对仲裁裁决不服的，可以自收到仲裁裁决书之日起十五日内向人民法院提起诉讼。"

劳动报酬、劳动条件等合同条款约定不明确引起争议时如何采取补救措施？

《劳动合同法》第十八条规定："劳动合同对劳动报酬和劳动条件等标准约定不明确，引发争议的，用人单位与劳动者可以重新协商；协商不成的，适用集体合同规定；没有集体合同或者集体合同未规定劳动报酬的，实行同工同酬；没有集体合同或者集体合同未规定劳动条件等标准的，适用国家有关规定。"

哪些情况下可以订立无固定期限合同？哪些情况下应当订立无固定期限合同？

《劳动合同法》第十四条规定："无固定期限劳动合同，是指用人单位与劳动者约定无确定终止时间的劳动合同。用人单位与劳动者协商一致，可以订立无固定期限劳动合同。有下列情形之一，劳动者提出或者同意续订、订立劳动合同的，除劳动者提出订立固定期限劳动合同外，应当订立无固定期限劳动合同：（一）劳动者在该用人单位连续工作满十年的；（二）用人单位初次实行劳动合同制度或者国有企业改制重新订立劳动合同时，劳动者在该用人单位连续工作满十年且距法定退休年龄不足十年的；（三）连续订立二次固定期限劳动合同，且劳动者没有本法第三十九条和第四十条第一项、第二项规定的情形，续订劳动合同的。用人单位自用工之日起满一年不与劳动者订立书面劳动合同的,视为用人单位与劳动者已订立无固定期限劳动合同。"

当用人单位规章制度规定与劳动合同约定出现冲突时,规定与约定哪个更具法律效力?

规章制度是用人单位对员工管理的依据,管理范围为多数员工的一般行为,是管理劳动权利义务的一般标准;劳动合同形成于劳动者与用人单位双方,是双方协商一致的结果,也是规范双方权利义务的特殊约定。按照"特殊优于一般"的法律效力原则,用人单位与劳动者在劳动合同中的特殊约定,其法律效力高于规章制度的一般规定。因此,在劳动合同约定与规章制度规定出现冲突时,应当以劳动合同的特殊约定作为劳动双方履行劳动权利义务的依据。

所以,用人单位在制定规章制度的过程中,应当了解劳动合同和规章制度的区别。规章制度记载的应当是法律允许用人单位单方面决定的事项,只有在不违反法律法规规定的前提下,才能真正发挥规章制度的作用,才能更好地在法律的保护下管理企业。

连续两次订立固定期限劳动合同,劳动者不符合被辞退的条件,合同期满时,劳动者提出续签合同的要求,用人单位就必须与之订立无固定期限的合同吗?

《劳动合同法》第十四条第二款规定:"有下列情形之一,劳动者提出或者同意续订、订立劳动合同的,除劳动者提出订立固定期限劳动合同外,应当订立无固定期限劳动合同:(一)劳动者在该用人单位连续工作满十年的;(二)用人单位初次实行劳动合同制度或者国有企业改制重新订立劳动合同时,劳动者在该用人单位连续工作满十年且距法定退休年龄不足十年的;(三)连续订立二次固定期限劳动合同,且劳动者没有本法第三十九条和第四十条第一项、第二项规定的情形续订劳动合同的。"

这就是说,当用人单位与劳动者连续两次订立固定期限合同,劳动者又不符合被辞退的法定条件,合同期满时,面临第二次续签或者终止合同的时刻,此时只要劳动者提出续订劳动合同的要求,用人单位就应自觉地与之订立无固定期限劳动合同。换句话说,在第二次订立的固定期限合同届满时,法律将选择终止还是续签,续签固定期限合同还是无固定期限合同的权利都交给了劳动者,此时用人单位没有任何选择的权利,只能听从劳动者的安排。由此可知,只有在第一次订立的固定期限劳动合同期满时,用人单位还有选择终止还是续签,续签固定期限合同还是无固定期限合同的权利。这就提醒用人单位,第一次与劳动者订立固定期限合同时,可将合同期限约得相对短一些,合同期满时,对不满意的劳动者可与之终止合同,对满意的劳动者可续签相对长期的固定期限合同。这样一来,对用人单位和劳动者都是有益的。

单位合并或者分立,能否继续履行劳动合同?

《劳动合同法》第三十四条规定:"用人单位发生合并或者分立等情况,原劳动合同继续有效,劳动合同由承继其权利和义务的用人单位继续履行。"

劳动合同签订后,用人单位的基本情况有可能发生变化,比如用人单位的名称、法定代表人、投资人发生变化或者单位发生合并、分立等都不影响劳动合同的履行。因为用人单位的这些情况发生变化后,能够与劳动者建立劳动关系、签订劳动合同的用工实体仍然存在,因此,变更后的用工单位仍应继续与劳动者履行此前签订的劳动合同。

用人单位规定"末位淘汰"合法吗?

"末位淘汰"作为一项企事业单位内部的考核办法,作为一种激励机制,并不与法相悖。但如果把"末位淘汰"制度用到聘用关系上,凡是"末位",不分青红皂白就予以淘汰的做法是值得质疑的。

这里通常有以下两种情况:

一是双方在劳动合同中约定,单位可以以"末位淘汰"来解聘职工,当出现"末位"情形时,按约解除合同关系,不存在什么问题。

二是双方并没有在劳动合同中约定这一条,单位单方面以"末位淘汰"为由解除合同关系,就于法不符。

根据《劳动合同法》的规定,劳动者不能胜任工作,单位首先要给予培训或者调整工作岗位,劳动者仍不能胜任工作的,单位才可以解除劳动合同,还要给予经济补偿。这一规定就给予了职工一个培训和调整工作岗位的过程。

用人单位与劳动者协商一致,可否解除劳动合同?

《劳动合同法》第三十六条规定:"用人单位与劳动者协商一致,可以解除劳动合同。"

劳动者提前通知用人单位是否可以解除劳动合同?

《劳动合同法》第三十七条规定:"劳动者提前三十日以书面形式通知用人单位,可以解除劳动合同。劳动者在试用期内提前三日通知用人单位,可以解除劳动合同。"

哪些情形下,劳动者可以随时解除劳动合同?

《劳动合同法》第三十八条规定:"用人单位有下列情形之一的,劳动者可以解除劳动合同:(一)未按照劳动合同约定提供劳动保护或者劳动条件的;(二)未及时足额支付劳动报酬的;(三)未依法为劳动者缴纳社会保险费的;(四)用人单位的规章制度违反法律、法规的规定,损害劳动者权益的;(五)因本法第二十六条第一款规定的情形致使劳动合同无效的;(六)法律、行政法规规定劳动者可以解除劳动合同的其他情形。用人单位以暴力、威胁或者非法限制人身自由的手段强迫劳动者劳动的,或者用人单位违章指挥、强令冒险作业危及劳动者人身安全的,劳动者可以立即解除劳动合同,不需事先告知用人单位。"

哪些情形下，用人单位可以随时解除劳动合同？

《劳动合同法》第三十九条规定："劳动者有下列情形之一的，用人单位可以解除劳动合同：（一）在试用期间被证明不符合录用条件的；（二）严重违反用人单位的规章制度的；（三）严重失职，营私舞弊，给用人单位造成重大损害的；（四）劳动者同时与其他用人单位建立劳动关系，对完成本单位的工作任务造成严重影响，或者经用人单位提出，拒不改正的；（五）因本法第二十六条第一款第一项规定的情形致使劳动合同无效的；（六）被依法追究刑事责任的。"

用人单位在何种情况下不得解除劳动合同？

用人单位不得解除劳动合同，是指根据法律的规定，在特定的情况下，用人单位不再享有解除劳动合同的权利。根据《劳动法》的规定，劳动者有下列情形之一的，用人单位不得依据《劳动法》第二十六条、第二十七条的规定解除劳动合同：

（1）患职业病或者因工负伤并被确认丧失或者部分丧失劳动能力的。职业病是劳动者在生产劳动及其职业活动中，接触职业性有害因素引起的疾病。职工患了职业病，说明企业的生产或工作条件、安全制度或者医疗条件不够完善；职工因工负伤，说明企业的劳动保护制度不完善或劳动保护措施不健全。职工患职业病或因工负伤，都有可能造成职工丧失或者部分丧失劳动能力。因此，为了保障职工的合法权益，职工患职业病或者因工负伤并被确认丧失或者部分丧失劳动能力的，不管是试用期内，还是整个劳动合同期内，企业等用人单位不得解除劳动合同。

（2）患病或者负伤，在规定的医疗期内的。《劳动合同法》第四十二条规定在规定的医疗期，为了保障职工有稳定的收入，安心养病，企业不得解除劳动合同，即使劳动合同期限届满，企业也不得解除劳动关系，必须延续到医疗期满。

（3）女职工在孕期、产期、哺乳期内的。孕期是指怀孕期间；产期是指生育期间；哺乳期是指女职工哺乳其婴儿期间。根据《宪法》保护妇女儿童的原则，为了保护女职工的合法权益，保护妇女、儿童的身心健康，《劳动法》规定，在女职工孕期、产期、哺乳期间，即使具备了解除劳动合同的条件，企业也不得解除劳动合同，包括劳动合同期限届满，企业也不得解除劳动合同，必须延续到女职工孕期、产期、哺乳期届满。

（4）法律、法规规定的其他情形。如劳动合同期限未届满，又不具备企业可以解除劳动合同的条件，企业不得解除劳动合同。

用人单位在何种情况下可以解除劳动合同？

《劳动法》赋予用人单位对劳动合同的单方解除权，比赋予劳动者的单方解除权要小得多。立法上严格限定用人单位与劳动者解除劳动合同的条件，保护劳动者的劳动权。以下是《劳动法》的规定：

1.合同终止的解除

《劳动法》第二十三条规定："劳动合同期满或者当事人约定的劳动合同终止条件出现，劳动合

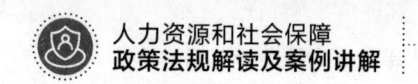

同即行终止。"合同的终止可以看作是特殊的解除情形。

2. 双方协商一致的解除

《劳动法》第二十四条规定："经劳动合同当事人协商一致，劳动合同可以解除。"

3. 法定解除条件成就的解除

《劳动法》第二十五条规定："劳动者有下列情形之一的，用人单位可以解除劳动合同：（一）在试用期间被证明不符合录用条件的；（二）严重违反劳动纪律或者用人单位规章制度的；（三）严重失职，营私舞弊，对用人单位利益造成重大损害的；（四）被依法追究刑事责任的。"

4. 其他情形

1995年8月4日原劳动部颁布的《关于贯彻执行〈中华人民共和国劳动法〉若干问题的意见》中规定的情形：

（1）劳动者被依法追究刑事责任的。"被依法追究刑事责任"是指被人民检察院免予起诉的和被人民法院判处处罚的（包括缓刑以及免予刑事处分）。

（2）劳动者被劳动教养的。

上述规定解释了《劳动法》第二十五条规定的"被依法追究刑事责任的"这一情形，即刑事责任包括劳动教养、拘役、缓刑、免予刑事处分、免予起诉、有期徒刑和无期徒刑、死刑。另外，该意见第二十八条规定了一种中止劳动合同的情形：劳动者涉嫌违法犯罪被有关机关收容审查、拘留或逮捕的。

哪些情形下，用人单位提前30日以书面形式通知劳动者本人或者额外支付劳动者1个月工资后，可以解除劳动合同？

按照《劳动法》第二十六条的规定，劳动者有下列情形之一的，用人单位可以解除劳动合同，但应提前30日以书面形式通知劳动者本人：

（1）劳动者患病或者非因工负伤，医疗期满后，不能从事原工作也不能从事由用人单位另行安排的工作的。

（2）劳动者不能胜任工作，经过培训或者调整工作岗位，仍不能胜任工作的。

（3）劳动合同订立时所依据的客观情况发生重大变化，致使原劳动合同无法履行，经当事人协商不能就变更劳动合同达成协议的。根据《劳动法》的规定，在劳动合同订立时所依据的客观情况发生重大变化，致使原劳动合同无法履行时，当事人双方可以变更劳动合同的某些内容。变更劳动合同，需要双方当事人协商一致才可，如果双方当事人就变更劳动合同不能达成协议，企业有权解除劳动合同。

上述三种解除劳动合同的情形属劳动者无过错。劳动者无过错，企业要求解除劳动合同的，应当提前30日以书面形式通知劳动者本人，并根据劳动者在该用人单位的工龄给予劳动者经济补偿。

劳动者在劳动合同期内失踪了，企业可以与之解除劳动合同吗？

劳动者在劳动合同期内突然失踪超过60天仍然杳无音信，用人单位可及时通过新闻媒介（报纸、广播、电视）刊发声明启事，要求当事人限期返归用人单位，否则按自行解除劳动合同处理，并通知其家属。逾期还无下落，用人单位可解除与该当事人的劳动合同，并向其家属送达解除劳动合同通知书，同时办理解除劳动合同的手续。

《劳动法》第二十六条第三项规定，劳动合同订立时所依据的客观情况已发生重大变化，致使原劳动合同无法履行，经当事人协商不能就变更劳动合同达成协议的，用人单位可以解除劳动合同，但应提前30日以书面形式通知劳动者本人。由于客观条件，用人单位无法和当事人协商，而且用人单位已为此作出了努力，所以解除原劳动合同是合法的。如果事后该当事人有确凿的证据，证实其无法履行劳动合同的原因，是因非主观意志所致（例如遭他人非法威逼、胁迫、绑架、监禁，遇意外事故伤害，突发精神病等），用人单位可视情况与当事人协商重新签订劳动合同。

劳动者受公安机关拘留处罚，用人单位是否可以解除劳动合同？

不可以解除劳动合同，只能"在劳动者被限制人身自由期间，可与其暂时停止劳动合同的履行。"

劳动部印发《关于贯彻执行〈中华人民共和国劳动法〉若干问题的意见的通知》第二十八条规定：劳动者涉嫌违法犯罪被有关机关收容审查、拘留或逮捕的，用人单位在劳动者被限制人身自由期间，可与其暂时停止劳动合同的履行。

暂时停止履行劳动合同期间，用人单位不承担劳动合同规定的相应义务。劳动者经证明被错误限制人身自由的，暂时停止履行劳动合同期间劳动者的损失，可由其依据《国家赔偿法》要求有关部门赔偿。

在拘留处罚结束后，要继续履行劳动合同。

劳动者被判刑，单位可以解除劳动合同吗？

根据《劳动合同法》的规定，劳动者被依法追究刑事责任的，用人单位可以解除劳动合同。

根据刑事诉讼法规定，任何人非经法院判决，不被认定为有罪。因此，用人单位欲以上述理由解除与劳动者的劳动合同时，需要有劳动者被追究刑事责任的事实存在，即劳动者已被法院作出生效判决，被认定为有罪。

需要注意的是，当劳动者被依法追究刑事责任后，用人单位可以解除劳动合同，但并不等于是自动解除或必须解除劳动合同。是否要解除劳动合同，决定权在于用人单位。

劳动者不能完成工作定额，单位炒人要给经济补偿吗？

如果劳动者不能完成月定额任务量，那用人单位要给他换岗、培训，换岗后仍然不能完成规定工作量的，才能解除劳动合同，而且要支付经济补偿金。

根据《劳动合同法》的规定，用人单位应当严格执行劳动定额标准，不得强迫或者变相强迫劳动者加班。此外，用人单位制定劳动定额的有关规章制度必须经过职工代表大会或者全体职工讨论，提出方案和意见，与工会或者职工代表平等协商确定，通过以上法定程序制定的涉及劳动定额标准的规章制度，才是具有法律效力的规章制度。

劳动者"兼职",单位可以解除劳动合同吗?

劳动者同时与其他用人单位建立劳动关系,对完成本单位的工作任务造成严重影响,或者经用人单位提出,拒不改正的,用人单位可以解除劳动合同。劳动者与其他单位建立劳动关系(以下简称"兼职"),用人单位解除劳动合同的,需要具备以下条件之一:

(1)兼职对完成本单位工作任务造成严重影响。

(2)用人单位对兼职提出反对意见,劳动者拒不改正。

这两个条件都需要用人单位提供相应的证据予以证明。

需要注意的是,用人单位以职工兼职提出解除劳动合同的情形,仅限于劳动者与用人单位之间属于全日制的劳动合同关系,而且无论其所"兼职"的是全日制劳动关系还是非全日制劳动关系,用人单位均可适用上述规定。

劳动者提供虚假资料,用人单位可以解除劳动合同吗?

根据《劳动合同法》的规定,以欺诈、胁迫的手段或者乘人之危,使对方在违背真实意思的情况下订立或者变更劳动合同,致使劳动合同无效的,用人单位可以解除劳动合同。

劳动者如通过提供虚假资料(例如假文凭、假证件、假就业经历等)骗取用人单位信任,与用人单位签订劳动合同,一经用人单位发现,用人单位则完全可以依据上述规定与之解除劳动合同而不视为违约。当然,需要注意的是,当用人单位欲以上述理由解除与职工的劳动合同时,需要提供相应的证据。

女职工在孕期严重违纪,单位可以解除劳动合同吗?

如果劳动者具有《劳动合同法》第四十二条规定的用人单位不能解除劳动合同的情形,但同时也符合《劳动合同法》第三十九条规定的用人单位可以即时解除劳动合同的情形,那么,用人单位是否可以解除劳动合同呢?

答案是可以的。因为,《劳动合同法》第四十二条所规定的不能解除劳动合同的情形,仅限于不得按照《劳动合同法》第四十条、四十一条的规定解除劳动合同,而如果用人单位按照《劳动合同法》第三十九条的规定解除劳动合同,并没有违反《劳动合同法》的规定。

女职工在孕期严重违反用人单位的规章制度的,用人单位可以解除劳动合同。

哪些情况下,用人单位可以裁减人员?

《劳动合同法》第四十一条第一款规定:"有下列情形之一,需要裁减人员二十人以上或者裁减不足二十人但占企业职工总数百分之十以上的,用人单位提前三十日向工会或者全体职工说明情况,听取工会或者职工的意见后,裁减人员方案经向劳动行政部门报告,可以裁减人员情况:(一)依照企业破产法规定进行重整的。(二)生产经营发生严重困难的。(三)企业转产、重大技术革新或者经营方式调整,经变更劳动合同后,仍需裁减人员的。(四)其他因劳动合同订立时所依据的客观经济情况发生重大变化,致使劳动合同无法履行的。"

用人单位通过怎样的程序才能实施经济性裁员?

(1) 用人单位提前30日向工会或者全体职工说明情况。
(2) 听取工会或者职工的意见。
(3) 裁减人员方案经向劳动行政部门报告。

裁减人员时,应当优先留用哪些人员?

《劳动合同法》第四十一条第二款规定:"裁减人员时,应当优先留用下列人员:(一)与本单位订立较长期限的固定期限劳动合同的;(二)与本单位订立无固定期限劳动合同的;(三)家庭无其他就业人员,有需要扶养的老人或者未成年人的。用人单位依照本条第一款规定裁减人员,在六个月内重新招用人员的,应当通知被裁减的人员,并在同等条件下优先招用被裁减的人员。"

企业重整裁员,单位需支付经济补偿吗?

企业依照《企业破产法》规定进行重整,需要裁减人员20人以上或者裁减不足20人但占企业职工总数10%以上的,用人单位应提前30日向工会或者全体职工说明情况,听取工会或者职工的意见后,裁减人员方案经向劳动行政部门报告,可以裁减人员。

在这种情况下裁减人员,企业应当向劳动者支付经济补偿。

用人单位对富余人员、放长假的职工、长期被借用的人员、请长病假的职工,非在岗期间是否应与其签订劳动合同?

根据原劳动部《关于贯彻执行〈中华人民共和国劳动法〉若干问题的意见的通知》的规定,用人单位应与其富余人员、放长假的职工签订劳动合同,但其劳动合同与在岗职工的劳动合同在内容上可以有所区别。用人单位与劳动者经协商一致可以在劳动合同中就不在岗期间的有关事项做出规定。

用人单位应与其长期被外单位借用的人员、带薪上学人员,以及其他非在岗但仍保持劳动关系的人员签订劳动合同,但在外借和上学期间,劳动合同中的某些相关条款经双方协商可以变更。

请长病假的职工,在病假期间与原单位保持着劳动关系,用人单位应与其签订劳动合同。

处分一个职工是否有法定程序和时间限制,
不按法定程序处分职工和超过法定时间处分职工是否有效?

对职工的行政处分有:警告、记过、记大过、降级、撤职、留用察看、开除。除名处理不是行

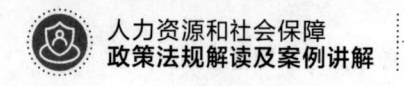

政处分。

企业给职工行政处分和经济处罚的基本程序是：弄清事实，取得证据，经过一定会议（包括职代会）讨论，征求工会意见，允许受处分者本人进行申辩，慎重决定。开除处分必须经过职代会讨论决定。处分职工的时间，从证实职工犯错误之日起，开除处分不得超过5个月，其他处分不得超过3个月。如因案情复杂不能及时审批处分的，可以报请上级主管部门适当延长审批处分时间。不按法定程序处分职工和超过法定时间处分职工是无效的。

劳动者不能胜任工作被辞退，单位给补偿吗？

根据《劳动合同法》的规定，劳动者不能胜任工作，经过培训或者调整工作岗位，仍不能胜任工作的，用人单位提前30日以书面形式通知劳动者本人或者额外支付劳动者1个月工资后，可以解除劳动合同。

单位以不能胜任为由解除劳动合同需要满足三个条件：
（1）劳动者被证明不能胜任工作。
（2）在劳动者不能胜任工作后，单位要为其进行培训或者调整工作岗位。
（3）调整工作岗位之后仍然不能胜任工作。

医疗期满被辞退，单位除给经济补偿外，还给医疗补助费吗？

劳动者患病或者非因工负伤，经劳动鉴定委员会确认不能从事原工作，也不能从事用人单位另行安排的工作而解除劳动合同的，用人单位解除劳动合同时，除应按其在本单位的工作年限，每满1年发给相当于1个月工资的经济补偿金外，同时还应发给不低于6个月工资的医疗补助费。

患重病和绝症的还应增加医疗补助费，患重病的增加部分不低于医疗补助费的50%，患绝症的增加部分不低于医疗补助费的100%。

客观情况发生重大变化双方不能协商变更，单位解除劳动合同给补偿吗？

劳动合同订立时所依据的客观情况发生重大变化，致使劳动合同无法履行，经用人单位与劳动者协商，未能就变更劳动合同内容达成协议的，用人单位提前30日以书面形式通知劳动者本人或者额外支付劳动者1个月工资后，可以解除劳动合同。在这种情况下，单位解除劳动合同的，应向劳动者支付经济补偿金。

哪些情形下，用人单位应向劳动者加付赔偿金？

《劳动合同法》第八十五条规定："用人单位有下列情形之一的，由劳动行政部门责令限期支付劳动报酬、加班费或者经济补偿；劳动报酬低于当地最低工资标准的，应当支付其差额部分；

逾期不支付的，责令用人单位按应付金额百分之五十以上百分之一百以下的标准向劳动者加付赔偿金：（一）未按照劳动合同的约定或者国家规定及时足额支付劳动者劳动报酬的。（二）低于当地最低工资标准支付劳动者工资的。（三）安排加班不支付加班费的。（四）解除或者终止劳动合同，未依照本法规定向劳动者支付经济补偿的。"

用人单位招用与其他用人单位尚未解除或者终止劳动合同的劳动者，应承担什么法律责任？

《劳动合同法》第九十一条规定："用人单位招用与其他用人单位尚未解除或者终止劳动合同的劳动者，给其他用人单位造成损失的，应当承担连带赔偿责任。"

什么时候用人单位需要向劳动者支付两倍赔偿金？

《劳动合同法》第八十七条规定："用人单位违反本法规定解除或终止劳动合同，应当依照本法第四十七条规定的经济补偿标准的二倍向劳动者支付赔偿金。"

《劳动合同法》第四十七条规定："经济补偿按劳动者在本单位工作的年限，每满一年支付一个月工资的标准向劳动者支付。六个月以上不满一年的，按一年计算；不满六个月的，向劳动者支付半个月工资的经济补偿。劳动者月工资高于用人单位所在直辖市、设区的市级人民政府公布的本地区上年度职工月平均工资三倍的，向其支付经济补偿的标准按职工月平均工资三倍的数额支付，向其支付经济补偿的年限最高不超过十二年。本条所称月工资是指劳动者在劳动合同解除或终止前十二个月的平均工资。"

什么时候用人单位需要向劳动者每月支付两倍工资？

《劳动合同法》第八十二条规定："用人单位自用工之日起超过一个月不满一年未与劳动者订立书面劳动合同的，应当向劳动者每月支付二倍的工资。用人单位违反本法规定不与劳动者订立无固定期限劳动合同的，自应当订立无固定期限劳动合同之日起向劳动者每月支付二倍的工资。"

用人单位违法解除或终止劳动合同的，应当承担什么法律责任？

《劳动合同法》第四十八条规定："用人单位违反本法规定解除或者终止劳动合同，劳动者要求继续履行劳动合同的，用人单位应当继续履行；劳动者不要求继续履行劳动合同或者劳动合同已经不能继续履行的，用人单位应当依照本法第八十七条规定支付赔偿金。"

《劳动合同法》第八十七条规定："用人单位违反本法规定解除或者终止劳动合同的，应当依照本法第四十七条规定的经济补偿标准的二倍向劳动者支付赔偿金。"

《劳动合同法实施条例》第二十五条规定："用人单位违反劳动合同法的规定解除或者终止劳动合同，依照劳动合同法第八十七条的规定支付了赔偿金的，不再支付经济补偿。赔偿金的计算年限自用工之日起计算。"

劳动合同终止，用人单位是否需要支付经济补偿？

根据《劳动合同法》第四十六条第五项、第六项和《劳动合同法实施条例》第二十二条的规定，因下列情形终止劳动合同的，用人单位应当向劳动者支付经济补偿：

（1）劳动合同期满，除用人单位维持或者提高劳动合同约定条件续订劳动合同，劳动者不同意续订的情形外，终止固定期限劳动合同的。

（2）用人单位被依法宣告破产的。

（3）用人单位被吊销营业执照、责令关闭、撤销或者用人单位决定提前解散的。

（4）以完成一定工作任务为期限的劳动合同因任务完成而终止的。

《劳动合同法》第七十一条规定："非全日制用工双方当事人任何一方都可以随时通知对方终止用工。终止用工，用人单位不向劳动者支付经济补偿。"

哪些情形下，用人单位解除劳动合同应当向劳动者支付经济补偿？

根据《劳动合同法》第四十六条第二项、第三项、第四项的规定，用人单位因下列情形解除劳动合同的，应当向劳动者支付经济补偿：

（1）用人单位与劳动者协商一致的。

（2）劳动者患病或者非因工负伤，在规定的医疗期满后不能从事原工作，也不能从事由用人单位另行安排的工作的。

（3）劳动者不能胜任工作，经过培训或者调整工作岗位，仍不能胜任工作的。

（4）劳动合同订立时所依据的客观情况发生重大变化，致使劳动合同无法履行，经用人单位与劳动者协商，未能就变更劳动合同内容达成协议的。

（5）依照《企业破产法》规定进行重整而裁减人员的。

（6）因生产经营发生严重困难而裁减人员的。

（7）企业转产、重大技术革新或者经营方式调整，经变更劳动合同后，仍需裁减人员的。

（8）其他因劳动合同订立时所依据的客观经济情况发生重大变化，致使劳动合同无法履行而裁减人员的。

（9）法律、行政法规规定的其他情形。

解除或终止劳动合同的经济补偿按什么标准支付？

《劳动合同法》第四十七条规定："经济补偿按劳动者在本单位工作的年限，每满一年支付一个月工资的标准向劳动者支付。六个月以上不满一年的，按一年计算；不满六个月的，向劳动者支付半个月工资的经济补偿。劳动者月工资高于用人单位所在直辖市、设区的市级人民政府公布的本地区上年度职工月平均工资三倍的，向其支付经济补偿的标准按职工月平均工资三倍的数额支付，向其支付经济补偿的年限最高不超过十二年。本条所称月工资是指劳动者在劳动合同解除或者终止前十二个月的平均工资。"

《劳动合同法实施条例》第二十七条规定："劳动合同法第四十七条规定的经济补偿的月工资按照劳动者应得工资计算，包括计时工资或者计件工资以及奖金、津贴和补贴等货币性收入。劳动者在劳动合同解除或者终止前12个月的平均工资低于当地最低工资标准的，按照当地最低工资标准计算。劳动者工作不满12个月的，按照实际工作的月数计算平均工资。"

《劳动合同法》第九十七条第三款规定："本法施行之日存续的劳动合同在本法施行后解除或者终止，依照本法第四十六条规定应当支付经济补偿的，经济补偿年限自本法施行之日起计算；本法施行前按照当时有关规定，用人单位应当向劳动者支付经济补偿的，按照当时有关规定执行。"

劳动者病愈后不能工作，单位解除劳动合同给补偿吗？

劳动者患病或者非因工负伤，在规定的医疗期满后不能从事原工作，也不能从事由用人单位另行安排的工作，用人单位在提前30日以书面形式通知劳动者本人或者额外支付劳动者1个月工资后，可以解除劳动合同。

用人单位需充分掌握医疗期的有关规定，否则，少算一天都会被认定为违法解除，就得支付经济补偿金了。

用人单位解除劳动合同应当事先通知工会吗？

《劳动合同法》第四十三条规定："用人单位单方解除劳动合同，应当事先将理由通知工会。用人单位违反法律、行政法规规定或者劳动合同约定的，工会有权要求用人单位纠正。用人单位应当研究工会的意见，并将处理结果书面通知工会。"

此处与《劳动法》第三十条所规定的"用人单位解除劳动合同，工会认为不适当的，有权提出意见。如果用人单位违反法律、法规或者劳动合同，工会有权要求重新处理；劳动者申请仲裁或者提起诉讼的，工会应当依法给予支持和帮助"类似，而且对于用人单位的要求更为具体，具有更强的操作性。

劳动合同解除或者终止后，用人单位应当履行什么义务？

《劳动合同法》第五十条规定："用人单位应当在解除或者终止劳动合同时出具解除或者终止劳动合同的证明，并在十五日内为劳动者办理档案和社会保险关系转移手续。劳动者应当按照双方约定，办理工作交接。用人单位依照本法有关规定应当向劳动者支付经济补偿的，在办结工作交接时支付。用人单位对已经解除或者终止的劳动合同的文本，至少保存二年备查。"

《劳动合同法实施条例》第二十四条规定："用人单位出具的解除、终止劳动合同的证明，应当写明劳动合同期限、解除或者终止劳动合同的日期、工作岗位、在本单位的工作年限。"

《劳动合同法》第八十九条规定："用人单位违反本法规定未向劳动者出具解除或者终止劳动合同的书面证明，由劳动行政部门责令改正；给劳动者造成损害的，应当承担赔偿责任。"

什么情况下，劳动合同终止？

劳动合同终止，也就是双方当事人之间劳动关系的终结，意味着劳动合同当事人协商确定的劳动权利和义务关系已经结束，彼此之间原有的权利和义务关系不复存在，此时，用人单位应当依法办理终止劳动合同的有关手续。

《劳动合同法》第四十四条规定了劳动合同终止的几种情况：

（1）劳动合同期满的。
（2）劳动者开始依法享受基本养老保险待遇的。
（3）劳动者死亡，或者被人民法院宣告死亡或者宣告失踪的。
（4）用人单位被依法宣告破产的。
（5）用人单位被吊销营业执照、责令关闭、撤销或者用人单位决定提前解散的。
（6）法律、行政法规规定的其他情形。

劳动者患职业病、因工负伤可不可以终止劳动合同？

（1）劳动者患职业病、因工负伤，被确认为部分丧失劳动能力，劳动合同期满，用人单位按规定支付伤残就业补助金的，劳动合同可以终止。

（2）劳动者患职业病或者因工负伤，被确认为完全或者大部分丧失劳动能力的，用人单位不得终止劳动合同，但经劳动合同当事人协商一致，并且用人单位按照规定支付伤残就业补助金的，劳动合同也可以终止。

但是，如果劳动者患病或者负伤，在规定的医疗期内，或者女职工在孕期、产期、哺乳期内的，同时又未严重违反劳动纪律或者用人单位规章制度，也无严重失职，营私舞弊，对用人单位利益造成重大损害，也未被依法追究刑事责任的，即使劳动合同期满或者当事人约定的劳动合同终止条件出现，用人单位也不能终止其劳动合同，劳动合同期限应顺延至医疗期、孕期、产期和哺乳期满为止。

用人单位单方终止劳动合同有何限制性规定？

《劳动合同法》第四十二条规定："劳动者有下列情形之一的，用人单位不得依照本法第四十条、第四十一条的规定解除劳动合同：（一）从事接触职业病危害作业的劳动者未进行离岗前职业健康检查，或者疑似职业病病人在诊断或者医学观察期间的；（二）在本单位患职业病或者因工负伤并被确认丧失或者部分丧失劳动能力的；（三）患病或者非因工负伤，在规定的医疗期内的；（四）女职工在孕期、产期、哺乳期的；（五）在本单位连续工作满十五年，且距法定退休年龄不足五年的；（六）法律、行政法规规定的其他情形。"

用人单位可以随意变更工作岗位和地点吗？

工作岗位和劳动报酬是劳动合同必备条款，任何一方不得随意改变。用人单位变更工作岗位和地点，应具备合理性和必要性，否则为违法行为。

由于用人单位经营规模的不断扩张，用人单位单方面调整工作岗位和劳动报酬时要注意：

（1）用人单位应在法律允许范围内行使权利。调整劳动者工作岗位，用人单位和劳动者可以在劳动合同中约定，用人单位有权根据生产经营的需要变更劳动者工作岗位。用人单位既可以通过制定合法有效的劳动规章制度，对劳动合同变更的情形作出明确的约定或规定，也可以制定科学合理的工作考核量化办法，对不胜任工作岗位要求的劳动者，依法变更工作岗位。

（2）对变更劳动合同采取书面方式的理解。《劳动合同法》第三十五条关于书面变更劳动合同的规定，应当理解为变更劳动合同的必备条件，但书面形式的具体内容应区别不同情况理解。其中协商一致变更劳动合同的，书面形式应当指双方签署的变更协议。其他情况下变更劳动合同的，不一定均形成变更协议。用人单位可以单方变更的情况下，强制要求全部形成协议是不可行的，但应当向劳动者出具书面变更决定，否则不应确定变更行为的效力。

补签劳动合同也得支付双倍工资吗？

根据《劳动合同法》第十条规定："已建立劳动关系，未同时订立书面劳动合同的，应当自用工之日起一个月内订立书面劳动合同。用人单位与劳动者在用工前订立劳动合同的，劳动关系自用工之日起建立。"同时，《劳动合同法实施条例》第六条、第七条又作了进一步的明确：用人单位自用工之日起超过一个月不满一年未与劳动者订立书面劳动合同的，用人单位向劳动者每月支付两倍工资的起算时间为用工之日起满一个月的次日，截止时间为补订书面劳动合同的前一日；用人单位同时必须与劳动者补订书面劳动合同，即"两倍工资"和"补订合同"是用人单位应并列承担的责任。也就是说，只要用人单位没有按期与劳动者签订书面劳动合同，就必须向劳动者支付双倍工资，而不管是否补订劳动合同，均没有任何免责事由。

劳动者学历造假被辞，用人单位是否需要支付经济补偿？

不需要。《劳动合同法》第八条规定："用人单位招用劳动者时，应当如实告知劳动者工作内容、工作条件、工作地点、职业危害、安全生产状况、劳动报酬，以及劳动者要求了解的其他情况；用人单位有权了解劳动者与劳动合同直接相关的基本情况，劳动者应当如实说明。"如果违反了缔约告知义务，则可能构成欺诈，欺诈是指一方当事人故意告知对方虚假情况，或故意隐瞒实情，诱使对方当事人做出错误意思表示的行为。

如果劳动者应聘时向用人单位提供伪造的虚假学历，致使用人单位与其签订待遇优厚的劳动合同，可以认定劳动者的行为构成了欺诈。而这样的劳动合同是无效的。

根据《劳动合同法》第三十八条第一款第五项、第三十九条第五项以及第四十六条第一项的规定，如果是用人单位的原因导致劳动合同无效的，劳动者可以随时解除劳动合同，而且此时用人单位需要按照法定标准向其支付经济补偿；如果是劳动者的原因导致劳动合同无效的，用人单位也可以随时解除劳动合同而不需支付任何经济补偿。

同时，根据《劳动合同法》第八十六条的规定，劳动合同依法被确认无效而给对方造成损害的，有过错的一方应当承担赔偿责任。也就是说，如果劳动者因学历造假而给用人单位带来损害的话，且用人单位能够证明其所造成的损害，可要求其承担赔偿责任。

用人单位对已经解除或者终止的劳动合同文本应至少保存几年？

《劳动合同法》第五十条第三款规定："用人单位对已经解除或者终止的劳动合同的文本，至少保存二年备查。"

为什么是2年？从某种程度上来讲，这是与《劳动保障监察条例》衔接的体现，根据《劳动保障监察条例》的规定，违反劳动保障法律、法规或者规章的行为在二年内未被劳动保障行政部门发现，也未被举报、投诉的，劳动保障行政部门不再查处。

劳务派遣合同最低签多少年？

劳务派遣单位应当与被派遣劳动者订立2年以上的固定期限劳动合同，按月支付劳动报酬。被派遣劳动者在无工作期间，劳务派遣单位应当按照所在地人民政府规定的最低工资标准，向其按月支付报酬。

劳务派遣单位不得克扣用工单位按照劳务派遣协议支付给被派遣劳动者的劳动报酬。这是对用人单位影响较大的变化之一。

此外，劳务派遣单位和用工单位不得向被派遣劳动者收取费用。

劳务派遣协议应当约定什么内容？

劳务派遣单位派遣劳动者应当与接受以劳务派遣形式用工的单位（以下称用工单位）订立劳务派遣协议。劳务派遣协议应当约定派遣岗位和人员数量、派遣期限、劳动报酬和社会保险费的数额与支付方式以及违反协议的责任。

用工单位应当根据工作岗位的实际需要与劳务派遣单位确定派遣期限，不得将连续用工期限分割订立数个短期劳务派遣协议。

采用劳务派遣形式用工的行业主要是建筑业、制造业和电信、银行、饭店、医院、邮政、家政、电力、铁路运输等服务性行业。

用工单位应当对被派遣劳动者履行什么义务？

《劳动合同法》第六十二条规定："用工单位应当履行下列义务：（一）执行国家劳动标准，提供相应的劳动条件和劳动保护；（二）告知被派遣劳动者的工作要求和劳动报酬；（三）支付加班费、绩效奖金，提供与工作岗位相关的福利待遇；（四）对在岗被派遣劳动者进行工作岗位所必需的培训；（五）连续用工的，实行正常的工资调整机制。用工单位不得将被派遣劳动者再派遣到其他用人单位。"

谁该为被派遣劳动者缴纳各项社会保险？

根据《劳动合同法》第五十九条的规定，劳务派遣协议应当约定派遣岗位和人员数量、派遣期限、劳动报酬和社会保险费的数额与支付方式以及违反协议的责任。

可见，由哪一方为被派遣劳动者缴纳各项社会保险是由劳务派遣单位和实际用工单位协商确定的。但不管如何约定，劳务派遣单位或用工单位都必须为被派遣劳动者缴纳各项社会保险费，不能互相推脱，侵犯被派遣劳动者的权益。

劳务派遣单位克扣用工单位付给被派遣劳动者的工资合法吗？

张先生被一家劳务派遣单位派到国外从事技术工作。在劳务派遣单位与国外用工单位签订的劳务派遣协议中，国外用工单位付给他的工资是16 000元/月，但劳务派遣单位却在隐瞒的情况下只付给他4 000元/月，劳务派遣单位的做法合法吗？

答案是不合法。《劳动合同法》第六十条对此有明确的规定，劳务派遣单位不得克扣用工单位按照劳务派遣协议支付给被派遣劳动者的劳动报酬。因此，张先生可以到劳务派遣单位所在地的劳动监察部门举报。

劳务派遣单位转包劳动者合法吗？

劳务转包是一些自身规模小、地方分支机构不健全的劳务派遣单位，通过跟所谓"合作伙伴""外包联盟"等相互合作互为代理，从而层层转包劳动者的现象，劳务转包带来了大量潜在的劳动纠纷。

《劳动合同法》第六十二条明确规定，用工单位不得将被派遣劳动者再派遣到其他用人单位。这条规定即表明，坚决禁止转包劳动者。

何种情形下用工单位可以将劳动者退回劳务派遣单位？

《劳动合同法》第六十五条第二款规定："被派遣劳动者有本法第三十九条和第四十条第一项、第二项规定情形的，用工单位可以将劳动者退回劳务派遣单位，劳务派遣单位依照本法有关规定，可以与劳动者解除劳动合同。"

《劳动合同法》第三十九条规定的情形：

（1）在试用期间被证明不符合录用条件的。

（2）严重违反用人单位的规章制度的。

（3）严重失职，营私舞弊，给用人单位造成重大损害的。

（4）劳动者同时与其他用人单位建立劳动关系，对完成本单位的工作任务造成严重影响，或者经用人单位提出，拒不改正的。

（5）以欺诈、胁迫的手段或者乘人之危，使对方在违背真实意思的情况下订立或者变更劳动合同情形致使劳动合同无效的。

（6）被依法追究刑事责任的。

《劳动合同法》第四十条第一项、第二项规定的情形：

（1）劳动者患病或者非因工负伤，在规定的医疗期满后不能从事原工作，也不能从事由用人单位另行安排的工作的。

（2）劳动者不能胜任工作，经过培训或者调整工作岗位，仍不能胜任工作的。

用工单位能开除所接收的被派遣劳动者吗？

在劳务派遣中，实际用工单位不能直接开除和辞退被派遣劳动者，而是要明确将被派遣劳动者退回劳务派遣单位。同时，用工单位也不能接受被派遣劳动者辞职，即使该劳动者在退回派遣单位的同时与劳务派遣单位解除劳动合同，也应注意是从劳务派遣单位辞职，而不是从实际用人单位辞职。

此外，被派遣劳动者与派遣单位的劳动合同必须交一份至实际用工单位存档备查。用工单位在使用被派遣劳动者前，必须先确认被派遣劳动者与派遣单位是否签订有劳动合同，避免用工单位自身与劳动者形成事实劳动关系。

用人单位招用了与其他用人单位尚未解除或者终止劳动合同的劳动者，给其他单位造成损害怎么办？

《劳动合同法》第九十一条规定："用人单位招用与其他用人单位尚未解除或者终止劳动合同的劳动者，给其他用人单位造成损失的，应当承担连带赔偿责任。"

第二章 用人单位社保问题解答

我国现阶段社会保险的内容有哪些？

我国现阶段社会保险的内容包括五大险种：

1．养老保险

养老保险是国家依法强制实施、专门面向劳动者并通过向企业、个人征收养老保险费形成养老基金，用以解决劳动者退休后的生活保障问题的一项社会保险制度。其基本待遇是养老保险金的支付，它既是各国社会保险制度中的主体项目，也是各国社会保障制度中最重要的保障项目。

2．失业保险

失业保险是国家依法强制实施、专门面向劳动者并通过筹集失业保险基金，用以解决符合规定条件的失业者的生活保障问题的一项社会保险制度。其基本待遇是支付失业保险金及失业医疗救助等，它是市场经济条件下适应劳动力市场化发展需要，并缓和失业现象可能带来的严重社会问题的不可或缺的稳定和保障机制。

3．医疗保险

医疗保险是指国家依法强制实施、专门面向劳动者并通过向企业及个人征收医疗保险费形成医疗保险基金，用以解决劳动者及其家属医疗保障问题的一项社会保险制度。其基本待遇是提供医疗保障及医疗补助。

4．工伤保险

工伤保险是国家依法强制实施、面向企业或用人单位筹集工伤保险基金，用以补偿职工因工伤事故而导致的收入丧失和医疗保障待遇的一种社会保险制度，其实质是建立在民法基础上的一种用工单位对本单位职工工伤事故进行赔偿的制度。其基本待遇包括工伤期间的收入保障、工伤抚恤、工伤医疗保障等。

5．生育保险

生育保险是国家依法强制实施、面向用工单位及个人筹集生育保险基金，用以解决生育妇女孕产哺乳期间的收入和生活保障问题的一种社会保险制度。其基本待遇是提供生育医疗保障。

企业为什么必须参保？

根据《劳动法》第二条"在中华人民共和国境内的企业、个体经济组织（以下统称用人单位）和与之形成劳动关系的劳动者，适用本法"和第七十二条"社会保险基金按照保险类型确定资金来源，逐步实行社会统筹。用人单位和劳动者必须依法参加社会保险，缴纳社会保险费"，以及《社会保险法》第四条"中华人民共和国境内的用人单位和个人依法缴纳社会保险费，有权查询缴费记录、个人权益记录，要求社会保险经办机构提供社会保险咨询等相关服务。个人依法享受社会保险待遇，有权监督本单位为其缴费情况"等规定，企业参加社会保险是法定义务，必须参保。

如何申领社保登记证？

社会保险登记是指根据《社会保险费征缴暂行条例》第二条、第三条、第二十九条的规定应当缴纳社会保险费的单位，按照《社会保险登记管理暂行办法》规定的程序进行登记、领取社会保险登记证的行为。 社会保险登记是社会保险费征缴的前提和基础，从而也是整个社会保险制度得以建立的基础。县级以上劳动保障行政部门的社会保险经办机构主管社会保险登记。

社会保险登记手续如下：

（1）在社保网上申报服务平台的下载专区，下载并填写社会保险信息登记表，加盖公章，需要填写的内容有，单位基本信息、银行信息等。

（2）申办人带上述证件的原件及复印件，及填好的表格，去当地社保部门，办理申请手续。办理时间为每月5—25日。周六日除外，遇节假日不顺延。

（3）去开户银行签订同城委托收款付款的三方协议。之后应该缴纳的社保费用，就可以由银行，按月代扣。

哪些情形不能补交养老保险费？

以下情形不能补交养老保险费：

（1）失业期间。

（2）服刑期间。

（3）没有获得劳动收入的。

（4）超过国家法定退休年龄的年限。

（5）法律规定的其他情形。

社保部门每月何时正常托收社保费？

社保部门每月正常托收社保费的时间一般为20日至25日，企业应确保上述时间托收账上有足够的金额。

企业当月账上金额不足造成社保费托收不成功应怎么办？

可选择以下办法之一托收：

（1）月底前在账号存入足额款项，通知社保征收部门第二次托收。

(2) 手工托收，由社保征收窗口出具核定单，到基金偿付部门交现金支票。

学生在实习期间能否参加社会保险？

在单位实习的学生与用人单位不存在劳动关系，不属于单位的员工，不属于参加社会保险的适用范围。

年满多少周岁才可以参加社会保险？

《劳动法》第十五条第一款规定："禁止用人单位招用未满十六周岁的未成年人。"因此未满16周岁的与单位不存在劳动关系的人员，不能参加社会保险。满16周岁的企业员工须依法参加社会保险。

企业成立后应在多少日内办理参保手续？

企业在取得营业执照90日内，应到当地社保机构申请办理养老保险登记及参保手续。

什么时候为职工办理社会保险参保？

根据《社会保险法》第五十七条"用人单位应当自成立之日起三十日内凭营业执照、登记证书或者单位印章，向当地社会保险经办机构申请办理社会保险登记。社会保险经办机构应当自收到申请之日起十五日内予以审核，发给社会保险登记证件"，以及第五十八条"用人单位应当自用工之日起三十日内为其职工向社会保险经办机构申请办理社会保险登记"等规定，企业自成立之日起30日内必须办理社会保险登记参保，用工之日起（含试用期）30日内必须为职工办理社会保险登记参保。

人员流动性大的岗位怎么参保？

企业按照实际发生的月工资总额申报缴纳社会保险统筹部分。非全日制用工或者未达到月计薪天数（21.75天）并且月工资低于最低工资标准的，由职工本人按灵活就业人员自行申报缴费；符合参保条件的，企业从职工工资代扣个人缴费部分与统筹部分一并申报缴纳。

不参保有哪些风险？

（1）根据《社会保险法》第八十二条"任何组织或者个人有权对违反社会保险法律、法规的行为进行举报、投诉"的规定，不参保的用人单位可能受到举报、投诉。

根据《社会保险法》第八十四条、第八十六条和《劳动保障监察条例》第二十七条的规定，用人单位不办理社会保险登记的，由社会保险行政部门责令限期改正；逾期不改正的，对用人单位处应缴社会保险费数额1倍以上3倍以下的罚款，对其直接负责的主管人员和其他直接责任人员处500元以上3 000元以下的罚款。未按时足额缴纳社会保险费的，由社会保险费征收机构责令限期缴纳或者补足，并自欠缴之日起，按日加收0.5‰的滞纳金；逾期仍不缴纳的，处欠缴数额1倍以上3倍以下的罚款。

（2）根据《关于在一定期限内适当限制特定严重失信人乘坐火车推动社会信用体系建设的意见》（发改财金〔2018〕384号）、《关于在一定期限内适当限制特定严重失信人乘坐民用航空器推动社会信用体系建设的意见》（发改财金〔2018〕385号）的规定，社会保险领域中存在"用人单位未按相关规定参加社会保险且拒不整改的；用人单位未如实申报社会保险缴费基数且拒不整改的；应缴纳社会保险费且具备缴纳能力但拒不缴纳的；隐匿、转移、侵占、挪用社会保险基金或者违规投资运营的；以欺诈、伪造证明材料或者其他手段骗取社会保险待遇的；社会保险服务机构违反服务协议或相关规定的；拒绝协助社会保险行政部门对事故和问题进行调查核实的"情形的严重失信行为责任人限制乘坐火车高级别席位（包括列车软卧、G字头动车组列车全部座位、其他动车组列车一等座以上座位），限制乘坐民用航空器，期限为一年。

（3）职工在患病、工伤、失业、生育时，由用人单位承担全部法定待遇支付责任。

（4）根据《劳动合同法》第三十八条第三项的规定，用人单位未依法缴纳社会保险费，劳动者可以随时解除劳动合同，并可以要求用人单位支付经济补偿金。

发现漏缴社保费，能补缴吗？

（1）携财务记账凭证、工资表到社保局和地税局申报补缴。

（2）企业自查发现漏缴社保费3个月以上的（含3个月）或者被劳监局、社保局、地税局发现漏缴社保费的，配合调查取证，先在人社局建立缴费职工档案，然后持限期整改指令书、劳动合同、用工备案表、财务记账凭证、工资表到社保局和税务局申报补缴。

职工在单位工作期间应参保未参保，应该如何办理社保费补缴？

职工在单位工作期间应参保未参保，可凭劳动保障行政部门出具的劳动关系认定书到社保经办机构申请办理社会保险费补缴。

职工养老保险缴满15年后还需要继续参保吗？

职工养老保险累计缴费满十五年后，如未达到退休年龄且仍在单位就业的，应继续参保缴费。

港澳台居民在本地工作，如何办理参保手续？

港澳台居民在本地工作参保，需提供《台港澳人员就业证》、身份证、就业合同等去社保部门申请办理参保手续（可参加基本养老、基本医疗、失业、工伤、生育五项保险）。

外国人从总部外派来本地工作，劳动合同和工资都是在境外签署和发放的，该类人员需要办理参保手续吗？

《在中国境内就业的外国人参加社会保险暂行办法》（中华人民共和国人力资源和社会保障部令第16号）第三条第二款规定："与境外雇主订立雇用合同后，被派遣到在中国境内注册或者登记的分支机构、代表机构（以下称境内工作单位）工作的外国人，应当依法参加职工基本养老保险、职工基本医疗保险、工伤保险、失业保险和生育保险，由境内工作单位和本人按照规定缴纳社会保险费"。具体参保手续在社保部门办理。

参保人达到法定退休年龄后养老保险累计缴费年限未满15年，可以延长缴费吗？

参加职工基本养老保险的参保人达到法定退休年龄时，养老保险累计缴费不足15年的，可以在待遇领取地申请延长缴费至满15年。社会保险法实施（2011年7月1日）前参保、延长缴费5年后仍不足15年的，可以一次性缴费至满15年。

职工有何种情形的，应当认定为工伤？

职工有下列情形之一的，应当认定为工伤：
（1）在工作时间和工作场所内，因工作原因受到事故伤害的。
（2）工作时间前后在工作场所内，从事与工作有关的预备性或者收尾性工作受到事故伤害的。
（3）在工作时间和工作场所内，因履行工作职责受到暴力等意外伤害的。
（4）患职业病的。
（5）因工外出期间，由于工作原因受到伤害或者发生事故下落不明的。
（6）在上下班途中，受到非本人主要责任的交通事故或者城市轨道交通、客运轮渡、火车事故伤害的。
（7）法律、行政法规规定应当认定为工伤的其他情形。

职工有何种情形的，可视同工伤？

职工有下列情形之一的，视同工伤：
（1）在工作时间和工作岗位，突发疾病死亡或者在48小时之内经抢救无效死亡的。
（2）在抢险救灾等维护国家利益、公共利益活动中受到伤害的。
（3）因工作环境存在有毒有害物质或者在用人单位食堂就餐造成急性中毒而住院抢救治疗，并经县级以上卫生疫部门验证的。
（4）由用人单位指派前往依法宣布为疫区的地方工作而感染疫病的。
（5）职工原在军队服役，因战、因公负伤致残，已取得革命伤残军人证，到用人单位后旧伤复发的。

职工有何种情形的，不得认定为工伤或者视同工伤？

职工有下列情形之一的，不得认定为工伤或者视同工伤：
（1）故意犯罪的。
（2）醉酒或者吸毒的。
（3）自残或者自杀的。
（4）法律、行政法规规定的其他情形。

申请工伤认定的时限是怎样规定的？

用人单位应当在职工发生事故伤害或者按照《职业病防治法》规定被诊断、鉴定为职业病后的第一个工作日，通知统筹地区社会保险行政部门及其参保的社会保险经办机构，并自事故伤害发生之日或者按照《职业病防治法》规定被诊断、鉴定为职业病之日起30日内，向统筹地区社会保险行政部门提出工伤认定申请。遇有特殊情况，经报社会保险行政部门同意，申请时限可以适当延长。

用人单位未按照前款规定提出工伤认定申请的，该职工或者其近亲属、工会组织自事故伤害发生之日或者按照《职业病防治法》规定被诊断、鉴定为职业病之日起1年内，可以直接向用人单位所在地统筹地区社会保险行政部门提出工伤认定申请。

用人单位未在规定的时限内提交工伤认定申请，在此期间发生符合《工伤保险条例》规定的工伤待遇等有关费用由该用人单位负担。

职工应当在哪里治疗工伤？

职工发生工伤时，用人单位应当采取措施及时救治工伤职工。职工治疗工伤应当在签订服务协议的医疗机构就医，情况紧急时可以先到就近的医疗机构急救；疑似职业病或者患职业病的，用人单位应当及时送省级卫生行政部门指定的医疗机构诊断，并及时送签订服务协议的医疗机构治疗。

治疗工伤所需费用需符合什么标准，才能从工伤保险基金支付

治疗工伤所需费用符合工伤保险诊疗项目目录、工伤保险药品目录、工伤保险住院服务标准的，从工伤保险基金支付。

工伤职工住院是否可以在医院直接结算？

工伤参保职工医疗终结期内（一般不超过12个月）在市内工伤服务协议签订医院住院，出院前已由辖区人力资源和社会保障行政部门认定为工伤的（交通事故或有第三方责任人的除外）可直接在医院进行联网结算（自费部分除外）。

工伤职工如果需要转往市外就医,该如何处理?

因医疗条件所限需要转院治疗的,应当由签订服务协议的医疗机构提出,经报社会保险经办机构同意;因康复条件所限需要转院康复的,应当由工伤职工、用人单位或者签订服务协议的康复机构提出,经报社会保险经办机构同意。

工伤职工的停工留薪期有多长?

停工留薪期根据医疗终结期确定,具体可参考《广东省职工外伤、职业病医疗终结鉴定标准》(粤劳社〔2006〕155号)。停工留薪期(医疗终结期)一般不超过12个月,伤情严重或者情况特殊需要延长医疗期的,应向各辖区劳动能力鉴定委员提出延长医疗期申请,医疗终结期最长不超过24个月。

职工停工留薪期内的工资福利待遇如何?

职工因工伤需要暂停工作接受工伤医疗的,在停工留薪期内,原工资福利待遇不变,由所在单位按月支付。

工伤职工就诊费用如何报销?

工伤职工医疗终结后,不需评定伤残等级的,单位经办人员及工伤职工本人一同携带齐相关资料到社会保险经办机构办理除联网结算之外的费用报销手续。

工伤职工住院期间需要护理,该如何处理?

工伤职工在停工留薪期间生活不能自理需要护理的,由所在单位负责。所在单位未派人护理的,应当参照当地护工从事同等级别护理的劳务报酬标准向工伤职工支付护理费。

职工发生工伤,经治疗医疗终结期满(伤情相对稳定)后存在残疾、影响劳动能力的,应当怎么办?

用人单位、工伤职工或者其近亲属应当在工伤职工医疗终结期满30日内向各辖区劳动能力鉴定委员会提出劳动能力鉴定申请,并提供工伤认定决定和职工工伤医疗的有关资料。

工伤职工安装辅助器具的费用由谁支付？

工伤职工因日常生活或者就业需要，必须安装假肢、矫形器、假眼、假牙和配置轮椅、拐杖等辅助器具，或者辅助器具需要维修、更换的，由签订服务协议的医疗、康复机构提出意见，经劳动能力鉴定委员会确认，所需费用按照国家规定的标准从工伤保险基金支付。辅助器具应当限于辅助日常生活及生产劳动之必需，并采用国内市场的普及型产品。工伤职工选择其他型号产品，费用高出普及型的部分，由个人自付。

住院治疗的伙食费、经批准转往外地治疗所需往返交通、食宿费用按什么标准支付？

住院治疗的伙食费按70元/天由工伤保险基金支付（2014年9月28日之前住院的仍执行35元/天支付，之后住院的按70元/天支付）；经批准转统筹地区以外门诊治疗、康复及住院治疗、康复的，其在城市间往返一次的交通费用及在转入地所需的市内交通、食宿费用，由工伤保险基金支付，支付标准为：城市间往返一次的交通费用据实报销，工伤职工到市外就医所需的转入地入院前市内交通、食宿费用，原则上不超过3日，按合计每日不超过200元的标准凭据报销。

劳动功能障碍分为多少个伤残等级？

劳动功能障碍分为十个伤残等级，最重的为一级，最轻的为十级。

生活自理障碍等级根据什么条件确定？

生活自理障碍等级根据进食、翻身、大小便、穿衣及洗漱、自我移动五项条件确定。五项条件均需要护理者为一级，五项中四项需要护理者为二级，五项中三项需要护理者为三级，五项中一至二项需要护理者为四级。

一次性伤残补助金的标准是如何规定的？

以工伤职工本人工资为基数计发：一级伤残为27个月的本人工资，二级伤残为25个月的本人工资，三级伤残为23个月的本人工资，四级伤残为21个月的本人工资，五级伤残为18个月的本人工资，六级伤残为16个月的本人工资，七级伤残为13个月的本人工资，八级伤残为11个月的本人工资，九级伤残为9个月的本人工资，十级伤残为7个月的本人工资。

伤残津贴的标准是如何规定的？

职工因工致残被鉴定为一级至四级伤残，本人要求退出工作岗位、终止劳动关系的，办理伤残退休手续，由工伤保险基金以下列标准按月计发至本人死亡。伤残津贴标准为：一级伤残为本人工资的90%，二级伤残为本人工资的85%，三级伤残为本人工资的80%，四级伤残为本人工资的75%。伤残津贴实际金额低于当地最低工资标准的，由工伤保险基金补足差额。

伤残职工的工作如何安排？

对五至十级残疾的职工，保留与用人单位的劳动关系，由用人单位安排适当工作。五级、六级伤残职工本人提出与用人单位解除或者终止劳动关系的，七级至十级伤残职工依法与用人单位解除或者终止劳动关系的，由工伤保险基金支付一次性工伤医疗补助金，由用人单位支付一次性伤残就业补助金，终结工伤保险关系。

职工因工死亡的待遇标准是如何规定的？

职工因工死亡，其近亲属按照下列规定从工伤保险基金领取丧葬补助金、供养亲属抚恤金和一次性工亡补助金：

（1）丧葬补助金为6个月的统筹地区上年度职工月平均工资。

（2）供养亲属抚恤金按照职工本人工资的一定比例发给由因工死亡职工生前提供主要生活来源、无劳动能力的亲属。标准为：配偶每月40%，其他亲属每人每月30%，孤寡老人或者孤儿每人每月在上述标准的基础上增加10%。核定的各供养亲属的抚恤金之和不应当高于因工死亡职工生前的工资。供养亲属的具体范围按照国务院社会保险行政部门的规定执行。

（3）一次性工亡补助金标准为上年度全国城镇居民人均可支配收入的20倍。

职工因工外出期间发生事故或者在抢险救灾中下落不明的，如何处理？

职工因工外出期间发生事故或者在抢险救灾中下落不明的，从事故发生当月起3个月内照发工资，从第4个月起停发工资，由工伤保险基金向其供养亲属按月支付供养亲属抚恤金。生活有困难的，可以预支一次性工亡补助金的50%。职工被人民法院宣告死亡的，再发给其余待遇。被宣告死亡后重新出现的，应当退还已发的供养亲属抚恤金和一次性工亡补助金。

定期领取工伤保险待遇的人员须何时认证，方可继续领取待遇？

定期领取伤残津贴的人员或者领取供养亲属抚恤金的供养亲属，应当每年提供由用人单位或者居住地户籍管理部门出具的生存证明，方可继续领取。

职工有哪些情形的，停止享受工伤保险待遇？

（1）丧失享受待遇条件的。
（2）拒不接受劳动能力鉴定的。
（3）拒绝治疗的。

什么是工伤康复？

工伤康复工作是工伤保险的重要职能之一，与工伤预防、工伤赔偿一起构成了新型的工伤保险体系。从一定意义上讲，工伤康复是工伤保险的最高目标和最终目标。工伤康复目的是最大限度地恢复和提高工伤职工的身体功能和生活自理能力，尽可能恢复或提高伤残职工的职业劳动能力，从而促进伤残职工全面回归社会和重返工作岗位。

如何进行工伤康复？

工伤职工医疗治疗期内，应尽可能早地介入早期康复治疗（可在工伤保险定点医疗机构）；医疗期伤情稳定或治疗期结束后，需要进行康复的工伤职工可由个人或单位填写《珠海市工伤职工工伤康复申请表》，经劳动能力鉴定委员会确认可以进行康复的，工伤职工在签订服务协议的康复机构发生的符合规定的工伤康复费用，从工伤保险基金支付。

工伤康复待遇包括哪些？

工伤康复待遇包括工伤康复医疗费、工伤康复器具费以及工伤职业康复费。

领取工伤康复待遇如何办理？

工伤康复医疗费中属于住院的费用在康复协议医院联网结算，未能联网结算的其他康复医疗费和工伤康复器具费、工伤职业康复费按工伤保险相关规定到社会保险经办机构报销。

工伤职工如果需要康复治疗，该如何处理？

职工经治疗伤情稳定，需要工伤康复的，用人单位、工伤职工或者其近亲属可以向市劳动能力鉴定委员会提出工伤康复申请。经劳动能力鉴定委员会确认，并至社会保险经办机构登记后，工伤职工可以在签订服务协议的康复机构进行康复。

什么是职业病？

职业病，是指企业、事业单位和个体经济组织（以下统称用人单位）的劳动者在职业活动中，因接触粉尘、放射性物质和其他有毒、有害物质等因素而引起的疾病。

职业病是不是工伤？

劳动者因从事某项工作引起职业病的，经统筹地区社会保险行政部门审核确认为工伤的属于工伤。

职业病如何申报工伤？

疑似患职业病职工应到本市工伤保险定点医院进行检查，并经广东省职业病鉴定部门鉴定为职业病之日起，第一个工作日拨打12333热线电话进行事故登记，30日内单位应向劳动和社会保障局行政管理部门提出书面工伤认定申请。

职业病被认定工伤后享受什么待遇？

职业病被认定工伤后享受以下待遇：
（1）报销符合工伤保险诊疗项目目录、工伤保险药品目录、工伤保险住院服务标准的治疗工伤的医疗费用。
（2）被鉴定工伤残疾等级的，按工伤保险相关法规规定享受伤残待遇。

职工生育保险的参保对象有哪些？

参保对象为本市行政区域内所有用人单位的全部职工。具体包括国家机关、企业、事业单位、社会团体、民办非企业单位、基金会、律师事务所、会计师事务所等组织和有雇工的个体工商户等单位的全部职工（不含退休人员）。

哪些情形可以享受生育津贴？

参保职工有下列情形之一的，享受生育津贴：
（1）女职工享受《女职工劳动保护特别规定》、本省《女职工劳动保护实施办法》规定的产假。
（2）享受国家和省规定的计划生育手术休假。
（3）法律、法规规定的其他情形。

产假津贴的支付期限是多长？

产假津贴的具体支付期限为：
（1）生育的，98天。其中剖宫产、难产的，增加30天；生育多胞胎的，每多生育1个婴儿增加15天。
（2）怀孕未满16周流产的，15天。
（3）怀孕满16周流产的，42天。

计生津贴的支付期限是多长？

计生津贴的具体支付期限为：
（1）取出宫内节育器的，2天。
（2）放置宫内节育器的，3天。
（3）结扎输卵管的，21天。
（4）结扎输精管的，7天。

生育津贴如何计算？

以参保职工分娩或施行计划生育手术时所在用人单位上年度职工月平均工资为基数，除以30再乘以规定的假期天数。

用人单位上年度职工月平均缴费工资如何计算？

用人单位上年度职工月平均缴费工资按照用人单位上年度每月向市社会保险费征收机构申报的缴费工资总额平均数，除以其每月参保职工的平均数确定。

用人单位无上年度月平均缴费工资的，生育津贴计发的基数如何确定？

用人单位无上年度职工月平均工资的，生育津贴以本单位本年度职工月平均缴费工资为基数计算。

生育保险基金支付生育津贴后，用人单位还需发放产假工资吗？

生育保险基金支付参保职工生育津贴后，视同用人单位已经支付其相应数额的假期工资。但是生育津贴标准低于参保职工原工资标准的，用人单位应当将差额支付给参保职工。

用人单位申请工伤认定需提供哪些材料？

用人单位申请工伤认定应提供下列材料：
(1) 工伤认定申请表。
(2) 伤者和用人单位有效书面劳动合同或事实劳动关系证明。
(3) 伤者身份证或暂住证。
(4) 工伤医疗首诊病历或职业病诊断证明书。
(5) 上下班工作记录卡。
(6) 现场目击证人出具的证人证言（附身份证复印件）。
(7) 道路交通责任认定书（机动车事故的）。
(8) 道路交通示意图（机动车事故的）。
(9) 当地公安部门的证明材料（属暴力人身伤害的）。

发生工伤事故后，用人单位申请工伤认定时效有何规定？

职工发生事故伤害或者按照《职业病防治法》规定被诊断、鉴定为职业病，所在单位应当自事故伤害发生之日或者被诊断、鉴定为职业病之日起30日内，向统筹地区劳动保障行政部门提出工伤认定申请。遇有特殊情况，经报劳动保障部门同意，申请时限可以适当延长。

用人单位未按前款规定提出工伤认定申请的，工伤职工或者其直系亲属、工会组织在事故伤害发生之日或者被诊断、鉴定为职业病之日起1年内，可以直接向用人单位所在地统筹地区劳动保障行政部门提出工伤认定申请。

用人单位未在本条第一款规定的时限内提交认定申请，在此期间发生符合国家《工伤保险条例》规定的工伤待遇等有关费用由该用人单位承担。

用人单位申报工伤医疗待遇时应注意哪些事项？

用人单位申报工伤医疗待遇时，应提供工伤员工医疗的有关材料和有效票据。所提供票据应与病历本上的日期名字一致，中成药必须打印用药清单，同时工伤员工应填写《工伤职工自愿不做医务鉴定保证书》或提交《职工劳动能力鉴定结论书》。

上下班途中哪些情形属工伤？

根据《工伤保险条例》第十四条第六项的规定，在上下班途中，受到非本人主要责任的交通事故或者城市轨道交通、客运轮渡、火车事故伤害的才属工伤认定范围。

劳动保障行政部门受理工伤认定申请之日起多久作出工伤认定决定？

劳动保障行政部门应当自受理工伤认定申请之日起60日内作出工伤认定的决定，并书面通知申请认定的职工或者其直系亲属和该职工所在单位。

工伤事故调查过程中，申请人、用人单位及有关部门应承担什么义务和责任？

劳动保障行政部门受理工伤认定申请后，根据审核需要可以对事故伤害进行调查核实，用人单位、职工、工会组织、医疗机构以及有关部门有协助工伤调查和提供证据的义务。职工或其直系亲属、工会组织认为是工伤，用人单位不认为是工伤的，由用人单位承担举证责任。

工伤可在哪些医疗机构治疗？

治疗工伤应当在与社保机构签订协议的本市工伤定点医疗机构就医，情况紧急时可先到就近的医疗机构急救。因医疗条件所限需要转诊（院）的，应当由工伤定点医疗机构提出，并经社保机构同意。

工伤治疗费用如何支付？

治疗工伤所需费用符合工伤保险诊疗项目目录、工伤保险药品目录、工伤保险住院服务标准的，从工伤保险基金支付。因病情需要，确需使用目录外诊疗项目的，须由工伤定点医疗机构提出申请，并经社保机构核准后方可使用。目录外用药社保基金一律不予支付。

医疗保险是否可以不参加？

《劳动法》明确规定，所有用人单位和劳动者都必须参加社会保险，其中包括医疗保险；《国务院关于建立城镇职工基本医疗保险制度的决定》（国发〔1998〕44号）也规定，城镇所有用人单位，包括企业（国有企业、集体企业、外商投资企业、私营企业）、机关、事业单位、社会团体、民办非企业单位及其职工，都要参加基本医疗保险。

综合医疗保险费划入个人账户的比例是多少？

个人缴交的部分全部计入个人账户，用人单位或养老保险机构缴交的医疗保险费，划入个人账户的比例如下：

(1) 35周岁以下（不含35周岁）为30%。
(2) 35周岁以上45周岁以下（不含45周岁）为40%。
(3) 45周岁以上在职人员为50%。
(4) 退休人员为60%。

其中，参加原养老保险行业统筹、由省社保机构按月支付养老金、退休前有本市户籍的退休人员，按上年度城镇职工月平均工资×11.5%×60%计入个人账户；剩余部分计入共济基金。

医疗保险待遇的起止时间是怎么规定的？

参保人自办理参保手续次月1日起享受参保地城镇职工社会医疗保险办法规定的基本医疗保险待遇、地方补充医疗保险待遇和生育医疗保险待遇。参保人或其单位停止缴交医疗保险费的，自停止缴交月的次月1日开始，参保人停止享受医疗保险待遇，但个人账户上的剩余金额可以继续使用直至用完为止。

参保人医保个人账户用完后超额的门诊医疗费用如何报销？

参保人医保个人账户用完后超额的门诊医疗费用报销规定如下：

(1) 综合医疗保险参保人的门诊基本医疗费用和门诊使用地方补充医疗保险药品目录的药品、诊疗项目的费用，由个人账户支付；个人账户不足支付，且医疗保险年度内超额的门诊基本医疗费用，在市上年度城镇职工年平均工资10%以内的，由个人自付；年度内超过市上年度城镇职工年平均工资10%以上的部分，基本医疗保险统筹基金支付70%。

(2) 个人医疗账户用完后，超过本市上年度城镇职工年平均工资10%以上的部分，须凭门诊病历（病历内有病史、检查、诊断、治疗、用药等项记载）、检查报告单、医疗费用明细清单、有效收费收据和本人的《本市职工社会保险证》或《本市劳动保障卡》等，于每年的7月1日后到社会保险机构审核报销，核准报销的门诊医疗费用在扣减自付额后才能按规定比例报销。（报销医疗费用起止时间为上一年7月1日至当年6月30日为一个医保年度，在这个年度内发生的门诊医疗费用才能办理年度超额报销。）

第三章 工资报酬管理

用人单位应该如何支付劳动者工资?

根据《劳动法》的相关规定,用人单位应当按照以下要求支付劳动者的工资报酬:

(1) 用人单位支付给劳动者的工资不得低于当地人民政府规定的最低工资标准。

(2) 用人单位支付给劳动者的工资应当以法定货币支付,不得以实物及有价证券替代货币支付。

(3) 用人单位应将工资支付给劳动者本人。劳动者本人因故不能领取工资时,可由其亲属或委托他人代领。用人单位也可以委托银行代发工资。用人单位支付劳动者工资时,必须书面记录所支付工资的数额、时间、领取者的姓名及签字,并保存两年以上备查。用人单位在支付工资时应向劳动者提供一份其个人工资的清单。

(4) 用人单位支付劳动者工资必须按照与劳动者约定的日期支付,至少应每月支付一次。如遇节假日或休息日,则应提前在最近的工作日支付,实行周、日、小时工资制的,可按周、日、小时支付工资。

(5) 对于完成一次性临时劳动或某项具体工作的劳动者,企业应按有关协议或合同规定在其完成任务后即支付工资。

(6) 劳动关系双方依法解除或终止劳动合同时,企业应在解除或终止劳动合同时一次付清劳动者工资。

(7) 劳动者依法享受年休假、探亲假、婚假、丧假期间,企业应按照法律、法规或劳动合同的规定支付劳动者工资。

(8) 劳动者在法定工作时间内依法参加社会活动期间,企业应视同其提供了正常劳动而支付工资。社会活动包括:依法行使选举权或被选举权;当选代表出席乡(镇)、区以上政府、党派、工会、青年团、妇女联合会等组织召开的会议;出任人民法庭证明人;出席劳动模范、先进工作者大会;《工会法》规定的不脱产工会基层委员会委员因工会活动占用的生产或工作时间;其他依法参加的社会活动。

(9) 非因劳动者原因造成企业停工停产在一个工资支付周期内的,企业应按劳动合同规定的标准支付给劳动者工资。超过了一个工资支付周期的,若劳动者提供了正常劳动,则支付给劳动者的工资不得低于当地最低工资标准。若劳动者没有提供正常劳动,可按照国家有关规定支付工资。

(10) 企业在劳动者完成劳动定额或规定的工作任务后,根据实际需要安排劳动者在法定标准工作时间以外工作的,即加班加点时,应按法定标准时间以外、休息日工作又不能补休、法定休假日工作三种情况,分别按不低于劳动合同规定的(原工资)150%、200%、300%的标准支付劳动者工资。

用人单位制定工资支付制度有什么规定？

用人单位应当通过集体协商或者其他民主方式依法制定工资支付制度，并向本单位全体员工公布。

工资至少多长时间支付一次？

用人单位应当至少每月向员工支付1次工资。对于实行年薪制或者按考核周期（指超过1个月）支付工资的员工，用人单位也应当每月按不低于最低工资的标准预付部分工资。

加班工资的支付周期有什么规定？

加班工资的支付周期不得超过1个月，即加班工资至少应当按月支付。

工资支付日有何规定？

工资支付日（工资支付时间或者日期）由用人单位与员工约定。用人单位与员工约定工资支付日时应遵守以下规定：工资支付周期不超过1个月的，约定的工资支付日不得超过支付周期期满后第7日。工资支付周期超过1个月不满1年的，约定的工资支付日不得超过支付周期期满后的1个月。工资支付周期在1年或者1年以上的，约定的工资支付日不得超过支付周期期满后的6个月。

用人单位因故不能在约定的工资支付日支付工资的可以延期多久？

用人单位因故不能在约定的工资支付日支付工资的，可以延长5日；因生产经营困难，需延长5日以上的，应当征得本单位工会或者员工本人书面同意，但最长不得超过15日。例如，用人单位与员工约定在4月7日支付员工3月份的工资，但用人单位因故无法在4月7日支付，可以延期到4月12日前（含当日）支付，或者在征得本单位工会或者员工本人书面同意后，可以延期到4月22日前（含当日）支付。用人单位超过上述时间支付工资的，即为拖欠工资。

职工离职后，其工资应当在何时结清？

用人单位与职工的劳动关系依法解除或者终止的，支付周期不超过1个月的工资，用人单位应当自劳动关系解除或者终止之日起3个工作日内一次付清；支付周期超过1个月的工资，可在约定的支付日期支付。例如，用人单位与职工约定4月7日支付职工3月份的工资，4月30日支付职工一季度季度奖，有职工在3月20日离职，则其3月1~20日的工资应当在3月22日前（含当日，假定3月20~22日为工作日，如遇休息日则顺延）支付，其一季度的季度奖可以在4月30日支付。

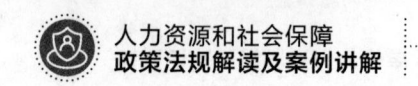

如劳动者与用人单位约定业务提成支付周期在1个月内的，用人单位应立即支付；业务提成约定在货款收回后才支付的，则用人单位可在条件成熟后支付。

新入职职工的工资从哪天开始算起？职工离职时工资应计算到哪天？

职工工资应当从用人单位与员工建立劳动关系之日起计发至劳动关系解除或者终止之日。

如何确定单位职工的工资性收入？

根据《关于工资总额组成的规定》（1989年9月30日国务院批准　1990年1月1日国家统计局令第1号发布）的规定，工资总额由下列六个部分组成：

（1）计时工资。计时工资是指按计时工资标准（包括地区生活费补贴）和工作时间支付给个人的劳动报酬。包括：对已做工作按计时工资标准支付的工资；实行结构工资制的单位支付给职工的基础工资和职务（岗位）工资；新参加工作职工的见习工资（学徒的生活费）；运动员体育津贴。

（2）计件工资。计件工资是指对已做工作按计件单价支付的劳动报酬。包括：实行超额累进计件、直接无限计件、限额计件、超定额计件等工资制,按劳动部门或主管部门批准的定额和计件单价支付给个人的工资；按工作任务包干方法支付给个人的工资；按营业额提成或利润提成办法支付给个人的工资。

（3）奖金。奖金是指支付给职工的超额劳动报酬和增收节支的劳动报酬。包括：生产奖；节约奖；劳动竞赛奖；机关、事业单位的奖励工资；其他奖金。

（4）津贴和补贴。津贴和补贴是指为了补偿职工特殊或额外的劳动消耗和因其他特殊原因支付给职工的津贴，以及为了保证职工工资水平不受物价影响支付给职工的物价补贴。津贴包括：补偿职工特殊或额外劳动消耗的津贴,保健性津贴,技术性津贴,及其他津贴。物价补贴包括：为保证职工工资水平不受物价上涨或变动影响而支付的各种补贴。

（5）加班加点工资。加班加点工资是指按规定支付的加班工资和加点工资。

（6）特殊情况下支付的工资。特殊情况下支付的工资包括：根据国家法律、法规和政策规定，因病、工伤、产假、计划生育假、婚丧假、事假、探亲假、定期休假、停工学习、执行国家或社会义务等原因按计时工资标准或计时工资标准的一定比例支付的工资；附加工资、保留工资。

凡不属于上述范围内的，如国务院发布的创造发明奖、国家星火奖、自然科学奖等；有关劳动保险和职工福利方面的费用；有关离休、退休、退职人员的各项支出；劳动保护的各种支出等，按现行统计制度未明确规定不统计为工资的都应作为工资统计。

用人单位支付的哪些费用不属于工资范畴？

依据法律、法规、规章的规定由用人单位承担或者支付给员工的下列费用不属于工资：

（1）社会保险费。
（2）劳动保护费。
（3）福利费。

（4）用人单位与员工解除劳动关系时支付的一次性补偿费。
（5）计划生育费用。
（6）其他不属于工资的费用。

用人单位在确定试用期工资时有何限制性规定？

《劳动合同法实施条例》第十五条规定："劳动者在试用期的工资不得低于本单位相同岗位最低档工资的80%或者不得低于劳动合同约定工资的80%，并不得低于用人单位所在地的最低工资标准。"

劳动合同履行地与用人单位注册地不一致，工资怎么定？

《劳动合同法实施条例》第十四条规定："劳动合同履行地与用人单位注册地不一致的，有关劳动者的最低工资标准、劳动保护、劳动条件、职业危害防护和本地区上年度职工月平均工资标准等事项，按照劳动合同履行地的有关规定执行；用人单位注册地的有关标准高于劳动合同履行地的有关标准，且用人单位与劳动者约定按照用人单位注册地的有关规定执行的，从其约定。"

用人单位无故克扣和拖欠工资有什么后果？

1．依法要承担民事责任

用人单位克扣或者无故拖欠劳动者工资的，以及拒不支付劳动者延长工作时间工资报酬的，劳动者可以随时通知用人单位解除劳动合同并要求用人单位赔偿。用人单位除在规定的时间内全额支付劳动者工资报酬外，还需加发相当于工资报酬25%的经济补偿金。

2．承担行政责任

用人单位无故拖欠职工工资，劳动者可以举报到劳动行政部门，用人单位将要承担行政责任：劳动行政部门应责令用人单位支付劳动者的工资报酬、经济补偿，并可责令按相当于支付劳动者工资报酬、经济补偿总和的一至五倍支付劳动者赔偿金。

经济补偿的月工资包含哪些范围？

《劳动合同法》第四十七条规定的经济补偿的月工资按照劳动者应得工资计算，包括计时工资或者计件工资以及奖金、津贴和补贴等货币性收入。该条所称月工资是指劳动者在劳动合同解除或者终止前12个月的平均工资，若低于当地最低工资标准的，按照当地最低工资标准计算。劳动者工作不满12个月的，按照实际工作的月数计算月工资。这可以理解为，月工资是将劳动者在解除合同前12个月所有的应得货币性收入累加再除以12计算得出。

按照《劳动合同法实施条例》的规定，经济补偿的月工资是应得工资，即税前工资，而不是实得工资。也就是说，经济补偿的月工资指的是在扣除劳动者个人承担的所得税和"五险一金"之前的应付工资数额。

简单来讲，计算经济补偿的月工资包括"五险一金"，但是"五险一金"指的是个人承担的部分，公司承担的那部分金额是不算在内的。

特殊情况下如何向职工支付工资？

（1）工伤假工资。职工因工伤，在医疗期间，工资照发。

（2）产假工资。女职工产假（包括流产假）期间工资照发，并且不得在女性孕期、产期、哺乳期降低其工资。

（3）事假工资。原国家劳动总局和财政部《关于国营企业职工请婚丧假和路程假问题的通知》（〔80〕劳总薪字29号）规定，职工本人结婚或职工的直系亲属死亡，由本单位行政领导批准酌情给予1~3天的婚丧假。如结婚双方不在同一地工作，直系亲属死亡在外地需要本人前去料理丧事的，可根据路程远近，另给予路程假。在批准的婚丧假和路程假期间，职工的工资照发。对企业职工的一般事假，由于职工在进行加班加点工作时，可以享受加班加点工资待遇，所以，可不发给其工资。对于企业的行政管理人员、工程技术人员，由于他们不享受加班加点工资待遇，所以，这些人员请事假每个季度在两个工作日以内的，工资照发，超过天数的不计发工资。

（4）探亲假工资：根据国务院的有关规定，职工在规定的探亲假期间，按照本人的标准工资照发工资。

哪些情况下，用人单位可以合法扣减职工工资？

在以下四种情况下，用人单位可以合法扣减职工工资，同时，《劳动合同法》明确了扣减的额度限制。

（1）职工因个人主观原因没有完成生产任务，并非身体问题等所致，单位可扣减其工资。扣后工资不能低于本市最低工资标准。

（2）职工违反劳动纪律，并造成单位损失时。单位因此扣减工资，每月扣减比例必须小于该职工月工资的20%。

（3）职工请事假，按照缺勤一天扣一天的工资计算。

（4）职工请病假，按照病假工资发放，可以扣减其绩效或生产性奖励等。

如何确定职工事假、探亲假、婚丧假期间的工资待遇？

职工请事假（含病假）期间的工资待遇，国家机关和事业单位实行照发工资的制度。企业根据职工的不同性质而实行不同的制度，企业中的工人由于享受加班加点工资待遇，所以一般在事假期间不发工资；企业中的行政人员和工程技术人员不享受加班加点工资待遇，请事假每个季度在两个工作日以内的，照发工资，超过两个工作日以上的，其超过天数不发工资。

职工休探亲假期间的工资待遇，在规定的探亲假期间和路程期间内，照发本人的标准工资。

职工本人结婚或职工的直系亲属（父母、配偶、子女）死亡时，经过单位领导批准，给予1~3天的婚丧期。职工结婚时双方不在同一地工作的，职工在外地的直系亲属死亡时需要职工本人前去料理丧事的，可以根据路程远近，给予路程假。在批准的婚丧假和路程假期间，工资照发。

职工可以享受本单位的带薪年休假。年休假一般为5~15天。

劳动者被刑事拘留期间是否支付工资、福利待遇？

劳动者涉嫌违法犯罪被有关机关收容审查、拘留或逮捕的，用人单位在劳动者被限制人身自由期间，可与其暂时停止劳动合同的履行。

暂时停止履行劳动合同期间，用人单位不承担劳动合同规定的相应义务。劳动者经证明被错误限制人身自由的，暂时停止履行劳动合同期间劳动者的损失，可由其依据国家赔偿法要求有关部门赔偿。

单位可否延时支付工资？

因故不能在约定时间支付工资的，可以延长5日；因生产经营困难需延长5日以上的，应征得本单位工会或者职工本人书面同意，但最长不得超过15日。

停工期间，职工工资应如何支付？

非因职工本人过错，用人单位部分或整体停产、停业的，用人单位应当按照下列标准支付停工职工在停工期间的工资：

（1）停工1个月以内的，按照职工本人正常工作时间工资的80%支付。

（2）停工超过1个月的，按照不低于最低工资的80%支付。

（3）因职工本人过错造成停工的，用人单位可以不支付该职工停工期间的工资，但经认定属于工伤的除外。

职工法定休假日的工资如何支付？

职工在法定休假日期间休假的，用人单位应当支付工资。实行小时、日工资制和计件工资制的职工在法定休假日期间休假的，用人单位应当按照不低于职工本人正常工作时间工资的标准，支付其法定休假日期间的工资。

职工加班工资怎么算？

《劳动法》第四十四条规定："有下列情形之一的，用人单位应当按照下列标准支付高于劳动者正常工作时间工资的工资报酬：（一）安排劳动者延长工作时间的，支付不低于工资的百分之一百五十的工资报酬。（二）休息日安排劳动者工作又不能安排补休的，支付不低于工资的百分之二百的工资报酬。（三）法定休假日安排劳动者工作的，支付不低于工资的百分之三百的工资报酬。"

因此，对于实行标准工时制的劳动者，如果在"五一"等法定休假日加班，加班费应当以不低于日工资基数的3倍支付加班工资，而在5月2日、3日加班应当以休息日加班的标准给予双倍支付工资。

日工资基数的计算方法为：月工资除以一个月计薪的天数。目前在中国法定休假日调整后的月计薪天数为21.75天。以一个约定月薪为1 500元的职工为例，他的日工资基数就是1 500元除以21.75天即69元。如果企业安排他在5月1日加班，则应支付其不低于69元的3倍即207元的加班工资；5月2日加班，单位首先应安排补休，否则须支付两倍的日工资基数。

此外，对于经过劳动保障部门批准，可以在明确工作量的前提下自主安排工作、休息时间的"不定时工作制"岗位，用人单位可以不支付加班工资。

如何确定加班费的计算基数？

（1）如果劳动合同有明确约定工资数额的，应当以劳动合同约定的工资作为加班费计算基数。应当注意的是，如果劳动合同的工资项目分为"基本工资""岗位工资""职务工资"等，应当以各项工资的总和作为基数计发加班费，不能以"基本工资""岗位工资"或"职务工资"单独一项作为计算基数。

（2）如果劳动合同没有明确约定工资数额，或者合同约定不明确时，应当以实际工资作为计算基数。凡是用人单位直接支付给职工的工资、奖金、津贴、补贴等都属于实际工资，具体包括国家统计局《关于工资总额组成的规定若干具体范围的解释》中规定"工资总额"的几个组成部分。但是应当注意一点，在以实际工资都可作为加班费计算基数时，加班费、伙食补助和劳动保护补贴等应当扣除，不能列入计算范围。

（3）在确定职工日平均工资和小时平均工资时，应当按照原劳动和社会保障部《关于职工全年月平均工作时间和工资折算问题的通知》规定，进行折算。

（4）实行计件工资的，应当以法定时间内的计件单价为加班费的计算基数。

（5）加班费的计算基数低于当地当年的最低工资标准的，应当以日、时最低工资标准为基数。

可不可以用补休代替加班费？

职工正常工作时间为每日工作8小时，每周工作40小时。

《劳动法》第四十四条第二项规定："休息日安排劳动者工作又不能安排补休的，支付不低于工资百分之二百的工资报酬。"由此可见，休息日安排劳动者工作，用人单位可以首先安排补休。在无法安排补休时，才支付不低于工资200%的加班费。休息日一般是指双休日。

当企业能够安排职工补休时，职工应当服从。这既保护了劳动者的休息权，又利于职工的身体健康，也使职工及时恢复体力投入新的工作，有利于安全生产。

用人单位在法定休假日安排劳动者加班，不能以安排补休为由拒付加班工资，必须按照日工资基数的300%支付加班工资。

未经批准自愿加班能索要加班费吗？

根据《劳动法》的规定，用人单位可以制订与国家法律不相抵触的加班制度，对符合加班制度的加班情况支付不低于法定标准的加班工资。

可见，用人单位支付加班工资的前提是根据实际需要安排劳动者在法定标准工作时间以外工作，劳动者自愿加班的，用人单位依据以上规定可以不支付加班工资。

职工最低工资标准内能包含加班费吗？

职工的最低工资标准不应包含加班费。

原劳动和社会保障部颁布的《最低工资规定》第十二条规定，在劳动者提供正常劳动的情况下，用人单位应支付给劳动者的工资在剔除包括延长工作时间的工资（即加班费）以后，不得低于当地最低工资标准。"

非全日制用工如何支付劳动报酬？

《劳动合同法》第七十二条规定："非全日制用工小时计酬标准不得低于用人单位所在地人民政府规定的最低小时工资标准。

"非全日制用工劳动报酬结算支付周期最长不得超过十五日。"

职工依法享受年休假期间，其工资如何支付？

《企业职工带薪年休假实施办法》第十一条第三款规定："职工在年休假期间享受与正常工作期间相同的工资收入。实行计件工资、提成工资或者其他绩效工资制的职工，日工资收入的计发办法按照本条第一款、第二款的规定执行。"

本办法第十一条第一款规定，计算未休年休假工资报酬的日工资收入按照职工本人的月工资除以月计薪天数（21.75天）进行折算。

本办法第十一条第二款规定，前款所称月工资是指职工在用人单位支付其未休年休假工资报酬前12个月剔除加班工资后的月平均工资。在本用人单位工作时间不满12个月的，按实际月份计算月平均工资。

用人单位如何支付职工应休未休年休假天数的工资报酬？

《企业职工带薪年休假实施办法》第十条规定："用人单位经职工同意不安排年休假或者安排职工年休假天数少于应休年休假天数，应当在本年度内对职工应休未休年休假天数，按照其日工资收入的300%支付未休年休假工资报酬，其中包含用人单位支付职工正常工作期间的工资收入。

"用人单位安排职工休年休假，但是职工因本人原因且书面提出不休年休假的，用人单位可以只支付其正常工作期间的工资收入。"

用人单位与职工解除或终止劳动合同的，
应休未休年休假天数和工资报酬应如何计算？

《企业职工带薪年休假实施办法》第十二条规定："用人单位与职工解除或者终止劳动合同时，当年度未安排职工休满应休年休假的，应当按照职工当年已工作时间折算应休未休年休假天数并支付未休年休假工资报酬，但折算后不足1整天的部分不支付未休年休假工资报酬。

"前款规定的折算方法为：（当年度在本单位已过日历天数÷365天）×职工本人全年应当享受的年休假天数－当年度已安排年休假天数。

"用人单位当年已安排职工年休假的，多于折算应休年休假的天数不再扣回。"

职工请事假期间，用人单位是否要支付其工资？

职工请事假单位是否需要支付其工资，对此，《劳动法》《劳动合同法》及《劳动合同法实施条例》等现行法律、法规都没有明确的规定。对于单位职工在工作期间请事假的待遇问题，用人单位在不违反我国法律、法规的前提下可以根据本单位的实际情况通过制定单位内部的规章制度或职工手册予以明确。因此，职工请事假单位是否需要支付其工资还要看用人单位内部的规章制度的规定。

用人单位可以通过劳动合同、内部规章制度及职工手册来具体约定职工请事假是否支付其工资的事宜，以避免产生劳资纠纷。

怎样计算职工的病假工资？

《劳动法》对于病假工资有以下规定：

（1）职工患病或非因工负伤治疗期间，在规定的医疗期间内由用人单位按有关规定支付其病假工资或疾病救济费，病假工资或疾病救济费可以低于当地最低工资标准支付，但不能低于最低工资标准的80%。

（2）除《劳动法》第二十五条规定的情形外，劳动者在医疗期、孕期、产期和哺乳期内，劳动合同期限届满时，用人单位不得终止劳动合同。劳动合同的期限应自动延续至医疗期、孕期、产期和哺乳期期满为止。

（3）请长病假的职工在医疗期满后，能从事原工作的，可以继续履行劳动合同；医疗期满后仍不能从事原工作也不能从事由单位另行安排的工作的，由劳动鉴定委员会参照工伤与职业病致残程度鉴定标准进行劳动能力鉴定。被鉴定为一至四级的，应当退出劳动岗位，解除劳动关系，办理因病或非因工负伤退休退职手续，享受相应的退休退职待遇；被鉴定为五至十级的，用人单位可以解除劳动合同，并按规定支付经济补偿和医疗补助费。

（4）《劳动法》第四十八条中的"最低工资"是指劳动者在法定工作时间内履行了正常劳动义务的前提下，由其所在单位支付的最低劳动报酬。最低工资不包括延长工作时间的工资报酬，以货币形式支付的住房和用人单位支付的伙食补贴，中班、夜班、高温、低温、井下、有毒、有害等特殊工作环境和劳动条件下的津贴，国家法律、法规、规章规定的社会保险福利。

（5）劳动者患病或者非因工负伤，经劳动鉴定委员会确认不能从事原工作，也不能从事用人单位另行安排的工作而解除劳动合同的，用人单位应按其在本单位的工作年限，每满1年发给相当于1个月工资的经济补偿，同时还应发给不低于6个月工资的医疗补助费。患重病和绝症的还应增加医疗补助费，患重病的增加部分不低于医疗补助费的50%，患绝症的增加部分不低于医疗补助费的100%。

怎样确定病假工资的基数？

病假工资的基数按照以下3个原则确定：
（1）劳动合同有约定的，按不低于劳动合同约定的劳动者本人所在岗位（职位）相对应的工资标准确定。集体合同（工资集体协议）确定的标准高于劳动合同约定标准的，按集体合同（工资集体协议）标准确定。
（2）劳动合同、集体合同均未约定的，可由用人单位与职工代表通过工资集体协商确定，协商结果应签订工资集体协议。
（3）用人单位与劳动者无任何约定的，病假工资的计算基数统一按劳动者本人所在岗位（职位）正常出勤的月工资的70%确定。
此外，按以上3个原则计算的病假工资基数均不得低于本市规定的最低工资标准。

怎样确定病假工资的计算系数？

病假工资的计算系数可以按照以下方式来确定。
（1）职工疾病或非因工负伤连续休假在6个月以内的，企业应按下列标准支付疾病休假工资：
①连续工龄不满2年的，按本人工资的60%计发。
②连续工龄满2年不满4年的，按本人工资70%计发。
③连续工龄满4年不满6年的，按本人工资的80%计发。
④连续工龄满6年不满8年的，按本人工资的90%计发。
⑤连续工龄满8年及以上的，按本人工资的100%计发。
（2）职工疾病或非因工负伤连续休假超过6个月的，由企业支付疾病救济费：
①连续工龄不满1年的，按本人工资的40%计发。
②连续工龄满1年不满3年的，按本人工资的50%计发。
③连续工龄满3年及以上的，按本人工资的60%计发。

病假工资的计算公式是怎样的？

病假工资的基数和计算系数确定后，便可按下列公式计算出病假工资的数额：
月病假工资=病假工资的基数×相应的病假工资的计算系数
日病假工资=病假工资的基数÷当月计薪日×相应的病假工资的计算系数

如何确定病假天数？

疾病或非因工负伤休假日数应按实际休假日数计算，连续休假期内含有休息日、节假日的应予剔除。而以上公式中提到的计薪日概念，是指国家规定的制度工作日加法定休假日，例如，某单位的制度工作日是每周工作5天休息2天，6月份单位制度工作日是20天，如果是10月份就得加上"国庆"3天法定休假日，而不是统一的国家规定的21.75天月平均工作天数。

职工病假和事假期间的工资支付有何不同？

职工患病或非因工负伤，停止工作进行治疗，在国家规定的医疗期内，用人单位应当按照不低于本人标准工资的60%支付员工在伤病假期间的工资，就是说，用人单位可以在标准工资的60%~100%之间确定病假工资标准，但不能低于最低工资标准的80%。若职工请事假的，则单位可以不支付其事假期间的工资。

用人单位依法破产、解散或者被撤销进行清算时，拖欠职工的工资应如何支付？

用人单位依法破产、解散或者被撤销进行清算时，清算组织应当依照有关法律规定的清偿顺序，首先支付欠付的职工工资。

用人单位可以依法从职工工资中代扣代缴哪些费用？

用人单位依法从职工工资中代扣或者代缴下列费用：
（1）职工本人工资的个人所得税。
（2）职工个人负担的社会保险费。
（3）协助执行法院判决、裁定由职工负担的抚养费、赡养费。
（4）法律、法规规定应当由用人单位从职工工资中代扣或者代缴的其他费用。

用人单位可以从职工工资中扣减哪些费用？

用人单位可以从职工工资中扣减下列费用：
（1）职工赔偿因本人原因造成用人单位经济损失的费用。
（2）用人单位按照依法制定的规章制度对职工进行的违纪经济处罚。
（3）经职工本人同意的其他费用。
用人单位每月扣减前述第（1）（2）项费用后的职工工资余额不得低于最低工资。

用人单位从职工工资中扣减赔偿费用和经济处罚有什么限制？

《工资支付暂行规定》第十六条规定，因劳动者本人原因给用人单位造成经济损失的，用人单位可按照劳动合同的约定要求其赔偿经济损失。经济损失的赔偿，可从劳动者本人的工资中扣除。但每月扣除的部分不得超过劳动者当月工资的20%。若扣除后的剩余工资部分低于当地月最低工资标准，则按最低工资标准支付。

用人单位为合伙形式的，合伙人拖欠职工工资有责任吗？

用人单位为合伙形式的，合伙人对拖欠的职工工资承担连带责任，先行支付拖欠工资的合伙人可以依法向其他合伙人追偿。

承包方拖欠职工工资，发包方有责任吗？

在建筑活动中，建设单位、施工总承包企业等单位违法将工程发包、分包或者转包给未经工商登记不具备用工主体资格或者不具备相应资质条件的组织或者个人，该组织或者个人拖欠职工工资的，发包单位应当向职工垫付拖欠的工资。

实行标准工时制的职工，其加班工资应如何计算？

（1）安排职工在正常工作时间外工作的，按照不低于职工本人正常工作时间工资的150%支付。

（2）安排职工在休息日工作，又不能安排补休的，按照不低于职工本人正常工作时间工资的200%支付。

（3）安排职工在法定休假日工作的，按照不低于职工本人正常工作时间工资的300%支付。（注：补休也须发放300%的工资）

实行综合计算工时工作制的职工，其加班工资应该如何计算？

职工实际工作时间达到正常工作时间后，用人单位安排职工工作的，视为延长工作时间，按照不低于职工本人正常工作时间工资的150%支付职工加班工资。

用人单位安排实行综合计算工时工作制的职工在法定休假日工作的，按照不低于职工本人正常工作时间工资的300%支付职工加班工资。

怎样将月工资折算为日、小时工资？

《关于职工全年月平均工作时间和工资折算问题的通知》第二条规定，按照《劳动法》第五十一条的规定，法定休假日用人单位应当依法支付工资，即折算日工资、小时工资时不剔除国家规定的11天法定休假日。据此，日工资、小时工资的折算为：

日工资：月工资收入÷月计薪天数

小时工资：月工资收入÷（月计薪天数×8小时）

月计薪天数＝（365天－104天）÷12月＝21.75天

注：104天为全年休息日之和。

实行计件工资制的职工如何计算加班工资？

实行计件工资制的职工直接以计件单价作为基数计算加班工资。例如8小时内的计件单价是2元/件，那平时加班的计件单价就是不低于3元/件，休息日加班就是不低于4元/件，法定休假日加班就是不低于6元/件。但要注意，按计件工资计算的加班工资折算为小时工资后，不能低于按最低小时工资计算的加班工资。

劳动者生病休假工资可以克扣吗？

劳动者生病休假工资不得克扣，如果用人单位在员工看病期间克扣其病假工资，属于违法行为。根据《企业职工患病或非因工负伤医疗期规定》第三条的规定，用人单位职工因患病或非因工负伤，需要停止工作医疗时，根据本人实际参加工作年限和在本单位工作年限，给予3个月到24个月的医疗期。专家指出，这个医疗期，将作为确定待遇的依据，同时，用人单位不能在医疗期内辞退职工。

需要劳动者注意的是，关于具体数额，各地的具体计算方法可能不尽相同，但无论何种方法，根据劳动部《关于贯彻执行〈中华人民共和国劳动法〉若干问题的意见》第五十九条的规定，每月病假工资都不能低于当地最低工资标准的80%。

用人单位向试用期劳动者支付工资的下限是多少？

劳动者在试用期内的工资不得低于本单位相同岗位最低档工资或者劳动合同约定工资的80%，并不得低于所在地的最低工资标准。

用人单位克扣或无故拖欠劳动者工资会受到什么处罚？

（1）根据《劳动法》第九十一条的规定，用人单位克扣或者无故拖欠劳动者工资的，由劳动行政部门责令支付劳动者的工资报酬、经济补偿，并可以责令支付赔偿金。

（2）根据《劳动保障监察条例》第二十六条的规定，用人单位克扣或者无故拖欠劳动者工资报酬的，由劳动保障行政部门分别责令限期支付劳动者的工资报酬、劳动者工资低于当地最低工资标准的差额或者解除劳动合同的经济补偿；逾期不支付的，责令用人单位按照应付金额50%以上1倍以下的标准计算，向劳动者加付赔偿金。

由此可以看出，无故拖欠职工工资，用人单位要支付拖欠工资、补偿金，必要时还要支付赔偿金（但要以造成实际损害为前提）。

用人单位在哪些情况下拖欠工资不属"无故拖欠"？

根据《劳动法》的相关规定，下列情况拖欠工资不属无故拖欠：

（1）用人单位遇到非人力所能抗拒的自然灾害、战争等原因，无法按时支付工资。

（2）用人单位确因生产经营困难、资金周转受到影响，在征得本单位工会同意后，可暂时延期支付劳动者工资，延期时间的最长限制可由各省、自治区、直辖市劳动行政部门根据各地情况确定。

第四章 工作时间、休息、休假管理

我国现行的基本工时制度有哪几种？

我国现行的基本工时制度有三种，即标准工时制、不定时工作制和综合计算工时工作制。

哪些工种和岗位可以实行不定时工作制？

根据原劳动部《关于企业实行不定时工作制和综合计算工时工作制的审批办法》（劳部发〔1994〕503号）第四条的规定，对符合下列条件之一的职工，用人单位可以实行不定时工作制：

（1）用人单位中的高级管理人员、外勤人员、推销人员、部分值班人员和其他因工作无法按标准工作时间衡量的职工。

（2）用人单位中的长途运输人员、出租汽车司机和铁路、港口、仓库的部分装卸人员以及因工作性质特殊，需机动作业的职工。

（3）其他因生产特点、工作特殊需要或职责范围的关系，适合实行不定时工作制的职工。

是否可以约定仅在出差时实行不定时工作制？

不可约定出差时实行不定时工作制，非出差上班期间实行标准工作制。因为相关法规仅允许对不同员工实行不同的工时制，不允许针对同一个职工实行两个以上的工时制。

不定时工作制职工是否可以不来公司上班？

不定时工作制并不意味着实行该工时制的职工可以随意安排自己的时间。实行不定时工作制员工的工作时间仍由用人单位进行安排。用人单位在进行安排时，一周最好不要超过40小时。

不定时工作制职工怎么考勤？

实行不定时工作制的员工应以完成工作任务为考核的主要标准，在此基础上考勤为次要的。因为实行不定时工作制除法定休假日外，职工在其他时间工作都不算加班，特别强调的是双休日并非法定休假日。如果用人单位实行不定时工作制的职工日常工作都需要去公司的办公室，那么最好采用打卡系统，可粗略计算工作的时间，目的是控制职工在一定周期内（如1个月）的工作时间不超过标准的工时。另外，应注意制定恰当的集中工作、集中休息、轮休调休机制，保证职工一周至少休息一天。

实行不定时工作制必须申报审批吗？

不定时工作制必须经过人力资源和社会保障部门审批，而且应将审批文件进行公示，在单位提请审批的文件中应有具体的轮休作息计划，并应按此计划执行。

哪些工种岗位可以实行综合计算工时工作制？

根据原劳动部《关于企业实行不定时工作制和综合计算工时工作制的审批办法》（劳部发〔1994〕503号）第五条的规定，用人单位对符合下列条件之一的职工，可实行综合计算工时工作制，即分别以周、月、季、年等为周期，综合计算工作时间，但其平均日工作时间和平均周工作时间应与法定标准工作时间基本相同：

（1）交通、铁路、邮电、水运、航空、渔业等行业中因工作性质特殊，需连续作业的职工。
（2）地质及资源勘探、建筑、制盐、制糖、旅游等受季节和自然条件限制的行业的部分职工。
（3）其他适合实行综合计算工时工作制的职工。

用人单位延长工作时间有哪些限制性规定？

为保障劳动者的身体健康，防止用人单位随意加班加点，《劳动法》对用人单位延长工作时间作了限制性规定：

（1）《劳动法》第四十一条规定："用人单位由于生产经营需要，经与工会和劳动者协商后可以延长工作时间，一般每日不得超过一小时；因特殊原因需要延长工作时间的，在保障劳动者身体健康的条件下延长工作时间每日不得超过三小时，但是每月不得超过三十六小时。"

（2）《劳动法》第四十四条规定："有下列情形之一的，用人单位应当按照下列标准支付高于劳动者正常工作时间工资的工资报酬：（一）安排劳动者延长工作时间的，支付不低于工资百分之一百五十的工资报酬；（二）休息日安排劳动者工作又不能安排补休的，支付不低于工资的百分之二百的工资报酬；（三）法定休假日安排劳动者工作的，支付不低于工资的百分之三百的工资报酬。"这一规定是运用经济手段限制用人单位加班加点。

（3）《劳动法》第九十条规定："用人单位违反本法规定，延长劳动者工作时间的，由劳动行政部门给予警告，责令改正，并可以处以罚款。"

《劳动法》通过这些限制性规定来约束用人单位，使其依法进行加班加点。

在哪些情况下可以任意延长工作时间而不受限制？

《劳动法》第四十二条规定："有下列情形之一的延长工作时间不受本法第四十一条规定的限

制：（一）发生自然灾害、事故或者因其他原因，威胁劳动者生命健康和财产安全，需要紧急处理的。（二）生产设备、交通运输线路、公共设施发生故障，影响生产和公众利益，必须及时抢修的。（三）法律、行政法规规定的其他情形。"

有上述情形之一的，可以延长工作时间而不受限制，但是，应按规定支付加班费。在这些规定之外，不经过员工同意任意延长工作时间，是违反《劳动法》规定的行为，要承担相应的责任。

我国法定放假的节日、纪念日有哪些？

根据《全国年节及纪念日放假办法》第二条至第四条的规定，全体公民放假的节日如下：
（1）元旦，放假1天（1月1日）。
（2）春节，放假3天（农历正月初一、初二、初三）。
（3）清明节，放假1天（农历清明当日）。
（4）劳动节，放假1天（5月1日）。
（5）端午节，放假1天（农历端午当日）。
（6）中秋节，放假1天（农历中秋当日）。
（7）国庆节，放假3天（10月1日、2日、3日）。

部分公民放假的节日及纪念日如下：
（1）妇女节（3月8日），妇女放假半天。
（2）青年节（5月4日），14周岁以上的青年放假半天。
（3）儿童节（6月1日），不满14周岁的少年儿童放假1天。
（4）中国人民解放军建军纪念日（8月1日），现役军人放假半天。

少数民族习惯的节日，由各少数民族聚居地区的地方人民政府，按照各该民族习惯，规定放假日期。

法定休假日如适逢公休日的，如何安排？

《全国年节及纪念日放假办法》第六条规定，全体公民放假的假日，如果适逢星期六、星期日，应当在工作日补假。部分公民放假的假日，如果适逢星期六、星期日，则不补假。

职工享受带薪年休假，应符合哪些条件？

《职工带薪年休假条例》第二条第一款规定："机关、团体、企业、事业单位、民办非企业单位、有雇工的个体工商户等单位的职工连续工作1年以上的，享受带薪年休假（以下简称年休假）。单位应当保证职工享受年休假。"

根据《企业职工带薪年休假实施办法》第三条的规定，职工连续工作满12个月以上的，享受带薪年休假。

如何核算职工的带薪年休假天数？

《职工带薪年休假条例》第三条规定："职工累计工作已满1年不满10年的，年休假5天；已满10年不满20年的，年休假10天；已满20年的，年休假15天。国家法定休假日、休息日不计入年休假的假期。"

《企业职工带薪年休假实施办法》第四条规定："年休假天数根据职工累计工作时间确定。职工在同一或者不同用人单位工作期间，以及依照法律、行政法规或者国务院规定视同工作期间，应当计为累计工作时间。"

如何安排职工休年休假？

用人单位在具体安排上要根据生产任务、职工的实际情况制定方案，既可以集中安排休假，也可以分段安排休假。在一般情况下不允许跨年度安排年休假。如因生产、工作的特殊原因，需要跨年度安排职工年休假的，必须在征得职工同意的情况下才能进行，而不应到年底才突击安排职工休年休假。这种做法既破坏生产计划，同时也损害了职工选择享受年休假具体时间的权利。

如果用人单位跨年度仍然无法安排职工休年休假的，不能将年休假时间再安排在后年度进行，而应当对不能安排的年休假，按应休未休年休假工资标准支付年休假工资报酬。

年休假是否只能安排在正常工作日？

由于《职工带薪年休假条例》已明确禁止将国家法定休假日（元旦1天，春节3天，端午节1天、清明节1天、劳动节1天、中秋节1天、国庆节3天）、休息日（周六、周日）、职工依法享受的探亲假、婚丧假、产假、陪护假等国家规定的假期以及因工伤停工留薪期间计入年休假假期。用人单位能够安排职工享受年休假的时间只能在正常工作日内进行。

用人单位在本年度已安排职工休完全部或者部分年休假，之后基于种种原因解除（终止）劳动合同，如按职工的工作时间进行折算，折算的时间多于应休年休假的天数，用人单位无权就职工多享受的年休假天数扣减工资。反之如按职工的工作时间进行折算，折算的时间少于应休年休假的天数，用人单位应在解除（终止）劳动合同前安排休年休假，不能安排的，按应休未休年休假工资标准支付年休假工资报酬。

试用期内是否享受年休假？

职工在试用期内能否享用年休假主要考虑两个因素：

（1）试用期的长短，如果试用期期限较长（3个月以上），且试用期在年末或者跨年度，用人单位要安排职工享受年休假。

（2）用人单位对试用期内享受年休假的规定，且规定是否合法则要考虑两个条件：

①职工是否在试用期内工龄满1年，如果遇到职工在试用期内工作年限正好满1年，职工有权享受年休假。

②用人单位这一规定是否有完善的补救措施，试用期的结局有两种，一种合格留用，一种解除劳动合同。如果试用期在年末或者跨年度，要么用人单位认可职工可以跨年度享受年休假，要么根据职工在本年度工作时间享受年休假或者按规定给予年休假工资。

非全日制职工是否享受年休假？

原则上享受年休假的对象是与用人单位发生劳动关系的全日制职工，非全日制职工在用人单位工作时间较长是否按实际工作时间折算成全日制职工的工作年限享受年休假，到目前为止相关部门没有出台相关的解释，因而在现阶段非全日制职工尚不能享受年休假。

职工新进用人单位，当年度应休年休假天数如何计算？

《企业职工带薪年休假实施办法》第五条规定："职工新进用人单位且符合本办法第三条规定的，当年度年休假天数，按照在本单位剩余日历天数折算确定，折算后不足1整天的部分不享受年休假。

"前款规定的折算方法为：（当年度在本单位剩余日历天数÷365天）×职工本人全年应当享受的年休假天数。"

当年度在不同用人单位工作是否可以重复享受年休假？

由于享受年休假的时间与正在发生劳动关系的用人单位的实际工作天数相联系，因而在当年度计算享受年休假时间上，在不同用人单位均要按员工的实际工作天数计算年休假，因而不存在重复享受年休假的问题。

职工严重违反单位规章制度，被用人单位解除劳动合同是否享受年休假？

职工享受年休假是以职工的工作年限为依据，双方的劳动合同无论基于什么原因解除或者终止都不影响该权利的行使，用人单位也不得以任何理由剥夺职工享受年休假的权利。如果职工严重违反单位规章制度被用人单位解除劳动合同，在劳动关系存续期间职工没有享受的年休假按职工日工资标准的3倍（包括员工在职期间用人单位支付的工资）在办理解除劳动关系手续后支付。

如何认定"职工因本人原因且书面提出不休年休假"？

《企业职工带薪年休假实施办法》对这一问题的规定本身存在一定的问题，在实际操作中用人单位安排职工休年休假，职工基于种种原因不休年休假的情况客观存在，但要求职工书面提出这一条件有些不合常理。如果职工不书面提出不享受年休假，那么用人单位是否按职工日工资收入300%

支付年休假工资呢？很显然这一理由是不能成立的。因而有必要在用人单位的规章制度对此加以明确规定。例如，用人单位安排职工休年休假，职工基于种种原因不享受而继续工作的，视为用人单位对此期间按日常工资标准支付应休未休年休假期间工资。

如果职工休完了所有年休假后辞职，公司是否有权扣除其多休的年休假工资？

根据《企业职工带薪年休假实施办法》第十二条第三款的规定，用人单位当年已安排职工年休假的，多于折算应休年休假的天数不再扣回，如果职工离职时已把全年年休假休完了，用人单位不可以扣除其多休的年休假工资。

未满整年辞职需要向员工补偿休假工资吗？

根据《企业职工带薪年休假实施办法》的规定，年休假天数根据职工累计工作时间确定。用人单位与职工解除或者终止劳动合同时，当年度未安排职工休满应休年休假的，应按职工当年已工作时间折算应休未休年休假天数，并支付相应报酬。所以，如果用人单位不能提供证据证明已安排过职工休年休假，则应支付职工未休年休假的工资报酬。

如果用人单位辞退职工时，该职工 1 天年休假还没有休，用人单位应如何折算工资？

《企业职工带薪年休假实施办法》第十二条第一款规定："用人单位与职工解除或者终止劳动合同时，当年度未安排职工休满应休年休假的，应当按职工当年已工作时间折算应休未休年休假天数并支付未休年休假工资报酬，但折算后不足1整天的部分不支付未休年休假工资报酬。"可见，职工离职时只有权利得到自己已工作月份对应的年休假。

应休未休年休假天数的具体折算方法如下：

应休未休年休假天数＝（当年度在本单位已过日历天数÷365天）×职工本人全年应当享受的年休假天数－当年度已安排年休假天数

例如，2021年6月30日离职的员工，只做了半年，原本年休假有12天的，计算时只能用6天来计算。

劳动法律法规对丧假有何规定？

劳动法律法规未对丧假作出具体的规定。根据原国家劳动总局、财政部《关于请婚丧假和路程假问题的通知》（〔80〕劳总薪字29号）规定，职工的直系亲属（父母、配偶、子女）以及岳父母或公婆死亡后，职工可请丧假料理丧事。

（1）假期：根据具体情况，由本单位行政领导批准，酌情给予1～3天的丧假。

（2）路程假：去外地料理丧事的，可根据路程远近，另给予路程假。

（3）工资待遇：工资照发，车船费自理。

职工医疗期有何规定？

根据《企业职工患病或非因工负伤医疗期规定》的规定，企业职工因患病或非因工负伤，需要停止工作医疗时，根据本人实际参加工作年限和在本单位工作年限，给予3个月到24个月的医疗期：

（1）实际工作年限10年以下的，在本单位工作年限5年以下的为3个月；5年以上的为6个月。

（2）实际工作年限10年以上的，在本单位工作年限5年以下的为6个月；5年以上10年以下的为9个月；10年以上15年以下的为12个月；15年以上20年以下的为18个月；20年以上的为24个月。

医疗期3个月的按6个月内累计病休时间计算；6个月的按12个月内累计病休时间计算；9个月的按15个月内累计病休时间计算；12个月的按18个月内累计病休时间计算；18个月的按24个月内累计病休时间计算；24个月的按30个月内累计病休时间计算。

职工医疗期有哪些特殊规定？

《企业职工患病或非因工负伤医疗期规定》第六条规定："企业职工非因工致残和经医生或医疗机构认定患有难以治疗的疾病，在医疗期内医疗终结，不能从事原工作，也不能从事用人单位另行安排的工作的，应当由劳动鉴定委员会参照工伤与职业病致残程度鉴定标准进行劳动能力的鉴定。被鉴定为一至四级的，应当退出劳动岗位，终止劳动关系，办理退休、退职手续，享受退休、退职待遇，被鉴定为五至十级的，医疗期内不得解除劳动合同。"

《企业职工患病或非因工负伤医疗期规定》第七条规定："企业职工非因工致残和经医生或医疗机构认定患有难以治疗的疾病，医疗期满，应当由劳动鉴定委员会参照工伤与职业病致残程度鉴定标准进行劳动能力的鉴定。被鉴定为一至四级的，应当退出劳动岗位，解除劳动关系，并办理退休、退职手续，享受退休、退职待遇。"

第五章 女职工和未成年工特殊劳动保护管理

哪些单位的女职工适用于《女职工劳动保护特别规定》？

《女职工劳动保护特别规定》第二条明确规定，中华人民共和国境内的国家机关、企业、事业单位、社会团体、个体经济组织以及其他社会组织等用人单位及其女职工，适用本规定。

哪些劳动不能安排给女职工？

《劳动法》第五十九条规定："禁止安排女职工从事矿山井下、国家规定的第四级体力劳动强度的劳动和其他禁忌从事的劳动。"

根据《女职工劳动保护特别规定》的规定，女职工禁忌从事以下劳动：

（1）矿山井下作业。
（2）体力劳动强度分级标准中规定的第四级体力劳动强度的作业。
（3）每小时负重6次以上、每次负重超过20千克的作业，或者间断负重、每次负重超过25千克的作业。

哪些劳动不能安排给怀孕女职工？

根据《劳动法》第六十一条、《女职工劳动保护特别规定》第四条以及《女职工禁忌从事的劳动范围》第六条，女职工孕期禁忌从事劳动的范围如下：

1．有毒作业

作业场所空气中铅及其化合物、汞及其化合物、苯、镉、铍、砷、氰化物、氮氧化物、一氧化碳、二硫化碳、氯、己内酰胺、氯丁二烯、氯乙烯、环氧乙烷、苯胺、甲醛等有毒物质浓度超过国家卫生标准的作业。

2．制药作业

制药行业中从事抗癌药物及己烯雌酚生产的作业。

3．放射性作业

作业场所放射性物质超过《放射防护规定》中规定剂量的作业。

4．土石方作业

人力进行的土方和石方作业。

5．强体力劳动

《体力劳动强度分级》标准中第三级体力劳动强度的作业。

6．振动作业

伴有全身强烈振动的作业，如风钻、捣固机、锻造等作业，以及拖拉机驾驶等。

7．弯腰、下蹲作业

工作中需要频繁弯腰、攀高、下蹲的作业，如焊接作业。

8．高处作业

《高处作业分级》标准所规定的高处作业。

9．其他

（1）对怀孕7个月以上的女职工，不得安排其延长工作时间和夜班劳动。对怀孕7个月以上的女职工，每天给予工间休息1小时，算作劳动时间，有定额考核的应扣除相应的劳动定额。

（2）女职工在哺乳期（婴儿不满一周岁）禁忌从事的劳动范围。

女职工进行产前检查的时间是否算作工作时间？

根据《女职工劳动保护特别规定》第六条第三款的规定，女职工在怀孕期间，准予定期做产前检查。在劳动时间内进行产前检查的，应当算作劳动时间。

产假天数有何规定？

根据《女职工劳动保护特别规定》第七条的规定，女职工生育享受98天产假，其中产前可以休假15天；难产的，增加产假15天；生育多胞胎的，每多生育1个婴儿，增加产假15天。女职工怀孕未满4个月流产的，享受15天产假；怀孕满4个月流产的，享受42天产假。

女职工哺乳时间有何规定？

根据《女职工劳动保护特别规定》第九条的规定，有不满1周岁婴儿的女职工，其所在单位应当在每天的劳动时间内安排1小时的哺乳时间。多胞胎生育的，每多哺乳1个婴儿，每天哺乳时间增加1小时。

女职工怀孕流产假期有何规定？

根据《关于女职工生育待遇若干问题的通知》第一条的规定，女职工怀孕不满4个月流产的，应根据医务部门的意见，给予15~30天产假；怀孕4个月以上（含4个月）流产的，给予42天产假。

单位能否安排孕期、哺乳期的女职工加班加点？

根据《劳动法》第六十一条、《女职工劳动保护特别规定》第六条的规定，女职工在怀孕期间不能适应原劳动的，所在单位应根据医疗机构的证明，予以减轻劳动量或安排其他能够适应的劳动；怀孕7个月以上（含7个月）的女职工，不得安排其从事夜班劳动和加班加点，并应当在劳动时间内安排一定的休息时间。

根据《劳动法》第六十三条的规定，有未满1周岁婴儿的女职工，在哺乳期间，所在单位不得安排其从事夜班劳动和加班加点。

侵害妇女劳动保护的权益的单位和人会受到什么处罚？

对侵害妇女劳动保护权益的单位负责人及其直接责任人员，其所在单位的主管部门，应当根据情节轻重，给予行政处分，并责令该单位给予被侵害妇女合理的经济补偿；构成犯罪的，由司法机关依法追究刑事责任。

如何确定女职工有计划外生育事实？

可以向女职工户籍所在地或经常居住地的村委会或居委会或有关计划生育管理部门发函，要求出具相关的证明文件，作为判定女职工是否有计划外生育事实的证据材料。

女职工非婚生育，用人单位该怎么办？

《劳动部工资局复女职工非婚生育时是否享受劳保待遇问题》规定："女职工非婚生育时，不能按照劳动保险条例的规定享受生育待遇，其需要休养的时间不应发给工资。对于生活有困难的，可以由企业行政方面酌情给予补助。"根据这一处理原则，为保障妇女儿童合法权益，基于女职工怀孕生产后的生理变化，用人单位对于怀孕的女职工可酌情给予一定的休息时间，并提供必要的劳动保护；同时，提供与产假待遇相同的休息时间是女职工复原身体、照顾婴儿之必需，不可剥夺；但如果完全与遵守国家计划生育规定的女职工享受的产假待遇无异，则不免不公，更有可能产生部分女职工恣意违反计划生育规定，长期不能在岗提供正常劳动，造成用人单位经营负担的情形，对此，用人单位可以分情况处理：

（1）如果女职工能够提供医院证明文件的，可以参照单位内部关于病假的规章制度办理请假手续；期限和待遇参照《企业职工患病或非因工负伤医疗期规定》有关规定。

（2）如果女职工无法提供医院有关证明，而身体情况又无法正常从事原岗位劳动的，可以参照单位内部关于事假的规章制度办理请假手续。事假期间可暂停发放劳动报酬。

但上述两种情形下，社会保险仍应按期缴纳。暂停发放劳动报酬的，社会保险个人账户应承担的部分可在女职工返回原岗位工作后从其劳动报酬中扣除。

用人单位违反女职工劳动保护规定的行为会受到哪些行政处罚？

在劳动安全卫生方面，国家对女职工有特殊的保护规定，对违反有关规定的，劳动行政部门有监察、处罚的权利。

用人单位有下列侵害女职工合法权益行为之一的，应责令改正，并按每侵害一名女职工罚款3 000元以下的标准处罚：

第一，违反从事劳动保护的规定，安排女职工从事矿山井下，国家规定的第四级体力劳动强度的劳动和其他禁忌从事的劳动。

第二，违反经期保护的规定，安排女职工在经期从事高处、低温、冷水作业和国家规定的第三级以上劳动强度的劳动。

第三，违反孕期保护的规定，用人单位安排女职工在怀孕期间从事国家规定的第三级以上体力劳动强度的劳动和孕期禁忌从事的劳动的，安排怀孕七个月以上的女职工延长工作时间和从事夜班劳动的。

第四，违反哺乳期保护的规定，安排女职工在哺乳未满一周岁的婴儿期间从事国家规定的第三级以上体力劳动强度的劳动和哺乳期禁忌从事的其他劳动及安排其延长工作时间和夜班劳动的。

对违反产期保护的规定，处罚措施稍有差别，用人单位给予女职工产假低于98天的，应责令限期改正，逾期不改的，按每侵害一名女职工罚款1 000元以上5 000元以下的标准进行处罚。

用人单位在女职工受到性骚扰时未及时处理有什么责任？

《女职工劳动保护特别规定》第十一条规定："在劳动场所，用人单位应当预防和制止对女职工的性骚扰。"条款中明确了用人单位不仅应该预防，还应该制止此类现象，这是一种强制性规范。

《妇女权益保障法》第二十三第一款规定："禁止违背妇女意愿，以言语、文字、图像、肢体行为等方式对其实施性骚扰。"

《民法典》第一千零一十条第二款规定："机关、企业、学校等单位应当采取合理的预防、受理投诉、调查处置等措施，防止和制止利用职权、从属关系等实施性骚扰。"

用人单位在性骚扰情形发生时未及时处理，致使女职工遭受人身损害的，应当承担相应责任。

什么叫未成年工？

根据《劳动法》第五十八条第二款和《未成年工特殊保护规定》第二条第一款的规定，未成年工是指年满十六周岁，未满十八周岁的劳动者。

未成年工禁忌从事的劳动范围有哪些？

根据《劳动法》第六十四条、《未成年工特殊保护规定》第三条和《关于印发〈中华人民共和国劳动法〉若干条文说明的通知》第六十四条的规定，不得安排未成年工从事矿山井下、有毒有害、国家规定的第四级体力劳动强度的劳动和其他禁忌从事的劳动。"其他禁忌从事的劳动"是指：

（1）森林伐木、归楞及流放作业。

（2）凡在坠落高度基准面5米以上（含5米）有可能坠落的高处进行的作业，即二级高处作业。

（3）作业场所放射性物质超过《放射防护规定》中规定剂量的作业。

（4）其他对未成年工的发育成长有影响的作业。

哪些工作，用人单位不能安排未成年工去做？

未成年工年龄低，尚处于生长发育阶段，《劳动法》规定，任何单位和个人不得安排未成年工从事矿山井下、有毒有害、国家规定的第四级体力劳动强度的劳动和其他禁忌从事的劳动。"其他禁忌从事的劳动"是指：森林业伐木、归楞及流放作业；凡在坠落高度基准面5米以上（含5米）有可能坠落的高处进行的作业，即二级高处作业；作业场所放射性物质超过《放射防护规定》中规定剂量的作业；其他对未成年工的发育成长有影响的作业。《未成年工特殊保护规定》对此作出了更为详细的规定。用人单位不得安排未成年工从事以下范围的劳动：

（1）《生产性粉尘作业危害程度分级》国家标准中第一级以上的接尘作业。

（2）《有毒作业分级》国家标准中第一级以上的有毒作业。

（3）《高处作业分级》国家标准中第二级以上的高处作业。

（4）《冷水作业分级》国家标准中第二级以上的冷水作业。

（5）《高温作业分级》国家标准中第三级以上的高温作业。

（6）《低温作业分级》国家标准中第三级以上的低温作业。

（7）《体力劳动强度分级》国家标准中第四级以上的体力劳动强度的作业。

（8）矿山井下及山地面采石作业。

（9）森林业中的伐木、流放及守林作业。

（10）工作场所接触放射性物质的作业。

（11）有易燃易爆、化学性烧伤和热烧伤等危险性大的作业。

（12）地质勘查的资源勘探的野外作业。

（13）潜水、涵道作业和海拔3 000米以上的高原作业（不包括世居高原者）。

（14）连续负重每小时在6次以上并每次超过20千克，间断负重每次超过25千克的作业。

（15）使用凿岩机、捣固机、气铲、铆钉机、电锤的作业。

（16）工作中需要长时间保持低头、弯腰、上举、下蹲等强迫体位和动作频率每分钟大于50次的流水线作业。

（17）锅炉司炉。

在什么时候应安排未成年工进行健康检查？

根据《劳动法》第六十五条和《未成年工特殊保护规定》第六条的规定，用人单位应按下列要求对未成年工定期进行健康检查：

（1）安排工作岗位之前。

（2）工作满1年。

（3）年满18周岁，距前一次的体检时间已超过半年。

用人单位是否可以使用童工？

根据《劳动法》第十五条第一款和《禁止使用童工规定》第二条的规定，国家机关、社会团体、企业事业单位、民办非企业单位或者个体工商户均不得招用不满16周岁的未成年人（招用不满16周岁的未成年人，以下统称使用童工）。

禁止任何单位或者个人为不满16周岁的未成年人介绍就业。

禁止不满16周岁的未成年人开业从事个体经营活动。

用人单位非法招用童工的，应承担什么法律责任？

根据《劳动法》第九十四条和《禁止使用童工规定》第六条的规定，用人单位使用童工的，由劳动行政部门按照每使用一名童工每月处5 000元罚款的标准给予处罚；在使用有毒物品的作业场所使用童工的，按照《使用有毒物品作业场所劳动保护条例》规定的罚款幅度，或按照每使用一名童工每月处5 000元罚款的标准，从重处罚。劳动保障行政部门应当责令用人单位限期将童工送回原居住地交其父母或者其他监护人，所需交通和食宿费用全部由用人单位承担。

用人单位经劳动保障行政部门依照上述规定责令限期改正，逾期仍不将童工送交其父母或者其他监护人的，从责令限期改正之日起，由劳动保障行政部门按照每使用一名童工每月处1万元罚款的标准处罚，并由市场监督管理部门吊销其营业执照或者由民政部门撤销民办非企业单位登记；用人单位是国家机关、事业单位的，由有关单位依法对直接负责的主管人员和其他直接责任人员给予降级或者撤职的行政处分或者纪律处分。

用人单位如何为未成年工在劳动安全卫生方面予以特殊保护？

未成年工是指年满16周岁、未满18周岁的劳动者。国家根据未成年工的身体状况和生理特点，对未成年工在劳动中的安全和卫生制定特殊保护制度。主要从以下两个方面进行：

（1）根据未成年工的生理特点安排工作。未成年工年龄低，尚处于生长发育阶段，因此，一些严重影响未成年人生长发育的工作禁止安排未成年工从事。

（2）对未成年工定期进行健康检查。用人单位应按下列要求对未成年工定期进行健康检查：安排工作岗位之前；工作满1年；年满18周岁，距前一次的体检时间已超过半年。用人单位应根据未成年工的健康检查结果安排其从事适合的劳动，对不能胜任原劳动岗位的，应根据医务部门的证明，予以减轻劳动量或安排其他劳动。

用人单位招收使用未成年工要登记吗？

用人单位招收使用未成年工，除符合一般用工要求外，还须向所在地的县级以上劳动行政部门办理登记。劳动行政部门根据《未成年工健康检查表》《未成年工登记表》，核发《未成年工登记证》，未成年工须持《未成年工登记证》上岗。

第六章　劳动争议防范与处理

劳动争议对企业有何影响？

劳动双方之间发生纠纷是非常正常的事，任何企业，只要从事生产经营，就不可避免地遇到劳动争议方面的问题。一个企业，如果劳动争议过多，企业与员工之间的矛盾过于突出，势必直接影响到企业的正常生产经营，当然也就影响了企业的经济效益，甚至会导致企业的亏损或者停产。

怎样运用劳动合同防范劳动争议？

劳动合同在现代企业管理中所起的重要作用已不言而喻，没有与劳动者签订合同，那么企业将每月支付员工2倍工资。

企业至少应准备3份合同，包括固定期限劳动合同、无固定期限劳动合同和以完成一定工作任务为期限的劳动合同，有需要的企业还应备一份非全日制用工劳动合同。根据《劳动合同法》第十七条的规定，合同主要内容应包括：

（1）用人单位的名称、住所和法定代表人或主要负责人。
（2）劳动者姓名、住址、居民身份证或其他有效身份证件号码。
（3）劳动合同期限。
（4）工作内容和工作地点。
（5）工作时间和休息休假。
（6）劳动报酬。
（7）社会保险。
（8）劳动保护、劳动条件和职业危害防护。
（9）法律、法规规定应当纳入劳动合同的其他事项。

劳动合同除上述规定的必备条款外，用人单位与劳动者可以约定试用期、培训、保守秘密、补充保险和福利待遇等其他事项。

怎样用集体合同来防范劳动争议？

《劳动合同法》第十一条规定："用人单位未在用工的同时订立书面劳动合同，与劳动者约定的劳动报酬不明确的，新招用的劳动者的劳动报酬按照集体合同规定的标准执行；没有集体合同或者集体合同未规定的，实行同工同酬。"

《劳动合同法》第十八条规定："劳动合同对劳动报酬和劳动条件等标准约定不明确，引发争议的，用人单位与劳动者可以重新协商；协商不成的，适用集体合同规定；没有集体合同或者集体合同未规定劳动报酬的，实行同工同酬；没有集体合同或者集体合同未规定劳动条件等标准的，适用国家有关规定。"

由此可见，集体合同可以在企业与劳动者因劳动报酬、劳动条件等标准约定不明确产生争议的时候起到重要的标准作用，一份完备的集体合同可以在劳动者的劳动报酬、工作时间、休息休假、劳动安全卫生、保险福利、职工培训、劳动纪律、劳动定额、法律法规规定的其他内容等方面，避免很多不必要的劳动纠纷。

怎样运用职工名册来防范劳动争议？

《劳动合同法》第七条规定："用人单位自用工之日起即与劳动者建立劳动关系。用人单位应建立职工名册备查。"《劳动合同法实施条例》第三十三条规定："用人单位违反劳动合同法有关建立职工名册规定的，由劳动行政部门责令限期改正；逾期不改正的，由劳动行政部门处2 000元以上2万元以下罚款。"

企业必备职工名册，既可以在产生劳动争议时作为有力的证据，也可以避免不必要的行政罚款。职工名册的内容包括：劳动者姓名、性别、公民身份证号码、户籍地址及现住址、联系方式、用工形式、用工起始时间、劳动合同期限等内容。

怎样用劳动合同签收单来防范劳动争议？

《劳动合同法》第八十一条规定："用人单位提供的劳动合同文本未载明本法规定的劳动合同必备条款或者用人单位未将劳动合同文本交付劳动者的，由劳动行政部门责令改正；给劳动者造成损害的，应当承担赔偿责任。"

企业仅仅签订劳动合同而没有送达劳动者，同样会面临着不必要的赔偿风险。

签收单的内容包括劳动合同文本编号、劳动者姓名、身份证号码、所属部门、具体岗位、入职时间、合同期限、签约时间、劳动合同签收时间、劳动者签收、备注等内容。

怎样用职位告知书来防范劳动争议？

《劳动合同法》第八条规定："用人单位招用劳动者时，应当如实告知劳动者工作内容、工作条件、工作地点、职业危害、安全生产状况、劳动报酬，以及劳动者要求了解的其他情况……"

用人单位如实告知劳动者职位情况是主动义务，即使劳动者不提出要求也得主动告知。实践中用人单位往往会忽视这个主动告知义务，导致发生因"欺诈"而使劳动合同无效并赔偿劳动者损失的法律风险。

告知书的内容需包括工作内容、工作条件、工作地点、职业危害、安全生产状况、劳动报酬等。

入职登记表可以防范劳动争议吗？

《劳动合同法》第八条规定："……用人单位有权了解劳动者与劳动合同直接相关的基本情况，劳动者应当如实说明。"

如果劳动者在入职时存在不实或欺诈，将成为日后用人单位解除劳动合同的重要证据。

入职登记表需登记的内容包括劳动者与前用人单位劳动合同解除情况、竞业限制、健康状况、学历、职业资格、知识技能、工作经历、家庭住址、主要家庭成员构成等。

签订劳动合同通知书可以防范劳动争议吗？

《劳动合同法实施条例》第五条规定："自用工之日起一个月内，经用人单位书面通知后，劳动者不与用人单位订立书面劳动合同的，用人单位应当书面通知劳动者终止劳动关系，无需向劳动者支付经济补偿，但是应当依法向劳动者支付其实际工作时间的劳动报酬。"此时一份书面的签订劳动合同通知书就显得尤为重要。

签订劳动合同通知书的主要内容应包括：劳动者姓名、入职日期、通知日期、签订劳动方式等。

劳动合同变更协议书可以防范劳动争议吗？

1.法律依据

根据《劳动合同法》第三十五条的规定，用人单位与劳动者协商一致，可以用书面形式变更劳动合同约定的内容。

2.主要内容

变更的主要内容包括用人单位基本情况、劳动者基本情况、原劳动合同基本情况、具体变更内容、变更日期、双方签字盖章等。

解除、终止劳动合同通知书可以防范劳动争议吗？

1.法律依据

解除、终止劳动合同是结束劳动者与用人单位之间关系的唯一途径，解除、终止劳动合同的具体时间是计算工资、加班费、经济补偿数额的重要依据。

2.主要内容

解除、终止劳动合同通知书的主要内容包括劳动者名称、解除或终止劳动合同的原因、解除或终止劳动合同的日期、交接手续办理的流程和时限、用人单位盖章、劳动者签收等。

解除、终止劳动合同的证明可以防范劳动争议吗？

1.法律依据

《劳动合同法》第五十条第一款规定："用人单位应当在解除或者终止劳动合同时出具解除或者终止劳动合同的证明，并在十五日内为劳动者办理档案和社会保险关系转移手续。"

《劳动合同法》第八十九条规定："用人单位违反本法规定未向劳动者出具解除或者终止劳动合同的书面证明，由劳动行政部门责令改正；给劳动者造成损害的，应承担赔偿责任。"

2.证明内容

用人单位出具的解除、终止劳动合同的证明，应当写明劳动合同期限、解除或者终止劳动合同的日期、工作岗位、在本单位的工作年限等。

加班申请书可以防范劳动争议吗？

1.法律依据

《劳动合同法》第三十一条规定："用人单位应当严格执行劳动定额标准，不得强迫或者变相强迫劳动者加班。用人单位安排加班的，应当按照国家有关规定向劳动者支付加班费。"

《劳动合同法》第八十五条规定："用人单位有下列情形之一的，由劳动行政部门责令限期支付劳动报酬、加班费或者经济补偿；劳动报酬低于当地最低工资标准的，应当支付其差额部分；逾期不支付的，责令用人单位按应付金额百分之五十以上百分之一百以下的标准向劳动者加付赔偿金：（一）未按照劳动合同的约定或者国家规定及时足额支付劳动者劳动报酬的；（二）低于当地最低工资标准支付劳动者工资的；（三）安排加班不支付加班费的；（四）解除或者终止劳动合同，未依照本法规定向劳动者支付经济补偿的。"

加班费的支付一直是个敏感问题，加班时间多少是计算加班费的重要依据，一份书面记录加班情况的文件尤为重要。

2.申请书内容

加班申请书的主要内容包括劳动者名称、申请加班日期、加班原因、加班预计的时间、部门主管确认、人事主管确认等。

劳动合同续签意向书可以防范劳动争议吗？

1.法律依据

《劳动合同法》第四十六条第五项规定，除用人单位维持或者提高劳动合同约定条件续订劳动合同，劳动者不同意续订的情形外，依照本法第四十四条第一项规定终止固定期限劳动合同的，用人单位应当向劳动者支付经济补偿。

劳动合同期满后，用人单位的续订条件以及劳动者的续订意向是判断用人单位是否要支付经济补偿的重要标准，一份书面的文件能真实的反映双方的意向，避免日后不必要的劳动纠纷。

2.主要内容

劳动合同续签意向书的主要内容包括劳动者名称、原劳动合同到期时间、续签劳动合同与原劳动合同区别、答复期限等。

保密协议可以防范劳动争议吗？

用人单位通过与相关人员和员工签订保密协议是保护商业秘密的一个重要方式，是提高犯罪成本，使相关人员或员工"不敢为"的重要法宝之一。只要正确使用签订保密协议这一环节，就能收到事半功倍的效果。

可以从以下几个方面入手起草保密协议：

（1）对哪些属于商业秘密，涉密的范围与具体的种类性质内容应作详尽的规定，这是侦办或诉讼时有力的证据。

（2）关于保密期限的约定，鉴于商业秘密的性质，只要不公开就会永远保持其秘密性，因此，对于权利人以外知悉商业秘密的人，权利人有权要求其无限期的负有保密义务。故不但在工作关系和劳动合同存续期间，而且在工作关系或劳动合同解除以后直至商业秘密公开为止，相关人员或员工都不得披露使用或许可他人使用单位的商业秘密。

（3）关于违约责任，这是协议中很重要的一点。由于侵犯商业秘密罪是结果犯罪，目前商业秘密损失赔偿额的确定有相当的难度，被侵害单位举证也很困难，因此，有必要在协议中事先约定相关人员或员工违约造成泄密时，应付的违约金和赔偿金的计算方法或具体数目。这一方面便于诉讼，另一方面昂贵的预期违约成本也有助于抑制违约泄密行为的发生。

竞业禁止合同可以防范劳动争议吗？

竞业禁止是指单位通过劳动合同和保密协议禁止职工或雇员在本单位任职期间同时兼职于业务竞争单位，或禁止他们在本单位离职后从业于与原单位有业务竞争的单位，包括创建与本单位业务范围相同的企业。

企业采取竞业禁止措施的基本方法是在劳动合同中规定竞业禁止条款，或者在保密合同中订立竞业禁止条款，或者单方制定保护商业秘密的规章制度，从而约束劳动者，以保护单位的商业秘密不受侵犯。

竞业禁止合同有哪些内容？

竞业禁止合同的内容主要包括：

（1）限制范围条款。它包括时间、地域、限制领域等。限制领域是指从事某种技术、产品、经营、服务等的企业或工作岗位。地域是指在约定的地域内不得从事限制领域的工作。时间是指离职后多少年内，不得从事限制领域的工作。关于限制领域的具体内容可以结合本行业或本企业的特点，另外制定内容详尽的附件。

(2) 禁止劝诱离职。离职后不得诱使其他知悉用人单位商业秘密的员工离职。此条款意在防范近年频繁出现的员工集体叛离给企业带来严重损失的行为。

(3) 补偿费。作为对员工牺牲一定程度择业自由的补偿，用人单位应支付一定数额的竞业禁止补偿金。具体标准可由双方约定或执行相关行业或地方的规定。由于被用人单位"竞业禁止"的员工承担了"竞业禁止"的义务，选择工作受到影响，这必然会给其带来经济损失，如果不给予合理补偿，既不符合权利义务相统一的原则，使劳动者单方面蒙受损失，同时也会使用人单位滥用"竞业禁止"条款而毫无相应经济支出。如果合同中没有经济补偿金的规定，劳动者则不受"竞业禁止"条款的限制。

竞业禁止协议限制了《宪法》赋予劳动者的劳动权和择业自主权。因此，对于竞业禁止协议的生效条件必须加以严格的限制，原则上必须具有合法性和合理性。所谓合法性是指竞业禁止协议不得违反法律的有关规定；所谓合理性是指协议约定的内容对受限制的义务人和施加限制的权利人应平等互利、公平合理。

为什么会产生解雇纠纷？

解雇即解除雇用，是指用人单位解除与员工的劳动关系，不再雇用该员工。这在企业用工中是一种十分常见的企业行为，也是用人单位更换员工、寻求最为合适的员工的手段之一，由此引起的争议在劳动争议中比较普遍和突出。这类纠纷的发生除了员工的无理取闹之外，也确实存在用人单位解雇理由不充足的问题。

《劳动法》对解雇（辞退）不当有何规定？

按照《劳动法》及相关规定，用人单位无理解雇员工的，应当支付相当于其本人几倍月平均工资的经济补偿金，具体数额以其在用人单位工作时间而定，每满1年补1个月。如果用人单位解雇员工没有充足的理由，势必要支付这一笔费用。

企业怎样防范解雇（辞退）纠纷？

企业要防范解雇纠纷，应当做好以下工作：
(1) 签订劳动合同时，规定员工的工作岗位及其职责。
(2) 在劳动合同中约定解雇条款，即规定企业在哪种情况下可以解除劳动合同而不承担支付经济补偿金的义务。
(3) 在管理上，严格各种管理制度，对每个员工都应建立档案并跟踪管理，凡员工违反厂规厂纪或者工作不认真负责、完不成工作任务的，均应记录在案。
(4) 当员工存在劳动合同约定的解雇事项时再解雇，当然如果属于大规模的裁员，则又另当别论。
(5) 企业在解雇员工时，按照规定应当提前1个月通知其本人。

只要做好了以上工作，相信解雇纠纷就会减少，即使个别员工申诉，也会因其无理而不会得到有关部门的支持。

什么情况下可以开除员工？

开除是指企业按照《劳动法》第二十五条的规定解除劳动合同的行为。按照该法的规定，劳动者有下列情形之一的，用人单位可以解除劳动合同：
（1）在试用期间被证明不符合录用条件的。
（2）严重违反劳动纪律或者用人单位规章制度的。
（3）严重失职，营私舞弊，对用人单位利益造成重大损害的。
（4）被依法追究刑事责任的。

哪些开除容易引发争议？

通常容易发生争议的开除有两种：严重违反劳动纪律或者规章制度的开除和严重失职、营私舞弊对用人单位利益造成重大损害的开除。其原因是企业不按规定开除员工或者开除员工时没有掌握足够的证据材料。

《劳动法》对开除不当有什么规定？

根据《劳动法》的相关规定，开除员工不当的，或者收回其继续工作，或者支付其经济补偿金，支付标准为每满1年补1个月的其本人月平均工资。

企业如何防范开除争议？

针对这种情况，企业应当从以下几方面来应对：
（1）企业制定的劳动纪律和规章制度应明确具体，同时要拿到劳动管理部门备案确认，只有劳动管理部门备案确认的劳动纪律和规章制度，才能作为企业执行的依据，在开除违纪员工时才能适用。
（2）凡员工违反劳动纪律和规章制度的行为均应有相关纪录、证人证明材料，如能取得其本人对违纪行为事实确认的书面材料则最佳。
（3）员工严重失职、营私舞弊对用人单位利益造成重大损害的，要收集相关证据，计算损失数额，并确认损失为该员工的失职或者营私舞弊行为造成的。
（4）决定开除员工时，开除决定书或者公告必须明确列举出员工所犯的错误。
（5）如果该员工所犯错误不严重或者虽属严重错误但却缺乏足够的证据证明时，企业可先对该员工采取降职、降级、降薪处理，通常员工被降职处理后觉得没有面子再在企业待下去，往往会自行辞工，这样企业就省去了开除带来的麻烦。

辞工和自动离职争议的主要表现是什么？

辞工和自动离职都属于员工单方面解除劳动合同，按照规定企业是不用承担相关经济补偿等方

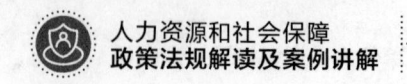

面的义务的,但是如果企业在员工辞工或者自动离职时没有处理好相关手续方面的问题,很可能就会被员工钻空子而陷于被动。主要表现在:

(1)员工辞工时,企业没有让员工填写辞工申请书(辞工单),或者将辞工单交给其本人拿去办理离厂手续没有追回。

(2)辞工时没有将其工资结清。

(3)自动离职的员工自行离厂不到规定的自动离职处理的时间就作自动离职处理。

怎样预防辞工和自动离职争议?

用人单位预防辞工和自动离职争议的措施有:

(1)员工辞工单(申请书)及用人单位的批示一式两份,用人单位保留一份,交员工一份。

(2)员工辞工的在其离开时,支付其应得的工资报酬。

(3)员工旷工或者不请假外出必须达到用人单位规定的天数,才能对其作自动离职处理。

为什么产生加班争议?

《劳动法》第四十一条规定:"用人单位由于生产经营需要,经与工会和劳动者协商后可以延长工作时间,一般每日不得超过一小时;因特殊原因需要延长工作时间的,在保障劳动者身体健康的条件下延长工作时间每日不得超过三小时,每月不得超过三十六小时。"在实际执行过程中,不少用人单位都超出上述规定加班时间,究其原因有二:

(1)用人单位由于自身生产经营的需要而安排员工加班。

(2)员工为了多拿工资而主动要求加班。

然而,由此而引发的纠纷却越来越多,有员工以加班时间过长而向劳动部门投诉的,有用人单位没有按规定支付加班费而遭到投诉的,搞得企业十分被动。

企业如何防范加班争议?

1.要了解加班工资的计算方法

《劳动法》第四十四条规定:"有下列情形之一的,用人单位应当按照下列标准支付高于劳动者正常工作时间工资的工资报酬:(一)安排劳动者延长工作时间的,支付不低于工资的百分之一百五十的工资报酬。(二)休息日安排劳动者工作又不能安排补休的,支付不低于工资的百分之二百的工资报酬。(三)法定休假日安排劳动者工作的,支付不低于工资的百分之三百的工资报酬。"

因此,用人单位在制定员工工资时,基本月薪(包括津贴在内)不要定得过高,特别是非生产岗位的员工如文员等,其他需给付部分可列在不计入工资总额的困难补助等项目,这样就不会导致加班工资过高的问题。

2.合理安排加班时间

如果不是特别需要,一般不要安排加班,即使安排,也不要超过法律规定的时间;如确有超过的,最好让加班的员工填写加班申请书,这样超过法定加班时间的责任就可以转移到员工身上。这样就会减少员工在这方面的投诉。

3.利用劳动合同合理确定工资结构

劳动合同中都有工资一项，用人单位和员工选择哪种工资方式与加班费的管理很有关系。通常，非生产线的员工适合采用包干式工资加奖金的方式，在劳动合同中约定包干式工资数额，不管是否加班都不增减，奖金的多少则视其工作情况每月确定支付数额。这样就不会存在加班费的纠纷了。对于生产线上的员工，则可采用计件工资的方式，在计算成本利润的基础上，合理确定计件工资额，计件工资一般不受工作时间的限制，也免除了加班费计算的麻烦。

劳动争议的仲裁时效延长，用人单位应该怎么办？

仲裁时效的延长是把双刃剑，对于用人单位维权而言，延长了仲裁时效，用人单位可以有更多的时间去追究违约劳动者的法律责任；但同时也使用人单位在劳动者离职之后的1年内都处于可能被劳动者追究法律责任的不确定状态，这显然对用人单位是不利的。

对此，用人单位应该事先做好预备工作。首先，用人单位对离职员工的所有档案必须保留至少1年，考虑到时效中断或终止的因素，我们建议企业对离职员工的所有档案应至少保留2年。其次，用人单位在提出与员工解除劳动合同时，最好采用书面协议的方式，约定双方离职后不存在任何争议，以防范员工在离职后1年内对用人单位提起劳动争议仲裁。

用人单位如何规避劳动争议中不能提供证据的责任？

《劳动争议调解仲裁法》第六条规定："发生劳动争议，当事人对自己提出的主张，有责任提供证据。与争议事项有关的证据属于用人单位掌握管理的，用人单位应当提供；若用人单位不提供的，应当承担不利后果。"对于这一点用人单位应该具体采以下措施：

（1）用人单位必须重视并完善员工档案管理工作，比如用人单位制定的规章制度、职工的档案材料、考勤记录、工资发放记录、缴纳社会保险记录、绩效考核记录、奖惩记录等。尤其是当这些档案记录对用人单位有利时，更要注意搜集、保管。例如，用人单位不能证明劳动者的确切入职日期时，将推定劳动者主张的入职日期成立。

（2）建立健全档案借阅制度也很重要，防范借后不还或遗失。

（3）要注意一些细节问题，比如档案室要能与其他部门尽量分开，最好是独立分室，避免人员随意进出；防止公章私盖；档案保管人员本人的档案比如劳动合同等不能由其本人保管，等等。

如何打破"一裁终局"对用人单位的不公平规定？

一裁终局制仅限用人单位，用人单位在部分案件中一旦在仲裁阶段败诉将可能失去通过法院再审的可能性。这就要求用人单位首先必须重视劳动仲裁，并做好充分准备。以前那种认为劳动仲裁只是走个形式，等到法院阶段才是真正开始审理的想法必须改变。其次，对于一裁终局的案件，在仲裁阶段即应聘请专业律师把关、设计应对思路将显得尤为重要。当然，最根本的还在于用人单位要规范管理，人性化管理，尽量避免劳动争议案件的发生。

用人单位如何预防和面对潜在或已经出现的劳动争议？

1. 预防劳动争议方面

用人单位的人事管理需要建立在合法的基础上，并应尽力在法律允许的框架内采取合理的、创造性的制度设计，预防和应对劳动争议，努力构建和谐稳定的劳动关系，从而为企业的长远发展和永续经营提供有效的人力资源保障。

2. 已经出现的劳动争议方面

就已经出现的劳动争议而言，用人单位必须首先要做好事前谨慎评估，即在正式采取仲裁或诉讼手段之前或在正式应诉之前谨慎细致地做好案件的评估论证工作。事前评估的价值在于减少盲目性，明晰"能否为？如何为？"的问题，打有准备之仗。其次，要积极收集证据，"打官司就是打证据"，证据的收集是一项基础性且意义重大的准备工作。

因此，评估预测可以把问题想得坏点，但该有的证据也要做好防范、准备工作。最后要借助专家之力，聘请的专家应当是那些熟悉相关劳动法律法规、具备丰富的企业人事管理经验、讲究诚信、保守当事人秘密、一心为客户着想、认真负责的好专家。合作的方式可以包括咨询、论证、评估、方案设计、代理仲裁、代理诉讼等。

什么情况下，用人单位可以对追索劳动报酬等裁决申请撤销？

《劳动争议调解仲裁法》第四十九条规定："用人单位有证据证明本法第四十七条规定的仲裁裁决有下列情形之一的，可以自收到仲裁裁决书之日起三十日内向劳动争议仲裁委员会所在地的中级人民法院申请撤销裁决：（一）适用法律、法规确有错误的；（二）劳动争议仲裁委员会无管辖权的；（三）违反法定程序的；（四）裁决所根据的证据是伪造的；（五）对方当事人隐瞒了足以影响公正裁决的证据的；（六）仲裁员在仲裁该案时有索贿受贿、徇私舞弊、枉法裁决行为的。人民法院经组成合议庭审查核实裁决有前款规定情形之一的，应当裁定撤销。仲裁裁决被人民法院裁定撤销的，当事人可以自收到裁定书之日起十五日内就该劳动争议事项向人民法院提起诉讼。"

《劳动争议调解仲裁法》第四十七条规定："下列劳动争议，除本法另有规定的外，仲裁裁决为终局裁决，裁决书自作出之日起发生法律效力：（一）追索劳动报酬、工伤医疗费、经济补偿或者赔偿金，不超过当地月最低工资标准十二个月金额的争议；（二）因执行国家的劳动标准在工作时间、休息休假、社会保险等方面发生的争议。"

在哪些情形下仲裁员应当回避？

《劳动争议调解仲裁法》第三十三条规定："仲裁员有下列情形之一，应当回避，当事人也有权以口头或者书面方式申请其回避：（一）是本案当事人或者当事人、代理人的近亲属的；（二）与本案有利害关系的；（三）与本案当事人、代理人有其他关系，可能影响公正裁决的；（四）私自会见当事人、代理人，或者接受当事人、代理人的请客送礼。劳动争议仲裁委员会对回避申请应当及时作出决定，并以口头或者书面方式通知当事人。"

第四部分

劳动者维权知识问答

第一章 劳动就业（合同）

保障劳动合同的法律法规有哪些？

保障劳动合同的法律法规主要有《劳动法》《劳动合同法》《劳动合同法实施条例》。

根据《劳动法》的规定，劳动合同是用人单位与劳动者建立劳动关系的法律依据，用以明确双方的权利义务。双方一旦建立了劳动关系，就要签订书面劳动合同，试用期也不例外。劳动合同必须是合法的，否则从签订之日起无效，必须重签。按规定，签订合同以后，用人单位就应为劳动者缴纳社会保险，包括养老保险、工伤保险、医疗保险、生育保险、失业保险。

对于不签订合同的单位或个人，劳动部门有权责令其补签或施以处罚。对于不签订合同的一方，另一方有权要求其赔偿损失。因履行劳动合同发生的争议，当事人可自行和解，也可向单位的调解委员会申请调解，或向劳动争议仲裁委员会申请仲裁，或向人民法院起诉。用人单位不签订合同，造成劳动者权益受到损害时，劳动者可依法向劳动保障监察机构举报。

劳动合同是劳动者权益的有力保障，劳动者应充分重视合同的作用。在自己的正当权益受到损害时，更要勇于向法律寻求帮助和保护。

给私人干活受《劳动法》保护吗？

给私人干活受法律保护，但是不受《劳动法》保护。根据《劳动法》的规定，劳动关系是指劳动者依据法律运用劳动能力，在实现社会劳动过程中与用人单位形成的权利义务关系。劳动关系的主体是劳动者和用人单位，劳动者是指依据劳动法律和劳动合同，在用人单位从事体力或脑力劳动并获得报酬的自然人，用人单位是指通过国家有关机构认可的单位，主要包括：（1）在中国境内依法核准登记的各种所有制性质、组织形式的企业；（2）依法核准登记的个体经济组织；（3）依法成立的事业单位；（4）依法成立的国家机关；（5）依法成立的社会团体等。给私人干活而不是给组织、单位干活，因私人不是《劳动法》所认可的用工主体，所以不受《劳动法》的保护。

用人单位不与劳动者签订劳动合同有什么赔偿？

用人单位未与劳动者签订劳动合同，最长应支付11个月双倍工资，用工之日起满1年还未签订劳动合同，视为双方已订立无固定期限劳动合同。

用人单位不与劳动者签订劳动合同有什么赔偿？

招聘广告的法律性质属于要约邀请，其发出后对用人单位并不产生法律约束力，用人单位并没有履行要约邀请的义务。当事人具体权利义务的确定，均以之后经过要约、承诺的合同为准。

当然，如果招聘广告中的员工待遇非常明确、具体、肯定，劳动合同又没有明确地表明以合同为准，那么不排除会被仲裁、法院认定招聘广告中的员工待遇构成要约而具有法律效力的可能性。

劳动合同可以采取口头形式吗？

《劳动合同法》第三条第一款规定："订立劳动合同，应当遵循合法、公平、平等自愿、协商一致、诚实信用的原则。"第十条第一款规定："建立劳动关系，应当订立书面劳动合同。"第三十五条第一款规定："用人单位与劳动者协商一致，可以变更劳动合同约定的内容。变更劳动合同，应当采用书面形式。"第六十九条第一款规定："非全日制用工双方当事人可以订立口头协议。"

劳动者在签订合同前可否要求用人单位告知其工作内容等情况？

《劳动合同法》第八条规定："用人单位招用劳动者时，应当如实告知劳动者工作内容、工作条件、工作地点、职业危害、安全生产状况、劳动报酬以及劳动者要求了解的其他情况……"所以，劳动者在与用人单位签订合同前，有权利问清楚这些内容。

签订劳动合同前，劳动者需要了解哪些规章制度？

除要求用人单位告知工作内容等以外，劳动者还有权利要求了解用人单位相关的规章制度，包括用人单位内部的各种劳动纪律、规定、考勤制度、休假制度、请假制度、处罚制度以及企业内已经签订的集体合同等，用人单位都应当进行详细的说明。当发现劳动规章制度违反法律法规规定的，可以通过工会或直接向用人单位提出，通过协商予以解决也可直接依法向劳动行政部门举报。

劳动者是否有义务如实告知用人单位自己的有关情况？

《劳动合同法》第八条规定："用人单位有权了解劳动者与劳动合同直接相关的基本情况，劳动者应当如实说明。"所以，当用人单位要求劳动者告知自己的情况时，应如实告知，不能有任何虚假信息，若提供虚假信息，将有可能导致劳动合同的无效，将来一旦有问题出现，维权也非常艰难。

劳动者与劳动合同直接相关的基本情况包括健康状况、知识技能、学历、职业资格、工作经历以及部分与工作有关的劳动者个人情况，如家庭住址、主要家庭成员构成等。

签订劳动合同要遵循什么原则？

签订劳动合同要遵循平等自愿、协商一致的原则，不得违反法律、行政法规的规定。平等自愿是指劳动合同双方地位平等，应以平等身份签订劳动合同。自愿是指签订劳动合同完全是出于本人的意愿，不得采取强加于人和欺诈、威胁等手段签订劳动合同。协商一致是指劳动合同的条款必须由双方协商达成一致意见后才能签订劳动合同。

什么样的劳动合同不可以签订？

不符合法律、行政法规规定的合同不可以签订。有些合同规定女职工不得结婚、生育子女；因工负伤协议"工伤自理"，甚至签订了生死合同等显失公平的内容，违反了国家有关法律、行政法规的规定，使这类合同自签订之日起就成为无效或部分无效合同。因此，在签订合同前，劳动者一定要认真审视每一项条款，就权利、义务及有关内容，与用人单位达成一致意见，并且严格按照法律、法规的规定，签订有效合法的劳动合同。

可以签订口头劳动合同吗？

劳动合同应当以书面形式签订，因为口说无凭。

劳动合同应有哪些内容？

劳动者在签订劳动合同前要注意劳动合同的内容，因为这是履行劳动合同和劳动争议处理的重要依据。

《劳动法》第十九条第一款规定："劳动合同应当以书面形式订立，并具备以下条款：（一）劳动合同的期限；（二）工作内容；（三）劳动保护和劳动条件；（四）劳动报酬；（五）劳动纪律；（六）劳动合同终止的条件；（七）违反劳动合同的责任等。"如果劳动合同缺少此类条款，劳动合同就不能成立，劳动者就不要与之签订合同。

劳动者与用人单位可协商约定哪些条款？

根据《劳动法》第十九条第二款规定："劳动合同除前款必备条款外，当事人可以协商约定其他内容。"所以，劳动合同除必备条款外，用人单位与劳动者可以协商约定以下条款：
（1）试用期。
（2）培训。
（3）保守商业秘密。
（4）补充保险。
（5）福利待遇等其他事项。

"工伤自理"条款是否有效？

在劳动合同中有"工伤自理""工伤概不负责""伤残由个人负责"等所谓生死合同条款，不符合有关法律的规定。《安全生产法》明确规定，如果单位在签订的协议中免除或者减轻其对从业人员因生产安全事故伤亡依法应承担责任的，该协议无效。劳动者应拒绝签订有这类条款的合同。如果已签订，可以向当地劳动仲裁委提出仲裁，确认这种条款无效。

劳动合同期限是怎么规定的？

劳动合同期限有三种形式：有固定期限、无固定期限和以完成一定的工作为期限的三种形式。

（1）有固定期限的劳动合同有明确的终止日期。

（2）以完成一定工作为期限的劳动合同，是以一项工作任务的完成时间为合同期限，也是有固定期限的一种特殊形式。

（3）无固定期限的劳动合同没有明确的终止时间，但必须在劳动合同中规定终止或者变更合同的条件。

什么情况下劳动者可以随时解除劳动合同，无须提前通知用人单位？

符合《劳动合同法》第三十八条第二款规定，劳动者可以随时解除合同，无须提前通知用人单位。

什么情况下可以要求签订无固定期限劳动合同？

根据《劳动合同法》的规定：劳动者在同一单位连续工作满10年，用人单位应当与劳动者签订无固定期限劳动合同。无固定期限劳动合同，是指用人单位与劳动者约定无确定合同终止时间的劳动合同。

《劳动合同法》在《劳动法》的基础上，完善了无固定期限劳动合同的规定，规定了特殊情形下订立无固定期限劳动合同的情形：用人单位初次实行劳动合同制度或者国有企业改制重新签订劳动合同时，劳动者在该用人单位连续工作满10年或者距法定退休年龄在10年以内的；2008年1月1日起，连续订立二次固定期限劳动合同的；用人单位自用工之日起满1年不与劳动者订立书面劳动合同的。

但是，无固定期限劳动合同并不是终身制合同，如果劳动者违反相关规定，用人单位也可以按照《劳动法》的规定解除无固定期限劳动合同。

什么情况下劳动者可以与用人单位解除劳动合同？

根据《劳动合同法实施条例》的规定，有下列情形之一的，依照《劳动合同法》规定的条件、程序，劳动者可以与用人单位解除固定期限劳动合同、无固定期限劳动合同或者以完成一定工作任务为期限的劳动合同：

（1）劳动者与用人单位协商一致的。

（2）劳动者提前30日以书面形式通知用人单位的。

（3）劳动者在试用期内提前3日通知用人单位的。

（4）用人单位未按照劳动合同约定提供劳动保护或者劳动条件的。

(5)用人单位未及时足额支付劳动报酬的。

(6)用人单位未依法为劳动者缴纳社会保险费的。

(7)用人单位的规章制度违反法律、法规的规定，损害劳动者权益的。

(8)用人单位以欺诈、胁迫的手段或者乘人之危，使劳动者在违背真实意思的情况下订立或者变更劳动合同的。

(9)用人单位在劳动合同中免除自己的法定责任、排除劳动者权利的。

(10)用人单位违反法律、行政法规强制性规定的。

(11)用人单位以暴力、威胁或者非法限制人身自由的手段强迫劳动者劳动的。

(12)用人单位违章指挥、强令冒险作业危及劳动者人身安全的。

(13)法律、行政法规规定劳动者可以解除劳动合同的其他情形。

用人单位跟劳动者不签订劳动合同怎么办？

《劳动合同法》规定，用人单位必须与劳动者签订劳动合同，并为其缴纳社会保险，否则是违法的。

(1)如果用人单位不签订劳动合同，劳动者可要求单位给予入职第2个月至第12个月的双倍工资，并要求给予经济补偿。经济补偿是工作不满半年的给予半个月的工资补偿，超过半年或满1年的给予1个月的工资补偿。

(2)未缴社保可于离职时到劳动局申请仲裁让单位给予补缴。对于这样的情况，建议劳动者写辞职通知书如下：

兹有××部门××，与用人单位签订的劳动合同自××年××月至××年××月，因用人单位违反了《劳动合同法》的有关规定（比如：不签订劳动合同、不按国家规定安排劳动时间、不按时足额支付劳动报酬、加班不给加班工资、收取押金、不按时为劳动者建立国家法定的社会保险等都是合法的辞职理由，列举任意一条或两条都行）。依据《劳动合同法》第三十八条的有关规定，本人提出解除劳动关系，请用人单位依据劳动部颁布的《工资支付暂行规定》第九条的规定，劳动关系双方依法解除或终止劳动合同时，一次付清劳动者工资；并按照《劳动合同法》第四十六条和第四十七条的规定，支付工作每满1年支付1个月平均工资的经济补偿；按照《劳动合同法》第五十条的规定及时办理离职手续，出具解除劳动合同证明。如果单位不予支付，本人将保留申请劳动争议仲裁的权利。特此通知。

注意，如不想把辞职事件闹大的话，也可把涉及要求赔偿部分删掉。另外，切记通知要让单位签收，最好以挂号信或快递方式发出，以保留辞职提交日期证据。

工作超过一年，用人单位不与劳动者签订劳动合同怎么办？

根据《劳动合同法》《劳动合同法实施条例》的规定，用人单位自用工之日起满1年未与劳动者订立书面劳动合同的，自用工之日起满1个月的次日至满1年的前一日应当向劳动者每月支付2倍的工资，并视为自用工之日起满1年的当日已经与劳动者订立无固定期限劳动合同，应当立即与劳动者补订书面劳动合同。

由此可知，此时劳动者有权向单位提出订立无固定期限劳动合同。

用人单位一年多未与劳动者签订劳动合同，劳动者是否可以要求用人单位赔偿？

《劳动合同法》第八十七条规定："用人单位违反本法规定解除或者终止劳动合同的，应当依照本法第四十七条规定的经济补偿标准的二倍向劳动者支付赔偿金。"所以，劳动者可以直接向用人单位提出要求，用人单位不给予赔偿可以申请劳动仲裁。

如何查询自己所在用人单位是否签订集体合同？

集体合同的查询有两种方法：
（1）直接询问公司工会，因为是由工会代表职工与用人单位签订集体合同。
（2）向当地主管劳动行政部门了解，集体合同是需要备案的。

用人单位以临时工为由让劳动者走人怎么办？

临时工不是法定的用工形式，只是计划经济下相对于固定工的一种称谓，早已被明文取消。目前《劳动法》《劳动合同法》等法律都取消了"临时工"的提法。《劳动部办公厅对〈关于临时工等问题的请示〉的复函》（劳办发〔1996〕238号）第一条"关于是否还保留'临时工'的提法问题"规定："《劳动法》施行后，所有用人单位与职工全面实行劳动合同制度，各类职工在用人单位享有的权利是平等的。因此，过去意义上相对于正式工而言的临时工名称已经不复存在。用人单位如在临时性岗位上用工，应当与劳动者签订劳动合同并依法为其建立各种社会保险，使其享有有关的福利待遇，但在劳动合同期限上可以有所区别。"

因此，如果有用人单位以临时工为借口侵害劳动者权益，劳动者应及时向劳动部门举报，要求用人单位与劳动者签订劳动合同，享受劳动者的法定权利。

就业协议等同于劳动合同吗？

就业协议并不等同劳动合同，也不能替代劳动合同，作为与用人单位确定劳动关系的凭证。因此，双方若因就业协议的内容发生纠纷，双方只能依据《民法典》来解决问题，但若存在事实劳动关系，也可视为未按法律规定签订劳动合同。

实习生没有劳动报酬，有依据吗？

根据法律规定，实习是学校教育的延伸，实习者的身份还是学生，而不是劳动者，因此劳动报酬可有可无，主要由学校、实习者、实习单位三者进行约定。

也就是说，若实习单位提供一定的工作环境或指派专人传授技能，指导实习生深化巩固所学理论知识，提升实践能力。那么，此类实习是作为学校教育的延伸，也并未产生劳动价值。但如果实习生的确在实习单位产生了一定的劳动成果，而此类工作岗位也是该单位必须聘请其他工作人员才能完成的，那么用人单位应当按照该岗位的同等标准支付劳动报酬。

应聘递交的作品被采用，有报酬吗？

许多大学毕业生在求职过程中，将自己的设计作品随同个人简历，递交给应聘单位。如果作品被应聘单位采用的话，单位该不该支付报酬？

其实，这个问题可分为以下两种情况：

（1）如果求职者在未被用人单位聘用的情况下，用人单位采用求职者递交的作品，则侵犯了该生求职的权益，学生可通过司法诉讼途径，向用人单位寻求赔偿或要求其支付相应的劳动报酬。

（2）如果求职者已被该单位录用，作为用人单位的员工，若作品被采用无报酬，则可根据《劳动法》向法院起诉或者申请仲裁的途径维护自己的合法权益。

关于试用期的期限有哪些规定？

根据《劳动法》第二十一条的规定，试用期包括在劳动合同期限内，一般不超过3个月，对技术和业务有特别要求的，试用期可以延长，但最长不超过6个月。《劳动合同法》规定，劳动合同期限3个月以上不满1年的，试用期不得超过1个月；劳动合同期限1年以上不满3年的，试用期不得超过2个月；6年以上固定期限和无固定期限的劳动合同，试用期不得超过6个月。同一用人单位与同一劳动者只能约定1次试用期。以完成一定工作任务为期限的劳动合同或者劳动合同期限不满3个月的，不得约定试用期。劳动合同仅约定试用期或者劳动合同期限与试用期相同的，试用期不成立，该期限为劳动合同期限。

试用期的长短不可以任意延长？

《劳动合同法》对试用期的长短作出限制性规定。根据劳动合同的期限规定了不同时间长短的试用期。劳动合同期限3个月以上不满1年的，试用期不得超过1个月；劳动合同期限1年以上不满3年的，试用期不得超过2个月；3年以上固定期限和无固定期限的劳动合同，试用期不得超过6个月。

哪些情况不得约定试用期？

《劳动合同法》明确规定：

（1）以完成一定工作任务为期限的劳动合同或者劳动合同期限不满3个月的，不得约定试用期。

（2）非全日制用工也不得约定试用期。

《劳动合同法》对试用期劳动者工资有何规定？

《劳动合同法》第二十条规定："劳动者在试用期的工资不得低于本单位相同岗位最低档工资或者劳动合同约定工资的百分之八十，并不得低于用人单位所在地的最低工资标准。"

用人单位只签一年劳动合同，试用期三个月可以吗？

这是不对的，如果用人单位只签1年劳动合同，试用期不能超过1个月。

根据《劳动合同法》第十九条规定，劳动合同期限不同，试用期的长短也不同。劳动合同期限3个月以上不满1年的，试用期不得超过1个月；劳动合同期限1年以上不满3年的，试用期不得超过2个月；3年以上固定期限和无固定期限的劳动合同，试用期不得超过6个月。

《劳动合同法》同时规定，同一用人单位与同一劳动者只能约定一次试用期。而且在以完成一定工作任务为期限的劳动合同中或者劳动合同期限不满3个月的，不得约定试用期。

试用期是否包含在劳动合同期限内？

试用期包含在劳动合同期限内。劳动合同仅约定试用期的，试用期不成立，该期限为劳动合同期限。

现实生活中，有些用人单位往往对于试用期内的劳动者不签订正式的劳动合同，而经常会等到劳动者"转正"以后，再签订劳动合同。首先，用人单位的这种做法是错误的；其次，即使在试用期内不签订劳动合同，试用期的期限仍然是计入劳动合同期限内的。

用人单位违反试用期规定要负哪些法律责任？

《劳动合同法》第八十三条规定："用人单位违反本法规定与劳动者约定试用期的，由劳动行政部门责令改正；违法约定试用期已经履行的，由用人单位以劳动者试用期满月工资为标准，按已经履行的超过法定试用期的期间向劳动者支付赔偿金。"

试用期内用人单位可以随意解除劳动合同吗？

根据《劳动合同法》第二十一条的规定，在试用期中，除劳动者有该法第三十九条和第四十条第一项、第二项规定的情形，即在试用期被证明不符合录用条件、严重违反用人单位规章制度、严重失职给用人单位造成严重影响等情况外，用人单位不得随意解除劳动合同。用人单位在试用期解除劳动合同的，应当向劳动者说明情况。

试用期内劳动者可以随时辞职吗？

根据《劳动法》第三十二条规定："有下列情形之一的，劳动者可以随时通知用人单位解除劳动合同：（一）在试用期内的；（二）用人单位以暴力、威胁或者非法限制人身自由的手段强迫劳动的；（三）用人单位未按照劳动合同约定支付劳动报酬或者提供劳动条件的。"根据这一规定，劳动者在试用期内可以随时解除劳动合同。

试用期超出规定，如何处理？

约定的试用期的长短如果超过了试用期规定，劳动者要求变更相应期限的，应变更期限；劳动者不要求变更劳动合同期限的，可以要求用人单位对超过规定的试用期限，按非试用期标准支付工资，用人单位应当按非试用期工资标准支付劳动者工资。

用人单位说试用期内有权随时辞退员工，有法律依据吗？

用人单位可以在试用期内解除劳动合同，但必须遵守《劳动合同法》规定的条件和方式。

用人单位毫无理由辞退员工是违法的，应承担不利后果：如果员工要求继续履行劳动合同，用人单位应当继续履行；如果员工不要求继续履行劳动合同，用人单位应向其支付1个月的工资作为赔偿金。

《劳动合同法》第二十一条规定："在试用期中，除劳动者有本法第三十九条和第四十条第一项、第二项规定的情形外，用人单位不得解除劳动合同。用人单位在试用期解除劳动合同的，应当向劳动者说明理由。"

《劳动合同法》第三十九条规定："劳动者有下列情形之一的，用人单位可以解除劳动合同：（一）在试用期间被证明不符合录用条件的；（二）严重违反用人单位的规章制度的；（三）严重失职，营私舞弊，给用人单位造成重大损害的；（四）劳动者同时与其他用人单位建立劳动关系，对完成本单位的工作任务造成严重影响，或者经用人单位提出，拒不改正的；（五）因本法第二十六条第一款第一项规定的情形致使劳动合同无效的；（六）被依法追究刑事责任的。"

根据以上法律规定，如果用人单位要在试用期内解除劳动合同的话，可以要求用人单位说明解除理由。如果劳动者认为理由不成立的话，可以先与用人单位进行协商，若协商不成，可以向相关劳动部门反映，利用法律武器维护自己的合法权益。

劳动者生病期间用人单位可以解除劳动合同吗？

《劳动法》第二十九条规定："劳动者有下列情形之一的，用人单位不得依据本法第二十六条、第二十七条的规定解除劳动合同：（一）患职业病或者因工负伤并被确认丧失或者部分丧失劳动能力的；（二）患病或者负伤，在规定的医疗期内的；（三）女职工在孕期、产假、哺乳期内的；（四）法律、行政法规规定的其他情形。"

所以，劳动者如果没有违反单位规章制度、严重失职、被追究刑事责任等情形，在医疗期内单位是不能解除劳动合同的。如单位违法解除劳动合同，劳动者可主张继续履行劳动合同或按双倍补偿标准支付赔偿金。

一般情形下劳动者解除劳动合同的程序是什么？

按照《劳动合同法》第三十七条规定："劳动者提前三十日以书面形式通知用人单位，可以解除劳动合同。劳动者在试用期内提前三日通知用人单位，可以解除劳动合同。"《劳动法》第三十一条规定："劳动者解除劳动合同，应当提前三十日以书面形式通知用人单位。"

对于劳动者享有解除权的情况可以作如下分类：

1. 在试用期内的情形

试用期既是用人单位考察劳动者是否具备录用条件的考察期限，也是劳动者选择用人单位的选择期限。为此，劳动者在试用期内，认为无须继续履行合同的，提前3日通知用人单位，可以解除劳动合同。

2. 无须履行提前30日的告知义务的情形

根据《劳动合同法》第三十八条的规定，用人单位有以下情形之一的，劳动者可以解除劳动合同：

（1）未按照劳动合同约定提供劳动保护或者劳动条件的：这主要是指劳动环境差、没有必要的劳动保护措施，甚至有危及职工生命、健康等因素的存在等。

（2）未及时足额支付劳动报酬的：主要指用人单位不按劳动合同约定支付劳动报酬：包括延期支付、少付、不付劳动报酬等。

（3）未依法为劳动者缴纳社会保险费的。

（4）用人单位的规章制度违反法律、法规的规定，损害劳动者权益的。

（5）因《劳动合同法》第二十六条第一款规定的情形致使劳动合同无效的。

《劳动合同法》第二十六条第一款规定的情形有：以欺诈、胁迫的手段或者乘人之危，使对方在违背真实意思的情况下订立或者变更劳动合同的；用人单位免除自己的法定责任、排除劳动者权利的；违反法律、行政法规强制性规定的。用人单位因存在上述情形导致劳动合同无效的，劳动者有权解除劳动合同。

（6）法律、行政法规规定劳动者可以解除劳动合同的其他情形。

（7）用人单位以暴力、威胁或者非法限制人身自由的手段强迫劳动者劳动的，或者用人单位违章指挥、强令冒险作业危及劳动者人身安全的，劳动者可以立即解除劳动合同，不需事先告知用人单位。

以上7种情形，劳动者无须履行提前30日的告知义务即可解除劳动合同。

3. 30日前用书面形式通知用人单位

劳动者如果需要解除劳动合同应该于30日前通知用人单位，该通知应该采用书面形式，30日满之后，劳动者行使劳动合同的解除权，从而解除劳动合同。如果期满后劳动者不解除劳动合同的，该通知行为自动失效，从而不产生解除劳动合同的效果。

劳动者在劳动合同期内不辞而别应承担什么责任？

劳动者违反规定或劳动合同的约定解除劳动合同，对用人单位造成损失的，劳动者应赔偿用人单位的损失，包括用人单位招收录用其所支付的费用；用人单位为其支付的培训费用；对生产、经营和工作造成的直接经济损失，以及其他赔偿费用。

作为劳动者，不宜作不辞而别的举动，而要按照国家的政策法规及企业的规章制度所规定的程序来辞职。

劳动者行使辞职自由权时，如何保留证据？

按照《劳动合同法》规定，劳动者可以根据自身情况或者个人发展需要等提出辞职，只要提前30日以书面形式通知用人单位，即可解除劳动合同。因此，劳动者在履行提前通知义务（书面形式）时，一定要保留用人单位签收的证据，以证明确实在30日前向用人单位提交过书面辞职的通知。

如果用人单位拒绝签收，劳动者最好可以提供其他证据证明已经书面通知了用人单位（如快递详情单等），否则，发生纠纷时，用人单位反过来说职工未履行提前通知义务擅自离职，那就被动了。

劳动者与用人单位签订劳动合同时，应注意哪些问题？

与用人单位签订劳动合同时，劳动者应注意下列事项：
（1）劳动合同必须在平等自愿、协商一致和不违反法律、法规的前提下签订。
（2）合同内容应当完整清楚，包括合同期限、工作内容、劳动保护和劳动条件、工资标准、劳动纪律、劳动合同终止条件、违反劳动合同的责任等必须约定的条款。
（3）双方协商约定的条款，如试用期、违约金、培训费用的支付与赔偿、保守商业秘密、竞业限制、更换工作岗位、调整工资待遇等内容，劳动者应考虑成熟，在自己能接受的情况下再签订。
（4）不要签订空白劳动合同，避免自己的权益受到侵害。

劳动合同中的生死条款有法律效力吗？

《劳动法》第十八条规定："下列合同无效：（一）违反法律、行政法规的劳动合同。（二）采取欺诈、威胁等手段订立的劳动合同。无效的劳动合同，从订立的时候起，就没有法律约束力。确认劳动合同部分无效的，如果不影响其余部分的效力、其余部分仍然有效。"

有些单位借劳动者对有关法律法规不甚清楚的情况，与劳动者签订有生死条款的劳动合同，发生事故后以劳动合同为根据不予赔偿，严重侵害了劳动者的合法权益，也严重违反了我国劳动法律法规的规定，是法所不容的。所以，特别提醒广大劳动者，在签订劳动合同时，一定要慎重，对劳动合同的各项条款要逐一审查，一旦发现有生死条款或类似条款，应及时提出，越早解决问题，便越能维护自己的合法权益。

劳动合同订立和变更后，劳动者有权获得一份吗？

《劳动合同法》第十六条第二款规定："劳动合同文本由用人单位和劳动者各执一份。"第三十五条第二款规定："变更后的劳动合同文本由用人单位和劳动者各执一份。"所以，劳动者在与用人单位签订劳动合同后，有权利要求一份合同由自己保管。

用人单位不给劳动者劳动合同文本怎么办？

按照《劳动合同法》的规定，劳动合同必须由用人单位与劳动者协商一致订立，并经用人单位与劳动者在劳动合同文本上签字或者盖章后才能生效。劳动合同文本为一式两份，由用人单位和劳动者各执一份。

如果用人单位没有将劳动合同文本交付劳动者，劳动者可以向劳动行政部门投诉，由劳动行政部门责令其改正。如果因此给劳动者造成损失的，用人单位要承担赔偿责任。

用人单位未与劳动者签订劳动合同，双方是否存在事实劳动关系？事实劳动关系是否适用《劳动法》？

用人单位招用劳动者未订立书面劳动合同，但同时具备下列情形的，劳动关系成立：
（1）用人单位和劳动者符合法律、法规规定的主体资格。
（2）用人单位依法制定的各项劳动规章制度适用于劳动者，劳动者接受用人单位的劳动管理，从事用人单位安排的有偿劳动。
（3）劳动者提供的劳动是用人单位业务的组成部分。

只要符合上述规定，劳动者与用人单位就存在事实劳动关系。作为劳动者，应注意保存出勤记录、工作证、服务证、工资单、招聘登记表、报名表等资料，作为确认劳动关系的证明并及时要求单位签订劳动合同，如单位拒不签订，可以到劳动部门投诉。

依据法律、法规的规定，事实劳动关系亦适用《劳动法》。

与用人单位签订劳动合同是否一定要约定试用期？口头约定的试用期是否有效？

试用期是用人单位和劳动者为相互了解选择而约定的不超过6个月的考察期，一般对初次就业或再次就业的劳动者可以约定。《劳动法》第二十一条规定，劳动合同可以约定试用期。因此，试用期不是劳动合同中必须约定的条款，劳动者和用人单位可以在劳动合同中约定试用期，也可以不约定试用期。

由于试用期不是必须约定的条款，劳动者在与单位签订劳动合同时，是否约定试用期应与用人单位进行协商，如约定试用期，应以书面形式在合同中约定，口头约定的试用期无效。

用人单位违法解除劳动合同的主要表现有哪些？

用人单位违法解除劳动合同的表现有许多，以下简要介绍几种：

（1）滥用关于试用期的单方解除权。在没有约定试用期，或者试用期的约定违法，或者已过了试用期的情况下，仍以试用期内不符合录用条件为由，解除与劳动者的劳动合同。

（2）滥用关于违反劳动纪律或用人单位规章制度的单方解除权。在没有企业规章制度；或者规章制度违法；或者规章制度没有公示；或者违纪行为轻微的情况下，以劳动者严重违反劳动纪律或用人单位规章制度为由，解除与劳动者的劳动合同。

（3）滥用经济性裁员的单方解除权。在不符合经济性裁员条件和程序的情况下，解除与劳动者的劳动合同。

（4）滥用工资奖金分配权和劳动用工管理权。随意对劳动者调岗、降职、减薪，如果劳动者不服从安排或一两天不上班，用人单位就以劳动者不服从安排或旷工为由予以辞退；或者逼迫劳动者自动离职。

（5）滥用关于劳动者不能胜任工作的单方解除权。随意调动劳动者工作岗位或提高定额标准，借口劳动者不能胜任工作而解除与劳动者的劳动合同。

（6）随意辞退"三期"女职工和在医疗期内的劳动者。许多用人单位觉得处于孕期、产期、哺乳期的女职工和处于医疗期内的劳动者对单位是一种负累，总是千方百计找借口辞退或者强行辞退。

（7）辞退劳动者不出具任何书面通知或决定。当争议发生后，这些用人单位往往不承认是单位辞退劳动者，而称是劳动者自动离职。

用人单位违法解除劳动合同的表现形式还有许多，如滥用关于严重失职，对单位利益造成重大损害的单方解除权；滥用关于"客观情况"发生重大变化的单方解除权；甚至不以任何理由，只根据老板及个别领导的好恶，或打击报复，或因人际关系，强行辞退老板或个别领导"不顺眼"的劳动者。

对于用人单位以上的做法，劳动者平时要注意搜集、保留证据，以便在产生纠纷时可以举证。

用人单位变更名称、法定代表人是否影响劳动合同的履行？

《劳动合同法》第三十三条规定，用人单位变更名称、法定代表人、主要负责人或者投资人等事项，不影响劳动合同的履行，劳动者的工作年限应当连续计算。

用人单位发生合并或者分立等情况，原劳动合同是否继续有效？

《劳动合同法》第三十四条规定："用人单位发生合并或者分立等情况，原劳动合同继续有效，劳动合同由承继其权利和义务的用人单位继续履行。"

用人单位更换了法定代表人，原法定代表人签字的劳动合同还有效吗？

根据《民法典》的有关规定，代表法人行使职权的负责人是法定代表人。法定代表人只是代表用人单位与劳动者订立劳动合同，真正的用人单位是企业、国家机关、事业单位等法人组织，而不是作为法人组织代表的法定代表人，因此，只要用人单位作为劳动合同一方当事人没有变化，该单位更换法定代表人不影响原法定代表人代表用人单位与劳动者签订的劳动合同的效力，该合同仍然有效。

根据《劳动部关于实行劳动合同制度若干问题的通知》（劳部发〔1996〕354号）的规定，企业法定代表人的变更，不影响劳动合同的履行，用人单位和劳动者不需重新签订劳动合同。因此，单位变更法定代表人，不需要重新签订劳动合同。

用人单位改了名字后要与劳动者解除劳动合同怎么办？

根据《劳动合同法》第三十三条的规定，用人单位变更名称、法定代表人、主要负责人或者投资人等事项，不影响劳动合同的履行。因此，用人单位不能单方面与劳动者解除劳动合同。

如果劳动者同意与用人单位解除劳动合同，用人单位还需用支付一定的经济补偿，即按劳动者在本单位工作每满1年支付1个月工资的经济补偿；6个月以上不满1年的，按1年计算；不满6个月的，支付半个月工资的经济补偿金。

用人单位改名字，劳动合同是否要重签？

如果用人单位只是变更名称，员工重不重新签劳动合同都不影响员工的劳动权益；但员工要防止一些用人单位以变更名称为由，骗取员工与另一家用人单位签订劳动合同，而不愿承担自己之前应尽的法定责任。

竞业限制条款在什么情况下对劳动者没有约束力？

竞业限制条款的作用主要是为了限制劳动者参与或者从事用人单位同业竞争，以保守用人单位商业秘密，而且是属于约定条款，但是从另外一个角度来说，保守用人单位的商业秘密是劳动者的义务。既然是合同义务，而且是约定条款，在以下情况下对劳动者没有约束力：

（1）用人单位不依法履行其应尽的支付经济补偿费用的义务。
（2）用人单位没有正当理由解除劳动合同或者迫使劳动者解除劳动合同。
（3）用人单位没有可保密的利益，纯粹以限制劳动者的劳动权利为目的而规定竞业限制条款。

《劳动合同法》第二十六条第一款第二项规定，用人单位免除自己的法定责任、排除劳动者权利的，劳动合同无效或者部分无效。因此，该情况下的约定没有法律效力。

竞业限制的期限最长几年？

按照《劳动合同法》的规定，在解除或者终止劳动合同后，符合签订竞业限制条件的人员到与本单位生产或者经营同类产品、从事同类业务的有竞争关系的其他用人单位，或者自己开业生产或者经营同类产品、从事同类业务的竞业限制期限，最长不得超过2年。而且该期限应是连续计算的。

是否所有的劳动者都要签订竞业限制协议？

根据《劳动合同法》规定，竞业限制的义务主体只能是用人单位的高级管理人员、高级技术人员和其他负有保密义务的人员，用人单位不得与上述人员以外的其他劳动者约定竞业限制，否则该约定就是无效的。

在竞业限制协议中，竞业限制的范围、地域、期限由用人单位与劳动者约定，竞业限制的约定不得违反法律、法规的规定。

劳动者有权主张竞业限制的经济补偿吗？

对于劳动者而言，应当履行竞业限制的义务，并有权按月向用人单位主张竞业限制的经济补偿，用人单位拒不支付的，劳动者可以不再履行竞业限制义务。对劳动者已履行的竞业限制期限，用人单位应当支付经济补偿，双方对经济补偿标准发生争议的，可以通过仲裁或司法机关裁判确定。

用人单位未支付经济补偿，竞业限制协议对劳动者有约束力吗？

竞业限制约定的有效前提是用人单位根据公平原则支付了竞业限制补偿，用人单位未支付的，竞业限制协议对劳动者无约束力，劳动者可自由选择自己的职业。

另外，《国家科委关于加强科技人员流动中技术秘密管理的若干意见》（国科发政字〔1997〕317号）规定，本单位违反竞业限制条款，不支付或者无正当理由拖欠补偿费的，竞业限制条款自行终止。

用人单位违法解除劳动合同，竞业限制协议对劳动者有约束力吗？

在用人单位违法解除劳动合同，或者用人单位因上述违法行为迫使劳动者提出解除合同的，合同解除后，竞业限制条款对劳动者不具有法律约束力。因为，竞业限制协议是对劳动者劳动权和自由择业权的限制，其对劳动者的约束力始于劳动合同正常解除或终止后。如果由于用人单位的违法行为导致劳动合同被提前解除，其过错责任不在劳动者，劳动者无须承担竞业限制义务。

劳动者违反竞业限制义务，要承担哪些不利后果？

如果劳动者违反了竞业限制义务，则将要承担不利的法律后果，具体体现为以下两种方式：

（1）支付违约金。根据《劳动合同法》第二十三条第二款的规定，劳动者违反竞业限制约定的，应当按照约定向用人单位支付违约金。这里的违约金数额由双方协商确定。

（2）赔偿损失。根据《劳动合同法》第九十条的规定，劳动者违反竞业限制义务，给用人单位造成损失的，应当承担赔偿责任。

客观情况发生重大变化双方不能协商变更，用人单位解除合同给补偿吗？

劳动合同订立时所依据的客观情况发生重大变化，致使劳动合同无法履行，经用人单位与劳动者协商，未能就变更劳动合同内容达成协议的，用人单位提前30日以书面形式通知劳动者本人或者额外支付劳动者一个月工资后，可以解除劳动合同。在这种情况下，单位解除劳动合同的，应向劳动者支付经济补偿。

如果客观情况发生重大变化，导致劳动合同无法履行，劳动者也可以提出解除劳动合同。但《劳动合同法》并没有规定，就此情况下劳动者解除劳动合同，用人单位必须支付经济补偿。因此，如果发生这种情况，劳动者应慎重，要考虑清楚是否主动提出解除劳动合同。

哪些情况属于劳动合同订立时所依据的客观情况发生重大变化？

劳动合同订立时所依据的客观情况发生重大变化是指劳动合同订立后发生了用人单位和劳动者订立合同时无法预见的变化，致使双方订立的劳动合同全部或者主要条款无法履行，或者若继续履行将出现成本过高等显失公平的状况，致使劳动合同目的难以实现。

下列情形一般属于劳动合同订立时所依据的客观情况发生重大变化：

（1）地震、火灾、水灾等自然灾害形成的不可抗力。
（2）受法律、法规、政策变化导致用人单位迁移、资产转移或者停产、转产、转（改）制等重大变化的。
（3）特许经营性质的用人单位经营范围等发生变化的。

用人单位放假或停工，劳动者能否解除劳动合同？

实践中，有些用人单位给劳动者放假，或停工反省期间只给基本生活费或不发工资。该行为构成《劳动合同法》第三十八条第一项"用人单位未按照劳动合同约定提供劳动条件"，劳动者可以解除劳动合同，并可以要求用人单位支付经济补偿。

用人单位违反劳动合同规定如何赔偿？

根据原劳动部1995年5月公布的《违反〈劳动法〉有关劳动合同规定的赔偿办法》第三条的规定：

（1）用人单位违反劳动合同规定，造成劳动者收入损失的，按劳动者本人应得工资收入支付给劳动者，并加付应得工资收入25%的赔偿费用。
（2）造成劳动者劳动保护待遇损失的，应按国家规定补足劳动者的劳动保护津贴和用品。
（3）造成劳动者工伤、医疗待遇损失的，除按国家规定为劳动者提供工伤、医疗待遇外，还应支付劳动者相当于医疗费用25%的赔偿费用。
（4）造成女职工和未成年工身体健康损害的，除按国家规定提供治疗期间的医疗待遇外，还应支付相当于其医疗费用25%的赔偿费用。

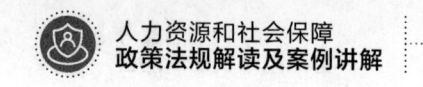

(5) 劳动合同约定的其他赔偿费用。

劳动者在解除劳动合同的时候，如果给用人单位造成了损失，是否应当承担赔偿责任？如果要承担，如何承担？

根据《劳动法》的规定，劳动者可以解除劳动合同，但是应当提前30天通知用人单位。如果劳动者违反了《劳动法》规定的条件解除合同，给用人单位造成了损失，就应当承担赔偿责任。

根据《违反〈劳动法〉有关劳动合同规定的赔偿办法》（1995年5月10日劳部发〔1995〕223号公布）第四条的规定，劳动者违反规定或劳动合同的约定解除合同，对用人单位造成损失，应当赔偿用人单位的下列损失：

（1）用人单位招收录用其所支付的费用。
（2）用人单位为其支付的培训费用，双方另有约定的按约定办理。
（3）对生产、经营和工作造成的直接经济损失。
（4）劳动合同约定的其他赔偿费用。

劳动者在什么情况下要向用人单位支付违约金？

《劳动合同法》第九十条规定："劳动者违反本法规定解除劳动合同，或者违反劳动合同中约定的保密义务或者竞业限制，给用人单位造成损失的，应当承担赔偿责任。"

《劳动合同法》第二十二条规定，用人单位为劳动者提供专项培训费用，对其进行专业技术培训的，可以与该劳动者订立协议，约定服务期。劳动者违反服务期约定的，应当按照约定向用人单位支付违约金。违约金的数额不得超过用人单位提供的培训费用。用人单位要求劳动者支付的违约金不得超过服务期尚未履行部分所应分摊的培训费用。

劳动者违反服务期约定要支付违约金吗？

《劳动合同法》第二十二条规定，劳动者违反服务期约定的，应当按照约定向用人单位支付违约金。违约金的数额不得超过用人单位提供的培训费用。用人单位要求劳动者支付的违约金不得超过服务期尚未履行部分所应分摊的培训费用。

用人单位与劳动者约定违约金主要包含两层意思：第一，劳动者违反服务期约定应当向用人单位支付违约金，体现了合同中的权利义务对等原则；第二，用人单位与劳动者约定违约金时不得违法，即约定违反服务期违约金的数额不得超过用人单位提供的培训费用。劳动者违约所支付的违约金不得超过服务期尚未履行部分所应分摊的培训费用，这体现了该法对劳动者的保护。

劳动合同解除或终止后，劳动者应当履行什么义务？

根据《劳动合同法》第五十条第二款的规定，劳动者应当按照双方约定，办理工作交接。

用人单位不签收辞职申请书怎么办？

很多用人单位确实利用劳动者举证困难的弱点，在收到劳动者递交的辞职申请书后不签收，或者根本不接受劳动者的辞职申请，到头来反而说劳动者违法解除劳动合同，严重损害了劳动者的合法利益。在这种情况下，劳动者可采用邮政特快专递（EMS）递交辞职申请书，并且在快递详情单上注明所寄的文件名称为"辞职申请书"，同时保留盖有邮戳的快递单据。书面通知后超过30日，即使用人单位不批准，劳动者仍可离职。

劳动合同的无效由谁来确认？

根据《劳动合同法》第二十六条第二款的规定，对劳动合同的无效或者部分无效有争议的，由劳动争议仲裁机构或者人民法院确认。

劳动合同确认无效，劳动报酬如何确定？

《劳动合同法》第二十八条规定："劳动合同被确认无效，劳动者已付出劳动的，用人单位应当向劳动者支付劳动报酬。劳动报酬的数额，参照本单位相同或者相近岗位劳动者的劳动报酬确定。"

劳动合同认定无效后有何法律后果？

劳动合同被认定无效的，可能产生两大法律效果：

（1）劳动合同的解除。根据《劳动合同法》第三十八条第一款第五项、第三十九条第五项以及第四十六条第一项的规定，如果是用人单位的原因导致劳动合同无效的，劳动者可以随时解除劳动合同，而且此时用人单位需要按照法定标准向其支付经济补偿；如果是劳动者的原因导致劳动合同无效的，用人单位也可以随时解除劳动合同而不需支付任何经济补偿。

（2）赔偿责任的承担。根据《劳动合同法》第八十六条的规定，劳动合同依法被确认无效而给对方造成损害的，有过错的一方应当承担赔偿责任。

劳动报酬约定不明怎么办？

有些用人单位，为了招到自己需要的劳动者，在劳动合同中将工资定得很高，等劳动者进入工作岗位后才发现，劳动合同中约定的工资不是标准工资，而是总的收入，包含了加班费、奖金等。劳动合同中约定的应该是标准工资，指正常工作时间内的正常劳动应得的报酬，是个定数，而不包括加班工资、效益工资和奖金等内容。为了保护自己的权益，劳动者在订立劳动合同时，约定的劳动报酬一定要明确、详细。明确约定劳动报酬要求双方应当在劳动合同中明确劳动报酬的种类、金额、支付方式、支付时间以及拖欠劳动报酬的法律后果等相关内容。

支付令申请书向谁提交？

支付令申请书应向有管辖权的基层人民法院提交。

具体而言，关于劳动报酬的支付令申请书，应向用人单位所在地的基层人民法院提交。（这里的"用人单位所在地"应为用人单位注册登记所在地，而非与注册登记地不一致的实际经营、办公所在地。）

支付令多长时间能"送达"欠薪单位？

《民事诉讼法》第二百二十六条规定："债权人提出申请后，人民法院应当在五日内通知债权人是否受理。"第二百二十七条第一款规定："人民法院受理申请后，经审查债权人提供的事实、证据，对债权债务关系明确、合法的，应当在受理之日起十五日内向债务人发出支付令；申请不成立的，裁定予以驳回。"

劳动者因薪水被拖欠申请支付令，也适用上述期限的规定。

欠薪单位收到支付令后提出书面异议怎么办？

《民事诉讼法》第二百二十七条第二款规定："债务人应当自收到支付令之日起十五日内清偿债务，或者向人民法院提出书面异议。"

人民法院收到债务人提出的书面异议后，应当裁定终结督促程序，支付令自行失效。至此，关于通过支付令偿还债务的督促程序全部结束，债权人只能通过另行向法院起诉来维护自己的权益。

书面异议是否合理，法院并没有审查义务，只要债务人从形式上提出了书面异议，法院就必须裁定终结督促程序，此前签发的支付令也就自行失效。

如果欠薪单位收到支付令既不提出书面异议又不履行怎么办？

根据《民事诉讼法》第二百二十七条第三款的规定，如果债务人收到支付令超过15日，既不提出书面异议，也不履行支付令的，债权人则可以向人民法院申请强制执行。因此，如果欠薪单位收到支付令既不提出书面异议又不履行，劳动者就可以向法院申请执行。

支付令失效后劳动者可以直接起诉到法院吗？

《最高人民法院关于审理劳动争议案件适用法律问题的解释（一）》第十五条规定："劳动者以用人单位的工资欠条为证据直接提起诉讼，诉讼请求不涉及劳动关系其他争议的，视为拖欠劳动报酬争议，人民法院按照普通民事纠纷受理。"

由此可见，如果申请的支付令一旦因用人单位提出书面异议而失效，只要劳动者手里有欠条，就可以直接向人民法院起诉，而不用在此前先去申请劳动仲裁。

劳动者行使辞职自由权时，如何保留证据？

按照《劳动合同法》的规定，劳动者可以根据自身情况或者个人发展需要等提出辞职，只要提前30日以书面形式通知用人单位，即可解除劳动合同。因此，劳动者在履行提前通知义务（书面形式）时，一定要保留用人单位签收的证据，以证明确实在30日前向用人单位提交过书面辞职的通知。如果用人单位拒绝签收，最好可以提供其他证据证明已经书面通知了用人单位（如快递详情单等），否则发生纠纷时，用人单位反过来说劳动者未履行提前通知义务，擅自离职，那就被动了。

被强迫劳动，劳动者可以立即解除劳动合同吗？

《劳动合同法》第三十八条第二款规定："用人单位以暴力、威胁或者非法限制人身自由的手段强迫劳动者劳动的，或者用人单位违章指挥、强令冒险作业危及劳动者人身安全的，劳动者可以立即解除劳动合同，不需事先告知用人单位。"这一条规定不仅肯定了劳动者有拒绝强迫劳动的权利，而且明确了劳动者在遇到强迫劳动、违章指挥、强令冒险作业情况危及自身人身安全时，可以行使立即解除劳动合同的权利。

在实践中，一些由于被强迫劳动而受到人身损害的劳动者因为害怕拒绝劳动后单位就不发工资或者因此失去工作，往往不敢理直气壮地提出合法、合理的要求。而上述规定就可以打消这些劳动者的顾虑，劳动者解除劳动合同的不利后果也将由用人单位承担。

用人单位拖欠工资，劳动者可以辞职吗？

《劳动合同法》规定，未及时足额支付劳动报酬的，劳动者可以解除劳动合同。单位拖欠劳动者的劳动报酬，有两种表现形式：

（1）未及时发放工资。所谓及时，是指根据《工资支付暂行规定》的规定，工资必须在用人单位与劳动者约定的日期支付。

（2）未足额发放工资。所谓足额，是指严格按照双方在劳动合同中约定的工资报酬总额发放。

用人单位不缴社保，劳动者可以辞职吗？

用人单位和劳动者必须依法参加社会保险。如果用人单位不为劳动者缴纳社会保险费，办理应有的社会保险，即侵害了劳动者的利益。而一旦发生这种情况，劳动者是可以主动提出解除劳动合同的。

此外，《劳动合同法》还将社会保险规定为劳动合同的必备条款，明确规定参加社会保险、缴纳社会保险费是用人单位与劳动者的法定义务，双方都必须履行。

用人单位规章制度损害劳动者权益，劳动者可以辞职吗？

根据《劳动合同法》的规定，用人单位在制定、修改或者决定有关劳动报酬、工作时间、休息休假、劳动安全卫生、保险福利、职工培训、劳动纪律以及劳动定额管理等直接涉及劳动者切身利益的规章制度或者重大事项时，应当与工会或者职工代表平等协商确定。此外，单位规章制度和重大事项要经过公示并告知劳动者。

因此，当用人单位的规章制度违反法律、法规的规定，损害劳动者权益时，劳动者可以解除劳动合同。

用人单位欺诈导致合同无效，劳动者可以辞职吗？

如果用人单位违反诚信原则，用欺诈、胁迫的手段或者乘人之危，使劳动者在违背真实意思的情况下订立或者变更劳动合同，致使劳动合同无效时，劳动者是可以解除劳动合同的。

所谓欺诈，是指一方当事人故意告知对方当事人虚假的情况，或者故意隐瞒真实的情况，诱使对方当事人作出错误意思表示的行为。

所谓胁迫，是指以给公民及其亲友的生命健康、荣誉等造成损害为要挟，迫使对方作出违背真实意思的行为。

劳动合同到期用人单位不续签，需支付经济补偿吗？

《劳动合同法》规定，固定期限劳动合同期满后，用人单位不再与职工续签而导致劳动合同终止时，用人单位应当向劳动者支付经济补偿。当然，如果用人单位维持或者提高劳动合同约定条件续订劳动合同，劳动者仍然不同意除外。

上述规定说明，劳动合同到期后，只要单位不再续签，就要向职工支付经济补偿。这是《劳动合同法》的一个新突破，该规定可以使用人单位慎重考虑终止劳动合同，以经济手段引导用人单位与劳动者订立长期或者无固定期限劳动合同，鼓励长期、稳定的劳动关系。

用人单位破产或倒闭，需支付经济补偿吗？

用人单位被依法宣告破产的，用人单位被吊销营业执照、责令关闭、撤销或者用人单位决定提前解散的，用人单位应当向劳动者支付经济补偿。

在上述情况下，劳动合同无法履行而不得不终止，是基于用人单位方面的原因而非劳动者过错造成的，因此，用人单位向劳动者支付经济补偿是天经地义的事情。

用人单位向劳动者支付经济补偿的标准是什么？

用人单位因劳动合同的解除或终止需要向劳动者给予经济补偿时，其标准为：按劳动者在本单位工作的年限，每满1年支付1个月工资；6个月以上不满1年的，按1年计算；不满6个月的，支付半个月工资。

如果劳动者工资高于用人单位所在直辖市、设区的市级政府公布的本地区上年度职工月平均工资

3倍的,则按当地职工月平均工资三倍的数额支付。向劳动者支付经济补偿的年限最高不超过12年。

月工资是指劳动者在劳动合同解除或者终止前12个月的平均工资。

劳动者在何种情形下不能被列为裁员对象?

劳动者有下列情形之一,单位不得裁员:
(1)从事接触职业病危害作业的劳动者未进行离岗前职业健康检查,或者疑似职业病病人在诊断或者医学观察期间的。
(2)在本单位患职业病或者因工负伤并被确认丧失或者部分丧失劳动能力的。
(3)患病或者非因工负伤,在规定的医疗期内的。
(4)女职工在孕期、产期、哺乳期的。
(5)在本单位连续工作满15年,且距法定退休年龄不足5年的。
(6)法律、行政法规规定的其他情形。

被裁减人员有哪些权利?

根据《劳动合同法》规定,用人单位依法进行经济性裁减人员后,在6个月内重新招用人员的,应当首先通知此前被裁减的人员,并在同等条件下优先招用被裁减的人员。因此,对于被裁减人员来说,在用人单位裁员后6个月内重新对外招聘时,有权首先获得单位通知,并在同等条件下优先被录用。

劳动者申请仲裁或打官司,工会能帮忙吗?

根据《劳动合同法》规定,工会依法维护劳动者的合法权益,对用人单位履行劳动合同、集体合同的情况进行监督。因此,工会对用人单位依法履行劳动合同、集体合同具有监督作用。

如果用人单位违反劳动法律、法规和劳动合同、集体合同,工会有权提出意见或者要求纠正;如果劳动者因劳动合同申请仲裁、提起诉讼的,工会还会依法给予支持和帮助。

企业有违法行为,工会可以干预吗?

根据《工会法》第二十三条的规定,企业、事业单位违反劳动法律、法规规定,有下列侵犯职工权益的情形,工会应当代表职工与企业、事业单位交涉,要求改正;企业、事业单位应当予以研究处理,并向工会作出答复;企业、事业单位拒不改正的,工会可以请求当地人民政府依法作出处理:
(1)克扣职工工资的。
(2)不提供劳动安全卫生条件的。
(3)随意延长劳动时间的。
(4)侵犯女职工和未成年工特殊权益的。
(5)其他严重侵犯职工劳动权益的。

被派遣劳动者权益受损时由谁承担责任？

在劳务派遣用工形式的发展中，用工单位处于主导地位，为了防止劳务派遣单位或用工单位违反法律规定给被派遣劳动者造成损害，同时也为了促使用工单位与规范的劳务派遣单位合作、督促劳务派遣单位依法履行义务，《劳动合同法》规定，在被派遣劳动者合法权益受到侵害时，用工单位与劳务派遣单位承担连带赔偿责任。这样能最大限度地保护劳动者权益。可见，从程序到实体上都已完成了因用人单位的行为使履行劳务派遣合同的劳动者权益受损的责任追究机制。

何种情形下被派遣劳动者可以解除劳动合同？

被派遣劳动者可以依照《劳动合同法》第三十六条、第三十八条的规定与劳务派遣单位解除劳动合同。

《劳动合同法》第三十六条规定："用人单位与劳动者协商一致，可以解除劳动合同。"

《劳动合同法》第三十八条规定："用人单位有下列情形之一的，劳动者可以解除劳动合同：（一）未按照劳动合同约定提供劳动保护或者劳动条件的。（二）未及时足额支付劳动报酬的。（三）未依法为劳动者缴纳社会保险费的。（四）用人单位的规章制度违反法律、法规的规定，损害劳动者权益的。（五）因本法第二十六条第一款规定的情形致使劳动合同无效的。（六）法律、行政法规规定劳动者可以解除劳动合同的其他情形。用人单位以暴力、威胁或者非法限制人身自由的手段强迫劳动者劳动的，或者用人单位违章指挥、强令冒险作业危及劳动者人身安全的，劳动者可以立即解除劳动合同，不需事先告知用人单位。"

注：劳务派遣单位是《劳动合同法》所称用人单位。

被派遣劳动者与用工单位的劳动者同工同酬吗？

劳务派遣单位跨地区派遣劳动者的，被派遣劳动者享有的劳动报酬和劳动条件，按照用工单位所在地的标准执行。

被派遣劳动者享有与用工单位的劳动者同工同酬的权利。用工单位无同类岗位劳动者的，参照用工单位所在地相同或者相近岗位劳动者的劳动报酬确定。

被派遣劳动者有权参加工会吗？

《劳动合同法》第六十四条规定："被派遣劳动者有权在劳务派遣单位或者用工单位依法参加或者组织工会，维护自身的合法权益。"

参加工会是每一个劳动者的合法权益，任何人不能剥夺，被派遣劳动者也一样。

针对假派遣现象，劳动者如何保护自己？

有的企业本来已雇用了员工并与员工形成了劳动关系，但为了逃避给员工上保险等责任，就让员工与从未接触过的某中介公司或某劳务派遣单位签合同，这就是假派遣现象。

针对假派遣现象，劳动者应学会利用《劳动合同法》保护自己的权益。如果用人单位在工作了一段时间后让劳动者再签订合同，劳动者一定要弄清楚是否是劳务派遣合同，如果不愿意被转成派遣工，可以拒绝单位并解除劳动关系，单位应依法支付经济补偿；如果愿意被转成派遣工，则一定要弄清楚今后的工资、社保、福利如何发放，劳务派遣单位有无担责能力。

"小时工"可以兼职吗？

从事非全日制用工的劳动者可以与1个或者1个以上用人单位订立劳动合同；但是，后订立的劳动合同不得影响先订立的劳动合同的履行。《劳动合同法》从法律上确认了劳动者可以同时与1个以上的用人单位建立劳动关系的合法性。

而全日制用工的劳动者只能与1个用人单位订立劳动合同。

"小时工"订立口头协议行吗？

《劳动合同法》第六十九条第一款规定："非全日制用工双方当事人可以订立口头协议。"因此，作为"小时工"可以与用人单位通过口头约定的方式，建立和确定双方之间的劳动关系。而与此不同的是，全日制用工下的用人单位则应与劳动者订立书面的劳动合同。

"小时工"有试用期吗？

《劳动合同法》第七十条规定："非全日制用工双方当事人不得约定试用期。"因此，作为"小时工"，即使同时与多个单位建立非全日制用工的劳动关系，各单位均不得与劳动者约定试用期。而全日制用工的，除了以完成一定工作任务为期限的劳动合同和3个月以下固定期限劳动合同，其他劳动合同可以依法约定试用期。

"小时工"的工伤保险由谁缴费？

需要明确的是，"小时工"的工伤保险费要由用人单位支付。

《关于非全日制用工若干问题的意见》（劳社部发〔2003〕12号）第十二条中规定："用人单位应当按照国家有关规定为建立劳动关系的非全日制劳动者缴纳工伤保险费。从事非全日制工作的劳动者发生工伤，依法享受工伤保险待遇；被鉴定为伤残5~10级的，经劳动者与用人单位协商一致，可以一次性结算伤残待遇及有关费用。"

"小时工"加班有加班费吗？

根据《工资支付暂行规定》，在全日制用工情况下，用人单位依法安排劳动者在标准工作时间

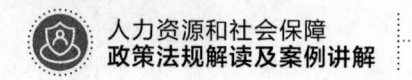

以外工作的，应当按照下列标准支付劳动者加班工资：

（1）在日标准工作时间以外延长工作时间的，按照不低于小时工资基数的150%支付加班工资。

（2）在休息日工作的，应当安排其同等时间的补休，不能安排补休的，按照不低于日或者小时工资基数的200%支付加班工资。

（3）在法定休假日工作的，应当按照不低于日或者小时工资基数的300%支付加班工资。

而对于从事非全日制工作的劳动者来说，由于其实行的是小时工资制，可以不执行上述规定，但用人单位安排其在法定休假日工作的，其小时工资不得低于本市规定的非全日制从业人员法定休假日小时最低工资标准。

"小时工"工作期间，出了意外事故怎么办？

"小时工"在工作期间一旦因工作原因发生意外事故，受到人身伤害，如果确定为工伤，劳动者就可依法享受用人单位此前为其办理的工伤保险待遇。如果有明确的侵权人，同时可以向侵权人索赔。

那么，假如用人单位未为"小时工"办理工伤保险，"小时工"受的伤被确定为"工伤"怎么办呢？在这种情况下，用人单位仍然要承担相应的法律责任，为"小时工"负担相应费用。

"小时工"劳动报酬结算，支付周期最长是多少天？

《劳动合同法》第七十二条第二款规定："非全日制用工劳动报酬结算支付周期最长不超过十五日。"

用人单位侵害劳动者人身权益应承担什么责任？

用人单位有下列情形之一的，依法给予行政处罚；构成犯罪的，依法追究刑事责任；给劳动者造成损害的，应当承担赔偿责任：

（1）以暴力、威胁或者非法限制人身自由的手段强迫劳动的。

（2）违章指挥或者强令冒险作业危及劳动者人身安全的。

（3）侮辱、体罚、殴打、非法搜查或者拘禁劳动者的。

（4）劳动条件恶劣、环境污染严重，给劳动者身心健康造成严重损害的。

用人单位解除劳动合同不出具书面证明行吗？

劳动者被解除劳动合同后失业，如果要享受失业保险待遇，需要提供单位解除或者终止劳动合同的书面证明，否则劳动保障部门是不予办理的。

因此，劳动者离职时要索要解除或者终止劳动合同的书面证明。

《劳动合同法》第八十九条规定："用人单位违反本法规定未向劳动者出具解除或者终止劳动

合同的书面证明，由劳动行政部门责令改正；给劳动者造成损害的，应当承担赔偿责任。"

劳动者在没有经营资格的用人单位付出劳动怎么办？

《劳动合同法》第九十三条规定："对不具备合法经营资格的用人单位的违法犯罪行为，依法追究法律责任；劳动者已经付出劳动的，该单位或者其出资人应当依照本法有关规定向劳动者支付劳动报酬、经济补偿、赔偿金；给劳动者造成损害的，应当承担赔偿责任。"

上述条款表明，即使用人单位不具备合法经营资格，属非法用工，劳动者也有权获得经济补偿。劳动者在找不到用人单位的情况下可以找出资人索赔，这是《劳动法》的一个突破。

第二章 社保缴纳

企业没有给员工办理养老保险，如何追讨？

员工对所在企业迟交、少交和不交养老保险费的情况，应当在知道或者应当知道权利被侵害起两年内向社保机构和有关部门投诉，也可以直接向劳动仲裁机构申请仲裁。

职工可以自愿不参保吗？

《社会保险法》第六十条第一款规定："用人单位应当自行申报、按时足额缴纳社会保险费，非因不可抗力等法定事由不得缓缴、减免。职工应当缴纳的社会保险费由用人单位代扣代缴，用人单位应当按月将缴纳社会保险费的明细情况告知本人。"

根据《社会保险费征缴监督检查办法》第十四条的规定，未按规定从缴费个人工资中代扣代缴社会保险费的缴费单位，应当给予警告，并可以处以5 000元以下的罚款。

综上，企业从职工工资代扣代缴社会保险费用是法定权力，不代扣代缴将受到行政处罚。企业依法在《员工守则》等规章制度中规定职工不同意参加社会保险的不予录用，已经录用的属于严重违反本企业规章制度行为，予以解除劳动合同，不支付经济补偿金。

参保员工拥有多个电脑号如何处理？

员工拥有多个电脑号的，可能是由于有多个身份证号码所致。参保员工如发现拥有多个电脑号时，须提供相关部门的证明，证明多个号码同属一个人，由现缴费企业填报社会保险变更登记表，到社保征收部门办理电脑号合并手续。如果各缴费记录中有重复缴费的，社保机构应将重复缴交的保险费本金按比例退还企业和员工本人。

如何更改参保的身份证号码或姓名？

更改参保身份证号码或姓名有以下两种情形：
（1）属参保企业的原因造成错误的，须由企业出具证明，并填报社会保险变更登记表，到社保征收部门办理更改手续。
（2）属公安部门原因造成错误或进行变更的，须由该公安部门出具证明，证明原身份证号码（姓名）和现身份证号码（姓名）同属一人，并说明原因。同时缴费企业须填报社会保险变更登记表,到社保征收部门办理更改手续。

养老保险缴满15年就可以退休?

这种说法不正确。并非缴满15年的养老保险就可以退休,而是要满足退休年龄。以男性职工(1965年1月前出生)为例,一般而言,不到60岁,即使已经缴了20年养老险,也暂时不能退休。

养老保险缴费满15年就不用再缴纳?

这种说法不正确。"养老保险累计缴费满15年"是办理退休并享受按月领取养老金待遇的必要条件之一。社会保险法规定,若按月领取养老金需同时满足:①累计缴费满15年;②达到法定退休年龄。所以员工必须得等到法定退休年龄才能申领养老金待遇。

退休了就能领取养老金?

一般要缴满15年,退休时才能终生享受养老金。社会保险法规定,参加基本养老保险的个人,达到法定退休年龄时累计缴费不足15年的,可以缴费至满15年,按月领取基本养老金。所以,想退休时就能拿养老金,务必在自己退休前15年就开始缴费。

到达退休年龄时,职工养老保险缴费不满15年怎么办?

(1)允许延长缴费至15年。参保人员达到法定退休年龄后,若城镇职工养老保险缴费不足15年,可以按照国家有关规定在待遇领取地延长缴费至满15年(其中社会保险法实施前参保,延长缴费5年后仍不足15年的,可以一次性缴费至满15年)。

(2)延长缴费未满15年可转入城乡居民养老保险。若延长缴费后其城镇职工养老保险缴费年限仍未满15年,也可以申请从城镇职工养老保险转入城乡居民养老保险,享受相应的养老保险待遇。

(3)可书面申请终止职工基本养老保险关系。个人可以书面申请终止职工基本养老保险关系。社保机构按照程序,经本人书面确认后,终止其职工养老保险关系,并将个人账户储存额一次性支付给本人。

如何办理职工基本养老保险的转移接续?

2009年底,国家制定了《城镇企业职工基本养老保险关系转移接续暂行办法》(国办发〔2009〕66号)及一系列配套政策,明确了养老保险关系跨省转移接续的政策及经办操作流程。

参保人员跨省流动就业,其基本养老保险关系转移接续按下列规定办理:

(1)参保人员返回户籍所在地(指省、自治区、直辖市,下同)就业参保的,户籍所在地的相关社保经办机构应为其及时办理转移接续手续。

（2）参保人员未返回户籍所在地就业参保的，由新参保地的社保经办机构为其及时办理转移接续手续。但对男性年满50周岁和女性年满40周岁的，应在原参保地继续保留基本养老保险关系，同时在新参保地建立临时基本养老保险缴费账户，记录单位和个人全部缴费。参保人员再次跨省流动就业或在新参保地达到待遇领取条件时，将临时基本养老保险缴费账户中的全部缴费本息，转移归集到原参保地或待遇领取地。

（3）参保人员经县级以上党委组织部门、人力资源社会保障行政部门批准调动，且与调入单位建立劳动关系并缴纳基本养老保险费的，不受以上年龄规定限制，应在调入地及时办理基本养老保险关系转移接续手续。

参保人员跨省流动就业的，由原参保所在地社会保险经办机构开具参保缴费凭证，其基本养老保险关系应随同转移到新参保地，按下列程序办理基本养老保险关系转移接续手续：

（1）参保人员在新就业地按规定建立基本养老保险关系和缴费后，由用人单位向社保经办机构提出基本养老保险关系转移接续的书面申请。

（2）新参保地社保经办机构在15个工作日内，审核转移接续申请，对符合条件的，向参保人员发出同意接收函，并提供相关信息；对不符合转移接续条件的，作出书面说明。

（3）原基本养老保险关系所在地社保经办机构在接到同意接收函的15个工作日内，办理好转移接续的各项手续。

（4）新参保地社保经办机构在收到参保人员原基本养老保险关系所在地社保经办机构转移的基本养老保险关系和资金后，应在15个工作日内办结有关手续，及时通知用人单位或参保人员。

不过具体的办理程序，还需咨询当地的社会保险经办机构。

职工基本养老保险转移的时候，基金会跟着人走吗？

参保人员跨省流动就业转移基本养老保险关系时，按下列方法计算转移资金：

（1）个人账户储存额：1998年1月1日之前按个人缴费累计本息计算转移，1998年1月1日后按计入个人账户的全部储存额计算转移。

（2）统筹基金（单位缴费）：以本人1998年1月1日后各年度实际缴费工资为基数，按12%的总和转移，参保缴费不足1年的，按实际缴费月数计算转移。

异地转移接续后，到了退休年龄，去哪里领取养老金待遇呢？

分为以下几种情况：

（1）基本养老保险关系在户籍所在地的，由户籍所在地负责办理待遇领取手续，享受基本养老保险待遇。

（2）基本养老保险关系不在户籍所在地，而在其基本养老保险关系所在地累计缴费年限满10年的，在该地办理待遇领取手续，享受当地基本养老保险待遇。

（3）基本养老保险关系不在户籍所在地，且在其基本养老保险关系所在地累计缴费年限不满10年的，将其基本养老保险关系转回上一个缴费年限满10年的原参保地办理待遇领取手续，享受基本养老保险待遇。

（4）基本养老保险关系不在户籍所在地，且在每个参保地的累计缴费年限均不满10年的，将其基本养老保险关系及相应资金归集到户籍所在地,由户籍所在地按规定办理待遇领取手续,享受基本养老保险待遇。

参保人员转移接续基本养老保险关系后,符合待遇领取条件的,以本人各年度缴费工资、缴费年限和待遇领取地对应的各年度在岗职工平均工资计算其基本养老金。

特殊工种人员办理提前退休对年龄是如何规定的?

根据国家有关规定:
(1)从事高空和特别繁重体力劳动工作累计满10年的。
(2)从事井下、高温工作累计满9年的。
(3)从事其他有害身体健康工作累计满8年的。
符合以上条件之一,男年满55周岁、女年满45周岁,可办理提前退休。

退休人员指纹验证有何规定?

退休人员每年应提供1次指纹验证(即从批准退休的当月开始提供,或提前1~3个月提供)。拒不提供或因故未及时提供的,社保机构从次月起停止支付养老保险待遇;待退休人员提供指纹后,次月起继续支付,并补付推迟期间停发的养老保险待遇本金。

退休人员基本养老保险待遇如何调整?

退休人员的基本养老保险待遇每年7月份调整一次。具体调整比例根据本市上年度居民消费价格总指数和城镇职工月平均工资净增长情况予以核定,由市劳动保障部门报市政府批准。
地方补充养老保险待遇在退休时确定,以后不再调整。

申请办理退休时需提交哪些资料?

申请办理退休时需提供本人的档案材料(包括调令、招工表或入伍登记表、毕业分配表等)、身份证、户口本、银行活期存折;无行政关系的人员办理退休,需提供身份证、户口本和银行活期存折。以上材料均要验原件,留存复印件。

办理病退(退职)的程序是怎样的?

申请办理病退(退职)的人员应到市劳动能力鉴定办公室申请办理相关的鉴定,若鉴定通过,按正常申请退休手续的程序办理。

医保断缴会清零吗？

职工医保的缴费年限有两种，一种是连续缴费年限，一种是累计缴费年限。参保人员停止缴费并不会导致缴费历史清零，也就是说累计缴费年限不会清零，可以再次缴费后继续累计年限，清零的是连续缴费年限。不过断缴影响会有很多，如：①停止缴费次月，停止享受职工社会医疗保险待遇。②外地户籍人员积分制入户入学、购房买车等都与医保缴费年限息息相关。③长远说，参保人达到法定退休年龄需缴满最低年限才能享受退休医保待遇。

失业就可以领失业险吗？

并不是。《失业保险条例》规定，领取失业保险金的要求包括：
（1）按规定参加失业险，所在单位和本人已按规定履行缴费义务满1年。
（2）非因本人意愿中断就业。
（3）已办理失业登记，并有求职要求。

哪些社会保险关系可以转移接续？

目前，五大基本社会保险险种中，基本养老保险关系、基本医疗保险关系、失业保险关系符合条件的可以转移接续，工伤保险关系、生育保险关系不能转移接续。

哪些人可以办理基本养老保险关系转移接续？

参加城镇企业职工基本养老保险的所有人员（包括农民工）在跨统筹地区流动并在城镇就业时，其基本养老保险关系均可转移接续。

退休后，可否将养老保险关系转到待遇领取地以外的统筹地区？

已经按国家规定领取基本养老保险待遇的人员，不再转移基本养老保险关系。

基本养老保险关系转移办理流程是如何设置的？

具体流程办理如下：①申请人到转出地打印《参保缴费凭证》→②申请人向转入地提交《参保缴费凭证》及相关申请材料→③审核符合条件的，转入地出具《基本养老保险关系转移接续联系函》→④转出地出具《基本养老保险关系转移接续信息表》及历史缴费及个人账户记账信息清单，同时划转相关资金→⑤转入地接收到相关表格和资金后办理接续手续。

注：流程①②由申请人办理，流程③④⑤可由社保经办机构之间进行交接完成。

申请办理基本养老保险关系转入手续需提供哪些材料？

申请办理基本养老保险关系转入手续，申请人需向社保经办部门提供以下资料：

(1)《基本养老保险关系转移接续申请表》一式一份。

(2) 居民身份证或户口簿原件。

(3) 转出地社保经办机构出具的《养老保险参保缴费凭证》（注：在转出地为机关事业单位干部、原固定工身份，且经组织人社部门批准正式调入人员不需要提供）。

(4) 属工作调动的，还需提供本市市区级以上党委组织、人社等行政部门出具的《干部介绍信》或《职工介绍信》原件。

(5) 涉及其他特殊情况的，另行告知补充相关资料，如：存在重复缴费的，提供个人银行结算账户做退款用途。

什么是临时基本养老保险缴费账户？

不在户籍所在地就业参保，跨省流动就业的参保人员，男性年满50周岁和女性年满40周岁的，原参保地继续保留其基本养老保险关系，同时在新参保地建立临时基本养老保险缴费账户，记录单位和个人全部缴费。参保人员再次跨省流动就业或在新参保地达到待遇领取条件时，将临时基本养老保险缴费账户中的全部缴费本息，转移归集到原参保地或待遇领取地。

哪些人员养老保险转移接续不受年龄限制？

以下人员养老保险关系转移接续不受年龄限制，不需要建立临时基本养老保险缴费账户：

(1) 参保人员经县级以上党委组织部门、人力资源社会保障行政部门批准调动，且与调入单位建立劳动关系并缴纳基本养老保险费的。

(2) 未就业随军配偶。

如何确定参保人员的待遇领取地？

跨省流动就业的参保人员达到待遇领取条件时，按下列规定确定其待遇领取地：

(1) 基本养老保险关系在户籍所在地的，由户籍所在地负责办理待遇领取手续，享受基本养老保险待遇。

(2) 基本养老保险关系不在户籍所在地，而在其基本养老保险关系所在地累计缴费年限满10年的，在该地办理待遇领取手续，享受当地基本养老保险待遇。

(3) 基本养老保险关系不在户籍所在地，且在其基本养老保险关系所在地累计缴费年限不满10年的，将其基本养老保险关系转回上一个缴费年限满10年的原参保地办理待遇领取手续，享受基本养老保险待遇。

(4) 基本养老保险关系不在户籍所在地，且在每个参保地的累计缴费年限均不满10年的，将其基本养老保险关系及相应资金归集到户籍所在地，由户籍所在地按规定办理待遇领取手续，享受基本养老保险待遇。

如何处理参保人的多重养老保险关系？

参保人员流动就业，同时在两地以上存续基本养老保险关系的，在办理转移接续基本养老保险关系时，由社会保险经办机构与本人协商确定保留其中一个基本养老保险关系和个人账户，同期其他关系予以清理，个人账户储存额退还本人，相应的个人缴费年限不重复计算。

如何处理重复领取基本养老金问题？

2010年1月1日《城镇企业职工基本养老保险关系转移接续暂行办法》实施之前已经重复领取基本养老金的参保人员，由社会保险经办机构与本人协商确定保留其中一个基本养老保险关系并继续领取待遇，其他的养老保险关系应予清理，个人账户剩余部分一次性退还本人，已领取的基本养老金不再清退。

办理转移接续时怎样处理参保人员基本养老保险欠费问题？

参保人员转移接续基本养老保险关系前本人欠缴基本养老保险费的，由本人向原基本养老保险关系所在地补缴个人欠费后再办理基本养老保险关系转移接续手续，同时原参保所在地社会保险经办机构负责转出包括参保人员原欠缴年份的单位缴费部分；本人不补缴个人欠费的，社会保险经办机构也应及时办理基本养老保险关系和基金转出的各项手续，其欠缴基本养老保险费的时间不计算缴费年限，个人欠费的时间不转移基金，之后不再办理补缴欠费。

职工医疗保险关系接续后的缴费年限和待遇如何规定？

各统筹地区对参保人在不同统筹地区参加职工医保的缴费年限应当互认，予以累计计算。缴费年限不重复计算，医保待遇不重复享受。

参保人具备哪些条件，退休后可享受现行的职工医疗保险待遇？

参保人达到法定退休年龄，同时符合下列条件的，退休后不再缴费，按照规定享受职工医保待遇：
（1）在各统筹区参加职工医保的累计缴费年限符合退休后待遇享受地规定的年限要求。
（2）在待遇享受地参加职工医保实际缴费年限累计满10年。

如何确定参保人退休后的职工医疗保险待遇享受地？

参保人达到法定退休年龄时，按照下列规定确定其退休后职工医保待遇享受地：

(1) 参保人在最后参保地符合规定条件的，在最后参保地享受职工医保待遇。

(2) 参保人在最后参保地的缴费年限不符合规定条件，但在曾参保地符合规定条件的，在该曾参保地享受职工医保待遇。

(3) 参保人不符合规定条件及上述第一项和第二项情形的，可选择在参保人实际缴费年限最长的曾参保地或有参保缴费的户籍所在地，按照该地规定缴费至规定年限后，在该地享受职工医保待遇。

未达最低缴费年限的参保人，可用其职工医保个人账户补缴。参保人不愿意补缴或无力补缴的，按规定参加户籍所在地城乡居民基本医疗保险。

职工医疗保险关系转移接续时个人账户如何处理？

职工医保个人账户应随其职工医保关系转移划转。个人账户余额原则上通过社会（医疗）保险经办机构转移，也可退还个人。

办理转移接续手续期间的医疗待遇如何享受？

参保人停止缴费当月，仍享受转出地的职工医保待遇。参保人在转入地参加职工医保后，自缴费次月起享受转入地的职工医保待遇。

哪些人可以办理失业保险关系转移接续？

(1) 省内流动人员。职工、未领取失业保险金的失业人员在本省行政区域内跨统筹地区流动到本市就业并参加失业保险，可申请将原参保地的失业保险关系转入本市累计计算年限。

(2) 跨省流动就业人员。城镇企业事业单位成建制跨统筹地区转移，或工作调动的，失业保险关系可转移接续。

失业保险关系转移办理流程是如何设置的？

具体办理流程如下设置：①申请人到转出地打印《失业保险关系转移凭证》→②申请人向转入地提交《失业保险关系转移凭证》及相关申请材料→③审核符合条件的，转入地出具《失业保险关系转移同意接收函》→④转出地出具《失业保险关系转移信息表》→⑤转入地接收到相关表格后办理接续手续。

注：流程①②由申请人办理，流程③④⑤可由社保经办机构之间进行交接完成。

申请办理失业保险关系转入手续须提供哪些材料？

申请办理失业保险关系转入手续，申请人须向社保经办部门提供以下资料：

(1)《失业保险关系转移申请书》。

(2) 居民身份证。
(3) 省内转移的，提供转出地的《失业保险关系转移凭证》。
(4) 跨省转移的，提供成建制搬迁或工作调动材料。

外省户籍的参保人在本市社保已经累计缴费达15年，现已达到法定退休年龄，可在本市领取养老金吗？手续如何办理？

外省户籍的参保人需要符合以下条件才可在本市办理领取养老金手续：
(1) 达到法定退休年龄，其他提前退休的按国家相关规定。
(2) 养老保险缴费达15年（含视同缴费年限）。
(3) 待遇领取地为本市并将社保关系全部归集至本市。申领养老待遇时需提供以下材料：
①《本市社会基本养老保险待遇申请表》一式一份。
②身份证和户口本（境内）、身份证明原件（境外包括外国人、港澳台居民、华侨）。
③申请人人事档案。
④养老金需汇往异地的，提供本人异地工商银行或农业银行的银联卡或存折的原件。
⑤无社会保障卡或市民卡的，本市领取养老金的人员提供借记卡原件及复印件；境外人员提供本人工商银行的存折或借记卡原件和复印件。

申领待遇办理程序：先由单位到地税部门办理减员手续，申请人带齐所需资料到社保经办部门申请待遇，符合受理范围，资料齐全的，予以受理，打印受理回执交申请人。申请人按受理回执通知的时间查询办理结果。

申报的缴费工资提高了，养老金会不会提高？

职工的缴费提高，职工的养老金也将相应提高。基本养老金根据个人累计缴费年限、缴费工资、当地职工平均工资、个人账户金额、城镇人口平均预期寿命等因素确定。

什么是法定退休年龄？

国家法定退休年龄有以下三种情形：
(1) 正常退休年龄：男年满60周岁（1965年1月前出生），女干部年满55周岁（1970年1月前出生），女职工年满50周岁（1975年1月前出生）；按照《全国人民代表大会常务委员会关于实施渐进式延迟法定退休年龄的决定》的规定，1965年1月1日后出生的男职工、1970年1月1日后出生的女干部的法定退休年龄，每4个月延迟1个月，分别逐步延迟至63周岁、58周岁，1975年1月1日后出生的女职工的法定退休年龄，每2个月延迟1个月，逐步延迟至55周岁。
(2) 从事特殊工种职工的退休年龄：从事高空、特别繁重体力劳动满10年的，从事井下、高温工作满9年的，从事有毒、有害身体健康工作满8年的，男年满55周岁，女年满45周岁。
(3) 病退年龄：男年满50周岁，女年满45周岁，由医院证明，经劳动能力鉴定委员会确认，完全丧失劳动能力的。

本市户籍的被保险人达到法定退休年龄时，因缴费年限达不到政策规定的怎么办？

有两种处理方法：

（1）被保险人达到法定退休年龄时，缴费年限不符合政策规定的，可以领取一次性养老待遇，同时终止养老保险关系。

（2）该被保险人向社保经办机构提出延续缴纳养老保险费的申请。第一个延续缴费周期为5年（可按月累计计算）。社会保险法实施（2011年7月1日）前参保、缴纳第一个延续缴费周期后，仍达不到上述规定的缴费年限的，可以一次性趸缴。延续缴纳养老保险费并达到按月申领基本养老金条件的被保险人，其养老金从申领次月起给付。

什么是养老保险实际缴费年限？

实际缴费年限是指职工参加社会保险后，按规定按时足额缴纳基本养老保险费的年限。

养老保险视同缴费年限包括哪些？

（1）在本市实施养老保险制度前，国家机关、事业单位、社会团体和国有、县以上集体所有制单位的原干部和固定职工，按照国家原规定计算的连续工龄视同缴费年限。

（2）经市组织、人事、劳动保障部门批准调动并转移了养老保险关系的被保险人，其在调出地实施养老保险前按照国家原规定计算的连续工龄视同缴费年限。

（3）安置到本市的复员、退伍、转业军人及部队在编职工，其按照国家原规定计算连续工龄及军龄，视同缴费年限。自主择业的军队转业干部及国家另有规定的除外。

（4）从外地迁户本市同时把养老保险关系及个人账户转入本市后，于2010年1月1日以后退休的人员，其1993年12月前符合国家规定的连续工龄可视同养老保险缴费年限。

按月享受养老待遇的人员如何办理资格认证？

属本市户籍且居住本市的按月享受养老待遇人员由社保经办机构与本市公安部门、医疗机构进行数据比对认证；其他人员（包括居住境外及我国台港澳地区人员、市外户籍居住在本市的人员、本市户籍居住在市外的人员）则每年须认证一次，可采用现场认证、协助认证或辅助认证，另外，居住在本市的省内户籍人员可于每年4月1日至6月20日间到本市社保经办机构办理省内协助认证；居住省内的本市户籍退休人员亦可在同样的时间内到居住地的社保经办机构办理协助认证。

养老金资格认证有效期是多久？如未能按时认证将有怎样的后果？

养老金资格认证有效期最长为一年。对按期办理认证的，社会保险经办机构按时发放其养老金；未按期办理认证的，社会保险经办机构暂停发放其养老金，待提供有效的认证材料后，恢复并补发其养老金；对冒领养老金的，由社会保险行政执法机构追回其全部非法所得，并依法进行处罚；构成犯罪的，由司法机关依法追究刑事责任。

非退休人员死亡，死亡待遇如何计发？

非退休的被保险人死亡，个人账户储存额一次性退还给其法定继承人或者受遗赠人，无继承人或者受遗赠人的，转入社会养老保险统筹基金；同时被保险人的遗属可以申领丧葬费及抚恤金，均按被保险人死亡时参保所在地上年度在岗职工月平均工资的3倍发放。

离退休人员死亡待遇是如何计发的？

离退休人员死亡，由社保经办机构一次性支付其抚恤金、丧葬补助费，如有被供养亲属的，还支付供养直系亲属生活补助费。抚恤金和丧葬费为被保险人死亡时参保所在地上年度在岗职工月平均工资的3倍；生活补助费为被保险人死亡时参保所在地上年度在岗职工月平均工资的6倍发给其供养的直系亲属。

外来劳务人员如何处理辞退返回原籍时养老保险关系？

有两种处理办法：
（1）在参保地保留养老保险关系，选择本市作为养老待遇领取地的，可将异地养老保险关系转移到本市后，达到法定退休年龄时，缴费年限达到15年或以上，每月领取养老金待遇，不够15年的一次性领取一次性养老待遇。
（2）将养老保险关系转移到其户口所在地的社会保险经办机构或重新就业的社会保险经办机构。

退休前加入他国国籍同时丧失中国国籍的被保险人，应如何处理其养老保险关系？

经本人要求可以终止养老保险关系，并将个人账户储存额退还给被保险人。对此类已终止养老保险关系，又回本市工作重新参加养老保险的，缴费年限从重新参保之日起计算；如未终止养老保险关系的，在本市缴费满15年以上（含15年），达到法定退休年龄的，可在本市领取养老金。

失业保险待遇包括哪些？

失业保险待遇包括：
（1）失业保险金（定期待遇）。
（2）求职补贴：标准为本人失业前12个月平均缴费工资的15%，领取期限最长不超过6个月。
（3）生育加发失业保险金：对领取失业保险金期间生育的女性失业人员一次性加发失业保险金，标准为生育当月本人失业保险金的3倍。
（4）职业技能鉴定补贴：失业人员领取失业保险金期间在本省参加职业技能鉴定，取得相应国家职业资格证书后可以申领职业技能鉴定补贴。
（5）自主创业一次性领取失业保险金：失业人员在失业保险金领取期限未满前开办企业、民办非企业单位或者从事个体经营的，凭营业执照或者登记证书及纳税证明，可以向原失业保险金领取地社会保险经办机构申请一次性领取已经核定而尚未领取期限的失业保险金，并相应计算为领取期限。
（6）稳定就业一次性领取失业保险金：失业人员在失业保险金领取期限未满前重新就业，就业后签订1年以上劳动合同并参加失业保险满3个月的，可以向原失业保险金领取地社会保险经办机构申请一次性领取已经核定而尚未领取期限一半的失业保险金。

参保人领取失业保险金需要符合什么条件？

参保人领取失业保险金需要符合以下条件：
（1）失业前用人单位和本人已经缴纳失业保险费累计满1年，或者不满1年但本人有失业保险金领取期限的。
（2）非因本人意愿中断就业的。
（3）已办理失业登记，并有求职要求的。
需要提醒申请人注意的是：申领失业保险金应在法定劳动年龄内，未按月领取基本养老保险待遇，无缴纳失业保险欠费记录并已办理停保手续方可办理。

参保人领取失业保险金需要提供什么材料？

领取失业金需要提供以下材料：
（1）《本市失业保险待遇申请表》。
（2）居民身份证原件（港澳台人员出具《来往内地通行证》）。
（3）《就业失业登记证》（应注明失业性质及解约时间）。

失业人员领取失业保险金期间是否参加医疗保险？

失业人员领取失业保险金期间继续在失业保险关系地参加职工基本医疗保险，享受基本医疗保险待遇。应缴纳的基本医疗保险费从失业保险基金中支付，个人不缴费。

失业保险金标准如何？

失业人员缴费时间1~4年的，每满一年，失业保险金领取期限为1个月；4年以上的，超过4年的部分，每满半年，失业保险金领取期限增加1个月。失业保险金领取期限最长为24个月。失业保险金由社会保险经办机构按照失业保险关系所在地级以上市最低工资标准的80%按月计发。

领取失业保险金的人员如何办理按月领取登记手续？

失业人员应当凭身份证、《就业失业登记证》和求职证明（无相关证明的，书面说明求职情况或接受职业指导、职业培训情况）按月到社会保险经办机构办理领取资格验证登记手续。无正当理由连续两个月不按规定办理领取资格验证登记手续的，视同已重新就业，将停发失业保险金。

失业人员在领取失业金期间死亡的，死亡待遇如何计发？

失业人员在领取失业保险金期间死亡的，其遗属可以一次性领取丧葬补助金和抚恤金以及当月尚未领取的失业保险金。丧葬补助金按照失业人员死亡时失业保险关系所在地级以上市上年度在岗职工月平均工资的3倍计发，抚恤金按照失业人员死亡时失业保险关系所在地级以上市上年度在岗职工月平均工资的6倍计发。失业人员的遗属应当在失业人员死亡或者收到宣告失业人员死亡判决书之日起6个月内申领。

在本市参加失业保险的市外省内户籍人员，如想回户籍地领取失业金如何办理？

具体应按以下规定办理：

（1）申请人带所需资料到本市社保经办部门申请失业保险待遇转出。

（2）本市社保经办部门核定失业保险待遇，核定后向申请人出具《本市失业保险关系转移凭证》。

（3）申请人带所需资料到转入地社会保险经办机构申请失业保险待遇转入，对方机构同意转入后，向本市社保经办部门发出《失业保险关系转移联系函》。

（4）本市社保经办部门在收到对方社保机构出具的《失业保险关系转移联系函》后，核定失业人员领取失业保险金期限，计算出转移金额，打印《失业保险关系转移信息表》一式两份，一份寄给接收地社会保险经办机构，一份归档保存。

在市外参加失业保险的本市户籍人员，如想回本市领取失业保险待遇如何办理？

具体应按以下规定办理：

（1）申请人凭本人身份证明向转出地社保经办机构申领失业保险金并领取《失业保险关系转移凭证》。

（2）申请人带齐所需资料向本市社保经办部门书面申请转入失业保险基金。符合条件的，养老失业待遇核发部门向转出地社会保险经办机构发出《失业保险关系转移联系函》。

（3）转出地社会保险经办机构在收到《失业保险关系转移联系函》后，向本市社保经办部门办理申请人的失业保险关系转出，并发送《失业保险关系转移信息表》。

（4）失业保险待遇核发部门在收到《失业保险关系转移信息表》和转入失业保险基金后，接续失业保险关系，并核定失业保险待遇。

哪些情况不能领取失业保险待遇了？

失业人员有下列情形之一的，停止领取失业保险金，并同时停止享受其他失业保险待遇：

（1）重新就业的。

（2）应征服兵役的。

（3）移居境外的。

（4）按月享受基本养老保险待遇的。

（5）无正当理由，累计3次拒不接受当地人民政府指定部门或者机构介绍的适当工作或者提供的培训的。

认定失业保险视同缴费应符合什么条件？

已经参加失业保险的国有和县以上集体所有制单位原干部和固定工，在当地实施失业保险制度前按照国家规定计算的连续工龄视同缴费时间。

非因本人意愿中断就业包括哪几种情形？

具体包括以下几种情形：

（1）依照《劳动合同法》第四十四条第一项、第四项、第五项规定终止劳动合同的。

（2）用人单位依照《劳动合同法》第三十九条、第四十条、第四十一条规定解除劳动合同的。

（3）用人单位依照《劳动合同法》第三十六条规定向劳动者提出解除劳动合同并与劳动者协商一致解除劳动合同的。

（4）用人单位提出解除聘用合同或者被用人单位辞退、除名、开除的。

（5）劳动者本人依照《劳动合同法》第三十八条规定解除劳动合同的。

（6）法律、法规、规章规定的其他情形。

职业病算工伤吗？

职业病算工伤。

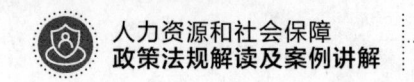

《工伤保险条例》第十四条明确规定，职工患有"患职业病"情况的，应当认定为工伤。

职业病是指《职业病防治法》明文规定的企业、事业单位和个体经济组织等用人单位的劳动者在职业活动中，因接触粉尘、放射性物质和其他有毒、有害因素而引起的疾病。

按照我国2013年颁布的《职业病分类和目录》，目前国家法定职业病包括10类132种。职业病诊断必须由经省、自治区、直辖市人民政府卫生行政部门批准的医疗卫生机构承担。劳动者的职业史、职业病危害接触史和工作场所职业病危害因素情况、临床表现等都是职业病诊断的依据。

在岗阶段患职业病怎么处理？

我国《工伤保险条例》规定，职工按照《职业病防治法》规定被诊断、鉴定为职业病，所在单位应当自被诊断、鉴定为职业病之日起30日内，向统筹地区社会保险行政部门提出工伤认定申请，依法享受工伤保险待遇。

用人单位未按规定提出工伤认定申请的，工伤职工或者其近亲属、工会组织在被诊断、鉴定为职业病之日起1年内，可以直接向用人单位所在地统筹地区社会保险行政部门提出工伤认定申请，争取工伤权益。

离职或退休、退职前患职业病怎么处理？

用人单位对接触职业危害作业的职工，在终止、解除劳动合同时或者办理退休、退职手续前，应进行职业健康检查，并将检查结果告知职工。被确诊患有职业病的，应办理工伤认定、劳动能力鉴定、待遇核定手续，并按规定享受工伤保险待遇。山东省等一些省市还特别规定，职工被确诊为职业病的，一次性工伤医疗补助金在规定标准基础上加发50%。

离岗或退休后患职业病怎么处理？

《人力资源社会保障部关于执行〈工伤保险条例〉若干问题的意见》第八条规定："曾经从事接触职业病危害作业、当时没有发现罹患职业病、离开工作岗位后被诊断或鉴定为职业病的符合下列条件的人员，可以自诊断、鉴定为职业病之日起一年内申请工伤认定：（一）办理退休手续后，未再从事接触职业病危害作业的退休人员；（二）劳动或聘用合同期满后或者本人提出而解除劳动或聘用合同后，未再从事接触职业病危害作业的人员。经工伤认定和劳动能力鉴定，前款第（一）项人员符合领取一次性伤残补助金条件的，按就高原则以本人退休前12个月平均月缴费工资或者确诊职业病前12个月的月平均养老金为基数计发。前款第（二）项人员被鉴定为一级至十级伤残、按《条例》规定应以本人工资作为基数享受相关待遇的，按本人终止或者解除劳动、聘用合同前12个月平均月缴费工资计发。"

按照《意见》第八条规定被认定为工伤的职业病人员，职业病诊断证明书（或职业病诊断鉴定书）中明确的用人单位，在该职工从业期间依法为其缴纳工伤保险费的，按《条例》的规定，分别由工伤保险基金和用人单位支付工伤保险待遇；未依法为该职工缴纳工伤保险费的，由用人单位按照《条例》规定的相关项目和标准支付待遇。

职业病职工还享有哪些权益?

为了预防、控制和消除职业病危害,我国制定了包括《职业病防治法》在内的一系列法律法规和防治政策。职工和用人单位应该加强了解,认真遵守,依法执行。用人单位应加强劳动过程中的防护与管理,保护劳动者健康及其相关权益。

职业病病人除依法享有工伤保险外,依照有关民事法律,还有获得赔偿的权利,有权向用人单位提出赔偿要求。用人单位已经不存在或者无法确认劳动关系的职业病病人,还可以向地方人民政府民政部门申请医疗救助和生活等方面的救助。

因工外出,为何工伤认定不一样?

《工伤保险条例》第十四条第五项规定,职工因工外出期间,由于工作原因受到伤害或者发生事故下落不明的,应当认定为工伤。

1.名词解释

"因工外出"是指职工不在本单位的工作范围内,由于工作需要被领导指派到本单位以外工作,或者为了更好地完成工作,自己到本单位以外从事与本职工作有关的工作。

"由于工作原因受到伤害"是指由于工作原因直接或间接造成的伤害,包括事故伤害、暴力伤害和其他形式的伤害。

"发生事故下落不明"是指因遭受安全事故、意外事故或者自然灾害等各种形式的事故而失去任何音讯、职工处于生死不确定的情形。

2."因工外出"认定

实践中,即便都是"因工外出",案情略有差异,结果就可能不同。

工伤保险部门工作人员在对这类案件作出认定时,需要一双"火眼金睛"。

(1)因工外出的区域"远近有别"。因工外出的"外出"包括两层含义:一是指职工到本单位以外,但是还在本地范围内;二是指职工不仅离开了本单位,并且到外地去了。在第一种情况下,职工可以是受用人单位或领导指派,也可以是根据工作岗位性质要求或因职责需要自行到工作场所以外从事与工作职责有关活动。在第二种情况下,职工必须是受用人单位或领导指派的情形,如有会议通知、派工单等。

【案例一】燕某系某建设集团公司的职工,受单位委派到市住建委领取公司二级建造师准考证。燕某领完证后在下楼时不慎踩空台阶,摔倒受伤。经单位申请,燕某被认定为工伤。本案属于第一种情况。

【案例二】王某系某市自来水公司的职工,单位委派其赴省城排水水质监测中心联系项目业务。王某在办理完公务从省城返回途中,发生交通事故导致死亡。经单位申请,王某被认定为工亡。本案属于第二种情况。

(2)因工外出的活动"公私有别"。根据人社部和最高人民法院的有关规定,下列情形均属因工外出期间的活动:一是职工受用人单位指派或者因工作需要在工作场所以外从事与工作职责有关的活动;二是职工受用人单位指派外出学习或者开会等;三是职工因工作需要的其他外出活动。

职工因工外出期间,由于工作原因受到伤害,才可以认定工伤。这里的工作原因包括直接工

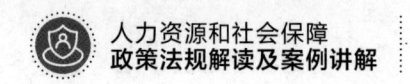

原因和间接工作原因。间接工作原因是指因工外出期间为解决必需的生理需要而受伤。

职工因工外出期间从事与工作或者与用人单位指派外出学习、开会无关的个人活动受伤，如在办私事，自行从事的餐饮、旅游观光、休闲娱乐等活动中受伤，不能认定为工伤。

（3）因工外出的时间"长短有别"。一般情况下，因工外出期间应看作一个连续的整体。

值得注意的是，《工伤保险条例》第十四条第五项的规定仅适用于短期因工外出的情形。有些单位有职工长期外派，甚至长期境外工作的情况，不能机械地套用因工外出条款。对此《人力资源社会保障部关于执行〈工伤保险条例〉若干问题的意见（二）》规定，职工因工作原因驻外，有固定的住所、有明确的作息时间，工伤认定时按照在驻在地当地正常工作的情形处理。也就是说，因工外出的时间要按当地正常工作制度、正常上下班等情况分别认定，不能直接适用"因工外出期间"的规定。

（4）因工外出适用"工作原因"推定原则。因工外出期间情况特殊、情形复杂，没有证据否定职工因工外出期间受到的伤害与工作之间有必然联系的，在排除其他非工作原因后，应该认定为工作原因。这样规定是为了更好地保护因工外出职工的合法权益。

哪些费用由工伤保险基金支付？

因工伤发生的下列费用，按照国家规定从工伤保险基金中支付：
（1）治疗工伤的医疗费用和康复费用。
（2）住院伙食补助费。
（3）到统筹地区以外就医的交通食宿费。
（4）安装配置伤残辅助器具所需费用。
（5）生活不能自理的，经劳动能力鉴定委员会确认的生活护理费。
（6）一次性伤残补助金和一至四级伤残职工按月领取的伤残津贴。
（7）终止或者解除劳动合同时，应当享受的一次性医疗补助金。
（8）因工死亡的，其遗属领取的丧葬补助金、供养亲属抚恤金和因工死亡补助金。
（9）劳动能力鉴定费。

什么情况工伤保险基金可先行支付？

职工所在用人单位未依法缴纳工伤保险费，发生工伤事故的，由用人单位支付工伤保险待遇。用人单位不支付的，从工伤保险基金中先行支付。

从工伤保险基金中先行支付的工伤保险待遇应当由用人单位偿还。用人单位不偿还的，社会保险经办机构可以依法追偿。

由于第三人的原因造成工伤，第三人不支付工伤医疗费用或者无法确定第三人的，由工伤保险基金先行支付。工伤保险基金先行支付后，有权向第三人追偿。

如何办理劳动能力鉴定？

职工发生工伤，医疗终结期（伤情相对稳定）后存在残疾，影响劳动能力的，应当接受劳动能力鉴定。用人单位、工伤职工或者其直系亲属可在伤者医疗终结期满30日内携带工伤认定书、被鉴定人大一寸近期免冠照片2张到社保机构办理相关手续。

工伤员工停工留薪期内享受何种工资福利待遇？

除享受工伤医疗待遇外，原工资福利待遇不变，由所在单位支付；生活不能自理的，由所在单位负责护理。工伤员工评定伤残等级后，停发原待遇，按规定享受伤残待遇。

工伤员工安装或配置辅助器具时应注意哪些事项？

工伤员工安装或配置辅助器具应经本市劳动能力鉴定委员会确认，须到社保机构签订服务协议的机构配置有关辅助器具，并执行国家规定的标准。

对劳动能力鉴定结论不服，如何办理复审鉴定？

申请人对鉴定结论不服，可于收到鉴定结论之日起15日内向本市劳动能力鉴定委员会提出复审鉴定。

男职工也有生育险吗？

男职工也要参保生育险。

生育保险是由企业缴纳，员工不缴纳，但是无论男女都需要缴，男职工的未就业的配偶，也可以享受生育医疗费用待遇，所需资金从生育保险资金中支付。

生育险如何报销？

因怀孕生育而花费的产检费、接生费、手术费、住院费、药费等都可以通过生育保险进行报销，但支付方式各有不同。

（1）针对怀孕期间的产检费，生育保险基金采取限额支付。

每次产检费报销限额标准从330元至1 400元不等。产检费在限额内的，按实际支出报销，超过限额标准的按限额标准报销。

（2）针对住院分娩期间产生的医疗费用、住院费用、药费等，生育保险基金采取定额支付：
①产妇自然分娩，可定额报销3 000元。
②人工干预分娩，可定额报销3 300元。
③如果产妇采取剖宫产手术，可定额报销4 400元。
④如果是双胞胎或多胞胎，每增加一胎，定额支付标准在原基础上上调10%。

（3）按项目报销。

针对住院分泌过程中出现严重并发症，因此发生的医疗费用及住院的医事服务费，生育保险基

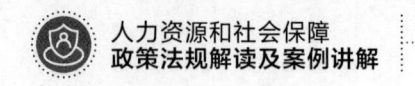

金予以全额报销。

少报社保缴费工资有啥影响？

(1) 单位少报缴费工资，影响最直接的就是我们医保账户中的"救命钱"。

缴费工资报少了，划入个人账户的金额也就相应减少了。因为每月划入个人账户的比例是缴费工资的3%左右，如果单位少报1 000元工资，那么每月划入个人账户的金额就会减少30元，一年算下来就少了360元。如果看病买药时医保账户中的钱不够了，还得参保人自己承担。

(2) 单位少报缴费工资，还会影响到职工退休后的"养命钱"。

平时看大爷大妈银行排队领养老金，不少人心里肯定盘算自己退休后能领多少养老金，而养老金的多少，和申报的职工缴费工资也有直接的关系。

基本养老金是由基础养老金和个人账户养老金组成。其中，基础养老金依据参保人员在职期间的缴费工资和全市职工平均工资的比值计算。职工缴费工资越高，基础养老金也会越高，同时个人累计账户金额也会越多，退休时领取的基本养老金也越高，反之则越低。

(3) 受少报缴费工资影响的，还有职工工伤待遇。

如果职工发生工伤，他的工伤残津贴、工伤职工一次性伤残补助金等等待遇的发放，都参照职工申报的缴费工资计算。以发生四级伤残为例，如果单位少报1 000元，职工将少拿伤残补助金21 000元，同时每月还将少拿750元伤残津贴。单位省了小钱，却会给职工带来巨大的损失。

职工医保个人账户的支付范围是怎样规定的？

可用于支付参保人或其家庭成员的健康体检、预防接种的疫苗费用、挂号费、病历手册费、诊查费、门诊及住院医疗费用中个人自付及自费的医疗费用。

哪些人属于门诊统筹的保障对象？

下列人员均属门诊统筹保障对象：
(1) 职工医疗保险参保人。
(2) 外来劳务人员大病医疗保险参保人。
(3) 未成年人医疗保险参保人。
(4) 城乡居民基本医疗保险参保人。

参保人社保年度内可以随意变更选定的门诊统筹定点机构吗？

不可以。参保人选定门诊统筹定点机构后，原则上社保年度内不予变更。因工作调动或住址变动的，可凭有效证明材料（如调令、劳动合同、房产证、户口本、房屋租赁证明等）到原选定机构办理取消，再到新选定的门诊统筹定点选定，于次月生效。

参保人下一社保年度需重新选定门诊统筹定点机构的，应如何办理？

参保人可每年4—6月办理下一社保年度变更手续；未办理变更手续的，视为继续选定原机构。参保人携带身份证或社保卡（代办的须带代办人身份证或社保卡）到需重新选定的门诊定点机构填写《本市门诊统筹定点医疗机构个人选定申请表》一式两份，办理选定手续。年度变更于7月生效。

选定了门诊统筹定点机构的参保人转诊或急诊所发生的医疗费用如何支付？

参保人经本人签约的门诊统筹定点机构同意转诊或在市内其他门诊统筹定点医疗机构急诊的，所发生的普通门诊诊查费及符合基本医疗保险药品目录、诊疗项目、医疗服务设施范围的普通门诊医疗费用由门诊统筹基金支付30%，个人自付70%。社保年度内转诊及急诊待遇支付限额合计为1 500元（含自付部分）。就医的费用由个人先垫付，可提供相应的资料回所签约的门诊统筹医疗机构报销。

参保人门诊统筹缴费后社保年度内停保的，其门诊统筹待遇可否继续享受？

可以享受至该社保年度末。

参保人如何办理住院手续？

参保人凭本人的社会保障卡或身份证办理住院手续，按医院的规定预付押金。出院时，支付自付和自费部分费用，其余部分由社会保险经办部门与医院按规定结算。

职工医保参保人市内住院医疗费用的报销比例是多少？

在一个社保年度发生的起付标准以上、4.5万元以下的核准费用，在职职工自付8%，退休职工自付6%。4.5万元以上、最高支付限额以下的，个人自付10%。
其中单价在1 000元及以上的一次性材料费由基金支付50%。

大病医保参保人市内住院医疗费用的报销比例是多少？

在一个社保年度发生的起付标准以上、最高支付限额以内的，个人自付10%。其中单价在1 000元及以上的一次性材料费由基金支付50%。

职工医保住院费用有最高支付限额吗？

职工医保新参保（中断缴费时间3个月以上再次缴费时，视同新参保）缴费不满6个月的，医疗保险支付住院核准医疗费最高限额为上年度职工月平均工资5个月，连续缴费满6个月以上不满1年的为上年度职工月平均工资15个月，连续缴费满1年以上的，在一个社保年度内，最高支付限额30万元。

市外转诊手续办理有何规定？

参保人符合市外医院就医条件的，应先在本市三级医院（专科疾病由指定的专科医院）办理转诊手续后，在市外定点医院发生的医疗费用可享受市外转诊待遇。市外转诊应转往省内的定点医院。参保人办理了市外转诊手续的，应在核准后60天内就医，其转诊证明当次有效（其中所患疾病需进行周期治疗或需回接诊医院复诊的，其转诊证明一年内有效）。

特殊危急病例急需转往市外医院抢救的，可先行转院，一周内补办转诊手续。

市外转诊门诊费用如何报销？

属于门诊特定病种范围内的医疗费用，先由个人垫付，凭社会保障卡或身份证、医疗机构统一的收费收据、费用明细单、门诊病历和有关就医资料，到市社会保险经办部门按相关政策报销。不属于门诊特定病种范围内的疾病的费用，由个人自理。

市外转诊住院费用如何报销？

经批准转诊到已联网的市外定点医院住院，按联网结算方式结算住院费用。

未联网的市外定点医院就诊的参保人，住院医疗费用由个人垫付，出院后凭社会保障卡或身份证、出院小结、电脑打印的住院费用明细单（上述医疗资料均需盖医院章）和医疗机构统一的收费收据等到本市社会保险经办部门报销。

职工基本医疗保险住院核准医疗费用个人自付比例在市内住院自付比例的基础上在职增加2个百分点，退休增加1个百分点。

居民医保和未成年人医保市外转诊的自付比例与市内住院的相同。

职工医保和大病医保的参保人未办转诊手续去市外就医，医疗费用报销比例是多少？

中额病种门诊费用自理，高额病种门诊核准费用的基金支付比例为50%，住院核准医疗费用扣除起付标准后基金支付比例为50%。

参保职工什么时候开始可以享受生育保险待遇？
什么时候停止享受待遇？

参保职工自用人单位缴费次月1日起享受生育保险待遇，自停止缴费的次月1日起停止享受生育保险待遇。

参保职工享受待遇时连续参保时间不足12个月的，
可以享受生育保险待遇吗？如果可以，如何享受？

可以。参保职工分娩或施行计划生育手术时，连续参保缴费（中断缴费时间不超过3个月视为连续参保）不足12个月的，其生育医疗费用由个人垫付，相应假期工资由用人单位垫付。自参保职工分娩或施行计划生育手术次月起，连续缴费满12个月后，其生育医疗费用、生育津贴分别由参保职工和用人单位向市社会保险经办机构申请。经审核符合条件的，由生育保险基金按本办法规定支付。

参保职工未就业配偶可以享受生育保险待遇吗？
享受待遇的条件是什么？享受的标准是多少？

可以，参保职工未就业配偶享受生育保险待遇的条件有两个：一是未就业；二是未享受社会保险（含新型农村合作医疗）提供的生育保障。

符合条件的参保职工未就业配偶享受生育保险待遇的标准为：生育医疗费用发生当年本市城乡居民基本医疗保险参保人的生育待遇标准。参保职工未就业配偶不享受生育津贴待遇。

失业人员可以享受生育保险待遇吗？享受待遇的条件是什么？
享受的标准是多少？

可以，失业人员在失业前已参加生育保险，在领取失业保险金期间发生的生育医疗费用可以由生育保险基金支付，不享受生育津贴待遇。

哪些医疗费用是不纳入生育保险基金支付范围的？

下列医疗费用不纳入生育保险基金支付范围：
（1）不符合国家、省、市人口与计划生育规定所发生的费用。
（2）应当由医疗保险基金或工伤保险基金支付的费用。
（3）因发生医疗事故应当由医疗机构承担的费用。
（4）境外（含我国港澳台）的生育医疗费用。

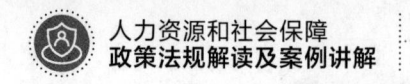

(5) 国家、省、市规定的其他不予支付的费用。

参保职工怀孕后，享受孕产待遇有哪些就医规定？

参保职工怀孕后，应选定1家生育协议机构作为产前检查费用结算机构（下称产前检查机构），除因工作调动及住址变动的情形，孕期内不得变更。选定前的产前检查费用及在非选定机构发生的产前检查费用，生育保险基金不予支付。

选定产前检查机构时应提供以下资料原件：（1）本人社会保障卡或身份证。（2）户籍所在地镇（街）计生部门出具的计划生育证明。其中，省外户籍的应同时提供本市镇（街）计生部门出具的符合计划生育政策的证明。

参保职工可任选1家生育协议机构住院分娩，所发生的费用凭本人社会保障卡或身份证及符合计划生育政策的证明材料办理费用结算。产前检查机构和住院分娩医疗机构可以不是同一家。

参保职工享受计生费用待遇就医方面有哪些规定？

参保职工可任选1家生育协议机构施行计划生育手术，所发生的费用凭本人社会保障卡或身份证办理费用结算。

参保职工在市内非生育协议机构发生的医疗费用如何处理？

参保职工在市内非生育协议机构就医，将按在市内生育协议机构就医基金支付标准的50%作为限额据实支付（急诊、抢救的情形除外）。参保职工在无生育或施行计划生育手术资质的医疗机构接受相应医疗服务的，其生育保险待遇基金不予支付。

参保职工选择在市外生育的，生育医疗费用如何报销？需不需要办理市外就医手续？

参保职工在市外产前检查、分娩或施行计划生育手术的，无须办理市外就医手续，但在就医时应选择当地医疗、生育保险定点机构就医，所发生的生育医疗费用以生育保险基金支付市内生育协议机构的标准作为限额据实支付。

参保职工的哪些费用需要拿到经办机构报销？

参保职工有以下情形之一的，可到市社会保险经办机构申领生育医疗费用待遇：
(1) 在市外发生生育医疗费用。
(2) 在市内非生育协议机构发生生育医疗费用。
(3) 因特殊原因在市内生育协议机构未能实现结算。

参保职工到经办机构报销孕产费用，需要提供哪些资料？

参保职工到经办机构报销孕产费用需要提供的资料有：
（1）本人社会保障卡或身份证。
（2）户籍所在地镇（街）计生部门出具的计划生育证明。其中，省外户籍的应同时提供本市镇（街）计生部门出具的符合计划生育政策的证明。
（3）婴儿出生或者死亡证明。
（4）诊断证明或相关医学证明材料。
（5）费用凭据及费用明细清单。
（6）尚未办理社会保障卡的参保人须提供本人存折或银行借记卡。代为申领的，代领人应提供其本人身份证。

参保职工到经办机构申请产假津贴，需不需要提供符合计划生育政策的证明？

需要。用人单位或参保职工申领产假津贴时，应当提供以下资料原件：
（1）享受待遇人员的社会保障卡或身份证。
（2）户籍所在地镇（街）计生部门出具的计划生育证明。其中，省外户籍的应同时提供本市镇（街）计生部门出具的符合计划生育政策的证明。
（3）婴儿出生或者死亡证明。
（4）诊断证明或相关医学证明材料。
（5）与产假相关的其他证明。
（6）尚未办理社会保障卡的参保人须提供本人存折或银行借记卡。用人单位垫付生育津贴的，应提供生育津贴垫付凭证及提供单位转账的对公账号（同扣费单位同名的对公账户）。

参保职工到经办机构申请计生津贴需要提供哪些资料？

用人单位或参保职工申领计生津贴时，应当提供以下资料原件：
（1）享受待遇人员的社会保障卡或身份证。
（2）诊断证明或相关医学证明材料。
（3）尚未办理社会保障卡的参保人须提供本人存折或银行借记卡。用人单位垫付生育津贴的，应提供生育津贴垫付凭证及提供单位转账的对公账号（同扣费单位同名的对公账户）。

参保职工申领其未就业配偶的孕产费用待遇时，需要提供哪些资料？

需要提供的资料有：
（1）本人社会保障卡或身份证。
（2）户籍所在地镇（街）计生部门出具的计划生育证明。其中，省外户籍的应同时提供本市

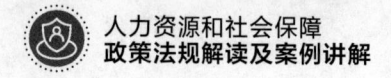

镇（街）计生部门出具的符合计划生育政策的证明。

(3) 婴儿出生或者死亡证明。

(4) 诊断证明或相关医学证明材料。

(5) 费用凭据及费用明细清单。

(6) 结婚证及其配偶身份证。

(7) 其配偶的失业登记证明或户籍所在地居（村）委会提供的未就业证明。

(8) 其配偶户籍所在社会保险经办机构提供的未享有生育保障的证明。

(9) 尚未办理社会保障卡的参保人须提供本人存折或银行借记卡。

生育保险待遇有没有支付期限？

生育保险待遇自参保职工分娩或施行计划生育手术之日起，24个月内未提出待遇申请的，生育保险基金不再支付。

第三章 工资报酬

劳动者的哪些收入不属于工资范围？

原劳动部印发的《关于贯彻执行〈中华人民共和国劳动法〉若干问题的意见》中指出："劳动法中的'工资'是指用人单位依据国家有关规定或劳动合同的约定，以货币形式直接支付给本单位劳动者的劳动报酬，一般包括计时工资、计件工资、奖金、津贴和补贴、延长工作时间的工资报酬以及特殊情况下支付的工资等。'工资'是劳动者劳动收入的主要组成部分。劳动者的以下劳动收入不属于工资范围：（1）单位支付给劳动者个人的社会保险福利费用，如丧葬抚恤救济费、生活困难补助费、计划生育补贴等。（2）劳动保护方面的费用，如用人单位支付给劳动者的工作服、解毒剂、清凉饮料费用等。（3）按规定未列入工资总额的各种劳动报酬及其他劳动收入，如根据国家规定发放的创造发明奖、国家星火奖、自然科学奖、科学技术进步奖、合理化建议和技术改进奖、中华技能大奖等，以及稿费、讲课费、翻译费等。"

劳动合同中劳动报酬和劳动条件等标准可否低于集体合同的标准？

《劳动合同法》延续了《劳动法》《工会法》的规定，再次明确，企业职工一方与用人单位通过平等协商，可以就劳动报酬、工作时间、休息休假、劳动安全卫生、保险福利等事项订立集体合同。集体合同草案应当提交职工代表大会或者全体职工讨论通过。集体合同由工会代表企业职工一方与用人单位订立；尚未建立工会的用人单位，由上级工会指导劳动者推举的代表与用人单位订立。集体合同订立后应当报送劳动行政部门；劳动行政部门自收到集体合同文本之日起15日内未提出异议的，集体合同即行生效。依法订立的集体合同对用人单位和劳动者具有约束力。集体合同中劳动报酬和劳动条件等标准不得低于当地人民政府规定的最低标准；用人单位与劳动者订立的劳动合同中劳动报酬和劳动条件等标准不得低于集体合同规定的标准。

工资支付有什么时间要求？

《劳动法》规定工资应当按月支付。所谓按月是指按照用人单位与劳动者约定的日期支付。如遇节假日或休息日，则应提前在最近的工作日支付。工资至少每月支付1次。

工资应以什么形式支付？

工资支付应当以货币形式、按月、按照用人单位与劳动者约定的数额，支付给劳动者本人，由本人签收。

从用人单位取得工资条合法吗？

用人单位发放工资应该给付工资凭证，严格防止用人单位制作假工资单，存折上一部分，现金一部分，以此少缴纳社会保险和住房公积金，少支付经济补偿，同时也可以显示劳动报酬的透明度。过去习惯用工资条的形式，职工凭借工资条，可以掌握自己的收入状况，如果出现问题，也可以作为凭证，同时在诉讼时可以作为证据使用。

用人单位可否克扣或者无故拖欠劳动者工资？

用人单位不得克扣或者无故拖欠劳动者工资。推迟30天以上就构成拖欠。

工资至少每月支付1次，对于实行小时工资制和周工资制的人员，工资也可以按日或周发放。对完成一次性临时劳动或某项具体工作的劳动者，用人单位应按有关协议或合同规定在其完成劳动任务后即支付工资。

"无故拖欠"不包括：（1）用人单位遇到非人力所能抗拒的自然灾害、战争等原因，无法按时支付工资；（2）用人单位确因生产经营困难、资金周转受到影响，在征得本单位工会同意后，可暂时延期支付劳动者工资，延期时间的最长限制可由各省、自治区、直辖市劳动行政部门根据各地情况确定。除上述情况外，拖欠工资均属无故拖欠。

职工离职后，能否享受支付周期未满的工资？

劳动关系解除或者终止时，职工月度奖、季度奖、年终奖等支付周期未满的工资，按照员工实际工作时间折算计发。

职工离职后，工资应在何时结清？

支付周期不超过1个月的工资，用人单位应自劳动关系解除或终止之日起3个工作日内一次付清；支付周期超过1个月的工资，可以在约定的支付日期支付。

哪些休假日，用人单位应当支付劳动者工资？

按照《劳动法》的规定，员工依法享受产假、看护假、节育手术假等假期的，用人单位应当视为提供正常劳动并支付工资；员工依法享受年休假、探亲假、婚假、丧假等假期的，用人单位应当按照不低于员工本人标准工资的标准支付其假期的工资。

另外，员工在正常工作时间内，有下列情形之一的，用人单位应当视为提供正常劳动并支付工资：依法行使选举权或者被选举权；当选代表或者委员出席区以上人民代表大会及其常务委员会、政府、党派、工会、共青团、妇女联合会等组织召开的会议；作为人民陪审员参加审判活动或者作为证人参加诉讼、仲裁活动；《工会法》规定的不脱产工会基层委员会委员参加工会活动。

职工请事假期间，是否可要求用人单位支付工资？

职工请事假用人单位是否需要支付其工资，对此，《劳动法》《劳动合同法》及《劳动合同法实施条例》等现行法律、法规都没有明确的规定。对于职工在工作期间请事假的待遇问题，用人单位在不违反我国法律、法规的前提下可以根据本单位的实际情况通过制定单位内部的规章制度或职工手册予以明确。因此，职工请事假用人单位是否需要支付其工资还要看用人单位内部的规章制度的规定。

劳动者在签订劳动合同时，一定要注意看劳动合同约定的具体条款、用人单位的规章制度及用人单位的员工手册。

不是职工的过错造成停工，用人单位应付停工期间工资吗？

非因职工本人过错，用人单位部分或者整体停产、停业的，用人单位应当按照下列标准支付停工职工在停工期间的工资：停工1个月以内的，按照职工本人标准工资的80%支付；停工超过1个月的，按照不低于最低工资的80%支付。因职工本人过错造成停工的，用人单位可以不支付该职工停工期间的工资，但经认定属于工伤的除外。

劳动者在派遣期间，劳务派遣单位是否还需要向劳动者支付劳动报酬？

劳务派遣单位和被派遣的劳动者是劳动合同关系，因此，劳务派遣单位应该向劳动者支付劳动报酬。劳务派遣单位支付的劳动报酬的方式按照是否被派遣而采取不同的方式：

（1）对于劳动者没有被派遣出去时，劳务派遣单位也应该支付劳动者的工资。只不过在无工作期间，劳动者的工资水平比较低，但是不得低于最低工资标准。

（2）在劳动者被派遣期间，用工单位向劳务派遣单位支付用工费用，劳务派遣单位再向劳动者支付工资。《劳动合同法》第五十八条第二款有明文规定，劳务派遣单位应当与被派遣劳动者订立2年以上的固定期限劳动合同，按月支付劳动报酬；被派遣劳动者在无工作期间，劳务派遣单位应当按照所在地人民政府规定的最低工资标准，向其按月支付报酬。

用人单位不支付劳动者的劳动报酬怎么办？

不支付劳动者的劳动报酬属于用人单位不履行劳动合同的典型表现，构成违反劳动合同的违约行为。《劳动合同法》第八十五条对其进行了专门的规定，主要包括以下几种情形：

（1）未依照劳动合同的约定或者国家规定及时足额支付劳动者劳动报酬的。

（2）低于当地最低工资标准支付劳动者工资的。

（3）安排加班不支付加班费的。

（4）解除或者终止劳动合同，未依照本法规定向劳动者支付经济补偿的。

如果出现以上情况，作为劳动者，可以向劳动行政部门申请援助。劳动行政部门可以责令用人单位限期支付劳动报酬、加班费或者经济补偿给劳动者，劳动报酬低于当地最低工资标准的，应当支付其差额部分；如果用人单位逾期不支付的，责令用人单位按应付金额50%以上100%以下的标准向劳动者加付赔偿金。

用人单位拖欠工资，劳动者应如何处理？

《劳动法》第五十条规定："工资应当以货币形式按月支付给劳动者本人。不得克扣或者无故拖欠劳动者的工资。"《工资支付暂行规定》（1994年12月6日劳部发〔1994〕489号公布）第七条规定："工资必须在用人单位与劳动者约定的日期支付。如遇节假日或休息日，则应当提前在最近的工作日支付。工资至少每月支付一次；实行周、日、小时工资制的，可按周、日、小时支付工资。"单位如不按时发放工资，员工应尽快向当地劳动部门举报以便及时处理。

当用人单位出现工资拖欠的情况时，劳动者可以及时到劳动监察备案。在劳动监察部门举报还可以是匿名的，这样可以减少打击报复的风险。

用人单位拖欠或者未足额支付劳动报酬的，劳动者可否向人民法院申请支付令？

《劳动合同法》第三十条规定："用人单位应当按照劳动合同约定和国家规定，向劳动者及时足额支付劳动报酬。用人单位拖欠或者未足额支付劳动报酬的，劳动者可以依法向当地人民法院申请支付令，人民法院应当依法发出支付令。"

年休假工资如何计算？

1. 年休假工资的基本规定

一般情况下职工享受年休假期间可以获得与日常工作期间相同的工资，其具体计算公式为：职工本人月工资÷月计薪天数（21.75天）。

年休假所依据的月工资标准与《劳动合同法实施条例》第二十七条规定的经济补偿月工资标准基本一致，即月平均工资。月平均工资的计算公式为：（前12个月应得工资总额－前12个月加班工资总额后的工资）÷12个月。如职工在本单位工作时间不满12个月的，按实际月份计算月平均工资。

月应得工资总额包括计时工资、计件工资、奖金、津贴和补贴、加班工资以及特殊情况下支付的工资等。应得工资为用人单位代扣个人所得税、社会保险个人缴纳部分以及其他扣款前的工资。

2. 应休未休年休假工资如何计算及支付

用人单位经职工同意不安排年休假或者安排的年休假少于应休天数，应当对职工应休未休年休假天数，按照其日平均工资标准的300%支付未休年休假工资。

用人单位在与职工解除（终止）劳动合同时，当年度未安排职工休年休假或者安排的年休假少于应休天数，应按职工当年已工作时间折算应休未休年休假天数并支付年休假工资，折算后不足一整天的部分，不支付年休假工资。

双方的劳动合同、用人单位的集体合同或者用人单位相关制度规定的未休年休假工资报酬高于上述标准的，应当按照约定或者规定的标准执行。如双方的约定或者规定的未休年休假工资报酬低于上述标准，由于约定或者规定本身违规不具有法律效力，应当按照《职工带薪年休假条例》的规定给予职工未休年休假工资。

应休未休年休假工资报酬主要分为两大部分：一部分为日常工作期间的日工资（即日平均工资的100%），该部分收入随日常工资支付；另一部分为日平均工资的200%未休年休假实际工资，该部分报酬用人单位应在解除（终止）劳动合同时或者在职职工最迟在当年度12月31日前支付。

举例：某职工2017年1月1日参加工作，2021年10月8日与公司终止劳动合同，终止劳动合同前享受年休假1天。其前12个月平均应得工资为5000元，其中加班工资为2000元。该职工在终止劳动合同时可领取的未休年休假工资是多少？

答案：该职工未享受年休假天数计算公式为：（281÷365）×5-1，具体计算下来，其未享受年休假的时间为2.85天。由于年休假时间是按整数计算，不足1天部分不享受年休假，其实际未休年休假的时间为2天。

该职工未休年休假工资计算公式为：（5000-2000）÷21.75×2×300%，具体计算下来，其享受年休假工资为827.59元，其中275.86元（2天工资）已在日常工资中支付，该职工在终止劳动合同时可领取的未休年休假工资实际为551.73元。

职工书面要求不享受年休假的工资标准是多少？

用人单位安排职工休年休假的，职工基于种种原因书面提出不休年休假的，在职工正常上班的情况下，用人单位只需支付正常工作期间的工资，而不额外支付未休年休假工资。

职工领不到工资，业余时间打工被开除合法吗？

《劳动法》第五十条规定："工资应当以货币形式按月支付给劳动者本人，不得克扣或无故拖欠劳动者的工资。"同时，《劳动法》也规定了劳动者享有领取报酬的权利，这种权利是不能被剥夺的。企业效益不好而无钱发工资，是用人单位管理不善、经营无方所致，劳动者并无过错。企业不得以此为由扣发劳动者的工资，劳动者仍依《劳动法》享有领取工资的权利，但这并不是说劳动者可以以不发工资为由违反劳动纪律、破坏规章制度。

在业余时间决定做什么是劳动者的自由，但是根据原劳动部办公厅《关于劳动争议受理问题的复函》（劳办发〔1994〕96号）第二条规定的精神，劳动者在业余时间里受聘于其他企业、提供劳务并获得报酬，应当事先征得本单位的同意，否则，本单位有权对其进行处分。但是，开除因涉及职工最大的劳动权利，只有在劳动者具有严重违反劳动纪律、破坏规章制度、造成重大经济损失和其他违法乱纪行为而又屡教不改的情形时，单位才有开除劳动者的权利。因此，领不到工资业余时间打工的职工，单位是不能开除的。

职工事假、探亲假、婚丧假期间工资待遇如何？

职工请事假（含病假）期间的工资待遇，国家机关和事业单位实行照发工资的制度。企业根据职工的不同性质而实行不同的制度，企业中的工人由于享受加班加点工资待遇，所以一般在事假期间不发工资；企业中的行政人员和工程技术人员不享受加班加点工资待遇，请事假每个季度在2个工作日以内的，照发工资，超过2个工作日的，其超过天数不发工资。

职工休探亲假期间的工资待遇，在规定的探亲假期间和路程假期间内，照发本人的标准工资。

职工的直系亲属（父母、配偶、子女）死亡时，经单位领导批准，给予1～3天的丧假。职工结婚时双方不在一地工作的，职工在外地的直系亲属死亡时需要职工本人前去料理丧事的，可以根据路程远近，给予路程假。在批准的婚丧假和路程假期间，工资照发。

职工可以享受本单位的带薪年休假。年休假一般为5～15天。

延长工作时间的工资报酬如何支付？

《劳动法》和《工资支付暂行规定》都规定了用人单位延长工作时间必须支付高于劳动者正常工作时间工资的报酬，《劳动部关于职工工作时间有关问题的复函》又进一步作了说明。具体的支付标准分为三个档次：

（1）平时安排劳动者延长工作时间的，应支付不低于平日正常工作工资150%的工资报酬。

（2）休息日安排劳动者工作，应首先安排补休，不能安排补休的，应支付不低于平日正常工作工资的200%的工资报酬。补休时间等于加班时间。

（3）法定休假日安排劳动者工作的，应当另外支付不低于平日正常工作工资的300%的工资报酬。一般不安排补休。

领取了失业救济金还能够再获得经济补偿吗？

根据《关于贯彻执行〈中华人民共和国劳动法〉若干问题的意见》，劳动合同解除以后，对于符合《劳动法》规定的劳动者应当支付经济补偿。同时，劳动者也可以获得失业救济金。用人单位不能因为劳动者领取了失业救济金就拒付或者克扣经济补偿，失业保险机构也不得以劳动者领取了经济补偿为由，停发或者减发失业救济金。劳动者应该依据法律规定积极保护自己的合法权益。

劳动争议中加班工资到底由谁举证？

根据《劳动法》和《劳动合同法》的规定，劳动者有加班事实存在的，用人单位应当支付加班工资，不得拖欠加班工资。但是在现实劳动争议中，加班事实存在的证据到底应该由哪一方承担举证责任呢？

《劳动争议调解仲裁法》第六条规定："发生劳动争议，当事人对自己提出的主张，有责任提供证据。与争议事项有关的证据属于用人单位掌握管理的，用人单位应当提供；用人单位不提供的，应当承担不利后果。"也就是说，加班事实以及加班工资计算标准的证明责任在劳动者，如果劳动者没有相关证据，要求用人单位支付加班工资是很难得到法院支持的。

用人单位违反最低工资标准如何补偿？

根据《劳动合同法》第八十五条第二项的规定，用人单位以低于当地最低工资标准支付劳动者工资的，由劳动行政部门责令限期支付劳动报酬、加班费或者经济补偿；劳动报酬低于当地最低工资标准的，应当支付其差额部分；逾期不支付的，责令用人单位按应付金额50%以上100%以下的标准向劳动者加付赔偿金。

用人单位拖欠工资，职工去哪里维权？

正常情况下，最直接、最迅捷的途径是向用人单位所在县、市、区的劳动和社会保障局举报，劳保局一般会在20个工作日内解决问题。如果被拖欠工资的职工已经离职，可以在申请劳动争议仲裁的同时，一并要其支付拖欠工资及补偿。

拖欠工资的补发数额与补偿标准如何确定？

一般地，用人单位应当按照其拖欠职工工资前一个月的税前工资作为依据，补发拖欠的工资。另外，根据法律规定，用人单位须向被拖欠工资的职工支付25%的补偿金。注意，作为计算依据的工资不仅仅是基础工资，浮动工资也要计算在内。

基础工资和浮动工资的薪酬体制并不能降低用人单位的责任。现实中，很多企业采取基础工资加浮动工资的薪酬体系，期望以此来减轻企业在劳动关系中的补偿责任，这是一种误解。法律所支持的职工工资是指职工在用人单位劳动期间的实际收入。

哪种情况不属于无故拖欠工资？

用人单位遇到非人力所能抗拒的自然灾害、战争等原因，无法按时支付工资；用人单位确因生产经营困难、资金周转受到影响，在征得本单位工会同意后，可暂时延期支付劳动者工资，延期时间的最长限制可由各省、自治区、直辖市劳动行政部门根据各地情况确定。其他情况下拖欠工资均属无故拖欠工资。

用人单位拖欠产假工资怎么办？

各地情况均不同，有的地方规定，产假期间产妇领取生育保险，用人单位不再发放工资，有的地方不能领取生育保险，用人单位应该提供工资。但是绝对不能补发，必须按时和用人单位职工一起发放。

对于拖欠工资如何举证？

在劳动关系中，劳动者一般处于弱势，用人单位不发工资时，一般也不发工资条或者欠条。这样对于未发放工资的举证，由劳动者承担无疑是不公平的。因此，在劳动争议中一般由劳动者证明（书证或证人证言）自己的劳动合同关系、事实劳动关系成立即可。如果用人单位不能举证证明已经发放工资，应按未发放工资认定事实。

解决用人单位拖欠工资的方法有哪些？

（1）可以去用人单位所在地的劳动争议仲裁委员会要求仲裁。仲裁会裁决用人单位支付劳动者的工资，劳动者还可以要求一定的经济补偿。

（2）根据《劳动合同法》的规定，用人单位须在1个月内与劳动者签订劳动合同。超过1个月没有签订的，要从1个月满后第一天开始支付直至补订书面劳动合同的前一日每个月双倍工资。超过一年未予签订的，视为已经签订无固定期限劳动合同。

（3）如果要仲裁，必须证明双方之间的劳动关系。劳动者可以要求用人单位出示工资条或者花名册等（法律规定，单位有义务出示，否则要承担不利责任），或者以请工友们作为证人来提高证人证言力。也可以出示劳动者在工作时的文书、文件、工牌、工装等来证明。

第四章 工作时间、休息、休假

我国法律法规规定职工享有哪些带薪假期？

《劳动法》第四十五条，《职工带薪年休假条例》第一条、第二条、第三条、第四条、第五条，《企业职工带薪年休假实施办法》《国务院关于职工探亲待遇的规定》《女职工劳动保护特别规定》《全国年节及纪念日放假办法》对带薪休假有规定：

（1）国家法定休假日。即春节、元旦、端午节等为法定休假日。我国法定休假日分为三种。第一种是全体公民放假的节日，包括：元旦、春节、劳动节、国庆节等。上述节日适逢公休假日时，顺延补假。第二种是部分公民放假的节日及纪念日：妇女节、青年节、儿童节、中国人民解放军建军纪念日。部分公民放假的假日，适逢公休假日时，不补假。第三种是少数民族节日，少数民族习惯的节日，由各少数民族聚居地区的地方人民政府，按照该民族习惯，规定放假日期。根据《劳动法》规定，这些假日统统都是带薪假日。

（2）年休假。带薪年休假是指职工每年享有的保留工作及工资的连续休假，一般而言属于用人单位对职工的一种福利。职工连续工作年限满一年以上，可以享受年休假。

（3）产假。女职工产假为98天，其中产前休假15天，难产的，增加产假15天。多胞胎生育的，每多生育一个婴儿，增加产假15天。女职工怀孕流产的，根据医务部门的证明，妊娠不足4个月的，产假为15天；妊娠4个月以上的，产假为42天。

（4）婚假。职工达到法定结婚年龄，可持结婚证申请10天带薪婚假，应一次性使用。

（5）丧假。职工的直系亲属（父母、子女、配偶）以及岳父母、公婆去世，给予3天带薪丧假。

（6）探亲假。职工工作满一年以上，与配偶不住在一起，又不能在公休假日团聚的，可以享受探望配偶假一次，假期为30天。职工与父母都不住在一起的，又不能在公休假日团聚的，可以享受探望父母的待遇，未婚职工探望父母，每年给假期一次20天；已婚职工探望父母，每四年给假一次20天，探亲假不含路程时间。按照目前规定，探亲假仅仅由符合条件的国家机关、人民团体和全民所有制企业、事业单位工作满1年的固定职工享有。

劳动者可以享受的法定放假的节日、纪念日有哪些？

《全国年节及纪念日放假办法》第二条规定，全体公民放假的节日：

（1）元旦，放假1天（1月1日）。

（2）春节，放假3天（农历正月初一、初二、初三）。

（3）清明节，放假1天（农历清明当日）。

（4）劳动节，放假1天（5月1日）。

(5) 端午节，放假1天（农历端午当日）。
(6) 中秋节，放假1天（农历中秋当日）。
(7) 国庆节，放假3天（10月1日、2日、3日）。

第三条规定，部分公民放假的节日及纪念日：
(1) 妇女节（3月8日），妇女放假半天。
(2) 青年节（5月4日），14周岁以上的青年放假半天。
(3) 儿童节（6月1日），不满14周岁的少年儿童放假1天。
(4) 中国人民解放军建军纪念日（8月1日），现役军人放假半天。

第四条规定，少数民族习惯的节日，由各少数民族聚居地区的地方人民政府，按照该民族习惯，规定放假日期。

在这些法定节假日时，员工有权休息，并有权获得工资收入。

劳动者的法定工作时间是多少个小时？

按照《劳动法》第三十六条规定，职工每日工作不超过8小时、每周工作不超过44小时。

用人单位通常有哪些借口来延长劳动者的工作时间？

根据法律的规定，实行标准工时制度的用人单位，劳动者每天的工作时间应不超过8小时，加班不超过3小时；每月的加班时间不超过36小时；每周至少保证劳动者有一个完整的休息日。实行非标准工时制度的用人单位，则需经劳动保障行政部门批准，并严格按照批复执行，违反上述规定的，就属违法延长劳动者工作时间。

但是一些用人单位往往以下面3种借口，作为安排劳动者超时加班的挡箭牌：

（1）生产任务过重。根据法律规定，如果用人单位现有的劳动者无法满足用人单位的生产经营需要，那就应当招用更多的劳动者或者减少部分生产任务，而不应该以牺牲劳动者的休息权和身体健康为代价。

（2）计件工资制。计件工资制只是一种工资计算方式，但在工作时间上仍须遵守法律规定。

（3）综合计时制。实行"综合计算工时工作制"的用人单位，可以采取集中工作、集中休息、轮休调休等方式，但在综合计算工时周期内，劳动者的平均日工作时间和平均周工作时间，应与法定标准工作时间大致相同，用人单位不能为了自身利益只安排职工加班，而不安排职工休息。

根据法律的规定有些加班是违法的，劳动者需要拿起法律武器来维护自己的劳动权利。

劳动者可以享受多少天带薪年休假？

《职工带薪年休假条例》第三条规定："职工累计工作已满1年不满10年的，年休假5天；已满10年不满20年的，年休假10天；已满20年的，年休假15天。国家法定休假日、休息日不计入年休假的假期。"

年休假的工作年限如何确认、计算？

根据《职工带薪年休假条例》规定，职工连续工作1年以上的，享受带薪年休假（以下简称年休假）。即工作年限满1年以上是职工享受年休假的一个重要标志。

年休假工作年限的计算，以职工累计的工作年限为基础。即在同一或者不同用人单位的工作年限合计计算，而不是仅计算本单位的工作年限。

对于工作年限的确认，职工的档案是确定工作年限最好的依据。同时确认职工的工作年限还有以下几种方式予以确定：

（1）职工缴纳社会保险记录。社保机构记录职工缴纳社会保险的资料是全面确定职工工作年限的一个重要依据。从记录中可以明确确认职工参加工作的起始时间，以及各阶段在同一或者不同用人单位的工作经历。

（2）职工与用人单位签订的劳动合同。由于劳动合同期限是劳动合同基本内容之一，在用人单位没有依法为职工缴纳社会保险的情况下，劳动合同确定的合同期限实质上也是职工的工作年限。

（3）用人单位制作的《职工名册》。其中包含劳动者用工起始时间、劳动合同期限等内容。它是确定职工工作年限的依据之一。

（4）用人单位下达的解除（终止）劳动合同证明书。根据《劳动合同法实施条例》第二十四条规定，用人单位与员工解除（终止）劳动合同时，本单位的工作年限是解除（终止）劳动合同证明书的必备条款之一。该内容也是确定职工工作年限的依据之一。

（5）职工的退保记录。由于社保机构给付的退保记录等相关材料也能证明工作年限，因而也是确定职工工作年限的依据之一。

（6）双方达成的调解协议、仲裁裁决书（调解书）、民事判决书（调解书）。发生劳动争议后，在用人单位劳动争议调解委员会或者有关部门主持下，双方达成的调解协议所确认的给付经济补偿年限、劳动争议仲裁委员会下达的仲裁裁决书（调解书）、人民法院下达的民事判决书（调解书）所载明的职工工作时间，均可作为确定职工工作年限的依据。

如果没有上述文件证明职工的工作年限或者职工与用人单位在确认工作年限上产生分歧，双方协商又达不成一致的情况下，可依法向劳动行政部门申请工龄鉴定，确认职工的工作年限。

享受年休假的时间如何确定？

《职工带薪年休假条例》第三条第一款规定："职工累计工作已满1年不满10年的，年休假5天；已满10年不满20年的，年休假10天；已满20年的，年休假15天。"

如果双方的劳动合同、用人单位集体合同或者用人单位相关制度规定的年休假天数高于上述标准的，应当按照约定或者规定给予职工年休假。如果双方的约定或者规定的年休假天数低于上述标准，由于约定或者规定本身与条例相冲突不具有法律效力，应当按照《职工带薪年休假条例》的规定给予职工年休假。

职工享受年休假的条件是累计工作 1 年以上，如果职工的累计工作只有 12 个月是否享受年休假？

虽然《职工带薪年休假条例》对此没有具体的规定，但《民法典》第一千二百五十九条规定："民法所称的"以上""以下""以内""届满"，包括本数；所称的"不满""以外""超过"，不包括本数。"很明显职工享受年休假的条件是工作满12个月，即达到365天就可享受年休假待遇。也就是说即使双方的劳动合同仅为1年，在双方劳动合同终止之前用人单位应安排职工5天的年休假，对不能安排或者不能按规定安排职工年休假的，按应休未休年休假工资标准支付年休假工资报酬。

怎样计算自己的年休假天数？

（1）职工在计算年休假天数时，首先要确定自己的工作年限，工作年限的多少决定了自己享受年休假的时间（工作年限低于12个月的不享受年休假）。

（2）当年度在本单位工作的时间，年休假的计算是以当年度的工作时间（包括工作日、休息日、法定节假日）为准，如果是中途进入新单位上班，当年享受年休假的时间将按实际工作天数计算年休假的时间。

（3）享受年休假的时间按整数计算，特别是对中途到新单位工作或者与原单位解除或者终止劳动合同的职工来说，在计算年休假时间时都可能遇到最后计算年休假的天数不是整数的问题，在这种情况下享受年休假的时间均按整数计算。

在什么情况下，职工不能享受当年的年休假？

《职工带薪年休假条例》第四条规定："职工有下列情形之一的，不享受当年的年休假：（一）职工依法享受寒暑假，其休假天数多于年休假天数的；（二）职工请事假累计20天以上且单位按照规定不扣工资的；（三）累计工作满1年不满10年的职工，请病假累计2个月以上的；（四）累计工作满10年不满20年的职工，请病假累计3个月以上的；（五）累计工作满20年以上的职工，请病假累计4个月以上的。"

职工已休完当年的年休假，年度内又出现上述情况（二）（三）（四）（五）项规定情形之一的，不享受下一年度的年休假。

劳务派遣单位劳动者在待岗期间，如用人单位依法支付劳动报酬的天数多于其全年应当享受的年休假天数的，不享受当年的年休假；少于其全年应当享受的年休假天数的，用人、用工单位应当协商安排补足其年休假天数。这一情况同样适用于不是劳务派遣单位的劳动者。

用人单位不给年休假，劳动者可否解除劳动合同并获经济补偿？

用人单位不安排职工享受年休假或者不按规定给予年休假工资的行为与国家确定的劳动保护、工资制度相冲突，同时也违反了《职工带薪年休假条例》强制性规定。职工有权根据《劳动合同法实施条例》第十八条第四项、第五项、第十项的规定与用人单位解除劳动合同，并获得经济补偿。

职工有哪些途径去解决年休假纠纷？

用人单位不安排职工年休假又不按规定支付未休年休假工资报酬而发生纠纷的，职工可以采取以下两种途径保护自己的合法权益：

（1）向所在地的劳动监察大队举报，要求用人单位支付未休年休假工资报酬，如劳动部门要求用人单位限期支付而不支付的，劳动监察部门有权要求用人单位除支付未休年休假工资报酬外，还应当按照未休年休假工资报酬的标准向职工加付赔偿金。即在这种情况下，员工有权获得日平均工资的600%年休假工资报酬及赔偿金（其中包含用人单位支付职工正常工作期间的工资收入）。

（2）职工有权向劳动合同履行地或者用人单位所在地劳动争议仲裁委员会申请仲裁，要求用人单位支付未休年休假工资报酬。

非因本人原因被安排至新单位，应如何计算劳动者工作年限？

《劳动合同法实施条例》第十条规定："劳动者非因本人原因从原用人单位被安排到新用人单位工作的，劳动者在原用人单位的工作年限合并计算为新用人单位的工作年限。原用人单位已经向劳动者支付经济补偿的，新用人单位在依法解除、终止劳动合同计算支付经济补偿的工作年限时，不再计算劳动者在原用人单位的工作年限。"

是否要在一个单位工作1年以上才能享受年休假？

享受年休假的工作年限既包括在同一用人单位连续工作满12个月以上的情形，也包括在不同用人单位累计综合计算连续工作满12个月以上的情形。只要职工在用人单位工作期间，工作年限达到1年以上，即可享受年休假，而不是要在一个单位工作满1年以后才能享受年休假。

年度结束时有未休年假怎么处理？

《企业职工带薪年休假实施办法》第十条规第一款定："用人单位经职工同意不安排年休假或者安排职工年休假天数少于应休年休假天数，应当在本年度内对职工应休未休年休假天数，按照其日工资收入的300%支付未休年休假工资报酬，其中包含用人单位支付职工正常工作期间的工资收入。"因此，用人单位安排休的年休假比法定标准低的，应该要支付3倍工资。

不过《企业职工带薪年休假实施办法》第十条第二款规定："用人单位安排职工休年休假，但是职工因本人原因且书面提出不休年休假的，用人单位可以只支付其正常工作期间的工资收入。"所以有些单位也希望和职工达成谅解，由职工出具自愿不休年休假的证明，给予1倍的工资。

请过病假能否再休年假？

《职工带薪年休假条例》第三条第一款规定："职工累计工作已满1年不满10年的，年休假5天；

已满10年不满20年的，年休假10天；已满20年的，年休假15天。"第四条规定："职工有下列情形之一的，不享受当年的年休假：（一）职工依法享受寒暑假，其休假天数多于年休假天数的；（二）职工请事假累计20天以上且单位按照规定不扣工资的；（三）累计工作满1年不满10年的职工，请病假累计2个月以上的；（四）累计工作满10年不满20年的职工，请病假累计3个月以上的；（五）累计工作满20年以上的职工，请病假累计4个月以上的。"

所以，在确定自己是否还有年休假时，要确认自己所休的病假天数，然后再计算年休假的天数。

离职时有未休年假怎么处理？

职工容易产生的一个观念，以为离职时可以把全年的年休假作为计算基础，来判断未休年休假，其实这样是错误的。《企业职工带薪年休假实施办法》第十二条第一款规定："用人单位与职工解除或者终止劳动合同时，当年度未安排职工休满应休年休假的，应当按照职工当年已工作时间折算应休未休年休假天数并支付未休年休假工资报酬，但折算后不足1整天的部分不支付未休年休假工资报酬。"可见，职工离职时只有权利得到自己已工作时间对应的年休假。

具体的折算方法是：（当年度在本单位已过日历天数÷365天）×职工本人全年应当享受的年休假天数－当年度已安排年休假天数。例如，2021年6月30日离职的员工，只做了半年，原本年休假有10天的，计算时只能拿5天来计算。

如果离职时已把全年年假休完了，根据《企业职工带薪年休假实施办法》第十二条第三款的规定，用人单位当年已安排职工年休假的，多于折算应休年休假的天数不再扣回。

职工主动辞职，是否享受未休年休假工资？

根据《企业职工带薪年休假实施办法》第十二条的规定，用人单位与职工解除或者终止劳动合同时，当年度未安排职工休满应休年休假的，应当按照职工当年已工作时间折算应休未休年休假天数并支付未休年休假工资报酬。此条款并未区分用人单位要求解除劳动合同还是劳动者要求解除劳动合同。也就是说，无论解除或终止劳动合同的原因在于谁，只要出现劳动合同解除或者终止的情形，用人单位就应当向劳动者折算并支付当年度应休未休年休假的工资报酬。

另外，法律并没有规定职工享受年休假必须先向用人单位提出申请，相反却为用人单位设定了根据本企业生产工作的具体情况，统筹安排职工年休假的义务。所以，即使职工没有主动申请休年假并不等于他放弃了休年休假的权利。因此，用人单位应当按照职工应休年休假天数支付相应的年休假工资。

职工可以享受多长的病假？

根据《企业职工患病或非因工负伤医疗期规定》（1994年12月1日劳部发〔1994〕479号公布）等有关规定，患病或非因工负伤职工的病假假期根据本人实际参加工作年限和在本单位工作年限，给予3个月到24个月的医疗期：

（一）实际工作年限10年以下的，在本单位工作年限五年以下的为3个月；5年以上的为6个月。

（二）实际工作年限10年以上的，在本单位工作年限5年以下的为6个月；8年以上10年以下的为9个月；10年以上15年以下的为12个月；15年以上20年以下的为18个月；20年以上的为24个月。

试用期内患病能否享受医疗期？

试用期是指用人单位和劳动者相互考察、用以确定对方是否符合录用条件或求职要求的最长不超过6个月的考察期。用人单位不能仅签订试用期合同，试用期应包含在劳动合同期限内。而医疗期是指劳动者在劳动合同期内患病或非因工负伤，依法享有停止工作进行治疗和休息的时间。

所以，试用期内的职工享有和正式员工一样的医疗期等待遇。

根据《劳动合同法》第十九条第四款、原劳动部《关于贯彻执行〈劳动法〉若干问题的意见》第18项的规定，劳动者的试用期包含在劳动合同期限内，也即试用期应当被计算在劳动合同的履行期内。《劳动法》第七十二条、第七十三条规定，与劳动者建立劳动关系的用人单位应当在建立劳动关系之日起为劳动者缴纳社会保险费，社保费当然包括了法定强制缴纳的医疗保险。

女职工可以享受多长时间的产假？

根据《劳动法》及国务院发布的《女职工劳动保护特别规定》，任何用人单位的女职工均享有产假，假期为98天，其中产前可以休假15天；难产的，增加产假15天；生育多胞胎的，每多生育1个婴儿，增加产假15天。

女职工怀孕未满4个月流产的，享受15天产假；怀孕满4个月流产的，享受42天产假。

除了国家统一规定的产假外，各地一般都规定了奖励产假，各地奖励产假的期限有所不同。

职工有权拒绝加班享受休假吗？

企业的职工享有法律规定的休假的权利，任何企业都不应该强制剥夺职工的休假时间，更不能因为职工拒绝加班就公然开除他们。如果在工作中有企业的职工受到这样的不公平待遇在利用法律武器维护自身权利的同时应该积极地为自己争取正当的休假权利。

休息日被培训，算不算加班？

加班是指单位根据实际需要安排劳动者在法定标准工作时间以外工作。休息日培训算不算加班，要视培训的具体内容而定。如果培训是由用人单位安排、与劳动者工作内容关联度较高，或带有一定"软强制"意味，如单位规定"不得无故缺席"，或对缺席者进行罚款、扣奖金等处罚，则这类培训在实际中被认定是加班的概率较高。如果培训是自主报名参加，或与劳动者本职工作关联度不大，如有的企业会在休息日向职工提供语言培训、计算机技能培训，则实际中不被认定为加班的可能性更大。

实行轮班工作制的劳动者休假日轮班，单位应支付三倍工资吗？

根据国家的相关规定，轮班工作制是综合计算工时工作制的一种，实行轮班工作制的劳动者，工作日正好是周休息日的，属于正常工作；工作日正好是法定休假日的，视为加班，用人单位应按照规定支付职工的加班工资。

休了探亲假还能再休年假吗？

探亲假和年休假是两种假期。《企业职工带薪年休假实施办法》第六条规定："职工依法享受的探亲假、婚丧假、产假等国家规定的假期以及因工伤停工留薪期间，不计入年休假假期。"所以，劳动者休完探亲假，仍然可以休当年的年休假，但是，在休年休假时，最好提前安排好单位的工作。

领养子女可以休产假吗？

产假是国家根据妇女的生理特点，对女职工在劳动过程中的安全和卫生所采取的特殊保护措施之一。领养子女并不是妇女的生理行为，因此无法享受产假。

如果劳动者领养的子女年龄尚小，可以与单位协商以事假的方式来照顾子女。此外，申请产假需提供准生证、出生证等证明材料。从申请材料方面来看，孩子若是领养的，不可能具备上述证明材料，同样无法享受产假待遇。

第五章　工伤与工伤认定

劳动者在什么情况下才能被认定为工伤？

劳动者有下列情形之一的，应当认定为工伤：
（1）在工作时间和工作场所内，因工作原因受到事故伤害的。
（2）工作时间前后在工作场所内，从事与工作有关的预备性或者收尾性工作受到事故伤害的。
（3）在工作时间和工作场所内，因履行工作职责受到暴力等意外伤害的。
（4）患职业病的。
（5）因工外出期间，由于工作原因受到伤害或者发生事故下落不明的。
（6）在上下班途中，受到机动车事故伤害的。
（7）法律、行政法规规定应当认定为工伤的其他情形。
可见，因工作引起的受伤、疾病，包括上下班途中受伤，都应该被认定为工伤。

哪些情况会被视为工伤？

除上述情形外，还有一些例外，虽然不是因工作引起，也可认定为工伤。如《工伤保险条例》第十五条规定："职工有下列情形之一的，视同工伤：（一）在工作时间和工作岗位，突发疾病死亡或者在48小时之内经抢救无效死亡的；（二）在抢险救灾等维护国家利益、公共利益活动中受到伤害的；（三）职工原在军队服役，因战、因公负伤致残，已取得革命伤残军人证，到用人单位后旧伤复发的。职工有前款第（一）项、第（二）项情形的，按照本条例的有关规定享受工伤保险待遇；职工有前款第（三）项情形的，按照本条例的有关规定享受除一次性伤残补助金以外的工伤保险待遇。"

什么情况下，劳动者不会被认定为工伤？

根据《工伤保险条例》第十六条的规定，职工有下列情况之一的，不得认定为工伤或者视同工伤：
（1）故意犯罪的。
（2）醉酒或者吸毒的。
（3）自残或者自杀的。

劳动者因工受伤后该怎么做？

目前，有这样的情况，劳动者在受到工伤后，一些用人单位故意拖延时间，企图逃避工伤保险责任。受伤职工向劳动和社会保障部门申请工伤认定，用人单位不服行政机关工伤认定决定，又启动了复议和行政诉讼程序，然后又是劳动能力鉴定及工伤待遇索赔，导致时间跨度比较长，待最后的法律文书生效，某些早有准备的用人单位已不见踪影，劳动者实现合法权益成为泡影。所以，劳动者在受伤后，要牢记以下几点，为维权做好充足准备：

（1）签订合同保留证据。《劳动合同法》对签订合同有了更加明确的规定，并且规定了相应的惩罚措施，更加有利于劳动者权益的维护。劳动者应要求与用人单位签订合同，并保留相关用工证据，出现工伤纠纷时，有关的用工合同、上岗证都可以证明劳动者与用人单位之间的劳动关系。劳动者在平时的工作中应注意保留有关证据。

（2）及时进行工伤认定。职工发生事故伤害或者按照《职业病防治法》规定被诊断、鉴定为职业病，所在单位应当在24小时内通知统筹地区劳动保障行政部门及其参保的社会保险经办机构，并自事故伤害发生之日或者被诊断、鉴定为职业病之日起30日内，向统筹地区劳动保障行政部门提出书面工伤认定申请。

用人单位未按上述规定提出工伤认定申请的，该职工或者其直系亲属、工会组织在事故伤害发生之日或者被诊断、鉴定为职业病之日起1年内，可以直接向用人单位所在地劳动保障行政部门提出工伤认定申请。

（3）提出赔偿有理有据。劳动者应当依据法律规定提出索赔要求。根据相关规定，当劳动者被确定为工伤后，用人单位应支付工伤者医疗费、伙食费等费用。如治疗终结期满（伤情相对稳定）后存在残疾、影响劳动能力的，应当接受劳动能力鉴定。

（4）首先申请劳动仲裁。工伤后因赔偿等问题发生纠纷，劳动者应首先向劳动争议仲裁委员会申请仲裁，申请仲裁的期限为劳动争议发生之日起60日内，不服仲裁裁决的，再向人民法院起诉。

什么时候要去进行工伤认定？

职工发生事故伤害或者被诊断、鉴定为职业病，所在单位应当自事故伤害发生之日或者被诊断、鉴定为职业病之日起30日内，向统筹地区劳动保障行政部门提出工伤认定申请。遇有特殊情况，经报劳动保障行政部门同意，申请时限可以适当延长。

用人单位未按上述规定提出工伤认定申请的，工伤职工或者其直系亲属、工会组织在事故伤害发生之日或者被诊断、鉴定为职业病之日起1年内，可以直接向用人单位所在地统筹地区劳动保障行政部门提出工伤认定申请。

用人单位未在规定的时限内提交工伤认定申请，在此期间发生符合《工伤保险条例》规定的工伤待遇等有关费用由该用人单位负担。

可以到哪里去办理工伤认定？

应当由省级劳动保障行政部门进行工伤认定的事项，根据属地原则，由用人单位所在地的设区的市级劳动保障行政部门办理。

工伤鉴定费用由谁出？

只要劳动者的受伤符合工伤保险条例的条件，鉴定费用由用人单位支付。劳动者先去劳动和社会保障局申请工伤认定（不需费用），认定工伤后，劳动和社会保障局会发给劳动者到有资格的医院做伤残鉴定的通知，鉴定费用通常由劳动者先垫付，然后可以向单位索要。

劳动者怎样去申请工伤鉴定？

申请工伤鉴定的程序一般为：先到（市）县、区劳动和社会保障局社会保障科领取工伤申请认定表，并详细填写表格，其中包括要求所在单位盖章同意伤者进行工伤鉴定。在受伤之日起一年之内，只要携带填写完整的申请表，以及本人身份证、治疗时的病历卡原件和复印件，就可以向该部门提出工伤鉴定申请，该部门工作人员会对伤者受伤过程及有关事宜进行调查核实，在伤者完成全部治疗之后给出工伤鉴定结果，并由医院出示医疗诊断证明书。受伤严重的，还可以由社会保障科介绍，到劳动能力鉴定委员会进行伤残鉴定。根据工伤鉴定结果，伤者可以得到因工伤引起的有关损失补偿。

如果所在单位不同意伤者进行工伤鉴定怎么办？

在申请过程中，如果遇到所在单位不同意伤者进行工伤鉴定的，那么伤者必须凭与单位签订的劳动合同，证明自己与单位的劳动关系，才可以办理工伤鉴定。因此，劳动者在与单位签订劳动合同的时候，应该一式两份，自己手中留一份。这样在出现意外纠纷时，才可以有所依据，通过正当途径切实保障自身的权益。

申请工伤认定应准备什么材料？

劳动者在申请工伤认定时应准备以下材料：
（1）工伤认定申请表。
（2）与用人单位存在劳动关系（包括事实劳动关系）的证明材料。
（3）医疗诊断证明或者职业病诊断证明书（或者职业病诊断鉴定书）。
工伤认定申请表应当包括事故发生的时间、地点、原因以及职工伤害程度等基本情况。

如果工伤认定资料准备不齐怎么办？

工伤认定申请人提供材料不完整的，劳动保障行政部门应当一次性书面告知工伤认定申请人需要补正的全部材料。申请人按照书面告知要求补正材料后，劳动保障行政部门应当受理。

谁可以申请劳动能力鉴定？

劳动能力鉴定由用人单位、工伤职工或者其近亲属向设区的市级劳动能力鉴定委员会提出申请，并提供工伤认定决定和职工工伤医疗的有关资料。

劳动能力鉴定是按照怎样的程序展开的？

根据《工伤保险条例》的规定，劳动能力鉴定需按照以下程序进行：

（1）提出申请。由符合劳动能力鉴定条件的工伤职工本人（或其直系亲属）或者该职工的用人单位向当地劳动能力鉴定委员会提出劳动能力鉴定申请，同时提交工伤认定决定和职工工伤医疗的有关资料。

（2）审查。当地劳动能力鉴定委员会在收到申请人申报劳动能力鉴定的资料后，首先要进行初审，看有关材料是否齐备、有效。如果申请人提交的资料欠缺，劳动能力鉴定委员会则应一次性书面要求申请人补充材料，材料齐全后应当受理。

（3）组织鉴定。劳动能力鉴定委员会受理劳动能力鉴定申请后，在30日内从医疗卫生专家库内随机抽取3名或者5名专家组成专家组进行鉴定。专家组鉴定后出具的鉴定意见由参与鉴定的专家签署。必要时，可以委托具备资格的医疗机构进行有关的诊断。劳动能力鉴定委员会根据专家组的鉴定意见，确定伤残职工的劳动功能障碍程度和生活自理障碍程度，作出劳动能力鉴定结论。

劳动功能障碍程度分为几级，都包括哪些内容？

劳动功能障碍程度共分为十级，各级的内容如下表所示：

劳动功能障碍程度分级及内容

序号	级别	内容
1	一级	器官缺失或功能完全丧失，其他器官不能代偿，存在特殊医疗依赖，生活完全或大部分不能自理
2	二级	器官严重缺损或畸形，有严重功能障碍或并发症，存在特殊医疗依赖，或生活大部分不能自理
3	三级	器官严重缺损或畸形，有严重功能障碍或并发症，存在特殊医疗依赖，或生活部分不能自理
4	四级	器官严重缺损或畸形，有严重功能障碍或并发症，存在特殊医疗依赖，生活可以自理
5	五级	器官大部分缺损或明显畸形，有较重功能障碍或并发症，存在一般医疗依赖，生活能自理
6	六级	器官大部分缺损或明显畸形，有中等功能障碍或并发症，存在一般医疗依赖，生活能自理
7	七级	器官大部分缺损或明显畸形，有轻度功能障碍或并发症，存在一般医疗依赖，生活能自理
8	八级	器官部分缺损，形态异常，轻度功能障碍，有医疗依赖，生活能自理
9	九级	器官部分缺损，形态异常，轻度功能障碍，无医疗依赖，生活能自理
10	十级	器官部分缺损，形态异常，无功能障碍，无医疗依赖，生活能自理

生活自理障碍程度分为几个等级，都包括哪些内容？

生活自理障碍程度，根据进食、翻身、大小便、穿衣洗漱、自我移动等5项内容，分为生活完全不能自理、生活大部分不能自理和生活部分不能自理3个等级，各级的内容如下表所示。

生活自理障碍程度分级及内容

序号	级别	判断标准
1	生活完全不能自理	进食、翻身、大小便、穿衣洗漱、自我移动等5项均不能自理
2	生活大部分不能自理	指进食、翻身、大小便、穿衣洗漱、自我移动等五项中有三项不能自理
3	生活部分不能自理	指进食、翻身、大小便、穿衣洗漱、自我移动等五项中有一项不能自理

职工对劳动能力鉴定委员会作出的鉴定结论不服的，应该怎么办？

工伤职工及其亲属或者用人单位对劳动能力鉴定委员会作出伤残等级和劳动能力鉴定结论不服的，可以自收到鉴定结论之日起15日内申请复查，对复查鉴定不服的，可以自收到复查鉴定结论之日起15日内向上一级劳动能力鉴定委员会申请重新鉴定。

如何进行劳动能力首次鉴定（伤残等级、医疗终结期、辅助器具安装、生活自理障碍程度）？

以下以深圳市劳动能力首次鉴定程序为例来予以说明：

1．申请条件

因工作遭受事故伤害或者患职业病的本市务工人员，根据《广东省职工外伤、职业中毒医疗终结鉴定标准》（2006）的规定，伤情相对稳定，已满最短医疗期伤情相对稳定。

2．申报材料

（1）工伤认定书原件及复印件、申请人和被鉴定人身份证原件及复印件、工伤医疗有关资料（原始病历、X光片、CT片、MRT片及检查报告单等）、被鉴定人3张1寸近期免冠照片、劳动能力鉴定申请书。

（2）未参保无工伤认定书的应提供所在单位证明；非法用工的应提交属地工商管理部门的非法用工证明。

3．办理程序

（1）申请人填写《劳动能力鉴定申请书》，经审核符合申请条件者领取《深圳市劳动能力鉴定通知书》。

（2）按《鉴定通知书》上指定的时间和地点，带齐相关资料进行鉴定并领取回执。

（3）申请人凭回执和身份证原件及复印件在规定的时间、地点领取鉴定结论。

4.办理地点

经市社保机构工伤处认定为工伤和其他机关事业单位、司法或仲裁委托的,到市劳动能力鉴定委员会办公室业务窗口办理;经所属地社保机构工伤部门认定为工伤的,在所属地社保机构工伤保险部门申请办理。

如何进行工伤劳动能力复查鉴定?

1.申请条件

(1)按《工伤保险条例》鉴定的,自鉴定结论作出之日起1年后,认为伤残情况发生变化的。
(2)申请人:工伤职工或其直系亲属、用人单位或者经办机构。

2.申报材料

首次鉴定申请的全部材料、首次鉴定结论书原件(全部)、被鉴定人3张1寸近期免冠照片。

3.办理程序

(1)申请人填写《劳动能力鉴定申请书》,经审核符合申请条件者领取《劳动能力鉴定通知书》。
(2)按《鉴定通知书》上指定的时间和地点,带齐相关资料进行鉴定并领取回执。
(3)申请人凭回执和身份证原件及复印件在规定的时间、地点领取鉴定结论。

如何进行伤病因果关系确定?

1.申请条件

(1)本次外伤与疾病有关联关系。
(2)由社保机构工伤保险部门委托。

2.申报资料

社保管理处工伤保险科或管理站的介绍信、原始病历资料、X光片、CT片及报告单、鉴定申请书、申请人和被鉴定人身份证原件及复印件、被鉴定人4张1寸近期免冠照片。

3.办理程序

(1)申请人填写《劳动能力鉴定申请书》经审核符合申请条件者领取《劳动能力鉴定通知书》。
(2)按《鉴定通知书》上指定的时间和地点,带齐相关资料进行鉴定并领取回执。
(3)申请人凭回执和身份证原件及复印件在规定的时间、地点领取鉴定结论。

如何进行医疗终结期延长鉴定?

1.申请条件

(1)已满最长医疗期,而伤情或病情尚未稳定需进一步治疗。

(2) 申请人：工伤职工或其直系亲属、用人单位或者经办机构。

2．申报材料

工伤认定书、原始病历资料、各社保管理站的介绍信、鉴定申请书、申请人和被鉴定人身份证原件及复印件、被鉴定人3张1寸近期免冠照片。

3．办理程序

(1) 申请人填写《劳动能力鉴定申请书》，经审核符合申请条件者领取《劳动能力鉴定通知书》。

(2) 按《鉴定通知书》上指定的时间和地点，带齐相关资料进行鉴定并领取回执。

(3) 申请人凭回执和身份证原件及复印件在规定的时间、地点领取鉴定结论。

旧伤复发需要就医的鉴定程序？

1．鉴定程序

(1) 提供当时工伤的相关材料。劳动部门发放的工伤证、工伤鉴定表、批准工伤退休的登记表等。

(2) 未曾经过劳动鉴定委员会鉴定的工伤退休人员，填写《职工因工致残旧伤复发程度鉴定审批表》，由职工本人填写受伤时间、受伤经过及治疗情况，一式两份。

(3) 企业保险科组织医院专家认定，依据历史上受伤的部位，认定旧伤是否治愈、是否复发。

2．就医程序

(1) 对经医院专家鉴定为旧伤复发并需要治疗的，由本人申请填写《职工旧伤复发治疗审批表》。

(2) 企业保险科批准就诊医院及所需金额。

(3) 退休人员每个季度末凭《职工旧伤复发治疗审批表》、诊历、有效票据、复式处方到企业保险科审核结报。

(4) 社保处依据局企业保险科审核的意见，从工伤保险基金中列支老工伤人员旧伤复发的治疗费用。

未定残的工伤劳动者可以享受哪些待遇？

未定残的工伤劳动者可以享受的待遇如下表所示：

未定残的工伤劳动者享受的待遇

序号	享受待遇	说明
1	医疗费	治疗工伤所需费用符合工伤保险诊疗项目目录、工伤保险药品目录、工伤保险住院服务标准的，从工伤保险基金中支付
2	住院伙食补助费	职工住院治疗工伤的，由所在单位按照本单位职工因公出差伙食补助标准的70％发给住院伙食补助费
3	交通、食宿费	经医疗机构出具证明，报经办机构同意，工伤职工到统筹地区以外就医的，所需交通、食宿费用由所在单位按照本单位职工因公出差标准报销

续表

序号	享受待遇	说明
4	康复性治疗的费用	工伤职工到签订服务协议的医疗机构进行康复性治疗的费用从工伤保险基金支付
5	辅助器具费用	工伤职工因日常生活或者就业需要，经劳动能力鉴定委员会确认，可以安装假肢、矫形器、假眼、假牙和配置轮椅等辅助器具
6	护理费	生活不能自理的工伤职工在停工留薪期需要护理的，由所在单位负责。工伤职工已经评定伤残等级并经劳动能力鉴定委员会确认需要生活护理的，从工伤保险基金按月支付生活护理费
7	工资福利	停工留薪期内，原工资福利待遇不变，由所在单位按月支付。停工留薪期一般不超过12个月。伤情严重或者情况特殊，经设区的市级劳动能力鉴定委员会确认，可以适当延长，但延长不得超过12个月。工伤职工评定伤残等级后，停发原待遇，按照规定享受伤残待遇。工伤职工在停工留薪期满后仍需治疗的，继续享受工伤医疗待遇

伤残等级划分的依据标准是什么？

伤残的等级分为一级到十级伤残，各等级的依据标准如下表所示：

伤残等级划分的依据标准

序号	伤残等级	划分的依据标准
1	一级伤残	（1）日常生活完全不能自理，全靠别人帮助或采用专门设施，否则生命无法维持。 （2）意识消失。 （3）各种活动均受到限制而卧床。 （4）社会交往完全丧失。
2	二级伤残	（1）日常生活需要随时有人帮助。 （2）各种活动受限，仅限于床上或椅上的活动。 （3）不能工作。 （4）社会交往极度困难。
3	三级伤残	（1）不能完全独立生活，需经常有人监护。 （2）各种活动受限，仅限于室内的活动。 （3）明显职业受限。 （4）社会交往困难。
4	四级伤残	（1）日常生活能力严重受限，间或需要帮助。 （2）各种活动受限，仅限于居住范围内的活动。 （3）职业种类受限。 （4）社会交往严重受限。
5	五级伤残	（1）日常生活能力部分受限，偶尔需要监护。 （2）各种活动受限，仅限于就近的活动。 （3）需要明显减轻工作。 （4）社会交往贫乏。
6	六级伤残	（1）日常生活能力部分受限，但能部分代偿，条件性需要帮助。 （2）各种活动降低。 （3）不能胜任原工作。 （4）社会交往狭窄。

续表

序号	伤残等级	划分的依据标准
7	七级伤残	（1）日常生活有关的活动能力严重受限。 （2）短暂活动不受限，长时间活动受限。 （3）工作时间需要明显缩短。 （4）社会交往降低
8	八级伤残	（1）日常生活有关的活动能力部分受限。 （2）远距离流动受限。 （3）断续工作。 （4）社会交往受约束
9	九级伤残	（1）日常活动能力大部分受限。 （2）工作和学习能力下降。 （3）社会交往能力大部分受限
10	十级伤残	（1）日常活动能力部分受限。 （2）工作和学习能力有所下降。 （3）社会交往能力部分受限

哪些情况可以认定为一级工伤或职业病？

以下情况之一者可认定为一级工伤或职业病：

（1）极重度智能损伤。

（2）四肢瘫肌力≤3级或三肢瘫肌力≤2级。

（3）重度非肢体瘫运动障碍。

（4）面部重度毁容，同时伴有《劳动能力鉴定 职工工伤与职业病致残等级》（GB/T 16180—2014）表C.2中二级伤残之一者。

（5）全身重度瘢痕形成，占体表面积≥90%，伴有脊柱及四肢大关节活动功能基本丧失。

（6）双肘关节以上缺失或功能完全丧失。

（7）双下肢高位缺失及一上肢高位缺失。

（8）双下肢及一上肢瘢痕畸形，功能完全丧失。

（9）双眼无光感或仅有光感但光定位不准者。

（10）肺功能重度损伤和呼吸困难Ⅳ级，需终生依赖机械通气。

（11）双肺或心肺联合移植术。

（12）小肠切除≥90%。

（13）肝切除后原位肝移植。

（14）胆道损伤原位肝移植。

（15）全胰切除。

（16）双侧肾切除或孤肾切除术后，用透析维持或同种肾移植术后肾功能不全尿毒症期。

（17）尘肺叁期伴肺功能重度损伤及（或）重度低氧血症[PO2<5.3kPa<40mmHg）]。

（18）其他职业性肺部疾患，伴肺功能重度损伤及（或）重度低氧血症[PO_2<5.3kPa（<40mmHg）]。

（19）放射性肺炎后，两叶以上肺纤维化伴重度低氧血症[PO2<5.3kPa（<40mmHg）]。

(20) 职业性肺癌伴肺功能重度损伤。
(21) 职业性肝血管肉瘤，重度肝功能损害。
(22) 肝硬化伴食道静脉破裂出血，肝功能重度损害。
(24) 肾功能不全尿毒症期，内生肌酐清除率持续＜10mL/min，或血浆肌酐水平持续＞707μmol/L（＞8mg/dL）。

哪种情况可认定为二级工伤或职业病？

以下情况之一者可认定为二级工伤或职业病：
(1) 重度智能损伤。
(2) 三肢瘫肌力3级。
(3) 偏瘫肌力≤2级。
(4) 截瘫肌力≤2级。
(5) 双手全肌瘫肌力≤2级。
(6) 完全感觉性或混合性失语。
(7) 全身重度瘢痕形成，占体表面积≥80%，伴有四肢大关节中3个以上活动功能受限。
(8) 全面部瘢痕或植皮伴有重度毁容。
(9) 双侧前臂缺失或双手功能完全丧失。
(10) 双下肢瘢痕畸形，功能完全丧失。
(11) 双膝以上缺失。
(12) 双膝、踝关节功能完全丧失。
(13) 同侧上、下肢缺失或功能完全丧失。
(14) 四肢大关节（肩、髋、膝、肘）中4个以上关节功能完全丧失者。
(15) 一眼有或无光感，另眼矫正视力≤0.02，或视野≤8%（或半径≤5°）。
(16) 无吞咽功能，完全依赖胃管进食。
(17) 双侧上颌骨或双侧下颌骨完全缺损。
(18) 一侧上颌骨及对侧下颌骨完全缺损，并伴有颜面软组织缺损＞30cm^2。
(19) 一侧全肺切除并胸廓成形术，呼吸困难Ⅲ级。
(20) 心功能不全三级。
(21) 食管闭锁或损伤后无法行食管重建术，依赖胃造瘘或空肠造瘘进食。
(22) 小肠切除3/4，合并短肠综合征。
(23) 肝切除3/4，并肝功能重度损害。
(24) 肝外伤后发生门脉高压三联症或发生Budd-chiari综合征。
(25) 胆道损伤致肝功能重度损害。
(26) 胰次全切除，胰腺移植术后。
(27) 孤肾部分切除后，肾功能不全失代偿期。
(28) 肺功能重度损伤及（或）重度低氧血症。
(29) 尘肺叁期伴肺功能中度损伤及（或）中度低氧血症。
(30) 尘肺贰期伴肺功能重度损伤及（或）重度低氧血症[PO$_2$＜5.3kPa＜40mmHg)]。
(31) 尘肺叁期伴活动性肺结核。

(32) 职业性肺癌或胸膜间皮瘤。
(33) 职业性急性白血病。
(34) 急性重型再生障碍性贫血。
(35) 慢性重度中毒性肝病。
(36) 肝血管肉瘤。
(37) 肾功能不全尿毒症期，内生肌酐清除率＜25mL/min或血浆肌酐水平持续＞450μmol/L（5mg/dL）。
(38) 职业性膀胱癌；
(39) 放射性肿瘤。

哪种情况可认定为三级工伤或职业病？

以下情况之一者可认定为三级工伤或职业病：
(1) 精神病性症状，经系统治疗1年后仍表现为危险或冲动行为者。
(2) 精神病性症状，经系统治疗1年后仍缺乏生活自理能力者。
(3) 偏瘫肌力3级。
(4) 截瘫肌力3级。
(5) 双足全肌瘫肌力≤2级。
(6) 中度非肢体瘫运动障碍。
(7) 完全性失用、失写、失读、失认等具有两项及两项以上者。
(8) 全身重度瘢痕形成，占体表面积≥70%，伴有四肢大关节中2个以上活动功能受限。
(9) 面部瘢痕或植皮≥2/3并有中度毁容。
(10) 一手缺失，另一手拇指缺失。
(11) 双手拇、食指缺失或功能完全丧失。
(12) 一手功能完全丧失，另一手拇指对掌功能丧失。
(13) 双髋、双膝关节中，有一个关节缺失或功能完全丧失及另一关节重度功能障碍。
(14) 双膝以下缺失或功能完全丧失。
(15) 一侧髋、膝关节畸形，功能完全丧失。
(16) 非同侧腕上、踝上缺失。
(17) 非同侧上、下肢瘢痕畸形，功能完全丧失。
(18) 一眼有或无光感，另眼矫正视力≤0.05或视野≤16%（半径≤10°）。
(19) 双眼矫正视力＜0.05或视野≤16%（半径≤10°）。
(20) 一侧眼球摘除或眼内容物剜出，另眼矫正视力＜0.1或视野≤24%（或半径≤15°）。
(21) 呼吸完全依赖气管套管或造口。
(22) 喉或气管损伤导致静止状态下或仅轻微活动即有呼吸困难。
(23) 同侧上、下颌骨完全缺损。
(24) 一侧上颌骨或下颌骨完全缺损，伴颜面部软组织缺损＞30cm^2。
(25) 舌缺损＞全舌的2/3。
(26) 一侧全肺切除并胸廓成形术。
(27) 一侧胸廓成形术，肋骨切除6根以上。

(28) 一侧全肺切除并隆凸切除成形术。

(29) 一侧全肺切除并大血管重建术。

(30) Ⅲ度房室传导阻滞。

(31) 肝切除2/3，并肝功能中度损害。

(32) 胰次全切除，胰岛素依赖。

(33) 一侧肾切除，对侧肾功能不全失代偿期。

(34) 双侧输尿管狭窄，肾功能不全失代偿期。

(35) 永久性输尿管腹壁造瘘。

(36) 膀胱全切除。

(37) 尘肺叁期。

(38) 尘肺贰期伴肺功能中度损伤及/或中度低氧血症。

(39) 尘肺贰期合并活动性肺结核。

(40) 放射性肺炎后两叶肺纤维化，伴肺功能中度损伤及（或）中度低氧血症。

(41) 粒细胞缺乏症。

(42) 再生障碍性贫血。

(43) 职业性慢性白血病。

(44) 中毒性血液病，骨髓增生异常综合征。

(45) 中毒性血液病，严重出血或血小板减少 $\leqslant 2 \times 10^{10}/L$。

(46) 砷性皮肤癌。

(47) 放射性皮肤癌。

哪种情况可认定为四级工伤或职业病？

以下情况之一者可认定为四级工伤或职业病：

(1) 中度智能损伤。

(2) 重度癫痫。

(3) 精神病性症状，经系统治疗1年后仍缺乏社交能力者。

(4) 单肢瘫肌力≤2级。

(5) 双手部分肌瘫肌力≤2级。

(6) 脑脊液漏伴有颅底骨缺损不能修复或反复手术失败。

(7) 面部中度毁容。

(8) 全身瘢痕面积≥60%，四肢大关节中1个关节活动功能受限。

(9) 面部瘢痕或植皮≥1/2并有轻度毁容。

(10) 双拇指完全缺失或功能完全丧失。

(11) 一侧手功能完全丧失，另一侧手部分功能丧失。

(12) 一侧肘上缺失。

(13) 一侧膝以下缺失，另一侧前足缺失。

(14) 一侧膝以上缺失。

(15) 一侧踝以下缺失，另一足畸形行走困难。

(16) 一眼有或无光感，另眼矫正视力＜0.2或视野≤32%（或半径≤20°）。

(17) 一眼矫正视力<0.05，另一眼矫正视力≤0.1。
(18) 双眼矫正视力<0.1或视野≤32%（或半径≤20°）。
(19) 双耳听力损失≥91dBHL。
(20) 牙关紧闭或因食管狭窄只能进流食。
(21) 一侧上颌骨缺损1/2，伴颜面部软组织缺损>20cm²。
(22) 下颌骨缺损长6cm以上的区段，伴口腔、颜面软组织缺损>20cm²。
(23) 双侧颞下颌关节骨性强直，完全不能张口。
(24) 面颊部洞穿性缺损>20cm²。
(25) 双侧完全性面瘫。
(26) 一侧全肺切除术。
(27) 双侧肺叶切除术。
(28) 肺叶切除后并胸廓成形术后。
(29) 肺叶切除并隆凸切除成形术后。
(30) 一侧肺移植术。
(31) 心瓣膜置换术后。
(32) 心功能不全二级。
(33) 食管重建术后吻合口狭窄，仅能进流食者。
(34) 全胃切除。
(35) 胰头、十二指肠切除。
(36) 小肠切除3/4。
(37) 小肠切除2/3，包括回盲部切除。
(38) 全结肠、直肠、肛门切除，回肠造瘘。
(39) 外伤后肛门排便重度障碍或失禁。
(40) 肝切除2/3。
(41) 肝切除1/2，肝功能轻度损害。
(42) 胆道损伤致肝功能中度损害。
(43) 甲状旁腺功能重度损害。
(44) 肾修补术后，肾功能不全失代偿期。
(45) 输尿管修补术后，肾功能不全失代偿期。
(46) 永久性膀胱造瘘。
(47) 重度排尿障碍。
(48) 神经原性膀胱，残余尿≥50mL。
(49) 双侧肾上腺缺损。
(50) 尘肺贰期。
(51) 尘肺壹期伴肺功能中度损伤及（或）中度低氧血症。
(52) 尘肺壹期伴活动性肺结核。
(53) 病态窦房结综合征（需安装起搏器者）。
(54) 放射性损伤致肾上腺皮质功能明显减退。
(55) 放射性损伤致免疫功能明显减退。

哪种情况可认定为五级工伤或职业病？

以下情况之一者可认定为五级工伤或职业病：

(1) 四肢瘫肌力4级。
(2) 单肢瘫肌力3级。
(3) 双手部分肌瘫肌力3级。
(4) 一手全肌瘫肌力3级。
(5) 双足全肌瘫肌力3级。
(6) 完全运动性失语。
(7) 完全性失用、失写、失读、失认等具有一项者。
(8) 不完全性失用、失写、失读、失认等具有多项者。
(9) 全身瘢痕占体表面积≥50%，并有关节活动功能受限。
(10) 面部瘢痕或植皮≥1/3并有毁容标准之一项。
(11) 脊柱骨折后遗30°以上侧弯或后凸畸形，伴严重根性神经痛。
(12) 一侧前臂缺失。
(13) 一手功能完全丧失。
(14) 肩、肘关节之一功能完全丧失。
(15) 一手拇指缺失，另一手除拇指外三指缺失。
(16) 一手拇指功能完全丧失，另一手除拇指外三指功能完全缺失。
(17) 双前足缺失或双前足瘢痕畸形，功能完全丧失。
(18) 双跟骨足底软组织缺损瘢痕形成，反复破溃。
(19) 一髋（或一膝）功能完全丧失。
(20) 四肢大关节这一人工关节术后遗留重度功能障碍。
(21) 一侧膝以下缺失。
(22) 第Ⅲ对脑神经麻痹。
(23) 双眼外伤性青光眼术后，需用药物维持眼压者。
(24) 一眼有或无光感，另眼矫正视力≤0.3或视野≤40%（或半径≤25°）。
(25) 一眼矫正视力<0.05，另眼矫正视力≤0.2。
(26) 一眼矫正视力<0.1，另眼矫正视力等于0.1。
(27) 双眼视野≤40%（或半径≤25°）。
(28) 双耳听力损失≥81dB。
(29) 喉或气管损伤导致一般活动及轻工作时有呼吸困难。
(30) 吞咽困难，仅能进半流食。
(31) 双侧喉返神经损伤，喉保护功能丧失致饮食呛咳、误吸。
(32) 一侧上颌骨缺损>1/4，但<1/2，伴软组织缺损>10cm^2，但<20cm^2。
(33) 下颌骨缺损长4cm以上的区段，伴口腔、颜面软组织缺损>10cm^2。
(34) 一侧完全面瘫，另一侧不完全面瘫。
(35) 双肺叶切除术。
(36) 肺叶切除术并大血管重建术。
(37) 隆凸切除成形术。

(38) 食管重建术后吻合口狭窄，仅能进半流食者。
(39) 食管气管或支气管瘘。
(40) 食管胸膜瘘。
(41) 胃切除3/4。
(42) 小肠切除2/3，包括回肠大部分。
(43) 肛门、直肠、结肠部分切除，结肠造瘘。
(44) 肝切除1/2。
(45) 胰切除2/3。
(46) 甲状腺功能重度损害。
(47) 一侧肾切除，对侧肾功能不全代偿期。
(48) 一侧输尿管狭窄，肾功能不全代偿期。
(49) 尿道瘘不能修复者。
(50) 两侧睾丸、附睾缺损。
(51) 放射性损伤致生殖功能重度损伤。
(52) 阴茎全缺损。
(53) 双侧卵巢切除。
(54) 阴道闭锁。
(55) 会阴部瘢痕挛缩伴有阴道或尿道或肛门狭窄。
(56) 肺功能中度损伤或中度低氧血症。
(57) 莫氏Ⅱ型Ⅱ度房室传导阻滞。
(58) 病态窦房结综合征（不需安起搏器者）。
(59) 中毒性血液病，血小板减少（≤4×10^{10}/L）并有出血倾向。
(60) 中毒性血液病，白细胞含量持续<3×10^9/L（<3 000/mm³）或粒细胞<1.5×10^9/L（1 500/mm³）。
(61) 慢性中度中毒性肝病。
(62) 肾功能不全失代偿期，内生肌酐清除率持续<50mL/min或血浆肌酐水平持续>177μmol/L（2mg/dL）。
(63) 放射性损伤致睾丸萎缩。
(64) 慢性重度磷中毒。
(65) 重度手臂振动病。

哪种情况可认定为六级工伤或职业病？

以下情况之一者可认定为六级工伤或职业病：
(1) 癫痫中度。
(2) 轻度智能损伤。
(3) 精神病性症状，经系统治疗1年后仍影响职业劳动能力者。
(4) 三肢瘫肌力4级。
(5) 截瘫双下肢肌力4级伴轻度排尿障碍。
(6) 双手全肌瘫肌力4级。

(7) 一手全肌瘫肌力3级。
(8) 双足部分肌瘫肌力≤2级。
(9) 单足全肌瘫肌力≤2级。
(10) 轻度非肢体瘫运动障碍。
(11) 不完全性感觉性失语。
(12) 面部重度异物色素沉着或脱失。
(13) 面部瘢痕或植皮≥1/3。
(14) 全身瘢痕面积≥40%。
(15) 撕脱伤后头皮缺失1/5以上。
(16) 一手一拇指完全缺失，连同另一手非拇指二指缺失。
(17) 一拇指功能完全丧失，另一手除拇指外有二指功能完全丧失。
(18) 一手三指（含拇指）缺失。
(19) 除拇指外其余四指缺失或功能完全丧失。
(20) 一侧踝以下缺失或踝关节畸形，功能完全丧失。
(21) 下肢骨折成角畸形>15°，并有肢体短缩4cm以上。
(22) 一前足缺失，另一足仅残留拇趾。
(23) 一前足缺失，另一足除拇趾外，2~5趾畸形，功能丧失。
(24) 一足功能丧失，另一足部分功能丧失。
(25) 一髋或一膝关节功能重度障碍。
(26) 单侧跟骨足底软组织缺损瘢痕形成，反复破溃。
(27) 一侧眼球摘除，或一侧眼球明显萎缩，无光感。
(28) 一眼有或无光感，另一眼矫正视力≥0.4
(29) 一眼矫正视力≤0.05，另一眼矫正视力≥0.3。
(30) 一眼矫正视力≤0.1，另一眼矫正视力≥0.2。
(31) 双眼矫正视力≤0.2或视野≤48%（或半径≤30°）。
(32) 第Ⅳ或第Ⅵ对脑神经麻痹，或眼外肌损伤致复视的。
(33) 双耳听力损失≥71dB。
(34) 双侧前庭功能丧失，睁眼行走困难，不能并足站立。
(35) 单侧或双侧颞下颌关节强直，张口困难Ⅲ度。
(36) 一侧上颌骨缺损1/4，伴口腔颜面软组织缺损>10cm^2。
(37) 面部软组织缺损>20cm^2，伴发涎瘘。
(38) 舌缺损>舌的1/3，但<舌的2/3。
(39) 双侧颧骨并颧弓骨折，伴有开口困难Ⅱ度以上及颜面部畸形经手术复位者。
(40) 双侧下颌骨髁状突颈部骨折，伴有开口困难Ⅱ度以上及咬合关系改变，经手术治疗者。
(41) 一侧完全性面瘫。
(42) 肺叶切除并肺段或楔形切除术。
(43) 肺叶切除并支气管成形术后。
(44) 支气管（或气管）胸膜瘘。
(45) 冠状动脉旁路移植术。
(46) 大血管重建术。
(47) 胃切除2/3。

(48) 小肠切除1/2，包括回盲部。
(49) 肛门外伤后排便轻度障碍或失禁。
(50) 肝切除1/3。
(51) 胆道损伤致肝功能轻度损伤。
(52) 腹壁缺损≥腹壁的1/4。
(53) 胰切除1/2。
(54) 甲状腺功能中度损害。
(55) 甲状旁腺功能中度损害。
(56) 肾损伤性高血压。
(57) 尿道狭窄经系统治疗1年后仍需定期行扩张术。
(58) 膀胱部分切除合并轻度排尿障碍。
(59) 两侧睾丸创伤后萎缩，血睾酮低于正常值。
(60) 放射性损伤致生殖功能轻度损伤。
(61) 双侧输精管缺损，不能修复。
(62) 阴茎部分缺损。
(63) 女性双侧乳房切除或严重瘢痕畸形。
(64) 子宫切除。
(65) 双侧输卵管切除。
(66) 尘肺壹期伴肺功能轻度损伤及（或）轻度低氧血症。
(67) 放射性肺炎后肺纤维化（<两叶），伴肺功能轻度损伤及（或）轻度低氧血症。
(68) 其他职业性肺部疾患，伴肺功能轻度损伤。
(69) 白血病完全缓解。
(70) 中毒性肾病，持续性低分子蛋白尿伴白蛋白尿。
(71) 中毒性肾病，肾小管浓缩功能减退
(72) 放射性损伤致肾上腺皮质功能轻度减退。
(71) 放射性损伤致甲状腺功能低下。
(74) 减压性骨坏死Ⅲ期。
(75) 中度手臂振动病。
(76) 氟及其无机化合物中毒慢性重度中毒。

哪种情况可认定为七级工伤或职业病？

以下情况之一者可认定为七级工伤或职业病：
(1) 偏瘫肌力4级。
(2) 截瘫肌力4级。
(3) 单手部分肌瘫肌力3级。
(4) 双足部分肌瘫肌力3级。
(5) 单足全肌瘫肌力3级。
(6) 中毒性周围神经病致深感觉障碍。
(7) 人格改变或边缘智能，经系统治疗1年后仍存在明显社会功能受损者。

(8) 不完全性运动性失语。

(9) 不完全性失用、失写、失读和失认等具有一项者。

(10) 符合重度毁容标准中的两项者。

(11) 烧伤后颅骨全层缺损≥$30cm^2$，或在硬脑膜上植皮面积≥$10cm^2$。

(12) 颈部瘢痕挛缩，影响颈部活动。

(13) 全身瘢痕面积≥30%。

(14) 面部瘢痕、异物或植皮伴色素改变占面部的10%以上。

(15) 骨盆骨折内回固定术后，骨盆环不稳定，骶髂关节分离。

(16) 一手除拇指外，其他2~3指（含食指）近侧指间关节离断。

(17) 一手除拇指外，其他2~3指（含食指）近侧指间关节功能丧失。

(18) 肩、肘关节之一损伤后遗留关节重度功能障碍。

(19) 一腕关节功能完全丧失。

(20) 一足1~5趾缺失。

(21) 一前足缺失。

(22) 四肢大关节之一人工关节术后，基本能生活自理。

(23) 四肢大关节之一关节内骨折导致创伤性关节炎，遗留中度功能障碍。

(24) 下肢伤后短缩>2cm，但≤4cm者。

(25) 膝关节韧带损伤术后关节不稳定，伸屈功能正常者。

(26) 一眼有或无光感，另眼矫正视力≥0.8。

(27) 一眼有或无光感，另一眼各种客观检查正常。

(28) 一眼矫正视力≤0.05，另一眼矫正视力≥0.6。

(29) 一眼矫正视力≤0.1，另一眼矫正视力≥0.4。

(30) 双眼矫正视力≤0.3或视野≤64%（或半径≤40°）。

(31) 单眼外伤性青光眼术后，需用药物维持眼压者。

(32) 双耳听力损失≥56dB。

(33) 咽成形术后，咽下运动不正常。

(34) 牙槽骨损伤长≥8cm，牙齿脱落10个及以上。

(35) 单侧颧骨并颧弓骨折，伴有开口困难Ⅱ度以上及颜面部畸形经手术复位者。

(36) 双侧不完全性面瘫。

(37) 肺叶切除术。

(38) 限局性脓胸行部分胸廓成形术。

(39) 气管部分切除术。

(40) 食管重建术后伴反流性食管炎。

(41) 食管外伤或成形术后咽下运动不正常。

(42) 胃切除1/2。

(43) 小肠切除1/2。

(44) 结肠大部分切除。

(45) 肝切除1/4。

(46) 胆道损伤，胆肠吻合术后。

(47) 脾切除。

(48) 胰切除1/3。

(49) 女性两侧乳房部分缺损。
(50) 一侧肾切除。
(51) 膀胱部分切除。
(52) 轻度排尿障碍。
(53) 阴道狭窄。
(54) 尘肺Ⅰ期，肺功能正常。
(55) 放射性肺炎后肺纤维化（<两叶），肺功能正常。
(56) 轻度低氧血症。
(57) 心功能不全一级。
(58) 再生障碍性贫血完全缓解。
(59) 白细胞减少症，含量持续$<4×10^9/L$（$4\,000/mm^3$）。
(60) 中性粒细胞减少症，含量持续$<2×10^9/L$（$2\,000/mm^3$]
(61) 慢性轻度中毒性肝病。
(62) 肾功能不全代偿期，内生肌酐清除率<70mL/min。
(63) 三度牙酸蚀病。

哪种情况可认定为八级工伤或职业病？

以下情况之一者可认定为八级工伤或职业病：
(1) 单肢体瘫肌力4级。
(2) 单手全肌瘫肌力4级。
(3) 双手部分肌瘫肌力4级。
(4) 双足部分肌瘫肌力4级。
(5) 单足部分肌瘫肌力≤3级。
(6) 脑叶部分切除术后。
(7) 符合重度毁容标准中的一项者。
(8) 面部烧伤植皮≥1/5。
(9) 面部轻度异物沉着或色素脱失。
(10) 双侧耳郭部分或一侧耳郭大部分缺损。
(11) 全身瘢痕面积≥20%。
(12) 一侧或双侧眼睑明显缺损。
(13) 脊椎压缩性骨折，椎体前缘高度减少1/2以上者或脊椎不稳定性骨折。
(14) 3个及以上节段脊柱内固定术。
(15) 一手除拇、食指外，有两指近侧指间关节离断。
(16) 一手除拇、食指外，有两指近侧指间关节功能完全丧失。
(17) 一拇指指间关节离断。
(18) 一拇指指间关节畸形，功能完全丧失。
(19) 一足拇趾缺失，另一足非拇趾一趾缺失。
(20) 一足拇趾畸形，功能完全丧失，另一足非拇趾一趾畸形。
(21) 一足除拇趾外，其他三趾缺失。
(22) 一足除拇趾外，其他四趾瘢痕畸形，功能完全丧失。

(23) 因开放骨折感染形成慢性骨髓炎，反复发作者。
(24) 四肢大关节之一关节内骨折导致创伤性关节炎，遗留轻度功能障碍。
(25) 急性放射性皮肤损伤Ⅳ度及慢性放射性皮肤损伤手术治疗后影响肢体功能。
(26) 放射性皮肤溃疡经久不愈者。
(27) 一眼矫正视力≤0.2，另眼矫正视力≥0.5。
(28) 双眼矫正视力等于0.4。
(29) 双眼视野≤80%（或半径≤50°）。
(30) 一侧或双侧睑外翻或睑闭合不全者。
(31) 上睑下垂盖及瞳孔1/3者。
(32) 睑球粘连影响眼球转动者。
(33) 外伤性青光眼行抗青光眼手术后眼压控制正常者。
(34) 双耳听力损失≥41dB或一耳≥91dB。
(35) 喉或气管损伤导致体力劳动时有呼吸困难。
(36) 喉源性损伤导致发声及言语困难。
(37) 牙槽骨损伤长度≥6cm，牙齿脱落8个及以上。
(38) 舌缺损＜舌的1/3。
(39) 双侧鼻腔或鼻咽部闭锁。
(40) 双侧颞下颌关节强直，张口困难Ⅱ度。
(41) 上、下颌骨骨折，经牵引、固定治疗后有功能障碍者。
(42) 双侧颧骨并颧弓骨折，无开口困难，颜面部凹陷畸形不明显，不需手术复位。
(43) 肺段切除术。
(44) 支气管成形术。
(45) 双侧≥3根肋骨骨折致胸廓畸形。
(46) 膈肌破裂修补术后，伴膈神经麻痹。
(47) 心脏、大血管修补术。
(48) 心脏异物滞留或异物摘除术。
(49) 肺功能轻度损伤。
(50) 食管重建术后，进食正常者。
(51) 胃部分切除。
(52) 小肠部分切除。
(53) 结肠部分切除。
(54) 肝部分切除。
(55) 腹壁缺损面积＜腹壁的1/4。
(56) 脾部分切除。
(57) 胰部分切除。
(58) 甲状腺功能轻度损害。
(59) 甲状旁腺功能轻度损害。
(60) 尿道修补术。
(61) 一侧睾丸、附睾切除。
(62) 一侧输精管缺损，不能修复。
(63) 脊髓神经周围神经损伤，或盆腔、会阴手术后遗留性功能障碍。
(64) 一侧肾上腺缺损。

(65）单侧输卵管切除。
(66）单侧卵巢切除。
(67）女性单侧乳房切除或严重瘢痕畸形。
(68）其他职业性肺疾患，肺功能正常。
(69）中毒性肾病，持续低分子蛋白尿。
(70）慢性中度磷中毒。
(71）氟及其无机化合物中毒慢性中度中毒。
(72）减压性骨坏死Ⅱ期。
(73）轻度手臂振动病。
(74）二度牙酸蚀。

哪种情况可认定为九级工伤或职业病？

以下情况之一者可认定为九级工伤或职业病：
(1）癫痫轻度。
(2）中毒性周围神经病致浅感觉障碍。
(3）脑挫裂伤无功能障碍。
(4）开颅手术后无功能障碍者。
(5）颅内异物无功能障碍。
(6）颈部外伤致颈总、颈内动脉狭窄，支架置入或血管搭桥手术后无功能障碍。
(7）符合中度毁容标准中的两项或轻度毁容者。
(8）发际边缘瘢痕性秃发或其他部位秃发，需戴假发者。
(9）全身瘢痕占体表面积≥5%。
(10）面部有≥8cm^{2}或3处以上≥1cm^{2}的瘢痕。
(11）两个以上横突骨折。
(12）脊椎压缩骨折，椎体前缘高度减少小于1/2者。
(13）椎间盘髓核切除术后。
(14）1~2节脊柱内固定术。
(15）一拇指末节部分1/2缺失。
(16）一手食指2~3节缺失。
(17）一拇指指间关节僵直于功能位。
(18）除拇指外，余3~4指末节缺失。
(19）一足拇趾末节缺失。
(20）除拇趾外其他二趾缺失或瘢痕畸形，功能不全。
(21）跖骨或跗骨骨折影响足弓者。
(22）外伤后膝关节半月板切除、髌骨切除、膝关节交叉韧带修补术后。
(23）四肢长管状骨骨折内固定或外固定支架术后。
(24）髌骨、跟骨、距骨、下颌骨或骨盆骨折内固定术后。
(25）第Ⅴ对脑神经眼支麻痹。
(26）眶壁骨折致眼球内陷、两眼球突出度相差＞2mm或错位变形影响外观者。
(27）一眼矫正视力≤0.3，另眼矫正视力＞0.6。

(28) 双眼矫正视力等于0.5。
(29) 泪器损伤,手术无法改进溢泪者。
(30) 双耳听力损失≥31dB或一耳损失≥71dB。
(31) 喉源性损伤导致发声及言语不畅。
(32) 铬鼻病有医疗依赖。
(33) 牙槽骨损伤长>4cm,牙脱落4个及以上。
(34) 上、下颌骨骨折,经牵引、固定治疗后无功能障碍者。
(35) 一侧下颌骨髁状突颈部骨折。
(36) 一侧颧骨并颧骨骨折。
(37) 肺内异物滞留或异物摘除术。
(38) 限局性脓胸行胸膜剥脱术。
(39) 胆囊切除。
(40) 一侧卵巢部分切除。
(41) 乳腺成形术后。
(42) 胸、腹腔脏器探查术或修补术后。

哪种情况可认定为十级工伤或职业病?

以下情况之一者可认定为十级工伤或职业病:
(1) 符合中度毁容标准中的一项者。
(2) 面部有瘢痕,植皮,异物色素沉着或脱失>2cm^2。
(3) 全身瘢痕面积<5%,但≥1%。
(4) 急性外伤导致椎间盘髓核突出,并伴神经刺激征者。
(5) 一手指除拇指外,任何一指远侧指间关节离断或功能丧失。
(6) 指端植皮术后(增生性瘢痕1cm^{2}以上)。
(7) 手背植皮面积>50cm^2,并有明显瘢痕。
(8) 手掌、足掌植皮面积>30%者。
(9) 除拇趾外,任何一趾末节缺失。
(10) 足背植皮面积>100cm^2。
(11) 膝关节半月板损伤、膝关节交叉韧带损伤未做手术者。
(12) 身体各部位骨折愈合后无功能障碍或轻度功能障碍。
(13) 四肢大关节肌腱及韧带撕裂伤术后遗留轻度功能障碍。
(14) 一手或两手慢性放射性皮肤损伤Ⅱ度及Ⅱ度以上者。
(15) 一眼矫正视力≤0.5,另一眼矫正视力≥0.8。
(16) 双眼矫正视力≤0.8。
(17) 一侧或双侧睑外翻或睑闭合不全成形手术后矫正者。
(18) 上睑下垂盖及瞳孔1/3行成形手术后矫正者。
(19) 睑球粘连影响眼球转动行成形手术后矫正者。
(20) 职业性及外伤性白内障术后人工晶状体眼,矫正视力正常者。
(21) 职业性及外伤性白内障Ⅰ度~Ⅱ度(或轻度、中度),矫正视力正常者。
(22) 晶状体部分脱位。

(23) 眶内异物未取出者。

(24) 眼球内异物未取出者。

(25) 外伤性瞳孔放大。

(26) 角巩膜穿通伤治愈者。

(27) 双耳听力损失≥26dB，或一耳≥56dB。

(28) 双侧前庭功能丧失，闭眼不能并足站立。

(29) 铬鼻病（无症状者）。

(30) 嗅觉丧失。

(31) 牙齿除智齿以外，切牙脱落1个以上或其他牙脱落2个以上。

(32) 一侧颞下颌关节强直，张口困难Ⅰ度。

(33) 鼻窦或面颊部有异物未取出。

(34) 单侧鼻腔或鼻孔闭锁。

(35) 鼻中隔穿孔。

(36) 一侧不完全性面瘫。

(37) 血、气胸行单纯闭式引流术后，胸膜粘连增厚。

(38) 腹腔脏器挫裂伤保守治疗后。

(39) 乳腺修补术后。

(40) 放射性损伤致免疫功能轻度减退。

(41) 慢性轻度磷中毒。

(42) 氟及其无机化合物中毒慢性轻度中毒。

(43) 井下工人滑囊炎。

(44) 减压性骨坏死Ⅰ期。

(45) 一度牙酸蚀病。

(46) 职业性皮肤病久治不愈。

工伤职工被鉴定为一至四级伤残的，可以享受何种工伤保险待遇？

工伤职工被鉴定为一至四级伤残的，可以享受的工伤保险待遇如下表所示：

可享受的工伤保险待遇

序号	享受待遇	说明
1	一次性伤残补助金	以工伤职工本人工资为基数计发：一级伤残为27个月的本人工资，二级伤残为25个月的本人工资，三级伤残为23个月的本人工资，四级伤残为21个月的本人工资
2	伤残津贴	职工因工致残被鉴定为一级至四级的，应当退出生产、工作岗位，终止劳动关系、办理残疾退休手续，由工伤保险基金以下列标准按月计发至本人死亡。伤残津贴标准为：一级伤残为本人工资的90%，二级伤残为本人工资的85%，三级伤残为本人工资的80%，四级伤残为本人工资的75%
3	护理费	《工伤保险条例》第三十四条规定，工伤职工已经评定伤残等级并经劳动能力鉴定委员会确认需要生活护理的，从工伤保险基金按月支付生活护理费。生活护理费按照生活完全不能自理、生活大部分不能自理或者生活部分不能自理3个不同等级支付，其标准分别为统筹地区上年度职工月平均工资的50%、40%或者30%

工伤职工被鉴定为五至六级伤残的，可以享受何种工伤保险待遇？

工伤职工被鉴定为五至六级伤残的，可以享受的工伤保险待遇如下表所示：

可享受的工伤保险待遇

序号	享受待遇	说明
1	一次性伤残补助金	以工伤职工本人工资为基数计发：五级伤残为18个月的本人工资，六级伤残为16个月的本人工资
2	保留与用人单位的劳动关系，由用人单位安排适当工作	难以安排工作的，由用人单位按月发给伤残津贴，标准为：五级伤残为本人工资的70%，六级伤残为本人工资的60%，并由用人单位按照规定为其缴纳应缴纳的各项社会保险费。伤残津贴实际金额低于当地最低工资标准的，由用人单位补足差额
3	一次性伤残就业补助金	《工伤保险条例》第三十四条规定，工伤职工已经评定伤残等级并经劳动能力鉴定委员会确认需要生活护理的，从工伤保险基金按月支付生活护理费。生活护理费按照生活完全不能自理、生活大部分不能自理或者生活部分不能自理3个不同等级支付，其标准分别为统筹地区上年度职工月平均工资的50%、40%或者30%
4	一次性工伤医疗补助金	

工伤职工被鉴定为七至十级伤残的，可以享受哪些一次性的赔偿？

工伤员工被鉴定为七至十级伤残的，可以享受的工伤保险待遇如下表所示：

可享受的工伤保险待遇

序号	享受待遇	说明
1	一次性伤残补助金	以工伤职工本人工资为基数计发：七级伤残为13个月的本人工资，八级伤残为11个月的本人工资，九级伤残为9个月的本人工资，十级伤残为7个月的本人工资
2	一次性伤残就业补助金	《工伤保险条例》第三十四条规定，工伤职工已经评定伤残等级并经劳动能力鉴定委员会确认需要生活护理的，从工伤保险基金按月支付生活护理费。生活护理费按照生活完全不能自理、生活大部分不能自理或者生活部分不能自理3个不同等级支付，其标准分别为统筹地区上年度职工月平均工资的50%、40%或者30%
3	一次性工伤医疗补助金	

工伤定残等级不同待遇有何区别？

概括而言，工伤定残等级不同的一些区别，如下表所示：

工伤定残等级不同待遇的区别

序号	等级	区别
1	一级至四级	工伤保险基金"养"到退休，单位不得解除劳动关系
2	五级至十级	工伤保险基金只支付一次性伤残补助金

续表

序号	等级	区别
3	五级至六级	单位要先考虑安排适当工作，否则要支付伤残津贴。除本人提出外，单位不得解除劳动关系。解除时要支付一次性工伤医疗补助金和伤残就业补助金
4	七级至十级	劳动合同期满终止，或者职工本人提出解除劳动合同的，单位可以解除劳动关系，但要支付一次性工伤医疗补助金和伤残就业补助金

劳动者因工伤死亡了怎么办？

（1）劳动者因工死亡，其直系亲属从工伤保险基金领取丧葬补助金、供养亲属抚恤金和一次性工亡补助金。

（2）伤残职工在停工留薪期内因工伤导致死亡的，其直系亲属享受上述待遇。

（3）一级至四级伤残职工在停工留薪期满后死亡的，其直系亲属可以享受丧葬补助金、供养亲属抚恤金。

职工因工外出期间发生事故或者在抢险救灾中下落不明怎么领取抚恤金？

《工伤保险条例》第四十一条规定："职工因工外出期间发生事故或者在抢险救灾中下落不明的，从事故发生当月起3个月内照发工资，从第4个月起停发工资，由工伤保险基金向其供养亲属按月支付供养亲属抚恤金。生活有困难的，可以预支一次性工亡补助金的50%。职工被人民法院宣告死亡的，按照本条例第三十九条职工因工死亡的规定处理。"

工伤职工在什么情况下停止享受工伤保险待遇？

《工伤保险条例》第四十二条规定："工伤职工有以下情况之一的，停止享受工伤保险待遇：（一）丧失享受待遇条件的；（二）拒不接受劳动能力鉴定的；（三）拒绝治疗的。"

职工工伤医疗终结被鉴定工伤残疾等级后，须安装假肢、矫形器等康复器具应由谁承担该项费用？

职工工伤医疗终结被鉴定工伤残疾等级后，必须安装假肢、矫形器、假眼、假牙和配置轮椅、拐杖等康复器具的，或者康复器具需要维修或者更换的，由医院提出意见，经劳动能力鉴定委员会确认，所需费用按照国家规定的标准从工伤保险基金支付。

康复器具应当限于辅助日常生活及生产劳动之必需，并采用国内市场的普及型产品。工伤职工选择其他型号产品，费用高出普及型部分，由个人自付。

工伤职工可配置的辅助器具主要有哪些种类？

工伤职工因日常生活或者就业需要，经劳动能力鉴定委员会确认，可以配置辅助器具。辅助器具包括：

（1）假肢，包括上肢假肢和下肢假肢。
（2）矫形器，如脊柱过伸矫形器、肩外宽矫形器、膝部矫形器、膝踝足矫形器、脊柱侧凸矫形器、矫形鞋、矫形鞋垫等。
（3）假牙、假眼。
（4）轮椅、步行器等。

工伤职工怎样获得假肢、矫形器等辅助器具？

根据《工伤保险条例》第三十二条的规定，工伤职工配置辅助器具应当经劳动能力鉴定委员会确认。

根据《工伤保险条例》第四十七条的规定，社会保险经办机构对辅助器具配置机构以签订服务协议的方式进行管理，引入竞争机制，促使辅助器具配置机构提高服务质量。工伤职工如需配置辅助器具，应到与社会保险经办机构签订服务协议的机构、按照国家规定的有关标准配置辅助器具，对于辅助器具配置机构提供的一些不合理的配置应当拒绝，对违反有关标准配置辅助器具的费用，工伤保险基金不予支付。

职工非因工死亡后，多长时间内应到社保机构办理待遇补偿手续？

职工离退休人员死亡的，其亲属应在其死亡后30日内向市社保机构申报，并办理社保结算手续。

职工因工死亡，其近亲属可以享受哪些待遇？

《工伤保险条例》第三十九条第一款规定："职工因工死亡，其近亲属按照下列规定从工伤保险基金领取丧葬补助金、供养亲属抚恤金和一次性工亡补助金：（一）丧葬补助金为6个月的统筹地区上年度职工月平均工资；（二）供养亲属抚恤金按照职工本人工资的一定比例发给由因工死亡职工生前提供主要生活来源、无劳动能力的亲属。标准为：配偶每月40%，其他亲属每人每月30%，孤寡老人或者孤儿每人每月在上述标准的基础上增加10%。核定的各供养亲属的抚恤金之和不应当高于因工死亡职工生前的工资。供养亲属的具体范围由国务院社会保险行政部门规定；（三）一次性工亡补助金标准为上一年度全国城镇居民人均可支配收入的20倍。"

伤残职工在停工留薪期内因工伤导致死亡的，其近亲属可以享受哪些待遇？

根据《工伤保险条例》第三十九条的规定，伤残职工在停工留薪期内因工伤导致死亡的，其近亲属按照下列规定从工伤保险基金领取丧葬补助金、供养亲属抚恤金和一次性工亡补助金：

（1）丧葬补助金为6个月的统筹地区上年度职工月平均工资。

（2）供养亲属抚恤金按照职工本人工资的一定比例发给由因工死亡职工生前提供主要生活来源、无劳动能力的亲属。标准为：配偶每月40%，其他亲属每人每月30%，孤寡老人或者孤儿每人每月在上述标准的基础上增加10%。各供养亲属的抚恤金之和不应当高于因工死亡职工生前的工资。

（3）一次性工亡补助金标准为上一年度全国城镇居民人均可支配收入的20倍。

职工的供养亲属包括哪些人？

供养亲属，是指因工死亡职工生前提供主要生活来源、无劳动能力的亲属。指该职工的配偶、子女、父母、祖父母、外祖父母、孙子女、外孙子女、兄弟姐妹。子女，包括婚生子女、非婚生子女、养子女和有抚养关系的继子女，其中，婚生子女、非婚生子女包括遗腹子女；父母，包括生父母、养父母和有抚养关系的继父母；兄弟姐妹，包括同父母的兄弟姐妹、同父异母或者同母异父的兄弟姐妹、养兄弟姐妹、有抚养关系的继兄弟姐妹。

因工死亡职工供养亲属申请领取抚恤金的条件有哪些？

依靠因工死亡职工生前提供主要生活来源，并有下列情形之一的，可按规定申请供养亲属抚恤金：

（1）完全丧失劳动能力的。

（2）工亡职工配偶男年满60周岁、女年满55周岁的。

（3）工亡职工父母男年满60周岁、女年满55周岁的。

（4）工亡职工子女未满18周岁的。

（5）工亡职工父母均已死亡，其祖父、外祖父年满60周岁，祖母、外祖母年满55周岁的。

（6）工亡职工子女已经死亡或完全丧失劳动能力，其孙子女、外孙子女未满18周岁的。

（7）工亡职工父母均已死亡或完全丧失劳动能力，其兄弟姐妹未满18周岁的。

领取抚恤金人员有下列情形之一的，停止享受抚恤金待遇：

（1）年满18周岁且未完全丧失劳动能力的。

（2）就业或参军的。

（3）工亡职工配偶再婚的。

（4）被他人或组织收养的。

（5）死亡的。

（6）领取抚恤金的人员，在被判刑收监执行期间，停止享受抚恤金待遇（刑满释放仍符合领取抚恤金资格的，按规定的标准享受抚恤金）。

在见义勇为、抢险救灾等维护国家利益、公共利益活动中受到伤害的，能否视同为工伤？

因见义勇为受伤的，属于法律、行政法规规定应当认定为工伤的情形，应认定为工伤。在抢险救灾等维护国家利益、公共利益活动中受到伤害的，应视同为工伤。

职工因工负伤或者患职业病进行治疗如何就医？

根据《工伤保险条例》第三十条的规定，职工因工负伤或者患职业病进行治疗（包括康复性治疗），可以享受工伤医疗待遇，但应当前往签订服务协议的医疗机构就医，情况紧急时可以先到就近的医疗机构急救；工伤职工确需跨统筹地区就医的，须由医疗机构出具证明，并经经办机构同意。据此，工伤职工就医应当注意：

（1）了解本统筹区域内哪些医疗机构是与社会保险经办机构签订服务协议的医疗机构。所谓服务协议，是社会保险经办机构与本统筹区域内的有关医疗机构就工伤患者就诊、诊疗项目、药品、费用给付、争议处理办法等事项进行协商所达成的权利义务协议。由社会保险经办机构与工伤医疗机构签订服务协议，是为加强工伤保险管理、加大医疗费用控制、提高医疗服务质量而确定的一项新的制度。它是社会保险经办机构经办工伤保险事务的一个重要手段，也是有关医疗机构是否具备提供工伤医疗服务资格的重要标志。

（2）到与社会保险经办机构签订服务协议的医疗机构就医。除急诊和急救可以先到就近的医疗机构外，职工在未签订服务协议的医疗机构就医发生的费用不列入工伤保险给付范围。

（3）考虑到工伤保险各统筹地区经济发展和医疗消费水平差异，以及工伤保险管理方面的现实状况，为避免引发矛盾，工伤职工需要跨统筹地区就医的，须由签订服务协议的医疗机构出具证明，并经经办机构同意。工伤职工跨统筹地区就医所发生的费用，可先由工伤职工或所在单位垫付，经社会保险经办机构复核后，按本统筹地区有关规定结算。

工伤职工的医疗待遇是怎样规定的？

根据《工伤保险条例》第三十条的规定，工伤职工可以享受以下医疗待遇：

（1）工伤职工到规定的医疗机构治疗工伤（包括康复性治疗）享受工伤医疗待遇。

①治疗工伤所需的挂号费、医疗费、药费、住院费等费用符合工伤保险诊疗项目目录、工伤保险药品目录、工伤保险住院服务标准的，从工伤保险基金中支付。

②工伤职工治疗工伤需要住院的，由所在单位按照因公出差伙食补助标准的70%发给住院伙食补助费；经批准转统筹地区以外就医治疗的，所需交通、食宿费用由所在单位按照本单位职工因公出差标准报销。

③工伤职工需要停止工作接受治疗的，享受停工留薪期待遇，停工留薪期满后，需要继续治疗的，继续享受①、②项工伤医疗待遇。

（2）工伤职工治疗非工伤引发的疾病，不享受工伤医疗待遇，按照基本医疗保险办法处理。

工伤停工留薪期的期限有多长？

《工伤保险条例》第三十三条规定，职工因遭受事故伤害或者患职业病需要暂停工作接受治疗的，实行工伤停工留薪期。停工留薪期的时间，由已签订服务协议的治疗工伤的医疗机构提出意见，经劳动能力鉴定委员会确认并通知有关单位和工伤职工。

工伤停工留薪期一般不超过12个月。伤情严重或者情况特殊需要延长期限治疗的，经设区的市级劳动能力鉴定委员会确认，工伤停工留薪期的时间可以适当延长，但最多可再延长12个月。

工伤停工留薪期内，劳动者可以享受哪些待遇？

职工在停工留薪期内，除享受工伤医疗待遇外，原工资福利待遇不变，由所在单位发放，生活不能自理需要护理的，由所在单位负责护理。工伤职工评定伤残等级后，停发原待遇，按照《工伤保险条例》第三十五条至第三十八条的规定，享受伤残待遇。也就是说，停工留薪期满时应由劳动鉴定委员会评定伤残等级，按照伤残等级发给伤残待遇。如该职工停工留薪期满后仍需治疗，可以继续享受《工伤保险条例》第三十条所规定的工伤医疗待遇。

此外，《工伤保险条例》第三十四条规定："工伤职工已评定伤残等级并经劳动能力鉴定委员会确定需要生活护理的，从工伤保险基金中按月支付生活护理费。"

工伤停工留薪期内，劳动者可以享受哪些生活护理费？

生活护理费按照生活不能自理、生活大部分不能自理和生活部分不能自理三个不同等级支付，其标准分别为统筹地区上年度职工月平均工资的50%、40%或者30%。

职工因工伤或者职业病致残后，通常是在被劳动能力鉴定委员会鉴定为三级以上伤残，同时具备护理依赖条件的，才能享受护理费，被鉴定为四级以下伤残即四级至十级伤残的，生活通常能自理，就不享受护理费。但是如果伤残程度发生变化，劳动能力鉴定委员会重新作出了伤残评定，例如，原来被评为五级伤残，现在伤残程度加重了被重新评定为伤残二级，那么劳动能力鉴定委员会就应当及时调整伤残等级，并确定是否存在生活护理障碍以及障碍的等级。

职工工伤死亡，其直系亲属可以享受丧葬补助金吗？

《工伤保险条例》第三十九条规定，职工因工死亡，其近亲属可以从工伤保险基金中领取丧葬补助金，标准为6个月的统筹地区上年度职工月平均工资。

近亲属，包括直系血亲和直系姻亲。直系血亲是指有直接血缘联系的亲属，是指己身所出或从己身所出的上下各代亲属，包括父母、祖父母、外祖父母、曾祖父母、曾外祖父母等长辈和子女、孙子女、外孙子女等晚辈。直系姻亲是指与自己的直系血亲有婚姻关系的亲属，包括直系血亲的配偶和配偶的直系血亲，如公婆、岳父母、儿媳、女婿等。

职工工伤死亡，其供养亲属可以领取抚恤金吗？

《工伤保险条例》第三十九条规定，职工因工死亡，其供养亲属可以从工伤保险基金中领取抚恤金。供养亲属抚恤金按照职工本人工资的一定比例发给由因工死亡职工生前提供主要生活来源、无劳动能力的亲属。标准为：配偶每月40%，其他亲属每人每月30%，孤寡老人或者孤儿每人每月在上述标准的基础上增加10%。核定的各供养亲属的抚恤金之和不应高于因工死亡职工生前的工资。

所谓供养亲属，是指因工死亡职工生前提供主要生活来源、无劳动能力的亲属。亲属是比直系亲属范围更大的概念，包括血亲也包括姻亲，既包括直系亲属也包括旁系亲属，既包括生理血亲也包括拟制血亲（如继父母与继子女、养父母与养子女）。这些亲属中谁有资格享受抚恤金，通过是否有无劳动能力且主要依靠工伤职工生前抚养来确定。供养亲属的具体范围由国务院劳动保障行政部门规定。

供养亲属抚恤金按照抚养亲属的人数和一定比例发放。该项待遇为长期待遇，供养亲属具备或恢复劳动能力、完全无劳动能力的抚养亲属死亡时，供养亲属抚恤金停止发放。供养亲属抚恤金标准由统筹地区劳动保障行政部门根据本地区职工平均工资和生活费用变化等情况适时调整。

关于一次性工亡补助金法律是怎么规定的？

《工伤保险条例》第三十九条第三款规定，职工因工死亡，其直系亲属可以从工伤保险基金中领取一次性工亡补助金。一次性工亡补助金的标准为上一年度全国城镇居民人均可支配收入的20倍。

当因工死亡的工伤职工有数个直系亲属时，由该数个直系亲属共同领取一次性工亡补助金。数个直系亲属可以协议分割一次性工亡补助金，达不成协议的，应当按照权利义务相对应的原则进行分配。工伤职工生前，对其尽了较多照顾义务的直系亲属，如长期与其共同生活的人，以及缺乏劳动能力又没有生活来源的直系亲属，如孤寡老人和孤儿等，应当予以照顾。

如何申请是否旧伤复发的鉴定？

1．申请条件

原伤口或原工伤部位的伤势再度出现或出现新的炎症或其他病变。

2．申报材料

原鉴定结论书原件及复印件、申请人和被鉴定人身份证原件及复印件、原始病历资料复印件（由社保管理站盖章确认）、鉴定申请书、社保管理站介绍信、被鉴定人3张一寸近期免冠照片。

3．办理程序

（1）申请人填写《劳动能力鉴定申请书》，经审核符合申请条件者领取《劳动能力鉴定通知书》。

（2）按《鉴定通知书》上指定的时间和地点，带齐相关资料进行鉴定并领取回执。

（3）申请人凭回执和身份证原件及复印件在规定的时间、地点领取鉴定结论。

工作中因个人身体原因突发疾病是否属于工伤？

职工突发疾病经医院鉴定为其个人身体原因造成，并不属于职业病的范围，也不符合《工伤保险条例》中认定工伤的情形，因此，不能认定为工伤。单位可以不给予其工伤待遇。

未签订劳动合同的职工因工死亡能否要求经济补偿？

虽劳动者未与用人单位签订劳动合同，但已形成事实上的劳动关系，劳动者的家属可向用人单位要求经济补偿。

在工作期间因工受伤，受害人能否同时主张工伤赔偿和人身损害赔偿？

工伤赔偿和人身伤害赔偿是两种不同性质的赔偿，可以同时获得。根据有关规定，因用人单位以外的第三人侵权造成劳动者人身损害的，构成工伤的，劳动者享有工伤保险赔偿请求权。因第三人侵权享有人身损害赔偿请求权。

二者虽然基于同一损害事实，但存在于两个不同的法律关系中，互不排斥。因此，获得人身赔偿后，还能主张工伤赔偿。

在工伤期间又遇医疗事故，职工可否同时请求工伤、医疗事故赔偿？

职工因工作遭受事故伤害患职业病进行治疗，享受工伤医疗待遇。发生医疗事故时，医疗机构应当依法作出赔偿。职工在工伤期间又遇医疗事故，而工伤赔偿与医疗事故赔偿是两种不同性质的法律责任。因此可同时请求工伤、医疗事故赔偿。

职工在工作中因违章作业所受的伤是否属于工伤？

根据《工伤保险条例》的规定，只要该职工是在工作时间和工作场所内，因工作原因受到的损伤，属于工伤。只要其不属于因犯罪或者违反治安管理伤亡的、醉酒导致伤亡的、自残或者自杀的情形的，工伤保险机构就应给以全额保险待遇。虽属违章，自己有过错，但这并不影响对工伤的认定，因此依法享有工伤保险待遇。

工伤职工因单位拖延时间治疗而导致死亡，死者家属应如何维权？

首先，死者家属应先去诊疗的医院里调取病历，搞清楚造成死亡的主要原因是什么，如查清死者的死亡确实是由于不可救治而导致的，就赔偿问题可以按照《工伤保险条例》追诉下去；如果查清死者是因为单位有关人员刻意拖延、中断治疗而导致的，则可要求公安按刑事程序介入，也可要求相应的民事赔偿。另一方面，如果由于单位有关人员的拖延、阻挠，使得医院在没有经过其家属的同意之下，就让其离开医院，医院也应承担相应的责任。

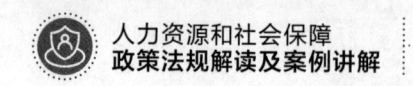

原劳动合同到期，工伤者能否要求续签劳动合同？

依据《劳动法》《劳动合同法》的有关规定，是否续签劳动合同，须由劳动者与用人单位协商确定。法律、法规并没有规定因工负伤就必须继续和劳动者签订合同。因此，劳动者因工负伤的，用人单位没有续签劳动合同的义务，但在劳动关系存续期间，用人单位一般不能解除劳动合同。

因公司拖欠行为，职工上班期间受到公司债权人的殴打致伤，是否属于工伤？

根据《工伤保险条例》《最高人民法院关于审理人身损害赔偿案件适用法律若干问题的解释》的有关规定，职工在工作时间和工作场合接待公司客户而受到人身损害依法属于工伤。职工可以要求公司承担民事责任；在其要求公司承担民事责任后，可以要求该客户承担赔偿责任。

公司被兼并后，新公司不承认原公司职工的工伤待遇，职工如何维权？

工伤职工可以按照企业兼并时所签订的合同办理。根据《公司法》的有关规定，公司合并时，合并各方的债权、债务，应当由合并后存续的公司或者新设的公司承继。一般情况下，兼并时两家企业签订的《企业注销保结书》上面应明确写有被兼并企业应纳税金、银行信贷资金、有关债权债务、企业剩余财产、其他事项，注销后如有未了结事宜由新单位负责处理合同事项。工伤劳动者可以按照《企业注销保结书》有关内容起诉新公司。

因工伤不能工作期间，工资及福利待遇应如何计算？

根据《工伤保险条例》的规定，职工因工作遭受事故伤害或患职业病需要暂停工作接受工伤医疗的，在停工留薪期内，原工资福利待遇不变，由所在单位按月支付。

农民工受雇在建筑工地上施工，受伤出院后发现后遗症能否要求赔偿？

根据《民法典》的规定，人身损害赔偿的诉讼时效期间，伤害明显的，从受害之日起算；伤害当时未曾发现的，后经检查确诊并能证明是由侵害引起的，从伤势确诊之日起算。因此，出院发现后遗症依法可以提起诉讼要求赔偿。

雇工在工作中受到人身伤害可以要求雇主承担哪些赔偿责任？

根据《工伤保险条例》《最高人民法院关于审理人身损害赔偿案件适用法律若干问题的解释》

等的规定，雇工在工作中受到人身伤害可以要求雇主承担医疗费、误工费、护理费、交通费、住宿费、住院伙食补助费、营养费。如果构成残疾，还可以获得残疾赔偿金。

转包人所雇工人因工致伤，总承包人是否应承担责任？

依据《工伤保险条例》《最高人民法院关于审理人身损害赔偿案件适用法律若干问题的解释》的有关规定，转包人与雇工之间形成的是雇佣劳动关系，雇工在施工中所受的损害应由转包人负责。但如果总承包人知道或者应当知道转包人没有相应资质或者安全生产条件的，应与转包人承担连带赔偿责任。如出于照顾和保护雇工合法权益的角度出发，总承包人应对事故现场及出事原因进行调查，收集保存相关证据，以便在诉讼中或其他裁决中支持雇工的主张。

因工外出期间突发疾病，丧失劳动能力是否属于工伤？

根据《工伤保险条例》的规定，在工作时间和工作岗位，突发疾病死亡或者在48小时内抢救无效死亡的，视同工伤。因工外出期间应看作是工作期间，此期间突发疾病应属于工伤。

工伤事故损害赔偿包括哪些项目？计算标准和方法如何确定？

这里所谓工伤事故损害赔偿，是指《工伤保险条例》第六十二条规定的用人单位不参加工伤保险，在职工发生工伤事故时应当向工伤职工承担的损害赔偿责任。工伤保险待遇项目包括工资福利待遇、治疗工伤的医疗费、治疗工伤期间的伙食补助费、交通费、住宿费、护理费、安装假肢、矫形器、假眼、假牙和配置轮椅等辅助器具的费用、构成伤残的一次性伤残补助金、伤残津贴、一次性工伤医疗补助金、伤残就业补助金、因工死亡的丧葬补助金、供养亲属抚恤金和一次性工亡补助金。

计算标准和方法依照《工伤保险条例》第三十条至第三十九条的规定处理。

雇主未领取营业执照而雇用工人，发生伤亡事故，是属于工伤还是属于一般的人身损害，是适用《劳动法》、社保条例确定赔偿标准还是适用其他损害赔偿方面的法律法规处理？

《工伤保险条例》第六十五条规定："公务员和参照公务员法管理的事业单位、社会团体的工作人员因工作遭受事故伤害或者患职业病的，由所在单位支付费用。具体办法由国务院社会保险行政部门会同国务院财政部门规定。"第六十六条规定："无营业执照或者未经依法登记、备案的单位以及被依法吊销营业执照或者撤销登记、备案的单位的职工受到事故伤害或者患职业病的，由该单位向伤残职工或者死亡职工的近亲属给予一次性赔偿，赔偿标准不得低于本条例规定的工伤保险待遇；用人单位不得使用童工，用人单位使用童工造成童工伤残、死亡的，由该单位向童工或者童工的近亲属给予一次性赔偿，赔偿标准不得低于本条例规定的工伤保险待遇。具体办法由国务院社会保险行政部门规定。前款规定的伤残职工或者死亡职工的近亲属就赔偿数额与单位发生争议的，以及前款规定的童工或者童工的近亲属就赔偿数额与单位发生争议的,按照处理劳动争议的有关规定处理。"因此,雇主未领取营业执照而雇用工人,发生伤亡事故的,属于工伤,适用《劳动法》《工伤保险条例》和国务院社会保险行政部门的相关规定处理。

工伤职工可否对工伤赔偿协议反悔?

依照《民事诉讼法》第一百二十二条的规定:"起诉必须符合下列条件:(一)原告是与本案有直接利害关系的公民、法人和其他组织;(二)有明确的被告;(三)有具体的诉讼请求和事实、理由;(四)属于人民法院受理民事诉讼的范围和受诉人民法院管辖"。工伤者在与用人单位签订工伤赔偿协议并经用人单位履行完毕后,又以赔偿低于法定标准为由反悔的,应当先提起劳动争议仲裁,对仲裁裁决不服的,可以向人民法院提起民事诉讼。伤者的起诉符合《民事诉讼法》上述规定的,人民法院应予受理。人民法院在审理这类争议时不能以赔偿标准低于法定标准为由认定协议无效。如果当事人以重大误解或显失公平为诉讼理由,请求变更或撤销协议的,可视情况作出处理。如果赔偿金额相差不大,或者在协商时明知赔偿标准仍接受的,一般不予支持。如确对工伤赔偿标准不了解,实际所获赔偿又明显低于法定标准的,可以变更或撤销赔偿协议。

在什么情况下,工伤职工不能继续享受工伤保险待遇?

《工伤保险条例》第四十二条规定,工伤职工有下列情形之一的,停止享受工伤保险待遇:

(1)丧失享受待遇条件的。工伤保险制度保护的对象是特定人群——工伤职工,旨在保障工伤职工遭受意外伤害或者职业病丧失或者部分丧失劳动能力时的医疗救治和经济补偿。如果工伤职工在享受工伤保险待遇期间情况发生了变化,不再具备享受工伤保险待遇的条件,如劳动能力得以完全恢复而无须工伤保险制度提供保障时,就应当停止享受工伤保险待遇。

(2)拒不接受劳动能力鉴定的。劳动能力不同程度的丧失,使劳动者可能因此不能从事原本适合的正常职业,甚至造成不能再从事任何工作的结果,但也有可能恢复劳动能力继续从事适合他的职业或工作。而这一切都必须通过劳动能力鉴定活动来确定。劳动能力鉴定结论是确定不同程度的补偿、合理调换工作岗位和恢复工作等的科学依据。如果工伤职工没有正当理由,拒不接受劳动能力鉴定,一方面工伤保险待遇无法确定,另一方面也表明这些工伤职工并不愿意接受工伤保险制度提供的帮助,鉴于此,就不应再享受工伤保险待遇。

(3)拒绝治疗的。提供医疗救治,帮助工伤职工恢复劳动能力、重返社会,是工伤保险制度的重要目的之一。因而,职工遭受工伤事故或患职业病后,有享受工伤医疗待遇的权利,也有积极配合医疗救治的义务。如果无正当理由拒绝治疗,有悖于《工伤保险条例》关于促进职业康复的宗旨。规定拒绝治疗的不得再继续享受工伤保险待遇,就是为了促使工伤职工积极医治,尽可能地恢复劳动能力,提高自己的生活质量,而不是一味地消极依靠社会救助。

对劳动部门不作出工伤认定或者认定不是工伤的，人民法院能否直接作出工伤事故的认定？

《工伤保险条例》就工伤的认定条件、认定部门和认定程序等作了明确规定。该条例第十七条规定："职工发生事故伤害或者按照职业病防治法规定被诊断、鉴定为职业病，所在单位应当自事故伤害发生之日或者被诊断、鉴定为职业病之日起30日内，向统筹地区社会保险行政部门提出工伤认定申请。遇有特殊情况，经报社会保险行政部门同意，申请时限可以适当延长。用人单位未按前款规定提出工伤认定申请的，工伤职工或者其近亲属、工会组织在事故伤害发生之日或者被诊断、鉴定为职业病之日起1年内，可以直接向用人单位所在地统筹地区社会保险行政部门提出工伤认定申请。按照本条第一款规定应当由省级社会保险行政部门进行工伤认定的事项，根据属地原则由用人单位所在地的设区的市级社会保险行政部门办理。用人单位未在本条第一款规定的时限内提交工伤认定申请，在此期间发生符合本条例规定的工伤待遇等有关费用由该用人单位负担。"根据该条规定，社会保险行政部门是法定的工伤认定部门，不作出是否属于工伤的认定，或者作出不是工伤的认定的，人民法院在审理劳动者或用人单位提起的工伤损害赔偿纠纷案件时，可以根据查明的事实直接作出工伤事故的认定。

工伤认定中用人单位不认为是工伤，职工认为是工伤，由谁承担举证责任？

职工或者其直系亲属认为是工伤，用人单位不认为是工伤的，由用人单位承担举证责任。

工伤职工已经确定伤残等级后，与用人单位之间的劳动关系如何处理？

职工遭受工伤致残后，肯定会对其劳动能力构成障碍，其重新寻找工作会遇到麻烦。因而，如何处理用人单位与工伤伤残职工之间的劳动关系，成为维护工伤职工合法权益、保持社会稳定的一个重要问题。为最大限度地保护工伤职工的权益，《工伤保险条例》区分伤残对工伤职工就业、生活造成的不同程度的影响，分别作出以下规定：

（1）对于被鉴定为一级至四级伤残的工伤职工，用人单位应当与其保留劳动关系。也就是说，用人单位不得与这些职工终止劳动关系，除非这些职工死亡或者已经办理退休手续，或者存在《劳动法》第二十五条规定的情形，即：在试用期间被证明不符合录用条件；严重违反劳动纪律或者用人单位规章制度；严重失职，营私舞弊，对用人单位利益造成重大损害；被依法追究刑事责任。在保留劳动关系期间，由于工伤职工已完全丧失劳动能力，双方签订的劳动合同应当终止，但用人单位应当履行法定义务，如以工伤职工享受的伤残津贴为基数为工伤职工缴纳基本医疗保险等社会保险费用。

（2）对于被鉴定为五级、六级伤残的工伤职工，用人单位应当与其保留劳动关系，而不能终止或者解除劳动关系。在保留劳动关系期间，由于这些工伤职工并未完全丧失劳动能力，用人单位可为其安排适当工作并发给相应的工资报酬。难以安排工作的，用人单位应按规定按月发给伤残津贴、并为其缴纳基本养老保险、基本医疗保险等各项社会保险费用。

工伤职工本人终止或者解除劳动关系的权利不受限制。经工伤职工本人提出，可以与用人单位解除或者终止劳动关系，但是用人单位应当向其支付一次性工伤医疗补助金和伤残就业补助金。实行这些补助，是为了使工伤职工在找到新的工作以前，基本生活开支有必要的保障，并有经济能力医治疾病。工伤医疗补助金和伤残就业补助金的具体标准由省、自治区、直辖市人民政府规定。

（3）对于被鉴定为七级至十级的工伤职工，在劳动合同期满前，除非工伤职工具有《劳动法》第二十五条规定的情形，用人单位不得单方与其解除劳动关系。鉴于七级至十级伤残的工伤职工仍具有大部分劳动能力，可以通过劳动自食其力，用人单位应当与其继续履行原劳动合同或者视客观情况依法与其变更劳动合同的部分内容，并按照劳动合同的规定支付相应的工资报酬。劳动合同期满或者工伤职工本人提出解除劳动合同的，用人单位应当向其支付一次性医疗补助金和伤残补助金，这些待遇是正常职工享受不到的。

工伤职工工伤复发确需治疗的，享受哪些工伤保险待遇？

工伤职工工伤复发，是指职工因工伤事故或患职业病，经过医疗机构采取必要的诊断治疗，包括病情检查、确诊、药物治疗、手术治疗等医疗措施，病情痊愈，终结医疗后，终止停工留薪期，在劳动能力鉴定过程中或者鉴定结论作出以后，原有病情不同程度地重新复发。《工伤保险条例》第三十八条规定："工伤职工工伤复发，确认需要治疗的，可以享受本条例第三十条、第三十二条和第三十三条规定的工伤待遇。"即需要诊断治疗的，按照《工伤保险条例》第三十条的规定享受工伤医疗待遇；需要暂停工作接受工伤医疗的，享受停工留薪期待遇；需要配置辅助器具的，按照规定配置，所需费用按照国家规定标准从工伤保险基金中支付。

职工被借调期间受到工伤事故伤害的，工伤保险责任由谁承担？

《工伤保险条例》第四十三条第三款规定："职工被借调期间受到工伤事故伤害的，由原用人单位承担工伤保险责任，但原用人单位与借调单位可以约定补偿办法。"

1996年原劳动部发布的《企业职工工伤保险试行办法》（劳部发〔1996〕266号）曾对这个问题作出规定，职工被借调期间发生工伤事故的，由借调单位承担工伤保险责任。《工伤保险条例》之所以作出修改，是基于以下考虑：（1）被借调职工的劳动关系在原用人单位，原用人单位自然应当承担缴纳工伤保险费等工伤保险责任；（2）被借调职工的工资、履历等与工伤保险有关的档案资料，一般由原用人单位保管，并不在借调单位之间转移，借调单位对被借调职工的有关情况并不清楚，现实中，就曾发生借调单位以被借调职工不是本单位职工为由拒绝承担工伤保险责任。双方发生争议时，不利于当事人提供证据，不利于对纠纷的调查取证和及时处理。为了更好地保障劳动者的工伤保险权益，在总结实践经验的基础上，条例规定由原用人单位对被借调职工承担工伤保险责任。同时，为公平起见，原用人单位可以在借调前或事后与借入单位就被借调职工的工伤保险问题约定达成协议，当原用人单位承担被借调职工的工伤保险责任后，可以按照协议要求借调单位给予补偿。

劳务派遣工伤由谁承担责任？

《劳动合同法》第五十八条第一款规定："劳务派遣单位是本法所称用人单位，应当履行用人单位对劳动者的义务。劳务派遣单位与被派遣劳动者订立的劳动合同，除应当载明本法第十七条规定的事项外，还应当载明被派遣劳动者的用工单位以及派遣期限、工作岗位等情况。"

根据这一规定可以知道，劳务派遣单位是被派遣劳动者的用人单位，应当履行用人单位对劳动者的义务。劳务派遣单位作为被派遣劳动者的用人单位，是按照劳动合同约定或者经与劳动者协商一致派遣到其他单位工作的，在被派遣劳动者发生工伤时，劳务派遣单位应该承担工伤保险责任，同时实际用人单位即用工单位也应承担连带责任。

2008年1月1日起施行的《劳动合同法》（2012年12月28日修订）在第五章第二节专门用了11个条文对劳务派遣的性质、劳务派遣单位及用工单位的义务等作了明确的规定，此外，该法在第九十二条还规定，劳务派遣单位违反本法规定的，给被派遣劳动者造成损害的，劳务派遣单位与用工单位承担连带赔偿责任。根据对《劳动合同法》相关条文的理解，用工单位（实际用人单位）虽然与被派遣的劳动者没有建立劳动关系，但该劳动者在用工单位从事劳动，受用工单位的指挥和管理，用工单位对该劳动者负有安全生产保障义务，涉及劳动者工伤赔偿待遇的诉讼，应当追加用工单位作为共同被告，与劳务派遣单位承担连带赔偿责任。

工伤纠纷的解决途径有哪些？

工伤纠纷的解决途径主要有和解、调解、仲裁和诉讼。不管采用哪种方式解决，都不应盲目去做，如果自己不明白，可以咨询或聘请专业律师，以便更好地保护自己的合法权益。

对工伤认定不服如何寻求救济？

我国现行法律、行政法规有如下规定：申请工伤认定的职工或者直系亲属、该职工所在单位对工伤认定结论不服的，应该首先申请行政复议，对行政复议决定不服的，再依法提起行政诉讼；当事人对不予受理决定不服的，要依法申请行政复议或者提起行政诉讼。也就是说，对当事人对工伤认定结论不服的情况，行政复议是必经的前置程序，而当事人对不予受理决定不服的，行政复议不是必经的前置程序，当事人可以在行政复议和行政诉讼中加以选择。

提前上班出事故属工伤吗？

按照《工伤保险条例》的规定，在上下班途中，受到非本人主要责任的交通事故或者城市轨道交通、客运轮渡、火车事故伤害的，应当认定为工伤。所以，职工虽然是提前上班，但仍是在上下班途中，因此而受到的伤害应当认定为工伤，其所在单位应通过工伤保险予以处理。

岗前培训受伤害可以认定为工伤吗？

根据《劳动法》的相关规定，劳动者享有接受职业技能培训的权利。用人单位应当依法保障劳动者的该项权利得以实现。《劳动合同法》也规定，用人单位自用工之日起即与劳动者建立了劳动关系。岗前培训是劳动者的权利，也是用人单位的义务。岗前培训属于实际用工，劳动关系同时建立。因此，在岗前培训中如果受伤的话，用人单位应为职工的受伤承担工伤赔偿责任。

未签订劳动合同，怎么申请工伤认定？

如果劳动者与用人单位未签订劳动合同，则首先需要确认劳动关系。一般来说，以下资料都有利于确认劳动关系：工资单、工作服、工作证、餐牌、出入证、职工手册、培训资料、工友证明（除书面以外，还需要当庭证明）等其他与所在单位相关的资料。所以，劳动者最好先把这些资料都保存好，然后再确定由哪级劳动争议仲裁部门进行受理。你可以先去市场监督管理局查询所在单位的工商注册资料，确定其在哪级市场监督管理部门进行的登记，再去相应的市、区（县）的劳动争议仲裁部门进行咨询、申请。

《工伤保险条例》是什么时间开始施行的？

《工伤保险条例》于2003年4月16日经国务院第五次常务会议讨论通过，2010年12月20日作了最新修订，自2011年1月1日执行。

《工伤保险条例》的覆盖范围是什么？

《工伤保险条例》的覆盖范围是中华人民共和国境内的企业、事业单位、社会团体、民办非企业单位、基金会、律师事务所、会计师事务所等组织和有雇工的个体工商户，应当为本单位职工或者雇工缴纳工伤保险费。

用人单位缴纳工伤保险费的标准是什么？

用人单位缴纳工伤保险费的数额为本单位职工工资总额乘以单位缴费费率之积。

用人单位职工发生伤害事故，何时提出工伤认定申请？向何部门提出？

用人单位的职工发生伤害事故或者患职业病，单位应当在30日之内向统筹地区的劳动保障行政部门提出认定申请。

个人或者其直系亲属是否可以提出工伤认定申请？

职工个人发生伤害事故或者患职业病，个人或者其直系亲属可以向劳动保障行政部门提出工伤认定申请。

个人或者其直系亲属提出工伤认定申请是否有时间要求？

个人或者其直系亲属提出工伤认定申请，应在事故发生之日或者被诊断鉴定为职业病之日起1年内提出。超过1年的时限，劳动保障行政部门就可以不予受理其提出的工伤认定申请。

职工受到事故伤害，谁承担举证责任？

职工或者其直系亲属认为是工伤，而用人单位不认为是工伤的，由用人单位承担举证责任。

劳动保障行政部门受理职工工伤认定申请后，什么时间作出认定的决定？

劳动保障行政部门应当自受理工伤认定申请之日起60日内作出工伤认定的决定。

工伤职工何时进行劳动能力鉴定？

工伤职工发生工伤后，经治疗伤情相对稳定后进行劳动能力鉴定，评定伤残等级。

工伤职工应在哪里就医？

工伤职工应当在签订服务协议的医疗机构就医，情况紧急可以先到就近的医疗机构急救。

工伤职工治疗非工伤引发的疾病，应享受什么待遇？

工伤职工治疗非工伤引发的疾病，不享受工伤医疗待遇，应享受基本医疗保险待遇。

工伤职工因生活、工作需要可以配置辅助康复器具吗？

工伤职工因生活工作需要，经劳动能力鉴定委员会确认，可以安装假肢、矫形器、假眼、假牙

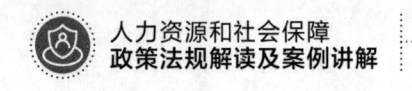

和配置轮椅等辅助器具。

工伤职工与用人单位发生工伤待遇方面的争议如何处理？

工伤职工与用人单位发生工伤待遇方面的争议，可以按照劳动争议的有关规定处理。

工伤职工如对劳动保障行政部门作出工伤认定结论不服的应如何对待？

工伤职工或者其直系亲属对劳动保障行政部门作出的工伤认定结论不服的，可以依法申请行政复议；对行政复议决定不服的，可以依法提起行政诉讼。

用人单位未按《工伤保险条例》规定参加工伤保险，如何处理？

应由劳动保障行政部门责令改正，未参加工伤保险期间用人单位职工发生工伤的，由该用人单位按照《工伤保险条例》规定的工伤保险待遇项目和标准支付费用。

无营业执照或者未经依法登记、备案的单位以及被依法吊销营业执照或者撤销登记、备案的单位的职工受到事故伤害或者患职业病的，如何处理？

劳动保障行政部门不予受理工伤认定的申请，应由用人单位向伤残职工或者死亡职工的直系亲属给予一次性赔偿，赔偿的标准不得低于《工伤保险条例》规定的工伤保险待遇。

用人单位使用童工造成伤害的如何处理？

用人单位不得使用童工。如造成伤害，应由用人单位向童工或者童工的直系亲属给予一次性赔偿，赔偿标准不得低于《工伤保险条例》规定的工伤保险待遇。

《工伤保险条例》规定工伤职工与用人单位解除或者终止劳动合同时，可以享受哪些工伤保险待遇？

职工因工致残被鉴定为七级至十级伤残的，劳动合同期满终止，或者职工本人提出解除劳动合同的，由工伤保险基金支付一次性工伤医疗补助金，由用人单位支付一次性伤残就业补助金。

供养亲属是多人的如何领取供养亲属抚恤金？

供养亲属抚恤金按照职工本人工资的一定比例发给由因工死亡职工生前提供主要生活来源、无劳动能力的亲属。标准：配偶每月40%，其他亲属每人每月30%，孤寡老人或者孤儿每人每月在上述标准的基础上增加10%。核定的各供养亲属的抚恤金之和不应高于因工死亡职工生前的工资。职工本人工资低于本市职工社会平均工资60%的，以本市职工社会平均工资的60%作为计算供养亲属抚恤金的基数。

供养亲属享受的条件是什么？

工伤职工因工死亡时其供养亲属应符合《因工死亡职工供养亲属范围规定》（2003年9月23日中华人民共和国劳动和社会保障部令第18号颁布）规定的条件。

工伤职工已经过劳动能力鉴定，评定过伤残等级，个人认为伤情发展如何处理？

工伤职工认为伤残情况发生变化的，可以从上一次劳动能力鉴定结论作出之日1年后，向区、县劳动能力鉴定机构申请劳动能力复查鉴定。单位不为职工办理申请的，工伤职工可以个人提出申请。

职工因工伤残被鉴定为七至十级的，用人单位是否能终止劳动合同？

职工因工伤残被鉴定为七至十级的，工伤职工劳动合同期满，用人单位可以与职工终止劳动关系，并支付一次性伤残就业补助金。

职工个人申请工伤认定时，劳动关系未确定如何办理？

职工个人申请认定工伤，单位应承担举证责任。如果劳动关系未确定的，应先到劳动仲裁部门进行仲裁，确定劳动关系后再进行工伤认定。

交通事故逃逸的如何办理工伤认定手续？

交通事故逃逸的，单位或个人可以先向区、县劳动保障行政部门申请工伤认定。

已领取了一次性工伤医疗补助金和伤残就业补助金的人员，旧伤复发能否申请劳动能力复查鉴定？

已领取了一次性工伤医疗补助金和伤残就业补助金的人员，已经终止了工伤保险关系。旧伤复发不能向劳动能力鉴定机构申请劳动能力复查鉴定。

复转军人因战、因工负伤致残，在用人单位旧伤复发怎么办？

各用人单位的复转军人何时旧伤复发，何时持革命伤残军人证和医院的诊断证明，到区、县劳动保障行政部门办理工伤认定手续，按照《工伤保险条例》的相关规定享受工伤保险待遇。

第六章 女职工权益保护

保护女职工权益的法律法规有哪些？

目前我国有关女性劳动保障维权的法律法规有很多，主要有《妇女权益保障法》《女职工劳动保护特别规定》《女职工保健工作规定》《关于印发中国妇女发展纲要目标职责分解书实施计划的通知》等，这些法规及相关规定对妇女权益保护的一些具体问题作了规定。另外，《劳动法》等法规中的部分内容也明确规定了对妇女的具体权益进行保护。

劳动法规对妇女在就业方面有哪些保护措施？

凡适合妇女从事劳动的单位，不得拒绝招收女职工，各单位在安排女职工工作岗位时，不得以任何方式加以歧视和限制。在女职工妊娠期、产期和哺乳期间，用人单位不得降低其基本工资；不得以女职工妊娠、生育和哺乳为由，解除其劳动合同。

劳动法规对女职工在工种和工作岗位方面有哪些保护措施？

我国法律明确规定禁止安排女职工从事以下四类工作：
（1）矿山井下、人工锻打、人工装卸、冷藏、强烈振动的工作。
（2）国家规定的第四级体力劳动强度的劳动。
（3）建筑业脚手架的组装和拆除作业，以及电力、电信行业的高处架线作业。
（4）连续负重（每小时负重6次以上）每次超过20千克，间断负重超过25千克的工作。对处于经期、孕期、哺乳期、更年期的女职工给予照顾。例如：对行经期间的女职工不得安排从事高处、低温、冷水作业和第三级体力劳动强度的劳动，还可给予公假1天；不得安排怀孕女职工和哺乳期女职工从事第三级体力劳动强度的劳动。

劳动法规对女职工在怀孕期间有哪些保护措施？

怀孕女职工按医疗保健机构约定的时间进行产前检查，如果恰逢工作时间，则该时间应算女职工正常出勤。对怀孕7个月以上的女职工不得安排其延长工作时间或夜班劳动，并应给予每天工间休息1小时。如工作许可，经本人申请，单位批准，可请产前假两个半月。

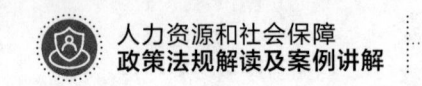

劳动法规对女职工在哺乳期间有哪些保护措施？

哺乳期指女职工生育后，对未满1周岁的婴儿进行哺乳的期间。这期间是法定给予女职工进行哺乳的时间，不以女职工是否以母乳给婴儿哺乳而有所异同。国家对女职工在哺乳期的特殊劳动保护作了明确规定：

《劳动法》第六十三条规定："不得安排女职工在哺乳未满一周岁的婴儿期间从事国家规定的第三级体力劳动强度的劳动和哺乳期禁忌从事的其他劳动，不得安排其延长工作时间和夜班劳动。"

女职工月经期间禁止从事哪些劳动？

月经期是女性的一种周期性生理现象，处于经期的妇女，正常的生理机能和肌体活动能力出现变化，自身正常的免疫力下降，容易受到外界的不良影响，而且这种影响有终身性，可能对以后的健康造成极大的伤害。因此，《劳动法》明确规定，不得安排女职工在经期从事高处、低温、冷水作业和国家规定的第三级体力劳动强度的劳动。高处作业是指二级高处作业，即凡在坠落的高度基准面5米以上（含5米）有可能坠落的高处进行的作业，低温作业是指在劳动生产过程中，其工作地点平均气温等于或低于5℃的作业，冷水作业是指在劳动生产过程中，操作人员接触冷水温度等于或低于12℃的作业。

已婚待孕的女职工不宜从事的劳动有哪些？

已婚待孕的女职工禁忌从事的劳动范围有：铅、汞、苯、镉等作业场所属于《有毒作业分级》标准中第三级、第四级的作业。

怀孕女职工可以拒绝从事的劳动有哪些？

怀孕女职工禁忌从事的劳动范围有：
（1）作业场所空气中铅及其化合物、汞及其化合物、苯、镉、铍、砷、氰化物、氮氧化物、一氧化碳、二硫化碳、氯、己内酰胺、氯丁二烯、氯乙烯、环氧乙烷、苯胺、甲醛等有毒物质浓度超过国家卫生标准的作业。
（2）制药行业中从事抗癌药物及己烯雌酚生产的作业。
（3）作业场所放射性物质超过《放射防护规定》中规定剂量的作业。
（4）人力进行的土方和石方作业。
（5）《体力劳动强度分级》标准中第三级体力劳动强度的作业。
（6）伴有全身强烈振动的作业，如风钻、捣固机、锻造等作业。
（7）《高处作业分级》标准所规定的高处作业。
当女职工怀孕后，如果从事的是以上工作，可以向用人单位提出申请，调整工作岗位。

怀孕的女职工有权拒绝夜班劳动吗？

怀孕7个月以上的女职工有权拒绝夜班劳动。

《劳动法》第六十一条规定，对怀孕七个月以上的女职工，不得安排其延长工作时间和夜班劳动；《女职工劳动保护规定》（国务院令第619号）第六条规定："对怀孕7个月以上的女职工，用人单位不得延长劳动时间或者安排夜班劳动，并应当在劳动时间内安排一定的休息时间。"同时，《劳动法》第九十五条规定："用人单位违反本法对女职工和未成年工的保护规定，侵害其合法权益的，由劳动行政部门责令改正，处以罚款；对女职工或者未成年工造成损害的，应当承担赔偿责任。"

合同到期，用人单位赶走孕妇合法吗？

合同到期，用人单位赶走孕妇是不合法的。

《劳动合同法》在关于解除劳动合同的规定中，对"三期"（孕期、产期、哺乳期）内的女职工给予了特殊保护，即：对"三期"内的女职工，企业不得在女工无主观过错的情况下，与其解除劳动合同。

另外，原劳动部印发的《关于贯彻执行〈中华人民共和国劳动法〉若干问题的意见》中，从女职工的生育及哺乳等实际情况出发，又作了补充性规定："除劳动法第二十五条规定的情形外，劳动者在孕期、产期、哺乳期内，劳动合同期限届满时，用人单位不得终止劳动合同。合同期限应自动延续至相应的期限届满为止。"因而，用人单位不能因为合同到期就与孕妇终止劳动合同，劳动合同只有延续到孕期、产期、哺乳期满时，方可终止。

女职工怀孕后遭遇流产可休多少天假？

《女职工劳动保护特别规定》第七条明确规定了流产产假，怀孕未满4个月流产的，享受15天产假；怀孕满4个月流产的，享受42天（6周）产假。

女职工违反计划生育政策的，能享受什么生育待遇？

女职工违反计划生育，应该享有相应的休假，但是休假期间不享受产假待遇。也就是说，不管是未婚先孕还是未婚先育，女职工都有权利休假，但是不能享受产假期间国家、地区或者用人单位给予的津贴、保险，换句话说，用人单位应该准予他们的假期，但是假期的性质应该为事假或病假。

上班时间进行产前检查应算事假吗？

根据法律法规规定，女职工怀孕期间，准予做产前检查，在劳动时间内进行产前检查应算作劳动时间，不能按病假、事假或旷工处理。女职工在上班时间进行产前检查，应视为正常工作，单位应按正常出勤的标准支付工资，不能按事假处理。

单位可否安排处于怀孕期、哺乳期内的女员工加班或加点？

不可以。

根据《女职工劳动保护特别规定》的规定，女职工怀孕期间，用人单位不得安排其从事国家规定的第三级体力劳动强度的劳动和孕期禁忌从事的劳动,不得在正常工作日以外延长劳动时间。

对怀孕7个月以上(含7个月)或处于哺乳期(即产假结束后至婴儿满一周岁)内的女职工,用人单位不得安排其从事夜班劳动(当日22:00至次日6:00之内从事的劳动和工作)或加班加点。

女职工在"三期"内,用人单位能否单方面解除劳动合同?

根据《劳动合同法》第四十二条第四项的规定,女职工在孕期、产期、哺乳期的,用人单位不得依照《劳动合同法》第四十条、第四十一条的规定解除劳动合同。

妇女劳动保护的权益受到侵犯时怎么办?

妇女劳动保护的权益受到侵犯时,有权向所在单位的主管部门或者当地劳动监察部门提出申诉。受理部门应当自收到申诉之日起30日内作出决定;妇女对处理决定不服的,可以在收到处理决定书之日起15日内向人民法院起诉。

降低女职工生育期间工资违法吗?

根据原劳动部《关于贯彻执行〈中华人民共和国劳动法〉若干问题的意见》第五十八条的规定,女职工因生育、哺乳请长假而下岗的,在其享受法定产假期间,依法领取生育津贴。

没有参加生育保险的企业,由企业照发原工资。《女职工劳动保护特别规定》第五条规定,用人单位不得在女职工怀孕期、产期、哺乳期降低其工资,或者解除劳动合同。

女职工上班遭遇"性骚扰",单位有错要赔偿吗?

《民法典》第一千零一十条规定:"违背他人意愿,以言语、文字、图像、肢体行为等方式对他人实施性骚扰的,受害人有权依法请求行为人承担民事责任。机关、企业、学校等单位应当采取合理的预防、受理投诉、调查处置等措施,防止和制止利用职权、从属关系等实施性骚扰。"《女职工劳动保护特别规定》第十一条规定:"在劳动场所,用人单位应当预防和制止对女职工的性骚扰。"

所以,女职工上班遭遇"性骚扰",单位若有错的话,可以要求其进行民事赔偿。

未参加生育险女职工流产或生育费用由谁支付?

《女职工劳动保护特别规定》第八条规定:"女职工产假期间的生育津贴,对已经参加生育保险的,按照用人单位上年度职工月平均工资的标准由生育保险基金支付;对未参加生育保险的,按照女职工产假前工资的标准由用人单位支付。女职工生育或者流产的医疗费用,按照生育保险规定的项目和标准,对已经参加生育保险的,由生育保险基金支付;对未参加生育保险的,由用人单位支付。"

所以,如果用人单位未给女职工投保生育险,所产生的职工流产或生育费用由用人单位支付。

第五部分

人力资源管理法律文书范本

第一章　劳动争议防范必备法律文件

用人单位职工名册

用人单位职工名册

填报单位：　　　单位注册类型：　　　劳动保障证（卡）：　　　填报时间：　年　月

序号	姓名	性别	年龄	文化程度	职业等级资格	身份证号码	社会保险卡号	用工类型	人员类别	用工之日	订立合同时间	劳动合同起止时间	订立合同情况	合同类型	离职时间	离职类型	工资	参加社会保险				
																		养老保险	医疗保险	失业保险	工伤保险	生育保险

劳动合同签收单

劳动合同签收单

致××××××××××公司：

　　本人_____身份证号（_____）谨此确认本人已完整阅读，并充分理解和认可劳动合同的内容。现收到公司交付给本人的已完整填写并盖章的《劳动合同》壹份。

　　　　　　　　　　　　　　　　　　　　　　职工签字：

　　　　　　　　　　　　　　　　　　　　　　日期：　年　月　日

职工劳动合同签收备案表

职工劳动合同签收备案表

序号	姓名	性别	户籍所在地	劳动合同期限	职工签名	签收日期	备注

职工告知书

职工告知书

职工姓名		所属部门		所在岗位	
工作内容：					
工作条件					
工作地点					
职业危害					
安全工作状况					
劳动报酬	按照面试约定和公司工资体系确定合同工资为　元，试用期为　元（工资的80%）				
备注：					

签订劳动合同通知书

签订劳动合同通知书

尊敬的 _____ 先生/小姐：

  感谢您加入本公司，根据《中华人民共和国劳动合同法》和《中华人民共和国劳动合同法实施条例》规定，现请您于_____年____月___日携带以下的材料至本公司人力资源部办理录用手续，并协商一致签订劳动合同。如逾期不签劳动合同，公司将依据《中华人民共和国劳动合同法实施条例》的规定终止劳动关系。

  1．与原单位解除劳动合同关系的证明文件正本。

  2．入职体检报告。

  3．身份证原件及复印件一份。

  4．学历证明文件原件及复印件一份。

  5．职称证明文件原件及复印件一份（如有）。

  6．实名制银行账户复印件。

  7．二寸证件照2张。

  8．其他。

通知方（签名或盖章）
年　　月　　日

签收回执

  本人已收到单位于_____年_____月_____日发出的《签订劳动合同通知书》。

被通知方（签名或盖章）
年　　月　　日

续订劳动合同通知书

续订劳动合同通知书

职　工：_____

身份证：_____

　　双方于_____年____月____日签订的劳动合同将于_____年____月_____日期限届满。经部门与公司考核，现通知您续签劳动合同，详细条款请阅劳动合同（一式两份）。收到此通知后7天内填写《续签劳动合同意向书》回复人力资源部，连同签订好的劳动合同交还人力资源部（职工自己留一份）。过期此通知书失效，视为职工自动放弃续签劳动合同。

　　特此通知。

人力资源部
_____年____月____日

··

签 收 回 执

　　本人已收到由_____人力资源部于_____年____月_____日发出的《续订劳动合同通知书》。本人会于收到通知后7天内以《续签劳动合同意向书》回复公司，过期将视为本人自动放弃与公司续签劳动合同。

被通知方（签名）：
收通知日期：

不签订无固定期限劳动合同确认书

不签订无固定期限劳动合同确认书

　　本人已在公司工作了_____年，签订了两次（或两次以上）固定期限劳动合同。合同到期，公司通知本人签订无固定期限劳动合同，考虑到本人实际情况，本人决定自动放弃签订无固定期限劳动合同的权利。并要求与公司签订固定期限劳动合同。

　　特此确认！

确认人：
日期：

解除劳动合同证明书

解除劳动合同证明书　　　　　　编号：
我单位于____年____月____日与_____（身份证号：_____）在本单位工作岗位为_____，订立的合同编号为_____，合同期限为_____的劳动合同，兹根据《中华人民共和国劳动法》及《中华人民共和国劳动合同法》等相关法律法规的规定，按下列第___项规定予以_____（解除/终止）。 一、符合《中华人民共和国劳动合同法》第三十六条：经双方当事人协商一致，解除劳动合同（关系）。 二、符合《中华人民共和国劳动合同法》第三十八条款规定，解除劳动合同（关系）。 三、符合《中华人民共和国劳动合同法》第三十九条款规定，解除劳动合同（关系）。 四、符合《中华人民共和国劳动合同法》第四十条款规定，解除劳动合同（关系）。 五、符合《中华人民共和国劳动合同法》第四十一条款规定，解除劳动合同（关系）。 六、符合《中华人民共和国劳动合同法》第四十四条款规定，终止劳动合同（关系）。 七、因其他原因解除/终止劳动合同（关系）： 解除（或终止）劳动合同日期：____年____月____日 用人单位（章）：　　　　　　　　　职工（签名）： 签收时间：____年____月____日　　　签收时间：____年____月____日 注：1.此证明书壹式贰份，单位留存备档壹份、职工个人留取壹份。 　　2.附《中华人民共和国劳动合同法》相关法律条款。

保密和竞业禁止协议

保密和竞业禁止协议
本保密和竞业禁止协议（下简称"协议"）由下列双方于_____年_____月_____日签订： _____公司（下简称"公司"） 注册地址：_____ 法定代表人：_____ 和_____（下简称"雇员"） 身份证号：_____　住址：_____ 联系电话：_____　邮编：_____

续表

鉴于：

1. 雇员承认，由于受聘于公司（包括但不限于接受公司可能不时向其提供的培训），其可能充分接触公司的保密信息（定义见下文），并且熟悉公司的经营、业务和前景及与公司的客户、供应商和其他与公司有业务关系的人有广泛的往来。

2. 雇员承认，在其受聘于公司期间或之后的任何对保密信息的未经授权的披露、使用或处置或与公司竞争将给公司的业务带来不利的影响，并给公司造成不可弥补的损害和损失。

3. 雇员愿意根据本协议规定的条款和条件对保密信息保密并不与公司及其关联公司相竞争。

因此，双方经平等协商，达成合同内容如下：

第一条　定义

为本协议之目的，下列术语应具有下文规定的含义：

"保密信息"：指不论以何种形式传播或保存的与公司或其关联公司的产品、服务、经营、保密方法和知识、系统、工艺、程序、现有及潜在客户名单和信息、手册、培训资料、计划或预测、财务信息、专有知识、设计权、商业秘密、商机和业务事宜有关的所有信息。

"竞争业务"：指（1）公司或其关联公司从事或计划从事的业务；（2）与公司或其关联公司所经营的业务相同、相近或相竞争的其他业务。

"竞争对手"：指除公司或其关联公司外从事竞争业务的任何个人、公司、合伙、合资企业、独资企业或其他实体。

"区域"：指公司或其关联公司从事或计划从事其各自业务的地理范围。

"期限"：指雇员受聘于公司的期限和该期限终止后____年的时间。

"关联公司"：指控制公司的、由公司控制的或与公司受到共同控制的任何其他法人。

第二条　保密

1. 雇员承诺对保密信息严格保密，并在其与公司的聘用关系终止时向公司返还所有保密信息及其载体和复印件。

2. 雇员承诺，在期限内不以任何方式：（1）向公司或其关联公司的任何其他与使用保密信息的工作无关的雇员；（2）向任何竞争对手；（3）为公司利益之外的任何目的向任何其他个人或实体披露任何保密信息的全部或部分，除非该等披露是法律所要求的；在这种情况下，披露应在该等法律所明确要求的范围内进行。

第三条　竞业禁止

1. 雇员承诺，在期限和区域内不直接或间接地以个人名义或以一个企业的所有者、许可人、被许可人、本人、代理人、雇员、独立承包商、业主、合伙人、出租人、股东或董事或管理人员的身份或以其他任何名义：（1）投资或从事公司业务之外的竞争业务或成立从事竞争业务的组织；（2）向竞争对手提供任何服务或披露任何保密信息。

2. 雇员承诺，在期限内不直接或间接地劝说、引诱、鼓励或以其他方式促使公司或其关联公司的：（1）任何管理人员或雇员终止该管理人员或雇员与公司或其关联公司的聘用关系；（2）任何客户、供应商、被许可人、许可人或与公司或其关联公司有实际或潜在业务关系的其他人或实体（包括任何潜在的客户、供应商或被许可人等）终止或以其他方式改变与公司或其关联公司的业务关系。

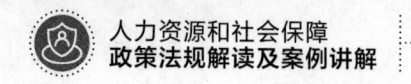

3．雇员承诺，其未签订过且不会签订任何与本合同条款相冲突的书面或口头合同。

第四条　对价

雇员在此确认，其将从公司不时取得的薪金和其他补偿或利益构成其在本合同第二条、第三条中所作承诺的全部对价。

第五条　执行

双方同意在法律允许的范围内最大限度地执行本合同，本合同任何部分的无效、非法或不可执行均不影响或削弱本合同其余部分的有效、合法与可执行性。

第六条　公平承诺

双方同意，本合同第二、三条中所作约定的范围和性质是公平合理的，在此约定的时间、地理区域和范围是为保护公司和其关联公司充分使用其商誉开展经营所必需的。

第七条　违约救济

雇员承认，其违反本合同将给公司和/或其关联公司造成无法弥补的损害，并且通过任何诉讼获得的金钱赔偿都不足以充分补偿该等损害。雇员同意，公司和/或其关联公司有权通过临时限制令、禁止令、对本合同条款的实际履行或其他救济措施来防止对本合同的违反。但本条的规定不应被解释为公司和/或其关联公司放弃任何获得损害赔偿或其他救济的权利。

第八条　合同的修改与转让

1．本合同构成双方就本合同题述事项所达成的完整的合同和共识。非经双方书面同意，本合同不得被修改、补充或变更。

2．雇员不得转让本合同或由本合同产生的任何义务或权益。

第九条　法律适用与争议解决

1．本合同受中华人民共和国法律管辖，并应根据其进行解释。

2．双方应努力通过友好协商解决由本合同产生的或与本合同有关的所有争议。如协商未果，该争议应被提交中国国际经济贸易仲裁委员会根据其规则和程序在［×××/上海］仲裁解决。仲裁过程中，双方应尽可能地继续履行本合同除争议事项外的其余部分。

第十条　文本

本合同一式两份，合同双方各执一份，具有同等效力。

双方在此于文首载明之日郑重签署本合同，以昭信守。

_____有限公司（公章）

授权代表：_____

雇员：_____

身份证号码：_____

住所：_____

劳动合同变更协议书

劳动合同变更协议书

甲方：_____公司
乙方：_____（职工工号：_____）
经甲、乙双方协商一致，对双方在____年____月____日签订/续订的劳动合同第____条第____款作如下变更：
一、变更后的内容
_____
_____

二、本协议书经甲、乙双方签字（盖章）后生效。

三、本协议书一式二份，甲、乙双方各执一份。

甲方：_____公司　　　　　　乙方（签字）：
法定代表人或委托代理人：
____年____月____日　　　　　　　____年____月____日

关于解除劳动合同的通知
（适用于在试用期间被证明不符合录用条件的情况）

关于解除劳动合同的通知
（适用于在试用期间被证明不符合录用条件的情况）

　　××有限公司于____年____月____日与_____先生/女士签订了劳动合同，原劳动合同的有效期为____年，至____年____月____日止。双方约定的试用期为____月，从____年____月____日起，至____年____月____日止。现因您在试用期间被证明不符合录用条件，（以法定的最低就业年龄等基本录用条件以及招用时规定的文化、技术、身体、品质等条件为标准。）根据《中华人民共和国劳动合同法》第三十九条和第四十六条规定，《××市劳动合同条例（规定）》第××条和第××条规定，以及原劳动合同的相关约定条款，经公司管理层批准，依法与您解除原劳动合同。

　　按国家和××市政府的劳动管理规定公司将支付您本月应得的工资。现特此通知_____先生/女士，原劳动合同将于____年____月____日正式解除，请即日起与公司办理相关离职手续并领取本月应得的工资，并于____年____月____日起，_____先生/女士与××有限公司完全脱离劳动关系。

　　特此通知。

××有限公司
人力资源部
____年____月____日

职工确认书

本人已知晓《解除劳动合同通知书》，并将在规定的时间内办理离职手续。
职工签名：
____年____月____日

关于解除劳动合同的通知
（适用于严重违反劳动纪律或者企业规章制度的情况）

关于解除劳动合同的通知

（适用于严重违反劳动纪律或者企业规章制度的情况）

  ××有限公司于_____年____月____日与_____先生/女士签订了劳动合同，原劳动合同的有效期为____年，至_____年____月____日止。现因您于_____年____月____日，严重违反了公司规定的劳动纪律。（或者公司的规章制度）根据《中华人民共和国劳动合同法》第三十九条和第四十六条规定，《××市劳动合同条例（规定）》第××条和第××条规定，以及原劳动合同的相关约定条款，经公司管理层批准，依法与您解除原劳动合同。（企业对违纪职工作出开除、除名、辞退等导致双方劳动关系终止的处理，都属于职工违纪解除劳动合同。）

  按国家和××市政府的劳动管理规定公司将支付您本月应得的工资。现特此通知_____先生/女士，原劳动合同将于_____年____月____日正式解除，请即日起与公司办理相关离职手续并领取本月应得的工资，并于_____年____月____日起，_____先生/女士与××有限公司完全脱离劳动关系。

  特此通知。

××有限公司

人力资源部

_____年____月____日

附：关于　　　　先生/女士严重违反劳动纪律的事实。

··

职工确认书

本人已知晓《解除劳动合同通知书》，并将在规定的时间内办理离职手续。

职工签名：

_____年____月____日

关于解除劳动合同的通知
（适用于严重失职，营私舞弊，对企业利益造成重大损害的情况）

关于解除劳动合同的通知

（适用于严重失职，营私舞弊，对企业利益造成重大损害的情况）

××有限公司于_____年____月____日与_____先生/女士签订了劳动合同，原劳动合同的有效期为____年，至_____年____月____日止。现因您于_____年____月____日，在_____方面由于严重失职（或营私舞弊）并对本公司的利益已经造成了重大损害。根据《中华人民共和国劳动合同法》第三十九条和第四十六条规定，《××市劳动合同条例（规定）》第××条和第××条规定，以及原劳动合同的相关约定条款，经公司管理层批准，依法与您解除原劳动合同。

按国家和××市政府的劳动管理规定公司将支付您本月应得的工资。现特此通知_____先生/女士，原劳动合同将于_____年____月____日正式解除，请即日起与公司办理相关离职手续并领取本月应得的工资，并于_____年____月____日起，_____先生/女士与××有限公司完全脱离劳动关系。

由于您的严重失职（或营私舞弊）使本公司的利益受到了重大损害，并在经济上造成了一定的损失。因此，本公司将保留要求您向公司赔偿经济损失的权利，以及保留依法对您起诉追究法律责任的权利。

特此通知。

××有限公司

人力资源部

_____年____月____日

职工确认书

本人已知晓《解除劳动合同通知书》，并将在规定的时间内办理离职手续。

职工签名：

_____年____月____日

关于解除劳动合同的通知
（适用于被依法追究刑事责任的情况）

关于解除劳动合同的通知

（适用于被依法追究刑事责任的情况）

××有限公司于_____年____月____日与_____先生/女士签订了劳动合同，原劳动合同的有效期为____年____至_____年____月____日止。现因您于_____年____月____日，被政府有关部门依法追究刑事责任，（"被依法追究刑事责任"是指：被人民检察院免予起诉的；被人民法院判处刑罚的；被人民法院依据《中华人民共和国刑法》第三十二条免予刑事处分的；职工被人民法院判处拘役、三年以下有期徒刑缓刑的。）根据《中华人民共和国劳动合同法》第三十九条和第四十六条规定，《××市劳动合同条例（规定）》第××条和第××条规定，以及原劳动合同的相关约定条款，经公司管理层批准，依法与您解除原劳动合同。

按国家和××市政府的劳动管理规定公司将支付您应得的工资。现特此通知_____先生/女士，原劳动合同将于_____年____月____日正式解除，请即日起与公司办理相关离职手续并领取本月应得的工资，并于_____年____月____日起，_____先生/女士与××有限公司完全脱离劳动关系。

如果经证明您是被错误追究刑事责任的，本劳动合同将不再恢复，您可依据《国家赔偿法》要求有关部门赔偿。

特此通知。

××有限公司
人力资源部
_____年____月____日

附：关于_____先生/女士被依法追究刑事责任的副本。

....

职工确认书

本人已知晓《解除劳动合同通知书》，并将在规定的时间内办理离职手续。

职工签名：

_____年____月____日

关于暂时停止劳动合同的履行的通知
（适用于涉嫌违法犯罪被有关机关收容审查、拘留或逮捕的情况）

关于暂时停止劳动合同的履行的通知

（适用于涉嫌违法犯罪被有关机关收容审查、拘留或逮捕的情况）

××有限公司于_____年____月____日与_____先生/女士签订了劳动合同，原劳动合同的有效期为____年，至_____年____月____日止。现因您于_____年____月____日，被政府有关部门因涉嫌违法犯罪被有关机关收容审查，（或是被拘留、逮捕的）根据《中华人民共和国劳动法》的规定，经公司管理层批准，在您被限制人身自由期间，依法与您暂时停止劳动合同的履行。

暂时停止履行劳动合同期间，本公司不承担劳动合同规定的相应义务。如果您经证明被错误限制人身自由的，暂时停止履行劳动合同期间你的损失，可依据《中华人民共和国国家赔偿法》要求有关部门赔偿。

特此通知。

××有限公司

人力资源部

_____年____月____日

附：关于　　　先生/女士被收容审查的证明文件。

....

职工确认书

本人已知晓《解除劳动合同通知书》，并将在规定的时间内办理离职手续。

职工签名：

_____年____月____日

关于解除劳动合同的通知
（适用于医疗期满后，不能从事原工作的情况）

关于解除劳动合同的通知

（适用于医疗期满后，不能从事原工作的情况）

　　××有限公司于_____年____月____日与_____先生/女士签订了劳动合同，原劳动合同的有效期为____年，至_____年____月____日止。现因您患病（或者非因工负伤）并于_____年____月____日可享受的法定医疗期已满，但您仍然不能从事原工作也不能从事由企业另行安排的工作。根据《中华人民共和国劳动合同法》第四十条和第四十六条规定，《××市劳动合同条例（规定）》第××条和第××条的规定，以及原劳动合同的相关约定条款，经公司管理层批准，依法与您解除原劳动合同。

　　按国家和××市政府的劳动管理规定本公司除支付您本月应得的工资外，还将向您支付一次性的解除劳动合同的经济补偿金和医疗补助费。一次性支付经济补偿金、医疗补助费及其他费用共计人民币_____元整。包括：

　　1. 提前一个月通知发给相当于职工本人一个月工资的经济补偿金，计人民币_____元整。

　　2. 按在本公司的服务年限，每满一年发给相当于职工本人一个月工资的经济补偿金（满六个月的按一年计算，不满六个月的支付半个月工资），计人民币_____元整。

　　3. 相当于职工本人_____个月工资的医疗补助费，计人民币_____元整。

　　4. 其他应付款项：计人民币_____元整。

　　现特此通知_____先生/女士，原劳动合同将于_____年____月____日正式解除，请即日起与公司办理相关离职手续并领取本月应得的工资、经济补偿金和医疗补助费。并于_____年____月____日起，_____先生/女士与××有限公司完全脱离劳动关系。

　　特此通知。

××有限公司
人力资源部
_____年____月____日

··

职工确认书

本人已知晓《解除劳动合同通知书》，并将在规定的时间内办理离职手续。

职工签名：

_____年____月____日

关于解除劳动合同的通知
（适用于不能胜任工作，经过培训或者调整工作岗位，仍不能胜任工作的情况）

关于解除劳动合同的通知

（适用于不能胜任工作，经过培训或者调整工作岗位，仍不能胜任工作的情况）

××有限公司于_____年____月____日与_____先生/女士签订了劳动合同，原劳动合同的有效期为____年，至_____年____月____日止。现因您不能胜任工作，并于_____年____月____日，经过培训（或者调整工作岗位）您仍然不能胜任工作。根据《中华人民共和国劳动合同法》第四十条和第四十六条规定，《××市劳动合同条例（规定）》第××条和第××条的规定，以及原劳动合同的相关约定条款，经公司管理层批准，依法与您解除原劳动合同。

按国家和××市政府的劳动管理规定本公司除支付您本月应得的工资外，还将向您支付一次性的解除劳动合同的经济补偿金。一次性支付经济补偿金及其他费用共计人民币_____元整。包括：

1．提前一个月通知发给相当于职工本人一个月工资的经济补偿金，计人民币_____元整。

2．按在本公司的服务年限，每满一年发给相当于职工本人一个月工资的经济补偿金（满六个月的按一年计算，不满六个月的支付半个月工资），计人民币_____元整。

3．其他应付款项：计人民币_____元整。

现特此通知_____先生/女士，原劳动合同将于_____年____月____日正式解除，请即日起与公司办理相关离职手续并领取本月应得的工资，经济补偿金。并于_____年____月____日起，_____先生/女士与××有限公司完全脱离劳动关系。

特此通知。

××有限公司
人力资源部
_____年____月____日

职工确认书

本人已知晓《解除劳动合同通知书》，并将在规定的时间内办理离职手续。

职工签名：

_____年____月____日

关于解除劳动合同的通知
（适用于客观情况发生重大变化，致使原劳动合同无法履行，经与当事人协商不能就变更劳动合同达成协议的情况）

关于解除劳动合同的通知

（适用于客观情况发生重大变化，致使原劳动合同无法履行，经与当事人协商不能就变更劳动合同达成协议的情况）

××有限公司于_____年____月____日与_____先生/女士签订了劳动合同，原劳动合同的有效期为____年，至_____年____月____日止。现因劳动合同订立时所依据的客观情况发生重大变化，致使原劳动合同无法继续全部履行。

根据《中华人民共和国劳动合同法》第三十六条、第四十条和第四十六条规定，《××市劳动合同条例（规定）》第××条和第××条的规定，以及原劳动合同的相关约定条款，向您本人进行说明，并就关于变更劳动合同的内容以及安排待岗等情况与当事人多次协商，但仍然不能就变更劳动合同达成协议。现经公司管理层批准，依法与您解除原劳动合同。

按国家和××市政府的劳动管理规定本公司除支付您本月应得的工资外，还将向您支付一次性的解除劳动合同的经济补偿金。一次性支付经济补偿金及其他费用共计人民币_____元整。包括：

1．提前一个月通知发给相当于职工本人一个月工资的经济补偿金，计人民币_____元整。

2．在本公司的服务年限，每满一年发给相当于职工本人一个月工资的经济补偿金（满六个月的按一年计算，不满六个月的支付半个月工资），计人民币_____元整。

3．其他应付款项：计人民币_____元整。

现特此通知_____先生/女士，原劳动合同将于_____年____月____日正式解除，请即日起与公司办理相关离职手续并领取本月应得的工资、经济补偿金。并于_____年____月____日起，_____先生/女士与××有限公司完全脱离劳动关系。

特此通知。

××有限公司
人力资源部
_____年____月____日

职工确认书

本人已知晓《解除劳动合同通知书》，并将在规定的时间内办理离职手续。

职工签名：

_____年____月____日

关于解除劳动合同的通知
（适用于企业濒临破产进行法定整顿期间或者生产经营状况发生严重困难，确需裁减人员的情况）

关于解除劳动合同的通知

（适用于企业濒临破产进行法定整顿期间或者生产经营状况发生严重困难，确需裁减人员的情况）

××有限公司于_____年____月____日与_____先生／女士签订了劳动合同，原劳动合同的有效期为____年，至_____年____月____日止。现因本公司生产经营状况发生严重困难，（或濒临破产进行法定整顿期间）确需裁减人员。

本公司于_____年____月____日向工会（或者全体职工）说明了情况，听取工会的意见，并于_____年____月____日向当地劳动行政管理部门报告后，现经公司管理层批准，依法与您解除原劳动合同。

按国家和××市政府的劳动管理规定本公司除支付您本月应得的工资外，还将向您支付一次性的解除劳动合同的经济补偿金（和医疗补助费，如有）。一次性支付经济补偿金及其他费用共计人民币_____元整。包括：

1. 按在本公司的服务年限，每满一年发给相当于职工本人一个月工资的经济补偿金（满六个月的按一年计算，不满六个月的支付半个月工资），计人民币_____元整。
2. 其他应付款项：计人民币_____元整。
3. （相当于职工本人_____个月工资的医疗补助费，计人民币_____元整。如有）

现特此通知_____先生／女士，原劳动合同将于_____年____月____日正式解除，请即日起与公司办理相关离职手续并领取本月应得的工资，经济补偿金。并于_____年____月____日起，_____先生／女士与××有限公司完全脱离劳动关系。

特此通知。

××有限公司
人力资源部
_____年____月____日

职工确认书

本人已知晓《解除劳动合同通知书》，并将在规定的时间内办理离职手续。

职工签名：

_____年____月____日

关于终止劳动合同的通知
（适用于劳动合同期满，公司不续签或因公司降低劳动合同约定条件，职工拒绝续签劳动合同而终止的情况）

关于终止劳动合同的通知

（适用于劳动合同期满，公司不续签或因公司降低劳动合同约定条件，职工拒绝续签劳动合同而终止的情况）

××有限公司于_____年____月____日与_____先生/女士签订了劳动合同，原劳动合同的有效期为____年，至_____年____月____日止。现因双方签订的原劳动合同期满，根据《中华人民共和国劳动合同法》第四十四条和第四十六条规定，以及原劳动合同的相关约定条款，经公司管理层批准，依法与您终止原劳动合同。

按国家劳动合同法的相关规定，公司将支付您本月应得的工资及相应的经济补偿金。一次性支付经济补偿金及其他费用共计人民币_____元整。包括：

1. 按在本公司的服务年限，每满一年发给相当于职工本人一个月工资的经济补偿金（满六个月的按一年计算，不满六个月的支付半个月工资），计人民币_____元整。
2. 其他应付款项：计人民币_____元整。

现特此通知_____先生/女士，原劳动合同将于_____年____月____日正式终止，请即日起与公司办理相关离职手续并领取本月应得的工资及相应的经济补偿金。并于_____年____月____日起，_____先生/女士与××有限公司完全脱离劳动关系。

特此通知。

××有限公司

人力资源部

_____年____月____日

职工确认书

本人已知晓《解除劳动合同通知书》，并将在规定的时间内办理离职手续。

职工签名：

_____年____月____日

关于终止劳动合同的通知
（适用于劳动合同期满，因公司维持或提高劳动合同约定条件，职工拒绝续签劳动合同而终止的情况）

关于终止劳动合同的通知

（适用于劳动合同期满，因公司维持或提高劳动合同约定条件，职工拒绝续签劳动合同而终止的情况）

  ××有限公司于_____年____月____日与_____先生/女士签订了劳动合同，原劳动合同的有效期为____年，至_____年____月____日止。现因双方签订的原劳动合同期满，因您本人原因拒绝与公司续签劳动合同。根据《中华人民共和国劳动合同法》第四十四条和第四十六条规定，以及原劳动合同的相关约定条款，经公司管理层批准，依法与您终止原劳动合同。

  按国家劳动合同法的相关规定，公司将支付您本月应得的工资。现特此通知_____先生/女士，原劳动合同将于_____年____月____日正式终止，请即日起与公司办理相关离职手续并领取本月应得的工资。并于_____年____月____日起，_____先生/女士与××有限公司完全脱离劳动关系。

  特此通知。

××有限公司

人力资源部

_____年____月____日

职工确认书

  本人已知晓《解除劳动合同通知书》，并将在规定的时间内办理离职手续。

  职工签名：

_____年____月____日

关于终止劳动合同的通知
（适用于职工退休、退职的情况）

关于终止劳动合同的通知

（适用于职工退休、退职的情况）

　　××有限公司于＿＿＿年＿＿月＿＿日与＿＿＿＿先生/女士签订了劳动合同，原劳动合同的有效期为＿＿年，至＿＿＿年＿＿月＿＿日止。现因您已达到法定退休年龄并办理了享受基本养老保险待遇手续，根据《中华人民共和国劳动合同法》第四十四条和第四十六条规定，以及原劳动合同的相关约定条款，经公司管理层决定，依法与您终止原劳动合同。

　　按国家劳动合同法的相关规定，公司将支付您本月应得的工资。现特此通知＿＿＿＿先生/女士，原劳动合同将于＿＿＿年＿＿月＿＿日正式终止，请即日起与公司办理相关离职退休（或退职）手续并领取本月应得的工资。并于＿＿＿年＿＿月＿＿日起，＿＿＿＿先生/女士与××有限公司完全脱离劳动关系。

　　特此通知。

××有限公司

人力资源部

＿＿＿年＿＿月＿＿日

职工确认书

本人已知晓《解除劳动合同通知书》，并将在规定的时间内办理离职手续。

职工签名：

＿＿＿年＿＿月＿＿日

关于终止劳动合同的通知
（适用于企业依法宣告破产的情况）

关于终止劳动合同的通知

（适用于企业依法宣告破产的情况）

××有限公司于_____年____月____日与_____先生/女士签订了劳动合同，原劳动合同的有效期为____年，至_____年____月____日止。现因本公司依法宣告破产，原双方订立的劳动合同时所依据的客观情况发生不可抗力的重大变化，致使原劳动合同全部无法履行。根据《中华人民共和国劳动合同法》第四十四条和第四十六条规定，以及原劳动合同的相关约定条款，经公司管理层决定，依法与您终止原劳动合同。

按劳动合同法的相关规定本公司除支付您本月应得的工资外，还将向您支付一次性的终止劳动合同的经济补偿金（和医疗补助费，如有）。一次性支付经济补偿金及其他费用共计人民币_____元整。包括：

1. 按在本公司的服务年限，每满一年发给相当于职工本人一个月工资的经济补偿金（满六个月的按一年计算，不满六个月的支付半个月工资），计人民币_____元整。

2. 其他应付款项：计人民币_____元整。

3. （相当于职工本人六个月工资的医疗补助费，计人民币_____元整。如有）

现特此通知_____先生/女士，原劳动合同将于_____年____月____日正式终止，请即日起与公司办理相关离职手续并领取本月应得的工资，经济补偿金（和医疗补助费如有）。并于_____年____月____日起，_____先生/女士与××有限公司完全脱离劳动关系。

特此通知。

××有限公司

人力资源部

_____年____月____日

职工确认书

本人已知晓《解除劳动合同通知书》，并将在规定的时间内办理离职手续。

职工签名：

_____年____月____日

关于终止劳动合同的通知
（适用于企业被吊销营业执照、责令关闭、解散或者被撤销的情况）

关于终止劳动合同的通知
（适用于企业被吊销营业执照、责令关闭、解散或者被撤销的情况）

××有限公司于____年__月__日与_____先生/女士签订了劳动合同，原劳动合同的有效期为___年，至____年__月__日止。现因本公司被吊销营业执照（或责令关闭、解散或者被撤销的情况），原双方订立的劳动合同时所依据的客观情况发生不可抗力的重大变化，致使原劳动合同全部无法履行。根据《中华人民共和国劳动合同法》第四十四条和第四十六条规定，以及原劳动合同的相关约定条款，经公司管理层决定，依法与您终止原劳动合同。

按劳动合同法的相关规定本公司除支付您本月应得的工资外，还将向您支付一次性的终止劳动合同的经济补偿金（和医疗补助费，如有）。一次性支付经济补偿金及其他费用共计人民币_____元整。包括：

1. 按在本公司的服务年限，每满一年发给相当于职工本人一个月工资的经济补偿金（满六个月的按一年计算，不满六个月的支付半个月工资），计人民币_____元整。

2. 其他应付款项：计人民币_____元整。

3. 相当于职工本人六个月工资的医疗补助费，计人民币_____元整。（如有）

现特此通知_____先生/女士，原劳动合同将于____年__月__日正式终止，请即日起与公司办理相关离职手续并领取本月应得的工资，经济补偿金（和医疗补助费如有）。并于____年__月__日起，_____先生/女士与××有限公司完全脱离劳动关系。

特此通知。

××有限公司

人力资源部

____年__月__日

....

职工确认书

本人已知晓《解除劳动合同通知书》，并将在规定的时间内办理离职手续。

职工签名：

____年__月__日

关于终止劳动合同的通知
（适用于职工患职业病、因工负伤，被确认为部分丧失劳动能力的情况）

关于终止劳动合同的通知

（适用于职工患职业病、因工负伤，被确认为部分丧失劳动能力的情况）

　　××有限公司于_____年____月____日与_____先生/女士签订了劳动合同，原劳动合同的有效期为____年，至_____年____月____日止。现因双方签订的原劳动合同期满，由于您患职业病（或因工负伤），且被政府劳动能力鉴定机构确认为部分丧失劳动能力，现经公司管理层批准，同意按照政府的相关规定向您支付一次性伤残就业补助金。并根据《中华人民共和国劳动合同法》第四十五条规定，以及原劳动合同的相关约定条款，依法与您终止原劳动合同。

　　按劳动合同法相关规定本公司除支付您本月应得的工资外，还将向您支付经济补偿金、一次性工伤医疗补助金和伤残就业补助金及其他费用共计人民币_____元整。包括：

　　1. 按在本公司的服务年限，每满一年发给相当于职工本人一个月工资的经济补偿金（满六个月的按一年计算，不满六个月的支付半个月工资），计人民币_____元整。

　　2. 相当于本市上年度职工月平均工资标准的_____个月的一次性工伤医疗补助金和伤残就业补助金，计人民币_____元整。

　　3. 其他应付款项：计人民币_____元整。

　　现特此通知_____先生/女士，原劳动合同将于_____年____月____日正式解除，请即日起与公司办理相关离职手续并领取本月应得的工资、经济补偿金、一次性工伤医疗补助金和伤残就业补助金等其他费用。并于_____年____月____日起，_____先生/女士与××有限公司完全脱离劳动关系。

　　特此通知。

××有限公司

人力资源部

_____年____月____日

职工确认书

本人已知晓《解除劳动合同通知书》，并将在规定的时间内办理离职手续。

职工签名：

_____年____月____日

关于终止劳动合同的通知
（适用于职工患职业病或者因工负伤，被确认为大部分丧失劳动能力的，经与劳动合同当事人协商一致的情况）

关于终止劳动合同的通知

（适用于职工患职业病或者因工负伤，被确认为大部分丧失劳动能力的，经与劳动合同当事人协商一致的情况）

××有限公司于____年___月___日与_____先生/女士签订了劳动合同，原劳动合同的有效期为____年，至_____年___月___日止。现因双方签订的原劳动合同期满，但鉴于您患职业病（或因工负伤），且被政府劳动能力鉴定机构确认为大部分丧失劳动能力，本公司不得与您终止劳动合同。现经双方协商一致，并经公司管理层批准，同意按照政府的相关规定向您支付一次性工伤医疗补助金和伤残就业补助金后，根据《中华人民共和国劳动合同法》第四十五条规定，以及原劳动合同的相关约定条款，依法与您终止原劳动合同。

按劳动合同法相关规定本公司除支付您本月应得的工资外，还将向您支付经济补偿金、一次性工伤医疗补助金和伤残就业补助金及其他费用共计人民币_____元整。包括：

1. 按在本公司的服务年限，每满一年发给相当于职工本人一个月工资的经济补偿金（满六个月的按一年计算，不满六个月的支付半个月工资），计人民币_____元整。

2. 相当于本市上年度职工月平均工资标准的_____个月的一次性工伤医疗补助金和伤残就业补助金，计人民币_____元整。

3. 其他应付款项：计人民币_____元整。

现特此通知_____先生/女士，原劳动合同将于_____年___月___日正式解除，请即日起与公司办理相关离职手续并领取本月应得的工资、经济补偿金、一次性伤残补助金及一次性伤残就业补助金等其他费用。并于_____年___月___日起，_____先生/女士与××有限公司完全脱离劳动关系。

特此通知。

××有限公司
人力资源部
_____年___月___日

职工确认书

本人已知晓《解除劳动合同通知书》，并将在规定的时间内办理离职手续。

职工签名：

_____年___月___日

第二章　企业年金管理文书

（××单位）企业年金方案范本

（××单位）企业年金方案

（××单位并盖章）

企业首席代表　　　　　　　　　　　职工首席代表
签章：　　　　　　　　　　　　　　签章：
日期：　　　　　　　　　　　　　　日期：

目录

第一章　总则
第二章　参加人员
第三章　资金筹集与分配
第四章　账户管理
第五章　权益归属
第六章　基金管理
第七章　待遇计发和支付方式
第八章　方案的调整和终止
第九章　组织管理和监督
第十章　附则

释义

企业年金：指已参加企业职工基本养老保险的单位及其职工，为更好保障职工退休后的生活而建立的补充养老保险制度。

委托人：指建立企业年金计划的单位及其职工。

受益人：参加企业年金计划的职工及其他享有企业年金计划受益权的自然人。

受托人：指受托管理本单位企业年金基金的符合国家规定的法人受托机构或企业年金理事会。

账户管理人：指接受受托人委托管理企业年金基金账户的专业机构。

托管人：指接受受托人委托保管企业年金基金财产的商业银行。

投资管理人：指接受受托人委托投资管理企业年金基金财产的专业机构。

个人账户：指以职工个人名义开立的账户，用于记录分配给职工个人的单位缴费、职工个人缴费及其投资收益。

企业账户：指以单位名义开立的账户，用于记录暂时未分配至职工个人账户的单位缴费及其投资收益。

第一章 总则

第一条 为保障和提高职工退休后的待遇水平，调动职工的劳动积极性，建立人才长效激励机制，增强单位的凝聚力，促进单位健康持续发展，根据《中华人民共和国劳动法》（中华人民共和国主席令第28号）《集体合同规定》（劳动和社会保障部令第22号）《企业年金办法》（人力资源社会保障部令第36号）《企业年金基金管理办法》（人力资源和社会保障部令第11号）等法律、法规及政策，××单位决定建立企业年金计划（以下简称本计划），并结合实际情况，制定企业年金方案（以下简称本方案）。

第二条 建立企业年金遵循的原则

（一）有利于单位发展。通过建立企业年金增强单位的凝聚力和吸引力，激励职工长期稳定地工作，促进单位与职工共同发展；

（二）公平与效率相结合。企业年金应覆盖大多数职工，对不同类别的职工可以在单位缴费分配上区别对待，但差距不宜过大，在体现公平、普惠的同时兼顾效率；

（三）自愿平等协商。单位及其职工通过集体协商确定建立企业年金并制定企业年金方案，职工自愿选择是否参加；

（四）保障安全、适度收益。企业年金基金的管理严格按照国家有关规定执行，按照规定的投资范围进行投资运作，在保障安全的前提下获取适度收益；

（五）适时调整原则。企业年金发展水平应与单位的经营状况相适应，在符合国家相关规定的前提下，根据单位经营状况的变化适时调整企业年金方案。

第三条 单位建立企业年金的基本条件

（一）依法参加企业职工基本养老保险并履行缴费义务；

（二）单位与工会或者职工代表通过集体协商确定建立企业年金；

（三）其他条件：＿＿＿＿＿＿＿＿＿＿＿＿＿＿＿＿＿＿＿＿＿＿。

第四条 实施范围

本方案适用于××单位所属＿＿＿＿＿＿＿＿＿＿＿＿＿＿单位（以下统称本单位）。

第二章 参加人员

第五条 职工参加本方案的条件

（一）依法参加企业职工基本养老保险并履行缴费义务；

（二）其他条件：＿＿＿＿＿＿＿＿＿＿＿＿＿＿＿＿＿＿＿＿＿＿＿＿＿。

第六条 职工参加本方案的程序

符合上述参加条件的职工填写《职工参加企业年金申请表》（附件①），经本单位审核通过后参加本方案。在本方案实施后加入本单位的新职工，可在满足上述参加条件的（□本月、□次月）起参加本方案。

第七条 职工退出本方案的条件

（一）职工与本单位终止或解除劳动合同；

（二）职工达到本方案规定的企业年金待遇领取条件；

（三）其他：＿＿＿＿＿＿＿＿＿＿＿＿＿＿＿＿＿＿＿＿＿＿＿＿＿。

第八条 职工退出本方案的程序

职工达到上述退出条件后自动退出本方案，单位停止其企业年金缴费，按照本方案第十八条处理其个人账户或按照本方案第二十九条支付企业年金待遇。

第九条 职工的权利和义务

（一）职工的权利

1．职工对个人账户信息拥有知情权；

2．在满足本方案规定的权益归属条件后，职工对个人账户中已经归属的权益拥有所有权；

3．在满足本方案规定的领取条件后，职工享有领取企业年金待遇的权利；

4．由于个人原因，职工可以申请暂停缴费；暂停缴费后，职工可根据个人情况申请恢复缴费。

（二）职工的义务

1．授权本单位根据本方案规定从职工工资中代扣代缴个人缴费；

2．授权本单位和本计划管理机构按国家有关规定代扣代缴个人所得税；

3．授权××单位选择受托人并签订受托管理合同；

4．授权本单位代表职工对企业年金计划进行管理监督；

5．当个人基本信息发生变动时，须在七个工作日之内向本单位提供变动情况。

第三章 资金筹集与分配

第十条 企业年金所需费用由单位和职工共同承担。单位缴费的列支渠道按照国家有关规定执行；职工个人缴费由单位从职工工资中代扣代缴。

第十一条 单位缴费及分配

单位缴费按方式缴纳：

方式1：单位缴费为职工个人缴费基数的＿＿＿％，职工个人（□月、□季度、□年度）缴费基数为＿＿＿＿＿＿，单位缴费总额为单位为参加计划职工缴费的合计金额；

方式2：单位年缴费总额为上年度工资总额的＿＿＿％，按照职工个人缴费基数全额、等比例分配至职工个人账户，职工个人（□月、□季度、□年度）缴费基数为＿＿＿＿＿＿＿＿＿＿；

方式3：单位年缴费总额为上年度工资总额的＿＿＿％，按照职工个人缴费基数的＿＿＿％分配至职工个人账户，职工个人（□月、□季度、□年度）缴费基数为＿＿＿＿＿＿，剩余部分记入企业账户，用于对本计划建立时临近退休职工的补偿性缴费，补偿范围为：＿＿＿＿＿＿＿＿＿＿＿＿＿，补偿缴费分配办法为：＿＿＿＿＿＿＿＿＿＿＿＿，补偿缴费划入职工个人账户的方式为：＿＿＿＿＿＿＿＿＿＿，补偿结束后，单位应根据实际情况调整单位缴费分配办法，履行本方案第三十三条规定程序后实施；

方式4：单位年缴费总额为上年度工资总额的＿＿＿％，按照职工个人缴费基数的＿＿＿％分配至职工个人账户，职工个人（□月、□季度、□年度）缴费基数为＿＿＿＿＿＿＿＿＿＿，剩余部分记入企业账户；

方式5：单位年缴费总额不超过上年度工资总额的＿＿＿％，下属单位可根据实际情况，在实施细则中明确具体缴费比例及分配办法；

方式6：（其他方式）＿＿＿＿＿＿＿＿＿＿＿＿＿＿＿＿＿＿＿＿＿＿＿＿＿＿＿＿＿。

第十二条 企业账户余额的分配办法可通过集体协商另行制定，并经民主程序审议通过后实施，但不得用于抵缴未来年度单位缴费。

第十三条 个人缴费

个人缴费按方式缴纳：

方式1：职工个人缴费为职工个人缴费基数的＿＿＿＿＿＿％；

方式2：职工个人缴费为单位为其缴费的＿＿＿＿＿＿＿＿％；

方式3：（其他方式）_____。

第十四条　单位按（□月、□季度、□年度）将全部缴费款项按时、足额汇至托管人开立的企业年金基金受托财产托管专户。

第十五条　企业年金缴费的暂停、恢复和补缴

（一）单位出现亏损、停业等特殊情况无法履行缴费义务时，可暂停缴费，职工同时暂停缴费；单位情况好转后恢复缴费，职工同时恢复缴费。因单位原因暂停缴费的，恢复缴费后单位可以视经济情况予以补缴，职工个人（□补缴　□不补缴）暂停缴费期间个人缴费。补缴年限不得超过实际暂停缴费年限；

（二）职工个人可以申请暂停或恢复缴费。申请暂停缴费的条件是_____，恢复缴费的条件是_____，同时填写《职工暂停（恢复）企业年金缴费申请表》（附件②），并经本单位确认后执行。个人暂停缴费期间，单位缴费也相应暂停，个人账户继续在本计划中管理；个人恢复缴费时单位缴费也同时恢复；不弥补暂停缴费期间的单位和个人缴费。

第四章　账户管理

第十六条　本计划实行完全积累制度，采用个人账户方式进行管理，为参加职工开立个人账户，同时建立企业账户用于记录暂未分配至个人账户的单位缴费及其投资收益。

第十七条　个人账户下设单位缴费子账户和个人缴费子账户，分别记录单位缴费分配给职工个人的部分及其投资收益、职工个人缴费及其投资收益。

第十八条　个人账户的转移和保留

职工与本单位终止、解除劳动合同的，其个人账户转移或保留。

（一）职工与本单位终止、解除劳动合同，新就业单位已建立企业年金或职业年金的，其个人账户应当转入新就业单位的企业年金计划或职业年金计划管理；

（二）职工与本单位终止、解除劳动合同，未就业、新就业单位没有建立企业年金或职业年金的，其个人账户按方式_____处理：

方式1：转入本计划法人受托机构发起的集合计划设置的保留账户统一管理。保留账户的账户管理费从职工个人账户中扣除；

方式2：作为保留账户在本计划中继续管理。保留账户的账户管理费（□由本单位负担、□从职工个人账户中扣除）；

方式3：（理事会受托管理的企业年金计划）转入由本单位与职工协商选定的法人受托机构发起的集合计划设置的保留账户统一管理。保留账户的账户管理费从职工个人账户中扣除；

方式4：（其他方式）_____。

（三）在集团公司内部调动新单位未实行企业年金制度的，其个人账户作为保留账户由原单位继续管理。保留账户的账户管理费（□由原单位负担、□从职工个人账户中扣除）。

第十九条　满足下列条件之一时，个人账户注销：

（一）职工领取完其个人账户资金；

（二）职工身故，其个人账户余额由指定受益人或法定继承人全部领取完毕；

（三）个人账户转移至新单位的企业年金计划或职业年金计划。

第五章　权益归属

第二十条　职工个人缴费部分及其投资运营收益全部归属职工个人。

第二十一条 单位缴费部分权益归属规则

单位缴费划入个人账户部分形成的权益，按以下规则归属于职工个人，未归属于职工个人的部分，划入企业账户。

权益归属核算时点	N	归属比例
职工与本单位终止、解除劳动合同	N＜_____年	××%
	_____年≤N＜_____年	××%
	……	……
	N≥_____年	××%
退休或在职身故	—	××%
其他特殊情况	—	××%

备注：
1. N是指在_____（本单位的工作年限、参加本方案的年限）。
2. （其他需要说明的事项）_____。

第二十二条 补偿缴费归属规则

补偿缴费按照方式_____归属。

方式1：职工退休前归属比例为0，退休后100%归属；

方式2：与单位正常缴费归属规则一致；

方式3：（其他方式）_____。

第六章 基金管理

第二十三条 企业年金基金由单位缴费、职工个人缴费和投资收益组成。

第二十四条 本计划采取（□理事会受托、□法人受托）管理模式。本方案所归集的企业年金基金由××单位委托受托人进行受托管理并签署企业年金基金受托管理合同。由企业年金基金受托人委托具备企业年金管理资格的托管人、账户管理人、投资管理人提供统一的相关服务。

第二十五条 企业年金基金的投资收益，根据企业年金基金单位净值，按周或者日足额分别记入个人账户和企业账户。

第二十六条 企业年金基金管理运营的所需费用，按照国家有关法律法规及企业年金基金管理合同中的相关条款确定。其中正常账户的账户管理费由本单位缴纳，保留账户管理费按本细则第十八条规定执行，退休职工个人账户的账户管理费由（□个人、□单位）负担，其他费用由本单位和个人共同承担，从企业年金基金中扣除。

第二十七条 企业年金基金实行专户管理，与委托人、受托人、账户管理人、投资管理人和托管人的自有资产或其他资产分开管理，分别记账，不得挪作他用。

第七章 待遇计发和支付方式

第二十八条 本方案参加职工符合下列条件之一时，可以享受本方案规定的企业年金待遇：

（一）达到国家规定的退休年龄；

（二）未达到国家规定退休年龄时，经劳动能力鉴定委员会鉴定，因病（残）完全丧失劳动能力办理病退；

（三）退休前身故；

（四）出国（境）定居。

第二十九条　企业年金的支付方式

职工达到本方案第二十八条规定的企业年金待遇领取条件后，可根据个人账户余额、个人所得税税负等情况选择一次性或分期领取企业年金待遇。

第三十条　受益人的指定和修改

职工参加本方案时，应在申请表中以书面形式指定受益人作为本人身故后企业年金个人账户已归属权益的继承人。本方案参加人可以提出书面申请修改指定受益人。

第八章　方案的调整和终止

第三十一条　本单位有权根据国家政策法规和实际情况的变化，经集体协商对本方案进行调整。

第三十二条　出现下列情况之一，可对本方案进行调整：

（一）国家相关政策法规发生重大变化；

（二）单位的经营状况出现重大变化；

（三）其他：_____。

第三十三条　调整本方案的程序

（一）本单位企业年金经办部门提出企业年金方案调整方案；

（二）调整方案经集体协商讨论通过；

（三）报送人力资源和社会保障部门备案；

（四）通知方案参加职工及受托人。

第三十四条　出现下列情况之一时，本方案可以终止：

（一）本单位发生依法解散、被依法撤销或者被依法宣告破产等情况；

（二）国家有关政策法规发生重大变化，导致本方案无法继续实施；

（三）其他：_____。

第三十五条　终止本方案的程序

（一）制定终止企业年金计划方案。方案内容应包括终止原因、企业账户和个人账户处理办法等；

（二）经集体协商讨论通过；

（三）报送人力资源和社会保障部门备案；

（四）由受托人组织清算组对企业年金基金财产进行清算，对所有个人账户权益进行全部归属，并按照集体协商讨论通过的处理办法进行企业账户未归属权益分配；

（五）对所有个人账户进行保留或者转移。如果方案参加职工未能提出转移书面申请，作保留处理。保留后的账户管理费从个人账户中扣除；

（六）通知本方案参加职工及受托人。

第九章　组织管理和监督

第三十六条　本单位的企业年金基金管理接受人力资源社会保障部门等国家相关部门的监督检查。本单位依照国家相关法律、法规对受托人进行监督。

第三十七条　在接受国家相关部门监督的基础上，由本单位的纪检、工会和审计部门对本企业年金计划的运作管理进行内部监督。

第十章　附则

第三十八条　本方案自××年×月×日起开始实施。

第三十九条　因订立或者履行企业年金方案发生争议的，根据《集体合同规定》处理。

第四十条　因履行企业年金基金管理合同发生争议的，可以通过调解和民事诉讼处理。

第四十一条　本方案涉及的相关财税问题，按照国家相关规定执行。

第四十二条　本单位拥有对本方案的最终解释权。

职工参加企业年金申请表

职工参加企业年金申请表

申请人姓名	
申请人身份证号码	
受益人姓名	
受益人身份证号码	
参加企业年金的申请	
本人已参加基本养老保险并履行缴费义务； 本人已认真阅读并同意接受《×××单位企业年金方案实施细则》； 本人经慎重考虑，自愿申请（□加入、□不加入）×××集团公司企业年金计划，并愿意承担由此带来的一切投资风险； 本人承诺遵守×××单位企业年金方案实施细则的有关规定，并授权×××单位： 1．从本人工资中代扣代缴职工个人缴费； 2．按照国家有关税收政策代扣代缴个人所得税。 　　　　　　　　　　　　　　　　　　　　　　　　申请人： 　　　　　　　　　　　　　　　　　　　　　　　　　年　　月　　日	
单位意见	经审核，该职工符合参加企业年金的条件，同意其参加企业年金计划。 　　　　　　　　　　　签字（盖章）： 　　　　　　　　　　　　年　　月　　日

职工暂停（恢复）企业年金缴费申请表

职工暂停（恢复）企业年金缴费申请表

申请人姓名	
身份证号码	

<table>
<tr><td colspan="2">暂停企业年金缴费的申请
本人经慎重考虑，自愿申请暂停企业年金缴费，并愿意承担由此带来的损失。暂停缴费期间为：
□ _____年____月____日至_____年____月____日；
□ 至本人申请恢复缴费为止；
□ 至退出本企业年金计划为止。

　　　　　　　　　　　　　　　　　　　　　　　申请人：
　　　　　　　　　　　　　　　　　　　　　　　　　年　　月　　日</td></tr>
<tr><td colspan="2">恢复企业年金缴费的申请
本人申请自_____年____月____日起恢复企业年金缴费。

　　　　　　　　　　　　　　　　　　　　　　　申请人：
　　　　　　　　　　　　　　　　　　　　　　　　　年　　月　　日</td></tr>
<tr><td rowspan="2">单位意见</td><td>经审核，同意该职工暂停企业年金缴费。

　　　　　　　　　　　　　　　　　签字（盖章）：
　　　　　　　　　　　　　　　　　　　年　　月　　日</td></tr>
<tr><td>经审核，同意该职工恢复企业年金缴费。

　　　　　　　　　　　　　　　　　签字（盖章）：
　　　　　　　　　　　　　　　　　　　年　　月　　日</td></tr>
</table>

第六部分

以案说法

第一章 劳动关系

劳动关系的建立，关键在"管"？

【事件描述】

2020年4月10日，彭某经熟人介绍到某塑胶厂工作。经公司人事登记后，彭某立即到车间机台参加上机培训。彭某的丈夫当日陪同彭某到公司，在车间与车间主任交流时，车间主任表示公司仍缺晚班操作工，彭某的丈夫表示家里有人愿意从事晚班工作，并立即打电话告知了哥哥朱某，让其下午到单位办理登记手续。朱某接到电话后，于当天上午10时左右到达公司，表示想熟悉机器，塑胶厂答复晚上十点后安排晚班上机培训。2020年4月10日中午，彭某及其丈夫回家吃午饭，私下里，由朱某代替弟妹彭某进行白班工作，但朱某在工作中因操作失误不慎受伤。朱某遂向公司提出认定工伤，但公司不认可与朱某之间存在劳动关系，朱某提出劳动仲裁申请，要求确认2020年4月10日与塑胶厂之间存在劳动关系。

朱某认为：公司已同意其晚上上机培训，双方已经建立劳动关系，朱某在操作过程中受伤，公司应当承担工伤责任。

公司认为：朱某系从事晚班工作，尚未正式上班，双方尚未建立劳动关系，且朱某未经公司同意私自替班、自行操作机器，公司无需承担责任。

争议焦点：

在未经用人单位同意的情形下，劳动者自行适应机器并代替他人工作，是否能被认定为劳动关系？

处理结果：

在未签订书面劳动合同的情况下，原劳动和社会保障部于2005年5月25日印发的《关于确认劳动关系有关事项的通知》（劳社部发〔2005〕12号），一直是确立劳动关系争议案件的"金科玉律"。该通知第一条规定："用人单位招用劳动者未订立书面劳动合同，但同时具备下列情形的，劳动关系成立：（一）用人单位和劳动者符合法律、法规规定的主体资格；（二）用人单位依法制定的各项劳动规章制度适用于劳动者，劳动者受用人单位的劳动管理，从事用人单位安排的有报酬的劳动；（三）劳动者提供的劳动是用人单位业务的组成部分。"第二条规定："用人单位未与劳动者签订劳动合同，认定双方存在劳动关系时可参照下列凭证：（一）工资支付凭证或记录（职工工资发放花名册）、缴纳各项社会保险费的记录；（二）用人单位向劳动者发放的'工作证''服务证'等能够证明身份的证件；（三）劳动者填写的用人单位招工招聘'登记表''报名表'等招用记录；（四）考勤记录；（五）其他劳动者的证言等。其中，（一）、（三）、（四）项的有关凭证由用人单位负举证责任。"

是否能够认定为劳动关系，应以劳动关系的"三要素"为标准并结合用工的具体情况来确定。本案中，朱某与公司双方均符合法律法规规定的主体资格，且公司也认可朱某受伤时操作的是公司的机器，即朱某即将从事的是公司的业务组成部分。但，其一，朱某其本身从事的是晚班工作，其弟妹肖某从事的是白班工作，其在未经公司人事管理部门同意的情况下提前到公司，从工作时段分析，朱某尚未处于用人单位所安排的劳动阶段；其二，当日中午，朱某弟弟及弟妹回家吃午饭，朱某代为进行机器操作，系其三人自行决定之行为，属于未经用人单位同意的替班情形，未得到公司的认可或默许，从工作性质分析，朱某提供的并非是其与公司之间有报酬的劳动任务；其三，朱某未提交其他任何证据证明双方之间存在劳动关系；故，在现有证据下，不足以认定双方之间的劳动关系成立。

最终，仲裁委员会依法驳回了朱某要求确认劳动关系的仲裁请求。但经协调双方达成协议，由塑胶厂支付了朱某的治疗费用。

【专家说法】

劳动关系，是指双方当事人通过合意，由劳动者一方提供劳动、用人单位一方给付劳动报酬而形成的具有经济属性和人身从属性的权利义务关系。作为劳动人事争议案件的基本类型之一，确认劳动关系案件，本身并非争议仲裁之最终目的，而是解决未订立书面劳动合同2倍工资、经济补偿、赔偿金、工伤待遇等争议的先决条件。归根结底，确认劳动关系案件的发生，多与用人单位管理不规范、新形势下用工形式灵活多样、劳动者维权意识不强等原因密不可分。劳动关系的确认，应结合双方合意的认定、劳动关系从属性的判断、劳动关系与其他关系的区分等多种因素，综合分析判断。

劳动关系的建立，关键在"管"。用人单位要管理个人，个人要服从单位的工作安排，个人行为受单位的支配和管理，需遵守单位规章制度，并通过自身的劳动获得劳动报酬，几要素环环相扣。用人单位作为劳动关系的管理者、主导者，从依法保护劳动者合法权益和维护用人单位生存发展权并重的角度出发，在劳动用工管理中，应当注意以下几点：

第一，转变用工理念。树立正确的人力资源管理理念，转变传统"走过场""走形式"的陈旧观念，顺应不断变化、日益复杂的内外环境形势，强化法治用工理念，理顺劳动用工关系，提高用工管理水平，积极采取有效措施防范劳动用工法律风险。

第二，把好入职关卡。做好识人辨人，避免埋下用工隐患。完善招录聘用制度，仔细核对员工身份情况，对拟录用员工进行信用信息和身体状况的"全面体检"，健全入职登记管理制度，严格履行入职手续，依法签订书面劳动合同，明确双方权利义务关系，并及时进行社会保险增员及缴费。

第三，做好日常管理。做好新入职员工工作安排，明确到岗时间、上班时段、工作任务安排、禁忌操作内容等，严格管理职工劳动合同、考勤记录、工资发放明细、银行代发流水、会计原始记账凭证等书面记录，做到妥善保管、有据可查，避免"职场碰瓷"等现象的发生，从而更好地维护劳资双方的正当合法权益。

如何区分劳动关系和劳务关系？

【事件描述】

2019年8月，李某与锐速公司签订劳务承揽协议。协议约定，李某为锐速公司提供餐饮配送工作,报酬为按订单提成,每单提成6元,无基本薪资,并由李某自备交通工具。协议履行过程中,李某要通过手机登录锐速公司平台App软件接单、取单、送单;李某也可以交由他人代为完成。同时,李某需要到锐速公司办公场所参加早会,接受安全教育。经查,李某的报酬均由锐速公司按照其完成的提成量通过银行转账支付。

2019年11月,李某在送餐途中摔伤,向锐速公司所在地劳动仲裁委提起仲裁,要求确认和锐速公司存在劳动关系。经劳动争议仲裁后,李某又向法院提起诉讼,但被法院判决驳回。

【专家说法】

劳动关系和劳务关系同属雇佣关系。实践中,随着新经济形态的发展,诸如外卖骑手与平台、网络主播与MCN平台之间的身份关系不尽明确。对于介于劳动关系、劳务关系之间的案件,要从用工主体、隶属性、内容等几个要件进行整体把握。

在用工主体方面,劳动关系中用工主体必须符合《劳动法》《劳动合同法》的规定;同时,用工主体主要指企业、个体经济组织、民办非企业单位等组织,以及与劳动者建立劳动关系的国家机关、事业单位、社会团体。除此之外,其他主体不能成为劳动关系的用工主体。

在隶属性方面,用人单位与劳动者之间具有管理与被管理的人身依附关系,包括人格的从属性和经济上的从属性。人格从属性意味着,劳动者需将其人身自由在一定程度上交给用人单位支配;经济从属性是指劳动关系以劳动者提供的职业上劳动力为内容,并以报酬给付为必要条件。

在用工内容方面,劳动关系一旦建立,劳动力作为生产要素纳入生产过程,因此,在劳动关系中,通常由用人单位提供劳动场所、劳动工具等基本条件,由劳动者根据用人单位的指令作业。

劳动者到法定退休年龄后继续在原单位工作,是否应认定为劳动关系?

【事件描述】

张某(女,出生于1972年2月,于2022年2月达到法定退休年龄)与某物业服务公司签订劳动合同。2016年,该物业公司与某幼儿园签订物业服务合同,张某被物业服务公司派遣至某幼儿园从事保育工作,工作至2023年2月24日。该物业公司为张某缴纳2016年11月至2021年11月社会保险。2021年11月,张某将自己的社会保险转移至济南某医疗器械公司,由该公司从2021年12月至2022年8月为张某缴纳社会保险。2021年12月至2022年2月,该物业公司应承担的社会保险费,以银行转账的方式支付给张某。张某于2022年11月23日向济南市市中区劳动人事争议仲裁委员会提起仲裁申请,请求确认自己与某物业公司自2022年9月至2023年2月期间存在劳动关系,该委于2022年11月30日作出不予受理仲裁决定书。张某不服该决定,在法定期限内诉至一审法院。

【专家说法】

(1)劳动者到法定退休年龄后,与用人单位的劳动关系是否自动终止?

《劳动合同法》第四十四条规定,劳动者开始依法享受基本养老保险待遇的,劳动合同终止。

《社会保险法》第十六条规定,参加基本养老保险的个人,达到法定退休年龄时累计缴费满十五年的,按月领取基本养老金。

根据上述规定,劳动者到法定退休年龄,劳动合同自动终止的前提是用人单位已依法为劳动者缴纳养老保险使得劳动者开始享受养老保险待遇或者劳动者虽达到退休年龄但未享受养老保险待遇并非用人单位的原因。对于已经达到法定退休年龄但未享受养老保险待遇或领取退休金的人员与用人单位之间的关系，法院应审查劳动者无法享受养老保险待遇的具体原因是否与用人单位有关，不能仅以劳动者达到退休年龄而继续用工就认定劳动关系。

（2）员工入职时已到法定退休年龄，是否可以认定劳动关系？

入职时达到法定退休年龄的劳动者，不论是否享受养老保险待遇，均不是劳动关系的适格主体，入职时已经超过法定退休年龄，双方之间构成劳务关系。

劳动关系认定起纠纷员工权益如何保障？

【事件描述】

2020年3月7日，江女士通过一则招聘广告，到某市某餐饮管理有限公司某门店从事面点工作，月工资2600元，从4月份起涨至每月2700元。双方当时签订劳务合同没有做到一式两份，江女士仅签署了一份劳动合同，由门店保管。2020年5月20日下午，江女士干活时被冰箱内部翘起的铁皮划伤，之后到医院进行包扎。虽然公司支付了江女士的医疗费用，但未给江女士缴纳工伤保险，致使江女士无法享受工伤待遇，也因双方签订合同时没有做到一式两份，属于无效合同，无法认定劳动关系，给江女士造成了重大伤害损失。江女士认为该公司的行为违反《劳动合同法》《工伤保险条例》等相关法律法规，为维护自身合法权益，于2020年6月22日向某市城关区劳动人事仲裁委员会申请仲裁，请求依法确认自己与公司存在的劳动关系，并要求公司支付5月份未发工资，以及没有签订书面合同产生的2倍工资。

某市城关区劳动人事仲裁委员会在审理查明后于2020年8月18日作出裁决，认定江女士与公司门店存在劳动关系，裁决该餐饮公司门店向江女士支付2020年5月1日到20日工资1800元，2020年4月7日后因江女士工作已满1月，需支付江女士4月7日至5月20日未签订书面劳动合同2倍工资差额3870元，并退还扣发的"员工培训费"300元。

【专家说法】

本案中，存在的纠纷一是申请人江女士和被申请人某公司门店是否存在劳动关系。二是某公司门店与江女士订立书面劳动合同没有做到一式两份，属于无效合同，江女士在工作期间受伤，该门店是否应该依法支付江女士2倍的工资。三是该公司以"员工培训费"扣发的工资应不应该退还。

某市城关区劳动人事仲裁委员会认为：申请人江女士、被申请人"某市某餐饮管理有限公司某门店"均认可申请人江女士2020年3月7日入职被申请人处，且双方对申请人岗位及申请人在被申请人处进行工作的事实均予以认可，故依据相关规定，认定双方存在劳动关系。申请人自2020年3月7日入职被申请人处，被申请人虽与申请人签订的合同无效，但依据《劳动合同法》第八十二条"用人单位自用工之日起超过一个月不满一年未与劳动者订立书面劳动合同的，应当向劳动者每月支付二倍的工资。"申请人要求被申请人支付2倍工资的诉求，某市城关区劳动人事仲裁委员会予以支持。被申请人认可以"员工培训费"名义扣发申请人300元，依据《劳动合同法》第九条"用人单位招用劳动者，不得扣押劳动者的居民身份证和其他证件，不得要求劳动者提供担保或者以其他名义向劳动者收取财物"之规定，对于申请人要求支付扣发工资中"员工培训费"的诉求，予以支持。

公司兼并中的劳动关系怎么解决?

【事件描述】

2020年1月,B公司与某投资公司签署合作协议,合并组建C公司。同年4月20日,C公司在北京成立,B公司的北京分公司关闭。

此前,2020年2月10日,北京分公司因经营资金周转出现问题,与包括王先生在内的四十名职工解除劳动合同。

2020年6月15日,王先生以北京分公司为被申请人向当地的劳动争议仲裁委员会提出申请,要求其支付拖欠工资和加班费。劳动争议仲裁委员会以用人单位主体消灭为由,裁定不予受理。

王先生不服遂向法院提起诉讼,法院行使释明权,告知李某应以C公司为被告,要求支付拖欠工资和加班费。

那么,C公司对王先生的主张是否应承担责任?

【专家说法】

这是一起典型的在公司兼并中对历史问题是否应予担责的劳动争议。

企业的合并、分立已成为市场经济条件下正常的社会现象,由此不可避免地涉及员工劳动关系处理问题。

所谓公司兼并不是一个法律概念,于法律而言,多用"合并"一词。根据《公司法》的规定,公司合并可以采取吸收合并或者新设合并。一个公司吸收其他公司为吸收合并,被吸收的公司解散。公司合并时,合并各方的债权、债务,应当由合并后存续的公司或者新设的公司承继。

从劳动法角度来看,用人单位被兼并后,劳动合同由承继其权利和义务的用人单位继续履行,体现了对用人单位的约束。但在现实生活中,在公司兼并中,不是所有的劳动合同都可以继续履行的。

公司兼并中常见的劳动关系问题答疑如下:

(1)公司兼并是否应征求劳动者意见?应告知劳动者吗?

用人单位在决定重大事项时,应当经职工代表大会或者全体职工讨论,提出方案和意见,与工会或者职工代表平等协商确定。重大事项决定实施过程中,工会或者职工认为不适当的,有权向用人单位提出,通过协商予以修改完善。用人单位应当将直接涉及劳动者切身利益的重大事项决定公示,或者告知劳动者。

(2)公司兼并是否属于客观情况发生重大变化的情形?

根据规定,客观情况是指发生不可抗力或出现致使劳动合同全部或部分条款无法履行的其他情况,如企业迁移、被兼并、企业资产转移等。因此,吸收合并中,被吸收的公司被兼并,资产整体转移至存续的公司,显然符合劳动部规章中关于客观情况发生重大变化的情形。

(3)公司兼并是否致使劳动合同无法履行?

公司兼并是否致使劳动合同无法履行,法律并没有明确规定,也很难明确规定,要根据劳动合同要素如工作内容、工作地点、工作岗位等来具体分析。可见,公司兼并是否致使劳动合同无法履行,这个问题要根据劳动合同要素变化的不同情况、对劳动者及用人单位的影响来具体分析。

(4) 公司兼并中，谁有权解除劳动合同？

公司兼并中，是否存在劳动合同订立时所依据的客观情况发生重大变化，致使原劳动合同无法履行的情形，决定了是否可以解除劳动合同。对于存续的公司劳动合同的法定解除权，要根据劳动合同要素如工作内容、工作地点、工作岗位等具体分析，综合考虑地点迁移、部门撤并、经营方向或经营战略重大调整、企业产品结构调整等因素对劳动关系当事人的实质影响来综合考虑。

(5) 公司兼并的时间节点及对劳动关系有哪些影响？

现实操作中，公司注销与手续办理存在一定时间差。关于时间节点有"股东大会作出解散决议之日""行政机关作出同意解散的批复之日""清算组成立之日""清算结束之日""公司完成工商注销登记之日"等多个说法，综合用人单位与劳动者利益平衡及法律规定，我们倾向于认为存续的公司工商变更完成应该是劳动关系承继的时间节点。

(6) 公司被兼并后如何确定劳动争议当事人？

关于公司兼并前发生的劳动争议，谁来作为劳动争议当事人，最高人民法院具有明确的司法解释，被兼并公司的劳动争议由存续的公司为当事人。

公司兼并中劳动关系问题解决建议如下：

劳动关系已经成为企业管理经营中的重要环节，也是公司兼并是否成功的关键因素。在公司兼并中，从存续的公司角度来看，在处理公司兼并中有关劳动关系问题时，建议做好以下几个方面工作：

(1) 充分了解被兼并公司劳动关系架构。劳动关系不同于公司资产，不可能像资产一样审计和评估，劳动关系既涉及劳动者的过去、现在和将来，也影响到用人单位的长远发展。劳动关系中的权利义务必须通过专业的法律调查和分析来界定。劳动关系的调查，至少应从人事部门、财务部门、社会保险行政部门等多方进行调查。

(2) 通过民主程序处理劳动关系。《劳动合同法》规定用人单位在决定直接涉及劳动者切身利益的重大事项时，应当经职工代表大会或者全体职工讨论，提出方案和意见，与工会或者职工代表平等协商确定。在规章制度和重大事项决定实施过程中，工会或者职工有权向用人单位提出意见。用人单位应当将直接涉及劳动者切身利益的重大事项决定公示，或者告知劳动者。这些民主程序不仅体现在法律规定中，也逐步会成为用人单位内生性需求。

(3) 要注重企业文化融合。公司兼并中，往往关注于合法性、合规性处理，而忽视了人对企业文化的认知，企业文化建设中，人的认知是重要的一环。公司兼并的目标总是在于之后的长远发展，公司兼并交易的完成仅仅是一个开端，更多、更复杂的整合将在吸收合并后很长的一段时期内存在。因此，在公司兼并过程中，应当注意与企业各部门的沟通，将劳动关系处理方案融合在企业文化中，才会具有可持续发展的效用。

用人单位能否在开具解除劳动合同证明时设置前提条件？

【事件描述】

张某于2017年3月1日入职某教育科技有限公司，从事客户经理工作，双方签订了为期3年的劳动合同，约定张某的月工资为8 000元。

2018年6月1日，张某因个人原因向教育科技有限公司书面提出离职申请，告知该公司将于7月1日离职。7月1日，张某办理离职手续，该公司要求张某签订竞业限制协议后方可同意其离职。张某认为签订竞业限制协议将严重损害其本人的权益，故未同意。教育科技有限公司因此拒绝为张某开具解除劳动合同证明并办理社会保险关系转移手续。

此后，张某自行离职，并去某销售公司应聘，销售公司向张某发出了录用通知，但因张某无法提供解除劳动合同证明，也未办理社会保险关系转移手续，从而未能入职。

2018年10月1日，张某向仲裁委提出仲裁申请，要求教育科技有限公司开具解除劳动合同证明。

用人单位能否在开具解除劳动合同证明时设置前提条件？

【专家说法】

仲裁委审理后认为，张某依法享有解除劳动合同的权利，教育科技有限公司不应以任何理由阻止张某行使该权利。教育科技有限公司不依法开具解除劳动合同证明并办理社会保险关系转移手续的行为，属违法行为，故裁决支持张某的仲裁请求。

《劳动合同法》第三十七条、第三十八条规定，劳动者依法享有解除劳动合同的权利。《劳动合同法》第五十条第一款规定，用人单位应当在解除或者终止劳动合同时出具解除或者终止劳动合同的证明，并在15日内为劳动者办理档案和社会保险关系转移手续。

根据上述法律规定，在劳动者依法行使解除劳动合同的权利时，用人单位负有为劳动者出具解除劳动合同的证明、办理档案及社保关系转移等法定义务，不得以任何理由拒绝履行上述法定义务，如不得以劳动者尚在服务期内、未能就解除劳动合同经济补偿与劳动者达成一致、劳动者尚未支付违约金等理由加以拒绝。

用人单位与劳动者签订承揽合同后原劳动关系是否自动解除？

【事件描述】

杨某于2017年7月11日入职某燃气公司，并于当天签订了劳动合同，其中并未约定协议履行期限，仅约定了1个月的试用期。

2019年3月20日，杨某与燃气公司又签订了一份天然气安装工程承揽合同，双方就燃气管道安装工程的发包事宜进行了相关约定，其中包括燃气公司定期组织杨某学习公司安全管理规章，杨某需要认真贯彻落实燃气公司的各项安全管理制度等内容。燃气公司在2019年除5月外的每月中旬，均通过银行转账向杨某支付显示为"工资"或者"绩效"字样的款项。

2019年12月初，客户陈某向燃气公司申请安装燃气管道，燃气公司派杨某进行安装，在安装燃气管道时杨某受伤。

为申报工伤认定，杨某申请仲裁，请求确认与燃气公司存在劳动关系，并提供了燃气公司向客户陈某出具的初装入户费、智能表及燃气报警器购买费发票作为证据。同时，燃气公司的营业执照显示，其经营范围包括管道天然气安装、经营。

燃气公司辩称，虽然双方在2017年7月11日签订了劳动合同，但在2019年3月20日双方又签订了工程承揽合同，新建立的承揽关系已经替代了原先的劳动关系，双方劳动关系已于此时自动解除。

杨某与燃气公司是否存在劳动关系？

【专家说法】

本案中，双方于2017年7月11日签订的劳动合同无明确的履行期限，应属于无固定期限劳动合同。因此，应确定双方的无固定期限劳动合同是否解除或终止。

《劳动合同法》第五十条第一款规定："用人单位应当在解除或者终止劳动合同时出具解除或者终止劳动合同的证明，并在十五日内为劳动者办理档案和社会保险关系转移手续。"

《最高人民法院关于审理劳动争议案件适用法律若干问题的解释》（法释〔2001〕14号）第十三条规定："因用人单位作出的开除、除名、辞退、解除劳动合同、减少劳动报酬、计算劳动者工作年限等决定而发生的劳动争议，用人单位负举证责任。"

根据相关法律、法规规定，用人单位解除劳动合同需要履行法定的手续。燃气公司没有提供劳动合同已解除的证据，应承担举证不能的不利后果。

从劳动关系的组成要素看，杨某与燃气公司均符合法律、法规规定的主体资格条件；从承揽合同看，燃气公司定期组织杨某进行公司安全管理规章制度的学习，杨某需要认真贯彻落实燃气公司的各项安全管理制度，这说明燃气公司对杨某存在管理与被管理的关系；杨某与燃气公司间的银行交易明细单显示，燃气公司在承揽合同签订后按月向杨某支付了名为"工资"或"绩效"的款项，支付日期及周期相对稳定、规律，符合劳动关系中工资支付的基本特征；燃气公司的经营范围包括管道天然气安装、经营，说明杨某的工作内容是燃气公司业务的组成部分；杨某提供的证据也显示，燃气公司向陈某收取过初装入户费、智能表及燃气报警器购买费，说明陈某的燃气安装事宜事先向燃气公司申报并得到燃气公司应允，杨某是以燃气公司的名义进行安装。因此，双方符合劳动关系成立的要件。

综上所述，认定双方存在劳动关系。

用人单位降低续订劳动合同的约定条件，劳动者不同意续订，能否获得经济补偿？

【事件描述】

2014年10月1日，程某进入一家电子通信公司工作，并签订了为期5年的劳动合同，工资标准为每月6 000元，工作时间为做五休二，每天8小时。

2019年9月底，双方签订的劳动合同即将期满，公司负责人表示愿意与程某续订劳动合同，但鉴于公司的经营情况和工作安排，需要将程某的工作时间调整为"做六休一"，每天8小时，工资每月6 000元不变，但加班费包含在内。

程某认为公司是变相降低工资标准，表示不同意续订，双方因此终止了劳动关系。程某在办理离职手续时向公司提出支付5个月的工资，即30 000元作为经济补偿。公司认为提出不续订劳动合同的是程某，不应支付经济补偿。于是程某申请劳动争议仲裁，要求公司支付终止劳动合同的经济补偿30 000元。

用人单位降低劳动合同约定条件与劳动者续订劳动合同，劳动者拒绝续订，用人单位是否应该向劳动员支付经济补偿？

【专家说法】

《劳动合同法》第四十六条规定:"有下列情形之一的,用人单位应当向劳动者支付经济补偿:(一)劳动者依照本法第三十八条规定解除劳动合同的;(二)用人单位依照本法第三十六条规定向劳动者提出解除劳动合同并与劳动者协商一致解除劳动合同的;(三)用人单位依照本法第四十条规定解除劳动合同的;(四)用人单位依照本法第四十一条第一款规定解除劳动合同的;(五)除用人单位维持或者提高劳动合同约定条件续订劳动合同,劳动者不同意续订的情形外,依照本法第四十四条第一项规定终止固定期限劳动合同的;(六)依照本法第四十四条第四项、第五项规定终止劳动合同的;(七)法律、行政法规规定的其他情形。"

第五种情形明确指出除用人单位维持或者提高劳动合同约定条件续订劳动合同,劳动者不同意续订的情形外,劳动合同期满终止固定期限劳动合同的,应支付经济补偿。

本案中,电子通信公司在续订合同中的6 000元月工资包含了加班费,实际是降低了工资标准,程某有理由不同意续订。因此,电子通信公司应向程某支付经济补偿。

依据《劳动合同法》第四十七条"经济补偿按劳动者在本单位工作的年限,每满一年支付一个月工资的标准向劳动者支付。六个月以上不满一年的,按一年计算;不满六个月的,向劳动者支付半个月工资的经济补偿"的规定,电子通信公司应向程某支付5个月工资的经济补偿共计30 000元。

电子证据能否证明劳动者的违纪事实?

【事件描述】

蒋某于2015年12月1日到某网约车驾驶员管理有限公司从事网约车驾驶员工作,双方签订了期限至2018年11月31日的劳动合同,蒋某月工资标准3 800元。

2016年9月8日,公司对蒋某作出解除劳动合同通知,以蒋某"弄虚作假为自己挂单、刷工时,公车私用"为由,依据公司《专车驾驶员管理手册》第十一条"弄虚作假为自己挂单、刷工时,公车私用的,公司有权解除劳动合同"的规定,解除了与蒋某的劳动合同。

蒋某认可公司的《专车驾驶员管理手册》经过民主程序制定并且已学习过,但蒋某认为自己不存在挂单、刷工时、公车私用等可以解除劳动合同的行为。公司为证明蒋某存在上述行为,提交了书面证明(系公司所使用的专车业务系统的开发单位某信息技术有限公司出具。公司作为系统的使用方,无更改系统生成数据的权限,亦无GPS监控定位系统运行轨迹数据的更改权限)、专车系统和GPS监控定位系统截图打印件并现场演示。系统演示中显示了蒋某的姓名、工号、所驾驶的车辆号牌,蒋某驾驶的车辆10余次通过其在公司处预留的手机号码下订单,所下的订单有的经过3~6个小时后才取消;蒋某驾驶的车辆GPS监控定位系统显示,2016年8月,有3次在蒋某下班后,其驾驶的车辆仍在运行,且运行轨迹较长。

蒋某认可公司通过专车系统对驾驶员进行管理,其上班和下班分别通过上述系统的手机端点击"上班"后开始工作,点击"下班"后结束工作,并通过该手机端进行日常工作操作。但蒋某称公司演示的均为后台管理系统,并非其日常使用的手机端,其对该系统演示情况及公司提交的证明的真实性均无法确认,不能证明其存在违纪行为。

蒋某请求确认公司解除劳动合同违法,并支付违法解除劳动合同赔偿金8 000元。

本案中,劳动者有无违纪事实?

【专家说法】

仲裁委经审理认为，2016年9月8日，公司以蒋某"弄虚作假为自己挂单、刷工时，存在公车私用的行为"为由，依据公司《专车驾驶员管理手册》的规定，解除了与蒋某的劳动合同。蒋某认可《专车驾驶员管理手册》经过民主程序制定且已学习过，故应认定该手册对蒋某具有约束力。

蒋某否认存在《专车驾驶员管理手册》中规定的挂单、刷工时、公车私用等可以解除劳动合同的行为。公司提交了某信息技术有限公司出具的证明和其所使用的专车业务系统及GPS监控定位系统截图打印件，并现场进行了演示。

蒋某虽对公司提交的证据的真实性不认可，称公司可以改动系统数据，但认可公司通过专车系统对其进行管理，其上班和下班分别通过上述系统的手机端点击"上班"后开始工作，点击"下班"后结束工作，并通过该手机端进行日常工作操作。公司提交的证明系公司所使用系统的研发方出具，证明公司作为该系统的使用方，无权更改系统数据；截图和现场演示中，显示了蒋某的姓名、工号、所驾驶的车辆牌号及蒋某存在用个人手机挂单、刷工时、公车私用的行为。蒋某对此未提交证据予以反驳，故仲裁委对上述证据的真实性和证明力予以确认。

仲裁委认为，以上证据可以证明蒋某存在挂单、刷工时、公车私用的行为。

因此，公司依据其经民主程序制定且已告知蒋某的《专车驾驶员管理手册》的规定解除与蒋某的劳动合同，符合《劳动合同法》第三十九条的规定，仲裁委对蒋某的仲裁请求不予支持。

本案的焦点是劳动者违纪事实的认定问题。用人单位庭审中提交的网页截图是电子证据的一种。如果用人单位仅提交该网页截图，而不能证明该截图的来源，或是不能证明该截图是未经过篡改的，那么这样的网页截图的真实性和证明力是极低的。

但本案中，用人单位在提交网页截图的同时，将系统当庭演示，展示了与截图相关的内容，并且提交了该系统研发方的证明，以证明该系统的电子数据无法人为修改，再加上劳动者认可用人单位使用该系统进行管理，其通过该系统手机端进行日常考勤和工作，这样就形成了一个相对完整的证据链，之后劳动者又未提出反证。仲裁委据此认定了该截图的真实性和证明力，从而认定劳动者有违纪事实。

入职培训期间是否存在劳动关系？

【事件描述】

2017年9月，张某应聘到上海某贸易公司从事行政工作。9月17日，张某到公司报到后，公司即通知其参加为期1个月的入职培训，培训时间与工作时间一致，培训内容为公司业务流程、规章制度及安全教育等。

2017年10月17日，张某培训结束正式上岗。双方签订了一份期限从2017年10月17日至2018年10月16日的书面劳动合同。次月，张某在领取工资时发现其工资自2017年10月17日起算，遂询问公司原因，公司答复称张某正式入职时间为2017年10月17日，因此工资自该日起算，岗前培训不算工作时间，不支付工资。

2018年10月16日，贸易公司决定不再与张某续签劳动合同，双方劳动合同终止，公司认为张某入职时间为2017年10月17日，因此向张某支付了1个月工资的经济补偿。张某认为入职时间为2017年9月17日，贸易公司应当支付一个半月工资的经济补偿。由于双方未协商一致，张某遂申请仲裁，要求公司支付培训期间工资及半个月工资的经济补偿。

培训期间，贸易公司与张某是否存在劳动关系？

【专家说法】

本案中，严格意义上说，张某在培训期间尚未为公司提供一般意义上的劳动，未在公司岗位上进行工作。但从公司对张某进行入职培训的原因来看，公司显然是以使用张某在其岗位上工作为目的，张某之所以接受培训也是为了达到从事公司岗位工作的要求，能够更好地适应公司的经营业务。因此，相关培训活动构成了公司整个经营业务活动的一部分，与公司经营息息相关。

同时，从管理与被管理的角度出发，张某接受的培训是由公司安排的，在培训期间，张某事实上接受了公司的劳动管理，体现了与公司之间的使用从属、人格从属和组织从属的关系，因此张某进行岗前入职培训，实则可认为从事的是广义上的工作或劳动。据此，张某在岗前入职培训期间，符合劳动关系认定的三原则，应当认定与公司存在劳动关系。

根据《劳动合同法》第四十七条的规定，经济补偿按劳动者在本单位工作的年限，满1年支付1个月工资的标准向劳动者支付。6个月以上不满1年的，按1年计算；不满6个月的，向劳动者支付半个月工资的经济补偿。因此，仲裁委裁决公司支付张某1个月工资及半个月工资的经济补偿。

如此"实习"是否属于建立劳动关系？

【事件描述】

2018年5月13日，某高校大四学生寻某通过校园招聘进入某公司，与公司签订实习协议，约定实习期1个月，从2018年5月13日至6月14日，并明确实习期不得超过寻某取得毕业证的时间；实习期月工资为3 000元，转正之后月工资为3 500元。当年6月15日，寻某取得高校颁发的毕业证。实习期满，公司继续用工，但未与寻某签订书面劳动合同，也未给寻某办理社会保险。2018年6月28日，寻某因工外出时受伤，需住院40天，经劳动能力鉴定机构鉴定为8级伤残。2018年8月，在寻某住院休养期间，该公司单方面通知终止与寻某的实习协议。

寻某认为公司的做法不合理，于2018年12月提起仲裁申请，要求确定双方存在劳动关系，由公司支付违法解除劳动合同的赔偿金。

本案中，双方是否建立了劳动关系？

【专家说法】

本案中，该公司辩称，根据《关于贯彻执行〈中华人民共和国劳动法〉若干问题的意见》第十二条规定，在校生利用业余时间勤工助学，不视为就业，未建立劳动关系，可以不签订劳动合同。寻某是在学校接受教育期间因参加社会实践活动才进入公司实习的，是一种教学实习。6月15日，寻某实习期满应该离开公司，或者向公司递交入职申请，通过公司考核成为正式员工。而寻某并未递交入职申请，因此后续用工只能视为实习期的延续，寻某与公司之间不存在劳动关系。

仲裁委认为，寻某是通过用人单位的校园招聘入职的。2018年5月13日至6月14日期间因为寻某尚未毕业，寻某到公司实习的行为仍属于在校生社会实践的内容，双方之间未建立劳动关系。6月15日寻某取得毕业证后，具备了作为劳动者的主体资格，并为该公司工作，双方形成了劳动关系。

《关于确立劳动关系有关事项的通知》（劳社部发〔2005〕12号）第一条规定："用人单位招用劳动者未订立书面劳动合同，但同时具备下列情形的，劳动关系成立。（一）用人单位和劳动者符合法律、法规规定的主体资格；（二）用人单位依法制定的各项劳动规章制度适用于劳动者，劳动者受用人单位的劳动管理，从事用人单位安排的有报酬的劳动；（三）劳动者提供的劳动是用人单位业务的组成部分。"

从劳动关系的构成看，寻某取得毕业证后，其提供公司业务组成部分的工作，遵循公司在规章制度下的管理，从事有报酬的劳动，符合劳动关系的构成特征。

因此，寻某拿到毕业证后，公司继续用工，双方构成劳动关系。在寻某工伤休养期间，公司单方面通知终止与寻某的实习协议，实为违法解除劳动合同，应当承担赔偿责任。

未做离岗前职业健康检查，用工单位可否将劳动者退回派遣单位？

【事件描述】

张某于2017年经某劳务派遣公司派遣到某机械公司，从事铸件清理工作，该岗位属于职业病危害作业岗，派遣期限为2017年1月至2020年1月。

2019年3月，机械公司以生产经营发生严重困难为由，对张某等20名员工作出退工处理，并于2019年4月1日以书面形式告知劳务派遣公司。劳务派遣公司与张某协商解除劳动合同，并同意支付经济补偿。

张某认为，机械公司不应将他退回劳务派遣公司，因其在机械公司的工作为职业病危害作业，被退回前机械公司和劳务派遣公司应为其安排离岗前职业健康检查，而不应该直接解除劳动关系，双方就此未达成一致意见。于是张某提请仲裁，要求与机械公司恢复劳务派遣关系，并由劳务派遣公司和机械公司为其安排离岗前职业健康检查。

劳动者未做离岗前职业健康检查，用工单位可否将其退回劳务派遣单位？

【专家说法】

劳务派遣退回，是指用工单位因一定的事由行使解除或者终止权，将被派遣劳动者退回劳务派遣单位，由劳务派遣单位根据具体情况对被派遣劳动者再派遣、安排待岗或者解除劳动合同的一种机制。

劳务派遣用工中对用工单位法定的退回权均有明确规定。《劳动合同法》第六十五条第二款规定："被派遣劳动者有本法第三十九条和第四十条第一项、第二项规定情形的，用工单位可以将劳动者退回劳务派遣单位。"《劳务派遣暂行规定》第十二条第一款第一项规定，用工单位有《劳动合同法》第四十条第三项、第四十一条规定情形的，可以将被派遣劳动者退回劳务派遣单位。

尽管本案中用工单位以生产经营发生困难为由将劳动者退回劳务派遣单位符合上述规定，但《劳务派遣暂行规定》第十三条规定："被派遣劳动者有劳动合同法第四十二条规定情形的，在派遣期限届满前，用工单位不得依据本规定第十二条第一款第一项规定将被派遣劳动者退回劳务派遣单位；派遣期限届满的，应当延续至相应情形消失时方可退回"。

本案中张某的情形符合《劳动合同法》第四十二条规定，即从事接触职业病危害作业的劳动者未进行离岗前职业健康检查，或者疑似职业病病人在诊断或者医学观察期间的，用人单位不得依照

《劳动合同法》第四十条、第四十一条的规定解除劳动合同。该条款所规定的用人单位不得解除劳动合同的情形，同样适用于劳务派遣中用工单位不得将劳动者退回的法定情形。因此，劳务派遣期间从事接触职业病危害作业的劳动者离岗前未进行职业健康检查，用工单位不得将劳动者退回劳务派遣单位。

综上所述，本案中的用工单位在退回被派遣劳动者时适用法定条件方面存在过错，违反了相关法律规定。用工单位和劳务派遣单位是劳动者的共同雇主，对合法用工承担连带责任。为了保障劳动者的健康权，应恢复劳务派遣用工关系，由劳务派遣单位和用工单位共同为张某安排离岗前职业健康检查，给予接触职业病危害作业的劳动者充分的救济保障。

合同期满公司未续签职工辞职不补偿？

【事件描述】

2019年4月初，杭州市某公司有十几个职工的劳动合同到期，按规定应该续签劳动合同。由于当时该公司的人力资源人员更换交接，该公司没有及时与这部分职工续签劳动合同。1个月后，公司找这批职工续签劳动合同，大部分职工同意与公司续签，但是还有部分职工认为，公司没有及时续签劳动合同是严重过错，甚至以此为由向公司提出解除劳动合同，并要求公司支付经济补偿金。

【专家说法】

针对此案，一旦劳动合同到期，如果双方仍然希望保持劳动关系的存续，就应当续签劳动合同以明确各自的权利义务。本案中，用人单位显然存在没有及时续签劳动合同的过错，对此，《劳动合同法》第八十二条规定："用人单位自用工之日起超过一个月不满一年未与劳动者订立书面劳动合同的，应当向劳动者每月支付二倍的工资。用人单位违反本法规定不与劳动者订立无固定期限劳动合同的，自应当订立无固定期限劳动合同之日起向劳动者每月支付二倍的工资。"根据上述规定，公司职工可以要求用人单位承担支付未签订劳动合同之月份双倍工资的责任。

那么，劳动者是否可以以此为由辞职并要求经济补偿金呢？

根据《劳动合同法》第四十六条规定："有下列情形之一的，用人单位应当向劳动者支付经济补偿……（五）除用人单位维持或者提高劳动合同约定条件续订劳动合同，劳动者不同意续订的情形外，依照本法第四十四条第一项规定终止固定期限劳动合同的……"依据此规定，这类过错不属于劳动者应当获得经济补偿金的范围。因此不能获得经济补偿。

公司实行"末位淘汰"解除劳动合同，合法吗？

【事件描述】

小秦2017年6月入职某公司，负责产品的销售工作。小秦与公司签订了3年的劳动合同。2018年8月，随着公司的发展和部署，公司修订了销售部的考核表，销售人员由原来的没有销售任务变成了每人每月要完成一定的销售任务，而且根据职员级别的不同，销售业绩要求不同。3个月累计排名，半年后实行末位淘汰。小秦每月10万元的销售任务令他愁眉不展，尽管他不停地跑市场，3个月下来,他还是差了2万元的销售业绩。又过了3个月,尽管她完成了销售业绩,但部门排名她排在了最后一位。公司通知,要与小秦解除劳动合同。小秦觉得公司太苛刻,这种末位淘汰解除劳动合同的做法合法吗?

【专家说法】

"末位淘汰"与解除劳动合同之间不能等同,解除劳动合同必须要依法进行。从《劳动合同法》看,我国法律没有允许用人单位与劳动者在劳动合同中约定以"末位淘汰"为由解除劳动合同,可见企业管理考核中的末位员工被"淘汰",缺乏法律依据。

《劳动合同法》第四十三条规定:"用人单位单方解除劳动合同,应当事先将理由通知工会。用人单位违反法律、行政法规规定或者劳动合同约定的,工会有权要求用人单位纠正。用人单位应当研究工会的意见,并将处理结果书面通知工会。"

《劳动合同法》第四十八条规定:"用人单位违反本法规定解除或者终止劳动合同,劳动者要求继续履行劳动合同的,用人单位应当继续履行;劳动者不要求继续履行劳动合同或者劳动合同已经不能继续履行的,用人单位应当依照本法第八十七条规定支付赔偿金。"

劳动合同期满终止后发现已怀孕,劳动关系能否续延?

【事件描述】

杨××于2013年与一家酒店签订劳动合同,合同期限为五年。2019年劳动合同期满后,酒店表示由于经营状况不佳,不再与杨××续签劳动合同,但酒店同时表示将依法向其支付经济补偿。酒店依法支付经济补偿并办理完离职手续后,杨××因为身体不适到医院进行检查,这才发现在离职之前就已经怀孕。于是,她回到公司要求将劳动关系续延至哺乳期结束。公司表示因为劳动合同是期满终止的,无法续延。杨××认为公司的做法不合法,遂申请了劳动仲裁。请问,她的请求能否得到支持呢?

【专家说法】

一般情况下,女职工在劳动合同解除或终止前处于孕期、产期、哺乳期(又称"三期")的,劳动关系应当续延至"三期"结束为止。而在实践中,劳动合同已经期满依法终止之后,女职工才发现在劳动合同期满前已经怀孕,这种情况下,女职工能否以此为由要求用人单位续延劳动关系?

司法实践中,有以下两种观点:

一种观点认为,首先,《劳动合同法》第四十五条规定,劳动合同期满,女职工在孕期、产期、哺乳期的,劳动合同应当续延至相应的情形消失时终止。根据上述条文可知,只有在劳动合同期满但尚未终止的情况下,女职工在孕期、产期、哺乳期的,劳动合同方能续延至相应的情形消失时。其次,如果劳动合同期满依法终止,即意味着双方劳动关系已终结。这一客观法律事实是无法改变的。既然劳动关系已终结,那么何来劳动关系续延问题?因此,在劳动合同已经期满依法终止的情况下,即便女职工在劳动合同期满前已经怀孕,双方之间的劳动关系也不能续延。

另外一种观点则认为,这种情形应该区别对待。如果劳动合同是因女职工本人主动提出不续签导致期满终止的,则双方的劳动关系难以续延。这是因为终止是女职工本人真实的意思表示,也没有违反法律法规的强制性规定，应当合法有效；但如果是用人单位先提出不再续签，虽然劳动关系客观上已经依法终止，但因双方均无过错，从保护劳动者合法权益角度出发，并结合《劳动合同法》第四十五条关于劳动合同续延的立法本意，双方劳动关系应当续延至相应的情形消失之时。

相比较而言，第一种观点从法条的字面意思来看，其强调的是在劳动合同期满，双方未终止的情况下，如女职工发现处在"三期"的，则应当续延劳动关系至"三期"结束；如果在劳动合同已经合法终止的情形之下，则无权要求用人单位与女职工续延劳动关系。

因此，本案中，由于酒店因劳动合同期满与杨××合法终止劳动关系，杨××的仲裁请求很有可能得不到支持。

单位能否对职工进行罚款？

【事件描述】

王××是广东一家加工工厂的技术工人。由于该工厂生产量较大，流水线作业，需要工人在指定时间内必须到岗工作。因此，工厂制定了十分严苛的考勤制度，工厂在规章制度中规定，迟到半小时算旷工一天，同时工厂有权对员工罚款500元。对此，包括王××在内的职工都知晓这一规章制度规定。虽然认为工厂罚款的行为不甚合理，但由于工厂福利尚可，王××并没有提出异议。

一日，王××因路上塞车，迟到半小时。根据工厂的规章制度，工厂有权对王××罚款500元。但王××认为，自己并非故意迟到，工厂就要罚款500元，为此觉得十分委屈。于是王××向好朋友倾诉此事。

王××的好朋友告诉王××，工厂是无权对职工进行罚款的，即便在规章制度中规定了罚款，但法律并没有赋予用人单位罚款的权利。因此，王××有权拒绝工厂罚款的行为。那么，事实上，单位可否对职工进行罚款呢？

【专家说法】

关于企业能否对职工进行罚款，有两种观点。一种观点认为，罚款是用人单位行使用工自主权的体现，属于用人单位的正当管理手段，并且在规章制度有明确规定的情况下，单位对职工罚款有制度依据，因此单位有权罚款；另一种观点认为，根据行政处罚法相关规定，处罚是由具备相应职权的行政机关作出的行政行为，用人单位不是行政机关，因此单位无权对职工进行罚款。笔者认为，第二种观点更为合理，即单位无权对劳动者进行罚款，理由如下：

（1）法律没有赋予用人单位罚款的权利。虽然关于罚款的规定可以追溯到1982年国务院发布的《企业职工奖惩条例》，该条例第十一条规定："对于有下列行为之一的职工，经批评教育不改的，应当分别情况给予行政处分或者经济处罚……"该条例第十六条规定："对职工罚款的金额由企业决定，一般不要超过本人月标准工资的百分之二十。"但是，该条例已经于2008年被废止，此后，用人单位直接对职工进行经济处罚就失去了法律依据。因此，从法律上分析，用人单位经济处罚没有法律依据。

（2）部分地方性法规已经明确规定单位无权对员工进行罚款。根据2013年5月1日实施的《广东省劳动保障监察条例》第五十一条规定："用人单位的规章制度规定了罚款内容，或者其扣减工资的规定没有法律、法规依据的，由人力资源社会保障行政部门责令改正，给予警告。用人单位对劳动者实施罚款或者没有法律、法规依据扣减劳动者工资的，由人力资源社会保障行政部门责令限期改正；逾期未改正的，按照被罚款或者扣减工资的人数每人二千元以上五千元以下的标准处以罚款。"由此可见，虽然在国家层面并没有法律明确规定单位无权对劳动者实施经济罚款，但在地方性法规层面，如广东省已经出台了相关规定，对上述问题进行明确规定。可以说，在广东省，用人单位无权对劳动者实施经济罚款是十分明确的。

（3）罚款属于行政处罚行为，应由行政机关行使。从性质上分析，罚款是一种剥夺公民财产权的行为，属于行政处罚行为。根据行政处罚法等相关行政法律法规的规定，只有具备相应职权的行政机关才享有行政处罚的权利，而用人单位显然不属于行政机关，因此也便无法行使行政机关才享有的行政处罚权。

劳动者违反服务期约定，应当如何支付违约金？

【事件描述】

彭××于2017年入职某公司，担任培训师工作。在职期间，由于彭××工作表现突出，工作态度积极，公司决定安排彭××到某培训机构进行深造，为期1个月，以提升其讲课技能，更好地为公司服务。由于该培训机构比较知名，公司为此支出的培训费、交通费、食宿费等高达3万元。

在彭××参加培训前，公司与彭××签订了服务期协议。双方约定彭××完成培训后，必须为公司服务满2年，否则彭××须支付违约金3万元。

2018年10月，彭××因遇到了更好的发展机会，决定跳槽。于是向公司提出辞职。但公司以彭××违反服务期协议为由，要求彭××支付3万元的违约金。

那么，彭××是否需要支付公司违约金呢？如果需要支付，违约金数额如何计算？

【专家说法】

首先，我们来分析一下彭××是否需要支付公司违约金呢？本案中，彭××在服务期内，因遇到更好的发展机会而主动辞职，不符合《劳动合同法》第三十八条规定的被迫解除劳动合同情形。在不属于被迫解除劳动合同的情况下，彭××在服务期内提出辞职，违反了服务期协议约定，属于违约行为。根据《劳动合同法》第二十二条规定，劳动者违反服务期约定的，应当按照约定向用人单位支付违约金。因此，彭××确实应该向公司支付违约金。

那么，违约金如何计算呢？彭××是否需要按照公司要求，支付3万元违约金呢？《劳动合同法》第二十二条规定："违约金的数额不得超过用人单位提供的培训费用。用人单位要求劳动者支付的违约金不得超过服务期尚未履行部分所应分摊的培训费用。"对于本案而言，单位在服务期协议中约定违约金为3万元是合理的，因3万元刚好是用人单位提供的培训费用。但在彭××已经服务了将近一年的情况下，单位要求彭××支付全额违约金是不合理的，应该根据彭××已服务的天数对违约金进行折算，不得超过服务期尚未履行部分所应分摊的培训费用。因此，彭××有权要求公司对违约金进行折算，按照折算后的违约金予以支付。

劳动合同中约定了保密义务就不能跳槽了吗？

【事件描述】

小齐是某高校理工科毕业的技术男，在IT领域他设计和研发的程序在高校专科类竞赛中得过奖。凭借过硬的专业技术，小齐毕业后顺利拿到了一家互联网公司的录用通知书，小齐了解后也觉得该互联网公司和他的预期相符，于是决定和该公司签约。

在双方签订劳动合同时，小齐发现劳动合同中有个附加保密事项，约定了劳动者在工作期间，不得对外泄密公司研发进展等情况，劳动者在合同期内不得跳槽到其他公司从事该行业的工作。小齐很谨慎，他很疑惑，难道自己和公司签约后就不能跳槽了吗？

【专家说法】

因为小齐从事的岗位专业技术性强，有可能还知道公司的关键技术，公司与其签订劳动合同时约定保密事项是合法的。

《劳动合同法》第二十三条规定："用人单位与劳动者可以在劳动合同中约定保守用人单位的商业秘密和与知识产权相关的保密事项。对负有保密义务的劳动者，用人单位可以在劳动合同或者保密协议中与劳动者约定竞业限制条款，并约定在解除或者终止劳动合同后，在竞业限制期限内按月给予劳动者经济补偿。劳动者违反竞业限制约定的，应当按照约定向用人单位支付违约金。"

《劳动合同法》第三十六条规定："用人单位与劳动者协商一致，可以解除劳动合同。"

如果小齐在工作后，觉得不适应或有终止合同的想法，可以和公司协商，可以依法解除劳动合同。

职工辞职后发现怀孕，能否要求继续履行劳动合同？

【事件描述】

王燕于2017年9月1日进入AA珠宝公司工作，担任珠宝鉴定师一职。双方签订书面劳动合同，约定合同期限为2017年9月1日至2020年12月31日，工资10 000元，每月15日发放，遇法定节假日、休息日，则提前一个工作日发放。

由于王燕专业能力强，AA珠宝公司十分器重她。其他珠宝公司也想聘用王燕，所以经常有猎头公司找到王燕，向王燕抛出许多高薪职位。一天，猎头公司再次找到王燕，表示有一家珠宝公司愿意出20 000元聘请她担任珠宝鉴定师。王燕心动了，考虑一周后，决定答应猎头公司的邀请。

2018年3月1日，王燕正式向AA珠宝公司提出辞职，尽管AA珠宝公司再三挽留，王燕仍执意要走。2018年3月15日，王燕发现自己怀孕了，当把自己怀孕一事告知拟签约的珠宝公司时，珠宝公司决定不再聘请王燕了。此时，王燕只能找到AA珠宝公司，希望能够撤销辞职申请，与AA珠宝公司继续履行劳动合同。

请问，王燕辞职后发现怀孕，能否要求AA珠宝公司继续履行劳动合同？

【专家说法】

本案涉及两个法律问题：第一，职工辞职的意思表示一经作出，能否撤销？第二，职工辞职后发现怀孕，能否要求继续履行劳动合同？

对于第一个问题，由于辞职属于形成权，一经作出，即发生法律效力，无须征得用人单位同意。因此，职工一旦作出辞职的意思表示，双方劳动关系即告解除。

但实践中，不排除有些职工真的十分优秀，企业不愿意令人才白白流失，此时企业往往会多番极力挽留，最终职工改变心意，愿意继续留在企业。此种情况，是否与上述论述矛盾？其实不矛盾，原因很简单，只要用人单位与劳动者协商一致，且对劳动者更为有利，法律并不禁止。

对于第二个问题，如前所述，职工辞职，双方劳动关系即告解除。即便后续发现怀孕了，职工也无权要求用人单位继续履行劳动合同。具体来说，原因有二：

首先，辞职是其真实意思表示，其原本就想与用人单位解除劳动关系。只是后来发现自己怀孕了，又想继续与用人单位履行劳动合同。这种想法的改变并不能改变双方劳动关系已经解除的事实。

其次，根据法律规定，只有在用人单位违法解除或终止劳动关系的情况下，劳动者才有权要求用人单位继续履行劳动合同。

当然，如果用人单位愿意与辞职后发现自己怀孕的职工继续履行劳动合同的，法律并不禁止。

本案中，如果AA珠宝公司愿意与王燕继续履行劳动合同的，法律并不禁止。但如果AA珠宝公司不愿意与王燕继续履行劳动合同的，那么双方之间的劳动关系已经解除，王燕无权要求撤销辞职申请并与AA珠宝公司继续履行劳动合同。

选择性条款真的能随意选择吗？

【事件描述】

小罗是某著名高校的应届毕业生，以优异的笔试和面试成绩入职一家大型外企，任职人力资源管理专员。为了更好地完成人力资源管理工作，小罗在入职后1周之内读完了公司的所有规章制度。

在阅读公司规章制度的时候，小罗发现公司的规章制度有以下的条款"职工1个月内连续旷工3天的，公司可视情况处警告、记过、记大过、解除劳动合同""职工侵占公司财产的，公司可视情况处记大过、解除劳动合同"……小罗对这些规定很疑惑，如果某位职工1个月内连续旷工3天，那应当处以警告呢，还是解除劳动合同呢？

果不其然，在小罗入职3个月后，公司有一位职工真的在1个月内连续旷工3天，这位职工的部门领导遂提议解除劳动合同，并报请人事部门审批。由于解除劳动合同关系员工的重大切身利益，人事部门组织了该职工与其所在部门的领导一同开会了解情况。在会议上，该职工表示其已深刻认识到自己的错误，但由于连续旷工3天除了解除劳动合同外，还可以处以警告，所以希望公司能网开一面，给他一个改过的机会。小罗心里也犯嘀咕，连续旷工3天到底应该处以警告，还是解除劳动合同呢？

【专家说法】

连续旷工3天到底应该处以警告，还是解除劳动合同呢？这是一个关系选择性条款的效力问题。

我们常常见到有些用人单位的规章制度中规定了选择性的处罚条款，例如，规章制度规定："有下列行为之一的，单位有权处以警告、记过、记大过或解除劳动合同的处罚……"在制定以上条款的时候，有很多用人单位认为这些选择性的条款可以给单位提供管理的便利，考虑到不同的人员违纪的情节以及后果可能不同，因此，单位在管理时可以选择性适用处分规定，情节严重的就适用记大过或解除劳动合同，情节较轻的就适用警告或记过。

总之，适用哪种处分由用人单位说了算，一切尽在掌握。问题是，以上想法恐怕是部分管理人员的一厢情愿。

首先，法律赋予了用人单位制定详细规章制度的权限，同时也规定了在发生因用人单位作出处分决定导致发生纠纷时由用人单位承担举证责任。因此，用人单位应当提供充分证据来证明处分的合法性和合理性。当无法提供证据证明时，则需要承担相应的不利后果。

其次，当一个规章制度的条文出现两种以上的不同理解时（例如，职工认为其行为情节较轻最多就是警告，而单位认为情节严重应当解雇），由于"资强劳弱"的客观现实，且规章制度是由用人单位制定的，司法裁判机关往往都会作出对制定制度一方即用人单位不利的解释，从而采纳对职工有利的意见。

单位能否以客观情况发生重大变化为由解雇试用期职工？

【事件描述】

梁咏自小对游戏编程十分感兴趣，一直想找一份与游戏编程相关的工作，但因本科专业不是学编程的，所以很多公司经考虑，都没有聘用他。凑巧一天，梁咏应聘到一家刚成立的游戏公司，由于兴趣相投，这家游戏公司的负责人决定聘用梁咏，当天即签订书面劳动合同，约定合同期限自2018年4月1日至2019年12月31日，试用期2个月。

由于游戏公司刚起步，且市场不景气，游戏公司打算重新调整组织结构，将梁咏所在的部门撤掉。2018年5月15日，游戏公司向梁咏发出书面通知，称"因公司组织架构调整，公司现依据《劳动合同法》第四十条第三项（即客观情况发生重大变化）与你解除劳动合同。"

梁咏听到消息后，挺难过的，但只能接受游戏公司的决定。请问，单位能否以客观情况发生重大变化为由解雇试用期职工？

【专家说法】

2018年5月15日，梁咏尚处于试用期阶段。根据《劳动合同法》第二十一条、第四十条规定，该游戏公司不能以客观情况发生重大变化为由与梁咏解除劳动合同。如果游戏公司据此解除劳动合同的，属于违法行为，梁咏有权要求游戏公司继续履行劳动合同或要求游戏公司支付违法解除劳动合同赔偿金。

《劳动合同法》相关规定如下：

第二十一条规定："在试用期中，除劳动者有本法第三十九条和第四十条第一项、第二项规定的情形外，用人单位不得解除劳动合同。用人单位在试用期解除劳动合同的，应当向劳动者说明理由。"

第三十九条规定："劳动者有下列情形之一的，用人单位可以解除劳动合同：（一）在试用期间被证明不符合录用条件的；（二）严重违反用人单位的规章制度的；（三）严重失职，营私舞弊，给用人单位造成重大损害的；（四）劳动者同时与其他用人单位建立劳动关系，对完成本单位的工作任务造成严重影响，或者经用人单位提出，拒不改正的；（五）因本法第二十六条第一款第一项规定的情形致使劳动合同无效的；（六）被依法追究刑事责任的。"

第四十条规定："有下列情形之一的，用人单位提前三十日以书面形式通知劳动者本人或者额外支付劳动者一个月工资后，可以解除劳动合同：（一）劳动者患病或者非因工负伤，在规定的医疗期满后不能从事原工作，也不能从事由用人单位另行安排的工作的；（二）劳动者不能胜任工作，经过培训或者调整工作岗位，仍不能胜任工作的；（三）劳动合同订立时所依据的客观情况发生重大变化，致使劳动合同无法履行，经用人单位与劳动者协商，未能就变更劳动合同内容达成协议的。"

试用期包含在劳动合同期限之内吗？

【事件描述】

江敏在2018年7月求职一民营公司，双方约定3个月的试用期，江敏在工作了1个月后找到公司人力部门，商量要求签订劳动合同。该公司却以试用期未完，还不能签订劳动合同为由拒绝了江敏的要求。江敏觉得，自己已经入职公司，就应该签订劳动合同，到底谁的说法是正确的呢？

【专家说法】

劳动合同的试用期包含在劳动合同期限之内，对于单位以试用期为由拒绝签订劳动合同的，劳动者有权在1个月后向单位主张支付双倍工资，用人单位约定的试用期不得超过法律规定的标准。

《劳动合同法》第十九条规定："劳动合同期限三个月以上不满一年的，试用期不得超过一个月；劳动合同期限一年以上不满三年的，试用期不得超过二个月；三年以上固定期限和无固定期限的劳动合同，试用期不得超过六个月。同一用人单位与同一劳动者只能约定一次试用期。以完成一定工作任务为期限的劳动合同或者劳动合同期限不满三个月的，不得约定试用期。试用期包含在劳动合同期限内。劳动合同仅约定试用期的，试用期不成立，该期限为劳动合同期限。"

怀孕等于不胜任工作吗？

【事件描述】

滕女士是一家公司的销售，平时主要负责杭州地区的销售工作。有时候为了开拓市场，滕女士需要外出拉单。但大部分时间，滕女士的主要办公地点还是在公司，并且在销售淡季，滕女士的工作强度还不算太大。

2018年，滕女士发现自己怀孕了，并将怀孕的消息告知公司。当公司得知滕女士怀孕后，认为滕女士作为一名销售，需要外出跑单和应酬，现在其怀孕了，肯定不能像以前那样出去外勤，就相当于不能胜任以前的工作岗位了。因此，公司就以滕女士已经怀孕，身体状况不能胜任销售工作为由，单方调整滕女士的工作岗位，将其调整为行政专员，且工资也相应降低。

对此，滕女士不服，拒绝接受岗位调整。公司也多次动员滕女士接受新岗位。动员无果后，公司以滕女士拒不接受岗位调整属严重违反规章制度为由，直接解雇滕女士。但其实单位的规章制度并无明确规定。

那么，滕女士该如何维权？而单位是否有权因女职工怀孕，就以不胜任工作为由单方调岗？

【专家说法】

首先，根据《劳动合同法》的相关规定，职工不胜任工作的，单位有权单方调岗。

那么，单位是否有权因女职工怀孕，就以不胜任工作为由单方调岗？在回答该问题前，需要先搞清楚一个问题，即何谓"不胜任工作"？

原劳动部办公厅印发的《关于〈中华人民共和国劳动法〉若干条文的说明》（劳办发〔1994〕289号）第二十六条第三款规定，"不胜任工作"是指不能按照要求完成劳动合同约定的任务或同工种、同岗位人员的工作量。

在司法实践中，"不胜任工作"的认定要求单位需要明确劳动者的工作任务和工作量，且告知劳动者。同时，用人单位应制定公正、客观的考核机制，并予以公示。最后，用人单位才能以之前已经明确的岗位要求和工作任务对劳动者进行考核，考核不及格后，才能认定为"不胜任工作"。

本案中，公司既未明确滕女士的工作任务或工作量，也未对滕女士进行工作考核，单纯以滕女士怀孕，就认定为"不胜任工作"，进而单方调岗，显然不合法不合理，后续更是以此为由解除劳动合同，更加不合法不合理。

建议滕女士可以向当地劳动监察部门投诉，让劳动监察部门责令公司改正，恢复原岗位和原工资待遇，或者申请劳动仲裁，要求公司继续履行原劳动合同或要求单位支付违法解除劳动合同的赔偿金。

双方有约定，就一定是非全日制用工吗？

【事件描述】

小赵于2014年5月入职某货运公司担任送货员，双方签订《非全日制用工劳动合同书》，约定每周工作时间累计不超过24小时。但是，小赵事实上每天上班的时间约10小时左右，每周工作5天，每天都到货运公司打卡上班，而他的工资则与送货数量挂钩，每月月底进行结算。2018年10月，公司突然通知小赵，双方劳动关系解除，并且因为小赵是非全日制用工，所以公司不需支付经济补偿。小赵认为公司的做法侵害了自己的合法权益，但他不知道该如何救济自己的权益。

【专家说法】

与全日制用工相比，非全日制用工具有以下特点：双方当事人可以订立口头协议、任何一方都可以随时通知对方终止用工或提供劳动、用人单位无需向劳动者支付经济补偿等，这使得非全日制用工更为便捷、灵活，既有利于用人单位灵活用工，也有利于创造更多的就业机会，促进劳动者就业。

那么实践中如何甄别非全日制与全日制用工呢？

《劳动合同法》第六十八条规定："非全日制用工，是指以小时计酬为主，劳动者在同一用人单位一般平均每日工作时间不超过四小时,每周工作时间累计不超过二十四小时的用工形式。"第七十二条第二款规定:"非全日制用工劳动报酬结算支付周期最长不得超过十五日。"

根据上述规定,可以看出,两者的本质区别在于,劳动者在同一单位每周累计工作时间及工资支付周期的不同。因此,即使用人单位与劳动者约定非全日制用工,但只要超过法律规定的工作时间或工资支付周期,即有可能被认定为全日制用工。

本案中,小赵每天工作时间在10小时左右,每周工作5天,远超法律规定的每日4小时或每周24小时,他的工资也是按月发放,因此,小赵与货运公司之间并不是法律规定的非全日制用工关系。即使双方签订了《非全日制用工劳动合同书》,也应当认定为全日制用工。

根据《劳动合同法》的相关规定,全日制用工形式下,用人单位无任何理由单方解除劳动合同的,构成违法解除,劳动者有权要求用人单位继续履行劳动合同或要求用人单位支付违法解除劳动合同赔偿金。本案中,由于小赵属于全日制用工,如果公司没有任何理由单方解除劳动合同,则小赵有权要求公司继续履行劳动合同或要求公司支付赔偿金。

单位"任性"调岗,职工只能忍气吞声吗?

【事件描述】

小凤是某食品加工厂的职工,主要的工作是在生产线上完成食品外包装检测的工序。小凤一直勤勤恳恳,严格按照厂里的规章制度工作,工作的成果很让人放心,身边的同事也都很喜欢她。

在2017年4月16日,小凤的领导向单位提出了辞职。为了不耽误生产,单位指派了另一个部门的领导兼任小凤所在部门领导一职。在新领导上任后,发现了小凤十分勤劳,很是喜欢,于是想让小凤加入到他以前主管的部门,希望将小凤培养成骨干,并开玩笑说不管她同不同意,反正她必须调到他以前主管的部门。

小凤完全没有在其他部门工作的经验,有点担心不能适应新的工作。同时,她也非常喜欢现在的工作岗位,所以犹豫不定。此外,她也很担心万一新领导一意孤行,她就有可能丢工作了。小凤心里一直在想,难道单位能"任性"地调整她的工作岗位吗?

【专家说法】

单位能"任性"地单方调岗吗?答案当然是不行的。但法律有规定单位可以单方调岗的情形吗?答案是有的。所以,关于用人单位能否单方调岗的问题,就要看法律对单位单方调岗的情形是怎么规定的,如果不符合这些情形,那么单位就不能单方调岗。

根据法律规定,用人单位可以单方调岗的情形主要有:第一,职工患病或者非因工负伤,在规定的医疗期满后不能从事原工作;第二,职工不能胜任工作;第三,发生职业禁忌的情形,比如女职工怀孕的,不能从事夜班工作等。因此,如果上述情形都没有出现,那么用人单位不能单方调整工作岗位。

当然,全国部分省市对用人单位可单方调岗的情形有其他的规定。但无论是全国性的还是地方性的规定,用人单位单方调岗也应当遵循合理性的原则。对于不具有合理性的调岗,职工有权拒绝。那怎样的调岗才是"合理"的呢?主要是以下两点:第一,用人单位有客观的生产经营的需要;第二,职工确实已不适合继续在原工作岗位工作了。

回归到本案，用人单位单方调岗的理由是新领导认为小凤工作勤劳，想让小凤到他以前主管的部门任职。根据上述的分析可知，这个理由并不符合法律规定，也不是客观的生产经营的需要，更不能表明小凤已经不适合在原工作岗位工作了。因此，如果用人单位以上述的理由单方调岗，小凤有权拒绝。

职工学历造假，单位能否据此解除劳动合同？

【事件描述】

李阳是温州市外来从业人员。2017年8月15日，李阳向KK公司应聘销售经理职位。应聘时，李阳向KK公司提交了其本人于2016年毕业于中山大学工商管理学院的学历证明复印件。由于李阳的学历比其他应聘者高，且专业符合本岗位需求，故KK公司决定录用李阳。双方签订书面劳动合同，约定合同期限自2017年9月1日起至2020年9月1日止。

2017年10月30日，李阳签署《任职承诺书》，内容为："本人作为KK公司之员工，特此承诺：本人入职时提交给KK公司的所有个人资料均是真实有效的，如有虚假资料，KK公司有权单方解除劳动合同并不支付任何经济补偿或赔偿。"

2017年11月30日，李阳签收了KK公司经过民主程序制定的《员工手册》，里面明确规定："员工以欺诈等手段虚报学历或者其他各项履历的，属于严重违反公司规章制度，公司有权解除劳动合同，且不给予任何经济补偿。"

2018年8月，李阳的上级主管领导廖某通过他人举报得知并证实李阳确实存在学历造假一事。2018年9月1日，KK公司通知工会后，以李阳严重违反公司规章制度为由解除劳动合同。李阳对此不服，于次月申请劳动仲裁，要求KK公司支付违法解除劳动合同赔偿金。

请问，李阳的仲裁请求能否获得支持？

【专家说法】

李阳的仲裁请求能否获得支持的关键在于KK公司以李阳学历造假构成严重违纪为由解除劳动合同是否合法合理。

本案中，我们认为，李阳学历造假，侵害了KK公司的知情权，已构成欺诈，且有违诚实，KK公司解除劳动合同合法合理。具体理由如下：

第一，《劳动合同法》第八条规定："用人单位招用劳动者时，应当如实告知劳动者工作内容、工作条件、工作地点、职业危害、安全生产状况、劳动报酬，以及劳动者要求了解的其他情况；用人单位有权了解劳动者与劳动合同直接相关的基本情况，劳动者应当如实说明。"所谓与劳动合同直接相关的基本情况，一般包括工作经历、学历以及身体健康状况等，对这些基本情况，用人单位应当享有知情权。同时，《劳动合同法》第二十六条、第三十九条、第四十六条、第四十八条明确规定，劳动者以欺诈手段使得用人单位违背真实意思表示与其签订劳动合同的，该劳动合同依法无效，用人单位有权单方解除劳动合同并不支付任何经济补偿或赔偿。

本案中，KK公司录用李阳的主要原因在于李阳的学历以及专业符合销售经理岗位的需求。显然，李阳提交的虚假学历证明，使KK公司陷入了错误认识，进而与李阳签订劳动合同。李阳的行为已然构成欺诈，且侵害了KK公司的知情权。根据上述法律规定，KK公司有权单方解除劳动合同并不支付任何经济补偿或赔偿。

第二，李阳签署的《任职承诺书》以及《员工手册》均明确规定，员工提交虚假学历证明的，KK公司有权解除劳动合同并不支付任何经济补偿或赔偿。因此，KK公司依据规章制度与李阳解除劳动合同合法合理。

第三，李阳的行为有违诚信，如果KK公司解除劳动合同的行为被认定为违法，那么相当于鼓励劳动者通过欺诈等手段谋取工作。这对用人单位来说，将严重损害其用工自主权；对社会来说，将严重扭曲社会价值取向。

劳动合同的终止条件能否由双方约定？

【事件描述】

彭越从毕业开始就进入保险公司工作，与保险公司签订了5年的劳动合同。由于其勤奋努力、积极上进，工作不到1年就取得非常不错的成绩，通过其销售的保单额第一年就有1 000余万元。

为了激励彭越，保险公司在第二年开始的时候与彭越协议变更劳动合同，变更内容为：若彭越在第二年的年末业绩增至2 200万元，则彭越升为区域经理；若业绩不能达到该额度，则终止与彭越的劳动合同。第二年年末，由于市场环境发生变化，彭越没能达到约定的业绩，保险公司据此与彭越终止劳动合同，彭越说根据法律规定，合同终止条件不能约定，所以约定无效，保险公司与其终止劳动合同违法。

请问，到底谁说得对？

【专家说法】

彭越的说法是对的。

关于劳动合同的终止条件能否由双方约定，司法实践中，有两种观点。

第一种观点认为，合同可分为法定终止与约定终止。《劳动合同法》第四十四条规定了法定终止情形，包括：（1）劳动合同期满的；（2）劳动者开始依法享受基本养老保险待遇的；（3）劳动者死亡，或者被人民法院宣告死亡或者宣告失踪的；（4）用人单位被依法宣告破产的；（5）用人单位被吊销营业执照、责令关闭、撤销或者用人单位决定提前解散的；（6）法律、行政法规规定的其他情形。而根据《劳动法》第二十三条的规定，当事人约定的劳动合同终止条件出现，劳动合同即行终止。因此，公司可以与员工约定劳动合同的终止条件。

第二种观点认为，《劳动合同法》第四十四条已罗列劳动合同终止的法定条件，且本条第六项"法律、行政法规规定的其他情形"的规定是仅限于法定情形，排除了当事人的约定，因此公司不能与员工约定劳动合同的终止条件。

我们认为，第二种观点是正确的。

《劳动法》是1994年出台的，2008年出台的《劳动合同法实施条例》第十三条规定，用人单位与劳动者不得在《劳动合同法》第四十四条规定的劳动合同终止情形之外约定其他的劳动合同终止条件。且2008年出台的《劳动合同法》中并无延续《劳动法》中关于劳动合同终止的条件应当约定的规定。

根据"新法优于旧法"原则，在处理"劳动合同终止条件能否由双方约定"这一问题上应适用新的法律规定，故劳动合同出现法定情形才能终止，即使当事人本着独立自由的意思表示，在劳动合同中约定了终止条件，也因该约定违反法律的强制性规定而无效。

工作地点约定为"全国"，单位就能随意调整工作地点吗？

【事件描述】

唐萌是一名销售人员，其入职时，单位在《劳动合同》中与其约定，由于唐萌工作岗位的特殊性，要求将其工作地点约定为全国。当时唐萌就提出异议，这样是不是意味着单位可以随时调整其工作地点。单位当时解释说，一般情况下不会随意调整的，将工作地点约定为全国只是方便单位管理和在特殊情况下可以调配员工。

之后唐萌一直在宁波工作，时间长达5年。唐萌认为，已过去5年了，单位都没有调整工作地点，其应该就是固定在宁波工作了。于是本是外地人的唐萌也选择在宁波买房，并结婚生子，生活逐渐安定下来。

在唐萌工作的第6个年头，单位由于拓展业务和打开外地市场需要，决定委派唐萌去重庆开拓新业务，将唐萌的工作地点调整至重庆的分公司。虽然这是一个很好的发展机会，但唐萌考虑到家庭因素，拒绝了单位调整工作地点的要求。公司在协商无果的情况下，直接与唐萌解除了劳动关系。

那么，唐萌该如何维护自己的权利呢？单位在《劳动合同》约定劳动者的工作地点为全国时，是否有权单方调整工作地点？

【专家说法】

首先，我们先分析一下单位将工作地点约定为全国的行为。工作地点是劳动合同的必备条款，根据《劳动合同法》的立法目的，对工作地点进行约定，是避免因工作地点随意变更，导致劳动者工作及生活成本增加，工作环境不稳定，最终损害劳动者权益。

因此，主流观点认为，一般情况下，将工作地点约定为全国是不合理的，如果劳动者已经固定在同一地点工作好几年，对该地点形成生活依赖，则该工作地点可视为劳动者的实际工作地点。但是对于实践中一些难以固定工作地点的岗位，将工作地点约定为全国也具备一定的合理性，这个要具体情况具体分析。

本案中，虽然单位与唐萌在劳动合同中约定其工作地点为全国范围内，但实际上唐萌已固定在宁波工作长达5年，说明其实际工作地点是具体明确的，就是在宁波。此外，唐萌已在宁波结婚生子并购买住房，对宁波这一城市形成依赖性。现单位由于业务发展需要，决定将唐萌从一个城市调整到另一城市任职，属于对岗位和工作地点的单方变更。因此，需要与唐萌协商一致，否则以此为由解除劳动合同，属于违法解除劳动合同。

综上，本案中的唐萌可去仲裁委申请劳动仲裁，要求公司支付违法解除劳动合同赔偿金或要求继续履行劳动合同，以此维护自己的权利。而实践中也有不少劳动者被单位调整工作岗位和工作地点，这个时候建议劳动者可以先与单位沟通协商，表明其不愿意接受新的工作地点，充分说明理由，不一定从一开始就选择仲裁的方式。

单位在试用期间能任意解除劳动合同吗?

【事件描述】

晓娟2018年刚毕业,怀着对未来职业的美好憧憬面试了一家公司,公司认为晓娟虽然只是一位应届毕业生,但还是挺适合公司所需要的工作岗位的,所以公司就在2018年7月与晓娟签订了为期3年的固定期限劳动合同,试用期是3个月。

在2018年9月的时候,晓娟所在的部门换了领导,新的领导觉得有另外的同事比晓娟更加适合该工作岗位,于是就与晓娟商量,让她辞职。晓娟觉得很纳闷,她一直以来勤勤恳恳工作,与部门同事之间没有什么矛盾,也没有什么过失,为什么要她辞职?于是,晓娟拒绝了公司领导让她辞职的方案。但晓娟的拒绝并未迎来公司的挽留,公司仍坚持在2018年9月30日以工作岗位有更适合的人选为由单方解除了与晓娟的劳动合同。晓娟不服公司的决定,向工会咨询公司这么做到底合不合法?

【专家说法】

晓娟的问题可以归纳为:在试用期内,用人单位能否任意解除劳动合同。

有观点认为,试用期是用人单位和员工为了相互了解,相互考察而约定的期限,所以在试用期,只要用人单位和员工任何一方对对方不满意,都可以随时无理由解除劳动合同。

也有观点认为,解除劳动合同的条件应当由法律明确规定,在法律没有明确规定的情况下,用人单位不得任意解除劳动合同,试用期也不例外。

就上面的问题,我们倾向认为用人单位在试用期期间不能任意解除劳动合同。根据《劳动合同法》第二十一条的规定,在试用期中,只有在员工存在《劳动合同法》第三十九条和第四十条第一项、第二项规定的情形,用人单位才能解除劳动合同。

也就是说,除非发生法律规定的情形,否则即使处于试用期,用人单位也不能单方解除劳动合同。

在解决了用人单位能不能任意解除劳动合同后,我们再来讨论一下如果用人单位任意解除劳动合同,职工应当怎么办的问题。

根据《劳动合同法》第四十八条的规定,用人单位违反本法规定解除或者终止劳动合同,劳动者要求继续履行劳动合同的,用人单位应当继续履行;劳动者不要求继续履行劳动合同或者劳动合同已经不能继续履行的,用人单位应当依照《劳动合同法》第八十七条规定支付赔偿金。

因此,如果用人单位在试用期内任意解除劳动合同,可能属于违法解除劳动合同,职工可以选择要求继续履行劳动合同或者要求用人单位依法支付赔偿金。

试用期能否延长,谁说了算?

【事件描述】

张先生是一家公司销售储备干部,2019年9月2日入职,跟公司签订了5年的劳动合同,并约定试用期为3个月。在11月16日的时候,张先生被公司的人力资源经理找去面谈,经理向张先生反馈,由于他试用期的表现未尽如人意，所以公司需要延长他的试用期到2019年2月28日，以待考察。

由于公司对于试用期的员工与其他员工一视同仁，试用期的待遇与转正后的待遇并没有任何的区别，张先生也知道他确实还存在有待提高的地方，所以就没有往心里去，也同意了公司的延长试用期的决定。

之后，张先生在跟朋友聊天时得知，同一用人单位与同一劳动者只能约定一次试用期。张先生心里很纳闷，公司延长试用期的做法是否合法？

【专家说法】

用人单位延长试用期虽然并不是一个常见的现象，但不少用人单位的规章制度都有相关的规定，有不少用人单位也会根据实际情况决定延长员工的试用期。因此，试用期能否延长确实是一个值得我们进行探讨的问题。

根据《劳动合同法》的规定，同一用人单位与同一劳动者只能约定一次试用期。那么试用期的延长到底合不合法呢？到底符不符合以上规定呢？我们倾向认为可以从以下方面进行分析：

首先，试用期的延长一般意味着劳动合同的变更，由于劳动合同由双方签订并生效，所以劳动合同的变更也应当经由双方协商一致。因此，我们可以得出结论，试用期的延长需要双方协商一致。也就是说，如果只是用人单位单方决定延长试用期，但职工并不同意的话，那么试用期是不能延长的。

其次，根据《劳动合同法》的规定，劳动合同期限3个月以上不满1年的，试用期不得超过1个月；劳动合同期限1年以上不满3年的，试用期不得超过2个月；3年以上固定期限和无固定期限的劳动合同，试用期不得超过6个月。因此，除了需要双方协商一致外，延长后的试用期也并不能超过法律规定的最长试用期。

最后，试用期的延长并不当然等同于约定了2次或多次试用期。在不超过法定最长试用期的情况下，试用期的延长是双方对原试用期的变更，延长后的试用期与原试用期实际上同属一个期间，因此并不存在重复约定试用期的情形。

综合上述的分析可知，试用期能否延长，由以下两个法律节点来决定：第一，劳资双方是否已经对延长试用期协商一致，如果已经协商一致，那么可以延长；否则，不能延长。第二，延长后的试用期是否超过法定最长的试用期。如果不超过法定最长试用期，那么就可以延长；反之，就不能延长。

公司不给职工劳动合同文本合法吗？

【事件描述】

小丽大学毕业后就投入到找工作的队伍中，参加了好几场招聘会，投出去几十份简历，都没有什么音讯，学文秘的她感到了就业的严峻。在她一再降低要求下，终于收到了一家民营企业的面试函。

小丽因为没有工作经验，公司说要试用3个月才可以给小丽转正。小丽很珍惜这次机会，就答应了这个条件和公司签订了为期1年的劳动合同。小丽工作上很勤奋，也很快上手。各种文件、会议资料总是提前准备得很妥当，平时一些跑腿的活儿也抢着干。

半年过去了，小丽迅速成长。她听说公司其实并没有给职工缴纳社保，小丽才想起当初和公司签订的劳动合同，公司并没有给她一份。她去询问，公司回复说所签订的劳动合同都由公司统一管理，个人手中不能留存。小丽想知道公司的这种说法合法吗？

【专家说法】

《劳动合同法》第十六条规定："劳动合同由用人单位与劳动者协商一致，并经用人单位与劳动者在劳动合同文本上签字或者盖章生效。劳动合同文本由用人单位和劳动者各执一份。"

本案中，小丽公司的做法违反了《劳动合同法》的相关规定，是违法的。公司无权将属于劳动者的合同文本扣留。

小丽可以持身份证到当地所在的劳动保障局查询缴纳社保的情况，如果公司未及时缴纳社保，可以要求公司补缴，协商不成可向单位所在地社保部门投诉处理。

单位能否对哺乳期职工实施经济性裁员？

【事件描述】

杨月和刘雪都是某玩具工厂的女工，二人于2018年入职，与工厂签订为期五年的劳动合同，两人都在组装部门工作，工作岗位一致。2018年10月起，工厂因市场经营环境恶化，业务出现严重萎缩，导致经营出现严重亏损。2019年3月，因亏损严重且由于市场环境一直没有好转，工厂决定大幅度裁减人员。此时杨月处于哺乳假期间，每天提前一个小时下班回家哺乳孩子，刘雪怀孕5个月未休产假。工厂内部开会讨论，认为杨月与刘雪二人工作岗位一致，可以解除其中一个，刘雪正在孕期，法律对于孕期妇女有特别的规定，辞退刘雪可能有法律风险；但杨月已经休完产假上班，辞退杨月没有法律风险。于是，工厂决定实施经济性裁员，解除杨月等二十人的劳动合同。工厂的做法合法吗？

【专家说法】

工厂的做法不合法。

本案中，刘雪正在怀孕，杨月处于哺乳期间，二人都属于"三期妇女"，法律对这一群体有特殊保护的规定。《女职工劳动保护特别规定》第五条规定："用人单位不得因女职工怀孕、生育、哺乳降低其工资、予以辞退、与其解除劳动或者聘用合同。"

我们再来看看关于经济性裁员的规定。根据《劳动合同法》的规定，当用人单位生产经营出现严重困难，可以提前30日向工会或者全体职工说明情况，听取工会或者职工的意见，将裁减人员方案向劳动行政部门报告后裁减人员。

因此，工厂生产经营出现严重困难的，可以实施经济性裁员。但是，《劳动合同法》也规定对以下人员不得实施经济性裁员：（1）从事接触职业病危害作业的劳动者未进行离岗前职业健康检查，或者疑似职业病病人在诊断或者医学观察期间的人员；（2）在本单位患职业病或者因工负伤并被确认丧失或者部分丧失劳动能力的人员；（3）患病或者非因工负伤，在规定的医疗期内的人员；（4）女职工在孕期、产期、哺乳期的；（5）在本单位连续工作满十五年，且距法定退休年龄不足五年的人员；（6）法律、行政法规规定的其他情形人员。

单位被合并,原劳动合同还有效吗?

【事件描述】

40多岁的李刚在一家印刷厂工作,他进厂工作多年,经常以"老人"自居。新来的工人都管他叫"叔叔"。李刚在印刷岗位工作多年,对工作流程技术都已烂熟于心。他也很满意自己的工作状态:工作不是太累,能按时回家。

2018年5月,李刚所在的公司因经营需要,与同行业另一家公司合并。两家公司合并后,委任了新的法人代表,公司也更换了新的名称。

李刚的工作岗位没有变化,依然是从事原来的工作,李刚因工作多年,他与原单位的劳动合同已经是无固定期限的劳动合同了,而合并后的公司并没有与其签订新的劳动合同,李刚不确定自己的合同还是否有效?

【专家说法】

《劳动合同法》第三十四条规定:"用人单位发生合并或者分立等情况,原劳动合同继续有效,劳动合同由承继其权利和义务的用人单位继续履行。"

李刚的单位因为合并更换了单位名称,李刚的劳动合同需重新签订,在变更劳动合同主体名称之外,其他约定都不改变的情况下,李刚仍然按照原劳动合同规定的内容履行。

医疗期内,劳动合同可以期满终止吗?

【事件描述】

已有11年工作经验的陈亮于2021年7月跳槽至一家互联网公司,任销售经理,陈亮与公司签订了劳动合同,期限截至2023年12月31日。2023年7月,陈亮被查出罹患癌症,于是一直向公司申请休病假。2023年11月30日,公司HR与陈亮联系,告知他的劳动合同期限即将届满,考虑到他的身体情况已无法正常上班,公司将不会与他继续签订劳动合同,双方劳动关系将在2023年12月31日到期终止。陈亮认为他仍处于医疗期,根据法律规定,公司不能在医疗期内解除他的劳动合同。公司和陈亮谁是对的?

【专家说法】

第一,陈亮的医疗期为6个月,至2024年1月届满。

《企业职工患病或非因工负伤医疗期规定》(1994年12月1日劳部发〔1994〕479号公布)第三条规定:"企业职工因患病或非因工负伤,需要停止工作医疗时,根据本人实际参加工作年限和在本单位工作年限,给予三个月到二十四个月的医疗期:(一)实际工作年限十年以下的,在本单位工作年限五年以下的为三个月;五年以上的为六个月。(二)实际工作年限十年以上的,在本单位工作年限五年以下的为六个月;五年以上十年以下的为九个月;十年以上十五年以下的为十二个月；十五年以上二十年以下的为十八个月；二十年以上的为二十四个月。"

根据上述规定，陈亮的实际工作年限为10年以上，在本单位的工作年限为5年以下，所以陈亮的医疗期为6个月。陈亮从2023年7月开始休病假，其医疗期至2024年1月届满。因此，2023年12月31日陈亮劳动合同期限届满时还处于医疗期内。

第二，陈亮的劳动合同应当顺延至医疗期满时终止。

《劳动合同法》第四十二条规定："劳动者有下列情形之一的，用人单位不得依照本法第四十条、第四十一条的规定解除劳动合同：（一）从事接触职业病危害作业的劳动者未进行离岗前职业健康检查，或者疑似职业病病人在诊断或者医学观察期间的；（二）在本单位患职业病或者因工负伤并被确认丧失或者部分丧失劳动能力的；（三）患病或者非因工负伤，在规定的医疗期内的；（四）女职工在孕期、产期、哺乳期的；（五）在本单位连续工作满十五年，且距法定退休年龄不足五年的；（六）法律、行政法规规定的其他情形。"《劳动合同法》第四十五条规定，劳动合同期满，有本法第四十二条规定情形之一的，劳动合同应当续延至相应的情形消失时终止。也就是说，劳动合同期满，但是劳动者患病或者非因工负伤，在规定的医疗期内的，劳动合同应当续延至规定的医疗期满时终止。

综上所述，陈亮的劳动合同应当顺延至2024年1月医疗期满时终止，公司不能在2023年12月31日终止与陈亮的劳动关系。

上班路上被车撞，企业要解除合同合法吗？

【事件描述】

朱××是某策划公司工作了两年的员工，他的文案虽然没什么经典之作，但客户对其创作还是很满意的。2018年的冬日，一场雨夹雪让整个城市的道路变得湿滑，交通缓慢。朱××特意从家早出来十分钟，在公交站台等车。一辆公交车进站台后突然失控急速撞向了人群，朱××受伤被送往医院救治。

送医后，朱××被诊断为：脑震荡，颅骨骨折，肋骨骨折。经过一段时间的治疗后，朱××虽然出院了，但却留下后遗症，总是阵发性头痛，还总爱忘事，无法集中精力进行文案创作。后来进行劳动能力等级鉴定，朱××被鉴定为：六级伤残，部分丧失劳动能力。

策划公司领导觉得，公司已经给其足够充裕的治疗期，不能长期养着不能胜任工作的人，决定和朱××解除劳动合同。这种情况，公司解聘朱××合法吗？

【专家说法】

朱××上班路上出现事故，导致头颅受伤，根据《工伤保险条例》第十四条第六项的规定，职工在上下班途中，受到非本人主要责任的交通事故或者城市轨道交通、客运轮渡、火车事故伤害的，应当认定为工伤。

《工伤保险条例》第三十六条规定："职工因工致残被鉴定为五级、六级伤残的，享受以下待遇：（一）从工伤保险基金按伤残等级支付一次性伤残补助金，标准为：五级伤残为18个月的本人工资，六级伤残为16个月的本人工资；（二）保留与用人单位的劳动关系，由用人单位安排适当工作。难以安排工作的，由用人单位按月发给伤残津贴，标准为：五级伤残为本人工资的70%，六级伤残为本人工资的60%，并由用人单位按照规定为其缴纳应缴纳的各项社会保险费。伤残津贴实际金额低于当地最低工资标准的，由用人单位补足差额。经工伤职工本人提出，该职工可以与用人单位解除或者终止劳动关系，由工伤保险基金支付一次性工伤医疗补助金，由用人单位支付一次性伤残就业补助金。一次性工伤医疗补助金和一次性伤残就业补助金的具体标准由省、自治区、直辖市人民政府规定。"

同时，依据《劳动合同法》第四十二条第二项的规定，劳动者在本单位患职业病或者因工负伤并被确认丧失或者部分丧失劳动能力的，用人单位不得依照《劳动合同法》第四十条、第四十一条的规定解除劳动合同。

律师表示，如果朱××本人未提出解除劳动合同，用人单位一般不可以解除劳动合同。用人单位可以考虑将朱××安排到劳动强度不大、轻松的工作岗位，如收发室等。

二次合同之后的是与非？

【事件描述】

老李作为老板，对员工始终持不放心的态度，因此和员工签订合同的时间都不会超过1年，1年满了再次续签，活生生一个霸道总裁。鉴于这位霸道总裁的作风，员工任职满1年不离职的少有人在。未料，3年前来了个小刘，1年1签的合同签订2次后，今年已经迈入了第三年。近日，老李总看小刘不顺眼，一声通知就将其辞退了。本以为舒心了但收到的却是小刘的劳动仲裁申请书，要求继续履行劳动合同。老李很不解，我是老板难道都不能开除一个员工吗？

【专家说法】

老李1年1签的做法虽然是可以，但这样的做法其实不利于公司的稳定发展。看这公司很少有任职满1年以上的员工就是一个很好的说明。

根据《劳动合同法》第十四条的规定，用人单位与劳动者协商一致，可以订立无固定期限劳动合同。有下列情形之一，劳动者提出或者同意续订、订立劳动合同的，除劳动者提出订立固定期限劳动合同外，应当订立无固定期限劳动合同：

（1）劳动者在该用人单位连续工作满10年的；

（2）用人单位初次实行劳动合同制度或者国有企业改制重新订立劳动合同时，劳动者在该用人单位连续工作满10年且距法定退休年龄不足10年的；

（3）连续订立2次固定期限劳动合同，且劳动者没有《劳动合同法》第三十九条和第四十条第一项、第二项规定的情形，续订劳动合同的。

用人单位自用工之日起满1年不与劳动者订立书面劳动合同的，视为用人单位与劳动者已订立无固定期限劳动合同。

老李和小刘已经签订了2次劳动合同的情况下，在签订第三次劳动合同时，小刘是可以要求老李的公司签订无固定期限劳动合同的，这个要求是以签订劳动合同的次数为要求，并不以劳动合同履行时间的长短为考量。

那么是否就可以理解为老李的公司和小刘已经是无固定期限劳动关系了呢？答案可能会让小刘失望，是否定的。

根据《劳动合同法实施条例》第十一条的规定，除劳动者与用人单位协商一致的情形外，劳动者依照《劳动合同法》第十四条第二款的规定，提出订立无固定期限劳动合同的，用人单位应当与其订立无固定期限劳动合同。

也就是说，签订无固定期限劳动合同的基础条件成立后，在签订第三次劳动合同之前，小刘需要自己向老李的公司提出，公司根据规定是不得不答应。但是，如果小刘没有提出，那么和公司的第三份劳动合同一经签订即发生法律效力，也就是说，第三份劳动合同其约定是有固定期限的，则按约定期限履行，其约定是无固定期限劳动合同的，才是无固定期限劳动合同。

小刘向劳动仲裁委员会申请劳动仲裁的行为是维护自己劳动权益的行为，是值得肯定的，因为本案中老李只是看小刘不顺眼，并没有合法的解除劳动合同的理由。因此，小刘可以坚持原劳动合同继续履行，公司应当继续履行合同。

小刘亦可以在同意解除劳动合同的情况下要求老李的公司支付经济赔偿金，依据是《劳动合同法》第四十八条。该条规定："用人单位违反本法规定解除或者终止劳动合同，劳动者要求继续履行劳动合同的，用人单位应当继续履行；劳动者不要求继续履行劳动合同或者劳动合同已经不能继续履行的，用人单位应当依照本法第八十七条规定支付赔偿金。"

在此提醒各位劳动者，在签订劳动合同时及时主张自己的权利，在出现劳动争议时应及时拿出法律武器维护自己的合法权益。

大学生存在劳动关系与否？

【事件描述】

这个月，姜某就要在公司转正成为正式员工了，自己在半年前还是大学生的时候就来过这家公司，虽然当时签协议的条件比较严苛，约定了半年的试用期，但是想想公司的规模和未来的发展，姜某咬咬牙也就同意了。不料这几天公司的人事主管找姜某谈话，说签合同可以，但是需要再有3个月的试用期，原因是大学生和公司其实是没有劳动关系的，因此，现在的姜某完全是作为新人进入公司一般。姜某很不理解，这样9个月的试用期合理吗？

【专家说法】

九个月的试用期固然是不合理的。

首先，姜某作为大学生和公司之前没有建立劳动关系的说法是否成立，我们需要看很早的一项规定。根据《关于贯彻执行〈中华人民共和国劳动法〉若干问题的意见》第十二条的规定："在校生利用业余时间勤工助学，不视为就业，未建立劳动关系，可以不签订劳动合同。"也就是姜某身份是大学生的时候，其人事关系其实是属于学校，并不属于劳动主体，因此和公司之间不存在劳动关系。人事主管回答姜某是学生身份时与公司没有劳动关系是对的。但也因为如此，在姜某毕业之前，姜某和公司形成的是劳务关系，对于劳务关系，法律没有试用期的强制规定。因此，劳务关系的工资待遇由姜某与公司协商，不属于试用期，应按实结算。

其次，在姜某毕业后至今在公司上班这段期间属于劳动关系，根据《劳动合同法》第七条的规定，用人单位自用工之日起即与劳动者建立劳动关系。姜某和公司之间已经实际形成了劳动关系，公司应当与姜某订立书面的劳动合同。

最后,《劳动合同法》第十九条规定:"劳动合同期限三个月以上不满一年的,试用期不得超过一个月;劳动合同期限一年以上不满三年的,试用期不得超过二个月;三年以上固定期限和无固定期限的劳动合同,试用期不得超过六个月。同一用人单位与同一劳动者只能约定一次试用期。试用期包含在劳动合同期限内。劳动合同仅约定试用期的,试用期不成立,该期限为劳动合同期限。"公司与姜某的试用期限应按双方的劳动合同期限对应法律规定来计算,如果公司与姜某要签订有3个月试用期限的劳动合同,则劳动合同期限应在3年以上。

并不是一纸空谈的服务期?

【事件描述】

赵明抱负很大,好不容易面试进入了一家高新企业。企业领导赏识赵明的才华,花费不菲将赵明送出国外进行培训,以期回国后在企业担任高管。出国前,企业和赵明签订了协议,约定了2年的服务期。未料,赵明在国外学习期间结识了另一家企业的老板,这位老板愿意出更高的薪酬聘请赵明,赵明很是心动,于是国外培训刚结束,便向该高新企业提出辞职,奔向了新单位。该高新企业的领导委实生气,花费了这么多培训费,居然帮人家的企业培养出了人才,怎么说也得向赵明讨个说法。可是,该怎么去讨这个说法呢?

【专家说法】

首先,赵明之前所在企业的做法是受到法律保护的,因为根据《劳动合同法》第二十二条的规定,用人单位为劳动者提供专项培训费用,对其进行专业技术培训的,可以与该劳动者订立协议,约定服务期。可见企业与赵明之间的服务期约定,是合法有效的,并不是一纸空谈。

其次,赵明违反了服务期的约定,企业是否可以要求赔偿?答案是肯定的。根据《劳动合同法》第二十二条第二款规定,劳动者违反服务期约定的,应当按照约定向用人单位支付违约金。也就是说,赵明之前所在的企业可以根据双方之前的约定,要求赵明支付违约金,该高新企业的领导要求讨个说法的想法是可以实现的。

最后,如何去讨这个说法。赵明之前企业可以向赵明主张权利,向所在地劳动仲裁委员会申请仲裁。企业可以主张的培训费用可参见相关法律依据。《劳动合同法》第二十二条第二款规定:"劳动者违反服务期约定的,应当按照约定向用人单位支付违约金。违约金的数额不得超过用人单位提供的培训费用。用人单位要求劳动者支付的违约金不得超过服务期尚未履行部分所应分摊的培训费用。"《劳动合同法实施条例》第十六条规定:"劳动合同法第二十二条第二款规定的培训费用,包括用人单位为了对劳动者进行专业技术培训而支付的有凭证的培训费用、培训期间的差旅费用以及因培训产生的用于该劳动者的其他直接费用。"

此外,如果赵明未跟之前的企业解除劳动关系,那么对赵明新单位而言,存在用人风险。《劳动法》第九十九条规定:"用人单位招用尚未解除劳动合同的劳动者,对原用人单位造成经济损失的,该用人单位应当依法承担连带赔偿责任。"也就是说,赵明之前所在的企业可以向赵明及其新单位共同主张权利,将二者列为劳动仲裁的共同被申请人。

一纸辞呈，两种理解？

【事件描述】

2016年7月底，小黎异地的女朋友答应了他的求婚，终于结束了漫长的"马拉松"赛跑。见过未来的岳父岳母后，小黎需要作个决定，是前往未来老婆所在地工作呢还是继续异地的婚姻，小黎一咬牙一跺脚，决定立马辞职，工作和老婆相比，当然还是后者重要。于是，小黎连夜写了辞职信，信上说自己要结婚了，老婆是异地的，考虑人生大事，所以自己提前和公司解除劳动合同，希望领导批准。写完的第二天就上交了。时间很快，中秋节，岳父岳母问起辞职的事情，小黎这才发现都已经一个多月，领导还没有回复自己的辞职信。这下二老急了，说新闻里宣传的，提前30天通知公司，30天后就是解除劳动关系了，根本不需要回复，小黎是在找理由不想去他们的城市结婚生活。小黎解释不清，找到领导，领导却说辞职信还没有批准，要过了国庆才行。好端端的喜事，竟然被一纸辞呈弄得茫然了，这可怎么办？

【专家说法】

本案中，小黎的"茫然"是有道理的，但是问题的关键其实不在于公司有没有同意他的辞职信，关键在于他的辞职信的内容。

首先，《劳动合同法》第三十七条规定："劳动者提前三十日以书面形式通知用人单位，可以解除劳动合同。劳动者在试用期内提前三日通知用人单位，可以解除劳动合同。"根据该规定，劳动者有自由解除劳动合同的权利，只要和公司之间没有约定其他的附加义务，都可以行使自由解除权，但是这个解除权需要提前30天，通过书面的形式，向公司进行主张，这种权利的主张是单方面的。也就是说，不需要公司的回复，也不需要公司的批准，书面通知的30天后，劳动关系自然就解除了。本案中，按理小黎和公司之间已经没有权利义务需要行使了，因为他们之间的劳动合同已经解除了，这也正是二老说的意思。因而，小黎的说法让二老产生了怀疑，怀疑小黎是不是在故意拖延时间不去未来妻子那里。那么，为何可理解为单方辞职呢？主张此单方解除的说法，本案例中应是从辞职信内容的非严格的文字意义，及从一般的劳动者发出辞职信的本意来讲，并考虑到实务处理情况来认定的。主要理由有二：（1）小黎给单位的书面材料明确是辞职信，而不是解除劳动合同的协商函件，因而可考虑理解为单方辞职；（2）小黎为一般劳动者，其出于一般的社会性礼貌，考虑到对用人单位的尊重，往往是单方辞职，也会以商榷的口吻发出辞职信，但这并不能改变单方辞职的本意，故可考虑解读为单方辞职。

其次，《劳动合同法》第三十六条规定："用人单位与劳动者协商一致，可以解除劳动合同。"也就是说，解除劳动合同还存在"协商"一说，那什么是单方，什么是协商呢？我们需要来看看他辞职信的内容。小黎辞职信的最后说到希望领导批准，这在严格意义上，并不是一份单方面解除的通知，而是带着协商的口吻向公司发出的提议，并且是希望可以批准的。那么既然是带着协商的基础，这份辞职信自然是要经过公司领导同意，才能生效的，劳动关系才会解除。也就是说，小黎的辞职信领导没有批准，也就始终没有生效，小黎需要和公司另行协商或者等到国庆后。

最后，有鉴于小黎的情况，建议在现实中要了解自己的情况后递交辞职信，并且要区分自己的表达，是单方面解除的意思表示，还是要求和用人单位另行协商，这在程序上有着非常明显的不同。

要工作就得交培训费，这合理吗？

【事件描述】

都说现在拥有一技之长走遍天下都不怕，不少"蓝领"们的工资超过了坐办公室的。杭州的齐莹是一名专科毕业生，她看准了技工的吃香，不惜回炉技术学校学习养老护理技能，成功取得了毕业证，她很快被一家大型医养机构聘用。通过了专业护理知识和技能的考试，齐莹被通知正式入职了。在签订劳动合同时，那家医养机构要求她交纳500元培训费。齐莹以为接受培训后可能给发个证，觉得也不错，就按要求交了钱。

齐莹上岗工作后发现，所谓的"培训"只是护士和护理员之间的相互交流，单位并没有请专人对她进行培训。齐莹觉得自己的500元交得冤枉，想要回自己的钱。

【专家说法】

按照国家规定，用于对劳动者的职业培训，该项费用应该由单位承担。齐莹有权要求单位退还培训费，还可以向当地劳动行政部门举报，并给予企业一定的处罚。

《劳动法》第三条规定："劳动者享有平等就业和选择职业的权利、取得劳动报酬的权利、休息休假的权利、获得劳动安全卫生保护的权利、接受职业技能培训的权利、享受社会保险和福利的权利、提请劳动争议处理的权利以及法律规定的其他劳动权利。"第六十八条还规定："用人单位应当建立职业培训制度，按照国家规定提取和使用职业培训经费，根据本单位实际，有计划地对劳动者进行职业培训。从事技术工种的劳动者，上岗前必须经过培训。"

《劳动法》明确规定了，职业培训是不能够收费的，这部分费用应由单位承担。单位应该有专项培训经费，这也是一种必需的条件和福利。

现在很多单位在招聘时打着培训的幌子扣押证件和收取费用，其实这些都是不合法的。《劳动合同法》第九条规定："用人单位招用劳动者，不得扣押劳动者的居民身份证和其他证件，不得要求劳动者提供担保或者以其他名义向劳动者收取财物。"

明白了法律关于培训的规定，劳动者要擦亮眼睛，对这种行为勇敢说不！

劳动合同先于服务期期满的如何处理？

【事件描述】

2016年6月李某入职某公司，签订了为期两年的劳动合同。2016年12月该公司出资让李某出国进行为期半年的培训，双方签订服务协议，规定培训以后李某需为公司履行五年服务期，如果李某在服务期内提出辞职或提前离职，需要支付违约金，以及补偿公司损失，补偿的培训费用根据未服务年限比例计算。在签订服务协议时，公司并未对之后合同到期的问题给予回答，所以李某认为到期后的劳动合同会续签。2018年6月，劳动合同到期，公司决定不再续约。李某认为劳动合同应续延至服务期满，否则自己可能要承担未到服务期的违约责任。面对这种情况，劳动合同先于服务期期满的，李某应该怎么办？

【专家说法】

本案中，李某是签订合同在先，约定服务期在后，公司在派其培训前应考虑到合同是否续约的问题。服务期是用人单位以给予一定培训费用为代价，要求接受培训对象的员工为用人单位提供相应服务的约定。签订服务期协议后，员工为公司服务的期限就不仅仅受劳动合同期限约束，也受到服务期协议期限的约束。如果在服务期内提前离职，就会承担相应的违约责任。根据《劳动合同法实施条例》第十七条的规定，劳动合同期满，服务期尚未到期的，劳动合同应当续延至服务期满。所以，双方在签订服务期协议时，并未对劳动合同期满如何解决的问题有任何约定，那么李某应与公司协商续签劳动合同。

《劳动合同法实施条例》第十七条规定："劳动合同期满，但是用人单位与劳动者依照《劳动合同法》第二十二条的规定约定的服务期尚未到期的，劳动合同应当续延至服务期满；双方另有约定的，从其约定。"

哪些情形下签订的劳动合同是无效的劳动合同？

【事件描述】

某宾馆因为经营不景气，于2018年被某酒店连锁集团兼并。兼并时双方曾达成协议，由酒店连锁集团负责安置宾馆职工的工作。该酒店连锁集团与宾馆职工金某等20人签订了劳动合同，但该合同只规定了金某等人的义务、责任，而对其权益只字未提。金某等人一方面由于无奈，另一方面也由于对合同的重要性认识不足，均在劳动合同上签了字。后酒店连锁集团便一再提高对金某等人的工作定额，却不增加其相应的劳动报酬，且以金某等人提出异议为由，扣发当月奖金。金某等人不服，向劳动争议仲裁委员会申请仲裁。

【专家说法】

劳动合同必须是具有签约资格的当事人按照平等自愿、协商一致的原则，依法订立，内容应当具备法定条款，并须合法，合同形式应采取书面形式，否则，将被确认无效。《劳动合同法》第二十六条第一款规定："下列劳动合同无效或者部分无效：（一）以欺诈、胁迫的手段或者乘人之危，使对方在违背真实意思的情况下订立或者变更劳动合同的；（二）用人单位免除自己的法定责任、排除劳动者权利的；（三）违反法律、行政法规强制性规定的。"受胁迫而签订的劳动合同，内容受外来力量干涉，不是合同当事人真实意思表示，也从根本上违背了自愿原则，故应认定为无效合同。本案中，酒店连锁集团以其强势地位，强迫金某等人在明显不公平的劳动合同上签字，且合同只规定了金某等人的义务、责任，对劳动者权益只字未提，因此该合同无效。

《劳动合同法》第二十八条规定："劳动合同被确认无效，劳动者已付出劳动的，用人单位应当向劳动者支付劳动报酬。劳动报酬的数额，参照本单位相同或者相近岗位劳动者的劳动报酬确定。"这样规定兼顾了用人单位和劳动者双方的利益，提供了一个比较客观的报酬支付标准。也就是说，应当根据劳动者提供劳动的具体情况，包括为用人单位作出贡献的大小，再结合原合同的约定，参考本单位的同工种、同岗位的情况，公平合理地确定一个报酬标准。在本案中，劳动争议仲裁委员会应当裁定该酒店连锁集团按照金某等人所从事的工作的强度和时间，支付相应的报酬，并

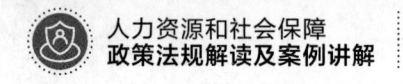

补发金某等人被扣发的奖金。

法律小贴士：有些用人单位会利用劳动者急于找到工作的心理，采取欺诈、胁迫的手段与劳动者签订劳动合同，达到以低廉报酬换取劳动者劳动的目的。如果签订了这类无效合同，劳动者可以据理力争，要求用人单位修改劳动合同，也可以通过劳动争议仲裁机构及司法机关来维护自己的合法权益。

兼职工作可以约定试用期吗？

【事件描述】

小申是个插画师，属于自由职业者，因为年初买房之后经济压力增大，打算再做一份兼职。之后小申在某出版社找到一份符合自己要求的工作并与出版社就工作时间、工作报酬等事宜进行了协商。小申正式报到上岗后，该用人单位提出其工作的第一个月为试用期，这让小申疑惑不解，这种兼职的工作还可以约定试用期吗？

【专家说法】

我国以法律的形式明确规定非全日制劳动不得约定试用期，在非全日制用工的试用期问题上最大限度地维护劳动者的合法权益。

《劳动合同法》第七十条规定："非全日制用工双方当事人不得约定试用期。"非全日制用工本来就属于灵活用工形式，劳动关系的不确定性比全日制用工要强，而且非全日制劳动者的收入也往往低于全日制职工，所以，更严格控制试用期来加强对非全日制劳动者的保护。据此可知，案例中的兼职用工单位不得与小申约定试用期。

用人单位能否因劳动者拒绝加班而将其辞退？

【事件描述】

2018年5月初，嘉兴市某皮鞋厂得到一批订货合同。由于这批合同订货量大且要求的交货时间紧，厂里决定，全体职工从5月8日起每天加班3小时，周六全天加班。职工蒋某等人对此决定非常不满，自己还要接孩子放学，给家人做饭，探望父母，厂里要求这样的加班侵犯了她的休息权利。于是她们多次找厂领导提意见，要求厂方根据职工的实际要求适当改变一下加班方案。但是厂方拒绝了蒋某等人的要求。无奈之下，蒋某等人只能按照厂里的要求加班加点。坚持了半个月，蒋某等人实在无法忍受这样加班加点。因此，她们又向厂里提出改变加班方案的要求，但厂方再次拒绝了他们的请求。蒋某等人忍无可忍，决定每天按照厂里规章规定的工作时间上班，到点就自行下班，不执行厂里的加班决定。

对蒋某等人的行为，厂里领导在给予多次严厉批评无效后，决定以违反厂纪厂规为由，开除他们。蒋某等人不服，向当地劳动争议仲裁部门提出申诉。请问，用人单位能否因劳动者拒绝加班而将其辞退？

【专家说法】

《劳动法》第三十六条规定："国家实行劳动者每日工作时间不超过八小时，平均每周工作时间不超过四十四小时的工时制度。"《国务院关于职工工作时间的规定》第六条也规定，任何单位和个人不得擅自延长职工工作时间。因特殊情况和紧急任务确需延长工作时间的，按照国家有关规定执行。《劳动法》第四十一条规定："用人单位由于生产经营需要，经与工会和劳动者协商后可延长工作时间，一般每日不得超过一小时；因特殊原因需要延长工作时间的，在保障劳动者身体健康的条件下延长工作时间每日不得超过三小时，但是每月不得超过三十六小时。"根据原劳动部印发的《关于贯彻执行〈中华人民共和国劳动法〉若干问题的意见》第七十一条的规定，协商是企业决定延长工作时间的程序，企业确因生产经营需要，必须延长工作时间时，应与工会和劳动者协商。协商后，企业可以在《劳动法》限定的延长工作时数内决定延长工作时间，对企业违反法律、法规强迫劳动者延长工作时间的，劳动者有权拒绝。如果因此发生劳动争议，可以提请劳动争议处理机构予以处理。

本案中，皮鞋厂既没有与工会协商，也没有与劳动者协商，就自行作出决定延长职工的工作时间，其做法不符合法定程序。企业决定延长工作时间的，必须把延长工作时间的理由、人数、时间长短等向工会说明，以征得工会的同意。此外，皮鞋厂延长的工作时间超出了法律规定的限度。根据厂里的要求，全体职工从5月8日起每天加班3小时，星期六全天加班。累计加班时间已经超过了每月最高不得超过36小时的规定；《劳动法》要求用人单位应保证劳动者获得适当休息的权利，蒋某等人要求获得合法休息权的要求是合理的，厂里应当予以考虑。厂里更不能以违反厂纪厂规为由辞退蒋某等人；此外，该厂应在与厂工会和职工协商后重新安排加班加点的方式，并根据职工已加班期间的情况，支付加班工资和安排补休。

以完成一定工作任务为期限的劳动合同，可以约定试用期吗？

【事件描述】

某公司招聘3名程序员，劳动合同约定试用期2个月，期间每人每月工资15 000元。3人的劳动合同还有一条补充规定，即劳动合同于3人将公司交代的软件设计完成并验收合格时自然终止。在工作1个多月的时候，总经理发现3名程序员中的谭某工作状态不佳，经常用公司的电脑做与工作无关的事，而且工作的进展也比其他两人慢很多。总经理提出解聘谭某，而且谭某等人的工作只是软件设计，是以完成一定工作任务为期限的工作，可以不采用试用期。谭某认为他马上就要试用期满了，是公司想"白用"他2个月，不同意公司的解聘决定。谭某的说法有道理吗？

【专家说法】

以完成一定任务为期限的劳动合同，是指用人单位与劳动者约定以某项工作的完成为合同期限的劳动合同。在签订这种劳动合同时用人单位通常无法预计该项工作结束的具体时间。

《劳动合同法》第十九条第三款规定："以完成一定工作任务为期限的劳动合同或者劳动合同期限不满三个月的，不得约定试用期。"以完成一定工作任务为期限约定的任务必须明确、具体，有任务完成的验收标准，不能笼统地做岗位描述。如软件开发任务，可以以某个软件开发任务完成作为期限，但如果只是约定软件开发，并没有明确约定某个任务，就不属于这一用工形式。本案中，谭某等的软件设计任务，是在其设计完成并验收合格时才结束，属于这一用工形式。由于是以完成一定工作任务为期限，并且以任务的完成作为条件，因此，不能再与劳动者约定试用期，只要任务完成，合同自然终止，用人单位也不需要向劳动者支付经济补偿金。因此，本案中该公司与谭某等3人约定试用期不合乎法律的规定。在工作中公司总经理认为谭某不符合公司的用人标准，可以与其协商，如不能协商一致可以与其解除劳动合同。

新职工培训期长，用人单位能将试用期设为一年吗？

【事件描述】

某公司招聘技工若干名，因为该技工岗位从事的工作比较特殊，要经过老师傅长时间的培训和指导，所以在招聘启事中申明，因技工工作性质特殊，其试用期设为1年，前3个月试用期间按正式职工的90%计算薪酬，以后的试用期按正式职工计算薪酬。新入职的职工认为将试用期设定为1年太长，自己的权益得不到保障。该公司的做法合法吗？

【专家说法】

试用期是指用人单位和劳动者双方相互了解、确定对方是否符合自己的招聘条件或求职条件而约定的考察期。对用人单位而言，试用期就是供用人单位考察劳动者是否适合其工作岗位的一项制度，给企业考察劳动者是否与录用要求相一致的时间，避免用人单位遭受不必要的损失。对劳动者而言，在劳动合同中约定试用期，可以维护新招收职工的利益，使被录用的职工有时间考察了解用人单位的工作内容、劳动条件、劳动报酬等是否符合劳动合同的规定。在劳动合同中规定试用期，既是订立劳动合同双方当事人的权利与义务，同时也为劳动合同其他条款的履行提供了保障，但试用期的长短要符合法律的规定。《劳动法》第二十一条规定，试用期最长不得超过6个月。《劳动合同法》第十九条第一款又进一步进行了规定："劳动合同期限三个月以上不满一年的，试用期不得超过一个月；劳动合同期限一年以上不满三年的，试用期不得超过二个月；三年以上固定期限和无固定期限的劳动合同，试用期不得超过六个月。"本案中，公司将试用期设定为1年，完全不符合法律的规定，而应当根据自己的具体情况设定合理试用期，不能因技工工作性质特殊就违法约定试用期。

解除劳动合同时劳动者是否要向用人单位赔偿培训费？

【事件描述】

曾某是一家公司的员工，他和单位签订了为期3年的劳动合同。公司为了增加效益，决定培养一批专业人才，经过层层筛选，曾某被选中。曾某被派往外省的一所高校脱产进修学习2年。公司人事经理为此还找他签了补充劳动合同。合同约定，曾某在培训后须为本公司工作5年，如果提前解除合同，就要赔偿培训费。曾某在培训后回到公司工作2年之后，收到一个朋友的邀请，希望曾某去他的公司工作，待遇优厚。曾某没有抵得住高薪的诱惑，考虑再三，最终还是决定辞职。公司同意曾某离职但要求赔偿培训费。那么，解除劳动合同时，劳动者是否要向单位赔偿培训费？

【专家说法】

《劳动合同法》第二十二条规定："用人单位为劳动者提供专项培训费用，对其进行专业技术培训的，可以与该劳动者订立协议，约定服务期。劳动者违反服务期约定的，应当按照约定向用人单位支付违约金。违约金的数额不得超过用人单位提供的培训费用。用人单位要求劳动者支付的违约金不得超过服务期尚未履行部分所应分摊的培训费用。用人单位与劳动者约定服务期的，不影响按照正常的工资调整机制提高劳动者在服务期期间的劳动报酬。"

曾某在公司工作期间，该公司出资为他提供了专项培训，也就是到外省某高校脱产学习2年，并就此签订了补充劳动合同，约定培训结束后5年曾某不得离开该公司，延长了一定的工作期限，这种做法没有违法，因此，该协议合法有效。曾某在签订协议后，只履行了2年就提前解除劳动合同，因此应该承担违约责任，也就是向公司赔偿培训费用，只要赔偿违约金的数额不要超过用人单位提供的培训费用就可以了。

劳动者提前解除劳动合同是否应承担经济赔偿金？

【事件描述】

段某是一家电子公司质检科主任。他与该电子公司签订了为期3年的劳动合同，合同约定除法定条件和合同中约定的条件出现外，任何一方都不得提前擅自解除合同，否则依法追究违约责任。春节回家的时候，段某遇上了多年没有联系的老朋友秦某，巧合的是，秦某也做电子生意，还开了一家公司，效益也挺好的，但秦某总觉得自己的公司缺一个管生产的人，正好碰上段某，别提多高兴了。秦某承诺分给段某20%的股份，但由于段某与电子公司的合同未到期就没强求。过了一段时间，段某与领导由于工作的事情出现分歧，后来矛盾逐渐加深，于是段某向公司递交辞呈。公司认为段某是在闹情绪，没有理会。30天后，段某没等到回音毅然决定离开。段某找到了秦某，跟他说明缘由，秦某很高兴段某能来自己的公司，并约定分给段某20%的干股，让他专门负责生产质量。一周后，原电子公司提出，由于是段某提前解除劳动合同，应当依据劳动合同承担违约责任，给付经济赔偿金5万元。

【专家说法】

段某与某电子公司双方是在平等协商的情况下签订的劳动合同，意思表示真实，程序上也符合法律规定，因此双方签订的劳动合同合法有效。但是，根据《劳动合同法》第二十五条的规定，如果用人单位与劳动者之间没有关于专项培训服务期和保密条款的特别约定，则不能因其他任何事项在劳动合同中约定违约金条款。这是法律的强制性规定，合同中违反法律强制性规定的条款无效。由此可见，段某与某电子公司签订的合同中关于违约金的条款无效，但这并不影响他们所签订的劳动合同的效力，其他条款合法有效，对此双方都应当认真履行。

段某不用承担违约责任。根据《劳动法》第二十四条的规定，经劳动合同当事人协商一致，劳动合同可以解除，但如果劳动者单方提出提前解除劳动合同，则必须遵循《劳动法》第三十一条规定的法定程序，即应当提前30日以书面形式通知用人单位。本案中，段某在辞职时，首先向单位递交了辞呈，是单位以为他在闹情绪，没有理会，因此段某在30日内没有得到公司的答复。可见段某已经履行自己的义务，因此可以解除劳动合同。而且，双方所签的劳动合同中并没有专项培训服务期和保密条款的特别约定，即使他辞职没有得到公司的许可，在没有其他行为损害公司利益的情况下，公司不能追究段某的违约责任。

应聘时隐瞒生育状况单位能否解除合同？

【事件描述】

2018年2月，章某（女）应聘某玻璃制品公司的行政管理岗位，其在应聘表生育状况一栏填写的是"已生育"。随后，双方签订了为期2年的劳动合同。几个月后，玻璃制品公司发现章某在应聘时尚未生育。2018年9月，玻璃制品公司以章某隐瞒生育状况构成欺诈为由解除了与章某的劳动合同。章某不服，向当地劳动人事争议仲裁部门申请劳动仲裁，要求玻璃制品公司支付违法解除劳动合同的经济赔偿。

【专家说法】

《劳动合同法》第八条规定："用人单位招用劳动者时，应当如实告知劳动者工作内容、工作条件、工作地点、职业危害、安全生产状况、劳动报酬，以及劳动者要求了解的其他情况；用人单位有权了解劳动者与劳动合同直接相关的基本情况，劳动者应当如实说明。"

什么是劳动者与劳动合同直接相关的基本情况？简单来说就是履行劳动合同的能力和条件，具体一点就是学历、技能、身体状况等，当然具体情况还需具体分析。就本案而言，劳动者的生育状况不属于与劳动合同直接相关的基本情况。

《劳动合同法》第二十六条规定，以欺诈、胁迫的手段或乘人之危，使对方在违背真实意思的情况下订立或者变更劳动合同的，劳动合同无效或部分无效。何谓欺诈？一般来说是指行为人故意制造假象、隐瞒事实真相并可能使他人误解上当的行为。其具体又可分为两种行为，即故意制造假象和隐瞒事实真相。"隐瞒事实真相"有一个前提，就是行为人必须有告知的义务，否则也不存在"隐瞒事实真相"。对于没有告知义务的隐瞒，不构成"隐瞒事实真相"，也不属于"欺诈"。

退一步讲，即使隐瞒生育状况属于欺诈，违背了用人单位的"真实意思"，但是用人单位的"真实意思"也不能违反法律的规定，否则无效。《劳动法》第三条规定，劳动者享有平等就业和选择职业的权利。用人单位不能就劳动者是否生育而作出就业歧视的行为。在本案中，玻璃制品公司的"真实意思"可能是"要求章某已经生育"，但是玻璃制品公司的这种要求既没有在招聘时声明，也不符合法律关于禁止就业歧视的规定。

综上所述，玻璃制品公司与章某的劳动合同有效，玻璃制品公司不能依据《劳动合同法》第三十九条第五项的规定解除与章某的劳动合同。所以，章某要求某玻璃制品公司支付违法解除劳动合同经济赔偿的请求应得到支持。

职工可否拒绝接受冒险作业？

【事件描述】

2018年8月10日，某地矿场爆破时，共打了8个炮眼，但装药引爆时只响了6个，剩下

2个炮眼未爆。10分钟后，管理人员认为这2个炮眼是瞎炮，不会有事，即令吴某等6名工人进入采矿面作业。吴某等6人坚持必须排除瞎炮后才能工作，一直未进入采矿面采矿。为此，矿领导以吴某等6人未完成当天采矿任务为由，扣发了每人当天工资和当月奖金，共计10 500元。6人不服，向劳动争议仲裁委员会申请仲裁。

【专家说法】

本案焦点问题是，职工拒绝接受冒险作业是否符合法律规定？

答案是肯定的。《劳动法》第五十六条第二款规定："劳动者对用人单位管理人员违章指挥、强令冒险作业，有权拒绝执行；对危害生命安全和身体健康的行为，有权提出批评、检举和控告。"而根据《劳动合同法》第八十八条规定，用人单位违章指挥或者强令冒险作业危及劳动者人身安全的，依法给予行政处罚；构成犯罪的，依法追究刑事责任；给劳动者造成损害的，应当承担赔偿责任。

本案中，2个炮眼炸药未爆炸，形成了所谓的瞎炮，在没有排除瞎炮的情况下，如果进入采矿面作业，瞎炮可能因外力作用而随时爆炸，将造成不可挽救的生命和财产损失。仲裁委员会认为，煤矿在未排除瞎炮的情况下，让工人进入采矿面作业，违反了劳动和安全生产的法律规定，吴某等6人未完成当天采矿任务系因险情未排除，理由充分，符合法律规定，裁决单位补发吴某等6人工资、奖金等共计10 500元。

特别提醒："安全第一"是劳动生产过程中必须遵循的基本原则。劳动者应当坚持原则，遵守制度，安全生产，依法维护自己的权益。在危险没有排除，不能保证人身安全时，劳动者有权拒绝工作。同时，每名职工都有权制止任何违章作业和冒险作业的行为，并有权对违章指挥等行为提出批评、检举和控告。另一方面，生产管理者必须严格遵守安全生产的规程，切不可违章指挥或强令冒险作业，否则不仅危及职工的人身安全，管理者也可能承担行政或刑事上的法律责任。

劳动关系还是劳务关系关键看什么？

【事件描述】

小齐于2014年6月到某英语补习学校任教，内容是教授周二下午、周六和周日全天共8节课时的英语课程。招录时，双方未办理任何手续，但该英语补习学校要求小齐必须遵守该校任课教师管理办法的规定，可以不坐班，但要认真进行课堂教学，不能迟到、提前下课，也不得任意停课、调课，并应当在课外进行备课、批改作业、安排测验等工作。2015年7月，小齐怀孕主动提出辞职，要求该英语补习学校为其补缴工作期间的社会保险费，支付未订立劳动合同的双倍工资差额及解除劳动合同的经济补偿。某英语补习学校则认为与小齐之间并非劳动关系，而是劳务关系。

按照该校规定，学校教师分为专职任课教师和兼职任课教师。专职任课教师其劳动关系按《劳动合同法》有关规定办理；而兼职任课教师是在该院兼任教学任务的教师。英语补习学校认为小齐应属于后者。双方就此发生争议。

【专家说法】

此案的争议焦点是，小齐和英语补习学校是劳动关系还是劳务关系。

通常判定劳动关系是从同时具备以下三个基本条件判断：（1）用人单位和劳动者符合法律、

法规规定的主体资格；（2）用人单位依法制定的各项劳动规章制度适用于劳动者，劳动者受用人单位的劳动管理，从事用人单位安排的有报酬的劳动；（3）劳动者提供的劳动是用人单位业务的组成部分。

一种观点认为，双方之间存在劳动关系事实，小齐和英语补习学校之间具备合法的劳动关系主体资格，小齐提供的劳动属于学校业务的组成部分。

另一种观点认为，双方之间存在的是劳务关系。理由是，劳动关系的双方主体间不仅存在着财产关系即经济关系，还存在着人身关系，即行政隶属关系。但劳务关系的双方主体之间只存在经济关系，没有管理与被管理、支配与被支配的权利和义务。此案中，小齐与英语学校确实就教学进行约定（包括课前点到、要求备课、布置作业、批改试卷等），但该约定是基于劳务本身特点而产生的，是劳务关系成立的前提条件，不应成为劳动关系的构成要件。除此之外，英语补习学校并没有支配小齐的具体工作，更未对其适用考核、奖惩等制度，不符合"用人单位依法制定的各项劳动规章制度适用于劳动者"这一劳动关系必须具备的情况。

劳动关系还是劳务关系二者最本质的区别在于，在劳动关系中，劳动双方不仅存在平等关系，还具有一定的人身隶属关系；而在劳务关系中，劳务提供者与用工者是一种平等的民事主体关系。小齐的"工作"具有相对独立性和自由度，其报酬均系通过授课而获得的课时费用，无其他保险、福利、津贴等待遇。仲裁委员会驳回小齐的各项请求事项。

第二章 工作时间、休假

某科技公司违法延长工作时间被行政处罚？

【事件描述】

2020年5月25日,珠海市劳动保障监察支队监察员依法对珠海某科技有限公司开展日常巡视检查,发现该单位涉嫌违法延长劳动者工作时间。经立案调查,珠海市劳动保障监察支队查明该单位2020年4月份违法延长徐某等1 905名劳动者工作时间,违法延长工作时间平均达100小时以上,其中最长达147小时。对此,珠海市劳动保障监察支队向该单位下达《劳动保障监察限期改正指令书》,责令其依法整改。同时,珠海市劳动保障监察支队对该单位违法延长工作时间的行为作出两项行政处罚:一是警告;二是按照受侵害的1 905名劳动者每人100元的标准计算,处以罚款190 500元。随后,该单位依法进行了整改并按期缴纳罚款。

【专家说法】

为保障劳动者的身体健康,国家对工时制度和延长工作时间的条件作了严格规定。《劳动法》第三十六条规定:"国家实行劳动者每日工作时间不超过八小时、平均每周工作时间不超过四十四小时的工时制度。"1995年2月17日国务院第八次会议修订的《国务院关于职工工作时间的规定》第三条规定:"职工每日工作8小时,每周工作40小时。"按照新旧规定适用原则,后者规定取代前者《劳动法》规定,它比《劳动法》规定的44小时更有利于劳动者享受休息权等劳动保障,应适用后者的规定。

《劳动法》第三十八条规定:"用人单位应当保证劳动者每周至少休息一日。"此处的"一日"应指完整的一天,即24小时。如《深圳经济特区和谐劳动关系促进条例》第二十二条第一款规定:"用人单位应当遵守国家关于劳动者工作时间的规定保障劳动者休息和休假的权利,并保证劳动者每周至少有一次二十四小时不间断的休息时间"。

职工休年休假是否必须自己申请？

【事件描述】

罗先生于2018年从技工院校毕业,进入某二手车公司某站点从事销售工作。公司通过民主程序制定的规章制度规定,职工休年休假,应当事先提出申请,未申请的,视为自动放弃本年度年休假,年休假不跨年度计算。

2019年罗先生未申请过休年休假。2020年3月，公司因业务量骤降，决定关闭该站点，经与罗先生协商，双方未能就变更劳动合同达成一致，公司提出解除劳动合同。但对于是否该支付2019年度未休年休假工资报酬，双方发生争议。

公司认为，罗先生没有申请休假，已放弃了休假权，现在无权要求补偿。罗先生遂申请仲裁，要求公司支付2019年度未休年休假工资报酬。仲裁委支持了罗先生的仲裁请求。

【专家说法】

《职工带薪年休假条例》第二条规定，职工连续工作1年以上的，享受带薪年休假。王某入职满一年后，有权在2019年享受年休假。

《职工带薪年休假条例》第五条第一款规定："单位根据生产、工作的具体情况，并考虑职工本人意愿，统筹安排职工年休假。"该条文包含两层意思：第一，用人单位享有决定劳动者何时休带薪年休假的权利。第二，用人单位负有安排职工年休假的义务，即休年休假不以职工提出申请为前提，用人单位未安排职工年休假导致职工未享受年休假待遇的，应当支付年休假工资报酬。

《企业职工带薪年休假实施办法》第十条第二款规定，职工因本人原因且书面提出不休年休假的，用人单位可以只支付其正常工作期间的工资收入。因此，职工放弃年休假权利，只能采用明示方式提出，用人单位不能将职工没有申请休假视为自动放弃。

综上所述，该公司有关年休假的规定，增加了劳动者的申请义务，且要求劳动者采用默示的方式放弃年休假，于法无据。对王某2019年未休的年休假，公司应当支付王某未休年休假工资报酬。

带薪年休假可否跨年休？

【事件描述】

小林是一家公司的销售人员，公司规定每年有15天的带薪年休假，由于2020年上半年工作业绩压力大，一直没敢休。到了年末想休的时候，又赶上年底想休假的人太多，为了保证工作正常运转，公司批准年休假的职工名额少，小林又没休上。

春节期间，小林想补休去年没休的年休假，征求人事部门意见时，人事主管告诉小林，按照公司规定，没有休完的年假会在下一年度自动清零，请问，这个规定合法吗？如果剩余的年休假没法休，公司能给予工资补偿吗？

【专家说法】

《职工带薪年休假条例》规定，单位应当保证职工享受年休假。职工在年休假期间享受与正常工作期间相同的工资收入。单位根据生产、工作的具体情况，并考虑职工本人意愿，统筹安排职工年休假。年休假在1个年度内可以集中安排，也可以分段安排，一般不跨年度安排。单位因生产、工作特点确有必要跨年度安排职工年休假的，可以跨1个年度安排。单位确因工作需要不能安排职工休年休假的，经职工本人同意，可以不安排职工休年休假。对职工应休未休的年休假天数，单位应当按照该职工日工资收入的300%支付年休假工资报酬。

因此，保证职工享受年休假是用人单位应当保障劳动者的基本权益。根据小林的描述，公司规定没有休完的年休假在下一年度自动清零，这个规定是不合法的。公司若当年不能安排职工休年休假，可以在下一个年度安排。若不能安排休年休假，应该给予劳动者工资补偿。

未休法定年休假与"年资特别假"该如何给予补偿？

【事件描述】

2015年6月1日，常先生入职某地产公司。地产公司规章制度规定，所有正式员工服务满1年，享有"年资特别假"2天，之后每满1年增加1天，以此类推，年资假须于1年之内使用，逾期视同放弃。常先生由于工作繁忙，入职5年均没有休过法定年休假和"年资特别假"。

2020年8月，常先生辞职，地产公司同意。但双方对于未休年休假和"年资特别假"的补偿存在分歧。常先生申请仲裁，要求公司支付其2015年至2020年未休法定带薪年假工资差额81 060元，2016年至2020年未休"年资特别假"工资9 083元。公司同意支付2019年、2020年未休法定年休假工资，但认为常先生要求支付2015年起至2018年未休年休假工资差额的仲裁请求已过时效；"年资特别假"属于公司内部福利，未休"年资特别假"而要求货币化补偿，缺乏法律依据，应予驳回。

本案涉及的问题是，法定带薪年休假工资报酬如何准确定性及适用仲裁时效？未休"年资特别假"工资补偿能否按照未休法定年休假的报酬标准计算？

【专家说法】

首先，关于带薪年休假工资报酬的定性及其仲裁时效适用，裁审实践中存在两种不同的观点。一种观点认为，带薪年休假属于福利待遇范畴，并由此推断未休带薪年休假工资报酬，也应当归于福利待遇范畴。因此，未休年休假的300%工资报酬中，100%为职工正常工作期间的工资收入，属于劳动报酬；其余200%是对职工未享受该待遇的一种补偿，不属于劳动报酬。与此相对应，应当适用一般仲裁时效的规定。另一种观点认为，《职工带薪年休假条例》第五条第三款规定，对职工应休未休的年休假天数，单位应当按照该职工日工资收入的300%支付年休假工资报酬，既然这里称之为年休假工资报酬，理应属于劳动报酬的性质，应当适用特殊仲裁时效。

带薪休假不能"一刀切"？

【事件描述】

"今年我们厂订单多，为了兼顾大家的休息权，并体现公平，工厂决定在8月下旬统一安排大家休假7天，其他时间不再安排任何休假。"随着人事部门工作人员把公司的这个决定通知到车间，大家开始议论纷纷。

一些刚入厂不久的年轻员工很兴奋，但工作10年以上的老员工却都心里不是滋味：明明每年工厂都给自己10天以上的假期，而且可以自选休假时间，怎么今年突然被"一刀切"？

老员工们选派了资历较深的张师傅去找人力资源部唐经理交涉。唐经理振振有词地表示，法律本来就赋予了用人单位自主安排年休假的权利，而且公司的做法很公平，在休假天数上对所有员工一视同仁。

"你们想想，要是想休几天、想什么时候休都由自己说了算，工厂还运转不运转？"

张师傅和他的工友们觉得，唐经理的说法似乎不对劲，可是又不知道该怎么反驳他。于是，下

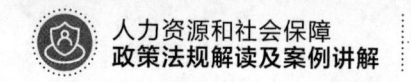

班之后,他们来到当地劳动保障监察机构进行咨询。

【专家说法】

了解了事情的来龙去脉后,监察员告诉他们,用人单位的确有根据生产、工作的具体情况,并考虑职工本人意愿,统筹安排职工年休假的权利。但是,休几天这事儿,不能搞貌似公平的"一刀切"。

根据《职工带薪年休假条例》的规定,职工累计工作已满1年不满10年的,年休假5天;已满10年不满20年的,年休假10天;已满20年的,年休假15天。这是法律规定的底线,所以法律并不禁止工厂让累计工龄不满10年的年轻员工休假7天,但累计工龄10年以上的老员工,则理应对照法律享有相应的年休假。如果单位确因工作需要不能安排职工休年休假的,经职工本人同意,可以不安排或少安排年休假,但应当按照日工资300%的标准支付相应天数的年休假工资报酬。

最终,监察员上门对该厂进行调查核实后,责令公司按照法律规定修改休假规定,安排员工休满年休假,或支付未休年休假工资。

严重违纪的劳动者是否还有休假权?

【事件描述】

某公司一名技术研发人员靳某,因有严重泄密行为,构成严重违反公司规章制度,公司决定于近日与其解除劳动合同。但是该员工已经在公司工作了近20年,依法应当享受每年10天的法定年休假,所以该员工提出,要将其2019年的10天法定带薪年休假休完后再办理离职手续。公司则认为,该员工的泄密行为已经严重侵害了公司权益,且他将要被解除劳动合同,2019年的法定带薪年休假应当作废。那么,该员工还能够享受法定带薪年休假吗?

【专家说法】

《劳动者依法》享受休息权。根据国家法律规定,劳动者能否享受带薪年休假权益、享受的天数长短,只与劳动者的工作年限长短有关。除非员工本人书面放弃该项权利,否则即使员工离职,用人单位也应当折算其应享受的带薪年休假。这里需要特别强调的是,员工无论是主动辞职,还是被解除劳动合同,都不影响其当年度已经在公司付出工作时间所对应的年休假天数。

本案中,靳某虽然构成严重违纪,符合被解除劳动合同的条件,但并不影响该员工的带薪年休假。所以,公司的说法是错误的。当然,靳某的说法也不完全正确,他不能享受当年全部的带薪年休假,应当根据其当年已经工作的时间,折算离职前应当享受的带薪年休假天数。

劳动者未申请休年休假,不等同于放弃年休假补偿?

【事件描述】

孔某于2014年3月1日入职某互联网公司,双方签订了为期3年的劳动合同。2017年2月28日,劳动合同到期,互联网公司通知孔某不与其续订劳动合同。在办理离职手续并领取终止劳动合同经济补偿时，孔某提出2017年至2019年，因工作繁忙，其未能休带薪年休假，故要求互联网公司支付相应的补偿。

互联网公司认为，孔某因自身原因未提出休年休假，按照公司员工手册的规定，每年12月31日之前未提出休年休假的，属于自动放弃当年年休假，故公司无需支付补偿。因此，双方发生争议，孔某向仲裁委提出仲裁申请，要求互联网公司支付未休年休假的工资报酬。

【专家说法】

《职工带薪年休假条例》第五条第一款规定："单位根据生产、工作的具体情况，并考虑职工本人意愿，统筹安排职工年休假。"第三款规定："单位确因工作需要不能安排职工休年休假的，经职工本人同意，可以不安排职工休年休假。对职工应休未休的年休假天数，单位应当按照该职工日工资收入的300%支付年休假工资报酬。"

《企业职工带薪年休假实施办法》第九条规定："用人单位确因工作需要不能安排职工年休假或者跨1个年度安排年休假的，应征得职工本人同意。"第十条第二款规定："用人单位安排职工休年休假，但是职工因本人原因且书面提出不休年休假的，用人单位可以只支付其正常工作期间的工资收入。"

从上述规定可以看出，年休假应由用人单位统筹安排，且在劳动者本人同意的情况下可跨1个年度安排。非经劳动者书面且系因个人原因提出不休年休假，不等同于其放弃年休假补偿。

本案中，互联网公司虽然在员工手册中有相关规定，但该规定与《职工带薪年休假条例》的相关规定相违背，故不具有相应的效力。孔某虽未提出休年休假，但并未书面提出因个人原因不休年休假，互联网公司仍应支付相应的工资报酬。

职工有病假单却不履行请假手续，用人单位可按旷工处理？

【事件描述】

彭某是某营销服务有限公司的员工。2019年2月10日，彭某向公司请假，并提交了医院出具的建议休息时间为2019年2月11日至2月15日的病假证明单，载明病假事由为健康查体。但2月18日（2月17日为周日）之后彭某一直未上班。

2019年2月25日，公司以快递的形式向彭某送达通知，主要内容为彭某病假期满后未经任何批准就不来上班，也未履行请假手续，根据员工手册的规定，其行为已构成旷工，要求彭某于3月1日前返回公司上班。该通知未获得彭某任何回复。

3月4日，公司再次通过快递方式送达解除劳动合同通知，主要内容为彭某在公司向其送达通知后仍未来上班，该行为严重违反规章制度，公司决定解除劳动合同。

彭某认为公司解除劳动合同违法，遂申请仲裁，要求公司支付赔偿金。

在仲裁过程中，彭某提供了医院出具的2月18日至3月1日期间的病假证明单，辩称因公司未索要2019年2月18日之后的病假单，所以自己没有提交，其行为并不构成旷工。

公司则称，根据公司规定，如果无法及时履行请假手续的，可以事后补办，但是彭某在公司寄送了第一份通知后没有及时向公司说明原因并补办手续，所以公司的处理合法。

那么，职工有病假单却不履行请假手续，用人单位能否按旷工处理？

【专家说法】

彭某向公司申请病假休息，应提供相应的病假证明，这是彭某作为一名劳动者应当遵守的基本劳动纪律。从病假证明单可见，彭某2月11日至15日具体病假事由为健康查体，其身体状况并未达到无法及时联系公司并提交相应病假证明的程度。

而且，彭某作为一名劳动者应主动遵守单位的请假手续，即使当时无法到公司履行请假手续，也应在事后尽快向公司说明情况，并补办请假手续。但彭某在长达10多天的时间里都未向公司请假，在收到通知后也未说明原因，即使其确实有病假单，公司在其未及时提交的情况下作旷工处理并解除劳动合同也并无不当。

用人单位组织劳动者周末开会，是否应当支付加班费？

【事件描述】

陈某是某汽车租赁公司的员工，被安排随车在客户单位提供驾驶服务。陈某与汽车租赁公司签有为期两年的劳动合同，实行标准工时制。陈某在职期间，汽车租赁公司要求他每个月的第一周周六必须到汽车租赁公司开会，主要是进行安全驾驶培训，而且没有安排补休。

2018年7月31日，双方劳动合同期满终止，陈某向汽车租赁公司提出休息日安排培训的加班费。公司表示陈某没有在工作岗位上提供劳动，周末开会培训不算加班。双方协商未果后陈某申请劳动争议仲裁。用人单位组织劳动者周末开会，是否应当支付加班费？

【专家说法】

加班是基于用人单位生产经营需要，由用人单位要求劳动者在规定的工作时间外（包括工作日的工作时间以外、法定节日或公休假日）工作。认定是否加班要考虑两个要素，即工作由用人单位安排和在法定标准工作时间之外。

本案中，汽车租赁公司在休息日安排陈某进行汽车安全驾驶培训，该培训系由公司组织安排，要求陈某必须参加，并非个人自愿性质。安全培训的目的是为生产经营服务，属于员工工作的一部分。因此，公司安排的周末培训属于延长陈某的工作时间，增加了额外的工作量。

《劳动合同法》第三十一条规定，用人单位安排加班的，应当按照国家有关规定向劳动者支付加班费。根据《工资支付暂行规定》第十三条的规定，用人单位在劳动者完成劳动定额或规定的工作任务后，根据实际需要安排劳动者在法定标准工作时间以外工作的，应按以下标准支付工资：（1）用人单位依法安排劳动者在日法定标准工作时间以外延长工作时间的，按照不低于劳动合同规定的劳动者本人小时工资标准的150%支付劳动者工资；（2）用人单位依法安排劳动者在休息日工作，而又不能安排补休的，按照不低于劳动合同规定的劳动者本人日或小时工资标准的200%支付劳动者工资；（3）用人单位依法安排劳动者在法定休假节日工作的，按照不低于劳动合同规定的劳动者本人日或小时工资标准的300%支付劳动者工资。

本案中，汽车租赁公司在休息日安排陈某工作又不安排补休，应当支付200%的休息日加班工资。

探亲假没有了，我们还有年休假？

【事件描述】

李坤是一家大型民营连锁餐厅的服务员，工作勤勤恳恳、兢兢业业。但餐饮行业的规律很明显，逢年过节，餐厅业务红红火火，李坤总是忙得不亦乐乎。

由于父母都在千里之外的老家，家里的生活条件也不是很好，李坤希望通过自己的努力帮补家用，所以工作这几年以来，李坤一直很努力工作，节假日也很少休息，更别说回老家了。

勤劳总是有回报的，李坤的收入每个月都在增加。虽然每个月往家里寄的钱是多了，但同样增多的是父母对李坤的挂念。随着经济条件的改善，李坤给爸妈寄去了智能手机，装上了微信，连上了4G网络。但当爸妈与李坤视频聊天时，李坤泪流满面——几年不见，父亲已然满头白发。

李坤想回家看看爸妈，于是向他的领导请探亲假。李坤的领导说，虽然公司没有探亲假，但可以安排李坤享受5天的带薪年休假，连同前后两个周六日可以凑够9天回家看爸妈。李坤在开心之余却有疑惑，他到底能不能享受探亲假？

【专家说法】

1981年，为了保障职工探望远居异地的亲属，国务院出台了《关于职工探亲待遇的规定》，该规定称，凡在国家机关、人民团体和全民所有制企业、事业单位工作满一年的固定职工，与配偶不住在一起，又不能在公休假日团聚的，可以享受本规定探望配偶的待遇；与父亲、母亲都不住在一起，又不能在公休假日团聚的，可以享受本规定探望父母的待遇。但是，职工与父亲或与母亲一方能够在公休假日团聚的，不能享受本规定探望父母的待遇。

从上面的规定可知，探亲假的实施对象是"国家机关、人民团体和全民所有制企业，事业单位的固定职工"，并不包含民营企业等其他经济实体，有着特殊的局限性；此外，以现在的飞机、高铁、高速公路等便利的交通条件，职工完全可以实现与父母在公休假日团聚，因此要符合探亲假的条件已很难，实践中基本上已经不再适用探亲假。

虽然探亲假基本上已经不再适用，但国家另行创设了其他假期制度来满足职工"回家看看"的迫切需要，其中最重要的是年休假。根据相关规定，机关、团体、企业、事业单位、民办非企业单位、有雇工的个体工商户等单位的职工连续工作1年以上的，享受带薪年休假。因此，通过便利的交通工具，职工完全可以在法定的年休假期间回家看望父母、妻儿，共聚天伦。

非全日制用工是否存在加班问题？

【事件描述】

2019年初，徐静与一家健身房签订非全日制用工合同，约定徐静在健身房从事健身教练工作，每天工作4小时，每周工作24小时。但是由于客流量越来越大，健身房在休息日和法定节假日也照常开放。徐静认为健身房应当按照2倍和3倍的标准分别向其支付休息日和法定节假日的加班工资，而健身房主张，徐静属于非全日制员工，只要每天工作不超过4小时，每周工作不超过24小时，即符合法律规定，无须支付加班费。那么，究竟谁的主张能够得到法律支持呢？

【专家说法】

非全日制用工是与全日制用工相对应的概念。《劳动合同法》第六十八条规定："非全日制用工，是指以小时计酬为主，劳动者在同一用人单位一般平均每日工作时间不超过四小时，每周工作时间累计不超过二十四小时的用工形式。"

由此可见，工作时间的长短成为界定全日制用工还是非全日制用工最重要的标准，超出法定的一周总工作时间一般应当认定为全日制用工。相反，非全日制用工在每周24小时的总工作时间内，具体的工作时间安排应当由用人单位自主决定。因此，非全日制下不存在延长工作时间和休息日加班问题，也就不存在支付延长工作时间加班工资和休息日加班工资问题。

还有一个问题需要讨论，那就是非全日制用工下是否存在法定节假日加班问题？在司法实践中，这个问题争议较大。一方观点认为，考虑到法定节假日的特殊性，用人单位安排非全日制员工在法定节假日上班的，仍然应当按照3倍的标准向员工支付加班工资。另一方观点认为，经协商一致，劳动者从事非全日制工作的，无论是休息日，还是法定节假日工作的，均不认定为加班。换言之，只要用人单位与劳动者协商一致，则无需向非全日制员工支付加班工资。

在上述案例中，健身房要求徐静在休息日上班，无需向其支付双倍的加班工资，但如果要求其在法定节假日上班，则健身房需要按照3倍的标准向徐静支付加班工资。

年休假可否"转账休"？

【事件描述】

2019年的元旦前夕，在杭州打拼的肖鹏准备带新结婚的媳妇回昆明老家，也让父母和亲戚见见，他这个毛头小子终于结婚了。尽管还没到假期，他就有些迫不及待了，盘算着把2018年的年假在元旦前一周休了。他已提早搜罗昆明景点路线和攻略，顺便带媳妇游遍昆明周边。

据悉，肖鹏毕业后先是在杭州找了家私企做设计工作，锻炼了1年多，积累了经验，熟悉了业务，逐渐地不满企业的家族化管理，在2018年7月跳槽应聘到现在工作的公司。现在供职的公司工作环境比较好、有社保、工资待遇比较高，肖鹏很满意目前的工作状态。2018年12月20日，肖鹏找到公司人力资源部门，提出自己在2018年还没有休年休假，在与原公司解除劳动合同时已开具了证明，想要在12月25到29日休年休假。公司回复称，肖鹏来企业不到1年，他之前在私企的工龄不计算在内，所以不能享受带薪年休假。

公司的说法令肖鹏措手不及，回家的机票都已经订好了，没有假期他的计划就泡汤了，关键是如何向媳妇交代呀。

【专家说法】

肖鹏的这种情况，依法可以享受带薪年休假，他目前公司的回复是不符合法律规定的。带薪年休假可以"转账"，不但上年的没休的年休假可以转下年，而且员工在前单位的工作时间，也可以转到新单位累计计算。

国务院发布的《职工带薪年休假条例》第二条规定："机关、团体、企业、事业单位、民办非企业单位、有雇工的个体工商户等单位的职工连续工作1年以上的，享受带薪年休假（以下简称年休假）。单位应当保证职工享受年休假。职工在年休假期间享受与正常工作期间相同的工资收入。"

这里的"1年"是否包括职工在外单位的工作时间呢？《企业职工带薪年休假实施办法》在第四条规定："年休假天数根据职工累计工作时间确定。职工在同一或者不同用人单位工作期间，以及依照法律、行政法规或者国务院规定视同工作期间，应当计为累计工作时间。"《人力资源和社会保障部办公厅关于〈企业职工带薪年休假实施办法〉有关问题的复函》（人社厅函〔2009〕149号）第一条进一步明确，《企业职工带薪年休假实施办法》第三条中的"职工连续工作满12个月以上"，既包括职工在同一用人单位连续工作满12个月以上的情形，也包括职工在不同用人单位连续工作满12个月以上的情形。

由此可见，职工在外单位工作的时间可以计入本单位带薪休假中的"连续1年"。肖鹏目前就职企业的"不理旧账"的说法和做法是错误的。

劳动者应该享有的休假权利，你都知道吗？

【事件描述】

2017年2月，《华商报》报道了西安一个保洁员工作4年从没休过假，因为一请假就会被辞退。作为"城市的美容师"，他们冬历严寒、夏经酷暑，披星而出、戴月而归，干着最脏最累的活儿，可对于休息日却显得这般陌生。

据了解，我国每年法定假期有115天，但不少保洁员每月轮休4天都很难，很多甚至全年无休。听来让人辛酸与尴尬，这也正凸显我国弱势群体休假难的现状。

现在社会节奏加快，人们的生活压力都很大，不少年轻人长期加班，猝死在工作岗位的新闻屡见报端，让人心惊过劳死的可怕。

天涯社区副主编，年仅34岁的金波，经常熬夜加班，猝死在地铁站台；扬州一30多岁的公司高管连续加班一周感觉身体不适，送往医院途中猝死……

【专家说法】

一条条鲜活的生命提醒人们休息的重要性，劳动者应该劳逸结合。《劳动法》明确规定，我国用人单位实行带薪休假制度。不要让这些制度变成了一纸空文，我们劳动者要知道自己的权利，维护自己的权利。

按照《劳动法》的相关规定，取得劳动报酬、享有休息休假权是劳动者享有的最主要的两项最基本的权利。《宪法》第四十三条规定："中华人民共和国劳动者有休息的权利。国家发展劳动者休息和休养的设施，规定职工的工作时间和休假制度。"《宪法》规定了休息权是公民人人必须享有的、不可剥夺的一项基本权利，企业没有权力随意剥夺劳动者的休息权。

作为劳动者，你知道自己都享有哪些休息休假权吗？

根据《劳动法》的规定，劳动者享有休息休假的权利。具体包括：

（1）劳动者每日工作时间不超过8小时、平均每周工作时间不超过44小时的工时制度。

（2）用人单位应当保证劳动者每周至少休息1日。

（3）用人单位在元旦、春节、国际劳动节、国庆节以及法律、法规规定的其他休假节日期间应当依法安排劳动者休假。

（4）用人单位由于生产经营需要，经与工会和劳动者协商后可以延长工作时间，一般每日不得超过1小时。因特殊原因需要延长工作时间的在保障劳动者身体健康的条件下延长工作时间每日不得超过3小时，但是每月不得超过36小时。但法律特别规定的除外。

（5）延长工作时间，用人单位应当按照依照法定标准支付高于劳动者正常工作时间工资的工资报酬。

（6）国家实行带薪年休假制度。劳动者连续工作1年以上的，享受带薪年休假。

（7）劳动者在法定休假日和婚丧假期间以及依法参加社会活动期间，用人单位应当依法支付工资。

妻子产假后想休探亲假遭拒，合法吗？

【事件描述】

任玉莹是宁波某事业单位职工，2014年和另一国企单位的张磊结婚，婚后不久，张磊被调派丽水市工作，两人两地分居，还不能在公休假日团聚。2016年6月任玉莹怀孕生子，张磊没能回来陪同照顾妻子任玉莹。其后，为了方便照顾产妇和幼儿，任玉莹一直同自己的父母居住在一起。

2016年12月，因为张磊的单位非常忙，任玉莹想带着孩子到张磊的居住工作城市住上一段时间。于是，任玉莹向单位申请休探亲假探望配偶。可是，任玉莹单位没有批准她的探亲假，认为任玉莹同年已经休过了产假，无权再休探亲假。任玉莹很疑惑，难道自己休过产假就不能休探亲假了吗？

【专家说法】

《国务院关于职工探亲待遇的规定》第二条规定："凡在国家机关、人民团体和全民所有制企业、事业单位工作满一年的固定职工，与配偶不住在一起，又不能在公休假日团聚的，可以享受本规定探望配偶的待遇；与父亲、母亲都不住在一起，又不能在公休假日团聚的，可以享受本规定探望父母的待遇。但是，职工与父亲或母亲一方能够在公休假日团聚的，不能享受本规定探望父母的待遇。"

同时，根据《国家劳动总局关于制定〈国务院关于职工探亲待遇的规定〉实施细则的若干问题的意见》第五条的规定，女职工到配偶工作地点生育，在生育休假期间，超过56天（难产、双生70天）产假以后，与配偶团聚30天以上的，不再享受当年探亲待遇。

女职工的产假与探亲假是性质不同的两种休假。已休产假的女职工是否还享受探亲假，要看情况而定。如果女职工在生育休假后未能与丈夫团聚30天以上，则当年仍可享受探亲假待遇；如果女职工在休产假期间与配偶团聚超过30天，则同年不再享受探亲假。

任玉莹身为正式员工在事业单位工作了2年有余，与丈夫分隔两地即便是法定节假日也不能团聚，确实符合国务院关于探亲假休假的规定，任玉莹的休假申请应当得到批准。

工厂赶订单要求工人每天加班4小时，合法吗？

【事件描述】

罗雨燕和未婚夫同在一加工厂打工。2018年临近年底，工厂的订单增多，生产任务较重。工厂要求工人每天加班2小时，并按小时支付加班费。一开始，罗雨燕和未婚夫还挺高兴，多加班挣点钱回家过年，手头能宽裕些了。可是加班10天后，工厂又要求工人每天加班时间增加到4小时。1个月过去了，罗雨燕长期睡眠不足，出现内分泌失调等症状。

罗雨燕找老板商谈，表示自己身体吃不消，不想再加班了。老板表示，双方已经约定好了，加班工资会额外支付，如果罗雨燕不能加班就属于违约，将在罗雨燕的工资中扣除。罗雨燕想不通，自己不加班可以不挣加班费，怎么不加班还要扣钱呢？工厂的做法对吗？

【专家说法】

《劳动法》第三十六条规定："国家实行劳动者每日工作时间不超过八小时、平均每周工作时间不超过四十四小时制度。"

《劳动法》第四十一条规定："用人单位由于生产经营需要，经与工会和劳动者协商后可以延长工作时间，一般每日不得超过一小时；因特殊原因需要延长工作时间的，在保障劳动者身体健康的条件下延长工作时间每日不得超过三小时，但是每月不得超过三十六小时。"

《劳动合同法》第二十六条规定："下列劳动合同无效或者部分无效：（一）以欺诈、胁迫的手段或者乘人之危，使对方在违背真实意思的情况下订立或者变更劳动合同的；（二）用人单位免除自己的法定责任、排除劳动者权利的；（三）违反法律、行政法规强制性规定的。对劳动合同的无效或者部分无效有争议的，由劳动争议仲裁机构或者人民法院确认。"

本案中，工厂要求工人加班每天4小时，显然是违反法律的强制性规定。所以，罗雨燕和工厂约定每天加班时间增加到4小时的条款是无效的，可以不必执行。

小店招未成年人送货是否违法？

【事件描述】

60多岁的唐乔和老伴在小区内经营一家食杂店，因为主要客户都是小区内居民，常遇到要求送货上门的服务，于是唐乔在食杂店门口张贴招聘送货员的消息。

一个男孩毛遂自荐，应聘当送货员。男孩自称叫张凯，今年15岁，1.7米的个头，自我介绍说他是跟随父母进城打工的，辍学在家就来城里帮父母做饭。他们家正好租住在该小区，他正想找力所能及的活儿干。唐乔看这孩子说话干脆，人也很老实的模样，双方谈好中午管一顿饭，每月给张凯1 000元。张凯在一次送啤酒给小区居民的时候，不小心摔伤，胳膊骨折。张凯父母以非法使用童工为由，要求唐乔赔偿医药费和精神损害等费用6 000元。唐乔同意赔偿医药费，却不认可精神损害赔偿。但是，唐乔也心存疑惑，他不确定自己招聘张凯的行为是否违法？

【专家说法】

《劳动法》第十五条规定："禁止用人单位招用未满十六周岁的未成年人。文艺、体育和特种工艺单位招用未满十六周岁的未成年人，必须依照国家有关规定，履行审批手续，并保障其接受义务教育的权利。"

《劳动法》第九十四条规定："用人单位非法招用未满十六周岁的未成年人的，由劳动行政部

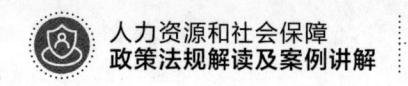

门责令改正，处以罚款；情节严重的，由市场监督管理部门吊销营业执照。"

另外，根据我国《禁止使用童工规定》第六条的规定，对于一般用人单位使用童工的，每使用一名童工每月处以5 000元的罚款。唐乔和张凯已经达成用工协议，因此，劳动行政部门有权对其罚款或者给以其他惩罚。

平时老请假，年休假要泡汤？

【事件描述】

快到年底了，乔建想用年休假和未婚妻去巴厘岛度假，既躲过了节假日出游的高峰，而且旅行社的价格还优惠。正当乔建对自己的计划感觉美美的时候，他的休假申请被公司给驳回了。原因是乔建前段时间忙装修，总是请假，所以，他的年休假被扣除光了。他心里非常郁闷，年休假就这样泡汤了吗？

【专家说法】

我国的《职工带薪年休假条例》和2008年9月18日人力资源和社会保障部公布的《企业职工带薪年休假实施办法》，为我国劳动者享受带薪年休假提供了制度保障。我们一起看看职工年休假的规章有哪些吧？

1．哪些职工可以享受年休假

《企业职工带薪年休假实施办法》第二条规定："中华人民共和国境内的企业、民办非企业单位、有雇工的个体工商户等单位和与其建立在劳动关系的职工，适用本办法。"可见，可享受带薪年休假的职工必须是与单位建立劳动关系的人员。退休返聘人员则不属于年休假的对象。另外，实践中对于非全日制劳动关系也可以不给予带薪年休假。

2．单位工作需要可以串休年休假，不休应该补工资

单位因工作需要，不能安排职工在本年度内休年休假的，应当征得职工本人同意，跨1个工作年度安排年休假。

未休年休假工资报酬为职工日工资收入的300%，其中包含用人单位支付职工正常工作期间的工资收入。由于正常工作期间的工资用人单位已在相应月份支付，因此用人单位需按照未休年休假时间另外支付200%的工资。

3．职工依法不能享受年休假的情况有哪些

《职工带薪年休假条例》第四条规定："职工有下列情形之一的，不享受当年的带薪年休假：（一）职工依法享受寒暑假，其休假天数多于年休假天数的；（二）职工请事假累计20天以上且单位按照规定不扣工资的；（三）累计工作满1年不满10年的职工，请病假累计2个月以上的；（四）累计工作满10年不满20年的职工，请病假累计3个月以上的；（五）累计工作满20年以上的职工，请病假累计4个月以上的。"

4．职工跳槽后该年度年休假天数如何计算

按照职工与企业建立劳动关系后当年剩余日历天数折算确定，折算后不足1整天的部分不享受年休假。计算方式：（当年度剩余日历天数÷365天）×职工本人全年应当享受的年休假天数。

例如，某职工2004年11月1日入职，其累计工作时间为15年，全年应当享受的年休假为10天。该职工入职当年应享受的年休假天数为：61÷365×10≈1.67天。不足一整天部分不享受，因此职工当年应享受年休假1天。

工资按件计算就没有加班费吗？

【事件描述】

唐女士是一位外出务工人员，为了供读上初中的女儿，唐女士来到经济发达的广州，在一个玩具加工厂工作。工厂和她约定工资按件计薪，每个3元，按要求每天至少要完成25个。唐女士说，在销售旺季订单比较多的情况下，自己即使已经完成了当天的生产任务，但工厂为了赶生产进度也会安排员工加班1个小时，并仍然按照每个玩具3元的标准计薪。唐女士每天能挣百十来元，感觉幸福满满的。

后来，唐女士和在别的工厂打工的老乡交流，得知别人加班都有加班费，而且加班费比正常工资高，心里有点不平衡。

2019年年底，唐女士和一些同事找工厂领导提议，认为这样的加班方式不合理，希望工厂在加班时间发放加班费。工厂方却说，工厂实行的是计件工资，因此不能支付加班费。唐女士等人投诉到了广州市劳动监察大队。

最后，年过半百的唐女士和她的工友们赢得了加班费，感受到了法律带给她们的公正。

【专家说法】

所谓计件工资制，是指用人单位按照劳动者生产产品的数量和预定的单价来计算劳动者劳动报酬的一种制度。有部分用人单位错误地认为，既然员工的计件单价已经确定，那么无论员工生产多少产品都应当按照这个单价来计算。事实上，依照相关法律，用人单位安排劳动者延长工作时间的，应当依法支付加班费。计件工作的员工在完成劳动定额或规定的工作任务后，如果用人单位还要安排员工在法定标准工作时间外继续劳动，那么用人单位应当按照延长劳动的时间核发加班费。

《劳动合同法》第三十一条规定："用人单位应当严格执行劳动定额标准，不得强迫或者变相强迫劳动者加班。用人单位安排加班的，应当按照国家有关规定向劳动者支付加班费。"

《劳动法》第四十三条规定："用人单位不得违反本法规定延长劳动者的工作时间。"

《劳动法》第四十四条规定："有下列情形之一的，用人单位应当按照下列标准支付高于劳动者正常工作时间工资的工资报酬：（一）安排劳动者延长工作时间的，支付不低于工资的百分之一百五十的工资报酬；（二）休息日安排劳动者工作又不能安排补休的，支付不低于工资的百分之二百的工资报酬；（三）法定休假日安排劳动者工作的，支付不低于工资的百分之三百的工资报酬。"

公司奖励旅游却没了年休假？

【事件描述】

2018年7月，彭纯早早地做年休假计划，想趁暑假带女儿和父母一起去旅游，犒劳每天接送孩子的父母，也作为孩子努力学习的奖励。

彭纯在某网络公司工作满10年了，依照有关规定，她可以享受10天的年休假。当她兴冲冲地向公司提出休假申请后，居然被回绝了。公司的理由是，在当年年初，公司已经安排彭纯等业绩出色的优秀员工享受了一次10余天的出国游，这次奖励旅游的天数长于彭纯的应休年休假天数，因此，彭纯没有资格再享受今年的年休假。

这一回复，给彭纯的休假热情浇上了一瓢凉水。她不甘心自己的休假计划成为泡影，于是找律师进行咨询。

【专家说法】

首先，彭纯所在公司安排的奖励旅游，本身具有额外福利和奖励性质，与《职工带薪年休假条例》规定的年休假福利不能等同；其次，虽然法律规定，用人单位有权根据生产、工作的具体情况，并考虑职工本人意愿，统筹安排职工年休假，但这并不意味着劳动者完全丧失了对休假时间和休假方式的自由安排权，尤其是在不影响工作的前提下，劳动者有权决定自己度假的具体时间和内容；最后，在《职工带薪年休假条例》规定的劳动者不能享受年休假的诸种法定情形中，并不包括"已享受奖励旅游"这一情形。律师建议彭纯和公司应该好好协商，协商不成，可以到当地劳动仲裁委员会申请仲裁。

相关法律：

《职工带薪年休假条例》第三条第一款规定："职工累计工作已满1年不满10年的，年休假5天；已满10年不满20年的，年休假10天；已满20年的，年休假15天。"

《职工带薪年休假条例》第四条规定："职工有下列情形之一的，不享受当年的年休假：（一）职工依法享受寒暑假，其休假天数多于年休假天数的；（二）职工请事假累计20天以上且单位按照规定不扣工资的；（三）累计工作满1年不满10年的职工，请病假累计2个月以上的；（四）累计工作满10年不满20年的职工，请病假累计3个月以上的；（五）累计工作满20年以上的职工，请病假累计4个月以上的。"

《职工带薪年休假条例》第五条第一款规定："单位根据生产、工作的具体情况，并考虑职工本人意愿，统筹安排职工年休假。"

《职工带薪年休假条例》第五条第三款规定："单位确因工作需要不能安排职工休年休假的，经职工本人同意，可以不安排职工休年休假。对职工应休未休的年休假天数，单位应当按照该职工日工资收入的300%支付年休假工资报酬。"

休探亲假，单位要把我开除？

【事件描述】

才晓君毕业后留在了吉林长春工作，是某国企的职工，其父母在辽宁居住。才晓君还没结婚，工作2年来，他很少回家探望父母。

2018年，才晓君父亲生病住院，他申请休5天年假回辽宁老家。父亲脑出血手术，还需要人护理，5天过后，他想起了自己的探亲假。根据有关规定，他每年可以休20天的探亲假，于是才晓君打电话向单位领导申请休探亲假。单位领导没同意，说单位的工作任务重，不同意才晓君休探亲假。

才晓君没有理睬单位领导的回复，休完20天假回单位，单位以才晓君连续旷工15天为由将才晓君开除，双方发生争执。

【专家说法】

依据国务院的有关规定，才晓君享有休探亲假的权利，所以，才晓君休假不应当作旷工处理，是其行使自己的探亲休假权利。单位以其旷工为由将其除名是没有法律依据的，应当报销才晓君的往返路费，支付其探亲假期间的工资，撤销对才晓君的除名决定。

《劳动法》第四十五条第二款规定："劳动者连续工作一年以上的，享受带薪年休假。具体办法由国务院规定。"

《企业职工带薪休假实施办法》第三条规定："职工连续工作满12个月以上的，享受带薪年休假（以下简称年休假）"。第六条规定："职工依法享受的探亲假、婚丧假、产假等国家规定的假期以及因工伤停工留薪期间不计入年休假假期。"

《国务院关于职工探亲待遇的规定》第四条规定探亲假期分为以下几种：

（1）探望配偶，每年给予一方探亲假一次，30天。

（2）未婚员工探望父母，每年给假一次，20天，也可根据实际情况，2年给假一次，45天。

（3）已婚员工探望父母，每4年给假一次，20天。探亲假期是指职工与配偶、父、母团聚的时间，另外，根据实际需要给予路程假。上述假期均包括公休假日和法定节日在内。

（4）凡实行休假制度的职工（例如学校的教职工），应该在休假期间探亲；如果休假期较短，可由本单位适当安排，补足其探亲假的天数。

需要指出的是，对非国有企事业单位的职工是否有探亲假，国家无规定，因此，这类用人单位可根据本单位的实际情况，决定是否参考国务院有关规定制定本单位有关探亲假的规章制度。

合同扣钱约束人无效？

【事件描述】

杨某最近比较烦心，前段时间好不容易找到了一份工作，但在签订劳动合同的过程中却被告知，由于他从事的是厨师的工作，公司担心他在日常烧菜过程中砸坏餐具餐盘，因此要从每月的工资中留取10%的金额放到年底，如果当年没有需要赔偿的钱款，则照常发放，如果需要赔偿，则从每月10%的金额中扣除后进行发放。看着劳动合同中的这条条款，杨某的心情忐忑，不签吧，工作没了，签吧，总感觉工资少了10%似的，这感觉真不好受。于是杨某想着咨询一下，但是又担心已经签了合同且合同已经生效，再主张权利，可以吗？

【专家说法】

杨某的担心是不必要的，因为这样一份劳动合同，即使已经签订，劳动合同中的该条款也是无效的，也就是说，对于杨某是没有约束力的，这是为何呢？

《劳动合同法》第九条规定："用人单位招用劳动者，不得扣押劳动者的居民身份证和其他证件，不得要求劳动者提供担保或者以其他名义向劳动者收取财物。"本案中，虽然公司没有在签订合同时要求杨某提供钱款作为摔坏餐具、餐盘的保证金或者抵押金，乍一看似乎是守法的，但是，根据《关于贯彻执行〈中华人民共和国劳动法〉若干问题的意见》第二十四条的规定，用人单位在与劳动者订立劳动合同时，不得以任何形式向劳动者收取定金、保证金（物）或抵押金（物），对违反以上规定的，由公安部门和劳动行政部门责令用人单位立即退还给劳动者本人。因此，杨某公司每月克扣10%工资的做法其实很容易被认定为以扣发工资的形式变相收取保证金。并且公司利用了自己在劳动关系上的强者的地位，在劳动合同中进行了约定，使得杨某公司的员工没有选择，只能同意该条款。

鉴于上述情况，根据《劳动合同法》第八十四条的规定，用人单位以担保或者其他名义向劳动者收取财物的，由劳动行政部门责令限期退还劳动者本人，并以每人500元以上2 000元以下的标准处以罚款；给劳动者造成损害的，应当承担赔偿责任。杨某和同事在确认当月所得工资被扣除10%的情况下，可以向公司所在地的劳动监察大队进行投诉，要求返还钱款。当然，杨某也不必担心签了字的劳动合同就无法主张权利，因为根据《劳动合同法》第二十六条的规定，违反法律、行政法规强制性规定的劳动合同无效或者部分无效。显然，公司克扣工资的条款是无效的。

最后，提醒大家在签订合同时务必注意类似的条款，虽然此类条款是无效的，但是条款无效的认定还是要经过劳动争议仲裁机构或者人民法院确认。因此，为了不必要的麻烦，要多保护好自己的权利。当然，也要告诉公司，与其扣留下这些钱，不如好好培养员工，用扣钱来约束人不是长久之计。

年休假能否在辞职前申请？

【事件描述】

赵芳两周前向所在公司提出了辞职申请，恰逢她还有3天的年休假没有休完，因此，她向公司提出在辞职的最后3天休年假，同时承诺将在此前办妥所有交接手续。然而，她的要求被公司拒绝了。赵芳认为，根据《劳动法》的规定，作为劳动者，辞职只要提前30天通知公司就可以了，而且自己已经履行了提前通知义务，公司无权剥夺自己未休完的带薪年假权利。那么，赵芳的申请，用人单位能够拒绝吗？

【专家说法】

1. 带薪年假是想休就休吗

《职工带薪年休假条例》出台后，一部分劳动者认为，带薪年休假属于强制性休假，所以想什么时候休就什么时候休，劳动者有充分自主权。其实，这种理解完全歪曲了法律。该条例第五条规定："单位根据生产、工作的具体情况，并考虑职工本人意愿，统筹安排职工年休假。年休假在1个年度内可以集中安排，也可以分段安排，一般不跨年度安排。单位因生产、工作特点确有必要跨年度安排职工年休假的，可以跨1个年度安排。单位确因工作需要不能安排职工年休假的，经职工本人同意，可以不安排职工休年休假。对职工应休未休的年休假天数，单位应当按照该职工日工资收入的300%支付年休假工资报酬。"

所以，带薪年假不是想休就休，要根据用人单位的实际工作情况统筹安排，但劳动者提出申请却因工作需要没有休年假的，用人单位要支付300%的年休假工资。

本案中，赵芳认为自己既已履行了解除劳动合同提前通知的义务，就应当同时享受带薪年休假的权利。其实，这两者之间并不存在直接联系。员工在履行了提前通知义务后，并不表示其在最后的30天内能够随意安排自身的工作计划。作为一名仍然在职的员工，赵芳依然受到用人单位的行政管理和工作调度。如果说在一般的聘用期间，用人单位可以依据具体的工作情况核准员工的休假申请，那么在最后的30天聘用期内，用人单位的这一权利也依然存在。对于那些因特殊工作需要而未享受休假的员工，双方可以约定采取其他方式予以补偿。

2. 用人单位拒绝员工休年假的理由应充分

上面案例争议的焦点其实并非公司有无权利核准赵芳的休假，而在于公司是否滥用了这项权利。对于用人单位而言，在拒绝员工带薪年休假的情况下，要考虑拒绝休假的理由。本案中，就要看用人单位是否确因公司生产、工作上的需要而拒绝。

所以，凡是劳动者遇到这类情况，应先与用人单位好好协商，要求其明确告知不批准休假的理由，如果公司确因工作交接等原因无法安排休假的话，劳动者也应当予以配合。但是，按照《职工带薪年休假条例》及实施办法规定，只要劳动者按照规定提出带薪年休假，用人单位确因事情无法安排的，要支付给劳动者300%的工资报酬。如果用人单位置劳动者的合理休假要求而不顾，劳动者可以向当地的劳动监察机构举报，也可以依法申请劳动仲裁。

开会或培训占用职工周末时间需要支付加班费吗？

【事件描述】

秦练在嘉兴一家私营企业工作，这家公司有一个惯例，每月总要占用职工两个周末，不是进行公司内部培训，就是进行部门会议沟通。有的职工提出加班费时，老板就以这只是活动而不是工作为由拒绝。一次，秦练因私事提出不参加周末的活动，老板不同意，双方由此发生了冲突。秦练很疑惑，难道周末开会就不算加班？单位这样做合法吗？

【专家说法】

判断这类问题要从以下几点着手：

（1）内部培训和沟通会议是否是单位要求的。内部培训不同于单位外的培训，一般内部培训都是单位让职工去参加的，而且从实际情况来看，虽名曰培训或会议，实际上就是单位的内部业务交流，可能是想避开加班的概念而如此称呼。

（2）内部培训和沟通会议是否体现了单位意志。一般来说，既然是单位要求的，就体现了单位的意志。

（3）内部培训和沟通会议是否在标准工作时间之外。秦练单位内部培训和沟通会议都在周末，属于标准工作时间以外的延长工作时间。

所以，这样的内部培训和沟通会议都属于加班，应该按照有关规定要求单位给予加班费。如果企业想避免这种情况发生，最好在工作时间进行这些培训与会议。另外，遇到这类问题要能举一反三，如用人单位在双休日举办的职工文体活动等只要是单位牵头操办，并要求职工必须参加的，也都应该算加班。

用人单位变相延长劳动时间是否合法？

【事件描述】

宋海在一家电器厂工作，主要负责库房的电器装箱入库。2018年底，厂里进行领导班子换届选举，副厂长魏某当上了厂长。他上任后，进行了一系列的改革，调整生产线，改革奖惩制度。为了减少开支，该厂把宋海所在的库房由10个人减到了5个人。由于厂里的订单很多，这样一来，宋海等5人承担原来10个人的装箱入库工作，非常紧张也非常辛苦。一个月后，宋海等人找到厂长魏某提意见，他们说自己承担的工作量太大，每天需要多干两个多小时才能完成任务，有时甚至需要更长的时间，希望厂里能够增派人手。厂长听后对他们进行了安慰，并表示对超时超量的工作给予加班费，但不同意增派人手。无奈，他们只好继续坚持工作。

又过了两个月，宋海等人都感到身体极度疲劳，无法再坚持超负荷的工作。所以，他们再次向厂里反映情况，提出给库房增派人手，可又遭到了厂长的拒绝。对此，宋海非常生气，他认为厂长是把职工当成机器来用，任意剥夺职工的休息权，变相延长职工的工作时间。于是他决定向劳动争议仲裁委员会申请仲裁，恢复正常的工作时间。那么单位变相延长劳动时间是否合法？

【专家说法】

我国实行劳动者每天工作时间不超过8小时、平均每周工作时间不超过44小时工时制度。《劳动法》第四十一条规定："用人单位由于生产经营需要，经与工会和劳动者协商后可以延长工作时间，一般每日不得超过一小时；因特殊原因需要延长工作时间的，在保障劳动者身体健康的条件下延长工作时间每日不得超过三小时，但是每月不得超过三十六小时。"由此可见，用人单位要延长劳动者的工作时间的前提是用人单位必须有特殊情况和紧急任务，并且要与劳动者协商。

而案例中的电器厂员工加班并没有出现法规规定的特殊情况，只是由于人手少，工作量大，员工们在正常工作时间内无法完成任务，所以只能加班加点工作，虽然厂方没有明确的加班安排，但这种行为变相延长了劳动时间，违反了《劳动法》的规定，侵犯了劳动者的休息权。

电器厂要根据生产经营需要而延长工作时间，事先必须与工会和劳动者充分协商，并严格遵循法律的规定。所以宋海等人有权要求厂方给库房增派人手，并减少工作量，使他们恢复正常的8小时工作时间。如果厂里不同意，他们可以向当地劳动争议仲裁委员会申请仲裁。

相关法律依据如下：

《劳动法》第三条规定："劳动者享有平等就业和选择职业的权利、取得劳动报酬的权利、休息休假的权利、获得劳动安全卫生保护的权利、接受职业技能培训的权利、享受社会保险和福利的权利、提请劳动争议处理的权利以及法律规定的其他劳动权利。劳动者应当完成劳动任务,提高职业技能,执行劳动安全卫生规程,遵守劳动纪律和职业道德。"

《劳动法》第四十一条:"用人单位由于生产经营需要,经与工会和劳动者协商后可以延长工作时间,一般每日不得超过一小时;因特殊原因需要延长工作时间的,在保障劳动者身体健康的条件下延长工作时间每日不得超过三小时,但是每月不得超过三十六小时。"

非全日制用工也每天都要工作吗?

【事件描述】

吴磊为补贴家用,到某快餐连锁企业应聘,想在里面做兼职。该企业与兼职人员签订非全日制劳动协议,约定工资以小时形式计算,非全日制用工平均每天工作4~8小时,每工作4小时安排休息15分钟,吃饭的时间也包括在内。吴磊看到这些有些纳闷,非全日制用工每天要工作吗?

【专家说法】

《劳动合同法》第六十八条规定:"非全日制用工,是指以小时计酬为主,劳动者在同一用人单位一般平均每日工作时间不超过四小时,每周工作时间累计不超过二十四小时的用工形式。"也就是说,法律没有明确规定非全日制用工每天都要工作,只是对每天工作时间的上限作出了规定。此外,需要注意的是,这里规定的工作时间是指在同一用人单位累计的工作时间。本案中,该快餐企业对职工要求的工作时间违反了相关的法律规定,应当尽快作出调整。

无固定期限劳动合同的连续工作时间从何时起算?

【事件描述】

邓某从2006年起在某公司担任技术员的工作,与该公司签订了几次劳动合同。邓云看到《劳动合同法》中规定,劳动者在用人单位连续工作满10年的,应当订立无固定期限的劳动合同。2016年的时候邓某要求与用人单位订立无固定期限的合同,用人单位认为该法律颁布于自己与王亮订立合同后,连续10年应该从该法律颁布后算起,用人单位的说法正确吗?

【专家说法】

无固定期限劳动合同,是指用人单位与劳动者约定无确定终止时间的劳动合同。无固定期限的劳动合同并不是永久的,在符合法定条件下,劳动者或用人单位可以解除双方签订的无固定期限劳动合同。

《劳动合同法》第十四条第二款规定,劳动者在用人单位连续工作满10年的,用人单位与劳动者应当签订无固定期限劳动合同。对此,《劳动合同法实施条例》第九条规定:"劳动合同法第十四条第二款规定的连续工作满10年的起始时间,应当自用人单位用工之日起计算,包括劳动合同法施行前的工作年限。"由此可见,连续工作满10年中的"10年"应当包括《劳动合同法》实施前的工龄,而非自其生效后开始计算满10年。用人单位的说法不正确,邓某在用人单位自用工之日起已经连续工作满10年,用人单位应当与邓某订立无固定期限劳动合同。

职工这样请病假我们应该怎么办?

【事件描述】

某公司销售部有位员工黄某,工作能力不错,公司经理是个爱才的人,在平时的管理上,对黄某也较为宽松。2020年年底,黄某提出要请半年的事假去加拿大探亲。考虑到其前两年业绩不错,公司破例同意了。她的假期到2021年5月底就结束了。但在5月初公司突然收到了黄某的一封电子邮件,说其早年肩部受过伤,最近病情复发,打算再请半年病假在国外看病,诊所医师的证明随后就寄回。不久公司收到了黄某寄来的一份全英文的病情证明。根据公司制度规定,病假必须严格履行请假手续并提交二级医院的病历记录及病假证明,未经批准擅自休假的视为旷工。公司领导讨论后觉得公司制度还是要严格执行。公司对黄某已经较为照顾,现其请假手续并不符合规定,病情证明的真实性亦无法确定,这样的病假,公司没办法批准。考虑到黄某现在国外,为防止有其他特殊情况,公司通知其将病假证明及出具证明的医师的资质证明等材料进行公证认证后再提交给公司,由公司审核后再决定。黄某回复称要委托律师打官司。请问,对于职工请病假,我们有没有审查权,不遵守请假制度该不该承担法律后果?

【专家说法】

劳动合同的顺利履行需要劳动者与用人单位互相配合。劳动者应当严格遵守用人单位的规章制度及劳动纪律,按用人单位的要求全面履行劳动义务,而用人单位亦应当按时足额支付劳动者劳动报酬、承担相应的照顾及保护义务。而在劳动合同的履行过程中,双方亦应正确对待权利义务的关系,在享有个人所拥有的权利的同时,也必须承认他人的合法权利。

为了保障企业职工在患病或非因工负伤期间的合法权益,国家法律设置了医疗期制度。职工因患病或非因工负伤在医疗期内停止工作治病休息的,用人单位不得解除劳动合同并必须给予其享受病假工资待遇。此系用人单位对其职工应承担的照顾义务,也是《劳动法》赋予劳动者的权利。但我们同时还应该看到,劳动者该项权利的享受是建立在用人单位照顾义务的基础上的。在未获得劳动者服务的前提下,用人单位要承担相应的照顾义务,当然应当赋予其相应的甄别的权利。上海市劳动行政部门在1995年曾规定,职工疾病需要休假的,应凭企业医疗机构或指定医院开具的《病情证明单》,并由企业行政审核批准。职工疾病或非因工负伤需要转入长休的,应根据企业医疗机构或指定医院开具的《病情证明单》,由企业劳动能力鉴定委员会作出鉴定,报企业行政批准,并书面通知职工。从上述规定不难看出,企业对职工疾病休假进行审核是其行使管理权的一项内容。而医疗机构对外开具的病情证明单系基于对病人实际病情的诊断而作出的专业性建议,通常是用人单位对是否准予病假审核的依据,用人单位有权要求劳动者提交真实的病情证明以便决定是否准假。

此外,员工因病假而缺勤势必影响到企业正常的生产经营,及时办理请假手续可以保证企业能合理安排工作,避免造成不必要的损失。因此,企业规定员工病假必须及时办理请假手续亦合情合理。但我们亦应考虑有些特殊情况，如劳动者病重无法及时办理相关手续请假或提交相关手续，此时应允许劳动者事后补假。黄某提出病假申请时身在国外，公司无法主动核实，其又非处于紧急状况下无法提供相应公证认证手续。在无法核实其请假理由是否成立的情况下，公司方未予准假是合理合法的。黄某未按公司要求提供有效的病假依据，对其能为不为的后果应承担相应的法律责任。总之，对于员工申请病假用人单位应本着实事求是的原则，既要严格审查，亦应充分保障员工正当权益。

第三章　社会保险

单位不配合，社会保险费怎么核定？

【事件描述】

一职工武先生向劳动保障监察部门投诉，反映其工作单位（某运输公司）未为其缴纳社会保险。后劳动保障监察部门提请社保经办机构核定社会保险费。社保经办机构至运输公司开展实地稽核，但运输公司不予配合，未提供相关稽核材料。

在无法核实经营状况和职工人数的情况下，社保经办机构根据当地上年度职工平均工资和险种费率核定了社会保险费。后运输公司不服该核定，向法院提起行政诉讼，要求撤销社会保险费核定书，一审法院判决驳回运输公司的诉讼请求。

【专家说法】

《社会保险法》规定，用人单位应当自用工之日起30日内为其职工向社会保险经办机构申请办理社会保险登记。未办理社会保险登记的，由社会保险经办机构核定其应当缴纳的社会保险费。《社会保险费申报缴纳管理规定》规定，没有上月缴费数额的，社会保险经办机构暂按该单位的经营状况、职工人数、当地上年度职工平均工资等有关情况确定应缴数额。本案中，运输公司未为武先生办理社会保险登记，武先生不存在上月缴费数额，运输公司又不配合社保经办机构的实地稽核，社保经办机构无法核实该单位的经营状况和职工人数，故按当地上年度职工平均工资、险种费率核定社会保险费于法有据。

应该谁来承担补缴的社会保险费？

【事件描述】

原告罗先生从2000年9月开始就在某公司工作，2007年9月公司开始为罗先生缴纳养老、医疗等社会保险。2007年12月公司向罗先生收取了约12 000元，为罗先生补缴了2004年9月至2007年8月期间的养老保险和失业保险。只是，这其中不仅包含罗先生个人应当承担的3 500元，还包括单位应当缴纳的7 900元。对此，罗先生并不知情，还以为自己该补缴的社保费都已经交齐了。

直到2020年1月，罗先生在办理退休手续时，社保服务中心工作人员告知他还需补缴2000年9月至2004年8月间的养老保险费、2000年9月至2007年8月间的医疗保险费，罗先生这才恍然大悟。得知真相的罗先生十分气愤，为职工缴纳社会保险是用人单位应尽的义务，公司有什么理由要让职工个人全部承担？为了及时领到退休金，罗先生先将要补缴的费用全部缴纳完毕，转而申请劳动仲裁，要求公司支付养老保险和医疗保险中单位应缴纳的5万多元。劳动仲裁委员会认为罗先生的诉讼请求属于债权债务纠纷，不予受理，罗先生遂诉至威海高区法院。

【专家说法】

1. 是否是劳动争议，法院能否受理

法院经依法审查认定，罗先生自2000年9月至2020年1月一直在公司工作，双方有签订协议，其受公司管理，劳动报酬亦由公司支付，其间公司还为罗先生缴纳了部分的社会保险，故双方具备劳动关系成立的要件，罗先生与公司之间存在劳动关系。用人单位和劳动者是社会保险费追偿权的当事人，符合《劳动法》调整的资格要件。劳动者代用人单位履行缴费义务，并向用人单位进行追偿的问题体现了社会保险费在用人单位与劳动者之间的分配，具有民事权利义务的性质，社会保险费追偿权纠纷具备劳动争议的典型特征，属于人民法院受理民事案件的范围。

2. 公司是否应支付罗先生垫付的社会保险费用

社会保险是法定的强制性保险，依法参加社会保险是劳动者和用人单位的法定义务。用人单位须定期为劳动者缴纳社会保险金，而不能利用其优势地位，通过与劳动者就是否缴费、缴费比例及缴费金额等问题自行协商来规避其法定缴费义务。本案中，罗先生以公司的名义参加社会保险，并缴纳社会保险费，公司按期足额为罗先生缴纳养老保险费、医疗保险费是其法定义务。因其怠于履责，罗先生在退休时自行补缴了双方在劳动关系期间未缴纳的养老保险费、医疗保险费，包括用人单位应负担的部分，承担了本不属于自己的义务，致自己受损，用人单位受益，罗先生对其缴纳的应当由用人单位承担的社保费用有权追偿；公司于2007年12月向罗先生收取了12 000元用于缴纳原告2004年9月至2007年8月期间的养老保险费，其中属于单位应负担的7 900元，罗先生有权向公司追偿。

3. 罗先生的诉讼请求是否超过诉讼时效

《民法典》第一百八十八条规定，向人民法院请求保护民事权利的诉讼时效期间为3年，诉讼时效期间自权利人知道或者应当知道权利受到损害以及义务人之日起计算。罗先生在2020年1月办理退休手续时知晓自身权利受到损害，自2020年10月向法院提出诉讼请求，并未超过法定诉讼时效。

社会保险是对劳动者的基本保障，这能够极大地减轻劳动者赡养老人的经济负担。《社会保险法》第十六条第一款规定："参加基本养老保险的个人，达到法定退休年龄时累计缴费满十五年的，按月领取基本养老金。"社会保险是贯穿我们每个人一生的大事，我们在此提醒劳动者，及时关注自己的社保动态，维护自身权益。

社保不是你想不交就不交？

【事件描述】

马先生在2015年10月与某公司签订劳动合同并进入该公司工作。马先生就职期间公司未给马先生缴纳社会保险。后在2020年，马先生以公司未给其缴纳社会保险、拖欠加班费等理由提出解除劳动合同，并向仲裁委员会申请仲裁，要求确认其与公司之间的劳动关系并要求公司支付社会保险

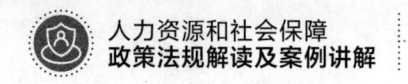

金、加班费、未发工资和经济补偿金。

仲裁委员会经审理确认了双方于2015年10月至2019年9月期间存在劳动关系，并裁决支持马先生部分诉求。但马先生对劳动关系存续时间认定不认同，对公司应支付款项也有异议，遂诉至法院。

法院审理过程中，公司提交了一份经张某签字的"不需要公司为本人缴纳社会保险"的申请，以及经马先生签字的《社会保险办理通知书（存根）》，以证明在公司向马先生告知了不缴社会保险的危害的情形下，马先生本人仍未向公司提交相关社保材料，不配合公司缴纳社会保险。公司辩称，是因马先生不配合才未为其办理社保手续缴纳保险。

判决结果：

法院经审理认为，缴纳社会保险是用人单位及劳动者双方的法定义务。本案中，虽然马先生填写了不需要公司为其缴纳社会保险的申请，但其与公司均无权选择不缴纳社会保险费。因此，法院判决公司应支付马先生因未为其缴纳社会保险费而产生的养老保险待遇补偿、失业保险一次性生活补助费，并应支付马先生在职期间自行支付的医疗费。

除此以外，法院结合双方主张及相关证据判决确认，马先生与公司于2015年10月至2020年3月期间存在劳动关系；公司支付马先生未休年休假工资、解除劳动合同的经济补偿；无须支付马先生加班费。

【专家说法】

《劳动法》第七十二条明确规定，用人单位和劳动者必须依法参加社会保险，缴纳社会保险费。此外，《社会保险法》第十六条规定，用人单位应当自行申报、按时足额缴纳社会保险费，非因不可抗力等法定事由不得缓缴、减免。由此可见，我国社会保险制度具有强制性，为劳动者缴纳社会保险是用人单位的法定义务，用人单位与劳动者之间不能以自行协商的方式来规避法律的明文规定。

用人单位未足额缴纳社会保险费导致社保待遇降低的差额损失由谁来承担？

【事件描述】

冯某于2012年7月入职大连某公司北京研发中心，2015年3月17日发生工伤并鉴定为八级伤残。冯某因工伤产生的医疗费共计15 854.6元，医保核准报销3 172.94元。经法院审理认定，冯某发生工伤前12个月缴费基数为12 500元，而大连某公司北京研发中心实际按照3 878元缴费，致使冯某一次性伤残补助金产生94 842元[(12 500−3 878)×11]的差额。根据《北京市工伤保险条例实施细则》第27条规定，此差额应该由大连某公司北京研发中心承担。

【以案说法】

用人单位未按照相关规定为劳动者足额缴纳社会保险，其向有关部门补缴应当补缴的工伤保险费、滞纳金后，工伤保险基金按照规定向劳动者支付相应费用，其有证据证明工伤保险待遇仍然降低，劳动者要求用人单位承差额损失赔偿责任的，人民法院应予以支持。

在单位内上厕所滑倒摔伤是否为工伤？

【事件描述】

梁女士系某公司职工。单位规章制度规定的上班时间为：7：40—12：00（10：00—10：10为休息时间）、13：30—17：30（15：00—15：10为休息时间）。某天10：03，梁女士在单位内上厕所途中滑倒摔伤。事后，梁女士提出工伤认定申请。

当地人社局根据《工伤保险条例》第14条第1项的规定，认定梁女士受到的伤害属于工伤。公司不服，向法院提起行政诉讼，称10：00—10：10是职工的休息时间，不属于工作时间，梁女士在该时间段内受伤不属于在"工作时间"内受伤；另外，梁女士系在上厕所途中滑倒摔伤，也与工作无关，故不应认定为工伤。

梁女士想知道，公司的说法有依据吗？

【以案说法】

工作时间、工作场所、工作原因是认定工伤的主要问题。对于工作时间，应当理解为既包括用人单位规定的工作时间和单位要求加班加点的时间，也包括为开展正常工作需的与工作有关的预备性或收尾性工作时间；对于工作场所，凡与职工工作职责相关的区域以及自然延伸的合理区域如单位提供的工间休息场所、卫生间等均应视为工作场所；对于工作原因，既应考虑职工本人的工作原因，也应考虑单位设施或设备不完善、劳动条件或劳动环境不良、管理不善等原因。

因此，对工作时间内合理的间歇休息时间内遭遇的事故伤害认定为工伤，与《工伤保险条例》立法目的相一致。具体到本案，梁女士在未完全脱离工作区域的情况下，合理的工间休息时间应当被视为工作时间。梁女士在合理的工休时间，为解决生理需要，因不安全因素而导致摔倒受伤，应当认定为工伤。

职工自愿弃缴社保后，能否以此主张被迫解除？

【事件描述】

宁刚于2013年进入APT物业管理公司担任嘉华公寓的保安。2015年宁刚认识了他的女朋友，两人经过深思熟虑后，决定买房结婚。为了能早日存够房屋首付款，宁刚与APT物业管理公司协商，约定宁刚自愿申请放弃社会保险，并且由公司将每月应缴纳社会保险的单位缴费部分直接发放给宁刚。经过3年，在两人的努力下，宁刚和他的女朋友终于在2018年年底搬进了新家。同时，宁刚也向APT物业管理公司提出了解除劳动合同，并且以未依法缴纳社保为由要求公司支付经济补偿。公司拿出当时双方签署的协议，主张是宁刚自愿放弃的，公司不需要支付任何经济补偿。请问，他们签署的这份协议是否有效呢？宁刚能否以此提出解除劳动合同并要求支付经济补偿呢？

【专家说法】

社会保险属于强制性保险，缴纳社会保险不仅是权利，也是义务，而义务是不能放弃的。

现实中，类似案例中描述的情况并不鲜见，有的是用人单位为了逃避缴纳社保的责任，从而要求职工书写自愿放弃社保的声明，有的是职工为了多拿部分工资，与用人单位协商将应缴纳社保的单位缴费部分直接发放给职工。然而这样的做法违背了用人单位和职工缴纳社保的法定义务，类似的声明或者协议是无效的。

那么，在职工自愿放弃缴纳社保的情形下，能否以此为由向用人单位主张被迫解除？这个问题在司法实践中有较大争议。

一部分观点认为，用人单位为职工缴纳社保，是《劳动合同法》《社会保险法》规定的法定义务，用人单位不为职工缴纳社保，是违反《劳动合同法》《社会保险法》的行为。根据《劳动合同法》第三十八条的规定，职工以用人单位未依法缴纳社会保险费为由提出解除劳动合同并要求支付经济补偿的，应当予以支持。

另一部分观点认为，《劳动合同法》规定经济补偿金的目的，是规范用人单位依法用工，如果用人单位主观上存在恶意而不为职工缴纳社保，这应是法律规制的对象。但如果劳动者自己要求不缴纳社保，此时不缴纳社保不可归责于用人单位，如再要求用人单位支付经济补偿，显然有违公平公正，也有违民法的诚实信用原则。

部分地区的司法实践也支持此种观点，如江苏省高级人民法院、江苏省劳动争议仲裁委员会印发的《关于审理劳动争议案件的指导意见》第十六条规定："因劳动者自身不愿缴纳等不可归责于用人单位的原因，导致用人单位未为其缴纳或未足额缴纳社会保险费，或者未参加某项社会保险险种，劳动者请求解除劳动合同并主张用人单位支付经济补偿的，不予支持。"

这种对未缴纳社保的原因进行区分的做法对于用人单位来说相对公平，也阻止了部分劳动者恶意使用未缴纳社保离职获利，更符合公平公正、诚实信用的原则。

因此，在上述案例中，宁刚与公司签订的不缴纳社保的协议虽然无效，但因为是宁刚自愿申请放弃的，公司无须支付经济补偿。

退休返聘人员因工负伤是否算工伤？

【事件描述】

宋某是药剂师，他在某医院药房工作了30多年，2018年8月退休。随后，又被医院返聘回药房工作。2019年3月，宋某在用机器打碎草药时不幸被铰伤手指，左手小拇指被迫截掉。

宋某认为自己是在工作中受伤，这应该也算工伤。医院回复说，因为宋某是被返聘的，已经享受退休养老金待遇，所以不能享受工伤保险待遇。宋某想知道，他到底该不该享受工伤保险待遇？

【专家说法】

聘用退休人员在聘用期间发生工伤的处理，各地做法不完全一致。

有观点认为，退休人员与聘用单位之间形成的是劳务关系，不是《劳动法》意义上的劳动关系，明确聘用人员不能享受工伤保险待遇。例如在北京，如果聘用协议中没有约定的，法院一般按照《中共北京市委组织部、中共北京市委宣传部、中共北京市委统战部、市教育委员会、市科学技术委员会、市民政局、市财政局、市人力资源和社会保障局、市卫生局、市社会建设工作办公室、市科学技术协会、市老龄工作委员会办公室关于发挥离退休专业技术人员作用的意见》第五条的规定,判定离退休专业技术人员受聘工作期间因工作发生的职业伤害,应由聘用单位参照工伤保险的相关待遇标准妥善处理。

另有观点认为,退休人员与聘用单位之间形成的是一种特殊劳动关系,虽不能直接适用《劳动法》,但可以参照《劳动法》的相关规定执行,故发生因工负伤的可按照工伤保险或参照工伤保险处理,例如上海。

国务院法制办《对〈关于重新进入劳动生产领域的离退休人员能否享受工伤保险待遇的请示〉的复函》明确指出,离退休专业技术人员受聘工作期间,因工作发生职业伤害的,应由聘用单位参照工伤保险的相关待遇标准妥善处理。

在《最高人民法院关于审理劳动争议案件适用法律若干问题的解释》颁布之后,退休人员的因工负伤主流观点是参照工伤保险来处理的。正常劳动关系因工负伤的赔付由社保机构按照国家标准赔付,而退休人员的因工负伤在不能上工伤保险的情形之下,只能由聘用单位参照工伤保险的标准进行赔付。

派遣职工受伤如何申请工伤?

【事件描述】

林某是上海某电器公司员工,2017年10月,他和上海某劳务公司签订了劳动合同,他被派遣到浙江某公司工作,派遣时间为3年,负责为该公司新厂房生产线的电气设备安装和检修。

2018年4月的一天,林某和几个工人在工厂勘察时,恰逢工厂外侧一台挖掘机将一幢废弃墙撞倒,林某不幸被砸中头部受伤。在当地简单治疗后,因颅脑损伤严重,林某回上海医治。林某家属认为,这应该算是工伤。但是,他们该向林某工作的劳务公司申请,还是向被派遣的公司申请主张权利呢?

【专家说法】

劳务派遣是一种特殊的用工方式,它将传统的"用人"与"用工"一体的两方法律关系转化为劳务派遣单位、用工单位和劳动者之间的三方法律关系。根据《工伤保险条例》的规定,用人单位也就是林某原来的上海某劳务公司应当自事故伤害发生之日或者被诊断之日起30日内,向统筹地区劳动保障行政部门(劳动局)提出工伤认定申请。倘若用人单位不愿提出工伤认定申请,劳动者也可以在事故伤害发生之日或者被诊断之日起1年内,直接向用人单位上海某劳务公司所在地统筹地区劳动保障行政部门提出工伤认定申请。在劳动保障行政部门作出工伤认定的决定后,劳动者的医疗费由工伤保险基金支付。

倘若用人单位没有为劳动者缴纳工伤保险费的话,在劳动保障行政部门作出工伤认定的决定后,根据《劳动合同法》第九十二条的规定,用工单位给被派遣劳动者造成损害的,劳务派遣单位与用工单位承担连带赔偿责任。劳动者的医疗费应由用工单位和用人单位负责,他们承担连带赔偿责任。

根据《劳务派遣暂行规定》第十条的规定:(1)在工伤认定程序中,劳务派遣单位作为申请工伤认定的责任主体,用工单位则协助工伤认定的调查核实工作。(2)在职业病诊断、鉴定程序中,用工单位则处于主导地位,负责处理职业病诊断、鉴定相关事宜,并如实提供职业病诊断、鉴定所需的劳动者职业史和职业危害接触史、工作场所职业病危害因素检测结果等资料,劳务派遣单位则应当提供被派遣劳动者职业病诊断、鉴定所需的其他材料。

医疗终结与否是否影响工伤认定？

【事件描述】

谢某是一家啤酒厂的员工。一天他在工作时不慎被突然爆炸的啤酒瓶小碎玻璃伤到眼部，送医后，被诊断眼角膜损伤。

医生表示谢某的眼病无法根治，必须长期用药维持，一旦停药眼压即升高，会造成不良后果。谢某不同意终结医疗，那么，医疗未终结公司可以提出工伤认定吗？

【专家说法】

医疗终结是确定病情痊愈或者伤残的依据。职工工伤或者患职业病的医疗终结，必须经指定的医疗机构或者职业病防治机构认定。为了妥善处理职工工伤或者患职业病的医疗期，有利生产和治疗，使劳动能力鉴定工作正常开展，有的地区结合实践制定了具体的医疗终结鉴定标准，对医疗终结时间、医疗终结标准作出了具体规定。根据《工伤保险条例》的规定，该啤酒厂应在谢某事故伤害之日起30日内提出工伤认定申请，不必等到医疗终结。

谢某的这种情况需要暂停工作医疗救治的，医疗期内工资福利待遇不变。依据《工伤保险条例》第三十三条的规定，职工因工作遭受事故伤害或者患职业病需要暂停工作接受工伤医疗的，在停工留薪期内，原工资福利待遇不变，由所在单位按月支付。停工留薪期一般不超过12个月。伤情严重或者情况特殊，经设区的市级劳动能力鉴定委员会确认，可以适当延长，但延长不得超过12个月。工伤职工评定伤残等级后，停发原待遇，按照本章的有关规定享受伤残待遇。工伤职工在停工留薪期满后仍需治疗的，继续享受工伤医疗待遇。生活不能自理的工伤职工在停工留薪期需要护理的，由所在单位负责。

连续失业，失业保险金可以领多久？

【事件描述】

段某在某机械加工厂工作，2017年7月，该企业因经营不善宣告破产，此时工作不到五年的段某也因此下岗失业。在当地劳动就业部门的帮助下，2018年3月，段某找到了一份新工作，可是仅过了半年多，段某就因为无法适应岗位技术要求而被新公司辞退。在家待了一段时间后，段某到市社会保险经办机构咨询领取失业保险金的事情。

社会保险经办机构的工作人员告诉段某，由于其已经领取了6个月的失业保险金，他最多还可以再领6个月。段某不理解，他认为自己已经工作了5年多，也缴纳了保险费，按照相关规定应该可以领取18个月的失业保险金，可为什么社会保险经办机构的工作人员却说自己只能申领1年的失业保险金呢？

【专家说法】

虽然段某累计缴纳失业保险费已满5年，但是由于段某是在工作不足5年时失业，后来又再次参加工作的，因此，其重新就业后的保险费缴纳时间是应当重新计算的。

《社会保险法》第四十六条规定："失业人员失业前用人单位和本人累计缴费满一年不足五年的，领取失业保险金的期限最长为十二个月；累计缴费满五年不足十年的，领取失业保险金的期限最长为十八个月；累计缴费十年以上的，领取失业保险金的期限最长为二十四个月。重新就业后，再次失业的，缴费时间重新计算，领取失业保险金的期限与前次失业应当领取而尚未领取的失业保险金的期限合并计算，最长不超过二十四个月。"

职工因工多处受伤的，伤残等级如何评定？

【事件描述】

煤矿工作是项高危的作业，安全生产真的不能掉以轻心。赵某在煤矿工作多年，谨记安全下井原则，他们分队多次获得安全标兵奖。可天有不测风云，2015年3月，煤矿发生瓦斯爆炸，当时赵某正在坑道口，被强大的气流击中，摔成重伤。赵某头部、左腿、肋骨等多处受伤，其中头部的伤最重。事后，经劳动能力鉴定认定赵某头部的伤残等级为4级，左腿为8级，肋骨为9级。赵某想知道，像他这种多处受伤的，伤残等级如何评定？

【专家说法】

《劳动能力鉴定 职工工伤与职业病致残等级》（GB/T 16180—2014）"4.2 晋级原则"规定："对于同一器官或系统多处损伤，或一个以上器官不同部位同时受到损伤者，应先对单项伤残程度进行鉴定。如果几项伤残等级不同，以重者定级；如果两项以上等级相同，最多晋升一级。"

本案中，赵某因工受伤，劳动能力鉴定委员会对他身体不同部位的受伤等级分别作出了鉴定结论。可见，赵某的伤残等级不同，应以最重的等级定级，赵某头部为4级伤残，因此赵某的伤残等级为4级伤残，应按此享受工伤待遇。

伤人犯罪后工伤保险待遇被终止合法吗？

【事件描述】

江某是一家机床厂的职工，2012年7月的一天，江某在车间干活时，机器传送带卡住，导致他右臂骨折，经劳动部门认定为7级致残，此后江某享受了工伤待遇。

2015年3月，江某因聚赌打人被判处有期徒刑1年。2016年8月20日，机床厂依法解除与江某的劳动合同。

江某刑满出狱后，找到该机床厂要求恢复其工伤待遇，但厂领导说由于江某违法犯罪，厂里已经与他解除了劳动合同，双方不存在劳动关系，拒绝了江某的要求。江某的家人想了解，厂子的这种答复合法吗？

【专家说法】

依据《劳动法》的规定，劳动者因工伤残或患职业病，依法享受工伤保险待遇。《工伤保险条例》第四十二条规定："工伤职工有下列情形之一的，停止享受工伤保险待遇：（一）丧失享受待遇条件的；（二）拒不接受劳动能力鉴定的；（三）拒绝治疗的。"

本案中，江某犯罪刑满释放后，还应享受原来的工伤保险待遇，他被判刑并没有被剥夺此项权利。机床厂与他解除劳动合同只是终止劳动关系，并不意味着江某只要被解除劳动合同，就不再享受社会保险有关待遇。江某依法可直接向社会保险经办机构申请工伤待遇。

单位每月应缴的社保费能直接支付给职工吗？

【事件描述】

罗燕是国内某食品加工企业人力资源部门的员工，专门负责劳动合同的起草、审查、续签和归档等管理工作。罗燕平时的工作认真负责，经常听取同事对劳动合同管理工作的意见和建议，深得企业领导和同事的认同。

在2018年2月的某一天，罗燕收到了单位食品安全管理部小李的电子邮件。在电子邮件中，小李称由于自己经济困难，所以要求公司不要为他缴纳社保，并希望将公司应承担的社会保险费用直接支付给他。

罗燕看到这封电子邮件之后，觉得小李的想法怪怪的，因为公司每个月为员工缴纳社会保险已经是一个常识，从来没有不缴纳社保的情况。但至于怪在哪里，罗燕却又不甚明了。

【专家说法】

用人单位能否直接向职工支付社保费？我们认为这是一个值得探讨的问题。这不仅是许多职工心中的疑问，更是关系社会保险基金的充实和劳动双方的切身利益。

《社会保险法》第四条一款规定："中华人民共和国境内的用人单位和个人依法缴纳社会保险费，有权查询缴费记录、个人权益记录，要求社会保险经办机构提供社会保险咨询等相关服务。"所以，无论是用人单位还是职工，都应当依法缴纳社保费。而所谓的"依法缴纳"，主要是指按照法律的规定向社会保险征收机构足额缴纳，而并非直接支付给职工。因此，用人单位将每月应承担的社保费直接支付给职工并没有法律依据。

此外，我们可以试想一下，如果用人单位直接将其缴的社保费支付给职工，那将会产生什么样的后果呢？首先，由于本应支付给社会保险基金的款项直接支付给了职工，这将直接导致社会保险的基金累积变小。而基金累积变小的结果将导致用于社会保险的资金总额变小，最终不利于全体劳动者的利益保障。其次，如果将本应支付给社会保险基金的款项直接支付给了职工，那么该职工势必不会参加社会保险。当该职工患病、负伤、生育、年老、失业之时，他将不能享受社会保险待遇，其合法权益也将不能得到保障。最后，当职工需要享受社会保险待遇但却因未缴社保费而被拒之门外之时，他或许会自行承担相关费用。但当职工的能力不足以承担的时候，他往往会转而向用人单位提出主张。而根据法律规定，用人单位未依法缴纳社保费而导致职工遭受损失的，应依法予以赔偿。因此，最终职工需享受的社保待遇可能将由用人单位"埋单"，这将变相增加了用人单位的用工成本，也不利于用人单位合法权益的保护。

综上所述，由于用人单位将社保费直接支付给职工的做法并不符合法律的规定，也会减少社会保险的基金累积，更不利于保障劳动双方的合法权益。因此，用人单位不应直接向职工支付社保费。

下班途中发生交通事故算工伤吗？

【事件描述】

林某在温州一家单位上班，因为家到单位的距离较远，林某购买了小汽车，每天开车上下班。一年多来虽有小剐蹭，但也都没什么大碍。2018年12月5日，林某像往常一样下班开车回家，下班高峰期车流量比较大，在一个右转弯的路口，林某被后面车辆追尾，他受伤严重，住院治疗。交警部门出具交通事故认定书，林某承担次要责任。林某伤势严重，出院后还需要康复治疗，一段时间内不能参加工作。林某家属认为，这种情况应该属于工伤，于是去找单位申请工伤，但是单位不承认林某的伤属于工伤，林某面对巨额的医疗费用，不知道自己该如何主张工伤权利？

【专家说法】

根据《工伤保险条例》第十四条的规定，职工在上下班途中，受到非本人主要责任的交通事故或者城市轨道交通、客运轮渡、火车事故伤害的应当认定为工伤。林某在下班途中发生交通事故并且在事故中占次要责任，他的情况符合工伤的条件。如果用人单位不承认，则应该由用人单位承担举证责任。

《工伤保险条例》第十九条规定："社会保险行政部门受理工伤认定申请后，根据审核需要可以对事故伤害进行调查核实，用人单位、职工、工会组织、医疗机构以及有关部门应当予以协助。职业病诊断和诊断争议的鉴定，依照职业病防治法的有关规定执行。对依法取得职业病诊断证明书或者职业病诊断鉴定书的，社会保险行政部门不再进行调查核实。"

职工或者其近亲属认为是工伤，用人单位不认为是工伤的，由用人单位承担举证责任。

工地干活被砸伤，一年后还能申请工伤认定吗？

【事件描述】

唐某技校毕业后，在老乡的介绍下来到衢州某建筑安装公司承包的工地做电焊工。2017年6月5日，唐某在工地作业时，安全带未绑紧，他从脚手架脱落，左手被砸且伤势严重，头部也受了伤。同事立即将他送到医院救治，但是还是因为伤势较重，导致左手被截肢。唐某老家在湖北农村，20岁的小伙子失去左手对今后的工作和生活都带来了严重的影响。公司认为是唐某自己疏忽造成了受伤，只是为其支付了医疗费，补偿给他10 000元就不再管他了。他只好回老家休养身体和精神。一年多后，2018年12月，他听老乡说在工地受伤，可以申请工伤认定，他不知道自己的这种一年多后再申请工伤还可以吗？

【专家说法】

虽然对于唐某的遭遇十分同情，但却不得不告知，他已经错过了工伤认定的时效。

《工伤保险条例》第十七条规定："职工发生事故伤害或者按照职业病防治法规定被诊断、鉴定为职业病，所在单位应当自事故发生之日或者被诊断、鉴定为职业病之日起30日内，向统筹地区社会保险行政部门提出工伤认定申请。遇有特殊情况，经报社会保险行政部门同意，申请时限可以适当延长。用人单位未按前款规定提出工伤认定申请的，工伤职工或者其近亲属、工会组织在事故伤害发生之日或者被诊断、鉴定为职业病之日起1年内，可以直接向用人单位所在地统筹地区社会保险行政部门提出工伤认定申请。按照本条第一款规定应当由省级社会保险行政部门进行工伤认定的事项，根据属地原则由用人单位所在地的设区的市级社会保险行政部门办理。用人单位未在本条第一款规定的时限内提交工伤认定申请，在此期间发生符合本条例规定的工伤待遇有关费用由该用人单位负担。"

层层转包，在工地干活受伤该谁负责？

【事件描述】

史前听说邻村的邓某在宁波某建筑工地做部分土建的包工头，于是投奔着邓某到工地打工。史前在搭建建筑结构的时候，脚手架突然脱落，史前头部被砸伤，颅骨骨折。送医后，邓某垫付了部分医药费后就没钱支付了。因为邓某属于分包浙江某建筑有限公司的工程，而邓某的包工队并不具备用工主体资格。邓某找到上家浙江某建筑有限公司，希望该公司能承担治疗费用被拒绝。史前的家属无力支付治疗费用，史前的治疗该由谁来负责？

【专家说法】

《人力资源社会保障部关于执行〈工伤保险条例〉若干问题的意见》第七条规定："具备用工主体资格的承包单位违反法律、法规规定，将承包业务转包、分包给不具备用工主体资格的组织或自然人，该组织或者自然人招用的劳动者从事承包业务时因工伤亡的，由该具备用工主体资格的承包单位承担用人单位依法应当承担的工伤保险责任。"浙江某建筑有限公司违反法律规定将业务分包给不具备用工主体资格的包工头，史前在从事承包业务时受伤，应该由浙江某建筑有限公司承担工伤保险责任。

在单位洗澡摔伤算工伤吗？

【事件描述】

段某是某鸡场饲养员，在工厂做了3年的饲料添加工。由于饲养员们也常会做些清理鸡舍的活儿，经常会弄脏衣服和身体，所以工厂在饲养场外面的工厂院内设置有洗浴区。下班的员工可以清洗后回家。虽然工作累点，但段某觉得自己读书少，这点简单的力气活儿还不成问题。工作环境差点，但和农村老家比又好了不少，他很快适应了。而且，每天能洗个热水澡，也是算好福利了！

这天段某下班后在浴室洗澡时，不慎摔倒受伤。

伤情稳定后，段某要求工厂申请工伤认定，工厂却认为，段某并非在工作时间和工作岗位上受伤，受伤原因更与工作无关，工厂只能从人性化角度给予一些慰问金，不可能为他认定工伤。

段某自己申请了工伤认定。人社部门认定他受到的伤害为工伤。

【专家说法】

根据《工伤保险条例》第十四条的规定，职工在工作时间前后在工作场所内，从事与工作有关的预备性和收尾性工作受到事故伤害的，应当认定为工伤。其中，收尾性工作，是指在工作后的一段合理时间内，从事与工作有关的收尾工作，如收拾工具和工作服、做操作后的个人清理等。

本案中，浴室虽非字面上的工作场所，但却是公司为带沙工作的岗位职工准备的清洗场所，应视为与工作有关。职工洗浴也是从岗位上下班之后立即前往浴室，这段时间符合工作后的合理时间这一条件。在公司浴室洗澡，清理因工作沾染的污物，应视为从事与工作相关的收尾性工作。综上所述，段某的受伤情形符合《工伤保险条例》第十四条的规定，应认定为工伤。

在未依法登记的单位工作，发生工伤怎么办？

【事件描述】

刘明是某机器加工厂的投资人，机器加工厂没有办理工商登记。2015年9月，钱某到机器加工厂当装卸工人，双方约定工资2 500元/月，包吃包住。2015年10月10日上午9点，因装卸车操作失误，货物掉落，砸伤了钱某的腰部。钱某当即被送到当地三甲医院骨科住院治疗，并被诊断为腰椎骨折伴瘫痪。出院后，钱某立刻申请工伤认定，但由于机器加工厂没有办理工商登记，故当地人社部门决定不受理钱某的工伤认定，但经劳动能力鉴定委员会鉴定，钱某伤残等级为三级。钱某认为，其与机器加工厂存在劳动关系，但由于机器加工厂没有办理工商登记和购买工伤保险，导致其无法享受工伤保险待遇，故机器加工厂或刘明应承担其工伤保险待遇。刘明认为，机器加工厂没有办理工商登记，钱某是临时工，双方不存在劳动关系，机器加工厂无需承担钱某的工伤保险责任。请问，谁的说法有道理？

【专家说法】

第一，本案中，由于机器加工厂没有办理工商登记，不具备用人单位主体资格，故钱某与机器加工厂之间不存在劳动关系。具体法律依据如下：

《劳动和社会保障部关于确立劳动关系有关事项的通知》（劳社部发〔2005〕12号）第一条规定："用人单位招用劳动者未订立书面劳动合同，但同时具备下列情形的，劳动关系成立。（一）用人单位和劳动者符合法律、法规规定的主体资格；（二）用人单位依法制定的各项劳动规章制度适用于劳动者，劳动者受用人单位的劳动管理，从事用人单位安排的有报酬的劳动；（三）劳动者提供的劳动是用人单位业务的组成部分。"

第二，机器加工厂应根据《非法用工单位伤亡人员一次性赔偿办法》的规定向钱某支付一次性赔偿，且赔偿标准不得低于《工伤保险条例》规定的工伤保险待遇。具体法律依据如下：

《工伤保险条例》第六十六条规定："无营业执照或者未经依法登记、备案的单位以及被依法吊销营业执照或者撤销登记、备案的单位的职工受到事故伤害或者患职业病的，由该单位向伤残职工或者死亡职工的近亲属给予一次性赔偿，赔偿标准不得低于本条例规定的工伤保险待遇；用人单位不得使用童工，用人单位使用童工造成童工伤残、死亡的，由该单位向童工或者童工的近亲属给予一次性赔偿，赔偿标准不得低于本条例规定的工伤保险待遇。具体办法由国务院社会保险行政部门规定。"

《非法用工单位伤亡人员一次性赔偿办法》第二条规定："本办法所称非法用工单位伤亡人员，是指无营业执照或者未经依法登记、备案的单位以及被依法吊销营业执照或者撤销登记、备案的单位受到事故伤害或者患职业病的职工，或者用人单位使用童工造成的伤残、死亡童工。前款所列单位必须按照本办法的规定向伤残职工或者死亡职工的近亲属、伤残童工或者死亡童工的近亲属给予一次性赔偿。"

因被欠薪辞职，能否享受失业保险金？

【事件描述】

小靳是一名车间工人，在当地一家皮革厂上班。皮革厂与小靳签订劳动合同，合同期限为2016年1月1日至2017年12月31日。合同约定，皮革厂每月15日前以货币的形式向小靳支付工资，每周工作时间是40小时，月工资是4 000元/月。2018年6月，皮革厂经营不善、订单减少，接连3个月拖欠小靳工资。迫于生计，小靳以皮革厂拖欠工资为由辞职。随后，皮革厂以"在职人员辞职"为由，停了小靳的社会保险。当地社保经办机构认为，小靳因个人意愿中断就业，依法不享受失业保险金。小靳认为，因皮革厂拖欠工资，其辞职并非个人意愿，符合享受失业保险金的条件。哪个说法正确？

【专家说法】

小靳的说法正确。

本案中，皮革厂未按照劳动合同约定支付工资，小靳为此辞职的行为系非因本人意愿中断就业，符合享受失业保险金的条件。具体法律依据如下：

《失业保险条例》第十四条规定："具备下列条件的失业人员，可以领取失业保险金：（一）按照规定参加失业保险，所在单位和本人已按照规定履行缴费义务满1年的；（二）非因本人意愿中断就业的；（三）已办理失业登记，并有求职要求的。失业人员在领取失业保险金期间，按照规定同时享受其他失业保险待遇。"

《失业保险金申领发放办法》第四条规定："失业人员符合《失业保险条例》第十四条规定条件的，可以申请领取失业保险金，享受其他失业保险待遇。其中，非因本人意愿中断就业的是指下列人员：（一）终止劳动合同的；（二）被用人单位解除劳动合同的；（三）被用人单位开除、除名和辞退的；（四）根据《中华人民共和国劳动法》第三十二条第二、三项与用人单位解除劳动合同的；（五）法律、行政法规另有规定的。"

《劳动法》第三十二条规定："有下列情形之一的，劳动者可以随时通知用人单位解除劳动合同：（一）在试用期内的；（二）用人单位以暴力、威胁或者非法限制人身自由的手段强迫劳动的；（三）用人单位未按照劳动合同约定支付劳动报酬或者提供劳动条件的。"

60岁职工养老保险未缴满15年，可以领退休金吗？

【事件描述】

滕某2019年60岁了，年轻的时候换过几次工作，虽然参加工作多年，但因种种原因，他在47岁的时候，才在所在的单位建立了档案，缴纳了社会保险。

滕某至2019年10月底满60周岁，尽管达到法定退休年龄，但他如今缴纳社保刚满13年，没有达到规定的最低年限15年。滕某想退休后按月领取养老金，该如何办理呢？

【专家说法】

滕某可以在到达退休年龄后继续缴费，直到缴满15年后，就可以按月领取养老金了。全国各省市结合当地情况出台了相关补缴规定，滕某也可以找当地人社局咨询，结合当地人力资源和社会保障局的相关规定，补足15年的养老保险费率，即可享受退休养老保险待遇。

《社会保险法》第十六条第二款规定："参加基本养老保险的个人，达到法定退休年龄时累计缴费不足十五年的，可以缴费至满十五年，按月领取基本养老金；也可以转入新型农村社会养老保险或者城镇居民社会养老保险，按照国务院规定享受相应的养老保险待遇。"

失业金申领期间身亡，其家人能否领抚恤金？

【事件描述】

王某在一煤矿国企工作十余年，2019年因企业改制，王某的部门被分流，王某和一些年龄大、技术单一的工人被约谈下岗，企业和他们达成协商后解除了劳动关系。40多岁的王某离婚多年，家中有需要供养的患病父母和上学的孩子。刚从工作岗位下来，王某很不适应。出力的零活也不是每天都有，还好，王某失业后，还可以领取失业保险金，生活还是像以前一样。

一天，王某在喝点小酒后打零工的时候不慎从高空跌落身亡。家里的顶梁柱倒了，年迈的父母和上学的孩子生活无着落。王某刚领取了5个月的失业保险金，此时正处在失业保险金领取期间，他的家人是否可以领取王某的丧葬费补助金和抚恤金呢？

【专家说法】

王某的家人可以领取他的丧葬费补助金和抚恤金。王某在领取失业保险金过程中意外死亡，他的家人可以向当地的社会保险经办机构提出申请领取丧葬补助金和抚恤金。

《社会保险法》第四十九条第一款规定："失业人员在领取失业保险金期间死亡的，参照当地对在职职工死亡的规定，向其遗属发给一次性丧葬补助金和抚恤金。所需资金从失业保险基金中支付。"

《失业保险条例》第二十条规定："失业人员在领取失业保险金期间死亡的，参照当地对在职职工的规定，对其家属一次性发给丧葬补助金和抚恤金。"

妻子没工作可以用老公的生育险吗？

【事件描述】

在批发市场做小饰品批发生意的黎敏，经人介绍认识了在企业上班的职员陈圳。两个人相处不错，恋爱后结婚成家。不久，黎敏怀孕了，她干脆不上班，做起了家庭妇女，其间做产检等各项检查。眼看临近生产了，黎敏听说如果女方没有生育保险，也可以使用丈夫的生育保险，可陈圳的公司并没有为他投保生育保险。黎敏想知道她丈夫陈圳是否可以向公司要求为其办理生育保险，她怀孕生产能否享受丈夫的生育保险。

【专家说法】

《社会保险法》第五十三条规定："职工应当参加生育保险，由用人单位按照国家规定缴纳生育保险费，职工不缴纳生育保险费。"

《社会保险法》第五十四条规定："用人单位已经缴纳生育保险费的，其职工享受生育保险待遇；职工未就业配偶按照国家规定享受生育医疗费用待遇。所需资金从生育保险基金中支付。生育保险待遇包括生育医疗费用和生育津贴。"

陈圳已经与用人单位建立了劳动关系，职工不分男女均应参加生育保险，所以陈圳所工作的企业应当为其办理生育保险，陈圳的妻子作为就业者的配偶，可以享受生育医疗的待遇。

车间劝架被打伤算工伤吗？

【事件描述】

罗某高中毕业后，和大多数村里的年轻人一样进入大城市闯荡。他来到杭州，通过招工进入了一工厂工作。工厂里大多数工友都是和他差不多经历的农村打工者，除了工厂、宿舍，他们的打工生活还是很单调的。在这个集体中，他们很容易找到共同话题。

罗某认识了来自湖北的张某，两颗年轻的心很快找到了温暖。可是，不久后，张某的老乡郑某来到工厂后，也对张某展开了热烈的追求。罗某和郑某成了见面分外眼红的情敌。一天，在工厂车间，罗某和郑某厮打在一块，两个人怒火中烧，组长彭某上前拉架。拳脚中，彭某被罗某推倒，正好摔在了车床棱角上，头部受伤住院治疗。

罗某家境不宽裕，刚到城里打工还不到1年，他把仅有的存款取出赔偿组长，却仅够支付治疗费用。罗某和彭某商量，因彭某是在工厂车间，因维持车间秩序受伤，能否享受工伤待遇？

【专家说法】

彭某在工厂车间为了维持车间秩序，保证生产的顺利进行而上前拉架的行为属于履行工作职责的范畴。根据《工伤保险条例》第十四条第三项的规定，在工作时间和工作场所内，因履行工作职责受到暴力等意外伤害的，应当认定为工伤。故彭某的伤情应被认定为工伤。

彭某被认定为工伤后，依法可以享受工伤保险待遇。罗某虽然已经支付了彭某的治疗费用，但彭某的其他损失，仍可以通过工伤保险获赔。罗某支付彭某的治疗费用是基于侵权来承担责任，而工伤保险待遇是基于工伤保险关系进行理赔。这是两种不同的法律关系，不能相互替代。但对于罗某已经支付的医疗费，彭某不能要求工伤保险予以再次理赔。

相关法律规定如下：

最高人民法院《关于因第三人造成工伤的职工或其亲属在获得民事赔偿后是否还可以获得工伤保险补偿问题的答复》规定，根据《安全生产法》第四十八条以及最高人民法院《关于审理人身损害赔偿案件适用法律若干问题的解释》第十二条的规定，因第三人造成工伤的职工或其近亲属，从第三人处获得民事赔偿后，可以按照《工伤保险条例》的规定，向工伤保险机构申请工伤保险待遇补偿。

《最高人民法院关于审理工伤保险行政案件若干问题的规定》（法释〔2014〕9号）第八条规定："职工因第三人的原因受到伤害，社会保险行政部门以职工或者其近亲属已经对第三人提起民事诉讼或者获得民事赔偿为由，作出不予受理工伤认定申请或者不予认定工伤决定的，人民法院不予支持。职工因第三人的原因受到伤害，社会保险行政部门已经作出工伤认定，职工或者其近亲属未对第三人提起民事诉讼或者尚未获得民事赔偿，起诉要求社会保险经办机构支付工伤保险待遇的，人民法院应予支持。职工因第三人的原因导致工伤，社会保险经办机构以职工或者其近亲属已经对第三人提起民事诉讼为由，拒绝支付工伤保险待遇的，人民法院不予支持，但第三人已经支付的医疗费用除外。"

有商业保险可以不参加基本养老保险吗？

【事件描述】

郝清归国后在杭州一家外资公司做高管，月薪3万元。因为公司为员工办理了基本养老保险，因此每月公司都要从员工工资里扣除员工所应承担的那部分养老金。郝清在我国香港特区已经购买了商业养老保险，就不想参加基本养老保险了，想让公司把这部分保险费用合在工资里发给自己。

公司人事部门咨询律师，这样可以吗？

【专家说法】

郝清即使在我国香港特区购买了商业养老保险的情况下，也应该参加基本养老保险。养老保险是国家依法强制实施的社会保险制度，属于政府行为，政府对基本养老保险承担最终责任；而商业保险是商业行为，保险人与被保险人是契约关系。

《社会保险法》第十条第一款规定："职工应当参加基本养老保险，由用人单位和职工共同缴纳基本养老保险费。"

《社会保险法》第十九条规定："个人跨统筹地区就业的，其基本养老保险关系随本人转移，缴费年限累计计算。个人达到法定退休年龄时，基本养老金分段计算、统一支付。具体办法由国务院规定。"

所以，基本养老保险金是属于国家强制性的社会保险，用人单位和劳动者都要依照法律的规定履行各自缴纳基本养老保险费的义务。劳动者在更换工作单位时，个人账户都可以保留并随之转移，缴纳基本养老保险的时间可以累计计算，退休时不影响基本养老待遇的计发。虽然郝清自行购

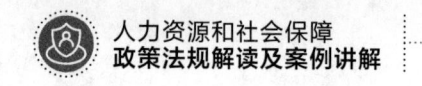

买了商业养老保险，但是并不能因此免除其单位及个人依法缴纳基本养老保险的义务。

失业期间患病，医保还能用吗？

【事件描述】

杨佩飞是重庆某公司驻杭州的职员，公司业务转项，撤掉了驻杭州的分部，于是从事会计工作的杨佩飞在2018年7月被裁掉了。同年10月份，她陪母亲体检的时候，自己也做了个检查，医生发现她得了乳腺癌。真是屋漏偏逢连夜雨，新的工作还没找到，并且下岗后医保也没有办理续接。住院治病没有医保支付，她这个"房奴"家庭将不堪重负。她让老公赶紧咨询，这种情况还能使用医保吗？

【专家说法】

虽然杨佩飞发病是在其失业领取失业保险金期间，似乎已经不属于单位职工，和单位没了关系。但事实上，杨佩飞可以依法享受单位职工基本医疗保险待遇，其失业期间的医保缴费从失业保险基金中扣除。

《社会保险法》第四十八条规定："失业人员在领取失业保险金期间，参加职工基本医疗保险，享受基本医疗保险待遇。失业人员应当缴纳的基本医疗保险费从失业保险基金中支付，个人不缴纳基本医疗保险费。"

事实上，杨佩飞在领取失业保险金同时，可参加其失业前失业保险参保地的职工医保，由参保地失业保险经办机构统一办理职工医保参保缴费手续。基本医疗保险费的期限与领取失业保险金期限是相一致的。而且，其间应缴纳的基本医疗保险费也从失业保险基金中支付，杨佩飞无需缴费。

未婚生育不能休产假，不能报销生育费用吗？

【事件描述】

小邹是个90后，有着年轻人闯荡世界的想法，2014年7月毕业后就和男朋友一起"北漂"。小邹入职一家广告设计公司担任设计师，双方签订了为期两年的劳动合同，约定工资为9 000元/月。

工作后，小邹脑子灵光人也勤快，很快和广告公司的人熟悉起来。她的广告设计获得了客户的认可，每月小邹还能拿到不少的奖金。

2016年4月，24岁的小邹怀孕，但她却和男朋友分手了。她执意要生下孩子，广告公司以"违反国家婚姻法及计划生育条例，给公司造成声誉损失"为由要与其解除劳动关系。小邹不服，向当地劳动委员会申请仲裁，要求恢复劳动关系。

2016年5月，经北京当地仲裁委员会仲裁，裁定北京某广告公司解除劳动关系无效。根据国务院《女职工劳动保护特别规定》第五条规定："用人单位不得因女职工怀孕、生育、哺乳降低其工资、予以辞退、与其解除劳动或者聘用合同。"

用人单位的规章制度以国家法律为依据，本无可厚非，但是怀孕女职工正处于特殊时期，其合法权益的保护应当居首位。就这样，北京某广告公司只好继续留用小邹工作。

2016年12月，小邹回吉林老家生下一女。北京某广告公司只准予她休1个月的产假，并表示，小邹生产的费用不能走生育保险。

小邹不解，找到律师咨询。

【专家说法】

2022年8月，国家卫生健康委、国家发展改革委等17部门印发《关于进一步完善和落实积极生育支持措施的指导意见》（以下简称《意见》）。国家卫生健康委在召开《意见》的新闻发布会上明确表示，只要履行了生育保险的缴费责任，国家层面在待遇享受方面是没有门槛的，而且在经办服务清单上，关于享受生育保险生育津贴所需提供的相关材料也不需要以结婚为前置条件。所以，小邹有权利享受98天的法定产假，以及申办生育保险待遇。

非工伤的病休等于无工资的待业吗？

【事件描述】

肖军在公司工作了2年多，住的是公司的员工集体宿舍。一天晚上洗澡后地板太湿，肖军走过时不小心摔了一跤，疼痛难舍之下去医院拍片检查后得知伤到了骨头。肖军想着这是在集体宿舍摔跤，那应该是公司的管辖范围，怎么说也可以认定个工伤吧。于是他向公司领导提出这件事情，不料被一口否决。肖军无奈，只能请病假在家。未料，第二个月末发工资时居然被财务告知当月工资扣了一半，肖军联系领导，领导却说不上班能支付工资已经很人道了。这可怎么办？

【专家说法】

我们先来看看肖军能不能被认定为工伤。《工伤保险条例》第十四条规定："职工有下列情形之一的，应当认定为工伤：（一）在工作时间和工作场所内，因工作原因受到事故伤害的；（二）工作时间前后在工作场所内，从事与工作有关的预备性或者收尾性工作受到事故伤害的；（三）在工作时间和工作场所内，因履行工作职责受到暴力等意外伤害的。"肖军在宿舍中受伤，既不是在工作场所，也不是在工作期间，更不是履行工作有关的事宜，因此是无法被认定为工伤的。公司领导的做法没有错。

那么，公司在肖军病假期间只发放50%的工资，是否就有道理了呢？原劳动部颁布的《企业职工患病或非因工负伤医疗期规定》第二条规定："医疗期是指企业职工因患病或非因工负伤停止工作治病休息不得解除劳动合同的时限。"第三条规定："企业职工因患病或非因工负伤，需要停止工作医疗时，根据本人实际参加工作年限和在本单位工作年限，给予三个月到二十四个月的医疗期：（一）实际工作年限十年以下的，在本单位工作年限五年以下的为三个月；五年以上的为六个月。……"由此可见，肖军的受伤虽然是个人原因造成的，但是根据其在公司工作满2年不满5年的情况，实际应享有3个月的医疗期，这个期间公司是不能解除劳动合同的。至于工资的计算方法，我们可以根据《关于贯彻执行〈中华人民共和国劳动法〉若干问题的意见》（劳部发〔1995〕309号）第59条规定，在医疗期内企业支付的病假工资标准不得低于最低工资标准的80%来进行计

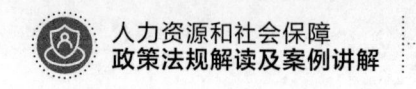

算。也就是说，肖军当月收到的这50%工资，如果低于当地最低工资标准的80%，是有权要求公司予以补足支付的。

职工外出学习在休息时间受伤是工伤吗？

【事件描述】

罗亮在某企业工作，他是单位的业务骨干，单位派他去学校进行业务培训。罗亮在该学校指定的休息场所休息期间，因为与其他人起纠纷受到伤害。那么罗亮在外出学习休息期间受到伤害能否认定为工伤呢？

【专家说法】

根据《最高人民法院关于职工外出学习休息期间受到他人伤害应否认定为工伤问题的答复》的规定，职工受单位指派外出学习期间，在学习单位安排的休息场所休息时受到他人伤害的，应当认定为工伤。罗亮是在受单位指派外出学习期间发生的伤害，学校是受单位委托对其进行培训的机构，而休息的场所是由学校指定的，罗亮在学校受到伤害应该享受工伤待遇。

《最高人民法院关于审理人身损害赔偿案件适用法律若干问题的解释》第三条规定："因用人单位以外的第三人侵权造成劳动者人身伤害，赔偿权利人请求第三人承担民事赔偿责任的，人民法院应予支持。"据此，罗亮还可向加害人主张民事赔偿。

合同约定因自身过失导致工伤，劳动者需自己负责是否有效？

【事件描述】

钱进在与某工厂签订劳动合同的时候约定："如果钱进因自己过失导致工伤由钱进自己负责。"在一次工作任务中，钱进因为没有严格按照操作流程生产使得自己手掌受伤。钱进在治疗过程中想起自己与用人单位的约定，心生疑惑，他是否对自己过失造成的工伤负责呢？

【专家说法】

劳动者的法定权利是受法律保护的，用人单位通过某种方式排除劳动者的法定权利，该行为是不受法律认可的。

钱进与用人单位的约定不符合法律规定，《工伤保险条例》第十四条至十六条明确规定了工伤认定标准。用人单位为劳动者办理工伤认定是用人单位的法定义务，享受工伤保险待遇是受工伤劳动者的法定权利。工伤认定不以劳动者是否存在过错为前提，用人单位不能通过约定工伤自负条款免除劳动者的法定权利。

来不及到定点医疗机构就医，治疗费用能否报销？

【事件描述】

李乐家住绍兴市，工作在湖州，因此其选择的定点医疗机构是湖州与绍兴市的。某个周六李乐到山东省济南市出差，因患急性肠炎不得不选择在济南的医院就医。他的这笔治疗费用能否报销？

【专家说法】

根据《城镇职工基本医疗保险定点医疗机构管理暂行办法》第十二条的规定，参保人员应在选定的定点医疗机构就医，并可自主决定在定点医疗机构购药或持处方到定点零售药店购药。除急诊和急救外，参保人员在非选定的定点医疗机构就医发生的费用，不得由基本医疗保险基金支付。也就是说，一般情况下不在定点医疗机构就医的治疗费用是不由基本医疗保险支付的，但职工患急病确实来不及到选定的医院医治，自己到附近的医院诊治，如果持有医院开具的急诊证明，是可以由基本医疗保险基金按规定支付其医药费用的。

单位没有给职工参加基本医疗保险，职工患病的医疗费如何支付？

【事件描述】

彭辉应聘到一家零售连锁企业的配送中心担任司机，因公司人力资源部门的疏忽，没有为其办理参加基本医疗保险。2016年9月，彭辉因突发肾结石住院治疗，共花去医疗费9 000多元。后来彭辉听人说，法律规定公司和职工应当参加基本医疗保险，参加基本医疗保险后，患病治疗的医疗费可以从基本医疗保险报销一部分。所以彭辉想知道，由于公司的原因没有参加基本医疗保险，现在因患病治疗的医疗费怎样报销？是否可以向公司主张？

【专家说法】

用人单位和职工都要参加基本医疗保险，如因用人单位未按规定参保给职工带来了经济损失，用人单位应给予补偿。彭辉可以向公司主张赔偿因患病治疗的医疗费。依据《国务院关于建立城镇职工基本医疗保险制度的决定》第一条和《社会保险法》第二十三条的规定，用人单位及其职工必须参加基本医疗保险，这是由医疗保险的强制性所决定的。由于用人单位的原因致使职工不能参加基本医疗保险，使职工患病无法享有基本医疗保险待遇的，应由用人单位承担赔偿基本医疗保险规定的应由基本医疗保险基金支付的医疗费用的责任。因此，由于公司的原因致使彭辉无法参加基本医疗保险，所花的医疗费无法从基本医疗保险基金报销的，彭辉可以向公司主张赔偿因患病治疗的医疗费。

主要法律依据如下：

《国务院关于建立城镇职工基本医疗保险制度的决定》第一条："城镇所有用人单位及其职工都要参加基本医疗保险，实行属地管理；基本医疗保险费由用人单位和职工双方共同负担；基本医疗保险基金实行社会统筹和个人账户相结合。"

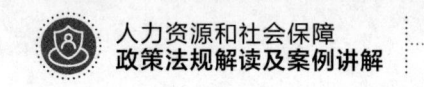

《社会保险法》第二十三条第一款:"职工应当参加职工基本医疗保险,由用人单位和职工按照国家规定共同缴纳基本医疗保险费。"

单位用工不缴生育保险,生育保险待遇须自担?

【事件描述】

2015年5月初,刘月到某文具公司从事销售工作。2017年4月20日,刘月在医院顺产一女。因文具公司一直没有为她缴纳社会保险费,致使她生育后无法通过生育保险基金享受保险待遇。双方协商未果,刘月向当地劳动人事争议仲裁委员会申请仲裁,要求文具公司支付她医疗费与生育津贴等保险待遇。仲裁委员会裁定文具公司支付刘月生育保险待遇13 700元。

【专家说法】

《社会保险法》《女职工劳动保护特别规定》等规定,职工应当参加生育保险,由用人单位按照国家规定缴纳生育保险费,职工不缴纳生育保险费。职工符合国家计划生育政策生育,且所在单位按照规定参加生育保险并为该职工连续足额缴费1年以上的,即可享受生育医疗费用和生育津贴。用人单位未依法为职工缴纳生育保险费,致使职工合法生育后无法通过生育保险基金享受生育保险待遇的,则应由用人单位按照法定标准支付职工生育保险待遇。

医疗期满病没治好遭解聘怎么办?

【事件描述】

段某是台州市一家石材公司的业务员,工作期间,双方签订了书面劳动合同,最后一份劳动合同期限为2013年11月27日至2016年11月26日。2014年2月4日,段某被诊断为慢性肾炎。2014年3月2日起,段某因病休假,一直至2015年8月底。2015年9月,段某医疗期满后,其因身体状况仍不能进行正常工作,公司人力资源部通知段某每天需到公司报到。

其间,公司先后两次安排段某到包装车间从事重体力劳动,段某称身体条件不能胜任该工作,其也未到公司提供正常劳动。2015年10月7日,段某因病情加重,到公司请假至2015年10月10日。2015年10月11日后,段某因病再次请假,但公司未批准,段某因病也未到公司工作。2015年11月8日,公司以段某自2015年10月11日后,未按规定到公司报到培训,连续旷工5天以上为由,与其解除劳动合同,并将该通知书邮寄给段某。

2015年11月21日,段某收到该通知书。2015年12月,双方办理了解除劳动合同手续,公司将段某的档案和社会保险关系转至失业机构。段某认为自己因病不能正常工作,公司以旷工为由与自己解除劳动合同的行为侵害了自己的合法权益,遂申请劳动仲裁,要求公司支付违法解除劳动关系的赔偿金。

劳动仲裁部门经过审理后,确认公司以旷工为由与段某解除劳动关系的行为违反法律规定,裁定公司应向段某支付违法劳动关系的赔偿金。

【专家说法】

单位应另行安排适合段某的岗位。

段某医疗期满后，疾病尚未治愈，其身体状况无法进行正常工作，公司并未考虑段某的实际情况，随意另行安排其工作，该另行安排的岗位较其之前的岗位任务更为繁重，该安排是不合理的。此后，该公司以段某旷工为由与其解除劳动合同，其理由也明显不能成立，该解除劳动合同的行为违反了法律规定。因此，该公司应当向劳动者支付违法解除劳动关系的赔偿金。

《劳动合同法》第四十条规定，劳动者患病或者非因工负伤，在规定的医疗期满后不能从事原工作，也不能从事由用人单位另行安排的工作的，用人单位提前30日以书面形式通知劳动者本人或者额外支付劳动者1个月工资后，可以解除劳动合同。一方面，该规定保障了劳动者的权益，使劳动者在患病或非因工负伤，劳动能力受到影响的情况下，用人单位不得立即与劳动者解除劳动合同，而是有义务为劳动者另行安排适合的工作岗位。另一方面，该规定也考虑了用人单位的合法权益。用人单位招用劳动者为企业提供劳动，因劳动者自身原因，患病或非因工负伤的情形，导致劳动者无法继续为企业服务，此时，法律赋予了用人单位解除劳动合同的权利。

但是，劳动者与用人单位相比，处于弱势地位，为了更好地维护劳动者的权益，稳定劳动关系，法律在赋予用人单位解除权的同时，也进行了一定的限制，那就是用人单位应当根据劳动者的实际情况，为劳动者另行安排工作岗位，如劳动者不能胜任，用人单位应当履行提前告知义务或支付一个月的工资，再与劳动者解除劳动合同。

值得注意的是，劳动者医疗期满尚未治愈的，是否可以继续无限期请病假呢？目前，我国对于企业职工在工作期间患病或非因工负伤的医疗期问题主要适用《企业职工患病或非因工负伤医疗期规定》（劳部发〔1994〕479号）的相关规定，即医疗期是以劳动者实际参加工作年限和在本单位工作年限来确定。关于特殊疾病的医疗期问题，根据《关于贯彻〈企业职工患病或非因工负伤医疗期规定〉的通知》（劳部发〔1995〕236号）规定，对于某些患特殊疾病（如癌症、精神病、瘫痪等）的职工，在24个月内尚不能痊愈的，经企业和劳动主管部门批准，可以适当延长医疗期。此医疗期，为企业职工因患病或非因工负伤停止工作治病休息不得解除劳动合同的时限，为禁止性规定。医疗期满后，劳动者需按照用人单位的规章制度履行请假手续，用人单位有权自主决定是否准假，或者是按照法律规定与劳动者解除劳动合同。

第四章 工资、报酬

外地职工因政府采取紧急措施不能按期返岗，企业可以不发工资吗？

【事件描述】

某工厂于2022年2月10日正式复工生产，至2月14日全厂已恢复所有生产线的生产，但是该厂还有5名河南籍职工因当地政府采取封路措施而无法按期返岗。该工厂每月工资结算周期为当月10日至次月9日，并于次月10日进行发放。3月10日，该工厂向全体员工发放了工资，但对5名未按期返岗的河南籍职工却未发工资。3月13日，5名河南籍职工返岗后向仲裁委提出仲裁申请，要求该工厂补发工资。

经过仲裁委的调解，该工厂愿意按照双方劳动合同约定补发5名河南籍职工的工资，5名河南籍职工在收到该工厂补发的工资后撤回了仲裁申请。

【专家说法】

如果职工因政府采取紧急措施不能按期返岗提供正常劳动，企业可以参照国家和省关于停工、停产期间工资支付相关规定执行，即在一个工资支付周期内的，按照劳动合同约定的标准支付劳动者工资；超过一个工资支付周期的，企业应当按照不低于当地最低工资标准的80%发放生活费。本案中，该工厂5名河南籍职工因当地政府封路措施无法及时返岗，且2月10日至3月9日的工资尚在一个工资支付周期内，故该工厂未支付职工工资行为显然违法，该工厂应当按照双方劳动合同约定标准向5名河南籍职工支付工资。

对于因政府采取紧急措施无法及时返岗的职工，现有的工资支付政策规定明确，企业不得因为职工未返岗而不支付工资。当然，企业也可以与职工协商优先使用带薪年休假等各类假期，并按相关休假规定支付工资。

专业技术培训费用是否应当包含培训期间的工资？

【事件描述】

黄某于2022年3月1日入职某科技公司，从事工程师工作，双方签订了为期5年的劳动合同。2023年6月1日，科技公司与黄某订立服务期协议，约定将黄某送到国外进行专业技术培训3个月，培训费用为15万元（含黄某培训期间的3个月工资6万元），黄某回国后须为科技公司服务满5年，否则应承担违约责任。黄某培训回国后工作满2年即提出辞职。双方因违约金发生争议，科技公司提出劳动人事争议仲裁申请，要求黄某支付违约金10万元。

专业技术培训费用是否应当包含培训期间的工资？

【专家说法】

《劳动合同法》第二十二条第二款规定："劳动者违反服务期约定的，应当按照约定向用人单位支付违约金。违约金的数额不得超过用人单位提供的培训费用。用人单位要求劳动者支付的违约金不得超过服务期尚未履行部分所应分摊的培训费用。"

《劳动合同法实施条例》第十六条规定："劳动合同法第二十二条第二款规定的培训费用，包括用人单位为了对劳动者进行专业技术培训而支付的有凭证的培训费用、培训期间的差旅费用以及因培训产生的用于该劳动者的其他直接费用。"

从上述规定来看，法律并未将培训期间的工资列入培训费用。而且，用人单位安排劳动者培训，虽然可以提高劳动者的个人技能，但更多的是使劳动者为用人单位创造更大的经营效益，故即使用人单位安排劳动者脱产培训，上述培训期间仍应当视为劳动者在为用人单位提供劳动。

因此，用人单位应当依法、依约足额支付劳动者的劳动报酬，而不应因劳动者提前离职而扣减。

未办理工作交接，用人单位能否拒绝向离职员工支付工资？

【事件描述】

张某系某网络公司的工程师，双方签订有期限自2022年3月1日至2025年2月28日的劳动合同。2024年2月14日，张某因个人原因向某网络公司提出离职，但公司未向张某支付2024年1月1日至2024年2月14日的工资。

张某遂向仲裁委提起申请，要求公司支付其2024年1月1日至2024年2月14日的工资。网络公司辩称，张某未按照公司规定办理工作交接，故不同意支付张某2024年1月1日至2024年2月14日的工资，张某与其办理完工作交接后再支付工资。

劳动者未履行办理工作交接的义务，用人单位能否扣发其工资？

【专家说法】

根据《劳动合同法》第五十条第二款的规定，双方解除或终止劳动合同的，劳动者应当按照双方约定，办理工作交接。工作交接是劳动者离职时应履行的法定义务，劳动者应在离职时就其工作内容按照用人单位的要求进行交接，用人单位应配合劳动者进行工作交接。

那么本案中张某未办理工作交接，能否成为公司不为张某结算工资的抗辩理由呢？答案是否定的。

工资是指劳动者提供劳动后，用人单位依据国家相关规定或劳动合同的约定，以货币形式直接支付给劳动者的劳动报酬。

《劳动合同法》第三十条第一款规定："用人单位应当按照劳动合同约定和国家规定，向劳动者及时足额支付劳动报酬。"依据该规定可以看出，只要劳动者正常提供劳动，就有依法获得劳动报酬的权利。

《劳动法》第五十条规定："工资应当以货币形式按月支付给劳动者本人，不得克扣或者无故拖欠劳动者的工资。"《工资支付暂行规定》第九条规定："劳动关系双方依法解除或终止劳动合同时，用人单位应在解除或终止劳动合同时一次付清劳动者工资。"依据上述规定可以看出，用人单位不得随意拖欠劳动者工资。双方解除劳动关系时，用人单位应当一次性付清劳动者工资。

劳动者和用人单位应当依法履行各自的法定义务。本案中，用人单位的正确做法应当是依法支付张某应该享受的劳动报酬，再就张某未办理工作交接的情况，向仲裁委提出仲裁申请，请求裁决张某办理工作交接。

在实践中，用人单位与劳动者约定工作交接的，首先，应有明确具体的内容；其次，交接内容具有可执行性，如返还办公电脑、工作文件、办公用品等。如果交接内容不具体或不具有可执行性，即使裁决劳动者办理工作交接，却因交接内容约定不明确，在实际执行中有可能无法有效地保护用人单位的利益。

职工违章操作造成工伤，用人单位扣减停工留薪期工资是否合法？

【事件描述】

2021年底，某煤矿经职工代表大会讨论后制定一份安全管理办法，规定员工因违章操作造成受伤或自己安全保护不到位造成受伤的，由责任人按职工在伤休期间依国家规定计算出的薪酬标准的20%赔偿人力资源损失。该规定已通过培训及考试形式告知全体职工。

2022年11月，职工万某在工作中因违章操作受伤。12月30日，万某被依法认定为工伤。2023年11月9日，万某经劳动能力鉴定为伤残8级。煤矿根据医疗机构出具的诊断证明，依法确定万某停工留薪期为6个月，万某无异议。随后，煤矿以万某是因违章操作造成工伤为由，按万某原工资80%（即4 000元）为基数计发其停工留薪期工资。万某认为煤矿应以其原工资5 000元为基数计算停工留薪期工资。双方遂发生争议，万某提起劳动争议仲裁。

该煤矿安全管理办法的上述规定是否合法？可否依据上述制度扣减万某的停工留薪期工资？

【专家说法】

该煤矿不能依据该规章制度扣减万某的停工留薪期工资。

《工伤保险条例》第三十三条规定："职工因工作遭受事故伤害或者患职业病需要暂停工作接受工伤医疗的，在停工留薪期内，原工资福利待遇不变，由所在用人单位按月支付。"本案中，万某是工伤职工，由于工伤的无过错责任原则，该公司制度要求工伤职工承担过错（或过失）责任，违反《工伤保险条例》第三十三条的规定，应认定为不合法。

因此，职工遭受工伤，应由用人单位依法承担工伤保险待遇支付责任。本案中，该煤矿应依据《工伤保险条例》第三十三条的规定足额支付万某停工留薪期工资。

用人单位资金链断裂拖欠劳动者工资，应当如何调解？

【事件描述】

某投资公司由于领导层投资失误，公司资金链断裂，自2021年1月到2023年2月，用人单位迟延发放员工工资达20次之多（在仲裁之前已将其中拖欠的18次工资偿清），且有拖欠缴纳社会保险费及住房公积金的行为。后劳动者以用人单位拖欠工资为由向用人单位提出解除劳动合同，同时申请仲裁，要求用人单位支付n+1倍经济补偿金、2023年2—3月的工资、迟发工资的25%的经济赔偿金等。经双方同意，该案进入调解程序。

本案的争议焦点如下：

（1）劳动者是否能以用人单位拖欠工资为由解除劳动关系并要求经济补偿金？

（2）劳动者申请拖欠迟发工资期间的25%的经济赔偿金是否能够得到支持？

【专家说法】

关于争议焦点一，《劳动合同法》第三十八条规定，用人单位未及时足额支付劳动报酬的，劳动者可以解除劳动合同。《劳动合同法》第四十六条规定，劳动者依照本法第三十八条规定解除劳动合同的，用人单位应当向劳动者支付经济补偿。

经济补偿金的标准按照劳动者在本单位工作的年限，每满1年支付1个月工资；6个月以上不满1年的，按1年计算；不满6个月的，向劳动者支付半个月工资的经济补偿。

因此，用人单位应当支付经济补偿。

由于用人单位拖欠劳动者工资过错在先，经过调解员向用人单位认真讲述上述法律规定，用人单位同意按照劳动者入职的工作年限给予经济补偿金。但是由于涉案人数较多，用人单位无法一次性支付完成，希望分批次履行义务。经调解员与劳动者协商，同意该要求。

关于争议焦点二，用人单位存在迟延发放劳动者工资的行为达20次之多，但在仲裁之前用人单位已将前18次拖欠的工资金额结清，仅拖欠员工2023年2—3月工资未发，那么用人单位是否需要为上述拖欠工资行为产生的25%的经济赔偿金"买单"呢？

从客观事实上讲，用人单位无义务承担已清偿的拖欠工资的经济赔偿。对于仲裁期间仍存在的2023年2—3月的拖欠工资的行为，用人单位是否有义务承担经济赔偿，则要看是否符合法律规定。

根据《劳动合同法》第八十五条的规定，用人单位未按照劳动合同约定或者国家规定及时足额支付劳动者报酬的，由劳动行政部门责令限期支付，逾期不支付的，用人单位应按照应付金额的50%以上100%以下的标准向劳动者加付赔偿金。

调解员向劳动者了解得知，他们在提起仲裁前并未到相关劳动行政部门进行投诉，劳动行政部门也未向用人单位发出限期整改的通知书。但是劳动者认为用人单位迟发工资的行为给他们造成了严重的负担和经济损失，如迟发工资导致他们借钱还房贷产生借款利息等。

在了解上述情况后，调解员给用人单位做工作，用人单位同意对于目前拖欠的两次工资给予劳动者25%的经济赔偿金，双方最终握手言和。

在整个案件的调解过程中，调解员运用"同理心原则"对案件进行调解：一方面，告诉用人单位应该注重考虑劳动者的生活成本，尽量提前和缩短支付周期；另一方面，劝说劳动者考虑用人单位的实际困难并多给用人单位一些时间来筹集资金，在用人单位可以承受的能力范围内，按时分期支付经济补偿金。

最低工资是指所有报酬加一起吗？

【事件描述】

童明是一位农村进城打工的青年，找工作遇到很多困难，经过了1个多月的面试，终于在一家电子厂找到一份工作。经过了3个月的试用期，童明与该电子厂签订了劳动合同。签订合同时童明就认为电子厂给的工资太少，但由于找工作不容易，才签了合同。干了半年后，童明实在忍受不了这么低的工资，于是向厂里提出涨工资的请求。但厂方却答复说合同中双方已明确规定工资数额，且公司支付的基本工资、加班加点工资、保险、福利待遇等加起来已超过当地最低工资标准，拒绝给童明加薪。童明多次交涉无果，无奈之下找到当地劳动争议仲裁委员会申请仲裁。童明的要求会得到法律支持吗？

【专家说法】

最低工资是指劳动者在法定工作时间，或在依法签订的劳动合同约定的工作时间内，提供了正常的劳动，用人单位依法应支付的最低劳动报酬。我国《最低工资规定》第十二条第一款规定，下列各项不得作为最低工资的组成部分：（1）延长工作时间工资；（2）中班、夜班、高温、低温、井下、有毒有害等特殊工作环境、条件下的津贴；（3）法律、法规和国家规定的劳动者福利待遇等。因此，该厂将加班加点的工资和依法给予劳动者的保险、福利待遇等都计算在最低工资里的做法是不符合法律规定的。此外，该厂不能以工资报酬是经双方协商同意为由来抗辩。法律规定最低工资制度，是为了保证每一位劳动者所得工资足以维持基本生活需要，这是法律强制性规定，用人单位和劳动者不能约定低于这一标准的工资，否则约定无效。《最低工资规定》第十三条还规定，用人单位违反本规定第十一条规定的，由劳动保障行政部门责令其限期改正；违反本规定第十二条规定的，由劳动保障行政部门责令其限期补发所欠劳动者工资，并可责令其按所欠工资的1~5倍支付劳动者赔偿金。

由此可见，如果该电子厂支付给童明的工资在扣除加班加点工资、保险、福利待遇等费用后的剩余数额低于当地最低工资标准，则该厂应按当地最低工资标准补足所欠童明的工资，并支付所欠部分1~5倍的赔偿金。

拿着公司欠工资的欠条，劳动者怎么讨薪？

【事件描述】

董卫毕业后与一家公司签订了劳动合同，约定月薪3 500元，于每月15日支付。董卫工作一个月后，到了发工资的日子，公司说流动资金有困难，暂时无法支付工资，但会在下个月一并支付，希望职工们谅解。为此，公司还给每位员工按照应付工资数额打了欠条。然而到了第二个月，公司仍然说流动资金不足，无法发工资。董卫于是提出解除劳动合同，并且要求支付拖欠的工资。对于董卫的要求，公司置之不理。于是，董卫就带着劳动合同和公司写的欠条到用人单位所在地的区人民法院申请了支付令。公司收到法院的支付令后，仍没有任何反应。于是董卫就在支付令的法定期间15天后，申请法院强制执行，从而要回了自己的劳动报酬。

【专家说法】

本案就是一起典型的因工资欠条而引发纠纷的案件。董卫选择的是申请支付令的途径追讨工资，但如果单位一方提出异议，支付令就会失去效力。董卫还可以以手中的工资欠条直接起诉，以普通的债权债务纠纷处理。当然，这样规定是为了及时有效保护劳动者权益，尊重当事人的选择，直接作为普通民事案件处理。如果劳动者愿意将此类纠纷申请劳动仲裁，通过仲裁处理也是可以的。

在以往的审判实践中，凭工资欠条追讨工资，有的法院是按照劳动争议案件对待的。这就要求必须先经劳动仲裁程序，才能进入诉讼程序。这样一来，处理方式、程序相对烦琐，时间消耗较长，不利于纠纷的解决。

还有个问题值得注意，就是工资欠条与申请支付令的交叉问题。也就是说凡是劳动者手里有工资欠条而与被诉者无其他债权债务纠纷的，既可以选择向法院申请支付令，也可以选择凭工资欠条直接向人民法院起诉。

劳务派遣人员不能同工同酬合法吗？

【事件描述】

谢卫平被自己所在的劳务公司派遣到一家企业担任管理人员，工作一段时间后，谢卫平发现自己无论是工资还是奖金总是公司最少的，于是就向公司要求与其他职工同工同酬，享有同等的劳动待遇和劳动报酬。但这家公司认为，谢卫平不是本公司的正式职工，而是被其他劳务公司派遣来的派遣工，自然不能享有与本单位其他正式员工一样的劳动待遇和劳动报酬。并且公司提出，公司内部的每个工作岗位都有其自身特点，因此公司内部职工的劳动报酬也不完全相同。谢卫平的岗位只有一个，公司没有其他同类岗位，谢卫平要求同工同酬的权利没有道理。谢卫平对公司的这种说法并不认同，于是向当地的劳动争议仲裁委员会提起了仲裁，要求维护自己的合法权益。那么谢卫平的诉求能否得到法律支持呢？

【专家说法】

劳务派遣最早起源于西方发达国家。其特点是劳务派遣企业招人不用人，用工单位用人但不招人，是国际上比较流行的用工方式。

在我国，劳务派遣是指派遣机构与被派遣劳动者签订劳动合同，与要派遣单位（实际用工单位）签订派遣协议，然后由派遣机构将与其建立劳动合同关系的劳动者派往要派遣单位，受派遣劳动者在要派遣单位的指挥和管理下提供劳务服务的用工方式。与通常的劳动关系只有劳动者和用人单位两方主体不同，劳务派遣涉及三方关系，一方是派遣单位（用人单位），一方是被派遣单位（用工单位），还有一方是被派遣劳动者。

由于这种特殊的三方关系，一些被派遣单位利用这一点将被派遣劳动者另立名册，同与本单位签订劳动合同、建立劳动关系的员工实行同工不同酬。一旦被派遣劳动者与用工单位因不能实现同工同酬而引发争议时，因其与用工单位之间不存在劳动合同关系，在仲裁阶段往往无法得到支持；法院审理过程中，也很难对此问题作出认定和处理。这使得被派遣劳动者的合法权益难以得到保障。

上面的案例就是"劳务派遣"同工不同酬的典型。遇到这类问题，首先要明确以下几个问题。

1.被派遣劳动者也得同工同酬

在《劳动合同法》出台之前，关于被派遣劳动者和用工单位的劳动者是否应该同工同酬的问题法律并无明确规定。直到2008年1月1日实施的《劳动合同法》第六十三条明确，被派遣劳动者享有与用工单位的劳动者同工同酬的权利。用工单位无同类岗位劳动者的，参照用工单位所在地相同或者相近岗位劳动者的劳动报酬确定。该条规定从法律上保障了被派遣劳动者的合法权利，肯定了被派遣劳动者与用工单位劳动者同工同酬的权利。因此，用工单位在使用被派遣劳动者时，应当保证被派遣劳动者与用工单位的劳动者同工同酬。由于同工同酬是法律赋予劳动者的权利，同时也是用工单位对劳动者应当履行的义务，在执行过程中绝不能打折扣。

2.被派遣劳动者应当向谁主张权利

劳务派遣单位经常利用劳务派遣过程的复杂关系迷惑劳动者，导致纠纷发生时，劳动者不知是诉劳务派遣单位还是用工单位。实践中，有的劳动者选择直接起诉被派遣单位（用工单位），认为用工单位是实行同工不同酬待遇的主体。还有的劳动者直接起诉劳务派遣单位（用人单位），认为劳务派遣单位才是自己真正的东家。

为此，《劳动合同法》《劳动争议调解仲裁法》、最高人民法院有关司法解释对被派遣劳动者应当向谁主张权利作出了明确规定。《劳动合同法》第九十二条规定，用工单位违反法律规定给被派遣劳动者造成损害的，劳务派遣单位与用工单位承担连带赔偿责任。《劳动争议调解仲裁法》第二十二条第二款规定，劳务派遣单位或者用工单位与劳动者发生劳动争议的，劳务派遣单位和用工单位为共同当事人。上述规定为劳动者在劳务派遣过程的权利维护提供了程序上的保障，解决了劳动者不知向谁主张权利的问题。

此外，《劳动合同法》还将劳务派遣单位和用工单位遵守劳务派遣有关规定的情况列入了劳动保障监察的范围，在劳务派遣过程中，劳务派遣单位和用工单位损害劳动者权利的，可以向其所在区县劳动监察部门举报，借助行政权力维护自己的合法权益。

3."假"劳务派遣与同工不同酬

目前，我国劳务派遣还存在"假派遣"或"逆向劳务派遣"情形。"逆向劳务派遣"只是一种形象说法，并不是一个法律用语。"逆向劳务派遣"是指劳动者已经有了工作，用人单位却偏偏不与他签订劳动合同，而是找一家劳务派遣公司签订劳动力派遣合同，劳动者以派遣员工的名义从事劳动。在此情况下，实际用人单位与劳动者存在事实上的劳动关系，通过签订劳动力派遣合同，将责任转嫁给派遣单位，变成与劳动者没有劳动关系的第三方。实际上，这是一种借用劳动力派遣名义、逃避法律责任的"逆向派遣"，或叫"反向劳务派遣"，其实就是假劳务派遣。

劳动者本来就是实际用人单位招聘的，本应依照《劳动法》第十六条规定与劳动者订立劳动合同，结果却人为地把劳动关系扭曲为劳动力派遣关系。"逆向派遣"往往导致派遣劳动者与接收单位职工相比下的同工不同酬，不能享受正常的福利待遇，无法缴纳社会保险，派遣单位和接收单位责任划分不明确，不利于劳动者的保护等一系列问题。

由此可见，用人单位实行逆向劳务派遣属违法行为，在假劳务派遣中实行同工不同酬亦属于违法行为。

试用期职工与正式职工不能同工同酬合法吗？

【事件描述】

钱方与宁波一家公司签订了为期3年的劳动合同，合同约定试用期6个月，每月工资5 000元，转正后工资每月10 000元。3个月过后，钱方觉得签订的劳动合同有问题，试用期间的工资与同科室其他职工相差1倍，3个月下来自己少拿了15 000元。于是，他与公司协商要求尽快转正，但公司认为6个月的试用期未到，不同意钱方要求。钱方认为，试用期也应当和其他职工一样，不能借试用期名义压榨职工血汗，实行同工不同酬。那么，钱方的说法对不对，这种理解到底有无道理呢？

【专家说法】

试用期是指用人单位和劳动者双方相互了解、确定对方是否符合自己招聘条件或求职条件而约定的不超过六个月的考察期。

在试用期内，用人单位通过劳动者在本单位实际工作表现，最终确定劳动者是否适合本单位的工作岗位所要求的条件和具备完成所分配工作任务的能力。劳动者也可以在试用期内，通过在用人单位实际工作经历和亲身体验确定用人单位的工作条件和文化氛围等方面是否符合自己的职业发展需求。也就是说，试用期间就是双选期间，对劳动者和用人单位而言都是公平的。

但是，试用期间用人单位支付的工资与其他已经转正职工的工资待遇是有差别的，有的差距还很大。有些在试用期工作的劳动者质疑，试用期间为什么不能实行同工同酬，这种做法到底有没有法律依据呢？

1. 合法的试用期间受法律保护

《劳动法》第二十一条规定："劳动合同可以约定试用期。试用期最长不得超过六个月。"《劳动合同法》第十九条第一款规定："劳动合同期限三个月以上不满一年的，试用期不得超过一个月；劳动合同期限一年以上不满三年的，试用期不得超过二个月；三年以上固定期限和无固定期限的劳动合同，试用期不得超过六个月。"本案中，钱方与公司签订的劳动合同为3年，约定最长6个月试用期符合法律规定。

2. 试用期间可以同工不同酬

由于试用期属于考察期，是劳动者与用人单位之间的相互了解期，因此，不可能所有的工资待遇都与转正后相同岗位的职工一样。试用期间用人单位支付工资的最低线就是用人单位所在地的最低工资。《劳动合同法》第二十条规定："劳动者在试用期的工资不得低于本单位相同岗位最低档工资或者劳动合同约定工资的百分之八十，并不得低于用人单位所在地的最低工资标准。"所以，本案钱方的说法没有法律依据，用人单位实行试用期与转正后工资的差别待遇符合法律规定。

劳动合同约定"无底薪＋高提成"是否就不存在最低工资标准？

【事件描述】

乔伟是一家房产中介的业务员，刚来这家中介公司面试时，店长就着重向乔伟介绍了公司的运营模式和给付薪酬的办法。这家公司在薪酬上实行的是"无底薪＋高提成"形式，赚多赚少全凭个人的营销业绩。由于乔伟刚刚入行，既无经验又无客源，5个月下来竟未做成一单生意，基本生活也成了问题。为此，乔伟跟店里交涉，认为自己每天都认真工作，收入却连最低工资水平都达不到，以无底薪约定违法为由要求房产中介公司补发工资。但公司认为，这种分配方式是双方在劳动合同中明确约定的，劳动合同签订的内容和程序均符合法律规定，应当受到法律保护，乔伟未领到工资是她自己未完成工作任务所致，不能怪公司，何况公司的其他业务员也是以这种方法计提工资的，并不是对乔伟个人例外。随后，面试她的店长拿出了双方签订的劳动合同，合同中劳动报酬一栏赫然写着"无底薪＋高提成"，乔伟本想通过法律途径讨回公道，但看到自己与公司签订的劳动合同就犹豫了，单位的这种做法是否违反法律规定呢？

【专家说法】

1.什么是提成工资

所谓的提成工资是工资的一种特殊支付方式，是用人单位根据经营利润和劳动者的实际工作业绩向劳动者支付的考核工资。

2.实行无底薪提成也要支付最低工资

根据原劳动部《关于贯彻执行〈中华人民共和国劳动法〉若干问题的意见》第五十六条的规定，在劳动合同中，双方当事人约定的劳动者在未完成劳动定额或者承包任务的情况下，用人单位可低于最低工资标准支付劳动者工资的条款不具有法律效力。所以，即使案子中的乔伟没有完成定量的工作任务，这家房产中介公司也应当按照当地的最低工资标准支付最低工资。劳动合同中约定的"无底薪+高提成"违反法律规定，应属无效。

劳动者一定要擦亮眼睛，认清"无底薪+高提成"形式的违法性。一旦出现问题，应当立即向当地的劳动监察部门投诉，由劳动监察部门对用人单位这种违法的用工形式给予行政处罚。同时，劳动者也可以通过劳动仲裁的方式维护自己的合法权益。

"劳动报酬"一词，究竟蕴涵多少干货？

【事件描述】

顾亮最近很郁闷，1年前因为和公司老板关系不错，答应来公司帮忙管理成本节约事项，当时老板答应得很好，为公司节约下的成本的20%为其本人的奖金。顾亮这1年辛辛苦苦帮公司搭建起了成本节约的结构框架，眼见着开始成效渐起，未料老板把他的奖金一起给"节约"了。尝试和老板沟通多次，老板都置之不理，一气之下，顾亮辞职，要求公司支付经济补偿金。老板却说，20%的约定是奖金，又不是工资，哪有什么经济补偿金，再说了，是顾亮辞职在先，居然还向公司要补偿，岂有此理。这下顾亮也疑惑了，奖金的确不是工资，那老板拖欠就有理了？

【专家说法】

本案中顾亮辞职在先，也是可以要求公司支付经济补偿金的。《劳动合同法》第四十六条规定："有下列情形之一的，用人单位应当向劳动者支付经济补偿：（一）劳动者依照本法第三十八条规定解除劳动合同的；……"那么根据《劳动合同法》第三十八条的规定，用人单位未及时足额支付劳动报酬的，劳动者可以解除劳动合同。可见，顾亮和老板沟通不成功的情况下，可以向公司所在地的劳动仲裁委员会提起劳动仲裁申请，要求公司向其支付经济补偿金。

本案中，老板拖欠奖金的行为和拖欠工资一样，同样是不合理的。这样说的前提是，我们需要了解劳动报酬究竟包含了哪些内容，是不是就意味着我们一般理解上的工资？国家统计局颁布的《关于工资总额组成的规定》第四条规定："工资总额由下列6个部分组成：（一）计时工资；（二）计件工资；（三）奖金；（四）津贴和补贴；（五）加班加点工资；（六）特殊情况下支付的工资。"第七条规定："奖金是指支付给职工的超额劳动报酬和增收节支的劳动报酬。包括：

（一）生产奖；（二）节约奖；（三）劳动竞赛奖；（四）机关、事业单位的奖励工资；（五）其他奖金。"由此可见，劳动报酬一词比工资一词包含的范围大很多，工资仅仅是其中的一部分。因此，老板拖欠了奖金，也可视为拖欠了劳动报酬。顾亮向老板的权利主张是完全可以被支持的。

最后，律师要提醒的是，劳动者签订劳动合同的时候一定要看清文本的约定，工资、奖金、劳动报酬可是不同的概念。

用人单位可以随时解除非全日制劳动合同且无须支付经济补偿吗？

【事件描述】

彭女士是做会计出身，因女儿大学毕业后在北京安家落户，所以彭女士辞职跟随女儿来到北京。会计出身的她很快在北京的一家公司找到一份工作，每月临近月末时的5天到该公司核算账目等，每天工作4小时，每月工作5天，每小时工资12元。可是彭女士干了没几个月，彭女士的女儿生孩子，月末时彭女士不能准时为该公司核算账目。因此，该公司电话通知彭女士解除劳动合同。彭女士认为，依照《劳动合同法》的规定，用人单位擅自解除劳动合同的，应当支付经济补偿金等，于是，向劳动仲裁委员会提请劳动仲裁，要求该公司支付经济补偿金。那么彭女士所在的公司能否与彭女士解除劳动合同，是否需要向彭女士支付经济补偿金呢？

【专家说法】

1.非全日制劳动合同如何终止

《劳动合同法》第七十一条规定："非全日制用工双方当事人任何一方都可以随时通知对方终止用工。""终止用工"既包括因劳动合同期限届满而终止，也包括劳动合同未到期的提前解除。通知的形式既可以是书面形式也可以是口头形式。在《劳动合同法》实施之前，原劳动和社会保障部《关于非全日制用工若干问题的意见》第四条规定："非全日制劳动合同的终止条件，按照双方的约定办理。劳动合同中，当事人未约定终止劳动合同提前通知期的，任何一方均可以随时通知对方终止劳动合同；双方约定了违约责任的，按照约定承担赔偿责任。"《劳动合同法》规定了比之更为宽松的合同终止条件，目的在于促进非全日制用工的发展。

实际上，《劳动合同法》作出这样的规定是对非全日制用工不得约定试用期的一种救济性规定。因为对用人单位来说，不约定试用期，就无法获知劳动者是否符合录用条件，如果不允许用人单位可以随时解除劳动合同，那么对用人单位来说是极不公平的。同时，对于劳动者来说，随时可以解除劳动合同，而没有全日制用工需提前30日以书面形式解除劳动合同的限制，也便于劳动者随时调整工作状态，优化劳动力资源。

因此，彭女士依法属于非全日制用工，其所在公司以电话形式口头通知彭女士解除劳动合同的方式是符合法律规定的。

2.终止非全日制用工劳动合同需要支付经济补偿金吗

（1）什么是经济补偿金。经济补偿金是指用人单位与劳动者解除劳动合同时，依据《劳动合同法》规定的补偿标准以货币形式一次性支付给劳动者的一种经济上的补助。在《劳动合同法》和

《劳动合同法实施条例》中规定了用人单位与劳动者双方当事人解除或终止劳动合同时需支付劳动者经济补偿金的情况。

对于经济补偿金的计算标准，按照《劳动合同法》第四十七条的规定："经济补偿按劳动者在本单位工作的年限，每满一年支付一个月工资的标准向劳动者支付。六个月以上不满一年的，按一年计算；不满六个月的，向劳动者支付半个月工资的经济补偿。劳动者月工资高于用人单位所在直辖市、设区的市级人民政府公布的本地区上年度职工月平均工资三倍的，向其支付经济补偿的标准按职工月平均工资三倍的数额支付，向其支付经济补偿的年限最高不超过十二年。本条所称月工资是指劳动者在劳动合同解除或者终止前十二个月的平均工资。"

（2）非全日制劳动者能否享有经济补偿金。《劳动合同法》第七十一条规定，非全日制用工双方当事人终止用工的，用人单位无须向劳动者支付经济补偿。法律对非全日制劳动者没有给予与全日制劳动者同样的保护，主要是考虑到目前全日制用工仍然占我国用工形式的主流，为的是更好地利用非全日制用工的特点，保护非全日制用工的发展从而促进我国的就业，优化劳动力配置。

因此，彭女士提出的要求公司支付经济补偿金的仲裁请求没有法律依据，仲裁庭不予受理。

推行"弹性工作时间"也得支付加班费？

【事件描述】

肖燕是某公司的编辑，负责公司两个微信公众号以及一个微博账号的编辑、运营工作。由于公司处于初创阶段，人手不足，公司负责人经常要求肖燕加班。半年后，肖燕提起了劳动仲裁，要求公司支付双休日、法定节假日加班工资等款项。公司负责人表示，公司实行弹性工作制，并没有严格规定肖燕的具体上下班时间，也没有对肖燕记录考勤，虽然有时候存在加班情况，但肖燕都已经自行安排了倒休。因此，公司不需要向肖燕支付双休日、法定节假日加班工资。法院采信了肖燕的主张，判决该公司向肖燕支付双休日、法定节假日加班工资。

【专家说法】

该公司虽然主张公司实行弹性工作制，不强制要求员工的到岗工作时间，但该公司无法就此提交打卡记录等有效的考勤证据，故该公司应就此承担相应的不利责任。反观肖燕一方，肖燕主张在职期间存在休息日、法定节假日加班，并就此提交了短信、电子邮件等材料为证。因此，从证据方面，肖燕所提交的证据足以有效证明该公司在休息日、法定节假日给肖燕安排了工作，要求其加班、加点完成工作任务。因此，肖燕要求文化公司支付加班工资有理有据，可以得到法院支持。

经济补偿按合同履行地标准执行？

【事件描述】

2020年3月1日，朱杰与杭州某投资有限公司签订了4年期劳动合同，之后被派往该公司北京分公司工作。2023年6月20日，该公司与朱杰协商解除了劳动合同，但是双方在经济补偿的标准方面没有达成一致。朱杰认为，2022年6月21日至2023年6月20日，自己的月平均工资为35 000元，要求公司支付他相当于3个半月工资额的经济补偿122 500元。该公司认为，公司的注册地在杭州市，应以杭州市上年度职工月平均工资11 388元为标准，不应超过该标准的3倍。对此，朱杰认为自己的实际劳动合同履行地在北京，应以北京上年度职工月平均工资14 873元为标准，没有超过3倍。

【专家说法】

本案的焦点问题是，经济补偿的标准应按照劳动合同履行地，还是公司注册地执行。

根据《劳动合同法》第四十七条的规定，劳动者月工资高于用人单位所在直辖市、设区的市级人民政府公布的本地区上年度职工月平均工资3倍的，向其支付经济补偿的标准按职工月平均工资3倍的数额支付。但是，《劳动合同法实施条例》第十四条规定："劳动合同履行地与用人单位注册地不一致的，有关劳动者的最低工资标准、劳动保护、劳动条件、职业危害防护和本地区上年度职工月平均工资标准等事项，按照劳动合同履行地的有关规定执行；用人单位注册地的有关标准高于劳动合同履行地的有关标准，且用人单位与劳动者约定按用人单位注册地的有关规定执行的，从其约定。"

本案中，朱杰的劳动合同履行地在北京，并且劳动合同并没有对工资标准等事项进行约定，根据《劳动合同法实施条例》的规定，应以劳动合同履行地的规定执行。按照北京市2022年度职工月平均工资14 873元的标准，朱杰的月工资并未超过职工平均工资的3倍。因此，公司应当支付朱杰经济补偿金122 500元。

特别提醒：

随着经济的发展，跨地区的企业越来越多，涉及最低工资、经济补偿等问题的纠纷时有发生。用人单位和劳动者在关注劳动法律法规的同时，还应当关注其实施条例以及最高法院的司法解释，以免误读法律，造成不利后果。

脱产学习人员工资基数如何确定？

【事件描述】

随着互联网的发展，各种编程代码技术的更新速度飞快。于是，编程人员面临着不断学习进修的选择。

黎强是甲市一家IT公司部门的研发人员，2023年7月，公司为了提高企业职工的技术水平，加快公司知识结构的提高，派黎强等几个人到北京中关村进行一年的脱产学习。在学习期间，公司给他们发放基本工资，学习结束后回原岗位工作。黎强在被派出学习前一年的月平均工资为15 000元，而2022年该市职工的月平均工资是4 500元，那么，黎强的个人缴费工资基数怎么确定？

【专家说法】

根据《劳动和社会保障部关于职工基本养老保险个人账户管理暂行办法的通知》的规定，单位派出的长期脱产学习人员、经批准请长假的职工，保留工资关系的，以脱产或请假的上年月平均工资作为缴费工资基数。月平均工资按国家统计局规定列入工资总额统计的项目计算，包括工资、奖金、津贴和补贴等收入。本人月平均工资低于当地职工平均工资60%的，均按当地职工月平均工资的60%缴费；超过当地职工平均工资300%的，按当地职工月平均工资的300%缴费，超过部分不记入缴费工资基数，也不记入计发养老金的基数。据此，黎强脱产学习前一年的月平均工资是15 000元，而上一年即2022年该市的职工月平均工资为4 500元，也就是说黎强的月平均工资高出该市的职工月平均工资的3倍即13 500元，所以只能以该市的职工月平均工资的3倍13 500元为个人缴费工资基数。

生育津贴和产假工资可否兼得？

【事件描述】

刘雪花在大学毕业后就进入了广东省的一家进出口贸易公司，是这家公司的财务管理人员。刘雪花在2021年3月认识她的丈夫，两人在2023年3月步入婚姻的殿堂。婚后两人生活幸福美满，刘雪花也在2023年10月份怀上了小宝宝。

小宝宝的降临无疑是家里最期待的事，随着小生命降临的时间越来越近，刘雪花心里是越来越兴奋，当然也有一点点的紧张。这种紧张不仅是对新生命即将降临的憧憬，更是对宝宝出生后家庭生活质量的忐忑。

为什么刘雪花会有这种忐忑呢？主要是因为刘雪花对国家现有的法律法规并不是很了解。刘雪花担心，产假期间她没有工作，公司会不会因此减发或者不发她的工资？社会保险会不会因她休产假而额外支付一些补助呢？如果公司不会减发她的工资，社保也会给予她一些补助，那么工资和这些补助之间她可不可以都拿得到呢？

【专家说法】

刘雪花所认为的社保给予的补助在法律上主要是指生育津贴。所谓的生育津贴，指的是国家法律、法规规定生育保险基金对职业妇女因生育而离开工作岗位期间，给予的生活费用。而产假工资，则指的是用人单位在职工产假期间支付的工资待遇。

针对生育津贴和产假工资，职工是否能够同时享受，在司法实践中一直是存在争议的一个问题。有观点认为，用人单位已经为职工缴纳了生育保险，其在产假期间也没有提供任何的劳动，并且社保部门也向职工发放了生育津贴，因此，用人单位无须再向职工支付产假工资。另外一种观点认为职工在享受生育津贴的同时，也应当与普通劳动者一样，领取产假期间的工资。

对于以上两种观点，我们认为都存在值得商榷的地方。实际上，为了充分保护职工的权益，我们倾向认为，如果职工的工资低于或等于生育津贴的数额，则以生育津贴为准，用人单位无须再支付款项给职工；但如果职工的工资高于生育津贴，则职工除了生育津贴外，用人单位还应当补足职工工资与生育津贴之间的差额。

需要特别指出的是，基于《劳动法》的社会法属性，其较为倾向保护劳动者的利益，若用人单位同意在职工领取生育津贴的同时再额外支付产假工资，法律是不禁止的。此外，若用人单位有相应的制度规定职工在产假期间可以享受产假工资，则该制度对用人单位也有约束力，用人单位应当按照制度的规定支付产假工资，如果没有支付，职工可以依法向用人单位主张。

清明小长假加班，加班费如何计算？

【事件描述】

清明节是中国传统节日，也是最重要的祭祀节日之一，更是常年外出打工人员回家看望父母、怀念祖先的重要节日。

张海老家在四川，由于常年在丽水打工，平时周末也没办法回家一趟。刚好2024年清明节放假3天，张海便打算向公司请假，回去好好看望父母以及祭拜逝去的亲人。但无奈公司业务繁忙，张海无法从中抽身，清明小长假3天估计都要加班赶工程，请假一事只能作罢。

虽然不能回家，但张海仍然希望能够多赚点钱，给家里的父母买好吃的好穿的，以尽孝心。于是，张海便想问，如果清明小长假期间都在加班，公司是否需要按照3倍工资标准支付加班费？

【专家说法】

根据国务院于2014年1月1日施行的《全国年节及纪念日放假办法》规定，清明节属全体公民放假的节日，放假1天（农历清明当日）。

结合《国务院办公厅关于2024年部分节假日安排的通知》（国办发明电〔2023〕7号）规定，清明节放假调休日期具体安排如下：4月4日至6日放假调休，共3天。4月7日（周日）上班。

可知，按照国家规定，清明节放假一天。因2024年清明节（4月4日）适逢周四，加上4月5日、6日分别是周五、周六，为方便大家休假，国务院通过调休的方式，将清明小长假调整为4月4日至4月6日，4月7日（周日）上班，假期共计3天。换言之，法定节假日只有1天，其余2天是休息日。

因此，标准工时制下，如果清明小长假期间用人单位安排劳动者加班，清明节当天加班的，用人单位应按照不低于本人工资的300%支付加班工资；另外两天加班的，用人单位可以安排劳动者补休或者按照不低于本人工资的200%支付加班工资。

未签劳动合同受工伤，停工期内有工资吗？

【事件描述】

2023年11月5日，某房地产开发公司后勤部招聘电瓶车司机，负责用观光电瓶车接送前来看房人员，在售楼处到所开楼盘单元这一区间往复驾驶。50岁的老王经人介绍来应聘，被录用后和另一名电瓶车司机一起工作。

天有不测风云，2024年春节刚过，一场降雪后，路面结冰变得异常滑。老王在开电瓶车运送看房客人时，刹车过急，造成侧翻。车上的两位客人只是皮外伤，老王却颅骨损伤，住院治疗。

老王随后申请工伤认定，被认定为工伤，停工留薪期确定为3个月。老王治疗康复期间，公司就不再为老王发工资了，老王生活无着，而且也没有和公司签订劳动合同。他想知道，自己停工留薪期间能否要求公司为其发工资？

【专家说法】

《劳动合同法》第八十二条第一款规定："用人单位自用工之日起超过一个月不满一年未与劳动者订立书面劳动合同的，应当向劳动者每月支付二倍的工资。"《工伤保险条例》第三十三条第一款规定："职工因工作遭受事故伤害或者患职业病需要暂停工作接受工伤医疗的，在停工留薪期内，原工资福利待遇不变，由所在单位支付。"

老王在停工留薪期间与某房地产开发公司的关系同正常工作期间没有区别，那么，老王在停工留薪期内就有权获得未签订书面劳动合同的双倍工资。因此，老王在停工留薪期用人单位也应当为其发放工资，并且应当支付未签订劳动合同所产生的双倍工资。

单位拖欠工资，职工能否主张加付赔偿金？

【事件描述】

徐凯于2022年1月1日入职湖州市一日化公司，担任运营主管一职，双方签订书面劳动合同并约定每月15日发放上月工资。2023年10月16日，日化公司没有向徐凯支付9月份的工资，理由是公司资金周转不灵。2023年11月16日，日化公司继续拖欠徐凯9月份和10月份的工资。又一个月过去了，2023年12月16日，日化公司仍未向徐凯支付9—11月份的工资，并以公司生产经营发生严重困难为由向徐凯发出解除劳动合同通知书。

2024年1月6日，徐凯向当地劳动监察部门投诉日化公司拖欠工资。2024年1月13日，当地劳动监察部门向日化公司发出限期改正指令书，责令日化公司于2024年1月31日前对拖欠工资问题进行整改。2024年2月15日，徐凯申请劳动仲裁，诉求有两个：一是要求日化公司支付拖欠的工资；二是要求日化公司按照应付工资的100%的标准加付赔偿金。

请问，徐凯是否能够要求日化公司加付赔偿金？

【专家说法】

律师认为，日化公司拖欠徐凯工资，当地劳动监察部门已向日化公司发出限期改正指令书，责令日化公司于2024年1月31日前改正拖欠工资行为，而日化公司并未在限定期限内支付拖欠的工资。根据《劳动合同法》第八十五条的规定，徐凯要求日化公司按照应付工资的100%的标准加付赔偿金合法合理，依法应予支持。

法律依据主要如下：

《劳动合同法》第八十五条规定："用人单位有下列情形之一的，由劳动行政部门责令限期支付劳动报酬、加班费或者经济补偿；劳动报酬低于当地最低工资标准的，应当支付其差额部分；逾期不支付的，责令用人单位按应付金额百分之五十以上百分之一百以下的标准向劳动者加付赔偿金：（一）未按照劳动合同的约定或者国家规定及时足额支付劳动者劳动报酬的；（二）低于当地最低工资标准支付劳动者工资的；（三）安排加班不支付加班费的；（四）解除或者终止劳动合同，未依照本法规定向劳动者支付经济补偿的。"

职工加班未经审批，能否主张加班费？

【事件描述】

2023年，张晖大学毕业后，进入嘉兴一家软件公司担任程序员，主要负责软件开发工作。由于对工作不熟练，在8小时内完不成任务，只好加班完成工作。半年后，张晖提出了离职申请，同时要求公司支付自己的加班费。然而，公司拒绝了他的要求，并表示，在与张晖签订的劳动合同里面清楚约定，公司实行标准工时制度，对于超出8小时以外的加班需要经过部门主管的审批。张晖的加班没有经过审批，不符合支付加班费的条件。随后，张晖提起了劳动仲裁，他的仲裁请求会得到支持吗？

【专家说法】

加班通常是企业根据经营需要而作出的临时性安排，并不是常态。因此，一旦就加班工资发生争议，常常出现如何判断是否存在加班事实的问题。现实中，有一些单位为避免职工自行滞留单位的时间被计算为加班时间而与劳动者约定或者在公司制度中规定加班必须办理审批手续。

根据原劳动部《工资支付暂行规定》第十三条，用人单位在劳动者完成劳动定额或规定的工作任务后，根据实际需要安排劳动者在法定标准工作时间以外工作的，应按以下标准支付工资：（1）用人单位依法安排劳动者在日法定标准工作时间以外延长工作时间的，按照不低于劳动合同规定的劳动者本人小时工资标准的150%支付劳动者工资；（2）用人单位依法安排劳动者在休息日工作，而又不能安排补休的，按照不低于劳动合同规定的劳动者本人日或小时工资标准的200%支付劳动者工资；（3）用人单位依法安排劳动者在法定休假节日工作的，按照不低于劳动合同规定的劳动者本人日或小时工资标准的300%支付劳动者工资。

从上述法律规定来看，单位支付加班费的前提是"用人单位根据实际需要安排劳动者在法定标准工作时间以外工作"，即由用人单位安排加班的，用人单位才应支付加班费。如果不是用人单位安排加班，而是由劳动者自愿加班的，用人单位依据以上规定可以不支付加班费。

本案中，张晖平时的延时加班主要是因为工作不熟练，不是由公司安排，而是张晖自愿进行的，并且张晖也未履行公司规定的加班审批手续。因此，张晖要求公司支付加班费的要求缺乏法律依据，无法得到支持。

隐形加班，该如何认定？

【事件描述】

李某艳于2019年4月入职北京某科技公司担任产品运营，劳动合同期限至2022年3月31日。李某艳向北京某科技公司主张加班费、工资差额、违法解除劳动合同经济赔偿金。关于加班费，劳动合同约定执行不定时工作制，北京某科技公司认可未进行不定时工作制审批。李某艳主张下班后存在延迟加班140.6小时，未调休的休息日加班3 977.9小时，法定节假日加班57.3小时，并提供微信聊天记录、"假期社群官方账号值班表"等证据。

经审查，李某艳主张的加班系微信或者钉钉等软件中与客户或同事的沟通交流。李某艳负责搭建运营组织架构、程序整体运营、管理内容团队、投放计划制定和实施等工作内容。北京某科技公司对李某艳在下班后在微信群的回复不属于加班的范围。

法院经审理后认为，随着经济发展及互联网技术的进步，劳动者工作模式越来越灵活，可以通过电脑、手机随时随地提供劳动，不再拘束于用人单位提供的工作地点、办公工位，特别是劳动者在非工作时间、工作场所以外利用微信等社交媒体开展工作等情况并不少见，对于此类劳动者"隐形加班"问题，不能仅因劳动者未在用人单位工作场所进行工作来否定加班，而应虚化工作场所概念，综合考虑劳动者是否提供了实质工作内容认定加班情况。对于利用微信等社交媒体开展工作的情形，如果劳动者在非工作时间使用社交媒体开展工作已经超出一般简单沟通的范畴，劳动者付出了实质性劳动内容或者使用社交媒体工作具有周期性和固定性特点，明显占用了劳动者休息时间的，应当认定为加班。本案中，虽然北京某科技公司称值班内容就是负责休息日客户群中客户偶尔提出问题的回复，并非加班，但根据聊天记录内容及李某艳的工作职责可知，李某艳在部分工作日下班时间、休息日等利用社交媒体工作已经超出了简单沟通的范畴，且"假期社群官方账号值班表"能够证明北京某科技公司在休息日安排李某艳利用社交媒体工作的事实。该工作内容具有周期性和固定性的特点，有别于临时性、偶发性的一般沟通，体现了用人单位管理用工的特点，应当认定为加班，北京某科技公司应支付加班费。

【专家说法】

1. 关于"隐形加班"的认定标准

对于用人单位安排劳动者在非工作时间、工作场所以外利用微信等社交媒体开展工作，劳动者能够证明自己付出了实质性劳动且明显占用休息时间，并请求用人单位支付加班费的，人民法院应予支持。

2. 关于加班费数额

利用社交媒体加班的工作时长、工作状态等难以客观量化，用人单位亦无法客观掌握，若以全部时长作为加班时长，对用人单位而言有失公平。因此，在无法准确衡量劳动者"隐形加班"时长与集中度的情况下，对于加班费数额，应当根据证据体现的加班频率、工作内容、在线工作时间等予以酌定，以平衡好劳动者与用人单位之间的利益。

解除劳动关系还能拿到当年的年终奖吗？

【事件描述】

又到了年底，年终奖成为上班族们衡量企业效益的标准，虽然2023年的年终奖整体比去年降低了不少，但能拿到年终奖的职工还是很喜悦的。丽丽这个小白领往年的年终奖都让同学们羡慕不已，可2023年，丽丽不但和公司解约，连年终奖也没拿到，她很郁闷。

丽丽在2021年入职某印刷公司任企划一职，双方签订劳动合同到期日为2023年12月。因为公司效益严重下滑，公司决定调整，裁掉了企划部，公司不再与丽丽续约，支付了相应的经济补偿金。

赋闲在家的丽丽在微信朋友圈里看到公司年会上，原同事们都发到了年终奖。于是找公司沟通，认为2023年的年终奖也应该有自己的一份，公司以已经解除劳动关系为由拒绝她的要求。丽丽觉得不服，找律师咨询。

【专家说法】

《劳动法》第四十六条第一款规定："工资分配应当遵循按劳分配原则，实行同工同酬。"第四十七条规定："用人单位根据本单位的生产经营特点和经济效益，依法自主确定本单位的工资分配方式和工资水平。"

劳动者是否能取得年终奖通常取决于以下三个条件：第一，劳动者有资格获得年终奖；第二，用人单位存在发放年终奖的事实；第三，劳动者应得的奖金数额。如果劳动者主张其应获得年终奖，则应提供证据证明用人单位确实发放了该项年终奖，至于劳动者是否有获得年终奖的资格以及应得的奖金数额，则应当由用人单位进行举证。

因丽丽与印刷公司之间从未就年终奖的发放事宜进行过约定，用人单位有自主决定是否发放某项奖金及发放标准的权利。但是，用人单位一旦决定了发放某项奖金，那么根据同工同酬原则，对相同岗位相同条件或可以适用相同奖励规则的劳动者即应一视同仁，根据既定的发放规则予以发放。而据了解，印刷公司对完成工作任务的职工都有发放年终奖，2021年、2022年也对丽丽发放了年终奖。

本案中，公司对其他员工按照以往年度的发放规则发放了2023年度的年终奖，丽丽在2023年度正常地完成了自己的工作任务，按照同工同酬原则，亦应获得该项年终奖。

用人单位能够减发绩效工资吗？

【事件描述】

杨振是某大型企业的员工，在杨振入职时，单位与杨振签订了劳动合同，其中明确约定杨振的工资由基本工资、补贴及绩效工资组成，绩效工资根据考核办法及规章制度规定，结合员工工作表现及考核结果予以发放，如果杨振绩效考核不达标，单位有权依双方签订的劳动合同及规章制度，减发绩效工资部分。

之后，由于杨振工作表现消极，月度绩效考核不达标。单位决定根据劳动合同、规章制度及考核办法，减发杨振的当月绩效工资。

为了照顾杨振的情绪，单位没有直接减发，先是派出人事经理与杨振解释减发绩效工资一事，并且为杨振制订了绩效改进计划，希望杨振能够在绩效改进通知书及减发绩效工资通知书上签字。但杨振坚决不同意，认为其已经提供了劳动，单位就应该支付全部工资，不能减发绩效工资。

那么，在双方不能协商一致的情况下，用人单位能够根据规章制度、劳动合同等减发绩效工资吗？

【专家说法】

根据《劳动法》第五十条的规定，用人单位不得克扣或者无故拖欠劳动者的工资。但是克扣与减发并非同一概念，克扣是指用人单位无正当理由，扣减劳动者的应得工资，而减发是用人单位有法律依据地对员工工资进行合理处分的行为。

从理论上分析，单位无权克扣工资，但有权减发绩效工资，具体理由如下：

首先，从绩效工资的性质上分析，绩效工资并非固定工资，是根据劳动者的工作表现、单位考核结果发放的，因考核结果的不同而不同，并非固定发放。

其次，从用人单位用工管理的角度分析，绩效考核标准、绩效工资的发放规则等可由单位自主制定，在单位的规章制度、考核办法及劳动合同有明确规定的情况下，单位有权根据员工的个人表现调整绩效工资，这是单位行使用工自主权的体现。但前提是上述规章制度、考核办法等经过民主公示程序，且劳动者同意遵守。

因此，本案中，杨振因工作表现不符合考核标准，绩效考核不及格，进而绩效工资部分受到影响，单位有权根据杨振的工作表现及考核结果减发绩效工资。当然，如果杨振在下一个月调整工作状态，绩效考核达标，则单位也应该根据规章制度及考核办法对杨振的绩效工资进行相应调整，否则也可能被认定为克扣工资。

综上所述，对绩效工资发放制定规则，并且根据相应的规章制度调整员工的绩效工资是用人单位用工自主权的表现，单位有权在员工考核结果不达标的情况下减发绩效工资部分，并不视为克扣工资。

年关岁末你的工资到手了吗？

【事件描述】

2023年的"腊八"已过，2024年的"年"就快到了，距离中国人春节回家团聚的日子越来越近了。可是，四川某村出来打工一年的彭胜却高兴不起来，辛苦在外工作一年，遭遇老板欠薪，回家的车票都成了问题。

彭胜中专毕业后离开农村老家到宁波打工，他在一包装厂找了份开叉车的活儿，月工资3 500元，前两个月工资按月开，后来老板说工厂资金周转困难，工资约定2023年底结清。好在彭胜吃住在工厂，平时也没什么花销，觉得到年底能攒点钱回家过年，也是很不错的。眼看到了元旦，彭胜等几人去找老板要工资，老板还是一拖再拖。彭胜的内心崩溃到了极点。彭胜等人堵着老板的办公室，老板却玩起了藏猫猫，避而不见。

某天，彭胜听到广播里的维权电话，便拨打了媒体求助热线。律师向其支招：彭胜等人可以到当地劳动监察大队投诉；也可以到当地劳动仲裁委员会申请劳动仲裁；还可以向当地法院申请支付令。

彭胜找到了维权路，心情豁然开朗起来。

【专家说法】

《劳动法》第五十条规定："工资应当以货币形式按月支付给劳动者本人。不得克扣或者无故拖欠劳动者的工资。"

《劳动法》第七十七条第一款规定："用人单位与劳动者发生劳动争议，当事人可以依法申请调解、仲裁、提起诉讼，也可以协商解决。"

《劳动法》第八十五条规定："县级以上各级人民政府劳动行政部门依法对用人单位遵守劳动法律、法规的情况进行监督检查，对违反劳动法律、法规的行为有权制止，并责令改正。"

《劳动合同法》第三十条规定"用人单位应当按照劳动合同约定和国家规定，向劳动者及时足额支付劳动报酬。用人单位拖欠或者未足额支付劳动报酬的，劳动者可以依法向当地人民法院申请支付令，人民法院应当依法发出支付令。"

现在全国各大城市一般设立了人力资源和社会保障热线"12333",专门针对劳动人事保障解答疑难。

"年终奖"发不发、怎么发,谁说了算?

【事件描述】

董靖是某国外知名CPU品牌中国总代理的销售经理,主要的工作是在国内拓展电脑芯片的销售渠道,增加公司的营业额。前几年公司的效益很好,在每年春节前都有发年终奖,让职工开开心心地回家过年。但公司2023年没有成功与国外品牌公司续约,被迫转营其他品牌的CPU,董靖虽然很卖力,但由于市场对其他品牌的CPU认可度不高,所以公司2023年的业务量比去年下降了不少。在12月份,公司的领导更是宣布2023年的年终奖将会比去年少,很可能会没有。

对于公司的决定,董靖是矛盾的。一方面,他知道公司的实际经营情况,愿意与公司共克时艰。另一方面,由于春节越来越近,看到很多公司都有发放年终奖的计划,他心里特别不是滋味。董靖很纳闷,公司到底要不要发年终奖,年终奖又应该怎么发呢?

【专家说法】

其实董靖的疑惑可以归纳成两个问题:一个是年终奖发不发,另一个是年终奖怎么发。为了解决这两个问题,我们先来看一下年终奖到底是什么。

年终奖是工资吗?有的人说是,有的人说不是。当然,每一种观点都有它的立足点,也有它的道理,但我们最终还是要回归到法律。法律是怎么规定的呢?

根据国家统计局《关于工资总额组成的规定》规定,工资总额中包含奖金。《关于工资总额组成的规定若干具体范围的解释》第二条明确规定,年终奖属于奖金范围。因此年终奖应纳入工资总额范围,性质上属于工资。

既然年终奖属于工资,那么是不是必须要发呢?这倒不一定,因为法律并没有明确规定必须发放年终奖,所以年终奖属于企业自主经营权的范畴。因此,对于年终奖发不发的问题,我们可以从以下两个层面考虑:

第一,如果单位的规章制度中对年终奖有明确规定,或者劳动合同中有明确约定,单位就应该按照规定或约定发放。

第二,解决了发不发的问题后,我们就要看怎么发的问题了。年终奖不能"任性发",应当"合理发"。虽然根据上面的分析,年终奖属于企业自主经营权的范畴,但企业在发放年终奖时也不能任性,应当公平合理,对于同种岗位或者类似岗位的职工应当一视同仁,不能搞差别待遇。

年终奖发放前,员工离职能否获得年终奖?

【事件描述】

房某于2011年1月至某人寿保险有限公司工作,双方之间签订的最后一份劳动合同履行日期为

2015年7月1日至2017年6月30日。2017年10月，该人寿保险有限公司对其组织架构进行调整，决定撤销战略部，房某所任职的岗位因此被取消。双方就变更劳动合同等事宜展开了近两个月的协商，未果。12月29日，该人寿保险有限公司以客观情况发生重大变化、双方未能就变更劳动合同协商达成一致，向房某发出《解除劳动合同通知书》。房某对解除决定不服，经劳动仲裁程序后起诉要求恢复与该人寿保险有限公司之间的劳动关系，并诉求2017年8—12月未签劳动合同2倍工资差额、2017年度奖金等。该人寿保险有限公司《员工手册》规定，年终奖金根据公司政策，按公司业绩、员工表现计发，前提是该员工在当年度10月1日前已入职，若员工在奖金发放月或之前离职，则不能享有。据查，该人寿保险有限公司每年度年终奖会在次年3月份左右发放。

法院经审理认为，现行法律法规并没有强制规定年终奖应如何发放，用人单位有权根据本单位的经营状况、员工的业绩表现等，自主确定奖金发放与否、发放条件及发放标准，但是用人单位制定的发放规则仍应遵循公平合理原则，对于在年终奖发放之前已经离职的劳动者可否获得年终奖，应当结合劳动者离职的原因、时间、工作表现和对单位的贡献程度等多方面因素综合考量。房某在该人寿保险有限公司工作至2017年12月29日，此后两日系双休日，表明房某在2017年度已在某人寿保险有限公司工作满1年；在该人寿保险有限公司未举证房某的2017年度工作业绩、表现等方面不符合规定的情况下，可以认定房某在该年度为该人寿保险有限公司付出了一整年的劳动且正常履行了职责，为该人寿保险有限公司做出了应有的贡献。基于上述理由，该人寿保险有限公司关于房某在年终奖发放月之前已离职而不能享有该笔奖金的主张缺乏合理性。故对房某诉求该人寿保险有限公司支付2017年度年终奖，应予支持。

【以案说法】

年终奖发放前离职的劳动者主张用人单位支付年终奖的，人民法院应当结合劳动者的离职原因、离职时间、工作表现以及对单位的贡献程度等因素进行综合考量。用人单位的规章制度规定年终奖发放前离职的劳动者不能享有年终奖，但劳动合同的解除非因劳动者单方过失或主动辞职所导致，且劳动者已经完成年度工作任务，用人单位不能证明劳动者的工作业绩及表现不符合年终奖发放标准，年终奖发放前离职的劳动者主张用人单位支付年终奖的，人民法院应予支持。

劳动者给单位造成损失，如何赔偿？

【事件描述】

宁全于2021年9月1日在某酒店工作，双方签订为期3年的劳动合同，约定工资为5 000元/月，次月15日发放当月工资，岗位为酒店前台，负责客房预订、入住登记等工作。同时约定，劳动者（宁全）在工作过程中给用人单位（酒店）造成损失的，应当赔偿损失。

2024年1月1日，根据当月的排班表，宁全值早班，负责在电脑系统中办理早间房入住登记。由于前一天晚上和一大帮朋友跨年，高兴起来喝了很多酒，值班的时候宁全又困又晕。酒店一早来了好多批客人，由于精神状态不好，宁全在给早间房客人办理入住过程中有四次违反操作程序，没有及时在电脑系统中办理入住登记，导致酒店少收房费，合计5 000元。酒店在当月的例行检查中，发现了这个情况。酒店明确告知宁全，他1月份的工资将要全部扣除，用于赔偿房费损失。2024年2月15日，酒店全额扣除了宁全1月份的工资。请问，酒店的做法正确吗？

【专家说法】

《工资支付暂行规定》第十六条规定："因劳动者本人原因给用人单位造成经济损失的，用人单位可按照劳动合同的约定要求其赔偿经济损失。经济损失的赔偿，可从劳动者本人的工资中扣除。但每月扣除的部分不得超过劳动者当月工资的20%。若扣除后的剩余工资部分低于当地月最低工资标准，则按最低工资标准支付。"

本案中，宁全四次违反操作程序，没有及时在电脑系统中办理入职登记，导致酒店少收房费，合计5 000元。按照双方劳动合同的约定，酒店有权要求宁全赔偿房费损失并从宁全的工资中扣除。但是，酒店无权全额扣除宁全1月份的工资，酒店只能在1月份扣除5 000元工资的20%，即1 000元，其余4 000元在未来四个月中，每月扣除1 000元。

被借调后工资被降档，合法吗？

【事件描述】

赵明在某日化集团工作，正好在2024年5月，签订的3年的劳动合同到期。合同期满后，赵明还想继续留在集团工作，主动找公司人力资源部商量合同续签一事。人力资源部主任说合同续签要等集团负责人出差回来商议后再定。结果，过了1个月合同也没有续签。后来，人力资源部说要借调赵明到集团分部工作一段时间，赵明同意前往分部工作。可在分部工作1个月后，赵明发现自己的工资比在集团时少了500元。

赵明于是又去人事部询问情况。得到的答复是，赵明在集团总部负责文案属于一类岗位，现在到分公司的文员协调岗位属于集团的二类岗位工资，所以现在工资要比原来少500元。对此答复，赵明很不满意。赵明认为，虽然自己和集团没有续签劳动合同，但也应该按合同中约定的工资支付。赵明不明白，现在自己的状况该怎么办，单位给他工资降档合法吗？

【专家说法】

虽然赵明与日化集团的劳动合同到期，双方没有续签书面劳动合同，但没有续签是因为日化集团方造成的，所以双方存在事实劳动关系，且赵明的工作岗位及工作职责均未发生变化，应参照原合同履行。赵明在事实劳动合同履行期间被借调到分部工作，事先也未约定好岗位和工资，应视为双方默认按原劳动合同约定的工资标准履行。因此，公司降档给赵明发放工资是违反劳动合同约定的。

根据《劳动部关于实行劳动合同制度若干问题的通知》第十四条的规定，有固定期限的劳动合同期满后，因用人单位方面的原因未办理终止或续订手续而形成事实劳动关系的，视为续订劳动合同。用人单位应及时与劳动者协商合同期限，办理续订手续。由此给劳动者造成损失的，该用人单位应当依法承担赔偿责任。

另外，《劳动合同法》第八十二条规定："用人单位自用工之日起超过一个月不满一年未与劳动者订立书面劳动合同的，应当向劳动者每月支付二倍的工资。用人单位违反本法规定不与劳动者订立无固定期限劳动合同的，自应当订立无固定期限劳动合同之日起向劳动者每月支付二倍的工资。"

赵明可以向当地劳动争议仲裁委员会去申请劳动仲裁，对仲裁结果不服的话，可以再向法院起诉。

试用期内零工资合法吗？

【事件描述】

一到毕业季，毕业生们都在为找工作四处参加招聘会。近年来的就业难形势也让毕业生们感到了竞争的残酷，不少名校毕业生纷纷放下身段，投递简历从公司基层做起。

杨琼是某美院设计专业毕业的高才生。2023年7月毕业后，她投递简历给一家发展不错的民营企业，经过面试后，杨琼准备入职。双方签订劳动合同时，杨琼发现为期1年的劳动合同，约定了1个月的试用期，试用期内不能领取工资，试用合格后转正工资为8 000元外加绩效工资。杨琼想到了刚毕业工资可能不高，但试用期零工资的待遇还是让她吃惊。

杨琼想知道公司这样的做法是否合法？

【专家说法】

《劳动合同法实施条例》第十五条规定："劳动者在试用期的工资不得低于本单位相同岗位最低档工资的80%或者不得低于劳动合同约定工资的80%，并不得低于用人单位所在地的最低工资标准。"

本案中，杨琼和公司是经过双向选择招录的，在试用期内，杨琼只要上班付出劳动和时间，就应该获得工资。公司约定试用期内零工资的做法是不合法的。

杨琼劳动合同约定转正工资为每月8 000元外加绩效工资，如果8 000元是基本工资的，杨琼的试用期工资不能低于6 400元。

违法约定的试用期已经履行，劳动者有权主张赔偿金吗？

【事件描述】

彭越是2023年的应届毕业生，专业是市场营销。毕业后，彭越想应聘某公司市场部销售经理助理。为成功面试该岗位，彭越做了大量准备工作，包括了解公司的背景、市场产品、发展方向等。面试当天，该公司人力资源总监十分满意彭越的表现，拟聘用彭越担任市场部销售经理助理。

在谈及合同期限及薪酬的时候，人力资源总监表示，因彭越是应届毕业生，没有什么实践经验，往年也有很多应届毕业生没做几个月就走了，故劳动合同签1年，试用期约定3个月，试用期工资为4 000元，转正后为5 000元。虽然试用期的工资比较低，试用期约定比较长，但是彭越十分喜欢这份工作，便欣然答应了。

工作3个月后，彭越与朋友聊起现在的工作，才得知公司关于试用期期限的约定是违法的。虽然知道公司的做法违法，但彭越不知道该如何维护自己的权利。

【专家说法】

《劳动合同法》第十九条规定："劳动合同期限三个月以上不满一年的，试用期不得超过一个月；劳动合同期限一年以上不满三年的，试用期不得超过二个月；三年以上固定期限和无固定期限的劳动合同，试用期不得超过六个月。同一用人单位与同一劳动者只能约定一次试用期。以完成一定工作任务为期限的劳动合同或者劳动合同期限不满三个月的，不得约定试用期。试用期包含在劳动合同期限内。劳动合同仅约定试用期的，试用期不成立，该期限为劳动合同期限。"

本案中，公司与彭越签订期限为1年的劳动合同，试用期应不得超过3个月，现约定3个月的试用期，故违反法律规定。

《劳动合同法》第八十三条规定："用人单位违反本法规定与劳动者约定试用期的，由劳动行政部门责令改正；违法约定的试用期已经履行的，由用人单位以劳动者试用期满月工资为标准，按已经履行的超过法定试用期的期间向劳动者支付赔偿金。"

因公司与彭越约定的试用期期限违反法律规定，故彭越有权向当地劳动行政部门投诉，由劳动行政部门责令公司改正。此外，因双方签订为期1年的劳动合同，法定试用期应为2个月，彭越工作3个月后才发现公司的做法违法，即彭越已经履行了3个月的试用期，故现在彭越有权要求公司按照转正后的工资标准支付一个月的赔偿金。

试用期辞职，能要求经济补偿吗？

【事件描述】

钟辉毕业后于2023年7月10日应聘到一公司任职网络管理人员，入职时老板说要试用3个月，试用合格才能留下来，试用期的工资是2 800元。钟辉所在的部门属于宣传部门，部门的主任很严厉，公司网站内容未在规定时间内更新完成便会扣钟辉的钱，钟辉处理的文章不能获得主任的认可也要扣钱。钟辉觉得部门的主任是在故意找茬。尽管北漂很苦，10月11日，钟辉下定决心辞职离开。钟辉就以"单位未签订劳动合同、未给缴纳社保"为由辞职，因为自己是在试用期内，钟辉想知道这种情况自己该怎么办？可以要求单位支付经济补偿金吗？

【专家说法】

《劳动合同法》第十条第一款规定："建立劳动关系，应当订立书面劳动合同。"第八十二条第一款规定："用人单位自用工之日起超过一个月不满一年未与劳动者订立书面劳动合同的，应当向劳动者每月支付二倍的工资。"

第一，本案中钟辉自7月10日入职以来，到10月11日准备离开，工作3个月，所以钟辉可以主张从入职后第二个月到离职之时一共2个月的双倍工资。

《劳动法》第七十二条规定："社会保险基金按照保险类型确定资金来源，逐步实行社会统筹。用人单位和劳动者必须依法参加社会保险，缴纳社会保险费。"

我国《社会保险费征缴暂行条例》第十三条规定："缴费单位未按规定缴纳和代扣代缴社会保险费的，由劳动保障行政部门或者税务机关责令限期缴纳；逾期仍不缴纳的，除补缴欠缴数额外，从欠缴之日起，按日加收千分之二的滞纳金。滞纳金并入社会保险基金。"

第二，本案中钟辉可以要求与单位解除劳动合同，并要求单位进行补交3个月的社会保险，不符合补交条件的应当给劳动者相应的赔偿金。

《劳动合同法》第三十八条规定，用人单位未依法为劳动者缴纳社会保险费的，劳动者可以解除劳动合同。第四十六条规定，劳动者依照《劳动合同法》第三十八条规定解除劳动合同的，用人单位应当向劳动者支付经济补偿。第四十七条第一款规定："经济补偿按劳动者在本单位工作的年限，每满一年支付一个月工资的标准向劳动者支付。六个月以上不满一年的，按一年计算；不满六个月的，向劳动者支付半个月工资的经济补偿。"因此，只要用人单位具有第三十八条的法定情形，即使劳动者在试用期内，劳动者也可以提出解除劳动合同，且用人单位还应当支付经济补偿。

第三，本案中钟辉的情况也可以要求单位支付经济补偿金。

单位以实物抵充工资的行为是否合法？

【事件描述】

蒋方是绍兴一家轻工企业的职工，近两年该企业的效益不好。2021年四五月份的工资只发了一半，该企业也陷入了三角债的困境中。蒋方所在企业为某公司生产专用材料，货款迟迟追讨不回来，企业也处于资金断链的状态。某公司提议可以拿仓库里积压的不粘炒锅来抵充货款。临近6月份发工资的日子，蒋方的单位无奈，只得同意某公司拿不粘炒锅充抵货款。

到了发工资的日子，蒋方单位的人每人发了一半的现金工资，另一半的工资拿不粘炒锅来充抵。一千多口不粘炒锅愁坏了该轻工企业的职工们，"有锅没米怎么生活？"每口锅按原价230元充抵，而市场上，这种过时的锅都在甩货，他们的锅能低价卖出去的很少。职工们想知道企业这种以实物抵充工资的行为合法吗？

【专家说法】

根据《劳动法》第三条的规定，劳动者享有平等就业和选择职业的权利、取得劳动报酬的权利。同时根据《工资支付暂行规定》第五条规定，工资应当以法定货币支付，不得以实物及有价证券替代货币支付。

因此，蒋方单位以实物冲抵工资的做法是不合法的，有关职工可以先和单位进行协商要求单位发放应得的工资，协商不成或者不愿协商的，职工可以申请劳动仲裁。

在职考取研究生后辞职要支付违约金吗？

【事件描述】

李雨莹大学本科毕业后应聘到某民营学校当老师，工作1年多，李雨莹的教学成绩获得了家长和校领导的认可。李雨莹却萌生了考研的想法，于是她利用业余时间看书备考，结果她考上了外省一学校的研究生。

李雨莹对学校领导说出了实情，要辞职去读研究生。学校领导却说，当初签了3年的劳动合同，现在提出辞职是违反约定，而且李雨莹的教学工作还需要找人交接，李雨莹需要支付一定的违约金，并且1个月后才可以辞职离开。

李雨莹觉得工作交接1个月后离开可以接受，但是，她觉得自己也没有给单位造成损失，要她支付违约金，她无法接受。

学校这项要求符合法律规定吗？

【专家说法】

依照《劳动合同法》第二十二条、第二十三条和第二十五条的规定，如果用人单位与劳动者之间没有关于专项培训费用或保密条款的约定，则不可以约定违约金条款。李雨莹与学校之间并不存在上述两种特殊情况，况且李雨莹已经同意延长1个月离职的时间，因此单位不能要求李雨莹赔付违约金。

相关法律依据如下：

《劳动合同法》第二十二条规定："用人单位为劳动者提供专项培训费用，对其进行专业技术培训的，可以与该劳动者订立协议，约定服务期。劳动者违反服务期约定的，应当按照约定向用人单位支付违约金。违约金的数额不得超过用人单位提供的培训费用。用人单位要求劳动者支付的违约金不得超过服务期尚未履行部分所应分摊的培训费用。用人单位与劳动者约定服务期的，不影响按照正常的工资调整机制提高劳动者在服务期间的劳动报酬。"

《劳动合同法》第二十三条规定："用人单位与劳动者可以在劳动合同中约定保守用人单位的商业秘密和与知识产权相关的保密事项。对负有保密义务的劳动者，用人单位可以在劳动合同或者保密协议中与劳动者约定竞业限制条款，并约定在解除或者终止劳动合同后，在竞业限制期限内按月给予劳动者经济补偿。劳动者违反竞业限制约定的，应当按照约定向用人单位支付违约金。"

《劳动合同法》第二十五条规定："除本法第二十二条和第二十三条规定的情形外，用人单位不得与劳动者约定由劳动者承担违约金。"

劳动者主动拒签劳动合同能否要求双倍工资补偿？

【事件描述】

2023年，彭刚来到新的公司，由于不喜欢被一纸条文束缚，因此多次拒绝公司人事要求签订劳动合同的要求，觉得既然明确了岗位、工资，干着就行了。3个月过去了，彭刚渐渐对原工作不抱热情，想换一家单位，但是找到新工作之前没有收入，于是向劳动仲裁委员会申请劳动仲裁，根据没有签订劳动合同主张双倍的工资。原公司的负责人接到开庭通知后很不解，问这样是否可以？

【专家说法】

这样是可以的。

首先，《劳动合同法》第十条第一款规定："建立劳动关系，应当订立书面劳动合同。"这是众所周知的法律条文。建立劳动关系应当签订劳动合同，这既是对用人单位的约束，也是对劳动者的保障。对此，《劳动合同法》第八十二条第一款规定："用人单位自用工之日起超过一个月不满一年未与劳动者订立书面劳动合同的，应当向劳动者每月支付二倍的工资。"这是不与劳动者签订劳动合同的用人单位所必须承担的法律后果。

我们在实践中普遍遇到的情况是用人单位不愿意签订劳动合同，劳动者可以通过上述条文来维护和保护自己的权益，那么，如果相反是劳动者不愿意签订劳动合同，公司也需要支付2倍工资吗？

其次，对于劳动者不愿意签订劳动合同的情况，法条中已有规定。《劳动合同法实施条例》第六条第一款规定："用人单位自用工之日起超过一个月不满一年未与劳动者订立书面劳动合同的，应当依照劳动合同法第八十二条的规定向劳动者每月支付两倍的工资，并与劳动者补订书面劳动合同；劳动者不与用人单位订立书面劳动合同的，用人单位应当书面通知劳动者终止劳动关系，并依照劳动合同法第四十七条的规定支付经济补偿。"可见，本案中彭刚拒绝签订劳动合同后，公司应当及时终止和彭刚的劳动关系，而不是任由事实劳动关系的存在。

最后，对于彭刚已经提起的劳动仲裁申请，如果公司可以成功举证多次要求签订劳动合同但是彭刚拒绝，则只需向彭刚支付半个月工资标准的经济补偿金，但是如果无法成功举证，则需要承担向彭刚多支付3个月工资的法律风险。

春节假期上班，加班费如何计算？

【事件描述】

何晶是某酒楼的一名服务生，自2023年入职以来，她的工作一直十分勤快、敬业，也得到领导和同事的好评。

由于春节期间是饮食行业的旺季，何晶所在的酒楼希望员工能够加班，以应付春节期间的消费高峰期。为了响应酒楼的号召，何晶在正月初一至初五加班为广大前来酒楼用餐的食客提供了优质的服务。

在正月初七酒楼正式上班后，酒楼向全体员工张贴了春节加班的加班费支付通知。根据通知的内容，凡是在正月初一至初三加班的，酒楼将按照日工资的300%额向职工支付每天的加班费；凡是在除夕、初四至初六加班的，统一由酒楼安排补休，对于不能安排补休的，按照日工资的200%额外向职工支付每天的加班费。

在看到酒楼的通知后，何晶很疑惑，为什么同是春节假期加班，却有两种不同的加班费支付方案呢？

【专家说法】

同是春节加班，为什么会有不同的加班费支付方案呢？相信以上问题也是不少工友想问的。企业的做法是否合法，职工的权益是否遭受侵害也是我们应当关注的。

对于以上问题，我们可以分解为以下两个小问题进行分析：其一，春节假期的法律性质是什么；其二，不同性质的假期的加班费到底应当如何计发。

对于第一个小问题来说，虽然我们在春节连休7天，但这7天却有着不一样的法律性质。根据国务院发布的《全国年节及纪念日放假办法》第二条规定："全体公民放假的节日……（二）春节，放假3天（农历正月初一、初二、初三）……"，根据国务院办公厅发布的《关于2023年部分节假日安排的通知》第二条关于春节放假的规定，1月21日至27日放假调休，共7天，1月28日（星期六）、1月29日（星期日）上班。因此，春节假期实际上包含了两种不同性质的假期，即正月初一、初二、初三属于法定节假日，除夕、初四、初五、初六属于调休后的休息日。

对于第二个小问题来说，由于正月初一、初二、初三属于法定节假日，根据相关规定，在法定节假日加班的，一般应按照日工资的300%额外向职工支付加班费；由于其余四日（即除夕、初四、初五、初六）属于调休后的休息日，故用人单位可先安排补休，对于不能安排补休的，用人单位应当按照日工资的200%额外向职工支付加班费。

通过上面的分析，可知酒楼的加班费计发方案符合法律规定。同时，我们也可以知道春节7天假其实包含了法定节假日和休息日等两种不同性质的假期，对于不同性质的假期，应当适用不同的加班费计发的规定。

教学机构放假期间应否支付劳动者工资？

【事件描述】

苏伟是某社会办学教育机构的清洁工，2023年3月1日与该教育机构签订了劳动合同。双方约定工作时间为1年，苏伟每月工资4 500元。苏伟和另外一人共同负责该教育机构教室及走廊等公共场所的卫生。

2023年7月中旬，该教育机构师生放假，公司也给苏伟放假。并且让她9月1日再来上班。8月份，苏伟的工资卡只收到了1 000元钱。苏伟找到教育机构负责人，得到的回复是，放假期间只能发放基本生活补贴。

苏伟认为和单位已经签订了合同，约定了工资标准，自己并没有犯错也没有辞职，应该得到约定的工资。

【专家说法】

依据《工资支付暂行规定》第十二条的规定，非因劳动者原因造成单位停工、停产在一个工资支付周期内的，用人单位应按劳动合同规定的标准支付劳动者工资。超过一个工资支付周期的，若劳动者提供了正常劳动，则支付给劳动者的劳动报酬不得低于当地的最低工资标准；若劳动者没有提供正常劳动，应按国家有关规定办理。

虽然该单位处于暑假停工状态，但该单位与劳动者的劳动关系仍然存续，非因劳动者原因停工，不影响劳动者依法获得工资报酬。

加班费多少老板定标准合法吗？

【事件描述】

2023年9月初，孙红通过网络招聘找到一个活动策划的职位，实习期薪水（基本工资）4 500元，1个月实习期合格后转正，薪水也会提高。双方面谈后，孙红就正式入职了。为了赶在国庆黄金周前做好商场促销，孙红配合商场做活动，经常要加班，很少周末能够休上一整天。部门经理说加班时间会有加班费的，所以孙红还是很乐意投入到工作中。

10月中旬，发工资的日子，孙红满心欢喜盘算着，除去房租，还可以拿加班费添置一件看中好久的衣服。没想到，她查询工资卡的一刹那，发现显示的数字离她自己计算的数相比，差了好多。

孙红去问部门经理，加班费是如何计算的？得到的回答是："平日每天有加班，按晚上加班每天补10元，周六周日整天加班50元，半天加班按20元算。法定节假日每天加班100元封顶。"

孙红听后感觉无法接受，她询问，加班费不是按工资比例计算吗？部门经理说，这是公司定的标准，孙红感觉用自己的休息时间换来的劳动报酬不等值。越想越气的孙红打电话咨询律师，企业的加班费该怎么计算，她们公司这样"加班标价的标准"合法吗？

【专家说法】

法律对加班费计算标准有明确的规定，《劳动法》第四十四条规定："有下列情形之一的，用人单位应当按照下列标准支付高于劳动者正常工作时间工资的工资报酬：（一）安排劳动者延长工作时间的，支付不低于工资的百分之一百五十的工资报酬；（二）休息日安排劳动者工作又不能安排补休的，支付不低于工资的百分之二百的工资报酬；法定休假日安排劳动者工作的，支付不低于工资的百分之三百的工资报酬。"

本案中，孙红和单位约定的每月工资基数是4 500元，那么按每月工资计薪天数21.75天计算，孙红的加班工资如下：

工作日加班每小时工资=4 500÷21.75÷8×150%=38.79（元）

休息日加班每小时工资=4 500÷21.75÷8×200%=52.72（元）

节假日加班每小时工资=4 500÷21.75÷8×300%=77.59（元）

由上可知，孙红的加班工资显然高于公司部门规定的加班工资。所以，孙红公司老板订立的加班工资标准是不合法的。孙红可以找单位协商，协商不成可以找当地劳动委员会申请仲裁。